포켓
한국어-
러시아어
사 전

KAPAMAH

КОРЕЙСКО-
РУССКИЙ
СЛОВАРЬ

저자 M. 안또니나
B. 바실리
김 춘 식
김 경 환

도서출판 문예림

머리말

휴대용 한-러 사전의 출간을 목전에 두고 사전의 쓰임에 대해 다양하게 필요함을 느끼게 한다. 한국과 러시아 사이에 협력발달 과정이 증가할수록 러시아 사용권에서 한국어 연구에 관심이 더욱 증가하고 있으며, 동시에 한국에서도 러시아어 연구에 관심이 증가하는 것이다. 한국어 사용권에서 많은 러-한 사전들이 출판되었다 본 사전은 새 러-한 사전 출판이후 가장 기본적이고 필수적인 어휘들로 약 3만 단어의 표제어로 수록했다. 오래전부터 독자들의 요구에 의해서 작고 알차게 단어와 숙어결합들이 풍부하게 수록되어 있고, 또한 필요한 문법적인 것과 문장들, 광범위한 용어등이 포함되었다. 연구진들이 본 사전에 러시아생활에서 새로운 사회적, 과학적, 문화적 현상을 반영할 수 있는 단어와 용어들 포함하려고 했다. 일반적으로 현대의 러시아에서 넓게 사용하고 있는 생활어휘는 물론, 사회·정치적 어휘, 또한 기술, 농업, 예술과 스포츠 분야에서 전문 용어들을 포함했으며, 주로 일정한 어휘결합들이 포함되었다. 또한 사전에 지금은 사용하지 않은 일부단어들도(진부한 단어들이) 포함되었다. 왜냐하면 이 단어들이 고전 문학에 관심 가지고 있는 독자들에게 필요할 수 있기 때문이다.

또한 현대의 러시아작가들의 작품, 러시아 신문잡지와 최근의 출판물, 또한 한국어 어휘와 용어법에 관련한 번역, 통역, 과학 연구적, 편집적과 교육적인 작업과정에서 저자 들로 수집했던 많은 실제적인 자료들을 이용하여 러시아 단어, 어휘결합과 삽화 사례들을 한국어로 번역했다는 것이다. 번역자들 및 통역자들뿐만 아니라 한국과 러시아어를 공부 하는 사람들을 위해 연구진들이 많은 노력으로 유익한 사전을 개발했던 것이다. 우리나라들의 언어 공부와 연구는 매년 증대 하고 있다. 따라서 우리나라들이 언어 이용을 통해 직접 문화적 연구, 다방면의 협력과정, 상호존경 그리고 상호 성공에 이해관계를 더욱 유익하게 만들 수 있다는 것이다. 끝으로 이 사전이 나오기까지 수고하신 도서출판 문예림 서덕일사장님과 임직원 모든 분들께 감사드리며 특히 사전의 교정과 워드작업에 수고해주신 초이따찌야나, 알리나초이, 덴나타샤, 올가루돌프손, 나우지르지바예바 이리나 연구원들 에게 감사드린다.

2012.12.

어문학박사 B.바실리, M. 안또니나. 김 경 환, 김 춘 식

일러두기

* 어휘수록

1. 이 사전에는 사회에서 널리 쓰이고 있는 표준어를 중심으로 일상학습과 실무에 필요한 학술어, 전문어, 외래 어, 신어, 의성어, 의태어 및 숙어, 옛말, 속담, 속어, 관용 구, 북한말 등을 총망라하였음.
2. 중요어휘와 외래어는 표제어를 대역하는 한자 또는 영어의 표기를 수록하였음
3. 교과서에 나오는 중요한 인명,지명,사건명 등을 실었음.

* 어휘의 배열

1. 표제어는 구분하기 쉽게 신하게 표기하였음.
2. 표제어는 일어(一語) 일표제어(一標題語) 방식을 취하여 이어(二語)이상의 복합어도 각각 독립된 표제어로 올림을 원칙으로 하였음.
3. 동음이의어(同音異議語)는 별도의 올림말로 처리하고 그것이 한자말인경우에는 한자로 괄호( )안에 표기하였음.

   예) 가계(家計) I семейный бюджет

   가계(家系) II генеалогия, родословная.

   가계(家契) III *арх. см.* 집문서

4. 어휘배열

   1) 초성배열

   ㄱㄲㄴㄷㄸㄹㅁㅂㅃㅅㅆㅇㅈㅉㅊㅋㅌㅍㅎ

2) 중성(모음)

ㅏㅐㅑㅒㅓㅔㅕㅖㅗㅘㅙㅚㅛㅜㅝㅞㅟㅠㅡㅢㅣ

3) 종성(자음)

ㄱㄲㄳㄴㄵㄶㄷㄸㄹㄺㄻㄼㄽㄾㄿㅀㅁㅂㅃㅄㅅㅆㅇ

ㅈㅉㅊㅋㅌㅍㅎ

4) 같은 자모로 표기되는 어휘의 경우는 그 쓰이는 빈도에 따라 수록 순위를 정하여 표제어에 로마체(I II III IV)를 붙여 두었음.

* 맞춤법

1. 순 우리말과 한자어의 맞춤법은 한글학회의(한글맞춤 법 통일 개정안)에 의거하였음.
2. 고어는 출전에 적힌 원형대로 적었음.

* 외래어. 관용어

1. 외래어 표기는 교육인적자원부 제정 로마자 한글화 표기법에 따랐음.

   예) 프로그램(목록(目錄) program) программа
2. 어원이 달리 변하여 쓰이는 일반화된 말 및 관용 되어온 말들은 관용되는 대로 표기를 하였음.

О ПОСТРОЕНИИ СЛОВАРЯ

* ЗАПИСЬ ЛЕКСИКИ

1. Словарь содержит общественно – политическую лексику, а также соци-альную терминологию из области науки, техники, сельского хозяйства, искусства, спорта. Кроме того, в словарь

включено множество фразеологических единиц – главным образом устойчивых словосочетаний, идиоматических выражений, пословиц и поговорок.

2. Основная лексика и заимствованные слова приводятся в форме англий-ского и китайского языков вместо заглавных слов.

3. Названия районов, имена, заглавия даются в словаре сокращёнными.

* РАСПОЛОЖЕНИЕ ЛЕКСИКИ

1. Заглавные слова расположены в словаре в порядке гёнмёнжо.

2. Заглавные слова проводятся в форме одного слова. Потому сложные слова

помещаются самостоятельными заглавными словами.

3. Омонимы выделяются в самостоятельные словарые статьи, но в случае ханза (китайский язык), данные слова даются в скобках.

예) 가계(家計) **I** семейный бюджет

가계(家系) **II** генеалогия, родословная.

가계(家契) **III** *арх. см.* 집문서

4. Расположение лексики

1) Расположение начального согласного

ㄱㄲㄴㄷㄸㄹㅁㅂㅃㅅㅆㅇㅈㅉㅊㅋㅌㅍㅎ

2) Гласные

ㅏㅐㅑㅒㅓㅔㅕㅖㅗㅘㅙㅚㅛㅜㅝㅞㅟㅠㅡㅢㅣ

3) Согласные

ㄲㄴㄵㄶㄷㄹㄺㄻㄼㄽㄾㄿㅀㅁㅂㅄㅅㅆㅇ

ㅈㅊㅋㅌㅍㅎ

4) Если заглавные слова имеют несколько значений, то они помечаются светлыми римскими чифрами соответственно частому использованию.

* Орфография

1. орфография чистого корейского и китайского языков основаны на правилах объединной орфография по корейскому языку.
2. Древние слова напечатаны первоначальными формами.

❧ 참고서적(Лексикографические источники)

1. Словарь русского языка: В 4-х т./ АН СССР. Ин-т рус.яз.; Гл.ред. А.П.Евгеньева. 2-е изд., испр. и доп. М., 1981-1984. Т. 1-4
2. Ожегов С.И. Словарь русского языка/Под ред. Н.Ю. Шведовой.14-е изд.стер.М., 1981
3. Орфографический словарь русского языка. 18-е изд., испр. и доп.М., 1981
4. Орфоэпический словарь русского языка/ Под ред. Р.И. Аванесова 2-е изд., стер.М.,1985
5. Фразеологический словарь русского языка/ Под ред. А.И.

Молоткова. 3-е изд.,М.,1978

6. Большая Советская Энциклопедия/ Гл.ред.А.М.Прохоров. 3-е изд.М.,1969-1978.Т.1-30

7. Советский Энциклопедический словарь.3-е изд.,М.,1985

8. Мазур Ю.Н.Моздыков Д.М.Усатов В.М.Краткий русско-корейский словарь.2-е изд.,М.,1959

9. 최신한러사전 김문욱,김춘식편 문예림, 서울. 2009.

10. 최신러한 사전 김춘식 도서출판 문예림, 서울. 2009

11. 러한 입문사전 김춘식 도서출판 문예림 서울 2011.

12. 새우리말 큰 사전, 신기철, 신용철, 서울 1981.

13. 엔센스 한영사전, 민중서관, 6판 서울 2000.

ㄱ

ㄱ первая буква кор. алфавита; обозначает согласную фонему **k**; ㄱ,ㄴ,ㄷ,ㄹ 순으로; алфавитный порядок ㄱ,ㄴ,ㄷ,ㄹ순으로 배열하다 распо-ложить в порядке алфавита; 가; 1) 가(이)없는 бескрайний; 강가 берег реки; 길가 обочина дороги; 2)*сущ.* поблизости, вблизи; 우물가 около колодца.

가(加) I сложение; увеличение; 가와감 сложение и вычитание.

가(可) II *сущ.* 1) хорошо, ладно, ничего; 2) "за" (при голосовании); 3) удовлетворительно, посредственно

가-(假) I *преф. кор.* 1) поддельный, фальшивый 가의사 врач-шарлатан; 2) временны; 가건물 постройка временного типа, времянка; 3) предварительный; 가계약 предварительное соглашение.

가-(加) II преф. кор. добавление, увеличение; 가속도 ускорение; 가일층 ещё более.

-가(家) *суф. кор.* имени деятеля, образует сущ. от сущ. со знач.: 1) представителя профессии, выраженной в производящем имени: 역사가 историк; 2) деятеля области (сферы), выраженной в производящем имени: 3) лица, обладающего способностью, обозначенной в производящем имени, 4) лица, постоянно обладающего предметом или качеством, выраженным производящим именем

가 1) оконч. им. п. указывает: а) на подлежащее; 이제는 우리가 나라의 주인이다 теперь мы хозяева страны; б) на допол. результата при гл. 되다: 그는 기사가 되었다 он стал инженером; 2) присоединяется к сущ, сопровождаемому гл.связкой 아니다: 3) усил. частица же, именно.

가가(家家) *см.* 집집; ~문전 перед дверями каждого дома.
가감법(加減法) 1) сложение и вычитание; 2) способ алгебраичес-кого сложения.
가감산(加減算) сложение и вычи-тание
가게(<假家) 1) лавка, магазин, ларёк, киоск; ~를 내다 держать лавку; ~를 보다 торговать; ~기둥에 입춘 *см.* 개(발에 주석 편자) III; 2) временное жилище.
가격(價格) цена, стоимость; ~정책 политика цен; ~차금 разница в ценах(на товары, продаваемые по коммерческим ценам,и выдаваемые по карточ-кам); ~표시 уопмтовое отправление с объявленной ценостью.
가결(可決) принятие, одобрение(приголосовании); ~부치다 ставить на голосование; ~하다 принимать, одобрять
가계(家計) семейный бюджет; ~부기 ведение в семье книги доходов и расходов.
가공(加工) обработка, отделка; 수지~ переработанная смола; ~직장 обрабатывающий цех; ~처리 отдел-ка; ~여유 припуск на обработку; ~하다 обрабатывать.
가구(家具) мебель, обстановка; ~ 공장 мебельная фабрика; ~를 짜다 собирать мебель. 가까운 близкий.
가까이 1) близко, вблизи, около; 소리가~서 난다 рядом раздается звук; ~하다 близко сойтись; 2) послеоколо; к под; 학교 ~로 к школе; 정류소 ~에 около остановки;
가깝다 1) близкий; 가까운 ~년간 ближайшие годы; 2) похожий, приблизительный.
가끔 время от времени; иногда; из-редка.
가난 I бедность; ~에 쪼들리다 потерпеть бедность.
가난 II нужда, нищета, лишения; ~[이] 들다 а) обеднеть, обнищать; б) стать редким(дефицитным), недос-тавать; в) скудный(об урожае); ~이(~을) 파고들다 все больше ухудша-ться(о материальном положении); ~ 에 쪼들리다 терпеть (переносить) лишения.
가난(家難) III <> 부유 бедность <> богатство.
가느다랗다(가느다라니, 가느다라오) тоненький; 가느다란 미소 едва заметная улыбка.
가능(可能) возможность; ~하다 воз-можный; 실행이 ~하다 выполни-мый, осуществимый.
가능하면(可能) если возможно.
가능성(可能性) [-ссонъ] возмож-ность; возможности;
가능한 возможный.

가다 I. идти; ехать;уходить;уезжать; 1) 가는 (가던) 날이 장날 *посл.* = не было ни гроша, да вдруг алтын(букв. тот день, когда пошел(за по-купками), оказался базарным); 달리는 말에 채찍질하다 *обр.* форсиро-вать работу; 2) доходить(о слухах, о новостях); 3) приходится (на долю); 4) привлекать, приковывать (к себе чье-л. внимание); 5) появляться; 6) продаваться(за какую-л. цену); 7) проходить(о времени); 8) исчезать; 9) умирать; 10) гаснуть; 11) [ис]портиться; 12) покоситься, накрениться; II. в сочет. с дееприч. предшествования др. гл. обозначает интенсивно воз-растающее действие, на-чинающееся с данного момента: 꽃이 피어가오 цветы расцветают.

가득 битком, до отказа, полностью; ~붓다 наливать до краёв; ~싣다 накладывать(нагружать) до от-каза; 두 눈에는 눈물이 ~ 고여있다 глаза полны слёз;

가득하다 полный; набитый до от-каза.

가득히 полный; ~담ד плотно упа-кованный; 한 잔 ~ 붓다 наполнять стакан до краёв; ~채우다 набивать;

가뜬한 легко; проворно; ловко; ~ 차리다 быть легко одетым; 몸 ~ 여행하다 путешествовать на легке; ~ 들어 올리다 поднять что-л. без труда; 말은 시내를 ~ 뛰어 넘었다 лошадь ловко прыгнула через ручей.

가라앉다 тонуть; идти на дно; спус-каться; успокаиваться; 깊이 ~ глубоко погружаться; 물속으로 ~ погружаться под воду; 바다 밑으로 ~ от-пускаться на дно моря;

가라앉히다 тонуть; оседать на дно; отстаивать; 배를~топить корабль; опустить корабль на дно; 찌꺼기를 ~ осадить на дно; 성을 ~ умирот- ворять, успокаивать; 마음을 ~ успо-каиваться; 흥분을 ~ успокаивать нервы; 진통을 ~ успокаивать(боль, волнение).

가락 I 1. 1) веретено; ~기름 верете-нное масло; 2) моток ниток(на ве- ретенке); ~ 국수 домашняя лапша; ~[을] 내다 умело бросать палочки (при игре в ют); ~[이]나다 набить руку(в чем-л.); 2. *счетн. сл.* 1) для мелких продолговатых предметов: 엿 다섯 ~ пять корейских ирисок; 2) для мотков ниток: 명주실 한 ~ (один) моток шелковых ниток; 3) несколько штук(о мелких продолго-ватых предметах, мотках).

가락 II 1) мелодия, мотив; ~을 맞추다 подхватить мотив; 2) ритм; ~[이] 맞게 в тон; в ритм; в такт; ~[을]떼다 первым приступать(к делу)

가렵다 прил. чесаться, зудеть; 가려 운데를 긁어주다 обр. ублажать; предупреждать(чьи-л.)желания.

가로 I горизонтально.

가로 II 1) сущ. поперечный, гори- зонтальный;~돌무덤 틀 могильный курган(периода Когурё); ~메리야스 기계 поперечно-вязальная трико-тажная машина; ~자리표 *мат.* горизон-тальная координата; ~이동 대위법 *муз.* горизонтально-подвиж-ной контрапункт; 2) поперек; гори-зонтально; ~놓이다 быть поло-женным поперек; ~놓다 положить поперек; ~눕다 а) ложиться(лежать) поперек; б) лежать пластом; ~지르다 а) перекидывать (что-л.) с одного места на другое; класть поперек(на что-л.); б) пересекать, проходить через;

가로막히다 1)быть прегражденным; 길이 눈에 가로막혔다 дорога зане-сена снегом; 2) не быть допущенным, встречать препятствия.

가로세로 сущ. и нареч. горизон-тально и вертикально; 머리 속에 생각이 ~얽힌다 мысли теснятся в голове.

가로채다 1) выхватывать(из чьих-л. рук); тащить из-под носа; перехва-тывать; 2) вмешиваться в разговор; не давать говорить, пере-бивать.

가루 мука, порошок, пудра; ~담배 табачная пыль; ~비누 мыльный порошок; ~사탕 сахарный песок; ~소금 мелкая соль; ~우유(분유) *см.* 가루 젓; ~는 칠수록 고와지고 말은 할수록 거칠어진다 *посл.* ≡ слово-серебро, молчание-золото.

가르다(가르니, 갈라) I 1) делить, разде-лять, отделять, 부부의 의를~ разлучать супругов; 2) разбираться (в чем-л.); 흑백을 ~ разбираться кто прав, кто виноват; 갈라 맡다 брать на себя часть(работы) ~ 갈라붙이다 разделять; 머리를 갈라붙이다 делать пробор; 갈라서다 а) стоять порознь; б) разделяться, расходиться; порывать(дружбу, знакомство).

가르치다 1) учить; обучать; поу-чать 글을 ~ учить грамоте; 2) отучать; 버릇을 ~ отучать от (дурной) при-вычки.

가르침 учение, обучение, указание, наставление; учить.

가리키다 1) указывать, показывать, отмечать; ~을 가리켜 отмечая, имея в виду(что-л.); 2) *см.* 가르치다 1).

가마 1. 1) гончарная печь; 2) *тех.* котел; 3) *см.* 가마솥; ~가 검기로 밥도 검을까? *посл.*≡ смотри в корень (букв. разве рис в (закоп-ченном) котле черный); ~가 솥더러 검정아 한다. *посл.* букв. ≡ кухон-ный котел обзывает другой котел замарашкой); 4) диал. *см.* 솥; **2.** счетн. сл. груда.

가마득한 옛날 седая старина.

가만 1) так, как есть; ~두다 а) не трогать, оставлять как есть; б) бросать, оставлять; в) как вводн. сл. подожди[те]; ~있다 а) спокойный, тихий; 여기저기 돌아다니지 말고 이곳에 ~있는게 좋겠다. ты сидел бы лучше спокойно на этом месте, а не ходил то туда, то сюда; б); ~ 있거라(있자) разг. подожди[те]; ~ 하다 тихий, спокойный; неслышный; не-заметный; ~한 가운데 среди тишины.; 가만가만[히] тихонько, потихоньку, тайком.

가만있다 оставаться неподвижным; соблюдать тишину; не работать (о заводе); 그는 아무 것도 하지 않고 집에 ~ он бездельничает дома.

가맹(加盟) вступление(в союз и т.п.); участие(в союзе и т.п.); ~공화국 союзная республика; ~년 월 일 дата вступления (напр. в союз); ~단체 орга-низация, входящая(в союз); ~수속 процедура приема(в союз и т.п.); ~하다 вступать(в союз и т.п.);состоять(в союзе и т.п.).

가문과 혈통 род и кровные узы.

가물다(가무니, 가무오) быть очень за- сушливым.

가뭄 засуха сокр. от 가물음, 한발; ~더위 жара в период засухи.

가방 I теплая часть перегороженной комнаты вблизи очага(в кор. доме).

가방 II сумка, портфель.

가벼운 легкий.

가벼이 1) легко, легонько; 2) неос-торожно; легкомысленно.

가볍다 1) лёгкий; 마음이 ~ легко на душе; 2) незначительный, несерьез-ный; 가벼운 두통 легкая головная боль; 3) легкомысленный, опромет-чивый; 4) слабый, чуть слышный

가볍게 просто, обыденно;

가볍디 가볍다 легчайший.

가뿐하다 легкий; 가뿐한 기분 хорошее настроение.

가사(家事) 1) домашние дела; домашнее хозяйство; ~노동 работа по дому; ~싸움(쌈) семейная ссора; ~를 돌보다 вести домашнее хозяйство; ~형편으로 по семейным обстоятельствам; 2) домоводство.

가상(嘉祥) I хорошее предзнамено-вание, добрый знак.

가상(假想) II воображение, предпо-ложение; допущение; ~적

가수(歌手) 1) певец, певица; 독창~ солист[ка]; 민요~исполнитель[ница] народных песен; 2) певец непрофессионал, певицанепрофессионалка

가스(gas) газ; ~가감변 *тех.* дрос-сельная заслонка;~기관(발동기.엔진) газовый двигатель; ~계량기(메트) газометр; ~난로(스토브) газовая печь; ~도관 *см.* 가스관; ~대사 газообмен; ~램프 *см.* 가스등: ~마스크 *см.* 방독면; ~만틀 калильная сетка; ~발생기 газогенератор; ~ 발생기식 트럭 газогенераторный трактор; ~ 발생로 газогенераторная печь; ~ 방전 *см.* 기체(방전]; ~분석 газовый анализ; ~소모기 *текст.* газопали-вающая машина; ~전구 газосветная лампа; ~중독 отравление газом; ~ 청소기 газоочистительная установка; ~탱크 газголь-дер; ~ 터빈 газовая турбина; ~ 파이프 *см.* 가스관; ~ 한난계 *см.* 기체[온도계]; ~해체 дегазация; ~압착 용접 газопрес-совая сварка.

가스관(-觀) газопровод.

가스등 1) газовая горелка; 2) газовая лампа.

가슴 1) грудь; ~연락 передача(мяча двумя руками) от груди(в баскетболе); ~지느러미 грудные плавники(у рыб); ~수영(헤엄) баттерфляй(способ пла-вания); ~운동 спорт. дыхательные движения; ~으로 멈추기 *спорт.* остановка мяча грудью; 2) перен. сердце, душа; ~을 찢다 терзаться; ~을 헤쳐 놓다 говорить по душам; 이다지다 душу; ~ 앓다 болеть душой; ~을 에이다 терзать свое сер-дце; ~이 달다 беспокоиться; ~이 내려앉았다 сердце так и упало; ~이 미어진다. сердце раз-рывается;~이 선뜻하다 обременеть; ~이 숯등걸이 되다 вся душа горит;~이 뜨끔하다 сердце ёкает;~이 찔리다 испыты-вать угрызения совести; ~이 아프다 сердце щемит; 3) *см.* 옷가슴; 가슴 설레는 느낌 чувство заставляющее биться сердце.

가압류(假押留) временный захват; прикрепление; ~하다 временно при-крепить, захватить, схватить.

가옥(家屋) I дом, жилище.

가옥(假玉) II подделка (имитация) под драгоценный камень.

가운데 **1.** середина, средняя часть; ~모음 лингв. гласные среднего ряда; ~삼촌 средний брат отца; ~손가락 средний (безымянный) палец; **2.** послелог 1) среди, посреди; 2) после прич. 일하는 ~에 в ходе(в про- цессе) работы.

가요(歌謠) песня;~적песенный

가요곡(歌謠曲) мелодия песни.

가을 추계(秋季), 추기(秋期) 1) осень; ~ 누에 тутовый шелкопряд осенней выкормки;~작물 с.-х. осенняя куль-тура; ~장마 осенние дожди; ~ 하늘 осеннее небо;~식은 밥이 봄 양식 이다 посл. букв. = остывший и не съеденный осенью рис идет в пищу весной;~중 쏘대듯 обр. не зная ни отдыха ни срока; 2) уборка урожая;~하다 убирать (урожай)

가장(家長) I 1) глава семьи; ~제도 patриархат; 2) хозяин(о муже);

가장(假葬) II 1) временное захороне-ние; 2) закапывание трупа; 3) похо-роны ребенка; ~하다 временно по-гребать; закапывать(труп); хоронить (ребенка); ~좋은 것 самое лучшее; ~ 신나는 날 이었다 это был самый прекрасный день.

가정(家庭) семья; ~적 семейный, домашний; ~공업 см. ~가내[공업]; ~ 교사 домашний учитель, гувернер ~ 교훈 наставление родителей; ~교육 домашнее образование;~노동 ра-бота по дому ~방문 посещение се-мей учеников(учителем);~부인 до-машяя хозяйка; ~살림 ведение до-машнего хозяй ства; ~성분 см. 출신 (신분) ~생활 семейная жизнь; ~고양 домашнее воспитание; ~환경 семей-ные обстоятельства; ~을 꾸리다 за-водить семью.

가져가다 сносить, уносить.

가져다주다 доставлять.

가져오다 приносить.

가족(家族) семья, члены семьи; ~ 식당 домовая кухня; ~제도 родст- венные отношения; ~적семейный, семействен-ный; ~생활 семейная жизнь.

가죽 кожа, шкура; ~숫돌 ремень для правки бритв;~잠바 кожаная куртка; ~조끼 феод. кожаный жилет (орудие пытки).

가지 I ветка, ветвь; ~많은 나무가 바람 잘날 없다 посл. букв. = нет дня, чтобы в ветвях густого дерева не играл ветер; ~를 치다 а) подрезать (обрезать) ветви; б) косить (траву); ~를 치다 расти(о деревьях, траве);~가벌다 ухудшаться (об отношениях); ~를 꺽다 ломать ветку.

가지 II 1) род; 여러~(의)разного рода, разный; 2) счетн. сл.

세~ 방법 три способа; 부탁한 ~ (одна) просьба.

가지고 1) 그 사람 ~너무 그러지 마시오 гадюще, и так уже сердитый человек — зачем ты еще больше злишь его? 2) с, посредством; 공 ~놀다 играть с мячом; 무엇 그리 싸우느냐 Из-за чего вы ссоритесь? 한 달에 백 불을 ~ 어떻게 삽니까? Как ты можешь жить на сто долла-ров в месяц?

가지다 **1.** 1) взять, брать(с собой); 2) иметь, обладать, держать(в руках); 3) получать, приобретать, обретать; 4) проводить (собрание и т.п.); 5) зачать;새끼를~ вынашивать дете-ныша (о самке животного); 아이를 ~ забеременеть; 알을~ быть с яйцом (о несушке); ~을 с икрой(о рыбе); 기대를 ~ возлагать надежды; ~을/를 가지고 а) с чем-л. в руках; б) указывает на орудие действия; 톱을 가지고 나무를 베다 пилить дрова (дерево) пилой; в) указывает на объект действия; 허 참 어쨌다고 날 가지고 트집이요 ну, в самом деле, почему вы ко мне придираетесь? **2.** после дееприч. гл.(оконч. 아/어/여) обычно в ф. 가지고 указывает на результативную завершенность дей-ствия; 그는 꿩 세 마리를 잡아 가지고 돌아 왔다 он возвратился убив трех фазанов; 가져가다 уно-сить с собой; 눈길을 가져가다 переводить взгляд; вносить(напр. нервозность во что-л.); 가져다주다 давать, приносить; 가져오다 прям. и перен. приносить(с собой).

가지런히 ровно, вровень, одинаково; 집을 ~하다 уст. быть хорошим хозяином(хозяйкой), хорошо вести хозяйство

가치가 높은 высокая ценность.

가치관(價値觀) взгляд на ценности.

각(角) I 1) третья ступень китайс-кой гаммы; 2) третья нота(из пяти в вост. музыке); 3) рог (муз. инст- румент).

각(刻) II 1) гравирование, резьба; 2) см. 조각 II; 3) см. 물시계 1); 4) эти. четверть часа; 5) эти. 14 мин. 24 секунды; 6) единица долготы звука (в кор. музыке).

각-(各) преф. кор. 1) каждый, все; ~국가 каждое государство; 2) несколько.

각각(各各) I нареч. каждый, в отдель-ности, соответственно.

각각(刻刻) II ~으로 каждый момент, каждый отрезок времени.

각국(各國) каждая страна, каждая нация, различные страны; ~사절 иностранные дипломатические пред- ставительства; 세계~ страны мира; 세계 ~의 대표 предста-вители всего

- 8 -

мира; ~에서 대표 한 사람씩 представитель от каждой страны; ~의 무역 사정을 시찰하러 가다 ездить по разным странам по коммерческим делам; ~은 2명의 대표를 대회에 파견 한다 каждая страна прислала двух делегатов на ралли.

각선미(脚線美) линия ноги.

간(肝) анат. печень; 간이라도 빼어 먹겠다 посл. букв. ≃ даже свою печень готов отдать(за друга); 간에 붙었다 쓸개에 붙었다 한다, 간에 붙고 쓸개에 가 붙다 посл. ≃ держать нос по ветру(букв. то ли прилипнуть к печени, то ли к желчному пузырю); 간을 녹이다 бередить душу; 간을 졸이다 тер-заться; 간이 덜렁하다 перепуга-ться; 간이 뒤집혔다 смешинка в рот попала; 간이 마르다 см. 애가 마르다 II; 간이 콩알만해졌다 душа в пятки ушла; 간이 크다 смелый, отважный; 간이 타다 см. 애가 타다 간에 기별도 안 간다 за-морить червячка; 간에 기별을 하였다 как будто совсем не ел; 간에 바람이 들다 см. 허파에 바람이 들다 간에 불붙다 погружаться в меланхолию.

-간(間) суф. кор. помещение

간, 간장(-臟) печень.

간격(間隔) 1) расстояние, интервал, промежуток; ~을 두다 оставлять промежуток(интервал); ...의 ~을 두고 с интервалом в...; ~이 없이 без интервалов, вплотную; 2) отчуж-дение, охлаждение.

간결하게 кратко и ясно.

간섭(干涉) 1) вмешательство; интер-венция; ~하다 вмешиваться, орга-низовывать(интервенцию); 2) физ. интерференция; ~분석 хим. интер-ферометрический анализ; ~적 а) интервентский, интервенционистс-кий, б) интерференци-онный.

간식(間食) 1) ~하다 перекусить (напр. между обедом и ужином); 2) см. 곁두리.

간음(姦淫) прелюболеяние; ~하다 вступать в незаконную связь.

간장(-醬) I соевый соус; ~ 종구래기 (쪽박) ковшик для соевого соуса.

간장(肝腸) II ~이 녹다 быть очаро-ванным, плениться; 볶다(о душе).

간장(肝臟), 간(肝) III анат. печень; ~경화증 цирроз печени; ~농양 абсцесс печени; ~ 지스토마 печено-чный паразитососальщик; ~요법 гепатотерапия; ~질환 заболевание печени.

간절히 сердечно, убедительно.

간접(間接) [~적] косвенный, опосре-дствованный, непрямой ~거름 (비료) косвенное удобрение; ~노동 вспо- могательный труд; ~노력 непроизвольные затраты; ~매매 торговля через посредников; ~반칙 персональная ошибка(в баскетболе); ~보어 лингв. косвенное дополнение; ~사격 воен. огонь непрямой наводкой; ~ 선거 многоступенчатые выборы; ~ 소작 стар. субаренда; ~조준 воен. непрямая наводка; ~추리 лог. опос-редствованное умозаключение.

간판(看板) 1) вывеска 2) перен. прикрытие; ~을 들고 под прикрытием; 간판이나 배경이 등용의 수단(手段)이 될 수 없다 "бумажка" или "спина" не могут стать средством для выдвижения на работе.

갈매기 чайка.

갈비 1) ребра; 2) см. 가리 ~가 휘다 кости трещат(под тяжестью ноши); взвалить на себя непосильное бремя

갈비대 анат. ребро.

갈색(褐色) коричневый цвет; ~전초 сено; ~고미 цветочная пыльца (в улье); ~목탄 бурый уголь; ~조류 бурые водоросли; ~철광 мин. лимо-нит; ~인종 малайскополинезийская раса.

갈수록 время проходит; ~태산이다 вещи становятся хуже и хуже; одна беда за другой; ~고향이 그립다 с течением времени я тоскую по дому всё больше и больше; 형세가 ~나빠진다 дела идут всё хуже и хуже.

갈아타다 пересесть, делать пере- садку, пересаживаться; 말을 ~ менять лошадь; 목포행으로~ поменять на экспресс.

갈잎 срезанный тростник(камыш)

갈증(渴症) жажда; ~이 나다 испы-тывать жажду; ~을 풀다 утолять жажду.

감 хурма(плод); 감 단자 печенье из рисовой муки и хурмы; 감도 꼭지가 물러야 떨어진다 посл. букв. ≅ и хурма упадет, если за сохнет ее плодоножка.

감기(感氣) простуда; ~가 들다, ~를 앓다, ~에 걸리다 постудиться; ~ 기운이 있다 чувствовать себя простуженным; ~콧물도 남을 안 준다 погов. ≅ у него снега среди зимы не выпросишь(букв. он (она) даже своего насморка другому не дает; ~는 밥상머리에 내려앉는다 посл.

= вся простуда проходит, как только садится есть.

감기다 I 1) закрываться; слипаться (о глазах); 2) закрывать(кому-л.) глаза; заставлять(кого-л.) закрыть глаза.

감기다 II 1) быть намотанным (обмотанным); 2) пристать (прилип-нуть)(к телу); 3) прижаться, прилип-нуть; 4) пристраститься; 술에 ~ пристраститься к вину.

감다 I мыть; 미역을 ~ купаться.

감다 II закрывать(глаза); 감은 눈 못보다 не видеть ночью, страдать куриной слепотой.

감다 III обматывать, наматывать; 1) 붕대를~ бинтовать; 몸을 ~ свер-нуться в клубок 태엽을 ~ заводить (часы); 2) зацепить ногой(ногу противника в кор. нац. борьбе); 3) пренебр. вырядиться.

감당(堪當) ~하다 брать на себя, нести (ответственность).

감독(監督) 1) контроль; инспекция; надзор; ~기관 органы инспекции (надзора); ~관청 инспекция (учреж-дение); 2) контролер, инспектор; 3) мастер; 영화 ~ кинорежисер.

감동(感動) глубокое впечатление (чувство); ~을 주다 производить глубокое впечатление; ~시키다 растрогать, тронуть; ~ 하다 быть глубоко тронутым (взволнованным); ~적 трогательный; волнующий; ~적 으로 трогательно

감사(感謝) благодарность; ~만만(천 만) не находить слов для вы- ражения благодарности; ~무지 не знать, как и благодарить; ~하다 1) см. 고맙다; 2) благодарить; 3) благодарность; 감사 인사를 드리다 говорить слова благодар-ности.

감사합니다 Спасибо.

감소(減少) уменьшение, сокращение, снижение; редукция; ~수열 мат. убывающая прогрессия;~함수 мат. убывающая функция; ~하다 уменьшать, сокращать, снижать.

감속(減速) замедление; редуциро-вание; тех. децелерация; ~적 заме-дленный; ~장치 тех. демультипли-катор; ~운동 замедленное движение.

감속기(減速器) тех. редуктор.

감시(監視) наблюдение, надзор, инспекция; ~구역 воен. район набл-юдения; ~램프 см. 감시등; ~신호 сигнал проверки; ~초소 наблюда-тельный пост; ~위치 позиция наблюдения; ~하다 наблюдать, надзирать, инспектировать.

감싸다 1)обёртывать; завёртывать; 2) покрывать, брать под

защиту; 죄인을 ~ приютить преступника.

감아올리다 наматывать; поднимать (что-л.) 닻을 ~ поднимать якорь; 돛을 ~ поднимать парус; 발을 ~ свернуть эк-ран.

감자 картофель; ~경작 сладкое блюдо, приготовленное из тёртого картофеля с клейким рисом и кунжутным семенем; ~국수 куксу из картофельной муки;~다식 картофельные оладьи с мёдом; ~된장 острая приправа из картофеля (приготовленная особым способом) ~만두 вареники, приготовленные из картофеля и рисовой муки;~수확기 картофелеуборочная машина; ~장아찌 картофель в соевом соусе; ~볶음 жаренный картофель; ~찌개 картофель, отваренный в соевом соусе.

갑니다 идти; ехать; уходить; уе- зжать

갑시다 давиться; задыхаться.

갑자기 неожиданно; внезапно;вдруг

갑작스럽다 неожиданный, внезап-ный.

갑작스레 неожиданно; внезапно

갑판(甲板) палуба; ~견습 палубные учения; ~여객 пассажир, едущий на палубе; ~승원 см. ~갑판원; ~지휘 управление с палубы; ~창고 палубный пакгауз;~화물 палубный груз;~유리 палубный иллюми- натор.

값, 가격 1. 1) цена, стоимость; 값도 모르고 싸다다 *посл. букв.* ≈не узнав цены, говорить, что дёшево; 값 싸다 а) дешёвый; 값싼 것이 갈치자반, 값싼 것이 비지떡 *посл.букв.* ≈ мило, дешево, да гнило; да гнило: б) нестоящий, пустяковый; 값을 놓다 назначить цену; 값을 메다 проставлять цену; 값을 보다 а) давать цену; б) спрашивать цену; 값을 부르다 называть цену; 값을 치다 наз-начать свою цену(о поку-пателе); 값가다(값이 나가다) дорогой, драго-ценный; 값이 나다 получать расценки; 값[이] 닿다 сторговаться; 값이 없다 а) очень дешёвый; б) не-стоящий, пустяковый; 값이 бесцен-ный, дорогой; 값이 있는 죽음 сме- рть дорогой ценой; 2) перен. ва-жность, ценность; 3) результат; 4) мат. в значении; 2. в ф. дат. п. после прич. буд. вр. хотя; ~싼 дешёвый; ~을 치르다 платить цену.

값지다 дорогой.

강(江) река; 강 건너 불구경 *посл. букв.* ≈ смотреть через реку на пожар; *см.* 하천.

강-(强) *преф. кор.* сильный; усилен-ный, форсированный; 강호령 силь-ная брань (незаслуженная); 강행군 форсированный марш; ~하다 силь-ный.

강남(江南) *обр.* далекий юг(южная часть Китая от реки Янцзы).

강변도로(江邊-) набережная.

강세(强勢) ударение;подчёркивание; акцент;~(가)있는 음절 выразитель- ный, эмфатический слог; ~를두다 делать ударение; подчёркивать; ~로 나오다 принимать агрессивную позу; занимать агрессивную пози-цию; ходить с козырей; ~주 львиная доля.

강수량(降水量) количество осадков; 당 지의 ~은 30밀리였다 30 мм. осадков выпало здесь; 올 여름에는 ~이 적었다 летом у нас выпадает мало дождей.

강아지 щенок; ~한테 메주 멍석 맡긴 것 같다 *посл.*=доверить козлу капусту.

강압(降壓) I понижение давления (напряжения); ~냉각장치 эл. редук-ционно-охладительная установка; ~변전소 эл. понижающая подстан-ция; ~변압기 эл. понижающий трансформатор; ~하다 понижать (давление, напряжение).

강압(强壓) II принуждение; пода- вление;...에 ~을 가하다 оказывать нажим на...;~적 принулительный; ~적으로 принудительно; ~하다 принуждать; подавлять.

강의(剛毅) I ~하다 стойкий, не- поколебимый.

강의(講義) II лекция; курс лекций; ~하다 читать лекцию.

강제(强制) принуждение; ~ 수단 средство принуждения.

강조(强調) ударение.

강타(强打) подача на силу(в волейболе).

강화도(江華島) Канхвадо о-в.

갖가지 различный; ~ 언어가 난무 하다 смешиваются разные языки.

갖고 있다 владеть. иметь.

갖다 час от часу не легче.

갖추다 подготовить; 1) подгото- вить, 방어 태세를 ~ занять оборо- нительную позицию, 2) иметь; 조건을 ~ иметь все условия; 몸을 ~а) держать себя, б) следить за собой, ‖ 갖추 쓰다 писать(иероглифы) в полном начертании.

같다 1) одинаковый,тот же самый, 똑~ абсолютно одинаковый, 꼭~ точно такой же;

같지 a) неодинаковый; б) непри-личный, некраси-вый; в) ничтожный, не заслужи-вающий внимания; ~않다, 같은 값이면 так уж получилось; уж если так; 같은 값에 так или иначе; как ни делай; 같은 값에 다홍치마 (검둥송아지) *посл.* ≅ чего уж тут выбирать,ведь цена та же; 2) 새것과 ~ как новый; 아래와 같은 нижесле-дующий; 이와 같은 подобного рода, подобный; 3)비가 올 것~ кажется, (что) пойдет дождь; 4) 집에서 책을 읽느만 같지 못하다 лучше бы читать книгу дома.

같이 1) одинаково,так же;2)вместе;3)после основы имени, а тж.после основы глагола 과/와 словно, подобно; 4) 내일 ~떠나려는데 마침 네가 왔다 собирался выехать завтра, а ты как раз приехал.

같이하다 делать вместе; 생사고락 을 ~ разделять горе и радость; 의견을 ~ разделять мнение.

갚다 1) расплачиваться(с долгами), возвращать, отдавать (долг); 2) платить,отплачивать; 은혜를 ~ от-платить за добро; 3) мстить.

갚음 1) уплата(долгов); 2)отплата, воздаяние (за добро, старания); 3) месть; ~하다 см. 갚다.

개 I топь(по берегам рек).

개 II собака; 개가 콩엿 사먹고 버드나무에 올라간다 *посл.*≅ пус-кать пыль в глаза; 개 핥은 죽 사발 같다 *погов* ≅ словно чашка выли-занная собакой; 개 웃을 일이다 необыкновенное(неслыханное) дело; 개 눈에는 똥만 보인다 *посл.* ≅ голодной курице просо; 개도 나갈 구멍을 보고 쫓는다 *посл.* ≅ с одного вола семь шкур не дерут; 못된개가 부뚜막에 먼저 올라간다 посл. ≅ не в свои сани не садись; не за свое дело не берись. 개발에 편자 погов. ≅ как корове седло; 개 패듯 하다 бить как собаку.

개강(開講) ~하다 начинать (курс лекций и т. п.).

개교(開校) ~하다 а) открывать (учебное заведение); б) начинать (занятия).

개교식(開校式) церемония открытия учебного заведения.

개구리 лягушка; ~헤엄 плавание стилем брасс; ~ 움츠려야 뛴다 *посл.* ≅ всякое дело требует разбега (букв. и лягушка прыгает только после того, как пригнётся); ~ 올챙이적 생각을 못한다 *посл. букв.* ≅ лягушка не помнит, что она была головастиком; ~ 볶음 жаркое из лягушек.

개근(皆勤) ~하다 ходить на работу регулярно (ежедневно); аккуратно (регулярно, ежедневно) посещать занятия.

개근상(皆勤賞) награда за непрерыв-ную добросовестную службу.

개발(開發) 1) развитие; 2) освоение; разработка, эксплуатация; ~하다 a) развивать; б) осваивать; разрабатывать, эксплуатировать.

개방(開放) 1) открытие; ~ 정책 политика "открытых дверей;" ~ 제진실 текст. открытая камера; ~홈 эл. открытый паз; 2) освобож-дение; 3) выключение(света); ~적 откры-тый, свободный; ~하다 а) открывать, оставлять открытым; б) освобождать; в) выключать (свет).

개업(開業) ~하다 а) открывать (предприятие, дело и т. п.); б) возобновлять(торговлю, дело и т. п.)

개인(個人) индивидуум, личность; частное лицо; ~적 индивидуальный, личный; ~감정 личное чувство; ~ 경리 единоличное хозяй-ство; ~ 교수 индиви-дуальное обучение; ~ 기업 частное предприни-мательство; ~농민 сущ. ведущий единоличное хозяйство; ~이기주의 эгоизм; ~상업 частная торговля; ~소유 частная собственность; ~소유권 право част-ной собственности; ~작업량 индиви-дуальная выработка; ~적 소비 лич-ное потребление; ~ 영웅주의 преу-величение роли личности(в истории); ~영웅주의자 "герой" (противопос-тавляющий себя народным массам); ~우월감 личное превосходство; ~ 위생 личная гигиена.

개척(開拓) освоение, возделывание (земли); ~하다 осваивать, возделы-вать(землю); 자기 길을 ~하다 про-бивать себе дорогу.

개학(開學) ~하다 а) начинать(заня-тия, новый учебный год); б) открывать(учебное заведение).

개항(開港) ~하다 открывать порт (для внешней торговли); открывать (новый порт).

개혁(改革) реформа преобразование; 토지 ~ аграрная реформа; ~하다 реформировать, преобразовывать, обновлять.

객원(客員) 1) гость(напр. на собра-нии, заседании и т. п.); 2) арх. внеш-татный чиновник; ~교수 приглашён-ный преподаватель.

객체(客體) 1) объект; 2) эпист.вежл. Ваше(его) здоровье(о человеке, находящемся на чужбине).

갯밭 поля вдоль берега бухты.

갱(坑) шахта, копи; ~을 달다 a) проходить штрек; б) рыть канаву на золотом прииске; ~구 вход в шахту; ~내 в шахте; в руднике; ~내 작업 работа в шахте; ~도 штольня; подземный ход; ~문 вход в шахту; ~부 шахтёр; ~실 корот-кая штольня; ~차 вагонетка.

갱생(更生) возвращение к жизни, воскрешение; ~하다 возвращать к жизни, воскресать, возвращаться на правильный путь, возрождаться; 자력~ возрождение собственными силами.

갱신(更新) обновление.

갸름하다 продолговатый, удли- нённый, овальный; 갸름한 눈 миндалевидные глаза; 갸름한 얼굴 миндалевидное лицо; 갸름한 코 миндалевидный нос

갸우뚱 ~하다 склониться, накло-ниться; ~거리다 качаться из сто- роны в сторону; мотать головой; 고개를 ~ 숙이다 склонить голову набок.

걔 (그 아이) этот ребенок.

거 разг. 1)(сокр. от 그것) это; 거 누구냐? кто это?; 거 봐라(보오, 보시오, 보십시오,보게,보아라,보지) разг. разве это не так?; разве я не прав?; 2) межд., выражает восхищение ах!

거기(倨氣) высокомерие.

거꾸러지다 1) упасть ничком; потерпеть крах; 3) бран. сдохнуть.

거꾸로 вверх дном; вверх ногами; шиворот-навыворот, наоборот.

거기로, 저기로 туда.

거나 окон. деепр. разд. потр. тж. в безличных предложениях: 가거나 말거나 상관없다 пойдёшь или не пойдёшь-мне всё равно; 크거나 작거나 가릴 것 없다 всё равно; маленький или большой

-거나(아무래도 괜찮음을 나타내는 접미 사) 많~ 적~ 마찬가지다 много или нет-всё равно; 그가 오~말~우리는 갈 것이다 придёт он или нет, мы уедем; 옳~ 그~내 생각은 그렇다 правильно или нет, но таково моё мнение.

-거늘(이유) поэтому (하물며) него- воря о том, что ... тем более; 날이 이미 늦었~ 그곳서 머물기로 하였다 так как уже было поздно, мы решили остаться там; 그 아이는 걷지도 못하~ 하물며 뛰기까지야 малышка не умеет ходить, а уж тем более бегать.

-거니(까닭) 나는 아직 젊었소~ 돌인 들 무거우랴 я ещё молод, разве могут камни быть тяжёлыми для меня; 비가 오겠~ 하고 우산을 가져왔다 я предполагал, что будет дождь, и поэтому принёс зонтик; 주 ~ 받~ и давать, и получать; 그것이 좋다 ~ 나쁘다~말도 많다 много спорово том, хорошо это или плохо.

거드름 надменное, высокомерное поведение; самодовольный(надмен-ный) вид; ~[을] 부리다 надменно (высокомерно) вести себя; иметь самодовольный вид; ~[을] 피우다 проявлять высокомерие; ~[을] 빼다 иметь надменный вид; ~스럽다 прил. казаться высокомер-ным,иметь высокомерный вид

-거든 оконч. воскл. ф. 1) 땅을 잘 다루어야만 많은 소출을 낼 수 있거든 хорошо обрабатывая землю, можно получить большой доход!; 2) око-нч. усл. деепр. 아버지께서 오시거든 말씀하세요 если придет отец, скажу (передам) ему.

거래(去來) 1) торговля;(экономиче-ские) связи; 수입금~ налог с това-рооборота; 2) см. 왕래; 서신 ~ пе- реписка; 3) (устный) доклад(на- чальнику); ~하다 а) торговать; б) докладывать(начальнику).

거래처(去來處) покупатель, обычно постоянный; деловое знакомство; ~가 많다 иметь большие связи в.

거래하다 иметь деловые отноше-ния с кем-л.; вступать в сделку с кем-л.

거리 I 1) материал, сырьё; 국 ~ суповой набор; 김치~ овощи для приготовления кимчхи; 2)предмет, объект; тема; 자랑~ предмет гор-дости; 웃음거리 объект насмешек; 이야기 ~ тема разговора.

거리(距離) II 1) дистанция, рассто-яние, интервал;측정기~дальномер; 2) разница, различие; расхождение; 3) суф. в течение; 하루~ в течение одного дня; 해~ в течение года.

거리, 대로(大路) III проспект.

-거라 оконч. повелит. ф. некот. гл.: 일어나 가거라 Иди! 자거라 Спи!

거스름돈 (денежная) сдача.

거슬러 올라가다 идти, грести; идти (под парусом) против течения; 강을 ~ идти, плыть вверх по тече-нию; грести (идти под парусом) вверх по реке; 과거로 ~ мысленно вернуться в прошлое;근원에 ~ проследить путь (вещи) от её происхождения.

거울 зеркало.

거울삼다 по образцу; следовать при-меру; учиться у; 선인의 덕행을 ~ быть добродетельным по примеру старых мудрецов; 다른 사람의 잘못을 ~ учиться на чужих ошибках.

거의 почти; ~ 차이가 없다 почти нет разницы.

거절(拒絶) отказ, отклонение, непри-нятие; ~하다 отказываться(от чего-л.); отказывать (кому-л. в чём-л);정중하지만 단호한 ~ отклонить вежливо, но решительно; 딱 ~ 하다 отказать на отрез; 면회를 ~하다 отказываться видеть(человека) отка-зывать самому себе; 요구를(신청을) ~하다 отклонять просьбу(заявление); 약속을 ~하다 отказываться от обязательств; ~증서 протестовать.

거절당하다 получить отказ.

거절하다 отказывать; отказываться

거짓말 ложь; ~하다 рассказывать (небылицы), врать; 새빨간 ~наглая ложь; явная ложь; чистая подделка; 그럴듯한 ~ правдоподобная ложь; ложь которая видна на сквозь; 빤히 들여다보이는 ~ прозрачная (очевид-ная, явная ложь); 죄 없는(악의없는) ~ белая ложь выдумка; ~투성이 гора лжи; паутина лжи; ~ 같다 неве-роятный; 천연스럽게 ~ 하다 лгать, как если бы говорить правду; лгать с честным лицом; ~이 아니다 я говорю всерьёз;암만해도 ~같다 это звучит невероятно; ~할 사람이 아니다 он не тот человек, который будет лгать; ~쟁이 лжец; 상습적 ~쟁이 закоренелый лжец; ~ 탐지기 детектор лжи; ~ 탐지기로 조사하다 проходить тест на детекторе.

거처(居處) проживающий,живущий в...; ~하다 1) жить, проживать, 2) местонахождение, местожительство; ~를 알아내다 определять местона-хождение; ~를 자주 바꾸다[옮기다] часто менять адрес; переезжать с места на место.

거치(据置) отсрочка, откладывание; ~하다 оставит(долг) неуплаченным (откладывать уплату долга); отсро-чить платёж); ~의 неисполненное обещание; неоплаченный долг; 3년 ~의 보험 отложить стра-хование на 3 года; 10 년 ~의 차관 невозмож-ность оплатить долг в течении 10 лет; 3 년~5 년 상환 возмещение долга в течении 5лет с трёхгодичной

- 18 -

отсрочкой; ~기간 день уплаты задолженности; ~저금 отложить сбере-жения; фиксировать вклад.

거치다 1) задевать; спотыкаться; 2) преодолевать; 3) заходить, заезжать; 4) оставлять без внимания; прохо-дить мимо; заглянуть по пути; 많은 사람의 손을 ~ проходить через много рук; 세관을 ~ пройти таможню.

거친 말 ругательство.

거칠다 грубый, невоспитанный.

걱정 беспокойство; ~을 끼치다 вызывать беспокойство; ~도 팔자 беспокойная душа.

걱정스럽다 чувствовать неудобст-во, неловкость; почемуто неспо- койный.

걱정염려(念慮)(불안,근심) беспокойст-во; волнение; тревога; озабочен- ность;(신경씀) забота;(나무람) брань; ~스럽다 беспокойный; ~하다 бе-спокоиться; тревожиться; (신경씀) заботиться; (나무람) браниться; ру- гать; ~시키다 причинять беспо- койство; ~스레 беспокойно; ~을 끼치다 вызывать беспокойство; ~ 이 없는 без забот; ~도 팔자 беспо-койная душа; ~거리 источник волне-ний(тревог; беспокойства); ~꾸러기 беспокойный человек; человек, вызывающий беспокойство

건강(健康) здоровье; ~하다 здоро-вый; ~에 좋은(나쁜) полезный (вредный) для здоровья; ~에 조심 하다 следить за здоровьем; ~을 회복하다 выздоравливать; восста-навливать здоровье; ~은 그 무엇 과도 바꿀 수 없다; здоровье нельзя ни на что променять/здоровье дороже всего/; ~진단을 받다 прохо-дить медицинский осмотр; подвер-гаться медицинскому освидетельст-вованию; ~미 здоровая красота; ~진단 медицинский осмотр; ~체 здоровый организм(телосложение); 건강상태 состояние здоровья; 건강을 해치다 вредить здоровью.

건강한 здоровый.

건국(建國) основание государства; ~하다 основывать государство; ~ 기념일 день основания государства; ~자 основатель государства; ~훈장 орден за заслуги перед государством.

건너 через; на другой(противопо-ложной) стороне; 강 ~에 по ту сто-рону (на той стороне) реки; (길을) ~가다 переходить(через) улицу (до-рогу); ~뛰다 перепрыгивать;

перес-какивать; пропускать очередь; ~오다 переходить через что-то; ~지르다 перебрасывать (перекидывать) с одного конца на другой; проводить горизонтальную линию через что-то; ~짚다 предугадывать; догадываться; ~마을 соседних деревня; ~편 другая (противоположная) сторона; 건넛집 дом напротив.

건너가다 переходить.

건너다 переходить(через) улицу (дорогу).

건너뛰다 прыгнуть через(что-л.); 개울을 ~ прыгнуть через ров, канаву; 담을 ~ перепрыгнуть через стену; 3 페이지를 ~ перескочить через три страницы.

건널목 переход(через реку).

-건대 1) оконч. деепр. со знач. насколько; как; 듣~ как я слышал; 2) разг. оконч. деепр. в вопр. пред-ложении указывает на обстоятель-ства, вызвавшие вопрос: 무엇을~ 자네를 볼 수가 없나? Ты наверно был чемто занят, тебя совсем не было видно?

건물(建物), 건축물, 집 II здание, строение; 고층 ~ высотное здание.

건설(建設) строительство; постройка; конструкция;сооружение; создание. ~적 конструктивный; ~하다 строить; создавать; конструировать; 국가를 ~하다 заложить основы государства; ~비 расходы на постройку; ~자 строитель.

건설방 распутник.

건축(建築) I строительство; сооруже-ние; возведение; застройка; ~하다 строить; сооружать; возводить; застраивать; ~용의 строительный; предназначенный для строительства; ~가 архитектор; ~공사 строитель-ные работы; ~공학 технология строительства; ~과 архитек-турно-строительный факультет; ~기사 инженер-строитель; ~면적 площадь застройки;~물 строение; постройка; здание; ~미 красота строения; ~비 расходы на пост-ройку; стоимость строительства; ~사 история архи-тектуры; ~사무소 строительная контора;~양식 архитектурный стиль; ~업자 строитель; ~재료 строитель-ные мате-риалы; стройматериалы; ~학(술) архитектура; зодчество; ~ 학자 архитектор; ~현장감독 прораб.

건축(乾縮) II строительство.

건축가(建築家)архитектор строитель

건축하다 строить.

걷다 I 1) рассеиваться (о тучах, тумане); 2) прекращаться(напр. о дожде); 3) подбирать; убирать; прибирать; 4) собирать; созывать; 5) прекращать.

걷다 II идти(пешком); шагать; 다니다 ходить; 걷기도 전에 뛰려 한다 пытается прыгать прежде, чем научится ходить; 걷기 ходьба.

걷다 III 커튼을 ~ поднимать за- навеску; 걷어 들이다 поднимать; собирать.

걷다 IV 세금을~ собирать налоги; 회비를~собирать членские взносы.

걸- I преф. более или менее; 걸맞다 более или менее подходить; 걸뜨다 плавать, находиться в воде во взвешенном состоянии.

걸- II преф. очень; 걸차다 очень плодородный; 걸싸다 проворный.

걸다 I вешать; 농담을~ подшучи-вать над кем-л.; 말을~обращаться к кому-л.; 목숨을 ~ рисковать жизнью; 목에 새끼를~ накидывать верёвку кому-л. на шею; 문에 빗장을~ закрывать дверь на засов; 시비를~ жаловаться на кого-л.; вы-ражать недовольство; 싸움을~ за-дираться; искать ссоры с кем-л.; 연애를 ~ полюбить; 자살로 ~ за-цеплять багром; 전화를 ~ звонить по телефону; 최면술을~ загипноти-зировать; 희망을 ~ возлагать надеж-ды; 걸고넘어지다(전가하다) свали-вать вину(ответственность) на кого-л..

걸다 II 음식상이 ~ стол ломится от яств.

걸리다 I (갈리다) висеть, быть подвешенным; 감기에~ просту-диться; 귀에 ~ звучать в душе; 눈에 ~ попадаться на глаза; 마음에 ~ лежать на душе, беспокоить; 목에 ~ застревать в горле; 병에 ~ за- болеть.

걸리다 II заставлять идти пешком.

걸맞다 подходящий, сносный.

걸음 шаг; 바쁜~ торопливый шаг; ~을 걷다 шагать; ~을 내딛다 де- лать шаг вперёд; ~을 늦추다 за- медлить шаг; ~을 멈추다 остано- виться; ~을 서두르다 торопиться; ~이 빠르다(느리다) ходьба быст- рым(медленным) шагом; 한 ~ 물러 서다 отступать на шаг; 한 ~ 도 물러서지 않다 ни на шаг(ни шагу) не отступать; 한 ~ 앞으로 шаг вперёд; 두 ~ 뒤로 два шага назад; ~아 날 살려라 дай бог ноги; ~걸음 шаг за шагом, каждый шаг; ~걸이 походка; ~마 учиться ходить; ковылять; ~짐작 измерение расс- тояния шагами.

걸음걸이 походка.

걸작(傑作) шедевр; забавное (сме-шное) поведение; забавник; фигляр.

걸치다 быть переброшенным (перекинутым) через что-л.; ...에 걸쳐 в течении, в протяжении чего-л.; 걸쳐놓다 оставлять висеть.

검(劍) меч; ~가(客) фехтовальщик; ~광 блеск(сверкание) меча; ~극 меч и копьё; ~기 вид острого меча; ~법 правила фехтования; ~술 фехто-вание.

검- очень; сверх нормы; пере.

검붉다 тёмно-красный.

검다 чёрный; 검은 깨 чёрный кунжут; 검은 돈 деньги, добытые нечестным путём; 검은마음 чёрная душа; 검은 피 густая(запёкшаяся) кровь; 검은콩 чёрные соевые бобы; ~회다 말이 없다 не говорить ни да, ни нет; 검은머리 흰머리 될 때까지 до старости; 검은 머리 파뿌리 될 때까지 всю жизнь; с молодых лет до седых волос.

검도(劍道) фехтование.

검문(檢問) допрос; ~하다 допра-шивать; ~소 контрольно-пропускной пункт.

검버섯 тёмные пятна на лице

검붉다 тёмно-красный.

검사(檢査) I проверка; осмотр; инспекция; контроль; ~를 받다 проходить осмотр; ~ 하다 про-верять; осматривать; инспектировать; ко-нтролировать; ~관 инспектор; ко-нтролёр; проверяющий; ревизор; экзаменатор; ~대 контрольный стенд; ~제 система контроля; ~중 акт осмотра; 체력~ медицинский осмотр.

검사(檢事) II прокурор; обвинитель; 부장 ~ главный прокурор.

검역(檢疫) карантин; ~하다 подвер-гать карантину; подвергать меди-цинскому осмотру; ~선 карантинное судно; ~소 карантин; санитарный пункт; ~원 служащий карантина; ~의 карантинный врач; ~ 증명서 свидетельство о вакцинации; ~항 карантинный порт.

겨우살이 всё необходимое на зиму; ~를 장만하다 готовить необходи-мое на зиму.

겨울, 동계(冬季), 동절(冬節), 동기(冬期) зима; ~의 зимний; ~을 나다 прово-дить зиму;(пере) зимовать; ~날 зим-ний день; ~날씨 зимняя погода; ~맞이 подготовка к зиме; ~바람 зимний ветер; ~밤 зимняя ночь; ~방학 зимние каникулы; ~옷 зимняя одежда; ~철 зима; зим-ний период;

겨자 갓, 개자(芥子) горчица; ~가루 сухая горчица; ~기름 горчичное масло; ~즙 горчичный соус.

격(格) ~에 어울리지 않게 살다 жить не по средствам; ~이르다 принадлежать другому обществу; ~이 떨어지다 не подходить; 아니 땐 굴뚝에 연기나랴는 ~으로 как говориться, нет дыма без огня.

격노(激怒)분노(忿怒) гнев, ярость; ~한 разъярённый; возбуждённый; ~하다 быть охваченным гневом; разозлиться; разъяриться; ~한 군중 разъярённые массы.

격려(激勵) воодушевление; поощ- рение; одобрение; поддержка; ~하다 воодушевлять; поощрять; одобрять; поддерживать; ~금 поощрение; ~문 воззвание; ~사 воодушевляющая речь.

격렬(激烈) ~하다 ожесточённый; бурный; буйный; пламенный; ~한 논쟁 ожесточённый спор.

격리(隔離) озолнение; разобщение; ~하다 изолировать; разобщать; от- бирать; выбирать; ~벽 изолирую-щая переборка; перегородка; ~병실 изолятор; ~사육 содержание в ка-рантине; ~실 изолированное по- мещение; ~판 сепаратор; раздели-тель; ~처분 изоляция; ~환자 изо-лированный инфекционный больной.

격분(激忿) озлобление; негодование; гнев; ~하다 возмущаться; негодо-вать; ~시키다 привести в негодова-ние; ~하여 с негодованием-(возмущением); ~하지않고 без не-годования.

결 I слой; пласт; жилка; строение ткани; степень плотности ткани.

결 II 1) см. 성결 II; 결이 바르다 прямодушный; см. 결기; 2) см. 결(이) 나다 вспылить; разозлиться; 결이 삭다 успокоиться, утихомириться.

결과(結果) результат; следствие; ~적 으로(~ 한...로) в результате чего-л.; ...한 ~가 되다 кончать чем-л.; привести к чему-л.

결국(結局) в результате; в конечном счёте; в конце концов

결근(缺勤) невыход на работу; прогул; ~하다 не выходить на работу; ~계 объяснительная записка о причине невыхода на работу; ~자 не вышедший на работу.

결단(決斷) (категорическое) решение; ~하다 принять (категорическое) решение; ~적 решительный; ~코 решительно; категорически; непременно; ни в коем случае; ~력 решительность; ~성 решительность.

결론(結論) вывод; заключение; заключительное слово; ~을 짓다 делать вывод; выступать с заключительным словом; ~이 나다 заключаться; заканчиваться.

결말(結末) конец; заключение; результат; ~이 나다 заканчиваться; завершаться; ~을 짓다(내다) заканчивать; завершать.

결산(決算) подведение итогов; отчёт; подытоживание; подведение счётов; ~하다 подводить итоги; подытоживать; отчитываться; рассчитываться; производить расчёт; ~보고(밸런스-вый) отчёт; ~분배 расчёт; отчёт и расчёт; ~총회 отчётное собрание.

결산보고(決算報告) отчет.

결석(缺席) I отсутствие; неявка; непосещение; пропуск; ~하다 отсутствовать; не являться; ~계 заявление о неявке; ~률 процент отсутствующих (неявившихся); ~생 отсутствующий на занятиях; ~자 отсутствующий; неявившийся.

결석(結石) II камни; конкременты; ~증 каменная болезнь; литиаз.

결손(缺損) недостаток; убыток; нехватка; дефицит; потеря; ~을 메우다 покрывать дефицит; ~이 나다 терпеть убыток; испытывать нехватку; ~액 сумма убытков; дефицит; недостающая сумма; ~처분 меры по ликвидации дефицита.

결승(決勝) финал; ~선 линия финиша; ~전 финальное соревнование; решающий бой; финал; ~점 финиш; 준~ полуфинал

결승전(決勝戰) финиш.

결시(缺試) ~하다 не явиться на экзамен.

결실(結實) плодоношение; завязывание плодов; созревание плодов; окончание; завершение; развязка; ~하다 завязывать; созревать; оканчиваться; завершаться; приносить плоды; ~기

период завызывания плодов; ~량 плодоносность.

결심(決心) I решение; решимость; ~하다 решить(ся).

결심(結審) II ~하다 завершать судебное разбирательство; ~을 다지다 твёрдо решить(ся).

결여(缺如) отсутствие; недостаток; нехватка; ~하다 отсутствовать; недоставать; не хватать; нуждаться в чём-л.

결의(決意) I решимость; решитель-ность; ~하다 решиться на что-л.; ~문 (письменное) обязательство.

결의(決議) II решение; постанов-ление; резолюция; ~하다 решать; принимать решение (постановление, резолюцию); ~권 право решающего голоса; ~문 резолюция; постановление; ~안 проект решения (резолюции).

결정(決定) I решение; постановле-ние; определение; ~적 решитель-ный; ~하다 принимать решение; решать; постановлять; определять; ~권 право решающего голоса; ~론 детерминизм; ~론자 детерминист; ~서 решение; постановление; ре- золюция.

결정(結晶) II кристалл; ~의 결정 плоды стараний; ~체 кристалл; кристаллическое тело; ~화 крис- таллизация; ~화하다 кристалли- зировать(ся).

결코 ни в коем случае; абсолютно; совершенно; ни как не; отнюдь.

결함(結陷) недостаток; дефект; изъян; ~이 있는 дефектный; с изъяном; 성격 ~ отрицательная черта характера.

결합(結合) связь; соединение сборка; стыковка; объединение; слияние; сочетание; комбинация; ~하다 связывать(ся); соединять(ся); объе-динять(ся); сливать(ся); соче тать(ся); ком-бинировать(ся); ~력 сила сцеп-ления(соединения; связи); связующая сила.

결핵(結核) туберкулёз; ~균 конк- реционная текстура; ~성 결절 туберку-лёзный бугорок; ~성 고정 관염 туберку-лёзный коксит; ~성 관절염 туберку-лёзный артрит; ~성 뇌막염 туберку-лёзный менингит; ~성 소인 туберку-лёзный диатез.

결혼(結婚) бракосочетание; жени-тьба; ~식 свадьба; замужество; ~의 брачный; матримониальный; ~하다 вступать в брак; ~을 신청하다 делать кому-л. предложение.; ~ 신청을 받다 получать предложе-ние; ~을 거행하다 справлять сва-дьбу; ~기념일 годовщина свадьбы; ~식

свадьба; свадебный обряд; обряд бракосочетания; 연애 ~ брак по любви

결혼(結婚), 혼례(婚禮) свадьба.

겸 и; заодно; вдобавок; 수상 ~외상 премьер-министр и(одновременно) министр иностранных дел; 거실 ~ 침실 жилая комната (спальня и гостиная вместе); 밥도 먹을 ~쉴 для того, чтобы и поесть, и отдохнуть.

경 I нагоняй; разнос; ~을 치다 получать нагоняй; ~치게очень.

경(徑) II диаметр;반~ радиус; 직~ диаметр.

경계(境界) I граница; рубеж; грань; ~선 пограничная линия; பограни-чный знак(межевой) знак(столб).

경계(警成) II предостережение; пре-дубеждение; предохранение; охра-нение; наблюдение; ~하다 предосте-регать кого-л. от чего-л.; ~망을 펴다 создавать систему охранения; выс-тавлять охранение; выставлять охра-ну; ~경보 сигнал об угрозе напа-дения; ~경보발령 оповещение об угрозе нападения; ~근무 караульная служба; ~망 сеть сторожевых постов; ~ 신호 сигнал тревоги; предупре-дительный сигнал; ~심 опасение; бдительность; настороженность.

경고(警告) предостережение; преду-преждение; выговор.

경고하다 предупреждать кого-то о чём-то; предостерегать кого-л. от чего-л..

경공업(輕工業) легкая промышлен-ность.

경과(經過) ход; процесс; течение; развитие.

경금속(輕金屬) лёгкие металлы; ~합금 сплав лёгких металлов.

경기, 경쟁(競爭) состязание.

경기도(京畿道) Кенгидо пров.

경기장(競技場) стадион.

경력(經歷) биография;~있는 사람 бывалый человек.

경로사상(敬老思想) почтение(уваже-ние) к старости; ~하다 относиться с почтением к старикам, почитать (уважать) старость.

경영(經營) управление; ~학 наука управления.

경영(經營) ~하다 управляться.

경영인 руководящий работник.

경영자 руководитель, управляющий, заведующий; владелец, хозяин

검열(檢閱) ревизия; цензура; про-верка; контроль;~하다 подвергать цен-зуре; проверять; контролировать; инспектировать; ~을 받다 про-ходить цензуру; ~제도 система контроля.

검열(檢閱), 감독 инспекция.

검인(檢印) виза; печать(штамп)для удостоверения о проверке; ~을 찍다 визировать.

검증(檢證) ~조서 юр. акт удостове-рения подлинности; ~하다 удос- товерить подлинность, заверять.

검진(檢診) медицинский осмотр; судебно-медицинская экспертиза; ~하다 подвергать медицинскому ос-мотру; производить судебномеди-цинскую экспертизу.

검토(檢討) рассмотрение, исследо-вание, проверка; ~하다 рассмат- ривать; исследовать; 재~ повторная проверка;переэкзаменовка;пересмотр.

겁 страх; ~을 내다 бояться; ~쟁이 трус; 엉~결에 в испуге; ~나 하다 (~이 많다) пугливый; боязливый; ~이 없다 бесстрашный; ~을 내다 боять-ся;испугаться; ~이 나다 бо-яться; ~을 먹다 струсить; ~기 чу-вство страха; испуг;озабоченность; ~쟁이 трус.

것 вещь; то; нечто;видимо; может быть; 이~ это; 그~ то; 어느 ~ что-л.; 아무 ~ ничто; 저~ (вон то; 새 ~ новое; 헌 ~ старое; 이 책은 내 ~ 이다 эта книга моя; 나는 네가 모르는 ~을 안다 я знаю то, чего не знаешь ты; 잠자지 말 ~! Не спать! завтра:내일은 비가 올 ~이다 завтра, может быть, будет дождь.

것 служ. сл. с анафорической функцией: 1) после сущ., личн. мест. и порядк. числ. замещает имя, ранее упомянутое в речи: 이 책은 내 것이다 эта книга моя(книга); 2) с предшествующими прил. образует словосочет. со знач. определённого качества: 좋은 것 хорошее; 늙은 것 старое; 3) с предшествующими у-каз. мест. образует местоименные сущ.: 이것 это; 그것 то; 저것(вон то; 4) после гл. словосочет. и предложений выполняет функцию соотнос. сл. и переводится то; 나는 네가 모르는 것을 안다 я знаю то, чего не знаешь ты; 5) с прич. буд. вр. образует форму, выражающую приказ: 담배를 피우지 말것! не курить!; 6) после прич. в сопровож-дении гл. -связки 이다 обозначает действие, в осуществлении которого у говорящего имеется полная уверенность: 오직 꾸준한 노력으로 써만 과학의

높은 봉우리에 도달할 수 있는 것이다 только неустанным трудом можно достичь высот в науке; 7) после прич. буд. вр. в сопро-вождении гл.-связки 이다, если подлежащим является 3 л. видимо; 저 산 너머는 지금 비가 올 것이다 сейчас за теми горами, видимо, идёт дождь; 8) входит в состав некоторых мест; 어느 것 что-л.; 아무 것 ничто.

-것 суф., присоединяясь к корню предикатива, выражает: 1) уверен-ность говорящего в наличии при-знака, обозначенного корнем: 김씨 친구는 바로 저 집에 살 것이다 товарищ Ким как раз и живёт в том доме; 2) обязательность признака, обозначенного корнем: 오늘은 강물 도 얼어붙겠지 и река должна покрыться льдом; 3) категорическое утверждение: 책이 있겠지, 실험실 이 좋겠지, 무슨 불편이 있겠는가 Какие могут быть неудобства?ведь книги есть, да и лаборатория прекрасная (превосходная).

겉 наружная сторона; поверхность; внешний вид; ~ 다르고 속 다르다 мягко стелет, да жёстко спать.

겉- внешний; поверхностный; при-мерный; грубый; ~ 대중 опреде-ление на глаз; ~늙다 выгля-деть старше своих лет; ~ 마르다 подсы-хать(снаружи).

겉장(-張) 1) верхний лист(бумаги) (напр. в пачке); 2) обложка книги.

게 I краб; 마파람에 ~는 감추듯 словно корова языком слизнула; ~ 걸음 치다 двигаться(ходить) боком; быть медлительным(неповоротли-вым); ~거품 пена изо рта краба; пена(слюна), выделяемая при силь-ном возбуждении; ~살 мясо краба; сушёное мясо краба; ~장 солёные крабы, приготовленные в соевом соусе; соевый соус с солё-ными крабами; икра краба.

게 II (거기) там.

게 III (에게) к кому-л.; у кого-л.; 내~ 돈이 있다 у меня есть деньги.

게시 объявление; уведомление; бюл-летень; ~ 하다 извещать; уведом-лять; давать объявление; ~판 доска объяв-лений.

게임 игры.

겨우 едва;еле; с трудом; едваедва; ~ 두 사람 남았다 осталось лишь два человека. ~ 살아가다 переби-ваться; ~열차 시간에 왔다; едва успел на поезд.

겨우내 всю зиму; за зиму.

겨우살이 всё необходимое на зиму; ~를 장만하다 готовить необходи-мое на зиму.

겨울, 동계(冬季), 동절(冬節), 동기(冬期) зима; ~의 зимний; ~을 나다 прово-дить зиму;(пере) зимовать; ~날 зим-ний день; ~날씨 зимняя погода; ~맞이 подготовка к зиме; ~바람 зимний ветер; ~밤 зимняя ночь; ~방학 зимние каникулы; ~옷 зимняя одежда; ~철 зима; зим-ний период;

겨자 갓, 개자(芥子) горчица; ~가루 сухая горчица; ~기름 горчичное масло; ~즙 горчичный соус.

격(格) ~에 어울리지 않게 살다 жить не по средствам; ~이르다 принадлежать другому обществу; ~이 떨어지다 не подходить; 아니 땐 굴뚝에 연기나랴는 ~으로 как говориться, нет дыма без огня.

격노(激怒),분노(忿怒) гнев, ярость; ~한 разъярённый; возбуждённый; ~하다 быть охваченным гневом; разозлиться; разъяриться; ~한 군중 разъярённые массы.

격려(激勵) воодушевление; поощ-рение; одобрение; поддержка; ~하다 воодушевлять; поощрять; одобрять; поддерживать; ~금 поощрение; ~문 воззвание; ~사 вооду-шевляющая речь.

격렬(激烈);~하다 ожесточённый; бурный; буйный; пламенный; ~한 논쟁 ожесточённый спор.

격리(隔離) озоляция; разобщение; ~하다 изолировать; разобщать; от- бирать; выбирать; ~벽 изолирую-щая переборка; перегородка; ~병실 изолятор; ~사육 содержание в ка-рантине; ~실 изолированное по-мещение; ~판 сепаратор; раздели-тель; ~처분 изоляция; ~환자 изо-лированный инфекционный больной.

격분(激忿) возмущение; негодование; гнев; ~하다 возмущаться; негодо-вать; ~시키다 привести в негодова-нии; ~하여 с негодованием-(возмущением); ~하지않고 без не-годования.

결 I слой; пласт; жилка; строение ткани; степень плотности ткани.

결 II 1) см. 성결 II; 결이 바르다 прямодушный; 2) см. 결기; 결(이) 나다 вспылить; разоздиться; 결이 삭다 успокоиться, утихомириться.

결과(結果) результат; следствие; ~적 으로(~ 의...로) в результате чего-л.; ...한 ~가 되다 кончать чем-л.; привести к чему-л.

결국(結局) в результате; в конеч-ном счёте; в конце концов

결근(缺勤) невыход на работу; про-гул; ~하다 не выходить на работу; ~계 объяснительная записка о причине невыхода на работу; ~자 не вышедший на работу.

결단(決斷) (категорическое) реше-ние; ~하다 принять(категорическое) решение; ~적 решительный; ~코 решительно; категорически; непре-менно; ни в коем случае; ~력 решительность; ~성 решительность.

결론(結論) вывод; заключение; заключительное слово; ~을 짓다 делать вывод; выступать с заклю-чительным словом; ~이 나다 заключаться; заканчиваться.

결말(結末) конец; заключение; ре-зультат; ~이 나다 заканчиваться; за-вершаться; ~을 짓다(내다) зака-нчивать; завершать.

결산(決算) подведение итогов; отчёт; подытоживание; подведение счётов; ~하다 подводить итого; подытожи-вать; отчитываться; рассчитываться; производить расчёт; ~보고(баланс о-вый) отчёт; ~분배 расчёт; отчёт и расчёт; ~총회 отчётное собрание.

결산보고(決算報告) отчёт.

결석(缺席) I отсутствие; неявка; непосещение; пропуск; ~하다 от- сутствовать; не являться; ~계 за-явление о неявке; ~률 процент отсутствующих(неявившихся); ~생 отсутствующий на занятиях; ~자 отсутствующий; неявившийся.

결석(結石) II камни; конкременты; ~증 каменная болезнь; литиаз.

결손(缺損) недостаток; убыток; не-хватка; дефицит; потеря; ~을 메우다 покрывать дефицит; ~이 나다 терпеть убытки; испытывать не-хватку; ~액 сумма убытков; де- фицит; недостающая сумма; ~처분 меры по ликвидации дефицита.

결승(決勝) финал; ~선 линия фи-ниша; ~전 финальное соревнова- ние; решающий бой; финал; ~점 финиш; 준~ полуфинал

결승전(決勝戰) финиш.

결시(缺試) ~하다 не явиться на экзамен.

결실(結實) плодоношение; завязы-вание плодов; созревание плодов; окончание; завершение; развязка; ~하다 завязывать; созревать; оканчиваться; завершаться; прино-сить плоды; ~기

период завязывания плодов; ~량 плодоносность.

결심(決心) I решение; решимость; ~하다 решить(ся).

결심(結審) II ~하다 завершать су-дебное разбирательство; ~을 다지다 твёрдо решить(ся).

결여(缺如) отсутствие; недостаток; нехватка; ~하다 отсутствовать; недоставать; не хватать;нуждаться в чём-л

결의(決意) I решимость; решитель-ность; ~하다 решиться на что-л.; ~문 (письменное) обязательство.

결의(決議) II решение; постанов-ление; резолюция; ~하다 решать; принимать решение (постановление; резолюцию); ~권 право решающего голоса; ~문 решение; постановление;~안 проект решения (резолюции).

결정(決定) I решение; постановле-ние; определение; ~적 решитель-ный; ~하다 принимать решение; решать; постановлять;определять; ~권 право решающего голоса;~론 детерминизм; ~론자 детерминист; ~서 решение; постановление; ре- золюция.

결정(結晶) II кристалл; ~의 결정 плоды стараний; ~체 кристалл; кристаллическое тело; ~화 крис- таллизация; ~화하다 кристалли- зировать(ся).

결코 ни в коем случае; абсолютно; совершенно; ни как не; отнюдь.

결함(結陷) недостаток;дефект; изъян; ~이 있는 дефектный; с изъяном; ~성격 — отрицательная черта характера

결합(結合) связь;соединение сборка; стыковка; объединение; слияние; сочетание; комбинация; ~하다 связывать(ся); соединять(ся); объе-динять(ся); сливать(ся); соче тать(ся); ком-бинировать(ся); ~력 сила сцепления(соединения;связи); связующая сила.

결핵(結核) туберкулёз; ~균 конк- рекционная текстутра; ~성 결절 туберку-лёзный бугорок; ~성 고정 관염 туберку-лёзный коксит; ~성 관절염 туберку-лёзный артрит; ~성 뇌막염 туберку-лёзный менингит; ~성 소인 туберку-лёзный диатез.

결혼(結婚) бракосочетание; жени-тьба; ~식 свадьба; замужество; ~의 брачный; матримониальный; ~하다 вступать в брак; ~을 신청하다 делать кому-л. предложение.; ~ 신청을 받다 получать предложе-ние; ~을 거행하다 справлять сва- дьбу; ~기념일 годовщина свадьбы; ~식

свадьба; свадебный обряд; 　　обряд бракосочетания; 연애 ~ брак по любви

결혼(結婚), **혼례**(婚禮) свадьба.

겸 и; заодно; вдобавок; 수상 ~외상 премьер-министр и(одновременно) министр иностранных дел; 거실 ~ 침실 жилая комната (спальня и 　гостиная вместе); 밥도 먹을 ~셈 – для того, чтобы и поесть, и 　отдохнуть.

경 I нагоняй; разнос; ~을 치다 　　получать нагоняй;~치게очень.

경(徑) II диаметр; 반~ радиус; 직~ диаметр.

경계(境界) I граница; рубеж; грань; ~선 пограничная линия; пограни-чный (межевой) знак(столб).

경계(警戒) II предостережение; пре-дубеждение; предохранение; охра-нение; наблюдение; ~하다 предосте-регать кого-л. от чего-л.; ~망을 펴다 создавать систему охранения; выс-тавлять охранение; выставлять охра-ну; ~정보 сигнал об угрозе напа-дения;~정보발령 оповещение об угрозе нападения; ~근무 караульная служба; ~망 сеть сторожевых постов; ~ 신호 сигнал тревоги; предупре-дительный　　сигнал;　　~심 опасение; бдительность; настороженность.

경고(警告) предостережение; преду-преждение; выговор.

경고하다 предупреждать кого-то о чём-то; предостерегать кого-л. от чего-л.

경공업(輕工業) легкая промышлен-ность.

경과(經過) ход; процесс; течение; развитие.

경금속(輕金屬) 　лёгкие металлы; ~합금 сплав лёгких металлов.

경기, 경쟁(競爭) состязание.

경기도(京畿道) Кенгидо пров.

경기장(競技場) стадион.

경력(經歷) биография;~있는 사람 бывалый человек.

경로사상(敬老思想) почтение(уваже-ние) к старости; ~하다 относиться с почтением к старикам, почитать (уважать) старость.

경영(經營) управление; ~학 наука управления.

경영(經營) ~하다 управляться.

경영인 руководящий работник.

경영자 руководитель, управляющий, заведующий; владелец, хозяин

경우 1) случаи; ~가 있다 случаться; ~가 드물다 случай редкий; ~에 따라 в зависимости от обстановки 2) шанс.

경작(耕作) право на собственность и обработку земли.

경쟁(競爭) I конкуренция.

경쟁(競爭) II соревнование; 생존~ борьба за существование.

경제(經濟) экономика; ~정책 эконо- мическая политика.

경주(傾注)~하다 а) сосредоточивать (силы, внимание на чём-л.); 힘을 ~하다 прилагать силы; б) посвящать себя (чему-л.); в) выливать; высы-пать; г) арх. лить как из ведра (о дожде).

경찰(警察) полиция.

경찰서(警察署) полиция.

경축(慶祝) празднование; чествова-ние; поздравление; ~대회 торжест-венное заседание; ~연회 торжест-венное заседание, вечер в связи со знаменательной датой; б) приветст-вовать, поздравлять.

경축하다 чествовать.

경험(經驗) опыт; филос. эмпирия; ~ 교환 обмен опытом; ~비판론 эмпи- риок-ритицизм;~을 쌓다 накопить опыт; ~적 основанный на опыте; ~적 단계 этап проверки (чего-л.) на практике; ~하다 испытать, знать по опыту; испытывать на личном опыте; ~을 쌓다 накопить опыт; см. 시험(試驗)

곁 1) ~에 сбоку; рядом, около; 2) перен. покровитель; ~(이)비다 оди-нокий; беззащитный; прил. быть без присмотра; 3) ответвление; 곁[을] 주다 раскрывать душу (кому-л.).

계 I общество взаимопомощи.

계(契) II Геобщество взаимопомощи

계곡(溪谷) ущелье, в котором про-текает ручей.

계급(階級) класс.

계란(鷄卵) см. 닭알; ~송병 см. 알 송편 ~장아찌 гарнир к рису из варёных яиц в соевом соусе;~찌개 гарнир к рису из солёных креветок с яй- цом, луком, перцем и т. п. ~에도 유골이 있다 обр. непредвиденное затруднение.

계산(計算),셈, 카운트 (count) 1) счёт; 2) подсчёт, вычисление.

계속(繼續) продолжение.

계속하다 продолжать.

계시 I арх. ученик, подмастерье.

계시(啓示) II откровение; ~하다 от-крывать; показывать.

계약서(契約書) контракт.

계원 сотрудник сектора(секции)

계절(季節) время года; сезон.

계좌번호 текущий счёт номер.

계주 эстафета.

계층(階層) слой, прослойка; сосло-вие; 상인 ~ купеческое сословие.

계획(計劃), 예정안 план; проект; программа

계획성(計劃性) планомерность.

계획하다 планировать.

곗돈(契-) деньги, собранные общест-вом взаимопомощи.

고(高) высокий; ~속 высокая ско-рость

-고(-高) объём; сумма; 어획~ улов рыбы.

고가(高價) I высокая цена; ~의 물건 дорогой(ценный) товар; ~품 дорогая (ценная) вещь.

고가(高架) II ~의 надземный; под-весной; воздушный; ~다리 виадук; ~ 도로 эстакада; ~철도 надземная же- лезная дорога.

고개(목) I загривок; голова; ~를 끄덕 кивать головой; ~를 돌리다 огля-дываться назад; ~를 들다 подни-мать голову; ~를 숙이다 склонять (опускать) голову; ~ 방아를 찧다 клевать носом; дремать. ~가 아프 도록 что голова болит; ~가 절로 숙이다 сама собой голова скло-нилась в поклоне; 고개를 수그리다 опускать голову.; ~짓 кивок(напр. в знак согласия);~하다 кивать головой

고개 (언덕, 재, 고갯마루) II a) перевал; б) вершина; в) кульминационный пункт;오십 고개를 넘다 перевалить за пятьдесят лет; ~길 дорога через перевал; ~마루 гребень горы(холма); ~턱 высшая точка перевала.

고객(顧客),손님 покупатель; клиент; посетитель.

고결(高潔),고매(高邁),청아(清雅) ~하다 благородный; возвышенный; ~성 благородство; возвышенность; ~한 благородный; чистый.

고구려(高句麗),졸본부여(卒本扶餘:기원전 37년경~668년) династия Когурё; 고구려를 세우다 основать Когурё.

고구마 батат; сладкий картофель

고국(故國) родина; отечество; род-ная страна; ~을 그리워하다 тоско- вать по родине.

고급(高級) высший разряд(класс; сорт);~공무원 высокое должностное лицо; ~장교 высший офицерский состав; ~차

- 30 -

машина высшего класса; ~품 высокосортный товар.

고급유리 хрусталь.

고기 1) мясо; 2) рыба; ~잡이 рыбная ловля; ~를 굽다 жарить мясо(рыбу); ~잡이하다 ловить рыбу; ~잡이배 рыбачья лодка; рыболовное судно; ~젓 солонина; ~조림 мелко наре-занное мясо, приправленное соевым соусом; 돼지~ свинина; 말~ кони-на; 소~ говядина; 양~ баранина; 고깃국 мясной суп; 고깃덩어리 кусок мяса; 고기 통조림 консервы (мясные).

고기잡이, 어업 рыболовство.

고기압(高氣壓) высокое атмосфер-ное давление; ~권 замкнутая изо-бара антициклона; ~지대 область высокого атмосферного давления; антициклон.

고까지로 нареч. (почти) так(до та-кой степени); ~뭘 울고 있냐 о чём так горько плачешь?

고등(高等) высший класс(сорт; ра-зряд); ~하다 высокий; высший; ~교육 высшее образование; ~동물 высокоорганизованное животное; ~법원 высший суд; ~수학 высшая математика; ~식물 высшие расте-ния; ~학교 высшая школа.

고등어 японская скумбрия.

고딕(Gothic) готический; ~식 건축 готическая архитектура; готика; ~양식 готический стиль; ~체 го-тический шрифт.

고려(高麗) I династия Корё(918- 1392 гг.);~청자 фарфор эпохи Корё.

고려(考慮) II соображение; обдумы-вание; ~하다 иметь в виду что-л.;учитывать; принимать во внимание; в расчёт
고려하다 учитывать.

고령(高齡) преклонный возраст; человек преклонного возраста; ~자 человек преклонного возраста.

고르다 1) выбирать; отбирать; раз-равнивать; выравнивать; 2) ровный; одинаковый; нормальный

고립(孤立),격리 изоляция; одиноче- ство; ~적 одинокий; изолированный; ~되다 изолироваться; ~시키다 изо-лировать; ~무원 быть одиноким и беспомощным; ~주의 изоляционизм; ~주의자 изоляцио-нист.

고맙다(고마우니, 고마와) благодарный; достойный благодарности; 대단히~ большое спасибо; 고맙습니다 спа-сибо кому-л. за что-л.; бла-годаря кого-л. за что-л.; 고맙게

받다 при-нимать с благодарностью.
고맙습니다, 감사합니다 спасибо.
고모(姑母) сестра отца; тётка; ~부 муж сестры отца; дядя.
고무(鼓舞) I вдохновение; воодушевление; ~적 вдохновляющий; во-одушевляющий; ~하다 вдохновлять; воодушевлять; 사기를 ~하다 подни-мать дух.
고무 II резина; каучук; ~공 рези-новый мяч; ~신 резиновая обувь; ~장갑 резиновые перчатки; ~줄 рез-иновый шнур; ~지우개 резинка; ластик; ~풍선 аэростат; воздушный шар; ~호스 резиновый шланг; 인조 (합성) синтетический каучук 자연 ~ натуральный каучук; 재생 ~ регенеративный каучук; ~판 рез-иновая прокладка; 고무관을 갈다 поменять резиновую прокладку.
고생(苦生) невзгоды; лишения; трудная жизнь; ~스럽다 тяжкий; бедственный; мучительный; ~하다 испытывать невзгоды(лишения); мно-го пережить; ~스레 мучительно; с большими трудностями(лишениями); ~끝에 낙이 온다 после невзгод приходит радость; ~길 тяжёлый путь; путь, полный лишений; ~담 рассказ о тяжёлой жизни(о страданиях); ~ 살이 тяжёлая жизнь; ~살이 하다 жить в нужде; бедствовать
고소(告訴) I предъявление иска; подача жалобы; судебная жалоба; ~하다 подавать жалобу(на кого-л.); предъявлять иск; ~를 기각하다 отказывать в иске; ~인 подавший жалобу; ~장 жалоба.
고소(苦笑) II натянутая(неестест- венная) улыбка; ухмылка; ~하다 выдавливать из себя улыбку; за-ставить себя улыбнуться.
고속(高速) высокая скорость; ~도로 автострада; ~버스 автобусэкспресс; ~화 도로 автомагистраль.
고속도로(高速道路) автострада; скоростное шоссе.
고시(考試) I экзамен; ~원 общежи-тие для студентов, готовящихся к сдаче государственных экзаменов; 국가~ государственные экзамены; 고등~ экзамен для поступления на высокую государственную долж-ность (службу).
고시(告示) II извещение; объявле- ние; ~하다 извещать кого-л. о чём-л.; объявлять кому-л. о чём-л.; опове-щать кого-л. о чём-л.; ~가격 фиксированные цены.
고심(苦心) самоотверженные усилия (старания); ~하다

прилагать самоот-верженные усилия(старания); ~참담 усердие; ~참담 하다 прилагать все усилия.

고아(孤兒) I сирота; ~가 되다 оси-ротеть; 생활 сиротская жизнь; ~원 приют; детский дом.

고아(高雅) II ~하다 изящный; изыс-канный; элегантный.

고액(高額) большие деньги; ~권 крупная купюра; ~남세자 человек, который платит большие налоги; ~ 소득자 человек, зарабатывающий большие деньги.

고양이 кошка; кот; ~새끼 котёнок.

고요 1) тишина; безмолвие; 2) состояние покоя; ~하다 тихий; безмолвный; спокойный; ~한 спо- койный; ~해지다 утихать.

고용(雇傭) наём; ~하다 нанимать; ~ 계약 соглашение(контракт) о найме; ~노동자 наёмный рабочий; ~인 наниматель; ~주 наниматель(хоз-яин); ~조건 условия найма; 불완전 ~ неполная за-нятость; 완전 ~ полная занятость; 고용의 기회 воз-можности найма.

고위(高位) 1) высший ранг; 2) вы- сокое положение; высокий пост; ~ 관리 сановник; высокопоставлен-ный чиновник; ~급 высший ранг; ~급인사 высокопоставленные лица; ~급 회담 совещание на высшем уровне; ~성직자 сановник; прелат; ~층 привилегированная про-слойка; высшие круги.

고유(固有) ~하다 специфический; характерный; свойственный; прису-щий; собственный; типичный; ~명사 имя собственное; ~성 специфич-ность; самобытность; 고유의 글자 характерные буквы.

고유의 민속놀이 оригинальные на-родные игры.

고유하다 свойственный; характер-ный.

고의로, 일부러 нарочно.

고의적(故意的) умышленный.

고이(古爾) 1) красиво; 2) благоро-дно; 3) спокойно; полностью; ~ очень красиво; очень благородно; очень спокойно.

고자(鼓子) I кастрат, скопец; ~ 처가 집 다니듯 обр. ходить зря(понап-расну)

고자(孤子) II книжн. я(человек, по-терявший отца,-о себе во время траура).

고자질하다 доносить; ябедничать.

고작~해야 от силы; самое большее

고장(故障) I авария; 전화가 ~이다 телефон не работает; ~이 나다 сломаться; (ис)портиться; ~을 내다 повредить; вызывать аварию.

고장 II местность; район; область; провинция; место производства; ареал; родина; 내 ~사람 мой зем-ляк; 본 ~팀 команда хозяев поля; 대구는 사과의 본 ~ Город Тэгу известен вкусными яблоками.

-고저 оконч. деепр. цели: 이 달안으로 이 과업을 완수하고자 세밀한 계획을 세웠다 для того, чтобы выполнить задачу в течение этого месяца,(они) разработали деталь- ный план.

고전(古典) 1) классика; древние (старинные) произведения; литера-турные памятники; 2) древние обряды; старинные правила; ~적 классический; ~경제학 классичес-кая политическая экономика; ~극 классическая драма; ~문학 класси-ческая литература; ~미 классическая красота; ~역학 классическая меха-ника; ~주의 классицизм; ~파 клас-сицисты; приверженцы классицизма.

고정(固定) закрепление; фиксация; ~적 фиксированный; устойчивый; стабильный; постоянный; ~하다 фиксировать; закреплять; делать устойчивым (стабильным); ~불변 постоянство и неизменность; ~가격 стабильные цены; ~관념 стереотип; устойчивое мышление; навязчивая идея; ~목표 неподвижная цель; ~수입 постоянный доход; ~자본 основной капитал; ~자산 недвижи-мость; ~화 фиксация; закрепление; ~화하다 фиксировать; закреплять; стабилизировать; ~시키다 крепить

고조(高潮) сигизийные приливы; апогей; кульминационный пункт; 최 ~에 달하다 достигнуть зенита(апо-гея; кульминационной точки); 싸움 이 ~된 상황에서 в разгаре борьбы; ~기 сигизия; период подъёма; ~점 кульминация

고집(固執) упрямство; настойчи- вость; ~쟁이 упрямец; ~스럽다 ка-заться упрямым(неуступчивым; непокладистым); ~스레 упрямо; настойчиво; ~하다 упрямиться; нас-таивать на своём; ~을 부리다 упря-миться; ~(을) 세우다 упорно стоять на своём.

고체(固體) твёрдое тело; ~연료 твёрдое топливо.

고추 красный перец; 고춧가루 мо-лотый красный перец; ~장 соевая паста с молотым красным перцем.

고출력 высокая выходная мощность.

고충 душевная боль; тягостные мысли; ~을 털어놓다 изливать душу.

고층(高層) верхний(высокий)слой, ~건물 высотное здание.

고치 кокон шелкопряда; ~에서 비단 실을 짓다 вить кокон; 섬유~ шёлковое волокно; ~실 коконная нить

고치다 ремонтировать; налаживать

고통(苦痛) боль; мука; страдание; ~스럽다 мучительный; ~을 주다 мучить.

고프다(고프니, 고파)배가~ проголодаться; быть голодным; хотеть есть.

고함 외침소리 громкий крик; ~(을) 지르다 громко кричать; орать; ~(을) 치다 истошно кричать.

고향(故鄕) родина; родные места;~을 그리워하다 тосковать по родине; ~마을 родное село; ~사람 земляк.

고혈압(高血壓) повышенное кровяное давление; ~증 гипертоническая болезнь; гипертония; ~환자 гипертоник.

고회(古稀), 70살의 семьдесят лет; семидесятилетие.

곡(曲) мелодия; мотив; песня; несколько мелодий(песен); ~을 연주하 исполнять музыкальное произведение; ~명(~목) название музыкального произведения; программа концерта; 몽환~ фантазия; 행진~ марш.

곡괭이 кирка; кайло; ~질하다 работать киркой(кайлом).

곡류(穀類) зерновые; хлебные злаки

곡물(穀物) зерновые; хлебные злаки; ~건조기 зерносушилка; ~(도매)상 (оптовый) торговец зерном; ~창고 зернохранилище

곡선(曲線) кривая линия; ~계 курвиметр; ~미 меандр; красота линий; ~운동 криволинейное движение; ~좌표 криволинейные координаты; ~형 дугообразная форма.

곡예(曲藝),아크로바트(acrobate), 서커스 (circus) цирковое искусство; ~연습 акробатическое упражнение; ~비행 головокружительный полёт; ~단 цирковая труппа; ~사 артист цирка; ~술 цирковое искусство.

곡절(曲節) перипетии; превратность; осложнения; затруднения;причина; обстоятельства; 우여~ превратности; трудности; 운명의 ~ превратности судьбы; 인생에는 ~많다 в жизни много перипетий.

곡창(穀倉) 1) зернохранилище; амбар; закром; 2) обр. перен.

житница; ~지대 житница; зерновой район(страны).

곤경(困境) трудное(тяжёлое) поло-жение; ~에 빠지다(처하다) попадать в переделку; оказываться в тупике (затруднении); быть в трудном (тяжёлом) положении.

곤고(困苦) ~하다 тяжёлый; бедст-венный;

곤궁(困窮) ~하다 бедственный; полный лишений.

곤돌라(англ gondola) гондола.

곤두박질, 곤두박이 кувыркание; быстрый бег; ~다 падать вверх тормашками.

곤란(困難) трудности; ~하다 тру-дный; тяжёлый; 곤란하게 만들다 причинять трудности.

곤욕(困辱) тяжкое оскорбление; 죽 을 ~ смертельная обида; ~을 치루다 получить смертельную обиду; ~을 당하다 подвергаться тяжким оскорблениям; ~을 참다 терпеть (снести) смертельную обиду.

곤하다 1) усталый; утомлённый; 2) сонливый; осоловелый; 3) крепкий(о сне усталого человека); 곤히 잠들다 заснуть крепким сном.

곧, 즉시, 바싹 сразу; сразу же, тут же; ...은 바로 именно.

곧 скоро.

곧, 금방, 즉시 тотчас.

곧게 прямо.

곧다 прямой.

곧바로 сразу; немедленно; тотчас же; 일을 끝내자 나는 ~집에 돌아갔다 после работы я сразу вернулся домой.

곧바르다(곧바르니, 곧발라) прямый; правильный.

곧은 прямой.

곧은길 прямая дорога.

곧장 1) прямо; напрямик; 2) сразу же; немедленно; тут же; ~가다 идти напрямик.

골(뇌(腦), 머리) I 1) анат. мозг; 2) голова; ~아픈 일 хлопотное дело; ~ 이 비다 бестолковый; тупой;глупый.

골(성,노여움, 부아) II вспышка гнева; ~을 내다 сердиться; волноваться; ~이 나서 вспылить; ~이 오르다 выходить из себя.

골(등성이,능선(稜線)) III **1.** 1) ущелье; долина; овраг; 2) пробор; 3) округ; уезд; 4) паз; **2.** 1) см. 골짜기; 2) см. 고랑; 골(을) 지르다 пахать третий раз; 골을 타다 а) бороздить, прово-дить борозды; б) см. 가르마를 타다

골(англ goal) IV ворота; финиш; гол; попадание мяча в корзину; ~을 얻다 забить гол; ~을 지키다 стоять в воротах; 세 –차로 이기다(지다) победить(проиграть) со счётом 3:0; ~라인 линия ворот; ~키퍼 вратарь; ~킥 удар по воротам; ~포스트 штанга.

골격 1) анат. скелет; 2) костяк; остов; каркас; ~근 скелетная мышца.

골고다 Голгофа, лобное место

골머리 1) голова; 2) мозг; ~를 앓다 сильно беспокоиться; тревожиться.

골목 переулок; ~길 переулок; ~대장 1) главарь; коновод; 2) заводила.

골몰~하다 уйти с головой (во что-л.); 독서에 ~하다 поглотиться в чтение; 일에 ~하다 увлекаться работой.

골짜기 ущелье; долина; овраг; лощина

골치 голова; ~아픈 일 источник беспокойства; проблема; тревога; ~ 를 앓다 беспокоиться(о ком-чём-л.); мучиться(с кем-чем-л.) (над кем-чем-л.); см. 골 I.

골프(англ. golf) гольф; ~를 치다 играть в гольф; ~공 мяч для игры в гольф; ~장 площадка для игры в гольф; 골퍼 игрок в гольф.

곪다 нарывать; гноиться; созреть; 상처가 곪았다 рана гноится

곬 1) путь; перен. русло; 한 곬을 잡다 выбрать путь; 2) путь миг-рации(ры-бы); 3) см. 골짜기.

곯다 не наедаться; 배를~голодать

곯리다 I 1) портить; гноить; раз- лагать; 2) тревожить, беспокоить.

곯리다 II 배를~ заставлять голо-дать; кормить не досыта

곰 медведь; ~가죽 медвежья шкура; ~새끼 медвежонок; 불~ бурый медведь; 흰~ белый по-лярный медведь.

곰곰이 тщательно; внимательно; основательно; ~ 생각하다 разду- мывать.

곰팡이 плесень; ~슬다 покрыться плесенью; ~가 나다 (за)плесневеть; 습기로 ~가 생겼다 от сырости пок-рылось плесенью.

곱 раз; 세~ втрое; 열~ в десять раз.

곱다 I 1) красивый; 2) любимый; ласковый; 3) мягкий; 4)гладкий; 5) мелкий; 고이 как есть; без изме-нений; 고운정 미운정 нерушимая дружба.

곱다 II окоченелый(о пальцах)

곱다 III изогнутый; кривой; 허리가 곱다 сгорбленный.

곱빼기 двойная работа.

곱셈 умножение.

곱슬곱슬하다 вьющийся;кудрявый (о волосах и т. п.).

곱절 вдвойне; 세~ втройне; 몇~ в несколько раз.

곳 место; 이~ тут; здесь; 저~там; ~에 따라 в зависимости от места; ~에 везде; повсюду; повсеместно.

곳곳 там и здесь.

공(불) I мяч;~에 바람을 넣다 надуть (накачивать) мяч; ~을 몰다 вести мяч; ~을 받다 ловить мяч; ~을 빼앗다 перехватывать мяч, ~을 주다 передать(отдать) мяч; ~을 차다 бить по мячу; ~놀이를 하다 играть в мяч; 가죽~(고무~) кожа-ный(резиновый) мяч; 축구~ фут-больный мяч.

공(空) II ноль; ~으로 돌아가다 свестись на нет(к нулю) ~을 치다 не добиться успеха.

공(功) III 1) заслуга; 2) старание, усилие, ~을 세우다 отличиться (чем-л.); совершить подвиг; ~ 을 들이다 (쌓다) прилагать большие усилия(к чему-л., для чего-л.).

-공(-工) рабочий; 용접~ сварщик; 인쇄~ наборщик.

공간(空間) пространство; промежу-ток; интервал; свободное(пустое) место; ~적 пространственный; ~기하학 стерео-метрия; ~도형 прост-ранственная фигура; ~재료 полигр. пробельный материал; ~예술 прост-ранственное искусство; ~지각 восп-риятие пространства.

공갈(恐喝), 위협(威脅) угроза; запу-гивание; шантаж; ~하다 угрожать; запугивать; шантажировать; ~죄 шантаж; ~죄의 혐의로 по обвине- нию в шантаже.

공감(共感) сочувствие(к кому-чему-л.); симпатия; ~하다 сочувствовать (кому-чему-л.).

공개(公開) ~적 открытый; публи-чный.

공격(攻擊) атака; штурм; наступле-ние; нападение; нападки; ~적 насту-пательный; ~하다 атаковать; штур-мовать; наступать; нападать; крити-ковать; ~대 ударная часть; насту-пающая(атакующая) часть; ~력 нас-тупательная(ударная) сила; ~로 пути наступления;~수 нападающий; ~자 наступающий; атакующий; 기습 ~ внезапное нападение; 정면 ~ фрон-тальное наступление; лобовая атака; 측면~

фланговая атака.

공고(公告) официальное извещение (объявление); ~하다 официально сообщать(оповещать); опубликовать; обнародовать.

공공(公共) ~의 общественный; публичный; ~건물 общественное здание; ~기관 общественная организация;~사업 общественная работа; ~시설 места общественного пользования; ~요금 плата за коммунальные услуги; ~위생 здравоохранение; ~재산 общественное достояние.

공공연 ~하다 открытый; откровен-ный; ~히 открыто; откровенно;~ㄴ비밀 всем известный секрет.

공구, 도구 орудие; инструмент; ~강 инструментальная сталь; ~실 инструментальная; ~함 ящик дл-я инструментов.

공군(空軍) военно-воздушные силы; военная авиация; ~기 военный са-молёт; ~기지 военно-воздушная (авиационная) база; ~력 военно-воздушные силы.

공권력(公權力) государственная (об- щественная) власть.

공금(公金) общественные (государст-венные, казённые) деньги; ~을 횡령하다 присваивать казённые (государственные) деньги; ~횡령 каз-нокрадство; ~횡령자 казнокрад; растратчик.

공급(供給) снабжение; поставка; подача; ~하다 снабжать кого-что-л. чем-л.; подавать кому-чему-л. что-л.; ~계약 контракт о поставках; ~ 가격 заводская цена; ~과다 перепроиз-водство; ~관 питательная трубка; ~자 поставщик; ~지 пос- тавщик.

공급(供給)<> 수요(需要) предло- жение <> спрос.

공급하다 снабжать кого-что-л.

공기(空氣) I воздух; атмосфера; 신선한 ~ свежий воздух; 오염된 ~ загрязнённый воздух; ~조절 кон-диционирование; 타이어에 ~를 넣다 накачивать(спустить) шину; ~가열기 калорифер; ~냉각기 возду- хоохладитель; ~압축기 компрессор; ~여과기 воздушный фильтр; ~오염 загрязнение воздуха; ~요법 аэроте-рапия; ~정화기 воздухоочиститель; ~총 пневматическое ружьё; ~펌프 воздушный(велосипедный) насос.

공기(空器) II пустая посуда; миска для риса.

공동(共動) ~의 совместный; объе-динённый; общий;

коллективный; общественный; публичный; ~체 община.

공동생활 совместная жизнь.

공동체(共同體) община; 원시~ пер-вобытная община; ~[적]общинный; ~토지 общинные земли.

공로(功勞) 1) заслуга; 2) подвиг; ~가 있는 заслуженный; ~세우다 совер-шать подвиг; иметь заслуги; ~에 의해по заслугам; ~메달 медаль за заслуги; ~상 премия за заслуги; ~자 заслуженный чело-век.

공무 служебные дела (обязаннос- ти); ~여권 служебный, заграни- чный паспорт; ~출장 служебная командировка.

공무원 (государственный) служащий.

공문서 официальные документы

공범(共犯) групповое преступление; ~하다 совершать групповое преступление.

공법(公法) I юр. публичное право.

공법(貢法) II закон о поземельном налоге.

공부(工夫) I занятия; учёба; ~하다 заниматься; учиться; 수학을 ~하다 заниматься математикой.

공부(工部) II приказ строительных работ и кустарного промысла (в Коё).

공사(工事) I строительные работы; строительство; 토목~ строительные работы; ~하다 строить.

공사(公私) II общественное и ли- чное(частное), ~량편 гармония об-щественных и личных интересов.

공사(公事) III 1) уст. государствен-ные; общественные дела; 2) дела ведомства; 3) прост. см. 소송.

공사비(工事費) стоимость строи-тельства; расходы на строительство.

공산주의(共産主義) коммунизм;~[적] коммунистический; ~교양 ком- мунистическое воспитание; ~도덕 коммунистическая мораль; ~전사 борец за коммунизм; ~적노동 ком-мунистический труд; 전시~ воен-ный коммунизм; ~적 토요노동 коммунистический субботник.

공설(公設) сущ. общественный муниципальный; ~시장 рынок; ~ 운동장 стадион; ~하다 строить; со-оружать; оборудовать.

공손(恭遜) ~스럽다 казаться скром- ным и почтительным; ~하다 ск- ромный и почтительный.

공습(空襲) воздушная атака; ~하다 атаковать с воздуха;

- 40 -

~경보 воз-душная тревога.

공시(公示) официальное сообщение (извещение; оповещение); ~하다 официально сообщать(извещать; оповещать);~가격 официальная цена.

공식(公式) формула; схема; ~적 официальный; ~발표 оповещение; ~방문 официальный визит; ~성명 официальное заявление; ~화 фор-мализация; схема-тизация; ~화하다 схематизировать; представлять в виде формулы.

공업(工業) индустрия; промышлен-ность; ~의(적) промышленный; индустриальный; ~가 промышлен-ник; ~계 промышленные круги; ~ 부기 бухгалтерский учёт на промы-шленном предприятии; ~용수 про-мышленная вода; ~지대 индуст-риальный район; ~품 промышлен-ные товары; промышленная продук-ция.

공업단지(工業團地) промышленная зона

공업분야 промышленная отрасль.

공업화(工業化) индустриализация; ~수준 уровень индустриализации; ~하다 индустриализировать.

공연(公演) I представление; спек-такль; выступление; ~하다 давать представление(спектакль);выступать.

공연(空然) II книж. ~하다 ненуж-ный, излишний; бесполезный; безуспешный; беспричинный; ~히 зря; напрасно; беспричинно; ~한 말씀! Что вы!

공연스레(空然-) напрасно; зря.

공연히 напрасно; зря.

공예(工藝) искусство(техника) изготовления; прикладное искусство; ~가 мастер; ~품 художест венное изделие; произведение прикладного искусства.

공예(工藝) прикладное искусство.

공용(公用) I 1) обшее пользование; ~재산 2) общественное достояное;~어 общий язык.

공용(共用) II ~하다 использовать вместе;~안테나 общая антенна

공용어(公用語) официальный язык.

공원(公園) I парк; сквер; 국립~ государственный парк.

공원(工具) II рабочий завода (фа-брики)

공유(公有) I общее пользование. ~물 общественное достояние, собствен-ность; ~의 общественный; ~재산 общественная собственность; ~자 совладелец; ~지

общественная земля.

공유(共有) II совместное владение; ~[적] общинный; общий, находя-щийся в совместном владении; ~결합 хим. ковалентная связь; ~하다 совместно владеть(чем-л.).

공익(公益) общая польза(выгода); общественное благо; ~단체 обще-ственная организация; ~법인 обще-ственная правовая организация; ~ 사업 общественное дело; ~정신 дух всеобщего благосостояния.

공임(公任) уст. служебная обязан-ность; служебный долг.

공작(工作) I производство; выпуск; строительство; стройка; ручная рабо-та, работа; операция; подготовка; изготовление; манёвр; ~하다 выпус-кать; производить; строить; работать; прибегать к манёврам; ~기계 станок; ~물 ученическое изделие; творение человеческих рук; ~비 производст-венные расходы; расходы на произ-водство; ~실 учебная мастерская; ~원 работник.

공작(公爵) II князь; ~부인 княгиня.

공작실(工作室) мастерская комната.

공장(工場) завод; фабрика; ~의 за-водской; фабричный; ~법 фабри-чное законодательство; ~위원회 фабричнозаводской комитет; ~주 фабрикант; заводчик; ~지대 фаб- ричнозаводской(промышленный)район; ~폐쇄 локаут; закрытие фаб-рики (завода).

공장건물 корпус.

공저(共著) соавторство; совместно написанный труд; ~자 соавтор.

공정(公正) I ~하다 правильный; справедливый; ~성 справедли- вость.

공정(公定) II сущ. ~의 официально утверждённый(установленный); ~가격 такса; установленная(официаль-ная) цена.

공정(工程) III процесс; ход работы; ~계획 план технологического про-цесса; ~도 технологическая схема; ~손실 производственные потери.

공제(控除) вычет; вычитание; от-числение; ~하다 вычитать; отчи- слять; ~금 отчисления; удержанные (вычтенные) деньги; ~액 удерживае-мая (отчисляемая) сумма.

공존(共存) сосуществование; ~하다 сосуществовать; ~공영 сосущество-вание и совместное процветание.

공중(公衆) общественность; общес-тво; публика; ~도덕

общественная мораль; ~변소 общественный туалет; ~위생 социальная гигиена; ~전화 телефон-автомат; ~전화실 телефонная будка.

공중(空中) небеса;~의 воздушный; ~에 в воздухе; в небе; ~곡예 воз-душный акробатический номер; ~ 누각 воздушный замок; химера; ~ 열차 воздушный поезд; ~전 воздуш-ный бой; ~제비 переворот через голову с упором на руки; ~회전 сальтомортале.

공중전화(-電話) телефон-автомат.

공증(公證) доказательство; обосно-вание; ~사무소 нотариальное зас- видетельствование; ~사본 нотари-альная копия; ~하다 заверять(до-кумент).

공직(公職) уст. пост; должность; служебные обязанности; ~생활 жизнь служащего; ~자 чиновник; должностное лицо; государствен- ный служащий.

공짜(空-) бесплатно полученная вещь; ~로 даром; без труда; ~의 бесплатный.

공책(필기장,노트(note)) тетрадь; запис-ная книжка; блокнот.

공탁(供託) ~하다 отдавать на хра-нение; вносить в депозит; ~금 деньги в депозит; ~물 вещь, от-данная на хранение; ~자 депозитор; депонент.

공통(共通) ~의 общий; ~성 общ-ность; ~ 어 общий язык; ~점 а) общность; б) близость; ~인수 мат. общий множитель; ~되다 быть общим в чём-л.;~적으로 в общем.

공판(公判) публичный суд; отк- рытое судебное заседание; ~하다 судить открытым судом; ~정 место проведения открытого судебного заседания.

공포(公布) обнародование; офици- альное объявление;опубликование; ~ 하다 обнародовать; официально объявлять; опубликовать.

공포(恐怖) страх; боязнь; ~감 чувс-тво страха;~심 боязнь;~증 фобия.

공포(空砲) холостой выстрел; ~사격 холостой выстрел.

공학(工學) I технические науки; технология; ~부 технологический факультет; ~연구소 технический научно-исследовательский институт; 전기~ электротехника.

공학(共學) II совместное обучение; 남녀~ школа совместного обучения; смешанная(мужская и женская) школа.

공항(空港), 비행장, 에어포트(airport) аэропорт.

공해(公害) I загрязнение окружаю-щей среды; общественный вред; ~산업 производство, загрязняющее окружающую среду.

공해(公海) II открытое море; ~항해 судоходство(плавание)в открытом море

공허(空虛), 빔 ~하다 пустой; бес- содержательный; опустошённый; ~ 감 чувство опустошённости; 정신적 ~감 душевная опустошённость.

공헌(貢獻) вклад; ~하다 делать (вносить) вклад во что-л..

공화(共和) республиканский; ~정치 республиканкий режим; ~국 респуб-лика; ~당 республиканская партия; ~제 республиканский строй;~주의 자 республиканец.

공화국(共和國) республика.

공회장 место проведения съездов (собраний).

공휴일(公休日) всенародный выход-ной день.

-곶(串), 갑(岬), 관(串) мыс.

과(科) I 1) отделение; 2) класс; 3) тип; 4) отрасль; 국화~ семейство сложноцветных, 역사학~ истори- ческое отделение

과(課) II 1) отделение; сектор; 2) урок; 제1 ~ первый урок; 교무~ учебная часть.

과, 부 отдел.

-과 (그리고) суф. кор. ...에 대해 с кем-чем-л.; 아들 ~아버지 сын и отец; 적~싸우다 бороться с врагом; 그 여자는 꽃 ~같다 она похожа на цветок.

과감 ~하다 смелый; отважный; мужественный; ~하게 смело; от-важно; мужественно; ~성 смелость; отвага; мужество; ~한 отважный; смелый; мужественный; ~히 смело; храбро; отважно

과격 ~하다 а) радикальный; край-ний; экстремистский; б) резкий; ~분자 радикал; экстремист; ~파 радикалы; экстремисты.

과다 ~하다 чрезмерный; слишком большой; 공급~ поставка, превы-шающая спрос.

과로(過勞) переутомление; ~하다 переутомляться; ~사 смерть от переутомления.

과립(顆粒) зерно; зёрнышко; кру- пинка; ~형성 грануляция.

과목(科目) предмет; дисциплина; 선택~ факультативные предметы; 필수 ~ обязательные предметы.

과민 ~하다 чрезмерно(болезненно) чувствительный; 그

여자는 나이에 대해 매우 신경 ~이다 она болез-ненно воспринимает разговоры о возрасте; ~성 сверхчувствительность; ~성의 сверхчувствительный; ~증 гиперестезия; повышенная бо- левая чувствительность.

과밀(過密) перенаселение.

과반수(過半數) большинство; ~를 얻다 получать большинство(голо-сов); ~로 통과되다 быть принятым (утверждённым) большинством (голосов); 절대~ абсолютное боль-шинство.

과세(課稅) обложение налогом(по-шлиной); ~하다 облагать налогом; ~를 ставки налогообложения.

과수원(果樹園) фруктовый сад.

과외(課外) сущ. ~의 внеклассный; внеурочный; факультативный; ~수업 внеклассные занятия; ~지도 факуль-тативные занятия; ~활동 общест-венные мероприятия.

과용(過用) II ~하다 слишком много тратить; 약을 ~하다 принимать слишком большую дозу лекарства.

과음 ~하다 слишком много вы- пить; перепить.

과일 фрукт;~술 фруктовое вино; ~즙 фруктовый сок; ~졸임 компот; ~쨈 варенье; повидло.

과잉(過剩) излишек; избыток; ~하다 быть в избытке(в излишке); ~생산 перепроизводство; ~생산 공황 кризис перепроизводства; ~ 인구 перенаселение

과자 кондитерское изделие; ~점 кондитерская.

과장 преувеличение; гипербола; ~의 гиперболический; ~하다 преу-величивать; ~법 гипербола.

과학(科學) наука; ~자 учёный; на-учный работник;~적 научный; ~계 научные круги; научный мир; мир науки; ~성 научность.

관(管) I 1) труба; трубка; 2) анат. сосуд.

관(冠) II венец; корона.

-관(-官) I суф. кор. должностное ли-цо; чиновник; 사령~ командующий; 외교 дипломат.

-관(-館) II суф. кор. учреждение; 대사~ посольство; 영화~кинотеатр.

-관(-觀) III суф. кор. мнение; взгляд; 세계~ мировоззрение; 인생~ взгляды на жизнь.

-관(管) IV суф. кор. труба; 배수~ водосточная труба; 임파선 ~ лим-фатические сосуды.

관개(冠蓋) орошение; ирригация; ~하다 орошаться; ~공사 ирригацио-нное строительство; ~망 иррига- ционная система; ~수리 гидроме-лиорация; ~용수 вода для орошения; ~용수량 количество воды, необходимое для орошения.

관객(觀客) 1) зритель; 2) публика; ~석 места для зрителей

관계(關係) 1) отношение; связь; участие; 2) сношение;~하다 иметь отношение(связь) с кем-чем-л.; ~(적) имеющий отношение; относи-тельный; релятивный; ~가 없다 не иметь никакого отношения; быть непричастным; ...한 ~로 по причине того, что...; в связи с тем, что...; ~과 ~없이 безотносительно к чему-л.; 역사~적 литература по истории; 그것은 나와 아무런 ~가 없다 я тут не при чём/ мне нет до этого дела; 친척~에 있다 состоять в родстве; ~대명사 лингв. относительное мес-тоимение; ~자 участие; заинтересо-ванное лицо; 전후 ~ контекст; ~ 형용사 относительное прилага-тельное.

관공서(官公署) уст. ведомство и присутствие.

관광(觀光) туризм; ~하다 совершать туристическую поездку; осматривать достопримечательности; ~가이드 туристический справочник; ~객 турист(-ка); экскурсант (-ка); ~버스 турис-тический автобус; ~업체 бюро путешествий; ~여행 туризм; экс-курсия; ~열차 туристический поезд; ~지 достопримеча-тельность; ~객 турист; 관광안내소가 어디 있습 니까? Где находится турбюро?

관념(觀念) 1) представление; поня-тие; идея; 2) взгляды; концеп- ция; ~적 идеалистический; ~론 идеализм; ~론자 идеалист.

-관데 уст. оконч. деепр. 비가 얼마 나 왔관데 물소리 저다지 요란하뇨? (обозначает предполагаемую причину) вода сильно шумит, пови- димому прошёл дождь.

관람(觀覽) просмотр; осмотр; ~하다 смотреть; осматривать; ~객 зритель, посетитель; ~표 входная плата; ~석 места для зрителей; ~자 зритель, посетитель; ~실 зрительный зал.

관련(關聯) (взаимо)связь; ...와(과) ~ 되다 быть связанным с кем-чем-л.; зависеть от кого-чего-л.; ...와(과) ~ 하여 в связи с чем-л.; ~성 (взаимо) связь; взаимозависимость; 관련이 많다 много взаимосвязей.

관례(慣例) обычай; обыкновение; ~법 общее право.

관료(官僚) чиновничество; бюрок-ратия; ~적

бюрократический; ~치 бюрократизм; ~제(주의) бюрократизм; ~주의자 бюрократ; ~주의체제 бюрократическая система; ~화 бюрократизация; ~화하다 бюрокра-тизировать; ~주의 бюрократизм.

관리(官吏) I чиновник.

관리(管理), 통치(統治) II управление; контроль; ~하다 управлять чем-л.; заведовать чем-л.; контролировать; ~하에 두다 взять под контроль; ~기관 орган управления; ~법 мето-ды(способы) управления; ~비 управ-ленческие расходы; эксплуатацион-ные расходы; ~소 управление; ~자 заведующий; администратор; 사무~ управление делами.

관리과 отдел управления.

관리인(管理人) заведующий; адми-нистратор.

관세 (таможенная) пошлина; ~동맹 таможенный союз; ~법 закон о налогах; ~율 таможенный тариф; ~장벽 таможенный барьер; ~전쟁 таможенная война; ~협정 тарифное соглашение.

관습(慣習) привычка; обычай; обык-новение; ~적으로 по привычке; ~이 되다 входить в привычку(в обык-новение).

관심(關心) интерес; внимание; ~을 가지다 интересоваться кем-чем-л.; ~을 돌리다 обращать внимание на кого-что-л.; ~을 보이다 проявлять интерес; ~사 объект интереса; дело, в котором заинтерисован; 중대~사 дело огромной ва-жности.

관절(關節) анат. сустав; ~강직; не-подвижность сустава, анкилоз; ~낭 суставная капсула; ~류마치스 сус-тавной ревматизм; ~절개술 вск- рытие сустава, артротомия; ~연골 суставной хрящ; ~염 артрит; ~통 артральгия.

관중(觀衆), 청중 публика; зритель; ~석 места для зрителей(публики)

관찰(觀察) наблюдение; рассмот- рение; ~력 наблюдательность; ~하다 наблюдать; рассматривать; ~자 наблюдатель

관측(觀測) наблюдение; обсервация; предвидение; предсказание; ~하다 наблюдать; предвидеть; ~대 наблю-дательная вышка; ~소 обсерватория; наблюдательный пункт; ~자 наблюдатель.

관통(貫通) ~하다 проникать(прохо-дить; пробивать) насквозь; прони-зывать; ~상 сквозная огнестрель-ная рана.

관하여 о ком-чём-л.; про кого-что-л.

관할(管轄) юрисдикция; компете́нция; ведение; ~하다 ведать кем-чем-л.; ~기관 компетентное учрежде́ние; ...의 ~에 속하다 быть(на- ходиться) в ведении кого-чего-л.; ~권 юрисдикция.

관행(慣行) обычай; ~을 따르다 сле́довать обычаю; ~대로 하다 де́лать по обычаю.

관현(管絃) духовые и струнные инструменты; ~악 оркестровая му́зыка; ~악단 оркестр струнных и духовых инст-рументов.

관형사(冠形詞) атрибутивное при- лагательное; атрибутивные слова(о кор языке).

괄약근(括約筋) анат. сфинктер.

괄호(括弧) скобки.

광 I кладовая; чулан.

광(光) II блеск; свет; глянец; лоск; ~을 내다 придавать блеск чему-л..

광(鑛) III рудник; шахта.

-광(-鑛) I суф. кор. руда; шахта; рудник; 자석 ~ магнитная руда; 철 ~ железная руда.

-광(-狂) II суф. кор. фанатик; бо-лельщик; любитель; маньяк; -ман; 속도~ любитель больших скоростей; 예술~ фанатик искусства; 절도~ клептоман; 축구~ фанат футбола.

광고(廣告) реклама; объявление; ~ 하다 рекламировать; объявлять; 신문에 ~를 싣다 давать объявление в газету; помещать объявление в газете; ~란 отдел(рубрика) объявлений; ~료 плата за объявление (рекламу); ~ 문 текст объявления (рекламы); ~방송 коммерческая передача; ~지 объявление; реклама; ~탑 столб для объявлений(рекламы); ~판 доска объявлений(рекламы)

광고(廣告) предо анонс; реклама; объявление.

광물(鑛物) минерал; руда; ~재집 коллекция минералов; ~계 мир минералов; ~명 название минерала; ~성 минеральный; ~성 섬유 мине́ральное волокно; ~성 염료 мине́ральный краситель; ~수 минера́ль-ная вода; ~질 минеральное вещество.

광물학 минералогия; ~적 минерало-гический; ~학자 минералог.

광범위(廣範圍) широкая сфера; ши-рокий круг(масштаб).

광부(鑛夫) горняк; шахтёр; рудокоп

광산(鑛山) рудник; копи; шахта; ~권양기 рудничная подъёмная ма- шина; ~도시 шахтёрский посёлок; ~통로 штольня; ~꼼바인 горный (рудничный) комбайн; ~압축기 шахтный компрессор.

광산업(鑛産業) уст. горное дело; горный промысел.

광석(鑛石) руда; минерал; ~감정학 минералография; ~검파기 кристал-лический детектор; ~광물 рудный минерал; ~매장량 запас руды; ~층 рудный пласт.

광업(鑛業) горнодобывающая про- мышленность; ~권 право на раз- работку полезных ископаемых; ~소 рудник; шахта; ~주 горнопромыш-ленник; ~지구 горнопромышленный район

광역(廣域) обширный район; ~도시 мегаполис; агломерация городов; слияние городов.

광택(光澤) блеск; глянец; лоск; ~이 나다 блестящий; глянцевый; лосня-щийся; ~이 없는 лишённый блеска; матовый;тусклый; ~을 내다 лощить; полировать; наводить глянец(лоск) на что-л.; ~지 глянцевая бумага.

광통신 фотоника.

광폭(廣幅) значительная ширина; ~ 파종 широкорядный посев; ~영화 широко-экранный фильм.

광학(光學) оптика; ~적 оптический; ~고온계 оптический пирометр; ~ 기계(기구) оптический прибор; ~성 оптическое свойство; ~스펙트르 физ. оптический спектр; ~유리 оптичес-кое стекло; ~ 적 оптик; ~조척 оптический прицел; ~투영 оптичес-кая проекция; ~활성 хим. оптичес-кая активность(деятельность);~적 등방체 geol. оптическое изотропное тело; ~적 녹음 оптическая звукоза-пись; ~적 이방체 geol. анизотропи-ческое тело.

광합성(光合成) фотосинтез.

광화학(光化學) фотохимия; ~반응 фо-тохимическая реакция.

광활(廣闊) простор; обширность; ~하다 обширный; широкий; ~대지 обширные земли; ~한 평원 широкая равнина.

괘(卦) I 1) триграммы и гексаг- раммы Ицзина; 2) гадание.

괘 II муз. кобылка.

괘(罫) III типографский материал для набора линий.

괘념 ~하다 быть озабоченным;~치 않다 не беспокоиться (заботиться; тревожиться).

패도(掛圖) настенные наглядные пособия.

패씸스럽다 казаться ненавистным (отвратительным).

패씸하다 ненавистный; отвратительный

괜찮다 I ничего.

괜찮다 II неплохой; сносный; благополучно; нормально; ~들어가도 괜찮을까요? Можно войти? 찮으시 다면 если вы не возражаете;

괜찮습니다 Ничего.

괜하다 ненужный; лишний; бесполезный; безуспешный; беспричинный; 괜한 말씀 Что вы! 괜한 욕 беспричинное (необоснованное) ос корбление.

괭이 мотыга.

괭이농사 мотыжное земледелие.

괴(塊) I кор. мед. твёрдая опухоль в брюшной полости; 괴[를] 배다 образовываться (о твёрдой опухоли в брюшной полости).

괴(魁) II 1) арх. см. 우두머리; 2) первые четыре звезды в созвездии Большой Медведицы

괴기 ~하다 странный; причудливый; ~소설 сенсационная книга (фильм).

괴다 I ~눈에는 눈물이 괴었다 глаза наполнились слезами.

괴다 II бродить (о вине и т.п.); 괴여 오르다 пениться (о бродящем пиве).

괴다 III подставлять; подпирать; поддерживать; 손으로 턱을 ~ подпирать рукой подбородок.

괴다 IV любить; обожать.

괴력(怪力) необычайная (удивительная) сила.

괴로움 муки; мучения; страдания; ~ 을 주다 подвергать кого-л. мучениям; ~을 당하다 страдать (мучиться) от чего-л.; 양심의~ угрызения совести; 죽음의 ~ предсмертные муки; агония.

괴로워하다 страдать (мучиться) от чего-л..

괴롭다(-苦-) мучительный.

괴롭히다(-苦-) мучить.

괴물(怪物) удивительная (причудливая) вещь.

괴벽(乖僻) чудаковатость; ~하다 чудаковатый; странный; привередливый; капризный; ~한 사람 чудак.

괴벽스레(乖僻-) странно и привередливо (капризно).

괴상(乖常, 怪常) ~하다 странный; удивительный; ~망측 очень странный (причудливый).

- 50 -

괴상스레(乖常-, 怪常-) странно; удивительно.

괴상야릇하다 эксцентричный; нео-бычный.

괴팍(乖愎) ~스럽다 прил. казаться привередливым(своенравным);~하다 привередливый; своенравный.

괸돌 археол. дольмен.

굄 подставка(подо что-л.).

굄대 подставка; подпорка.

굄목(-木) деревянная подставка (подпорка); дерево, служащее под-поркой.

굉음 раскат; грохот; гул; грохо- тание

굉장하다 величественный; гран-диозный.

굉장히 очень.

교(巧) I сноровка; умение; лукав-ство; хитрость.

교(敎) II 1) см. 종교 2) секта кано-нников.

교(絞) III несколько прядей.

-교(橋) I суф. кор. мост; 인도교 пешеходный мост.

-교(敎) II суф. кор. религия; вера; 기독교 христианство.

교과(敎科) предмет; дисциплина; курс; ~ 과정 учебный процесс.

교과목(敎科目) предметы обучения, предусмотренные программой.

교과서(敎科書) учебник.

교관(敎官) arx. офицер-преподава- ватель; преподаватель спецпред-мета.

교내(校內) сущ. внутри учебного заведения; в учебном заведении; ~ 규칙 устав школы.

교대(交代), 교체(交替) I смена; ~ 하다 сменять(ся); заменять(ся); ~도 посменно, поочерёдно, ...의 ~되이 오디 приходить на смену кому-л.; ~ 작업 (по)сменная работа; ~작용 метасоматизм; ~제 (по)сменная работа; 삼~제 работа в три смены.

교대(橋臺) II бык моста.

교대제(交代制) посменная работа; 삼~(работа) в три смены

교도소(矯導所) тюрьма;~장 началь-ник тюрьмы.

교란(攪亂) ~하다 дезорганизовывать; учинять беспорядок; вызывать хаос; ~공작 подрывная работа; ~자 нару-шитель; дезорганизатор; подрывные элементы.

교류(交流) (взаимный) обмен; пе-ременный ток; ~하다

обмениваться кем-чем-л.; ~발전기 альтернатор; генератор переменного тока; ~ 전동 기 мотор переменного тока; ~ 전압 напряжение переменного тока; 문화 ~ культурный обмен.

교리(敎理) рел. учение; доктрина; догмат.

교만(驕慢) высокомерие; ~하다 вы-сокомерный; надменный; ~을 부리다 вести себя высокомерно.

교만성(驕慢性) высокомерие; над-менность.

교묘 ~하다 а) искусный; умелый; ловкий; мастерский; б) изящный; прекрасный.

교무(敎務) учебно-воспитательная работа; религиозные дела; ~과 учебная часть; учебный отдел; ~실 учительская комната; ~주임 заве-дующий учебной частью (завуч); ~처 админи-стративный отдел в учебном заведении; ~처장 начальник адми-нистративного отдела в учебном заведении.

교문(校門) двери учебного заве-дения.

교미(交尾) I спаривание; ~하다 спариваться; ~기 период спарива-ния(случки).

교미(嬌媚) II кокетство.

교사(敎師) I преподаватель; учитель.

교사(校舍) II здание учебного за- ведения; школьное здание; учебный корпус.

교섭(交涉) переговоры; сделка; ~ 하다 вести переговоры; заключать сделку; 단체 ~ коллективные пе-реговоры.

교수(敎授) 1) преподавание; обу- чение; 2) профессор; ~하다 препо-давать; обучать; ~안 план урока (занятия); 정~ профессор; 조~ доцент; ~진 профессура; препода-вательский состав; 명예 ~ заслу-женный профессор; 지도~ куратор.

교수론(敎授論) дидактика.

교수법(敎授法) методика препода-вания

교실(敎室) , 강당 1) класс; аудито- рия; 2) обр. школа.

교양(敎養) образование; воспитание; образованность; воспитанность;~이 있는 образованный; воспитанный; культурный;~이 없는 невоспита-нный; некультурный; невежест-венный;~학부 отдел образования.

교외(郊外) I окраина города; при- город; предместье; ~열차 приго- родный поезд.

교외(校外) II внешкольный; внеа-удиторный; ~수업

внекласное (внеаудиторное) обучение; репе- титорство; ~실습 внеклассная (внеаудиторная) практика; ~활동 общественные мероприятия; вне-школьная деятельность.

교육(敎育), 교양(敎養) воспитание; образование; просвещение; трени-ровка; ~적(의) образовательный; воспитательный; учебный; педагоги-ческий;~하다 воспитывать; давать образование кому-л.; тренировать; ~가 работник просвещения; педагог; ~계 педагогическое поприще; ~과 сектор(отдел) народного образова-ния; ~기관 учебные заведения; ~ 대학 педагогический институт; ~부 министерство образования(просве-щения); ~사 история просвещения; ~사업 педагогическая работа; ~상 министр просвещения; ~성 минис-терство просвещения; ~심리학 педа-гогическая психология; ~영화 учеб-ный фильм; ~자 педагог; ~제 си-стема образования; ~탄 учебный патрон(снаряд); ~학 педагогика; ~ 행정 административная работа в органах народного образования; ~회 просветительное общество; 가정 ~ домашнее воспитание; 의무~ обяза-тельное обучение; 직업 ~ професс-иональное образование.

교제(敎弟) дружеские отношения; общение; ~하다 вступать в дру- жеские отношения с кем-л.; об- щаться с кем-л.; завязывать зна-комство; ~가 넓다 иметь широкий круг знакомых; ~가 общительный человек; ~비 расходы на заведение знакомства; ~술 умение общаться.

교직(敎職) I преподаватель[ница]; проповедник[ца]; ~원 преподава-тельский состав и технический персонал; ~자 учитель[ница]; пре-подаватель[ни-ца].

교직(交織) II ткань из различных ниток; смешанная ткань; ~물 смешанная ткань.

교차(交叉) пересечение; скрещива-ние; ~개념 лог. перекрещиваю- щиеся понятия; ~하다 перекрещи-ваться; ~로 перекрёсток; ~사격 перекрёстный огонь; ~점 перек-рёсток; точка (место) пересечения.

교착(交錯) I ~개념 см. 교차[개념]; ~하다 смешиваться; перемешива- ться.

교착(交着) II приклеивание; ~하다 приклеиваться; ~력 степень клейкости; сила сцепления; ~성 1) клейкость; 2) лингв. агглютина-тивный характер; ~어 лингв. агглютинативный язык.

교체(交替) смена; замена; ~하다 менять; заменять; чередовать.

교태(嬌態) приятные манеры; ко-кетство; ~를 부리다 иметь прият-ные манеры; кокетничать.

교통(交通) уличное движение; транс-порт; сообщение; коммуникация; перед-вижение; перевозка; ~량 интенсивность уличного движения; ~로 пути сообщения, коммуникации; ~망 транспортная сеть; ~의 편리 удоб-ство транпорта; ~을 정리하다 регу-лировать уличное движение; ~난 затор; пробка; ~법규 правила улич-ного движения; ~사고 дорожнотран-спортное происшествие; ~상 министр путей сообщения; ~선 линия ком-муникаций, коммуникации; ~성 министерство путей сообщения; ~순경 ГАИ; ~신호 светофор; ~방송 уличное движение передача; 교통이 두절되다 движение транспорта пре-кращается.

교통비 расходы на транспорт.

교통수단 транспортное средство.

교통신호 дорожный сигнал.

교통정리 регулировать уличное движение.

교편(敎鞭) уст. указка; ~을 놓다 бросать(оставлять)педагогическую работу.

교포(僑胞) соотечественники, жи-вущие за границей.

교환(交換) I обмен; коммутация; ~ соединение абонентов; ~하다 обме-нивать; соединять; ~기 коммутатор.

교환(交歡) II ~하다 дружить(с кем-л.); проводить дружеские встречи; обмениваться дружескими приве-тствиями

교활한 хитрый.

교회(敎會) церковь. 교회당 церковь.

교훈(敎訓) преподавание; поучение; урок; ~적 поучительный; дидакти-ческий; ~를 주다 преподать урок; ~을 얻다 извлекать урок.

구(九) I девять.

구(區) II район; сектор; участок.

구(求),(공) III шар; сфера.

구-(舊) старый; бывший; 구졸업생 бывшие выпускники.

-구(口) I отверстие; 접수구 окно (для приёма чего-л.); 출입구 входи (выход)

-구(區) II район; округ; 노동지구 рабочий район; 선거구

избира-тельный округ.

-구(具) III средства; принадлеж- ности; инвентарь; 문방구 письмен-ные принадлежности; 운동구 спор-тивный инвертарь.

구개음(口蓋音) палатальный(нёб-ный) звук.

구개음화(口蓋音化) смягчение; па-латализация; ~하다 смягчаться; палатализоваться.

구경 I 1) осмотр; ознакомление; 달 ~ любование луной; 2) зрелище; ~속 좋다 наслаждаться зрелищем; ~[이] 나다 произойти (о чём-л. привле-кающем внимание; 3) ~못 하다 не видеть, не иметь ни малейшего представления; ~스럽다 интересный, достойный внимания; ~하다 осмат-ривать; знакомиться; любоваться; ~을 가다 пойти(поехать)посмотреть (осмотреть) 영화를 ~하다 смотреть фильм; 가극을 ~하다 слушать опе-ру; ~거리 (интересное) зрелище; ~꾼 зритель.

구경(球莖) II клубень; ~식물 кор- неплоды.

구국(救國) спасение отечества; ~ 투쟁 борьба за спасение отечества; ~ 항쟁 спасение отечества; ~적 пат-риотический; ~하다 спасать отечество.

구금(拘禁), 억류 заключение; ли- шение свободы; ~하다 лишать; заключать в тюрьму.

구급(救急) скорая(первая) помощь; ~약 медикаменты для оказания первой помощи; ~차 машина ско-рой помощи.

구급약(救急藥) медикаменты для оказания первой(неотложной) мед. помощи; ~약통 аптечка.

구급차(救急車) скорая помощь(авто-машина).

구급책 срочные(неотложные) дела.

구급처 пункт скорой помощи.

구급품 аварийные материалы.

구급함(救急函) ящик для аварий-ных материалов.

구김 помятость; ~방지 가공 нес- минаемая пропитка; ~이 가다 мя-ться; морщиться; ~을 보이지 않다 не растеряться; не упасть духом.

구김살 морщины; складки; непо-ладки; затруднения; ~투성이[의] весь в складках(морщинах);~이 가다 [с] мяться; покрываться морщинами (складками); ~을 펴다 разглажи-вать складки; устранять неполад-ки; выходить из затруднительного поло-жения.

-구나 벌판이 넓~! широко поле! 잘 일하는구나!хорошо работают!!

구내(區內) внутри района; на учас-тке; в районе.

구내선(構內線) станционный путь; (железнодорожные) подъездные пути (на территории предприятия).

구독(購讀) I ~하다 подписываться на газету(журнал; книгу); ~료 плата за подписку на газету(журнал; книгу); ~자 читатель; под- писчик.

구독(溝瀆) II ручей с топкими берегами.

구두 I ботинки; туфли; ~끈 шнурки; ~닦이 чистильщик обуви; ~약 сапожный крем; гуталин; ~을 칠하다 чистить обувь; ~주걱 рожок для обуви; ~창 подмётка;~코 носок.

구두(口頭) II ~의 устный; ~계약 устная договорённость; ~로 устно; ~설명 объяснение; толкование; ~심리 судебное разбирательство бе-з оформления протокола.

구두닦이 чистка обуви; чистиль-щик обуви.

구두쇠 жадина; скряга.

구라인다(<англ. grinder) 1) см. 연마돌; 2) точило; точильный станок.

구르기 1) утаптывание ногами 2) спорт. упражнение для ног.

구르다(딍굴딍굴) I катиться; 구르는 돌은 이끼가 안 낀다 под лежачий камень вода не течёт(катящийся камень не обрастает мхом); 굴러온 돌이 박힌 돌 뺀다новое побеждает старое (катящийся камень выбивает лежащий камень); 딍구르다 굴러 다니다 передвигаться(переноситься) с места на место; 굴러들다 вра-щаться; снова попадать(на оп-ределённое место).

구르다(발을) II топать; 발을 구르며 기뻐하다 притоптывать ногами от радости.

구름 облако, туча; ~차일 высокий навес (тент) от солнца.

구름다리 1) видук; перекидной мост(над дорогой); 2) ступеньки на сцене(бутафория).

구릉(丘陵) холм; бугор; курган; возвышенность.

구리, 구리쇠,동(銅) медь; ~빛 мед-ный цвет; ~줄 медная проволока.

구린내 дурной запах; вонь; ~가 나다 источать дурной запах; вон- ять; (수상하다) вызывать подозре-ние(сомнение).

구매(購買) I покупка; закупка; ~하다 покупать; закупать; ~가격 закупоч-ные цены; ~력 покупательская способность;

- 56 -

~자 покупатель; ~품 товар.

구매(毆罵) II ~하다 бить и ругать.

-구먼 비가 오겠구먼 дождь всётаки будет.

구멍 отверстие; дыра; щель; нора; яма; отдушина; люк; ~돌결 пористая текстура; ~봐 가며 쐐기 깎는다 в чужой монастырь со своим уставом не хо-дят (пробку делают по размеру отверстия); ~은 깎을수록 커진다 тот больше ошибается кто в своих ошибках не кается; ~이 나다 (뚫어지다) продырявливаться; срываться (о деле).

구멍가게 лавчонка, ларёк.

구명(救命) I ~하다 спасать; ~대 спасательный пояс; ~삭 канат; аварийная верёвка; ~정 спасатель-ный катер(лодка); ~조끼 спаса- тельный жилет

구명(究明) II выяснение; изучение; исследование; ~하다 выяснять; изучать; исследовать

구물거리다 лениво двигаться; про-являть медлительность; копаться.

구박(驅迫) притеснение; угнетение; гонения; ~하다 притеснять; угне-тать; подвергать гонениям.

구백 девятьсот.

구별(區別) различие; разница; ~하다 делать(устанавливать) различие; отличать что-л., от чего-л.; различать что-л..

구보(驅步) бег; рысь;~로 갓! бегом марш! (команда); ~하다 бежать.

구부러지다 изгибаться; сгибаться; искривляться.

구분(區分) подразделение; разгра-ничение; классификация; сортиро-вка; деление; разделение; подраз-деление; дробление; ~하다 класси-фицировать; делить на части; разделять.

구상력 сила воображения.

구상하다 задумывать.

구설(口舌) пересуды; клевета; ~수 судьба быть оговорённым

구성(構成) состав; структура; конструкция; построение.

구성되어있다 состоять.

구속(拘束) ограничение; стеснение; воен. сковывание; задержание; арест; тюремное заключение; ~하다 огра-ничивать; стеснять; воен. сковывать; задерживать;арестовывать; ~을 받다 быть стеснённым; ~력 связующая сила; ~영장 ордер на арест.

구수하다 аппетитный; вкусный; приятный на вкус.

구술(口述) устное объяснение; устное изложение; ~하다 устно излагать; передавать на словах; ~시험 устный экзамен.

구슬 бусинка; бисер; стеклярус; драгоценность; жемчуг; ~땀 капельки пота.

구심력(求心力) центростремительная сила.

구심점(求心點) центр притяжения.

구워내다 обжигать.

구워지다 печься; запекаться; жариться; обжариваться.

구원(救援) I помощь; спасение; выручка; ~하다 спасать; выручать; помогать кому-л. в чём-л.; ~을 요청하다 попросить(потребовать) помощи; ~하러 가다 пойти на помощь; ~대 спасательный отряд; ~병 подкрепление; ~자 спаситель; ~투수 сменный питчер(подающий); 예수 그리스도의 피로써 죽음에서 구원 받다 Спастись от смерти кровью Иисуса Христа.

구원(舊怨) II затаённое недовольство; старая обида.

구이 жаркое; жареное мясо; жареная рыба; 통닭 ~ жареная курица.

구인(求人) I набор(поиски) рабочей силы; предложение работы; ~하다 искать рабочих; ~광고 объявление о наборе рабочей силы; ~란 страница объявлений о наборе рабочей силы.

구인(拘引) II ~하다 арестовывать.

구입 I нищенские заработки; ~장생 полуголодное существование; ~하다 едва зарабатывать на хлеб; получать нищенскую зарплату.

구입(購入) II покупка; приобретение; ~하다 покупать; приобретать.

구절(句節) фраза; отрывок(речи).

구제(救濟) I материальная помощь; ~하다 оказывать материальную помощь; 빈민을 ~하다 оказывать материальную помощь бедным; ~책 меры оказания помощи.

구제(驅除) II дезинсекция; ~하다 истреблять(уничтожать) насекомых; ~약 химикаты для уничтожения насекомых

구제품(救濟品) вещи и продовольствия для оказания помощи.

구조(救助) I спасение; помощь; выручка; ~하다 спасать; помогать кому-л. в чём-л.; выручать кого-что-л.; оказывать помощь кому-л. в чём-л.; 인명을 ~하다 спасать кому-л. жизнь;~대 спасательный отряд; ~선 спасательное судно; ~신호 сигнал бедствия; сигнал SOS; ~작업 спасательные работы.

구조(構造), 구성(構) II конструкция; структура; устройство; строй.

구조대(救助袋) спасательный мешок (для спасения людей при пожаре в многоэтажном доме).

구조망(救助網) предохранительная сетка(впереди трамвая, паровоза).

구직(求職) поиски работы; ~하다 искать работу; ~신청을 하다 обра-титься кому-л.(во что-л.) в поис-ках работы; ~자 ищущий работу.

구직함(具職銜) ~하다 записывать чин, ранг, основную должность и должность по совместительству (чиновника).

구차(苟且)~미봉 едва сводить кон-цы с концами; ~투생 не стремиться к богатству; ~스럽다 казаться бедным(нищим); ~하다 бедный; нищий; жалкий; униженный.

구체(具體) I ~적 конкретный; ~성 конкретность; ~화 конкретизация; ~화하다 конкретизировать.

구체(求體) II шарообразный пред-мет; сферическое тело.

구축(構築) сооружение; возведе-ние; ~하다 сооружать; возводить; закладывать; ~물 сооружение; строение.

구축(驅逐) II изгнание; ~하다 изго-нять; выгонять; вытеснять; ~함 эскадренный миноносец(эсминец).

구출(驅出) I изгнание; ~하다 изго-нять; выгонять.

구출(救出) II спасение; избавление; ~하다 спасать; вызволять; избав-лять; выручить.

구충(驅蟲) ~[작업] дезинсекция; ~약(제) инсектициды; глистогонное средство.

구타(毆打) избиение; ~하다 бить; избивать.

구토(嘔吐) рвота; ~하다 тошнить; рвать; ~설사 рвота и понос; ~제 рвотное средсто; ~증 болезнь, со-провождаемая рвотой.

구하다(求-) I искать; находить; доставать.

구하다(救-) II спасать кого-что-л. от чего-л.; избавлять кого-что-л. от чего-л..

구하다 III прокаливать(лекарство); кор. мед. делать прижигание тол-чёной полынью.

구호(口號) I лозунг; призыв;пароль

구호(救護) II помощь; спасение; у-ход за больным; ~의 спасательный; по спасению; ~하다 помогать; спасать; ухаживать за кем-л.; ~물자 материальная помощь; ~미 рис, предназначенный для гуманитарной помощи; ~반 спасательная команда; спасательный отряд; ~소 пункт первой помощи

구황(救荒) ~식물 дикорастущие рас-тения, идущие в пищу в голодный год; ~작물 сельскохозяй ственные культуры, употребляемые вместо основных культур, не уродившихся в неурожайный год; ~하다 оказывать помощь голодающим.

구획(區劃) участок; секция; отде-ление; ~하다 разграничивать; ~선 линия разграничения; 행정 админ-истративное деление; 행정~선 граница(административных) районов.

국 I суп; 국에 덴 놈 물 보고도 분다. *посл.* ≈ обжёгшись на супе, дует на воду.

국(局) II департамент; управление; бюро; 보도~ информбюро

국(國) III суф. кор. государство; ст-рана; ~적 государственный; 계획~ государственный план; 관세~ госу-дарственная пошлина; 구조~ госу-дарственное устройство; 규격~ госу-дарственный стандарт; 기관~ госу-дарственный орган; 기구~ госу-дарственный аппарат; 사업~ госуда-рственные дела; 소유~ госуда-рственная собственность; 승인~ признание государства; 시험~ госу-дарственные экзамены; 안보~ безопасность страны; 연합~ объе-динение государств; федерация; 예산~ государственный бюджет; 재정~ государственные финансы; 제도~ государственный строй; 주권 ~ государственная власть.

국가(-歌) I государственный гимн

국가(國家) II страна; государство.

국경(國境) (государственная)грани-ца; ~경비대 пограничные войска; ~분쟁 пограничный инцидент; ~선 пограничная линия. ~수비병 пог-раничник.

국경일(國慶日) национальный пра-здник

국고(國庫) государственная казна; казначейство; ~금 рациональный денежный фонд.

국군(國軍) (корейская) армия.

국기(國旗) государственный флаг.

국내(國內) I ~에 в стране; в государстве; ~법

государственное законодательство;~산 товар отечественного производства; ~상업 внутренняя торговля;~수송 каботажное плавание;~수역 внутренние воды; ~외 внутри и вне страны; ~적 внутригосударственный; ~전쟁 гражданская война; ~화물 грузы, перевозимые внутри страны.

국내(局內) II ~[에] в департаменте; в управлении; ~배선 станционная проводка(на телеграфе); ~까벨 эл. станционный кабель.

국도(國道) I государственный тракт; дорога(тракт; шоссе) общегосударственного значения.

국도(國都) II уст. столица.

국력(國力) государственная мощь; могущество страны; государственные ресурсы.

국립(國立) ~의 государственный; национальный; учреждённый государством; ~공원 национальный парк; ~극장 государственный театр; ~ 대학교 государственный университет; ~묘지 национальное кладбище; ~박물관 государственный музей;~병원 государственная больница.

국무(國務) государственные дела; ~를 행하다 вести государственные дела; ~성 государственный департамент; ~위원 министр; членкабинета министров; ~장관 государственный секретарь; ~총리 премьерминистр; ~회의 заседание кабинета.

국문(國文) I корейская национальная письменность; ~소설 повесть (рассказ) на корейском языке; ~과 отдел родной литературы(и языка); филологический факультет; ~법 грамматика родного языка; ~학 родная(национальная) литература; ~ 학사 история родной(национальной) литературы.

국문(鞠問) II феод. допрос важного преступника в чрезвычайном судебном присутствии.

국민(國民) народ; нация; ~의 на родный; национальный; ~경제 национальное хозяйство; ~교육 народное образование; ~부 национальное богатство; ~성 национальный характер; ~소득 национальный доход; ~연금 пенсия; ~장 государственные похороны; государственный траур; ~투표 плебисцит; референдум.

국방(國防) I государственная оборона; ~부 министерство

국방(局方) II ~택일 этн. счастли- вый день выбранный астрологом; ~의원 феод. дипломированный врач.

국사(國史) национальная история; история страны.

국세(國稅) государственные налоги (сборы); ~청 департамент госуда-рственных налогов.

국수 소면 корейская лапша; ~분통 цилиндр в приспособлении для приготовления куксу; 비빔~ куксу с приправами; 장국~ куксу с горячим супом, заправленным соевым соусом; ~장국밥 горячий суп с куксу и рисом сваренным на пару, заправ-ленный соевым соусом; ~잘 하는 솜씨가 수제비 못 하랴? *посл. букв.* ≡ если ты умеешь делать куксу, то неужели не сделаешь простой лапши; ~를 먹다 справлять свадьбу; ~먹은 배 ненасытная утроба.

국수물 1) вода, в которой сварено куксу; 2) отвар изпод куксу, заправленный гречневой мукой.

국악(國樂) национальная класси- ческая музыка; корейская класси-ческая музыка; 국립국악원 инсти- тут корейской классической му-зыки.

국어(國語) язык; родной язык; род-ная речь; корейский язык; ~학 род-ной язык; ~학사 история отечествен-ного языкознания; ~사 история родного.

국영(國營) ~의 государственный; находящийся в ведении государства; ~농장 советское хозяйство (совхоз); ~화 национализация; передача в ведение государства.

국외(國外) I ~의 заграничный; ~로 за границу; ~에서 за границей.

국외(局外) II независимая позиция; непричастность; ~의 непричастный; безучастный; посторонний; нейт-ральный; ~에서다 держаться в стороне от чего-л.; ~에서 관찰하다 наблюдать со стороны; ~자 посто-ронний; непричастное (нейтральное) лицо.

국유(國有) государственная собст-венность; ~림 государственный лес; ~지 государственные земли; ~철도 государственная железная дорога.

국익(國益) государственная польза; интересы государства; ~을 생각하다 заботиться об интересах государства; ~을 위해 일하다 действовать в пользу государства.

국적(國籍) гражданство; поддан-ство; национальная

принадлежность; ~불명기 самолёт без опознаватель-ных знаков; ~법 закон о гражданстве; ~변경 смена гражданства; ~상실 лишение гражданства; ~선택 опта-ция.

국제(國際) I ~적 международный; интернациональный; ~가격 цены на мировом рынке; ~경기 междуна-родные соревнования; ~경제 между-народное хозяйство; ~공법 между-народное право; ~관계 между-народные отношения; ~교류 между-народный обмен; ~교섭 между-народные переговоры; ~노동기구 международная организация труда; ~노동운동 международное рабочее движение; ~단체 международная организация; ~도시 город мирового значения; мировая столица; огром-ный город; ~무대 международная арена; ~박람회 международная выс-тавка; ~법 международное право; ~ 부흥개발은행 Международный банк реконструкции и развития (МБРР); ~사법 частное международное право; ~선 международная регулярная авиалиния; ~시장 мировой рынок; ~ 에너지 기관 Международное Энер-гетическое Агенство (=МЭА); ~연맹 Лига Наций; ~연합 Организация Объединённых Наций(=ООН); ~의회 연맹 Межпарламентский Союз(=МС); ~저작권 между-народное авторское право; ~정세 международное поло-жение; ~주의 интернационализм; ~ 통화기금 Международный валют-ный фонд(=МВФ); ~항로 междуна-родная линия судоходства; ~화 интернационализация; ~회의 между-народное совещание.

국제(國制) II 1) государственный строй; 2) феод. одежда надеваю-щаяся во время государственного траура.

국제공항(國際空港) международный аэропорт.

국제법 международное право.

국제화 интернационализация.

국지(局地) ~적 местный; локальный; ограниченный одним районом; ~전 локальная война.

국토(國土) государственная терри-тория; страна; ~관리 землеустрой-ство; ~분단 раскол(расчленение) государственной территории на две части.

국화(菊花) I хризантема; ~석 ока-менелость в виде хризантемы; ~주 водка, настоянная на цветах златоц-вета индийского

국화(國花) II национальный цветок.

국회(國會) конгресс; парламент; национальное собрание; ~도서관 национальная библиотека; ~의사당 палата; ~의원 депутат парламента; член парламента; ~제도 парламентаризм.

군(軍) I армия; войска.

군(郡) II уезд; уездный город

군- преф. лишний; ~말 лишнее слово; ~사람 лишний человек; ~식구 иждивенец; нахлебник.

-군(-軍) I армия; войска; 공~ воен-новоздушные силы; 육~ сухопутные силы; 해~ военноморские силы.

-군(-君) II 1) ты; 2) мистер; 김~ мистер Ким.

군것질 ~하다 заморить червячка; перекусить.

군대(軍隊) армия; войска; ~식으로 по-военному; ~에 들어가다 посту- пать на военную службу; ~생활 военный быт; армейская жизнь.

군데 место; ~군데 тут и там; вез-де; повсюду.

군말 пустая болтовня; бред; ~하다 попусту болтать; бредить.

군밤 печёный каштан.

군사(軍事) военные дела; ~적 во-енный;~교육 военное обучение; ~ 기지 военная база; ~동맹 военный союз; ~분계선 военнодемаркацион-ная линия; ~비 военные расходы; ~ 용어 военный термин; ~우편 поле-вая почта; ~원조 военная по-мощь; ~위원회 военный совет; комитет обороны; ~재판소 военно-полевой суд; ~정권 военный режим; ~조약 военный договор(пакт); ~학 военная наука; ~행동 боевые действия; воен-ные акты; ~행정 военная адми-нистрация; ~협정 военный договор; военное соглашение; ~화 милита-ризация; ~훈련 военная подготовка.

군산(群山) Кунсан г.

군읍(郡邑) 1) уезд и уездный город (уездный центр); 2) административ-нотерриториальные единицы(в феод. Корее).

군인(軍人) военный; военнослу- жащий; воин; ~생활 солдатская жизнь; жизнь военнослужащих; ~ 정신 боевой дух.

군중(群衆) I толпа; публика; массы; народ; ~대회 массовый митинг; ~ 심리 психология толпы(масс); чувство коллективизма;~집회 собрание.

군중(軍中) II ~에 в армии.

굳게 твёрдо; 굳게 약속하다 надежно обещать.

굳다 твердый; крепкий;прочный; напяжённый; скупой; прижимистый;затвердевать; копиться; 굳은살 сухая мозоль.

굳세다 сильный; крепкий; твёрдый; непреклонный.

굳어지다 затвердевать; быть твё- рдым.

굳은, 딱딱한, 단단한 жесткий, тве- рдый.

굳이 твердо; крепко; упорно; нас-тойчиво.

굳히다 делать твёрдым(прочным); укреплять.

굴 I устрица; ~껍질 устричная рако-вина; ~양식 устрицеводство; ~양식 업 устричный промысел; ~양식업자 устрицевод; ~양식장 место разве-дения устриц; устричный завод).

굴(窟) (터널) II пещера; берлога; нора; логово; туннель, сюра~ ло-гово льва; 여우~ лисья нора.

-굴(窟) суф. кор. пещера; нора; логово; 빈민굴 трущобы; тоннель.

굴곡(屈曲) изгибы; извилины; кри-визна; ~이지다 изогнутый; изви-листый; ~진 해안선 изрезанная береговая линия; ~운동 зигзагооб-разное(волонообразное) движение.

굴곡성(屈曲性) извилистость.

굴다(구니, 구오) вести себя; посту-пать; обращаться с кем-л.; обхо- диться с кем-л.; относиться к ко-мул.; 돼지처럼 ~ поступать посвински; 못되게 굴다 вести себя отврати-тельно; 못살게 ~ обращаться с кем-л. плохо.

굴뚝 (дымовая) труба;~아니 땐 나라 нет дыма без огня.

굴욕(屈辱) унижение; оскорбление; срам; позор; ~적 унизительный; оскорбительный; позорный; ~을 당 하다 подвергаться унижению (оскорблению); ~을 참다 терпеть (сносить) оскорбления; ~을 주다 унижать; оскорблять; обижать; ~감 чувство унижения(оскорбление).

굴절(屈折) изгиб; преломление; рефракция; дифракция; флексия; ~ 하다 преломляться; ~각 угол преломления; ~망원경 рефрактор; ~성 преломляемость; ~어 флекти-вные языки

굴착(掘鑿) бурение; ~하다(про) бурить; ~공 бурильщик; проход-чик;~기 бурильная машина; копёр; экскаватор.

굴하다 нагибаться; подчиняться (покоряться) кому-чему-л.; 굴하지 않고 не боясь; не взирая ни на что.

굵다 1) толстый; 2) крупный; большой; 3) басистый;

громкий; 4) мощный; 5) грубый.

굵다랗다(굵다랗니,굵다라오) 1) довольно толстый; 2) довольно крупный (большой); 3) басистый; грубый(о голосе); 4) довольно грубый (напр. о ткани).

굵어지다 1) становиться толстым (крупным); 2) басистым.

굵은 крупный.

굵직굵직 ~하다 довольно толстые; довольно крупные(большие); басис-тые; довольно грубые.

굶기다 морить голодом.

굶다 голодать; остаться голодным

굶주리다 голодать; недоедать; 돈에 (사랑에) ~ жаждать богатства(лю-бви); 배움에~жаждать учиться.

굶주림 голод; недоедание.

굽 1) каблук; 2) копыто; ~을 갈다 менять каблуки; 높은(낮은) ~ вы-сокий (низкий) каблук.

굽다 I печь; жарить; поджаривать; обжигать; 설구워지다 недожарен-ный; 너무구워지다 пережаренный; 구워삶다 всеми правдами и неправдами заставлять слушаться (подчиняться).

굽다 II согнутый; кривой; изог-нутый.

굽다 III 1) согнутый; кривой; изог-нутый; 굽은 나무는 길마가지가 된다. *посл. букв.* ≡ даже и кривое дерево может пригодиться для приспособления, с помощью которого перевозят тяжести на спине вола; 굽도 젓도 할 수 없다 быть (находиться) в безвыходном по- ложении; 굽은 구슬 *археол.* ожере-лье в форме полумесяца; 굽은 선 *см.* 곡선; 2) 굽어보다 кривиться; гнуться; сутулиться; горбиться;

굽어 살피다 принимать участие, от- носиться внимательно(к кому-л.).

굽신거리다 низко кланяться; скло-нять голову.

굽실 ~하다 склонять голову(в по-кло-не).

굽실거리다 быстро кланяться.

굽이치다 извиваться; изгибаться; петлять.

굽히다 сгибание рук и ног(в танце).

굽히기) 1) сгибать; гнуть; искри- влять; нагибать; 2) уступать; ~입장을 сдавать свои позиции.

굽힐 줄 모르는 의지와 신념 несги- баемые воля и вера.

굿(쯘) I шаманский обряд; экзор-цизм; зрелище.

굿 II 1)горные выработки; 굿[을] 꾸리다 ставить крепь; 2)

могильная яма; 굿[을] 짓다 рыть могилу.

굿하다 совершать шаманский обряд; 굿해 먹은 집 같다 букв. (тихо) как в доме где совершался шаманский обряд.

궁(宮) муз. первая ступень кор. гаммы

-궁(宮) суф. кор. дворец.

궁궐(宮闕)궁(宮), 궐(闕), 궁전(宮殿), 왕궁(王宮) (королевский) дворец.

궁금 ~하다 волноваться; тревожи-ться; беспокоиться; чувствовать голод; хотеть есть; ~증 волнение; тревога; беспокойство; ~하여 во-лноваться.

궁핍(窮乏) бедность; нищета; ну-жда; ~하다 бедный; нищий; ~하게 бедно; ~해지다 нуждаться; беднеть; впадать в нищету; нищать; ~화 обнищание; пауперизация.

궁합(宮合) предсказание судьбы в семейной жизни путём сопостав-ления даты и времени рождения жениха и невесты.

궂다 I слепнуть; становиться слепым.

궂다 II плохой; скверный; ненаст-ный; ~은 말 непристойные слова; ~은 일 неприятная работа; ~은 날씨 ненастная погода.

권(權) I совет; рекомендация; ~하다 советовать; рекомендовать; пред-лагать; ~커니 잣거니 угощая друг друга вином; 이 약은 보사부가 ~한다 это лекарство рекомендовано министерством здравоохранения; 의 사가 치료를 ~한다 врач советует лечение.

권(券) II книга; том; пачка бумаги в 20 листов; 백지 두~ 40 листов чистой бумаги; 제2~ второй том; 조선사 2~ вторая книга истории Чосон; 새 전집은 11~으로 이루 어져 있다 новое полное собрание сочинений состоит из одиннадцати томов.

-권(-券) I билет; документ; 승차 ~ проездной билет; 정기 ~ абонемент-ный билет; 초대~ пригласительный билет на что-л.; 항공 ~ авиабилет.

-권(-權) II право; власть; 공민 ~ право гражданства; 선거~ активное избирательное право; 입법~ законо-дательная власть; 저작~ авторское право; 주~ верховная власть; суве-ренное право; 투표~ право голоса; 피선거~ пассивное избирательное право.

-권(-圈) III круг; сфера; 북극 ~ северный полярный круг; 세력~ круг влияния (господства); 성층~ стратосфера.

권력(權力) власть; ~의 властный; ~없는 бессильный; не имеющий власти(авторитета); ~이 있는 влиятельный; могущественный; ~을 잃다 терять власть; ~을 장악하다 взять власть в свои руки; прийти к власти; быть у власти; ~을 행사하다 применять(использовать) власть; ~가 влиятельный человек; власть имущих; властитель(-ница); ~기관 правомочный орган; ~투쟁 борьба за власть.

권리(權利) право; ~가 있다 быть в праве; ~를 갖다 иметь право на что-л.; ~를 되살려주다 восстановить кого-л. в правах; ~를 박탈하다 лишать кого-л. какого-л. права; ~를 부여하다 предоставить кому-л. право; ~를 축소하다 урезать кого-л. в правах; ~를 행사하다 вступать в свои права; 한마디로 그녀는 그렇게 말할 권리가 없다 одним словом, она не в праве говорить так.

권리자(權利者) правомочное лицо; сущ. правоспособный.

권리회복(權利回復) реабилитация.

권세(權勢) власть; влияние; могу-щество; ~ 있는 властный; власти-тельный; влиятельный; ~를 탐하는 властолюбивый; ~를 부리다 власт-вовать; показывать свою власть.

권투(拳鬪) I бокс; ~의 боксёрский; ~ 하다 боксировать; заниматься бок-сом; ~선수 боксёр; ~장 ринг; ~장갑 боксёрские перчатки.

권투(圈套) II 1) силок; капкан; ло-вушка; 2) обр. средства обмана.

권한(權限) право; правомочие; ком-петенция; полномочие; ~이 있는 обладающий полномочием, полно-мочный; компетентный; ~밖에 있다 выходить за рамки(пределы) ком-петенции(полномочия); вне чьей-л. компетенции; ~을 갖다 иметь права (полномочия) на что-л.; ~을 부여 하다 уполномочивать; облекать полномочиями.

궐(闕) 1) пропуск(что-л. пропуще-нное); 2) вакансия; 궐[을] 내다 отк-рывать(вакансию); 궐[이] 나다 поя-вляться; открываться(о вакансии); 궐[을]잡다 подсчитывать(пропуски, свободные места, вакансии).

궐기(蹶起) восстание; ~하다 восс- тавать; подниматься на борьбу; 민중이 독재자의 억압에 항거하여 ~했다 народ восстал против угнетения диктатора; 무장~ вооружённое восстание.

궤(櫃) I сундук; ящик.

- 68 -

궤(几) II 1) скамеечка со спинкой и подлокотниками, преподносимая ко-ролём престарелому министру, уходящему в отставку; 2) прямоу-гольный жертвенный столик; 3) треногий овальный столик (который клали в могилу вместе с покой-ником).

궤도(軌道) 1) орбита; рельс; 2) колея; ~의 а) орбитальный; б) колейный; ~를 일주하다 совершить путь по орбите; ~에서 탈선한 객차 сошед-ший с рельсов поезд; 생활이 제 ~에 올랐다 жизнь вошла в обычную колею; 과학자들은 우주선을 지정 된 ~에 올려놓았다 научные работ-ники вывели космический корабль на заданную орбиту; ~론 опреде-ление орбит; 지구~ земная орбита.

궤멸(潰滅) полный разгром; крах; ~하다 разрушаться; потерпеть по-лный разгром (крах); ~시키다 ра-згромить; 본건주의의 이념적~ идейный крах феодализма.

궤변(詭辯) софизм; парадокс; ~의 софистический; парадоксальный; ~ 을 부리다 прибегать к софистике; пытаться доказать недоказуемое; ~가 софист, -ка; ~술 софистика; иску-сство словесных ухищрений.

궤양(潰瘍) язва; ~의 язвенный; ~ 환자 язвенник,-ца; 십이지장 ~ язва двенадцатиперстной кишки; 위~ язва сундучник; ~성 сущ. яз- венный; ~성질환 язвенная болезнь

궤짝(櫃-) 궤(櫃) сундук; сундучок; ящик; ящичек; ~의 сундучный; ящичный; ~제조자 сундучник; ящичник; нямо-деревянный ящик.

귀 I ухо; ~가 가렵다 уши горят; ~의 ушной; ~가 먹다 оглохнуть; быть глухим(тугим на ухо); ~가 밝다 у кого-л. чуткое ухо; ~ 가 어둡다 тугой на ухо; оглохший; не знающий новости; ~ 담아듣다 слушать во все уши; 귓구멍이 넓다 легко прини-мать на веру сказанное; 귓불이 널 찍하다 у кого-л. широкая мочка уха; 귓전을 울리다 раздаться в ушах; звенеть в ушах; ~에 거슬리다. неп-риятный для слуха; ~에 쟁쟁하다 ещё звучать в ушах; 한 ~로 듣고 한 ~로 흘린다. в одно ухо вошло, в другое вышло; ~에 걸면 ~걸이, 코 에 걸면 코걸이 подвесишь к ушам серьги, нацепишь на нос кольцо; ~지(에지) ушная сера; ~후비개 лопаточка для чистки ушей; ~구멍 слуховой проход; 귓 바퀴 ушная раковина; 귓병 ушная болезнь 귓볼 мочка уха; 귓전 край уха.

귀(<句) II 1) предложение; фраза; отрывок; 2) строфа (в стихах на ханмуне).

귀-(貴-) Ваш; высокий; благород-ный; дорогой; знатный; ~국 ваше государство; ~빈 высокий гость.

귀가(歸家) возвращение домой; ~ 하다 возвращаться домой; 장기 여행을 마치고 귀가하다 возвра-щаться домой из долгого путеше-ствия.

귀걸이 серьги; серёжки; 금~ золотые серьги; 보석 ~ серьги с драгоценным камнем.

귀국(歸國) I возвращение на роди-ну; репатриация; ~하다 возвра- щаться на родину; ~시키다 возв- ратить на родину; репатриировать; 대통령은 전쟁포로를 제나라로 ~ 시키기로 결정했다 президент ре-шил возвратить на свою родину военнопленных; ~동포 репатрииро-ванный соотечественник; ~선 судно для репатриантов;~자 репатриант

귀국(貴國) II вежл. Ваша страна; Ваше государство.

귀금속(貴金屬) благородные(драго-ценные) металлы; ~상인 торговец благородными(драгоценными)металлами.

귀납(歸納) индукция; ~적 индук-тивный; ~하다 индуктировать; ~ 논리 индуктивная логика; ~법 индуктивный метод.

귀뚜라미,귀뚜리,실솔(蟋蟀) кузнечик; сверчок; ~의 кузнечиковый; свер-чковый; ~가 울다 стрекотать; трещать; 호수 주위에서 ~가 큰 소리로 울어댄다. около озера гром-ко стрекочут кузнечики.

귀머거리 глухой; глухая; ~의 глу-хой; ~ 노인 глухой старик; ~ 삼년 이요 벙어리 삼년이다 после заму-жества женщина должна быть три года глухой и немой.

귀빈(貴賓),큰 손님,귀객(貴客) высокий (почётный) гость; ~석 место для высокого(почётного) гостя; ~실 покои для высокого(почётного) гостя.

귀뿌리 щека(около уха);~까지 빨개 지다 залиться краской, покраснеть до самых ушей.

귀속(歸屬) возвращение назад; эксп-роприация; ~되다 быть возвра-щённым по принадлежности; ~시키다 экспроприировать; подвер- гать что-л. экспроприации; ~재산 экспроприированное имущество.

귀속말 шёпот.

귀신(鬼神) (망자의 넋) душа умер-шего;~한테나 잡혀가라

- 70 -

убирайся к чёр-ту! ~이 곡할 노릇이다 лучше и чёрт не сделает ~ 써나락 까먹는 소리다. Что ты там бормочешь?

귀여워하다 ласкать; обожать; 모든 할머니는 자기 손자를 귀여워한다. все бабушки обожают своих внуков.

귀염 ласка; очарование; ~둥이 милый ребёнок; хорошенький ребё-нок; ~성 миловидность

귀엽다 милый; миловидный симпа-тичный; 귀엽게 мило; миловидно; симпатично; 그녀의 얼굴은 ~ у неё миловидное лицо.

귀의(歸依) I ~하다 возвращаться и прибегать к чьей-л. помощи; обра-щаться в буддизм или другие рели-гии; 노년에 들어서 그는 종교에 ~ 했다 к старости он обратился в религию; ~법 учение Будды(как одно из трёх сокровищ буддизма 불가의 ~법, ~불, ~승중의 하나); ~불 Будда; ~승 буддийские монахи; ~심 вера в буддизм.

귀의(貴意) II вежл. Ваше мнение (желание).

귀족(貴族) аристократ; аристокра-тия; ~적 аристократический; арис-тократичный; ~적으로 аристокра-тически; аристократично; ~화되다 превращаться в аристократов; ~계급 аристократия; ~성 аристократич-ность; 노동~рабочая аристократия.

귀중(貴重) I ~하다 дорогой; драго-ценный; дороговатый; ~하게 дорого; драгоценно; ~히 여기다 дорожить чем-л.; считать дорогим, дорого ценить; 나는 그녀의 충고를 ~히 여긴다. я дорожу её советом; ~품 дорогие вещи; (보통복) ~품함 шка-тулка для драгоценностей.

귀중(貴中) II Вашей фирме; Вашей редакции; Вашему издательству.

귀착(歸着) завершение; окончание; ~되다 заключаться в чём-л.; при-ходить к заключению; 이 사건의 본질은 이 점으로 ~된다 сущность этого события заключается в этом; ~ 점 конечный пункт; вывод; заклю-чение.

귀찮다(貴-) хлопотливый; хлопо-тный; докучливый; надоедливый; 귀찮게 хлопотливо; докучливо; надоедливо; 귀찮게 하다 докучать кому-л. чем-л.; надоесть кому-л. чем-л.; 귀찮은 일 хлопотливое дело; 그녀는 곤란한 부탁을 해서 나를 귀찮게 하곤 한다. она докучает мне трудными просьбами.

귀천(歸天) I ~하다 отправиться на тот свет.

귀천(貴賤) II богатство и нищета; высшие и низшие; благородные и презренные; высокопоставленные и низкопоставленные; ~을 두지 않고 без различия социального положения.

귀하다 дорогой; ценный; высокий; редкий; драгоценный; (형) ~귀하게 благородно; дорого; редко; 가장 귀한 высочайший; дражайший; редчайший; 귀한 물건을 수집하다 коллекционировать редкие вещи; 귀한 물건 дорогие вещи.

귀화(歸化) I натурализация; ~한 натурализированный; ~하다 натурали-зироваться; ~시키다 натурализи-ровать; ~절차를 통해 시민권을 획득하다 приобретать гражданство в порядке натурализации; ~민 нату-рализировавшийся; ~중명 свиде-тельство о натурализации; ~집단 групповая натурализация.

귀화(鬼火) II блуждающие огоньки; необъяснимые бедствия.

귀환(歸還) возвращение на родину (на место службы); репатриация; ~ 하다 возвращаться на родину(на место службы); репатриироваться; ~ 시키다 возвращать кого-л. на родину(на место службы); репатрии-ровать; 민간인과 전쟁 포로를 ~ 시키다 проводить репатриацию гра-жданских лиц и военнопленных; ~병 репатриированные военнопленные; ~자 репатриант.

귓속 внутренняя часть уха; ~에 대고 이야기 하다 шептать на ухо; ~말 шёпот; шушуканье

규격(規格) стандарт; трафарет; тип; эталон; ~의 стандартный; типовой; ~화된 стандартизированный; ~에 맞게 제작하다 изготовить по стандар-ту; ~화하다 стандартизировать; ~설계 типовой проект; ~자재 стандарт-ные материалы; ~지 бумага стан-дартного размера; ~품 стандартная вещь; стандартный товар; ~화 стан-дартизация; 국가~ Государственный стандарт(ГОСТ); 표준공업~ норма-тивно-технический стандарт.

규격품(規格品) стандартные товары

규격화(規格化) стандартизация; ~하다 стандартизировать.

규모(規模) масштаб; размах; расчёт; ~의 масштабный; 대로 ~в боль-шом масштабе; 전국적 ~로 в мас-штабе всей страны; ~ 있게 살다 жить расчётливо; жить с расчётом; 최근에 미국 원조는 군사 원조 ~를 늘이기로 결의했다 в последнее время парламент США решил расширять масштабы военной помощи.

규범(規範),(표준) I норма; критерий; ~적 нормативный; ~을 따르다 следовать нормам; ~을 정하다 устанавливать нормы; ~화하다 нормализовать; ~에 따라 в соответствии с нормами; ~성 нормативность; ~화 нормализация; 국제관계 ~ нормы межгосударственных отношений; 사회~ социальные нормы; 언어 ~ языковые нормы; 윤리 ~ этические нормы.

규범(閨範) II уст. норма поведения для женщин; ~내칙 правила по ведения для женщин.

규율(規律) дисциплина; распорядок; ~의 дисциплинарный; ~이 잡힌 дисциплинированный; ~을 잡다 дисциплинированность; ~을 지키다 соблюдать дисциплину; ~성 дисциплинированность; ~위반 нарушение дисциплины; 강철~ железная дисциплина; 내부~ правила внутреннего распорядка; 조직~ дисциплина организации.

규정(規定) правила; положение; предписание; регламент; устав; ~하다 определять; предписывать; регламентировать; ~을 지키다 соблюдать (нарушать) правила; ~에 따라 발표자에게는 각 20분의 시간이 주어졌다 по регламенту каждому докладчику было положено по 20 минут; ~론 детерминизм; ~화 регламентация; 납세~ правила взноса налогов; 노동법 ~ закон о труде.

규제(規制) I строй; уклад; режим; система.

규제(規制) II регулирование; контроль; ~의 регулятивный; контрольный; ~하다 урегулировать; контролировать; ~권한을 행사하다 пользоваться правом контроля администрации; ~를 강화하다 усилить контроль за чем-л.; 생산을 정부의 ~하에 두다 установить правительственный контроль над производством; 국가임금 ~ государственное регулирование заработной платы; 물가 ~ регулирование цен на товары; 환경~ контроль за состоянием окружающей среды; 규제의 완화 послабление правил.

규칙(規則) I правила; закономерность; ~적인 правильный; закономерный; регулярный; ~을 지키다 соблюдать (нарушать) правила.

규칙(糾飭) II ~하다 следить; наблюдать.

규탄(糾彈) осуждение; порицание; ~ 받다 получать порицание; ~하다 осуждать; порицать за что-л.;

клеймить; 정치가의 파렴치한 행동을 ~하다 осуждение политиков за их нахальное поведение.

규탄당하다 быть осужденным(зак-лейменным).

균(菌) бактерия; микроб; бацилла; грибок; ~의 бактериальный; бак-терийный; микробный; бацилловый; грибной; 기회 ~의 원칙 принцип равноправия; ~류학 бактериология; микология; ~류학자 бактериолог; миколог; 발효~ дрожжевые грибки; 발효우유~ кефирные грибки.

균등(均等), 평등(平等) паритет; ра-венство; ~하다 равный; равноме-рный; паритетный; ~히 равно, рав-номерно, паритетно; ~히 하다 уравнивать; ~히 배분하다 равно распределять; 권리를 ~히 부여하다 уравнивать кого-л. в правах; ~한 조건에서 на равных условиях; ~성 равномерность; ~제 уравниловка; ~화하다 уравниваться

균렬(龜裂) ~하다 1) трескаться; покрываться трещинами; 2) разла-диться (об отношениях).

균렬선(龜裂線) трещины на почве во время засухи.

균사체(菌絲体) bot. грибница; ми-целий

균열(均熱) трещина; ~이 있는 трес-нутый; ~하다 трескаться; покры-ваться трещинами; разладиться; ~음 трескотня.

균일(均一) ~하다 однородный; гомогенный; единообразный; ~하게 однородно; гомогенно; единообразно; 성분에 있어서 ~하다 однородный по составу чего-л.; ~반응 гомоге-нная реакция; ~성 однородность; гомогенность; ~체계 однородная система.

균형(均衡) равновесие; уравнове- шение; баланс; ~의 равновесный; уравновешенный; балансовый; ~을 이루다 уравновешивать; баланси-ровать; 수요와 공급의 ~ равно-весие (баланс) между спросом и предложением; ~론 теория равно-весия; ~장치 балансир; ~추 проти-вовес; балансировочный груз; ~축 урав-нительный валик.

균형(均衡), 평형(平衡) равновесие.

귤(橘) мандарин; ~의 мандариновый; мандаринный; ~껍질 мандариновая корка; ~나무 мандариновое дерево; ~차 мандариновый чай.

그 I кы(назв. кор. буквы ㄱ).

그 II тот; та; то; этот; эта; это; он; оно; ~대신 вместо того; зато; 때까지 до того времени;~때부터 지금까지 с того времени до сих пор; ~его; ~에게 ему(к нему); ~에 대해 о нём; ~와 함께 с ним; ~와 같이 подобно этому; подобным об-разом; ~위에 сверх того; ~도 그럴 것이 и то сказать; ~도 저도 아니다 ни то, ни сё.

그, 그 사람 он.

그, 그 여자 она.

그, 저 та; то; тот.

그간(-間) за то время; см. 그동안.

그것 это; он; она; они; 누가 ~을 네에게 가져다 주었니? Кто это принёс тебе?

그곳 там; ~도 там же; ~이나 여기나 и там, и тут; ~에는 희망이 자란다 там растёт надежда

그까짓 пустяковый; ~것 пустяк; пустяковая вещь; 나는 그녀와 ~일로 다투었다 я поссорился с ней из-за пустяка

그그저께 три дня(тому) назад.

그나마 и это, и то; 하나 남은 사과라고 ~ 있는 것이 썩은 사과다 оста-лось одно яблоко, и то гнилое.

그날그날 каждый день; праздно; бесцельно; 그녀는 ~자기의 임무를 초과 달성했다 она перевыполняла свои обязательства.

그냥 так, как есть; попрежнему; как и раньше; непрерывно; не переставая; просто; ~ 내버려 두다 оставлять так, как есть; 비가 ~줄곧 내리고 있다 дождь непрерывно льёт; 저는 ~그녀를 만나보고 싶었을 뿐입니다 мне просто хотелось встретиться с ней; 그냥 지나치는 법이 없다 никогда нельзя пройти просто так.

그녀 она; ~를 её; ~에게 e; ~에게는 у неё; ~에 대해 о ней; ~와 함께 вместе с ней; ~의 её; 나는 ~의 생일을 맞아 ~에게 꽃다발과 함께 책을 선물했다 я подарил ей книгу и букет цветов ко дню её рождения.

그늘 1) тень; ~구역 радио мёртвая зона.; ~식물 тенелюбивые растения; ~의 밀짚 같다 обр. мёртв. тростинка; 2) мрачность, угрюмость; 3) забота, покровительство; ~진 теневой; тени-стый; мрачный; угрюмый; ~지다 затеняться; быть затемнённым; пок-рываться тенью; быть тенистым; ~진 구석 тенистый уголок; ~진 얼굴 угрюмое лицо; 그는 부모님의 ~밑에 살고있다 он живёт под покрови-тельством родителей; 그의 얼굴에 ~이 스쳐지나갔다 по его лицу пробежала тень; ~건조 сушка в тени; ~건조법 способ сушки в тени; ~면 теневая сторона.; 그늘에 말리다 сушить в тени.

그다지 так; настолько; не так уж; не очень; не особенно; 그는 이것을 살 수 있을 정도로 ~부자는 아니다 он не настолько богат, чтобы купить это; 나는 이 책에 ~흥미가 없다 я не особенно интересуюсь этой книгой;й; 그다지 멀지 않은 곳 не такое уж далёкое место.

그대 1) вежл. Вы 2) книжн. ты.

그 대신에, 그러나 зато.

그대로 так, как есть(как было); ~ 두다 оставить так; 있는 ~사실을 말하다 говорить правду такую, какая она есть

그동안 тем временем; за то время; ~어떻게 지내셨습니까? Как вы по-живали всё это время?

그득그득 ~하다 полные(о нескольких вместилищах); очень полный; переполненный.

그들 они; ~과 함께 с ними; ~에게 им;~에 대해 о них;~을 их;~의 их.

그때(에) в то время; тогда; 바로~ в то же время; тогда же.

그라인더(англ grinder) 연마반(硏磨盤), 숫돌 точило; ~의 точильный;~로 갈다 точить.

그라프(англ graph) 표(表), 도표(圖表) таблица; график; диаграмма.

그람(англ gram) рус. грамм; ~ 당량 хим. грамм-эквивалент; ~분자 грамм-молекула;~원자 грамм-атом.

그래 да; так; так ли?; разве; как раз; ~ 네가 옳다 да, ты прав; 이것이 정말 ~ ? Так ли это на самом деле? ~가 너에게 밀리겠니? Разве он от-станет от тебя? 내가 막 나서려 하는데 마침 내 친구가 들러지군 ~ я только собирался уходить, а мой друг как раз заходит.

그래도 всё так же; и всё же; при всём том; ~ 나는 너를 믿는다 и всё же я верю вам.

그래서 поэтому; ~그녀는 교활한 여자라, ~ 나는 그녀의 말을 믿지 않는다 она хитрая женщина, и поэтому я не верю её словам.

그래저래 тем временем; незаметно

그래프(англ graph) 표(表), 도표(圖表) таблица; табличка; диаграмма.~의 табличный; ~로 표한 в таблицах.

그래픽(англ graphic) графика; ~의 графический; ~예술 графическое искусство; 컴퓨터~ компьютерная графика.

그램(*англ* gram) грамм; ~의 грам-мовый; ~당량 грамм-эквивалент; ~ 분자 грамм-молекула; ~원자 грамм- атом; ~이온 грамм-ион; ~중 грамм-вес; ~칼로리 грамм-каллория.

그러나 но; однако; а; ~그런 상황 에서 그는 아무것도 할 수가 없다 но он ни к чему не способен в такой ситуации; ~나는 그녀를 잊을 수가 없다 однако я не могу забыть её.

그러지 말라 не надо; оставь.

그랬다저랬다 делать по всякому(то так, то сяк).

그러다가 потом.

그러면 в таком случае; тогда; итак; ~ 다시 만날 때까지 안녕 итак, до встречи.

그러므로 потому, потому что.

그러잖아도 1) а то в противном случае; 2) как бы там ни было.

그러잖다 (그러하지 아니 하다) 1) не такой; 2) в знач. сказ. неправда.

그러하다 такой; ~ 그럼에도 불구 하고 не смотря ни на что; при всём том; 그럴 수가 없다 не может этого быть!

그럭저럭 кое-как; ~ 살아가다 жить кое-как; кое-как перебиваться; ~하다 делать что-л. кое- как.

그런데 а; однако; ~그는 러시아어로 말할 줄을 전혀 모르더구나 а он сов- сем не может говорить порусски.

그런즉 и так; так что.

그럴듯하다 правдоподобный; как-будто хороший; 그럴듯하게 прав-доподобно; 그럴듯한 거짓말 прав-доподобная ложь; 그럴듯한 것 правдоподобие.

그럼 да, конечно; такой; это; ~에도 불구하고 несмотря на это. *см.* 그러면.

그렇다 (그러니, 그러오) такой; так; таков; 그녀 역시 ~ и она тоже такова

그렇게 в такой степени;настолько

그렇듯이 так; таким образом.

그렇잖다 не такой; не так; не таков; не правда; 그렇잖으면 если не так; а то; 이것은 그렇잖다 это не правда/это не так.

그려 *усил.* частица да... же. 여기 앉읍시다 그려 да сядем же здесь.

그로기(*англ* groggi) грогги; ~상태인 не на твёрдых ногах;

강하게 맞은 뒤 그는 ~상태에서 다리가 풀렸다 от сильного удара он едва стоит на ногах.

그루 пень; пенёк; ~의 пенёчный; пнёвый;~가 파내진 корчёванный; 나무 밑 ~를 파내다 корчевать пни; ~터기 пень.

그르다(그르니, 글러) неправый; не-правильный; неверный; винова-тый; безнадёжный; плохой; порочный; недобрый; зловредный; 그릇되게 неправо; неправильно; неверно; порочно; 그릇된 보도 неверное сообщение; 심보가 그른사람 чело-век недоброй души; зловредный человек; 누가 옳고 누가 그른가? Кто прав и кто виноват? 일이 완전히 글렀다 дело не получилось; ~ 그름 неправота; виноватость.

그르치다 неправильно делать; по-ртить

그릇 I посуда; чашка; дарование; способность; ~의 посудный; ~을 씻다 мыть посуду; ~을 닦는 사람 посудник; ~이 큰 사람 человек больших способностей; 국수 두 ~ две чашки корейской лапши; 사기~ фарфоровая посуда; 유리~ стеклян-ная посуда.

그릇 II ошибочно, неправильно; ~ 되다 быть неправильным(ошибоч-ным); ~된 생각 заблуждение; ~하다 делать неправильно (заблуждаться).

그릇되다 быть неправильным(не-верным; ошибочным); 그릇된 견해 неправильный(неверный; шибочный) взгляд; 그릇된 생각 заблуждение, неправильная мысль.; 그릇된 방향 으로 이끌다 вести в неправильном направлении.

그리 I так, таким образом, в такой степени; ~하다 в знач. сказ. такой, да такой; ~하여 так, таким образом

그리 II туда; 그도 ~간다 он тоже идёт туда; ~가든 말든 나는 상관이 없다 мне всё равно, пойдёшь ты туда или нет.

그리고 и; при этом; затем; 그대 ~나 그와 я и; 그들은 다투고 나서 원수가 되어 결별했다 они поссорились и расстались врагами.

그리기 мат. построение фигуры.

그리다 I 1) тосковать; скучать; 집을 ~ тосковать(скучать по дому); 2) любить.

그리다 II рисовать; писать крас- ками; чертить; изображать; опи- сывать; воображать; представлять себе; рисовать в воображении; 지도 를 ~ чертить географическую ка-рту; 이 소설에는 19세기 초반의 전형적 인 러시아 농민계급의

형태가 잘 그려져 있다 в этом романе хорошо изображён образ типичного русского крестьянина первой половины 19 - го века; 그녀는 간혹 마음속으로 자신을 미인이라고 그려보곤 한다 иног-да она в мыслях изображает себя красавицей.

그리 많지 않다 не так уж много.

그리스도(Christ), Христ, 중보자 Христос; ~의 христов; ~를 믿는 верующий в Христа; ~교의 христи-анский; ~교 식으로 по-христиа́нски; ~를 믿다 верить в Христа; ~교화하다 христианизировать; ~교 христианство; ~교도 христианин(-ка); 예수 Иисус Христос; 사람의 몸을 입으신 Бого-человек; ~의 출현 Богоявление Господне; ~의 강림 Богорождение.

그리스도인 христианин.

그리운, 사랑하는 любимый.

그리움 доска.

그리워하다 тосковать по кому- чему-л.; скучть по кому-чему-л.(по ком-чём-л.); 고향에 대한 그리움을 달래다 рассеять тоску по ро-дине; 죽은 아내를 ~ тосковать по умершей жене.

그림, 회화(繪畵) рисунок; картина; картинка; красивый вид(пейзаж); ~의 рисуночный; картинный; ~같이 кар-тинно; ~을 그리다 рисовать; ~같은 풍경 картинный пейзаж; ~처럼 아름다운 것 картинность; ~엽서 художественная открытка; ~이야기 рассказ с картинками; ~쟁이 живо-писец; художник; ~책 книга с иллюстрациями; иллюстрированная книга; ~판 стенд для рисунков.

그림자 тень; отражение; след; от-печаток; ~의 теневой; 물에 비친 나무의 ~ отражение дерева в воде; 슬픔의 ~ тень грусти; 수상한 사람 의 ~ тень сомнительного человека; ~를 감추다 бесследно исчезать; скрывать следы; ~가 지다 мрач- неть; становиться угрюмым; 제 ~에 놀라다 испытывать собственной тени; 창에 ~가 비쳤다 в окнах мелькали тени; ~하나 얼씬하지 않는다 ни души не видать.; 그림자처럼 따르 다 следовать как тень.

그림책 книга с иллюстрациями; иллю-стрированная книга.

그립다(그리우니, 그리워) любимый; дорогой; милый; 그리운 고향땅 родина, по которой скучают; 벗들이 ~ соскучиться по друзьям.

그만 I довольно; достаточно; хватит; невольно; нечаянно; так; в таком же положении(состоянии);довольно; всё; наилучший;самый вкусный; ~자라 하-тит спать; 그럼 ~ 가겠습니다 ну, тогда я пойду; 우연하게도 나는 ~그녀의 이름을 혼동하고 말았다 я нечаянно перепутал её имя; 이제는 추수만 하면 ~이다 теперь осталось только убрать урожай; 만두 맛이 ~ 이다 какие вкусные пельмени!

그만 II сокр. от 그만한; 그만[하다] I; ~사람 обыкновенный человек.

그만그만하다 такой же; почти одинаковый.

그만두다 бросить что-л. делать; пе-рестать; оставить; 음악을 ~ бросить занятия музыкой; 직장을 ~ оставить службу.

그만두시오 Перестаньте!

그만저만 с отриц. 1) так, 2) обычно; ~하다 такой; 그 일이 ~만큼 끝 날 일이 아니다 эта работа так быстро не закончится.

그만큼 столько, ~씩 по стольку; 그는 받은 만큼 ~주었다 он отдал столько, сколько получил.

그맘때 как раз в то время; точно тогда, когда.

그물 сеть; сетка; невод; ~의 сетевой; неводный; ~로 잡다 неводить; ~에 걸리다 попадать в сети; ~을 끌다 тянуть невод; ~을 던지다 закиды-вать невод; ~질하다 ловить рыбу; ~바늘 игла для вязания сети; ~채 шест рыболовной сети; ~코 ячейка сети.

그믐 последний день лунного месяца.

그믐날 ~께 к концу месяца; 동지 ~ последний день 11-го лунного месяца; 섣달 ~ последний день 12-го лунного месяца; ~밤 ночь пос-леднего дня лунного месяца.

그사이 между тем; тем временем; ~에 점심이 준비되었다 между тем обед уже был готов.

그야 1) именно это; 2) межд. да; ~ 더 말할 나위가 없지 да, нечего и говорить; ~말로 действительно; в самом деле.

그야말로 в самом деле.

그 어떤 некоторый.

그어지다 становиться отчётливым; чётко вырисовываться; 1945년에 38 선이 그어졌다 в 1945-ом году уста-новилась 38-ая параллель.

그윽이 тихо; едва уловимо; нежно.

그윽하다 тихий; безмолвный; сокро-венный; глубокий;

нежный; слабый; г‍ ыокко тихо; безмолвно; сокровенно; глубоко; нежно; слабо; 그윽 한 골짜기 тихая долина; 그윽한 감정 глубокое чувство; 그윽히 향긋한 냄새가 풍겨왔다 веяло нежным, еле уловимым ароматом.

그을다 (그으니, 그으오) закоптить; слегка обжечь; 그을은 закопчён-ный; 그으리다 быть слегка обо- жжённым; 그을음 копоть; сажа.

그저 1) пока ещё; по прежнему; 2) просто так не раздумывая; ~두다 оставлять так; ~오다 приходить ни с чем; 3) очень; весьма; безмерно; 내 ~그럴 줄 알았지 я так и знал; ~ 그만 [이다] лучше и быть не может; ~열 넉냥금 поспешные выводы; поспешное суждение.

그저께 позавчера.

그적거리다 1)небрежно писать; ма-левать; 2) быть разборчивым в еде; ворочить нос от пищи.

그전(-前)~에 раньше; прежде.

그전날 белые дни.

그제 1) тогда; в то время; позавчера; ~서야 лишь тогда; только тогда; 그-(그그께) три дня тому назад.

그제야 лишь тогда; ~ 마음을 놓다 теперь душа отлегла.

그중 среди них.

그지없다 бесконечный; безгранич-ный;беспредельный;безмерный; 그지없이 бесконечно; безгранично; беспредельно; безмерно; как не-льзя более; 그지없는 사랑 безгра-ничная любовь; 무례하기 그지없다 крайне наглый; 당신을 만나니 반갑기 그지없군요! я бесконечно рад вас видеть.

그지없이 бесконечно; безгранично; беспредельно.

그치다 прекращать(ся); приостанав-ливать(ся); кончать(ся); переставать; ограничиваться; 그칠 사이없이 не престанно; ни на минуту не перес-тавая; 그칠 줄 모르다 безудерж-ный; 그칠 줄 모르는 박수소리 не смолкающие аплодисменты; 비가 그쳤다 дождь перестал идти; 말을 다 그치다 перестать говорить; 그의 집에는 손님이 그칠새 없다 у него всё время гости; 그침 прекращение; приостановление; ограничение.

그칠 줄 모르다 бесконечный, без-удержный.

극(劇) I пьеса; драма; театр; ~의 театральный; драматический; ~적 으로 драматически; ~으로 만들다

инсценировать; ~문학 драматургия; ~영화 художественный фильм; ~ 예술 театральное искусство; ~작가 драматург; ~화 инсценировка; 가면 ~ театр масок; 단막~ одноактная пьеса; 무언~ пантомима.

극(極) II высшая степень чего-л.; предел; полюс; ~의 полюсный; ~성 полярность; ~지 полярная область; ~지방 заполярье; 남~ южный полюс; 북~ северный полюс; 북~ 탐험 экспедиция на северный полюс; 양~ положительный полюс; анод; 음~ отри- цательный полюс; катод.

극-(極) I крайний; сильный; абсолют-ный; совершенный; ~히 крайне; сильно; абсолютно; совершенно; ~ 소수 крайне малое число; ~한 сильный мороз.

극(劇) II преф.кор. драматический

-극(劇) суф. кор. пьеса; театр; 가면 극 театр масок; 무언극 пантомима; 무용극 балет.

극구 всяческими словами; всеми силами; изо всех сил; всячески; ~청찬하다 хвалить всяческими сло-вами; ~말리다 отговаривать вся- ческими словами.

극단(極端) край; предел; конец; ~적 крайний; предельный; ~으로 крайне; чрезмерно; до крайности; ~적인 경우에 в крайнем случае; в край-ности; ~에서 ~으로 기울다 перехо- дить от одной край ности в другую; бросаться(удариться) из одной край-ности в другую; ~으로 기울다 впадать в крайность; удариться в крайность; 양~은 서로 통한다 обе крайности сходятся; ~성 крайность; ~주의 экстремизм; максимализм; ~주의자 экстремист; максималист.

극도(極度) крайняя степень; предел; ~로 в высшей степани; крайний.

극동(極東) Дальний Восток; край-ний восток; ~에서 на Дальнем Востоке; ~여행 путешествие на Дальний Восток.

극락(極樂) рай; ~의 райский; ~에 대해 생각하다 думать о рае; ~에서 살다 жить в раю; ~발원(불교) стрем-ление попасть в рай; ~정토 царство Будды Амитабы; ~조 райская птица.

극렬(極烈) ~하다 ожесточённый; яростный; горячий;~하게 ожесто-чённо; яростно;~한 논쟁 ожесто- чённые споры; ~성 ожесточён- ность; яростность.

극복(克服) преодоление; ~할 수있는 преодолимый; ~하다

преодолевать; побеждать; справляться с кем-чем-л.; ~되다 быть преодолённым; 어려움을 ~하다 преодоле-вать трудности.

극본(劇本) сценарий; либретто; ~의 сценарный; ~작가 сценарист(-ка).

극소(極小) минимум, микро-; ~의 минимальный; ~량 минимум; наи-меньшее количество; ~로 мини-мально; ~수 минимальное(наимень-шее) число; крайне незначительное число; ~한 минимальный предел; минимум; ~형 микротип; ~화 минимализация.

극장(劇場) театр; кинотеатр; ~의 театральный; 어제 우리는 ~에 갔었다 вчера мы были в театре; ~표 театральный билет; 연극~ дра-матический театр; 오페라~ опер-ный театр.

극적(劇的) драматический; ~으로 драматически; ~갈등 драматический конфликт; ~장면 драматический момент

극진(極盡) радушие; ~하다 радуш-ный; ~히 радушно; ~히 대하다 относиться к кому-л. с необыкно-венным радушием; ~한 대접 радуш-ный приём.

극형(戟形) высшая мера наказания; смертная казнь; ~에 처하다 каз- нить; ~에 처해지다 быть казнён- ным; ~을 선고하다 приговорить кого-л. к смертной казни.

근(根) I сгусток гноя(в нарыве); корень; ~의 коренной; ~을 구하다 извлекать корень; 평방(제곱) ~ квадратный корень; 입방(세제곱) ~ кубический корень.

근(筋) II мускул; мышца; ~의 мускульный; мышечный; ~섬유 мышечные волокна; 괄약~ сфин-ктер; 이두박~ двуглавая мышца плеча.

근(斤) III кын(кор. мера веса = 0.6 кг для мяса или 0.375 кг для овощей и фруктов).

근(近) IV почти; приблизительно; ~10년 전에 почти десять лет тому назад.

근거(根據) опорный пункт; база; опора; основание; аргумент; ~있는 обоснованный; ~ 없는 необосно- ванный; ~하다 основываться на чём-л.; опираться на что-л.; ба-зироваться на чём-л.; 아무 ~도 없이 без всякого основания; 사실에 ~하다 базироваться на фактах; ~지 база; опорный пункт; плацдарм; 게릴라 ~지 партизанская база; 상륙 ~지 предмостный плацдарм.

근거리(近距離) короткая(ближняя) дистанция;близкое расстояние; 그의 실험실은 서울로부터 ~에 위치하고 있다

его лаборатория находится на близком расстоянии от Сеула; ~정찰 ближняя разведка.

근대(近代) I новое время; ~의 новый; современный; ~화된 модернизированный; ~화 되다 быть модернизированным; ~화하다 модернизировать; ~극 современная драма(пьеса); ~사 история нового времени; новая история; ~성 современность; ~식 сущ. современного образца; современный; ~인 современный человек; ~화 модернизация.

근대 II свёкла; ~의 свекловичный; ~국 суп из свёклы(заправленный соевой пастой с красным перцем)

근로(勤勞) труд; ~의 трудовой; ~하다 трудиться; 사회를 위해 ~하다 трудиться на(своё) общество; 자신을 위해 ~하다 трудиться на себя; ~대중 трудящиеся массы; ~성 трудолюбие; ~성과 трудовые дости-жения; ~소득 трудовые доходы; ~인 трудящийся; ~자 труженик(-ца); трудящийся(-аяся); ~조건 условия труда; ~조건 개선 улучшение условий труда.

근면(勤勉) трудолюбие; ~하다 при-лежный; старательный; трудо-любивый; ~하게 일하다 прилежно работать; стараться изо всех сил; ~성 прилежность; старательность.

근무(勤務) служба; служение; вахта; ~의 служебный; вахтенный; ~하다 служить; находиться на службе; ~를 마치고 돌아오다 вернуться со службы; ~시간에 지각하다 опоздать на службу; 당직~를 하다 дежурить; нести вахту; ~시간 служебное время; служебные часы; ~연한 трудовой(служебный) стаж; ~자 служащий,(-ая); служитель, (-ница); ~지 место службы; ~처 служебное помещение; офис.

근무일(勤務日) рабочий день.

근본(根本) основа; корень; прошлое; прошлая жизнь; ~적 основной; коренной; основательный; ради-кальный; ~적으로 в корне; корен-ным образом; радикально; ~적인 문제 основной вопрос; ~적인 전환 коренной переворот; ~이 되다 ло-жить в основу чего-л.; ~부터 잘못하다 в корне ошибиться.

근사(勤仕) I 1)уст. верная(усердная) служба(чиновника); 2)усердие; ста-рание; ~[를] 모으다 прилагать по-стоянные усилия.

근사(近似) II ~하다 почти одина- ковый; похожий;

сходный; анало-гичный; как будто хороший; прав-доподобный; красивый; хороший; модный; ~하게 почти одинаково, похоже; сходно; аналогично; как будто хорошо; правдоподобно; красиво; хорошо; 그녀의 옷은 ~하다 у неё красивое платье; ~근 *мат.* прибли-жённый корень; ~계산 прибли-жённое вычисление; ~법 прибли-жение; аппроксимация; ~성 прибли-жённость; сходность; аналогичность; ~식 приближённая формула; ~치 приближённое значение; ~해 приб-лижённое решение; 어림~법 грубое приближение; 축자~법 прибли-жение методом интеграций.

근성(根性) I настичивость; упор-ность; ~있는 настойчивый; упор-ный; ~있는 사람 настойчивый человек; человек с упорным хара-ктером.

근성(芹誠) II уст. искренность; чи-стосердечность.

근속(勤續) непрерывное служение; ~ 하다 непрерывно служить(работать); ~수당 стаж работы на одном месте; ~연한 срок(стаж) непрерывной службы.

근시(近視) миопия; близорукость; ~의 близорукий; недальновидный; ~안적 정책 близорукая политика; ~안 близорукие глаза; недаль- видность; ~ 안경 очки для близо-руких.

근심 I забота; тревога; волнение; беспокойство; нервозность; ~스럽다 встревоженный; беспокойный; ~스레 встревоженно; беспокойно; с трево-гой; ~하다 тревожиться; беспокои-ться; ~스런 표정 встревоженный (беспокойный) вид; ~걱정없이 살다 жить без забот и тревог; ~에 싸이다 быть встревоженным; ~거리 беспо-койство; предмет беспокойства; ~ 걱정 забота и беспокойство.

근심(謹審) II эпист. с почтением рассматривать.

근육(筋肉) мускул; мышца; ~의 мускульный; мышечный; ~질의 мускулистый; ~세포 миоцит; ~요법 миотерапия; ~조직 мускулатура; мышечная ткань; ~종 миосаркома; ~주사 внутримышечная инъекция; ~학 миология; ~학자 миолог; ~통 *мед.* миодиния.

근절(根絶) выкорчёвывание; иско-ренение; уничтожение; ~된 выко-рчеванный; искоренённый; унич-тоженный; ~하다 выкорчёвывать; искоренять; уничтожать; ~되다 искореняться; уничтожаться; 뇌물 수수행위를 ~하다

искоренять взя- точничество.

근처(近處) I окрестность;~에 в ок-рестностях; поблизости; вблизи; 도시~ окрестности города.

근처 (근처) II ближайшее место.

근친(近親) близкие родственники; ~교배 близкородственное размно-жение; ~간 кровосмешение; кро-восмесительство; ~상간자 кровос-меситель(-ница)

근하(謹賀) книжн. почтительное позд-равление; ~년 почтительное позд-равление с Новым Годом; ~ 하다 почти-тельно поздравлять.

근황(近況) нынешняя ситуация

글 письменность; письмо; текст; знание; учёность; ~로 쓴 письмен-ный; ~을 배우다 учиться письму (грамоте; науке); ~이깊다 обладать глубокими знаниями; ~로도 말로도 이루 다 표현할 수 없다 ни в сказке сказать, ни пером описать; ~ 잘 쓰는 사람은 붓을 탓하지 않는다 хороший писарь не жалуется на кисть; ~동무 соученик; товарищ по школе; ~ 말 письменный язык; ~ 재주 способность к сочинению; способность к учению.

글공부 ~하다 заниматься; учить урок; зубрить.

글라이더 планёр; ~의 планёрный; ~를 타고 비행하다 летать на пла-нёре; планировать; ~경기 планёр-ный спорт; ~비행 планеризм; ~ 비행사 планерист(-ка); ~활공장 планедром; планедромом.

글러브 перчатки; ~의 перчаточный; ~ 를 끼다(벗다) надевать(снимать) перчатки; 권투~ боксёрские пер- чатки; 야구~ бейсбольные перчатки.

글리세린(glycerine), 감유(甘油) гли-церин; ~의 глицериновый; 화상을 입은 피부에 ~을 바르다 смазывать обожённую кожу глицерином; ~연고 глицериновая мазь; 알칼리화 ~ щелочной глицерин; 정제 ~ чистый глицерин; 천연~ сырой глицерин.

글리코겐(glycogen) 당원질(糖原質) гликоген; ~을 합성하고 분해하는 재생과정은 신경체계와 호르몬에 의해 이루어진다. регуляция синтеза и рас-пада гликогена осуществляется нервной системой и гормонами.

글썽거리다 навёртываться; набегать; 그의 눈에는 눈물이 글썽거렸다 на его глаза навернулись слёзы.

글썽하다 *прил.* навернуться(о   слезах)

글쎄 1) да, пожалуй(некатегори-ческое утверждение); 2) впрочем.

글씨 почерк; письмо;чистописание; ~가 곱다 красивый почерк; 알아 보기 쉬운 ~ разборчивый почерк; 촘촘한 ~ убористый почерк; ~교본 прописи; ~체 почерк.

글자 буква; письменный знак; литера; ~의 буквенный; ~그대로 буквально; точно; в буквальном смысле; ~체 стиль написания;по-черк; ~판 циферблат.

글짓기 сочинение; изложение; ~ 하다 сочинять; писать сочинение.

글피, 삼명일(三明日) через(спустя) два дня; ~에 на третий день; 그 ~ через (спустя) три дня; на чет-вёртый день.

긁개식(-式) ~콘베아 тех. скребко-вый конвейер.

긁다 чесать; скрести; царапать; сг-ребать; задевать;затрагивать чьи-л. чувства; чернить; порочить; от-бирать; отнимать; 뒷통수를 긁적이다 по-чесать затылок; 등을 긁다 чесать спину; 쇠스랑으로 낙엽을 긁어내다 сгребать сухие листья гра-блями; 비위를 긁다 обижать; пор-тить настроение; 지주가 소작인 에게서 마지막 한줌의 쌀까지 긁어 갔다; помещик отобрал у аренда-торов рис до последнего.

긁어 부스럼을만들다 доставить себе беспокойство собственной глупостью;

긁개 серебок; скребло;

긁적이다 почёсывать;

긁어모으다 соскребать.

긁적거리다 почесать.

긁히다 быть поцарапанным(содран-ным; расчёсанным); получить цара-пину;

긁힌 상처 царапина.

금, 값, 가격(價格), I 1) (последняя) цена; 금도 모르고 싸다 한다 см. 값(도 모르고 싸다 한다); 금(을) 뵈다 просить назвать свою цену(о продавце); 금(을) 맞추다; 금(을) 치다 определять(назначать) цену; предугадывать; 금(이)나다 быть оценённым; 금[이] 닿다 прием-лемый(о це-не); 2) см. 인끔.

금,줄,선(線), 틈 II линия; трещина; трещинка; ~의 трещинный;~가다 трещать; дать трещину; ~을 긋다 определять границы чего-л.; отме-жёвывать; сосоре новый일로

친구사이에 금이 갔다 из-за пустяка между друзьями испортились отношения.

금(金),황금(黃金) III 1) золото; 금이야 옥이야 как величайшая драго-ценность; 2) книжн. деньги; 3) ме-талл(одна из пяти стихий в вост. космогонии); ~파오다 этн. 15-го числа первого лунного месяца взять горсть земли в торговых рядах на проспекте Чонно в Сеуле и положить её на кухне(для того, чтобы стать богатым); ~의 золотой; ~이 섞인 золотоносный; ~이야 옥(玉)이야 애지중지하다 лелеять как зеницу ока; 반짝인다 해서 모두 다 ~은 아니다 не всё то золото, что блестит; ~가락지(반지) золотое кольцо; ~가루 золотой порошок; ~관 золотая корона; ~광 золотой рудник; золо-тые прииски; ~괴 слиток золота; ~도끼 золотой топор; ~메달 золотая медаль; ~박 золотая фольга; ~본위제 золотой стандарт; ~붕어 золотая рыбка; ~비녀 золотая головная шпилька; ~시계 золотые часы; ~시계줄 золотая(позолоченная) цепочка для часов; ~실 золотая нить; ~언 золо-тые слова; изречение; афоризм; крылатые слова; ~제품 изделия из золота; ~테 золотой(позолоченный) ободок; ~테 안경 очки в золотой (позолоченной)оправе; ~혼식 золо-тая свадьба; ~화 золотая монета; ~환본위제 золотовалютный стан-дарт.

금강산(金剛山 봄), 봉래산(蓬萊山 여름), 풍악산(楓嶽山 가을), 개골산(皆骨山 겨울) алмазные горы

금고(今古) I теперь и прежде; со-временность и древность(прошлое)

금고(金庫) II сейф; несгораемый шкаф; ~의 сейфовый; 은행~ банко-вский сейф; 철제~ стальной сейф.

금기(金器) I арх. 1) золотая утварь; 2) металлическая утварь.

금기(禁忌) II противопоказание; за-прет; ~시되는 противопоказанный; 류머티스 환자에게 ~시되는 약 противо-показанные для ревматика средства(лекарства)

금년(今年) (올해) этот(текущий; нынешний; настоящий) год; ~에 в этом(текущем; нынешнем; настоя-щем) году; ~도 계획 план на этот (текущий; нынешний; настоящий) год.

금리(金利) процент; ~의 процент-ный; 고 ~로 돈을 대출해주다 ссу- жать деньги под большие проценты; 고 большой(ростовщический) про-цент; 단기대출 ~ процент по крат-косрочным займам; 법정~ законный процент; 여신~ ссудный процент; 연~ годовой процент.

금메달(金-) 1) золотая медаль; 2) золотая звезда(героя).

금방(今方) как раз сейчас; сразу; только что; ~버스가 떠났다 автобус уехал только что.

금번(今番) этот раз; теперь.

금붕어 золотая рыбка.

금빛 цвет золота; золотой цвет; ~ 넘실대는 물결 волны, отливающие золотом; ~노을 заря, отливающая золотом.

금상첨화(錦上添花) хорошее к хоро-шему

금세(今世) уст. мир сегодня; ны- нешний мир(век).

금세기(今世紀) этот(текущий; ны-нешний; настоящий) век; ~에 этом(текущем; нынешнем; настоя-щем) веку.

금속(金屬) металл; ~의 металли-ческий; ~이 함유된 металлонос-ный; ~가공업 металлообрабаты- вающая промышленность; ~건자재 металлические строительные мате-риалы; ~결정 кристалл металлов; ~공업 металлургическая промыш-ленность; ~공학 металлургия; ~관 металлическая труба; ~물리학 металлофизика; ~산화물 окись ме-талла; ~성 свойства металлов; ~전자관 металлическая радиолампа; ~절삭공구 металлорежущий инстру-мент (прибор); ~판 металлическая пластинка(плита); ~판화 гравюра на металле; ~피복 металлическое пок-рытие; ~학 металловедение; метал-лография; ~화학 металлохимия.

금시(今時) (именно)теперь(сейчас); ~발복 быстрые результаты; быс-трый эффект; ~초견이다 впервые увидеть; ~초문이다 впервые услы-шать.

금액(金額) сумма; ~의 суммовой; 상당한 ~ крупные суммы; 전체 ~ общая сумма; ~으로 표시하여 в суммовом выражении.

금연(禁煙) запрещение курения; ~ 하다 бросить курить; 우리 업소 에서는 ~입니다 у нас курить нельзя.

금요일(金曜日) пятница.

금욕(禁慾) воздержание; ~적인 ас-кетический; ~하다 воздерживаться; вести аскетическую жизнь; обузды-вать страсти; 성생활에 대한 ~ по-ловое воздержание;~주의 аскетизм; ~ 주의자(생활자) аскет.

금융(金融) денежное обращение; финансы; денежный оборот; ~의 финансовый; ~감독관 финансовый инспектор; фининспектор; ~공황 финансовый кризис; ~계 финан-совые круги; ~기관 финансовый учреждения(органы); ~시장

фина́н-совый(де́нежный) ры́нок; ~자본 фина́нсовый капита́л; ~전문가 финанси́ст; ~정책 фина́нсовая поли́тика.

금은(金銀) зо́лото и серебро́; ~방 ювели́рный магази́н; ~보화 драго-це́нности; сокро́вище; драгоце́нные ископа́емые; ~세공술 ювели́рное иску́сство; ~화 золоты́е и серебря́ные моне́ты.

금전(金錢) де́ньги; ~의 де́нежный; ~욕 жа́дность к деньга́м; ~출납부 ка́ссовая кни́га.

금주(禁酒) запреще́ние пить спирт́ные напи́тки; ~하다 запреща́ть спиртны́е напи́тки; возде́рживаться от употребле́ния спиртны́х напи́тков; ~법 зако́н, запреща́ющий спиртны́е напи́тки.

금지(禁止) запреще́ние; запре́т; восп-реще́ние; ~하는 запре́тный; запре-ща́ющий; ~된 запрещённый; ~하다 запреща́ть; налага́ть запре́т; ~되다 запреща́ться; воспре-ща́ться; ~조치를 해제하다 снять запре́т; ~구역 запре́тная зо́на; ~령 запре́тный зако́н; ~조치 запрети́-тельные ме́ры; 관계자외 출입 ~ посторо́нним вход воспрещён; 출입 ~вход воспрещён.

금지령(禁止令) зако́н(прика́з), запре-ща́ющий де́лать(что-л.)

금품(金品) де́ньги и ве́щи(това́ры); взя́тка; ~을 건네다 дать взя́тку; ~을 수수하다 брать взя́тку.

금하다 запреща́ть; воспреща́ть; на-лага́ть запре́т; сде́рживать(чу́вст-во); 놀라움을 금할 수 없다 не могу́ сдержа́ть своего́ удивле́ния.

급(級) I класс; разря́д; ранг; сте́пень; у́ровень; ~의 кла́ссовый; ра́нговый; 고 ~ 기능공 рабо́чий вы́сшего разря́да; 제 1~ 비밀 соверше́нно сек-ре́тная информа́ция; 제 1~ 훈장 о́р-ден пе́рвой сте́пени; 최고~ 회담 перегово́ры на вы́сшем у́ровне; 최하~ ни́зший разря́д; 순양함 ~ кре́йсер пе́рвого ра́нга.

급(急) II 1) сро́чность; 2) сро́чное де́ло; 3) опа́сное(крити́ческое) по-ложе́ние.

급-(急-) ре́зкий; бы́стрый; ско́рый; о́стрый; круто́й; экстре́нный; ~경사 круто́й скло́н; ~류 бы́строе тече́ние; стреми́тельный пото́к; ~보 экстре́нное сообще́ние.

급강하(急降下) 1) ав. пики́рование; 2) бы́строе паде́ние(температу́ры); ~하다 пики́ровать; бы́стро па́дать(о температу́ре);пики́рование; ~의 пики́рующий; ~하다

пикировать; ~폭격 пикирующая бомбардировка.

급격하다 стремительный; резкий; крутой; 급격히 стремительно;резко; круто; 정세의 급격한 변화 резкое изменение обстановки; 상황이 급격히 반전되었다 обстоятельства круто изменились.

급급하다 быть всецело поглощё-нным чем-л.; пороть горячку; ужасно спешить; суматошиться; 작년에는 그는 돈 벌이에 급급했다 в прошлом году он был всецело поглощён заработками.

급기야 наконец; в конце концов; ~ 그들은 이혼하고 말았다 в конце концов они развелись

급락(急落) резкий спуск; резкое снижение; ~한 резко спущенный (сниженный); ~하다 резко спус-каться(снижаться); 주가가 ~했다 акции резко упали в цене.

급류(急流) 1) быстрое течение; ~하다 быстро(стремительно) течь; 2) крутой поворот; ~용퇴 своевре-менно уйти с поста, сделав карьеру; 3) см. 급류수.

급매(急賣) срочная продажа; ~의 срочно продажный; ~하다 срочно продавать; 현금가로 ~하다 срочно продавать за наличный расчёт; ~가 цена, по которой производится срочная продажа.

급박하다 срочный; чрезвычайный; не терпящий отлагательства; 급박한 정세 чрезвычайная ситуация.

급변(急變) внезапная перемена; не-ожиданный поворот; неожиданное происшествие(событие); ~하다 вне-запно(круто, неожиданно) измен- яться.

급선무(急先務) неотложное дело; первоочередная задача; 무엇보다도 이 일이 ~이다 прежде всего это наша первоочередная задача.

급성(急性) сущ. острый; ~염증 ост-рое воспаление; ~위장염 острый гастроэнтерит;~위염 острый гастрит.

급소(急所) жизненно важный орган; уязвимое место; ~를 찌르다 задеть за живое; задеть за больное место.

급속하다 быстрый; скорый.

급속히 быстро; спешно.

급속도로 быстрыми темпами; с большой скоростью;

급속도 большая скорость; быстрые темпы.

급수(給水, 물공급) водоснабжение; ~하다 снабжать

водами; ~관 водоп-роводная труба; ~관리 체계 диспет-черская система водоснабжения; ~탑 водонапорная башня; водокачка; ~펌프 водоснабжающая помпа.

급식(給食) снабжение пищей; питание; ~하다 снабжать пищей; доставлять пищу; питать.

급유(給油) заправка бензином; ~하다 заправлять бензином; ~기 лубрикатор; ~선 судно-заправщик.

급하다 быстрый; стремительный; спешный; торопливый; неотложный; срочный; невыдержанный; несдер-жанный; порывистый; серьёзный; опасный; критический; 급히 быстро; срочно; наспех; наскоро; второпях; 급한 걸음 торопливые шаги; 성미 가 급한 사람 несдержанный человек; 급한 불을 끄다 прежде всего выполнить неотложное дело; 급히 돈이 필요하다 срочно нуждаться в деньгах; 급한 볼일이 있다 у меня срочное дело; 환자의 병세가 급하 다 остояние больного опасно; 급하 다고 바늘 허리에 매어 쓸까? как ни торопись, а нитку в ушко продеть придётся; 급하면 엄은 아이도 찾는 법 в спешке ищет своего ребёнка, а тот у него за спиной сидит; 급할수록 돌아가라 если спешишь, то иди окольным путём.

급행(急行) ~료 взятка; ~열차 ско- рый поезд; экспресс; ~ 열차권 билет на скорый поезд.

급히(빨리) срочно; быстро.

굿다 I (그으니, 그어) 1) переставать (о дожде); 2) пережидать (дождь).

굿다 (그으니, 그어) II проводить линию (параллель); чиркать (спичкой); 직선을 ~ проводить прямую линию; 성냥불을 ~ чиркать спичкой; зажигать спичку.

긍정(肯定) утверждение; ~적 поло-жительный; утвердительный; ~적 으로 положительно; утвердительно; ~하다 утверждать; подтверждать; ~적 주인공 положительный герой; 낡은 것에 대한 부정과 새것에 대한~ отрицание старого и утверж-дение нового; ~적 판단 положи-тельное суждение.

긍지(矜持), 자랑 гордость; ~를 갖다 гордиться чем-л.; 민족적 ~ национальная гордость; 조국에 대한 ~ гордость за Родину.

기(氣) I энергия; сила; бодрость; дух; ~가 살다 приободриться; обрести хорошее настроение; ~가 죽다 пасть духом; ~가 질리다 робеть; побаиваться; душа в пятки уходит; ~가 차다 захлёбываться; захваты-вать дух; ~를 쓰다 надсаживаться; надрываться.

기(旗), 깃발 II знамя; флаг; флажок; ~를 달다 вывешивать флаг.

-기(期) I период; 백악~ меловой период; 빙하~ледниковый период

-기(-機) II машина; самолёт; 발동~ двигатель; 전투~ боевой самолёт.

-기(-器) III прибор; аппарат; орган; 가열~ нагревательный прибор; 주사 ~ инъектор; 소화~ орган пище-варения.

-기(記) IV записки; очерк;여행~ путевые заметки; 연대~летопись.

-기(氣) V *суф. кор.* чувство; ощу-щение; 기름~маслянистость

기간(期間) период; срок; сессия; ~ 만료 후에 по истечении срока; 일 정 ~동안 в течение определённого срока; 시험~ экзаменационная сес-сия; 회계 ~ отчётный период.

기계(機械), 기구 I машина(меха-низм); ~의 машинный; ~적인 маши-нальный; ~화하다 механизировать; ~공학 машиноведение; ~농사 машинное земледелие; ~론 механи-стический материализм; ~론자 меха-нист; ~설비 машинное оборудование; ~실 машинное отделение; ~체조 спортивная гимнастика; ~화 механи-зация; ~화부대 см. 기갑.

기계(器械) II прибор; инструмент; аппаратура; спорт. снаряд; ~체조 спортивная гимнастика на снарядах; 의료~ медицинская аппаратура.

기계식(機械式) *сущ.* механический; механического типа; машинный; ~ 부선기 *горн.* механическая флота-ционная машина; ~분급기 *горн.* механический классификатор; ~충진 *горн.* машинная закладка; ~측심기 механический эхолот.

기관(機關) I 1) двигатель; мотор; аппарат; 2) орган; учреждение; ~사 машинист; ~실 машинный зал; машинное отделение; ~장 главный механик; 과학연구 ~ научноиссле-довательское учреждение; 권력~ органы власти; 내연~ двигатель внутреннего сгорания; 보건~ органы здравоохранения; 상업~ торговый аппарат; 지도~ руководящие органы.

기관(器官) II органы; 감각~ органы чувств; 소화~ органы

пищеваре- ния; 호흡~ органы дыхания.

기관지(氣管支) бронхи; ~의 бронх-иальный; ~염 бронхит; ~임파선염 бронхоаденит; ~절개술 бронхото- мия; ~촬영술 бронхография; ~천식 бронхи-альная astma; ~협착 бронхостеноз; ~확장증 бронхоэктазия; 모세~ бронхиола.

기관차(機關車) локомотив; ~의 локомотивный; 견인~локомобиль; 내연~ тепловоз; 전기~ электровоз; 증기~ паровоз.

기구(器具) I орудие; инструмент; прибор; инвентарь; ~의 орудный; инструментальный; приборный; инвентарный; ~주의 инструмента- лизм; ~제작공 инструменталь- щик; 농~ сельскохозяй-ственное орудие; 실험~ экспериментальный прибор; 운동~ спортивный инве-нтарь; 제도~ чертёжный прибор; 휴대~ ручной набор инструментов

기구(機構) II 1) механизм; 2) уст- ройство; структура; строй; 3) орган; аппарат; ~개편 реорганизация аппарата; ~조직표 штатное распи-сание; 국가~ государственный строй(аппарата); 국제~ международ-ный орган.

기구(氣球) III воздушный шар; аэростат; ~의 аэростатный; ~를 띄우다 запускать аэростат; ~에 가스를 채우다 наполнять(газом) аэро-стат; ~학 аэростатика; 무인~ бес-пилотный аэростат; 풍선~ возду-шный шар.

기금(基金) фонд; ~의 фондовый; 사회보장~ фонд социального обес-печения; 산업진흥~ фонд индустри-ализации; 생산확충~ фонд рас- ширения производства; 실업구제~ фонд безработицы.

기급(氣急) сильный испуг; ~절사 упасть в обморок от испуга; ~스럽다 очень испуганный; ~하다 1) испуганный; напуганный; 2) испугаться; ~할 разг. потрясающий.

기껏 что есть силы; в меру свои-х сил; ~해야 от силы; самое большее; ~해야 그녀는 열여섯 살 밖에 안된다. ей от силы шестнадцать лет.

기내(畿內) арх. 1)столичный округ; ~[에] 2) в пров. Кёнгидо.

기념(記念) юбилей; ознаменование; празднование; память; ~의 юбилей-ный; ознаменованный; памятный; мемориальный; ~할 만한 досто-памятный; знаменательный; ~하다 ознаменовывать что-л. чем-л.; празд-новать; отмечать; ~으로 в память о ком-чём-л.; в ознаменование чего-л.; ~표시로 в знак памяти; ~관 мемориальное здание; музей;

~논문 집 юбилейный сборник статей; ~비 памятник; монумент; мемориальная доска; ~식 торжественная церемо-ния; чествование; ~식수 памятная посадка саженцев; ~일 юбилейный день; годовщина; памятный день; ~ 품 сувенир; памятный подарок; ~ 호 юбилейный номер; ~회 торжест-венное(юбилейное) собрание; ~관 мемориал.

기능(機能) I функция; ~적 функ- циональный; ~을 수행하다 функ-ционировать; 국가~ функция госу-дарства; 생리적~ физиологическая функция; ~문체 функциональный стиль; ~의미론 функциональная семантика; ~장애 функциональное расстройство; дисфункция; ~저하 депрессия.

기능(技能) II умение; мастерство; ~ 적 квалифицированный; ~자격을 부여하다 квалифицировать кого-л.; ~공 мастер; квалифицированный рабочий; ~급수 квалификационные разряды.

기다 ползти; ползать; раболепст-вовать (пресмыкаться; низкопок- лонничать перед кем-л.); 기어서 ползком; 설설~ ползать в ногах у кого-л.; 뱀이 굴에서 기어 나왔다 из норы выползла змея; 아기가 마루를 기어 다닌다 ребёнок ползает по полу.

기다랗다(기다라니,기다라오) довольно длинный(долгий); 기다란 연설 затянувшаяся речь.

기다리고 있던 참이다 как раз ждал.

기다리다 ждать кого-чего-л.; ожи-дать; подождать; 기다리고 기다 리던 날 долгожданный день; 기다 리게 하다 заставлять кого-л. ждать; 부질없이~ ждать у моря погоды; 애타게 ждать с нетерпением; не дождаться; 잠깐만 ~ 주세요 подождите минутку.

기대(企待) ожидания; надежды; ~ 하다 ожидать; надеяться; уповать на что-л.; рассчитывать на кого- что-л.; ~하여 в надежде на что-л.; ~를 걸다 возлагать на кого-л. надежды; рассчитывать на кого-л.; ~에 보답 하다 отвечать ожиданиям; оправ-дать надежды; ~에 어긋나다 не оправдать надежды; разочаровывать; 그에 대한 ~가 크다 на него возла-гают большие надежды; от него ждут многого; 남의 도움을 ~하지 말아라 не рассчитывай на чужую помощь; ~치 расчёт.

기대다 опираться на что-л.; прис-лоняться к чему-л.; 기대어 앉다 сесть, прислонившись к чему-л.; 지팡이에 ~

опираться на трость; 책상에 ~ прислоняться к столу.

기도(企圖) I попытка; замысле; намерение; ~된 задуманный; на-меренный; ~하다 пытаться; делать попытку; намерен; намереваться; замышлять.

기도(祈禱) II молитва; молебен; ~의 молитвенный; ~하듯이 молит-венно; 하다 молиться; ~를 드리다 читать (творить) молитву; ~하러가다 идти на молитву; 고인의 명복을 ~하다 молиться за упокой души умершего; ~문 молитва; ~서 молитвенник; ~실 молельня; молитвенный дом.

기동(起動) I 1) см. 기거[동작]; 2) пуск; запуск; введение в действие; ~권선 эл. пусковая обмотка; ~ 보상기 эл. пусковой компенсатор; ~ 시간 эл. пусковой час; ~장치 эл. пускатель; ~저항기 эл. пусковой ре-остат; ~전류 эл. пусковой ток; ~하다 вставать с постели(о больном); запускать(вводить в действие).

기동(機動) II манёвирование; ~적 манёвренный, подвижный; ~하다 манев-рировать; ~력 способность манёврировать; ~부대 манёвренные войска(части); ~성 манёвренность; ~작전 манёвр; манёвренная операция.

기둥 1) столб; стойка; колонна; 2) перен. опора; столп; стержень; ~의 столбовой; колонный; опорный; ~을 세우다 ставить столб; 나라의 ~ опора страны; ~감 материал, годный на столб(стойку; опору); ~뿌리 основание столба; ~그물 стр. сетка колонн; ~도표 мат. опорная таблица; ~머리 стр. копитель; ~을 치면 보장이 울린다 посл. букв. ударишь по стойке, а трещит балка; лес рубят, щепки летят; ноги промочишь, а голова болит

기득권(旣得權) приобретённое(за- конное) право; ~을 포기하다 отбра-сывать приобретённое(законное) право.

기록(記錄) запись протоколирова- ние; протокол; рекорд; ~의 запис-ной; протокольный; рекордный; ~ 하다 записывать, протоколировать; регистрировать; ~을 더듬다 пере-листывать протокол; ~을 갱신하다 побить рекорд; ~을 깨뜨리다 побить рекорд; ~을 세우다 создать (установить, поставить) рекорд; ~ 계기 регистрирующий прибор; ре-кордер; самописец; ~광 рекордо- мания; ~부 книга протоколов; ~수립 установление рекорда; ~영화 доку-ментальный фильм; 세계 ~ мировой рекорд; ~원 писарь; секретарь.

기류(氣流) I воздушное течение; течение воздуха; воздушная струя; ~를 따라 위로 вверх(вниз) по течению воздуха.

기류(旗類) II знамёна; флажки; ~ 신호 мор. сигнализация флажками.

기르다 (기르니, 길러) выращивать; выхаживать; откармливать; воспиты-вать; прививать; отращивать; запустить; 아이들을 ~ выращивать детей; 우수한 전문가를 ~ воспитывать способных специалистов; 음악에 대한 취미를 ~ прививать вкус к музыке.

기름 масло; жир; сало; ~의 масля-ный; жировой; сальный; ~지다 маслянистый; жирный; ~을 먹이다 промасливать; ~을 바르다 нама-зывать; ~을 짜다 выжимать масло; ~칠하다 смазывать маслом; ~걸레 промасленная тряпка; ~기 маслянистость; жирность; ~덩어리 кусок сала; ~때 сальные(масляные) пя-тна; ~칠 смазка; 옥수수~ кукуруз-ное масло; 콩~ бобовое масло.

기리다 восхвалять; воспевать; во-зносить; 영웅을~ воспевать героев.

기만(欺瞞) обман; ~적 обманный; лживый; фальшивый; ~하다 обма-нывать; ~당하다 быть обманутым; ~성 лживость; фальшь; обманчи-вость; ~술 махинация; ~책 хитрые уловки; тактика обмана.

기묘하다 затейливый; причуд-ливый; ~기묘하게 затейливо; при-чудливо; 기묘한 생김새의 바위 причудливая скала.

기물(棄物) I посуда; утварь; ~의 посудный; 부엌~ кухонная утварь; 살림 ~ домашняя утварь.

기미,점 I родинка; тёмное пятно; ~가 끼다 тёмные пятна появляются.

기미(氣味) II 1) стремления и вкусы; ~상적(상합) общность стремлений и вкусов; ~가 통하다 находить общий язык; 2) кор. мед. критерии опреде-ления состава и эффективности лекарства; 감기 ~가 있다 чувствую что простудился.

기미(幾微) III признак; симптом; примета; ~가 보이다 появляются симптомы; ~를 알아차리다 догады-ваться (замечать) признак чего-л..

기밀(機密) тайна; секрет; ~의 тайный; ~로 하다 делать что-л. в тайне; ~을 누설하다 разглашать тайну; ~문서 секретный документ; ~비 расходы на секретную службу; 군사 ~ военная тайна.

기반(基盤) основа; фундамент; база; ~을 두다

основываться(базировать-ся) на чём-л.; класть в основу что-л.; 국가의 경제적 ~ экономическая база государства.

기발하다 необыкновенный; ори- гинальный; находчивый.

기발하게 необыкновенно; ориги- нально; находчиво; 기발한 생각 оригинальная идея(мысль).

기복(起伏) I неровность; рельеф; ~이 있는 неровный; волнистый; ~이 심한 지대 неровная холмистая местность; ~지대 пересечённая местность.

기복(起復) II уст.=[출사(행공)] вступление на должность в период траура(напр. по родителям); ~하다 вступать на должность в период траура.

기본(基本) основа; фундамент; база; ~적 основной; фундаментальный; базовый; капитальный; кардиналь-ный; ~적으로 основательно; фунда-ментально; ~으로 삼다 основать что-л. на чём-л.; ставить что-л. во главе угла; ~급 основная зарплата; ~모순 основные проти- воречия; ~법 основное право; ~형 основная форма; ~화음 основной аккорд; ~비 эк. основные расходы; ~실 текст. элементарная нить.

기본적, 중요한 главный.

기분(氣分) I настроение; располо-жение духа; самочувствие; ~을 망치다 испортить настроение; ~을 전환하다 развеяться(о настроении); ~이 나쁘다 быть не в духе; быть в плохом настроении; у кого-л. нас-троение плохое; ~이 매우 좋다 чу-вствовать себя превосходно; ~이 좋다 быть в духе; быть в хорошем настроении; у кого-л. настроение хорошее; ~에 치우쳐 행동하다 вести себя по настроению; ~파 человек настроения; прихотливый человек; ~이 어떻습니까? Как вы себя чувствуете?

기분(幾分) II уст. см. 얼마, 얼마쯤.

기분주의(氣分主義) расхлябанность; привычка работать по настроению; ~적 зависящий от настроения.

기뻐하다 радоваться(обрадоваться) кому-чему-л.; ~그녀는 나를 보고 기뻐했다 она обрадовалась мне.

기쁘다 рад; радостный; 기쁨 радо-сть; 기쁘게 радостно; 기쁘게 하다 радовать; обрадовать; порадовать; 아들은 좋은 성적을 받아와 어머니를 기쁘게 해 주었다 сын порадо-вал мать своими отличными отмет- ками.

기사(記事) I статья; корреспонден-ция; заметка; ~를 보내다

коррес- пон-дировать во что-л; 신문~ га-зетная статья.

기사(技士) II инженер.; ~의 инже- нерский; 광산~ горный инженер; 건축~ инженер-строитель; 전기~ инженер-электротехник.

기사(騎士) III всадник; рыцарь; ~의 рыцарский; ~도에 따라 порыцарь-ски; ~로 행동하다 рыцарствовать; ~단 рыцарство; ~도 рыцарские нравы; ~문학 куртуазная литература.

기상(起床) I подъём(после сна); ~하다 вставать с постели; подни- маться; ~나팔 подъём горном; ~체조 утренняя зарядка.

기상(氣象) II метеор; погода; ме- теорологические явления; ~의 метеороло-гический; ~관측 метеоро-логические наблюдения; ~관측소 метеорологическая станция; ~관측 시스템 метеосистема; ~대 метео-рологическая обсерватория; ~로켓 метеорологическая ракета; ~예보 прогноз погоды; ~위성 метеос-путник; ~통보 метеорологическая сводка; сводка погоды; ~학 метеоро-логия; ~학자 метеоролог.

기색(氣色) I выражение лица; вид; уюпулый~ угрюмый вид; ~이 좋지 않다 плохо выглядеть/ у кого-л. плохой вид; ~을 보이지 않다 не подавать(не показывать) вида.

기색(起色) II ~이 보인다 1) вот-вот (кто-л.)встанет(со своего места); ~을 보이다 готовиться встать со своего места; 2) арх. конъюнктура(в торговле).

기생(寄生) паразитизм; тунеядство; ~의 паразитарный; тунеядный; ~적 паразитический; ~하다 пара-зитировать; тунеядствовать; ~균 паразитирующая бактерия; ~생활 паразитство; паразитический об- раз жизни; ~충 паразит; паразити-ческое насекомое; ~충학 паразито-логия; ~충 학자 паразитолог.

기선(汽船) I пароход; ~의 парохо-дный; ~으로 여행하다 путешест- вовать на пароходе; ~을 타다 са- диться на пароход.

기선(機先) II первый ход; ~을 제압하다 нанеси удар первым.

기세(氣勢) дух; сила духа; ~가 등등 하다 торжествующий; исполненный гордости собственной мощью; ~가 오르다 у кого-л. поднимается; ~가 충천하다 быть полным энтузиазма; окрыляться; воодушевляться.

기소(起訴) I обвинение; предъяв-ление иска; возбуждение судебного дела; ~의 обвинительный; ~하다 выдвигать обвинение; обвинять в чём-л.; предъявлять иск; ~를 취하하다 отклонять обвинение; 살인죄 로 ~하다 обвинять кого-л. в убийстве; 이 사건은 ~되지 않았다 судебное разбирательство этого дела задерживается за недостатком улик; ~유예 откладывание обвине-ния; ~장 обвинительное заключе-ние; обвинительный акт.

기소(欺笑) II уст. ~하다 обводить вокруг пальца; одурачивать; из- деваться; насмехаться.

기숙(寄宿) ~학교 школа-интернат; ~하다 жить в общежитии(на час-тной квартире).

기숙사(寄宿舍) общежитие; ~의 общежитский; ~사감 комендант общежития.

기술(技術) I техника; технология; мастерство; ~적 технический; те-хнологический; ~적으로 техниче-ски; 선진~ передовая техника; ~교육 техническое обучение; ~자 техник; инженерно-технический работник; ~진 техничес-кие кадры; ~혁신 техническое но-ваторство.

기술(記述) II описание; изложение; запись;~하다 описывать; излагать; записывать; 역사적 사실의~ описание исторических фактов; ~언어학 дескриптивная лингвистика.

기습(奇襲) внезапное нападение; налёт; рейд; ~의 налётный; ~하다 внезапно нападать; совершать рейд;~작전 рейдовая операция.

기습(奇習) II 1) причуда; 2) стран- ный обычай.

기승(氣勝) I ~을 부리다 быть нес-говорчивым (настойчивым); ~을 피 우다 быть упрямым(настойчивым); ~스럽다 прил. казаться упрямым (несговорчивым, настойчивым); ~하 다 несговорчивый; упрямый; настойчивый.

기승(氣勝) II неистовство; буйство; бешенство; неукротимость; ~스럽다 неистовый; буйный; неукро- тимый; яростный; ~스레 неистово; буйно; неукротимо; бурно; яростно; ~을 부리다 неистовствовать; буйство- вать; бушевать; свирепствовать.

기압(氣壓) I атмосферное давление; ~단위의 атмосферный; атм. ~계 барометр; ~조정기 баростат.

기압(汽壓) II давление пара.

기어이(期於-) во что бы то ни стало; чего бы это ни стоило; обязательно; непременно; в конце концов; наконец.

기억(記憶) память; воспоминание; ~하다 помнить; вспоминать; 희미한~ куриная(короткая) память; ~에 따라 по памяти; ~에 남다 оста-ваться в памяти; ~에 생생하다 свежо в памяти; ~해 두다 сохра- нить в памяти; 그는 ~력이 나쁘다 у него слабая(пло- хая) память; 만일 내 ~이 틀리지 않았다면 7년 전에 나는 그와 한 기숙사에서 살았다 если память мне не изменяет, мы с ним жили вместе в общежитии семь лет тому назад; ~ 력 память; способность запоминать; ~장치 блок памяти; память; запоми- нающее устройство.

기업(企業) I предприятие; ~가 пре-дприниматель(-ница); ~경영 упра-вление предприятием; ~활동 пре- дпринимательская деятельность;국영 ~ государственное предприятие; 대 ~ крупное предприятие; 중소~ мелкие и средние предприятия

기업(基業) II 1) фамильное(унасле-дованное) дело; 2) основная работа

기여(寄與) вклад; ~하다 делать (вносить) вклад во что-л.; 그는 국제 평화와 안전을 공고히 하는 데에 비준 있는 ~를 했다 он внёс весомый вклад в укрепление между- народного мира и безопасности.

기역 киёк(старое назв.кор.букв. ㄱ).

기온(氣溫) температура воздуха; ~ 관측 наблюдение за температурой; 연교차 годовая амплитуда темпе-ратуры воздуха; 일교차 суточная амплитуда температуры воздуха.

기와(起臥) черепица; ~의 черепи-чный; ~ ро мадэ черепичный; ~를 굽다 обжигать черепицу; 지붕에 ~를 이다 крыть крышу черепи- цей; ~장이 кровельщик; ~지붕 черепичная крыша.

기용하다 выдвигать кого-л. на должность чего-л.; восстанавливать на службе; 대통령은 그를 법무부 장관에 기용했다 президент выд-винул его на должность министра юстиции.

기운(氣運) сила; энергия; бодрость; дух; чувство; ощущение; тенден-ция; настроение; атмосфера; ~차다 энер-гичный; ~차게 энергично; ~없이 вяло; устало; ~을 쓰다 напрягать силы; 찬~ веять холодом; 나는 감기 ~이 있다 каже-тся я простудился.

기울다 (기우니, 기우오) покоситься; наклониться; склониться; накре- ниться; ухудшаться; увлекаться чем-л.;

вкладывать душу во что-л.; заходить; косой; наклонившийся; накренившийся; 기울게 косо; 옆으 로 기울어진 저녁 해가 서쪽으로 기울었다 вечернее солнце склони-лось к западу; 그녀는 최근에 음악에 마음이 기울기 시작했다 в по-следнее время она стала увлекать-ся музыкой.

기울어지다 1) покоситься; накло- ниться; накрениться; заходить(о солнце); 2)ухудшаться(о ходе дел)

기울이다 склонять; наклонять; со-средоточивать; 고개를~наклонять голову; 귀를 ~ прислушиваться; склонить ухо к чему-л.; 힘을 ~ прилагать усилия к чему-л.; вклады-вать душу во что-л..

기웃거리다 покачивать; вертеть; заглядывать; подглядывать; под-сматривать; 고개를 ~ вертеть го-ловой.

기웃기웃 ~들여다 보다 то и дело заглядывать; ~하다 см. 기웃거리다.

기원(紀元),연대 I эра;~ до нашей эры; ~전 700년 700-ый год до на-шей эры; 인류 역사의 신 ~을 열다 открыть новую эру в истории че-ловечества; 신(그리스도) ~ новая (наша) эра; н.э.

기원(起源) II происхождение; на- чало; генезис; источник; ~의 ге- нетический; ~하다 иметь что-л. своим источником; вести начало от чего-л.; восходить к чему-л.

기원(祈願) III мольба; моление; ~ 하다 молить, молиться; ~을 들어 주다 услышать чью-л. мольбу;внять мольбе; 그는 고인의 명복을 ~ 했다 он молился за упокой души умер-шего;

기이하다 странный;причудливый; удивительный; 기이함 странность; причуд-ливость; удивительность; 기이하게 странно; причудливо; удивительно; 기이한 옷차림 причу-дливый наряд.

기입하다 вписывать; записывать; 수첩에 전화번호를 ~ записывать в книжку номер телефона

기자(記者), 언론인 I журналист; ко-рреспондент; ~의 корреспон-дент-ский; журналистский; ~단 группа корреспондентов; ~회견 пресскон-ференция; интервью; 여 ~ коррес-пон-дентка; журналистка; 전문~ специальный корреспондент; 종군 ~ военный корреспондент.

기자(奇字) II иероглифический стиль(один из шести).

기적(奇蹟) I чудо; ~적 чудесный; изумительный; ~적으로 чудесно; изумительно; чудом; ~을 행하는 чудотворный;

~을 행함 чудотво- рец; ~을 창조하다 творить чудеса; 그는 ~적으로 살아났다 он чудом спасся.

기적(汽笛) II gudok;~ㅣ гудочный; ~을 울리다 давать гудок.

기절(棄絕) обморок; ~의 обмороч-ный;~하다 упасть(падать) в обморок; терять сознание; ~에서 깨어나다 очнуться от обморока.

기존(旣存) имеющийся; существую-щий; ~공식 существующая формула; ~설비 имеющееся обору-дование.

기준(基準), 규칙(規則) I критерий; стандарт; норма; норматив; ~의 стандартный; нормативный; ~하다 считать что-л. ~ критерием(нор-мой); принимать что-л. за норму(критерий); ~을 세우다 устанавливать критерий; нормировать; 임금 계산의 ~ норма заработной платы; 진리의 ~ крите-рий истины; ~가격 стандартная цена; ~량 норма; ~원가 норма себестои-мости; ~점 начало отсчёта; начало координат; ~화 нормализация; стан-дар-тизация.

기지(基地) фундамент; база; ~의 фундаментальный; базовый; ~에서 на базе; ~를 두다 базироваться чем-л.; ~망 база баз; 군사~ военная база; ~원료 сырьевая база; 전진~ пере-довая база; 항공~ авиационная база; авиабаза; 해군~ военноморская база.

기질(氣質) физическое состояние; здоровье; характер; темперамент; 다혈적~ сонгвинистический темпе-рамент; 담즙질적~ холерический темперамент; 우울~ меланхоличес-кий темперамент; 점액~ флегмати-ческий(белокровный) темперамент.

기차(汽車) поезд; ~를 타다 сесть на поезд; ~를 타고가다 ехать на поезде; ~에서 내리다 сойти с пое-зда; 기찻길 железная дорога; ~ 승무원 поездная(кондукторская) бригада; ~시간표 расписание поез-дов; ~표 железнодорожный билет.

기체(氣體) газ; газообразное тело; ~의 газовый; ~를 함유한 газиро-ванный; ~를 분리시킨다 газиро- вать; ~화시키다 газифицировать; превращать что-л. в газ; ~화하다 газифицироваться; превращаться в газ;~방전 газовый разряд;~분석기 газоанализатор; ~여과기 газовый фильтр; ~연료 газовое топливо; ~온도계 газовый термометр; ~정량 газометрия; ~채취기 газифер; ~화 газификация; газировка; газация; превращение в газ.

기초(基礎), 토대(土臺) основа; фун-дамент; ~의 основной; фундаме-нтальный; ~적 основательный; фундаментальный; ~하다 основы-ваться; базироваться; ~를 쌓다 за-кладывать фундамент чего-л.; ~ 위에서 на основе чего-л.; опираясь на что-л.; на базе чего-л.; 건물의 콘크리드~ бетонный фундамент здания; 이론~ теоретическая ос-нова; ~공제 основное отчисление; ~과학 фундаментальные науки; ~대사 основной обмен; ~지식 осно-вные знания.

기침 кашель; ~이 나다 кашляться; закашляться; 헛(마른) ~을 하다 ка-шлять сухим кашлем; ~하다 каш-лять.

기타(其他) I другие; прочие; 사과, 배와 ~과일 яблоки, груши и другие фрукты.

기타 II гитара.

기탁(寄託) поручение; ~하다 пору-чать; ~증서 поручительное письмо.

기특하다 похвальный; достойный похвалы; 기특히 похвально; лест-но; 기특히 여기다 считать похваль-ным; отзываться лестно.

기포(氣泡) пузырь; пена; ~가 생기다 пузыриться; пениться; ~성 пу-зырчатость; пенистость; ~제 хим. пенообразующий агент; пенообра-зователь; вспениватель.

기피하다 избегать; уклоняться от чего-л.; 책임을~ уклоняться от ответственности.

기피자 уклоняющийся.

기필코 непременно; неизбежно; ~ 이 어려운 상황을 극복하겠다 неп-ременно преодолею это затруднение.

기하(幾何) геометрия; ~급수 гео-метрическая прогрессия; ~적 гео-метрический; ~급수적으로 늘어나다 возрастать в геометрической про-грессии; ~학자 геометрик; 고등~ высшая геометрия; 해석~ анали-тическая геометрия.

기하다(期-) 1) приурочивать; брать (что-л.)в качестве отправного мо-мента; 이 날을 기해서 по случаю этой даты; 1) обещать; предвещать.

기한(期限), 기간 срок; ~이 끝나 가다 срок истекает; ~을 앞당기다 делать что-л. досрочно; ~을 연장하다 продлить срок; ~을 정하다 назначать(устанавливать) срок; ~을 초과하다 превысить срок; ~내에 в срок; ~만료 전에 до истечения срока; дос-рочно; 3년 ~으로 сроком на три года.

기호(記號) I знак; символ; ~의 зна-ковый; ~체계 знаковые системы; ~학 семиотика; семиология; ~학자 семиолог.

기호(嗜好) II вкус; склонность; ~에 맞다 соответствовать(отвечать) чьим-л. вкусам; ~에 맞지 않이 приходиться не по вкусу; ~품 та-бачноводочные из-делия и чай.

기혼(旣婚) I состоящий в браке; ~남성 женатый мужчина; ~여성 за-мужняя женщина; ~자 женатый; замужняя.

기혼(氣昏) II ~하다 смутный; по-мутившийся(о сознании); помути-ться (о сознании).

기화 I газообразование; парообра- зование; испарение; карбюрация; ~ 하다 превращаться в газ; испар- яться; ~시키다 превращать что-л. в газ; испарить; газифицировать; карбюрировать; ~기 испаритель; карбюратор.

기화(奇貨) II 1) драгоценность; ре-дкость; 2) удобный(благоприятный) случай, предлог; ...을 ~로 [하여] ссылаясь на что, под тем предлогом что; ~가거 уст. можно воспользоваться удобным случаем.

기회(機會) случай, подходящий момент; шанс; ~를 놓치다 упустить случай(шанс); ~를 이용하다 вос-пользоваться случаем; ~가생기면 если представится случай;~가 있을 때마다 при каждом удобном случае; ~를 보아서 при удобном случае.

기획(企劃) планирование; ~하다 планировать; ~초안을 잡다 набро- сать план; 비용~ планирование затрат; 영역별~ отраслевое плани-рование; ~부서 планирующие ор- ганы.

기후(氣候) климат; ~의 климати-ческий; ~에 적응하다 акклимати- зироваться; 대륙(성)~ континента-льный климат; ~구 климатичес-кий район; ~요법 климатотера- пия; ~학 климатология; ~학자 климатолог; ~조건 климатические условия

긴급(緊急) ~동의 предложение о рассмотрении внеочередного воп-роса; ~회의 экстренное собрание.

긴급하다 срочный; безотлагатель-ный; неотложный; экстренный.

긴급히 срочно; неотложно; экстре-нно

긴급명령 экстренные распоряжения

긴급모임 экстренное собрание

긴급조치 срочные(экстренные)меры.

긴급한 экстренный.

긴밀하다 близкий; тесный; ~히 близко; тесно; 긴밀한 관계 тесная связь; 긴밀한 의존관계에 있다 быть в тесной зависимости от чего- кого-л..

긴장(緊張) напряжение; накал; ~된 напряжённый; накалённый; нат-янутый; ~하다 напрягаться; 몹시 ~하여 с большим напряжением; ~된 정국 напряжённое политическое положение; ~도 напряжённость; накалённость; интенсивность.

길 I 1) дорога; путь; 2) способ; средство; доступ; ~의 дорожный; путевой; ~떠날 차비를 하다 соби- раться в дорогу; ~을 내다 прокла-дывать дорогу; ~을 뚫다 искать путь к решению чего-л.; ~을 막다 загораживать (преграждать) путь кому-л.; ~을 잃다 терять дорогу; ~을 잘못 들다 сбиваться с пути; ~을 재촉하다 торопиться; спешить; ~이 늦다 запаздывать (задержива-ться) в дороге; 그것을 알 ~이 없다 узнать об этом нет никаких средств; 다른 ~은 없다 другого пути нет; больше ничего не остаётся делать; 배움의~ дорога к знаниям; 성공의~ путь к успеху; 전인미답의 ~ неиз-веданный путь; 평탄한~ ровная дорога; 가는~에 по дороге(пути); 돌아오는 ~에 на обратном пути; ~가 обочина(край) дороги; ~목 развилина(развилка; разветв-ление) дороги; главный проход; ~손 путник; странник; гость; ~잡이 проводник.

길 II ~이 들다 1) приобрести блеск; лосниться; 2) приручаться; укроща-ться; 3) быть удобным; ~들이다 а) наводить блеск(лоск); б) приручать, укрощать(животных); привить при-вычку.

길길이 высоко; ввысь;~쌓이다 быть высоко наваленным(нагромождён-ным);~자라다 расти ввысь;~뛰다 бесноваться; неистовство вать.

길다(기니, 기오) длинный; длинно-; длительный; продолжительный; долгий; 다리가~ длинноногий; 수염 이~ длиннобородый.

길다랗다 довольно длинный.

길다랗게(다라니) довольно длинно.

길드(guild) гильдия; ~의 гильдейс-кий; 사회주의 ~ гильдейский социа-лизм.

길들이다 дрессировать; укрощать.

길이(거리) длина; продолжитель-ность; промежуток; ~가 300킬로 미터인 강 река длиной в триста ки-лометров; 낮과 밤의 ~ продолжи- тельность дня и ночи.

길이 долго; долгое время; в течение долгого времени;

길이길이 долго-долго; в веках; навеки;

긴 밧줄 длинный канат;

긴 시간 долгое время.

길일 счастливый день.

길조 доброе предзнаменование

길하다 служащий добрым предзна-менованием; предвещающий счастье;

길흉(吉凶) счастье и несчастье; удача и неудача; судьба.

길흉화복 счастье и несчастье.

김,증기(蒸氣), 수증기(水蒸氣) I пар; испарение; ~의 паровой; ~을 올리다 вариться на пару; ~이 나가다 (빠지다) охлодевать; терять вкус; выдыхаться; ~빠진 소리 жалкий ле-пет; 입 ~을 불다 дуть на что-л.; выпускать изо рта пар; 맥주 ~이 빠졌다 пиво выдохлось.

김 II соряк; ~을 매다 вырывать сорняки; делать прополку; ~매기 прополка.

김밥 голубцы в листьях порфиры, начинённые рисом, с приправами (едят сырыми).

김장독 глиняный чан для солений.

김장밭 поле(участок), на котором выращиваются овощи для приго-товления солений.

김장철 сезон(время) засолки(при- готовления солений).

김치 кимчхи; 떡 줄 사람은 아무 말도 없는데, 김칫국부터 마신다 хозяин ещё и не думает продавать коро-ву, а он уже за рога.

김칫독 глиняный чан для хране-ния кимчхи.

김칫국 1) рассол из-под чимчхи; ~먹고 수염 쓴다 посл. ≈ много шуму из ничего; ~부터 마신다[줄 사람은 아무 말도 없는데 김치 국부터 마신다] суп, заправленный кимчхи.

깁다(기우니, 기워) штопать; заши- вать; латать; чинить; дополнять; восполнять; 옷을~ латать одежду; 양말을~ заштопать носки.

깁스(Gips), 석고 гипс; ~의 гипсо- вый; ~를 하다 держать ногу в гипсе; ~붕대 гипсовая повязка.

깃 I перо; ~을 다듬다 птичье гне-здо; ~을 다듬다

охорашиваться; ~ 털이 자라다 оперяться; ~털 опере- ние.

깃 II 1) перо, оперение(птицы); 깃[을] 다듬다 охорашиваться(о птицах); 2) оперение (напр. стрелы); 3) птичье гнездо.

깃 III 1) соломенная подстилка (для скота); солома(в гнездо; ~에 들다 сидеть в гнезде; высиживать птенцов; 고기깃; 깃[을] 주다 класть соломенную подстилку(скоту); кидать (в воду) ветви, траву(для привлечения рыбы).

깃들다 (깃드니, 깃드오) гнездиться; устраивать жилище; существовать; возникать; 건전한 정신은 건전한 신체에 깃 드린다 в здоровом теле здоровый дух.

깃들이다 водиться; жить(о живо-тных, птицах); гнездиться.

깊다 1) глубокий; 2) глухой; 3) крепкий; 3) густой; 깊다랗다 до- вольно глубокий; 깊디깊다 глубо-кийглубокий; 깊이 глубина; 깊게 глубоко; 깊이 하다 углублять; де-лать глубоким; 깊이가 있는 사람 серьёзный человек; 깊이가 있는 연설 глубокомысленное выступле- ние; 깊이 잠들다 спать крепким сном; крепко заснуть; 감명이 나ходиться под сильным впечатлением.

깊숙이 глубоко.

깊은 глубокий; 깊은 밤 глубокая ночь; 깊은 병 серьёзная болезнь; 깊은 비밀 глубокая тайна; 깊은 숲 глухой лес; 깊은 생각 глубокая мысль; 깊은 안개 густой туман; 깊은 인상 глубокое впечатление; 깊은 잠 крепкий(глубокий) сон.

깊이 1) глубина; 2) серьёзность; 3) лубоко; ~잠이 들다 крепко зас- нуть.

깊이깊이 очень глубоко.

까놓다 откровенничать; 까놓고 말해서 откровенно говоря.

까다 I 1) худеть; 2) сокращаться, убывать (о состоянии, имуществе).

까다 II очищать; чистить; лущить; колоть; выводить(цыплят);сидеть на яйцах; бить; сильно избивать; наносить увечья; 병아리를 ~ вы- водить цыплят; 사과 껍질을 ~ очищать яблоко; 적을 ~ наносить врагу увечья.

까다로운 щепетильный.

까다로이 1) непросто; сложно; 2) придирчиво, капризно.

까다롭다 трудный; сложный; при-дирчивый; привередливый; щекотли-вый; деликатный; 까다롭게 сложно; непросто; щекотливо; придирчиво; привередливо; 까다롭게 굴다 привередничать; 까다로운 질문 щекот-ливый вопрос; 까다로운 사람 при-вередливый человек.

까닭 причина; повод; ~없이 ни с того ни с сего; 이러한 ~에 по этой причине; по этому поводу.

까마득하다 очень далёкий; далё-кий/далёкий; недостигаемый; 까마득 한 목포 недостигаемая цель; 까마 득한 옛날 седая старина.

까맣다(까마니, 까마오) очень чёрный; очень далёкий; недосягаемый; сов-сем забытый; неграмотный.

까맣게 잊다 совсем забыть.

까먹다 очищать(лущить; колоть) и есть; 자기 재산을 야금야금 ~ пос- тепенно растрачивать своё иму- щество.

까무러치다 терять сознание;падать в обморок; 갑자기 ~ вдруг упасть в обморок.

까발리다,드러내다, 폭로하다 обнару-живать; вскрывать; раскрывать; 음모를 ~ раскрывать заговор.

까불다 (까부니, 까부오) 1) качаться; колебаться(сверху вниз); 2) мигать(о свете); 3) быть несерьёзным; легко- мысленным; 4) балаганить; балагу-рить; быть несерьёзным; 경망스럽게 ~легкомыс-ленно балаганить.

까지 до; к; по; даже; 그때~ к тому времени; 아침부터 저녁~ с утра до вечера; 어린 아이 ~도 모두 다 все, и даже дети; 1917년에서 1991년 ~ с 1917 года по 1991 год.

까칠하다 шершавый; жестковатый; 까칠까칠하다 местами шершавый; местами жестковатый; 까칠한 머리 털 жестковатые волосы; 까칠한 살갗 шершавая кожа.

까탈 придирка; препятствие; помеха; ~을 부리다 придираться; донимать; 사소한 일로도 ~을 부리다 придираться к кому-л. даже из-за пустяков.

깍두기 солёная редька, нарезанная кубиками.

깍듯이 вежливо; обходительно

깍듯하다 вежливый; учтивый; обхо-дительный; 깍듯함 вежливость; учтивость; 깍듯하게 вежливо; учтиво; обходительно; 깍듯한 태도 учтивая манера.

깍쟁이 скряга; жмот; ~노릇을 하다 скряжничать; скупиться на деньги; ~짓 скупость.

깎다 строгать; обтачивать; затачи-вать; чинить; счищать; стричь; брить; косить; сбавлять; уменьшать; пор-тить; порочить; подрывать; 값을 ~ сбавлять цену; 이(利)를 ~ стричь волосы; 연필을 ~ затачивать карандаш; 판자를 ~

строгать доску.

깎이다 быть строганным; быть стриженным; уменьшаться; порти-ться; быть подорванным; 체면을 ~ портить репутации.

깐 после опред. расчёты; намере-ния; 제간에 по моим расчётам; 간[을] 보다 взвешивать в уме; расчитывать.

깐깐하다 тщательный; аккуратный; дотошный.

깐깐하게 тщательно; аккуратно; дотошно.

깔개 подстилка.

깔깔 ~웃다 рассмеяться.

깔깔거리다 закатываться смехом.

깔끔하다 чистый и гладкий; ловкий; умелый.

깔끔히 чисто и гладко; ловко; умело; 깔끔히 일을 처리하다 ловко устроить дела.

깔다 (까니, 까오) подстилать; сте-лить; давить; 식탁에 식탁보를 ~ стелить скатерть на стол.

깔때기 1) воронка(для переливания жидкости); 2) феод. головной убор конвоира конусообразной формы); 3) прост. 3) феод. солдатский ко-вш из промасленной бумаги для воды.

깔려 있다 быть застланным.

깔리다 быть подстеленным (разост-ланным; расстеленным); 자동차에 ~ попасть под машину.

깔보다 презирать; смотреть испо-длобья(свысока; презрительно).

깔아뭉개다 подстилать и топтать; скрывать и замалчивать; намеренно закрывать глаза на что-л.; иг-норировать; 여론을 ~ игнорировать общественное мнение.

깜둥이 1) тёмнокожий человек; 2) ласк. чёрная собачонка.

깜박 мгновенно; вдруг; неожиданно

깜박거리다 1) мерцать; 2) мигать, моргать; 3) то и дело терять сознание (память); быть в полуобмо-рочном состоянии.

깜박(깜빡)하다 мерцать; мигать; моргать глазами; внезапно потерять сознание(память); 깜빡임 мерцание; моргание; мигание; 눈 깜빡(깜짝)할 사이도 없이 не успеть гла-зом моргнуть; 눈 하나 깜빡 안하다 глазом не моргнуть; 멀리서 불빛이 깜빡였다 вдали мерцал огонёк.

깜作 ~하다 моргнуть.

깜찍하다 милый; миловидный; 깜찍 하게 мило; миловидно; 그녀는 깜찍하게 생겼다 она выглядит ми-ловидно.

- 110 -

깡그리 всё без остатка(без исклю-чений).

깡통 пустая банка; пустой человек; глупец; невежда;통조림 ~ пустая консервная банка; ~을 차다 стать нищим; 그는 음악에는 ~이다 он полный профан в музыке.

깡패 гангстер; хулиган; ~의 ганг-стерский; хулиганский; ~짓을 하다 хулиганить; ~짓 хулиганство; 정치 ~ политический гангстер.

깨 кунжут; ~의 кунжутный; ~가 쏟아지다 исключительно интерес- ный;восхитительный

깻묵 кунжутные жмыхи.

깻잎 листья кунжута.

깨끗이 1) чисто, аккуратно, безуп-речно; 2) совершенно; полностью; совсем.

깨끗하다 чистый; чистый и све-жий; аккуратный; безупречный; безуко-ризненный.

깨끗함 чистота; аккуратность; безупречность; безукоризненность.

깨끗하게 чисто; приятно; симпати-чно; аккуратно; безупречно; безу- коризненно; начисто;

깨끗히하다 чистить; очистить.

깨끗한 чистый.

깨다 I разбивать; ломать; наносить рану; ранить; нарушать; подрывать; 낡은 관습을~ ломать старые обычаи; 정적을 ~ нарушить тишину.

깨어지다 разбиваться; разламыва-ться; разрушаться; нарушаться;сры-ваться.

깨다 II пробуждаться; проснуться; очнуться; прийти в себя; протре-зляться; постигнуть; понять; быть просвящённым.

깨우다 будить; пробуждать; при-водить в чувство; 잠에서 про- будиться ото сна.

깨우치다 открывать глаза(на что-л.); доводить до сознания(что-л.);про-буждать.

깨닫다(깨달으니, 깨달아) понимать; постигать; осознавать; 계급모순을 ~ осознавть классовое противоречие; 진리를 постигать истину; 깨달음 пони-мание; постижение; осоз-нание.

깨지다 сокр. от. 깨어지다; 깨진 그릇 맞추기 поговор. букв. ≈ соединять черепки разбитой посуды; 깨진 냄비와 헤맨 뚜껑 прост.обр. брак вдовца с вдовой.

꺼내다 извлекать; вынимать; вытас-кивать; начинать

разговор; высказы-вать; заговорить; 호주머니에서 손수건을~ вытаскивать(вынимать) но-совой платок из кармана.

꺼림칙하다 несколько неприятный (тошный); 어쩐지 이 일을 하기가 ~ почему-то несколько неприятно делать.

꺼지다 проваливаться;оседать; в валиться; впадать; 마룻바닥이 ~ пол проваливается; 눈이 움푹 ~ глаза ввалились.

꺼칠꺼칠~하다 местами шершавый (жёсткий); очень шершавый(жёс-ткий).

꺼칠하다 шершавый;сухой(о коже, волосах-от недоедания).

꺾꽂이 вегетативное размножение.

꺾다 ломать, рвать; менять направ-ление; перегибать пополам; склады-вать двое; подавлять; сдерживать; перебивать; не давать говорить;

꺾임 преломление; рефракция;

꺾이다 сломаться; обломиться; 고집 을 꺾지 않다 упрямо стоять на своём; 꽃을 ~ срывать цветок; 꺾임 각 угол преломления;

꺾쇠 складка, сгиб; излом; изогну-тость; сгорбленность.

꺾쇠괄호(-括弧) квадратные скобки.

꺾어지다 1) сломаться; обломиться; 2) перегибаться пополам; склады-ваться вдвое.

껍데기 скорлупа; кожура;корка; ра-ковина; панцирь; оболочка; ~의 корковый; раковинный; панцирный; оболочковый; 굴~ устричная рако-вина; 이불 ~ пододеяльник.

껍질 скорлупа; кожура; корка; кора; оболочка; ~을 벗기다 очищать ко-журу; 굴 ~ мандариновая корка; 빵 ~ хлебная корка.

-께 суф. после сущ. около; приме-рно; 보름~에 примерно в середине месяца.

-께 вежл.оконч. дат. п. указывает: 1) на адресат действия; 형님께 편지를 쓰다 писать письмо брату; 2) на субъект действия при при ст-рад. залоге 손님들에게 권고된 대로 как рекомендовано гостями(посети-телями); 3) нареч. 그 따위 실은 어머니께 많다 таких ниток много у матери.

-께서 вежл.окон. им. п. указывает: 1) на подлежащее; 아버지께서 말씀하 셨다 отец сказал; 2) на исходный пункт действия; 아버지께서 온 편지 письмо (пришедшее) от отца.

껴안다, 포옹하다 1) обнимать; 2) брать на себя несколько

дел; 꽉 ~ душить в объятиях; 몇몇 일의 책임을 ~ брать на себя ответст- венность за несколько дел; 아이를 ~ обнимать ребёнка.

꼬다 вить; крутить; корчиться; за-девать словами; ехидничать; дер- зить; 꼬이다 виться; крутиться; закручиваться; 몸이 아파서 ~ кор-читься от боли; 새끼를 ~ вить верёвку.

꼬드기다 1) пробуждать; провоци-ровать; толкать(кого-л. на что-л.); 2) возбуждать; подливать масло в огонь; 3) резко дёргать(шн-ур запущенного бумажного змея).

꼬리 хвост; ~가 드러나다 раскры- ваться; обнажаться; ~를 감추다 заметать следы; ~를 물다 следо- вать друг за другом.

꼬리표(-票) бирка(с адресом и фами-лией отправителя и получателя); ~ (가)붙다(달리다) перен. вешать ярлык.

꼬마 малыш; маленький; ~자동차 малолитражный автомобиль.

꼬부라지다 согнуться; изогнуться; быть нехорошим; испорченный; 꼬부랑길 изогнутая дорога; 꼬부랑 노인 сгорбленный старик.

꼬시다 заманивать; втягивать; 미끼를 써서 ~ калачом заманивать.

꼬이다 I стопориться; становиться раздражительным; ~일이 꼬였다 дело стопорится; 그는 성격이 꼬였다 он стал раздражительным; 꼬임에 넘어가다 быть обманутым; попасть в ловушку.

꼬이다 II кишеть; толпиться; 개미 떼가 마루에 ~ муравьи кишат по полу.

꼬임 искушение; соблазн.

꼬집다 щипать; задевать; уколоть; акцентировать; подчёркивать; 서로 ~ щипаться; 아픈 곳을 ~ задевать кого-л. за живое(больное место).

꼬집히다 быть ущипленным (за- детым);

꼭, 반드시 I крепко; сильно; плот-но; прочно; терпеливо; 눈을 ~감다 сильно зажмурить глаза; 배고픔을 ~참다 терпеть голод терпеливо.

꼭 II точно; как раз; непременно; обязательно; твёрдо; ~같다 точно такой же, как; совсем похож на что-л. (кого-л.); 몸에 ~맞는 옷 хорошо сидящий костюм; 약속을~지키다 твёрдо выполнять обещание; 이표현 이 여기에 ~들어맞는다 это выра-жение здесь уместно.

꼭지 черенок; ручка крышки; ~의 черенковый; ~를 따다 срывать черенок.

꼴 вид; картина; зрелище; 이런 ~로 в таком виде; ~불견이다 неприятно (отвратительно) смотреть; ~사납다 отвратительный; мерзкий.

-꼴 после назв. денеж. единиц указ. на пропорцию; обычно не перево-диться 연필 열 자루에 20 전이면 한 자루에 2전 꼴이다 если десять карандашей стоят 20 чон, то один карандаш 2 чона.

꼴찌 последнее место (по порядку).

꼼꼼하다 тщательный; вниматель-ный; щепетильный; 그는 금전문제 에 대해서는 매우 꼼꼼하다 он очень щепетилен в денежных делах.

꼼꼼함 тщательность; внимательность; щепетильность.

꼼꼼한 준비 тщательная подготовка.

꼼짝 ~하다 еле двигаться; ~못하다 быть не в состоянии шевель-нуться; быть связанным по рукам и ногам; ~안하다 не шелохнуться; не изме-нить мнения; стоять на своём; ничего не делать; палец о палец не ударить; слова не сказать против кого-л..

꽁무니 хвостец; копчик; зад; зад-ница; самый конец; хвост чего-л.; ~를 빼다 потихоньку сбежать; ~를 사라지다 в страхе броситься бежать; опасаться; остерегаться.

꽂다 втыкать; всовывать; вставлять; ввинчивать; ~바늘을 втыкать игол-ку во что-л.; 전구에 소켓에~ ввинчивать лампочку в патрон.

꽃 цветок; красота; прелесть; ~의 цветочный; ~답다 прекрасный (кра-сивый) как цветок; ~피다 цвести; расцветать; быть в расцвете; ~가지 ветка с цветами; ~구경 любование цветами; ~나무 цветущее дерево; декоративные растения; ~단지 самый первый плод огурца, тыквы *и т.п.*; ~무늬 цветочный узор; ~밭 цветник; ~병 цветочная ваза; ~씨 семена цветов; ~장수 цветочник; ~향기 аромат цветов; ~봉오리 бутон; ~송이 цветок; цветик; ~술 тычинка и пестик; ~잎 лепесток.

꽉 крепко; сильно; до предела; полностью; 생각이 머리에 ~차다 голова забита мыслями; 숨이~ 막히다 дыхание спёрло; 가방에 책을 ~채우다 набивать портфель книгами.

팡이다 Ах, чёрт, не получилось!

꽝 ~하다 бухнуть; грохнуть; 그는 주먹으로 방문을 ~쳤다 он стукнул кула-ком в дверь.

꽤 довольно.

꽤 많다 очень много.

꽤진지하게 довольно-таки серьезно

꾀 хитрость; уловка; план; 꾀[를] 쓰다 (내다) прибегать к хитрости; хитрить; 꾀[가] 바르다 ловкий; ис-кусный; хитрый; 꾀[를] 부리다 а) пускаться на хитрость; б) ссыла-ться(на что-л.), выставлять(что-л.) в качестве предлога; 꾀[를] 피우다 прибегать к уловкам; ~를 쓰다 хитрить; прибегать к хитрости; ~돌이 малый ловкий;

꾀까다롭다 очень придирчивый (привередливый, капризный)

꾸다 I видеть сон; видеть во сне что-л.; мечтать; думать; 꿈을 ~는사람 мечтатель; фантазёр; 내가 그런 것을 할수 있으리라고는 꿈도~않았다 мне даже и не снилось то, что я смогу осуществить это

꾸다 II брать в долг(взаймы); 꾼돈 взятые в долг деньги; 잠시 돈을 ~ брать на время у кого-л. деньги; 어디 ~놓은 보릿자루 чело-век, не участву-ющий в общем заговоре.

-꾸러기 презр. суф. образующий сущ. от сущ. со знач. лица: 잠~ соня; 장난~ шалун.

꾸물거리다 лениво двигаться; еле-еле двигаться; копаться; 정리하는데 ~ копаться с уборкой; 무얼 거리 꾸물거리고 있니? Что ты так долго копаешься?

꾸준하다 упорный; неустанный;

꾸준함 упорство; упорность;

꾸준히 упорно; неустанно; 꾸준히 실천해나가다 упорно осуществлять на практике.

꾸짖다 упрекать кого-л. в чём-л.; ругать; бранить; 호되게 ~ осыпать кого-л. упрёками.

꿀 мёд; ~의 медовый; ~맛 вкус мёда; очень сладкий вкус; ~물 вода с мёдом; очень сладкая вода; ~벌 медо-носная пчела; ~잠 сла-дкий сон.; ~참외 сладкая дыня; ~맛이다 сладкий как мёд; ~먹은 벙어리 немой, покушавший мёду; ~벌 пчелиный мёд; 아카시아 ~ акаце-вый мёд.

꿇다 [무릎을]~ становиться на коле-ни; встать на колено; 꿇어 사격 стрельба с колена.

꿈 сон; сновидение; мечта; грёзы; надежда;чаяние;~꾸다 видеть сон; грезить; мечтать; ~속에서 во сне; ~ 에도

совершенно; совсем; абсолют-но; ~결 같다 призрачный; фантасти-ческий; быстротечный; мимолётный; ~에 보이다 сниться; ~자리가사납다 видеть плохой сон; ~보다 해몽이 좋다 толкование сна приятнее самого сна; ~은 아무렇게 꾸어도 해몽만 잘하여라 какой бы сон ни приснился, толкуй его хорошо.

꿩, 산계(山鷄), 산량(山梁), 야계(野鷄) фазан; ~고기 фазанина; 암(까투리)~ фазаниха; ~대신에 닭이라 на безрябье и рак рыба; ~먹고 알 먹는다 одним ударом убить двух зайцев.

꿰다 прокалывать; пронизывать; на-калывать; нанизывать; накалываться; 진주에 실을~ нанизывать жемчуг на нить.

꿰매다 сшивать; зашивать; насажи-вать; поправлять; улаживать; ~셔츠에 달 단추를 ~ насаживать пуго-вицы на пиджак; 헤어진 외투를~ зашивать из-ношенное пальто

꿰어지다 быть проколотым (про-низанным)

끄나풀 шнурок; тесёмка; прихвос-тень; подхалим; агент; ~노릇 по-дхалимство; ~노릇을 하다 подха- лимничать; работать агентом.

끄다 I тушить; гасить; выключить; 불을 ~ тушить(гасить) огонь; 텔레 비전을 ~ выключать телевизор.

끄다 II разбивать; ломать; колоть (лёд).

끄떡 усил. стил. вариант 까딱; ~없다 а) неподвижный; устойчивый; б) беспрекословный; в) целый; нетронутый.

끄집다 схватить и потянуть.

끄집어내다 а) вытаскивать; выни-мать; 기침을 ~ откашляться; 이야기를 ~ начинать рассказывать; б) выявлять(недостатки); в) сделать (заклю-чение, вывод).

끄집어들이다 а) затащить; б) вов-лекать; втягивать.

끈 верёвка; тесьма; тесёмка; шнур; шнурок; ~으로 맨 шнуровой; ~으로 묶다 шнуровать; ~으로 묶어서 끌고 가다 привести кого-л. на верёвке.

끈기(-氣) напористость; упорство; цепкость; ~있다 напористый; упор-ный; цепкий; ~가 부족하다 у кого не хватает упорства.

끊다 отрывать; разрывать; разре- зать; отрезать; бро сать; прерывать; прекращать; покупать; выдавать; 소식을 ~ не иметь вестей; 또박또박 끊어 말하다 говорить коротко и ясно; 목숨을 ~ обрывать жизнь; кончать

- 116 -

жизнь самоубийством; 수돗물 공급을 ~ прекращать подачу воды; 술을 ~ бросать пить; 약속어음을 ~ выда-вать простой вексель; платить по простому векселю; 왕복표를~ покупать обратный билет; 외교관계를 ~ разрывать дипломатические отно-шения; 저의 퇴로를 ~ отрезать путь к отступу; 갑자기 자기 말을 ~ оборвать свою речь

끊어지다 разрываться;прекращаться; прерываться; обрываться; 끊어졌다 이어졌다하다 отрывистый; 끊임없다 непрерывный;

끊이다 1) обрываться; рваться; раз-рываться; прекращаться; прерыва-ться; 생명이 ~ обрываться(о жизни); 2) кончаться(напр. о товарах в мага-зине).

끊임없다 непрерывный; беспрес- танный.

끌 долото; стамеска; ваяло; 둥근 ~ долото круглое; ~을 사용해 동판에 새겨 넣다 ваялом вырезать на ме-ди; ~날 остриё долота (стамески; ваяла).

끌다 (ㄲ니, ㄲ오) тащить; тянуть; волочить; привлекать; притягивать; затягивать; тянуть;вести за собой; вывести; ~끌리다 тащиться; тяну-ться; волочиться; 끌어내다 вытас- кивать; выводить; 끌어내리다 вта-скивать вниз; снижать; 끌어당기다 притягивать; тянуть; 끌어안다 обнимать; прижимать к груди; 끌어 올리다 втаскивать наверх; подни- мать; 시간을 ~ тянуть время; 옷자락을 마룻바닥에 ~ тащить подол платья по полу; 인기를 ~ быть популярным; 자기편으로 ~ 들이다 притягивать к себе; 전화선을 ~ протягивать телефонную линию.

끓다 кипеть; бурлить; перегреваться; раскаляться; кипятиться;дышать с присвистом; хрипеть; кишеть чем-л.;

끓어오르다 кипеть.

끓이다 кипятить; варить; 끓는 물 кипящая вода; 끓어오르는 분노 ки-пучийгнев; 구더기가 우글우글 кишит личинками; 물을 끓이다 кипятить воду; 방구들이 절절 끓는다 пол нагревается; 피가 끓어 오른다 кипит кровь.

끔직하다 поразительный; удиви-тельный; ужасный; чрезмерный; чрезвычайный; ужасающий; вы-зывающий содрагание; ~끔직하게(히) поразительно; удивительно; чрез- мерно; ужасно; 끔직한 광경 ужа-сающее зрелище; 엄마는 끔직하게 제 자식을 사랑한다 мама ужасно любит своего ребёнка.

끝(마지막) конец; кончик; остриё; вер-хушка; макушка; кончина; результат; ~의 конечный; последний; ~나다 кончаться; заканчиваться; завершаться; оканчиваться; закрываться; ~내(마치) 다 кончать; заканчивать; завершать; оканчивать; закры-вать; отбывать; ~없다 бесконечный; ~장나다 всё кон-чено; ~까지 до кон-ца; ~내 в конце-концов; наконец; ~무렵에 к концу; 이 ~에서 저 ~까지 от одного конца до другого; 처음부터 ~까지 с начала до конца; ~없이 бесконечно; без конца; ~ 마무리 завершение; окончание; ~판 конец; финал

끝장 конец; окончание; завершение; ~을 내다 оканчивать; закан-чивать; ~[을] 보다 заканчивать; ~[을] 쥐다 доводить до конца; ~[이] 나다 а) оканчиваться; заканчиваться; б) разваливаться; рушиться.

끼다 вставлять; вкладывать; поме-щать; надевать; омывать; прибегать к чьей-л. помощи; использовать кого-л. в своих интересах; дополнять; добавлять; присоединять; ~끼움 вставка; 끼우는 창틀 вставная оконная рама; 결혼반지를 손가락에 ~ надевать обручальное кольцо на палец;

끼우다 вставлять; вкладывать; вты-кать; допускать к участию в чём-л.; 땅에다 말뚝을~ втыкать кол в землю.

끼이다 I 1) страд. залог от 끼다 III. 1), 2); 2) вонзаться(о колючке, занозе); 3) смешаться(напр. с тол-пой); влезть; протиснуться.

끼이다 II не любить, сторониться людей.

끼치다 I покрываться гусиной кожей; 고약한 냄새가 확 ~ неприятный запах бил резко в нос.

끼치다 II наносить; причинять (ущерб, вред); затруднять; оказы-вать влияние (благодеяние); вли-ять; ~폐를 причинять; ~폐를 끼치게 되어 죄송합니다. извините за беспо-койство; 후손에게 좋은 영향을 ~ оказывать благотворное влияние на потомков.

끽: 끽하다 истошно крикнуть; жа-лобно взвизгнуть.

낄낄거리다 приглушённо(сдержан-но) смеяться; хихикать про себя; 낄낄거림 хихиканье;

낌새 признак; симптом; намёк; ~를 채다 догадаться.

낑 ~하다 крякнуть(от боли, уси-лия); захныкать(о ребёнке).

낑낑거리다 кряхтеть; хныкать; 아파 서~ кряхтеть от боли; 아기가 사소 한 일로~ ребёнок хнычет по пустякам.

낑낑거림 кряхтенье; хныканье.

ㄴ вторая буква кор. алфавита, которая обозначает согласную фоне-му **H**.

-ㄴ -суф. наст. вр. гл. 비가 내린다 идет дождь.

-ㄴ 1) оконч. прич. прош.вр. гл.: 어제 간 사람 человек уехавший вчера; 2) оконч. опред. ф. прил. и гл. -связки наст. вр.: 눈부신 성과 블레스티예 успехи.

-ㄴ가 оконч.интимн. вопр. ф. прил. и гл.-связки: 그게 누군가? кто это? 기분이 좋은가? настроение хорошее?

-ㄴ감 разг. интимн. оконч. предика-тива, указывающее на чужую речь, содержание которой отвергается говорящим: 아니, 까마귀가 바로 흰감 검지 нет,ворона не белая, как ты говоришь, а чёрная.

-ㄴ 1 разг.интимн. оконч. воскл. ф. наст. вр. прил. и гл. -связки: 걸 I 날이 찬걸! День холодный!

-ㄴ걸 разг. оконч. против. деепр., прил. и гл.-связки: 아주 좋은 사람 인걸 아직까지 몰라보고 있었지 он очень хороший человек, но я до сих пор об этом не знал.

-ㄴ데 разг. 1. оконч.против. деепр.: 날씨가 이렇게 찬데 가시려고 합니까? На улице так холодно,а Вы собираетесь идти? 2 интимн.оконч. вос-кл. ф. прил. и гл.-связки: 참 놀라운데! поистине удивительно!

-ㄴ들 оконч. уступ. деепр.: 죽은들 잊을 수야 있으랴! разве можно за- быть до самой смерти!

-ㄴ바 оконч. деепр. разъяснитель-ного: 이 제품은 질이 좋은바 그것 은 노동자 동무들의 극진한 노력의 결과이다 эта продукция хорошего качес-тва: она является результатом упорного труда рабочих.

-ㄴ저 книжн.интимн. оконч. воскл. ф. прил. и гл. -связки:

- 119 -

금강산의 산봉우리 참으로 기이한 저! Вер-шины Кымгансана поистине причуд- ливы!

-ㄴ 저이고 книжн. оконч. воскл. ф. прил. и гл. -связки: 그 마음 한없이 어진 저이고! Душа его добра без- мерно!

-ㄴ즉 оконч. деепр. причины: 이젠 여기까지 왔은즉 앞길은 어렵지 않다 раз мы дошли до этого места, предстоящий путь не(так)труден; 사실인즉 в действительности же; 말인즉 если уж говорить.

-ㄴ지 интимн. оконч. вопр.ф. прил. и гл.-связки. употр. тж. в придат. предлож. перед. гл.: 누가 키가 더 큰지 모르겠어요? не знаю,кто выше ростом

-ㄴ지 книжн. оконч. воскл. ф. прил. и гл.-связки: 이상한 사람인지 고! странный человек!

-ㄴ지라 книжн. оконч. деепр. при-чины: 비가 온지라 길바닥이 젖어 있었다 дорога намокла, так как шёл дождь.

나 I Я; ~의 мой; моя; моё; мои; ~는 바람풍 해도 너는 아니 바람풍 해라 посл. ≡ сам пьёт, а людей за пьянство бьёт; ~로서는 для меня; ~를 меня; ~에게 мне; ~에 대해 обо мне; ~와 함께 со мной; ~의 조국 моя отчизна; ~는 딸을 둘 두었습니다 у меня две дочки;

나 II частица 1) или; 아침에나 저녁 에 만날 수 있습니다 можем встре-титься утром или вечером ...나 ...나 или... или, либо...либо; и...и. 너나 내나 и я, и ты; 2) хотя бы;

-나 I фам. оконч. вопр. ф. гл.: 자네 어디가나?Ты куда идёшь?

-나 II оконч. против. деепр.: 비록 몸은 크나 발은 작다 сам большой, а ноги маленькие; ...나 마나 деепр. с разд. знач.: 물어 보나마나 всё равно спрашивай или не спрашивай.

-나 III оконч. разд. деепр.: 자나깨나 불 조심 하자 Будем осторожны с огнём днём и ночью(букв. и спя и бодрствуя).

나가다 1) выходить, выезжать, выс-тупать, отправляться; 나간 사람 몫은 있어도 자는 사람의 몫은 없다 посл. ≡ кто не работает, тот не ест; 나갔던 파리 쌩쌩한다 ≡ лодырь, вернувшийся домой, больше всех шумит; 직장에~ выходить на работу; 직장에서 ~ уходить с рабо-ты; 2) выходить в свет, выпускаться; 3)나가동그라지다падать навзничь(на спину) (о сравнительно небольшом живом существе); 이 문제는 풀려 나간다. эта проблема посте-пенно разрешается.

나가떨어지다 падать; валиться с ног; 피곤하여 ~ валиться от усталости.

나가세요 выйдете.

나그네 1) путешественник(-ца); путник(-ца); странник(-ца); 외로운 ~ одинокий путник; ~ 주인 쫓는 격 гость хозяйничает; ~길 путь; путе-шествие; странствие; ~귀는 석 자라 *посл.* ≈ при гостях не шепчись (всё равно услышат); 3) *пренебр.* мужик.

나날 дни; время; 행복한 ~ счаст- ливые дни; 괴로운 ~을 보내다 проводить мучительные дни; ~이 ежедневно, день ото дня, с каждым днём. ~이 день за днем; ~이 새로워지다 обновляться день ото дня.

나누다 делить; разделять; разда-вать; обмениваться; 고량을~ 길을~ 4를 2로~ делить 4 на 2; 사이좋게 반씩~ делить побратски пополам; 슬픔을 친구와 함께~ делить горе вместе с другом; 인사를~ обменя-ться приветствиями; 이야기를~ делиться впечатлениями, разговаривать; 피를 나눈 형제 кровные братья;

-나니 I *книжн. фам. оконч. воскл. ф. предикатива*: 봄은 가나니 Уходит весна!

-나니 II *книжн. оконч. дееприч. причины*: 나아가는 곳에 광명이 있나 니 젊은 그대여 나아가자 впереди свет-лое будущее, поэтому кто молод вперёд!

나다 появляться; возникать; рожда-ться; производиться; добываться; произрастать; рождаться; доставаться; браться; вспоминать; приоб-ретать; стать известным; быть уста-новленным; завершаться; быть заданным; заболеть; испортиться; у кого есть время; освободиться; быть сво-бодным; выходить; исполниться; минуть; хорош собой; красивый; незаурядный; проводить; 겨울을 ~ перезимовать; 결말이~ завершиться; 고장[이]~ испортиться; 구멍[이]~ продырявиться; 기침[이]~ закашля-ться; 기억[이]~ вспомнить; 끝[이]~ кончиться; 맛이~ приобретать вкус; 새싹이~ пробива-ются ростки; 성[이]~ рассердиться; 소문이~ распространяются слухи; ; 효과가~ давать эффект; 흥이~ заинтересоваться; 너는 그런 용기가 어디서 나니? Откуда у тебя берётся такая смелость?

나다니다 гулять; прогуливаться; 한가하게~ праздно гулять.

나대다 1) слоняться; 2) см. 나부 대다

나돌다 (나도니, 나도오) прогуливаться; прохаживаться;

слоняться; распрост-раняться; проявляться; 기운이~ приободриться; 입에서 입으로 소문이 ~ переходить(слухи) из уст в уста; 정신이 나도는 눈 осмысленный взгляд.

나뒹굴다(나뒹구니, 나뒹구오) 1) ката-ться, валяться; 2) быть разбросан-ным, лежать в беспорядке.

나들이 ~하다 выходить из дому; ходить по гостям; заходить в гости; 부모님 댁에 ~가다 навещать(посе-щать) родительский дом; ~옷 вы-ходной костюм; выходное платье.

나라, 국가 страна; государство; мир; царство; 꿈~ мир грёз(снов); 사회주 의~ социалистическое государство; 어린이~ детский мир; 어둠의~ тём-ное царство; 우리~에서 в нашей стране; у нас в стране.

나란히 в ряд; рядом;

나란하다 ровный; нарянхи ряд; рядом; ровно; рядком; 나란히 서다 стоять в ряд; 나란히 줄을 맞춰 가다 идти рядами; 세계적인 학자 들과 나란히 в ряду мировых учё-ных; 우로나란히! Равнение направо!

나란히 рядом; в ряд; рядом; бок о бок; плечом к плечу;~앉다 сидеть рядом.

나루 переправа; перевоз; ~에서 на переправе; ~를 건너다 переправля-ться; 나룻배 паром; ~터 переправа; перевоз;~를 건너다 переправляться (через реку,напр. на пароме).

나르다 возить; перевозить; носить; переносить; 트럭으로 화물을 ~ пе-ревозить груз на грузовике; 트렁크 를 방안으로~ переносить чемодан в комнату

나른하다 вялый; расслабленный; утомлённый; ненакрахмаленный; мягкий (о ткани).

나른 вяло; устало.

나른함 вялость; расслабленность.

나른해지다 расслабляться; утомля-ться; чувствовать себя вяло; 강훈련 뒤에 몸이 나른해지다 расслаб- ляться после усиленной тренировки; 더위에 몸이~ жара разморила.

나름 служ. сл., после имени и прич. буд. вр. гл. в сочет.с ~이다 зависит от; определяется тем; 각자 ~대로 кому как; 이것은 하기 ~이다 это зависит от того, как ра-ботать; 일이 며칠이나 걸릴 가요? 그것이야 일할 ~이지요 Сколько дней займёт работа? это зависит от того, как работать.

-나마 оконч. уступ. деепр.: 맛이 좋지 못하나마 먹어 보게 хоть и не оченьвкусно,всё же попробуй.

나머지 остаток; излишек; осталь- ное; в результате чего-л.; так ..., что; 도매로 팔고 남은 ~상품 остаточ-ные товары после оптовой продажи; 심사숙고한 ~ в результате долгих раздумий; ~ 사람들은 아직 도착 하지 않았다 остальные ещё не пришли; 생각하던 ~ в результате раздумий.

나무 дерево;лесоматериалы; дрова; топливо; 과일~ фруктовое дерево; ~밑에서 под деревом; ~를 때다 жечь дрова; ~를 베다 рубить дерево; ~를 심다 сажать дерево; ~에서 내려오다 слезть с дерева; ~에 오르다 лазать на дерево; ~하러가다 идти за дровами; 나뭇 가지 ветвь дерева; ~껍질 древесная кора;~꾼 дровосек; лесоруб; 나뭇단 вязанка дров; 나뭇잎 лист (листья) дерева; ~젓가락 деревянные палоч-ки для еды;

나무 가지 ветка дерева.

나무라다 укорять в чем-л.(за что-л.); порицать; упрекать; ставить в упрёк; 나무람 укор; укоризна; по-рицание; 나무라듯 укоризненно; с укориз-ной; 나무란 데 없다 безупречный; безукоризненный; 무례하다고 уко-рять кого-л. в неприличном поведе-нии.

나무람(꾸중,야단, 걱정, 질책(叱責), 힐 책(詰責)) упрёки; ~[을] 타다 а) бо- лезненно воспринимать упрёки; б) дичиться, стыдиться(о детях); ~하다 упрекать

나뭇잎 лист(листья) дерева.

나물(남새, 채소(菜蔬), 소채, 채마(菜麻)) съедобная зелень; салат из зелени; ~을 무치다 готовить сала-т из зеле-ни; ~을 캐다 собирать съедобные травы; 고사리~ салат из папоротника; 미나리~ салат из петрушки; 시금치~ салат из шпината; ~하다 собирать съедобные травы; гото вить салат из зелени.

나발 I 1) металический духовой музыкальный инструмент; 2) бран. вздор, бред; ~[을] 불다 а) нести чушь; б) преувеличивать, раздувать; 3) конст-рукция "имя + 이다 в деепр. ф. + 나발 + 이다 в деепр. ф." придаёт пренебрежительный оттенок имени: 칼이든 ~이든 так себе ножичек; 미군이고 ~이고 американские вояки.

나부대다 вертеться, не сидеть спокойно(на месте).

나비 I бабочка; ~넥타이 галстук- бабочка; ~수집가 коллекционер бабочек.

나비 II ширина ткани.

나쁘다(나쁘니, 나빠) плохой; худой; слабый; скверный;

неприятный; вредный; дурной; нехороший; недос-таточный; 나쁜 말 брань; 그것은 눈에 ~ это вредно для глаз; 머리가~ слабоумный; 한 그릇으로서는 나쁘지 않소? Хватит Вам одной тарелки?

나쁘 плохой; 나쁜 날씨 плохая погода; 나쁜 버릇 дурная привычка; 나쁘게 여기다 считать плохим; по-нимать в дурном смысле; 기분이 ~ быть не в духе; неприятно; 기억력이 ~ у кого-л. слабая память; 나쁜 짓을 하다 поступать дурно; 흡연은 건강에 ~ курение вредно для здоровья.

나사 винт; ~의 винтовой; ~를 조이다 завинчивать; ~를 풀다 отвин-чивать; вывинчивать; развинчивать; ~돌리게 отвёртка; винтовой ключ; 숫~ болт; 암~ гайка; ~고리 ~송곳 буравчик, сверло; ~절삭반 винторез-ный станок; ~절삭선반 винторезный токарный станок; ~충충대 винто-вая лестница; ~틀개 отвёртка.

나사렛 예수 Иисус Назарянин

나서다 выходить; выступать; прист-упать; браться за что-л.; появляться; обнаруживаться; вмешиваться; сова-ться; 군중 속에서 ~ выступить из толпы; 마땅한 혼처가 ~ появилась подходящая пара(о женихе и невес-те); 남의 일에 ~ вмешиваться в чужое дело; 혁명가의 길로 ~ всту-пить на путь рево-люционера.

나선 винт; спираль; ~의 винтовой; винтообразный; спиральный; ~으로 винтом; винтообразно; спирально; ~형 강하 спиральный спуск; ~형 계단 винтовая(спиральная) лестница; ~식 강하를 하다 делать спираль.

나아가다 двигаться вперёд; 그는 무대로 나아갔다 он вышел на сцену; 나아가[서] далее.

나아오다 1)приближаться,подходить; 2) постепенно продвигаться; (посте-пенно) развиваться(о событиях).

나아지다 улучшаться; 건강이 ~ здоровье улучшилось; 관계가 ~ отношения с кем-л. улучшились.

나약하다 слабый; изнеженный; мяг-кий; 나약함 слабоволие; слабость; изнеженность; мягкость; 나약한 성격 слабый характер; 나약해지다 изнеживаться.

나열 ~하다 выстраиваться в боевой порядок; расставлять в ряд; пере-числять по порядку; 종류별로 ~ расставлять что-л. в ряд по видам.

나오다 выходить; выступать; выда-ваться; выпячиваться; появляться; происходить; уходить; поступать; вести себя; приходить; вступать; выходить в отставку; уходить с работы; исходить; слетать с языка; производиться; добываться; произ-растать; выходить; выпускаться; быть установленным; завершаться; быть заданным; быть выданным; оканчивать; 세상에 ~ появиться на свет; 이 공장에서는 일년에 30만 대의 자동차가 ~ на этом заводе производятся триста тысяч автомобилей; 자기도 모르게 그 말이 입에서 나왔다 произвольно эти слова слетели с языка; 증명서가 나왔다 было выдано удостоверение; 집을 (집에서)~ выходить из дома; **나위** служ.сл.,употр. в конструкции "прич. буд. вр. смыслового гл.+ 나위+없다" не стоит даже и...; 더 말할 ~ 없다 не стоит даже боль-ше и говорить.

나이 I возраст; годы; ~가 들다 взрослеть; становиться старше; ~ 가 어리다 молодой; ~를 먹다 поста-реть; повзрослеть; ~ 순으로 по стар-шинству; ~에 어울리지 않게 не по годам; 그녀는 나와 ~가 같다 мы с ней однолетки/ она одного возраста со мной/ мы с ней ровесники; 그는 ~값을 못한다 он ведёт себя не по возрасту; 이 여인은 이미 결혼할 ~를 넘겼다 эта женщина уже вышла из брачного возраста; ~ 가 아깝다 вести себя не по возрасту; ~가차다 достигать брачного возраста; ~ 테 годовые кольца; 어린 ~ молодые годы; ~ 덕이나 입자 =값 посл. ≡ почитать только за длинную бороду; ~대접 пожилым почёт; ~[가] 많다 немо-лодой, взрослый.

나이(挪移) II уст. ~하다 позаимст-вовать на короткий срок.

-나이까 книжн. почт. оконч. вопр. ф. гл.: 노래 소리를 들으시나이까? слышите ли Вы звуки песнопений?

-나이다 книжн. почт. оконч. повеств. ф. гл.: 어머니가 그리워 아침저녁으로 생각하나이다 тоскую по ма-тери, и день и ночь она в моих думах.

나이론(англ. nylon) нейлон; ~의 нейлоновый; ~수지 нейлоновая смола; ~실 нейлоновые нитки; ~천 нейлоновая ткань.

나자빠지다 1) опрокидываться, па-дать навзничь (на спину); 2) быть заброшенным (оставленным без присмотра); 3) 나자빠져 болтаясь без дела.

나중에 потом; впоследствии; затем; после чего-л.; позже чего-л.; в конце; наконец; 맨~ в самом конце; позже всех.

나체(裸體) обнажённое(голое) тело; ~의 нагой; обнажённый; голый; ~로 обнажённым телом; голышом; ~로 수영하다 купаться голышом.

나타나다 выражаться; проявляться; появляться; показываться; обнаруживаться; возникать; 나타내다 выражать; проявлять;показывать; обнаруживать; 그에게 음악에 대한 재능이 나타났다 у него проявился талант к музыке;

나타내다 выявлять, проявлять,выра-жать; 두각을 ~ выделяться (среди других);이름을~ прославиться, стать известным.

나태, 게으름, 태만 лень; ~하다 ленивый; ~하게 лениво; ~한 사람 ленивец(-ица); 그는 ~한 편에 든다. он из ленивых.

나팔 труба; горн; духовые музы-кальные инструменты; ~을 불다 трубить; дуть в трубу; ~바지 брю-киклёш; брюки раструбами; ~수 трубач; горнист; ~소리 звуки трубы; 기상 побудка горном; ~꼭지 муз. мундштук, амбушюр

나팔꽃 вьюнок; ~이 핀다 расцве- тают цветы вьюнка; ~과 семейство вьюнковых.

나풀거리다 плавно развеваться, колыхаться.

나흘 четыре дня; ~간의 четырёхд-невный; 동지 나흗날 четвёртое число(чет-вёртый день) 11-го месяца по лунному календарю.

낙(樂) радость; удовольствие, отрада; 나의 유일한~ моя единственная радость; 인생의 ~ радость жизни.

-낙 оконч. дееп. разделительного: 얼굴이 붉으락푸르락 한다 лицо то краснеет, то бледнеет.

낙관(樂觀) оптимизм; ~적 оптимис-тический; ~적으로 оптимистически; ~하다 смотреть на что-л. оптимисти-чески; ~론 оптимизм; ~론자 оптим-ист(-ка); ~성 оптимистичность.

낙낙(落落)-난함 уст.так раскидало, что не соберёшь; ~장송 высокая раскидистая сосна; ~장송도 근본은 종자 погов. букв. ≈ и высокая со-сна выросла из (маленького) семени; ~하다 а) свисающий; б) раскидан-ный(разбросанный) в разные сторо-ны; в) расходящийся, не совпадаю-щий; г) прил. с открытым сердцем.

낙농(酪農) молочное хозяйство;~의 молочный; ~장 молочная ферма; ~업자 владелец молочной фермы; ~제품 молочные продукты.

낙서(落書) мазня на бумаге; надпись; ~하다 а) пропускать

при письме; б) марать бумагу; [на]писать оскорби-тельные слова(на ви-дном месте); 2) мазня на бумаге(о написанном); 3) оскорбления(написанные на видном месте); вѣкъ에다 ~하다 написать на стене оскорбительные слова.

낙엽(落葉) листопад; опавшие ли-стья; гаъ~ осенний листопад; ~이 질 때에 во время листопада; ~을 긁다 сгребать опавшие листья; ~이 졌다 опали листья; ~송 лиственница; ~수 листопадное дерево; ~식물 листопадные растения.

낙오(落伍)~하다 отставать от кого-л.,че-го-л.; дао에서 ~하다 отста- вать от строя; ~자 отставший; отс-талый.

낙원(樂園) рай; счастливый край; 지상~ земной рай.

낙인(烙印) тавро; клеймо; ~이 찍힌 клеймёный; ~을 찍다 накладывать тавро; клей мить; 말에 ~찍다 клей-мить лошадь; ~하다 выжигать клей-мо; прям. и перен. клеймить.

낙지, 소팔초어(小八梢魚), 초어(梢魚草 魚), 해초자(海草子) осьминог; ~잡이 ба́ лодка для ловли осьминогов (спрутов); ~회 мелко нарезанное сырое мясо осьминогов (спрутов) с пряностями; ~전골 рагу из осьминога с овощами и грибами; **낙타(駱駝)**, 약대, 탁타, 타마(駝馬) вер-блюд; ~의 верблюдовый; верблюжий; ~털 верблюжья шерсть; 단봉~ одно-горбый верблюд; 쌍봉~ двугорбый верблюд.

낙태(落胎), 애지움, 임신중절(妊娠中絶) выкидыш; аборт; прерывание бере-менности; ~하다 делать аборт.

낙하(落下) падение; спуск; ~하다 падать; спускаться; ~각도 угол паде-ния;자유~ свободное падение.

낙하산(落下傘) парашют; ~의 па-рашютный; ~을 타고 내리다 пры- гать с парашютом; ~부대 парашю-тнодесантные войска.

낙후(落後) отставание; ~하다 отс-талый; отставать; ~된 기술 отс- талая технология;~성 отсталость.

낚다(낚시하다) удить; поймать на удочку; 물고기를 ~ удить рыбу; 저녁에는 고기가 잘 낚이지 않는다 ве- чером рыба клюёт плохо; 적절한 기회를 ~ поймать удобный слу-чай.

낚시 рыболовный крючок; рыбная ловля; удилище; удочка; ловушка; западня; ~하다 удить(ловить) рыбу; ~바늘에 지렁이를 꿰다 насадить червяка на крючок; ~를 던지다 за-кидывать удочку; ~꾼 удиль-щик(-ца); ~터 место рыбалки;

~대 удилище;

낚아채다 дернуть; вздернуть.

낚았습니다 ловил.

낚이다 1) быть выуженным; 2) перен. быть пойманным на удочку.

낛 плата зерном за помол(на мельнице).

난(蘭) I см. 난초.

난(欄) II столбец; колонка; 신문~ газетная колонка; 사전은 두~ 으로 되어있다 словарь напечатан в два столбца.

난(亂) III восстание; бунт; мятеж; смута; ~의 бунтовской; мятежный; смутный; ~을 일으키다 поднимать восстание(бунт; мятеж); 뿌카쵸푸의 ~ пугачёвский бунт.

난(-難-) трудный; тяжёлый; не-ловкий; ~문제 трудный вопрос.

-난(難) суф. кор. трудности; 식량난 трудности с продовольствием, про-довольственные затруднения.

난간(欄干) перила; парапет; поруч-ень; балюстрада; ~의 перильный; балюстрадный; ~에 기대다 опере-ться на перила; ~을 붙잡다 держа-ться за поручень.

난감하다 затруднительный; невыно-симый; нестерпимый; 난감해 하다 затрудняться; находиться в затруд-нительном положении; 답변하기 난감합니다 затрудняюсь ответить.

난관(難關),곤란 трудность; препя- тствие; ~에 봉착하다 сталкиваться с трудностью(препятствием); ~을 극복하다 преодолевать трудности (препятствия).

난국(難局) тяжёлое положение; трудная (тяжёлая) обстановка; 정치 적~ тяжёлое политическое поло-жение; ~에서 빠져나오다 выходить из трудной обстановки; ~을 타개 하다 преодолевать тяжёлое поло-жение.

난데없다 неизвестно откуда взяв-шийся;неожиданный(внезапный)

난데없이 неожиданно; внезапно

난동(亂動) сумасбродство; бесчин-ство; дебош; ~의 сумасбродный; бесчинный; ~을 부리다 сумасброд-ничать; бесчинствовать; устроить дебош(дебоширить).

난로(煖爐) печь; печка; жаровня; ~의 печной; жаровенный; ~를 피우다 топить печь; 냄비를 ~위에 얹다 поставить кастрюлю на печь; ~연통 печная труба; 전기~ электри-ческая печь.

난리(亂離) война; бунт; мятеж; смута; беспорядки; беспорядок; хаос; ~를 평정하다 подавлять беспорядки (мятеж); 방안이~법석이다 комната в большом беспорядке.

난립(亂立) неорганизованное сти-хийное выдвижение; ~하다 неор-ганизованно выступать; выставлять самих себя; 선거후보가~했다 неор-ганизованно выступали кандидаты на выборах.

난무하다 танцевать разнузданно; развеваться; распространяться в беспорядке; 눈발이 바람에 ~ сне-жинки развеваются по ветру; 유언비어가 난무하다. беспорядочно распространяются слухи.

난민(難民) беженцы; бегство; полити́ч- еский политические беженцы; ~을 본국으로 송환하다 репатриировать беженцев; ~을 후송하다 эвакуиро-вать беженцев.

난방(煖房) отопление; ~하다 отап-ливать; ~이 필요한 계절 отопите-льный сезон; ~시설(장치) отопи-тельное устройство; 가스~ газовое отопление; 중앙~ центральное отопление

난봉 I распутство; ~을 부리다(피우 다) распутничать; ~[이] 나다 разв-ращаться, становиться на путь поро-ка; ~자식이 마음잡아야 사홀이다 посл. ≒ а) горбатого могила ис-правит; б) букв. беспутный человек берётся за ум лишь на три дня; ~ 꾼 распутник.

난소(卵巢) яичник; 난자는 ~에서 형성되고 숙성된다 в яичнике образуется и созревает яйцеклетка.

난시(亂視) астигматизм.

난잡(亂雜) беспорядок; неразбериха; беспутство; разврат; ~ 하다 беспорядочный; беспутный; распутный; развратный; ~하게 бес-порядочно; беспутно; распутно; разв-ратно; ~한 행동을 하다 беспутни-чать; распутничать; развратни чать.

난처(難處) ~하다 затруднительный (о положении); ~한 모양으로 а) с видом человека, попавшего в зат-руднительное положение; б) в нере-шительности, с нерешительным видом.

난처하다 затруднительный

난처하게 되다 оказываться в затру-днительном (неловком) положении; попадать впросак

난처해 чувствовать себя нело-вко; смущаться; испытывать конфуз.

난초(蘭草), **난**(蘭), **국향**(國香) орхидея; ирис; канна; 금~

пыльцеголовник; 나리~ липарис; 은~ пыльцеголо-вник прямостоячий; 장식용 화초로 ~를 재배한다 культивируют канны как декоративные.

난치(難治) ~의 трудноизлечимый; ~ 병 трудноизлечимая болезнь; ~병 환자 трудноизле-чимый больной

난타(亂打) избиение; ~ 하다 изби-вать; бить как попало; 그는 의식을 잃을 정도로 ~당했다 он был избит до потери сознания.

난투(亂鬪) побоище;жестокая драка; ~ 가 벌어졌다 завязалась жестокая драка; ~ 극 сцена побоища; зре- лище драки.

낟가리 скирда; стог.

낟알 зерно; зёрна; ~을 탈곡하다 молотить; ~걷이 сбор урожая; убо-рка хлебов; ~구경을 못 하다 обр. даже не знает вкуса риса(о бед- ном человеке).

날(日) I день; сутки; погода; дата; день; период; случай; 지난 한~ чёрный(тяжёлый) день; 지난~ минувшие дни; 쾌청한~ солнечный день; ~로 с каждым днём; изо дня в день; день за днём;~마다 каждый день; 어느 날 однажды; в один прекрасный день; както раз; ~이 갈수록 с течением времени; со временем 오늘은 ~이 굳다 сего-дня погода скверная; ~이 개기 시작 한다 небо проясняется날을 가리다 (받다) эти. выбирать счастливую дату(при помощи гадания); б) назначить день свадьбы.

날 II лезвие; остриё; ~을 세우다 точить; заострять; ~이 서다 стано-виться острым; заостряться; ~이 무딘 칼 нож с тупым лезвием; 면도~ лезвие бритвы; 칼~ лезвие ножа;

날- сырой; неспелый; незрелый; нео-бработанный; невыделанный; наглый; неожиданный; внезапный; ~가죽 невыделанная кожа, ~감자 неспелый картофель;~강도 наглый грабитель; ~벼락 внезапный удар молнии; ~로 в сыром виде;~로 먹다 есть в сыром виде; ~ 것 свежее; неготовое; незрелое; ~고기 сырое мясо; сырая рыба; 날계란 сырое яйцо; 날밤 не-зрелый каштан; 날상제 распоряди-тель траура(до выноса гроба из дома).

날개 крыло; крылья; лопасть; шнур-уемая часть ботинка; ~가 달린 имеющий крылья; ~가 있는 крыла-тый; крылый; ~ 모양의 крылооб-разный; 양 ~가 달린 дву-крылый; 풍차의 ~ крылья ветряной мельницы; ~를 접다

складывать(опускать) крылья; ~를 펴다 расправлять крылья; ~를 흔들다 махать крыльями; 날갯죽지 плечевое сочление; **날다 I** (나니, 나오) летать; лететь; высоко подпрыгнуть; быстро двигаться; убегать; испаряться; 나는 ~ (~ 있는) летающий; летучий; 난다 긴다 하다 выделяться чем-л.; 마음이 날 것 같다 легко на сердце; 시간이 나는듯 빨리 지나간다 время летит быстро; 학이 안개 속을 날아 간다 журавль летит в тумане; 날아 들다 влетать; залетать; прилетать; неожиданно появляться; налететь; нагрянуть; 날아오르다 взлетать; взлететь; 날아 가다 улетать; исчезать; улетучиваться; рассеиваться;

날다 II выцветать; блекнуть; испаряться; улетучиваться; 붉은 색은 쉬 난다 красный цвет легко выцветает; 휘발유가 날아갔다 бензин улетучился.

날뛰다 беситься; бесноваться; свирепствовать; 날뛰는 бешеный; бесноватый; 기뻐 ~ прыгать от радости; 아들이 시험을 잘못 봐서 아버지는 무섭게 날뛰었다 отец свирепствовал из-за того, что сын не сдал экзамен; 사납게 ~ свирепствовать.

날렵하다 живой; расторопный; проворный; ловкий; 날렵하는 живость; расторопность; проворность; ловкость; 날렵하게 расторопно; проворно; ловко; 날렵한 걸음 быстрый шаг; 날렵한 도약 ловкий прыжок.

날리다 подниматься; разноситься; трепетать; полоскаться; запускать в воздух; поднимать вверх; делать на скорую руку; халтурить; полностью израсходовать; растрачивать; упустить случай; прославиться кем-л.,чем-л.; 새장에서 새를 날려보내다 выпускать птицу из клетки; 좋은 기회를 ~ упустить хороший шанс; 깃발이 바람에 날린다 Флаг развевается по ветру; 남의 돈을 완전히 날렸다 растратил чужие деньги; 눈발이 바람에 날린다 снежинки разносятся ветром; [펄펄] ~ развеваться, полоскаться(о флагах);

날림 халтурщина; ~의 халтурный; кампанейский; ~으로 халтурно; на скорую руку; тяпляп; ~으로 하다 халтурить; делать на скорую руку; ~ 공사 халтурное строительство.

날씨(일기) погода; 변덕스러운 ~ переменчивая погода; 온화한 ~ мягкая погода; ~가 어떻든 간에 при любой погоде; ~에 관계없이 независимо от погоды; ~에 따라 в зависимости от погоды; ~를 예보 하다 передавать прогноз погоды; ~가 풀리다 потеплеть; 날씨가 좋습니다 хорошая погода.

날씬하다 тонкий; стройный; 날씬한 몸매 тонкий стан; 날씬한 허리~ тонкая талия. 날씬한~ стройный.

날아가다 лететь; вылетать; про- летать; улетать; исчезать; улету-чиваться; рассеиваться; 모든 희망이 날아갔다 все надежды исчезли; 비행기가 모스크바에서 서쪽으로 50km를 날아갔다. самолёт пролетел 50 ки-лометров на запад от Москвы.

날아갑니다 улетает.

날인(捺印), **날장**(捺章) печать; ~하다 ставить печать; штемпелевать; прикладывать печать; ~란 штем-пелевальный квадратик.

날조(捏造) фальсификация; ~의 фальшивый; фальсификационный; ~하다 фальсифицировать; фабрико-вать; ~되다 быть фальсифицированным(фабрикованным); ~된 역사 ложная история; 헛소문을 ~하다 фабриковать ложные истории.

날자 1) число дней; день; число; ~로 적히다 быть датированным; датиро-ваться; ~를 적어 넣다 датировать что-л.чем-л.; ставить дату; 떠나기 까지는 아직 ~가 남아있다 до отъезда ещё осталось несколько дней; 신청서에 어제 ~를 기입하십시오. датируйте заявление вчерашним числом; ~변경선 геогр. линия пере-мены даты, граница дат; 2) дата.

날카롭다(날카로우니, 날카로와) острый; тонкий; чувствительный; нервный; резкий; 날카로움 острота; тонкость; резкость; 날카롭게 остро; тонко; нервно; резко; 날카로운 목소리 резкий голос; 날카로운 비판 острая критика.

낡다 старый; устарелый; ветхий; устаревший; отживший; 낡은 것 старьё; 낡은 관습 старый обычай; 낡은 옷 старое платье; 사진이 빛이 바래 낡았다 фотография выцвела; 낡아빠지다 совершенно старый; обветшалый; затасканный; 사진이 ~фотография выцвела.

남 I чужой(-ая); неродные; посто-ронний(-яя); другой(-ая); ~의 чужой; чуждый; посторонний; другой; ~의 나라 чужая страна; чужбина; ~의 물건 чужие вещи; ~들 앞에서 при чужих людях; ~의 마를 듣고 с чужих слов; 우리들은 이제

서로 남남이다 теперь мы друг другу чужие; ~좋은 일을 하다 делает работу, выгодную только другому; 남모르게(몰래) тайком, украдкой, исподтишка; незаметно; 남다르다 отличаться от других, выделяться; 남 볼상 репутация; 남이 눈 똥[찌]에 주저앉다 посл. ≅ попасться на удочку; 남에 없는 особый, отличный от других; 남에 없는 일처럼(일같이) словно нет работы лучше; 남의 굿 보듯 посл. ≅ моя хата с краю; 남의 다리를 긁다 посл. ≅ чесать ноги другому; 남의 달잡다 переходить месяц(при беременности);

남(南), 남쪽 II Юг; южная сторона; ~쪽의 южный; ~녘 땅 южная часть страны; ~단 южная оконечность; южная часть чего-л.; ~도 южные провинции Кореи; ~동풍 юго-восточный ветер; ~반구 южное полушарие; ~서풍 юго-западный ветер; ~풍 южный ветер; ветер с юга.

남-(男) I преф. кор. мужчина, мужской; 동정남 девственник. 남학생 студент;

남-(南) II преф. кор. южный; 남반구 южное полушарие.

-남 разг. груб. оконч. заключительной ф. сказ. со знач. риторич. вопроса: 귤이 빛이 남 разве же мандарин белый?!

남극(南極) 1) Южный полюс; ~거리 астр. Южное полярное расстояние; ~기단 метеор. массы антарктического воздуха; ~노인성 см. 남극성; 2) Южный магнитный полюс; 남극의 길목 астр. Антарктика; ~권 южный полярный круг; ~성 Канопус; ~대륙 Антарктида; ~식물구 антарктическая флора; ~조약 международный договор об Антарктике; ~지대 антарктический пояс; ~탐험 экспедиция на южный полюс; ~해 Южный ледовитый океан.

남기다 1) заставлять (позволять) оставаться; оставлять; 기록을 ~ оставить запись; 남김없이 всё, целиком, полностью, без остатка; 2) извлекать выгоду, получать прибыль; 50원 남기고 팔았다 продал с прибылью в 50 вон.

남김없이 без остатка.

남남북녀(南男北女) обр. на юге мужчины красивые, а на севере женщины.

남녀(男女) мужчины и женщины; ~ 노소 할 것 없이 все от мала до велика; ~공학 совместное обучение мальчиков и девочек; ~관계 взаимоотношение полов; ~노소 мужчины и

- 133 -

женщины; стар и млад;~평등 равноправие мужчин и женщин; ~ 동권(동등권,평등권) равноправие мужчин и женщин; ~노소 все от мала до велика; ~동등(평등) равенство мужчин и женщин; ~유별 арх. между мужчиной и женщиной есть различия.

남다 оставаться; быть вырученным; оставшаяся выручка; 남은 остаточ-ный; оставшийся; лишний; 남은 돈 деньги, оставшиеся после чего-л.; 남은 표 лишний билет; 충분히 남는다 хватит с излишком; более чем достаточно; 남아돌다 остава-ться; быть в излишке; быть лишним; 기억에 ~ запечатлеться в памяти; 남아넘치다 а) быть переполненным(набитым битком); б) быть преисполненным; 얼굴에 남아 넘치는 웃음을 띠다 улыбаться всем лицом; 남아돌다, 남아돌아 가다 оставаться(в остатке); быть в излишке, быть лишним.

남대문(南大門) Намдэмун(южные ворота); ~구멍 같다 обр. большой(о дыре).

남매(男妹) брат и сестра; братья и сёстры.

남모르다(남모르는) неизвестный (кому-л.)

남모르게 а) украдкой, тайком; б) неузнаваемо.

남북(南北) 1) север и юг; 2) лоб и затылок; 3) выступающая часть чего-л; ~[이] 나다 выступать, выдаваться.

남빛 тёмносиний(цвет); индиго.

남성(男性) 1) мужской пол; муж-чина; ~답다 подобающий мужчине, мужественный; 2) лингв. мужской род.

남용(濫用) неправильное употреб- ление; злоупотребление чем-л.; ~ 하다 использовать как попало; злоупотреблять чего-л.;직권을 ~하다 злоупотреблять властью; 직권~ злоупотребление властью.

남쪽 юг.

남편 I муж; супруг; ~의 증조모 прабабушка мужа.

남편(南便) II южная сторона, юг.

납(<鑞) свинец.

납기(納期) срок платежа (сдачи поставок).

납니다 пускать ростки.

납부 уплата; ~하다 уплачивать; вносить взнос; ~ 되다 быть упла-ченным; 전액을 ~하다 уплатить всю сумму; 회비를 ~하다 уплачи- вать членский взнос; ~금 вноси-мые деньги; взнос.

납부금(納付金) вносимые(уплачи-ваемые) деньги, взнос.

납세(納稅), 고지서(告知書) уплата налога; ~하다 платить налог; ~능력이 있는 налогоспособный; ~능력 налогоспособность; ~액 сумма налога; ~의무 обязанность платить налоги; ~자 налогоплательщик(-ца).

납시다 арх. вежл. выходить.

납입(納入) 1) см. 납부; 2) продажа; поставки(товаров); ~하다 а) см. 납부[하다]; б) продавать; поставлять (товары).

납작 1) ~먹다 проглотить в мгно-вение ока; ~대답하다 выпалить в ответ; ~엎드리다 лечь распластав-шись; ~들어붙다 плотно пристать (прилипнуть).

낫 I серп; ~모양의 серповидный; серпообразный; ~으로 베다 жать серпом; ~과 망치 серп и молот; ~놓고 기억자도 모른다 не знать ни одной буквы(азов); ~질하다 жать серпом; ~자루 серповище; рукоятка серпа; ~질 жатва серпом; 낫과 망치 серп и молот; 낫 놓고 기억자도 모른다 посл. ≡ на знать ни одной буквы(ни аза) (букв. не знает даже, что серп по форме напоминает букву "ㄱ"); 낫으로 눈 가리기 погов. ≡ как страус прятать голову под крыло (букв.закрывать серпом глаза

낫다 I (나으니, 나아) поправляться; заживать; улучшаться; проходить; 고질병이 완전히 나았다 прошла затяжная болезнь; 곪은 상처가 나았다 зажил нарыв; 병을 앓고 난 뒤에 환자는 완전히 나았다 после болезни больной совсем поправился.

낫다 II (나으니, 나아) лучший; 아무것도 없느니 보다는 그래도 이것이 더 ~ это всё же лучше, чем ничего; 택시로 가는 것보다는 지하철로 가는 것이~ лучше ехать на метро, чем на такси.

낭독(朗讀) чтение вслух; декламация; ~의 декламационный; ~하다 читать вслух; зачитывать; декламировать; 그녀는 낭랑한 목소리로 자작시를 낭독했다 она прочла собственное стихотворение звонким голосом; ~자 чтец(-ица); де-кламатор.

낭떠러지 обрыв; утёс; ~의 обры- вистый; утёсистый; ~에서 떨어졌다 сорваться с обрыва;

낭비(浪費) расточительство; мото-вство; напрасная трата чего-л.; ~하는 расточительный;~하다 растрачивать; мотать; расточать; 사소한 일에 돈 을 ~하다 растрачивать деньги по мелочам; 시간을 헛되이 ~하다 напрасно тратить время; ~성 расто-чительность.

낭비의 문화 культура излишнего растрачивания.

낭비하다 <-> 아껴쓰다 транжирить <-> экономно использовать.

낭송 декламация; публичное чтение; ~의 декламационный; ~하다 декламировать; 그는 시를 잘 ~ 한다 она хорошо декламирует сти-хотворения; ~자 декламатор(-ша).

낮 день; ~의 дневной; ~에 днём; 밤~ день и ночь; 밤~으로 и день и ночь; 한~ полдень; ~교대 дневная смена; ~ 잠 дневной сон; сиеста; 낮은 새가 듣고 밤 말은 쥐가 듣는다 посл. букв. ≈ сказанное днём слышат птицы; 낮에 난 도깨비 обр. наглец.

낮다 низкий; невысокий; низко; низинный; нижний; неудовлетвори-тельный; младший; тихий; 낮게 низко; невысоко; ниже; тихо; негромко; 낮은 목소리 тихий голос; 낮은 울타리 невысокий забор; 낮은 점수 неудовлетворительные отмет-ки; 낮은 지대 низина; 낮은 학년 младший класс; 질이 낮은 상품 товары низкого сорта(качества); низкосортные товары; 효율이 낮은 기계 низкоэффективный аппарат.

낮아요 низко.

낮아지다 понижаться; снижаться; убавляться; 가격이 ~ понижаться в цене; 지위가 ~ понижаться в долж-ности.

낮은 низкий.

낮추다 понижать;снижать; занижать; убавлять; принижать; принижать себя; скромничать; фамильярно обращаться(разговаривать); 목소리 를 ~ понижать голос; 속도를 ~ убавлять скорость; 원가를 ~ снижать себестоимость; 말씀을 낮추시지요 говорите со мной на "ты"; 낮춤말 пренебрежительное название (обра-щение).

낮추보다 свысока смотреть(на кого-л.); презирать, третировать.

낮춤말 простая форма.

낯 лицо; честь; репутация; достои-нство;~을 가리다; дичиться кого-л.,чего-л.(о ребёнке); неодинаково относиться(к людям); ~이 간지럽다 испытывать неловкость; быть не по себе;~이 두껍다 бесстыжий; наглый; ~이 뜨겁다

стыдно кому-л.;~이셜다 незнакомый; непривычный для глаза; ~이 익다 примелькаться; приглядываться; знакомый; ~을 붉히다 багроветь от гнева(злости;стыда); ~선 환경 непривычная обстановка; **낯선** незнакомый.

낯설다 незнакомый.

낯이 설다 лицо незнакомо.

낯이 익다 знакомый; примелька- вшийся(о лице).

낯익다 лицо знакомо.

낱 штука; ~낱이 во всей подроб-ности; во всех деталях; ~개로 прода-вать по штукам (поштучно; в отдель-ности); ~소리 отдельные звуки.

낱낱 каждая штука.

낱낱이 нареч. каждая штука; по-штучно, в отдельности.

낱말, 단어(單語)어휘(語彙) слово; ~ 풀이 толкование слов.

낳다 I рожать; метать икру; нести (яйца); порождать; вызывать; приво-дить к чему-л.; творить; 기적을 ~ творить чудеса; 아이를~ родить ребёнка; 의심은 불신을 낳는다 сомнение рождает недоверие.

낳다 II 1) прясть; 2) ткать.

-낳이 суф. после геогр. назв. обоз-начает место производства ткани: 강진 ~천 канчжинские ткани.

내 I дым.

내, 냄새 II запах; аромат; ~가 나다 пахнуть чем-л.; 어디선가 탄~가 심하게 난다 откудато сильно пах-нет гарью; 땀~ запах пота.

내, 시냇물 III речка; ручей; 시냇 물이 흐른다 речка движется; 쳇돌 ручей; 냇가 берег речки(ручья); 내 건너 배 타기 посл. букв. ⁼перейдя речку садиться в лодку.

내(内) IV внутри; ~의 внутренний; 공장 ~에서 на заводе; 국 ~의 оте-чественный; 금년 ~에 в течение этого года; 기한 ~로 в срок.

내 (나의) V я; мой; ~가 한 일 проделанная мною работа; ~ 고향 мой родной край; ~조국 моя От-чизна; 내가 할 말을 사돈이 한다 валить с больной головы на здо-ровую; 남 없이 다 있는 누구, 내가 없이 다 있는 누구 всё равно кто, либо я, либо другой; 내노라 하다 зазнаваться; 내미락 네미락 하다 перекладывать, сваливать(ответственность, работу на другого);

내- преф. вы-;из-;сильно;с силой; ~ 달리다 сильно бежать;

~몰다 вы-гонять; выталкивать; ~쉬다 выды-хать; выдувать; ~오다 выносить; вытаскивать; ~배다 выступать (о поте и т.д.).

내-(來-) следующий; ~달 следу-ющий месяц; ~학기 следующий семестр.

-내 суф. на протяжении; 겨우~ на протяжении зимы; 봄내 на протя-жении всей весны.

내가 берег речки(ручья).

내가다 вывозить; выносить; 관을 방안에서~ выносить гроб с покой- ником из комнаты; 쓰레기를 손수레 에 실어 마당에서 ~ вывозить мусор со двора на ручной тележке.

내각(內閣) I кабинет министров; ~을 구성하다 формировать кабинет министров; ~불신임 недоверие па-рламента правительству; ~책임 сис-тема ответственности кабинета министров перед парламентом; 연립 ~ коалиционный кабинет министров; 예비~ теневой кабинет; 일당~ однопартийный кабинет; 전시~ военный кабинет;

내과(內踝) I внутренняя часть ло-дыжки

내과(內科) II терапия; терапевти- ческое отделение; ~의 терапевти-ческий; ~병동 терапевтическое отделение; ~의사 терапевт; ~질환 внутренняя болезнь; ~학 терапия.

내구(耐久) ~성이 있는 прочный; ноский; терпеливый; ~하다 долго терпеть(выносить); быть прочным; 압축에 견디는 ~성 прочность при сжатии; 충격에 견디는~성 проч-ность на удар; ~성 прочность, нос-кость; ~재 прочные материалы.

내국(內國) внутри страны; ~의 отечественный; внутренний;~무역 внутренняя торговля; ~산 отечест-венное производство; ~시장 внут-ренний рынок.

내기 пари ; спор; ~하다 держать пари; спорить; ~ 로 на пари; на спор; ~를 걸다 заключать пари; ~에 이기다(지다) выиграть(проиграть) пари(спор);죽을~로 не жалея своих сил,с напряжением всех своих сил.

내깔기다 1) бросать, выбрасывать; 2) отправлять естественные потреб-ности где попало; 3) с силой бросать(выбра-сывать).

내년(이듬해) следующий год; ~에 в следующем году; ~ 이맘 때 в это же время в следующем году.

내놓다 выставлять; выносить; экспонировать; выдвигать; выска-зывать; опубликовать; выпускать в свет; отдавать;

сдавать; уступать; оставлять; исключать; откровенно; 내놓고 말하다 говорить откровенно; 물건을 팔려고 ~ выпускать в про-дажу;

내다 I дымить(о плите); выры- ваться(из плиты о пламени)

내다 II порождать; производить; извлекать; выставлять; выносить; вносить удобрения; высаживать; пересаживать;отдавать(приносить) (жертву);угощать;подавать блюдо; представлять; предъявлять;высылать; посылать; издавать; выпускать в свет; опубликовать; получить долг; 찾아 ~ выискать; 가루를 ~ делать поро-шок; 세금을 ~ платить налоги; 속력을 ~ выжимать скорость; 시간을 ~ улучать время; 신고서를 ~ подавать заявление; 연기를 ~ выпу-скать дым; 용기를~ воспрянуть духом; набраться смелости; 입장료 를 ~ платить за вход; 견디어 내다 вынести, вытерпеть; 내다 보다 1) выгляды-вать; 2) смотреть вперёд(вдаль) 내어 가다 см. 내가다; 내어놓다 см. 내놓다; 내어버리다 см. 내버리다; 내어쫓다 см. 내쫓다; 내어오다 см. 내오다

내다보다 выглядывать; смотреть вперёд(вдаль); заглядывать в буду-щее; предусматривать; ~ 내다보는 구멍 смотровая щель; 내다보는 창문 смотровое окошко; 모든 상황 을 미리 ~ заранее предусматривать все ситуации; 창문 밖으로 아름다 운 거리가 저 너머로 виднеется красивая улица; 내다보인다.

내닫다 (내달으니, 내달아) выбегать; устремляться вперёд.

내던지다 выбрасывать; выкидывать; вышвыривать; забрасывать; бросать словами; 시작한 일을 ~ забросить начатое дело; 담배꽁초를~ выбра-сывать окурок за окно.

내동댕이치다 выкидывать, вышвы-ривать

내두르다(내두르니,내둘러) 1) разма- хивать(чем-л.); 2) помыкать(кем-л.)

내디디다 делать шаг вперёд; сту-пать; зашагать; делать первые шаги в чём-л.;приступать к чему-л.; 그는 한 걸음 한 걸음 내디뎠다 он делал шаг за шагом; 우리는 학문의 세계에 첫걸음 내디뎠다 мы делали первые шаги в мире науки; 걸음을 ~ зашагать.

내 딴 ~은, ~에, ~으로 по моему личному мнению, убеждению.

내려가다 опускать; спускаться; сходить; идти(ехать) из столицы в про-винцию; снижаться; падать; сокра-щаться;

- 139 -

передавать потомкам; доходить до потомков; перевариваться; 기온이 영하 10도로 ~ температура падает до десяти градусов мороза; 산에서~ спускаться с горы

내려다보다 смотреть сверху вниз; смотреть, потупив взор; смотреть свысока на кого-л.; 옥상에서 밑을 ~ смотреть с крыши вниз; 부자는 가난한 이를 내려다 본다 богатые смотрят свысока на бедных.

내려앉다 спускаться; опускаться; оседать; проваливаться; 건물의 기초가 내려앉았다 фундамент здания осел; 새가 나뭇가지에 내려앉았다 птица опустилась на ветку дерева; 천장이 내려앉았다 потолок провалился.

내려오다 спускаться; сходить; переезжать из столицы(центра) в провинцию(филиал); доходить до наших дней; 예로부터 내려오는 풍습 старинные обычаи; 감사가 지점에 지 내려왔다 ревизор приехал в филиал фирмы; 승강기를 타고 ~ спускаться на лифте.

내력(來歷) I прошлое; биография; причина; источник; корень; 모든 일에는 ~이 있다 всему есть своя причина; ~을 알아보다 узнавать чьё-л. прошлое

내력(內力) II внутреннее усилие; внутренние силы.

내렸습니다 спустил.

내륙(內陸) 1) внутренние районы; ~의 внутренний; внутриконтинентальный; ~국 внутриконтинентальная страна; ~권 внутриконтинентальный круг; ~지대 районы, отдалённые от моря; ~지방 местности, отдалённые от моря; ~하천 реки внутреннего бассейна; ~호 внутреннее озеро.

내리 сверху вниз; подряд; непрерывно; как попало; ~쓴 글 письмо, написанное сверху вниз; ~ 짓밟다 растоптать; ~ 칠일동안 비가 내렸다 дождь тёк семь дней подряд; ~공급 централизованное снабжение.

내리- преф. сверху вниз; подряд; непрерывно; сильно; с силой; как попало; ~까다 бить; ударять; ~뛰다 спрыгивать вниз; ~쓸다 подметать; ~읽다 не отрываясь читать; ~사랑 любовь родителей к детям; 내리닫다 сбегать(напр. о лестнице).

내리갈기다 бить(хлестать) сверху вниз

내리구르다 (내리구르니, 내리굴러) 1) давить сверху вниз; тянуть(о ноше и т.п.); 2) угнетать, притеснять.

내리긋다 (내리그으니, 내리그어) 1) проводить

вертикальную линию; линовать (сверху вниз); 2) всё время чертить линии;штриховать.

내리누르다(내리누르니,내리눌러)давить сверху вниз; угнетать;притеснять; 백성을 ~ угнетать народ.

내리다 снижаться; опускаться; спу-скаться; садиться;идти; выпадать; садиться; выходить; сходить; падать; снижаться; худеть; перевариваться; вселиться(о духе); опускать; спускать; слагать; снимать; отдавать при-каз; делать вывод(заключение) пере-варивать; усваивать; задавать трёпку; 막을~ опускать занавес; 말에서 ~ слезть с лошади; 버스에서 ~ выходить из автобуса; 법령을 ~ издавать закон; 비가 내린다 идёт дождь; 이슬이 내린다 роса садится; 명령을 ~ отдавать приказ; 결론을 ~ делать вывод (заключение)

내려가다 а) сходить, спускаться(с горы, с лестницы и т.п.); б)ехать, идти(из центра в провинцию);

내려긋다 а) проводить линию ниже чего-л.; подчёркивать; б) см. 내리 긋다.

내려놓다 опускать(на землю и т.п.); перекладывать сверху вниз (ниже);

내려 누르다 см. 내리누르다;

내려 보다 а) смотреть сверху вниз; б) смотреть потупив взор; в) смотреть свысока(на кого-л.)

내려디디다 сходить, спускаться

내려먹다 понижаться в должности;

내려먹이다 а) засыпать указаниями (нижестоящего); б) нагружать рабо-той;

내려치다 см. 내리치다 1); 내려 꽂다 а) воткнуть, вставить(что-л. верти-кально); б) пикировать;

내려쓰다 I а) писать, подписывать (что-л. под чем-л.); б) см. 내리쓰다 1);

내려쓰다 II нахлобучивать(голов-ной убор); одевать низко на лоб.

내려앉다 опуститься, [о]сесть; 가슴 이 내려앉았다 сердце упало

내려오다 а) опускаться; сходить; б) приезжать, приходить(из столицы в провинцию); в) следовать порядку; 이상에서 말해 내려 온 바와 같이как подробно сказано выше; г) доходить до наших дней.

내리막 спуск; уклон; 가파른(밋밋한) ~ крутой(отлогий)

спуск; ~ 표지 дорожный знак "спуск";уклонный знак; ~길 дорога, ведущая вниз.

내리세요 спустите ваши руки.

내리치다 бить (хлестать) сверху вниз; 주먹으로 탁자를 세게~ сильно бить кулаком по столу.

내립니다 спустит, спускает.

내막 закулисная сторона; подоплека; сделки의~ подоплека события; 이 일 에는 나름의 ~이 있다 в этом деле есть своя подоплека.

내면 внутренняя сила; внутренность; ~적 внутренний; скрытный; духов-ный; ~독백 внутренний монолог; ~묘사 изображение внутреннего (ду-ховного) мира; ~생활 внутренняя (духовная) жизнь; ~세계 внутренний (духовный) мир; ~연마 선반 внут-ришлифовальный станок; ~연마반 внутришлифовальный станок; ~으로 в душе.

내몰다 (내모니, 내모오) выгонять; изгонять; подгонять; гнать; торо-пить; подхлёстывать; 가축 떼를 들판으로 ~ выгонять стадо в поле; 게으름뱅이를~ подгонять ленивца; 차를 ~ гнать машину.

내몰리다 изгоняться; быть выгнан-ным; быть подогнанным.

내무(內務) внутренние дела; ~부 министерство внутренних дел; ~부 장관 министр внутренних дел.

내밀다 (내미니, 내미오) выступать; высовывать; выпирать; выпячивать; протягивать; сваливать что-л. на кого-л.; перелагать на кого-л.; 가슴 을~ выпячивать грудь; 손을~ протя-гивать руку; 자신의 책임을 남에게 ~ сваливать свою ответственность на чужих; 창문 밖으로 머리를 ~ высовывать голову за окно; 혀를 ~ высовывать язык

내밀리다 1) быть высунутым(выпя-ченным); 2) быть вытолкнутым (выдворенным).

내밀치다 с силой выталкивать.

내받다 1) сильно выталкивать(что-л. головой); бодать; 2) сопротивляться, упорствовать.

내뱉다 выплёвывать; бросаться сло-вами; изрыгать проклятия; 가래침 을~ выплёвывать слюну с мокротой (слюну); 욕설을 툭~ бросаться ругательными словами.

내버리다 отбросить.

내버려두다 не трогать; не прикаса-ться; не обращать внимания; бро- сать на произвол судьбы; оставлять без присмотра(внимания).

내버려두어라 не трогай(не тронь); 방을 치우지 않고 ~ оставлять ком-нату неубранной

내보내다 (вы)пускать; высылать; отправлять; выбрасывать; выгонять; выселять; выдворять; 담배 연기를 코로 ~ пускать дым через нос; 대표단을 국제회의에 ~ отправлять делегацию на международную кон-ференцию; 마을에서 ~ выселять из деревни; 직장에서~ выгонять с ра-боты; 상품을 시장으로 ~ выбра-сывать товар на рынок.

내복약(內服藥) лекарство для вну-треннего употребления; ~을 복용하다 принимать лекарство для внутреннего употребления.

내부(內部) I внутренняя часть(сто-рона); внутренность; изнанка; ~의 внутренний; ~적으로 внутренне; ~로 внутрь чего-л.; ~로부터 из-нутри; ~에 внутри чего-л.; 당은 ~로부터 와해되었다 партия дезорганизова-лась изнутри; ~마찰 внутреннее трение; ~ 모순 внутреннее противоречие; ~층 внутренний слой; прослойка; ~[적] внутренний; ~골격 анат. скелет.

내부(乃父) II книжн. 1) вежл. твой отец, я (отец о себе); 2) его(её) отец; ~내자 каков отец, таков и сын.

내부딪치다 с силой натолкнуться (налететь).

내부딪히다 натолкнуться,налететь, наскочить(на что-л.).

내분(內分) I деление; расщепление; деление внутренней точкой; ~하다 делить внутренней точкой.

내분(內紛) II внутренний раздор; внутренние распри; семейные раз-доры; ~의 씨 яблоко раздора; ~을 일으키다 сеять внутренний раздор.

내분비(內分泌) инкреция; внутрен-няя секреция; ~의 икреторный; ~물 инкреты; гормоны; ~선 железа внутренней секреции; эндокринная железа.

내붙이다 1) вывешивать(напр. объявления); 2) приклеивать, при-креплять; прилеплять; 3) с силой выбрасывать (вышвыривать); 4) с силой бить(избивать); 5) перен. выпалить; 6) быстро идти(к на- меченной цели).

내비치다 светить(освещать) изнутри; просвечивать; немного рассказать; 등불이 커튼너머로 내 비친다 сквозь занавеску просвечивает свет лампы; 나는 내 생각을 내비쳤다 я расска-зал о том, что я думаю.

내빈(內賓) I гость; посетитель (- ница); ~의 гостевой;

посетитель-ский; ~을 대접하다 принимать го-стей; ~을 맞이하다 встречать го- стей; ~을 배웅하다 провожать гостей; ~석 места для гостей; го- стевые места.

내빈(耐貧) II (가난) ~하다 тер-петь нужду(лишения).

내빼다 удирать; давать тягу; 그는 내뺄 사이가 없었다. он не успел удрать.

내뿜다 выпускать; извергать; из-вергаться; 화산에서 용암이 내뿜어 졌다 ла-ва извергалась из вулкана; 화산이 용암을 내뿜는다 вулкан из- вергает лаву.

내사(內査) I секретное(тайное) ра-сследование; ~하다 секретно(тай-но) расследовать; 관리의 내물 수수 행위를 ~하다 секретно(тайно) ра- сследовать коррупцию бюрократов.

내사(內賜) II личный дар(короля).

내색(-色) выражение лица; ~하다 выражаться (отражаться) на лице; ~하지 않다 не подавать виду чего-л.; не показывать вида чего-л.; ~을 내다 выражаться (отражаться на лице(о чувствах).

내성(內省) I самонаблюдение; инт-роспекция. ~적 скрытный; интро- спективный; неоткровенный; ~적 기질 скрытная натура; ~적인 사람 скрытный че ловек.

내성(耐性) II устойчивость; стой-кость; выносливость;~이 있는 упор-ный; устойчивый; стойкий; выносл-ивый; 산에 ~이 있는 кислотостойкий; 습기에 ~이 있는 влагоустойчивый; 염분에 ~이 있는 жароупорный; 내산성 кислотостойкость; 내열성 жароупорность.

내세(來世) загробный мир; загро-бная жизнь; тот свет; ~의 загроб-ный; ~에서의 고인의 명복을 빌다 молиться за упокой души; ~관 взгляд на загробный мир.

내세우다 выставлять; выдвигать; ставить; превозносить; ставить что выше чего-л.; высоко оценивать; 개인의 이익보다 집단의 이익을 더 ~ ставить интересы коллектива выше личных; 대표자로 ~ выдвигать кого-л. представителем; 대열 앞에 ~ поставить перед строем; 사회적 이익을 개인적 이익보다 더 높이 ~ ставить общественные интересы выше личных.

내수(內需) спрос внутреннего рынка; ~가 증가(감소)하다 расти(падать) спрос на внутреннем рынке; ~를 충족시키다 удовлетворять спрос на внутреннем рынке.

내숭 лукавство; хитрость; коварс-тво; ~스럽다 лукавый; хитрый; коварный; ~스레 лукаво; хитро; коварно; ~떨다 лукавить(лукавст-вовать).

내쉬다 выдыхать; выдувать; вы-пускать; ~는 выдыхательный; 깊이 숨을 ~ глубоко выдыхать.

내쉼 выдыхание; выдох.

내시경 эндоскоп; 기관지 ~ 검사법 эндоскопия бронхов; ~검사 эндос-копический осмотр; ~ 검사법 эн-доскопия.

내심(內心) I душа; мысль; замы- сел; внутренне; в душе; про себя; ~ 기대하다 надеяться(ожидать) в душе; ~을 털어놓다 раскрывать свою душу кому-л..

내심(內心) II центр вписанной окружности. (수학) ~을 구하다 искать центр вписанной окружности.

내오다 выносить; вытаскивать; 과일을 쟁반에 담아 부엌에서~ выно-сить поднос с фруктами из кухни.

내외(內外) I внутренняя и внешняя сторона; приблизительно; около; 국~에 на родине и за рубежом; 국~정세 внутреннее и внешнее по-ложение страны; 40명 ~ прибли- зительно 40 человек; 이삼 년 ~ примерно двтари года; ~어물전 феод. фирма, занимавшаяся торго-влей рыбой в Сеуле.

내외(內外) II муж и жена; супруги; ~하다 избегать(чуждаться)мужчин (женщин); ~간 между мужем и женой; между супругами; ~술집 (주점) питейное заведение без служанок.

내외간(內外間) между мужем и женой, между супругами; ~싸움은 칼로 물 베기 посл. ≈ милые бра- нятсятолько тешатся.

내용(內用) I содержание; сущность; фабула; ~이 풍부하다 содержатель-ный; ~적 относящийся к содер- жанию ~과 형식의 통일 единство формы и содержания.

내용(內用) II 1) расходы на бытовые нужды; 2) см.내복 II

내용물(內容物) содержимое.

내의(內衣) I нижнее бельё; 겨울 ~ зимнее нижнее бельё; 춘추~ деми-сезонное нижнее бельё; ~를 갈아 입다 менять нижнее бельё; ~를 입다 надевать нижнее бельё.

내의(內醫) II придворный медик, лекарь.

내일(來日) завтра; завтрашний день; будущее; ~의 завтрашний; ~할 일 работа на завтра; ~ 아침 (저녁)에 завтра утром(вечером); ~은 해가 서쪽에서 뜨려나보다 завтра красный снег выпадет. 내일 아침 6시에 나를 깨워주십시오 разбудите меня пожалуйста завтра в 6часов.

내장(內臟) I внутренние органы; внутренности; потроха; ~의 внут-ренностный; висцеральный; 생선 ~을 긁어내다 потрошить; ~하수증 висцероптоз; спланхноптоз; ~학 спланхнология; ~반사 висцеральные рефлексы; ~신경증 висце- ральный невроз; ~탈출 выпадение внутренностей.

내장(內藏) II внутреннее устрой- ство; ~하다 содержать; иметь; 모뎀 은 컴퓨터에 내장되어 있다 модем встроен в компьютер

내젓다(내저으니, 내저어) размахи-вать чем-л. перед собой; выгребать (вёслами); 노를 ~ грести вёслами; 팔을~ размахивать руками.

내정(內政) I внутренние дела го- сударства; домашнее хозяйство; семейная жизнь; ~에 간섭하다 вмешиваться во внутренние дела; ~간섭 вмешательство во внутре- нние дела; ~불간섭 невмешатель-ство во внутренние дела; ~범절 нормы семейной жизни.

내정(內定) II неофициальные вы-боры; ~하다 неофициально решать; 사전에 대의원 후보를 ~하다 неофициально избирать кандидата в депутаты.

내주다 выдавать; передавать; пода-вать; уступать; сдавать; 수건을 ~ подавать полотенце; 자리를 ~ усту-пать место; 통행증을 ~ выдавать пропуск.

내지(內地) I 1) внутренняя терри-тория страны; 2) внутренние районы, отдалённые от моря; 3) своя страна.

내지(乃至) II от... до...; или; и; 이백 ~ 삼백 킬로메터 от двухсот до трёхсот; 조선~중국 Корея и Китай

내지르다 (내지르니, 내질러) 1) вы-талкивать; с силой ударить(тол-кать); 2) выкрикивать; рожать; гадить; 냅다 욕을~ выкрикивать ругатель-ные слова; 주먹을 ~ с силой ударить кулаком; 줄줄이 자식을 ~ рожать детей подряд; 소리를 ~ кричать; 3) прост. см. 낳다 I.; 4) прост. см. 누다 I.

내쫓기다 быть изгнанным.

내쫓다 выгонять; изгонять; 직장에 서~ выгонять со службы; 집에서 ~выгонять из дома.

내차다 1) вышвыривать, отшвыри-вать(ногой); 2) с силой пинать (лягать).

내치다 1) бросать, выбрасывать; 2) швырять; 3) выгонять,

вышвыривать; 내치락들이치락 a) быть непостоян-ным (ветренным); капризничать; б) то усиливаться, то ослабевать(о болезни); 내친걸음 первые шаги; самое начало.

내키다 понравиться; захотеть; при-ходиться по душе; 나는 그녀의 행실이 썩 내키지는 않는다 мне не очень нравится её поведение; 마음이 내키지 않다 разочароваться; охладеть;

내켜 놓다 a) переставлять вперёд; б) откладывать(напр. работу);оставлять(что-л. кому-л.)

내한(來韓) I приезд(посещение) в Корею; ~하다 приезжать в Корею; посещать Корею; ~사절단 делега-ция, приехавшая в Корею.

내한(耐寒) II морозоустойчивый; морозостойкий; ~성 морозоустойчи-вость; морозостойкость;~작물 моро-зоустойчивые культуры;~비행 полёт при пониженной температуре; ~하다 не бояться холода,(легко) переносить холод.

내화(內貨) I внутренняя валюта.

내화(耐火) II ~의 огнеупорный; огнестойкий; ~구조 огнеупорная конструкция; ~연와(벽돌) огнеупо-рный кирпич; ~성 огнеупорность; ~시멘트 огнеупорный цемент; ~재 (료) огнеупоры; ~피복 огнеупорный покров; ~가공 текст. огнеупорная пропитка; ~점도 огнеупорная глина.

내후년 через два года; ~에 내딸은 대학에 입학한다 через два года моя дочка поступит в университет.

냄비 кастрюля; ~의 кастрюльный; 범랑~ эмалированная кастрюля; 알루미늄~ алюминиевая кастрюля.

냄새 запах; ~가 나다 пахнуть чем-л.; издавать запах; давать себя чувствовать; чувствоваться; ~를 맡다 нюхать; обонять; ~를 피우다 делать вид кого-л.; подавать вид; 그에게선 범죄자~가 난다 чувств-уется, что он преступник; 좋은~가 난다 пахнет хорошо.

냅킨(napkin) салфетка; бумажные салфетки; 식후에 ~으로 입을 닦다 вытираться салфеткой после еды.

냇가 см. 내 берег реки.

냉(冷) ощущение холода в нижней части живота; простудные заболе-вания; боли; ~하다 холодный; чувст-вовать холод в нижней части живота; ~을 치료하다 лечить простудные заболевания.

냉-(冷-) холод; ~기 холод; холо-дный воздух; ~면 лапша в холо-дном бульоне; ~차 прохладитель-ный напиток.

냉각(冷却) охлаждение; ~하다 охла-ждать; ~되다 охлаждаться; ~기 конденсатор; рефрижератор; ~수 тосол; антифриз; ~장치 холодиль-ная установка; ~재 охладитель.

냉대(冷待) холодный приём; ~하다 принимать холодно; ~를 받다 быть холодно принятым.

냉동(冷凍) замораживание; ~하다 замораживать; ~되다 быть заморо-женным; ~식품 мороженные фрукты; ~실 морозильник; ~창고 холодиль-ный склад.

냉동고(冷凍庫) морозильник.

냉동기(冷凍機) холодильник.

냉매(冷媒) охлаждающая среда; охлаждающее средство.

냉면(冷麪) нэнмён(куксу холодный)

냉방(冷房) холодная(неотопленная) комната.

냉수(冷水) см. 찬물; ~마찰 обтира-ние холодной водой; ~맛 같다 безвкусный; ~먹고 된 똥 눈다 обр. из ничего сделать что-то; ~먹고 이 쑤시기 посл. ≅ букв. выпив холод-ной воды, ковырять в зубах зубочисткой; ~에 부러질 노릇 (일) обр. невообразимое дело; ~로 샤위하다 принимать холодный душ; ~마찰을하다 обтираться холодным полотенцем.

냉장(冷藏) хранение в холодиль-нике; охлаждение; замораживание; ~하다 хранить в холодильнике; охлаждать; замораживать; ~고 холо-дильник; ~차 рефрижератор; ~수송 перевозка в рефрижераторе.

냉전(冷戰) холодная война; ~시대 эпоха холодной войны; ~정책 политика холодной войны.

냉정(冷靜) 냉담성 I хладнокровие; спокойствие; бесстрастие; ~하다 хладнокровный; спокойный; бесст-растный; ~히 хладнокровно; спо-койно; бесстрастно; ~을 잃지 않다 сохранять хладнокровие(спокойст-вие духа).

냉정(冷情) II ~하다 холодный, бе-счувственный, бездушный; ~히 холодно; бездушно; ~하게 대하다 относиться к кому-л. холодно (с равнодушием).

냉혹하다 жестокий; холодный; 그는 성격이 냉혹하기 그지없다 он очень жестокий.

-냐 разг. оконч. вопр. ф. прил. и гл.- связки. 물이 맑으냐? вода про-зрачная?

너 I тк. в знач. опред. четыре; 너이[서] вчетвером.

너 II (с выдел. частицей - 넌; в вин. п. -널) ты; ~의 твой; твоя; твоё; твои; ~로서 для тебя; ~를 тебя; ~에게 тебе; ~에 대해 о тебе; ~와 함께 с тобой; ~나 없이 всё без исключения; ~도 나도 ты и я; все до одного; ~ 나 하는 사이다 быть с кем-л. на "ты"; 너 나 할 것 없이, 너 나없이 너도나도 кто бы то ни был; любой; все

너그러이 великодушно; милостливо.

너그럽게 с широким сердцем.

너그럽다 великодушный; снисходи-тельный; щедрый; 너그럽게 вели-кодушно; снисходительно; щедро; 너그럽게 대하다 снисходительно относиться к кому-л.; 너그럽게 용서하다 великодушно простить.

너댓 четырепять; ~명 четырепять человек; ~새 четыре-пять дней; ~째 четвёртый-пятый.

너다댓 четырепять.

너다댓새 четыре-пять дней.

너다댓째 четвёртый-пятый.

너덕너덕 заплата на заплате;~하다 весь латанный, весь в заплатах.

너덜 ~[이] 나다 болтаться(о лох-мотьях); обтрепаться.

너덜거리다 обтрепаться; болтаться; 너덜거리는 옷자락 обтрёпанный подол; 위도리에 단추가 너덜거린다 на пиджаке болтается пуговица.

너덜너덜 ~하다 1. *см.* 너덜거리다; 2) прил. а) обтрёпанный; б) несе-рьёзный.

너덧째 примерно четвёртый.

너도 ~개미자리 мокричник лист- венничный; ~밤나무 бук; ~방동사니 ситничек поздний; ~제비란 ятрышник малоцветковый; ~양지꽃 сиббальдия ле-жачая.

-너라 груб оконч. повел. ф. гл. 오다: 이리 오너라 иди сюда.

너머 за; через; сверх; слишком; 담-로 через ограду; 저산-에 за той горой; 한 달이 ~ 걸렸다 потребо- вался месяц с лишним; 산너머에 за горой; 담너머로 через ограду.

너무 слишком; чрезмерно; ~많이 слишком много(мало).

너무너무 черезчур, слишком, чрезмерно. 너무 벅차다 слишком трудно. 너무도 слишком.

너비, 폭 ширина; ~ 6 미터의 골목 길 переулок в шесть

- 149 -

метров; ~가 10미터이다 ширина 10 метров.

너울거리다 1) плавно колыхаться (колебаться, качаться); 2) плавно размахивать, медленно махать.

너울지다 неспокойный, волную-щийся (о море).

너절하다 скверный, плохой, дрянной.

너희들, 당신들 вы; ~의 ваш; ваша; ваше; ваши; ~로서는 для вас; ~를 вас; ~에게 вам; ~에 대해 о вас; ~와 함께 с вами; 얘들아 ~ 어디 가니? Куда вы идёте, ребята?

넉 тк. как опред четыре; 넉 장 четыре листа; 넉 동 다 갔다 а) прошли все четыре фишки (в игре ют); б) всё сделано, всё кончено; 넉 장 뽑다 делать(что-л.).

넉넉하다 достаточный; обильный; быть с запасом; зажиточный; 넉넉한 достаточно; с запасом; с излишком; 넉넉한 살림 обеспеченная жизнь; 돈이 넉넉하다 иметь много (доста-точно) денег; 시간이 넉넉하다 иметь достаточно(много) времени.

넋 душа; дух; 애국의 ~ патриоти-ческий дух; ~을 놓다 растеряться; отороптеть; ~을 잃다 падать духом; потерять сознание; ~이 나가다 обезуметь; ~이 빠지다 души не чаять в ком-л.; 넋을 놓다 рас- теряться, быть ошеломлённым; 넋을 먹다 см. 겁을 먹다]; 넋이야 신이야 [하다] что в голове, то и на языке; что думает, то и говорит.

넋두리 нытьё; жалоба; сетование; ~를 늘어놓다 ныть; жаловаться; сетовать на кого-то; роптать; 노파는 그 기구한 운명에 대해 ~를 늘어 놓았다 старушка сетовала на свою тяжёлую судьбу; ~하다 а) этн. говорить от имени души умершего(о шаманке); б) жалова ться, сетовать.

넌더리 отвращение; ~가 나다 на-доедливый; отвратительный; ~ 나게 하다 опротиветь; надоедать кому-л., чем-л.; 그는 그 여자에게 ~가 났다 она ему надоела; 그녀의 넋두리를 듣는 것도 이젠 ~가 난다 она надое-ла мне своим нытьём; ~[을] 내다 проявлять отвращение; ~를 대다 вызывать отвращение; опротиветь.

넌덕 балагурство; ~[을] 부리다 балагурить; ~스럽다 прил. быть бойким на язык.

넌덜머리 прост. см. 넌더리; ~[가] 나다 прост. опротиветь; надоесть; ~ [을] 떨다 вызывать сильное отвра-ще ние; надоесть до чёртиков.

넌센스(англ. nonsens) нонсенс; вздор; ерунда; чепуха; ~의

ерундовский (ерундовый); ~한 행동(말)을 совершать бессмысленные поступки.

넌지시 незаметно; втихомолку; тай-ком; ~ 암시하다 втихомолку намекать на что-л.; ~엿보다 тайком (незаметно) подглядывать.

널 I 1) *см.* 널빤지; 널두께 같다 *обр.* очень толстый; 2) *см.* 널판; 3) сундучок, в котором чиновники 17- ранга хранили историографические рукописи.

널 II доска;доска на качелях; гроб; ~ 뛰다 качаться на качелях; ~뛰듯이 делать наспех; коекак.

널다 I (너니, 너오) вешать; разве-шивать; ~ 빨래를 развешивать бельё; 널어놓다 расставлять;расс- тилать; раскладывать; рассыпать рядами) для просушки.

널다 II (너니, 너오) грызть; разгры-зать(о животном).

널다랗다(널다라니, 널다라오) довольно широкий(просторный)

널려있다 расстеленный; разве-шанный.

널리 широко; просторно; велико- душно; снисходительно; благосклон-но; 그의 명성은 소장학자들에게 ~ 알려져 있다 его имя распростра-нено(широко известно) среди моло-дых учёных; 저희를 ~ 용서해 주세요 простите нас великодушно

널리다 быть расставленным(раз-ложенным; развешенным); быть раз-бросанным(рассыпанным); валяться; 탁자 위에 신문과 잡지가 ~ 있다 на столе разложены газеты и журналы.

넓다 широкий; просторный; обшир-ный; ~넓이 площадь; пространство; 널리 широко; просторно; 넓어지다 расширяться; распостраняться; 넓히 다 расширять; распространять; 넓은 대로 широкий проспект; 법률의 적용범위를 넓히다 расширять границы действия закона; 시야를 넓히다 расширять кругозор; 그는 어깨가 ~ он широк в плечах; 최근 치마의 폭이 ~ юбка велика; 넓은 방 просторная комната.

넓다라니 достаточно широко(прос-торно, обширно).

넓다랗다 достаточно широкий (просторный, обширный).

넓습니다 широкий.

넓이 1) площадь; пространство; 2) ширина; ~사격 *воен.* фронтальный огонь.

넓이뛰기 прыжки в длину.

넘기다 переправлять; переводить; перевозить; переворачивать; опроки-дывать; листать; перелистывать; глотать; проглатывать; передавать; перекладывать; отдавать; проводить; упускать; пропускать; пропустить; 기회를 ~ упускать случай; 책임을~ перекладывать ответствен-ность на кого-л.; 책장을 ~ перевора-чивать листы книги; перевернуть страницу книги;추운 겨울을 ~ проводить морозную зиму **넘겨잡다** предугадывать; догадыва-ться; **넘겨짚다** предугадывать; предвидеть; **넘겨쓰다** брать на себя (напр. вину, ответственность).

넘나들다(넘나드니,넘나드오) пере- ходить (переезжать) туда и обратно; посещать друг друга; ходить друг к другу; 그들은 이웃에 살면서 서로 넘나드는 사이다 они живут по соседству и часто ходят друг к другу; 두만강을 ~ переходить Ту-манган и возвращаться обратно.

넘다 переходить; превышать; пере-валивать; превосходить; переправ-ляться; преодолевать, миновать; 국경을 ~ переходить через границу; 기준을 ~ превышать норму; 높은 산을 ~ переправляться через высокую гору; 문지방을~ переступать порог; 닷새가 넘었다 прошло более пяти дней; 물이 넘는다 вода переливае-тся через край; 그 사람은 마흔이 ~ ему за сорок; 손으로 넘어 오다 а) переходить в (чьи-л.) руки; 넘고처지다 б) превышать; в) вали-ться, падать; г) идти обратно(о пище); рвать.

넘보다 свысока смотреть на кого-л.; пренебрегать; умалять; завидовать; 그는 남을 넘보는 나쁜 버릇이 있다 у него есть вредная привычка свы-сока смотреть на других.

넘실거리다 волноваться(о море); вздыматься(о волне).

넘어가다 накреняться; валиться; падать; перевёр-тываться; проходить; лезть в горло; передаваться; перекладываться; отдаваться; переходить; проходить; быть обманутым; попадаться на хитрость; быть очарованным (увле-чённым); увлека- ться кем-л., чем-л.; 공격으로 ~ переходить в наступ-ление; 권리가 ~ право передаётся кому-л.; 산을 ~ перевваливать через гору; 제 꾀에 제가 ~ попадаться на свою хитрость

넘어뜨리다 (по)валить; опрокиды-вать; 다리를 걸어 ~ валить с ног.

넘어오다 накреняться; валиться; падать; покоситься; рвать;

идти обратно(о пище); передаваться; пере-ходить; отдаваться; переходить; перебегать; перевалить; 공장은 채권 자의 손으로 넘어왔다 завод пере-шёл в собственность кредиторов; 그는 우리편으로 넘어왔다 он перешёл на нашу сторону; 먹은 것이 넘어올 것 같다 меня тошнит; 서류가 아직 우리에게 넘어오지 않았다 документ ещё не поступил к нам. 넘어져서 падать

넘어졌습니다 упасть на землю.

넘어지다 падать; валиться; про- валиться; потерпеть неудачу; 맨땅 에~ падать на землю; ~ 나는 하마트면 넘어질 뻔했다 я чуть не упал.

넘치다 переливаться через край; переходить; превышать; перевали-вать; быть переполненным чем-л.; бить через край; 분에 넘치는 사치 роскошь не по средствам; 기쁨이 넘친다 веселье бьёт через край; 강물이 넘쳤다 река вышла из бере-гов;

넙적 сразу, быстро; ~먹다 быстро есть; ~대답하다 выпалить ответ; ~ 엎드리다 быстро лечь; ~하다 быстро схватить(съесть).

넝쿨 плеть; 호박~ стебель тыквы

넣다 класть во что-л.; вкладывать; вставлять во что-л.; включать; до-ва-ть; помещать; прибавлять; склады-вать; 공기를 ~ нагнетать воздух; 괄호 안에 ~ заключать в скобки; 병에 물을 ~ наливать воду в бутылку; 아이를 유치원에~ отда-вать ребёнка в детский сад; 일정을~ включать в повестку дня; 주머니에 손을~ совать руку в карман; 책을 가방에~ класть книгу в портфель; 넣어 вкладывать.

네 I да; '네'냐 '아니냐 Да или нет? 네, 알았습니다. Да, понял(а).

네 II ты; твой; твоя; твоё; твои; ~ 생각에는 по твоему мнению; ~가 옳다 ты прав(а); ~ 떡이 한 개면 내떡도 한 개다 как аукнется, так и откликнется; 네 담이 아니면 내 소 뿔이 빠지랴 (부러지랴) (네 쇠뿔이 아니면 내 담이 무너지랴) посл. ≅ валить с больной головы на здоро-вую; 네 III четыре;~발의 четвероногий; ~번째의 четвёртый;네사람 четыре человека; 네 개 четверо; 우리는 그 당시에 네 명이었다; тогда нас было четверо; ~발 четвереньки.

-네 суф. репрезентативного ин. ч. 남정네 мужчины; 순옥이 네 집 дом семьи Сунок.

-네 1) фам. окончание повеств. ф. предикатива: 시내물이 맑네 вода в ручье прозрачная; 2) поэтич. оконч. воскл. ф. предикатива: 꽃이 피네 расцветают цветы!

내거리 перекрёсток; ~에서 на перекрёстке; ~의 신호등 светофор на перекрёстке.

네다섯 четыре или пять.

네댓새 1) четыре-пять дней; 2) четвёртое-пятое число.

네댓째 четвёртый-пятый.

네모 четыре угла; четырёхугольник; ~나다 квадратный; ~꼴 четырёху-гольник.

네발 1) четыре ноги; 2) см. 네다리; ~[을] 들다 прост. поднимать руки; ~[을]타다 страдать нарушением обмена веществ от употребления мяса животных. 네 발 걸음으로 на четвереньках.

네온 *(англ. neon)* neon; ~의 неоновый; ~가스 неоновый газ; ~등 неоновая лампа; ~사인 неоновая вывеска.

네트 *(англ. net)* волейбольная сетка; ~터치 касание волейбольной сетки.

네트워크 *(англ. network)* компьютерная сеть.

네활개 обр. руки и ноги, конечности; ~[를] 벌리다 раскидываться(во сне); ~[를] 치다) входить энергичной походкой, размахивая в такт руками; б) разнузданно вести себя.

넥타이 *(англ. tie)* галстук; ~를 메고 носить галстук; ~를 매다 надевать (завязывать) галстук; 나비~ галстук-бабочка.

넥타이 핀 *(англ. necktie pin)* булавка для галстука.

넷 четыре; 넷, 사 четыре.

넷째 четвёртый.

녀-(女) преф. кор. женщина; 여의사 женщина-врач.

-녀(女) суф. кор. женщина; 유부녀 замужняя женщина.

년 I год; 1~간의 годичный; 일~ (один) год; 이~ два года; 십~ десять лет; 윤~ високосный год; 수십년 несколько десятков лет.

년 II баба; 못돼먹은~ бабища; 쌍~ сукина дочь; ~놈 мужик и баба.

년간(年間) 1) в течение года; за год; 2) год; ~[적] годовой; ~계획 годовой план.

년금(年金) пенсия; ~보장 пенсионное обеспечение; ~증서 пенсионная книжка

년도(年度) год; 학습~ учебный год.

년령(年齡) *см.* 나이 I; ~적 возраст-ной.

년말(年末) *см.* 세밑; ~시험(перевод-ные) экзамены в конце(учебного) года.

년봉(年俸) жалованье за год(полу-чаемое один раз в год.)

년월(年月) годы(и месяцы), время.

년월일(年月日) дата.

년월일시(年月日時) дата и время(час)

년중(年中) в течение года; ~무휴 целый год без отдыха; ~행사 еже-годно проводимое торжество (мероп-риятие)

년차 1) возрастная очерёдностью; 2) суз. годичный; ежегодный; ~대회 годичное собрание

년차별 1) в зависимости от возраста; 2) по годам; ~계획 план на год.

녘 1) сторона; край; 2) послелог к чему-л.; под что-л. 동~ восточная сторона; 북~땅 северные земли; 새벽~ к рассвету; 저녁~ к вечеру, под вечер; 밝아 올 녘에 к рассвету.

노 I шнур, бечёвка, тесёмка; 노드 리듯 обр. словно натянутые нити(о дождевых струях).

노 II север(в арго моряков).

노(<櫓) III весло; ~를 저어 나아 가다 идти(плыть) на вёслах; ~를 젓다 грести вёслами.

노-(老-) старо-; старый;~모 старуха-мать; ~부부 старики-супруги; ~송 старая сосна; ~승 старый буддий-ский монах; ~처녀 старая дева; ~총각 холостяк; бобыль.

-노(奴) суф.кор.указывает на лицо, обладающее отриц. качествами, выра-женным в производящей основе; 매국노 изменник родины, предатель; 수전노 скряга.

-노 груб. оконч. вопр. ф. предикати-ва 저 꽃이 붉노? Тот цветок красный?

노가다판(<яп. dogata) 1) место, где работают чернорабочие; 2)скандал, дебош.

노곤하다 усталый; утомлённый; 노곤히 устало; утомлённо; 노곤함 усталость.

노기(怒氣) гнев; ~가 어리다 гнев-ный; ~를 띠고 с гневом; ~ 어린 얼굴 гневное лицо.

노끈 шнур; бечёвка; тесёмка; ве-рёвка; 포장용 ~ верёвка для упа-ковки;~으로 묶다 шнуровать; ~을 꼬다 вить верёвку.

노년(老年) 1) преклонный возраст; 2) человек преклонного возраста; ста-рость; преклонный возраст; старик; старец; ~에

в старости; в преклон-ном возрасте; ~에 접어들다 стареть; ~기 преклонные годы; старческий период

-노니 I книжн. фам. оконч. воскл. ф. гл. 우리는 길을 떠나노니 и вот мы отправляемся в путь.

-노니 II книжн. оконч. деепр. причи-ны: 고요한 밤 시내가에서 이 노래 부르노니 벗이여, 나의 노래를 들으시라 эту песню пою тихой ночью на берегу ручья(и потому), друг мой, услышь меня.

노닥거리다 пространно говорить (о чём-л.), разглагольствовать.

노동(勞動) труд, работа; 강제~ при-нудительный труд; ~의 трудовой; рабочий; ~가 설치 теория трудовой стоимости; ~가요 песня о труде; ~ 가치 설 эк. теория трудовой стоимости; ~강도 интенсивность труда; ~궁전 дворец культуры; ~귀족 раб-очая аристократия; ~능력 трудос-пособность; работоспособность; ~당 трудовая(рабочая) партия; ~대상 объект труда; ~도구 орудие труда; ~력 рабочая сила; ~법 закон о труде; ~법령 трудовое законодательство; ~ 보험 страхование труда; ~보호 охрана труда; ~부 министерство труда; ~브로카 штрейкбрехер; ~생 산능률(생산성) производительность труда; ~생산성 производительность труда.

노동권(勞動權) право на труд.
노동량(勞動量) количество труда.
노동력(勞動力) рабочая сила.
노동모(勞動帽) головной убор ра-бочего.
노동안전기술(勞動安全技術) техника безопасности.
노동일(勞動日) рабочий день.
노동자(勞動者) сущ. рабочий; ~적 рабочий.

-노라 книжн. груб. оконч. повеств. ф. предикатива: 나는 그대들을 기다려 기나 긴 밤을 새웠노라 поджидая их, я провёл длинную-длинную бес-сонную ночь

-노라면 оконч. деепр. условного со знач. если и дальше делать что-л.; 이 길로 계속 가노라면 큰 냇물에 다달을 것이다 если и дальше пой-дёте по этой дороге, то придёте к большой реке.

노란 만병초 рододендрон золотис-тый (Rhododendron aureum).

노란 팽나무 бот.каркас съедобный (Celtis edulis)

노란 목소리 a) ломающийся голос; б) грубый голос.
노랑 I жёлтый(цвет); ~나비 желту-шки; ~머리 блондин(-ка)
노랑(老浪) II арх. старая(пожилая) женщина.
노랗다(노라니,노라오) яркожёлтый; 얼굴이 노란 желтолицый; 피부가 노란 желтокожий
노랗게 되다 желтеть
노랗게 하다 желтеть
노랗습니다 жёлтый.
노래 песня; ~의 песенный; ~하다 петь песню(воспевать); ~를 짓다 сочинять(слагать песню); 감정을 담아 ~하다 петь с чувством; 처음으로 ~하다 петь басом; 피아노 반주에 맞춰 ~하다 петь под аккомпане- мент рояля; 노랫가락 мелодия песни; 노랫소리 звуки песни.
노랫가락 1) мелодия песни; 2) на-родные песни, в основе которых лежат шаманские закли-нания.
노랫소리 звуки песни.
노략질 грабёж; разбой; ~하다 гра-бить; разбойничать; заниматься гра-бежом(разбоем); ~한 재물 награб-ленное имущество.
노려보다 пристально смотреть на кого-л., что-л.; бросать алчные взгляды; 매서운 눈초리로~ бросить свирепый взгляд.
노력(努力) старание; усилие; труд; ~하다 стараться; усердствовать; си-литься; прилагать старания(усилия); 다년간의 ~의 결실 плод многолет-него труда; 아무런 ~없이 без вся-кого усилия;без малейших стараний; 공연한 ~을 하다 прилагать тщет-ные усилия; 전력을 다해 ~하다 прилагать все усилия к чему-л.(для чего-л.); ~적 трудовой~훈장 ор-ден Труда(в КНДР); ~영웅 герой труда; 2) рабочая сила; ~배치 расстановка рабочей силы;
노력가(努力家) старательный(тру-долю-бивый)
노력비 трудовые затраты.
노련하다 опытный; искусный; бывалый;
노련해지다 искушаться в чём-л.; приобретать сноровку в чём-л.; 노련한 사냥꾼 опытный охотник;
노련미 сноровка.
노루, 장(獐) косуля; ~고기 мясо косули; ~피 кровь убитой косули; ~가 제 방귀에 놀란다. посл. ≃ заяц самого себя бояться; ~를 피하니 범이 나온다 посл. букв. ≃ только избавились от косуль, появились тигры; ~보고 그물

짊어진다 *посл. букв.* ≅ завидя косулю, схватил силки; ~꼬리만큼(만 하다) как хвост у косули(об очень коротком предмете).

노릇 работа; занятие; роль; функ-ция; жалкое(бедное) положение; 목수~을 하다 работать столяром; 주인~을 하다 хозяйничать; 저런 딱한~이 있나Какая беда(бедствие)! 참 교육자~을 하기란 쉽지 않은 일이다 быть настоящим педагогом- нелёгкое дело;춘향~роль Чхунхян

노모(老母) старуха-мать.

노선(路線) 1) линия; 2) (полити- ческий) курс; маршрут; ~의 маршру-тный; ~버스 маршрутный автобус; 공업화~ курс на индустриализацию; 지하철~ линия метро; 총~ гене-ральная линия; 운행~도 маршрут-ная карта.

노소(老小) 1) старики и дети; 2) старые и молодые; ~를 막론하고 от мала до велика; все без иск-лючения, ~동락 веселится и стар и млад; ~동락 веселится и стар и млад.

노숙하다 умелый; опытный; зрелый; 노숙하게 умело, опытно, зрело; 그녀는 이제 노숙한 여인이다 теперь оназрелая женщина.

노안(老眼) старческие глаза; стар-ческое зрение.

노여움(怒~) обида; чувство обиды; досада; недовольство; 노엽다 оби- дный; досадный; 노엽게 обидно; досадно; 노여워하다 обижаться на кого-л.,что-л.; гневаться; 노엽게 하다 обижать; ~을 잘 타는 사람 обидчивый человек; ~을 사다 на-влекать на себя чей-л. гнев; вы-зывать недовольство; ~을 타다 обижаться; 그녀는 우리에게 노여 워하고 있다 она на нас обижена; 나는 무척 노여웠다 мне было очень обидно; 노여움을 사다 разозлить; 노여워하다 гневаться; сердиться.

노염(怒~)-[이]나다(들다) обидеться; ~[을]사다 вызывать недовольство; ~[을]타다 выражать недовольство; ~[을] 풀다 переставать обижаться; ~[을] 쓰다 очень обидеться; быть очень недовольным.

노예(奴隷) раб[а]; ~의 рабский; ~로 만들다 порабощать; закабалять; ~짓을 하다 раболепствовать перед кем-л.; 욕망의 ~ рабстрастей; ~근성 раболепство; ~무역 работорговля; ~상인 работорговец; ~제 рабовла-дельческий строй; ~화 порабоще-ние; закабаление; ~적 рабский; ~ 국가 рабовладельческое государство; ~사회 рабовладельческое

- 158 -

общество; ~노동 прям. и перен. рабский труд; ~소유 рабовладение; ~제도 ра-бовладель-ческий строй.

노을 заря; 붉은~ красная заря; 아침~ утренняя(вечерняя) заря; ~이 지고 있다 заря занимается; ~졌다 занялась заря.

노인(老人) I м. 늙은이, 영감; ~ 자제 сын, рождённый на склоне лет; ~잔치 банкет(пир) для стариков, старик(-уха); старый человек; ~의 старческий; ~다운 стариковский; старушечий; ~ 성원시 старческая дальнозоркость; ~성 질환 старчес-кая болезнь.~성 치매 старческое слабоумие.

노인(路人) II уст.путник; проезжий

노임(勞賃),월급(月給) зарплата(зара-ботная плата); ~을 동결 인상하다 замораживать(повышать)зарплату; ~수준 уровень зарплаты; ~체계 система зарплаты.

노즐 сопло; ~의 сопловый(сопло-вой); ~을 넓히다 суживать(расши-рять) сопло;~구멍 сопловое отвер-стие.

노천(露天) ~에 под открытым не-бом; ~극장 летний театр; ~대회 митинг(собрание) под открытым небом; ~무대 открытая сцена; ~ 채굴장 горн. карьер.

노천시장(露天市場) открытый рынок; ~에서 под открытым небом; ~광상 карьер; ~극장 летний театр; ~무대 открытая сцена.

노출 обнажение; обнаружение; выя-вление; экспозиция; ~의 экспози-ционный, ~하다 обнажать; обнару-живать; открывать; экспонировать; ~되다 обнажаться; обнаруживаться; открываться; ~된 обнажённый; обнаруженный; открытый; экспо-нированный; 모순의 ~ обнаружение противоречий; 알몸으로 ~하다 обнажать голое тело; ~계 экспо-нометр; экспозиметр.

노폐물(老廢物) 1) негодная(старая) вещь; 2) ирон. старая развалина; 3) физиол. выделения

노환(老患) старческая болезнь; см. 노인(老人); 노획 захват трофеев; ~하다 захватывать; ~물 трофей.

노후(老朽) I см. 노폐;~하다 старый; непригодный; ~한 장비 старое оборудование.

노후(老後) II преклонные годы; старость; ~의 생활 жизнь на склоне лет; ~를 대비하다 готовиться к старости;~연금 пенсия по старости

녹(綠) I ржавчина; ~슨 ржавый; ~으로 뒤덮인 изъеденный ржав- чиной; ~슨 못 ржавый гвоздь; ~이 슬다 ржаветь;

покрываться ржавчи-ной; 쇠가~슨다 железо ржавеет.

녹(祿) II жалованье, выплачиваемое чиновнику продуктами и деньгами; ~을 먹다 находится на государст-венном обеспечении.

녹다 таять; плавиться; раствор яться; согреваться; отогреваться; терпеть крах; проваливаться; выбиваться из сил; очаровываться; увлекаться кем-л., чем-л.; 강철이 고로에서 녹는다 сталь плавится в домне; 그는 이번 시험에 녹아 났다 он провалился на этом экзамене; 얼었던 손이 녹았다 замёрзшие руки согрелись; 힘든 일을 하고 난 뒤에 그녀는 녹아 떨어졌다 после тяжёлой работы она выбивалась из сил.

녹두(綠豆) бот. маш; ~누룩 затор для приготовления водки из риса с примесью маша; ~비누 растёртый маш(использовался вместо мыла); ~전 блин из муки маша; ~죽 каша из маша с добавлением рисовой крупы.

녹말(綠末) крахмал; ~의 крахмаль-ный; 감자 ~가루 картофельный крахмал

녹색(綠色) зелёный(цвет); ~(의) зелё-ный; ~으로 зелёным; ~으로 만들다 делать зелёным; ~이 되다 зеленеть; ~혁명 зелёная револю-ция; ~식물 зелёные растения.

녹음(綠陰) I густая тень от дерева; ~이 우거지다 покрытый густой зеленью; 시원한~ прохлада в тени дерева; ~방초 прохлада тенистого дерева и густая трава.

녹음(錄音) II звукозапись, грамзапись; ~방송 передача звукозаписи по радио; ~장치 звукозаписывающий аппарат; ~하다 записывать на плёнку (грампластинку); звукозапись; грам-запись; ~하다 записывать на плёнку (грамплас-тинку); ~기 магнитофон; ~실 студия звукозаписи; ~테이프 магнитофонная плёнка(лента).

녹음기(錄音器) 1) магнитофон; 2) адаптер, звуковоспоизводящий аппа-рат.

녹이다 растапливать; расплавлять; растворять; согревать; отогревать; измучить; довести до изнеможения; обвораживать; очаровывать; увле-кать кем-л., чем-л.; 고문을 하여 반죽 을 정도로 녹여 버리다 измучить кого-л. пытками до полусмерти; 난롯가에서 손을 ~ согревать руки у печки; 무쇠를~расплавлять чугун; 미모로 남자들을~ обвораживать мужчин красотой; 설탕을 물에 ~ растворять сахар в воде.

녹지(綠地) зелёный уголок; озеле-нённый участок; ~대 зелёная зона; ~면적 площадь озеленения.

녹차(綠茶) зелёный чай.

녹초 ~가 되다 а) совершенно износиться, отжить свой век(о вещах); б) выбиться из сил, выдохнуться; ~를 부르다 прост. свалиться от уста-лости.

녹화(綠花) I озеленение; ~하다 озеленять; 도시~ озеленение го- рода; 주택지구~ озеленение жилых кварталов; ~사업 работы по озе- ленению.

녹화(綠化) II озеленение; ~근위대 озеленители; ~사업 работы по озеленению; ~하다 озеленять.

논,답(畓) 수전(水田) [поливное(за- ливное)] рисовое поле; ~에 도랑을 치다 чистить и углублять ороси- тельную канаву; ~에 물을 대다 орошать рисовое поле; пускать воду на рисовое поле; ~에 물을 빼다 отводить воду с рисового поля; ~에 물을 채워 두다 залить водой рисовое поле; ~을 갈다 вспахивать рисовое поле; ~을 매다 полоть рисовое поле; ~같이 вспашка(па- хота) рисовых полей; ~길(두렁길) тропинка между рисовыми полями; ~농사 рисоводство; ~두렁 межа на рисовом поле;

논(論) 1) стиль трактата(произве- дений на ханмуне); 2) трактат(на ханмуне); 3) обсуждение.

-론(論) суф. кор. теория; учение; 유물론 материализм; 문장론 синта-ксис.

논거(論據) 논증(論證) аргумент, до-вод, основание аргумент; довод; основание; ~와 사실 аргументы и факты; 설득력 있는 ~ убедитель- ный аргументы(доводы); ~를 제시하다 при-водить аргументы(доводы).

논리(論理) логика; ~적 логический; логичный; ~적 실증주의 см. 신실증주의; ~적 악센트 лингв. логическое ударение; ~적 인식 филос. логичес-кое познание.

논문(論文) статья; монография; дис-сертация; 문~ монография; 졸업~ дипломная работа; 학위~ диссер-тация; 박사학위~ докторская дис-сертация; 학술~ научная статья; 학위~을 방어하다 защищать дис- сертацию; ~집 сборник статей.

논벼 рис, высаживаемый на оро-шаемое поле.

논설(論說), **논문**(論文) статья(в газете, журнале); ~문 текст статьи; статья; ~위원 обозреватель(-ница).

논스톱(англ. nonstop) безостано-вочный; беспосадочный; прямого сообщения; ~으로 비행하다 лететь без посадки.

논쟁(論爭) полемика; спор; дискус-сия; ~적 полемический; спорный; дискуссионный; ~하다 вести поле-мику с кем-л.; спорить с кем-л.; дискутировать; ~의 여지가 없다 бесспорный; неоспоримый; ~에 끌어 들이다 вовлекать кого-л. в полемику (спор) ~에 말려들다 вступить в полемику(спор) ~에서 ...의 편을 들다 вставать на чью-л. сторону в споре; ~을 걸다 вызывать кого-л. на спор.

논지(論旨) I суть статьи(моногра-фии) диссертации и т. п.) довод, аргумент.; ~이 글의 ~는 이해하기 어렵다 суть этого текста непонятна.

논지(論之) II ~하다 уст. книжн. го-ворить, задевая(кого-л.); касаться (чего-л.) в разговоре.

논평(論評) обозрение; обзор; ком- ментарии; ~하다обозревать; ком- ментировать; критически рассмат-ривать; ~가 обозреватель(-ница); комментатор(-ша).

논하다(論—) обсуждать;

놀 I бушующие волны(на море); 놀이다 подняться(о волнении на море); 놀치다 разбушеваться(о морской стихии).

놀 II ракушковый рачок(вредитель риса); 놀[이] 들다 желтеть, вянуть (о заболевшем рисе)

놀다 I (노니, 노오) играть; гулять; отдыхать; не работать; бездельни-чать; простаивать; совершать не-обдуманные поступки; играть роль; играть в кости; мешать; 놀고 있는 설비 простаивающее обору-дование; 크게 ~ играть большую роль; 훼방 을 ~ мешать; препятствовать; 그는 하루도 놀지 않는다 он не отдыхал ни одного дня; 남의 장단에 놀아 나서는 안된다 нельзя плясать под чужую дудку; 오늘 은행은 논다 сегодня банк не работает; 역할을 ~ играть роль; 이가 ~ шататься(о зубе); 놀아먹다 а) бездельни-чать, лодырничать; б) вести распут-ный образ жизни, распут- ничать.

놀다(노니, 노오) II редкий, дефи-цитный.

놀라다 пугаться чего-л.; изумляться чему-л.; поражаться чем-л.,чему-л.; удивляться чему-л.; 놀란 испуган-ный; 놀랍다 изумительный; порази-тельный; удивительный; 놀라움 испуг; изумление; удивление; 놀란 나머지 от изумления;

놀라서 с испугу; 놀라운 소식 удивительные вести; 그녀는 무엇에나 놀란다 она всего пугается; 놀란 피 синяк; 놀란 흙 по-двергшаяся обработке земля; 놀라움을 금할 수가 없다 нельзя скрыть удивления.

놀랍다(놀라우니, 놀라와) 1) порози- тельный, изумительный, удиви-тельный; 2) страшный.

놀래다 удивлять.

놀리다 I давать отдых; давать по-играть(погулять); потворствовать безделью; позволять вести праздный образ жизни; подтрунивать над кем-л.; подшучивать над кем-л.; приво-дить к простою; расшатывать; дви-гать; 놀림 насмешка; 공장을 ~ приводить завод к простою; 놀림을 당하다 подвергаться насмешкам; 친구를 ~ подшучивать над приятелем; 놀림감 предмет насмешек; 역을 ~ поручать(кому-л.) роль.

놀리다 II перестирывать.

놀아나다 развращаться; порхать по жизни; легкомысленно вести себя; плясать под чужую дудку; 놀아난 여편네 развращённая жена; 무사태 평으로 ~ беззаботно порхать по жи-зни.

놀았습니다 играл.

놀음, 유희(遊戱) игра; развлечение; забава; фарс; 꼭두각시 ~ фарс ма- рионеток. 성인용 ~развлечение для взрослых; после прич. гл. + 하다 делать вид, что; 몇 숟가락 뜨는 ~을 하였다 сделал вид, что съел несколько ложек(напр. каши).

놀이 игра; развлечение; забава; ~다 играть во что-л.(на чём-л.); 술래잡기 ~ игра в горелки; 숨바 꼭질 ~ игра в прятки; ~터 игровая площадка; 주사위 ~ игра в кости; 카드 ~ игра в карты; ~마당 место игры.

놈 мужик; тварь; 믿을 수 없는 ~ ненадёжный тип; 수상한~ подозри-тельный тип; 세상엔 별이별 ~이 다 있다 на свете бывает всякая тварь; ~팽이 мужлан; 쌍~ сукин сын.

놉니다 играет.

놋 I медь; латунь; ~의 латунный; ~ 그릇 посуда из латуни; ~숟가락 латунная ложка.

-농(農) суф. кор. крестьянин; 고용농 батрак; 소작농(крестьянин-) арен-датор

농-(農) преф. кор. сельскохозяйст-венный; крестьянский; аграрный; ~ 기계 сельскохозяйственная машина; ~기구

сельскохозяйственный инвен-тарь; ~대 сельскохозяйственный фа-культет; ~약 агрохимикаты; ядохи-микаты; ~어촌 деревни и рыбацкие посёлки; ~작물 сельскохозяйствен-ная культура; 자영 ~ крестьянин-собственник.

농가(農家) крестьянская семья; из-ба; крестьянский двор; 잘사는~ бога-тая изба; ~소득 сельскохозяй ствен-ные доходы; ~살림 а) крестьянское хозяйство; б) крестьянская жизнь.

농간(弄奸) козни;~을 부리다, ~하다 строить(козни); ~에 넘어가다 по- падаться на удочку; ~을 부리다 строить козни кому-л. (против кого-л.).

농경지(農耕地) земельные угодья.

농과(農科) сельскохозяйственное отделение; сельскохозяйственная отрасль; ~대학 сельскохозяйстве-нный институт; ~대학 сельскохозяйстве-ный фа культет.

농구(籠球) баскетбол; ~의 баскет-больный; ~하다 играть в баскетбол; ~공 баскетбольный мяч; ~선수 баскетболист; ~팀 баскетбольная команда

농구장(籠球場) баскетбольная пло-щадка

농구화(籠球靴) спортивная обувь для игры в баскетбол; кеды.

농군(農軍) земледелец, крестьянин

농기계(農機械) сельскохозяйствен-ная машина; ~ 작업소 машиннот-ракторная станция; ~임경소 машин-но- прокатная станция.

농기구(農器具) сельскохозяйствен-ные инструменты; ~ 수리반 с.-х. ремонтная бригада.

농담(弄談) шутка; шутливый раз-говор; ~하다 шутить; вести шут-ливый разговор; ~으로 넘기다 от-делываться шутками; ~으로 말하다 говорить в шутку; ~으로 여기다 принимать что-л. за шутку; ~도 분수가 있지 и в шутках надо знать меру;~이냐, 진담이냐? Это в шутку или всерьёз?

농민(農民) крестьянин (-ка); крестья-нство ~의 крестьянский; ~운동 крестьянское движение; 소작~ крестьянин-арендатор; ~적 кресть-янский; ~동맹 крестьянский союз; ~촌 уход крестьян с земли; ~문학 литература о деревне; ~봉기 кре-стьянское восстание; ~시장 колхо-зный рынок; ~자위대 крестьянский отряд самообороны; ~전쟁 крестья-нская война; ~조합

сельскохозяйст-венная артель(кооперация); ~폭동 крестьянский бунт;

농부(農夫) крестьянин; земледелец; пахарь; мужик; ~의 крестьянский; земледельческий; пахарский; ~가 крестьянская песня.

농사(農事) земледелие; ~의 земле-дельческий; ~짓다 заниматься зем-леделием; 올해는 ~가 잘 되었다 в этом году выдался хороший урожай; ~꾼 крестьянин; земледелец; ~법 метод(способ) земледелия; ~일 сельскохозяйственные работы; ~철 сезон сельскохозяй-ственных работ; страда; ~를 짓다, ~하다 заниматься земледелием.

농산물(農産物) сельскохозяйствен-ные продукты; ~가공 обработка сельскохозяйственных продуктов; ~ 도매시장 оптовый рынок сельс-кохозяйственных продуктов; ~수매 заготовка сельскохозяйственных продуктов.

농수산(農水産) земледелие и ры- бопро-мышленность; ~부 минис- терство сельского хозяйства и рыбной промышленности; ~장관 министр сельского хозяйства и рыбной промышленности.

농아(聾啞) I глухонемой(-ая); ~학교 школа для глухонемых

농아(聾啞) II глухой и немой; ~학교 школа для глухонемых

농업(農業) сельское хозяйство; земледелие; ~경제학 экономика сельского хозяйства; ~계 сельско-хозяйственная сфера; ~국 аграрная страна; ~대학 сельскохозяйствен-ный институт; сельскохозяйствен-ный факультет; ~사 история разви-тия сельского хозяйства; ~상 министр сельского хозяйства; ~노동 сельскохозяйст-венный труд; ~노동자 сельскохоз-яйственный рабочий; ~부산물 побо-чные продукты сельского хозяйства; ~지도 руководство сельским хозяй-ством;

농작물(農作物) сельскохозяйствен-ная культура.

농장(農場) ферма; хозяйство; ~의 фермерский; ~의 부속건물 хозяй- ственная постройка; ~경영 фермер-ство; ~주 фермер[-ша]; 개인~ лич-ное хозяйство; 낙~ молочная ферма; 모범~ образцовая ферма; 집단~ колхоз(коллективное хозяйство); 축 산~ животноводческая ферма.

농지(農地) земля; земельные угодья; ~의 земельный; 비옥한~ плодород-ная земля; 척박한~ сухая и непло-дородная земля; ~면적 земельная площадь; ~세 земельный налог.

농촌(農村) деревня; село; ~의 дере-венский; сельский; ~에서 в деревне; на селе; ~식으로 подеревенски; ~ 문학 деревенская литература; ~경리 сельское хозяйство; ~공동체 см. 농업(공동체); ~과잉 인구 эк. аграрное перенаселение; ~노력 협조반 сельс-кохозяйственная бригада взаимо-помощи; ~문제 аграрный вопрос; ~ 부르쪼아 см. 부농; ~소비 협동조합 сельская потребительская коопе-рация; ~

농한기(農閑期) время отдыха от сельскохозяйственных работ.

농협 см. 농업협동조합 сельскохоз-яйственный профсоюз.

농후하다 густой; крепкий; сгущё-нный; концентрированный; наск-возь пропитанный чем-л.; ~농후한 용액 концентрированный раствор; 사대주의 사상에 농후한 насквозь пропитанный идеологией низко-поклонства.

높낮이 1) высота; 2) лингв. высота тона [иероглифа].

높다 высокий; возвышенный; 높이 высота; 높은 정신세계 возвышен- ный духовный мир; 높은 직위 высокий пост; 300미터의 높이 300 метров в высоту; 70미터 높이의 탑 башня высотой в 70метров; 깃발을 높이 들다 высоко держать знамя; 높다라니 довольно высоко; 높다 라니 довольно высокий; 높이뛰기 пры-жок в высоту; 높은 나무에는 바람이 세다 уст. посл.= чем выше пост, тем труднее на нём удержаться (букв. на высоком дереве ветер сильнее); 높은 기둥 центральный столб(в комнате с деревянным полом в кор. доме); 높은 밥 рис, верхом наложенный в миску;

높습니다 высокий.

높아요 высоко.

높아지다 повышаться; 생활수준이 높아졌다 уровень жизни повысился.

높은 высокий. ~기품 высокая натура.

높이, 고도(高度) I высота; 악센트~ лингв. тоническое ударение.

높이 II 1) высоко; 2) громко; 영웅 성을 ~시위하다 продемонстриро-вать высокий героизм.

높이다 повышать; чтить; уважать; 목소리를 ~ повышать голос; 생산 성을 ~ повышать производитель- ность; 신앙심을 ~ укреплять веру; 윗사람에게 말을 ~ почтительно ра-зговаривать со старшими; 신심을 ~ укреплять уверенность.

높이뛰기 прыжок в высоту; ~기둥 стойка(удерживающая планку для прыжков в высоту); ~틀 планка для прыжков в высоту.

높임 почтительные слова.

높임말 вежливый стиль речи; вежливая форма.

놓다 I класть; ставить; устанавливать; сооружать; вышивать; на-бивать; считать; расставлять; по-джигать; делать инъекцию(укол); ссужать кого-л. чем-л.(кому-л., что-л.); сдать(отдать) в аренду; посылать кого-л.; прибавлять; давать; чинить;что касается кого-л., чего-л..., то...; 상황을 알아보기 위해 사람을 ~ послать человека для выяснения обстоятельств; 수건에다 꽃무늬 수를 ~ вышить цветочные узоры на полотенце; 시름을 ~ отвлекаться от забот; отле-гать от сердца; 아파트에 세를 ~ отдать квартиру в арендное содержание; 이불에 솜을 ~ набить одеяло ватой; 불을 켜~ зажечь лампу(и оставить её в этом состоянии).

놓다 II выпускать; отпускать; ос- вобождать; выпускать; фамильярно разговаривать; переставать; оставл-ять; бросать; отвлекаться от чего-л.); успокаиваться; быть увлечённым чем-л.; быть помешанным на чём-л.; 속력을 ~ прибавлять скорость; 놓아기르다 выращивать на воле; 함부로 놓아 말하다 разговаривать на ты, тыкать; 마음을 ~ успокаиваться; ...에 대한 희망을 놓지 않았 다 не оставлять надежды(на что-л.); 권리를 ~ отказываться от прав; 주사를 ~ делать инъекцию; 불을 ~ поджигать;

놓아두다 оставлять; предоставлять самому себе; не трогать; 다 되기 전에는 그냥 놓아두어라 пока не будет готовоне трогай.

놓아주다 пускать; отпускать; вы-пускать; освобождать; 체포된 범인을 감옥에서~ выпустить арестова-нного преступника из тюрьмы.

놓여있습니다 лежит; находится

놓으세요 положите.

놓을까요 положу.

놓이다 I быть отпущенным; быть освобождённым; успокаиваться; на-ходиться; лежать на чём-л.; быть установленным; быть сооружённым; 기숙사 입구에 전화가 놓였다 у входа общежития установлен теле-фон; 나는 지금 곤란한 처지에 놓여 있다 сейчас я нахожусь в затру-днительном положении; 마음이 ~ успокоиться; 놓여나다 освободи-ться; 놓여오다 освобождаться.

놓이다 II 1) находиться; лежать(на чём-л.); 2) быть сооружённым (установленным); 전화가 놓였다 установлен телефон; 3) быть набитым (подбитым)(ватой); 4) позволять (заставлять) класть (устанавливать, сооружать); 5) позволять(заставлять) выращивать (скот); 6) позволять (заставлять) подсчитывать на счётах; 7) позволять(заставлять) добавить прибавить; 8) просить (заставлять) расставить(шашки и т. д.)

놓쳤습니다 выпустил.

놓치다 упускать; выпускать; попус-кать; 좋은기회를 ~ упустить счаст-ливый случай; 그녀는 단 한마디도 놓치지 않고 강의를 주의깊게 들었다 она слушала лекцию внимательно, не пропуская ни одного слова.

뇌 I выветренные породы.

뇌(腦) II 뇌수 мозг; ~의 мозговой; ~막 мозговая оболочка; ~막염 ме-нингит; ~수종 гидроцефалия; ~신경 черепномозговые нервы; ~염 энце-фалит; воспаление головного мозга; ~일혈 кровоизлияние в мо-зг; ~졸중 инсульт; ~종양 цереброма; ~진탕 сотрясение мозга; ~하수체 гипофиз; 간~ промежуточный мозг; 대~ боль-шой мозг; 소~ мозжечок; ~경화증 церебросклероз; ~절개술 церебро-томия; ~연화증 церебромаляция.

뇌리(腦裏) ~에 в голове(мыслях; памяти); на уме; ~에 박히다 вре-заться в память кому-л.; ~에서 떠나지 않다 не выходить из головы.

뇌물(賂物), взятка; ~을 받다 брать взятку; ~을 상습적으로 수수하다 заниматься взяточничеством; ~수수 взяточничество; см. 매수.

-뇨 книжн. груб. оконч. вопр. ф. прил. и гл.-связки; 지금이 어느 때이뇨? Какое сейчас время года?

누 I ущерб; ~가 오더라도 идти в ущерб; ~구나 할 것 없이 причинять (наносить) кому-л. ущерб.

누 II кто; ~가 오더라도 кто бы ни пришёл; ~구나 할 것 없이 все без исключения.

누가(累加) I ~오차 суммарная ошибка.

누가 II кто. ~이겼나 кто выиграл.

누구 кто; ~의 чей; ~든지 ктони-будь; кто угодно;~에게나 всякому; любому;~의 코에 바르겠니 слиш-ком мало;

недостаточно; кот напла-кал; ты ~를 좋아하니? Кого ты любишь? 이 방은 ~의 방이니? Чья это комната? ~를 물론하고 все без исключения, все(как один); ~가 올지라도... кто бы ни пришёл; ~인지, 누군지 кто-то; ~나 a) всякий лю-бой; ~에게나 всякому, любому; ~나 할 것 없이[다] все без исключения; ~라도 кто бы то ни был.

누구누구 1) кто да кто; кто ещё? 2) некоторые; некто.

누구세요. кто это.

누구하고 с кем.

-누나 оконч. воскл. ф. гл.: 야! 그가 정말 오누나! да! в самом деле, он идёт.

누그러지다 ослабевать; смягчаться; теплеть; 화가 누그러졌다 гнев смя-гчился; 추위가 누그러졌다 мороз спал; 병이 ~ улучшаться (о состоя-нии больного); 추위가~ спадать (о морозах).

누나, 언니 старшая сестра для мальчика; сестра для девочки; 친~ родная старшая сестра(для мужчины)

-누나 оконч. воскл. ф. гл.: 야! 그가 정말 오누나! да! в самом деле, он идёт.

누님 сестра. см. 누나

누락 упущение; пропуск; ~하다 упускать; пропускать; ~되다 быть упущенным; быть пропущенным; 명단에서 몇 명이 ~ 되어있다 в списке пропущено колько имён.

누렇다(누러니, 누러오) жёлтый; 병을 앓고 나더니 그는 얼굴이 온통 누렇 게 되었다 после болезни его лицо стало жёлтым.

누르다 I (누르니, 눌러) давить; нажимать; прижимать; сдерживать; подавлять;угнетать; 단추를~ нажать кнопку; 흥분을 ~ сдержать волне-ние; 국수를 ~ делать куксу; 눌러 듣다 a) терпеливо выслуши- вать; б) долго слушать; 눌러 보다 a) тер-пеливо смотреть(читать); б) долго смотреть(читать); 눌러앉다 остать-ся; засидеться; осесть(где-л.); 눌러 있다 загоститься, долго пребывать.

누르다 II (누르니, 누르러) жёлтый; 누르락붉으락 то желтеть, то крас-неть(от злости).

누리 I мир; свет; 온~ весь мир; 온~에 떨치다 прославляться на весь мир.

누리 II зоол. мешечницы (Pachytylus danicus).

누리다 I 1) наслаждаться счастьем; 2) наслаждаться чем-л.;

부귀 영화를 ~ наслаждаться роскошной жизнью

누리다 II 1) прил. иметь специфи-ческий запах(привкус козлятины); отдавать(чем-л.); 2) отвратитель-ный, подлый(о поступках).

누비다 стегать; пробираться(через; сквозь); 온 세상을 ~ обойти весь мир; 이불을 ~ стегать одеяло; 누비이불 стёганое одеяло.

누설 I разглашение; утечка; ~하다 разглашать; выдавать; ~되다 проса-чиваться; 공무상의 비밀을~하다 разглашать служебную тайну;~자 разгласитель, -ница.

누설(漏泄) II утечка; ~하다 а) уст. просачиваться(о воде); выходить(о воздухе, напр. из камеры); распро-страняться(о запахе); б) просачи-ваться(о секретных сведениях); в) уст. пропускать(воду, воздух); ра-спространять(запах); г) разглашать(тайну).

누에, 녜, 가잠(家蠶) тутовый шел-копряд; шелковичный червь; ~를 치다 разводить тутовый шелкоп-ряд; заниматься тутовым шелкоп-рядом; ~고치шелковичные коконы; ~농사 разведение тутового шелкопряда; ~번데기 куколка тутового шелкоп-ряда; ~나비 бабочка(тутового) шел-копряда; ~시렁 выкормочная эта-жерка; ~자리 выкормочная рама; ~가 오르다 переползать на коконни-ки для завивки коконов(о гусеницах шелкопряда).

누워 лёжа.

누이 сестра; сестрица; ~좋고 매부 좋다 и вам хорошо, и мне хорошо/ обоим хорошо;~동생 младшая сес-тра; сестрёнка; 오~ брат и сестра.

눈 I 1)глаз, перен. взгляд; зрение; 눈에 가시 обр. бельмо на глазу; 눈을 밝히고 зорко; 눈 가리고 아웅하다 посл. ≅ а) стреляного воробья на мякине не проведёшь; б) толочь воду в ступе; 눈 감으면 코베어 먹을 인심 (세상) уст. букв. мир, в котором стоит только закрыть глаза, как у тебя отрежут нос; 눈을뜨다 а) откры-вать глаза; б) прозревать; в) стать грамотным; 눈(이)가다 устремляться (о взоре); 눈에 삼삼 귀에 쟁쟁 обр. стоять перед глазами(о чьём -л. облике); 눈에 선하 다 стоять перед глазами, запечатлеться в памяти눈에 뜨이다(띄다) бросаться в глаза; попадаться на глаза; 눈에 쌍심지를 켜다 наливаться кро-вью (о глазах); 눈에 쌍초롱을 켜다다 обр. следить налитыми кровью глазами; 눈[에] 어리다 сто-ять перед глазами; возникать в

- 170 -

памяти; 눈(에) 익다 при-вычный для глаз; 2) рассудительность; 3) ячейка(в сети); петля(в вязании).

눈(雪) II снег; ~의 снежный; ~덮힌 들판 заснеженные поля; ~이 오나 비가 오나 в снег и в дождь; ~이 내린다 идёт снег; снег падает; ~이 녹다 снег тает; ~길 снежная (заснеженная) дорога; ~덩이 комок снега; снежок; ~발 снежинки; ~비 дождь со снегом; мокрый снег; ~사람 снежная баба(снеговик); ~사태 снежный обвал; снежная лавина; ~송이 снежинки; ~싸움 игра в снежки; ~썰매 сани; санки; ~싸라 крупа снега; мелкий снег; 첫~ первый снег; 함박~ хлопья снега; 눈 기약 приуро-чивание чего-л. к времени выпадения снега.

눈(嫩) III почка; росток; побег; ~이 트다 давать(пускать) ростки побеги); 아직 나무의~이 트지 않았다 ещё не распустились почки на деревьях

눈가 края век; ~에 기쁨이 어렸다 в уголках глаз затаилась радость.

눈곱 гной в уголках глаз; ~만하다 крошечный; крохотный; ~이 끼다 покрываться гноем в уголках глаз.

눈금 деление; 온도계의 ~ деление термометра; ~을 속이다 обмерять кого-л.; ~바늘 стрелка(указатель) на шкале; ~자 линейка с деле-ниями.

눈길 I взор; взгляд; 부드러운 ~ нежный взгляд; 의미 심장한 ~ многозначительный взгляд; ~을 보내다 обращать взор на коготоо; направлять взор на кого-что-л.; ~을 피하다 из-бегать чьего-л. взгляда.

눈꼴 форма(разрез) глаз; ~이사납다 быть тошнотворным(отвратитель-ным)(о виде); ~이 나다(틀리다) про-тивно смотреть(на что-л.); ~이 시다 глаза б не смотрели.

눈물 I слёзы; ~을 흘리다 лить слёзы; плакать; 기쁨의 ~ слёзы радости; 뜨거운 ~ горячие слёзы; ~로 지새다 заливаться слезами; ~을 닦다 вытирать глаза; ~을 짓다 слезиться; обливаться слезами; ~을 참다 сдерживать слёзы; ~을 터뜨리 다 расплакаться; ~을 흘리다 проли-вать слёзы; ~이 나도록 웃다 смея-ться до слёз; ~이 앞을 가리다 слё-зы застилают(затуманивают) глаза; ~이 뺨을 타고 흘러내린다 слёзы покатились по щекам; ~이 핑 돈다 слёзы навернулись на глаза; ~ 한 방울 흘리지 않다 не проливать ни одной слезы; ~ 방울 слезинка; капля слёз; ~샘 слёзная железа; ~이나다 [за] плакать

눈물 II талая(снеговая) вода.

눈물겹다 (눈물겨우니, 눈물겨워) до слёз горестный; 눈물겹도록 горес-тно(больно) до слёз; 눈물겨운 생활 горестная жизнь.

눈보라 метель; буран; снежная буря; пурга; ~치다 мести; пуржить; ~가 세차게 휘몰아 친다 сильно метёт

눈알 глазное яблоко; ~을 부라리다 *см.* 눈(을 부라리다 I 1); ~이 곤두 서다 вспыхивать гневом(о глазах).

눈여겨보다 всматриваться в кого-л., что-л.; 인상착의를 주의 깊게 ~ внимательно всматриваться в черты лица.

눈을 흘기다 косить глазами в сто-рону

눈총 злобный взгляд; ~을 받다 быть ненавистным; ~을 보내다 бро-сать злобный взгляд; ~을 맞다 быть ненавистным; ~을 주다 смотреть с ненавистью(со злобой); ~을 쏘다 а) бросать злобные взг-ляды; б)бросать алчные взгляды.

눈치 догадливость; смекалка; ~가 빠르다 логадливый; смекалистый; ~ 가 없다 недогадливый; несмы-шлённый; ~를 보다 пытаться раз-гадать;~을 차리다 чаять догадаться; замечать что-л.; ~밥 чужой хлеб; ~ 보기 оглядка; ~가 다르다 стран-ный, необычный;~가 빠르다 сме-калистый, догадливый;

눋다(눌으니, 눌어) подгореть; под-палиться.

눌러쓰다 нахлобучивать; надевать низко; 털모자를 귀까지~ надвинуть шапку на уши.

눌러앉다 оставаться; засиживаться; оседать; 고향마을에 ~ оставаться в родной деревне.

눌리다 I быть придавленным; быть прижатым; 눌려서 지내다 жить под гнётом.

눌리다 II дать подгореть; подпалить.

눌변 сбивчивая (негладкая) речь; 그는 ~ 이다 он говорит сбивчиво.

눕다 I (누우니, 누워) ложиться; лежать; 바로(엎드려) ~ ложиться на спину(на живот); 병석에 ~ ле-жать больным; 옆으로 ~ ложиться на бок; 누워서 떡 먹기 (Это) пара пустяков; 누워서 침 뱉기 не рой дру- гому яму, сам в неё попадёшь; 느릿느릿 ~ медленно; 누워서 침 뱉기 *посл.* ≅ Не рой другому ямус в неё попадёшь(букв. плевать лёжа);

누운 소타기, 누워서 떡 (팥떡) 먹기 обр. пара пустяков; 누워서 떡 먹으면 콩고물(팥고물)이 눈에 들어 간다. посл. ≈ нет дел, не требующих труда;

눕다 II (누우니, 누워) отбеливать (ткань).

눕히다 укладывать кого-л. в что-л.; 벽돌을 눕혀서 쌓다 класть кирпич плашмя; 환자를 침대에 ~ уложить больного на кровать.

뉘 I необрушенный рис в рисовой крупе

뉘 II благодарность потомков; 뉘[를] 보다 пользоваться почётом и уваже-нием(о стариках).

뉘 III сокр. от 누구(의) 뉘집에 죽이 끓는지 밥이 끓는지 모른다 посл. = спроси в людях, что дома не делается.

뉘앙스(< фр. nuance) нюанс; 발음 상의 ~ нюанс произношения.

뉘엿뉘엿 быть на закате(о солнце).

뉘우치다 раскаиваться в чём-л.; 자기가 지은 죄를 ~ раскаиваться в своих грехах. 뉘우침 раскаяние

뉴스(news) новости; 아침(저녁) ~ утренние(вечерние) новости; ~를 방송하다 передавать новости.

뉴안스(<фр. nuance), см 뉘앙스 оттенок, нюанс.

느긋느긋 ~하다 а) прил. часто тошнить; б) см. 느긋거리다.

느긋하다 I тошнить.

느긋하다 II уравновешенный; за-житочный; обильный; спокойный; 느긋이 уравновешенно; зажиточно; обильно; спокойно; 느긋한 태도 уравновешенное поведение; 마음이 ~ быть уравновешенным(спокойным).

느끼다 I слишком жирный; тош-нотворный; 느끼한 음식 слишком жирная пища; 점심을 먹고 난 뒤에 속이 ~ после обеда меня тошнит.

느끼다 II чувствовать; ощущать; осязать; испытывать; понимать; сознавать; думать; 양심의 가책을~ испытывать угрызения совести; 통증을 ~ ощущать(чувствовать) боль; 추위를 ~ чувствовать холод; 필요성을 ~ познавать потребность; 나는 그녀가 옳다고 느껴진다 я ду- маю, что она права; 느낌 чувство; ощущение.

느낌 чувство; ощущение. см. 감각

-느냐 разг. груб. оконч. вопр. ф.: 밖에 비가 오느냐? На улице идёт дождь?

-느뇨 книжн. груб. оконч. вопр. ф.: 그를 본 사람들이 몇이

였느뇨? сколько человек его видели?

-느니 I *разг. интимн. оконч. повеств. ф.* указывает на то, что признак, выраженный предикативом, приписывается говорящим предмету на основе личного опыта или знания; 지난날에 그도 아주 가난하였었느니 раньше (,я знаю,) и он был очень бедным.

-느니 II *оконч. деепр.* предикатива, употр. перед сравн. частицей 보다: 앉아서 죽느니보다 차라리 일어나 싸울 것이다 лучше подняться на борьбу, чем умереть на коленях.

-느니라 *разг. груб. оконч. повеств. ф.;* подчёркивает, что признак, выраженный предикативом, приписывается говорящим предмету на основании личного опыта или знания: 그 이는 아주 훌륭한 선생이였느니라 (я знаю, что) он был прекрасным учителем.

느닷없이 неожиданно, сверх всяких ожиданий.

-느라고 *разг. оконч. деепр.* при чины *гл.* 계산을 하느라고 들리는 소리에 주의를 돌리지 않았다 поскольку он был занят подсчётами, он не обращал внимания на доносившиеся звуки.

느루 растянувшись; вытянувшись; ~먹다 экономно потреблять (расходовать); ~잡다 некрепко держать в руках (что-л.); 시간을 ~잡다 зарезервировать время.

느리다 медленный; медлительный; пологий; протяжный; тугой; слабый; нетугой; 느린가락 протяжная мелодия; 느린걸음 медленный шаг; 느린 성장 медленный рост; 느린 언덕 пологий холм

느림보 медлительный человек.

느릿느릿 ~하다 а) медлительный, нерасторопный, неповоротливый; ~ 걸어도 황소걸음 *посл.* терпение и труд всё перетрут.

-느먼 *разг.*1. интимн. оконч. повеств. ф. гл., выражает непредвиденное действие; 그래도 막 가느먼 и не смотря на это всё же уходит; 2. оконч. против. деепр. 비가 오느먼, 어딜 가요? Куда же ты идёшь, ведь на улице дождь?

느슨하다 слабый; нетугой; неплотной; расслабленный; вялый; 느슨 해진 규율 расшатанная дисциплина; 띠를 느슨하게 매다 завязать; 밧줄을 느슨하게 당기다 слабо натянуть канат.

느지막이 1) нетуго, слабо; 2) поздновато; 3) 시간을 ~잡다 отвести достаточно времени.

느지막하다 1) поздноватый; 2) достаточный(о сроке).

늑간(肋間) ~신경 межрёберные не-рвы; ~신경통 межрёберная невра-лгия.

늑골(肋骨) 1) см. 갈비 I 1; ~융기 мед. бугристость рёберная; 2) мор. шпангоут; ~충막판 стр. ребристое перекрытие.

늑대 волк(Canis lupus coreanus) ~의 волчий; 양의 탈을 쓴 ~ волк в овечьей шкуре; ~는 ~ 끼리 노루는 노루끼리 посл. ≡ гусь свинье не товарищ(букв. волк с волком, а косуля с косулей).

늑막(肋膜) анат. плевра; ~염 пле-врит; ~경검법 плевроскопия; ~심낭 염 плевроперикардит; ~절개술 пле-вротомия; ~폐염 плевропневмония.

늑장(勒葬) ~하다 этн. незаконно хоронить на чужом участке; мед-лительность; ~[을] 부리다 быть медлительным; проявлять непово-ротливость.

는 противительно-выделительная частица: 우리는 제때에 왔으나 박씨 는 늦게왔다 мы пришли вовремя, а товарищ Пак опоздал.

-는 I суф. наст. вр. гл.: 바다가 보이는구나 видно море.

-는 II оконч. прич. наст. вр. гл.: 거리를 달리는 자동차 автомашина, едущая по улице.

-는가 фам. оконч. вопр. ф.: 무엇을 보는가? На что ты смотришь?

-는갑다 почт. оконч. повеств. ф. со знач. предположения: 그는 집에 서 쉬는 갑다 (сейчас)он, наверно, отдыхает дома.

-는걸 разг. 1. интимн. оконч. повеств. ф., выражающее непредвиденный говорящим признак предмета; 야, 참 어린 학생이 책을 아주 잘 읽는 걸 да, в самом деле, маленький школь-ник прекрасно читает; 2. оконч. против. деепр. 아주 훌륭한 상품이였 는걸 안 팔릴 리가 있어요? Товар превосходный, почему же его не купят?

-는고 книжн. фам. оконч. вопр. ф.: 코끼리에게는 무엇을 주는가? Чем ко-рмят слона?

-는데 1. оконч. дееп. общей связи со знач.: 1) противительным: 그게 퍽 좋은 책이겠는데 우리가 잘 몰라 보고 있나 봐 это очень хорошая книга, а мы повидимому, просто не разбираемся(в литературе); 2) разъ-яснительным: 어머니께서는 지금 밭 에 가셨는데 조금

있으면 오실게요 мама сейчас на поле, она скоро придёт; 2. интимн. оконч. повеств. ф., выражающее непредвиденный говорящим признак предмета; 비까지 오는데 даже дождь идёт.

-는바 оконч. присоединительного деепр. 그는 소설 창작에 종사하 는바 금년에 장편을 하나 썼다 он занимается литературным творчест-вом и в этом году написал роман.

-는 새려 частица не то что..., но и... не только не..., а наоборот; 낫기는 새려 더 한가 봅니다. не только не улучшается, а наоборот, видимо, ухудшается; 기러기는 새려 오리조 차 날아오지 않는다 не только гуси, но даже и утки не прилетают.

-는지 1. интимн. оконч. вопр. ф. предикатива: 누가 노래를 잘 부르는지? Кто хорошо поёт? 누가 노래를 잘 부르는지 아십니까? Не знаете ли Вы, кто хорошо поёт?

-는지요 книжн. оконч. воскл. ф. гл. 노래도 참으로 아름답게 부르는지요 И песни чудесно поёт!

-는지라 книжн. оконч. деепр. при-чины: 날씨가 몹시 추웠는지라 가는 나무 가지들은 모두 얼었다 так как погода была очень холодной, тонкие ветви деревьев промёрзли.

늘, (항상,계속, 다만) всегда; посто-янно; всё время; ~ 그녀는 자기 아이들에 대해 염려한다 она всё время беспокоится за своих детей.

늘그막 старость.

늘다(느니, 느오) увеличиваться; возрастать; расти; удлиняться; ра-звиваться;повышаться; богатеть; 살림살이가 ~ становиться зажито-чным; 생산량이 두 배로 늘었다 вы-пуск продукции увеличился в два раза; 말을 ~пространно распространяться (о чём-л.); 늘어서다 стоять, вытя-нувшись в ряд; 늘앉았다 рассажи- ваться в ряд.

늘리다 увеличивать; приумножать; расширять; 생산량이 세 배로 ~ увеличить выпуск продукции в три раза; 인원을~ увеличить штат (персонал).

늘씬하다 тонкий, стройный; 늘씬 하게 때리다 сильно избить

늘어나다 растягиваться; расшира-ться.

늘어놓다 разбрасывать; раскиды- вать; распространяться; наплетать; 말도 안 되는 소리를 ~ наплести чепуху; 온 방안에 온갖 잡동사니 를 ~ разбросать всё(всякую всячину) по всей комнате.

늘어뜨리다 1) удлинять; увеличи-вать; растягивать; 2) свешивать; спускать; 3) опускать(голову); 4) вытягивать(ноги).

늘어서다 стоять в ряд; 이 열 종대로 ~ стоять в две колонны.

늘어지다 удлиняться; растягиваться; свисать; обвисать; замедляться; сникнуть; размякнуть; спокойный; 늘어지게 잠을 자다 отоспаться; выспаться; 팔자가 ~ жить спокойно; 버드나무 가지가 늘어진다 ветки ивы свисают.

늘이다 удлинять; растягивать; про-длевать; свешивать; спускать; 기한 을 ~ продлевать срок; 생가죽을 펴서 ~ растягивать сырую кожу; 소매기장을 ~ удлинять рукава.

늘임새 манера растягивать слова.

늙다 стареть; статиться; быть старым; 늙은 старый;престарелый; 늙어 꼬부라지다 дряхлый; 늙은 티 старческий вид; 늙게하다 старить; 늙게 보이다 выглядеть старше своих лет; 푸른색 넥타이는 당신을 늙어 보이게 합니다 синий галстук вас старит; 늙은이 старик; старый человек; 늙은(노) 처녀 старая дева; 늙은이 старый человек.

능동(能動) активность; действен- ность; ~적 активный; ~적 대처 активная подготовка; ~ 적으로 만들 다 активизировать; ~성 актив-ность; ~적 действенность; ~형 форма действительного залога; ~적 발음 기관 лингв. активные органы речи; 2) см. 능동상.

능력(能力) способность; мощность; возможность; ~있는 способный; мощный; возможный; ~ 있는 간부 способные кадры; 비범한 ~ не-заурядная способность; ~껏 по ме-ре возможности; что есть сил; 구매~ покупательная способность; 생산~ производительные способности; ~자 способный человек.

능률(能率) эффективность; произ-водительность; ~적 эффективный; произ-водительный; 시간의 ~적 사용 производительная трата вре- мени; ~적으로 일하다 работать с высокой производи-тельностью.

능하다(能-) горазд в чём-л.(во что-л.; чему-л.); искусный; умелый; 그는 만사에 ~ он на все руки мас-тер; 그녀는 수학에 ~ она имеет склоннос-ть к математике.

늦- поздний; ~가을 поздняя осень; ~겨울 поздняя зима; ~더위 поздняя жара; ~봄 поздняя весна; ~여름 по-зднее лето; ~모 поздняя рисовая рассада.

늦다 поздний; запоздалый; протяж-ный; слабый; нетугой; ненатянутый; опаздывать;запаздывать; 늦은 곡조 протяжная мелодия; 때늦은 봄 запоздалая весна; 밤이 늦도록 до поздней ночи; 아침 늦게 позд-но утром; 제일 늦게 ь позже всех; 기차가 한 시간 늦게 왔다 поезд оп-оздал на час; 내 시계는 5분 늦게 간다 мои часы отстают на 5 минут; 늦어도 самое позднее; 잠이~ долго спать, поздно вставать.

늦추다 1) *прям. и перен.* ослаблять; распускать; 2) разматывать(удочку *и т.п.*); 3) задерживать;отсрочивать; 걸음을 ~ замедлять шаги.

늪 болото; топь; ~의 болотный; ~에 빠지다 попадать в топь(трудное положение); ~지대 болотина.

닐리리 *обр.* звуки корейских духо-вых музыкальных инструментов; ~쿵덕쿵 звуки корейских духовых и ударных музыкальных инструментов.

-니 I *разг.* оконч. вопр. ф.: 누가 반장이니? кто старосты группы? 일이 어떻게 되었니? как дела?

-니 II 1. разг. фам. оконч. повеств. ф. прил. и гл.- связки: 최씨는 본 받을 젊은이니 товарищ Цой-тот человек, с которого нужно брать пример; 2. оконч. дeeпp. разделительного: 빛이 붉으니 누르니 논의가 있었다 вели спор о том, красное (оно) или жёлтое.

-니 III 1. оконч. дeeпp. со знач.: 1) причины: 산이 깊으니 짐승들도 많다 так как горы глухие, то и зверей много; 2) условия: 저희가 가니 무엇을 하겠습니가? Если мы пойдём, то что мы будем делать?; 2. око-нч. гл., выступающего как ввод- ное слово: 들으니 как я слышал; 생각하니 помогу.

-니까 усил. стил. вариант ~니 III.

-니라 *разг.* груб оконч. повеств. ф. прил. и гл. -связки, указывающее на то, что признак связывается с предметом на основании личного опыта: 소가 느리기는 하지만 착실한 짐승이니라 хотя вол и неповоротлив,(но я знаю, что) и полезное животное.

니은(ㄴ) вторая буква кор. алфавита, которая обозначает согласную фонему **Н**. см. ㄴ.

니켈*(англ. nickel)* никель; ~의 никелевый; ~도금을 하다

никелировать; ~광 никелевый рудник; ~합금 никелевый сплав.

니코틴(*фр*. nicotine) никотин.

님 любимый(дорогой); милый; человек; дорогой; милый; 나의 ~ мой дорогой; ~도 보고 뽕도 딴다 соче-тать приятное с полезным.; ~님 уважаемый; 부모~ уважаемые роди-тели; 교수~ уважаемый профессор; 형~ старший братец.

ㄷ

ㄷ третья буква кор. алфавита; обозначает согласную фонему **т**.

다 I 1) все; всё; полностью; сове-ршенно; до конца; не стоит...; 누구나 ~ все без исключения; 계획을 ~끝내다 выполнить план; 목적지에 ~오다 доехать до места назначения; 전력을 ~하다 прила-гать все силы; 별 말씀을 ~하십니다 не за что; не стоит благодарности; 것이 ~입니다 это всё; 2) *разг.* всё же.

다 II усил. частица; употр. после имён в дат. и мест. п. же 그게 누구에게 다 보 편지입니까? Кому же это письмо?

다- преф. кор. много-; ~결정체 поликристаллические тела; ~단계 многоступенчатый; ~종 много сор-тов; ~층 건물 многоэтажное здание.

다(多-) преф. кор. много-; 다기대 много-станочный; 다층건물 много-этажное здание.

-다 I груб. оконч. повеств. ф.: 우리는 공부를 한다 мы учимся.

-다 II оконч. дееnp. прерванного действия: 이야기를 하다 전화가 와서 중단하였다 мы разговаривали, но зазвонил телефон, и беседа была прервана.

다가다 подходить; подступать при-ближаться; 바싹 ~ подходить вплот-ную; 나는 그녀에게 다가갔다 я подошёл к ней.

다가오다 подходить(к кому-чему-л.); подступать; приближаться; насту-пать; 겨울이 다가온다 наступает зима; 여객선이 부두로 다가온다 пассажирский пароход подходит к пристани.

다각(적)(多角-) a) многоугольный; многосторонний;

многоотраслевой; многогранный; ~도로 многогранно; разносторонне; всесторонне; ~화 하다 обеспечивать разностороннее развитие; ~도 многогранность; ~형 многоугольник; ~적 многоугольный; ~부채형 *mat.* многоугольный сектор; ~경리 многоотраслевое хозяйство.

-다고 1) оконч. сказ. в косвенной речи: 나는 그 사람이 열시에 온다 고 말하였다 я сказал, что он придёт в десять часов; 2) разг. оконч. сказ. повеств. предложения,содержащего косвенную речь; 난 또 비가 온다고 я думал, что ещё идёт дождь

다그다(다그니, 다가) 1) передвигать-[ся]; пододвигать[ся]; 2) опережать (намеченный срок); 3) ускорять (ра-боту); 4) 숨을~ учащённо дышать; 다가가다 подходить (вплотную) (к чему-л.); 다가놓다 перекладывать ближе(к чему-л.); подтягивать(перек-ладывать) к себе; 다가들다 а) под-ходить, подступать; пододвигаться ближе(к чему-л.); б) напирать, насе-дать; 다가붙다 прижиматься, прис-лоняться(к че-му-л.); 다가서다 а) вставать ближе(к чему-л.); 다가쓰다 расходовать в счёт аванса; 다가앉다 подсажива-ться,садиться ближе(к че-му-л.); 다가오다 подходить(вплот-ную) (к чему-л.).

다그치다 ускорять; форсировать; 다그처 묻다 торопливо спрашивать; 일을 ~ ускорять работу.

다급하다 торопливый;поспешный; 다급한 걸음 торопливые шаги.

다급히 торопливо; поспешно;

-다나 разг. интимн. оконч. сказ. по-вест. предложения, содержащего: 1) косвенную речь: 이 섬에는 아직도 가부장적인 풍습이 지배한다나 гово-рят, что на этом острове господ-ствуют патриар-хальные обычаи; 2) отриц.ожидаемого следствия.

-다네(сокр.от... 다 하네) разг. ин- тимн. оконч. воскл.ф. предикатива, выражающее:а) восхищение; 강물은 흐르고 하늘은 푸르다네 Текут реки и небо такое лазурное! б) подчёр-кнутое утверждение; 이 산에는 큰 짐승이 있어도 사람을 해치지 않는 다네 в этих горах живут крупные звери, но ведь они не вредят чело-веку.

다녀가다 заходить; заезжать; схо-дить; съезжать; 학교에 ~ сходить в школу.

다녀오겠습니다 вернусь.

다녀오다 заходить; заезжать; сходить; съезжать; 고향에~ съездить на родину.

다년(多年) много(несколько) лет; ~ (의) многолетний; ~간 в течение многих лет; ~생 многолетний; ~초 многолетние травы; ~의 경험 многолетний опыт.

다녔다 ходил.

-다는데(сокр. от ...다하는데) 1) дее-прич. общей связи предикатива. сказ. в предложении, содержащем косвенную речь: см. -는데; 2) интимн. оконч. повеств. ф. в предложении, содержащем косвенную речь: 요리만 잘 하면 양고기도 맛이 있다는데 говорят, что, если хорошо приготовить, то и баранина вкусная.

-다니(сокр.от...다하니) разг. интимн. оконч. повеств. ф. предикатива с усил. знач.: 그런 어린 것을 장가를 보내다니 Разве можно женить такого мальчика!

다니다 1) ходить; ездить; курсировать; 모자를 쓰고 ~ ходить в шапке; 직장(학교)에 ~ ходить на работу(в школу); 버스가 시 중심가 와 변두리 사이를 다닌다 автобусы курсируют между центром города и его окраинами; 구경을 ~ осматривать, знакомиться(с чем-л.); 학교에 ~ ходить в школу, учиться; 2) в сочет. с сущ., обозначающими профессию работать; 교원으로 ~ работать учителем; 다녀가다 заходить; заезжать; сходить; съездить(на прежнее место).

다닙니다 ходить.

다독거리다 слегка похлопывать (ребёнка); 젖먹이를 다독거리며 재우다 слегка похлопывая, убаюкивать грудного ребёнка.

다듬기다 1) быть приведённым в порядок (упорядоченным); 2) быть причёсанным(приглаженным) (о волосах); 3) быть отремонтированным (об инструменте); 4) быть отобранным (отсортированным) (напр. об овощах); 5) быть обрезанными(о ветках); 6) быть отредактированным (обработанным); 7) быть выровненным(выглаженным); 8) заставлять (позволять) 9) причесать(пригладить) (волосы); 10) отдавать в ремонт; 11) заставлять(позволять) отбирать (сортировать); 12) заставлять(позволять) обрезать(ветки); 13) заставлять (позволять) обрабатывать(редактировать); 14) заставлять(позволять) выравнивать (разглаживать).

다듬다 I 1) приводить в порядок; упорядочивать; 2)

причёсывать; при-глаживать; 머리를 ~ причёсывать волосы; 문체를 ~ обрабатывать стиль; 빨래한 옷을~ отбивать бельё; 손톱을~ обрезать ногти; 양파를~ чистить лук; ~질 отбивание; приг-лаживание; 깃을 ~ охорашиваться(о птицах); 3) ремонтировать(инструм-ент); 4) отбирать, сортировать(напр. овощи); 5) обрезать(ветки); 6) обрабатывать, редактировать; 7) гладить, разравнивать; отбивать(бельё).

다듬다 II отбивать; прихора-шивать

다듬질 ~하다 приглаживать, при-давливать.

다락 I антресоли(над кухней); 2) крытые нары(на улице); ~같다 а) дорогой; очень высокий(о цене); б) крупный; дородный.

다락 II чердак; ~의 чердачный; ~에서 살다 жить на чердаке

다량(多量) большое количество; ~ 적으로 в большом количестве.

다루다 1) обращаться(с кем-л., чем-л.); управлять(чем-л.); владеть (кем-л.,чем-л.); 공작기계를~ управлять станком; 아이들을~ обращаться с детьми; 2) вести(дело); 3) обрабатывать; 4) мять,размягчать.

다르다(다르니, 달라) другой; иной; отличный; разный; отличаться; раз-личаться;다르게 подругому; иначе; отлично.;다른 예와는 다르게 в отличие от других примеров; 다름이 아니라 дело в том, что... 다르게 생각하다 думать иначе, чем кто-л.; 다름없다 не что иное, как... 말과 행동이 ~ слова и дела расходятся; 일솜씨가 ~ отличаться умением работать; 다름 разница; отличие; различие.

다르륵 유리창을~열다 с шумом распахнуть окно, ~하다 а) издать дребезжание; дребезжать; б)резко остановиться(о чём-л. катящемся с постукиванием)

다른, 딴 другой; разный.

다를 바 없다 нет разницы.

다름 разница; различие; отличие, ... ~[이]아니다 (없다) не что иное, как...; ... ~이 아니라 не иначе, как...., дело в том,что...

다리(발) I 1) нога; лапа; ~가 긴 длинноногий; ~가 짧은 коротко- ногий; ~를 구부리다 сгибать ногу; ~를 벌리다 расставлять ноги; ~를 뻗다 вытягивать ноги; ~를 삐다

вывихнуть ногу; ~를 펴고 자다 спать безмятежным сном; ~타박상을 입다 ушибить ногу; ~자세 положе-ние ног; ~가 길다 см. 발(이 길다); ~ 가 짧다 발(이짧다); ~아래 소리 자오누히젠이에 самоуничтожение; ~에 들리다 быть перехваченным(опережённым)(кем-л.); ~를 펴고(뻗고)자다 спать безм-ятежным сном;

다리, 교량(橋梁) II прям. и перен. мост;~위에서 на мосту;~기둥 опора моста; ~를 건너다 идти(перейти) через мост; ~를 놓다 наводить мост; посредничать; ~받침 опора моста; ~아래에서 원을 꾸짖다. *посл.* ≈ говорить за глаза: 누구를 ~을 놓아 전 하다 передавать(через кого-л.); ~를 건너다(넘다) а) переходить мост; б) передавать из уст в уста(из рук в руки).

다리를 저는 хромой.

다만 1) чаще в сочет. с 뿐, 따름 только; лишь; 2) однако; тем не менее; 3) в сочет. с ~라도 по крайней мере; хотя бы; 나는 ~ 이것만을 바랍니다 я только этого желаю; 내 몸은 이미 늙었으나 ~마음만은 청춘이다 я стар, но молод душой; ~일 뿐이다 лишь.

-다며 *разг.* интимн. оконч. вопр .ф. предикатива: 아니 검은것은 싫다며? Что, чёрное не любишь?

다발 I 1) пучок; вязанка; 건초 ~ пучок сена; ~로 묶다 связывать в пучки; 꽃~ букет цветов; 2) нес-колько пучков(снопов, вязанок).

다발(多發) II *феод.* ~장리 посылка нарядов(уездным начальником) для поимки преступника; ~형리 посылка нарядов(судейским приказом) для поимки преступника.

다발성 поли-; ~관절염 полиартрит; ~근육염 полимиозит; ~식경염 полиневрит.

다방(茶房) кафе; чайная; ~에서 в кафе (чайной).

다방면(多方面) многосторонность.

다섯(오) пять; ~(번)째 пятый; ~개(명) пятеро; ~ 배로 в пять раз; 그 당시 에 우리는 전부 ~명이었다 тогда нас было всего пять человек.

다소(多少) 1) количество; 2) много или мало;*нареч.* более или менее; немного; несколько; ~간의 차이 некоторая(небольшая; незначитель-ная) разница; ~라도 хотя бы в незначительной степени.

다소곳이 1) понуро и молчаливо; 2) скромно; послушно.

다소곳하다 1. 1) понурый и молча-ливый; 2) скромный; послушный; **2.**1) понуриться и молчать; 2) слушаться.

다소나마(多少-) хоть сколько-нибудь; более или менее; немного; несколько.

-다손 оконч. предикатива; выражает предположение; употр. в сочет. с 치다: 밭일은 내일 한다손 치고... допустим, что на суходольном поле будем работать завтра.

다수(多數) большинство; большая часть; большое число; 압도적 ~ подавляющее большинство; 절대 ~ абсолютное большинство; ~를 차지 하다 получать большинство; ~가결 решение большинство голосов; ~파 фракция большинства; большинство.

다스리다 1) управлять(страной); контролировать; 2) ухаживать(за чем-л.); приводить в порядок; сдер-живать) 3) лечить(болезнь, рану); 4) исправлять, выправлять, улаживать; 5) творить суд и расправу; нака-зывать; расправлять(с кем-чем-л.); 나라를~ управлять страной; 병을 ~ лечить болезнь; 자기 자신을 ~ владеть собой; 죄인을~ наказывать преступ-ника.

다시(茶時) I арх. значительое время

다시 II 1) снова; вновь; опять; ещё(раз); больше; ~없는 기회 един-ственный шанс;~었다 не имеющий себе равных; ~말해서 другими сло-вами; иначе говоря; ~는 이런 일이 없을 것입니다 Больше это не пов-торится; ~는 안그럴게요 больше не буду;~해도 마찬가지다 Опять двад-цать пять; 2) частицей 는 в сочет. с отриц. больше; ~는 그를 보지 못 할까 보다 я его, наверное, больше не увижу; ~없다 не имеющий себе равных.

다시금 усил.стил. вариант; см. 다시

다양성(多樣性) многообразие; раз-нообразие.

다양하다 многообразный; разнооб-разный; 다양한 현상 различные явления; 다양성 многообразие; раз-нообразие.

다양한 разнообразный.

다오 вежл. повел.от отсутствующей словарной ф. гл. "давать":1) после сущ. дайте, отдайте; 그 책을~ дайте эту книгу; 2) после деепр. -아,-어,-여 не переводится: 나를 도와~ помогите мне.

-다오 вежл. разг. оконч. повест. ф.: 참으로 물고기들이 많다오 и дей ствительно рыбы много.

다음 1) следующий; 2) затем; потом; далее; 3) после прич.

прош. вр. гл. указывает на предшествование одного действия другому после того, как; вслед за чем; поскольку же не..., постольку...; если же не..., то ... ~날 следующий день; ~달 следующий месяц; ~주 следующая неделя; ~해 следующий год; 그 ~의 после-дующий; ~차례 следующая очередь; ~과 같이 следующим образом; ~번에 в следующий(другой) раз; 내가 차를 마신 ~에 после того, как я выпил чай.

다음절 сущ. многосложный;лингв. полисиллабический.

다이아몬드 алмаз; ~의 алмазный; ~ 상 алмазник;~칼 алмазный резец.

다정하다 сердечный; душевный; дружелюбный; 다정히 сердечно; душевно; дружелюбно; 다정한 벗 задушевный друг; 다정한사이 дру-желюбные(интимные; близкие) отно-шения; 다정다감 чувствительность; сентиментальность.

다지다 1) утрамбовывать; утапты-вать(напр. землю); 2) укреплять (напр. силы); 3) принять решение; укрепиться в решении; 4) делать акцент; подчёркивать; 5) мелко рубить; резать; 고기를 ~ мелко рубить мясо; 기초를 ~ укреплять фундамент; 맹세를 ~ давать клятву; 집터를 ~ площадь под дом; 마음을 ~ решить(сделать что-л.).

다짐 1) трамбовка, утаптывание, уплотнение; 2) обязательство; обе-щание; клятва; 3) навязывание обяза-тельств(властями); 계수~[을] 두다 а) давать обещание(обязательство); б) уст. давать письменное обязатель-ство (влас-тям); ~[을]받다 а) брать(взять) обязательство; б) уст. получать письменное обязательство (о властях); ~하다 давать обяза-тельство; обещать; ~을 받다 взять обязательство; ~하다 давать обяза-тельство(обещание).

다채로이(多彩-) красочно.

다채롭다 разноцветный; красочный; разнообразный; 다채로운 예술공연 разнообразные художественные пре-дставления; 다채로운 옷감 разноц-ветные ткани.

다쳤습니다 повредиться.

다치다 1) трогать, прикасаться, за-девать; 2) вредить, причинять вред; портить, ломать; 3) ушибить; пора-нить; 건강을 ~ портить здоровье; 자존심을~ задеть(затронуть) самол-юбие; 그는 다리를 다쳤다 Он ушиб (поранил) ногу.

다투다 1) ссориться(с кем-л.); спо-рить(о ком-чём-л.); спорить(с кем-чем-л.); оспаривать; бороться(за что-л.); спешить; торопиться; 2) поссо-риться, повздорить;

- 187 -

враждовать; браниться(с кем-л.); сосорить 일로 ~ ссориться из-за пустяков; 세계 선수 권을 놓고 ~ оспаривать звание чемпиона мира; 승부를 ~ соперничать; оспаривать победу; 우승을 ~ бороться за первое место(первенство); 촌각을 ~ торопиться.

다툼 ссора; спор; борьба; 자리 ~ споры из-за места; ~하다 а) спорить, оспаривать, состязаться, соперничать, бороться; б) ссориться.

다툼질~하다 а)ссориться; б)спорить

다하다 1) иссякать; истощаться; использовать[ся] до конца; исчер-пывать[ся]; кончать[ся]; 목숨이 ~ испустить дух; 온 힘을 ~ напря-гать(отдавать) все силы; 정성을 ~ вкладывать всю душу(во что-л.); 최선을 ~ сделать всё возможное; 힘이 다하였다 силы иссякли; 갖은 수단을~ испробовать все средства; 호의를 ~ проявлять доброжелатель-ность; 본분을 ~ выполнить долг до конца.

다행(多幸) счастье; удача; ~하다 счастливый; удачливый; ~히 к счастью, ~으로 여기다 почитать (считать) за счастье; 천만 ~이다 слава Богу; 다복천만~입니다 слава Богу, пронесло; ~으로 к счастью; ~스럽다 прил. казаться счастливым (удачливым).

닥치다 1) приближаться; наступать (о времени); 2) [на]грянуть; постиг-нуть(напр. о несчастье); 3)닥치는 대로 без разбора; как попало; 불행 이 닥쳤다 нагрянуло(постигло) нес-частье.

닦다 I 1) стирать; вытирать; про- тирать; чистить; счищать; 2) разра-внивать; расчищать; 3) закладывать базу(основу); 4) усовершенствовать (знания); развивать; воспитывать; 5) подводить(баланс); 6) 길을 ~ расчи-щать дорогу; 땀을 ~ вытирать пот; 마루를 ~ вытирать пол; 윤이 나도 록 ~ натирать до блеска; 닦아주다 читать нотацию.

닦다 II см. 볶다.

닦달하다 допекать; донимать(кого-л. чем-л.); изводить; 그는 생트집을 잡 으며 끊임없이 나를 닦달했다 он донимал меня бесконечными при-дирками.

닦습니다 стирает.

닦이다 I 1) быть начищенным(вы-мытым, натёртым, отпалированным); 2) быть разровненным(расчищен-ным); 3) быть заложенным(об осно-вании, базе); 4) быть усовершенст-вованным(о знаниях); быть воспи-танным(о воле); 5) быть подведён-ным (о балансе); 6) получать нагоняй; 7) быть воодушевлённым (приодоб-рённым); 8) заставлять(позволять) чистить(мыть, натирать, полировать); 9) заставлять(позволять) разварива-ть (расчищать); 10) заставлять(позво-лять) совершенствовать знания (зака-лять волю); 11) заставлять(позволять) подводить баланс; 12) вынуждать (позволять) ругать, бранить; 13) подбадривать; воодушевлять.

닦이다 II 1) быть поджаренным; 2) заставлять(позволять) поджаривать.

단 I 1) вязанка; сноп; ~을 묶다 вязать снопы; 나무~ вязанка дров; 짚~ сноп соломы; 2) несколько вязанок(снопов).

단 II подшивка; подпушка; 치맛~ подшивка у юбки.

단(段) III 1) столбец(в газете); абзац; 2) ступень; терраса; 3) ранг; класс; разряд; 4) радио каскад; 두 ~을 오르다 подняться на две ступени; 이 ~으로 나누다 делить на два столбца.

단(團) IV группа; организация; ~가 гимн организации; ~복 форма; фо-рменная одежда;~원 член группы; ~장 глава делегации(группы; ко-манды; труппы; миссии); 관광~ группа туристов; 대표~ делегация.

단(壇) V 1) трибуна; помост; ~상에 오르다 подниматься на трибуну;강~ кафедра; 교~ помост для учителя; 2)жертвенник(земляной); алтарь.

단(單) VI (только) лишь; (только) один; ~둘이서만 наедине; ~한 마디만 말하다 произносить только одно лишь слово.

단-(單) I преф. кор. одно-; моно-; едино-; ~색 монохроизм; ~선률 одноголосие; ~조 единообразие; ~세포 сущ. одноклеточный.

단-(短) II преф. кор. коротко-; кратко-; ~거리 короткая дистанция;~파 방송 коротковолновая передача.

-단(團) I суф. кор. группа, труппа, команда; 대표단 делегация; 무용단 балетная труппа; 야구단 бейсбо-льная команда.

-단(緞) II суф. кор. шёлк; 악산단 яксанский шёлк.

단결(團結), 단합(團合) I солидарность; объединение; сплочение; консолида-ция; ~하다 объединяться; соединя-ться; сплачиваться; 만국의 노동자 여 ~하라! Рабочие всех стран, соединяй-тесь! ~력 сила единства; ~심 дух сплочённости.

단결(斷決) II уст.~하다 окон-чатель-но(сразу) решить; решить раз и навсегда.

단골 I 1) место, где постоянно по-купают(что-л.); 2) постоянный посе-титель(покупатель; клиент); ~집 дом, который постоянно посещается; ~ 서리 постоянный ходатай(о чинов-нике военного при-каза или приказа личного состава, который кому-л. протежирует); ~식당 излюбленная столовая.

단골 II половинка черепицы.

단과대학(單科大學) институт(в про-тивоп. университету).

단념(斷念) отказ; отречение; ~하다 отказаться(от чего-л.); отречься (от чего-л.); 해외 갈 생각을~하다 отка-заться от мысли поехать за границу.

-단다 (сокр. от...다한다) разг. груб. оконч. повеств. ф. предикатива с усил.знач. 나는 청년공원에 놀러 간 단다 я ведь иду гулять в моло-дёжный парк.

단단하다 1) крепкий; твёрдый; прочный; 2) плотный; тугой; 3) стой-кий, непоколебимый; 4) серьёзный(о критике, замечании); 단단히 твёрдо; крепко; прочно; стойко; плотно; туго; всерьёз; крепконакрепко; 단단한 몸 крепкое тело; 단단한 벽돌 проч-ный кирпич; 단단한 의지 стойкая воля; 단단한 крепкий.

단단히 твёрдо; крепко; прочно; стойко; плотно; туго; всерьёз; креп-конакрепко.

단도직입(單刀直入) ~적으로 прямо; без обиняков; ~적으로 문제를 제기하다 ставит вопрос ребром.

단독(單獨) I ~적 отдельный; сепа-ратный.~[으로] сам(один), отдельно (от других); ~강화 сепаратный мир; ~결실 бот. партенока-рпический плод; ~개념 филос. понятие о част-ном; ~비행 ав. одиночный полёт; ~선거 сепаратные выборы;

단독(丹毒) I мед. рожа; рожистое воспаление.

단락(段落) I [탈-] 1) конец; окон-чание; 2) абзац; рубрика; ~을 짓다 заканчивать; завершать; 세 ~으로 나누다 делить на три абзаца.

단락(短絡) II [탈-] эл. короткое замыкание.

단련(鍛鍊) I [탈-] 1)перен.закалка; закаливание; привыкание; приспо-собление; мучение; ~하다 закалять; мучить; ~되다 закаляться; при-выкать(к кому-чему-л.); ~을 받다 маяться; подвергаться мучениям; 몸과 마음을 ~하다 закалять тело и душу; 당성 ~ партийная закалка; 2) ковка(металла).

- 190 -

단련(鍛練) II [탈-] ~방기 текст. тазово-тонкая ровничная машина.

단백(蛋白) белок; белковое вещество; альбумин; ~의 белковый; ~뇨 альбуминурия; ~질 протеин; белок; ~질 대사 белковый обмен; ~질 섬유 белковое волокно; ~기아 белковое голодание; ~요법 белко-вая терапия; ~변성 белковая дегене-рация; ~사료 белковый корм; ~평형 белковый баланс.

단번에 с одного раза; в раз; сразу же;~에 알 수 있다 можно узнать за один раз.

단서(端緒) исходный пункт; ключ; начало; путеводная нить; ~가 되다 служить поводом; ~를 잡다 (얻다, 찾다) найти ключ(к чему-л.); 범인 색출의~을 얻다 быть на пути к обнаружению преступника;~를 열다 положить начало; сделать почин.

단속(團束) I регулирование; упра-вление; ~하다 контролировать; регу-лировать; управлять; ~에 걸리다 попадать под контроль; 음주 운전 ~을 하다 проверять водителей на наличие алкоголя в организме.

단속(斷續) II ~적 прерывистый; спазматический; ~적으로 прерывис-то; ~되다 прерываться; ~기 реле; ~ 음 прерывистые звуки;~장치 радио тиккер; ~하다(всё время) преры-ваться (о контракте и т. п.).

단수(單數) I [-ссу] 1) простое число; 2) мат. знаменательное число; 3) единственное число; ~와 복수 еди-нственное и множественное число; 명사 ~형 имя существительное в единственном числе.

단수(斷水) II ~하다 прекращать водоснабжение; выключать воду.

단순(單純) I простота;~하다 простой; простодушный; несложный; ~히 просто; ~한 사람 простодушный человек; ~한 호기심 простое любопытство; ~화시키다 упрощать; ~노동 простой труд; ~성 простота; ~ 재생산 простое воспроизводство; ~화 упрощение; ~광석 мономине-ральная руда;~박자 муз. простой такт;

단순(丹脣) II 1) красные губы(у жен-щины); ~호치 обр. красивое лицо.

단식(單式) I простой способ; оди-ночный разряд; ~경기 игры оди-ночного разряда; ~부기신 простая бухгалтерия; ~교환기 эл. индиви-дуальный коммутатор; ~부기 прос-тая

- 191 -

бухгалтерия; простая система счетоводства; ~조차장 *ж.-д.* однос-торонняя сортировочная станция; ~피스톤 펌프 одноцилиндровый насос; ~인쇄 плоская печать; печа-тание с плоских форм(напр. литог-рафия *и т.п.*).

단식(斷食) II 1) голодовка; голода-ние; ~하다 голодать; ~투쟁 голод-ная забастовка; голодовка; ~동맹 коллективная голодовка; ~치료 лечение голодом; 2) *рел.* пост.

단어(單語), мал слово; ~를 암기하다 выучить наизусть слова; ~장 сло-вник; ~들의 집합 набор слов; ~의 구조를 익히다 научиться констру-кции слова.

단열(斷熱) ~적 *физ.* адиабатический; ~경도 адиабатический градиент; ~곡선 адиабата; ~적 팽창 адиаба-тическое расширение; ~적 압축 адиабатическое сжатие.

단오(端午) *этн.* тано(стар. кор. тра-диционный праздник 5-го числа 5-го месяца по лунному календа-рю); ~부적 заклинание от злых духов, приклеиваемое к косяку двери в день тано; ~부채 веер, подаренный коро-лём в день тано; ~비음 праздничное платье, надеваемое в день тано

단위(單位) I единица; мера; звено; звенья; составная часть; отдел; ~의 единичный; отдельный; ~시간 еди-ница времени; 도량형 ~ единица измерения; 하부 ~ низшие звенья; 화폐 ~ денежная единица; 모든 부문과 ~에서 во всех отраслях и звеньях; ~노조 отдельный профсоюз;

단위(單爲) II ~생식 *биол.* партено-генез.

단일(單一) единство; один состав; ~하다 единственный; единый; уни-тарный; односоставный;~성분의 문장 односоставное предложение; ~한 제도 единая система; ~국가 единое государство; ~민족 единая нация; ~성 единство; монолитность; ~화 унификация; единение;

단적(端的) откровенный; прямой; ~ 으로 말하다 говорить прямо; ~으로 보여 주다 наглядно показывать; 단적으로 나타난 말 прямое слово

단절(斷絶) I прекращение; разрыв; ~하다 прекращать(с кем-л.)(отноше-ния); прерывать; разрывать; ~되다 прекращаться; разрываться; преры-ваться; 관계를 ~하다 разрывать отношения; 아침부터 연락이 ~ 되었다 утром прервалась связь; 교통도로를 ~하다 перерезать ком-муникации.

단절(斷折) II ~하다 а) ломать(напр. палку); б)сломить(напр. волю).

단점(短點) недостатки; дефект; сла-бое место(слабая сторона); 장점과 ~ достоинства и недостатки; 누구에게 나 각각의 ~이 있다 у каждого свои недостатки.

단정(端正) I ~하다 a) корректный, приличный; ~한자세로 앉다 сидеть чинно; б) опрятный; аккуратный.

단정(短艇) II 1) сампан, лихтер(в порту); 2)~갑판 шлюпочная палуба

단정하다 аккуратный; 옷차림이~ аккуратно одеваться

단조롭다 монотонный; однообраз-ный; 단조로움 монотонность; одно-образие;단조로운 곡조 монотонная мелодия; 단조로움에 힘들어하다 тяготиться однообразием.

단지(장독) (통) I 1) небольшой(гли-няный) кувшин; банка; 꿀 ~ кувшин мёда; 사기 ~ фарфоровый кувшин; 2) сокр. от 영양 [단지].

단지(短旨) II см. 다만 1); ~ 시간 문제 вопрос только времени; 그것 은 ~소문에 불과하다 это просто-напросто слухи.

단체(團體), 기관(機關) I организация; группа; коллектив; ~경기 состязание между организациями(коллектива-ми); ~행동 коллективные действия; ~를 구성하다 создавать организа-цию(группу; коллектив); ~계약 кол-лективный договор; ~교섭 коллек-тивные переговоры; ~전 групповое состязание;~정신 дух коллективизма; ~행동 коллективные действия;

단체(單體) II хим. простое тело ~ 광물 однородный минерал; ~분리 горн. разделение пород(на отдель-ные минералы); ~웅예 бот. однобр-ратственные тычинки.

단추 I 1) пуговица; запонка; 2) кнопка; ~를 누르다 нажимать кно-пку; ~를 달다 пришивать пуговицу; ~를 끼우다 застёгивать на пуго-вицы; ~개폐기(스위치) кнопочный выключатель.

단추 II пучок(редиски, лука и т.п.)

단축(短縮) сокращение, уменьшение; ~하다 сокращать; уменьшать; 길이 를 10미터~하다 сократить длину на 10 метров; 여름휴가를 이틀~하다 сократить летний отпуск на два дня; 레일 ~укороченные рельсы.

단출하다 1) малочисленный; не- большой; 2) простой; лёгкий; 단출 하게 차려입다 одеваться легко; 식구가~ у коголибо небольшая семья; 단출하게 다니다 단출하게

입다 легко одеваться.

단층(單層) I один этаж(ярус); один слой; ~집 одноэтажный дом; ~의 одноэтажный; ~건물 одноэтажное здание; ~권선 эл. однослойная обмотка; ~문화 주택 одноэтажный (благоустроенный) дом

단층(斷層) II дислокация; тектони-ческий разрыв; ~의 дислокационный; ~면 разрез сбросов; ~운동 тектони-ческое движение; ~촬영법 рентге-нография.

단파(短波) короткая волна; ~의 ко- ротковолновый; ~라디오 коротко-волновый радиоприёмник; ~방송 коротковолновая радиопередача; ~ 송신기 коротковолновый передат-чик; ~수신기 коротковолновый приёмник.

단편(短篇) I 1) короткая запись; 2) ~소설 рассказ; новелла; ~영화 кино-новелла. ~작가 писательно-веллист; ~집 сборник рассказов(новелл); ~ 영화 короткометражный фильм; ~ 예술 영화 киноновелла.

단편(斷片) II 1) обломок; осколок; 2) отрывок; фрагмент; ~적 отрывочный; фрагментарный; ~적으로 отрывками; ~적인 기억 фрагментарная память.

단풍(丹楓) 1) красножёлтые листья деревьев; осенние листья; 2) ~나무 корейский клён; ~들다 одеться в багрянец и золото(о деревьях осенью); ~잎 пожелтевшие(покрас-невшие) листья; ~놀이 любование осенней природой.

단호하다 решительный; категори-ческий; непоколебимый; **단호히** решительно; категорически; непо-колебимо; наотрез; 단호한 입장 не-поколебимая позиция; 단호히 거절 하다 отказать наотрез.

닫다 I (달으니,달아) бегать; мчаться; носиться; 닫는 말에 체질한다 (채찍 질한다, 채를 친다) *погов.* ≡ торопить хорошего работника(букв. бить кну-том скачущую лошадь); **달아나다** а) убегать; сбегать; бросаться в бегство; б) пропадать; исчезать; в) изнаши-ваться; истираться; разрушаться; г) лететь (о времени).

닫다 II закрывать; затворять; **닫히 다** закрываться; затворяться; 괄호를 ~ закрывать скобки; 창문을 ~ зак-рывать окно; 오늘 백화점은 문을 닫았다 сегодня универмаг закрыт.

닫았습니다 закрыл.

닫으세요 закройте.

닫치다 с силой закрывать(захло-пывать); 닫쳐! заткнись! замолчи!

닫침 лингв. смычка; затвор; ~소리 смычный(затворный) согласный.

닫히다 быть закрытым; закрываться.

달(月) I 1) луна; месяц; ~의 лунный; месячный; 2) месяц(период); 다음~ следующий месяц; 이~этот(текущий) месяц; 지난 ~ прошлый месяц; 지지 난 ~ позапрошлый; 매~ ежемесячно; ~을 채우지않고 나다 родиться преждевременно; ~거리 менструация; месячные; 둥근 달 круглая луна; ~빛을 받아 при лунном свете; ~이 뜬다 луна восходит; ~이 떴다 луна взошла; встреча луны; ~무리 ореол вокруг луны 달이 차지 않은 아이 ре-бёнок, родившийся преждевременно.

달 II остов бумажного змея.

달갑다(달가우니, 달가와) приятный; радостный; желанный; 달갑지 않은 손님 нежеланный гость; 달갑든 달갑지 않든 хочешь не хочешь; 나에게 그의 말은 들리지 않았다 его слова были мне не по душе.

달걀 куриное яйцо; ~노른자 жел-ток; ~흰자 белок; ~껍질 яичная скорлупа; 날 ~ сырое яйцо; 삶은 ~ варёное яйцо.

달구다 накалять; раскалять; нагре-вать; 달구어지다 накаляться; раска-ляться; нагреваться; 달구어진 모래 раскалённый песок; 새빨갛게 ~ раскалить докрасна; 방을 ~ нато-пить комнату.

달다 I 1) нагреваться; раскаляться; становиться горячим; 2) гореть (напр. от стыда, лихорадки); 3) пересыхать(о горле); 4) выкипать, выпариваться; 5) беспокоиться; мучиться; 모래가 햇볕에 달았다 песок раскалился на солнце; 부끄 러워 얼굴이 달았다 щёки горели от стыда; 입안이 달았다 пересохло во рту

달다 II 1) вешать; 돛을~ поднимать паруса; 전화를~ устанавливать теле-фон; 창문을 навешивать оконную раму; 2) присоединять; прикреплять; прицеплять; пришпиливать; 단추을 ~ пришивать пуговицу; 3) брать с собой(кого-л.); 4) давать; снабжать (напр. комментариями); 주를 ~ ком-ментировать; 5) заносить(напр. в приходорасходную книгу); 6) давать (имя, название); 7) зажигать (фитиль, лампу); 8) сделать первый ход(фиш-кой в игре ют).

달다 III (다니,다오) взвешивать; вешать; 눈짐작으로 ~

взвешивть на глаз; 자기 몸무게를 달아보다 взвешиваться; 달아보다 а) взвеши-вать; б) оценивать взглядом(кого-л.); оценивающе смотреть(на кого-л.).

달다 IV (다니, 다오) 1) сладкий; 2) вкусный; приятный; 3) охотно; с удовольствием; 달디단 сладкий-пресладкий; очень сладкий; 달게 여기다 считать(что-л.) благом; при-нимать как благо; 달게하다 подс-ластить; 물맛이 ~ вкус воды прият-ный; 배가 ~ груша сладка.

달라붙다 1) приставать; прилипать; приклеиваться; обрушиваться (на кого-л.); 2) льнуть(к кому-л.); 3) напирать, наседать; 4) энергично взяться(за что-л.); ухватиться(за что-л.); 귀찮게 ~ надоедливо приставать; 마음먹고 일에 ~ решительно взяться за дело; 손에 풀이 달라붙는다 клей прилипает к руке; 아이가 엄마에게 달라붙는다 ребёнокльнёт к матери.

달라지다 [из]меняться; становиться другим; 낯빛이 ~ изменяться в лице; 유행은 항상 달라진다 мода постоян-но меняется.

달래다 I 1) успокаивать; утешать; 2) убеждать; уговаривать; упрашивать; 3) искушать; соблазнять; 우는 아이를 ~ успокаивать плачущего ребёнка.

달러(dollar) доллар; 캐나다 ~ кана-дский доллар; ~로 환산하여 в пересчёте на доллары; ~부족 до-лларовый голод; ~시세 рыночный курс доллара.

달려가다 бежать; 그는 급히 옷을 입고 병원으로 달려갔다 он тороп-ливо оделся и побежал в больницу.

달려갑니다 бежит.

달려오다 прибегать; 선두로 ~ при-бегать первым; 숨을 몰아쉬며 ~ бежать со всех ног.

달려있다 зависеть.

달력(-曆), календарь(calendar), 역서(曆書) календарь; 탁상용 ~ настольный календарь; 한 장씩 뜯는 ~ отрывной календарь; ~을 넘기다 перевёрты-вать календарь.

달리 иначе; подругому; поразному; ~하다 расходиться(в чём-л.); ...와 ~ иначе чем; в отличие(от кого-л.); ~방비이 없다 иначе нельзя; 우리는 그들과 의견을 ~했다 мы с ними разошлись во мнениях; ~말 하자면 говоря иначе.

달리기, 달음질, 달음박질, 뜀박질, 담박질; 경주(競走), 러닝(running) бег; 남자 200미터~бег на 200 метров для мужчин; 단(장)거리 ~ бег на длин-ную(короткую) дистанцию; 장애물 ~бег с препятствиями; ~선수 бегун(ья).

달리다 I 1) висеть; быть повешен-ным;2)бытьприкреплённым(прицепленным, пристроенным)(к чему-л.); 3) присое-диняться, прикрепляться, цепля-ться; 4) быть взятым с собой(о ком-л.); 5) иметься(о ребёнке); 6) зави-сеть (от кого-чего-л.); 7) снабжаться (напр. комментариями, пояснения-ми); 8) быть за-несённым(в журнал); 9)быть присвоенным(об имени); 10) иссякать(о силах); 11) осоловеть; 12) быть поставленным в первую клетку (о фишке в игре юt); 사업의 성공 여부 는 우리에게 달려있다 успех этого дела зависит от нас; 이 교재는 해설 이 많이 달려있다 это пособие снаб-жено многочисленными пояснения-ми.

달리다(모자라다) II 1) иссякать; не-доставать; испытывать нехватку; не хватать; истощаться; 2) *разг.* стано-виться бедным; 일손이 ~ не хватает рабочих рук; 자금이 ~ средств не хватает; 힘이 ~ быть не по силам.

달리다(떠아가다) III 1) погонять(ло-шадь); гнать(машину); 2) заставлять (позволять) бежать(мчаться); 3) предаваться(фантазии); уноситься мыслями; 4) быстро обгонять(что-л.); 말을 타고 ~ мчаться на лошади; 자동차를~ гнать машину; 그는 쏜살 같이 달렸다 он мчался стрелой; 달려 나오다 выбегать; 달려들다 набрасываться(на кого-л.); 달려붙다 *см.* 달라붙다.

달빛 лунный свет. 달빛이 쏟아지다 лунный свет проливается.

달성(達成) достижение; осуществ-ление; ~하다 достигать(чего-л., до чего-л.); добиваться(чего-л.); осуще-ствлять; ~되다 осуществляться; 목표 를 ~하다 достигнуть цели; 염원을 ~하다 осуществлять мечту; 책임량을 초과 ~하다 перевыполнять норму.

달성되다 достигать.

달아나다 бежать; мчаться; убегать; удирать; обращаться в бегство; миновать;исчезать; улетать; 감옥 에서 ~ убегать из тюрьмы; 허겁지 겁 ~ удрать в спешке; 단추가 달아 났다 ~ пуговица оторвалась; 입맛이 달아났다 аппетит пропал; 잠이 달아났다 пропал сон.

달아오르다 раскаляться;накаляться; становиться горячим; гореть; пок-раснеть; 그녀는 부끄러움에 얼굴이 빨갛게 ~

от стыда у неё покраснело лицо; 쇠가 빨갛게 달아올랐다 желе-зо накалилось докрасна; 달아올랐 습니다(얼굴이) покраснело.

달이다 1) приготовлять(лекарствен-ный отвар); заварить; настаивать; заваривать; 인삼을 ~ заваривать женьшень; 차를~ заваривать; 2) при-готовлять путём выпаривания(напр. сою).

닭,계(鷄),덕금(德禽) 1) курица; петух; ~의 петушиный; петуший; куриный; ~똥 같은 눈물 крупные слёзы; ~이 매일 알을 낳는다 каждый день курица несёт яйца; ~이 알을 품고 있다 курица сидит на яйцах; ~이 울기전에 일어난다 вставал до пету-хов; ~잡아먹고 오리발 내놓는다 *посл.* ≅ украл поросёнка, а сказал на гусёнка; ~쫓던 개 먼 산 바라보듯 (지붕 쳐다 본다) *погов.* ≅ видит око, да зуб неймёт; ~고기 курятина; ~똥 куриный помёт; ~고기수프 куриный бульон; ~모이 птичий корм; ~살 гусиная кожа; ~장 курятник ~의 똥 같은 눈물 крупные слёзы; ~의 알로 백운대 치기 *посл.* ≅ *букв.* пытаться разбить каменную стену яйцом; ~목장 прицеферма; 2) *этн.* "курица" (назв. 10-го символа двенадцати-ричного цикла)

닭고기 курятина.

닭곰 куриный бульон

닭알 куриное яйцо; ~ 노른자위 желток; ~흰자위 белок; ~도 굴러 가다 서는 모이 있다 *посл.* ≅ сколько верёвку не вить, а концу быть (букв. покатившись, и яйцо ког- данибудь остановится); ~공장 птицефабрика.

닮다 1) быть похожим(сходным); походить(на кого-что-л.); 2) уподоб-ляться(кому-чему-л.); подражать(ко-му-чему-л. в чём-л.); имитировать; 그녀는 성격이 제 어미를 꼭 닮았다 она характером точно пошла в свою маму; 그는 아버지 얼굴을 닮았다 лицом он похож на отца; 그를 닮을 필요는 없다 не стоит ему подражать;

닮은꼴 подобные фигуры.

닳다 1) истираться; изнашиваться; 신발창이 다 닳아서 구멍이 났다 по-дошва истёрлась до дыр; 연필이 다 닳았다 карандаш совершенно испи-сался; 2) сгорать, догорать(напр. о свече).

담 I 1) стена(каменная или гли- нобитная); забор; 돌~ каменная стена; 흙~ глинобитная стена; ~을 쌓다(치다)

возводить стену; окру-жать забором; 그는 오래전에 술하고 ~을 쌓았다 он уже давно бросил пить; 그들은 사소한 일로 서로 ~을 쌓았다; они поссорились из-за пус-тяков; 술과 담을 쌓다 а) возводить стену; б) разойтись; прекратить отношения(с кем-л.); в) навсегда отказаться(от чего-л.); 2)см. 울타리

담(痰) II 담이좋다 послушные(по-датливые) волосы; 담이 나쁘다 непослушные(жёсткие) волосы.

담 III желчный пузырь; дерзость; смелость; отвага; ~이 세다 очень дерзкий(смелый, отважный); ~이 크다 дерзкий; смелый;отважный;~낭 염 холециститит; ~석 желчный камень; ~석증 желчно-каменная болезнь; ~즙 желчь.

담(燓) IV 1) мокрота; слизь; 2) киста; 3) болезнь, вызванная скоплением выделений; ~이 들다 заболеть в рез-ультате скопления выделений; ~이 풀리다 рассасываться(о скопивши-хся выделениях); 4) прост. см. 창병.

-담(-談) суф. кор. рассказ; беседа; 경험~ рассказ о пережитом; 회고 ~воспоминания.

담그다(담구니, 담가) 1) погружать(в жидкость); 2) солить; мариновать; 3) настаивать(что-л. на чём-л.); 4) зава-ривать(пиво); 술을 ~ варить пиво; курить вино; делать водку; 장을~ приготовлять соевый соус; 찬물에 발을 ~ погружать ноги в холодную воду; 빨래를 물에 ~ замачивать бельё.

담다 1) накладывать; наполнять(что-л. во что-л.); всыпать(что-л. во что-л.); вливать(во что-л.); 2) воплощать; отражать(напр. в рассказе); вклады-вать; 밀가루를 자루에~ всыпать муку в мешок; 바구니에 과일을~ накладывать в корзину фрукты; 병에 물을 ~ вливать воду в бутылку; 온정성을 ~ вкладывать всю душу; 작품에 사상을 ~ воплощать идею.

담담하다 ясный; светлый; чистый; уравновешенный; спокойный; бесст-растный; 담담한어조 спокойный тон.

담담히 урав-новешенно; спокойно; бесстрастно;

담당(擔當) ~구역 вверенный(кому-л.) участок; ~구역 의사 участковый врач.

담당자(擔當者) сущ. отвечающий(за что-л.); взявший на себя обязан-ности.

담당하다 брать(на себя что-л.); ве-дать(чем-л.);заведовать(чем-л.); 아이 의 양육을 담당하다 брать ребёнка на воспитание; 회계를 담당하다 заведовать финансами; 담당구역 вверенный(кому-л.) участок; 담당자 отвечающий(за что-л.); взявший (какую-л.) обязанность; заведующий (чем-л.).

담배 сигарета; папироса; табак; ~를 끄다 потушить сигарету; ~를 끊다 бросать курить; ~를 피우다 курить; ~에 불을 붙이다 прикуривать; ~에 인이 박이다 втянуться в курение; 담뱃재를 털다 стряхивать пепел с сигареты; 담뱃갑 портсигар; ~꽁초 окурок; ~농사 табаководство; ~물부리 мундштук(трубки); ~서랍 сига-ретница; табакерка; ~설대 чубук (длинной кор. курительной трубки); ~종이 курительная бумага; ~재떨이 пепельница; ~꼬투리 а) окурок; б) прожилки сухого табачного листа; ~쌈지 кисет(для табака); ~야화병 бактериальная рябуха табака(забо-левание табака); ~에 인이 백이다 втянуться в курение; ~씨로 뒤웅박을 판다 *обр.* придираться к мелочам.

담백하다 непритязательный; искре-нний; бескорыстный; неприторный; пресный; 담백한 사람 бескорыст-ный человек; 담백한 음식 пресная пища.

담벼락 1) поверхность стены; ~을 바르다 штукатурить стену; 2) стена; 3) тупица; ~하고 말하는 셈이다 ему хоть кол на голове теши.

담보(擔保) I 1) гарантия; залог; обеспечение; ~하다 гарантировать; давать гарантию; обеспечивать; ручаться(за что-л.); ~로 잡히다 отдать(что-л.) в залог; ~를 요구하다 требовать гарантию; 무한담보 하다 гарантировать неприкосновенность границ; 상호~ взаимные гарантии; 2) заложенная вещь.

담보(膽) II дерзость;смелость; ~가 크다 дерзкий; смелый.

담뿍 обильно; ~하다 а) полный; б) непереполненный; 입가에 ~한 미소 широкая улыбка на лице.

담요 1) корейское шерстяное оде-яло; 푹신한~ пушистое одеяло;. ~를 깔다 разостлать одеяло; ~를 덮다 укрываться одеялом; закутаться в одеяло; 2) одеяло(матрац), набитое шерстью (пухом).

담화(談話) I разговор; беседа; устное заявление; ~하다 беседовать; вести беседу(разговор); ~를 발표하다 выс-тупать с заявлением; опубликовать заявление; ~를 나누다 беседовать; разговаривать.

답(答) ответ; решение; ~하다 отве-чать; ~을 얻다 найти решение; 맞는 ~ правильное решение; пра-вильный ответ; ~신(장) ответное письмо.

-답니다 *разг.* 1) сокр. от ...다 합니다 2) *почт. оконч. повеств. ф. гл. и прил.* при выражении восторга, гордости *и т.п.* 대한민국의 하늘은 아주 참 맑 답니다 Небо Кореи очень ясное!

답답하다 1) скучный; тоскливый; 2) душный; 3) тесный; 4) досад-ный; 5) недогадливый; несообра-зительный; 답답한 경우 досадный случай; 답답한 사람 недогадливый человек; 가슴이 ~ тяжело на душе; 실내가 ~ душное помещение.

답변(答辯) ответ; ~하다 отвечать; 질문에 대한 ~ ответ на вопрос.

답변서(答辯書) письменный ответ.

답사(答辭) I 1) ответная речь; от-ветное слово; 2) *см.* 답언; ~를 하다 а) выступать с ответной речью; б) *см.* 답언[하다] 1).

답사(踏査) II обследование(на месте); исследование; разведка; ~하다 обс-ледовать; исследовать; разведывать; 사전~ предварительная экспедиция; 현지 ~ обследование на месте.

답습(踏襲) следование(чему-л.); под-ражание; имитация; ~하다 следовать (чему-л.); подражать; имитировать (что-л.); 낡은 방식을 ~하다 следо-вать старому методу.

-답시고 *оконч. гл. в косв. речи, выражающее необоснованное преу-величение*: 제기술이 낫답시고 거들 거리더니 결국 성공하지 못했다 хва-статься, что де мол его мастерство лучше, а сам опростоволосился.

답신(答信) I новость, сообщение(в ответном письме). *см.* 답.

답신(答申) II *уст.* 1) ~하다 давать ответ на запрос(вышестоящего); 2) ответ на запрос.

답안(答案) письменный ответ; ~을 작성하다 заполнять экзаменацион-ный лист; ~을 제출하다 сдавать экзаменационный лист; ~지 экзаме-национный лист.

답장(答狀) ответное письмо; ~하다 посылать ответное письмо.

닷되들이 объем в пять литров (1되1.8L)

닷새 1) пятое число; пять дней; ~에 걸쳐 на протяжении пяти дней; 삼월 초 ~ пятое число марта; ~를 굶어도 풍잠 멋으로 굶는다 *посл.* ≃ *букв.* голодает 5 дней ради моды; 2) см. 닷새날.

당(黨) I (정당) партия; ~의 партий-ный; ~내부의 внутрипартийный; ~에 가입하다 вступать в партию; ~에서 제명하다 исключать из партии; ~에 적을 두다 состоять в партии; ~을 탈퇴하다 выходить из партии; ~간부 партийные кадры; ~강령 программа партии; ~규(약) устав партии; ~기 знамя партии; ~대회 партийный съезд; ~보 партийная газета; ~비 партийный взнос (партвз-нос); ~성 партийность; ~수 глава (лидер) партии; ~원 член партии; партийный; ~원증 партийный билет (партбилет); ~쟁 борьба политических группировок; ~적 принадлеж-ность к партии; ~중앙위원회 Центральный комитет партии.

당(當) II соответственно; на; с; 인구 1인 ~ на душу населения; 헥타르 ~ 밀 수확량 сбор пшеницы с одного гектара; 한 사람~ 공책 두 권씩 по две тетради на одного человека; 정보 당 수확고 урожай с одного чонбо; 킬로당 얼마씩입니까? сколько стоит килограмм? 인구 일인 당 на душу населения.

당구(撞球) I бильярд; ~대 бильярдный стол; ~장 бильярдная; ~를 치다 играть на бильярде; ~공 бильярдный шар.

당구(鐺口) II большой котёл для варки риса (в арго будд. монахов).

당국(當局) I 1) соответствующие учреждения (органы); ~자 соответствующий чиновник (работник); 행정~ соответствующие административные органы; 2) власти; 3) ~하다 а) arch. возлагать на себя ответственность; б) см. 대국[하다] III.

당국(當國) II 1) заинтересованное государство; страна, имеющая не-посредственное отношение (к чему-л.); 2) уст. ~하다 нести ответст-венность за политические дела.

당금(唐錦) I шёлк, ввозимый из Китая; ~같다 обр. драгоценный; редкостный; бесценный; ~아기 мальчик, выросший в обстановке всеобщего обожания.

당금(當今) II теперь; сейчас.

당기다 1) тянуть (к себе); тащить; придвинуть; волочить; 2) прибли-жать (дату, срок); 방아쇠를 ~ нажи-мать на спусковой крючок; 입맛이 ~ появляться (об аппетите); 지정된 기일을~ продвинуть вперёд назна-ченный срок;

탁자를 좀 더 가까이 ~ придвинуть столик поближе

당나귀(唐-),나귀,여마(驢馬) осёл; ~의 ослиный; ~기침 *обр.* надрывный кашель; ~떼 ослиное упрямство; ~ 귀 치레 *погов.* ≅ *букв.* сколько не украшай уши осла, осёл остается ослом; ~하품한다고 한다 *погов.* ≅ *букв.*(увидев громко кричащего осла) говорит, что он зевает(о глухом человеке).

당당하다 достойный; гордый; внушительный; значительный; величественный; 당당히 достойно; гордо; с достоинством; по праву; 당당한 권리 законные права; большие права; 당당한 위세 внушительный вид; 세력이 ~ иметь большое влияние (большую власть).

당당히 достойно; гордо; по праву.

당돌하다 дерзкий; нахальный; 당돌히 дерзко; нахально; 당돌한 대답 дерзкий ответ; 당돌한 소년 дерзкий мальчик.

당면(當面) I 1) первоочерёдность; насущность; ~과제 первоочередная (актуальная) задача; ~과업 очередная задача; ~수리 текущий ремонт; 2) *см.* 대면 1); ~하다 а) находиться (стоять) перед(чем-л.); б) *см.* 대면 (하다).

당번(當番) I 1) дежурство; ~서다 вставать на дежурство; 2) дежурный; 수직~ дежурный; вахтёр; сторож; ~하다 дежурить.

당부(當付) I 1) просьба; поручение; напутствие; 2) ~하다 просить; обращаться с просьбой; поручать; говорить напутствие; 신신~하다 настоятельно просить.

당부(黨部) II партийный комитет (аппарат); партийные органы.

당분간(當分間) *сущ. и нареч.* пока, некоторое время; ~중단하다 прекращать на некоторое время; ~나는 시골에 머무를 것이다 пока остаюсь в деревне.

당선(當選) избрание; отбор; 현상 응모에~된 작품 произведение, получившее одобрение на конкурсе; ~ 되다 избираться; 그녀는 국회의원 에 ~되었다 она была избрана в депутаты парламента; ~작 избранник(-ца); ~작가 избранный писатель.

당시(當時) I ~에 во время; [그] ~[에] тогда, в то время; ~의 тогдашний; 전쟁~에 во время войны; ~승상 *арх.* влиятельный человек.

당시(瞠視) II ~하다 таращить(глаза)

당신 1) Вы; 2) ты (обращение между супругами); 3) он сам;

она сама; ~의 아내 Ваша жена; 어머님, 당신은 늘 우리를 걱정해 주시곤했지 мать всегда заботилась о нас.

당연하다 естественный; безуслов-ный; закономерный; **당연히** естест-венно; закономерно; **당연한 결과** естественный результат; **당연시하다** считать естественным(само собой ра-зумеющимся); 모두 다 그를 마음에 들어하는 것은 당연한 일이다 есте-ственно то, что он всем нравится.

당일(當日) именно тот день; назна-ченный день; 대회 ~ назначенный день съезда; 이 표는 발행 ~에 한해 유효함 этот билет годен только на день выдачи.

당장(當場) I сущ. и нареч. немед-ленно; сейчас же; место происше-ствия какого то дела; тут же; сразу на месте; ~이 자리에서 결판을 내자 давай всё решим здесь и сейчас.

당직(當直) I 1) дежурство; 2) сущ. дежурный; дежурная; ~을 서다 дежурить; ~군관 дежурный офицер; 3) дежурство чиновника десятого ранга в сыскном ведомстве по особо важным делам; 4) дежурный чинов-ник десятого ранга в сыскном ведом-стве по особо важным делам;

당직(謹直) II -하다 искренний; прямодушный; прямой.

당착(撞着) 1) столкновение; 2) про- тиворечие; конфликт; несоответс-твие; несовпадение; 자가~ сам себе противоречит; -하다 а) сталкиваться; б) противоречить(чему-л.); не соот-ветствовать, не вязаться(напр. о начале и конце речи)..

당첨(當籤) выигрыш; 복권에 ~되다 выиграть в лотерею; ~금 денежный выигрыш; ~번호 выигрышный номер; ~공채 выигрышный заём.

당첨하다 выигрывать(в лотерее).

당초(當初) I 1) *см.*애초~에 с самого начала;~에 이해할 수 없었다 совершенно ничего не понял.

당초(唐草) II переплетающиеся стебли вьющихся растений(на ор-наменте).

당치않다 неподходящий; неумест-ный; неподобающий; неоправданный; незаслуженный; **당치않은 질문** неу-местный вопрос; **당치않은 소리를 하다** говорить о неподобающих вещах.

당파(黨派) фракция; группировка; ~적 фракционный; ~성 склонность к фракционной деятельности; партий-ность; ~주의 фракционизм.

당하다 1. 1) попадать; оказываться; 2) встречать, сталкиваться(с чем-л.); 3) брать на себя(напр. ответственность); 4) справляться, выносить, выдерживать; 5) преодолевать; побеждать; одерживать верх; 6) испытывать; подвергаться; 2. соответствующий; под-ходящий; уместный; 당치도 않는 소리 ~ неуместные слова; 검거를 ~ быть арестованным; 모욕을 ~ терпеть оскорбление; 난국에 ~ оказаться в тяжёлом положении;

당황(唐慌) растерянность, замеша-тельство, смущение; ~망조 паника; смятение; ~실색 растерявшись, измениться в лице; ~하다 растерян-ный; смущённый; растеряться; прий-ти в замешательство.

당황하다 1) смущаться; растеряться; 2) приходить в замешательство; 조금도 당황하지 않고 ничуть не растерявшись; 당황하게 만들다 приводить в замешательство; сму-щать; 그의 신랄한 비판에도 나는 전혀 당황하지 않았다 я нисколько не смутился его резкой критике.

당황한 나머지 в результате(вслед-ствии) растерянности(смущения).

닻 якорь; ~을 감아올리다 выбирать якорь; ~을 내리다 бросать якорь; становиться на якорь; ~을 올리다 поднимать якорь; сниматься с якоря; ~줄 якорный канат.

닻줄 якорный канат(трос).

닿다 1) соприкасаться(с чем-л.); прикасаться; доставать(до чего-л.); 2) добираться(до чего-л.); доноситься (до чего-л.); достигать(до чего-л.); 3) устанавливаться(о связи с чем-л.); 목적지에~ добираться до назначен-ного места; 손이 책상에 ~ прикос-нуться рукой к столу; 기차가 정시에 닿았다 поезд прибыл точно в установленное место; 그는 힘이 닿는 데까지 달렸다 он бежал что есть силы;

닿치다 сталкиваться; наталкиваться.

대 I бамбук; ~의 бамбуковый; ~바늘 бамбуковая игла; ~숲 бамбуковая роща; ~ 끝에서도 삼 년 *посл.* ≅ иной и в огне не сгорит.

대 II 1. 1) стебель; 2) шест; палка; 3) раз; самостоятельность; характер; ~가 가늘다 шест тонкий; ~가 곧다 прямой; честный; ~가 세다 твёрдый; решительный; ~가 약하다 слабо-характерный; 담배를 한 ~피우다 выкурить одну сигарету; 매를 한 ~때리다 ударить один раз палкой; 깃~

шест с флагом; 옥수수~ кукурузный стебель; ~가 내리다 этн. садиться на ветку(о вызванном духе); 2. счётн. сл. 1) для продолговатых предметов: 연필 석 대 три каран-даша; 2) для ударов: 매 한 대 один удар палкой; 3) для выкуренных трубок(сигарет): 매한 대 выкурить одну трубку(сигарету)

대(代) III 1) отряд; дружина; 2) ряды; шеренга.

대(對) III 1. 1) возвышение; помост; подмостки; 2)подставка; 2. 1) счётн. сл. для транстпортных средств, станков и машин: 굴착기 두 ~ два экскаватора; 비행기 다섯 ~ пять самолётов; 자동차 두 ~ два авто-мобиля; 자동차 두 대 две автома-шины; 선반 네대 четыре токарных станка.

대(臺) IV 1) родословие; родосло- вная; род; поколение; 2) царство- вание, правление; 3) см.세대;~를 이은 교사 потомственный учитель; 우리 ~의 사람들 нынешнее поколение; 세종대왕~에 при короле Сечжоне; ~로 из рода в род; ~대손손 из поколения в поколение; ~가 끊어지다 вымереть(о роде); ~를 물리다 передаваться из поколения в поколение.

대(垈) V 1. 1) пара (к какому-л. предмету); 2) между(кем-чем-л.); про – тив(кого-че-го-л.). 공~공 미사일 ракета класса воздух-воздух; 자본가 ~ 노동자의 투쟁 борьба рабочих против капиталистов; 한국 ~ 일본의 축구 경기 футбольный матч между командой Кореи и командой Японии; 2~1로 이기다 выиграть со счётом 2:1; 200표 ~ 300표로 이기다 выиг-рать большинством в триста голосов против двухсот;

대(對) VI большое; великое; ~소 крупные и мелкие; ~소 경중에 따라 в зависимости от величины и важности; ~소 경중을 가리다 учи- тывать все стороны.

대(對-) с чем; противо. ~미 관계 отношения с США; ~공방어 проти-вовоз-душная оборона.

대-(大-) *pref. кор.* большой; кру-пный; мощный; сильный; капи- тальный; великий; 대가, 거장 кори-фей; ~가족 большая семья; ~공사 большая стройка; ~문호 крупный писатель; ~변혁 крупные преобра-зования; ~보수 капитальный ремонт; ~지주 крупный помещик (землевла-делец);~지진 сильное землетрясе-ние; ~타격 мощный удар.

-대(-隊) I *suf.кор.* отряд; команда; 소방~ пожарная команда; 유격~ партизанский отряд; 수색~ поис-ковая партия; 음악

~оркестр.

-대(-代) II суф. кор. плата(за что-л.); 신문~ плата за газету; 양복 ~ плата за костюм.

대가(大家) I 1) авторитет(в чём-л.); корифей; мастер; 러시아 과학의 ~ корифей русской науки; 현대철학의 ~ авторитет в современной фило-софии; ~인 척하다 выдавать себя за авторитет; 2) см. 거가[대족].

대가(代價) II вознаграждение;плата; цена; 노력의 ~ плата за труд; 어떤 ~를 치르더라도 любой ценой; 헤아릴 수 없는 희생의 ~로 ценой огром-ных жертв; ~를 치르다 платить; расплачиваться; см. 세집.

대강당(大講堂) актовый зал; ~에서 в актовом зале.

대개(大槪) 1) краткое(основное) со-держание; 2) почти всё; в основном, большей частью; по большей части; вообще; 우리 회사의 여자들은 ~는 이미 결혼을 했다 большинство жен-щин нашей фирмы состоят в браке; см. 대부분; см. 대체 I 2.

대거(大擧) I уст. большое начина-ние(дело); 2)~하다 очень спешить, торопиться(в работе); ~[하여] объе-динёнными усилиями; всеми силами.

대거(貸去) II~하다 занимать; брать в долг.

대견하다 1) довольный; удовлет-ворённый; 대견스럽다 казаться удовлетворённым(довольным); 그는 자기 아들을 대견스러워한다 он гор-дится своим сыном; 2) трудный; тяжкий; невыносимый; 3) полезный.

대결(對決) I противоборство; конф-ронтация; ~하다 противоборство-вать; противостоять (кому-чему-л.); 악의 세력과 ~하다 противоборство-вать силам зла.

대결(代決) II ~하다 1) решать(санк-ционировать; утверждать вместо (кого-л.); 2) решение, принятое вместо(кого-л.).

대경(大驚) I изумление; сильный испуг; ~대책 уст. сильно ругаться (об испуганном человеке); ~실색 [по]бледнеть от страха; ~하다 силь-но удивляться(пугаться); поражаться

대경(大慶) II большое радостное событие; ~하다 достойный позд-равления.

대구(大邱) I г. Тэгу.

대구(大口) II треска; 말린~ вяленая треска; ~탕 острый суп из трески

대국(大國) I большое государство; держава; ~적

великодержавный; ~배 타주의 великодержавный шовинизм.

대국(大局) II общее положение; общая ситуация; ~적 общий; ~적 견지에서 с общей точки зрения.

대굴대굴 ~구르다,~하다 а) катиться (о маленьком предмете); б) вра- щать(глазами);

대궐(大闕) дворец короля.

대규모(大規模) крупный масштаб; ~의 крупномасштабный, большой; ~ 공격 крупномасштабное наступ- ление.

대기(隊旗) I знамя отряда(части).

대기(大氣) II 1) атмосфера; 2) воз-дух; ~권 атмосфера; ~오염 загряз-нение атмосферы; ~의 атмосфер- ный; воздушный; ~불안정한 неу-стойчивая атмосфера; ~순환 цир-куляция атмосферы; ~과전압 эл. атмосферное перенапряжение; ~순환 циркуляция атмосферы; ~전기 атмосферное электричество; ~질량 масса атмосферы; ~하중 стр. атмо-сферные нагрузки; ~료법 аэроте- рапия.

대기(待機) III ожидание; выжидание; простой; ~하다 ожидать; выжидать; ~료 штраф за простой; ~실 комната ожидания, приёмная; ~계선 воен. рубеж выжидания; ~상하차 ж.-д. по-грузка и выгрузка в пути.

대납(代納) 1) сдача(уплата) вместо (чего-л.); 2) феод. выплата подати откупщиков (вместо кого-л.).

대내(對內) I 1) внутренний; внут-риполитический; ~외 внутренний и внешний; внутриполитический и внешнеполитический; ~외 정책 внутренняя и внешняя политика; 2) ~하다 относиться к(области) внут-ренней жизни.

대내(大內) II резиденция короля.

대뇌(大腦) большой мозг; ~반구 полушария головного мозга; ~피질 кора полушарий головного мозга.

대다 1) 1) трогать; прикладываться; касаться; приставлять; соединять; пришивать; останавливать; 남몰래 손을 ~ сделать(что-л.) втайне от других; 등을 벽에 ~ прислоняться спиной к стене; 땅에 발을 ~ ступать ногами земли; 비밀명단을 ~ выдать тайный список; 핑계를 ~ оправды-ваться; 붓을 ~ начать писать (кистью); 낫을~ начать жать; начать жатву; ~ 주시오 соедините меня (обращение к телефонистке); 2) пус-кать(воду); 3) причаливать; приш-вартовываться; 누구에 대고... о комлибо; с кемлибо; 2. после смыслового гл. в ф. дееприч.(оконч. -아, 어, 여) указывает на интенсивно происходящее действие: 웃어~ бесп- рестанно хохотать; 떠들어~ галдеть (шуметь) не переставая.

대다수(大多數) подавляющее боль-шинство; ~의 경우에 в большинст-ве случаев.

대단 ~[히] очень; весьма; чрезвы-чайно; совсем; ~하다 а) большой; огромный; громадный; б) очень важный; выдающийся.

대단하다 большой; огромный; гро-мадный; крупный; сильный; необы-чайный; значительный; выдающийся; критический; тяжёлый; 대단히 очень; весьма; чрезвычайно; совсем; 대단한 규모 крупный масштаб; 대단한 인물 выдающаяся личность; 대단한 추위 сильный мороз; 대단치 않다 незначительный; 환자의 병세가 대단하다 состояние больного критическое

대담하다 отважный; смелый; дер-зкий; 대담무쌍하다 бесстрашный; отважный; храбрый; 대담성 отвага; смелость; бесстрашие.

대답 ответ; отклик; ~하다 отвечать (кому-л. на что-л.); откликаться; 공손한~ вежливый ответ; 질문에 ~하다 отвечать на вопрос.

대대 I 1) ряд поколений; ~의 потом-ственный; фамиль-ный; ~곱사등이 посл. ≅ от горба-того отца и сын горбун; 2) ~로 нареч. из поколения в покление.

대대(代代) II батальон; эскадрон; дивизия; ~장 командир батальона (эскадрона; дивизии); 보병~ стрел-ковый батальон; 포병~ артдиви-зион; ~구역 батальонный район.

대동단결(大同團結) объединение; соединение; единение; ~하다 объе-диняться; соединяться.

대동맥(大動脈) аорта; ~내막염 мед. эндаортит.

대들다(대드니,대드오) 1) набрасыва-ться(на кого-л.); нападать(на кого-л.); 닥치는 대로 아무에게나 ~ набрасыв-ться на кого попало; 2) противос-тоять.

대등(對等) I ~조약 равноправный договор; ~하다 равный; паритетный.

대등(大登) II арх. сущ. приходить(об урожайном годе).

대략(大略) 1. 1) большой план; 2) сокращённое изложение; 2.в общих чертах; в основном; приблизительно; около(чего-л.); ~적 общий; прибли-зительный; ~짐작하다 приблизи-тельно догадываться; ~ 두 시간 около двух часов; ~

추산하다 приб-лизительно подсчитать.

대량(大量) I 1) большое количество; масса; ~의 массовый; ~으로 в большом количестве; ~생산 масс-овое производство; ~학살 массовые убийства; ~적 массовое ~ 살상 무기 оружие массового поражения; ~살상수단 средство массового уничт-ожения; 2) см. 대도 IV.

대량(大樑) II см. 대들보; ~구가 ба-лочная ферма.

대로 служ. сл. 1) подобно тому, как ...; так, как есть; в соответст-вии(с чем-л.); согласно(чему-л.); каждый раз; всякий раз, когда; сам по себе; настолько..., насколь-ко...; 날이 개는 ~ как только небо прояснилось; 닥치는 ~ как попало; 될 수 있는~ по мере возможности; 명령~ в соответствии с приказом; 원상~ так, как было прежде; 이미 결심한~ как уже решили; 있는 그~ так, как есть; 그들의 모양은 비참 할 ~비참하였다 вид их был жалок настолько, насколько он может быть жалким; 3) после мест. сам по себе; 너는 너 ~나는 나 ~ ты сам по себе, я сам по себе;

대류(對流) конвекция; ~의 конвек-ционный; ~식 난방기 конвектор; ~권 тропосфера; ~전류 конвекцио-нный ток; ~난방 конвекционное отопление; ~방전 физ. конвекцион-ный разряд

대륙(大陸) континент; материк; ~적 континентальный; ~성 기후 конти-нентальный климат; ~봉쇄 конти-нентальная система; ~간탄도탄 межконтинен-тальная баллис-тичес-кая ракета; МБР; ~붕 конти-нентальный шельф; материковая отмель, ~판 материковый скат, ~경사면(비탈) геол. континтальный (материко-вый) склон; ~빙하 материковый ледник; ~횡단 철도 трансконти-нентальная железная дорога.

대륙성(大陸性) континентальный характер; ~극기단 континентальный полярный воздух; ~기후 континен-тальный климат; ~북극 (남극) 기단 континен-тальный(арктический) анта-рктический воздух); ~ 적도 기단 континентальный; экваториальный воздух.

대리(代理) I 1) замещение; посред-ничество; заместитель[-ница]; вре-менно исполняющий обязанности; ~하다 замещать(кого-л.); временно исполнять обязанности; 2) замести-тель; ~대사 временный поверенный (посол); ~점 предста-вительство; агентство.

대리(大利) II большая выгода(при-быль)

대립(對立) I противопоставление; противоположность; конфронтация; антагонизм; ~적 противоположный; антагонистический; ~하다 противос-тоять; 첨예하게 ~된 견해 резко противоположные взгляды; ~하여 в противоположность(кому-чему-л.); 이 논거에 다른 제 3의 논거는 ~된다 этому доводу противопоставлен другой третий.

대립(大粒) II крупное зерно.

대명사(代名詞) местоимение; 소유~ притяжательное местоимение; 인칭~ личное местоимение; 재귀~ возв-ратное местоимение; 지시~ указа-тельное местоимение.

대목 1) ответственный момент; 2) самое важное место; ответственный участок; отрывок; 장편소설에서 골라낸 ~ избранные отрывки из романа; 바로 그 ~에서 в самый ответственный момент; 가장 중요한 ~을 맡다 взять на себя самый важный участок; ~을 맞다 наступить (о сезоне распродаж)

대문 1) основнлой текст(в про-тиво-положность комментарию); 2) после опред. отрывок(из книги и т. п)

대문(大門),**문**(門),**정문**(正門) II парад-ный вход; главная дверь; парадные ворота; главные(ворота); парадный дверь; ~열쇠 ключ от(главных) во-рот(к главным воротам); ~을 닫다 закрыть(открыть) (главные) ворота.

대범하다 великодушный; широкий; невозмутимый; сдержанный; 대범한 사람 великодушный человек; 대범 한 품성 широкая натура; 대범하게 행동하다великодушничать

대법원(大法院) коллегия верховного суда; ~장 председатель коллегии верховного суда.

대변하다 представлять; говрить(от чьего-л. имени); 노동자의 이익을 ~ представлять интересы рабочих; ~인 представитель[~ница]; агент.

대변인(代辯人) 1) представитель; агент; 2) резонёр.

대보름 15-е число первого лунного месяца; ~달 полная луна в ночь на 15-е число первого лунного месяца.

대부 I кредитование; предоставле-ние ссуды; ~금 ссуда; кредит; ~하다 кредитовать; ссужать; предоставлять кредит(ссуду); ~자본 ссудный капи-тал; 담보~ссуда под залог; 신용~ кредит; ~의 조건으로 на условиях краткосрочного(долгосрочного)банковского кредитования; ~를 받다 кредитоваться; брать(у кого-л.) в кредит.

대부(大父) II крёстный(отец); ~가 되다 быть крёстным отцом(у кого-л.).

대부분(大部分) 1) бо́льшая часть; льви́ная до́ля; большинство́; 2) почти́ всё; бо́льшей ча́стью; по бо́льшей ча́сти; 우리들 ~ большинство́ из нас; 이 공장의 노동자 ~ бо́льшая часть рабо́чих э́той фа́брики; ~ 해결하다 реши́ть почти́ всё.

대비(對備) I подгото́вка; ~하다 за́ранее подгото́виться; 만반의 ~를 하다 подгото́виться на вся́кий слу́чай; 사전에 시험에~하다 зара́нее подгото́виться к экза́мену; 그는 ~가 잘 되어있다 он хорошо́ подгото́влен(к чему́-л.)

대비(貸費) II ~하다 выдава́ть(стипе́ндию с после́дующей отрабо́ткой в ста́рой кор. шко́ле).

대비(對比) контра́ст; ~시키다 сопоста́вление; сравне́ние; контра́ст; ~하다 сопоставля́ть(с кем-чем-л.); сра́внивать(с кем-чем-л.); контрасти́ровать(кому-чему-л., с кем-чем-л.); 사본을 원본과 ~하다 сопоставля́ть ко́пию с по́длинником; 자신의 의견을 다른 사람과~하다 сра́внивать своё мне́ние с други́м.

대사(大使) I посо́л; ~의 посо́льский; ~관 서기관 секрета́рь при посо́льстве; ~급 회담 встре́ча на у́ровне посло́в; ~관 посо́льство; ~관원 посо́льские рабо́тники.

대사(臺詞) II актёрская речь; 무대에서 ~를 행하다 выступа́ть с ре́чью на сце́не.

대사관(大使館) посо́льство.

대상(對象) I 1) объе́кт; предме́т; 과학 연구의 ~ предме́т нау́чного иссле́дования; 광범위한 독자들을 ~으로 한 책 кни́га, ориенти́рованная (предназна́ченная; рассчи́танная)на широ́кого чита́теля; ~으로 삼다 ориенти́роваться (на кого́-что-л.); объективи́ровать; предназнача́ть; ~자 лицо́, предста́вленное(к чему́-л.);~화 объективиза́ция; ~적 относя́щийся к объе́кту; ~설계 прое́кт сооруже́ния; ~하다 быть объе́ктом; 2) партнёр; соуча́стник; собесе́дник

대상(代償) II 1)пла́та(чем-л. вме́сто чего́-л.); компенса́ция; 2) распла́та (упла́та)(за кого́-л.). 월경~ мед. вика́рное кровотече́ние; ~하다 а) плати́ть(чем-л. вме́сто чего́-л.); компенси́ровать; б) распла́чиваться; плати́ть(за кого́-л.).

대성전(大聖殿) ме́сто в конфуциа́нском хра́ме, где храни́тся помина́льная доще́чка Конфу́ция.

대성황(大盛況) ~에 в обстано́вке большо́го успе́ха; ~을

이루다 дос-тигать большого успеха(эффекта).

대세(大勢) (общая) ситуация(обста-новка); ~를 거스르다 плыть против течения;~가 이미 기울었다 общая ситуация неблагоприятна.

대소(大小) I крупный и мелкий; ~ 경중을 가리다 учитывать все сто-роны; ~사 большие и мелкие дела; ~ 인원 *уст.* крупные и мелкие чино-вники.

대소(大笑) II ~하다 громко смея-ться; хохотать.

대속(代贖) ~하다 а) брать на себя чужую вину; б)страдать(из-за кого-л.).

대수 I важное(серьёзное) дело; ~ 롭지 않다 неважный; несерьёзный; ~롭지 않은 사건 неважное событие; ~지않게 여기다 пренебрегать; счи-тать(кого-что-л.) неважным(несе-рьёзным); 그게 무슨~요? Разве это важно (серьёзно)?

대수(臺數) II число; 자동차~ число автомобилей.

대수(代數) III алгебра; ~의 алгеб- раический; ~방정식 алгебраическое уравнение;~식 алгебраическое выра-жение; ~치 алгебраическая величина; ~학자 алгебраист; ~적 алгебраичес-кий; ~함수 алгебраическая функция.

대수롭다 важный; серьёзный; 대수 롭지 않다 неважный; несерьёз-ный; 대수로우냐? разве это важно(серьё-зно)?

대신(代身) I 1) после сущ. вместо (кого-чего-л.); взамен(кого-чего-л.); за; 2) после прич. гл. вместо того, чтобы; 3)перед гл. от имени(кого-л.); ~하다 заменять(кого-что-л. кем-чем-л.); сменять; замещать; 아버지 ~에 вместо отца; 집에 가는 ~에 вместо того, чтобы идти домой; 언니가 돌아가신 어머니를 ~했다 старшая сестра заменила умершую мать; 우리가 그들의 자리를 ~하게 되었다 нам пришлось заменить их; 동무 ~으로 вместо товарища; 빚 ~에 за долги; ~말하다 говорить от имени.

대신(大臣) II министр(о нескольких странах).

대역(帶域) I диапазон; 단파 ~ ко-ротковолновый диапазон; 주파수~ диапазон частот; 초고주파 ~ диа-пазон волн.

대역(代役) II замена; дублёр; ~하다 заменять; дублировать(кого-л.).

대열(隊列) строй; ряд; колонна; ше-ренга; ~의 строевой; 시위~ коло-нна демонстрантов;~에서다 стоять в строю;~을짓다 строиться в ряды(в колонну).

대외(對外)~(적) внешний; внешнепо-литический; ~무역

внешняя торго-вля; ~정책 внешняя политика; ~채무지불유예 мораторий; отсрочка по платежам и финансовым обязатель-ствам.

대용(代用) I 1) замена; замещение; субституция; ~물 заменитель; сурро-гат; ~하다 заменять; замещать; 가죽 ~품 заменитель кожи; 고무 ~품 субститут каучука; 설탕 ~ сур-рогат сахара; ~식 продуктзаменитель; субститут; ~품 заменитель; субсти-тут; суррогат; эрзац; 2) заменитель; ~사료 корм-заме-нитель; ~작물 с.х. культура-заменитель.

대용(大用) II ~하다 а) уст. широко применять; б) назначить на высокий пост(чиновника).

대우 I посев бобовых в междуря-дьях(зерновых культур); ~를 내다 (파다)сеять бобовые в междурядье.

대우(待遇) II 1) обращение; отноше-ние; 2) вознаграждение, оплата; 3) радушный приём(кого-л.); обслужи-вание; ~하다 а) обращаться(с кем-л.); относиться(к кому-л.); предоставлять преимущества; тепло относиться(к кому-л.); обслуживать; б) вознаграж-дать; в) принимать(кого-л.);~를 받다 встретить радушный приём; быть принятым с особой любезностью.

대원(隊員) I бойцы части(подразде-ления), члены отряда; 지질 탐사 ~ члены поисковой партии.

대원(大圓) II большой круг.

대응(對應) 1) реакция; отклик; ответ; 2) соответствие; ~하다 соответство-вать; стоять лицом к лицу(с кем-л.); реагировать; откликаться; ~하여 соответственно(чему-л., с чем-л.); ~ 변 соответственные стороны; ~사격 встречный огонь; ~책 контрмера; соответст-вующие меры; ~원리 мат. принцип соответствия.

대의(大義) парламентаризм; ~원 парламентарий; депутат; ~제도 парламентарная система; ~정치 парламентарный режим; ~제도 парламентарная система; ~하다 представительствовать (участвовать) в парламенте.

대인(大人) I 1) уст. книжн. вежл. отец; 2) уст. книжн. вежл. Вы;они; 3) большой(высокий) человек; гигант; великан; ~국 страна-гигант; 4) книжн. см. 어른; 5) ~군자 высоконравственный; добрый и благородный человек; порядочный человек;~표 билет для взрослых.

대인(對人) II ~방어 спорт. индиви-дуальное блокирование игрока; ~ 하다 относиться к человеку; обра-щаться с человеком; ~방어 само- защита; самооборона; ~지뢰 противопехотная мина.

대입(代入) I подстановка; ~하다 подставлять; заменять; 대수식에 숫자를 ~하다 подставлять число в алгебраическое выражение; ~법 способ подстановки.

대입(大入) II поступление в универ-ситет; ~시험 вступительные экзаме-ны в университет.

대적(大敵) I 1) численно превосходя-щие силы противника; 2) сильный противник.

대적(對敵) II противостояние; соревнова-ние; ~하다 находиться лицом к лицу с противником; состязаться(с кем-л. в чём-л.); соревноваться(с кем-л. в чём-л.); ~투쟁 борьба с противни-ком.

대접(待接) 1) приём; обращение; 2) угощение; ~하다 угощать(кого-л. чем-л.); принимать; обращаться с (кем-л.); 정성스런 ~ сердечный приём; 손님에게 과일을 ~하다 угощать гостей фруктами; 저녁 ~을 받다 быть приглашённым на ужин; ~해 주셔서 고맙습니다 Спасибо за угощение.

대조(對照) 1) сопоставление; сверка; сличение; 2) иск. контраст; ~적 контрастный; ~하다 сопоставлять; сличать; сверять; 빈부의 극심한 ~ чрезмерный контраст между бед-ностью и бога-тством; ~를 이루다 составлять контраст; 사본과 원본을 ~하다 сверять копию с подлинни-ком; ~법 способ контраста; ~표 сравнительная таблица; ~편집 кино контрастный монтаж.

대졸(大卒) окончание университета; ~(의) окончивший университет; ~ 실업자 безработные выпускники университета; ~학력 высшее обра-зование.

대중 I 1) догадка; предложение; расчёт; 2) стандарт; ориентир; ос-новной критерий; ~{을} 잡다, ~하다 а) предполагать; догадываться; расс-читывать; б) ориентироваться (на что-л.).

대중(大衆) II 1) массы; ~문학 попу-лярная литература; ~없다 без огра-ничений(в любой сфере); ~가 попу-лярный писатель; ~잡지 попул-ярный журнал; ~화 популяризация; ~적 массовый; ~을 사로잡다 овла-деть массами; ~성 массовый харак-тер; массовость; популярность; ~ 소설 популярный роман; ~식당 общественная столовая; ~공양 угощение монахов(верующими); ~ 신림 монастырь, управляемый монашескими общинами.

대증(對證) I ~하다 приводить(аргу-менты, доказательства напр. в споре).

대증(對症) II аллопатия ~요법 *мед.* симптоматическое лечение; ~투제 применение лекарства в зависимости от симптомов болезни; ~화하다 популяризировать

대증의 аллопатиический.

대지(大地) 1) земля; 광활한~ обши-рные земли; 비옥한~плодородные земли; 어머니 ~ земля-матушка; 2) *этн.* могила на счастливом месте (приносящая счастье родственникам).

대책(對策) I мера; мероприятие; контрмера; 적절한 ~을 세우다 принимать надлежащие меры(к чему-л.); 비상~ экстренные меры; 임시~ временные меры; ~적 относ-ящийся к мерам(мероприятиям); ~적 문제 вопрос о мерах.

대책(大責) II 1) ~하다 сильно ругать; 2) сильная ругань.

대체(大體) I 1) главное, суть; 2) вообще; ~로 в общем; ~로 우리가 예측한대로되었다 вообще так и вышло, как мы предпо-лагали; ~무엇이 문제니? В чём же дело?

대체(代替) II замена; замещение; субституция; ~하다 заменять; по-ставлять(что-л.) взамен(чего-л.).

대추 плод юбюбы(жужуба); ~나무 юбюба(жужуб);~씨 семя плода юбюбы (жужубы); ~편포 нарезанное кусо-чками и высушенное мясо; ~씨 같다 крепыш(о человеке маленького роста); ~나무 방망이 *обр.* коре-настый человек; ~나무에 연 걸리듯 *погов.* ≡ в долгу как в шелку (словно бумажный змей, запутавшийся в ветвях юбюбы).

대출(貸出) ссуда; выдача; ~금 상환 погашение ссуды; ~이자율 ссудоч-ный процент; 장기신용 ~ долгос-рочная кредитная ссуда; 정기간행물 ~выдача периодических изданий; ~받다 взять взаймы; ~해주다 ссу-жать; давать в кредит(взаймы), в долг; напрокат); ~금 денежная ссуда.

대출부(貸出簿) журнал регистрации выдачи(чего-л.).

대출원(貸出員) лицо, выдающее(что-л.).

대출자(貸出者) 1) кредитор; заимо-давец; 2) получатель кредита.

대충(代充) восполнение(чем-л. дру-гим); ~자금 американские ассигно-вания(Южной Кореи); ~하다 воспол-нить; пополнять.

대치(代置) I противопоставление; противоборство;

конфронтация); ~하 다 противопоставлять; противостоя́ть; стоять напротив;находиться в состоянии конфронтации; 남과 북 의 무력 ~상태 положение военной конфронтации между Югом и Се́вером; ~상태에서 긴장 완화로의 이행 переход от конфронтации к разря́дке.

대치(代置) II ~하다 заменять, подс-тавлять(взамен чего-л.).

대칭(對稱) симметрия; ~적 симмет-рический; ~을 유지하다 соблюдать симметрию; ~면 плоскость сим-метрии; ~점 симметричная точка; ~축 ось симметрии; ~직선 симмет-рические прямые; ~행렬 симметри-ческая матрица; ~이동 симметри-ческое перемещение.

대통령(大統領) президент; ~의 пре-зидентский; ~직선 прямые прези-дентские выборы; 전직(현직)~ бы-вший(нынешний) президент; ~재임 기간 период пребывания на посту президента; ~에 선출되다 быть изб-ранным на пост президента; ~지위 에서 물러나다 уйти в отставку с поста президента; ~직위를 수행하다 принимать на себя обязанности пре-зидента; президе-нтствовать;

대폭(大幅) 1) ширина(широкого полотна); 2)значительная степень; резко; круто; значительно; 정원을 ~ 감축하다 резко сократить штаты; ~으로 в значительных размерах; значительно; ~적 значительный.

대표(代表) 1) представительство; образец; ~자 представитель; делегат; ~적 наиболее крупное произведение; типичное(характерное) произведение; ~하다 представлять; ~하여 от имени (кого-чего-л.); ~적 사례 типичныйп-ример; 상설무역 ~부 постоянное торговое представительство; 협상단 의 수석~главный представитель на переговорах; ~를 선출하다 изби-рать делегатов; ~권 полномочия; ~단 делегация;

대표부(代表部) представительство (аппарат).

대하 I ~에 под возвышением(по-стаментом).

대하(大廈) II уст. большой дом; большое здание; ~고루 велича́ст-венное(грандиозное) здание.

대하다 I 1. 1) стоять лицом к лицу (с кем-л.); 2) встречаться, сталки-ваться; 3) обращаться, обходиться(с кем-л.);относиться к кому-чему-л.); 2. послелог о; про; к; в; на; насчёт; 대통령에 대한 비판 критика в адрес президента; 조국에 대한 사랑 любовь к Родине;질문에 대한 답변

ответ на вопрос; 남처럼 ~ обраща-ться, как с посторонним; 손님에게 친절히~ обходиться с гостями любезно; 이 문제에 대하여 по этому вопросу; 물음에 대한 대답 ответ на вопрос.

대하여 pro.

대학(大學) (연구소 또는 학술 및 교육의 최고기관) университет; институт; высшее учебное заведение(ВУЗ); факультет; ~의 университетский; институтский; вузовский; ~에 입학 하다 поступать в университет (институт); ~가 университетский (вузовский) городок; ~생 студент[-ка]; ~원 аспирантура; ~원생 аспи-рант[-ка]; 사범대 ~ педагогический институт; 인문 ~ филологический (гуманитарный) институт.

대학교(大學校) высшее учебное за-ведение; институт; ~교수 профес-сор; преподаватель ВУЗа; ~병원 клиника(при медицинском инс- титуте); ~생 студент(Высшего Учебного Заведения).

대학원(大學院) аспирантура(при высшей школе).

대한민국(大韓民國) 한국(韓國) Корея (Корейская республика).

대한해협(大韓海峽) Корейский пролив.

대항(對抗) сопротивление; проти-водействие; протест; ~하다 соп- ротивляться; противодействовать; ~ 력 сила сопротивления; сопроти-вляемость; ~전 состязание; ~경기 (시합) двустороннее состязание; ~운동 контрманёвр

대형(大型) I большой формат; крупные формы (габариты); ~화하다 укрупнять габариты(формат; формы) (чего-л.); ~선박 большое судно; ~ 설비 крупногабаритное оборудова-ние; ~수송기 тяжёлый транспорт-ный самолёт; ~차 большая автома-шина;~발전기 эл. крупногабарит-ный генератор.

대형(隊形) II строй; порядок; ~을 변경하다 перестраивать; ~을 이루다 строиться; 산개~рассыпной строй; 전투 ~ боевой строй; ~변경 воен. перестроение;전투~боевой порядок

대화(對話) I разговор; беседа; диа-лог; ~체 разговорный стиль.

대화(大火) II большой пожар.

대화(大禍) III большое несчастье; большое бедствие.

대회(大會) съезд; конгресс; сессия; ~를 개최하다 открыть

съезд(конг-ресс; конференцию); ~일정 повестка дня съезда; ~장 место проведения съезда(конгресса; конференции); 군중 ~ митинг; 정기~ очередной съезд; 체육~ спартакиада; 보고~ доклад; публичная акция; 축전~ фестиваль.

댁(宅) 1) вежл. Ваш дом; Ваша семья; 2) вежл. Вы; 3) вежл. Ваша супруга; 4) уст. мой дом(янбан о своём доме в разговоре с нижес-тоящими); ~내 두루 안녕하신가요? Как ваша семья, всё в порядке? ~은 누구세요? Кто ты?

댁(宅) суф. кор. 1) уроженка(о чьей-л. супруге); 2) вежл. дом; 판서댁 дом начальника приказа.

댁네(宅-) вежл. Ваша(его)жена

댄스(dence) танец; ~파티에 가다 пойти на танцы; ~음악 музыка для танцев;

댐 (독,제방(堤防),방죽) плотина; дамба; ~의 плотинный;дамбовый; 저수용~ водохранилище; 콘크리트~ бетон-ная плотина.

댓 перед некоторыми сущ. при- мерно(приблизительно) пять; ~사람 примерно пять человек.

댓새 примерно пять дней.

댓째 примерно пятый.

더, 또 ещё(больше); более; ~깊다 более глубокий; ~는 없다 больше нет; ~는 참을 수 없다 больше не могу терпеть; 더 기다리다 더 깊다 более глубокий; 한 번 더 읽다 прочитать ещё раз; 더 아니 기쁠가? как же не радоваться? 더 없이 как нельзя больше(лучше).

더구나 вдобавок; кроме того; сверх того; к тому же; 말을 함부로 하는데다가 ~ 거짓말까지도 한다 Грубит, да вдобавок ещё и лжёт; см. 더군다나

-더구나 груб. оконч.воскл. ф.: 그 골짜기 물은 맑더구나 какая прозра-чная вода в этом ущелье!

더군다나 вдобавок; сверх того; к тому же;в дополнение; кроме того

더그레 1) халат с тремя полами (который носили стражники, те-лохранители и палачи); 2) подк- ладка мантии чиновника с круглым воротником; 3) детский свитер.

-더냐 разг. груб. оконч. вопр. ф.; употребл. когда говорящий хочет получить подтверждение того или иного факта: 눈이 산 너머에도 오더냐? правда ли что и за горой идёт снег?

-더뇨 оконч. вопр. ф. 얼마나 넓은 호수더뇨? как широко это озеро?

-더니 I разг. интимн. оконч. повеств. ф.; употр. говорящим при изложении фактов, очевидцем которых он был: 저녁이면 집에 놀러 오군 하더니 по вечерам приходят к нам гости.

-더니 II оконч. дееп.: 1) после основы наст. вр. имеет знач. а) причины; 열심히 노래를 배우더니 이젠 아주 잘불러요 так как усердно учился пению сейчас прекрасно поёт; б) противительное; 어제까지도 빛이 푸르더니 오늘은 조금 붉어 졌구나 вчера ещё была зелёной, а сегодня уже покраснела; в) соединительное;

더덕 бот. кодонопсис ланцетолистный.

더덕더덕~붙어있다 быть усеянным; ~하다 усеянный; усыпанный.

더듬거리다 1) шарить; ощущать; искать(идти) ощупью; 2) заикаться; запинаться.

더듬다 1) щупать; шарить; перебирать; искать на ощупь; 2) интуитивно осознавать(понимать); 3) ~기억을 вспоминать; 4) напрягать(слух); 5) заикаться, запинаться; 길을 ~ идти на ощупь; 생각을 ~ перебирать в памяти; 첫마디부터 말을 ~ запнуться на первом же слове; 호주머니 속의 지갑을 ~ нащупать кошелёк в кармане; 더듬어 나가다 искать на ощупь.

더듬질 ощупывание; заикание.

더듬이 рожки; щупальцы(у животных).

더디다 1) замедленный; медлительный; 걸음이 ~ идти медленными шагами; 진행이 ~ медлить с выполнением(чего-л.); 2) замедляться.

-더라 1) разг. груб. оконч. повеств. ф. сказ. очного наклонения: 강물이 좀 흐리더라 в реке вода немного мутная(говорит человек, видевший реку); 2) книжн. имеет подчёркивающее знач.: 당대의 명사들이 그 청 덕을 사모하고 우러러 하지 아니 할 이 없더라 учёные того времени восхищались и преклонялись перед таким благородством.

-더라니 разг. интимн. оконч. повеств. ф. со знач. предполагаемого результата: 네가 말을 안 듣고 혼자 가더라니, 그거 봐라, 혼자 갈 수 있던? ты не слушал меня и ушёл один, вот и теперь смотри(что случилось); разве можно было идти одному?

-더라니까 разг. интим. оконч. повеств. ф. выражает упрёк: 글쎄 아무도 없고 어린아이 하나가 집을 보더라니까 дома

- 220 -

же никого не было кроме одного ребёнка.

-더라도 оконч. деепр. уступитель-ного: 좀 어렵더라도 끝내 해 내겠 어요 хотя и трудновато, но закончу.

-더라면 оконч. дееприч. с уступи-тельно-условным значением: 우리가 더 주의 깊은 사람이었더라면 미리 알아 낼 수도 있었을 것이다 будь мы более внимательными людьми, мы могли бы узнать заранее.

더러 1) несколько; немного; незна-чительно; некоторая часть; неко- торая; кое-что, кое-кто; 2) иногда; временами; местами; ~그렇게 이야기 하는 사람도 있다 Некоторые так говорят; 우리는 ~ 만나기도 한다 Мы иногда встречались.

-더러 разг. окон. дат. пад.;누구더러 명령하는가? кому приказываешь?

더러워지다 загрязняться.

더럭 겁이 ~나다 неожиданно сильно испугаться; 화를 ~내다 не-ожиданно вспылить.

더럭더럭 1) с жадностью; прожор-ливо; 2) прилежно; настойчиво; 3) назойливо; ~조르다 выпрашивать; 억지를 ~쓰다 упрямствовать.

더럽다 (더러우니, 더러워) 1) прям. и перен. грязный; нечистый; 2) разг. скверный; мерзкий; дрянной; парши-вый; до чёрта; чертям тошно; 더러운 грязь; 더러워지다 пачкаться; маза-ться (чем-л.); загрязняться; 더럽히다 пачкать; мазать; загрязнять; 더러운 손 грязные руки; 더러운 짓 сквер-ный поступок; 흰옷은 쉬 더러워진다 белая одежда быстро пачкается.

더럽히다 1) пачкать; марать; ма- зать; загрязнять; 더럽힌 고치 пят- нистый кокон(шелкопряда); 2) ос-квернять; бесчестить.

더부살이 1) прислуга; работник; 2) паразит(о растении); 3) см. 곁방살이; иждивение; иждивенец[-ка]; ~하다 а) жить в прислугах; б) жить за чужой счёт; быть на(чьём-л.) иждивении; в) см. 곁방살이; ~신세 иждивенство; ~환자 걱정 сущ. вмешиваться в чужие дела.

더불어(употр. после 와/과) вместо;, наряду(с кем-чем-л.); 평생을 책과 ~살다 всю жизнь прожить вместе с книгами; 형님께 ~ вместе со старшим братом.

더없다 наибольший; наивысший; несравнимый; 더없이 несравненно; как нельзя больше(лучше); 더없는 행복 самое большое счастье; 더없이 좋은 날씨 на редкость хорошая погода.

더욱 ещё более; ~좋아지다 стано-виться лучше; улучшаться;~큰 소리로 말하다 говорить ещё громче;~좋다 ещё лучше; ~ 빛나다 еще больше сиять. 더욱더 ещё более.

더위 1) жара; 2) *кор. мед.* тепловой (солнечный) удар; ~타다 не вы- носить жары; 숨막힐듯한 ~ гнету-щая жара; 참기힘든 ~ нестерпимая жара; ~가 계속된다 жара стоит;~가 누그러든다 жара спадает;~를 먹다 получить тепловой(солнечный) удар; ~에 힘들어하다 страдать от жары; ~를 타다 не выносить жары; ~를 팔다 см. 더위팔기[하다] ~가 들다(~ 를 먹다) получить тепловой удар;

-디이다 *уст. почт.* окон. повест. ф. предикатива в очном наклонении.

더하다 I 1) усиливаться; увеличи-ваться; усиливать; увеличивать; 2) добавлять; прибавлять; складывать; 3) ухудшаться(о состоянии больного); 둘에 둘을 ~ прибавить два к двум; 병세가 ~ состояние болезни ухуд-шилось; 추위가 ~ мороз усили-вается; 7더하기 3은 10이다 семь плюс три будет десять; 더하기 сложение; плюс; 일을 ~ ра- ботать сверхурочно.

더하다 II быть сильнее(больше); 더 할 나위 없이 좋다 быть как нельзя лучше; 부모님 사랑인들 이보다 더하랴! Даже родительская любовь не может быть сильнее этой любви!; 더할 나위 없다 лучший; нет сравнения

덕(德) 1) нравственность; доброде-тель; благояние; милость; ~이 높다 высоконравственный; ~이 있다 добродетельный; ~으로 благодаря (кому-чему-л.); 친구들의 도움 ~(분) 에 благодаря помощи друзей; ~을 보다 пользоваться (чьей-л.) милостью; 2) см. 덕택; 덕택; 3) добрые дела; ~담 и доброе пожелание.

덕담(德談) доброе пожелание;~노래 этн. песня с мольбой о счастье; ~하다 желать счастья.

덕분(德分) благодаря.

덕분이다 благодаря.

-던 I *разг. сокр. от* -더냐,-더니

-던 II оконч.прич. или опред. ф. прил. прош. вр. обозначает соотве-тственно: а)действие, имевшее место в прошлом безотносительности к результатам: 하던 일은 끝 내고야

한다 надо закончить работу, кото-рую мы делали; б) признак, харак-теризовавший предмет до данного момента: 맑던 하늘이 어느 사이에 구름으로 덮였다 чистое(букв. быв-шее чистым) небо неожиданно пок-рылось облаками.

-던가 1) интим. оконч. вопрос. ф. прош. вр. гл.; присоединяется к основе прош. вр. 왜 못 갔던가? по-чему ты не смог прийти? 2) ин-тимн. оконч. вопр. ф. очного наклонения; присоединяется к основе наст. вр.: 산 너머도 비가 오던가? что и за горой идёт дождь?

-던걸 1) сокр. от -던 것을; 2) ин-тимн. оконч. вопрос. ф. с подчёрк-нутым значением; 그 사람의 힘이 훨씬세던걸 ведь тот человек довольно-и силён.

-던고 1) интим. оконч. вопрос. ф.; выражает риторический вопрос: 얼마나 나의 고향이 아름답던고! как прекрасны мои родные места! 2) интим. оконч. повеств. ф. очного наклонения: 네가 본 코끼리는 얼마 나 크던고? как велик слон, которого ты видел.

-던데 1) оконч. дееп.: а) с уступ. знач. 아까 가볼 때는 자던데 이젠 깬 모양이지? когда ходил к ним, они спали, а теперь наверное просну-лись; б)обозн. общую часть между предложениями: 강물이 많던데 어떻 게 건너 오셨어요? воды в реке много, как же вы переправились? 2) оконч.повеств. ф. сказ. с подчёркн. знач.: 아냐, 아침에 그이는 직장으로 가던데 нет, он же утром ушёл на работу.

-던들 оконч. деепр. с уступ. значе-нием: 미리부터 알았던들 대책을 못 세웠으리? хотя знали с самого на- чала, а мер не приняли.

-던바 книжн. окон. деепр. присое-динительного: 이 용광로는 요사이 수리하던바 그 성능이 아주 양호하다 недавно эту доменную печь ремонти-ровали,(при-чём) её мощность теперь очень высокая

던져 бросил

던졌습니다 бросил.

-던지 1) оконч. деепр. со знач. вероятной причины: 어찌 기쁘던지 발을 구르면서 뛰었다 он прыгал и скакал от радости; 2) оконч. вопр. ф. сказ. придаточного предложения: 그 때 그가 있었던지 기억이 나오? ты припоминаешь, что тогда он был? 3) интим. оконч. вопр. ф.предикатива: 그 때 날이 춥던지? тогда было холодно?

던지기 метание; толкание; 포환 ~ толкание ядра.

던지다 бросать; выбрасывать; забра-сывать; кидать; метать; 공을 ~ бросать мяч; 담배꽁초를 휴지통에 ~ бросить окурок в урну; 시선을 ~ кидать взоры(на кого-что-л.); 아무 데나 마구 ~ бросать куда попало; 주사위를 ~ кидать жребий; 파문을 ~ вызвать сенсацию; ~기 метание; толкание; 몸을 ~ бросаться(напр. в воду); 소문을 ~ пускать слух; 화제를 поднимать разговор(о чём-л.); 이야기를~ заговаривать(с кем-л.); 던저 마름쇠 *погов.* ≃ дело мастера боиться(букв. как ни бросай прово-лочного ежа, всегда он встанет остриём к верху).

던집니다 бросит.

덜 1) в сочет. с прил. не такой; 2) в сочет с нареч. не так; 3) в сочет. с гл. ещё не(совсем); ~하다 слабый; 두 사람이 아직 ~왔다 два человека ещё не пришли; 오늘은 어제보다 추위가~하다 сегодня не так холодно, как вчера; 잠이 아직 ~깼다 ещё не совсем проснулся; ~춥다 не такой холодный; ~빨리 не так быстро; 두 사람이 덜 왔다 два человека ещё не пришли.

덜기, 빼기 감하기 вычитание.

덜다 (더니, 더어) уменьшать; осла-блять; вычитать; отнимать; отба-влять; сбавлять; 갈증을~ утолить жажду; 근심을~ уменьшать заботы; 다섯에서 둘을 ~ вычитать два из пяти; 지출을~ уменьшать расходы; 짐을 ~ облегчить ношу; 힘을 ~ экономить силы.

덜미 1) затылок; загривок;~를 짚다 (치다) схватить за шиворот(за заг-ривок); 2) непосредственно сзади (позади); ~대문 задние северные (ворота); ~를 잡히다 затронуть са-мое больное место.

덜하다 слабый(по сравнению с...); слабее; 병세가~ больному лучше.

덤(덧거리,우수리) 1) добавка; надбавка; прибавка; ~으로 вдобавок; впридачу; в дополнение; ~을 주다 дать в дополнение; 2) см. 우수리.

덤비다 1) набрасываться; налетать; спешить; суетиться; пороть горячку; 함부로 ~ набрасываться ни с того, ни с сего; 그는 무턱대고 이 일에 덤빈다 он начал работать наугад; 2) см. 서두르다.

덤펑(dumping), 투매 демпинг.

덥다(더우니,더워) 1. 1) жаркий; горя-чий; 2) кор. мед.

согревающий; 더운 여름 жаркое лето; 더운찜질 согревающий компресс; 방안의 공기가 더워졌다 воздух в комнате наг-релся; 방이 골고루 더워졌다 пол в комнате равномерно нагрелся; 환자의 몸이 ~ у больного жар; 더운색 тёплые цвета; 더운점심 горячий обед; 더운약 согревающее средство; 2. нагреваться; согреваться.

덧- преф. добавочный; дополни-тельный; поверх(чего-л.); ~니 зуб, расположенный вне зубной дуги; ~ 보태다 дополнительно добавлять; ~ 버선 вторые носки, надеваемые поверх первых; ~옷 верхняя одежда; ~입다 надевать поверх(чего-л.); ~머리 голова.

덧나다 I 1) открыться(о ране); 2) ухудшаться(о сотоянии больного); обостряться; 3) пропадать, терять (напр. аппетит); 4) обижаться; разг-неваться; раздражаться; 부스럼이 다시 덧났다 прыщ снова нагноился.

덧셈 сложение; ~을 하다 произво-дить сложение.

덧없다 1) суетный; тщетный; напра-сный; быстротечный; мимолётный; 2) неясный; смутный; неотчётливый; 덧없이 тщетно; напрасно; неясно; смутно; неотчётливо; 덧없는 생각 смутные мысли; 덧없는 희망 тщет-ные надежды; 덧없이 살아온 일생 напрасно прожитая жизнь.

덩 паланкин принцессы.

덩굴 плеть ползучего или стелю-щегося растения; ~의 плетевой; ~을 걷다 убирать(собирать) плоды пол-зучих или стелющихся растений; 포도~ виноградные плети; ~개별꽃 ложная звездчатка; ~며느리 주머니 см. 줄꽃[주머니]; ~별꽃 волдырник; ~식물см. 만생[식물]; ~꽃말이 бот.три-гонотис; ~딸기 ежевика

덩달아 слепо(бессознательно) сле-дуя (за кем-л.);~그는 덩달아웃었다 он засмеялся вслед за другими.

덩어리 1) ком; глыба; кусок; 2) масса; 금~ слиток золота; 기름~ кусок жира; 얼음~ глыба льда; 흙~ком земли; 한 ~가 되다 спло-титься воедино(в одно целое); 돈 ~ см. 목돈.

덫 капкан; ловушка; западня; ~에 걸리다 попасть в капкан(ловушку); западню);~을 놓다 ставить капкан (ловушку; западню).

덮다 1) покрывать; накрывать; укрывать; закрывать; застилать; 2) охватывать; окутывать; закрывать глаза(на что-л.); скрывать; 덮습니다 жарко; 덮이다 быть покрытым (нак-рытым; закрытым; укрытым); быть застланным; 뚜껑을~ закрывать крышкой; ~어 쓰다 1. а) укрывать (напр. одеялом); нахлобучиваться; покрываться(пылью *и т. п.*); б) брать на себя (напр. ответственность).

덮씌우다 покрывать[ся]; накрывать [ся]

덮어놓다 закрывать; приостановить; прекратить; отложить; 덮어놓고 без разбора; как попало; наобум; нау-дачу; сьяния о알아보지도 않고 덮어 놓고 나무라다 ругать, не разобрав-шись в чём дело.

덮어두다 закрывать глаза(на что-л.); скрывать; ~사실을 덮어 두어서는 안된다 нельзя скрывать правду.

덮어쓰다 укрываться(чем-л.);покры-ваться (чем-л.); брать на себя; 누명을 ~ быть незаслуженно опорочен-ным; 먼지를 ~ покрыться пылью; 이불을 ~ укрыться одеялом.

덮어씌우다 сваливать(взваливать) вину(на кого-л.); 책임을 다른 사람 에게~ взваливать ответственность на другого.

덮였습니다 покрывать.

덮이다 быть покрытым(накрытым, закрытым, укрытым); быть застлан-ным.

덮치기 сеть для ловли птиц.

덮치다 1)наваливаться(на что-л.); 2) (неожиданно) набрасываться(навали-ваться)(на кого-что-л.); 고양이가 쥐를 갑자기 덮쳤다 неожиданно кош-ка набросилась на мышь; 엎친데 덮친격 беда не ходит одна.

데 1. после опред. 1) место; 2) случай; положение; состояние; об-стоятельство; 가는 ~마다 везде; 갈 ~가 없다 некуда идти; 나는 그녀가 사는~를 모른다 я не знаю, где она живёт; 이 약은 머리 아픈데 잘듣는 다 это лекарство хорошо помогает при головной боли; 2.после опред. предлож. и словосочет. с 데 있다 (дело) заключается в том, что..; ...데 대한 문제 вопрос в том, что ...; 데 역할을 하다 играть роль в ....

데- преф. выражает незавершён-ность действия:데삶다 недоварить; 데익다 недозреть.

-데 разг. фам. окон. повест. ф. 참 금강산은 아름답데 Кымгансан очень красив.

데다 1)обжигать[ся](чем-л.); 덴자리 место ожёга; 끓는 물에 손을~었다 обжёг руку кипятком;덴 소 날치듯 *погов.*=*букв.* мечется, словно обжёг-шаяся корова; 2) потерпеть наудачу;

뎬가슴 перепуганная душа

데려가다 вести(уводить) с собой; везти(увозить) с собой; 손을 잡고 ~ вести(кого-л.) за руку; 환자를 병원 ~ вести больного в полик-линику.

데려오다 приводить с собой; 아이 들을 집으로 ~ привести детей домой.

데리고 다니다 водить.

데리다 데리고, 데려 взяв с собой; 데려 가다 вести(уводить) с собой; 데려오다 приводить с собой.

데모(*англ.* demonstration) демонст-рация; ~하다 устраивать демонст-рацию; ~군중 массы демонстрантов

데시벨(*англ.* decibel) децибел(дб.)

뎅 звукоподр. удару по железному предмету бум.

뎅그렁~하다 звякнуть;издать(звон)

도 I одно очко(при броске косточек в игре ют).

도(度) II 1) мера; предел; степень; ~ 를 넘지않다 знать меру; ~에 지나 치다 выходить за рамки (пределы); заходить слишком далеко; переходить границы; 긴장 ~ степень напря-жения; ~를지나치게 выходить за рамки (пределы) 2) мерка, масштаб, мерило; 3) в разн. знач. градус; 급경사의 60 ~각 острый угол; 북위 38도 38 градусов север-ной широты; 알콜 45~의 보드카 45-градусная водка; 영하 20~ 20 градусов мороза; 4) (несколько)раз; 삼사도 тричетыре раза.

도 III то(*муз.инструмент*, состоящий из нескольких небольших барабанов, соединённых штоком).

도(道) IV 1) уст. книжн. см. 도리; 2) религиозное учение(догма);3) мораль, нравственность; 도를 닦다 а) изучать религиозные догмы; б) нравст-венно воспитывать себя; ~를 닦다 вникать в сущность религиозных учений; ~에 어긋나다 противоре-чить нравственным нормам; 4) уст. приёмы (владения оружием).

도(道) V 1) провинция; ~의 прови-нциальный; ~단위의 행정기관 про-винци-альный административный орган; 충청북~ Чхунчхон-Пукто (провинция Северный Чхунчхон); 평안남도 южная провинция Пхёнан (южная Пхёнандо; Пхёнан-Намдо); ~지사 губернатор провинции; ~청 административное управление про-винции; 2) *сокр.* провинциальный орган

도 VI (ит. do) до(нота);~-레-미-파-솔-라-시до-ре-ми-фа-соль-ля-си.

도(道) VII правильный путь; ра-зумные основания.

도 VIII частица 1) (даже) и, тоже; ни (при отриц. сказ.); 바다도 하늘도 푸르다 и море и небо-всё голубое; 하나도 얻지 못하였다 не нашёл ни одной; 2) имеет подчёркивающее значение: я, бадиа так широка о, море очень широкое!

도-(都) преф. кор. глава; лидер; ~수 предводитель.

-도(-島) I суф. кор. остров(острова); -до (-то); 독~ Токто(остров Ток); 제주~ Чечжудо(остров Чечжу).

-도(-徒) II суф. кор. человек; 문학~ литератор; 불교~ буддист; 과학~ человек(люди) науки.

-도(圖) III суф. кор. картина; карта; план; чертёж; проект; 천체~ астрономическая карта; 측면~ вид с боку(в профиль).

-도(渡) IV суф. кор. переправа; пере-воз; 삼전도 самчонский перевоз

-도(度) V суф. кор. 1) степень; 경사 도 степень наклона;긴장도 степень напряжения; 2) после ~년 год; 학년 도 учебный год.

-도(刀) VI суф. кор. нож; 해부도 скальпель.

도구(道具) 1) орудие; инструмент; прибор; средство; ~를 사용하다 ис-пользовать орудие; ~주의 инстру-ментализм; 가재~ домашняя утварь; 생산~ орудие производства; ~담당자 театр. реквизитор; 세수~ умыва-льные пренадлежности; 2) средство, орудие.

도금(鍍金) плакирование; ~하다 плакировать; 금~ 시계 часы с по-золотой; 금으로 ~하다 золотить; покрывать золотом; 금~이 벗겨지다 позолота сходит; ~박강관 белая жесть.

도금공(鍍金工) плакировщик.

도급(都給) I сдельщина; ~단가 сдельные расценки; 단일 ~임금제 система единой сдельной оплаты труда; ~루진 임금제 сдельно- прогрессивная оплата труда; ~임금제 сдельная оплата труда.

도급(道級) II сущ. провинциальный; ~기관 провинциальное произведе-ние; провинциальный орган.

도급제(都給制) сдельщина; ~노임 сдельная оплата труда; ~로 сдельно.

도깨비 1) дьявол; черт; демон; 꼬마 ~ дьяволёнок; чертёнок; ~감투 а) шапка-невидимка; б) волшебный предмет; ~불

блуждающие огоньки; ~놀음 дьявольщина; чертовщина; ~장난 а) шутка дьявола; б) чудо; ~짓 а) чудо; б) безобразие; ~할미 ба-баяга; ~기와장 뒤듯 *погов.* ≈ словно дьявол переворачивает черепицы(о беспорядочном перелистывании, переворачивании); ~도 수풀이 있어야 모인다 *посл.* ≈ построить на пес-ке(что-л.); ~도 수풀이 있어야 재주를 피운다 *посл.*для раскрытия таланта нужны условия; ~자루 топорище; 손~ топорик.

도끼눈 острый взгляд; ~을 하고 보다 злобно смотреть.

도끼자루 топорище.

도난(盜難) I кража; ~당하다 быть обкраденным; 나는 소매치기한테 지갑을 ~당했다 воркарманник украл у меня кошелёк.

-도다 *книжн. высок. окон. повест. ф. сказ.*: 조국을 위하여 모두다 불사신 처럼 싸웠도다 все беззаветно боро-лись за Родину.

도달(到達) I 1) прибытие; 2) дости-жение(чего-л.); ~하다 достигать(че-го-л.); прибывать; ~점 пункт при-бытия; 목적지에 ~하다 достичь наз-наченного места; 최고수준에 ~하다 достичь наивысшего уровня; 합의 에 ~하да прийти к соглашению

도달(導達) II *арх.* ~하다 тайно доно-сить(нашёптывать(вышестоящему).

도대체(都大體) 1) ~로 в общем; в целом; в основном; 2) перед отриц. совершенно; совсем; никак; действи-тельно; ~무슨 일입니까? Действи-тельно в чём же дело? ~알 수가 없다 совершенно невозможно узнать; 3) короче говоря.

도덕(道德),도리(道理),윤리(倫理) мораль; нравственность; ~적 моральный; нравственный; этический; ~의 해이 моральный износ; ~적 의무감 чу-вство нравственного долга; ~적 풍모 моральный облик; ~관 моральные взгляды; ~성 мораль-ность; ~군자 см. 도학[군자]; ~부인론 аморализм.

도둑 вор; ~고양이 бездомная кошка; ~맞다 быть обкраденным(оборо-ванным);~질하다 красть; воровать; грабить;현장에서 ~을 잡다 поймать вора на месте преступления; ~을 맞으려면 개도 안 짓는다 кому судь-ба быть обкраденным, у того и собака не лает; ~이 제발저린다 на воре шапка горит; ~질 воров-ство.

도라이바(*англ.* driver)드라이버, 나사 돌리개) отвёртка

도라지(도래,길경(桔梗)) колокольчик; ~나물 салат из корней колоколь-чиков; 백~ белый колокольчик.

도람무통(<англ. drum + 桶)드럼통 бак; 석유~ нефтяной бак.

도랑(개울, 개천) канава; сток; ~을 치다 рыть канаву; очищать канаву; ~치고 가재 잡는다 сочетать приятное с полезным; ~물 вода в канаве; ~에 든 소 обр. а) везучий человек; б) счастье валом валит.

도래(到來) наступление; приближе-ние; ~하다 наступать; приближаться; 새시대의 ~를 예고하다 предвещать приближение новой эры.

도량(度量) I длина и объём;~형 мера и вес; измерение; ~형표 таблица мер и веса.

도량(度量) II 1) великодушие; бла-городство; ~이 넓은 사람 человек широкой души; ~이 넓다(좁다) великодушный(ограниченный); ~이 크다 великодушный;благородный; 2) измерение; определение количества; ~단위 единица измерения; ~하다 измерять; определять(количество).

도량 III 1) место расположения бу-ддийского храма(монастыря); 2) тер-ритория буддийского храма; 3) буд-дийский храм(как место изучения буддизма)

도로(徒勞) I напрасный(бесполезный) труд; ~무공 бесполезные (беспод-ные) страдания; ~무익 бесполезный (напрасный) труд.

도로(道路) II дорога; путь; ~의 до-рожный; 자동차 전용~ автострада; 통행금지 ~ проезд запрещён; ~를 개통하다 открыть дорогу; ~를 막다 перекрыть дорогу; ~건설 строитель-ство дорог; ~망 дорожная сеть; 순환~ кольцевая дорога; 포장~ асфальтированная дорога; ~ 표식 дорожный знак.

도로 III обратно; снова; 아이들을 ~ 집으로 돌려보내다 обратно отпусти-ть детей домой; 잃어버린 것을 ~ 찾다 снова найти потерянное; ~아 미타불 остаться у разбитого корыта.

-도록 окоч. дееп. выражает: 1) предел: 밤이 새도록 앉다 сидеть с утра до утра; 2) цель: 병이 나지 않도록 주의해라 заботиться, чтобы не заболеть.

도르다(도르니, 돌라, 두르다) 1)돌라 вокруг; кругом(чего-л.); 병풍으로 돌라(둘러)막다 ставить ширму(вокруг чего-л.); 2) раздавать; обносить; 3) обманывать; вводить в заблуждение; 4) обкрадывать; 5) передавать(друг другу); 돌а гда одевать, носить по очереди(что-л.); 6) стошнить; 돌а 가다 уезжать, обобрав(кого-л.); 돌 라내다 а) обирать; грабить; б) соб-лазнять; искушать; 돌라붙다 пере-ходить(на чью-л.) сторону.

도래 1) флюгер; 2) вертушка прикрепленная к палке(которой играют дети).

도르르 1) ~말리다 свёртывать, скручивать(напр. об узких полосках бумаги); ~흘리다 2) скатываться (напр. о каплях пота).

도리(道理) нравственная норма; пра-вильный путь; разумные основания; способ; путь; ~에 맞다 разумный; ~에 어긋나다 противоречить здра-вому смыслу; ~하는 수 밖에 다른 ~가 없다 нет иного пути, как...;ничего не остаётся, как ...; нормы (правильный) путь; способ; ...하는 수 밖에 ~가 없다 нет иного пути, как...; ничего не остаётся как.....

도리가 없다 нет способа(пути).

도리어 наоборот; напротив; 그는 미안하게 생각하지 않고 도리어 성을 냈다 он не чувствовал себя винова-тым, а наоборот даже рассердился.

도립(道立) I *сущ.* провинциальный; ~ 극장 театр в провинциальном цент-ре; ~병원 про винциальная больница.

도립(倒立) II ~영상 перевёрнутое изображение; ~하다 переворачива-ться вверх дном(на другую сторону).

도마(跳馬) кухонная доска; ~에 올려 놓았다 делать(кого-л.) предметом обсуждения(порицания); ~위의 고기가 칼을 무서워하랴 *посл.* ≈ *двух смертей не бывать, а одной не миновать*(букв.на кухонной доске рыба не боится ножа); ~에 오른 고기 *погов.* ≈ жизнь висит на волоске(словно рыба на кухонной доске).

도마도 помидор; 일년감; ~검은 부패 병 чёрная гниль томата(болезнь).

도망(逃亡) I бегство; побег; ~을 가다 убегать; обращаться в бегство; 감시를 피해 ~치다 убегать изпод стражи; ~자 беглец [-янка];~을 치다 обращаться в бегство.

도망(悼亡) II *уст.* ~하다 скорбеть (горевать) по покойной жене.

도맡다 брать(взваливать) на себя всё; 그는 전적으로 자기 가족의 생계를 도맡고 있다 он полностью обеспе-чивает свою семью.

도매(都買) I оптовая продажа; опт; ~의 оптовый; ~로 оптом; ~로 팔다 продавать оптом; ~가 оптовые цены; ~상 оптовик; оптовый торговец; ~업 оптовая торговля; ~가격 оптовая цена; ~상업 оптовая торговля; ~하다 продавать оптом (целой партией).

도매(都賣) II уст. оптовые закупки; ~하다 закупать оптом.

도박(賭博) 1) азарт; азартная игра; 2) игра с огнём; риск; ~하다 играть в азартные игры; играть с огнём; рисковать; ~에 빠지다 войти(впасть) в азарт; ~기구 игровой инвентарь; ~꾼 (азартный) игрок; ~사업 игорный бизнес; ~장 игорный дом.

도발(挑發) разжигание; провокация; подстрекательство; ~적 провокационный; ~하다 разжигать, развязывать; провоцировать; ~적 행동 провокационные действия; 전쟁~ провокационные войны.

도보(徒步) I ходьба; ~의 пеший; ~로 пешком; ~로 가다 идти пешком(идти); ~경주 состязание в ходьбе; ~여행 пеший ход; ~하다 ходить(идти) пешком.

도보(圖報) II уст. ~하다 стремиться воздать добром за добро.

도산(逃散) I уст. ~하다 разбрасы- ваться; рассеиваться; разбегаться; разлетаться(в разные стороны); бросаться врассыпную.

도산(到山) II уст. ~행하 вознаграждение за несение гроба до могилы; ~하다 достигать могилы(о похоронной процессии).

도서(圖書) I 1) книги; книжный; ~대출 выдача книг; ~목록 каталог книг; ~ 열람실 читальный зал; читальня; ~전람회 выставка книг; 참 고~ справочник; справочная книга; 2) уст. книги и картины.

도서(島嶼) II острова; ~지역 островной район.

도서(圖署) III арх. личная печать (напр. на книгах); 대중~ публичная библиотека; 이동~ передвижная библиотека.

도서관(圖書館) библиотека; ~의 библиотечный; ~에 등록하다 записываться в библиотеку; ~원 библиотекарь; ~장 директор библиотеки; ~학 библиотековедение; 대중 이동~ передвижная библиотека.

도서실(圖書室) читальня.

도수(徒手) I свободные пустые руки; ~로 голыми руками; с пустыми руками; ~경례 приветствие(отдание чести) без оружия; ~동작 движение свободными руками; ~체조 спорт. вольные упражнения; ~훈련 строе-вая подготовка без оружия.

도수(刀手) II 1) воин, вооружен-ныймечом; 2) палач, отсекающий го-лову мечом.

도시(都市) I город(города); ~의 городской; ~외곽에서 살다 жить за городом; ~계획 планировка города; ~국가 городгосударство; ~녹화 озе-ленение города;~인 горожанин[-ка]; (복-네);городской житель; городская жительница; 행정~ городское управ-ление; 공업~ промышленный город; 대~ крупный город; 위성~ город-спутник;

도시(圖示) II ~하다 показать на схеме(диаграмме).

도시락, 밥곽, 1) маленькая корзинка; 2) см. 밥곽; 3) рис в коробке(на за-втрак); обед; закуска; специальная посуда для обеда; закуски; 점심 ~을 싸다 собирать обед.

도식(圖式) I 1) схема; формула; ~적 схематичный; схематический; ~적인 사고방식 схематическое мышление; ~을세우다 составлять формулу; ~화 하다 схематизировать; ~성 схема-тичность; ~주의~схематизм; ~주의자 схематизация; 2) см. 도식주의.

도식(徒食) II ~하다 а) быть дармо-едом; б) арх. есть вегетарианскую пищу

도심(都心) I центр города; ~에서 살다 жить в центре города; ~지대 центральный район; центральная улица.

도심(盜心) II уст. стремление(же-лание) украсть(что-л.).

도안(圖案), 도면(圖面) I 1) эскиз; чертеж; контур; план; схема; ~하다 набрасывать эскиз; чертить; 상표 ~ эскиз марки; 2) иск. графика.

도안(道眼) II отверстие в ручке сабли(для чеки).

도약(跳躍), 뜀뛰기 I 1) прыжок (прыжки); ~의 прыжковый; ~하다 прыгать; делать прыжки; ~대 трамп-лин; 2) (경기) соревнования по прыжкам; ~선수 прыгун; 3) ~운동 прыжки(упражнения).

도약 II ~하다 растирать(лекарство)

도와주다 помогать(кому-л. в чём-л.); оказывать помощь;

도와주세요! Помогите! 아내는 아이 가 책 읽는 것을 도와주었다 жена помогла ребёнку прочесть книгу.

도외시(度外視) игнорирование; ~하 다 игнорировать; оставлять без вни-мания; 의도적으로 사실을 ~하다

умышленно игнорировать факты.

도용(盜用) I тайное пользование чужим; плагиат; ~하다 тайно пользоваться чужим; заниматься плагиа-том; 그는 타인의 작품을 도용했다 он переписал чужое произведение.

도용(陶俑) II этн. глиняная фигурка человека (которую клали в могилу вместе с покойником).

도움, 원조(援助),조력(助力) помощь; ~으로 при помощи; с помощью; ~을 받다 пользоваться(чьей-л.) помощью; ~을 주다 оказывать помощь; ~을 청하다 просить помощи; ~이 되지 않는다 не помогает; не годится; 그는 아무짝에도 ~이 되지 않는다 он ни к чему не годится.

도입(導入) внедрение; ~하다внедрять (во что-л.); 신기술 ~ внедрение новой технологии; 외자~ внедрение иностранного капитала; ~되다 внедряться (во что-л.); 연구결과를 생산에 ~하다 внедрять результаты исследований в производство; ~부 втупительная часть; вступление.

도자기(陶磁器) фарфор; фаянс; кера-мические изделия гончарные изделия; ~의 фарфорофая, фаянсовый, кера-мический; 고려~ фарфор эпохи Корё; 유약칠을 한 ~ глазурованный фар-фор; ~공업 керамическая промыш-ленность; ~공장 завод керамических изделий.

도장(圖章), 인장(印章) I штамп; пе-чать; ~을 만들다 изготовлять пе-чать; ~을찍다 класть(накладывать, ставить) печать; накладывать штамп; ~집 футляр для печати.

도장(塗裝) II окраска; ~하다 покры-вать краской; окрашивать; ~공 кра-сильщик[-ца]; маляр[-ша]; ~작업 малярные работы.

도장(道場) III центр подготовки; сооружение для занятий; 유도~ сооружение для занятий дзюдо; 태권도 ~ центр подготовки тхэк-вондо.

도저히 1) перед отриц. ф. сказ. никак; никаким образом; ни в коем случае; 나는 ~그녀를 잊을 수 없다 я никак не могу забыть её; 2) пос-ледовательно, твёрдо.

도적(盜賊) I 1) вор; грабитель; гра-бители; ~을 앞으로 잡지 뒤로는 못 잡는다(~을 앞으로 잡지 뒤로 잡나?) посл. ≡ не пойман не вор; ~이 매를 든다 посл. букв. вор бьёт хозяина(у которого украл); ~이 제 발이 저리다 посл. ≡ на воре шапка горит(букв. у вора ноют ноги); ~에게 열쇠를 준다 погов. букв. дать вору ключ; ~의 두목도 ~이요 그

- 234 -

졸개도 또한 ~이라 *посл.* ≅ букв. не только тот вор, кто ворует, но и тот, кто ворам потакает; ~나무 кража(заготовка)дров в чужом лесу; ~노름 игра в азартные игры тайком; ~을 맞다 быть ограбленным;

도적(道的) II ~로 в масштабе всей провинции; ~문제 вопрос, касаю- щийся всей провинции в целом.

도적질 ~하다 а) красть; воровать, грабить; б) присваивать(неза-конным путём) (что-л.) чужое; ~해 보다 смотреть украдкой; ~을 해도 손이 맞아야 한다 *посл.*≅ букв. и в краже нужно согласие.

도전(挑戰) I вызов (на бой); про-вокация; ~적 вызывающий прово-кационный; ~하다 вызывать на бой; посылать(бросать) вызов; провоци-ровать; ~적 행동 провокационные действия; ~을 받아들이다 принять вызов; ~자 посылающий[-ая]; пре-тендент[-ка](на что-л.); ~적 прова-кационный; вызывающий; ~행위 провокационные действия.

도전(盜電) II ~하다 незаконно по-льзоваться электроэнергией

도중(島中) I ~에 на острове.

도중(都中) II *уст.* 1) ~[에] в кол- лективе; в обществе; 2) все(члены) коллектива; общества; ~비용 совме-стные расходы.

도중(途中) III по дороге; по пути; проездом; проходом; мимоходом; на полдороге; на попутии; в процессе; ~강의 ~에 в ходе лекции; 집으로 가는 ~에 по дороге домой; ~에 포기하다 бросать на полпути.

도착(倒着) I прибытие; приезд; ~ 하다 прибывать; приехать; 무사히 ~하다 прибыть (приехать) благо-получно; 비행기는 7시에 ~합니다 самолёт прибудет в семь часов; ~성명 объявление о прибытии; ~ 경도 *мор.* достижение меридиана; ~ 위도 *мор.* достижение широты.

도착(倒錯) II ~하다 извращать; искажать.

도참(圖讖) 1) гадание; предсказание судьбы; 2)книга предсказаний судеб.

도처(到處) ~에 повсюду; повсемест-но; везде; 전국 ~에서 по всей стране; ~에 활기가 넘쳐난다 повсю-ду радостное оживление; ~낭패 полный провал; повсюду(везде) неудачи; ~선화당 всюду тёплый (радушный) приём; ~청산 всюду прекрасные условия(жизни); ~춘풍 полный успех(в работе).

도청(盜聽) I подслушивание; ~하다 подслушивать; 특수장치를 이용하여 전화를 ~하다 подслушивать телефонный разговор с помощью специальной аппаратуры; ~장치 подслушивающее устройство; 무선~ радиоперехват.

도청(都廳) II 1) чиновник ведомства королевского двора, временно создававшегося для организации строительства, свадебных и похоронных церемоний; 2) место сбора чиновников; 3) судья(на состязаниях в кор. поло); 4) место сбора судей

도취(陶醉) I 1) опьянение(упоение) (чем-л.); 2) упоение; ~하다 быть упоённым(опьянённым)(чем-л.); ~되다 опьянеть; 그는 처음으로 거둔 승리에 ~되었다 он был опьянён первой победой; ~에 빠지다 опьянеть; быть упоенным.

도취(盜取) II ограбление; ~하다 ограбить.

도태(淘汰) 1) отбор; селекция; ~되다 отбираться; быть удалённым (отстранённым); ~시키다 отбирать; селекционировать; отстранять;~설 селекционная теория; 인공~ искусственный отбор; 자연~ естественный отбор; 집단~ групповой отбор; ~학자 селекционер; 2) атрофия, утрата; 3) промывка; ~하다 а) отбирать, селекционировать; б) атрофироваться, утрачиваться; в) арх. промывать.

도표(圖表) I схема; график; диаграмма; таблица; 생산증대 ~ диаграмма роста производства; ~로 나타내다 схематизировать; ~를 그리다 чертить схему(график).

도표(導標) II 1) дорожный указатель, веха; 2) см. 지표; 3) показатель(напр. роста).

도피(逃避) I дезертирство; бегство; побег; ~하다 дезертировать; бежать; скрываться; 현실을~하다 отворачиваться(уйти) от действительности; ~자 дезертир; беглец; ~주의 эскапизм; ~처 убежище.

도피(圖避) II уст.~하다 замышлять (побег).

도하(渡河) переправа(перевоз) через реку; ~하다 переправляться через реку; форсировать реку; ~지점 пункт переправы; ~장소 переправа (место).

도합(都合) всего; итого; в общей сложности; 나를 포함하여 ~ 일곱 사람이 모였다 включая меня, собралось всего 7 человек.

도해(圖解) 1) иллюстрация; пояснительный текст(к карте, чертежу и т.п.); 3) ~하다 а) иллюстрировать[ся]; б) давать

- 236 -

пояснение (к рисунку, чертежу и т. п.).

도해법(圖解法) [-ппоп] *мат.* графи-ческое решение.

도형(圖形) I 1) набросок, эскиз; контур; схема; ~기하학 начерта-тельная геометрия; 2) геометри- ческая фигура; 공간 ~ *мат.* прост- ранственная фигура; 평면 ~ плос-кая фигура.

도형 II каторжные работы.

도화선(導火線) 1) огнепровод; огнепроводный шнур;фитиль; 2) причина; повод; толчок; 전쟁의 ~ непосред-ственный повод к войне; ~에 불을 붙이다 запаливать огнеп-роводный шнур (фитиль).

독 (단지) I (глиняный) чан; ~안에 든 쥐 как мышь, попавшая в чан; 장~ чан для соевого соуса; 독틈에도 용수가 있다 *посл.* ≃ из всякого положения можно найти выход; 독 틈에 탕관 *посл.* ≃ между двух огней;

독(毒), **독약**(毒藥) II 1) яд; отрава; токсин; вред; миазмы; ядовитость; злоба; ~하다 ядоносный; крепкий; забористый; едкий; горький; же-стокий; лютый; ~한 냄새 едкий запах; ~한 사람 лютый человек; ~한 성미 жестокий нрав, ~을 품고 со злобой; ~을 없애다 нейтрализовать яд; принять противоядие;~이 오르다 злиться.

독-(獨-) *преф. кор.* одинокий; один; сольный; монопольный;~무 сольный танец; ~차지 монопольное владение; ~채 одинокий дом; дом на отшибе; 독살림 одинокая жизнь.

독가스(毒+*англ.*gas) ядовитый (отра-ляющий) газ; боевое отравляющее вещество; ~공격 газовая атака.

독감(毒感) I инфлюэнца; грипп; ~에 걸리다 заболеть гриппом.

독감(獨監) II одиночная камера (в тюрьме).

독기(毒氣) 1) миазмы; ядовитые испарения; воспаление; раздра- жение; 2) злоба; ~있는 ядовитый; злобный; ~를 품고 말하다 говорить со злобой.

독단(獨斷) 1) единоличное(произ- вольное) решение; своеволие; про-извол; произвольное решение; ~적 своевольный; произвольный; ~적 판단 произвольное решение; ~적 으로 행동하다 поступать своеволь-но; ~성 своевольство; произволь-ность; 2) субъективное решение; 3) догма.

독려(督勵) поощрение; ~하다 поощ-рять; подбадривать;

воодушевлять (чем-л.); вдохновлять; 공적을 새우도록~하다 воодушевлять на подвиг.

독립(獨立),**자주**(自主) независимость; самостоятельность; отдельный; оди-нокий; ~적 независимый; самосто-тельный; ~하다 быть независимым (самостоятельным); 완전한~ полная независимость; 정치적~ полити-ческая независимость; ~을 선포하다 провозглашать независимость; ~을 인정하다 признать независимость; ~을 쟁취하다 добиться независи-мости; завоевать независимость; ~ 건물 здание для одного учреждения; ~국 независимое государство; ~ 선언서 декла-рация независимости; ~성 независимость; самостоятель-ность;

독립국(獨立國)[тоҥнип-] независи-мое (самостоятельное) государство.

독립권(獨立權) [тоҥнип-] право на независимость.

독립성(獨立性)[тоҥнип-] самосто-тельность, независисмость

독방(獨房) 1) отдельная комната; одноместный номер; каземат; оди-ночная камера для заключённых; ~에서 옥고를 겪다 томиться в казе-мате; 일인용 ~을 배정하다 распре-делять одноместные номера; 2) *см.* 독감 II.

독본(讀本) 1) книга для чтения; хрестоматия; 톨스토이의 인생~круг чтения Л.Н. Толстого; 러시아문학 ~ хрестоматия по русской литературе; 국어 ~ книга для чтения по родному языку; 문학 ~ хрестомаятия; 2) учебник, учебное пособие.

독불장군(獨不將軍) 1) *обр. букв.* один в поле не воин; 2) одинокий и беспомощный человек; 3) человек, который всй любит делать сам; 그는 ~이다 он своенравный человек; 그는 성격이 ~식이라 다른 사람의 말은 듣지 않고 매사를 자기 혼자서 하길 좋아한다 У него своенравный харак-тер, поэтому он не слушает других и любит делать всё сам.

독사(毒蛇) 1) ядовитая змея; 2) *см.* 살무사; ~눈 зловредные глаза.

독살(毒殺) I убийство при помощи яда; отравление; ~하다 убить при помощи яда; отравлять; ~당하다 быть отравленным.

독살(毒煞) II злоба; ~스럽다 злоб-ный; язвительный; ядовитый; ехид-ный; ~스레ядовито; со злобой; язвительно; ехидно; ~을 부리다 злиться; злобствовать; ехидничать; ~을

피우다 ~이 나다 разозлиться.

독서(讀書) чтение; ~하다 читать книгу; ~삼매 сосредоточенное чте-ние; ~실 читальный зал; ~열 стремление к чтению; ~회 кружок чтения.

독소(毒素) 1) токсин; ~의 вредный; токсичный; 건강의 ~적인요소 вре-дный для здоровья элемент; ~료법 ~혈증 токсинемия; ~형성 токсино-образование; 2) вредность, вред

독수리(禿-) орёл; ~의 орлиный; ~같은 매서운 눈초리 орлиный взгляд; 새끼 ~ орлёнок(орлята); ~암컷 орлица; 쌍~ двуглавый орёл; ~는 파리를 못잡는다 погов. ≈ каждому своё

독식(獨食) уст. ~하다 извлекать выгоду только для себя.

독신(獨身) I несемейный человек; одинокий человек; целибат; ~의 холостой; безбрачный; ~으로 хо-лостым; ~으로 지내다 жить холос-тым, не вступая в брак; ~생활 холостая(одинокая) жизнь; безбра-чие; ~서원 обет безбрачия; ~자 холостяк[-чка]; ~주의자 сторонник безбрачия; ~모성 матьодиночка ~생활 холостая(одинокая) жизнь.

독신(篤信) II ~하다 рел. глубоко верить.

독실하다 искренний; добросовес-тный; 독실한 사람 искренний че-ловек; 독실한 신자 глубоко верую-щий(во что-л.).

독일(獨逸) Германия; ~의 герман-ский; ~철학 немецкая философия; ~혐오증 германофобство; ~어 не-мецкий язык; ~인 немец; немка

독일어(獨逸語) немецкий язык

독자(讀者) I читатель[-ница]; ~의 читательский; ~의 소리 читатель-ский отзыв;일반~를 대상으로 한 책 книга, рассчитанная на широкого читателя; ~란 колонка писем чи-тателей; ~층 круг читателей; ~모임 читательская конференция.

독자(獨自) II ~적самостоятельный; ~적 태도를 취하다 вести себя самостоятельно; ~적으로 해결하다 решать самостоятельно (своими си-лами); ~성 самостоятельность.

독재(獨裁) 1) диктатура; 2) авток-ратия; ~적 диктаторский; 부르주아에 대한 프롤레타리아의 ~ диктатура пролетариата над буржуазией; ~적인 수단에 의존하다 прибегать к диктаторским методам; ~정치를 강제하다 навязать диктатуру; ~자 диктатор; ~정치 деспотизм; 군사~ военная диктатура.

독점(-店) I место обжига глиня- ной посуды.

독점(獨占) II монополия; ~적 монополистический; монопольный; ~하다 монополизировать; обладать монополией(на что-л.); 대외무역 국가가 ~하여 행하다 ввести госуда- рственную монополию внешней торговли; ~가격 монопольные цены; ~권 монопольное право; ~자본자 монополист(о капиталисте); ~자본주의 монопо- листический капитализм; ~지대 монопольная рента; ~이전 *сущ.* домонополистический.

독창(獨創) 1) ~하다 творить, созда-вать; 2) оригинальная выдумка; оригинальное творение; ~적 ориги-нальный; самобытный; ~적인 논문 оригинальная статья; ~성 ориги-нальность; самобытность.

독촉(督促) напоминание(о чём-л.); настойчивое требование; ~하다 на-поминать; торопить(с чем-л.); 도서 반납~требование вернуть книгу; 회 답을~하다 торопить с ответом;~장 письменное напоминание.

독특(獨特) ~하다 специфический, своеобразный, самобытный.

독특성(獨特性) специфичность, своеобразие, самобытность.

독특하다 специфический, своеоб-разный; характерный; самобытный; 독특한 냄새 специфический запах; 독특한 취향 своеобразный вкус; 독특성 специфичность; своеобразие; характерность; самобытность.;독특한 민족정신 особый национальный дух.; 독특한 표현 особое выражение.

독하다 1) ядовитый; 2) крепкий(о вине, табаке); резкий(о запахе); 3) злой; свирепый, лютый; 4) стойкий, терпеливый.

돈 деньги; ~의 денежный; ~에 어둠 다 корыстный; жадный до денег; 부정한 ~ шальные деньги; 쉽게 번~ лёгкие деньги; ~을 아무리 써도 ни за какие деньги; ~을 물 쓰듯하다 сорить (швыряться) деньгами; транжирить; ~을 바꾸다 разменять деньги; ~을 벌다 зарабатывать; ~을 뿌려대다 бросать деньги на ветер; 사기로 ~을 빼앗다 выманивать деньги(у кого-л.); на эти деньги мо-жно купить костюм; ~놀이 росто-вщичество; ~꾼 ростовщик[-ца]; ~뭉치 пачка денег; значительная (большая) сумма денег; ~벌이 за-работки; ~줄 источник получения денег; 돈을 만지다 иметь дело с деньгами;~을 뿌리다 сорить(швы-ряться) деньгами;

돈

돈값[-ккап] цена(стоимость)денег; ~이 떨어지다 обесцениваться(о де-ньгах).

돈독하다 добродушный; сердечный;

돈독히 добродушно; сердечно.

돋다 1) появляться; 싹이 ~ проби-ваться(о ростках); 땀이~ выступать (о поте); 구미가 ~ появляться(об аппетите); 두드러기가 ~ вскочить(о прыще); 그는 온몸에 소름이 돋았다 у него по телу пробежали мурашки; 새싹이 돋는다 новые ростки проби-ваются; 이마에 식은땀이 돋는다 на лбу выступил холодный пот; 2) всходить(о солнце, луне); 해가 돋았다 солнце взошло; 3) проявля-ться(на лице чувствах); 얼굴에 생기가 돋았다 лицо оживилось; 4) прост. сердиться.

돋보기 очки для дальнозорких; выпуклые(толстые) очки; ~를 쓰다 надевать очки для дальнозорких; ~안경 очки для дальнозорких.

돋보다 считать лучше, переоце- нивать.

돋보이다 выглядеть лучше; 그녀는 단연 돋보인다 она бесспорно выгл-ядит лучше.

돋아나다 пробиваться; появляться; всходить; вскакивать; 첫새순이 돋아 나기 시작한다 начинают пробива-ться первые всходы; 코위에 조그만 뾰드라지가 돋아났다 на носу вскочил маленький прыщик.

돋우다 1) приподнимать; припу- скать; поднимать; 2) стимулировать; усиливать; повышать; 목청을~ повышать голос; 부아를 ~ нервиро-вать; 사기를~ поднимать боевой дух; 식욕을 ~ возбуждать аппетит; 발끝을 ~ вставать на носки; 벼슬을 ~ повышать в чине; 북을 ~ окучивать; 돋우고 뛰어야 복사뼈다 *посл.* выше головы не прыгнешь; 목청을 ~ повышать голос; 사기를 ~ подни-мать(боевой) дух; 신경을~ нервиро-вать; 신심을 ~ вселять уверенность; 화를 ~ выводить(кого-л.) из себя.

돌, 주년(週年) I 1) годовщина; пе-рвая годовщина; ~을 기념하다 от-мечать годовщину; 큰딸이 세~이 지났다 старшей дочери исполнилось три года; ~잔치 угощение по слу-чаю первой годовщины со дня рождения ребёнка; 생후 두 ~ два года со дня рождения; 3) см. 돌 1).

돌(石) II 1) камень; строительный камень; шашка; круглый камешек корейских шашек; ~의 каменный; ~ 을 거리에

깔다 мостить улицу кам-нем; ~다리도 두들겨 보고 건너라 семь раз отмерь, а один раз отрежь; ~가루 каменная пыль; ~다리 каменный мост; ~담 камен-ная стена(ограда); ~대가리 чурбан; болван; дубовая голова; ~더미 груда камней; ~멩이 камешек; небольшой камень; ~무더기 куча камней; ~무덤 каменный курган; ~부리 выступающая над землёй часть камня; ~부처 каменное из- ваяние Будды; ~산 каменистая (скалистая) гора; ~층계 каменные ступеньки; ~치기 игра в камешки; 걸림~ камень претк-новения; 숫~ точильный камень;

돌- преф.1)дикий(дикорастущий); ~배 дикая груша; 2) низкого ка-чества.

돌격(突擊) атака; штурм; ~하다 атаковать; штурмовать; 적의 진지를 ~하여 점령하다 взять штурмом по-зицию противника; ~대 ударная часть; ударный(штурмовой)отряд; ~ 대원 ударник[-ца]; ~명령 команда на атаку(штурм); ~선 линия атаки; ~적 штурмовой, ударный; ~작업반 ударная бригада.

돌고래 I дельфин; ~사육장 дель- финарий;새끼~ дельфинёнок.

돌고래 II дымоход, выложенный из камня(под утеплённым полом).

돌기(突起) I 1) выпуклость, выступ, бугорок; возвышение, рельеф; 2) *уст.* внезапное появление; ~하다 а) выс-тупать, возвышаться; б) внезапно появляться(возникать); 3) *анат.* отросток.

돌기(突騎)II арх. ворвавшаяся ко-нница.

돌다 1) кружиться; вертеться; вра-щаться; сомнение 돈다 ходят слухи; 머리가 빙빙 돈다 голова кружится; 지구는 태양의 주위를 돌았다 Земля вращается(вертится) вокруг Солн-ца; 생각이~вертеться(о мысли); 눈이 돌았다 поплыло перед глазами; 소리가 귀가에~непрерывно звучать в ушах; 2) 길을 ~ идти кружным путём; 3) пускать(ходить) по кругу; 경비를~ патрулировать; 4) ходить, обращаться, циркулировать; распр-остраняться(напр. об эпидемии); 뒤로 돌아! кругом! 우로 돌앗! Направо!(ко-манда); 9) переходить(на чью-л. сторону); 10) сходить, сойти с ума; 너 돌았니? Ты с ума сошёл? 숨이~ оживать, приходить в себя; 돌아가다 머리가~ кружиться(о голове); б) окружать; в) идти кружным путём; г) поворачивать, сворачивать; д) скривиться(о губах); е) возвращаться; приходить (приез-жать) обратно; 마음이 돌아서다 успока-иваться, приходить в себя; 돌아치다 усил. стил. вариант 제 정신으로 돌아오다 приходить в себя; наступать(о вре-мени); приближаться(о назначенном дне,дате).

돌다리 I каменный мост; ~도 두드 려 보고 건너라 = 구운 게도 다리를 떼고 먹는다 см. 굽다 I.

돌다리 II [-тта-] мостик через канаву

돌담 каменная ограда.

돌돌 нареч. 1) ~말다 скатывать в трубку; 2) ~굴러 가다 катиться (о круглом предмете).

돌돌 II 물이 ~흐른다 вода журчит.

돌려보내다 возвращать; отсылать обратно; отпускать; отправлять обратно; 선물을~ отсылать обратно подарок; 학생들을 방과 후에 집으로 ~ отпускать учеников домой после уроков.

돌려주다 возвращать; одалживать; давать взаймы; 꾼돈을 ~ возвра-щать долг; 게게 급전을 좀 돌려주실 수 없으십니까? вы не можете одо-лжить мне деньги?

돌리다 1) вертеть; крутить; вращать; 바퀴를 ~ вертеть колесо; 2) пускать по кругу; 술잔을~пускать рюмку по кругу; 3) поворачивать; менять нап-равление; 고개를 ~ поворачивать голову; 눈길을 다른 곳으로 ~ отвес-ти глаза(от кого~ чего-л.); 숨을 ~ переводить дух; 시계를 5분 뒤로~ перевести стрелку на пять минут на-зад; 얼굴을 창가 쪽으로~ повер-нуться лицом к окну; 몸을~ обора-чиваться; 4) пускать в ход(в дейст-вие); 공장을~запускать завод; 여유 자금을 ~ пускать в обращение избы-точные деньги; 영화를 ~ демонст-рировать фильм; 5) распространять (слухи и т. п.); 6) раздавать; расп-ределять; 돌려서 по очереди; по порядку очереди; 신문을 ~ раздавать газеты; 7) проявлять(интерес, заботу); обращать(внимание; прилагать(уси-лия); 시선~ направлять взор(на что-л.); 8) направлять, посылать(куда-л.); 9) одалживать, давать в долг; 10) скапливаться(о слюне во рту); 11) возвращать; 12) приписывать(кому-л. что-л.); сваливать(на кого-л돌려보다 читать(просматри-вать) по очереди; 도려 세우다 а) переставлять; [видо]изменять; б) возвращать на истинный путь; 돌려 주다 а) возвращать чужое; 돌려 쓰다 а)использовать по очереди; б) одалживать(что-л.); 돌려쐬우다 сва-ливать, перекладывать(на кого-л.).

돌림 1) ~으로 по очереди; ~차례로 по порядку; 2) круг; ~계단 винтовая лестница; ~편지 письмо, передавае-мое от одного другому; 3) см. 돌림 병감기 (инфекционный) грипп; 4) отстранение(кого-л. от чего-л.).

돌멩이 камень; 돌멩이질 ~하다 кидаться камнями.

돌무더기 куча(груда) камней.

돌무덤 1) могильный холм, сложен-ный из камней; 2) место в реке, огороженное камнями(для ловли рыбы).

돌변(突變) 1) внезапное изменение (превращение); неожиданный пово-рот; 2) ~하다 внезапно изменяться (превращаться); 사태가 전혀 다른 방향으로 ~했다 ситуация неожидан-но изменилась; ~적 неожиданно (внезапно) изменяющийся.

돌보다 ухаживать(за кем-чем-л.); заботиться(о ком-чём-л.); следить(за кем-чем-л.); 아무것도 돌보지 않고 ни на что не глядя; не взирая ни на что; 건강을 ~ следить за здоровьем; беречь здоровье; 아이들을~ заботи-ться о детях; присматривать(следить) за детьми; 몸을 ~ заботиться о здоровье.

돌아가다 кружиться; вертеться; поворачивать; сворачивать; скриви-ться; возвращаться(приходить обра-тно); передаваться по очереди; расп-ределяться; приходиться на (чью-л.) долю; доставаться; работать; функ-ционировать; обращаться; сконча-ться; оканчиваться; заканчиваться; обстоять; идти; обходить; идти окру-жным путём; 돌아가신 분 покой-ник[-ца]; 돌아가며 자기소개를 하다 представляться по очереди; 수포로 ~ лопнуть как мыльный пузырь; 순조 롭게 ~ обстоять благополучно; 실패 로 ~ окончиться неудачей(провалом); 이전의 직무로 ~ вернуться на преж-нюю должность; 바퀴가 돌아간다 колесо вертится; 별장이 내 몫으로 돌아갔다 мне досталась дача; 병사 들은 지뢰밭을 우회하여 돌아갔다 солдаты обошли минное поле;

돌아가시다 умереть; засохнуть; по-тухнуть.

돌아다니다 обходить, расхаживать (по чему-л.); бродить(по чему-л.); разъезжать(по чему-л.); распрост- раняться; ходить; обходить; 거리를 헤매며 ~ бродить по улицам; 자동차 를 타고 온 시내를 ~ разъезжать по всему городу на автомобиле; 흉흉한 소문이 돌아다닌다 ходят дурные слухи.

돌아보다 оглядываться; вспоминать; оглядываться на прошлое; осматривать; обследовать; 과거를 ~ вспоминать прошлое; 뒤도돌아보지 않고 달아나다 бежать без оглядки; 사방을 ~ оглядываться по сторонам; 전시회를 ~ осматривать выставку.

돌아서다 поворачиваться; отворачиваться; повернуться спиной; отвернуться(от кого-чего-л.); переходить на(чью-л.) сторону; приходить в нормальное состояние; улучшиться;뒤로 ~ переходить на сторону народа; 환자의 병세가 돌아서있다 состояние больного улучшилось;친구들이 그로 부터 돌아섰다 друзья отвернулись от него.

돌아앉다 сидеть отвернувшись; сидеть(садиться) спиной(к кому-чему-л.); 그들은 서로 등을 지고 돌아 앉았다 они сели спиной друг к другу.

돌아오다 возвращаться; вернуться; восстанавливаться; наступать; приближаться; распределяться; приходиться на(чью-л.) долю; огибать, обходить; объезжать; делать крюк; идти окружным путём; идти окольной дорогой; 돌아오는 길에 на обратном пути; 산모퉁이를 ~ огибать гору; 영웅이 되어 전선에서 ~ вернуться с фронта героем; 이 킬로 미터를~сделать крюк в два километра; 제정신이~приходить в себя.

돌아오다가 возвращаясь.

돌아온대요 возвращается.

돌아옵니까 возвращаешься

돌아옵니다 возвращается.

돌연(突然) неожиданно; внезапно; вдруг; ~하다 неожиданный; внезапный; ~눈보라가 일었다 внезапно поднялась метель; ~변이 мутант, мутация; ~변이설 мутационная теория; ~히 неожиданно, внезапно, вдруг; ~비등 бурное кипение.

돌연성(突然性) неожиданность, внезапность.

-돌이 суф. после имён, выражающих время на: 닷새돌이로 내려 왔다 приехал на пять дней из центра.

돌이키다 1) поворачивать обратно; вспоминать; оглядываться; обдумывать; передумать; 자신을 돌이켜 보다оглядываться на самого себя; 몸을 ~ оборачиваться; 2) 돌이켜 보다 оглядывать[ся] на прошлое; 돌이켜 생각하다

а) передумывать, рассматривать по-другому; 건강을 ~ поправиться, выздороветь; 3) восстанавливать, исправлять; поправлять; 돌이킬 수 없는 실수 ~ непоправимая ошибка; 건강을 ~ восстанавливать(поправлять)здоровье.

돌이켜 보다 оглядываться(на прошлое)

돌입(突入) вторжение, проникновение; ~내정 см. 내정[돌입]; ~하다 вторгаться, врываться(силой).

돌진(突進) стремительное продвижение вперёд; натиск; ~하다 стремительно продвигаться; внезапно устремиться; ринуться; 적의 진지를 향해 ~하다 ринуться на позицию противника.

돌출(突出) ~하다 выступать; выдаваться вперёд; 건물의 모서리가 골목 으로 ~되어 나왔다 здание выходит углом за переулок; ~부 выступ, выступающая часть.

돌파(突破) 1) преодоление(трудностей и т. п.); 2) прорыв (напр. фронта); 3) превышение(нормы); перевыполнение; ~하다 а) преодолевать (напр. трудности); б) прорывать (напр. фронт); в) превышать (норму и т. п.); перекрывать; 난관의 преодоление трудностей; 기준치를 ~ 하다 перевыполнить норму; 적진을 ~하다 прорвать оборону противника; ~구 место прорыва; прорыв.

돌팔이 шарлатан; бродячий торговец; ~약사 бродячий лекарь; ~글방 бедная частная школа; ~무당 бродячая шаманка; ~선생 учитель бедной частной школы; ~장님 бродячий слепой гадальщик; ~의원 бродячий лекарь.

돌풍(突風) вихрь; шквал; ~의 вихревой; шквальный; ~을 일으키다 поднять шквальный ветер; ~이 불었다 налетел вихрь(шквал).

돔(dome) купол; свод; ~의 купольный; ~형태의 куполообразный; 성당의 황금빛 ~ золотые купола собора.

돕다(도우니, 도와) помогать (кому-л.); оказывать помощь; поддерживать; оказывать поддержку; способствовать; стимулировать; пользоваться; 밤을 도와 под покровом ночи; 금전 적으로 ~ поддерживать деньгами; 서로~ помогать друг другу; 이웃의 일손을 ~ помогать соседу в работе; 입맛을~ вызывать аппетит; 도와 주세요! Помогите! 도와달라 구미를 도와 나서다 приходить на помощь.

돗자리 циновка; ~의 циновочный; 왕골~ тростниковая циновка; ~를 마루에 깔다 стелить циновку на пол.

동 I 1. вязанка; связка; 2.счётн. сл. 1) 10 кусков туши; писчих кисточек; 3) 50 кусков шёлка(по- лотна); 4) рулонов бумаги; 5) 100 снопов(рисовой) соломы; 6) 10 штук сушёной хурмы *и т. п.*; 7) несколько вязанок(связок) круг (совершаемый фишкой в игре ют).

동 II 1)стык, сочленение; бот.узел; 2) связь, логичность суждения *и т. п.*); 동이닿다 быть связным(логичным); 동을 달다 продолжать(рассказ *и т. п.*); ~을 대다 а) доводить до конца, не останавливать на полпути; б) быть логичным; 동[을] 자르다 а) покончить, порвать отношения(с чем-л.); 장기와 동을 자르다 бросить играть в шахматы; б) разламывать (на части); 3) *см.* 동안 I; 5) *см.* 동 거리 I; 끝동; 동[이]나다 прекраща-ться, останавли-ваться на полпути; кончаться; 동이끊기다 кончаться, заканчиваться.

동 III цветоножка.

동이 서다 расти вверх.

동 IV 1) *см.* 동쪽; 동[이] 트다 зар- деться(о заре); 2) *см.* 동가 I; 3) 동에 서 번쩍 서에서 번쩍 *обр.* повсюду кипит работа.

동 V дамба.

동(銅) VI *см.* 구리 I; медь; ~의 медный; ~광 медная руда; ~메달 бронзовая медаль; 청 ~ бронза; зелёная медь; 황 ~ жёлтая медь.

동(洞) VII 1) участок(администра- тивно-территориалья единица в городе); микрорайон; ~민 жители района; ~장 глава районной ад-министрации; 2) 동[사무소] контора участка; районная администрация; 3) деревня.

동(棟) VIII *см.* 채 IX; дом; 5호 ~ дом номер пять; 고층건물 동을 지었다 построили два высотных дома; 병~ отделение в больнице.

동 IX лёгкий стук.

동-(同) *преф. кор.* этот(же самый), тот(же самый); один; 동시기 тот(же) период; 동학교 эта школа.

-동(動) *суф. кор.* движение; 수평동 горизонтальное движение.

동감(同感) 1) сочувствие(к кому- чему-л.); 2) согласие(с кем-л.); ~하다 сочувствовать (кому-чему-л.); разде-лять(чьё-л.) мнение; быть соглас-ным(с кем-л.);~을 표시하다 выра-жать сочувствие(согласие); 사회주의 운동의 대원칙에 ~하다 быть соглас-ным с великим принципом социа-

...ения; 나도 ~이요 и я согласен.

...배(同年輩) 1) тот же возраст; 2) ровесник[-ца]; однолеток[-ка]; 3) то же коли-чество; та... ...들 ~이다 они одних лет; 나와 그녀와 ~이다 ...sniки(однолетки).

...вшаяся часть; остав- шийся кусок; ~양초 огарок ...연필 огрызок карандаша; ~동강 на куски(части) ...зрезать на куски; ~이 나다 быть разрезанным; ...다 сломаться на куски; 초 ~ огарок свечи; ~을 치다 ...ть (разрубать) на куски; **2.** кусками; частями; **3.** счётн. ... ~ несколько кусков.

...(同居) ~하다 жить(с кем-л.) вместе в одной квартире; ... сожи-тель[-ница]; ~가족 семья, живущая в одном доме(в одной комнате).

동격(同格) 1) одного разряда; одной квалификации; одного положения; 2) тот же образец; 3) та же норма; 4) одного падежа; ~으로 대하다 отно-ситься(к кому-л.) как к равному; обращаться(с кем-л.)как с равным; ~어 приложение.

동결(凍結) прям. и перен. замора-живание; замерзание; ~하다 замо-раживать; ~되다 быть заморожен-ным; 외국의 재산 ~ замораживание иностранного капитала; ~자산 замо-роженные средства; ~심도 глубина промерзания грунта; ~구좌 секве-стр на расчётный счёт

동경(東經) I геогр. восточная дол- гота; ~131도 131 градус восточной долготы; 한반도와 그 인접한 모든 섬은 동경 124도와 131도 북위 33도 와 43도 사이에 위치하고 корейский по-луостров и все прилегающие к нему острова расположены между 124 и 131 восточной долготы и между 33 и 43 северной широты.

동경(憧憬) II 1) страстное желание; стремление(к чему-л.); ~하다 страстно желать(чего-л.);стремиться(к чему-л.); томиться жаждой(по чему-л.); 자유를 ~하다 стремиться к свободе; ~심 стремление; жела-ние;жажда.

동계(同系) I 1) та же система; 2) та же(самая) родня; 3) та же(самая) организация.

동계(冬季) II уст. см. 동기 V; зим- ний период(сезон); ~방학 зимние каникулы; ~올림픽 зимняя олим-пиада.

동공(瞳孔) зрачок; ~의 зрачковый; ~경직 каталепсия зрачка; ~반응 аккомодация зрачка; ~확대 расши-рение зрачка; ~강직 каталепсия зрачка; ~거리계 мед. пупиллостатометр; ~긴장증 мед. пупиллото-пия; ~마비 мед. пупиллоплегия; ~반응 аккомодация зрачка; ~산대 расши-рение зрачка.

동굴(洞窟) пещера; грот; ~의 пещер-ный; ~ 종유석 сталактитовая пеще-ра; 원시인들은 ~에서 살았다 первобытные люди жили в пещерах; ~벽화 пещерная живопись(фреска); 인공 ~ искусственный грот; ~동물 пещер-ное животное.

동그라니 눈을 ~뜨다 сделать круглые глаза(напр. от испуга)

동그라미 1) круг; кружочек; ~를 그리다 начертить кружочек; ~를 만들다 делать круг; 2) монета.

동그래지다 становиться круглым, округляться.

동그스름하다 слегка округлённый; закруглённый.

동급(同級) один разряд(класс; сорт; ранг); одна степень; один класс; ~의 상품 товары того же сорта; 대사와의~의 지위를 부여하다 прис-воить (кому-л.) ранг посла; ~생 однокласcник[-ца].

동기(同氣) I братья и сёстры; ~간에 между братьями(сёстрами); 친 ~ родные братья и сёстры.

동기(同期) 1) тот же период; один период(курс; выпуск); однокурсник[-ца]; 작년 ~와 비교하여 сравнивая этот период с периодом в прошлом году; 나는 그와 ~동창생이다 мы с ним однокурсники; ~변기기 конвер-тор; ~속도 синхронная скорость; ~ 동창 однокашник; 2) одновремен-ность; синхронизм; ~녹음 синхрон-ная звукозапись; ~발전기 синхрон-ный генератор; ~전동기 эл. синхрон-ный двигатель; ~조상기 эл. синхронный компенсатор.

동기(動機) III 1) стимул; повод; тол-чок; 2) муз. мотив; 개인적 ~ мотив личного характера; 범죄의 ~ мотив преступления; 직접적~ непосредст-венный повод; 어떤 ~에서 по(каким-л.) мотивам; ~가 되다 послужить стимулом(толчком)(к чему-л.); ~를 부여하다 дать стимул(толчок); ~를 설명하다 мотивировать.

동기(冬期) IV см. 겨울철; ~방학 зимние каникулы; см. 동계

동남(東南) 1) восток и юг; 2) юго-восток; ~동 ост-зюйдост; ~방(향) юго-восточное направление; ~아시아 юго-восточная Азия; ~풍 юговосточ-ный ветер; ~서북 страны света: восток, запад, юг и север.

동네 селение; деревня; 한 ~사람 односельчанин[-ка]; ~방네 вся дере-вня; ~방네 소문을 내다 распускать слухи по всей деревне.

동년(同年) 1) тот же год; 2) тот же возраст; 3) см. 동방 III; ~ 12월에 в декабре того же года; ~배 ровес-ник[-ца]; сверстник[-ца]; однолеток[-ка].

동등(同等) I 1) тот же разряд(класс; сорт; ранг); та же степень; 2) мат. равенство; тождество; эквивалент-ность; ~하다 равный; тождествен-ный; паритетный; эквивалентный; ~하게 равно; наравне(с кем-чем-л.); на равных правах(с кем-чем-л.); 조건 이 ~하다 при равных условиях; ~ 하게 하다 равняться(с кем-чем-л.); ~권 равноправие; ~관계 соотноше-ние эквивалентности; ~화대체 экви-валентное соотношение;...과(와) ~ 하게 наравне с..., на равных правах с...

동등(冬等) II арх. 1) четвёртый раз-ряд, четвёртая степень(из четырёх); 2) налоги,вносившиеся зимой

동떨어지다 отдаляться(от кого-чего-л.); отделяться(от кого-чего-л.); 동떨 어져서 особняком; 마을에서 동떨어진 외딴집 дом, стоящий осо-бняком от деревни.

동락(同樂)~하다 вместе веселиться (радоваться); разделять(с кем-л.) радость.

동력(同力) I [-녁] 1) ~다 сое-динять усилия; 2) объединённые усилия

동력(動力),에너지 II (운동상태) прям. и перен.(движущая)сила;энергия; 사회 발전의 ~ движущая сила общест-венного развития; ~을 사용하지 않고서 без применения силы; ~계 динамометр; силометр; ~기계 ма-шина с двигателем; энергомашина; ~선 силовая линия; ~자원 энергоресурсы; ~학 динамика; ~공업 энергетиче-ская промышленность; ~기상학 дина-мическая метеорология; ~기지 энер-гетическая база; ~농기계 сельско-хозяйственная машина с двигате-лем(напр. самоходный комбайн); ~ 발란스 энергобаланс; ~설비 энер-гоустановка; ~체계 энергосистема; ~회로 эл. силовая цепь; ~일군 энер-гетик; ~원천 энергоресурсы.

동류(同流) I [-뉴] 1) см. 동배 II; 2) (одна и) та же школа; (одно и) то же течение (направление).

동류(同僚) II 1) тот же вид(сорт); ~의 одновидный; ~의 식물 растения одного вида; ~항 подобный член; ~ 근식 мат.

подобный радикал; ~의 식물 растения одного и того же вида; 2) сообщники, соучастники, коллега; сослуживец[-ица]; компаньон[-нка]; 이전의 ~들 бывшие сослуживцы; 직장의 ~ коллега по работе; 나는 그녀와 ~мы с ней коллеги; ~로 받아들이다 принять (кого-л.) в компаньоны.

동맥(動脈) I прям. и перен.артерия; ~의 артериальный; ~경화 артериосклероз; ~내막염 эндартериит; ~염 артериит; ~출혈 артериальное кровотечение; 경~ сонная артерия; ~경화증 артериосклероз; ~몽오리 мед. аневризма; ~절개 вскрытие артерии; ~주위염 периартериит; ~중증염 мезартериит; ~출혈 артериальное кровотечение; ~혈압 артериальное давление

동맥(銅脈) II медная жила.

동맹(同盟), 연합(聯合) союз; альянс; блок; ~하다 заключать союз; вступать в союз (блок)(с кем-чем-л.); объединяться; ~하여 в союзе(с кем-чем-л.); 제국주의 ~ антиимпериалистический альянс; 좌익~ союз левых сил; ~국 союзные страны(государ-ства); ~조약 союзный договор; ~파업 (파공) забастовка; ~휴업 забастовка учащихся; студенческая забастовка; 바위~ оборонительный союз; 외교 ~ дипломатический союз; ~적 союзный;~국가 союзное государство; союзник; ~태업 саботаж; ~휴교(휴학) забастовка учащихся; студенческая забастовка; ~해고 локаут.

동맹(東盟) II праздник в десятом месяце по лунному календарю, в который приносилась жертва небу(в Когурё).

동면(東面) I восточная сторона(че-го-л.).

동면(冬眠) II зимняя спячка; ~에 들다 находиться в состоянии зимней спячки; 곰은 ~에 들어가 겨울을 난다 медведь проводит зиму в состоянии спячки; ~하다 быть в состоянии(зимней) спячки.

동무, 친구 I друг; товарищ; парт-нёр[-ша]; сослуживец[-ица]; ком- паньон; ~하다 дружить (с кем-л.); делать(играть) совместно(с кем-л.); 고향~ земляк; ~따라 강남간다 слепо следует за товарищем на далёкий юг из-за пустяков; 길 ~ спутник[-ца]; попутчик[-ца]; 말 ~ собеседник[-ца]; 소꿉~ товарищ с детства; 길~ попутчик, спутник; ~장사 совместная торговля; ~몰래 양식 낸다 погов. ≅ скромно трудиться; ~따라 강남 간다 погов. ≅ с товарищем хоть на край света(букв. за товарищем идёт на дальний юг).

동무(東廡) II помещение в восто- чной части молельни(для хране-ния поминальных дощечек).

동문(同文) I 1) тот же самый (одинаковый; идентичный) текст; 이하 ~ и так далее; ~쾌 см. 거동쾌 [서동문]; ~전보 телеграммы с идентичным текстом; 내용은 이하 ~ одинаковое (идентичное) содержа-ние; 2) одна и та же(одинаковая) письменность; ~이다 동종 люди одной и той же расы, пользую- щиеся одной письменностью(но живущие в разных странах).

동문(東門) II восточные ворота; ~옆에 у восточных ворот; ~밖으로 쫓아내다 прогонять за восточные ворота.

동문(同門) III уст. у одного и того же учителя; выпускники одного уни-верситета(одной школы); товарищ по учёбе; ~수학(동학, 수업) уст. учёба (занятия)у одного и того же учителя; ~수학하다 учиться у одного учителя (профессора); 나는 그와 대학 ~이다 мы с ним выпускники одного уни-верситета; ~회 ассоциация выпу-скников.

동물(動物), 짐승 животное; ~의 животный; ~의 세계 мир(царство) живот-ных; ~적 본능 животный инстинкт; 길들이진 ~ дрессирова-нные животные; 네발로 걷는 чет-вероногие (двуногие) животные; 육 식성(잡식성,초식성) плотоядные(все-ядные; травоядные)животные; ~을 조련하다 дрессировать(кого-л.); ~기 описание животных; ~보호구역 заповедник; ~생리학 физиология животных; ~생태학 экология живот-ных; ~성 животность; ~원 зоопарк; ~조련사 дрессировщик [-ца]; ~표본 чучело животного; ~학 зоология; ~학자 зоолог; ~해부학 анатомия животных; 무척주~ беспозвоночные животные; 척추~ позвоночные животные; 포유~ млекопитающие животные;

동반(同班) I 1) (одна и) та же группа; 2) феод. тот же разряд(ранг).

동반(同伴) II 1) сопровождение; ~하 다 сопровождать[ся]; сопутствовать; 여행길에 부인을~하다 сопровождать жену в поездке; 비가 천둥을 ~하다 дождь сопровождался громом; ~자 попутчик[-ца]; спутник[-ца]; компа-ньон; ~자살 совместное самоу-бийство(с кем-л.); 2) спутники; ~ 사격 стрельба по движущейся цели; ~정맥 вена, расположенная рядом с артерией; ~행렬 мат. присоединён-ная матрица.

동방(東方) I 1) восток; 2) Восток, восточные страны(в

противоп. стра-нам Западной Европы); ~의 신비로운 세계 таинственный мир Востока; ~ 으로 진출하다 выходить на Восток ~토롱단 этн. жертвенник у Вос-точных ворот Сеула.

동방(東邦) II уст. обр. Корея; ~예의 지국(예의지방) страна на Востоке, в которой строго соблюдаются пра-вила этикета(имеется в виду Ко-рея).

동방예의지국(東方禮義之國) "Восточная страна этики"(старинное наз- вание Кореи, данное Китаем).

동방학(東方學) востоковедение.

동병상련(同病相憐) взаимное сочувствие(соболезнование); ~하다 соч-увствовать; соболезновать.

동봉(同封) I ~하다 вкладывать в один конверт вместе(с чем-л.); при-лагать(к чему-л.).

동봉(動蜂) II рабочая пчела.

동북(東北) 1) север и восток; 2) северо-восток;~이северо-восточный; ~방 северо-восточное направление; ~부 северо-восточная часть, ~풍 северо-восточный ветер.

동분서주(東奔西走) ~하다 носиться туда и сюда; суетиться; метаться; 매일 밤낮으로 ~하다 каждый день с утра до ночи носиться туда и сюда.

동사(動詞) I глагол; ~의 глаголь-ный; ~어미변화 спряжение глагола; 완료상~ глаголы совершенного вида; 자~ непереходный(переходный) глагол; 조~ вспомогательный глагол.

동사(凍死) II ~하다 гибнуть(поги-бать) от холода; замерзать.

동산 I 1) холм (невысокая гора) около деревни; 뒷~ холм за дере-вней; 2) сад; садик(возле дома); парк; ~의 садовый; парковый; ~에서 в саду; в парке; 3) альпийская горка; клумба(возле дома) 꽃~ цветник.

동산(動産) II движимое имущество; движимость; ~을 화재보험에 들다 страховать движимое имущество от пожара; 부~ недвижимое имущество; недвижимость.

동상(銅像) I (бронзовая) статуя; (бронзовый)памятник(кому-л.); ~ 재막식 церемония открытия памя-тника; 푸쉬낀 ~ бронзовый памя-тник Пушкину; ~을세우다 воздви-гать бронзовую статую(бронзовый памятник).

동상(凍傷) II 1) обморожение; ~연고 мазь, используемая при обмороже-нии; ~에 걸리다 обмораживаться; ~하다

обмораживаться; 2) обморо-женное место; 3) *мед.* ознобление.

동색(同色) 1) тот же(одинаковый) цвет; 2 *феод.* люди, принадлежащие к одной политической группировке; 초록은 ~ два сапога пара.

동생(同生) I 1) младший брат; 2) младшая сестра(младшие сёстры); 사촌~ двоюродный младший брат; двоюродная младшая сестра; 쌍둥이 ~ брат-близнец; сестра-близняшка; 형 ~ побратски; 형~하는 사이가 되다 брататься(с кем-л.); 이복~ единок-ровный брат; единокровная сестра; 친~ родной младший брат; родная младшая сестра.

동생(同生) II ~동락 вместе насла-ждаться жизнью.

동서(東西) I 1) восток и запад; ~고금에 없던 일 беспрецедентный случай; ~남북 사방에서 со всех сторон; отовсюду; ~남북 восток, запад, юг и север; ~부 восточная и западная части; ~양 Восток и Запад; страны Востока и Запада; ~불변 *обр.* невиданная глупость; 2) *см.* 동서양.

동서(東壻) II 1)свояки(мужья сестёр); 2) невестки(жёны братьев); 나는 그와 동서지간이다 мы с ним свояки; ~보고 춤추란다 *погов.* ≡ и хочется и колется.

동석(同席) I) тот же порядок мест; ~하다 сидеть рядом(вместе с кем-л.); ~하여 식사를 하다 есть за общим столом; 2) места рядом.

동석(凍石) II тальк, стеатит.

동성(同性) I 1) одинаковое свойство (качество); однородность; 2) одного пола; ~의 однополый; ~애 гомо-сексуализм; ~애자 гомосексуалист; лесбиянка.

동성(同姓) II одинаковая фамилия; ~동본은 남녀간의 결혼은 한국에서 법적으로 금지되어 있다 В Корее мужчинам и женщинам, у которых одинаковая фамилия и общее место происхождения своей фамилии, сто-рого запрещается по закону вступать в брак; ~동본 одинаковая фамилия и общее место происхождения своей фамилии; ~동명 однофамилец и тёз-ка; ~부락 할머니 бабушка(по отцов-ской линии); ~할아버지 дедушка(по отцовской линии); ~아주머니 тётка (сестра отца).

동성(同聲) III 1)одинаковое мнение; аналогичные взгляды; ~상응 на- ходить общий язык; 2) одинаковый звук(голос); ~합창 однородный хор.

동시(同時) I 1) одно и то же время; один и тот же период; ~의

одно-временный; синхрон-ный; 2) ~에 одновременно; вместе(с чем-л.); ~에 일어난 두 현상 два одновреме-нных явления; 그와 ~ одновреме-нно с ним; ~에 맞춰서 하다 делать одновременно(с кем-чем-л.); ~대 одна и та же эпоха; один и тот же период; ~대인 современник[-ца]; ~ 녹음 синхронная звукозапись; ~성 одновременность; синхронность; ~ 촬영 синхронная киносъёмка;~통역 синхронный перевод; ~적 одно-временный, синхронный; ~장치 tex. синхронизатор;~타격 однов- ременный удар.

동시(東詩) II корейский стих на ханмуне(в противоп. китайскому стиху).

동식물(動植物) животные и расте-ния; 한국의 ~계 фауна и флора Кореи.

동심(同心) I 1) единодушие; едино-мыслие; концентричность; ~의 еди-нодушный; концентричный; ~하다 иметь единое мнение; ~원 кон-центрические окружности(круги); ~ 동력(합력)協力 единство мыслей и действий; 2) ~케불 эл. концент-рический(коаксиальный) кабель.

동심(動心) II ~하다 растрогаться, расчувствоваться; разволноваться.

동안(同案) I промежуток времени; 그 ~에 в течение этого времени; 내 가 살아 있는 ~에 пока я жив; 독서 실있는 ~에 во время пребывания в читальном зале; 두 시간 ~에 в течение двух часов; 석달 ~에 за три месяца; 네 시간 ~ в течение четырёх часов; ~[이] 뜨다 а) длительный, долгий(о периоде); б) отдалённый(о растоянии).

동안(童顔) II подетски наивное (простодушное) лицо;그는 ~이다 он выглядит намного моложе своих лет; его лицо выглядит подетски наивно.

동양(東洋) Восток;восточная Азия; ~화 восточная картина; ~적 вос- точный; азиатский; ~적 색조 во-сточный колорит;~적 풍습 восто-чный обычай; ~인 азиат[-ка]; ~풍 восточный стиль; ~학 востокове- дение; ~학자 востоковед.

동양(同樣) II ~하다 уст. книжн. од-инаковый, однообразный.

동업(同業) 1) совместное торговое дело(предприятие); совместная рабо-та; одинаковое занятие(ремес-ло); 2) ~하다 совместно работать(с кем-л.); заниматься торговым делом вместе(с кем-л.); ~자 компаньон; ~조합 см. гильд; ~조합제도 ист. цеховой строй.

동요(童謠) I песни для детей; детская песня; ~경연대회에

참가하다 участ-вовать в конкурсе песен для детей; ~를 부르다 петь детскую песню.

동요(動搖) II 1) колебание; физ. флуктуация(флюктуация); 2) колеба-ния; нерешительность, волнения; ~하는 колеблющийся; нерешитель-ный; неустойчивый; ~하다 колебаться; волноваться; не решаться; флуктуировать; ~없이 без колебаний; 민중의~ народные волнения; 사상의~ брожение идей; ~분자 колеблю-щиеся элементы.

동원(動員) мобилизация; ~의 моби-лизационный; ~하다 мобилизовать; производить мобилизацию; приво-дить(кого-что-л.)в активное действие; 무력을 ~하다 мобилизовать воору-жённые силы; 총 ~령을 내리다 объявить всеобщую мобилизацию; ~령 приказ о мобилизации; 부분~ частичная мобилизация; 총~ всеоб-щая мобилизация; ~적 мобилиза-ционный.

동(東)유럽권 восточноевропейский блок; ~쪽의 восточный; ~에 번쩍 서에 번쩍 внезапно появиться и исчезнуть; ~이 트다 брезжить; рас-светать; 극~ Дальний Восток; 중~ Средний Восток.

동의(同意), 찬성(贊成) I единомыслие; одинаковое мнение; одинаковая мысль; согласие; совпадение мне-ний(взглядов; мыслей); ~하는 сог-ласный. ~ 하다 соглашаться(на что-л., с кем-л.); давать согласие; быть одного мнения; ~를 얻다 получать согласие(от кого-л.); 제안에 ~ 하다 соглашаться на предложение; 저는 당신의 견해에 전적으로~합니다 я полностью согла-сен с вами.

동의(同義) II одинаковый смысл; синонимия; ~적 синонимический; синонимичный; 구문론상의 ~ син-таксическая синонимия; 어휘론상의 ~ лексическая синонимия; ~어 синоним.

동의(動議) III внесение предложения; предложение; ~하다 вносить пред-ложение; предлагать; 정회를 ~하다 предложить прервать заседание; 긴급~ предложение о рассмотрении внеочередного вопроса.

-동이 ласк. суф. малыш; 귀염~ милый ребёнок; 막내~ последыш; 해방~ поколение, родившееся в 1945-ом году, после освобождения Кореи от Японского империализма

동(이)나다 полностью израсходо-ваться; кончиться; 재고가 모두 동이 났다 все запасы кончились.

동일(同一) I ~하다 тот же самый; тождественный; одинаковый; ~시 하다 считать одинаковым; ставить на одну доску; ~개념 лог. тождест-венные понятия; ~법칙 закон тождества; ~성 идентичность; тождест-венность; ~원리 лог. критерий тождества.

동일(同日) II тот же(самый) день.

동작(動作) I движение; действие; ~ 하다 двигаться; действовать; быть в действии; 손~ движение рук; ~묶음 кобинация движений (в танце); ~ 전류 а) эл. рабочий ток; б) биотоки.

동작(東作) II арх. весенние полевые работы; ~서성 весною посев, а осенью уборка.

동전(銅錢) медная монета; ~ 한 닢 없다 ни гроша нет.

동점(同點) I равное число очков (баллов); ровный счёт; 축구경기는 3 대3 ~으로끝났다 Футбольный матч окончился в ничью со счётом 3:3.

동점(東漸) II уст. ~하다 постепенно распространяться на Восток.

동접(同接) уст. 1) ~하다 вместе учиться, учиться в одной школе; 2) одноклассник; однокурсник; то-варищ по школе.

동정 I накладывать воротничок; ~을 달다 пришивать белый накла-дной воротничок; ~ 못다 며느리 맹발 라 머리빗는다 посл.≡по наружности о человеке не суди.

동정(同情) II сочувствие; сострада-ние; ~어린 눈으로 바라보다 смот-реть глазами, полными сострадания; ~하다 сочувствовать(кому-л.); ис-пытывать сочувствие(к кому-л.); 남의 불행을 ~하다 испытывать со-чувствие к чужому горю; прини- мать участие в чужом горе; ~하여 из сострадания; из жалости; ~심 отзывчивость; ~파업 забастовка солидарности.

동족(同族) 1) соотечественники; соплеменники; ~상잔 распри между соотечественниками(соплеменни- ками); ~어 слова, образованные от одного и того же корня; ~애 лю-бовь к соотечественникам; ~결혼 эндогамия; ~관계 этническая связь; ~내란 гражданская война; ~상쟁 братоубийсвенная война; ~학살 братоубийство; ~현상 биол. гомо-логия; 2) см. 동종 I.

동종(同種) ~의 однородный; од-ноимённый; ~요법 гомеопатия; ~요 법의 гомеопат; ~문장 성분 однород-ные члены предложения; ~상척 уст. чуждаться друг друга(напр. о родст-венниках); ~이식 мед. гомотрансп-лантация; ~이형 биол. диморфизм; ~의 돼지 свиньи одной породы; ~의 물건 однородные вещи; ~의 작업 одинаковая работа.

동지(冬至) I зимнее солнцестояние; 동짓날 день зимнего солнцестоя-ния; ~두죽(팥죽; 시식) этн. жидкая каша из фасоли угловатой(которую едят в день зимнего солнцестояния)

동지(同志) (친구) II 1) вежл. това- рищ; единомышленник; 2) арх. единодушие; 혁명~ товарищ по революции; ~애(愛) товарищеская дружба; чувство товарищества; ~적 товарищеский.

동질(同質) одно и то же(одинаковое) качество; ~적 однородный, гомоген-ный; одного и того же качества; ~다상 мин. полиморфизм; ~이상 мин. диморфизм; ~이성 хим. изомерия

동쪽 восточная сторона; восток; ~ 마을 деревня на востоке(от чего-л.).

동창생(同窓生), 동창 товарищ по учёбе; 나는 그와 ~이다 мы с ним учились вместе.

동창회(同窓會) 1) корпорация выпу-скников одной школы(одного учеб-ного заведения); 2) собрание учащи-хся(студентов) (одного учебного заведения)

동체(胴體) туловище; торс; корпус; 비행기의 ~ фюзеляж; корпус само-лёта; ~착륙 ав. посадка на фюзеляж; ~폭탄가 фюзеляжный бомбодержа-тель.

동침하다 спать вместе(о супругах); спать вместе на одной постели.

동태(凍太) I 1)мороженый минтай; 2) минтай зимнего улова.

동태(動態) II движение; сдвиги; тенденция; изменения.

동태(動胎) III кор. мед. боязнь выкидыша.

동판(銅板) I листовая медь;медные пластины; медная гравировальная доска.

동판(銅板) II медная печатная доска.

동포(同胞) I 1) соотечественник; 해외~ соотечественники, проживаю-щие за рубежом; ~애 любовь к соо-течественникам; 2) родные братья и сёстры

동포(洞布) II феод. холст, вносив-шийся крестьянами в качестве откупа от воинской повинности.

동하다 I 1) уст. двигаться, играть(о мускулах); 2) возбуждаться; пробу-ждаться(о чувствах); 호기심이 ~

возбуждается любопытство; 마음이 ~ беспокоиться; 3) возобновляться(о болезни).

동하다(同-) II уст. книжн. тот же самый, одинаковый, такой же.

동해(東海) I Восточное море; ~안 восточное побережье; побережье Восточного моря;~부인 арх. см. 홍합.

동해(凍害) II ~를 입다 быть побитым морозом(о растениях)

동행(同行) I 1) сопровождение;~하다 идти вместе; сопровождать, сопутствовать; 2) ~자(인) спутник; попутчик.

동행(東行) II ~하다 идти (ехать) на восток.

동화(同化) I 1) ассимиляция; адаптация; 2) усвоение; освоение; ~하다 ассимилироваться; уподобляться; ~ 정책 политика ассимиляции;~작용 ассимиляция; ~전분 ассимиляционный крахмал; ~유연 조직 анат. бот. ассимиляционная паренхима.

동화(童話) II 1) детский рассказ; рассказ для детей; ~작가 детский писатель; ~집 сборник детских рассказов; 2) детская литература.

동화책 книга детских рассказов; 동화책에 마음이 갔다 книга сказок запала в душу.

돛 парус;~을 달다 поднять паруса; 돛단배 парусник; парусная лодка.

돛자락 нижняя часть паруса.

돼(되여) см. 되다; 돼 먹다 прост. хорошо, ладно.

돼지 1) свинья; ~단독 вет. рожа у свиней; ~페스트 чума у свиней; ~회충 свиные аскариды; ~옴벌레 зоол. свиной зудень; ~가 짓을 물어들이면 비가 온다 *посл.* ≅ иногда и глупый попадает в точку; ~는 흐린 물을 좋아한다 *посл.* ≅ а) свинья найдёт грязь; б) всякая птица своим голосом поёт; ~멱따는 소리 обр. пронзительный визг; 2) бран. свинья; 3) одно очко(в игре ют); 4) этн. «свинья» (назв. 12-го знака двенадцатеричного цикла)

돼지고기 свинина.

되 I 1) тве(мера сыпучих тел - 1,8 л.); мерка для зерна(ёмкость 1,8 кг); 되로 주고 말로 받는다 *посл.* ≅ воздастся строицею; 2) несколько тве.

되 II арх. варварские племена (на севере Манъчжурии).

되 III диал. см. 되우.

되- преф. 1) напротив; наоборот; 2) обратно; назад; ~돌아서다

возвра-щаться назад; 되받다 огрызаться; 되치이다 быть побитым своим оружием; 되가지다 взять обратно; 3) опять; 되풀이 снова и снова.

-되 оконч. дееприч.с противит. и разъяснительным значением.

되가지다 взять обратно.

되감다 снова наматывать; перема-тывать.

되넘기 перепродажа; ~장수 пере- купщик; ~하다 перепродавать.

되넘기다 1) снова передавать(пе- реправлять); 2) снова возвращать.

되넘겨짚다 упреждать, опережать.

되넘다 [-따] 1) снова переходить (переправляться); 2) обратно пере-ходить (переправляться)

되다 1. 1) становиться; превраща-ться; являться; быть; годиться; вы-расти; наступать; исполняться; 되는 대로 как попало; как выйдет; как получится; наобум; на скорую руку; небрежно; 다 되었다 всё готово; 밤이 되었다 наступила весна; 밤이 되었다 наступила ночь; 곱게 стать красивым; 삼 년이 되었다 прошло три года; 됨 사람 настоящий человек; 된 말 подходящее слово; 삼 십여 명이나 되었다 нас было свыше тридцати человек; 하나로 ~ быть одним из...; 걱정이~ встревожиться; 아서(-어서, -여서) в сопровождении частицы 는 с послед. отриц. не следует, не годится, нельзя(делать что-л.); 거기 가서는 안된다 туда не следует идти.

되다 II мерить(меркой зерно).

되다 III 1) густой; крутой; 2) туго натянутый; 3) 되게 сильно; серьё-зно; 된풀 густой клей; 된 сильный, серьёзный; 된맛 чувство горечи.

되도록 по возможности; как можно; ~좋게 как можно лучше.

되돌다(되도니, 되도오) снова(обрано) возвращать[ся].

되돌려보내다 посылать(возвращать) обратно.

되돌리다 заставлять(позволять) воз-вращаться.

되돌려보내다 посылать(возвращать)обратно.

되돌아가다 обратно возвращаться.

되돌아서다 поворачиваться обратно.

되돌아오다 приходить(приезжать) обратно; обратно возвращаться.

- 260 -

되들다 I (되드니, 되도오) снова(обра-тно)входить; 되들고되나다 входить и выходить(вслед за другими).

되들다 II (되드니, 되도오) 얼굴을 ~ задирать нос; быть высокомерным(заносчивым).

되러 sokr. от 도리어.

되묻다(되물으니, 되물어) переспраши-вать.

되박 [-빡] 1) см. 되 I; 2) посуда, используемая вместо мерки(при измерении зерна мерой тве).

되받다 получать обратно; возражать; давать отпор; огрызаться; 되받아 넘기다 передавать(кому-л.) получен-ное(от кого-л.); 되받아 묻다 되받아 외다 тут же повторять(услышанное).

되살아나다 заново рождаться; воз-рождаться.

되새기다 1) постоянно жевать; 2) снова обдумывать.

되새김질 жвачка; ~하다 жевать же-вачку; глубоко задуматься(над чем-л.).

되었습니다 стал.

되짚다 1) снова опираться(напр. на трость); 2) 되짚어 тут же, сразу же; 묻다 тут же снова спросить.

되찾다 снова искать(разыскивать).

되풀이 I повторение; ~하다 повто-рять; ~되다 повторяться; ~교잡 с.-х. повторное скрещивание.

되풀이 II ~하다 1) мерить с помо-щью тве(см. 돼); 2)продавать зерно меркой тве.

된- преф. 1) густой, крутой; 된장 соевая паста; 2) сильный 된바람 сильный ветер.

된소리 I сильный; взрывной; соглас-ный

된소리 II геминатa; ~괴기 гемина-ция(в кор. языке ㄲ,ㄸ,ㅃ,ㅆ,ㅉ).

된장(-醬) соевая паста; ~국 суп, заправленный соевой пастой; ~에 풋고추 박히듯· обр. неподвижно, не двигаясь.

두(斗)I см. 두성.

두(豆) II этн. деревянный жертвен-ный сосуд с крышкой(для мяса).

두(頭) III счёт. сл. для домашнего скота голова.

두 IV определит. ф. числ. два; ~사람 два человека; 두 번 два раза; 두 번째 второй, другой; 두변수 함수 мат. функции двух переменных; 두 배나 вдвое; 두 손연락 спорт. пере-дача двумя руками; 두 점변 см. 이수변; 두

길마를[길을] 보다 лави-ровать; сидеть между двух стульев; 두 볼에 밤을 물다 обр. сердиться; надуваться; 두 손 맞잡고 앉다 сидеть без дела; 두 손 버무리 두 손벽이 맞아야 소리 난다 *посл.* ≈ букв. только две ладони издают звук; 두 손을 들다 손[을 들다]; 두 손에 떡 *посл.* ≈ букв. в обе руки, да по хлебцу; 두 수 двоякий способ; 두 수 없이 так и не иначе; только так; 두 절개 *посл.* ≈ букв. собака, приходящая за едой в два храма остаётся без еды.

두 V звукоподр. хрюканью свиньи хрю

두-(頭) преф. кор. голова; 두 문자 заглавная буква.

두 군데 два места.

두각(頭角) макушка; верхняя часть головы;~을 나타내다 быть на голову выше(других); выделяться.

두고보다 выжидать; следить.

두고보자 поживём-увидим.

두교대 1) ~작업 двухсменная рабо-та; 2) вторая смена; ~하다 заступать на вторую смену.

두교대제(-交代制) система работы в две смены.

두근거리다 биться; колотиться(о сердце); 가슴이 ~ сердце стучит (колотится; прыгает).

두꺼비 жаба; ~기름 жир жабы(как лекарство); ~파리 잡아먹듯 *обр.* хва-тая на лету; ~꽁지 만 하다 *см.* 게꽁지 [한 하다].

두꺼운 толстый.

두껍다 (두꺼우니, 두꺼워) толстый; большой.

두께 толщина; 벽의~ толщина стены.

두뇌(頭腦) 1) головной мозг; 2) ум; сознание; рассудок; 3) место на склоне горы, удобное для захоро-нения.

두다 1. 1) положить; класть; 2) оставлять; 그대로 ~ оставить в таком же положении; оставить как есть; 염두에 ~ иметь в виду; 사이를 두고 с интервалами, с промежутками; 이틀을 두고 через(каждые) два дня; с промежутком в два дня; 3) помещать; устраивать; 보초를 ~ выставлять часового; 4) сохранять, беречь; 두었다가 국 끓여 먹겠느냐? *ирон.* бережёшь, чтобы забрать с собой в могилу; 5) располагать, класть(что-л.) в (каком-л.) направ-лении; 6) не обращать внимания, пренебрегать; 7) добавлять, приме-шивать(в пищу); 8) набивать (ватой); сажать(на вату); 9)создавать, учреж-дать; сооружать; строить; делать; 부서를 ~ создавать отдел; 대문을 ~ ставить ворота; 모아~ собирать на всякий случай.

두덜거리다 ворчать; бормотать, бурчать себе под нос.

두둑하다 выпуклый; обильный.

두둔 покровительство; протекция; заступничество; ~하다 покрови-льствовать; протежировать; засту-паться; защищать(кого-л.); брать под защиту.

두둥실 ~뜨다, ~하다 парить(в воз-духе); плавно плыть(по воде)

두드러지다 **1.** 1) выпуклый, рельеф-ный; надлежащий; выделяющийся; 두드러진 곳 выступ; 2) отчётливый, выразительный; 두드러진 생각 ясная мысль; **2.** 1) выступать, выдаваться, вздуваться; выгибаться(посередине); выскочить(о прыще и т. п.); 2) становиться отчётливым(рельефным).

두드리다 1) стучать; 문을 ~ стучать в дверь; 손벽을 ~ хлопать в ладоши; 2) прост. бить, колотить; 주먹으로 ~ бить кулаком; 3) 두드려 как попало; на скорую руку, коекак.

두들기다 сильно стучать; ударять; бить.

두런두런하다 шептаться; шушука-ться.

두려운 страшный.

두려움 страх; боязнь

두려워하다 бояться; страшиться; испытывать боязнь(страх); опасаться; трусить; робеть(перед кем-л.).

두렵다(두려우니, 두려워) 1) прил. боя-ться; страшиться; опасаться; 2) очень сомнительный.

두루 1) вокруг, кругом; 2) почти все; все без исключения; в общем; 옛 친구들을 ~ 다 만나 보았다 встретил почти всех из старых друзей;~생각해 보다 обдумать со всех сторон; ~춘풍 а) терпимое отношение; б) терпи-мый(добродушный человек).

두루두루 1) кругом; вокруг; ~살피다 озираться по сторонам; оглядываться вокруг; 2) коекак; 3) безразлично, равнодушно(относиться к кому-л.).

두루마기(남자들이 외출할 때 입는 코트) турумаги пальто, которое одевают мужчины на выход; корейский верхний халат.

두루치기 I 1) широкое использова-ние(применение); 2) ходовая(широко используемая вещь); 3) примени-мость; 4) мастер на все руки.

두루치기 II закуска из моллюсков (осьминога) с приправой.

두르다(두르니, 둘러) 1) крутить, вер-теть, вращать;

재봉틀을~ шить на машинке; 2) махать, размахивать (напр. флажком); 3) обходить по краю, огибать; окружать; 선을~ заключать в круг; 테를~ обрамлять; 4) см. 에돌다; 5) окутывать; обматывать, обвязывать; 그들은 의사를 놓고 앉았다 они расселись вокруг врача; б) изменять направление; повёртывать;

둘러 대다 а) запускать(напр. машину); б) доставать, добывать; в) перен. выкручиваться;

둘러막다 огораживать;

둘러말하다 говорить(о чём-л.) не прямо(иносказательно);

둘러맞추다 а) приспособлять; подгонять; б) придумывать, сочинять.

둘러매다 а) брать(взваливать) на плечи; б)замахиваться(палкой *и т. п.*)

둘러보다 осматривать, оглядывать; 사방을 ~ оглядываться кругом(по сторонам).

둘러붙다 переходить(на чью-л. сторону); примыкать(к группе *и т. п.*)

둘러서다 обступать;

둘러차다 подвешивать(вокруг чего-л.)

둘러치다 I окружать, огораживать

둘러치다 II а) перекидывать, пере-брасывать(через голову); б) ударять со всего размаха; 둘러치나 메치나 *погов.* как ни делай результат один и тот же

둘러싸다 а) окутывать, обматывать, обволакивать; 식탁을 둘러싸고 вокруг обеденного стола; в) концентрировать внимание(на чём-л.), придавать серьёзное значение(чему-л.);

둘러쓰다 а) обматывать, завязывать (голову); б) облеплять, обливать(с ног до головы); в) покрывать сплошь (напр. о прыщах); г) брать, принимать на себя(чью-л. вину *и т. п.*)

둘러앉다 рассаживаться вокруг (чего-л.).

둘러엎다 опрокидывать.

두르르 1) ~말다 свёртывать в трубочку; 2) ~굴다 катиться с грохотом(по колесе *и т. п.*).

두름 1) связка рыбы из 20 штук, нанизанных по 10 штук на две бечёвки; 2) связка(какой-л. зелени) из 10 пучков; 3) несколько связок (зелени).

두리번거리다 눈을~ вращать глазами; 사방을 ~ оглядываться по сторонам.

두만강(-江). р. Туманган.

두메 отдалённая горная местность; ~산골 앉은 이방이 조정일 알 듯 *пого.* ≅ сидит дома, а обо всём знает(букв. как писарь в горном захолустье знает обо всех госуда́рственных делах)

두문불출(杜門不出) ~하다 быть затворником; жить в четырёх стенах.

두부(豆腐) I соевый творог; ~껍질 корочка на соевом твороге.

두부(頭部) II голова.

두부찌게 суп из тубу.

두서너째 второй-третий-четвёртый.

두서넛 два-три-четыре.

두세 перед именем два-три.

두세째 второй-третий.

두셋 два-три.

두텁다(두터우니, 두터워) 1) см. 두껍다; 2) крепкий, прочный(о дружбе); 3) большой, огромный(напр. о заботе); сердечный; достаточный; зажи́точный; сочный; очень густой; 두텁게 массивно, густо, сочно; 두터운 잎사귀 толстые листья; 두터운 배려 огромная забота; 두터운 우정 крепкая дружба; 4) см. 넉넉하다; 5) см. 짙다.

두통(頭痛) головная боль; ~거리 головоломка; загвоздка.

둑(洑) I дамба, плотина; насыпь; ~을 막다 заделывать дамбу.

둑 II два круга, которые проходит фишка в игре ют; ~이나다 пройти два круга(о фишке).

둑길(밭둑길, 논둑길) дорога по насыпи между полями.

둔(屯) 1) сборище; ~을 치다 устраивать сборище; толпиться; 2) место сборища.

둔하다(鈍-) 1) медлительный; непово́ротливый; неуклюжий; 2) громо́здкий; массивный; 3) тупой; глу́поватый; 머리가 둔해졌다 голова отупела; 둔한 사람 медлительный человек; 4) глухой(о звуке).

둘 два; ~이 оба, двое; ~이서 вдвоём; ~도 없다 а) нет второго такого; б) дорогой, единственный; 둘이 먹다가 하나가 죽어도 모르겠다 *посл.* ≅ язык проглотишь(букв. оба едят так, что умри один, другой не заметит).

둘- преф. бесплодный(о животном); 둘암소 яловая корова.

둘둘 1) ~말다 свёртывать; 종이를 ~ свёртывать бумагу; 2) ~굴리다 катить; 콩을 ~ катить шар; ~구르다 легко катиться(о тяжёлом круглом предмете)

둘러대다 говорить не прямо(инос-казательно); говорить обиняком.

둘러보다 осматривать; оглядывать; ~ 주위를 оглядываться кругом; озираться вокруг.

둘러서다 обступать; 학생들이 선생 주위에 둘러섰다 школьники обсту- пили учителя.

둘러싸다 окутывать; обматывать; обволакивать; окружать; обступать; 둘러싸고 вокруг(кого-чего-л.).

둘러앉다 рассаживаться вокруг (чего-л.); 둘러 앉았습니다 усесться в кружок.

둘러엎다 опрокидывать.

둘레 окружность; 가슴~ объём груди; ~에 вокруг.

둘째 второй; ~ 손가락указательный палец; ~아버지 дядя(второй брат отца); ~어머니 тётка(жена второго брата отца); ~치고 считая второс-тепенным; ~로 가라면 섧다(설위, 노엽다, 노여워)하겠다 достойный быть впереди(первым); 둘째 절 второй куплет

둥 I (...둥, ...둥) после прич. употр. дважды то ли ..., то ли; либо ..., либо; или ...,или; не то ..., не то...; 그가 고향으로 돌아오리라는 둥, 평양에 남아 있으리라는 둥, 한 동안 말들이 많았다 одно время многие говорили, что он либо вернётся в родные места, либо останется в Пхеньяне.

둥 II звукоподр. однокр. удару в большой барабан и т. п. бум.

둥그래지다 становиться круглым; округляться.

둥그러니 нареч.в форме круга(шара)

둥그러지다 1) упасть и покатиться; 2) кувыркаться;кататься(по земле)

둥그렇다(둥그러니,둥그러오) см.둥글다

둥글넓적하다 [-롭-] круглый и приплюснутый.

둥글다(둥그니, 둥그오) 1) круглый; 2) становиться круглым; округля-ться; 둥근얼굴 круглое лицо; 둥글게하다 округлять; 둥근지붕(천정) купол; 둥근톱 круглая(циркулярная) пила.

둥글둥글 ~하다 а) круглые(о нес- кольких предметах); б)совершенно круглый.

-둥이 пренебр.суф. образует имена от имён: 바람둥이 ветренный(лег-комыс-ленный) человек.

둥지, 보금자리 1) прям. и перен. гнездо; ~를 틀다 вить гнездо; гнездиться; 2) см. 굴.

- 266 -

뒤 1) зад; задняя(обратная; другая) сторона(часть); ~에서 за спиной; за кулисами; за глаза, тайком; ~를 따라 вслед(следом) (за кем-л.); 뒤에 수평 현수 спорт. заднее равновесие при горизонтальном висе; 뒤로 돌리다 повернуть обратно; 그 뒤를 이어 вслед за этим; ~에 뒤를 이어 один за другим; ~에 처지다 отставать(от кого-л.); ~로 호박 씨 깐다 см. 밑구 명[으로 호박씨 깐다]; ~를 돌아 보다 оглядываться назад на прошлое; 2) сущ. затем, потом, после; 일을 ~로 미루다 отложить работу; ~가 나다 (켕기다) бояться за последствие;~를 거두다 см. ~가 무겁다 а) чувствовать позывы при запоре; б) чувствовать слабость после болезни; ~가 터지다 испражняться на постели(о тяжёлом о больном); ~가 트이다 налаживаться(о желудке) после запора; ~를 보다 опра-вляться; 10) см. 맏건 뒤;~내려 긋다 добавлять вторую вертикаль-ную черту(к графемам 아, 야) ~가 구리다 быть двуличным; ~를 노리다 быть пристрастным; искать недо-статки(у другого); ~를 잇다 наследовать.

뒤- преф. гл. и прил. 1) как попало, беспорядочно; 뒤까불다 вести себя легкомысленно; 2) сильно; 뒤놀다 сильно качаться; 3) снова, опять; 뒤바꾸다 снова менять; 4) наоборот; 5) весь, целиком; 뒤덮다 сплошь покрывать.

뒤(뒷)간 [-ккан] см. 변소; ~기둥이 물방아 기둥을 더럽다 한다 *посл.* ≅ чужие грехи перед очами, а свои за очами; ~과 사돈집은 멀어야 한다 *посл.* ≅ лучше жить подальше от уборной да от сватов; ~에 갈 적 맘 다르고 올 적 맘 다르다 *посл.* ≅ вздохнуть свободно (напр. выполнив работу); ~에 옷칠하고 사나 보자 погов. скупой богач беднее нищего.

뒤(뒷)걸음 [-ккор-] 1) шаг(ход) назад; 2) см. 퇴보; ~을 치다, ~하다 а) шагать(пятиться) назад; б) см. 퇴보[하다].

뒤(뒷)골목 [-ккол-] дальний переу-лок.

뒤(뒷)길 I [-ккил] 1) дорога сзади (чего-л.); 2) будущее;перспектива; 3) неофициальный путь, способ; 4) уст. северная(западная) провинция(по отношению к южной провинции); ~을 두다 оставлять ла-зейку.

뒤(뒷)길 II [-ккил] спинка платья.

뒤(뒷)끝 1) конец; окончание(напр. собрания); ~을 막다 см.끝[을 막다]; 2) последствие, результат; ~을 보다 видеть результаты(чего-л.).

뒤(뒷)다리 [-тта-] 1) задние лапы (ноги); 2) задние ножки(мебели);~를 잡다 обнаружить(найти) слабое место (у кого-л.).

뒤돌아보다 оглядываться назад

뒤돌아서다 поворачиваться назад.

뒤따르다 идти вслед; следовать(за кем-л.); следовать по пятам

뒤떨어지다 отставать; 유행에~ от-ставать от моды.

뒤(뒷)맵시 [твин-] вид сзади.

뒤(뒷)문(-門) [твин-] задние двери (ворота); чёрный ход; ~거래 чёрный рынок; торговля изпод полы; ~으로 드나들다 заходить(выходить)тайком

뒤물[твин-] вода для подмывания; ~하다 подмываться.

뒤바퀴 [-ппа-] заднее колесо.

뒤범벅 1) беспорядок; неразбериха; сутолока; ~이 되다 быть перемешанным; всё вверх дном; 2) перен. каша, винегрет.

뒤살피다 внимательно(тщательно) осматривать.

뒤소리 [-ссо-] 1) см. 뒤말; 2) заку-лисные разговоры; 3) крики одо-рения; подбадривающие возгласы; ~하다 а) см. 뒤말[하다]; б) вести закулисные разговоры; в) ободрять, подбадривать криками.

뒤엎다 опрокидывать;перевёртывать вверх ногами.

뒤전 I [-ччон] 1) сущ. позади, сзади (чего-л.); 2) обратная(закулисная) сторона; ~을 보다 делать(что-л.) тайком; 3) последняя позиция; 4) задняя часть борта(судна); 5) этн. Последний(двенадцатый) круг(в ша-манском обряде); ~을 놀다 а) завер-шать, заканчивать; б) этн. завершать последний круг(в шаманском обряде).

뒤전(-殿) II [-ччон] этн. помещение в королевской родовой молельне, где хранились поминальные дощечки.

뒤지다 I 1) отставать; 2) не дости-гать; не доходить.

뒤지다 II 1) искать; копаться(в чём-л.); 2) разрывать; разгребать; 3) листать; 호주머니를 ~ искать в кармане; 책장을 ~ листать стра- ницы книги.

뒤집다 1) выворачивать наизнанку; переворачивать; 소매를~ вывернуть рукава; 건초를 ~ ворошить сено; 2) переставлять; менять местами;~집는 대위법 муз. обратимый контрапункт; 3) переделывать, перерешать; 4) закатывать (глаза); 눈을 ~ закатить глаза; 5) всполошить, взбудоражить; ~집고 핥다

хорошо знать, подробно разузнать; ~집어쓰다 물을 а) небрежно надевать(шапку); б) укрыва-ться с головой; в) быть облитым с ног до головы; г) принимать на себя(вину); брать на себя(ответствен-ность); ~집어 엎다 а) переворачи-вать; опрокидывать; б) подрывать, вредить; в) свергать; г) опровергать;д) всполошить.

뒤집어쓰다 небрежно надевать; укрываться с головой; быть покрытым с головы до ног; брать на себя;모자를~ нахлобучить(надеть) шапку; 이불을~ укрыться одеялом; укута-ться в одеяло; 물을 ~ быть облитым с головы до ног.

뒤집어엎다 переворачивать; опро-кидывать; свергать; 잔을 ~ опроки-нуть чашку; 적들의 주장을 ~ опро-вергнуть утверждение врагов.

뒤집히다 1) быть вывернутым наиз-нанку(перевёрнутым; опрокинутым); 2) быть смещённым(перемещённым); 3) быть переделанным; 4) закаты-ваться (о глазах); 주전자가 뒤집혔다 чайник опрокинулся; 눈이 뒤집혔다 глаза закатились.

뒤쫏다(뒤쪼으니,뒤쪼아) долбить (напр. долотом) то тут, то там.

뒤척이다 шарить; рыться; ворошить.

뒤축 1) см. 발뒤축; 2) задник обуви; пятка(носка, чулка).

뒤치닥거리 1) уход, забота; 2) при- ведение в порядок; ~하다 а) уха-живать, заботиться, следить(напр. за детьми); б) приводить в поря-док, убирать.

뒤틀다(뒤트니, 뒤트오) 1) вывёртывать; закручивать; поворачивать; вертеть, крутить; 2) противостоять; не уступать(друг другу); 3) препятствовать; срывать.

뒤틀리다 1) быть вывернутым(зак-рученным); 2) противостоять; не уступать; 3) быть сорванным(напр. о плане); 4) быть злым(опасным); 5) ошибаться.

뒷걸음 шаг(ход) назад; ~질 하다 пятиться назад; ~치다 шагать назад; идти назад; идти вспять.

뒷받침 подставка; подкрепление; подпорка; поддержка; помощь; ~하 다 подставлять; подпирать; поддер-живать; помогать.

뒷전 позади; сзади; обратная(заку-лисная) сторона; задняя часть борта; ~에서 비방하다 клеветать за спиной (за глаза).

듀랄루민(*англ.* duralumin) дюралю-миний, дюраль.

ㄷ ты(назв. кор. согласной буквы ㄷ)

드- преф. очень;

드높다 очень высокий;

드나들다(드나드니, 드나드오) 1) входить и выходить; 2) приходить и уходить; приезжать и уезжать; 3) ходить взад и вперёд; сновать тудасюда; 4) быть неровным.

드넓다 очень широкий; просторный; 드넓은 바다 бескрайнее море

드높다 очень высокий; грандиозный.

드높이 очень высоко; ~다 возвышать.

드디어 наконец; в конце концов.

드라마 рус. драма; ~적 драматический.

드러나보이다 выставляться напоказ.

드러나다 1) показываться; обнаруживаться; выявляться; 2) приобретать широкую известность.

드러내다 обнаруживать; выявлять; проявлять; показывать; обнажать; выражать; 대단한 재능을~ обнаружить большие способности.

드러었습니다 появляться.

드러눕다(드러누우니, 드러누워) 1) лечь; улечься; 2) слечь(о больном); 3) жить в покое.

드렁거리다 1) громко храпеть; 2) грохотать, стучать, греметь.

드리다 I вежл. 1. 1) давать; вручать; преподносить; 선물을 ~ преподносить подарок; 말씀을 ~ говорить; 감사를 ~ приносить(кому-чему-л.) (свою) благодарность; 2) сообщать (вышестоящему), докладывать; 보고를 ~ докладывать; 인사를 ~ передавать привет; 맹세를 ~ давать клятву; 2. после дееприч. на -아(-어,-여)указывает на то, что действие совершается в интересах второго(третьего) лица: 어머니의 하시는 일을 도와드리다 помогать матери в работе.

드리다 II вить, сплетать, плести.

드리우다(드리우니, 드리워) 1) опускать; свешивать; 2) висеть, свешиваться; 3) оставлять, передавать(потомкам); 지붕에서 밧줄을~ свешивать верёвку с крыши; 구름이 낮게 드리웠다 люстра висит над потолком.

드릴 (англ. drill) дрель; сверло; ~가공 сверление.

드문드문 1) редко; местами; 2) ре-дко; изредка; ~ 찾아오다 приходить (навещать) изредка; ~하다 редкий; ~ 걸어ود 황소걸음 см. 느릿느릿(걸어 도 황소걸음);~하다 редкий.

드물다(드무니, 드무오) редкий.

드뭅니다 редко.

드세다 1) очень сильный; 고집이~ очень упрямый; 2) влиятельный; 3) тяжёлый, изнурительный(о работе); 4) этн. злой, свирепый (о домовом).

드셨어요 слышал.

득(得) I доход, выгода.

득 II ~긁다 скребнуть, царапнуть; 성냥을 득 긋다 чиркнуть спичкой; 줄을 득 긋다 прочертить линию; 득얼어붙다 сковать льдом.

득남(得男) рождение сына.

득녀(得女) рождение дочери.

득도(得道) познание истины, ~하다 рел. постигать истину, прозревать.

득세하다 приобретать влияние; выдвигаться; делать карьеру.

득실(得失) 1) приобретение и потеря; 2) польза и вред; выгода и убыток; 3) успех и провал; ~상반 так на так; 4) положительные и отрицательные стороны; ~거리다 кишеть; 개미들이 득실거린다 муравьи кишат.

득표(得票) 1) ~하다 получить(необходимое число голосов); 2) необходимое число голосов.

득하다 I в знач. исключительного сказ. не употр. внезапно похолодать.

득하다(得-) II уст. см. 얻다 I.

-든 I оконч. дееnp. разделительного: 비가 오든 말든 우리들에게는 상관이 없다 нам всё равно: идёт дождь или нет.

든 II разг. усил. частица, употр. после основы гл. наст. вр. перед. отриц.: 갖든 못 하나마 구경이라도 하자 брать то(это)нельзя, так давай хоть посмотрим.

-든가 оконч. дееnp. разделительного: 지붕을 고치든가 도랑을 치는 일을 하여 주십시오 почините крышу или выройте канаву.

든든하다 1) твёрдый; сильный; 2) крепкий; прочный, надёжный; верный; 든든히 твёрдо; крепко; прочно; серьёзно; 든든한 몸 крепкое телосложение; 든든한 경제토대 прочный экономический базис; 3) вполне достаточный(о средствах); 4) сытый, полный(о желудке); 든든하게 먹고 길을 떠났다 хорошо поев, отправились в дорогу; 5) тёплый; 든든히 입다 тепло одеваться; 6) серьёзный, строгий(напр. о наказе).

-든(지) 가~ 말~ 마음대로 해라 делай как хочешь; можешь

идти, можешь остаться(или иди или нет).

듣다 I (들으니, 들어) капать; 듣거니 맺거니, 맺거니 듣거니(из глаз) капают слёзы.

듣다, 청취하다 II (들으니, 들어) 1) слышать; слушать; 부모의 말을 ~ слушаться родителей; 듣기좋은 노래도 늘 들으면 싫다 = 듣기좋은 육자배 기도 한 번 두 번 *посл.* = букв. и хорошая песня надоест, если много раз слушать; 들으면 병이요, 안 들으면 약이라 *посл.* = слово не нож, а до ножа доводит; 들은풍월 *обр.* отрывочные знания; 2) получать (приказ, указание *и т. п.*); 지시를 ~ получать распоряжение; 3) выслушивать (просьбу *и т. п.*); 부탁을 들어주다 удовлетворить просьбу; 4) узнавать(о чём-л.); 5) слушать, повиноваться; 6) действовать(о лекарстве).

듣다 III действовать; быть эффективным; 약이 듣는다 лекарство оказывает действие.

듣습니다 слушает.

들(판) 1) равнина; 2) поле; 기름진 들 плодородное поле; 들을 놓다 сделать перерыв на обед(на поле).

들- I преф. перед назв. растений полевой; дикий; ~꽃 полевой цветок; ~장미 дикая роза; ~풀 полевые цветы; 들장미 дикая роза.

들- II преф. употр. перед предикативами 1) очень, сильно; 들끓다 бурлить; 2) весь 들쓰다 накрывать (волной).

-들 суф. мн. 사람들 люди.

들것 носилки;~으로 환자를 나르다 нести носилки больного.

들국화 девясил.

들기름 масло из семян периллы.

들길 дорога в долине; тропинка.

들깨 1) бот. перилла; 2) семена периллы; 기름 см. 들기름 масло из семян периллы; 들깻잎 листья периллы.

들꽃 полевой цветок.

들끓다 сильно кипеть; бить ключом; бурлить; взбудораживаться; возбуждаться; кишеть; 가마의 물이 들끓는다 вода в котле бурлит; 가슴이 들끓는다 сердце сильно стучит(бьётся); 거리는 사람들로 들끓었다 улицы кишели толпами.

들끓었습니다 кипеть.

들다 I (드니, 드어) 1) входить; вступать; поступать; приступать; 해가 잘 ~ быть солнечным(напр. о комнате);

- 272 -

자리에 ~ лечь в постель; 들락날락 하다 то входить, то выходить; 들데 날데 없다 быть в безвыходном положении(в тупике); 드는줄은 몰라도 나는 줄은 안다 цену вещи узнаешь, когда её потеряешь; 새 집에 ~ вселиться в новый дом; 3) краситься; 이 천은 물이 잘든다 эта материя легко красится; 단풍이~ пожелтеть(о листьях); 4) требоваться (напр. о средствах); 들어맞다 совпадать, сбываться, попадать в цель; 들어박히다(박이다) а) вонзаться; б) быть вбитым(воткнутым); в) неотлучно находиться(где-л.); 들어붙다 들어서다 а) входить, вступать; б) находиться, располагаться(где-л.); 들어차다 быть полным, наполненным; 들어앉다 а) входить и садиться; б) подсаживаться(близко к кому-л.); располагаться, находиться(вблизи чего-л.); в) перен. прочно сесть; г) неотлучно находиться (напр. дома);не отрываться, засесть;

들다 II (드니,드오) хорошо резать; быть острым.

들다 III быть в годах.

들다 IV (드니,드오)(올리다) 1) поднимать; 고개를 ~ поднять голову; 드는 돌이 있어야 낯이 붉다 *посл.* ≈ букв. только когда поднимешь камень, покраснеет лицо(от усилия); 2) держать(что-л. в руках); 수건을 들고 с полотенцем в руках; 3) вежл. кушать, пить; 예를 ~ привести пример; 드나늦이 하나뿐이다 *обр.* имеется только один (напр. ребёнок); 5) выдвигать(условия); поднимать (вопрос); 비가 ~ перестать(о дожде); 든 손에(손으로) сразу же, сейчас же; 들고나다 а) вмешиваться; б) выносить из дому для продажи; в) см. 들고일어나다; 들고버리다, 들고주다 броситься бежать; друдеть; 들어 먹다 а) промотать; б) присваивать.

들들 I 1) ~굴리다 вращать(глазами); 2) ~구르다 катиться с грохотом (напр. о телеге).

들들 II 1) ~볶다 поджаривать; перемешивать(бобы *и т. п.*); 2) ~볶다 досаждать; изводить; ~ 맷돌에 갈다 молоть, растирать(с помощью жёрнова); 3) ~뒤지다 шарить (в ящике *и т. п.*).

들떠들다(들떠드니, 들떠드오) сильно шуметь.

들뜨다(들뜨니, 들떠) 1) отставать; отходить; отклеиваться; 2)быть взбудораженным (неспокойным); 3) быть легкомысленным; 4) быть опухшим; 벽지가 들떴다 обои отклеились (отстали); 들뜬 기분을 가라앉히다 успокоить взбудораженное настрое-ние.

들뜨이다 1) быть отклеенным(отс-тавшим); 2) быть взбудораженным (неспокойным); 3) быть легкомыс-ленным(ветреным);공상에~ витать в облаках; 4) быть опухшим

들뜬 분위기 возбуждённая атмос-фера.

들락거리다 то входить, то выходить; сновать.

들랑거리다 то входить, то выходить; сновать.

들러리 шафер, дружка(жениха), подружка невесты; ~를 서다 быть шафером(подружкой).

들러붙다 1) (хорошо) приклеивать, приставать, прилипать; слипаться; 2) быть(стать) близкими(тесными) (об отношениях).

들려주다 давать возможность послу-шать; рассказывать; давать знать (кому-л.); 노래를 ~ давать возмо-жность послушать песню; 재미있는 이야기를 ~ расскажите чтонибудь интересное.

들렸습니다 слышал.

들르다 заходить; заезжать; загляды-вать; 상점에~ зайти в магазин; 오늘 집에 들리십시오 заходите сегодня ко мне.

들리다 I 1) слышаться; доноситься; 2) послышаться; 내말이 들립 니까? Вы меня слышите? слухом до нас донёсся; 들릴락 말락하다 едва слышный; 들려주다 а) давать возможность послушать;б) сообщать, давать знать(кому-л.).

들리다 II 1) 감기에~ простудиться; 병에 ~ заболеть; 2) этн. быть окол-дованным (заворожённым) (злым духом).

들리지 않게 하다 глушить; заглу-щить.

들먹거리다 1) дрожать; вздрагивать; сотрясаться; 2) махать вверх и вниз; поднимать и опускать; 가슴이 ~ сильно биться(о сердце).

들먹이다 1) дрожать, вздрагивать, сотрясаться; 2) шевелить губами; 3) сильно биться(о сердце); 4) дёргать(о нарыве); докучать, надоедать.

들볶다 1) досаждать; изводить; ма-ять; мотать; не давать житья(ко-му-л.); 괜히 사람들을 ~ незачем изводить людей; 2) тревожиться, волноваться.

들앉히다 [-안치-] 1) ввести и уса-дить(куда-л.); 2) назначить на должность; 3) держать взаперти;за-садить(куда-л.).

들어가다 входить; попадать; посту-пать; переходить.

들어서다 избегать; противиться вс-тупать; оказаться.

들어오세요 войдите.

들어오지 마세요 Посторонним вход воспрещён!

들어올리세요 поднимите.

들었습니다 слушал.

들으면 если слышал.

들이- преф. 1) беспрерывно; 2) силь-но; 3) как попало; ~덤비다 нале-тать, обрушиваться(на кого-л.); 4) внезапно, неожиданно, вдруг; ~ 닥치다 внезапно нагрянуть; 5) внутрь.

들이닥치다 внезапно(неожиданно) нагрянуть.

-들이 суф. ёмкостью в ...; 1킬로 들이 ёмкостью(вместимостью)в один килограмм; 1리트 ~병 литровая бутылка; 열 말들이 ёмкостью(вме-стимостью) в десять маль.

들이갈기다 1) сильно бить, хлес- тать; 2) вести шквальный огонь; 3) писать вкривь и вкось; 4) отп-равлять естественные надобности где попало; 5) плеваться где попало; 6) громко болтать; 7) истошно кричать; 8) перерубать сильным ударом; 9) с силой пнуть.

들이긋다 I (들이그으니, 들이그어) про-никать внутрь(об инфекции).

들이긋다 II (들이그으니, 들이그어) 1) провести линию(ближе к внутренней стороне); 2) делать вдох; вдыхать; 3) черкать, чертить (линии).

들이꽂다 1) втыкать, вставлять; 2) с силой втыкать(вставлять).

들이다 1) заставлять(позволять) входить; впускать; 2) вносить, включать; 3) допускать(к экзаменам); 4) вселять, поселять; 5) красить; окрашивать; 6) давать; предоставлять; 친척을 자기 집에~ поселить у себя родственников; 빨간 물을~ окра-шивать в яркокрасный цвет; 돈을~ ассигновать средства; 들여가다 вносить; 들여놓다 а) вносить и класть; б) впускать, позволять войти; 들여다 보다 а) смотреть внутрь (чего-л.); б) пристально (внима-тельно) смотреть, разглядывать; в) досконально знать; 들여앉히다 а) вводить и усаживать; б) подвигать (что-л. внутрь); в) назначать на должность; г) заставлять сидеть дома; 들여오다 вносить; 들여 디딘 발 начатое дело.

들이대다 I 1) наставлять, приста-влять; 2) настаивать; настойчиво требовать; 3) быстро добираться (на место);

사장에게 요구조건을 ~ пре-дъявить директору свои требования.

들이대다 II пускать воду.

들이마시다 1) хлебать; глотать; пить большими глотками; 2) делать пол-ный вдох(большой глоток); глубоко вдыхать; 공기를 한가슴 ~ набрать в грудь воздух.

들이밀다(들이미니,들이미오) 1) вталки-вать; впихивать; втискивать; всовы-вать; просовывать; 2) сильно толкать; 3) нерасчётливо вкладывать(давать, предоставлять); 4) навязывать(воп-рос).

들이받다 1) ударять(головой); та-ранить; 2) сильно ударяться(сту- каться).

들이붓다 (들이부으니,들이부어) 1) всы-пать(во что-л.); вливать; 2) сильно литься; лить как из ведра; 물을 독에 ~ влить воду в чан.

들이켜다 I с жадностью выпить; жадно вдыхать;단숨에 ~ выпить залпом; 신선한 공기를 ~ вдыхать свежий воздух.

들이켜다 II пилить изо всех сил.

들쭉날쭉 неровно; зубчато; изре- занно; ~하다 неровный; зубчатый; изре занный.

들추다 1) разгребать; 2) рыться; 3) обнаруживать; раскрываться; 호주머 니를~ рыться в кармане; 비밀을~ раскрывать тайны; узнавать всю под-ноготную; 4) трясти(напр. о телеге)

들추어내다 вырыть; выкопать; раскрыть; обличить; разоблачать скрытых врагов.

들키다 быть замеченным(обнару-женным); попасться на глаза.

들통(-筒) раскрытие; обнаружение;

들통이나다 раскрыть; обнаружить.

듬뿍 вдоволь; полно; ~하다 полный (до краёв).

듬직하다 солидный; внушительный; 그는 나이보다 듬직하게 보였다 он выглядел не по летам солидно.

듯 1) после прич. предикатива словно; 총알이 비가 오는 듯 떨어진다 пули падают словно град (букв. словно идёт дождь); 2) после прич. предикатива в сопровождении ~하다, 싶다 вероятно, кажется 올 듯싶다 (он), кажется, приедет; 그가 올 듯하다 он, вероятно, приедет; 3) оконч. деепр. сравнительного 바다가 넓듯 그의 마음은 너그럽다 его душа широка словно море.

-듯 (..처럼) словно; как будто; 노래 하~ петь, словно соловей; 죽은 ~ словно мёртвый; 다 안다는 ~이 с таким видом, будто он всё знает.

등 I 1) спина; ~을 대고 눕다 лечь (лежать) на спину(на спине); ~을 펴다 выпрямить спину; ~에 지다 взвалить на спину; ~을 굽히다 со-гнуть(сутулить) спину; ~을 돌리다 повернуться спиной(к кому-чему-л.); 등배가 맞다 см. 배[가 맞다] I; 등 시린 절 обр. чувство неудобства за слишком щедрое вознаграждение; 등 쳐먹다 присваивать, грабить; 등 쳐먹고 사다 жить за счёт(кого-л.); 등이 달다 огорчаться, испытывать досаду(при неудаче); 등이 닿다 а) натереть спину(о животном); б) иметь поддержку со стороны (кого-л.);~을 타다 идти по гребню(горы); 4) корешок книги; 5) подъём(ноги).

등(燈) II лампа; фонарь; ~을 켜다 включить(зажечь) лампу; ~을 끄다 выключить(потушить) лампу; ~불 огонь лампы(фонаря); ~잔 светиль-ник; 가로~ уличный фонарь; 석유~ керосиновая лампа.

등(藤) III см. 등나무; 사과,배,복숭아, ~의 과일 яблоко, груша, персик и другие фрукты.

-등(燈) суф.кор. лампа; 가로등 ули-чный фонарь; 탐조등 прожектор.

등가(等價) эквивалент; равноцен-ность; ~적 эквивалентный; ~계산 эквивалентный расчёт; ~교환 эк-вивалентный обмен;~물 эквивалент; ~보상 эквивалентное возмещение; ~성 эквивалентность; ~형태 эквива-лентная форма; ~용량 эквивалент-ная ёмкость.

등겨 рисовые высевки(отруби); ~섬 에 생쥐 엉기듯 обр. собираясь то-лпами в поисках съестного(о го- лодающих людях)

등고선(等高線) геогр. горизонталь; ~지도 карта, вычерченная в гори-зонталях.

등골(鐙骨) I анат. стремечко.

등골 II область позвоночника; ~이 오싹하다 мурашки бегают по спи-не; дрожь пробежала по спине(от страха);~서늘하다 мурашки бегают по спине(от страха).

등골(鐙骨) III [-꼴] 1) см. 등골뼈; 2) спинной мозг; ~이 빠지다 вы-биться из сил; выматываться; ~을 빨아머다 (빼먹다) а) перен. сосать (чью-л.) кровь; б)присваивать себе (чужое имущество); ~을 뽑다 а) присваивать(чужое имущество); б) мучить, заставлять страдать; ~이 빠지다 выбиваться из сил.

등과(登科) [-кква] феод. ~외방 вы-езд в провинцию в качестве чи- новника (после сдачи экзамена на государственную должность); ~하다 выдержать экзамен на государ-ственную должность.

등교(登校) посещение школы; ~하다 ходить в школу; посещать школу; ~생 ученик, посещающий школу; заочник на сессионных занятиях; ~수업 сессионные занятия(заочни-ков);~시간время занятий в школе

등급 1) класс; разряд; сорт; ранг; ~을매기다 определить разряд(класс); ~이오르다 повышаться по разряду; ~개념 см. 동위 [개념]; ~변형 тех. ступенчатая деформация; 2)одного и того же разряда(класса, сорта, ранга); одной и той же степени.

등기(登記) 1) регистрация; ~하다 регистрировать; 2) ~우편 заказное почтовое отправление.

등기료(登記料) плата за регистра-цию.

등기부(登記簿) регистрационный журнал.

등단하다 а) подниматься на три- буну; занимать место в президи- уме; б) перен. выходить на арену; в) феод. выдвинуться на должность воена-чальника сеульского гарнизона.

등대(燈臺) маяк.

등대불 огонь маяка.

등대지기 сторож маяка.

등뒤 1) тыльная сторона; 2) невиди-мая сторона; ~의 세력 а) тайные силы; б) силы, стоящие(за кем-л.).

등등(等等) и так далее; и тому подобное.

등록(登錄), 기록(記錄) I регистра-ция; прописка; ~증 свидетельство о регистрации; ~상표 гербовая(торго-вая) марка; ~카트 учётная карточка; ~하다 регистрировать, прописывать.

등록(謄錄) II [-нок] запись обычаев (прецедентов).

등록증(登錄證) [-нок] 1) свидетельс-тво о регистрации(напр. брака); 2) (технический) паспорт.

등변(等邊) равносторонний; ~사각형 ромб; ~삼각형 равносторонний треугольник; ~선 изолинии; ~쌍곡선 равносторонняя гипербола; ~원기둥 равносторонний цилиндр; ~압선 geogr. изаллобары; ~원추 равносто-ронний конус.

등분(等分) **1.** 1) деление на равные части; 세~ деление на три равных части; ~하다 делить на равные части (поровну);~되다 делиться на равные части; 2) равные части; ~으로 поровну; **2.** счётн. сл. доля.

등불(燈-), 가로등 1) огонь лампы (фонаря); ~베짱이 зоол. Hexacentrus japonicus; ~여치 зоол. Phaneroptera nigroantennata; 2) см. 등잔불.

등비(等比) ~급수 геометрическая прогрессия; ~수열 геометрическая последовательность; ~중항 среднее геометрическое;~항렬 геометри- ческий ряд.

등산(登山) восхождение на гору; подъём на гору; альпинизм; ~하다 совершать восхождение (подъём) на гору; восходить на гору; ~객 прие-хавший альпинист; ~로 маршрут восхождения на гору; ~모 головной убор альпиниста; ~복 одежда аль-пиниста; ~지팡이 палка альпиниста; альпеншток; ~화 ботинки для альпинистов; ~림 уст. восхождение на гору и погружение в воду.

등수(等數) порядок призовых мест; разряд; категория; ~에 들다 зани-мать призовое место; выдержать экзамен; ~를 메기다 определять призовые места; давать разряд; ставить оценки.

등위선(等位線) астр. эквипотенц- иальные линии.

등장(登場) I 1) выход(на сцену); появление(на трибуне); 2) перен. выход на арену; ~하다 а) выходить (на сцену); б) перен. выходить (на арену); ~ 인물 а) персонаж; дей-ствующее лицо; б) участник; заи-нтересованное лицо; лицо, прича-стное(имеющее отношение к чему-л.).

등장(等狀) II ~하다 обращаться с петицией, подавать коллективное прошение.

등지다 1) отвернуться; повернуться спиной; 2) оставлять; покидать; 벽을 등지고 앉다 сесть спиной к стене; 고향을 ~ покидать родные места; 그들은 서로 등지고 있다 они не в ладах; 반달을 등지고 спустя полмесяца; 3) оторваться(от чего-л.); порвать(с кем-чем-л.); 시대 를~ быть противником прогресса; 4) ухудшаться(об отношении); 등진 가재 человек, пользующийся подде-ржкой (кого-л.).

등차(等次) 1) разница(напр. в разр-яде); 2) одинаковая разница; ~급수 арифметическая прогрессия; ~수열 арифметическая последователь ность; ~중항 среднее арифметическое; ~항렬 арифметический ряд.

-디 I *груб. разг. оконч. вопр. ф.* предикатива: 밖에 바람이 불디? На улице ветер?

디- II после основы предикативого прил. указывает на интенсивность качества: 높디높다 высокийвысокий.

디글 *уст.* 디귿(назв. буквы ㄷ).

디디디(DDD) автоматическая ме-ждугородняя телефонная связь.

디디티(*англ.* DDT) ДДТ(дихлорди-фенил-хлорэтан)(средство для истре-бления насекомых).

디스카운트(*англ.* discount) скидка; дискаунт.

디스켓(*англ.* diskette) дискет.

디스코(*англ.* disco) дискотека; танцы

디스크(*англ.* disk) диск.

디스플레이(*англ.* display) показ; проявление; выставка; дисплей.

디엔에이(*англ.*DNA)ДНК(дезоксири-бонуклеиновая кислота).

디엠지(DMZ) демилитаризованная зона.

디자이너(*англ.* designer) модельер; конструктор; дизайнер.

디자인(*англ.* design) план; дизайн.

디저트(*англ.* dessert) десерт; слад-кое; третье.

디젤-(*нем.* Diesel) ~기관차 топловоз; ~ 엔진 дизель; дизельный двигатель; ~기관 дизель, дизельный двигатель; ~트랙터 дизельный трактор.

디지털(*англ.* digital) ифровой.

디테일(*англ.* detail) детальное описание; детали,подробности.

디플레이션(*англ.*deflation) дефляция

딜러(*англ.* dealer) банкомёт; дилер; раздающий карты.

딜레마(*англ.* dilemma) дилемма

따갑다(따가우니,따가와) 1) очень горя-чий(жаркий); 2) *прил.* гореть (*напр.* о коже); 3)резкий(о критике *и т. п.*).

따끈하다 достаточно горячий.

따끈따끈하다 очень горячий.

따끔하다 чувствовать жжение; горе-ть; резкий; чувствовать резкую (острую) боль.

따님 Ваша(его) дочь.

따다 I 1) рвать; срывать; собирать (плоды, ягоды *и т. п.*); 2) брать (факты, данные *напр.*из доклада); 요점을 ~

конспектировать; 3) завоё-вывать(победу); набирать(очки); получать(отметку); 점수를 ~ наби-рать очки; 4) прост. отбирать; 5) избегать(кого-л.); 6) наотрез отка-зывать; 7) отстранять (от дела); 깡통을 ~ открывать консервную банку; 따돌리다 изолировать(кого-л.); держать на расстоя-нии; 따가가 발리다 а) вырывать(выдирать) и разбрасывать; б) нудно рассказывать.

따다 II 1)вскрывать(волдырь, нарыв); открывать(консервную банку); раз-резать арбуз; 2) отрывать(часть чего-л.); 3) вскапывать часть земли; 4) прокапывать, проделывать(канаву).

따돌리다 изолировать(кого-л.); дер-жать на расстоянии.

따듯이 тепло. 따듯하게 тепло.

따뜻하다 тёплый. 따뜻한 тёплый.

따뜻합니다 тепло.

-따라 1) вслед за; 2) как раз.

따라 앞서다 обгонять. 따라가다 догонять. 따라잡다 догонять.

따라서 следовательно; в соответ-ствии; следуя (말해 보세요) повто-рите за

따라지 1) презр. замухрышка; ~목숨 обр.зависимое положение; 2) одно очко в игре.

따로 1) отдельно; раздельно; 2) на отшибе; особо; ~살다 раздельно жить; 한가한 때는 ~있었다 никогда не было свободного времени; ~내다 выделить(напр. молодожёнов); ~나다 выделиться(напр. о моло-дожёнах).

따로따로 отдельно.

따르다 I (따르니, 따라) отливать, наливать; разливать.

따르다 II (따르니, 따라) 따라서다 따라 잡다 1) следовать(за кем-л.), догонять; 2) следовать, подражать (кому-чему-л.).

따사로이 тепло, ласково.

따사롭다 тёплый; ласковый.

따스하다 тепловатый, ласковый.

따습다(따스우니,따스워) очень тёплый.

따옴표(-票) кавычки.

따위 1) типа(чего-л.); подобный (чему-л.); 2) после личн. имён и мест. придаёт оттенок пренебрежения, иронии: 너 ~ такие как ты; ты и тебе подобные.

따지다 1) докапываться; разбираться (в чём-л.); 2)

скрупулёзно расспра-шивать(допрашивать); 3) тщательно подсчитывать, высчитывать; 4) учи-тывать, брать во внимание.

딱 1) ~치다,~하다 сильно стукнуть (напр. кулаком по столу); 2) пол-ностью, совсем(прекратиться, оста-новиться); 3) прочно; крепко; плотно; 4) как раз; точно; 5) широко; 6) сильно.

딱딱 1) ~하다 хлопать, стучать, слегка ударять; 2) ~멎다(그치다,막히다) то и дело останавливаться (прекра-щаться, прерываться); 3)~맞다 точно (полностью) совпадать (сходиться); 4) ~ 마주치다 то и дело сталкиваться (встречаться); 5) ~들어붙다 плотно прилипать(приклеиваться); 6) ~벌리다 широко раскрывать(напр.рот); 7) ~ 버티다 пререкаться друг с другом; 8) ~끊다 совсем бросать (отказы-ваться); 9) ~자르다 точно отрезать (отрубать)

딱지 I 1) струп; болячка; 2) панцирь (краба и т. п.); 3) пятно(на грубо выделанной бумаге); 4) корпус, крышки(часов); ~를 떼다 см. 뚜껑 [를 떼다].

딱지 II отказ; ~를 놓다 отказывать; отвергать; ~를 맞다 получить от-каз.

딱지 III 1) наклейка; этикетка; бирка; ярлык; квитанция; ~를 떼다 выпи-сывать штрафную квитанцию за правонарушение; 우표 ~ почтовая марка; 2) 놀이딱지 игра в карты; 3) прозвище; перен. ярлык.

딱하다 1) жалкий; вызывающий жалость; 2) неловкий; неудобный; затруднительный; 딱하게 여기다 жалеть; 딱한 입장 затруднительное положение.

딴 I другой; ~눈으로 보다 считать странным(подозрительным); 전혀 ~ 문제 совсем другой вопрос.

딴 II 내 ~에는 что касается меня; с моей стороны; лично я

딴눈 1) искусственный взгляд; 2) взгляд в сторону; ~으로보다(~을 주다) считать странным(подозрительным); ~을 팔다(뜨다) см. 한눈[을 팔다].

딴딴하다 1) твёрдый; жёсткий; 2) крепкий; сильный.

딴판 1) совершенно другое положе-ние; 2) нареч. совсем, совершенно; ~ 다르다 совершенно другой(о харак-тере).

딸(딸아이, 딸애, 딸아기, 딸자식(子息), 여식(女息),여아(女兒) дочь; ~없는 사위 обр. человек,

- 282 -

ставший чужим; ~은 산적 도적 дочь и после замужества обуза для родителей; ~의 굿에 가도 전대가 셋 *посл.* ≅ шаманка за гадание три шкуры сдерёт и с родной дочери(о жадном человеке).

딸기 земляника; клубника.

딸꾹질 икота; ~ 하다 икать.

딸꾹거리다 то и дело икать.

딸리다 1) побуд. залог от 따르다 II 1); 2) находиться(при ком-чём-л.); принадлежать(кому-чему-л.).

땀 пот; ~을 흘리다 обливаться потом; ~이 나다 потеть; ~투성이다 весь в поту; 그는 구슬 ~을 흘린다 с него пот льёт градом; ~을 들이다 остыть(о вспотевшем человеке); ~을 빼었다 пришлось попотеть; ~뿌리다 *перен.* поливать потом; 땀[이]나다 *обр.* очень трудный(тяжёлый); ~이 빠지다 *усил. стил. вариант* 땀 많이 나는 것, 다한질(多恨-) потливость.

땀띠 потница.

땀방울 [-빵울] капли пота.

땀을 씻다 вытирать пот.

땀이 나다 потеть.

땅, 토양(土壤) 흙 I 1) суша; земля; почва; территория; страна;пахотная земля; ~이 꺼지도록 глубоко вздо-хнуть; 이국 ~에서 죽다 умереть на чужой земле; 땅 짚고 헤엄치기 (всё равно) что плыть, держась за зе-млю(о лёгком деле); ~을 파먹다 а) жить земледелием; б) работать шахтёром; ~이 꺼지게(꺼지도록) *обр.* глубоко вздохнуть; 2) часть шахматной доски, занятая шашками.

땅 II бух!, бах!(звукоподр. выстрелу или столкновению двух металличес-ких предметов).

땅속 недра; ~에 в недрах земли; под землёй; ~의 자원 полезные иско-паемые.

땅콩 земляной орех; арахис.

땋다 1) плести; заплетать (напр. косу); 2) вплетать(в волосы, напр. ленту).

때, 시간(時間) I 1) время; пора; ~맞게 вовремя; ~맞게 비가 왔다 Дождь пошёл вовремя;~때로 иногда; от времени к времени; изредка; ~없이 когда угодно; в любое время; ~를 보다 дождаться счастливой поры; ~를 같이 하여 одновременно; 2) время года, сезон; 3)период, эпоха; 4) момент случай; 하루에 세 때를 먹다 есть три раза в день.

때 II грязь; пятно(напр. на одежде); ~가 묻다 запачкаться;

때(가)벗다 *см.* 때물(이 벗다); 때(가)끼다(묻다, 오르 다) презр. скупой и подлый; 때가 빠지다 *см.* 때물(이 빠지다); 때를 벗다 а) реабилитроваться; б) *см.* 때물(을벗다),때(를)씻다 смыть позор

때로 время от времени; иногда, временами; изредка.

때로는 иногда; время от времени; временами; изредка.

때리다 1) бить; избивать, ударять; 2) хлестать (о косом дожде); 3) прост. резко критиковать; 4) прост. назы-вать цену; 5) прост. делать линию с помощью плотничьего шнура; 때리는 시어미보다 말리는 시누이가 더 밉다 погов. противен не тот, кото-рый говорит в глаза, а тот который хулит за глаза; 마음을 ~ отозваться в душе; 머리를 преследовать(о мыслях);~ 신경을 взбудоражить.

때문 ~에 1) причина; 2) в начале предложения поэтому; 3) после придат. предложения так как;~이다 потому что; 비가 오기~에 못 갔다 не пошёл, так как идёт дождь.

때문에 по причине; изза; поэтому; так как; потому что; 비가오기~ 가지 못했다 Не пошёл, так как идёт дождь.

때문이다 изза.

때우다 1) заделывать (дыру, отверс-тие); штопать; 2) делать(что-л.) кое-кек(на скорую руку); 3) пойти на маленькую неприятность, что-бы избежать большого несчастья.

땜 I ~하다 а) заделывать отверстие, паять; лудить; штопать; б) пойти на маленькую неприятность, чтобы избежать большого несчастья.

땜 II дамба.

땡 1) *см.* 땡땡구리; случайно вы-павшее счастье, удача; 땡(을)잡았다 (쳤다) прост. неожиданно повезло (привалило счастье).

떠나다 1) отправляться; оставлять; покидать; 2) исчезать; пропадать; 길을 ~ отправляться в путь; 현실을 ~ отрываться от действительности; 3) после им. п.: 떠나가게(갈 하고) очень громко.

떠났습니다 ушёл.

떠돌다(떠도니, 떠도오) 1) бродить; скитаться; 2) носиться; кружиться(в воздухе); 3) разноситься; расп- простра-няться(о слухах); вертеться(о мысли); 생각이~ мысли бродят в голове; 4) проявляться(о чувст-ве).

떠들다 I (떠드니,떠드오) 1) шуметь; кричать; поднимать

шум; 2) разно-ситься(о слухах).

떠들다 II (떠드니,떠드오) приподнять, отодвинуть(напр. крышку).

떠들썩하다 1. 1) очень шумный; 2) взволнованный; **2.** 1)шуметь; галдеть; 2) волноваться; 3) распространя-ться(о слухах).

떠맡다 1) всецело брать на себя (напр. ответственность); 2) быть вынужденным взять на себя(от- ветственность).

떠밀다 толкать; перекладывать на другого.

떠받다 1) поддеть; поддать; под-бросить вверх(рогами, головой); 2) сбить с ног,отбросить(напр. маши-ной); 3) давать отпор; 4) подпирать (поддерживать) снизу; 5) *см.* 떠받 들다.

떠받들다(떠받드니,떠받드오) 1) подни-мать; подбрасывать; 2) заботиться, ухаживать,лелеять

떠벌리다 1) преувеличивать; хвас-тать; хвастливо рассказывать; 2) устраивать на широкую ногу; осн-овывать(напр. дело)

떠벌이다 преувеличивать;хвастать; хвастливо рассказывать

떠오르다 (떠오르니, 떠오라) 1) под-ниматься; всплывать на поверх- ность; всходить; 2) приходить в голову; всплывать(в памяти).

떠오르게 하다 напоминать; пробу-ждать.

떡 I рисовой паровой хлебец;~먹듯 проще простого; пара пустяков; ~국 (корейский) суп с клёцками; ~방아 крупорушка; 떡 다 건지는 며느리 없다 *посл.* нет невестки, которая бы не обманывала свою свекровь; 떡도 떡 같이 못 해 먹고 찹쌀 한 말만 다 없어졌다 *обр.* из-за малого потерять большое; 떡도 떡이려니와 합이 더 좋다 *погов.* хорош хлебец, а посуда ещё лучше; 떡 먹은 입 쓸어닦듯 떡 본 김에 제사지낸다 *обр.* делать(что-л.), пользуясь удобным моментом; 떡삶은 물에 중의 데치기 *обр.* убить двух зайцев; 떡이생기다 вдруг привалило счастье.

떡 II деревянная подкладка под поперечную балку.

떡국 [토ккук] суп с тонко нареза-нным рисовым хлебом; ~차례 *см.* 새해(차례);~을 먹다 ~을 먹이гі пе-реносить на след. год(незакончен-ное дело); ~이 통간 한다 быть умудрённым годами.

떡방아 крупорушка, на которой рушат рис, идущий на приготов-ление(корейского) парового хлебца; ~ 소리 듣고 김치 국 찾는다 *посл.* ≅ *букв.* едва услышал звук крупо-рушки, достаёт рассол изпод ким-чхи(об излишней поспешности).

떡볶이 жаркое с ломтиками паро-вого рисового хлебца.

떨구다 ронять; сбрасывать; оставля-ть; иссякать; кончаться; снижать; понижать; 눈물을 ~ ронять слёзы.

떨다 I (떠니,떠오) 1) прям. и перен. дрожать; трястись; 2) образует гл. с усил. знач. от имён сущ.: 간사를 ~ пускаться на хитрости.

떨다 II (떠니,떠오) 1) стряхивать, вытрясать; 2) израсходовать, истра-тить(деньги *и т. п.*); 3) обчистить, ограбить; 4) вычитать, отнимать(при счёте); 떨어버리다 выбрасывать из головы(напр. мысль); 5) продавать, покупать(весь остаток)

떨어뜨리다 1) ронять; сбрасывать; 2) снижать; понижать; 3) склонять; опускать(голову).

떨어지다 1) падать(сверху вниз); 떨 어진 주머니에 마패 늘었다 *посл.* ≅ мал золотник, да дорог; 2) заходить(о солнце, луне); 3) отрываться(напр. о пуговице); опадать(о листьях); 4) проходить(о болезни); исчезать(о привычке); 5) выкинуть(о плоде); 6) снижаться, понижаться; 7) не идти в сравнение,быть хуже; 8) провалиться (напр. об экзамене); 9) попасть(в тя-жёлое положение); 10) быть обма-нутым; 11) пасть(о крепости); 12) спускаться(о приказе *и т. п.*); 13) сваливаться(о несчастье); 14) иссякать, кончаться; 15) делиться без остатка(о числе); 16) обрываться, прерываться; 17) см. 헤어지다; 18) отставать, оста- ваться позади; 19) оставаться(в долге); 20) отстоять, быть удалё-нным.

떨이 1) остатки товаров,проданные по сниженной цене; 2) распродажа оставшихся товаров по низкой цене; ~하다 продавать оставшиеся товары по низкой цене.

떨치다 греметь(о славе); прио-бретать известность; 2) громко раздаваться(о голосе); 떨쳐나서다 активно выступать; горячо браться (за что-л.).

떫은 терпкий.

떳떳이 достойно, справедливо

떳떳하다 справедливый; достойный.

떼 I толпа;стадо; стая; рой; косяк.

떼 II упрямство; ~를 쓰다 упря- миться.

떼다 1) отрывать; отделять; от- леплять; 시선을 ~ отрывать взор; 젓을 ~ отнимать от груди; 손을 떼라! Руки прочь! 술을~ отрывать взор; 2) вскрывать; распечатывать; 3) взламывать(дверь); 4) разъединять, разнимать; 5) делать (аборт); 6) отбирать (права); 7) снимать(с должности); 8) 아이를 ~ сделать аборт; 8) 걸음을~ начинать ходить; 9) 입을 ~ открывать рот; 말을~ начинать говорить; 10) вычитать, отнимать; 11) получать (документ, билет); 12) медлить, тянуть; 13) разрывать(отношения); 14) прекра-щать, приостанавливать(работу); 15) бросать(напр. дурную привычку); 16) сделать полностью; закончить; осво-ить; 17) отказывать в просьбе; 18) избавиться, вылечиться; 떼어 먹다 присваивать себе чужое; 떼어 놓은 당상 несомненно и мне перепадёт.

떼치다 1) с силой отрывать(отцеп-лять); отшвыривать; 2) наотрез отказываться; 3) порывать отноше-ния; 4)отказываться(от мысли).

또 I (다시) 1) снова; опять; 2) и; ещё; ещё раз; 3)перед отриц. сказ. всё же.

또는 или(же).

또다시 снова, ещё раз, опять.

또래 1)같은~ровесники; одногодки; 2) похожие вещи(предметы).

또박또박 1) ясно; чётко; точно; ~ 말하다 ясно излагать; 2) ~쓰다 чё-тко писать; 3)точно, пунктуально; 4) ~하다 **1.** см. 또박거리다; **2.** чёт-кий, точный, регулярный.

또치까(*рус.* точка) 온점, 마침표, 종지 점(終止點), 피리어드(period) 1) *см.* 종지 부; 2) огневая точка.

또한 (а) также; к тому же.

똑 I точно; как раз; ~ 같다 точно такой же, как ...; очень похожий на..

똑 II ~하다 а) падать со стуком(о небольшом твёрдом предмете); б) ломать[ся], обрывать[ся] с хрустом; в) быстро(легко) обрывать (срезать) (напр. плод); г) легко стукнуть, ударить; д) стучать(о каплях).

똑같구나 одинаково

똑같습니다 одинаковый.

똑딱 ~단추 кнопка(застёжка);~하다 а) легко постукивать; б) тикать(о часах); в) тарахтеть(о моторе).

똑똑하다 1) ясный; отчётливый; чёткий; 2) умный, толковый; 3) точный.

똑바로 1) прямо; напрямик; в лицо (смотреть); 2) точно; правильно; 똑바르다 прямой; справедливый.

똥 1) кал; навоз; помёт; дерьмо; фекалии; испражнения;

экскременты; ~을 누다 испражняться; ~묻은 개 겨 묻은 개를 나무란다 в чужом глазу соринку видит, а в своём бревна не замечает: ~구멍 анальное отверстие; ~물 жидкие экскременты; зелень (при рвоте); ~배 большой живот; ~오줌 кал и моча; 똥 친 막대기 обр. а) человек с подмоченной репутац-ией; б) никудышная вещь; 똥항아리 а) ночной горшок; б) ирон. пустое место(о человеке); 똥짠 주제에 매화 타령 한다 посл. ≡ делать хорошую мину при плохой игре; ~을 싸다 прост. обр. очень трудный(тяжёлый); ~이 마렵다 обр. очень срочный и трудный(о деле); 2) сокр. от 먹똥.

뚜 1) ту (звук, издаваемый трубой); 2) прост.гудок,сирена

뚜껑 1) крышка; 2) см. 딱지; 3) см. 책가위; 4) прост. шапка(пренебре- жительно); ~을 데다 (열다) прост. начинать первым(напр. о выступ-лении).

뚜렷이 явно.

뚝 1) усил. стил. вариант 똑 II; 2) неожиданно; вдруг.

뚝배기 горшок из обожжённой глины; ~보다 장맛이 좋다(뚝배기 봐 선 장맛이 달라) посл. ≡ горшок не-красивый, а соя в нём вкусная.

뚫다 1) продырявить; проделать отверстие; сверлить; буравить; 2) прокладывать(путь); 3) преодолевать; 4) овладеть, постигать; 5) находить пути(решения чего-л.); 뚫어맞히다 точно угадывать; 뚫어새기다 про-делать отверстие.

뚫리다 побуд. и страд. залоги от 뚫다; 뚫린 골목 а) сквозной узкий проход; б) переулок.

뚫어뜨리다 продырявить.

뚫어지다 продырявиться; преодоле-ваться; 뚫어지게 보다 сверлить глазами.

뚱하다 1. 1) немногословный, необ-щительный; 2) угрюмый, мрачный; озабоченный; 2. молчать(в знак несогласия)

뛰놀다 (뛰노니, 뛰노오) 1) резвиться; скакать; 2) сильно биться(напр. о пульсе); 3) качаться(напр. на ка- челях).

뛰다 1) прыгать; подпрыгивать; подскакивать; скакать; 뛰는 놈 위에 나는 놈이 있다=기는 놈 위에 나는 놈이 있다 см. 기다 II; 뛰도 걷도 못 한다 обр. не сметь и пикнуть; 2) качаться(на доске); 3) сильно биться (напр. о пульсе); колотиться (напр. о сердце); 4)быстро бежать; прост. удирать; 5) нарушать(порядок, оче-рёдность), перескакивать; 6) см.

팔팔 (펄펄,펄쩍) ~ топать ногами(напр. в гневе);

뛰어나다 а) выделяться, резко отли-чаться; 뛰어난 학자 выдающийся учёный; 뛰어 나오다 внезапно поя-виться; б) прост. влететь, вылететь (напр. из комнаты); в) смело (реши-тельно) браться(за какое-л.) дело; г) вмешиваться в чужие дела.

뛰어갑니다 бежит.

뛰어나다 выделяться; резко отли-чаться; выдаваться; превосходить.

뛰어오다 выбегать; выскакивать; неожиданно(внезапно) появиться.

뛰어넘다 перескакивать; перепры-гнуть

뛰어들다 (стремительно) вбегать (врываться); вскакивать; бросаться.

뜀 прыжок.

뜨겁다(뜨거우니, 뜨거워) 1) прям. и перен. горячий; жаркий; 뜨거운 국에 맛 모른다 посл. ≅ букв. вкуса горячего супа не распробуешь; 2) гореть(от стыда)

뜨거움 тепло; горячесть.

뜨겁다 горячий; гореть.

-뜨기 суф. образующий имена лиц с презр. оттенком:촌뜨기 деревенщина.

뜨내기 1) бродяга; 2) случайная работа; ~손님 случайный посети-тель;~장사를 하다 торговать от случая к случаю.

뜨다 I (뜨니,떠) 1) подниматься (вверх); взлетать; 2) плавать, плыть, парить(в воздухе); 3) всходить(о луне, солнце и т. п.); 4) немного откленваться(отрываться); 5) быть неспокойным; 6)отражаться(на лице); 7)всплывать(в памяти); 8) пропадать (о деньгах, вещах, данных в долг); 뜬 구름 обр. житейские дела; 뜬 돈 случайные деньги; 뜬말 см. 뜬소문; 뜬벌이 случайный заработок; 뜬소리 (뜬소문) необоснованные слухи.

뜨다 II (뜨니, 떠) покидать; оставлять (место); уезжать; уходить.

뜨다 III 1. 1) медленный; 2) далёкий; отдалённый; 3) долгий; 4) нечувст-вительный; 2. проходить(о большом промежутке времени).

-뜨리- суф., образующий перех. глаг. с усил. знач.: 넘어뜨리다 сва-лить, повалить.

뜨문뜨문 редко; ~하다очень редкий

뜨물 ~먹은 당나귀 청 обр. невнятная речь; ~먹은 주정 а) дебош, устроенный человеком, притворившимся пьяным; б) шутл. глупое упрямство; ~에 빠진 바퀴 눈 같다 обр. мутные глаза.

뜬금 колеблющиеся цены.

뜬소문 ложные слухи.

뜯다 1) рвать; разрывать(на куски); вырывать; разбирать; 편지를~ распечатать письмо; 뜯어고치다 разобрать и починить, исправлять; 뜯어 말리다 разнимать дерущихся; 뜯어 먹다 отрывать и есть; жить за счёт; 닭의 털을~ ощипывать курицу; 2) отрывать, отклеивать; 3) разбирать (напр. часы); 4) играть (на щипковом музыкальном инструменте); 5) выискивать(недостатки); 6) сосать кровь (о насекомых); 7) обирать; 뜯어맡다 брать на себя часть работы; 뜯어 벌리다 а) разделить и разложить; б) начинать неприятный разговор; 뜯어보다 а) внимательно рассматривать; б) с трудом разбираться(в чём-л.); 뜯어읽다 с трудом читать.

뜸 I прижигание; ~을 뜨다 прижигать.

뜸 II варка на медленном(слабом) огне; ~을 들이다 не спешить, дать время развиться(какому-л. делу).

뜸 III в кор. мед. прижигание(полынью).

뜸질 ~하다 а) прижигать, делать прижигание; б)диал. см. 찜질[하다].

뜸집 [-찌집] землянка, крытая матами

뜸하다 прерванный(приостановившийся) на некоторое время.

뜻 의미(意味) 1) мысль; воля; намерение; стремление; 2) смысл; значение; 3) значимость; важность; ~ 밖에 неожиданно; ~이 굳다 твёрдый (о воле); ~을 이루다 осуществляться (о намерениях); ~을 세우다 поставить перед собой цель; намереваться; ~깊은 날 знаменательный день; ~이 맞다 совпадать(о стремлениях, мыслях); ~을 세우다 поставить перед собой цель; намереваться(что-л.) сделать; ~을 받다 а) выполнять (волю, желание) умершего; б) идти навстречу чужому желанию.

뜻밖에 неожиданно; внезапно; вдруг; невзначай; ~ 성격이 좋았다 успех превзошёл ожидания.

뜻하다 1) ставить себе целью; намереваться; 2) значить; означать; 3) в отриц. и вопр. предложении ожидать.

띠 1) пояс; ремень; 2) узкая по- лоска материи; 3) лента; ~를 매다 подпоясаться; надеть пояс; ~를 풀다 расстегнуть пояс; снять пояс.

띠다 1) надевать(ремень); подпоя-сывать[ся]; 2) иметь; нести(обяза-нность); 3)иметь(носить) при себе; 4) иметь; обладать; 5) проявлять; обна- руживать.

띵하다 ничего не соображать; 머리가 ~ ноющая головная боль.

ㄹ

ㄹ четвертая буква корейского алфавита, обозначает согласную фонему л/р.

-ㄹ I оконч. прич; выражает: 1) относительное буд. вр.: 행복한 生活 жизнь, которая будет более счастливой; 2) долженствование: 갈 사람들은 이미 떠났다 люди, которые должны были уйти, уже отправились в путь; 3) вероятность: 집에서 기다릴 사람들을 생각하였다 подумал о людях, которые, видимо, ждут (его) дома; 4) возможность: 들어앉을 자리가 없다 нет места, которое можно занять; 5) перед служ. сл. -атрибутивное отношение: 젊은 때 когда молод; 6) в кор. иероглифических словарях соединяет кор.сл., обозначающее значение иероглифа, с его кор. чтением: 움직일 동 "значение - двигаться, чтениетонъ".

-ㄹ II сокр. от -를.

-ㄹ가 интимное окончание вопроси-тельной формы предикатива; выра-жает: 1) предположение: 그 사람들이 지금 어디쯤 갈가? они, повиди-мому, кудато пошли?; 2) побуждение собеседника к действию: 이제 갈가? ну, пойдём что ли?; 3) позволение совершить действие: 더 물어볼가? можно ещё спросить?; 4) возможность совершить действие: 그 애가 읽을가? этот ребёнок может читать (прочесть)?

-ㄹ거나 разг. интимн. оконч. вопр. ф.; выражает неуверенность гово-рящего: 자 우리 산보라도 갈거나 ну, мы хоть пройдёмся?

-ㄹ걸 разг. оконч. повеств. ф.; выражает: 1) предположение: 이 꽃은 피면 붉을 껄 пожалуй, эти цветы, распустившись, будут красными; 2) сожаление в связи с совершённым действием: 더 공부를 하여야 둘껠 [мне] надо было больше заниматься.

-ㄹ게 *разг.* 1.интимн. оконч. повеств. ф.; выражает обещание совершить дей ствие: 내 가져다 줄게 я [тебе] при несу; 2.оконч. дееприч.: 내 일생 경력을 이야기할게 들어보려나? я расскажу о перипетиях своей жизни, ты будешь слушать?

-ㄹ고 интимн.оконч. вопр. ф. с оттенком: 1) предположения: 도대체 그게 누굴고? вообще,кто же это может быть?; 2) побуждения к действию: 어느 책부터 읽을고? ну, с какой книги нач нём читать?; 3) возможности: 거기까지 하루에 어이 갈고? как за день можно туда добраться?

-ㄹ는지 1) разг.интимн. оконч. вопр. ф. выражает: предположение: 내일은 날씨가 따뜻할는지? завтра, наверно, бу дет тёплая погода; 2) побуждение собеседника совершить действие: 자네가 내 말을 들어줄는지? ну, будешь ли ты слушать меня?; 3) возможность совершить действие: 이 문제가 그렇게 풀릴는지 можно ли разрешить этот вопрос таким образом?

-ㄹ다 оконч. повеств. ф.: 울이 없었으매 뵈는 것이 다 뜰 일다 так как не было забора, взору предстало поле.

-ㄹ더러 *разг.* оконч. дат.п. у личн. мест.: 날더러 누가 무슨 말을 하던? кто мне говорил и что?

-ㄹ라 I *разг.* оконч. повеств. ф.; выражает: 1) опасение: 이리 오너 라, 넘어질라 иди сюда, а то упадёшь; 2) предположение: 그대로 두었다가는 썩을라 если так оставить,пожа луй, сгниёт.

-ㄹ라 II *разг.* оконч. дееприч. раздели-тельного: 저녁을 지을라 약을 끓일라 하다 то готовить ужин,то варить лечебный отвар.

-ㄹ라구 *разг.* интимн. оконч. вопр. ф.; выражает: 1) сомнение: 그렇게 비 가왔는데 강물이 맑을라구? столь ко времени шли дожди,разве вода в реке могла быть прозрачной?; 2) подчёркнутое утверждение: 아무러 면 소 잃고 외양간 고칠라구! как бы то ни было, а после драки кулаками не машут!

-ㄹ락 оконч. дееприч. разделительного: 먼 곳에서 뻐꾸기소리 들릴락 말락 사라진다 из далека то слышится, то пропадает голос кукушки.

-ㄹ랑 *разг.* подчёркивающая частица: 닐랑 여기 앉아 있으렴 уж ты то сиди здесь.

-ㄹ래 razg. grub. okonč. povestv. f. gl.; vyražaet namerenie: 나도 읽을래 ja tože sobirajus' pročitat'.

-ㄹ러냐 razg. grub. okonč. vopr. f.; vyražaet: 1) posle osnovy gl. vo-zmož nost' soveršenija dejstvija: 네가 혼자해 낼러냐? ty [èto] možeš' sdelat' odin?; 2) posle osnovy gl. -svjazki i pril. neuverennost' (udiv-lenie) v svjazi s naličiem priznaka: 물이 목욕하기에는 뜨거울러냐? dos-tatočno li nagre las' voda, čtoby možno bylo myt'sja?; 어쩌면 파도 소리 저리도 요란할러냐! počemu že rëv voln tak gromok?!

-ㄹ러니 razg. okonč. deepr. protivi tel'nogo: 아까는 비가 올러니 이젠 말끔하게 개였다 sovsem nedavno šël dožd', a sejčas sovsem projasnilos'.

-ㄹ러라 knižn. grub. okonč. pove-stv. f.; vyražaet: 1) posle osnovy gl. vozmožnost' soveršenija dej stvija: 그 대로 먹을러라 est' možno prjamo tak; 2) posle osnovy pril. i gl.-svjazki priznak, ustanavlivaemyj govorjaščim na osnove predšest-vujuščego opyta: 네가 헤엄치기 좋을 만큼 물이 깊을러라 [tam] nastol'ko gluboko, čto ty smožeš' svobodno poplavat'.

-ㄹ런가 razg. intimn. okonč. vopr. f.; vyražaet vopros o naličii vozmož nosti soveršit' dejstvie: 그렇게 맛있게 요리하면 앓는 이도 조금 먹을런가? esli tak vkusno pri-gotovlenno, to i bol'noj možet nemnogo poest'?

-ㄹ런고 ust. vysok. sm.-ㄹ런가.

-ㄹ레 razg. fam. okonč. povestv. f.; vyražaet: 1) priznak, ustanavli-vaemyj govorjaščim na osnove svoego opyta: 보름만 더 있으면 햇곡식을 먹을레 eščë tol'ko čerez dve nedeli budem est' zerno novogo urožaja; 2) predpoloženie, osnovannoe na nabljudenii ili opyte: 봉오리를 보니 꽃이 붉을레 po butonam vidno, čto cvety krasnye.

-ㄹ레라 okonč. povestv. f.; vyra- žaet: 1) predpoloženie s ottenkom voshišče nija: 바람도 훈훈할레라 da i veter, navernoe, tëplyj!; 2) želanie, namerenie, vozmožnost':이 몸은 죽어서도 임을 섬길레라 budu predannoj ljubimomu do smerti.

-ㄹ려고 sm. ~려고.

-ㄹ망정 okonč. deepr. ustupitel'no go: 비록 어린 동무일망정 애국적 열 성은 어른에 지지 않습니다 hotja [on] i molod, no čuvstva patriotizma u nego ne men'še, čem u vzroslogo.

-ㄹ뿐더러 оконч. деепр. соедини-тельного: 바람이 불뿐더러 눈까지 쏟아진다 ветер дует, да ещё и снег идёт.

-ㄹ사 книжн.оконч. повеств. ф.; выражает: 1) после основы гл. -на- мере ние: 집을 갈사 собираюсь идти домой; 2) после основы прил. -восхищение: 누른국화 가을볕에 꽃 다울사 хороши жёлтые хризантемы под лучами осеннего солнца.

-ㄹ새 книжн оконч. деепр. ф. предикатива со знач.: 1) причины: 길동이 비호 같이 걸을새 발자국 소리조차 없더라 так как Киль Дон ходит как тигр, звука его шагов не слышно; 2) одновременности дей ствия с действием заключитель-ного сказ.: 노래를 부를새 맑은 바람은 옷자락을 날리고 달은 얼굴을 비치더라 в то время, когда они поют, свежий ветер развевает полы [их] одежды, а луна освещает их лица.

-ㄹ세 I разг. фам. оконч. повеств. ф. гл.-связки: ~이다: 누구야? -날세 кто там? -это я.

ㄹ세 II разг.оконч.деепр; выражает гипотетическое условие: 종이가 없 을세 말이다 если бы не было бумаги...

-ㄹ세라 1. груб. оконч. повеств. ф.; выражает 1) беспокойство говор- ящего по поводу проявления дан-ного признака или совершения данного действия: 바람이 일었으니 물결이 높을세라 но не поднялось вол нение (на море); 2) восклицание: 날씨가 좋을세라! хороша погода!; 2.оконч. деепр. причины: 밤이 좋을세라 산보나 하자 так как вечер хороший, пойдём хоть пройдёмся.

-ㄹ소냐 книжн. груб. оконч. вопр. ф.; выражает встречный вопрос: 겉이 희다 하여 속까지 흴소냐 если [ты] го воришь, что [это] снаружи белое, то белое ли оно и внутри?

-ㄹ손가 книжн.фам. оконч. вопр. ф., выражающей встречный вопрос.

-ㄹ수록 оконч. деепр. нарастания: 가면 갈수록 чем дальше идёшь; 물건이 좋을수록 값이 높아간다 чем лучше вещь, тем выше цена.

-ㄹ시고 оконч. воскл. ф. прил.: 아침 해볕 고울시고! ласковые лучи утреннего солнца!

-ㄹ작시면 оконч. деепр. ф. неко-торых гл. со знач. условия: 그자가 또 올작시면 필시 야단 이 날것이로다 если этот тип ещё раз придёт, неизбежно возникнет скандал.

-ㄹ지 I интимн. оконч. вопр. ф. с оттенком: 1)

предположения: 솜 것이나 털 것 없이 밤을 지낼지? ты, наверное, будешь спать без тёплого одеяла?; 2) после основы гл. -св-язки и прил. выра жает вопрос, ответ на который даётся собеседником на основании личного опыта, или предположение с от-тенком вос хищения: 운전하기 쉬운 기곌지? эта машина проста в управлении, не так ли?

-ㄹ지 II разг.оконч.вопр.ф. со знач.: 1) пожелания: 저게 비가 올 구름일 지? не пойдёт ли дождь из того об лака?; 2) намерения: 그 대가 내 집을 찾아줄지? вы собираетесь посетить меня?; 3) возможности сове-ршить действие: 이 배로 저런 강을 건늘지? на этой лодке можно пе-реправиться через ту реку?

-ㄹ지나 книжн. оконч. дееприч. противительного: 이미 그는 다달았 을지나 어인 까닭인지 소식을 전하지 않도다 он уже добрался [до места назначения], но почему то известий [от него] нет

-ㄹ지니 книжн. оконч. дееприч. при-чины: 내일 이침에 저곳에 다달을 지니 그 때 만나기로 하리로다 так как завтра утром прибудем туда, то там и встретимся.

-ㄹ지니라 книжн. высок. оконч. по-веств. ф.; выражает обязательное наличие признака: 그 짐승이 숲속에 숨었을지니라 этот зверь, наверняка, прячется в лесу.

-ㄹ지라 см. -ㄹ지니라.

-ㄹ지라도 оконч. условно-уступи-тель ного дееприч.: 네가 갈지라도 일 에는 별 지장이 없겠지? если ты уйдёшь, то это не особенно повредит делу?

-ㄹ지어다 книжн. высок. оконч. повест. ф. со знач. долженствова-ния: 내 집을 찾을지어다 [Вы] долж-ны обязательно меня посетить.

-ㄹ지언정 оконч. дееприч. уступитель-ного: 산이 높을지언정 오를 수 있소 хотя гора и высокая, взобраться(на неё) можно.

-ㄹ진대 книжн. высок. оконч. дееприч. условного: 건강할진대 무엇이 두려 우랴? если здоровы,так чего же бояться?

-ㄹ진저 книжн.высок. оконч. восклиц. ф.: 조국을 위하여 용감히 싸울진저! за родину сражаются с отвагой!

라(羅) I гонг.

라(la) II (музыка) муз. ля.

-라 I оконч.повеств. ф. гл.-связки: 이것은 책이라 это книга; тж. употр. после имён сущ. перед гл. называния: 저는 김탁경이라 부릅니다 меня зовут Ким Тхак Кён.

- 297 -

-라 II *книжн. груб. оконч. повел. ф.*: ~읽으라! читай!

-라 III *разг. оконч. деепр. причины*: 넓은 강이라 건느는데 한참 걸립니다 поскольку река широкая, для того, чтобы(через неё) переправиться, потребуется некоторое время

-라고 I *разг.* 1. *интимн. оконч. вопр. ф. гл. -связки*, выражает встречный(повторный) вопрос: 이게 만년필이라고 так говоришь, что это авторучка?; 2. 1) *оконч. деепр. причины гл.-связки*; 2) *после имён сущ. придаёт им пренебр. оттенок*: 사람이라고 человечишка; 3) *перед гл. говорения указывает на косвенную речь*: 그를 음악가라고 말하는 이도 있다 некоторые говорят, что он музыкант.

-라고 II *оконч. ф., выражающей косвенное повеление*: 오라고 말하다 говорить, чтобы (кто-л.) пришёл.

-라구 I *разг. груб. оконч. повел. ф.*: 더 좀 용감하라구 ну, будь немного посмелее!

-라구 II *разг. интимн. оконч. вопр. ф. с оттенком опасения*: 내가 떨어지라구? а я не упаду?

라듐(*англ.* radium) *хим.* радий.

라디오 *рус.* радио; радиовещание; радиоприёмник; ~드라마 радиопос-тановка; ~메터 радиометр; ~송신기 радиопередатчик; ~수신기 радиоп- риёмник; ~존데 радиозонд; ~천문학 радиоастрономия; ~체조 гимнастика по радио; ~방송 радиопередача; передача по радио; ~방송을 하다 передавать по радио; вести ради-опередачу;~공학 радиотехника

라디오공학(-工學) радиотехника

라디오방송국 радиостанция.

라디움 *хим.* радий.

라마(喇嘛) *рел.* лама.

라면 рамён; корейская лапша быстрого при готовления.

라벨(*англ.* label) ярлык; этикетка; бирка.

-라서 *разг. деепр. причины гл. -связки*

라선(螺線) винтовая линия.

-라야 *частица* только; 첫새벽에 ~ 집으로 돌아왔다 возвратился домой только на рассвете.

라운드(*англ.* round) тур; раунд; рейс.

라운지(*англ.* lounge) холл; комната для отдыха.

라이벌(*англ.* rival) соперник; конку рент.

라이센스(*англ.* license) лицензия; патент.

라이타(*англ.* lighter) зажигалка.

라켓(*англ.* racket) ракета; ракетка.

라틴(*англ.* latin) латинский; роман-ский; ~문자 см. 로마[문자].

라틴말 латинский язык.

라틴어(*англ.* latin-) латинский язык.

락(樂) радость; удовольствие.

-락 оконч.деепр. разделительного: 얼굴이 붉으락푸르락 한다 лицо то краснеет, то бледнеет.

-람 I *разг. интимн.* оконч. вопр. ф. гл.-связки; содержит оттенок осужде ния: 그런 것도 밥이람? что ты говоришь: разве и это рис?

-람 II *разг. интимн.* оконч. вопр. ф. гл. и прил.; содержит оттенок осужде ния по отношению к собе-седнику за действие, навязывае-мое говорящему: 누가 그런 짓을 하람? ну, кто же застав ляет так поступать?

랑(浪) *арх.* госпожа(при обращении)

-랑 *разг.* после основы имени указывает: 1)на адресат действия; 2) на объект совместного действия; 3) на перечисление: 연필이랑 칼이랑 사왔다 покупал и карандаш, и нож; 4) в сочет. 같다 и 동일하다 обозначает объект сравнения.

랑데부(*англ.* rendezvous) встреча; свидание; место встреч(свидания); ~하다 встречаться в назначенном месте.

랭킹(*англ.* ranking) категория; ранг; раз ряд; степень; класс.

랴 частица;*употр.* после имён при перечислении: 동이랴 남북이랴 돌아다니던 나그네 путешественник, объездивший и восток, и север, и юг.

-랴 1) *интимн.* оконч. вопр. ф.; 2) *груб.* оконч. вопр. ф. гл.; *употр.* при испрашивании подтверждения собеседни ка на действие говор-ящего; 나도 가랴? мне что тоже идти?

략(略) 1) *см.* 생략 2) "удовлетвори тельно" (балл на экзамене на го-судар ственную должность при пятибалльной системе).

-러 оконч. деепр. цели: 공부하러 떠 났다 отправился заниматься.

-러니 *книжн.* оконч. деепр. причи-ны.

-러니라 *уст.* оконч. повест. ф.: 선생 님이 만드신 약은 참으로 훌륭한 것 이러니라 лекарство, приготовленное вами действительно очень хорошее.

-라라 книжн. оконч. повест. ф.: имеет подчёркнутый оттенок.

러시아(*англ.* Russia) Россия; 연방~ Российская Федерация; ~인 русский(-ая); россиянин(-нка); ~어 русский язык.

러시아 모스크바 Россия; Москва

러시아워(*англ.* rush hour) час пик.

럭비(*англ.* rugby) регби.

-런가 соседний дом.

-런고 уст.книжн. оконч.вопр. ф

런닝(*англ.* running) (속옷용의) беганье; бега; беготня; ~셔츠 майка; безрукавка.

-런들 уст. оконч. уступ. деепр.: 그게 아무리 좋은 책이런들... как бы хороша ни была эта книга...

런치(*англ.* lunch) второй завтрак, ланч

럼주(*англ.* rum 酒) ром.

레 *муз.* ре.

레닌주의(*рус.*Ленин+主義) ленинизм

레닌주의자(*рус.* Ленин + 主義者) ленинец

레루(<*англ.* rail) рельсы; ~교정 выпрямление рельса; ~교환 замена рельсов; ~접촉기 рельсовый контактор.

레루못(<*англ.* rail) ж.-д. костыль.

레몬(*англ.*lemon) лимон;лимонный

레몬산(*англ.* lemon + 酸) лимонная кислота

레벨(*англ.* level) 1) см. 수준; 2) см. 수평 I.

레스링(*англ.*wrestling) спорт.борьба.

레스토랑(*англ.* restaurant) ресторан.

레슨(*англ.* lesson) урок; ~을 하다 (받다) давать(брать) уроки чего-л.; 개인~ репетиторский урок.

레슬링(*англ.* wrestling) спорт. борьба; соревнование по борьбе

레이더(*англ.* radar) радар.

레이더 관측소 место радарного измерения.

레이즈(*англ.* laser) лазер; квантовый усилитель.

레즈(*англ.* leisure) досуг; свободное время; развлечение; увеселение; забава.

레코드(*англ.* record) 1) граммофонная пластинка; 2) см. 기록 2).

레코드판(-板) пластинки.

렏(*англ.* let) мяч, который упал на площадку.

렌즈(*англ.* lens) линза; чечевица; оптическое стекло;лупа; объектив.

렌트겐 1) физ. рентген; 2) см. 렌트겐선; ~검사 рентгенография; ~요법 рентгенотерапия; ~사진 рентгенограм ма, рентгеновский снимок; ~진단 рентгеновский способ исс-ледования; ~진단학 рентгенодиаг-ностика; ~진찰실 рентгеновский кабинет;~측정법 рентгено метрия; ~투시 рентгеноскопия.

-려 оконч. деепр. намерения; 문제를 해결하려 생각하는 자는 тот, кто думает решить вопрос.

-려고 см. -러.

-려늘 книжн. оконч. против. деепр.

-려니 разг. фам.оконч.повест. ф.: 1) указывает на предположитель-ный признак: 그 자가 기어이 오려니 он, види мо, в конце концов придёт; 2) перед гл. мышления является признаком дополнительного придат. предлож.: 저거 보통의 바위려니 생 각하였더니 역사적 유물인 모양이여 думал, что(это) повиди мому, исто-рический памятник.

-려니와 оконч. деепр. со значени-ями: 1) соединительным: 꽃의 빛이 아름다우려니와 향기도 좋을 것이다 окраска цветов очень красива, и их запах так же хорош; 2) противи-тельным: 현재 도와는 못 주려니와 방해야 놀 필요가 있느냐? сейчас не могу помочь, но разве нужно чи- нить препятствия?

-려든 оконч. против. деепр.: 남방에서는 이보다도 더 더우려든 이까짓 더위를 못 참다니... на юге ещё жарче, неужели я не смогу вынести этой жары...

-려무나 разг. груб. оконч. повел. ф.: 갈테면 가려무나 если хочешь иди ты, так иди!

려고 дорожные трудности.

력(力) соревнования в беге с тя- жестью.

-력(力) суф. кор. 1) сила; энергия; мощь; ~생산력 производительные силы; 원자력 атомная энергия; 군사력 воен ная мощь;2)способность; 구매력 покупательная способность; 기억력 память (способность к за-поминанию).

련(蓮)I лотос.

련(聯)II 1)строфа; 2)см. 주련 I

련(輦)III королевский паланкин.

련(連) IV 1) пачка бумаги в 500 листов; 2) арх. ён(единица измерения длины = 20 м)

련(連) V подряд; 바람은 련 사흘째 분다 ветер дует третий день подряд.

-련마는 оконч. против. деепр.: 집에 이미 왔으련마는 어째 전화에 나오지 않을가? уже возвратился домой, а почему же к телефону не подходишь?

-련만 сокр. от -련마는. дить(кого-л.) во время консультации с приближёнными(о короле).

-렵 груб. оконч. повел. ф. гл. смысл, рассудительность. 3) расцвет и упадок; 세대~ уст. несправедливый мир.

-렷다 I разг. груб. оконч. повест. ф.; выражает предположение с оттенком уверенности: 우리에게도 행복이 있으렷다 и к нам, наверное, придёт счастье.

-렷다 II арх. интимн. оконч. повел. ф. гл.: 분부를 거행하렷다 выполняй распоряжение.

령(零) I нуль; 전위~ эл. нулевой потенциал.

령(領) II военное формирование (периода Корё).

-령(令) I суф. кор. приказ; указ, закон; 동원령 приказ о мобилизации.

-령(領) II суф. кор. территория; владения; 자유령 свободная территория.

-례(禮) I 1) этикет; приличия; 2) см. 경례 3) см. 예식 I 2) ~를 이루다 устраивать свадьбу.

-례(例) II 1) пример; (аналогичный) случай, прецедент; ~를 들면 например; 2) образец; ~의 вышеизложенный; вышеуказанный.

로(爐) I печь.

로-(老) преф. кор. старый; ~전사 ветеран.

-로(路) I суф.кор.дорога, путь; 방수로 отводной канал; дренажная канава; 신작로 шоссе.

-로(爐) II суф. кор. печь; 용광로 доменная печь.

-로 оконч. твор. п.; обозначает: 1) орудие действия: 물로 씻다 мыть водой; 2) материал: 나무로 만들다 делать из дерева; 3) направление: 집으로 가다 идти домой; 4) при гл. 삼다, 여기다, 간주다 считать(рассматривать)(кого-л., что-л.) в качестве кого-л., чего-л.); 5) образ действия: 화살로 날아가다 лететь стрелой; 6)в качестве (кого-л., чего-л.); 교원으로 일하다 работать преподавателем(в качестве преподавателя); 7) в течение: 오늘로 회의를 해야 된다 в течение сегодняшнего дня надо провести собрание; 8) причину: 비로 못 오나? не можешь прийти из-за дождя?; 9) после инф. оконч.: 기 в сочет. с 하다(되다) решить(решено): 떠나기로된다 решено отправиться в путь; 휴식하기로 하였소 решили отдохнуть

-로구나 разг. груб. оконч. повеств. ф. гл.-связки; выражает: уверен- ность говорящего: 벌써 열두시 로구나 уже 12 часов.

-로구먼 разг. интимн. оконч. пове-ств. ф. гл.-связки; выражает: а) уверен ность говорящего: 모두 자는 게로구먼 конечно, все спят; б) имеет подчёркивающее значение: 휘발유 창고 근처로구먼 왜 담배 피워 почему ты куришь? ведь мы у бензохранилища.

-로군 разг. интимн. оконч. повеств. ф.гл.-связки; выражает восхищение: 이름다운 경치로군 красив же(здесь) пейзаж!

-로니 оконч. деепр.; присо-единяется к инф. с оконч. 기: 빛이 누르기로니 상관이 있는가? (хотя) цвет жёлтый,но какое это имеет значение?

-로다 высок.книжн. оконч. повеств. ф. гл.-связки: 이것은 참으로 모범적 사실이로다 это, действительно, факт поучительный.

-로되 оконч. против. деепр. гл. - связки ~이다: 이것은 책이로되 저것 은 잡지다 это книга, а вот тотжурнал.

-로서 оконч. твор. п. со знач. в ка честве; будучи; 교원으로서 학교에서 근무하였다 работал в школе препо-дава телем.

-로서니 оконч. деепр. уступитель-ного; присоединяется к гл. в ф. инф. с око нч. 기: 아무리 어린아이로서니 그 말이야 못 알아 들을가? почему же он не может понять эти слова, хотя он и ребё нок.

-로세 разг. фам. оконч. повеств. ф. гл.-связки; выражает восхищение.

-로소이다 уст. почт. оконч. повеств. ф. гл.-связки.

-로써 оконч. твор. п. со знач. ору-дия действия: 대패로써 깎다 стро-гать рубанком

로고스 филос. логос.

로그 (нем. Logarithmus) ~방정식 логарифмическое уравнение; ~수표 логарифмическая таблица; ~함수 логарифмическая функция.

로그수(*нем.* Logarithmus + 數) ло- гарифм.

로뎀나무 можжевеловый.

로또 *рус.* лото.

로라(<*англ.* roller) 1) *тех.* вал; валок; валец; ролик; 압연~ валок про катного стана; ~베아링 роликовый подшипник; ~소모기 валиковая че-сальная машина; ~스케트 роликовые коньки; ~콘베아 рольганг, ролико-вый конвейер; 2) *тех.* каток; 3) красочный валик; 4) *см.* 로르.

로라식(<*англ.* roller+式) роликовый, валиковый;~다짐기 каток(машина).

로마(*англ.* Roma) Рим; римский; ~ 문자 латинские буквы;латиница; ~법 римское право$ ~수자 латинские цифры;римская цифра.

로마교(*ит.*Roma+敎) католичество.

로맨스(*англ.*romance) 1) *лит.* роман; 2) *муз.* романс романс; романтика; 3) *см.* 낭만.

로보트(*англ.* robot) 1) робот; 2) *см.* 바지저고리.

로비(*англ.* lobby) вестибюль; приёмная; фойе; холл; ~하다 пытаться воздействовать на членов конгресса.

로비스트(*англ.* lobbyist) лоббист; завсегдатай кулуаров; 최초의 ~ лоббист первый.

로션(*англ.* lotion) примочка; лосьон;жидкое косметическое средство.

로케이숀(<*англ.* location) натурная съёмка.

로케트(*англ.* rocket) 1) ракета; ~ 발동기 ракетный двигатель; 2) *сущ.* реактивный.

로케트탄(*англ.* rocket + 彈) реак- тивный снаряд.

로터리(*англ.* rotary) площадь с клум бой посередине.

로테이션(*англ.* rotation) вращение; чередование; периодическое повторение.

로프(*англ.* rope) бечёвка; *зап.*(도 seil) канат; верёвка; трос.

록 лог (부피단위).

-록(錄) *суф. кор.* запись; протокол; 속기록 стенограмма; 회의록 прото- кол собрания.

론(論) 1) стиль трактата(произве-дений на ханмуне); 2) трактат(на ханмуне); 3) обсуждение.

-론(論) *суф. кор.* теория; учение; 유물론 материализм; 문장론 синта-ксис.

-롭- *суф.*, образующий прил. от *сущ.*: 향기 аромат >

향기롭다 ароматный.

롱슛(*англ.* long shoot) 1) удар по воротам с дальней дистанции; 2) бросок мяча в корзину с дальней дистанции(при игре в баскетбол).

뢴트겐(*англ.* Roentgen) рентген; ~선 рентгенография.

료(料) феод. 1)жалованье(офицерам и мелким гражданским чиновникам) нату рой и деньгами; 2) жалованье слугам, выдаваемое зерном.

-료(料) суф. кор. 1) плата; вознаграждение; ~관람료 плата за вход(на выс тавку *и т.п.*); 원고료 гонорар; 2) вещество; материал; 조미료 приправа.

룡(龍) 1) дракон; 용가는데 구름가고, 범가는데 바람간다 *посл.* ≃ куда один, туда и другой; 용 못 된 이무기 *обр.* зловредный человек; 용은 용을 낳고 봉황은 봉황을 낳는다 *см.* 왕대(밭에 왕대 난다); 용이 물밖에 나면 개미가 침노를 한다 *уст.посл.* ≃ по пал в беду от людей пощады не жди. 용의 알을 얻은 것 같다 носиться как ку рица с яйцом; 2) *обр.* "дракон", пятый знак двенадцатеричного цикла.

루블(*англ.* r(o)uble) *рус.* рубль; ~에 의한 통제 контроль рублём.

루비(*англ.* ruby)홍보석(紅寶石), 홍옥(紅玉) 1) *см.*홍보석. 2) рубин (кегль).

루터교 лютеранство.

류마치스(<*англ.* rheumatism) ревма тизм.

르 ры (назв. кор. буквы ㄹ).

르네상스(*англ.* Renaissance) эпоха Возрождения; Ренессанс; ~건축 ар-хитектура Возрождения; ~예술 ис-кусство(ху дожество) Возрождения. *см.* 문예[부흥] I.

르네상스(*фр.* Renaissance) Ренессанс.

-를 оконч. вин. п., указывает на: 1) прямой объект: 의자를 만들다 делать стул; 2)адресат действия: 이 책을 너를 주마 дам тебе эту книгу; 3) материал, из которого что-л.сделано: 밀가루를 만두를 빗다 делать пельмени из пшеничной муки; 4) (перед гл.) место или направление движения: 신의주를 가다 идти (ехать) в Синыйчжу; 5) коли чество: 백 리를 가다 пройти сто ли; 6) имеет тж. подчёркивающее знач.: 아무 것도 버리고를 싫지 않습니다 ничего выбросить не хочу.

리니멘트(*англ.* liniment) фарм. лини мент.

리드(*англ.* reed) муз. язычок.
리듬(*англ.* rhythm)율동(律動), 운율(韻律) рифма; ритм.
리레(*англ.* relay) см. 릴레이(relay); см. 계주.
리마(*англ.* lima) тех. развёртка; ~가공 тех. развёртывание.
리미트(*англ.* limit) лимит.
리바운드(*англ.* rebound) отскок; отдача; рикошет.
리바이벌(*англ.*revival) возрождение; оживление; восстановление; возо-бновление.
리브레토(*ит.* libretto) либретто.
리얼리스트 реалист.
리얼리즘(*англ.*realism) реализм; см. 현실주의, 사실주의, 실재론(實在論)
리얼리티(*англ.*reality) действитель ность; реальность; истинность.
릴레이(*англ.* relay)이어달리기, 계주(繼走), эстафета; эстафетные гонки.
-림(林) суф. кор. лес; 국유림 госу- дарственный лес.
링(*англ.* ring) 1) спорт. ринг; пло щадка; 2) см. 반지 I; 3) см. 바퀴.
링크(*англ.* link) каток.

ㅁ

ㅁ пятая буква корейского алфавита; обозначает согласную фонему **м**.

ㅁ세 фам. оконч. заключительной ф.гл.; выражает обещание: 오늘밤에 다 읽음세 сегодня вечером прочи- таю всё.

-ㅁ에랴 оконч. вопр. ф. предикатива; выражает риторический вопрос.

마 I *бот.* диоскорея бататная (Dloscorea batatus dencne).

마(魔) II злой дух; чёрт; дьявол; досадные помехи; ~가 들다 стал-киваться с непредвиденными труд-ностями (затруднениями).

-마 груб. оконч. заключительной ф.гл.: выражает обещание.

마감(磨勘) конец; окончание;финал; 시작과 ~ начало и конец; ~에 в конце; в заключение; конечный; пос-ледний; финальный; ~하다 завер-шать; заканчивать; ~짓다 заканчива-ться; приходить(подходить) к концу; ~시간 время закрытия; ~하다 завер-шать; заканчивать.

마개(麻楷) пробка; затычка; 병~ пробка бутылки; ~를 막다 заткнуть (закупорить)бутылку;~를 열다 отку-порить бутылку;~계–, калибрпробка.

마구 беспорядочно; без разбора; как попало; сильно; ~덤벼들다 обру- шиться; наброситься;налететь; 돈을 ~쓰다 сорить деньгами; 땀방울이 ~흘러 내린다 капли пота текут ручьём; ~생긴 돌 неотшлифованный камень; ~난(뚫은) 창구멍 язык без костей; ~떠들다 поднимать шумиху.

-마냥 после имён словно; 물결 ~ словно волны.

-마는 хотя; ~그는 가끔 게으름을 피 웠지만는 공부를 잘 했다 Он учился хорошо, хотя и поленивался;시간이

- 307 -

있다마는 가지 않는다 хотя и время есть, идти не хочется.

마늘, 대산(大蒜),**호산**(葫蒜) чеснок; ~쪽 долька чеснока; зубчик чеснока; ~만두 чеснок в кляре, поджаренный на вертеле(закуска к вину); ~숙주 나물 салат из зелени чеснока.

-마다 после имён каждый; 사람~ каждый человек; 해~ каждый год; 10분~ каждые десять минут.

마당 1) двор; площадка; ~에 при случае; ~에 삼을 캐었다 *посл.* ≅ счастье подвалило (букв. во дворе вырыл корень женьшеня); ~터진 데 솔뿌리 걱정 *погов.* ≅ снявши голову, по волосам не плачут; ~을 빌리다 уст. пренебр. устраивать смотрины в доме родителей невесты; 2) место действия; арена; 전투~ поле боя; 2. счётн. сл. для песен, арий.

마디 1) узел (растения); колено (бамбука; злаковых растений *и т. п.*); сустав; сочленение; сегмент (червя *и т.п.*); 뼈~ сочленение костей; 무릎~ коленный сустав; 2) узел(на нитке на сердце; 4)слово; фраза; куплет; муз. такт; 한~도 ни(одного) слова; муз. такт (на нитке и т. п.); 3) тяжесть на сердце; 4) слово; фраза; куплет; муз. такт; 한 ~로 말하면 одним словом; 한~의 변명도 하지 않다 не сказать ни слова в своё оправдание.

마디마디 1) каждый узел; каждое колено (бамбука *и т. п.*); каждый сустав; каждое сочленение; каждый сегмент (червя *и т. п.*); 2) каждое слово; каждая фраза; каждый куплет (такт).

마땅하다 1) соответствующий; по-дходящий; 2) должный; правильный; 마음에 ~ быть по душе; нравится; ~히 должным образом; как подобает.

마력(魔力) I сверхъестественная сила; чары; ~을 지닌 обворожите-льный/очаровательный

마력(馬力) II лошадиная сила; 10 ~의 모터 мотор в десять лоша-диных сил; ~견인 конная тяга; 2) физ. лошадинная сила; 3) мощность; ~계수 коэффициент мощности.

마련 1) подготовка; устройство; ~ 하다 готовить; подготавливать; сос тавлять; 자금을 ~하다 составлять капитал; 죽기 ~이다 суждено умереть; ~을 대다 задумывать и осуществлять; ~하다 а) замышлять; планировать; б) готовиться (к чему-л.), подготовить,устроить(что-л.); 2) после дееприч. с оконч. -게, -도록 и инф. в сочет. с 이다 быть обре-чённым; суждено); 3) после дееприч. с оконч. -게 и инф. в прош. вр. в сочет. с 이다

хорошо, что...; а то...; ~이 아니다 слов нет; ~이 없다 быть в ужасном(катастрофическом) положении.

마련하다 замышлять; планировать; готовиться; подготовить;устроить.

마련이다 обязательно; непременно.

마련했던 приготовленный.

마렵다(마려우니, 마려워) чувствовать позывы; 오줌이 ~ чувствовать позывы к мочеиспусканию.

마루(바닥) I деревянный пол; ~를 놓다 настилать пол; ~를 닦다 мыть пол; ~판 доски пола.

마루 II 1) конёк(двускатной крыши); 2) гребень горы; ~넘은 수레의 세 обр. пиковое положение; 3) кульминационный пункт.

마르다(마르니, 말라) I 1) сохнуть; высыхать; пересыхать; 빨래가 마른다 бельё сохнет; 입술이 마른다 губы сохнут; 병으로 몸이 말랐다 похудел от болезни;마른기침 마른벼락 сухой кашель; 마른땀 холодный пот;마른 가래질하다 копать корейской лопатой сухую землю; 마른 걸레질하다 вытирать(что-л.) сухой тряпкой; ма рный고기 а) сушёное(вяленое) мясо; б) сушёная(вяленая) рыба; 마른 구역 позывы к рвоте; 마른 구역질하다 тошнить; 마른 국수 а) куксу, не отваренное в воде; б) сухое куксу; 마른금점 уст. работа горного маклера; 마른기침 сухой кашель; 마른 과자 сухое печенье; 마른날 солнечный день; 마른 논 сухое(не залитое водой) рисовое поле;마른눈 сухой снег; 마른버짐 мед. чешуйчатый лишай; 마른번개 вспышка молнии на безоблачном небе; 마른벼락 гроза в ясный день; 마른 신 а) непромасленная кожаная обувь; б) обувь для сухой погоды; 마른자리 сухое место; 마른 장 выпаренный соевый соус в виде порошка; 마른재 сухая зола(удобрение); 마른찬합 блюдо для гарниров(к рису) (кондитерских изделий); 마른하늘 ясное небо;

마르다(마르니, 말라) II кроить; делать (что-л.) по мерке.

마름모(-模) ромб.

마름모형(-形) мат. ромб.

마리(단위) I счётн. сл. 1) животное, птица, насекомое *и т. п.*;
2) несколько животных(птиц, рыб, насекомых);

마리 II счёт. сл. для поэтических произведений.

마무리 1) завершение(работы); 2) муз. каданс, каденция;

~하다 за- вершать.

마무리되다 завершаться.

마법(魔法) колдовство; волшебство; магия; волшебный; магический; ~을 부리다 колдовать; показывать фоку-сы; ~사 фокусник; чародей; маг; колдун.

마비(痲痹), 중풍(中風) 1) паралич; 2) перен. оцепенение; ~시키다 пара-лизовать; ~되다 отниматься; парали-зоваться; цепенеть; столбенеть; ~환자 паралитик; паралитический; быть пара лизованным; онемевший; нечувствительный; 소아~ детский паралич; 심장~ внезапная остановка сердца.

마비성(痲痹性) мед. сущ. паралити-ческий; ~졸중 паралитический инсульт; ~수척 паралитический маразм; ~분비 паралитическая се-креция.

마사지, **안마** массаж; ~를 하다 делать (кому-л.) массаж; ~술(안마술) массажные приёмы.

마시다 1) пить; 2) дышать; вды-хать; нюхать; 신선한 공기를~ ды-шать свежим воздухом.

마우스(*англ.* mouse) мышка(ком-пьютера)

마을 1) деревня; село; 2) ~을 다니다 навещать соседей; ходить по гостям; ~사람 селянин(-нка); ~가다 наве-щать соседей; ходить по гостям.

마음 1) душа; характер; сердце; 2) чувство; настроение; 3) желание; намерение; ~이 불안하다 быть не-спокойно на душе; ~이 괴롭다 тяжело на душе; ~이 가지 않는다 душа не лежит(к комучему-л.); ~이 넓다 великодушный; благородный; ~이 좁다 бездушный; мелочный; чёрствый; ~이 곱다 добросер дечный; ~이 순하다 послушный; ~을 합쳐 единодушно; дружно; ~에 들다 быть по душе; нравиться; ~에 만족하다 быть довольным; ~이 통하다 сходиться характерами; понимать друг друга; 무서운 ~이 생기다 почувствовать страх; ~이 헝클어지다 быть в смятении чувств; ~대로 по своему желанию; сколько душе угодно; ~을 내다 намере-ваться, замышлять; ~을 먹다 реши-ть[ся]; ~이 나다 появляться(о жела-нии); ~이 돌아서다 одуматься; ~이 조이다(죄다) испыты-вать нетерпение; ~이 쏠리다 увлека-ться; ~이 쓰이다 интересоваться; ~ 에 걸리다 беспокоиться; ~이 그립다 соскучиться; ~에 차다 быть удов-летворённым. -든든해라 быть уверенным в себе. ~먹었습니다 решился.

- 310 -

마음대로 как душе угодно.

마음속에 새기다 запечатлеть в душе.

마음속으로 про себя.

마음씨 душа; нрав; ~가 곱다 душев ный;добросердечный; ~가 나쁘다 чёрствый;бессердечный.

마음에 꼭들다 очень нравиться

마음에 들다 нравиться.

마이너스(англ. minus) минус; 10 ~ 4는 6이다 Десять минус четыре равняется шести; *см.* 미누스.

마이크(англ. mike) микрофон.

마이크로-(англ. micro-) микро-;~메터 микрометр;~버스 мокроавтобус; ~파 микроволна; ~필름 микрофильм.

마일(англ. mile) миля.

-마저 даже; и ... 너 ~ 떠나다니! Даже ты уходишь! 이젠 만나기 ~어렵게 되었다 теперь даже встре- титься стало трудно.

마주 1) прямо; ~보다 смотреть прямо в лицо(в глаза); 2) лицом к ли цу; друг к другу; ~서다 стоять лицом к лицу; 3) навстречу; ~가다 손을 идти навстречу; 4) взаимно; 손을 ~잡다 обмениваться рукопо-жатиями.

마주잡이 1) переноска (чего-л.) на плечах в паре(с кем-л.); 2) похорон-ные носилки, переносимые двумя носильщиками.

마주쳤습니다 встретиться.

마주치다 1) натыкаться(на кого-л.); сталкиваться(с кем-л.); 2) 시선이~ встречаться взглядами; 문에서 아버 지와 ~ сталкиваться с отцом в дверях.

마지막 (최후의) 1) конец; послед-ний этап; последний; ~순간 по- следний момент; ~으로 наконец; в заключение; 2) последний раз; ~으로 보다 видеть в последний раз; ~숨 последний вздох; ~숨을 거두다 испускать последний вздох; ~숨을 지우다 умереть.

마찬가지 1) всё равно; одно и то же; такой же; такого же рода; ~로 равным образом; ~아닙니까? разве не всё равно; 2) ...과 ~로 (так же); как и; подобно тому, как; 꼭 ~이다 совершенно одно и то же; ...에 대해서도 ~이다 так же обстоит дело и(с чем-л.).

마찰(摩擦) 1) трение; ~하다 тереться; разногласия; трения; ~력 сила трения; ~열 теплота трения; ~음 щелевой(фрикативный) согласный; ~계수 коэффициент

트리에니야; ~선광 обогащение по трению; ~선별 горн. сепарация по трению; ~시험 испытание на истирание; ~전달 тех. фрикционная передача; ~활차 тех. фрикционный полиспат; ~용접 сварка трением; 2) перен. трение.

마취(痲醉) наркоз, анестезия; обез-боливание; ~시키다 подвергать нар-козу; усыплять, анестезировать; ~제 анестезирующие средства, анес-тетики; дур ман; ~하다 а) обезболи-вать, анестезировать, усыплять; б) перен. одурманивать.

마치 точно; словно; как будто; ~ 꾀꼬리처럼 노래하다 петь, словно соловей; ~같다 как будто, словно; точно; ~처럼 как будто; ~춤이나 추듯이 뱅뱅 돌고 있다 кружаться словно в тан це.

마치고 окончив.

마침 как раз; кстати; именно; 자네 가 ~왔군 Ты пришёл кстати; ~맞다 а) как раз подходить, приходи-ться впору; б) быть кстати; ~몰라 Бог знает, что тогда будет.

마침내 в конце концов; наконец; в конечном счёте.

마케팅(англ. marketing) маркетинг.

마파람 южные ветры; ~에 곡식이 혀를 빼물고 자란다 в тёплую пого-ду и злаки хорошо растут; ~에 게 눈 감추듯 по гов. словно корова языком слизнула.

마흔, 사십 сорок.

마흔째 сороковой.

막(幕) I 1) палатка; шалаш; 2) занавес; завершаться;оканчиваться; начинаться; действие; акт; ~을 치다 а) разбивать палатку; строить шалаш; б) повесить занавес; ~을 내리다 зак-рывать(опускать) занавес; ~을 올리 다 поднимать занавес; ~의 뒤에서 за кулисами; ~을 닫다(내리다) а) закры-вать, опускать занавес; б) заверша-ться, оканчиваться; ~을 열다(올리다) а) поднимать занавес; б) начинаться; 3) театр.действие, акт.

막(膜) II плёнка; перепонка; плева; мембрана; 횡격 ~ тех. диафрагма.

막 III только что; сейчас же; 그는 ~ 가던 참이었습니다 Он только что хо тел уйти(пойти).

-막(幕) суф. кор. занавес.

-막 내리-спуск; 오르~ подъём; 늙으막에 на старости лет.

막내 1) последний; младший; ~아들 (самый) младший сын;

~딸 младшая дочь; ~동생 младший брат; ~누이 (самая)младшая сестра; ~며느리 жена(самого) младшего сына; ~사위 муж(самой) младшей дочери; ~삼촌 (самый) младший брат отца; ~손자 (самый)младший внук; ~자식 последний ребёнок(в семье); ~아우 (самый) младший брат; 2) послед ний(младший) ребёнок.

막내둥이(-童) ласк. последыш; последний ребёнок(в семье); ~응석 받듯 по гов. букв. словно последний ребёнок в семье, которого балуют.

막노동 физический труд; чёрная работа; ~하다 делать чёрную работу.

막다 1) закрывать; затыкать; преграждать; загромождать; 수도 물을 ~ закрывать воду; 공격을~ отбивать атаку; 사고를~ предупреждать несчастный случай; 숨을~ затруднять дыхание; 일꼴을~ завершать работу; 2) не давать; запрещать; препятствовать; отстоять; отбивать; 고지를 막아내다 отстоять высоту; 막아서다 вставать на пути, преграждать(путь); 3)отказываться(от чего-л.); отвергать; предупреждать.

막대기 монгыи палка; ~자석 брусковый магнит;~의 교훈 поучения прутьями; ~질 하다 размахивать палкой.

막히다 1) быть закрытым(закупоренным); быть преграждённым (загороженным); 기가 막힌다 дух захватывает; 숨이 막혔다 Дыхание спёрло; 코가 막혔다 нос забит; 막 힐데 없이 беспрепятственно; 앞길이 прям. и перен. быть закрытым (о пути); 2) запинаться (в разговоре); 3) быть скованным.

만(灣) I залив; бухта.

만(萬) II десять тысяч; 만 분지 일 а) одна десятитысячная доля; б) мизерный, незначительный; 수십만 несколько сотен тысяч.

만(滿) III перед именем, обозначающим время целый; 만 스무 살 полных(ровно) 20 лет; 만 일년 целый год; 만으로 몇살인가? сколько лет тебе исполнилось.

만 IV только; лишь; 집에서~ 읽었다 читал только дома; 소리를 질러~ 보지 попробуй толко крикнуть.

-만 сокр. от -마는.

만고(萬古) 1) седая старина; ~불멸 бессмертие; ~불멸의 진리 вечная истина; ~강산 древняя земля родины; ~풍산 долгие страдания; ~에 빛나다 сиять вечно; 2) ~에 веками;

~불멸 бессмертие; 3) ~의 не имеющий себе равных, несравнимый; беспрецен-дентный; ~열녀 преданнейшая из жён; ~명장 прославленный богатырь; ~절색 а) прекраснейшая из прекрас-ных; б) прос лавленная красота.

만기(滿期) I истечение срока; по- лный срок;~제대(되역) демобили-зация по истечении срока службы; ~가 되어 по истечении срока; ~되다 истекать(о сроке); ~가 되어가고 있다 срок исте-кает; ~로... в связи с истечением срока.

만기(晩期) II поздний период; ~작물 поздние культуры; ~파종 по-здний сев; ~암장광상 geol. позднегемати-ческие(гистеромагматические) мес-торождения.

만나다 встречаться(с кем-л.); виде-ться(с кем-л.);소나기를~попасть под ливень; 남편을 잘 ~ выйти замуж за хорошего человека; 그와 만날 일이 없다 нечего с ним встречаться; 감기를~простудиться; 남편을 잘~ выйти замуж за хорошего человека; 합숙을 잘~ найти хорошее обще-житие; 야단을~ нарваться на непри-ятность.

만나서 встретив.

만나요 до свидания.

만날 изо дня в день; постоянно; всегда; ~뗑그렁 погов. как с гуся вода.

만날까 встретимся.

만남 встреча.

만났습니다 встретились

만능(萬能) всемогущество; всемогу-щий; универсальный; 무슨 일에나 ~이다 искусный в любой работе; мастер на все руки; ~하다 ~선반 универсальный токарный станок; ~후라이스반 универ сальный фрезер-ный станок; б) искусный в любой работе.

만드셨습니다 сделали;изобрели

만들다(만드니, 만드오) 1) делать; изго-товлять; создавать; производить; творить; готовить; 상품을~ произ-водить товар, 사전을~ составлять словарь; 길을~ прокладывать дорогу; 자금을~ доставать средства(деньги); 짬을~ находить время; выбраться; 음식을~ готовить еду; 일거리를~ наделать дел; 2) превращать; 부유한 나라로~ превращать в богатую страну; ...을...로~ сделать(кого-что-л. кем-чем-л.); 시를~ слагать стихи; 상처를~ [по]ранить; повредить; 소 리를~ поднять шум; 짬을 ~ нахо-дить время

만들어 сделать; изобрести.

만료(滿了) истечение срока; ~하다 истекать; отбывать срок; ~일 по-следний день (срока).

만리(萬里) 1) 10,000 ли; 2) дальнее (большое) расстояние;~장성 Великая Китайская стена; ~장천 книжн. беск райнее расстояние;~전정 обр. блестящие перспективы; ~옥야 необозримая плодородная равнина.

만만하다 1) мягкий; 2) слабый; 3) простой; лёгкий; 만만히 несерьёзно; неуважительно.

만만하게보다 неучтиво обращаться.

만무(萬無) ~하다 ни в коем случае; не может быть; 그가 나에게 거짓말 을 하였을리가 ~하다 Не может быть, чтобы он сказал мне равду;~시리 уст. ни в коем случае не может так быть; ~일실 уст. а) ничего не пропало, всё на месте; б) нечего опасаться неудач.

만물(萬物) 1) всё сущее; природа; 2) тысяча(множество) вещей; ~의 영장 венец творения; ~상(相) разнообра-зие форм; ~상(商) мелочная торговля; ме лочная лавка;~상점 арх. мелочная лавка.

만반(萬般) I всяческий; всевозмо-жный;~의 준비 всесторонние при-готовления; ~과학 все отрасли науки; ~준비 всесторонние приготовления.

만반(滿盤) II~진수 обр.стол ломится от яств; ~하다 богатый(о столе).

만사(萬事) I всё; всевозможные дела (события); ~가 잘되다 всё(все дела) в порядке; 세상~ все события, происходящие в мире; ~무심 полное безразличие; ~태평 а) благополучие и спокойствие; б) благодушие; беспечность; самоуспокоенность; ~ 형통 всё идёт как задумано.

만사(萬謝) II~하다 а) выражать глубокую благодарность; б) многок-рат но просить(прощения).

만성(慢性) ~적(的)хронический; затя-жной; продолжительный; ~적으로 되다 принять хронический характер; ~적 기아 хронический голод; ~적 고질(질병,질환) хроническая болезнь; ~염증 хроническое воспитание; ~ 위염 хрони-ческий гастрит.

만약(萬若) если; допустим; пред-положим; ~을 위하여, ~을 생각하여 на всякий случай; учитывать все случаи; ~의 경우에 в крайнем случае; см. 만일 1), 3).

만일(萬一) 1) сущ. если, допустим, предположим; 2)книжн. мизерная (ничтожная) часть; 3) ~을 위해서, ~의 경우에 на всякий случай; ~의 손해 возможный ущерб; ~을 경계하다 предупреждать всякого рода случайности; ~을 생각해서 учи-тывать все случаи.

만장(滿場) I весь зал; вся аудитория; все присутствующие; ~중 a) ~에 среди собравшихся; ~일치로 едино-гласно, единодушно.

만장(萬丈) II необозримая высота; ~공도 уст. абсолютное беспрст- растие; величайшая справедливость; ~광염 уст. высочайший пафос; ~생광 уст. a) величайшая слава; б) глубочайшая признательность; ~절애 уст. бездонная пропасть.

만전(萬全) совершенство; безупре-чность;~의 대책 необходимые меры; ~을 기하기 위하여 для полной вер-ности; ~의 대책을 강구하다 обезо-пасить; при-нимать все меры; ~을 기하다 обезопасить; ~하다 совер-шенно безопасный.

만족(滿足) I удовлетворение; удов-летворённость, достаточность; пол-нота; ~하다 довольный; удовлет-ворённый; достаточный; удовлет-ворительный; ~스럽다 быть(каза-ться) довольным(чем-л.)(удовлетво-рённым); ~하게 удовлетворительно; достаточно; ~해하다 доовольствова-ться(чем-л.); быть довольным(чем-л.); 그들은 현재의 생활에 ~해 한다 Они доволем тем, как сейчас живут; ~시키다 удовлетворять(чем-л.); ~감 чувство удовлетворения; ~을 느끼다 быть довольным(чем-л.)

만족(蠻族) II варварские племена.

만지다 1) щупать; ощупывать; тро-гать; 2) обращаться; иметь дело

만지작거리다 слегка ощупывать.

만큼 тк.с предшествующим опред. 1) указ. на то, что подлежащее обладает признаком в той же степени, что и полнение, оформление этой части-цей: такой, как; так же, как; 나는 어른들~ 일을 할 수 없다 Я не могу работать так, как работают взрослые; 할 ~하시오 Делайте по возможности; 가질~가져라 Возьми сколько можно-жно; 한 달 ~ с месяцем; около месяца; 얼마~주시오 дайте скольконибудь; 2) присоединяясь к прич. буд. вр. гл. и опред. ф. буд. прил.,а тж. после ф. гл. с оконч. 이, указ. на ту степень, в какой подлежащее вбладает приз-наком, выраженным сказ.: настоль-ко;настолько ..., что; в такой мере..., что; так..., чтобы;

만하다 1) после имён такой же, как; величинойс;수박~величиной с арбуз; 2) после имён с отриц. 못 не идёт ни в какое сравнение с; 우리만 못하다 не идёт ни в какое сравнение с нами; 3) после прич. буд. вр. можнт, можно; 갈~может идти; 읽을 만합니까? разрешите (можно) прочитать?

만화(漫畵) карикатура; юмористи- ческий рисунок;~가 карикатурист; ~영화 мультипликационный фи-льм; мульт фильм; ~책 книга с кари-катурами;сборник карикатур; комикс.

많다 многочисленный; много; 그는 나이가~ему много лет, он в годах.

많습니다 много. 많아요 много.

많이 много.

많이나다 обильно расти; обильно производиться.

맏- преф. 1) (самый) старший; ~아들 (самый)старший сын; ~며느리 стар-шая сноха; ~형 старший брат; ~딸 старшая дочь; ~누이(самая)старшая сестра; 2) (самый) ранний (первый); ~물 первые овощи(фру-кты и т. п.); ~배 детёныши первого выводка (помёта).

맏이 [맞지] 1) (самый) старший брат; 2) (самая) старшая сестра; 3) старшинство; 4) старший(по воз- расту).

말(馬) I 1) маль(мера объёма ≅ 18л); 말 위에 말을 얹는다 посл. хлопот полон рот; 2) мерка(для измерения сыпучих тел); 3) несколько маль.

말 II 1) лошадь; конь; ~을 타고 верхом(на лошади; на коне);~고기 кони на; 말 가는데 소도간다 посл. ≅ что под силу одному, то может сделать другой(букв. где прой- дёт конь, там и вол пройдёт); 말 갈데 소 갈데 다 다녔다 обр. побывал всюду; 말귀에 염불 см. 소[귀에 경 읽기] I; 말머리에 태기가 있다 посл.≅ доброе началопдела откачало; 말살에 쇠살에 обр. язык без костей; 말 잡은 집에 소금이 해자라 обр. угощать скрепя сердце;

말 III 1) конь(в кор. шахматах); 2) фишка (в игре ют).

말,언어(言語) IV рдест заострённый (Potamogeton oxyphyllus); растение).

말(단어. 문자) V 1) слово; речь; язык; ~같지 않다 это

вздор(пустые слова); ~같지 않은 말을 하다 говорить вздор (глупости); ~만 앞세우다 кор-мить обещаниями; 엉뚱한 ~을 하다 говорить невпопад; ~을 옮기다 передавать(чьи-л.) слова; ~을 내다 выдавать секрет; разглашать тайну; ~을 그치다 замолкать; переставать говорить; ~을 듣다 слушаться; по-дчиняться; ~을 막다 перебивать; прерывать; ~이 되다 быть правди-вым; соответствовать действитель-ности; ~이 많다 многословный; болтливый; ~이 적다 неразговор-чивый; молчаливый; ~이 통 하다 понимать друг друга; 말밑천 (본전) повод(основание) для разговора; 말휘갑을 치다 говорить невпопад; 내 말이 그 말이 아니다 я не о том говорю; 말 그대로 см. 문자[그 대로] II; 말도 말게(말아라, 마오) не надо даже заикаться(спрашивать); 말은 앵무새 пустослов, болтун; 말을 건네 обращаться(к кому-л.); 말을 나누다 разговаривать; беседовать; 말을 디디다 слушаться; ~이 무겁다 говорить веско(солидно); ~이 새다 просочиться(о секретах); ~이 떨어지다 язык развязался; ~이 아 니다 а) говорить (вздор), глупости; б) очень тяжёлый, неимоверно трудный; 말에 오르내리다 см. 입(에 오르내리 다) 1); 2) как дополн. к гл. говореня и восприятия служит для введения прида точного косвенной речи; 이다 подчёркивает знач. вышеска-занного; 혼자 남아 있으란 ~인가 Ну, что мне одному оставаться?

-말(末) суф. кор. конец; 고려~ конец эпохи Корё; 학년~ конец учебного года.

말- преф. перед некоторыми сущ. большой; 말거미 большой паук.

말갛다(말가니, 말가오) светлый; прозрачный; ясный.

말공부(-工夫) [-꼰부-] 1) пустые разговоры, праздная болтовня; 2) сплетни, пересуды; ~하다 а) говорить попусту, болтать; б) сплетничать.

말굽 1) конское копыто; ~도리 продольная балка с подковообраз-ными концами; ~웅두리 коленный сустав; коленная чашка(у коровы); 2) ~추녀 подковообразные стропила

말끔 чисто; начисто; совсем; сове-ршенно; всё; ~하다 а) чистый; без примеси; б) свободный; незаставлен-ный; ~히 чисто; начисто; совсем; совершенно; всё;~히 씻다 а) отмыть, отчистить; б) см. 말끄러미;~닦다 вычистить; отчистить.

말끔하다 чистый. 말끔히 чисто.

말끝 1) конец фразы(речи); ~을 달다 добавлять; договариваться; до-сказывать;~을 흐리다 скомкать(за-мять) конец речи; спутаться(сби-ться) в конце речи; ~을 잡다 см. 말꼬리[를 잡다]; 2) начало речи.

말다 I (마니,마오) свёртывать; ска-тывать;종이를 돌돌~ скатывать бумагу в трубку; 담배를~свернуть папиросу; 말아 먹다 всё погубить.

말다 II (마니,마오) разбавлять; 밥을 물에~ разбавлять водой варёный рис; 국수를 ~ разбавлять водой лапшу.

말다 III (마니, 마오) 1. переставать, прекращать; 2. 1) после недоста- точного инф. с оконч. выражает запрещение:가지마시오 не уходите; 먹지 말아 не ешь; 2) после имён действия и деепр. предшествова-ния предикатива не надо: 걱정말아라 не беспокойся; 슬퍼마시오 не горюйте; 3) после смыслового гл. в деепр. ф. имеет антонимическое значение: 가거나 말거나 идти или не идти; 4) после деепр. прерванного действия выражает незавершённость начатого действия: 책을 읽다가 말았다 Кни-гу не дочитал; 5) после деепр. пред-шествования гл.(оконч. 고), иног да в сопровождении частицы 야, ука-зывает на непременно завер-шённое действие: 더는 말고 больше не надо, доста-точно; 마지 아니 하다 нельзя не; не могне

말다듬기(마니, 마오) упорядочение (нормализация) языка.

말단(末端) 1) конец; край; ~기관 самая низшая инстанция; ~지각 이상 мед. акропарестезия; ~혈관 신경증 мед. акроангионевроз; 2) самая низшая инстанция.

말리다 I 1) быть свёрнутым(ска-танным); 2) завиваться(о волосах); 3) заставлять(позволять) скатывать (свёртывать); сушить; вялить.

말리다 II 1) отговаривать; не со- ветовать; 2) унимать; разнимать; 3) оберегать(от порубки, потравы и т. п.).

말살(抹殺) стирание; зачёркивание; уничтожение; искоренение; ~하다 стереть; зачеркнуть; вычеркнуть; стирать с лица земли; ликвиди- ровать; уничтожать; 지상에서 ~하다 стирать с лица земли.

말소(抹消) стирание; зачёркивание; выписка(из домовой книги); ~시키다 стереть; зачёркивать; вычёркивать; выписываться(из домовой книги); ~ 하다 стирать;

вычёркивать написан-ное.

말썽 1) жалобы; ворчание; 2) скандал; склока; ~을 부리다 жаловаться; ворчать; скандалить; устраивать склоки; ~꾼 ворчун; склочник; ~ 스럽다 а) надоедливый; ворчливый; б) склочный.

말씀 вежл. см. 말

말씨 манера говорить; интонация.

말초(末梢) 1) самые последние (тон-кие) веточки дерева; 2) анат. Пери-ферия; ~적 периферический; ~신경 периферический нерв.

말하다 1) говорить;말하자면 то есть; 말할것도 없다 нечего (и стоит) говорить; само собою разумеется; 말할수없이 невыразимо, неимоверно; неописуемо; 2) рассказывать; 3) называ ть[ся]; ~하세요 скажите; ~했습니다 сказал.

맑다 1) ясный; чистый; прозрачный; 2) правильный (о чертах лица); 3) тон кий (о вкусе); 4) чистосердечный; 5) скромный; 맑은 술 водка, остав-шаяся в сосуде после первого слива; 맑은 장국 а) мясной бульон с кусоч-ками го вяди ны; б) бульон, заправ-ленный соевым соусом.

맑습니다 ясный.

맑아졌습니다 стал ясным.

맑은 강물 чистая река.

맑히다 1) очищать, фильтровать; 2) упорядочивать; приводить в порядок.

맘 сокр. от 마음; 맘 잡아 개장수 сокр. горбатого могила исправит.

맛(味) I 1) вкус; ~을내다 придавать вкус (чему-л.); ~을 보다 пробовать; испытывать на себе; чувствовать; ~이 있다 вкусный; ~이 없다 невкусный; ~이나다 приобретать вкус; станови-ться вкусным; ~을 부리다 (피우다) быть нетактичным (нескромным).

맛 II 1) съедобные моллюски; 2) см. 가리맛 맛있게 вкусно.

맛있는 вкусный. 맛있습니다 вкусный.

맛있어요 было вкусно.

망(網) сеть; сетка; плетёнка; ~을 뜨다 вязать сети.

망(望) II 1) ~을 보다 следить; на-блюдать; ~을 서다 стоять на ст- раже; 2) см. 명망; 3) см. 천망.

망(望) III 1) полная луна; 2) день полнолуния; пятнадцатое число (по лун ному календарю).

-망(網) суф. кор. сеть; 교통망 сеть путей сообщения.

망명(亡命), 이주(移駐) 1) бегство за границу; (политическая)эмиграция; ~하다 эмигрировать(по политическим причинам); ~생활 жизнь в эмиграции; ~객 (политический) эмигрант; ~지 страна пребывания эмигранта; 2) ~도주 уст. бегство после совершения тяг чайшего преступления; ~죄인 бежавший (важ ный) преступник.

망명하다 эмигрировать.

망원(望遠) ~렌즈 телеобъектив; ~ 분광기 телеспектроскоп; ~사진술 телефотография; ~초소 наблюда- тельный пост на возвышенности

망원경(望遠鏡) телескоп; бинокль; подзорная труба; 굴절~ рефрактор; 대물렌즈 ~ телеобъектив; 쌍안~ телебинокль.

망정 после некоторых форм гл. в сочет с гл.-связкой в ф. ~이지 хорошо получилось, что(поскольку)~; 여비가 와야~이지 그러지 않으면 돌아 갈 수가 없게 되었다 хорошо получи-лось, что пришли деньги, а то мы бы не смог ли вернуться.

망치 молот; кувалда; ~질 하다 бить молотом(кувалдой).

망치다(亡-) 1) [по]губить; 2) приво дить в негодность.

맞- преф. 1) напротив; лицом к лицу; друг против друга; друг с другом; 맞바꾸다 поменяться; 2) равный; 맞 적수 достойные(друг друга) против-ники; 3) встречный; 맞바람 встреч-ный ветер.

맞걸다(맞거니, 맞거오) 1) вешать (что-л.) друг против друга; 2) сцеплять, зацеплять друг за друга; 3) ставить деньги на кон.

맞교대(-交代) две смены; 작업~ двухсменная работа; ~하다 заменять друг друга (поменяться).

맞다 I 1) попадать(подо что-л.); получать(удар и т. п.); принимать (кого-л.); 비를~ попасть под дождь; 매를~ быть [по]битым; 총알이 바로 맞었다 Пуля попала в цель; 폭풍을 맞다 попа дать в буран; 눈보라를 맞다 попадать в метель; 봄을 맞다 встречать весну; 뺨을맞다 получить пощёчину; 총을맞다 получить пулю; 주사를 ~ получать укол; 손님을 ~ принимать гостей; 2) подвергаться (чему-л.); 맞은 바래기 то, что видно впереди; 맞은 편(쪽) противоположная(та) сто рона; 맞은혼인 см. 맞혼인.

맞다 II 1) подходить; соответство-вать; совпадать; быть(оказаться) впору; быть правильным(точным); 이 옷이

너에게 맞는다 Этот костюм тебе идёт(тебе к лицу); 맞аи 떨어지다 совпадать(соответствовать) полностью; быть как раз; 2) после дееприч. ф. качественных прил. усиливает степень качества: 급히 – очень спешный.

맞들다(맞드니, 맞드오) 1) поднимать вдвоём(что-л.); 2) делать(что-л.);вдвоём(совместно,общими усилиями)

맞불 1) ответный огонь; ответная стрельба; 2) встречный пожар(устраиваемый в целях ликвидации лесного пожара); 3) огонёк папиросы прикуриваю щего человека;~을 놓다 а) вести от ветный огонь; б) устраи-вать встречный пожар; в) зажигать огонь(на про- тивоп. стороне чего-л.).

맞서다 1) стоять друг против друга; противостоять; 2) идти(выступать) друг против друга; 3) сталкиваться (встречаться) лицом к лицу(с чем-л.).

맞이 встреча; приём; 설~ встреча нового года, ~하다 встречать; при-нимать; 남편으로 ~하다 выходить замуж; 아내로~하다 жениться.

맞이하다 встречать; 손님을~ прини мать гостей.

맞추다 1) прилаживать; пригонять; приноравливать; 시계를~ ставить часы; 입을 ~ [по]целовать; 간을 ~ придавать(чему-л.) острый(солёный) вкус; 맛을 придавать надлежащий вкус; 맞추어 보다 сличать; сверять; 피아노를 ~ настраивать рояль; 뼈를 вправлять кость; 소리를 맞추어 хором; 장구 소리를 맞추어 под хвуки барабана; под барабан; 구두를 발에 맞추어 짓다 делать обувь на ноге; 2) соединять, совмещать; 3) давать(нужный, верный ответ); 4) договариваться; уславливаться(о чём-л.).

맞춤법(-法) правила правописания; орфография.

맞히다 I толкать, побуждать; подво-дить(подо что-л.); 매를 ~ заставлять (позволять) избивать; 주사를 ~ зас-тавлять(позволять) делать укол; 도 장을 ~ заставлять(просить) поставить печать.

맞히다 II подгонять; пригонять; делать по вкусу; 주사를 ~ застав-лять получать укол.

맡 после прич. гл. с оконч. 는 и 던 в ф. дат. п. сразу после(чего-л.); 집 으로 오는밑에 이야기했다 рассказал сразу после прихода домой.

맡기다 1) поручать(кому-л.); дове-рять; вверять; 임무를 ~ возложить миссию(на кого-л.); 자신의 운명을... 에게 ~ вверить(вручить) свою судьбу (кому-л.); 주문을 ~ делать заказ; 2) представлять(документ); 3) просить (поручить)занять(место).

맡다 I 1) брать на себя; принимать; получать; 맡은일 порученное дело; 맡아놓고 отвечать за всё; 2) брать на хранение; 3) занимать(место); 4) при нимать(напр. заказ); 5) получать (напр. разрешение).

맡다 II нюхать, обонять.

매 I палка, дубинка; ~를 맞다 быть побитым(палкой); серьёзный упрёк; критика; 매도 먼저 맞는 게 낫다 Ожидание смерти хуже самой смерти; 매도 먼저 맞는 놈(것)이 낫다 *посл.* ≈ сама беда лучше ожи-дания беды; 매끝에 정든다 *посл.* ≈ от испытаний дружба станови ться крепче; 매 위에 장사 없다 *погов.* ≈ перед палкой все кланяются.

매 II 1) см. 매끼; 2) связка(листового табака); 3) куски мяса(для прода-жи); 4) этн. кусок холста, в который заворачивают тело покойника.

매 III прям. и перен. сокол; ~를 꿩으로 보았다 *посл. букв.* принимать фазана за сокола.

매-(每) преф. каждый, еже...; 매 공장 каждый завод.

-매 суф. строение; покрой; 눈~ раз рез глаз; 몸~телосложение; фигура; 옷~покрой одежды.

-매 книжн. оконч. деепр. причины: 그 사람이 왔으매 같이 길을 떠났다 он пришёл и они отправились в путь вместе.

매각(賣却) продажа; ~하다 прода-вать; распродавать.

매개(媒介) посредничество; ~하다 быть(служить) посредником; посре-дник; ~체 посредник; разносчик; агент; 전염병의~разносчик заразы; ~체 раз носчик заразы.

매기다 1) оценивать; отмечать; 등급 을 ~ давать разряд; 점수를 ~ ставить оценку; 2) отмечать

매다 I 1) завязывать; связывать; привязывать; 넥타이를 ~ завязывать галстук; 파란넥타이를 ~ завязывать синий галстук; 목을 ~ повеситься; 붓을 ~ делать кисть; 책을 ~ сшивать книгу; 2) крутить(нить); 3) держать (скот); 4) см. 매기다 1) 매어달다; см. 매다 1).

매다 II полоть; пропалывать; 김을 ~ полоть гряды.

매달다(매다니, 매다오) 1)вешать;подве-шивать;2)приковывать;привязывать

매달리다 1) висеть; быть подве- шенным; быть прикреплённым; быть добавленным (приложенным); быть привязанным(прикованным); 매달린 개가 누워 있는 개를 웃는다 *посл.* ≅ смех сквозь слёзы(букв. висящая собака смеётся над лежачей); 2) быть прикомандиро-ванным (прикреплён-ным); быть добавленным (прило-женным); 3) *перен.* бытьпривязан-ным(прикованным)(к чему-л.); опираться; полагаться; зависеть(от кого-л.).

매듭, 마디 I 1) узел; соединение; ~을 풀다 развязывать узел; ~없는 그물 безузловая сеть; ~자반 съедобные морские водоросли, свёрнутые в трубочку, начинённые чёрным перцем и обжаренные 2) загвоздка; 3) завершение; ~을 짓다 а) завязывать узел; б) завершать дело.

매듭점(-點) *мат.* узловая точка

매듭짓다 завязывать узел; завершать.

매매(賣買) I купляпродажа; торговля; ~하다 покупать и продавать; торго-вать; ~계약 торговая сделка; ~결혼 (혼인) выкуп невесты

매매(昧昧) II ~하다 *уст.* тёмный, невежественный.

매사(每事) любое(каждое) дело; ~ 가감 *уст. обр.* справляться с любым делом; ~불성 терпеть неудачу в каж дом деле; ~는 간주인 *обр.* дело хозяйское; ~불여튼튼 *погов.*добрый конецсвоему делу венец.

매스게임(*англ.*mass game) массовая пластика; ритмическая гимнастика.

매스껍다(매스꺼우니, 매스꺼워) *прил.* испытывать тошноту; 속이~ тош-нить; *см.* 메스껍다

매스컴(*англю* mass communication) СМИ (средства массовой инфор- мации).

매슥거리다 то и дело тошнить

매애애 мэ-э-э. 매워요 горький.

매우(梅雨) I затяжные дожди в начале лета. 매우 II очень; весьма.

매이다 I 1) быть завязанным(привя-занным); 2) быть зависимым(связан-ным); прикованным); 영어에 매인 몸 человек, брошенный в тюрьму; 매인 목숨 зависи мое положение.

매이다 II быть прополотым.

매일 каждый день; ежедневно; ~ 같이 (почти) каждый день

매일 되풀이되다 ежедневно повторяться

매일매일 каждый день.

매입(買入) покупка;закупка; прио-бретение; ~하다 покупать;

заку- пать; при обретать.

매장(埋葬) I 1) погребение; похороны; 2) (политическая) изоляция человека; ~하다 а) погребать; хоронить; б) изолировать (от общества).

매장(埋藏) II ~하다 зарывать; хоронить; прятать в землю; таиться в недрах; ~량 предполагаемые запасы в недрах.

매장(買贓) III арх. ~봉된 человек, купивший краденую вещь и ограбленный человек; ~하다 покупать (скупать) краденое.

매트리스(*англ.*mattress) матрац(матрац); тюфяк.

매표(賣票) продажа билета; ~구 касса; ~원 кассир; ~하다 продавать билет (талон).

매화(梅花) 1) цветы сливы; 매화도 한철 국화도 한철 посл. букв. слива цветёт в своё время, а хризантема в своё ≡ а) всё до поры до времени; б) всему своё время; ~병열 керамические изделия с орнаментом в виде цветов сливы; ~타령(народная) песня о сливе; ~강정 хворост из рисовой муки, обмазанный мёдом(патокой); ~산자 корейское печенье из рисовой муки, обмазанное мёдом (патокой) и обсыпанное воздушным рисом; ~편 문 крупный орнамент(на керамике); 2) ~나무 сливовое дерево; слива.

맥 I гряда.

맥(脈) II 1) пульс; *см.* 혈맥; 2) *см.* 맥락; ~을 보다 а) щупать пульс; б) *перен.* разнюхивать; прощупывать (кого-л.); 3) *см.* 지맥; 4) этн. горный хребет(термин, употр. при выборе счастливого места для дома или могилы); 5) сила; ~없이(놓고) а) бессильно; б) без всякой причины; ~을 놓다 расслабнуть; ~을 쓰다 а) напрягать силы; б) собраться с духом; 6)горн. жила; ~을 추다 а) поправиться; стать на ноги; ~맥[을] 쓰다; 맥[이] 나다 а) уставать; утомляться; б) падать духом.

맥락(脈絡) 1) кровеносные сосуды; кровеносная система; 2) взаимосвязь; контекст; ~관통 уст. ясность(очевидность) связи.

맥박(脈搏) пульс; пульсация; биение пульса; ~치다 пульсировать; биться; ~계 сфигмометр; измеритель давления; ~묘사기 *мед.* сфигмограф; ~완서 *мед.* брадикардия.

맥주(麥酒) пиво; ~양조 пивоварение; ~병 пивная бутылка; ~집 пивная; ~안주 закуска к пиву; ~과자 солёные кондитерские изделия к пиву; ~찌끼 барда; ~양조자 пивовар

맥추절 Праздник жатвы пшеницы.

맨- I преф. самый; ~끝에 в самом конце; в конце концов; 맨 마감에 в самом конце.

맨- II преф. (всего) лишь; только; один; целиком; голый; лишённый (чего-л.); пустой; 집 앞산에는 ~ 소나무뿐이다 На горе перед домом растут лишь сосны; 맨머리 непокрытая голова; 맨발 босые ноги; 맨손 пустые руки.

맴 I ~을 돌다 кружиться.

맴 II звукоподр. стрекоту цикады.

맵시 красивая форма; красивый вид; красота

맷집 (~이 좋은 사람 человек креп-кого телосложения.

맹 пресный; чистый; ~물 чистая вода.

맹-(猛) сильный; яростный; ожесто-чённый; ~공격 яростная(ожесто-чённая) атака(наступление); ~연습 упорная(усиленная) тренировка; ~활동 актив ная(кипучая) деятельность.

맹랑(孟浪)~하다 а) тщетный;пустой; б) несговорчивый; в) 일이 ~하게 되었다 дело сорвалось; ~스립다 прил. а) казаться тщетным(пустым); б) казаться трудным; в)казаться несго-ворчивым;~치 않다 сообразитель-ный; умный.

맹렬(猛烈) ~하다 жестокий; ожесто-чённый; яростный; бешеный; ~한 비등 бурное кипение; ~한 속도 бешеные темпы.

맺다 1) завязывать; вязать; 2) завя зываться; образовываться; 이슬이 ~ появляться(о росе); 3) завязывать (отношения); заключать (договор, соглашение и т. п.); 4) завершать; заканчивать; заключать; 5) таить; питать; 맺고 끊은 듯 аккуратно; полностью.

맺히다 I 1) быть завязанным(скре-плённым); завязываться; 2) быть сжатым (плотно закрытым); 3) собираться; скапливаться; 눈물이 맺혔다 наверну лись слёзы; 4)быть собранным(подтянутым).

맺히다 II застревать.

머금다 [-따] 1) держать во рту; 2) держать в себе; заключать; таить; пи-тать(чувство); 3)сдерживать; задер-живать; 눈물을 ~ сдерживать слёзы.

머리 1) голова; тех. головка; ~곡예 цирковой номер на голове; ~단 조기 тех. высадочная машина; ~로 멈추기 спорт. остановка мяча головой; ~ 위에서 두 손 넣기 спорт. бросок двумя ру ками над головой; ~위에서 두 손 연락

спорт. передача двумя руками над головой; ~ 피도 마르지 않다 молоко на губах ещё не обсохло; ~는 끝부터 가르고 말은 밑부터 한다 прежде всего надо быть ло- гичным; ~가 무겁다 голова тяжёлая; ~를 굽 히다(숙이다) прям. и перен. склонить голову; ~를 들다(днуть) прям. и перен. поднимать голову; ~를(가로) 흔들다 качать головой(в знак несогласия); ~를 끄덕이다 кивать головой (в знак согласия) 2) волосы(на голове) ~가 모시 바구니가 되다 обр. становиться седым, как лунь; ~에 서리가 앉다 быть тронутым сединой (о волосах);~에 서리발을 이다 поседеть; ~끝 кончики волос; ~ 끝 에서 부터 발끝까지 прям. и перен.с головы до ног; перен. до зубов; 화가 ~끝까지 в сильном гневе;~를 풀다 распускать волосы(в знак траура по родителям); ~를 깎다 а) подстригаться; б) постригаться в монахи; в) быть посаженным в тюрьму; ~를 땋다 заплетать волосы; ~를 얹다 а) носить косы короной; б) выходить замуж; в) носить волосы валиком(о кисэн); ~가 썩다 перен. гнилой; прогнивший; ~를 내밀다 появляться(показаться) на глаза; ~를 싸매다(싸고) изо всех сил; со всей энергией;~를 썩이다 ломать голову (над чем-л.); ~를 쓰다 раздумывать, ~를 짜다 мучительно раздумывать; ~에 들어가다(오다) стать ясным (понятным), доходить до сознания; ~꼬리 없이 *см*. 밑[도 끝도 없이].

-머리 I *суф*. 1) конец, край; 2) начало сезона.

-머리 II словообразовательный *суф*. имени сущ. с пренебр. оттенком: 버르장머리 дурная привычка.

머리말 서두(序頭) предисловие

머무르다(머무르니, 머물러) 1) оста навливаться; топтаться на месте; ограничиваться; 자동차는 집 앞에 머물렀다 автомобиль остановился перед домом; 2) топтаться на месте; 3) ограничиваться; 4) запаздывать; задерживаться.

머슴(애)아이 1) мальчик, живущий в батраках; 2) *диал. см.* 사내아이.

먹 1) сухая тушь; 2) *см.* 먹물; 먹을 그리다 замазывать чёрным; ~을 놓다 прочертить чёрную линию.

먹- *преф. кор.* чёрный; ~구름 чёрное облако 먹겠습니다 будет есть.

먹다 I 귀가(귀를)~ оглохнуть

먹다 II (식사하다) **1.** 1) есть; пить; курить; вдыхать; 술을~

пить вино; 젖을 ~ сосать грудь; 탄내를 우래다; 먹는 물 питьевая вода; 먹을 것 еда; пища; 먹는 데는 감돌이 일에는 베돌이 погов. первый в еде, последний в работе; ~가 굶어 죽겠다 погов. с такой еды; ~가 보니 개떡이다(먹다가 보니 개떡 수제비라) посл.то, что ели(и хвалили), оказалось собачьей едой; 먹자는 귀신은 먹어야 한다 посл.букв. дьявола, попросившего есть, надо кормить(чтобы он не запросил большего); 먹을 때는 개도 아니 때린다 посл. букв. собаку, и ту не бьют вовремя еды; 아침을~ завтракать; 2) брать; получать; присваивать; исполняться; 이자를 ~ получать проценты; 뇌물을 ~ брать взятки; ...에서 5분의 2를 ~ присваивать(брать) (себе) две пятых; 3) занимать(какое-л.) место; 4) испытывать(чувства); 5) 나 이를(살을) ~ исполняться(о возрасте); 6) выживать; сгонять; 7) получать; подвергаться; 매를 ~ быть избитым; 총알을 ~ быть раненным пулей; 8) брать, действовать(о чём-л. режущем, пилящем); 톱이 잘 ~ пила хорошо пилит; 9) расходовать, тратить; 먹은 금새 деньги, потраченные на покупку; 10) как неперех. гл. ест, пожирать; 버짐이 ~ распространяться(о стригущем лишае); 농사를 지어~ жить земледелием; кормиться землёй; 11) ложиться ровным слоем(о пудре, креме и т. п.); 12) требоваться; 마음을 ~ решиться(на что-л.); 겁을 ~ испугаться; 견디어 ~ выдерживать; выносить.

먹이 1) корм; фураж; 2) пища; питание; кушанье.

먹이다 1) заставлять(позволять) есть (пить, курить, вдыхать); угощать, кормить, поить; 2) заставлять(позволять) захватывать(занимать) 3) подвергать; обрекать; 4) толкать (на взятку); 5) давать выиграть(деньги); 6) заставлять(кого-л.) прибавить себе габы; 7) подавать(что-л. в машину); 8) давать пропитаться(окраситься); 9) отпускать(средства); 10) вкладывать(стрелу в лук); 11) запевать; 12) толкать(пилу к партнёру); 13) разводить; выращивать.

먹여 살리다 прокормить.

먹히다 1) быть съеденным(выпитым, выкуренным); 2) быть полученным (присвоенным); 3) быть занятым(захваченным); 4) иметься(о чувстве); 5) исполняться(о возрасте); 6) быть выжитым(изгнанным); 7) подвергаться (чему-л.); 8)быть податливым(о материале); 9) быть выигранным(о деньгах); 10) требоваться(о средствах); 돈이 ~требоваться.

먼저 раньше; прежде(всего);сперва; сначала; 누구보다도~ раньше других; 무엇보다도~ прежде всего; первым долгом; в первую очередь; 제일~ са́мый пе́рвый; ~먹은 후 답답 *посл.* ≡ пе́рвому коню́ не ра́дуйся.

먼지 пыль; ~투성이가 되다 быть в пыли; ~구름 облако пыли.

멀겋다(멀거니, 멀거오) 1) мутный; матовый; 2) затуманенный; посоло-ве́вший(о глазах); 3) очень жидкий.

멀고도 험한 길 далекий и терни-стый путь.

멀다(머니, 머오) I 1) далёкий; отда лённый; ми́н 옛날 далёкое прошлое; глубокая древность; 먼데 일가가 가까운이웃만 못하다, 먼사촌 보다 가까운 이웃이 ~ *посл.* близкий сосед; лу́чший Близкий сосед лучше дальней родни; 먼 장래 далёкое будущее; 멀지 않아 а) недалеко; б) скоро; в скоро́м вре́мени; 먼전으로 돌다 держаться в стороне, уклоня́-ться (от чего-л.); ~이 머다 해서 до того́, как...; ра́ньше, чем...; 머나멀다 далёкий/далёкий; 2) бесконечный; бескрайний; 3) давний.

멀다 II 1) 눈이 ~ теря́ть зрение; 2) 귀가~ лиша́ться слуха.

멀리 далеко; далёко; ~에서 издале ка; ~떠나다 отправляться в далёкий путь; ~하다 отдаляться; уклоня́ться; удаля́ться; избегать.

멀미 1) морская болезнь; ~하다 за-болеть морской боле́знью;~를내다 (앓다) заболеть морской боле́знью; 2) отвращение; ~하다(나다) а) заболеть морской боле́знью; б) надое́сть до тошноты́.

멀쩡하다 1) целый; нетронутый; 2) разг. здоровый; 3) беспочве́нный; дутый; 멀쩡한 거짓말 явная ложь; 멀쩡하게 멀쩡한 거짓말 явная ложь.

멈추다(세우다) прекращать[ся]; пе-реставать; остана́вливать[ся]; 눈길을 ~ остановить взгляд(на чём-л.).

멋 вкус; ~ элегантность; щегольство; ~을 내다(부리да, 피우다) щегольнуть; модничать; ~이 들다 быть щёголем; ~이 없다 непривлекательный; серый; 멋대로~이 있다 по своему вкусу; ~도 모르다 не понимать; не осозна́вать; не чу́вствовать.

멋대로 по своему вкусу.

멋있다 привлекательный;модный

멍 1) кровоподтёк; синяк; 2) пло-хой оборот(дела); помехи, неисправности (в механизме); ~이 들다 (지다) а) появиться(о кровоподтёке, синяке); б) принимать плохой оборот(о деле); испортиться(о механизме).

멍군 защита от шаха(в кор. шах- матах); ~장군 трудно определить кто прав, кто виноват; ~하다 защищаться(от шаха в кор. шахматах).

멍석(<席) соломенный мат; ~굼에 생양쥐 눈뜨듯 обр. поглядывая из укромного уголка.

멎다 переставать; прекращаться; останавливаться; 모터가 멎다 остановился мотор; 바람이 멎었다 ветер утих.

메 I молоток; молот.

메 II 1) варёный рис, который ставиться перед поминальной дощечкой во время жертвоприношения; 2) рис, сваренный на пару(в речи фрейлин).

메- преф. неклейкий(напр. рис).

메기 амурский сом;~주둥이(아가리) прост. см. 메기입; ~가 눈은 작아도 저 먹을 것은 알아본다 посл. букв. хотя у сома глаза маленькие, он находит себе пищу; ~나래에 무슨 비늘이 있으랴 погов. = не бывать бычком лягушке; ~아가리 큰 대로 다 못 먹는다 посл. букв. у сома велика пасть, да не всё удаётся съесть.

메다 брать(на плечи); нести(на плечах); ~붙이다 сокр. от 메어다 붙이다; ~치다 сокр. от 메어다 치다; ~꽂다 сокр. от 메어다 꽂다; ~박다 сокр. от 메어박다; 메붙이다 сокр. от 메어붙이다; 메치다 сокр. от 메어 치다, 메꼰지다(꽂다) сокр. от 메어꽂다; 메어다 붙이다 усил. стил. вариант 메어붙이다; 메어다 치다 усил. стил. вариант 메어치다; 메어다 꽂다 усил. стил. вариант 메어꽂다; 메어박다 бить с плеча; 메어붙이다 бить со всего плеча; 메어치다 с силой бить; 메어꽂다, 멘다 붙이다(치다, 꽂다) с силой сбрасывать.

메달(англ. medal) медаль; 금(은, 동) ~ золотая (серебряная, бронзовая) медаль; ~을 수여하다 награждать медалью.

메리야스(исп. medias) трикотаж; 三 코타жное полотно; ~기계 три-котажно-вязальная машина.

메모(англ. memorandum) 1) напоминание; меморандум; заметка; запись; записка;~하다 записывать; 2) см. 비망록; 3) см. 각서 I.

메스(англ. mess) скальпель; ~를 가하다 а) оперировать; б) браться (за что-л.).

메틸(*англ.* methyl) хим. метил; 비올 레트 метиловая фиолетовая краска; ~알콜 метиловый(древесный) спирт.

멘스(*англ.* menses) 월경(月經) менструация.

-며 *оконч.деепр.* соединительного: 꽃이 붉으며 크다 цветок большой и красивый.

며느리 1) сноха; ~사랑은 시아버지, 사위 사랑은 장모 Свёкор любит сноху, а тёща зятя; ~가 미우면 손자까지 밉다 от нелюбимой снохи и внук нек-расивый; 2) 손자 ~ жена внука; 조카 ~ жена племянника.

며칠 несколько дней; некоторое число; ~후에 (뒤에) через(спустя) несколько дней.

멱 I горло; ~을 따다 убить; зарезать; ~이 나다 опухать(о горле лошади); ~이 차다 в знач. сказ. очень много, по горло.

멱 II 1) ход конём(слоном)(в кор. шахматах); 2) ход шахматной фигурой.

멱살 1) горло (человека); 2) ворот; ~을 잡다 схватить(взять) за ши-ворот;~을 들다 схватить за шиворот.

면 I земля(вырытая мышами, му-равьями *и т. п.*);~을 내다 а) вы- рывать(рыть) землю(о мышах, мура-вьях *и т. п.*); б) таскать(воровать) понемногу.

면 II юноша, находящийся в связи с педерастом.

-면(綿) I *суф.* кор. хлопок; вата; ~탈지면 гигроскопическая вата.

-면(面) II *суф.кор.* поверхность; сто-рона; 암흑~ тёмные стороны (чего-л.).

-면 *оконч.* условного *деепр.*: 1) пос ле основы гл. наст. вр. если, когда; (만약,만일) 수길이가 오면 나를 기다 리라고 전하여 주세요 если придёт Сугиль, передайте ему, чтобы он меня по ждал; 2) после основы гл. прош. вр. если бы; 만약 고장이 안 났으면 한 시간 전엔 왔을 거요 если бы не произош ла авария, мы бы пришли на час рань ше; 3) после основы гл. прош. вр. в сопро-вождении прил. 좋다(싶다)хоро шо было бы(хотелось бы); 비가 오면 얼마나 좋나! как было бы хорошо, если бы пошёл дождь; 그이가 왔으면 싶다 хотелось бы, что-бы он пришёл.

면도(面刀) бритьё; бритва; ~하다 бриться; ~날 лезвие бритвы; ~칼 бритва; ~크림 крем для бритья; ~세트 бритвенный прибор.

면면(面面) I 1) лица; ~상고 молча смотреть в лицо друг другу; ~회시 *уст.* молча осматривать(разглядывать) лицо друг друга; 2) разные стороны (области, сферы); 2. см. 면면이.

면면(綿綿) II ~하다 непрерывный, длинный.

면목(面目) 1) уст. см. 낯; ~가중 отвратительное лицо; ~부지 не знать друг друга в лицо; ~이 익다 см. 낯(익다); ~을 가리다 낯(을 가리다); ~을 알다 см. 낯(알다),~을 익히다 см. 낯(을익히다);~이 없다 стыдиться; стыдно; совестно; ~을 세우다 сохранить лицо (достоинство); ~을 잃다 уронить достоинство; потерять лицо; 2) внешний вид; 3) манеры; 4) см. 체면 ~이 없다 см. 낯[이 없다].

면목있는 знакомый.

면사무소(面事務所) волостное уп- равление.

-면서 оконч. деепр. одновремен- ности; 책을 읽으면서 걸었다 шёл, читая книгу.

면역(免疫) I 1) биол. иммунитет; им мунизация; 2) ~하다 обладать иммуни тетом; приобрести иммуни-тет; ~요법 иммунотерапия; ~생물학 иммунобиоло гия; ~주사 инъекция сыворотки; ~혈청 сыворотки.

면역(免役) II ~하다 а) освобождать от военной службы; б) освобождать от военной повинности.

면전(面前) I ~에서 в присутствии; перед лицом; перед глазами(взором) (кого-л.); на глазах(у кого-л.).

면전(面傳) II уст. ~하다 лично пе-редавать (сообщать).

면책(免責) I ~하다 выговаривать (бросать упрёки) в лицо.

면책(免責) II освобождение(от вы-говора; ответственности); неприкос-новенность; ~하다 избегать ответст-венности (выговора).

면허(面許) I 1) разрешение; одобре-ние; 2) патент; ~장 лицензия; патент; 운전~증 водительские права; разре-шение на управление транспортным средством; ~하다 разрешать; давать (разрешение на что-л.).

면허(面許) II уст. ~하다 лично ра-зрешать.

면회(面會) I приём; личная встреча, свидание; ~하다 принимать(кого-л.); лично встречат[ся](видеться); ~시간 приёмные часы.

면회(面灰) II ~하다 [по]белить из-вестью снаружи.

멸 бот. гуттуиния сердцевидная (Houttuynia cordata).

멸균(滅菌)~소독 стерилизация; ~ 하다 стерилизовать.

멸족(滅族) истребление всего рода (племени); ~하다 истреблять(весь род, всё племя)

멸하다(滅-) 1) погибать; 2) губить; уничтожать.

명(名)I 1) сокр. от 무명 I; 2) диал. см. 목화 I.

명(命) II 1) стиль мемориальных надписей (на ханмуне); 2) мемориальная надпись; эпитафия(на ханмуне).

명(命) III 1) жизнь; ~이 길다 долговечный; живучий; 2) см. 운명 II.

명(名) IV человек; 세~ три человека

명-(名) преф. кор. известный; знаменитый; 명배우 знаменитый актёр; 명가수 известный певец.

명곡(名曲) известная мелодия; известное музыкальное произведение; ~집 сборник известных песен; песенник.

명년(明年) будущий год.

명당(明堂) 1) этн. счастливое место (для могилы, дома); ~자손 потомки человека, похороненного на счастливом месте; 2) хорошее(приятное) место(напр. для отдыха); 3) зал для утренних приёмов(в королевском дворце); 4) (ровная) площадка (перед могильным холмом); 5) лоб(в физиогномике).

명랑(明朗)[-낭] ~하다 а) оживлённый; жизнерадостный; б) светлый; ясный; чистый; яркий; ~스럽다 прил. а) казаться оживлённым(жизнерадостным); б) казаться светлым (ясным, чистым).

명령(命令), 지령(指令) I приказ; приказание; команда; предписание; распоряжение; ~하다 приказывать; отдавать приказ; ~을 수행하다 выполнять приказ; ~서 письменный приказ; предписание; ~적 приказный, императивный, повелительный.

명령(明靈) II [-녕언] этн. всевидящая душа (умершего).

명령하다 приказывать.

명령했습니다 приказал.

명맥(命脈) 1) биение сердца; жизнь; 2) перен. сердце; ~을 잇다 поддерживать жизнь; ~소관 перен. жизненно важные артерии; ~을 붙이다 едва поддерживать свою жизнь(своё существование(каким-л. занятием).

명문(名門) I прославленный род; знатный род; ~출신 выходец из знатного рода; ~가 знатный род; ~거족 прославленный и знатный род; ~세족 могущественный род.

명문(名文) II прекрасное произведение; ~대작 шедевр.

명상(名相) 1) ~하다 спокойно и глубоко обдумывать(что-л.); 2) глубо кое раздумье (размышление); ~의 задумчивый; ~에 잠기다 быть в глубоком раздумье; ~가 человек, который любит поразмыслить.

명예(名譽),평판 честь; почёт; слава; ~롭다 почётный; доблестный; слав-ный; ~심 честолюбие; ~욕 честолю-бивые стремления; честолюбие; ~직 почётная должность; ~훼손 диффа-мация(на кого-л.); клевета; ~주석단 почётный президиум; ~의장병 почётный караул; ~스럽다 почётный.

명중(命中) попадание в цель;~하다 попадать(прямо) в цель; ~률 про-цент попаданий в цель; ~사격 меткая стрельба; ~탄 пуля, попа-вшая в цель.

명함(名銜) 1) вежл. имя; 2) визи- тная карточка;~판사진 фотография разме ром с визитную карточку; ~도 못되다 (отличаться)как небо от земли.

몇 1) сколько; 2) несколько; ~분이 지나서 спустя несколько лет.

몇몇[мйон-] усил.стил. вариант 몇

몇 푼의 노자 небольшие дорожные рас ходы.

모 I 1) угол; 입방체의 грань куба; ~날 돌이 정 맞는다 *посл.* ≈ как аук нется, так и откликнется; ~가 서다 острый; с острыми углами; ~를 재다 стёсывать угол; 2) угол зрения; 어느~로 보나 со всех точек; 3) кусок (напр желе, соевого творога); 4) ~로 боком; ~로 던져도 마름쇠 всё сходит с рук, всё зака-нчивается благополуч но; ~로 가도 서울만 가면 된다 *посл.*≈ цель оправдывает средства; ~를 꺾어 앉다 сидеть боком(к чему-л.); 5) резкость, злость; ~가나다 быть очень резким(острым).

모 II 5 очков(в игре ют).

모(<苗) **III** 1) рисовая рассада; ~를 심다 высаживать рисовую рассаду; ~를 내다 высаживать рисовую рас-саду; ~를 붓다 высеивать семена в рассад ник; ~를 찌다 выдёргивать рисовую рассаду из рассадника; 2) см. 모종 I; 모(毛) **IV** шерсть.

모(茅) **V** этн. пучок стеблей мис-кантуса(вставляемых в сосуд с песком во время жертвоприношения).

모(母) **VI** мать; мама.

모 VII диал. см. 뫼 II.

모(模) **VIII**~를 따다(뜨다) подра жать; копировать.

모(某) IX 1) перед именами сущ. некий; один; энский; ~회사 энская компания;~공장 энский завод; 2) см. 아무개

-모(帽) суф. кор. головной убор; 방한모 ушанка.

모가지 1) прост. см. 목 I; ~가 붙어 있다 едва удержаться на службе; ~가 떨어지다(날아나다, 달아나다) прост. см. 목[이 떨어지다] I; 2) стебель с колосьями; 3) разг. увольнение(с работы).

모계(謀計) I хитрость; уловка;~하다 пускаться на уловки(хитрости).

모계(母系) II материнская линия; ~사회 человеческое общество в период матриархата; ~제도 матри-архат.

모국어(母國語) родной язык.

모기 комар; 모기 소리만 하다 тоне нький, как комариный писк; ~발순 ле тать тучами(о комарах после захода солнца); ~다리에서 피 뺀다 обр. кро хоборствовать; ~다리의 피 만하다 обр. незначительный; мизер-ный; ~보고 칼 빼기 погов. = за комаром да с топором (букв. увидев комара, выхватить меч); ~소리 만 하다 тоненький, как ко-маринный писк(о голосе).

모꼬지 ~하다 собираться(напр. на пирушку)

모내기 пересадка(высадка)рисовой рассады; ~하다 пересаживать(вы- саживать) рисовую рассаду.

모녀(母女) мать и дочь.

모니터(англ. monitor) световой фо-нарь;контролёр передачи; монитор.

모델(англ. model) 1) модель; обр-азец; 2) натурщик; натурщица.

모델링(англ. modelling) исполнение по модели; лепная работа; формо-вка.

모독(冒瀆) надругательство; пору-гание; осквернение; ~하다 надру- гаться; осквернить. 모두 I все; всё.

모두(冒頭) II начало рассказа.

모래 песок; ~가 많은 песчаный; ~위의 누각 замок, построенный на пес ке; ~시계 песочные часы; ~ 분사기 пескоструйный аппарат; ~ 사탕 (설탕) сахарный песок; ~진흙 супесчаная почва; ~초반 песчаный слой; песчаная подушка; ~로 내막 는다, ~로 방천하다 погов.= строить на песке(букв. запрудить реку пе-ском). 모래꽃 песчаная коса.

모략(謀略) 1) хитрость; уловка; манёвр; интрига; заговор; 2)

уст. меры; планы; ~적인 хитроумный; коварный; ~하다 прибегать к улов-кам(интригам); интриговать; ~에 걸려들다 по пасться на удочку(в ловушку).

모르다(모르니, 몰라) 1) не знать; не понимать; не уметь; не замечать; 모르기는 몰라도 точно неизвестно, но ...; 모르는 체하다 делать вид, что не знаешь; ...일지 모른다 может быть; 그것은 사실일지도 모른다 может быть, это и правда; 어찌 반가운지 모른다 очень рад; 모르면 몰라도 (모르되) а) трудно сказать; б) вообще(говоря); 2) в конце предл. после сказ., оканчив. на ~지 очень.

모르스(нем. Morse) ~부호 азбука Морзе.

모르핀(англ. morphine) морфий

모릅니다 не знаю.

모멸(侮蔑) презрение; ~적 презри-тельный; ~하다 презирать; ~을 당하 다 быть презренным; ~감 чувство презрения.

모범(模範) I образец; пример; ~을 보이다 показывать пример; ~적인 образцовый; примерный; поучитель-ный ~이 되다 служить(быть) приме-ром; ~을 보이다 показывать пример; ~생 примерный(образцовый) уча-щийся; ~분단칭호성취운동 движение за звание образцового звена; ~하다 считать примером.

모범(冒犯) II уст. ~하다 совершать незаконные действия; б) вести крамольные речи.

모빌(англ. mobile) подвижной; мо-бильный; передвижной; изменчивый.

모순(矛盾) противоречие; ~되다 противоречить(кому-чему-л.); ~적 противоречивый; ~성 противоре-чивость; противоречивый характер; ~개념 лог. противоречащие поня-тия; ~당착 противоречие; несог-ласованность; ~법칙 лог. закон ротиворечий.

모습(貌襲) облик; наружность; внешний вид; 늠름한~ бравый вид; 당황한 ~ растерянный вид; 가련한 ~으로 в жалком виде; 그의 ~이 눈에 선하다 Я как будто вижу его перед собой; 그에게 옛날~이란 없다 В его облике не осталось ничего от прошлого; Он сов сем не похож на себя в прошлом; 천사의~으로 в образе агента; 모습이 변화되다 вид изменяется.

모시다 1) заботиться; ухаживать(за старшим); 2) почитать; поклоня- ться; 3) провожать; сопровождать (старшего); 4) помещать; устраивать (напр. гостя).

모양(模樣) I 1)(внешний)вид; внешность; ~이 나다 иметь вид; ~이 개잘량이다 обр. потерять авторитет; опозориться;~이사납다 а) ужасный, страшный(о внешнем виде); б) позорный; ~이 아니다 а) быть в плохом состоянии; б) плохо выглядеть; ...의 ~으로 в виде(чего-л.); ~을 부리다 щеголять; 강이 거울~ 반짝 인다 Река сверкает, как зеркало; 2) фигура, поза; манера;3) после имён словно; подобно; как; 이~으로 таким образом, так; 4) после прич. в сопровождении ~이다, 같다 указы-вает на вероятность признака: 강추 위가 조금 풀린 ~이다 морозы, ви-димо, немного ослабли.

모양(暮樣) II уст. некий(какойто) способ.

모욕(侮辱),손해 обида; оскорбление; ~적 оскорбительный; унизительный; позорный; ~하다 оскорблять, позо-рить; ~을 당하다 терпеть оскорб-ление; быть презираемым; ~을 참다 проглотить; 그는 모든 ~을 참았다 Он выносил все оскорбления;~감 чувство обиды.

모으다(모으니, 모아) 1) собирать, копить; 돈을 ~ скопить денег; 2) сосредоточивать (внимание и т.п.); 모아들다 собираться.

모음(母音) гласный(звук); ~생략 элизия; ~조화 гармония гласных; ~화 вокализация.

모의(模擬) I репетиция; ~시험 пре-дварительный экзамен; ~재판 инс-ценировка судебного процесса; ~ 투표 предварительное голосование; ~법정 инсценировка судебного процесса;~하다 репетировать.

모의(謀議) II совещание; (тайный) сговор; ~하다 совещаться; сгова-риваться.

모이다 I 1) быть собранным(скоп-ленным); 2) собираться; 모엿! Ст-ройся!/Становись! 모여 총! соста-вить винтовки в козлы!(команда).

모이다 II коренастый и крепкий.

모임 сбор; собрание; ~을 가지다 собираться; заседать.

모자(帽子) I 1) головной убор; кепка; шапка; шляпа; фуражка; ~를 쓰다 надевать шляпу; ~를 벗다 снимать шляпу;~걸이 вешалка; 2) см. 갓모자.

모자(茅茨) II уст. 1) солома для кровли; 2) см. 모옥.

모조(模造) I 1) ~하다 делать по образцу; имитировать; копировать; ~품 имитация; подделка;~어 калька; ~소도구

театр. макет; 2) см. 모조지; 3) см. 모조품.

모조(毛彫) II гравирование тонкими линиями (на дереве, металле и т. п.).

모조리 всё; целиком; полностью.

모종(暮種) I рассада; ~하다 выса-живать рассаду; ~삽 маленькая лопатка; ~기계 рассадопосадочная машина.

모종(某種) II некоторый; некий; ~의 혐이 некоторые подозрения(сомне-ния).

모지다 1) угловатый; с выступами (углами); 눈을 모지게 뜨고 성내다 коситься (на кого-л.); 2) придирчи-вый; сварливый.

모지라지다 истрепаться; износиться; истереться; исписаться (о кисточке); 손톱이 모지라지게 일을 하다 обр. ра-ботать до седьмого пота.

모직(毛織) шерстяная вещь.

모질다(모지니, 모지요) 1) жестокий; суровый; злой; 모진 목숨 тяжёлая жизнь; 모진바람 сильный(резкий) ветер; 2) терпеливый; вынюсли- вый; стойкий.

모집(募集) набор; приём; вербовка; призыв; сбор; ~위원회 приёмная комиссия; ~하다 набирать; прини-мать; вербовать; собирать.

모퉁이 1) угол; 길~ поворот дороги; угол улицы; ~를 돌아 за углом; 2) закоулок; уголок; 3) часть; 일의 한 ~ часть работы; 4) ответственный момент

모함(謀陷) I обвинение; неправая укоризна; ~하다 толкать(напр. на опасный шаг); вовлекать(напр. в авантюру); ~을 잡다 перен. подка-пываться (под кого-л.).

모함(母艦) II авианосец.

모험(冒險) авантюра; приключение; ~하다 рисковать; идти на авантюру; ~적 авантюрный; приключенческий; ~가 авантюрист; ~담 приключен-ческий рассказ; ~심 авантюризм; ~주의 авантюризм; ~소설 авантюр-ный (приключеннчес- кий) роман.

모형(模型), 견본(見本) I модель; макет; образец; шаблон; ~도 макет; ~선 модель судна; ~계기 шаблон, лекало; ~촬영 макетная съёмка; ~합성법 комбинированная съёмка

모형(母型) II Ι活자~полигр.матрица.

모호(模糊) ~하다 неясный; неопре-делённый; туманный; 모호한 대답 расплывчатый ответ; ~하게 하다 придавать неопределённый характер (чему-л.); наводить тень (на ясный

- 338 -

день)

목 I 1) шея; горло; гортань; голос; жизнь; ~[이] 마르다 пересохло в горле(от жажды); 목마른 사람이 우물 판다 захочешь пить, выроешь колодец; ~[이] 마르게 очень, нетерпеливо; страстно;~이 막히다(메[이]다) а) застревать в горле(давиться); ~메인 개 겨 탐하듯 погов. ≈ съесть не могу, а оставить жалко; ~을 걸다 отдать жизнь; б) ~안소리 тихий (едва слышный голос); ~을 놓아 (놓고) во всё горло; громко; ~을 축이다 утолять жажду; промочить горло; 2) горлышко; горловина; шейка; голе-нище(сапога); ~을 베다(자르다, 메다) узкий проход; ~을 베다(자르다, 메다) увольнять, давать расчёт~이 쉬다 хриплый (о голосе); ~이 잠기다 охрипнуть; ~이 빠지게(빠지도록) очень; сильно; ~에 핏대를 세우다 быть охваченным сильным чувством.

목 II размельчённая руда.

목-(木) преф. кор. деревянный; 목상자 деревянный ящик.

-목(木) суф.кор.дерево(как материал); 오리목 дранка.

목각(木刻) резьба по дереву;~활자 деревянный шрифт; деревянная литера; ~공 гравёр по дереву;~화 гравюра на дереве; ксилография; ~하다 гравировать(резать) по дереву.

목격(目擊) ~하다 видеть своими глазами; быть свидетелем(очевид-цем); ~담 рассказ очевидца; ~자 очевидец; свидетель.

목구멍 горло; гортань; ~이 포도청 голод толкает на любое преступление; ~풀칠 жалкое существование; ~의 때도 못씻겠다 обр. раз лизнуть (о мизерном количестве пищи).

목사(牧使) I феод. градоначальник города 1-го разряда.

목사(牧師) II священник; пастор.

목소리 1) звук речи; речь; мнение; требование;~를 곤두세우고 부르짖다 кричать во весь голос; 2) тембр голоса; 3) отклики, голос; голоса;군중의 ~ голос масс. 4) см. 후음.

목수(木手) см. 목공 I 1); ~가 많으면 집을 무너뜨린다(~가 많으면 기둥이 기울어진다) посл. ≈ у семи нянек дитя без глазу (букв. где много плотников, там дом скорее разрушится).

목숨 жизнь;~을 걸다 отдать жизнь; ~을 걸고 рисковать жизнью;~을 잃다 лишать жизни; ~을 부지하다 поддерживать жизнь; ~이 있는한 до последнего вздоха; пока жив; ~이 왔다갔다한다 находиться на грани жизни и смерти; он ~같은 것은 아무지도 않게 생각한다 Ему жизнь копейка; 위기일발의~이었다 Жизнь висела на волоске; ~도모 попытка спасти; ~으로 ценой жизни.

목요일(木曜日) четверг.

목욕(沐浴) купание; мытьё; ~하다 купаться; мыться; принимать ванну; ~물 вода для мытья; ~수건 банное полотенце; ~재계 омовение; ~실 ванная комната; ~탕 баня; ~통 кадка для мытья; ванна; ~해면 зоол. губки.

목재(木材) лесоматериалы; лес; ~ 공업 лесная промышленность; ~ 펄프 целлюлоза; ~상 лесоторговец; ~소 лесоразработки; предприятие лесной промышленности; ~건조실 лесосушилка.

목적(目的) (목표) I цель; объект; 무슨 ~으로 с какой целью?; зачем? ...을 ~으로 с целью; в целях; ~으로 하다 ставить себе целью(что-л.);~상황어 лингв. обстоятельство цели; ~지향성 целеустремлённость; ~하다 ставить себе целью(что-л.); ~하고 с целью; в целях

목적(牧笛) I пастушья свирель.

목전(目前) II на глазах; перед гла-зами; под носом; предстоящий; нависать; ~에서 на глазах(у кого-л.); ~에 다다르다 надвигаться~의 일만 생각한다 думать только о сегодняш-нем дне;위험이 ~에 있다 нависла угроза (опасность).

목조(木造) I деревянный; ~건물 деревянное строение.

목조(木彫) II 1) резьба по дереву; вырезывание из дерева; 2) см. 목조품.

목표(目標) цель; объект; ~에 맞다 попасть в цель;~에 맞지않다 про-махнуться;~로 삼다 ставить своей целью; ~를 높이 세우다 ставить высокие цели; метить высоко; ~하다 иметь целью(объектом)(что-л.). 목표 로 삼다 ставить целью.

목화(木花) I хлопок; хлопчатник; ~솜 вата из хлопка;. ~재배법 хлопко-водство; ~영양 단지 перегной ный горшочек для выращивания рассады хлопка.

목화(木靴) II уст. чёрные сапоги с загнутыми носами.

몫 1) доля; часть; ...의 ~으로 되다 достаться(кому-л.); ...의 ~으로 남겨 두다 оставить на(чью-л.) долю(для кого-л.); 나의 ~만을 지불하였다 Я заплатил только за себя; 자기~으로 만족하다 быть довольным своей частью; 열

몫을 내다 делить на 10 частей) 2) *см.* 목 I 5).

몰-(沒) преф. 1) целиком, полностью; 2) все до одного; 몰염치 сгонять всех.

몰골(-骨)(непривлекательный) внеш-ний вид; физиономия; ~이 틀리다 неказисто выглядеть; ~사납다(흉하다) безобразный(о виде)

몰다(모니, 모아) 1) гнать; сгонять, загонять; 2) отгонять; отпугивать (напр. птиц); 3) преследовать; 4) управлять; водить; 5) направлять; поворачивать; 6) ругать; поносить; 7) ...으로 ~ считать(рассматривать; обращаться) как ...; ‖ 몰아가다 угон-ять; ..죄인으로 ~ считать преступ-ником; 일에 몰리다 работа поджи- мает; 몰넣다 вовлекать; ввергать (во что-л.); 몰아내다 выгонять; 몰아붙이다 сгонять; 몰아치다 а) сгонять; б) мести(о метели); в) под-гонять, торопить; г) ругать; поно-сить.

몰두(沒頭) [-tty] ~하다 уходить с головой(во что-л.); увлекаться(чем-л.); до самозабвения; быть поглощён-ным(чем-л.); 공부에 ~하다 преда-ться учению; 일에 ~하다 углуби-ться в работу; 그는 수년간 이 일에 ~하였다 Он в течение нескольких лет был всецело поглощён этой работой.

몰두하다 уходить с головой; уг-лубляться; отдаваться.

몰라보다 не узнавать; не обраща-ться вежливо; 어른을 ~ плохо(не-вежливо) относиться к старшим; 몰라보게 달라졌다 изменился до неузнаваемости.

몰락(沒落) падение;гибель; разоре-ние; банкротство; упадок; ~하다 пасть; разориться; обанкротиться; 몰락한 가문 захудалый род.

몰래 незаметно;украдкой; тайком; потихоньку;~몰래 совершенно неза-метно(тайно).

몰리다 1) быть загнанным(куда-л.); 2) быть гонимым; 3) быть управ-ляемым;управляться(кем-л.); 4) быть напрвленным (повёрнутым); 5) быть изруганным; 6) накапливаться(о работе); 7) 말이 ~ захлёбываться словами; не быть в состоянии выговорить; 8) испытать нехватку(в чём-л.); 몰려나다 быть изгнанным (согнанным).

몰수(沒收), 압수(押收) экспроприация; конфискация; ~하다 экспроприиро- вать; конфисковать; 무상~ безво-змездная конфискация(раздача); ~금 конфиско-ванные деньги; ~품 кон-фискованные вещи; ~재산 конфис-кованное имущество; ~지주 эксп-рорпириированный помещик

몸 1) тело; туловище; ~무게 вес (тела); ~도 마음도 и тело, и душа; 2) корпус; остов; 3) не покрытое глазурью керамическое изделие; 4) после опред. человек; ~을 더럽히다 терять девичью честь; ~을 던지다 а) цели-ком отдавать себя(чему-л.); б) броси-ться в воду (вниз) (с целью самоу-бийства); 몸[을] 두다 *см.* 몸[을] 붙이다 а); ~을 바치다 отдавать всего себя; жертвовать собой; посвятить себя(чему-л.); ~을 받다 замещать (кого-л.); ~을 버리다 а) потерять честь(о женщине) б) вредить здоро-вью; подрывать здоровье; ~을 붙이다 а)найти кров; б) поселиться; прист-роиться; ~을 잠그다 окунуться с головой(во что-л.); ~을 잡다(잡치다) стать калекой; получить увечье; ~을 조심하다 а) следить за собой; б) быть осторожным(в словах, поступ-ках); ~을 팔다 заниматься промституцией; ~을 풀다 разрешиться от бремени; родить; ~을 쓰다 а) дейст-вовать; развивать деятельность; б) проявлять ловкость (в игре *и т. п.*); ~이 나다 толстеть; полнеть; жиреть; ~이 달다 нервничать; ~에 나쁘다 вредный(для здоровья);~에 배다 привыкать; ~에 좋다 полезный; целебный;~가까이 близко от себя; ~성히 지내십시오 Будьте здоро вы.

몸값 1) выкуп(за кого-л.); ~을 올리다 набить себе цену; 2) плата проститутке.

몸서리 дрожь; ~가 나다 леденить; коробить; ~를 치다 а)леденеть от ужаса;б)в знач.сказ.коробит(от от-вращения).

몸통, 도체 туловище; корпус; ~운동 движение туловищем; ~타격 спорт. удар по корпусу.

몹시 очень; сильно; ~지쳤다 поря-дком устал; адски устал; ~사랑하다 страстно любить.

몹쓸 перед именами плохой; по- рочный; дурной; негодный; ~노릇 дурное занятие; ~놈 мерзавец, негодяй; ~말 скверные слова.

못(불능) I отриц. частица с мода- льным оттенком не(мочь); 알아 차리지 ~하다 не узнавать; 이것은 아무데도 못쓴다 это никуда не годи-тся; в конструкции... -다[가] 못하여 а) у гл. неыть в состоянии больше...; 못 나다, 못 생기다 а) бес-толковый, глупый; б) некрасивый 못 되다 а) не составлять(определённого количе-ства, суммы); б) тяжёлый(о болезни); в) плохой, дурной; 못 된 놈 подлец; 못 하다 уступать(в чём-л.), не идти ни в какое сравнение(с чем-л.); 못 쓰게 되다 а) становиться некрасивым (о лице); б) ухудшаться (о здоровье); 못 입어 잘 난 놈 없고 잘 먹어 못난 놈없다 *посл. букв.* ≈ все хороши, когда сыты и одеты.

못 II *см.* 굳은살;~이 박히다 нате-реть мозоль.

못(貯水池) III водоём; пруд; озеро

못 IV гвоздь; ~을 박다 забивать гвоздь; ~ 박히다 запасть в душу; не выходить из головы; словно прико-ванный; ~뽑이 gvоздодёр; ~대가리 шляпка гвоздя.

못나다 бестолковый; грубый; не-красивый.

못난이 *презр.* 1) дурак;глупец, ду-рень; 2) страшила.

못쓰다 не годится; непригодный; 못쓰게 되다 становиться некраси-вым; ухуд шаться; 못쓰게 만들다 портить;ломать; коверкать; повреж-дать.

뫼 могила; ~를 쓰다 хоронить; предавать земле.

묏자리 место для могилы.

묘(墓) I могила; гробница; ~를 쓰다 хоронить; погребать; предавать земле.

묘(廟) II молельня; храм(конфуци-анский, буддийский).

묘목(苗木) саженец; ~이식기 лесо-посадочная машина.

묘비(墓碑) намогильная стела; ~명 надпись на стеле у могилы.

묘하다(妙-) 1) чудесный; восхити-тельный; великолепный; 2) удиви-тельный; интересный; странный; хитрый; 묘하게도 как ни странно; как ни удивительно; 묘한 질문 хитрый (странный) вопрос; 묘한 이야기 странный разговор; 이것은 묘하게 들린다 Это звучит странно; 어제 묘한 일이 생겼다 Вчера со мной приключилось нечто странное.

무 I подмышник.

무 II редька; ~국 суп с редькой; ~ 김치 кимчи с редькой; ~절임 солёная редька; ~채 мелко наре- занная редька.

무(無) III 1) ничто; нуль; 2) *филос.* небытие; ~에서 유를 창조하다 из ничего создать всё; ~자비하다 бес-пощадный; ~책임하다 безответст-венный; ~로 돌아가다 сводиться к нулю.

무- I *преф.* мягкий; жидкий; рыхлый; 무살 рыхлое тело

무-(無) II *преф. кор.* нет; не име- ться(часто переводится *рус.* прис-тавкой не..., без...; реже не имеющий, лишённый чего-то); 무간섭 невме-шательство;무시험으로 без экзамена.

무겁다(무거우니,무거워) 1)тяжёлый; 2) весомый; важный; серьёзный; 3) мед-ленный; медлительный; 4) низкий (о голосе); 5) задумчивый; мрачный; 6) уравновешенный;

마음이~ тяжело на душе; 입이~ умеющий хранить тайны (секреты); 궁둥이가~ тяжё-лый на подъём; 무거운 침묵을 깨다 нарушить глубокую тишину; 7) 무겁게 сильно, очень.

무게, 중량(重量) 1) вес; тяжесть; 2) важность; значительность; ~를 달다 вешать; взвешивать; ~가 얼마인가? Сколько ты весишь? Какой у тебя вес? ~가 4킬로그램 줄었다 Я потерял четыре килограмма; ~있는말 веские слова; 그는~있게 말한다 Он говорил весомо(убедительно); ~중심 физ.центр тяжести. 무게를 떠받치다 поддерживать тяжесть.

무결(無缺) 1)сущ.все присутствуют, никто не отсутствует; 2) ~하다 безу-коризненный; безупречный; совер-шенный; 완전~하다 полное(абсол-ютное) совершенство; безупреч-ность.

무고(無故) I 1) ~결근 прогул; 2) ~하다 благополучный; безаварийный; 집안이 ~하다 Дома всё благопо-лучно.

무고(無辜) II ~하다 невинный; ни в чём не повинный. 무고한 백성 ни в чём не повинные жители.

무고(誣告) III 1) ~하다 ложно обв-инять, оклеветать, оговаривать; 2) неправильное обвинение; ложный донос. оговор.

무관심(無關心),문감(門鑑) I безразли-чие; равнодушие; незаинтерисован ность; апатия; ~하다 равнодушный; невнимательный;быть равнодушным, пренебрегать; 외모에 ~하다 равнодушный к внешности; 그는 나의 일에 전혀~하였다 Он не оказал мне никакого внимания.

무궁화(無窮花) гибискус(Hibiscus syriacus); ~동산 обр. Корея.

무균(無菌) асептический; стерильный; противогнилостный; стерилизо-ванный; пастеризованный; ~조작법 асептический способ изготовления лекарства; ~우유 пастеризованное молоко.

무기(武器) оружие; ~를 지닌 воору-жённый; при оружии; ~를 놓다 сложить оружие; ~를 잡다 браться за оружие; вооружаться; ~를 잡고 (들고) с оружием в руках; 인원과 ~에 막대한 손실을 주다 наносить огромные потери в живой силе и технике; ~하사 уст. унтерофицеро-ружейник.

무기력(無氣力) ~하다 вялый; обе-ссилившиий; бездеятельный; неэнергичный; слабохарактерный; бессильный; ~성 вялость; бездеятельность; бессилие.

무난(無難)~스럽다 прил. а) казаться нетрудным; б) казаться безупречным (безошибочным); ~하다 а) нетруд-ный; б) безупречный, безошибочный

무난히 нетрудно; без затруднения; безупречно; безошибочно; беспрепя-тственно.

무능력(無能力) неспособность; неп-равоспособность; бессилие, ~하다 неспособный; неправоспособный; ~ 자 неспособный(бездарный) человек.

무늬 узор; ~를 놓다 а) рисовать (вырезать)узор; б) вышивать узор.

무단(無斷) I самовольный; беспричинный; ~외출 самовольный выход; ~결근 самовольная отлучка; прогул; ~결근하다 отлучаться(уходить; отсутствовать) без разреше- ния(без спросу); прогуливать; ~결석 самовольное отсутствие ~결석하다 отсутствовать без разрешения(без спросу); ~출입 самовольный вход и выход; ~히 самовольно, беспричинно.

무단(武斷) II военная тирания; ~적 тиранический; ~정치(통치) военная диктатура; ~향곡 бесчинства фео- дальной верхушки в провинции.

무당(巫堂) шаманка; ~춤 танец шаманки; ~서방 а) муж шаманки; б) ирон. любитель дармовщины; ~이 제굿 못하고 소경이 제죽을 날모른다 посл. чужую беду руками разведу, а свою бедууму не приложу.

무대(舞臺) сцена; арена; поприще; 국제~ международная арена(попри-ще); 야외~ открытая сцена; 회전 ~ вращающаяся сцена; ~감독 поста-новщик; ~장치 декорации; ~장치가 декоратор; ~조명 освещение сцены; ~영화 экранизированная драма; ~ 예술 а) сценическое искусство; б) см. 연극

무더기 куча; груда; кипа; ~로 쌓다 сложить в кучу; ~죽음 повальная смерть.

무덥다(무더우니, 무더워)жарко и душно; душный; 무더운 여름날 душный летний день.

무디다 тупой; 날이 무딘칼 нож с тупым лезвием. 무딘, 뭉뚱한 тупой

무뚝뚝하다 быть холодным; офи-циальным;무뚝뚝하게 묻다 спросить неприветливо; 무뚝뚝하게 대하다 сухо принимать.

무럭무럭 1) быстро, стремительно; бурно (расти, подниматься); ~자라다 быстро расти, не по дням, а по часам; расти на глазах; 2) резко (ударять в нос-о запахе); 3)

клубами (подни-маться-о дыме, паре, пыли); 4) ~ 떠오르다 нахлынуть(о чу-вствах).

무력(武力) вооружённые силы; воен-ная сила; ~에 호소하다 прибегать к оружию; ~간섭 вооружённое вмеша-тельство; ~도발 вооружённая провокация;~시위 военный парад; ~침공 воору-жённое нападение; ~행사 военное действие(с помощью вооружённых сил);~침범 вооружённое вторжение.

무렵(-獵) момент; пора; время; 저녁 ~에 к вечеру; 그 ~에 тогда; в те времена; 바로 이 ~에 как раз в это время; 동틀 ~에 к рассвету; 일이 끝 날 ~에 когда заканчивали работу; 1990년~부터 примерно с 1990 года.

무례(無禮) бесцеремонность; бес- такт ность; дерзость; ~하다 бес- церемонный; бестактный; невос-питанный; невежливый; грубый; дерзкий; нахальный; 무례한 부탁이 지만 прости за бесцеремонность, но ...무례한 짓을 하다 вести себя невоспитанно(невежливо; грубо); 무례하게도..을하다 иметь нахальство сделать(что-л.).

무료(無聊) I скука; тоска; уныние; ~하다 скучный; нудный; тягостный.

무료(無料) II бесплатный; ~로 бес-платно; даром; безвозмездно; ~교육 бесплатное обучение; ~봉사 бесп-латное обслуживание; ~의무교육 бесплатное обязательное образова-ние; ~치료 бесплатное лечение.

무르다 I (무르니,물러) 1)возвращать (купленную вещь); взять обратно; 무를문서 документ, дающий право на возврат недвижимой собствен-ности до истечения срока оплаты; 2) возвращаться к тому, с чего начал; 3) отходить, отступать; возвращаться на прежнее место; 무르다가다 арх. уходить, не поворачиваясь спиной к старшему; 무르와내다 арх. а)выно сить, уносить(что-л. от старшего); 물러가다 а)уходить, отходить; б) уходить не поворачиваясь спиной к старшему; в) уходить, убираться восвояси; г)исчезать, проходить(напр. о холоде); д)возвращать(купленную или обмененную вещь);

무르다(무르니,물러) II 1)поспевший, уварившийся; 2) прям. и перен. мягкий, жидкий(о пище); 무른 감도 쉬어 가면서 먹어라 посл. букв. мягкую хурму и ту ешь с отдыхом (= а) знай меру в еде; б) тише едешь, дальше будешь); 무른땅에 말뚝박기, 무른 땅에 낡을 박고 재고리에 말뚝 치기 погов. ≡ а) проще простого; б) с мягким человеком (предметом)

- 346 -

можно легко справиться.

무르익다 1) созревать; поспевать; 2) [по]краснеть(о листьях дерева); 3) быть в разгаре; 무르익은 зрелый; спелый.

무릅쓰다(무릅쓰니, 무릅써) 1) пренебрегать; не взирать(на что-л.); 자신의 위험을 ~ пренебрегать собственной опасностью; 위험을 무릅쓰고 не взирая на опасность; 생명의 위험을 무릅쓰고 рискуя жизнью; 2) см. 뒤집어쓰다; см. 뒤집다.

무릎 колено; ~을 마주하다 сидеть лицом к лицу; ~을 다치다 ушибить колено; ~을 맞대고 이야기하다 говорить с глазу на глаз(с кем-л.); ~을 꿇다 пасть на колени(перед кем-л.); опуститься(стоять) на коленях; ~을 꿇고 용서를 빌다 просить прощения на коленях; ~걸음 ползание на коленях; ~마디 сустав колена; ~뼈 коленная чашечка; ~장단 удар по коленям в такт музыке; ~을 맞대다 сидеть напротив, касаясь друг друга коленями; ~을 꿇다 прям. и перен. стать на колени.

무리 I толпа; группа; сборище; ба-нда; шайка; свора; стадо; табун; отара; стая; рой; косяк; ~를 지어 толпой, группой; всей массой; стадом; стаей; 10명씩 ~를 지어 группами по десять человек; 강도~ шайка разбойников.

무리 II ореол; 달~ ореол(венец) вокруг луны; 해~ корона; ореол.

무리(無理) III 1) неразумность; бе-зосновательность; 2) неестествен-ность; нелогичность; чрезмерность; 네가 그렇게 말하는 것도 ~는 아니다 Естественно(понятно), что ты говоришь; ~수 иррациональное число; ~식 иррациональное выражение №~하다 1. а)неразумный, безос- новательный; б) чрезмерный, непо-мерный; 2. делать(что-л.) через силу, перенапрягаться.

무리하다 неразумный; безосновате-льный; неестественный; чрезмерный; непомерный; делать(что-л.) через силу; пытаться сделать невозможное; 무리하게 натянуто; с натяжкой; 무리함 없이 без натяжки.

무모(無謀) ~하다 безрассудный; сумасбродный; отчаянный; риско-ванный; ~행동 безумный поступок.

무법(無法) беззаконие; беззаконно-сть; нелегальность; анархия; ~의 незаконный; нелегальный; безза-конный; ~자 человек вне закона; ~천지 анархия; ~천지다 царит бесправие; ~하다 незаконный, безза-конный.

무사(無事) ~하다 спокойный; бла-гополучный; беспечный; беззабот-ный; остаться целым; ~분주 попусту спешить(суетиться);~태평спокойствие, беспечность; ~평으로 살다 жить беззаботно(беспечно).

무사하다 спокойный.

무사히 спокойно; без проблем

무상(無償) I безвозмездный; бесплат ный; ~으로 даром; бесплатно; ~원조 безвозмездная помощь; ~분배 безвоз мездная работа; ~몰수 безвозмездная конфискация; ~치료제 бесплатное лечение.

무상(無常) II переменчивость; измен-чивость; мимолётность; быстротеч-ность; неуверенность; ~하다 измен-чивый; быстротечный; переменчи-вый; непостоянный; ~출입 входить и выходить(в любое время); свободное посещение; ~왕래 ходить(курси-ровать) в любое время.

무서운 страшный; ужасный.

무서위하다 бояться.

무선(無線) I беспроволочный; бес-проводной; ~반작용 мероприятия по созданию помех радиопередачам противника; ~방송 радиопередачи; ~송신기 радио передатчик; ~신호대 радиомаяк; ~전보(전신) радиотелег-раф; ~전파 радиоволна;~전화 радио-телефон; ~항행법 радионавигация;~원격 측정 радиотелеметрия.

무선(舞扇) II веер, с которым испол няется танец.

무섭다(무서우니,무서워) 1) страшный; 무서워서 под страхом; боясь(чего-л.); в страхе(от чего-л.); 아무것도 무서운 것이 없다 нечего бояться; 하 기가 무섭게 сразу же; тут же; как только; 집에 돌아오기가 무섭게 그 는 화를 냈다 Как только вернулся домой, сразу рассердился; 나는 호랑 이가 ~ я боюсь тигра, тигров; 무섭 다니가 바스락거린다 нарочно наво-дить(на кого-л.) страх, пугать; 2) лю-тый; 3) невообразимый, чрезмерный; 4) 무섭게 посл. инф. с оконч. 5) сразу же, тут же, как только.

무섭습니다 страшный.

무소식(無消息) отсутствие вестей (известий); 그 후로 전혀 ~이다 С тех пор(о нём) нет никаких изве-стий;~이 희소식(호소식)отсутствие новостейсамая хорошая новость; ~하다 неизвестный; в знач. сказ не иметь вестей.

무쇠(-釗) чугун; ~의 железный; стальной; ~가마 железный котёл; ~주먹 железный кулак; ~ 두멍을 쓰고 소에 가빠지다 *посл.* рубить сук, на котором сидишь; *перен. сущ.* железный, стальной.

무슨 1) какой; что за; который; ~일인가? В чём дело? = 문제로? По какому вопросу? ~일이 생기면 в случае чего; если что случится; ~일이든지 любое дело; какая угодно работа; ~사람이요? что за человек? 이게 ~물건이요? что это? ~일이요? в чём дело? ~생각을 하느냐? о чём думаешь? 2) какойто; какойнибудь; ~바람이 불어서 каким ветром? какими судьбами?

무식(無識), 몽매 1) невежество; безг-рамотность; 2) темнота, некультур-ность; ~하다 а) неграмотный; невежественный, необразованный; б) тёмный; некультурный; непросве-щённый; ~쟁이 невежда, неуч; непросвещённый человек; ~소치 *уст.* по незнанию; темнота, некультур ность; ~스럽다 *прил.* казаться неве-жественным(некультурным).

무심(無心) ~하다 ненамеренный; непредвиденный; бездушный; холод-ный; безразличный; равнодушный; ~한 세월 беспощадное время; ~한 구름 мрачные тучи.

무안(無顔) смущение; чувство стыда; конфуз; ~하다 постыдный; смущён-ный; конфузный; ~해하다 сконфу-зиться; прийти в смущение; ~을 주다 стыдить; ~을 당하다 испытывать сильное смущение; ~스럽다 каза-ться смущённым; ~스레 испытывая стыд(смущение); со стыдом; ~을 보다 испытывать чувство стыда; ~을 타다 испытывать сильное смущение.

무어(撫御) *разг.* 1) сокр. от 무엇; ~니 ~니해도 как ни говори; что и говорить; 2) разве; а что; 그게 ~ 정말이니? разве это правда?

무언(無言) безмолвие; безмолвный; молчаливый; ~부답 *уст.* (всегда) найдётся слово для ответа; ~부도 *уст.* всё, что есть на душе можно выразить словами; ~하다 безмолв-ный, молчаливый.

무엇(-롯) 1) что; 2) что-то; что-ни будь; ~이나 всякое; ~이든지 что-ни будь; ~때문에 из-за чего; по какой причине; ~보다도 более всего; преж де всего; 누가 ~이라고 하든 кто бы что ни говорил; ~이 ~인지 전혀 모르겠다 Совершенно не понимаю, к чему; 마실 것 ~좀 주십시오

- 349 -

дайте чтонибудь попить; ~인지 что-то; ~보다도 먼저 прежде всего; ~하다 разг. неприятный, неудобный.
무엇보다도 больше всего.
무엇을 사겠습니까? Что вы будете покупать?
무엇입니까? что это такое?
무역 I 1) 11-й звук в восточном звукоряде; 2) арх. 9-ый месяц по лунному календарю.
무역(貿易) II 1) внешняя торговля; ~하다 вести торговлю; ~사무관 торговый атташе; 2) уст. торговля между отдельными районами страны.
무용(舞踊) танец; танцы; балет; ~대 본 ~배우 артист балета; ~조곡 хореографическая(танцевальная) сюита; ~학교 хореографическое училище; ~써클 хореографический кружок; ~언어 язык танца; ~예술 хореографическое(балетное) искусство.
무우 I ~강즙 сок редьки(как лекарство); ~버무리(시루떡) паровой рисовый хлеб(с редькой); ~배추 редька и лис товая капуста; ~시래기 сушёная ботва редьки; ~진디[물] капустная тля; ~씨 семена редьки; ~밑둥 같다 обр. один как перст.
무우(無憂) II ~하다 беззаботный, беспечный
무우국 суп с редькой.
무임(無任) I ~하다 прил. не иметь служебных обязанностей
무임(無賃) II бесплатный; ~승차하다 ехать по бесплатному билету; ~승차 бесплатный проезд; ~승차권 льготный билет; ~의 бесплатный.
무자격(無資格) отсутствие квалификации; отсутствие диплома; непригодность; ~의 неквалифицированный; недипломированный; ~자 неквалифицированный(недипломированный) работник; ~하다 неквалифицированный, недипломированный.
무저항(無抵抗) непротивление; ~으로 без сопротивления; ~주의 принцип непротивления; непротивничество; ~하다 не сопротивляться.
무정(無情) ~하다 бессердечный; безжалостный; бездушный; бесчувственный; ~스레 бездушно; бессердечно; безучастно; ~세월 быстро-течное время; ~스럽다 казаться бесчувственным(бездушным).
무제한(無制限) 1) ~하다 неограниченный, беспредельный; 2) ~으로 неограниченно, беспредельно; безгранично.

무조건(無條件) [-ккон] ~적 безус- ловный; ~반사 безусловный рефлекс; ~항복 безоговорочная капитуляция; ~확율 *мат.* безусловная вероятность; ~적으로, ~하고 безоговорочно, безусловно.

무지(無知) незнание; невежество; неграмотность; неведение; ~하다 невежественный; несведущий; ~몽매 абсолютное невежество; ~문맹 неграмотность; ~스럽다 а) казаться незнающим; б) казаться глупым; в) казаться свирепым, жестоким; г) казаться громадным(чрезмерным).

무지개 радуга; ~다리 арочный; ~꽃 цвет радуги.

무차별(無差別) ~적, ~하다 недифференцированный;беспорядочный; ~폭격 беспорядочная бомбардировка; ~로 без различия;без разбора; беспорядочно; ~적으로 без различия, без разбора; беспорядочно.

무책임(無責任) безответственность; ~하다 безответственный

무한(無限) ~하다 безграничный; бесконечный; беспредельный; ~히 безгранично;очень; бесконечно; ~급수(합열) бесконечный ряд; ~궤도 гусеница; гусеничная цепь; ~소수 *мат.* бесконечная дробь; ~수열 *мат.* бесконечная последовательность; ~ 순환소수 *мат.* бесконечная периодическая дробь; ~직선 *мат.* неограни-ченная прямая; ~집합 *мат.* беско-нечное множество; ~화서 *бот.* бот-рическое соцветие; ~까논 *муз.* канон.

무한정(無限定) бесконечно; безгра- нично; ~하다 безграничный; беско-нечный; ~으로 безгранично;бесконечно.

무혈(無血) ~적 бескровный; ~혁명 бескровная революция; ~점령 захват без боя.

무형(無形) бесформенный; ~무색 бес форменный и бесцветный; ~적 бесследный; ~하다 а) бесформенный; б) нематериальный; невещественный; в) отвлечённый.

무화과(無花果) инжир; винная ягода; ~나무 инжир (Ficus carica).

무효(無效) недействительный; не имеющий законной силы; неэффек-тивный; безрезультатный; ~로 하다 считать недействительным; аннули-ровать; ~로 되다 утрачивать силу; становиться недействительным; ~분 수열 а) срезание злаковых, не давших колоса; б) злаковые, не давшие колоса; ~저항 *эл.* реактивное сопро-тивление; ~전력 *эл.* реактивная мощность; ~하다 неэффективность.

무효화(無效化) ~하다 становиться неэффективным.

무흠(無欠)~하다 а) лишённый изъянов (дефектов);свободный от недостат-ков; б) откровенный; близкий(об отношениях)

묵(默) желе; нустой кисель.

묵념(默念)~하다 молиться про себя; спокойно размышлять.

묵다 I 1) быть старым; 2) отдыхать; находиться под паром(о земле); 묵은 솜 старая вата; 묵은 밭 залежные суходольные земли; 묵은 닭 старая курица; 묵은 먹 давно приготовленная тушь; ~해 старый год; 묵은 장 쓰듯 небрежно тратя; 묵은세배 этн. поклон, от вешивае-мый старшему вечером последнего дня старого года.

묶다 1) связывать; перевязывать; увязывать; упаковывать; 2) соедин-ять; объединять; комплектовать; сос-тавлять; собирать; 묶어세우다 соби-рать, спла чивать; 묶어 일으키다 организовывать и поднимать(напр. на борьбу).

묶음 связка(ключей); вязанка(дров); сноп (пшеницы, риса); пук(соломы, бумаг), букет(цветов); пачка(бумаг, денег, писем); кипа(тетрадей); ~용 접 многопродуктовая сварка.

묶이다 быть связанным(перевязан-ным).

문(門) I 1) дверь, ворота; 2) вход; проход; окно; 3)этн. духхранитель ворот; 4) дом, семья, род; 5) зоол. класс; ~을 닫다 ликвидировать дело; переставать заниматься предприни-тательской деятельностью); ~을 잡다 выходить(о голове ребёнка при ро-дах); ~을 열다 а) проводить полити-ку открытых дверей; б) не ограничи-вать приёма (в какую-л. органи-зацию).

문(文) II предложение; 복합~ сло-жное предложение; 결의~ текст резолюции.

-**문**(門) I суф. кор. ворота, дверь; 개선문 триумфальная арка.

-**문**(文) II суф.кор. 1)(письменный) текст; ~결의문 текст резолюции; 2) лингв. предложение; 복합문 сло-жное предложение; 3) литература.

문답(問答) 1) вопросы и ответы; диалог; 2)~하다 отвечать на вопросы; вести диалог; ~식 форма диалога.

문답법(問答法) вопросы и ответы на уроке,беседа(как метод преподава-ния).

문답식(問答式) форма диалога.

문명(文明) I цивилизация; просвеще-ние; ~의 이기 блага цивилизации; современные удобства; ~국 цивили-зованное государство; ~인 культур-ный(образованный) человек; просве-щённый человек; ~하다 а) циви-лизованный, культурный; б) арх. блестящий, яркий.

문법(文法) I грамматика; ~적 грам-матический; ~구조 грамматический строй; ~적 범주 грамматическая категория; ~적 형태 грамматичес-кая форма; ~적 의미 грамматичес-кое значение.

문법(聞法) II будд. слушание про-поведи.

문안(文案) 1) осведомление о здо ровье; 2) привет; ~하다 передавать привет; ~객 посетитель, осведом-ляющийся о здоровье; ~편지 письмо с осведомлением о здоровье; ~인사 привет с осведомлением о здоровье; ~을 드리다 передавать привет; 3) ~이 어떠하오? как Ваше здоровье? (самочувствие)

문예(文藝) 1) литература и искус-ство; ~비평 литературная страница (в газете); литературный раздел (в журнале); ~부흥 Возрождение, Рен-несанс; 2) (художественная) литера-тура; ~과학 см. 문예학; ~비평 (лите-ратурная) критика; ~작품 художест-венное произведение; ~전선 литера-турное поприще; ~평론 рецензия на (художественное) произведения; ~학 자 литературовед.

문의(問議) ~하다 спрашивать; запра шивать; 서면으로 ~하다 запросить (обратиться с запросом) в письмен-ной форме.

문장(文章) I 1) фраза; текст; предло-жение; сочинение; ~가 литератор; писатель; ~부호 знак препинания; ~성분 член предложения; 2) уст. сочинитель, писатель.

문장(門長) II самый старший (чело-век) в роду.

문전(門前) перед воротами; у ворот; у дверей; ~에 перед воротами; у ворот; у дверей; ~걸식 сбор пода-яний; ~옥답 плодородное рисовое поле недалеко от дома; ~옥토 плодо-родная земля около дома.

문제(연습) I упражнение.

문제(問題) II вопрос; проблема; зада-ча; ~를 내다 задать вопрос; ~로 삼다 ставить(поднимать) вопрос; ~성 проблематичность; 양심~ дело совес ти; ... ~이(가) ~로 된다 речь идёт о..., ~없다 конечно, что за вопрос.

문제거리[-꼬-] 1) источник проб-лем; 2) трудная задача, проблема.

문학(文學) 1) литература; 사실주의 ~ реалистическая

литература; ~적 литературный; 과정 литературный процесс; ~유파 литературная школа; ~이론 теория литературы; ~사조 литературное направление; ~작품 литературное произведение; ~조류 литературное течение; ~청년 моло-дые любители литературы; ~평론 литературная критика; ~시나리오 киносценарий; ~예술 литература и искусство; 2) см. 문예학; 3) гумани-тарные науки.

문헌(文獻) документ; классический труд; ~집 сборник документов; ~학 текстология; филология; архивове-дение; 강령적~ программный доку-мент; литературный памятник; ~고증학 текстология.

문화(文化) культура; ~수준 куль турный уровень; ~예술 культура и искусство; ~적 культурный; ~적 시설 культурнопросветительное учреждение; ~주택 благоустроен-ный дом; ~혁명 культурная револю-ция; ~적 유물 памятники культуры; ~유산 культурное наследие.

문화민족 культурная нация.

묻기 вопрос.

묻다 I 1) приставать; прилипать; 기름이~ замасливаться; 피 묻은 손 обагрённые кровью руки; 2) 묻어 (с. гл. 다니다, 가다, 오다) нести с собой(что-л.); идти(с кем-чем-л.).

묻다 II (물으니, 물어) 1) спрашивать; 2) расследовать; вести следствие; 길을 ~ спросить, как пройти; узнавать дорогу; 책임을~ привлекать к отве-тственности; 물어내리다 уст. про-сить, испрашивать(у вышестоящего).

묻다 III 1) зарывать; закапывать; погребать; прятать; 어머니의 가슴에 얼굴을 ~ уткнуться лицом в грудь матери; спрятать лицо в груди матери; 묻은 불이 일어난다 посл. ≅ шила в мешке не утаишь; 2) скрывать; таить в душе.

묻었습니다 похоронили.

묻히다 I 1) быть закрытым(закопан-ным; погребённым); 2) находиться в недрах); 3) погрязнуть(в чём.).

묻히다 II намазывать; 가루를~ об-валивать в муке; 인주를~ наносить краску на канцелярскую печать.

물 I 1) вода; 음료수 вода(питьевая); 더운~ тёплая вода; ~이 부글부글 вода кипит ключом; 물의 경도 жё-сткость воды; 물 덤벙 술 덤벙 обр. с бухтыбарахты; 물 만 밥이 목이 멘다 обр. слёзы подступили к горлу; 물먹은 배만 튀긴다 погов. ≅ созда-вать видимость; 물먹은 솜 같다 как ватные(усталые-о ногах); 물 찬 제비 обр. хорошо сложенный человек; 물 친(뿌린)듯 обр. неожиданно замолчав; 물 퍼붓듯 하다 обр. словно речка журчит(о плавной речи); 물 끓듯하다 обр. словно вода бурлит (напр. о толпе); 물 쓰듯 하다 обр. разбазаривать; пускать на ветер; ~을 내리다 протирать рисовое тесто через редкое сито; ~을 맞다 а) мыть голову в воде горного источника(при головной боли) б) пить воду из целебного источника;~을 먹다 обр. сказаться(о влиянии кого-чего-л.); ~을 잡다 а) задерживать (собирать) воду; б) наливать воду(в посуду для приготовления пищи); ~이 깊어야 고기가 모인다 посл.≈ люди следуют только за достойным человеком; ~이 내리다 обр. ослабеть, размякнуть; пасть духом;~이 밀다 прибывать(о воде при приливе); ~이 잡히다 а) натереть водяную мозоль; б) собира- ться, скапливаться(где-л.-о воде); ~이 젖다 перен. быть пропитан- ным; погрязнуть; ~이 써다 перен. убывать(о воде при отливе); ~이 오르다 а) наливаться соками(о рас-тениях весной); б) улучшиться (о положении)

물 II окраска; ~들이다 красить; 검게 ~들다 быть выкрашенным в чёрный цвет(окрашенным в чёрное); ~이 들다 а) быть окрашенным; б) см. 단풍(이 들다); в) перениматься (о чём-л. плохом).

물 III свежесть; ~이 나쁘다 несве-жий; ~이 좋다 свежий(о рыбе).

물 IV тк. в составе словосочет. 1) стирка; 첫물 первая стирка; 2) сбор; улов; 첫 물의 호박 тыква первого сбора; 3) шелк. яйцекладка.

-물(物) суф. кор. предмет; вещество; 가연물 горючее вещество.

물가(物價) цена; ~지수 индекс цен; ~조절 регулирование цен;~인하 снижение цен.

물건(物件), 물품(物品) вещь; предмет; ~을 모르거든 금보고 사라 погов. по товару цена.

물고기 рыба; ~잡이 рыбная ловля; рыболовное судно; ~떼 косяк(рыбы); ~가루 рыбная мука; ~거름 рыбные туки; ~기름 рыбий жир.

물다 I (무니, 무오) 1) испортиться, протухнуть; 물어도 준치 썩어도 생치 посл. ≈ хорошо худо не бывает; 2) см. 물쿠다.

물다 II (무니, 무오) 1) держать (во рту; в клюве *и т. п.*); 무는 개를 돌아본다 *см.* 개(도 무는 개를 본다) III; 물라는 쥐나 물지 씨암닭은 왜 물어? *погов.* ≈ зачем заниматься ерундой; 2) кусаться; хватать; 담배를 ~ держать сигарету во рту; 물고 뽑은 것 같다, 물고 뽑은 듯하다 *обр.* стройный; 3) кусаться, клеваться; 무는 호랑이는 뿔이 없다 *погов.* ≈ у каждого есть свои достоинства и недостатки; 물고 늘어지다 а) брать в рот; держать в зубах; б) не пускать, задерживать; в) неуступать, держа-ться(напр. за место); 물고 뜯다 а) схватиться(с кем-л.); браниться; б) перен. больно кусать, жалить; 물어 넣다 выдавать(кого-л.); 물어내다 а) украсть, вынести(из дома); б) перен. выносить сор из избы; 물어들이다 а) приносить корм(в гнездо); б) дос-тавлять, приносить, приводить; 물어 박지르다 рвать, терзать жертву; 물어뜯다 а) рвать зубами; кусаться (о насекомых); б) не давать житья.

물다 III (무니,무오)지불하다 платить; возмещать; 얼마나 물어야 합니까? Сколько с нас?

물독 [-뜩] глиняный чан для воды; ~에 빠진 생쥐같다 *погов.* как мокрая курица(букв. подобно мышонку, попавшему в чан с водой)

물동(物動) I груз; транспортируемые материалы; ~량 количество перево-зимых грузов.

물동 II [-뚱-] 1)дамба плотина; 2) крепь в выработках с обводнёнными породами.

물러가다 отодвигаться; отходить; отступать; исчезать; убираться.

물러나다 옆으로~отойти в сторону.

물러 나오다 возвратиться.

물러나게 увольнять с поста.

물러나다 отступать.

물러서다 *см.* 물러가다;뒤로~ отсту-пить назад; 한걸음~ отступить на шаг.

물론(勿論) конечно; безусловно; разумеется; 그야~이지 да, конечно; ~하고 все(всё) без исключения.

물리(物理) 1) физика; законы при-роды; 2) *см.* 물리학; ~적 физиче-ский; физио...; ~요법(治療) физиоте-рапия; ~적 멸균법 физические мето-ды стерилизации; ~적 풍화 физи-ческое выветривание;~적 약학제제 фарма-цевтический препарат, при-готовленный путём выпаривания, фильтрации

- 356 -

и т. п.; ~적 원자량 *физический атомный вес*; ~화학 *физическая химия*; ~학부 *физи-ческий факультет*; 3) *понимание*.

물리다 I *надоедать; приедаться*.

물리다 II 1) *быть зажатым(в зубах и т. п.)*; 2) *быть схваченным(зубами, клювом)*; 3) *быть укушенным*; 4) *совать(в рот)*; 5) *науськивать(напр. собаку); позволять кусать*; 6) *всовы-вать; втыкать; ловиться*; 젖을~*давать грудь ребёнку*; 아침에는 고기가 잘 물린다 *утром рыба хорошо ловится*; 물려지내다 *быть в полной зависи-мости (от кого-л.)*.

물리다 III 1) *заставлять(позволять) возвращать(отдавать)*; 2) *заставлять (позволять) повернуть вспять*; 3) *заставлять(позволять) передвигать*; 4) *передавать(по наследству)*; 5) *отод-вигать, переносить(срок)*; 6) этн. *изгнать злого духа*.

물려받다 *получать(от кого-л. по наследству)*;

물려주다 *передать (кому-л. по наследству)*.

물리치다 1) *отражать нападение; отгонять; отбивать(атаку)*; 2) *устра-нять; преодолевать*; 3) *не принимать; отказываться; отвергать*.

물씬물씬 ~하다 а) *очень мягкий; переспелый; переваренный*; б) прил. *подниматься клубами(о паре, пыли, дыме и т. п.)*; в) *резкий, сильный (о запахе)*.

물의(物議) *толки; пересуды; шумиха*; ~를 일으키다 *вызывать неблагоп-риятные толки; нашуметь*.

물질(物質) 1) *материя; вещество*; ~ 보존의 법칙 *закон сохранения материи*; ~적 *материальный; вещес-твенный*; ~문명 *цивилизация*; ~문화 *материальная культура*; ~생활 *мате-риальная жизнь*; ~적 관심의 원칙 *принцип материальной заинтересо-ванности*; ~적부(생활자료, 향리품) *материальные блага*; ~요새 *мате-риальная крепость*; 2) *вещество*; ~대사 биол. *метаболизм*; ~불멸의 법칙 *закон сохранения вещества*; 3) см. 재물

묽다 1) *жидкий; водянистый*; 묽게 타다 *разбавлять(что-л.)*; 묽은 유산 *разбавленная серная кислота*; 묽디 묽다 *очень жидкий*; 묽은치약 *зубная паста*; 2) *хилый*; 3) *слабо-вольный, бесхарактерный*.

뭇 I 1) *пучок(чего-л.); вязанка(дров и т.п.)*; 2) *несколько пучков(вязанок)*.

뭇 II *большая острога*.

뭇 III счётн. сл. 1) 10 штук (рыбы); 2) *уст.* мут(мера площади для опреде-ления налога с урожая); 3) несколько десятков штук рыбы; 4) несколько мут.

뭇- преф. множество; ~별 (много-численные) звёзды; 뭇 사람 много (масса) людей.

뭇다(무으니, 무어) 1) собирать; 배를 ~ строить лодку; 떼를 ~ вязать плот; 2) организовывать, сколачивать; 3) вступать(в какие-л.) отношения; 사돈을 ~ вступать в свойство.

뭉치다 1) образовываться(о комке); свёртываться (напр. о крови); 2) комкать; скатывать; лепить; 3) сплачивать[ся]; смыкать[ся].

뭍 суша. 뭍바람 береговой бриз.

뭐 *разг сокр.* от 무엇; 뭐 말라빠진 (비틀어진, 죽은) 거야 *обр.* ерунда. нестоящая вещь.]

뭔 *биал см.* 무슨:. 뭘 *сокр.* от 무얼; что;. 뭣 *сокр.* от 무엇;. 뭣하다 *сокр.* от 무엇하다; 뭬 *сокр.* от 무에.

-므로 *оконч. дееп. причины* 그가 갔으므로 방안은 조용해졌다 так как он ушёл, в комнате стало тихо.

미(美) I красота; красивый; 고전~ классическая красота.

미(*um.* mi) II муз. ми.

미(尾) III *арх.* мелкие боковые ко-рни женьшеня.

미-(未) I преф. кор. ещё не ...; 미성년 несовершеннолетие; *см.* 미 해결이다.

미-(微) II преф. кор. мельчайший; микроскопический.

미생물 микроорганизмы.

미-(美) III преф. кор. красивый; 미남자 красивый мужчина.

미-(米) IV преф. кор. 1) рис; 미생산 производство риса; 2) американский; 미제국주의 американский империа-лизм.

-미(米) I суф. кор. рис; 격차미 раз-ница в норме риса, получаемой работающим членом семьи и иж-девенцем.

-미(美) II суф. кор. красота; 나체미 физическая красота.

미가공(未加工) *сущ.* необработан- ный; ~직물 грубая ткань; ~철 сырцовое железо.

미결(未決) нерешённость; нерешё-нный; подследственный; ~수 лицо, находящееся в предварительном заключении; под следственный; ~ 구금 *уст. юр.* предварительное заключение; ~하다(ещё) не решить.

미국(美國) Соединённые Штаты Америки.

미국인(美國人) американец.

미꾸라지 амурский вьюн(рыба); ~ 같다 как вьюн(о человеке); ~천년에 용이 된다 *посл.* ≡ терпение и труд всё перетрут(букв. через тысячу лет вьюн станет драконом);~한 마리가 온 웅덩이 물을 다 흐린다 *посл.* ≡ паршивая овца всё стадо портит(букв. один вьюн мутит всю воду в водоёме).

미끄러지다 1) скользить; поскольз-нуться; 2) проваливаться(напр. на экзамене); 미끄럼 скольжение; 미끄러진 김에 쉬어간다 *посл.*≡ нет худа без добра(букв. поскользнувшись упал, но зато отдохнул); 3) прост. вылететь(с занимаемой должности).

미래 I "Т"-образное приспособле-ние для разравнивания рисового рассадника.

미래(未來) II будущее; грядущее; будущее время; ~완료 будущее время законченного(завершённого) действия.

미련(尾聯) I глупость; тупость; ~ 스럽다 казаться глупым(тупым); ~ 하다 недогадливый; ~한 송아지 백정을 모른다 *посл.* букв.глупый телёнок не знает, кто такой мясник.

미련(未練) II 1) неотвязная мысль; сожаление; ~을 가지다 быть(всё ещё) привязанным(к кому-л.); тосковать (по кому-л.); 2)~하다 уст. неумелый, неопытный.

미루다 1) откладывать; отодвигать;후일로~ откладывать на будущее; 편지 회답을 ~ не торопиться с от-ветом на письмо; 후일에 ~ откла-дывать на будущее; 2) перекла-дывать, сваливать(на другого); ...로 미루어 исходя(из чего-л.), учитывая (что-л.).

미리 заранее; заблаговременно; вперёд; 돈을 ~ 주다 дать деньги вперёд.

미리미리 задолго; немного раньше.

미만(未滿) после числ. менее чем ...; неполный; после указания на возраст недостигший; моложе; 5세 ~의 아이들 дети,не достигшие(моложе) пяти лет; 60 세~ не достигший(моложе) 60 лет.

미분(微分) I 1) дифференциал; 2) ~법 дифференцирование; ~학 диффeрен-циальное исчисление; ~가능성 диф-ференцируемость; ~기하학 диффи-ренциальная геометрия; ~계수 диф-ференциальный коэффициент; ~방정식 дифференциальное уравнение; ~회로 дифференциальная схема.

미분(未分) II ~관인 лицо, ожидаю-щее назначение(после

сдачи экзаме-на на государственную должность); ~노비 крепостные, принадлежавшие родителям до раздела имущества; ~하다 быть ещё не разделённым (не распределённым).

미숙하다 незрелый; неспелый; него-товый; неопытный; неквали-фициро-ванный; 미숙성 незрелость; неспе-лость; неквалифицированность.

미술(美術) изобразительное искусст-во; художество; ~가 художник; скульптор; ~관 картинная галерея; музей изобразительного искусства; ~품 произведе-ние(изобразительного) искусства; ~적 художественный; ~도안 художественный плакат; ~사진 *см.* 예술[사진]; ~전람회 художест-венная выставка; картинная галерея; ~인쇄 художественная литография.

미안(美顔) I 1) красивое лицо; 2) косметика лица.

미안(未安) II ~스럽다 прил. казаться смущённым; ~하다 а) прил. чувст-вовать себя неловко(смущённым); ~하지만 простите(извините), что...; б) уст. недовольный.

미안하다 чувствовать себя неловко (смущённым); 미안하지만 простите (извините); будьте добры; будьте любезны; 늦어서 미안합니다 Изви- ните меня за опоздание; Прошу прощения, что опоздал.

미약하다 слабый; маломощный; недостаточный.

미역국 суп из морской капусты; ~을 먹다 прост. а) провалиться(напр. на экзамене); не быть принятым (на работу); б) быть отстранённым (от должности).

미연(未然) ~에 заранее; заблаговре-менно; вперёд; ~방지 предотв- ращение.

미완성(未完成) незаконченный; незавершённый; не сложившийся; ~품 полуфабрикат; ~하다 (ещё) не завершить (не закончить).

미용(美容) уход за лицом(волоса- ми); ~사 косметолог; парихмахер[-ша]; дамский парикмахер; ~실 косметический кабинет; женская парикмахерская.

미워하다 ненавидеть; недолюбли-вать; невзлюбить.

미인(美人) красавица; ~계 завлече-ние (обольщение) с помощью женских чар.

미적미적 ~거리다 понемногу перед-вигать(толкать); откладывать (пере-носить) со дня на день; ~하다 *см.* 미적거리다.

미정(未定) I неустановленный; нере-шённый; неопределённый;~ 계수법 мат.способ неопределённых коэффи-циентов;~대명사 лингв. неопреде-лённое местоимение; ~하다 ещё не решить(установить, определить).

미정(未正) II этн. два часа дня "час овцы"

미주알고주알 подробно; до мелочей; ~캐묻다 расспрашивать до мелочей.

미지(未知) неведомый; неизвестный; ~의 세계 неведомый мир;~함수 мат. неизвестная функция; ~하다 ещё не знать.

미지근하다 1) тепловатый; 2) роб-кий; нерешительный; 미지근히식히 다 дать немного остыть, охладить.

미지수(未知數) 1) искомое(неизвес-тное) число; 2) неизвестность; не-ясность; ~이다 быть(ещё) неизве-стным.

미치다 I 1) сходить с ума; бесно-ваться; лишаться рассудка; 미친개 бешеная собака; негодяй; сволочь; 미친 년 сущ. сумасшедшая; 미친놈 сумасшедший; сумасброд; 미친병(증) умопомешательство; сумашествие; 미친듯이 лихорадочно; 낚시질에 ~ помешательство на рыбной ловле; 미쳐 날뛰다 бесноваться, неистовст-вовать.

미치다 II 1) достигать; доходить(до чего-л.); касаться; задевать; затраги-вать; 못 미처 не доходя; 생각이 못 미처 доходить умом; 때 미처 вов-ремя; 힘이~ быть по силам(по плечу); 2) оказывать,распространять(напр. влияние); сказываться(на чём-л.).

미행(尾行) I ~하다 а) ходить по пятам; б) следить; 2) сыщик; 3) перен. хвост.

미행(美行) II хорошее поведение.

미행(尾行) III слежка; ~하다 ходить по пятам; следить(за кем-л.); ~자 сыщик.

민(民) 1) уст. см. 인민; 2) я (янбан о себе в официальной форме в раз-говоре с уездным начальником)

민- преф. естественный, обычный; неприукрашенный; 민낯 ненапуд-ренное лицо.

-민(民) суф. кор. люди; народ; 이재~ пострадавшие от стихийного бедст-вия; 미개민 дикари; 이주민 пере-селенцы.

민간(民間) ~에서 среди народа; в народе; ~의 частный; гражданский; ~ неправительственный; неофициаль-ный; народный; ~요법 народная медицина; ~무용 народный танец; ~물자 народное богатство(имущес-тво); ~설화

народное предание; ~신 앙 суеверие; ~어원 лингв. народная этимология; ~오락 народные развле-чения; ~은행 частный банк.

민사(民事) I 1) юр. гражданское дело; 2) уст. дела, занятия народа; ~사건 гражданский иск; ~소송법 граждан-ский кодекс.

민사(悶死) II ~하다 умирать в му-ках.

민속(民俗) I народные обычаи(нра-вы); этнография; ~무용 народный танец; ~학 этнография.

민속(敏速) II ~하다 живой, расто-ропный; проворный.

민심(民心) настроения(чувства) наро-да; общественное мнение; популяр-ность; ~을 얻다 завоевать популяр-ность; снискать доверие народа; ~을 잃다 потерять популярность(до-верие народа).

민족(民族) нация; народ; ~국가 на-циональное государство; ~문제 на-циональный вопрос; ~문화 нацио-нальная культура; ~사 история нации; ~성 национальный характер; ~의식 национальное сознание; ~적 национальный; ~주의 национализм; ~간부 национальные кадры; ~경기 традиционные(национальные) спор-тивные игры(состязания); ~경제 нац-иональная экономика; ~고전 нацио-нальная классическая литература; ~공업 национальная промышлен-ность; ~무용 национальные танцы; ~문화 национальная культура; ~반역자 национальный предатель; ~ 배타주의 национал-шовинизм; ~자 결 самоопределение наций; ~통일전선 единый нацио-нальный фронт; ~해방투쟁 нацио-нально-освободительная война.

민주(民主) демократия; ~국가 демо-кратическое государство; ~당 демократическая партия; ~주의 демократия; демократизм; ~화 демо-кратизация; ~기지 демократическая база; ~개혁 демократическая рефо-рма; ~진영 демократический лагерь; ~혁명 демократическес кая революция.

믿다 верить; 믿을만한 사람 человек, заслуживающий доверия; 믿을사람 человек, заслуживающий доверия; 믿기는 신주 믿듯 обр. слепо веря; 믿는 낡에 곰이 핀다 посл. ≅ неожи- данно рухнуть(о надеждах); 믿는 도끼에 발등 찍힌다 посл. ≅ оказать медвежью услугу

믿음 вера; доверие.

미음직하다 достоверный; надёжный; верный; заслуживающий доверия; 믿음직하게 уверенно.

밀 I пшеница; ~가루 пшеничная мука.

밀(蜜) II (пчелиный) воск.

밀 III руда(напр. при промывке золота).

밀-(密) преф. кор. тайный,секретный; ~밀수입 ввоз контрабандой.

밀고(密告) донос; ~하다 (тайно) доносить; секретно информировать; ~자 доносчик; ~하다 секретно информировать; (тайно) доносить

밀다(미니, 미오) 1) толкать; оттал кивать; 2) гладить; разглаживать, разравнивать; 3) строгать; брить; 4) счищать; соскабливать; 5) печатать; 6) отодвигать; переносить(срок); 밀어내다 выталкивать, вытеснять.

밀리다 1) получить толчок; быть отодвинутым; 2) быть разглажен-ным(разров ненным); 3)быть бритым; 4) отмываться; 5) накапливаться; собираться; 6) откладываться; отодвигаться(о сроке); 밀려나다 быть вытесненным(изгнанным); 밀려나오 다 а) вытесняться; б) хлынуть пото-ком; 밀려다니다 а) идти, будучи подталкиваемым сзади; 밀려들다 нахлынуть.

밀어내다 выталкивать; вытеснять; вы таскивать; выдвигать.

밀어붙이다 1) вклеивать; 2) толкать в одну сторону.

밀접하다 1) плотно прилегать; 2) близкий; тесный; ...와 밀접한 관계에 있다 быть тесно связанным(в тес-ной связи)(с кем-чем-л.); находиться в близких отношениях(с кем-чем-л.).

밀집(密集) концентрация; скучен-ность;~하다 концентрироваться; ску-чиваться; тесниться; толпиться; ~광석 сплошные(массовые) руды; ~동발 горн. частое крепление; 주택가 ~ 지역 густонаселённый район; ~하다 а) концентри-роваться; скучиваться; б) тесниться; толпиться.

밀항(密航) ~하다 совершить неза-кон ный(неразрешённый) рейс; ~선 судно, совершающее незаконный (неразрешённый) рейс; ~자 человек, совершающий неза конный (нераз-решённый) рейс.

밉다(미우니, 미워) противный; от-вра тительный; омерзительный; ненави-стный; 미운 벌레가 모로긴다 посл. ≃ в ненавистном человеке всё про-тивно; 미운자식 밥 많이 먹인다(미 운아이 먼저 품는다, 미운아이 떡 하나 더

주라) *посл.* ≅ а) горбатое дитя для матери всех дороже; б) целовал ястреб куроч ку до послед-него пёрышка; 미운털이 박히었느냐? разве есть основание для ненави-сти? 미운 일곱 살, 미운 일고여덟 살 *обр.* трудный возраст(о ребёнке в возрасте 7-8 лет).

밉살맞다 противный, отврати́тель-ный; ненавистный.

밉살스럽다 *прил.* казаться отврати-тельным (омерзительным; ненавист-ным).

밉살스레 отвратительно, омерзи- тельно

밉상 1) мерзкий вид; мерзкая н-ешность; ~스럽다 *прил.* казаться мерзким(отвратительным); 2) проти-вный человек.

및 *союз* законченного перечисле- ния и.

밑 1) низ; дно; основание; база; снизу; младший; ~의 동생 младший брат; ~바닥 днище; дно; ~줄 линия, подчёркивающая слово; ~빠진 독 без-донная бочка: ~빠긴 독에 물붓기 наливать(носить) воду в бездонную бочку; ~이드러나다 обнаруживаться, стано-виться ясным;

밑구멍 1) дыра в нижней стороне (на дне); 신발 ~1)дыра на подошве; ~으로 호박씨깐다 *посл.* в тихом омуте черти водятся; 2)эвф. анальное (заднепроходное) отверстие; 3) эвф. женский половой орган.

밑둥 1) комель(дерева, растения); 2) нижняя часть столба(колонны и т. п.); 3) клубень; корнеплод.

밑바닥 днище; дно; 신발~ подошва обуви.

밑바탕 основное свойство.

밑반찬 приготовленный впрок га-рнир к рису.

밑받침 1) *сущ.* подложенная (подо что-л.); подставка, подстилка, по-дкладка; 2) *стр.*подушка; 3) опора, поддержка.

밑변(-邊) *мат.* основание.   밑뿌리 корень(растения).

밑술 1) вино, оставшееся в сосуде после отлива; 2)вино, добавляемое в затор(для ускорения брожения).

밑실 нитки на челноке.

밑씻개 туалетная бумага.

밑알 [미-드] яйцо, которое кладётся в гнездо(чтобы куры-несушки от-кладывали-в нём яйца).

밑자락 подол.

밑자리 1) нижние места; 2) подстилка, подушка для сидения; 3) основа плетённого изделия; 4) см. 밑천.

밑접시 цветочный поддон.

밑정 число естественных отправлений (у грудного ребёнка);

밑조사 (предварительное) расследование; ~하다 вести(предварительное расследование).

밑줄 нижняя линия. **밑줄기** комель(растения).

밑지다 быть(оказаться;находиться) в убытке; терпеть(нести) убыток; 밑 지는 장사 убыточное дело; 밑져야 본전 нет худа без добра

밑창 1) подошва; 2) см. 밑바닥; ~이 드러나다 см. 바닥[이 드러나다].

밑천 1) капитал; состояние; 2)перен. основа; база; ~이 짧다 а) небольшой (о состоянии); б) испытывать недостаток(в чём-л.).

밑판(-板) подставка.

ㅂ шестая буква корейского алфавита; обозначает согласную фонему б, п.

-ㅂ니다 почт. оконч. повеств. ф. предикатива: 나는 극장으로 갑니다 я иду в театр.

-ㅂ디까 разг. вежл. оконч. вопр. ф. предикатива; употр. в том случае, когда говорящий стремится уста-новить, высказывает ли собеседник данную мысль на основе личного опыта: 지금 농촌에서는 냉상모 모내 기들을 합니까? сейчас в деревне высаживают рассаду риса, выращен-ную холодным способом в открытом грунте? (спрашивают человека, прие-хавшего из деревни)

-ㅂ다 разг. вежл. оконч. повеств. ф. предикатива; указывает на то, что говорящий высказывает данную мысль на основе личного опыта: 비닐론 공장은 참 굉장합디다 завод винилона, в самом деле, гра-ндиозен(говорит человек, побыва-вший на этом заводе).

-ㅂ시다 почт. оконч. пригласит. ф. предикатива: 오늘은 영화관으로 갑시다 а сегодня давайте сходим в кино.

-ㅂ시오 разг. вежл. оконч. повел. ф. предикатива: 어서 갔다 오십시오 пожалуйста сходите(туда)!

-ㅂ지요 разг. вежл. оконч. заклю-чительной ф. предикатива: 거름을 많이내야 가을에 가서 많이 거두지요 только внеся много удобрений(в землю),осенью собирают богатый урожай; 좀 빠르지요? немного бы-стрее?

바 служ. сл. 1) после прич. гл. об-означает результат действия: 읽은 바 прочитанное; 할 바가 무엇이냐? что ты будешь делать?; 아는 바와 같이 как (Вы) знаете; 말 하던 바에 의하면 в соответствии с тем, что говорилось; 2) употр.

в производном сказ., подчеркивая действие, обозна-ченное прич. смыслового гл.: 열렬한 축하를 올리는 바입니다 приношу горячие поздравления

바가지 1) черпак из высушенной половины тыквыгорлянки(без ручки); 2) тех. ковш; ~를 긁다 пилить(мужа); ~기중기 ковшовый кран;~[를] 차다 пилить(мужа);~를 쓰다 а) брать на себя всю ответственность; б) понести ущерб(пострадать) одному; ~싸오. поедом есть(мужа).

바깥 1) сущ. внешний; наружный; вне; снаружи; на дворе; на улице;на свежем воздухе; под открытым небом;~마당 внешний двор;~바람 а) ветер; б) свежий воздух,улица, ~소문 слухи;~소식 вести; 2)см. 한데 II; 3): ~주인 [양반] пренебр. муж, хозяин; ~두령 глава семьи; ~노인 старик-хозяин дома;~반상 обеденный стол для короля; ~부모 отец; ~사돈 сват (отец одного из супругов по отношению к родителям другого супруга); ~상제 этн. распорядитель траура; ~식구 член семьи (о муж-чине); ~심부름 а) мелкое поручение хозяина дома; б) поручение сделать (что-л.) во дворе(на улице); ~출입 выход на улицу; ~어른 вежл. хозяин (дома).

바깥일 [-까닐] 1) работы на улице (на открытом воздухе); 2) работа вне дома (обычно работа мужа); 3) событие, происшедшее вне дома.

바꾸다 менять[ся]; обменивать[ся]; изменять; переменить; 자리를 ~ [по] меняться(с кем-л.) местами.

바꾸어 말하다(바꾸어 말하면) иначе говоря; говоря другими словами.

바뀌다 быть заменённым; заменяться.

바나나 (англ. banana) банан(дерево и плод).

바느질 шитьё; ~하다 шить.

바늘 1) игла(для шитья); иголка; ~베아링 игольчатый подшипник; ~가는데 실 간다 посл. букв. куда иголка, туда и нитка; ~도둑이 황소 도둑된다 посл.букв. укравший иголку украдёт и вола; ~로 찔로라도 피 나올 데가 없다 обр. а) плотный,крепкий(о человеке); б) волевой(о характере) 2)вязальная спица; 3) стрела(напр. часов); 4) игла шприца;~한 쌈 пачка иголок(из 24 штук).

바늘구멍 [-꾸-] 1) дырочка, про- деланная иглой; 2) маленькое отверстие; 3) см. 바늘귀; ~으로 하늘 보기 погов. букв. видеть небо через ушко иголки; ~에서 황소바람 들어

온다 обр.холодный ветер пройдёт и через узкую щель.

바늘귀[-ккви] игольное ушко.

바다 море; ~는 메워도 사람의 욕심은 못 채운다 *посл.* = бездонную бочку не наполнишь;~와 같이 обр. очень глубокий и бескрайний; огром- ный; 바닷가 берег моря; 바닷가재 морской рак; краб; 바닷물 морская вода; 바다표범 тюлень; 바다고기 морская рыба.

바닥 1) ровная поверхность(чего-л.); полотно(дороги); 2) пол; 3) нижний слой; дно; ~[을]짚다 углубляться (напр. при проходке шахты); 4) см. 밑바닥; 5) подошва (обуви); равнина; 6) *см.* 평지대; 7) улицы(города); квартал; район; 8) выделка ткани; ~첫째 *иром.* см. 꼴찌; ~[을]보다 а) закончить работу; б) растратить, полностью истратить; ~ [이] 나다 а) завершиться(о работе); б) полностью израсходо- ваться; в) протереться(о подошве); г) обнаруживаться, выяв-ляться; ~[이] 드러나다 обнаружи-ваться, выявляться.

바라다,원하다 1) надеяться; желать; хотеть; 건강하길 바랍니다 Желая вам здоровья; 2) 바라[다]보다 а) смотреть прямо; б) смотреть вдаль; в) смотреть со стороны, быть пос-торонним наблюдателем; г)возлагать надежды; ожидать; д) смотреть с завистью(на кого-л., что-л.); зави-довать.

바라보다 смотреть прямо; смотреть вдаль; смотреть со стороны; быть посторонним наблюдателем; воз- лагать надежды; ожидать; 멍하니~ засмотреться; 뚫어지게 ~ вперить взор(в кого-л., что-л.); 정신없이 ~ заглядеться.

바람 I 1) ветер; ~아래 подветренная сторона; 윗~ наветренная сторона; ~을 등지다 быть обращённым спиной к ветру; ~을 안다 быть обращённым лицом к ветру; ~이 자다 стихнуть(о ветре); ~먹고 구름 똥 싼다 обр. бесплодный фантазёр; ~부는 대로 살다, ~을 따라 돛을단다 *посл.* держать нос по ветру; ~앞의 등불 обр. крайняя опасность, риск공에~을 넣다 накачивать мяч; 풍병, 중풍; 8) после назв. мест. обычаи, нравы; 9) после опред. в ф. дат. п. по причине(так как); 10) после опред. действие, влияние; сила(чего-л.); 11) неполный наряд; ~[을] 잡다 а) шляться, шататься; б) замышлять пустое дело; ~을 피우다 флиртовать; б) фантазировать; в) вызывать инцидент; ~ [을] 쐬다 а) дышать воздухом; б)

바람 II 1) длина вытянутых рук(как единица измерения для

ниток, верёвки, проволки *и т. п.*); 2) несколько кусков(верёвки, прово- локи *и т. п.*), каждый из которых равен длине вытянутых рук.

바래다 I 1) выцветать; выгорать; линять; 2) обесцвечивать(ткань лучах солнца);3)отбеливать(ткань)

바래다 II провожать.

바래다주다 провожать.

바로 I 1) прямо; ровно; ~8시에 오너라 приди ко мне ровно в 8 часов; 줄을 ~긋다 проводить линию прямо; 2) недалеко, вблизи; 3) пра- вильно; нормально; 4) тотчас; не-медленно; 5) прямо(минуя что-л.);~오다 идти прямиком; 6)именно; как раз.

바로 II (после некоторых указ. мест. и сущ.) именно то место; правильный; как раз; 그를 ~보시오 смотрите как раз туда.

바로잡다 1)выпрямлять; выправлять; 2) исправлять; 웃깃을 ~ поправить воротник; 질서를 ~ наводить порядок.

바로잡히다 1) быть выпрямленным (выправленным); 2) быть исправ-ленным.

바르다 I (바르니, 발라) 1) мазать; намазывать; 빵에 버트를~[на] мазать на хлеб масло; 분을 ~ пудриться; 2) пачкать; 3) штукатурить, обмазывать (глиной); 발라 맞추다 а) угодничать; подмазываться (к кому-л.); б)втирать очки(кому-л.).

바르다 II (바르니,발라) очищать(орех); извлекать зёрнышко из скорлупы; 발라내다 а) извлекать (зёрнышко из чего-л.); очищать (орех); снимать (кожицу); б) сортировать (зерно); в) завладеть(приобрести) хитростью; г) выдать чужую тайну; 발라 먹다 а) есть, сняв кожицу; б) выудить, завладеть (чем-л.) хитростью.

바르다 III (바르니, 발라) 1) прямой; неизогнутый; 2) правильный; 3) правдивый; честный; справедливый; 바른대로 по правде; 바른 말 правда.

바르르 1): ~떨다 слегка дрожать; 2): ~타오르다 сразу(легко) разгораться (загораться); 3): ~끓다 слегка кипеть; 4): ~성내다 рассердиться, вскипеть.

바른손 правая рука; см. 오른손

바보 презр. дурак; дурень; глупец; простофиля; ~같은 소리 глупости; чепуха; ~짓 глупый поступок; глупое поведение.

바쁘니 занят.

바쁘다(바쁘니, 바빠) 1) очень занятой; 나는 일이 바빠 갈

수 없다고 말해 주시오 скажите, что я занят и не могу пойти; 2) очень спешный; 바뻐 срочно; спешно; второпях; 3) см. 어렵다; 4); 바쁘게 (после инф. преди-катива с оконч. 기) едва то-лько, как ...; 비가 멎기가 바쁘게 우리가 갔다 едва только кончился дождь, как мы ушли.
바쁘신가 봐요 выглядеть занятым.
바스스 1): ~부스러지다 разбиваться; крошиться; 2): ~일어나다 вставать дыбом(о волосах);~흐트러지다 разлетаться(о волосах); 3): ~일어나다 легко встать(приподняться)(о чело-веке); 4): ~닫다 потихоньку закрыть (напр. окно).
바싹 I усил.стил.вариант 바삭
바싹 II 1) ~마르다 засохнуть; пере-сохнуть; 2) вплотную; плотно; ту-го; 띠를~죄다 туго затянуть ремень; ~마른 тощий; кожа да кости; 3) напряжённо; 귀를~기울이다 прислу-шиваться, вслушиваться; 정신을 ~ 차리다 держать себя в руках; сдерживаться.
바싹바싹 II 1) ~마르다 совсем засо-хнуть; пересохнуть; 2) очень туго (плотно); 3) очень напряженно; 귀를 ~ 기울이다 напряжённо прислу-шиваться.
바야흐로 1) в самый разгар; 2) как раз сейчас; 3) уст. именно, как раз.
바위 скала; большой камень; валун; ~가 많은 скалистый; ~에 계란 부딪치기 погов. бросать в скалу куриными яйцами.
바이러스(англ. virus) вирус; зараза.
바이러스학(-學) вирусология.
바이오(англ. bio) био.
바이오리듬(англ. biorhythm) биоритм
바이올리니스트(mviolinist) скрипач
바이올린(англ. violin) скрипка; ~기호 муз. скрипичный ключ, ключ соль; ~[을] 켜다 играть на скрипке; ~ 연주자 скрипач.
바인더(англ. binder) переплётная, склеивающее вещество
바지 брюки; штаны;~까지 벗어주다 погов.=отдать последнюю рубашку.
바지춤 ~에 넣다 положить за пояс штанов (брюк).
-바치 суф., образующий имена со знач. лица: 갖바치 сапожник; 장인 바치 ремесленник.
바치다 1. (от)давать; сдавать; по-свящать; преподносить; 마음을 ~ вкладывать всю душу(во что-л.); 목숨을~

жертвовать собой; 몸을 ~ целиком отдавать себя(чему-л.); 2. после деепр. смыслового гл. указы-вает на то, что данное дей ствие совершается в интересах вышестоя-щего лица: 일러 ~ докла дывать, сообщать(вышестоящему).

바퀴 I 1) колесо; шкив; 2) круг; оборот; 운동장을세(3)~돌다 обежать спортплощадку три раза; см. 차륜 (車輪) 바퀴 II таракан.

바탕 I 1) основа; база; устои; поло-жение; обстановка; среда; 2) поле; фон; жив. грунт; ~메움 шпаклёвка; ~색 первоначальный(естествен- ный) цвет; основные цвета; 3) натура; задатки; 4) конституция; телосло-жение.

바탕 II счётн. сл. расстояние, на которое летит стрела(при стрельбе из лука).

박 I тыква-горлянка(Lagenaria vulgarus); 두레~ колодезная бадья; ~을 타다 а) распиливать тыквуго-рлянку на две части; б) [по]терпеть неудачу; 2) см. 바가지.

박(箔) II фольга; 금~ позолота.

박다 I 1)забивать; вбивать; втыкать; 자개를 박은칠기 лакированная посуда с перламутровой инкрус- тацией; 못을~ вбивать(забивать) гвоздь в стену; 벽에 못을~ вбить клин; 2) класть; начинять;засовы-вать; 앞잡이를~ насаждать аген-туру; 소를 ~ класть начинку(напр. в пироги); 3) ходить в центр ко-ролевского поля королём или королевс-кой пешкой(в кор. шахматах); 4) пускать корни(о растении); 5) сеять; 6) ударить,ткнуть(кого-л.); 7) штам-повать; 8) печатать; 9) снимать; фотографировать; 10) внятно гово-рить, чеканить слова; 11) разборчиво (чётко) писать; 12) вносить в список; 13) 눈을~ уставиться взглядом; 14) ~ делать стежки(иголкой); 15)шить(на швейной машине); 박아디디다 упи-раться (цепляться) пальцами ног.

박대하다 а) холодно принимать; бесчеловечно(небрежно)относиться(обращаться); б) см. 푸대접[하다].

박물관(博物館) музей.

박박 I ~긁다 царапать; скрести; ~ 찢다 резать(рвать) с треском; 머리 를 ~깎다 постричь наголо; ~하다 а) царапать, скрести; б) резать(рвать) с треском; в) прилагать все силы.

박박 II ~읽다 весь в рябинках (о лице).

박사(博士) I 1) доктор(наук); ~논문 докторская диссертация;диссертация на соискание учёной степени доктора наук; ~논문 докторская дис-сертация; ~학위를 수여하다 при-своить учёную степень доктора наук; 2) обр. мастер, знаток(в ка- кой-л. области); 3)должность чи-новника 14-го ранга; 4)должность, экзамен на которую сдавался в ведомстве конфуцианского прос- вещения.

박사(薄謝) II небольшой подарок в знак благодарности.

박수(拍手) аплодисменты; рукоп-лескания; ~치다 аплодировать; рукоплескать; ~갈채 овации; 우레 같은 ~ бурные аплодисменты; ~갈채 овация; ~하다 аплодировать.

박식(薄蝕) I ~하다 затемнять, зак-рывать(напр.солнце во время зат-мения).

박식(博識) II глубокие знания; эру-диция; ~하다 очень образованный; имеющий глубокие знания; эруди-рованный;~한 사람 эрудированный человек; эрудит.

박약(薄弱) слабость; недостаточно-сть(чего-л.);~하다 слабый; недос-таточный; слабовольный; 의지가 ~하다 слабовольный.

-박이 суф. сущ. отмеченный, с меткой.

박이다 I 1) войти, вонзиться; 2) засидеться(где-л.); 3) застареть(о привычке); 4) появляться(о мозолях); 5) запасть(о мысли); 6) см. 박히다.

박이다 II 1) заставлять(позволять) забивать(втыкать, вонзать); 2) за-ставлять(позволять) класть; 3) за-ставлять(позволять) пойти в це-нтр королевского поля(при игре в кор. шахматы); 4) заставлять(позволять) сеять(сажать); 5) заставлять(позво-лять) печатать; 6) заставлять(позво-лять) снимать(фото-графировать); 7) заставлять (позволять) шить на швейной машине.

박자(拍子), 절도 муз. 1) такт; ритм; ~ 를 맞추다 соблюдать ритм; ~를 맞추어 ритмично; в такт; 2)см. 박V.

박차다 1) ударять(отшвыривать) ногой; пинать; 2) порывать(с кем-л.); отвергать(кого-л.); 3) не обращать внимания.; 모든 난관을 박차다 преодолев все трудности.

박탈(剝脫) лишение; снятие;конфи-скация; ~하다 лишать; отнимать; отбирать; конфисковывать; снима-ть; 권리~ лишение прав; ~하다 лишать; отнимать, отбирать, конфисковывать.

박테리아(англ. bacteria) 세균(細菌), 미균(微菌) бактерия.

박하다 1) ничтожный(о доходе); 2) чёрствый; нерадушный; негостеп-риимный; 3) уст. см. 얇다; 4) уст. неважный, плохой; 맛이~ невку-сный

박해(迫害) угнетание, гнёт; притеснение; преследование; ~하다 угнетать; притеснять; преследовать; ~를 받다 подвергаться преследованиям.

박해자(迫害者) притеснитель.

박히다 1) быть забитым(вбитым); быть воткнутым; 사무실에 박혀있다 обр. засесть в канцелярии; 2) быть положенным(во что-л.); 3) быть поставленным в центр королевского поля(о короле или о королевской пешке, при игре в шах. шахматы); 4) пустить корни; 5) быть посеянным (посаженным); 6) получить удар (напр. кулаком); 7) быть поставлен-ным (о печати); 8) быть напечатан-ным; 9) быть снятым(сфотографи-рованным);10) быть внесённым(в список); 11) быть устремлённым (о взгляде); 12) быть прошитым (прос-тёганным); 13) запечатлеться; 14) быть ярко выраженным(о какой-л. особенности); 15) находиться, распо-лагаться; 16) см. 박이다 I.

밖 1) вне(пределов)(чего-л.); ~에 на дворе; на улице; на открытом воз-духе; на двор, на улицу; выходить на улицу; посмотреть в окно; работа под открытым небом; 2) кроме; помимо; 이 ~에 кроме этого; кроме; помимо; лишний; остальной; осталь-ные люди; 3) перед отриц. сказ., переводящимся положительно есть лишь,только; я знаю только это; 4) после прич. буд. вр. обычно при отриц. сказ., часто переводящимся положительно (остаётся) только; (ничего не остаётся,) кроме как; ничего не оставалось,кроме как возвратиться с пустыми руками.

반 I тонкий слой ваты; 반[을]짓다 подбивать тонким слоем ваты.

반(班) II 학급 группа; бригада; ко-манда; класс(в школе); 반을 짜다 групировать, организовывать(группы, бригады и т. п.)

반(半) III 1) половина; пол-; полу-; 9시~ половина десятого; ~자동화 полуавтоматизация; 반[을] 타다 раз-делить(расколоть) на две части; 2) середина(предмета).

-반(班) I суф. кор. группа, бригада; 예비반 подготовительная группа.

-반(盤) II суф. кор. доска(на кото- рой укреплено что-л.); 배전반 эл. распределительный щит.

반-(半) I преф. кор. пол..., полу...; 반모음 полугласный; 반학기 учеб-ное полугодие, семестр

반-(反-) II преф.кор.анти...;контр...; противо...;~작용 противодействие; 반돌격 контратака.

반가움 радость. 반갑게 довольно.

반가워 рад вас видеть.

반갑다(반가우니, 반가와) радостный; приятный; радушный; 반가운 소식 радостная весть; 만나서 반갑습니다 очень приятно познакомиться с вами; 반가워하다 обрадоваться.

반격(反擊) отпор; контратака: кон-трнаступление; контрудар; ~하다 контратаковать; отражать атаку; вести(контрнаступление); наносить (контрудар); ~적 направленный про-тив(чего-л.).

반나절 четверть дня; ~길 расстоя-ние, которое можно пройти за че-тверть дня.

반대(反對) 1) противоположность; контраст; 그와는 ~로 в противопо-ложность тому;наоборот; напротив; ~정리 см. 반정리; ~판단 лог. против-ные суждения; ~방향 противополо-жная сторона; 2) возражение; про-тест; противодействие; ~파 оппозиция; оппозиционеры; ~세력 оппозицион-ные силы; ~제안 контрпредложение; ~투쟁 борьба против(чего-л.);

반대하다 быть против; возражать

반도체(半導體) эл. полупроводник; ~소자 полупроводниковый элемент; ~수신기 транзистор; ~정류기 полу-проводниковый выпрямитель; ~증폭기 полупроводниковый усилитель

반동(反動) 1) полит. реакция; про-тиводействие; ~관료배 реакционное чиновничество; ~세력 реакционные силы; ~하다 быть реакцио-нным; 2) ~[분자] реакционные элементы; 3) см. 반작용; ~터빈 реактивная турбина; 4) см. 반충; ~적낭만주의 реакционный романтизм; ~적 a) реакционный; б) реактив-ный.

반드시 непременно; обязательно; безусловно.

반듯이 ровно; аккуратно.

반듯하다 прямой; ровный; аккурат-ный; изящный; 모자를 반듯하게 쓰다 надевать кепку прямо.

반등(攀登) уст. ~하다 карабкаться вверх (цепляясь за что-л.).

반등세(反騰勢) реакция; отскок; рикошет.

반론(反論) [пал-] 1) противополож-ное мнение; 2) феод. измена одной политической группировке и пере-ход на сторону другой; ~하다 а) высказывать противоположное мне-ние; б) феод. изменять одной поли-тической группировке и переходить на сторону другой.

반반하다 1) ровный и гладкий; 2) пустой, порожний; 3) пригодный, приличный, приятный; 4) привлека-тельный; миловидный; симпатичный; 5) 눈이 ~ не смыкать глаз.

반복(反復) I повторение; ~하다 по-вторять; делать ещё раз; ~기호 реприза(нотный знак); ~적분 мат повторный интеграл

반복(反覆) II 1) возвращение; 2) переменчивость, изменчивость; ~ 무상 уст. непостоянство; ~소인 уст. непостоянный человек; ~하다 а) возвращать(к прежнему состоянию); б) постоянно менять.

반비례(反比例) мат. обратная про-порция;~하다 составлять обратную про-порцию; быть в обратной про-порции(к чему-л.)

반사(反射) 1) отражение; отблеск; отсвет; ~광 отблеск; отсвет; отра-жённый свет; ~광선 а) отражён- ный луч; б) иск.рефлекс; ~망원경 астр. рефлектор; ~작용 противодействие; 2) физиол. рефлекс; 조건~ условный рефлекс; ~요법 рефлексотерапия; ~운동 рефлекторное движение; ~적 а) отражающий; отражательный; б) рефлекторный; ~하다 а)отражать(ся); давать отражение(о зеркале); отсве-чивать(ся); б) рефлектировать.

반성(伴星) I астр. спутник.

반성(反省) II самоанализ; самокрити-ка; самопроверка; пересмотр; обду-мывание; размышление; ~하다 обду-мывать свои поступки, задумываться над своим поведением; проверять себя; оглядываться на самого себя.

반송(返送) I ~하다 посылать(что-л.) вместе(с чем-л.).

반송(返送) II ~하다 отсылать об- ратно; возвращать.

반송(搬送) III перевозка; ~전신 час-тотное телеграфирование; ~전화 вы-сокочастотное телеграфирование.

반신(半身) I верхняя(нижняя) поло-вина тела; правая(левая)сторона тела; ~무도병 мед. гемихорея;~불수(마비) а) мед. гемиплегия; б) полупара-литик; ~사진 поясная фотография; ~초상 поясной портрет.

반신(半信) II неполная уверенность; ~반의 и верить и не верить; ~하다 не быть вполне уверенным; не полностью верить.

반역(反逆) предательство; измена; ренегатство; ~하다 изменять; преда-вать; ~자 изменник; предатель; ренегат; ~죄 измена; предательство.

반응(反應) 1) реагирование; 2) хим. реакция; эффект; воздействие; ~하다 реагировать; вступать в реакцию; ~등압 изобара реакции; ~등온 изо-терма реакции; ~등용 изохора реак-ции; ~물질 реагирующее вещество; ~속도론 химическая кинетика; ~생성물 продукт реакции; ~장치 реактор.

반입(搬入) привоз; ввоз; доставка; представление; ~하다 привозить; ввозить; доставлять; поставлять.

반작용(反作用) противодействие; реакция; ~하다 противодействовать.

반작용력(反作用力) [-뇩] сила противодействия.

반절(反切) 1) использование иерог-лифов в качестве фонетиков; 2): ~[본문] таблица сочетания звуков в слоге(в кор. языке); 3) лигатура.

반제(反帝) I антиимпериалистичес-кий; ~공동투쟁 общие действия против империализма; ~민족 해방 동맹 антиимпериалистический нац-иональноосвобо-дительный союз; ~ 민족 해방 운동 антиимпериалисти-ческое национальноосвободительное движение; ~반미투쟁 антиимпериа-листическая антиамериканская борь-ба;

반제품(半製品) полуфабрикат.

반지(斑指) I кольцо;~를 끼다 наде-вать кольцо;결혼~ венчальное ко-льцо; 약혼~ обручальное кольцо.

반지(半紙) II тонкая бумага(разме- ром 25×35).

반짝 1) ~하다 сверкнуть, блеснуть; 2) быстро(поднять).

반짝거리다 сверкать; блестеть; ме-рцать.

반짝이다 сверкнуть; блеснуть; ме-рцать; 별들이 반짝이다 Звёзды ме-рцают.

반쪽 половина(чего-л.);~이 되다(от чего-л.) осталась одна половина.

반찬(飯饌) гарнир к рису; закуски; ~거리 продукты для гарнира к рису; закуски; ~단지 ирон. находчивый человек.

반하다 I быть против; ~에 반하여 вопреки; в противоположность (чему-л.).

반하다 II 1) неяркий, тусклый; 2) на время прояснившийся(после дождя); 3) ясный, понятный; 4) свободный (о времени); 반틈 свободное время; 5) прил.

временно улучшаться (успокаиваться); 좀~ немного лучше (о состоянии здоровья).

반항(反抗)항의(抗議) сопротивление; противоборство; противодействие; протест; отпор; ~하다 сопротивля-ться; противодействовать; проти-виться; про тестовать; давать отпор; ~적인 сопротивляющийся; противо-действующий; ~심 дух неповинове-ния; дух сопротивления

반향(反響) отзвук; отголосок; эхо; отклик;~을 불러일으키다 вызывать отклик; ~하다 отдаваться эхом; откликаться.

받다 I 1) получать; брать; 선물을~ получать подарок; 2) в разн. знач. принимать; говорить по телефону (с кем-л.); 던진공을 ~ подхватить брошенный мяч; 받아쓰다 писать под диктовку; 사랑을~ пользоваться любовью; быть любимым (любимой); 3) подхватывать(песню); 4) наполнять; 받고차기 спор; 공격을 ~ подвергнуться нападению (атаке).

받다 II 1) бодать; толкать(головой); 받는 소는 소리 차지 않는다 посл. букв. бодливая корова не мычит; 2) давать отпор. 받습니다 ловить.

받아들이다 присвоить; принимать; внедрять; слушать[ся].

받아쓰기 диктант; диктовка.

받아쓰다 диктовать; писать под диктовку. 받았어 получил.

받으세요(전화) получаете.

받을사람 получатель.

받자 1) ~하다 терпеливо сносить; быть снисходительным; терпеливо выслушивать(напр. чьи-л. просьбы); 2) феод. сбор зерновой ссуды(на-логов) (ведомством).

받치다 1) подставить; подложить; 적삼을 받쳐입다 надевать рубашку (подо что-л.); 붉은 안을 ~ поставить красную подкладку(подо что-л.); 2) лингв. писать согласные графемы на конце слога под гласными; 3) стоять комом в горле(о пище); 4) намять бока(на жёсткой постели); 5) распирать(о каких-л. чувствах).

받침 1) подставка; подпорка; ~대 постамент; подставка; пьедестал; 두리~ подпорка; 저울~ чашечные весы; 2) лингв. подстрочные соглас-ные графемы в слоге.

받히다 I удариться(о кого-л.,что-л.); попадать[ся]; 내 소에게 받혔다 меня забодала корова; получить отпор.

받히다 II продавать оптом.

발 I 1) ступня; нога; ~보다 발가락이 더 크다 см. 배(보다

배꼽이 더 크다) I; ~을 보이다 a) показывать себя; б)дать понять, намекнуть; ~을 붙이다 найти опору; примоститься; ~을 타다 начинать ходить(напр. о щенке); ~을 펴다 успокоиться, вздохнуть спокойно; ~을 끊다 a) перестать ходить; б) порвать отношения; ~을 씻다 а) пол-ностью отделаться (от чего-л.); ~을 빼다 a) отделываться(от чего-л.); б) разуваться;~이 길다 попасть прямо к столу; ~이짧다 попадать к пустому столу; ~이 익다 хоженный (о дороге); 제~로 서다 стоять на собственных ногах; быть самостоя-тельным; ни от ко-го не зависеть; 한 ~늦었다 чуть опоздал;~벗고 나서다 активно выступать, ~을 들여놓다 вмешиваться(во что-л.) с интересом; ~벗고 나서다 активно выступать; 2) шаг; ~맞추다 a) держать такт; б) перен. идти в ногу; ~을 달다 а) под бирать рифму; б) добавлять к сказа-нному.

발 II ~이 굵다 грубый(о ткани); ~이 가늘다 тонкий.

발 III штора; ~을 치다 опускать штору.

발 IV длина рук, вытянутых в стороны(как мера длины).

발 V дурная привычка.

발(發) VI 1) после геогр. назв. из; 평양 발 열차 поезд из Пхеньяна; 2) после даты от... (иногда не пере-водится); 이십 일발 [от]двадцатого числа; 3) после слова, обозначаю-щего час и минуты отправляю- щийся; 영시 이십 분발 급행열차 скорый поезд, отправляющийся в ноль часов двадцать минут.

발가숭이 1) голое(нагое) тело; 2) гол как сокол(о человеке); 3)голая (лишённая растительности) мест-ность; 4) см. 잠자리

발간(發刊) I публикация; издание; ~하다 публиковать; издавать; вы-пускать; ~할 준비를 하다 готовить к печати.

발간(發東) II уст. ~하다 посылать, направлять(приглашение)

발갛다 (발가니, 발가오) яркокрасный; румяный;발(빨)간거짓말 чистейшая липа; явная ложь.

발개지다 [по]краснеть.

발견(發見) открытие; обнаружение; ~하다 открывать; обнаруживать; находить; делать открытие; ~자 обнаруживший; первооткрыватель.

발견자(發見者) сущ. обнаруживший (что-л.); первооткрыватель.

발견하다 открывать.

발광(發狂) I помешательство; потеря рассудка; безумие; ~하다 беснова-ться; беситься; сойти с ума; поме-шаться; потерять рассудок; ~적 бешенный, безумный, сумасшедший; перен. лихорадочный; ~이 나다 сойти с ума, взбеситься; ~하다 бесноваться, беситься.

발광(發光) II свечение; люминесцен-ция; ~도료 люминесцентная(светя-шаяся) краска; ~동물 светящиеся организмы; ~물체 люминофор; ~반 응 хим. реакция, сопровождаемая люминесценцией; ~신호 световой сигнал; ~스펙트르 физ. спектор испускания; ~하다 люминесциро-вать; светиться.

발굴(發掘) 1) (археологические) ра-скопки; 2) отыскивание; обнару-   жение; ~하다 а) откапывать; вы-капывать; раскапывать; б)отыски-вать; обнаруживать; находить.

발기(-記) I уст. список, реестр;   перечень.

발기(發起),**창발성** II 1) предложение; инициатива; почин; ~하다 предла-гать; проявлять(инициативу); выступать инициатором; выдвигать пред-ложение; выступать с предложением; ~인 инициатор; зачинатель; заст-рельщик; 2) будд. чтец сутр.

발길 шаг; ~이 잦은 частый; ~이 떨어지지 않는다 не в силах избави-ться; ~에 걸리다 путаться под но-гами; ~로 차다 пинать; ~을 옮기다 направить свои стопы.

발끈 вдруг; неожиданно; ~거리다 кипятиться; горячиться; 집안이 ~ 뒤 집혔다 всё в доме неожиданно пе-ревернулось вверх дном; 2) резко; ~성을 화를)내다 вспылить, прийти в ярость; 화가~오르다 рассердиться

발달(發達) развитие; прогресс;~하다 развиваться; прогрессировать; ~사 история развития.

발달사(發達史) [-ттал-] история   (развития);   조선어~ история корейского языка.

발돋움 ~하다 вставать на подставку (подножку); подниматься на цыпоч-ки; стоять на цыпочках.

발동(發動) приведение в движение; деятельность; активность; пуск; запуск; ~하다 приводить в движение; пускать в ход; запускать; вводить в силу(в действие)

발동기(發動機) двигатель; см. 내연 [기관] I; ~제작 моторостроение.

발매(發賣) продажа; распродажа; ~ 되다 поступить в продажу; ~중이다 иметься в продаже; ~하다 продавать, пускать в продажу.

발명(發明) I открытие; изобретение; ~하다 изобретать; делать открытие; ~가 изобретатель; ~품 изобретение.

발명(發明) II 1) оправдание, объяснение; ~무로 невозможность оправдаться; 2) разъяснение, толкование(напр. конф. канонов); ~하다 а) оправдаться(в чём-л.); б) разъяснять, толковать.

발목 I щиколотка; лодыжка; ~잡히다 быть занятым; быть уязвимым; задевать уязвимое место; ~을 삐다 вывихнуть ногу; ~을(~이) 잡히다 а) быть занятым(делом); б) быть уязвимым.

발목(撥木) II смычок корейской гитары

발밑 под ногой; ~에서 под ногами; ~에도 못간다 в подмётки не годиться(не станет).

발바닥 подошва; ступня.

발산(發散) испарение; рассеивание; распространение; ~하다 улетучиваться; испаряться; рассеиваться; распространяться; издавать; ~기류 расходящийся воздушный поток; ~광속 расходящиеся пучки света; ~렌즈 рассеивающая линза.

발생(發生) возникновение; появление; зарождение; генезис; 문명의 ~ зарождение цивилизации;~하다 зарождаться;возникать;появляться; ~ 학 эмбриология; ~적 генетический.

발설(發說) ~하다 обнаруживать; разоблачать.

발성(發聲)[-ссонъ]~하다 а)издавать; производить(звуки); б) воспроизводить звук; ~기관 органы речи; ~법 постановка голоса; в) уст. см. 발설 [하다]; ~여화 звуковое кино; ~영사기 звуковая киноустановка.

발송(發送) ~ отправка; отправление; ~하다 отправлять; посылать; ~자 отправитель.

발신(發信) I [-ссин] ~하다 посылать (корреспонденцию).

발신(發身) II [-ссин] уст. ~하다 а) выбраться из нужды; выходить в люди; б) вызволять из нужды; выводить в люди.

발아(發芽) I прорастание;появление почек; ~하다 прорастать; пускать ростки; давать почки; ~사료 проросшее зерно(как корм);~조리 прорращивание зерна(как корм).

발아(發蛾) II см. 나비내기; ~조절 регулирование времени выхода из кокона(тутового шелкопряда); ~촉진 ускорение выхода из кокона (тутового шелкопряда).

발악(發惡) ~하다 бесноваться; зло-бствовать; лезть из кожи вон; не-истовствовать; бешенствовать; 최후 의~ последняя(предсмертная) агония; ~적 беснующийся, злобствующий.

발언(發言) высказывание; выступ-ление; заявление; ~권 право голоса (выступления); ~하다 высказываться; выступать; ~을 허용하다 предоста-вить слово.

발열(發熱) повышение температу-ры; выделение теплоты; нагревание; ~하다 выделять тепло; иметь повы-шенную температуру; температурить; подниматься; нагреваться; ~체 наг-ревательное тело; ~요법 лечение с помощью потогонных средств; ~ 반응 хим. экзотермическая реакция.

발육(發育) развитие; рост; ~하다 развиваться; расти; ~계단 стадия (ступень) развития; ~과다증 мед. гиперплазия; ~부전[증] мед. инфа-нтелизм, агенезия, гипоплазия; ~이상 мед. дисплазия.

발음(發音) I произношение; ~하다 произносить[ся]; ~기관 органы арти-куляции; ~기호(부호) см. 어음[기호] I; ~불능 мед. алазия; ~장애 мед. дислалия

발음(發蔭) II ~하다 этн. благоденст-вовать(по благоволению предков).

발음기관(發音器官) органы речи

발자국 след(ноги); шаг; ~을 따라 по следу; 세~ три шага; ~이 나다 отпечатываться(о следах); 한~도 물 러서지 않다 не отступать ни на шаг.

발자취 (след) ноги.

발작(發作) припадок; приступ; паро-ксизм; исступление; инсульт; порыв; ~적 припадочный; ~하다 наступать; охватывать; ~적으로 приступами, порывами.

발전(發展) 발달(發達) I развитие; раз-вёртывание; перерастание;~하다 раз-виваться; развёртываться; перерас-тать; ~성 развивающийся.

발전(發電) II выработка электроэ-нергии; ~하다 производить(выра-батывать) электроэнергию; ~기 генератор; дина-момашина;~소 электростанция.

발정기(發情期) [-ччонг-] 1) период полового возбуждения; 2) период течки(у животных).

발족(發足) ~하다 основываться; уч-реждаться; создаваться; начинаться; брать начало.

발표(發表) публикация; сообщение; опубликование; ~하다 опубликовы-вать; сообщать; издавать; ~기관 [ре-дакционно]-издательский орган

발하다(發-) уст. 1) расцветать(о цветах); 2) появляться; проявляться; 백색이~ приобретать белый цвет; 땀이~ выступать(о поте); 소리가 ~ раздаваться(о звуке); 3) излучать (свет);источать(запах);издавать(звук); 4) проявлять(чувства) 5) см. 떠나다; 6) посылать, отправлять; двигать (войско).

발행(發行) издание; выпуск; эмиссия; ~하다 издавать; выпускать; 신문의 ~부수 тираж газеты; ~인 издатель; ~정지 прекращение издания.

발화(發話) 1) воспламенение; вспы-шка; загорание; зажигание; ~하다 воспламеняться; загораться; вспыхи-вать; зажигаться; ~점 точка воспла-менения; ~여관 капсюль воспла-менитель; ~장치 воспламеняющий механизм; ~합금 пирофорный сплав; 2) холостая стрельба; 3) см. 발포 II; ~하다 а) воспламеняться; загораться, зажигаться; б) вести стрельбу (стрелять) холостыми патронами (снарядами); в) см. 발포하다 II

발효 I~하다 вступать в силу

발효(發效) II брожение; ферментация; ~하다 бродить; ферментировать; ~균 дрожжевые грибки; ~법 способ брожения, техника бродильного дела; способ заквашивания; ~사료 фер-ментированные корма;~효소 фер-мент брожения.

발휘(發揮) проявление; ~하다 про-являть; выказывать, показывать.

밝다(빛) светлый; ясный; яркий; острый; жизнерадостный; счастли-вый; чистый; честный; справедливый; сведущий(в чём-л.); посвящённый; знакомый(с чем-л.); осведомлённый; рассветать; 방안이~ комната светлая; 밝은얼굴 ~ счастливое лицо, 역사 에~ сведущий в истории; 무학에~ начитанный; 밝은 내일을 기약하다 обещать светлое будущее.

밝혀야 надо пояснить.

밝히 книжн. ясно; ярко.

밝히다 1) прям. и перен. освещать; озарять; разоблачать; вскрывать; открывать; изобличать; 잘못을 ~ вскрывать ошибки; 밤을~ коротать ночь; проводить без сна(ночь); 두뇌를~ просвещать; 눈을~ открывать глаза(кому-л.); 잘못을~

вскрывать ошибки; 2) прибавлять огонь(напр. в лампе); 3) см. 새우다 I.

밟다 1) ступать; наступать; топтать; следить; 무대를~ выступать на сцене; 그림자를~ наступить на тень; 길을~ вступить на путь; 달빛을 ~ вступать в полосу лунного света; 황혼을~ бродить в сумерках; 2) проходить(пройти) процедуру; 3) идти(следовать) по(чьему-л.) пути; 약속을~ выполнять обещание.

밟히다 быть истоптанным; заставить (позволять) ступать(топтать); застав-лять проходить; (позволять) следовать по пути.

밤 I ночь; мрак; тьма; ~이 깊도록 до поздней ночи; ~을 세우다 коро-тать ночь; проводить без сна(ночь); 밤잔물(숭늉) вода,приготов-ленная на ночь; 밤도와 под покровом ночи; 밤새도록 문 못 들기 *посл.* ≈ всё пошло прахом; 밤 자고 나서 문안하기 *посл. букв.* проспав ночь, справляться о здоровье(хозяина)(о сказанном слишком поздно); 밤 잠 원수 없다 *посл.* ≈ времялучший лекарь.

밤 II каштан;군~печёный каштан

밤 III форма для отливки латунных изделий.

밤 IV питательные вещества(за счёт которых развивается телёнок в утробе коровы).

밤교대(-交代) [-ккё-] ночная смена.

밤낮 день и ночь; сутки; днём и ночью; всегда; постоянно; ~없이 и(ни) днём и(ни) ночью.

밤낮없이 и днем и ночью.

밤새우다 не смыкать глаз всю ночь; провести бессонную ночь

밥, 죽 I 1) варёный рис, каша, пища; корм; фураж; наживка; средства к существованию; жертва; ~값 расхо-ды на питание; ~그릇 миска для варёного риса; ~맛 вкус варёного риса; ~벌이 зарабатывать на хлеб; ~알 зёрна варёного риса; ~줄 источ-ник существования; ~통 большая миска для варёного риса; ~풀 зёрна варёного риса; ~을 먹다 а) есть рис, сваренный на пару; б) [по] есть; ~아니 먹어도 배부르다 обр. одной радостью сыт; 3) опилки; стружки; обрезки; 4) часть доски на качелях, на которой стоит более лёгкий партнёр; ~을 주다 заводить(напр.часы)

밥 II ~을 내다 заставить сознаться (под пытками);вырвать признание(у виновного).

밥 III опилки; 줄~ металлические опилки; 톱~ древесные опилки.

밥숟갈 сокр. от 밥숟가락;~[을] 놓다 a) положить ложку; б) перестать есть; в) обр. умереть.

밥술 несколько ложек варёного риса; ~이나 먹다 жить средне(не богато и не бедно).

밧줄 верёвка; тонкая верёвка; ~의 ерёвочный; ~을 매다 крепить канат; ~사다리 верёвочная лестница.

방 I клетка в центре поля(в игре ют); 방 따它 ставить фишку в первую от центра клетку.

방(房) II살림방 комната; ~을 가로 질러 바퀴벌레가 지나갔다 Через комнату пробежал таракан; ~을 깨끗이 정돈하다 содержать комнату в чистоте; 빈 ~있습니까? Есть ли свободный номер(свободные комна-ты)? ~을 놓다 делать утеплённый пол(в кор. доме).

-방(方) суф. кор. сторона(принима-ющая участие в чём-л.); 상대방 собеседник; партнёр.

방관(傍觀) равнодушие; безучастие; ~적 безучастный; равнодушный; безразличный; ~하다 смотреть равнодушно;безучастно наблюдать; смотреть(глядеть) сквозь пальцы; ~자 равнодушный человек.

방광(膀胱) I мочевой пузырь; ~염 воспаление мочевого пузыря; цистит; ~결석 камни мочевого пузыря, цистолит; ~경화증 цистосклероз; ~고정술 вези кофиксация; ~뇨관의 везикоуре-теральный; ~마비 цисто-паралич, цистоплегия; ~신경통 цис-тоневралгия; ~절개술 везикотомия, цистотомия; ~촬영술 цистография; ~하수증 цистоптоз.

방광(放光) II излучение, лучеис-пускание; ~하다 светиться.

방금(方今) (только) сейчас; только что; 그는 ~도착했다 Он только что приехал; ~방으로 들어가는 참이었다 только что я вошёл в комнату; 그는 ~떠났다 он только что ушёл.

방랑(放浪) скитание; бродяжничество; ~하다 скитаться; бродяжничать; ~ 생활을 하다 вести бродячий(ски-тальческий) образ жизни; ~자 (без-домный) бродяга; скиталец; ~생활 бродячая жизнь.

방류(放流) ~하다 спускать воду; 댐의 물을 ~하다 спускать воду с дамбы; 물고기를 ~하다 пускать мальков в воду.

방망이 I 1) скалка(для белья); ~질 하다 катать(бить) бельё

скалкой; 2) дубинка; 경찰~ полицейская дубинка; 고무~ резиновая дубинка; 참나무~ дубовая дубинка; ~[를]들다 вставлять палки в колёса.

방망이 II арх. книга полезных советов (изречений).

방면(方面) I 1) сторона; направление; 2) область; сфера; отрасль; 옥수수는 강원도~에서 많이 생산된다 в районе провинции Канвондо произрастает много кукурузы; 3) феод. округ, провинция.

방면(放免) II освобождение; ~하다 освобождать; отпускать; 구류자를 ~ 하다 освобождать арестованного; 그 친구는 무죄로~되었다 Он был арестован без вины(преступления).

방문(房門) I дверь в комнату; ~이 고장나 잘 안 닫힌다 Дверь комнаты сломалась и плохо закрывается.

방문(訪問) II посещение; визит; посещение семей учеников учителем; ~의 визитный; ~하다 посещать (кого-л.) посетить(кого-л.); прибыть с визитом(куда-л.);나는 예의상 친척 들을~해야 한다 мне надо нанести визит вежливости родственникам; 가정~ домашний визит; 공식~ неофициальный визит; ~자 수 посещаемость; ~카드 визитная карточка; 의례적인 ~ протокольный визит; 의사의 ~ визит врача; 우호~ дружественный визит; 일본~ визит в Японию.

방바닥 пол(в корейском доме); 고양 이가 ~위에 앉아있다 на полу сидит кошка; 그대로~에 쓰러진 채 잠들어 버린다 засыпает, свалившись прямо на пол; 나무~ деревянный пол; ~을 깔다 настилать пол; 천장에서~까지 от потолка до пола; 책이~위에 떨어 졌다 книга упала на пол.

방범(防犯) предотвращение преступления; ~순찰을 실시하다 осуществлять патрулирование для предотвращения преступления; ~하다 предупреждать преступления, вести борьбу с преступностью.

방법(方法)방식(方式) метод; способ; средство; мера; методика, модус; выход; 그는 다양한~으로 이 문제를 해결하였다 он пытался решить эту задачу различными способами; 다른 ~이 없다 нет другого выхода; ~을 취하다 принимать меры; вводить метод; пользоваться методом; 이것이 가장 간단한 ~이다 это самый простой способ; 과학적~ научный способ; 변증법적~ диалектический метод; 새로운~ новый метод; 연구~ метод исследования; 문제해결 ~ способ решения вопроса(проблемы); 방법을 터득하다 осознать самому метод.

방법론(方法論) методология;методика; ~학자 методист; методолог.

방벽(防辟) баррикада; ~의 баррикад-ный; ~으로 막다 баррикадировать; ~을 쌓다 строить баррикады; 조국의 ~이되다 стать баррикадой(защитой) родины.

방비(防備) 1) оборона; оборонные работы; ~하다 оборонять; готовить оборону; 수도~를 강화하였다 укреплять оборону столицы; 허술한 ~ небрежная оборона; 2) предупреж-дение(стихийных бедствий); ~하다 а) готовить оборону; б) предупреж-дать(стихийные бедствия)

방사(放射) 1) излучение; радиация; ~하다 излучать; источать; ~계기 дозиметр; ~무기 реактивное оружие; ~분량 доза радиации; ~수준 уровень радиации; ~포병 реактивная артил-лерия; ~하다 см. 발사 11); ~하다 излучать,источать.

방사능(放射能) радиоактивность; ~계열 физ. радиоактивные семейства (ряды); ~단위 единица радиоактив-ности; ~물질 радиоактивное вещество.

방사성(放射性) радиоактивность; радиоактивный; ~무기 радиоактив-ное оружие; ~비 радиоактивный дождь; ~전 радиоактивная война; ~동위원소 радиоактивные изотопы; ~방어 защита от радиоа-ктивных излучений; ~붕괴 радиоактивный распад; ~지시체 индикатор радиоак-тивности; ~오염 радиоактивное заражение.

방사형(防射刑) радиальный; лучевой; 모스크바는~도시이다 Москва-узло-вой (центральный) город.

방세(房貰) квартплата; квартирная плата;몇달치는가밀려있다 невыпла-ченная квартплата на несколько месяцев; 주인이~를 올렸다 хозяин дома повысил квартплату.

방세간[-ссе-] обстановка (мебель) в комнате.

방송(放送) 1) передача; телерадио-передача; радиовещание; телеве-щание; ~하다 передавать по радио; 그의 연주는 TV로~된다 его концерт передают по телевидению 나는 음악~을 듣고싶다 я хочу послушать музыкальную пере-дачу; 모스크바 ~ 은 언제 들을 수 있습니까? Когда можно послушать передачу из Москвы? ~을 듣다 слушать по радио; "서울~입니다" "Говорит Сеул"; 스포츠~ спортивная передача; оныне의 ~프로 программа сегодняшних предач; ~청취자 радиослу шатель;~연설 речь, произнесённая по радио; ~음악회 концерт по радио;

방송국(放送局) телерадиостанция; 중앙~ (центральный) телерадиоко-митет; 텔레비전~ телевизионный центр; телецентр; 평양~입니다 говорит Пхеньян.

방송극(放送劇) радио(теле) драма; 연속~ многосерийная драма; мы-льная опера.

방송망(放送網) сеть телевещания (радиовещания); 전국의 ~을 연결하다 соединить сеть радиовещания всей страны; 라디오 ~ радиовещание.

방송실(放送室) комната телепередачи (радиопередачи); студия.

방수(防水) I защита от воды; гид-роизоляция; 물이 새거나 넘쳐흐르는 것을 막기 위해서는~시설을 잘해야 한다 чтобы предотвратить протека-ние или выливание воды, необхо-димо хорошо установить гидрои-золяционное оборудование; ~공사[작 업] работы по защите от воды(от наводнения); ~외투 пальто из непро-мокаемой ткани; дождевик; ~매트 судовой пластырь; ~하다 защищать от воды; бороться с наводнением.

방수(防銹) II сущ. антикоррозион-ный; ~도료 антикоррозионная краска.

방식(方式),**수단**(手段) I 1) метод; спо-соб; 경기~이 다르다 метод соревно-вания различен; 우리는 새로운~으로 러시아어를 배우고 있다 мы изучаем русский язык по новому методу; 2) система; режим; 3) формула;

방식(防蝕) II антикоррозионность;

방심(放心) отсутствие мыслей; уми-ротворённость; ~하다 проявлять благодушие; быть рассеянным; ви-тать в облаках; 적을 앞에 두고 ~을 하다 Быть рассеянным, имея перед собой врага.

방아간(-間) [-ккан] здание крупо-рушки (мельницы).

방안(方案) I предложение; проект; план; 구체적인 ~을 모색하다 искать конкретный план; ~을 마련하다(세우 다) составлять план; 대응~ встреч-ный план; 조국통일~ предложения по объединению родины.

방안 II ~에 в комнате; ~에서 개를 기르다 держать(разводить) собак в комнате.

방안(方眼) III 1) квадрат(вычерчен-ный, напр. на

миллиметровке); ~칠판 клас сная доска, расчерчен-ная на квадраты; 2) горн. эксплу-тационная сетка

방앗간 здание мельницы; мельница; ~의 мельничный; 옛날에는 ~에서 곡식을 찧거나 빻았다 раньше на мельнице тололи и мололи зёрна; ~주인 мельник.

방어(防禦) I оборона; защита; ~하다 оборонять; защищать; 민주은 자유를 ~하기 위해서 일어선다 народ поднимается на защиту своей свободы; 자기 권리를 ~하다 защищать свои права; 학위논문을 ~하다 защищать диссертацию; ~력 оборонная мощь; ~선 оборонительный рубеж; линия обороны; ~태세 полная готовность; ~전연 передний край обороны; ~종심 глубина оборо-ны; ~지대 полоса обороны; ~진지 оборонительная позиция; ~하다 оборонять; защищать.

방어(魴魚) II (Seriola purpurasceus; рыба); локедра

방언(方言) I диалект; ~어법 диа- лектизм; ~학 диалектология; ~학자 диалектолог; ~적 диалектный.

방언(放言) II неосторожные(необ- думанные) слова;~로론 откровенное высказывание; ~하다 говорить необ-думанно, бросать(слова) на ветер.

방역(防疫) I предупреждение эпи- демии; карантин; профилактика; ~ 대책 противоэпидемические мероп-риятия; ~사업 профилактическая работа; ~하다 вести противоэпи-демическую борьбу.

방역(防役) II феод. ~하다 откупа- ться от трудовой повинности.

방울 I колокольчик(звонок).

방울 II 1. капля; 굵은 빗~이 내렸다 выпали крупные капли дождя; 마지막 피 한~까지 до последней капли крови; ~지다 капля по капле; 마지막~의 기름까지 착취하다 перен. выжимать последние соки; 2. счётн. сл. 1) одна капля; 2) несколько капель.

방위(方位) I 1) страны света; ~보아 똥 눈다 погов. по одёжке прини- мают; 2) направление; ориентация; ~ 목표 воен. ориентир; ~측정 воен. промер направления; ~탐지기 пелен-гатор.

방위(防衛) II оборона; защита;~하다 оборонять; защищать; выступать защитником; ~군 оборонительная армия; ~력 эшелонированная оборо-на; обороноспособность; оборонная мощь; ~산업 оборонная промышле-нность; ~선 линия обороны; 자기~ самозащита; самооборона; ~태세 оборонительное положение

방음(防音) звукоизоляция; ~의 зву-конепроницаемый; ~장치가 잘되는 방입니다 комната с хорошим шумопоглощающим устройством; ~하다 глушить(заглушать) звуки.

방저(方底) уст. четырёхугольное основание; ~원개 обр. несовпадение; противоречие.

방적(紡績) 1) прядение; ~의 пря- дильный; ~공 прядильщик(ца); ~공장 прядильная фабрика; ~기 прядильная машина; ~견사 шёлко-вая пряжа; ~공업 прядильная про-мышленность; ~성능 текст. прядиль-ная способность; ~준비 текст. пред-прядение; 2) см. 길쌈; ~하다 а) прясть; б) см. 길쌈[하다].

방정(方正) I 1) легкомысленное поведение; опрометчивый поступок; ~을 떨다 поступать легкомысленно (опрометчиво); ~맞다 легкомыслен-ный; ветреный; опрометчивый; ~스럽다 прил. казаться легкомыслен-ным (опрометчивым); 2) легкомыс-ленный человек.

방정(芳情) II доброта, доброе от- ношение.

방정맞다 1. легкомысленный, ве-треный; опрометчивый; 2. нав- лекать наказание (проклятие).

방조(幇助), 봉사 I помощь; содейст-вие; ~하다 помогать; оказывать помощь; содействовать; поддержи-вать; 그의 일을 ~하다 помочь ему в работе; ~범 помощник; ~죄 пособ-ничество.

방조(傍助) II поддержка, помощь; ~ 하다 поддерживать, помогать.

방지(防止) I предотвращение; пре-дохранение; защита; ~하다 предот-вращать; предохранять(от кого- чего-л.); предупреждать; 재난을 미연에 ~ 하다 предотвращать несчастье; 국제 적 대기오염 ~ международ- ноправо-вая защита атмосферного воздуха от загрязнения; 해양환경오염 ~ защита морской среды от загрязнения; 폭발방지기 ~ предохранитель от взрывов; ~기 предох- ранитель.

방지(旁支) II уст. отросток, ответ-вление; отрог.

방직(紡織) I ткачество; прядение и тканьё; ~의 ткацкопрядильный; ~공 ткач(-иха); ткацкий мастер; ~공장 ткацкая фабрика; ~업 ткацкая работа; ~공업 текстильная промышленность; ~하다 а) ткань; б) прясть и ткать.

방직(方直) II ~하다 правильный, прямой.

방책(方策) I предупредительные меры.

방책(防柵) II уст. воен. полисад, частокол.

방청(傍聽) I ~하다 присутствовать; быть гостем(на заседании *и т.п.*); быть вольнослушателем; ~객 вольнослушатель; публика; гости(на заседании);~권 право присутствия в качестве гостя(на заседании);~석 места для публики(гостей)

방청 II сущ. антикоррозионный; ~도료 антикоррозионная краска.

방패(防牌) I щит; прикрытие; ...을 ~로 삼아 под прикрытием(чего-л.); прикрываясь (чем-л.); ...을~로 삼다 укрываться(за чем-л.); ~막이 предлог; отговорка; ...을~로 내세우오 под прикрытием(чего-л.), прикрываясь (чем-л.).

방패(防牌) II феод. личный знак посыльного(слуги) ведомства(но- сившийся на поясе).

방학(放學) каникулы; ~하다 прек-ратить занятия на время каникул; 그는~때 마다 러시아에 온다 он при-езжает в Россию на каждые кани-кулы; ~에 학생들은 자기 집으로 흩어졌다 на каникулы студенты разъехались по своим домам; ~이 빠르게 지나갔다 каникулы проле- тели быстро; 지금 학생들은 여름 ~이다 сейчас у студентов летние каникулы; 겨울 ~ зимние каникулы.

방해(妨害) препятствие; помеха; преграда;~하다 мешать(кому-чему-л.); препятствовать; тормозить; чинить препятствия; ~가되다 быть помехой(препятствием);~되지않습니까? Не помешаю вам? ~꾼 человек, создающий препятствия(пом-ехи); ~물 препятствие; барьер; ~치안 нар-ушение общественного спокойст-вия; ...에 ~가되다 быть помехой (препятствием)(в чём-л.); ~[를] 놓다 (놓다) мешать, чинить препятствия; ~하다 мешать, препятствовать.

방향(方向) 방면(方面) 행로(行路) I нап-равление; курс; ориентация;~을 잡다 держать курс(на что-л.); ~을 바꾸다 менять направление; ~전환을 하다 изменить курс; занять другую позицию; 바다 방향으로 по нап-равлению к морю; 반대~으로 в про-тивоположном направлении; ~전환 перелом; поворот; ~정기 стр. рих-товочный прибор; ~탐지기 пелен-гатор. ~원자가 физ. направленная валентность.

방향(芳香) II аромат, благоухание; ~ 수제 фарм. ароматная вода; ~알콜제 фарм. ароматные спирты.

방화(防火) I ~갈고리 пожарный багор; ~지대 противопожарная зона; ~책임자 ответственный за противопожарную охрану; ~하다 предох-ранять(защищать) от огня.

방화(芳花) II душистый(ароматный) цветок.

밭 1) (суходольное) поле; ~에 밀을 뿌리다 засевать поле пшеницей; ~ 고랑 борозда; ~두렁 межа; ~둑 промежуток между двумя бороз- дами; ~머리 на чало борозды; ~벼 суходольный рис; 솔~ сосновый лес; 풀~ луг; клетка поля; 호밀~ ржаное поле; ~[을] 뒤다 перепахивать (суходольное) поле; 2) клетка поля (напр.на шахматной доске).

배(복부) I I. 1) живот; утроба; брюхо; желудок; ~가 고프다 проголодаться; быть голодным; 배가 부르다 быть сытым; насытиться; ~가 고픈 놈더러 요기 시킨다 посл. и большому гусю не высидеть телёнка; ~보다 배꼽이 크다 посл. = за морем телу-шка-полушка, да перевоз дорог; ~가 [앞]남산만 하다 обр. сильно выпу-ченный (о животе); 2) утолщённая часть(чего-л.). ~둥근대패 рубанок с полукруглым железком(резцом); ~둥근 끝 끌 полукруглое долото; ~[가] 맞다 а) быть соучастником (напр. за говора); б) быть в интимных отно-шениях; ~가 아프다 (쓰다) завидовать; ~[를] 곯다(주리다) сильно голодать; ~[를] 내밀다(퉁기다) упорствовать, упрямиться; несоглашаться; ~를 불리다 наживаться; ~를 따다 потро-шить(рыбу); ~에 기름이 지다жиреть (от спокойной жизни); 2. счётн. сл. для отёлов, опоросов, яйцекладок и т. п.

배 II лодка; судно; пароход; парус; флот; ~두 척 два судна; ~를 젓다 кататься на лодках; ~들이 항구에 들어왔다 корабли вошли в гавань.

배(과일) III груша; 소나무에 ~가 열 린다면 когда на сосне груши созре- ют; когда рак на горе свистнет; ~먹고 이 닦기 погов. убить двух зайцев; ~주고 배속(속) 빌어먹는다 посл. букв. от дав грушу, просить её сердцевину; ~나무 груша(дерево).

배(胚) IV зародыш; эмбрион; ~ 형성기 зародышевое состояние

배(倍) V вдвое(в ... раз); 이것은 원래 의 가격의 ~다 это вдвое больше первоначальной цены см. 곱절.

-배(輩) суф.кор. презр. группа лиц; ~ 강도배 шайка разбойников, разбой-ники.

배경(背景) фон; задний план; декора-ция; поддержка; покровительство; ~을 ~으로 на фоне(чего-л.); 나무를 ~으로 한 여인의 모습에는 женская фигура на фоне деревьев; 일어나는 국제적사건의~에는 на фоне текущих международных событий

배고프다 проголодаться; быть голодным.

배구(排球) волейбол; ~하다 играть в волейбол; ~선수 волейболист; ~장 волейбольная площадка.

배급(配給) распределение; выдача (по карточкам); ~의 распределитель-ный; ~하다 распределять; выдавать по карточкам; 상품을 ~하다 распре-делять товары; ~소 распредели-тельный пункт; ~제도 карточная система.

배기(排氣) I выхлоп; выпуск; ~하다 выходить; выпускать; ~가스 выхлоп-ные газы; ~구멍 выпускное окно; ~수갱 горн. отводящий ствол.

배기(背鰭) II арх.спинной плавник.

배낭(背囊) I заплечный мешок; ранец; рюкзак; вещевой мешок; ~을 매다 надеть рюкзак.

배낭(胚囊) II зародышевый мешок.

배다 I 1) впитываться; пропитыва-ться; 2) проступать; просачиваться; 3) запасть в душу; 4) становиться привычным;.

배다 II носить(ребёнка; детёныша); быть беременной 배지 않은 아이를 낳으랸다 посл. ≅ из пальца мёду не добудешь; 밴 아이 아들 아니면 딸이지 посл. ≅ чтонибудь да будет; 2) давать колос; колоситься.

배달(配達) доставка; разноска; рассылка; ~하다 доставлять; разно- сить; рассылать; ~로 с доставкой; 물건을 지정된 장소로~하다 доставл-ять товары на место назначения; 집으로 화물 ~ доставка товара на дом; ~부 почтальон; разносчик; доставщик; ~우편 доставка почтой

배달부(配達夫) разносчик; 신문 ~ раз-носчик газет; 우편~ почтальон; 우유~ развозчик(разносчик) молока.

배당(配當) распределение; выделе-ние; ~하다 распределять; выделять; ~금 доля; пай; дивиденд; ~체 глю-козид; 이익~ распределение прибы-лей.

배려(配慮) I забота; беспокойство; ~하다 заботиться; беспокоиться; ~해 주어 감사합니다 благодарю за ваши

배려(背戾) II 하다 противоречить (чему-л.).

배반(背反) 배신(背信) предательство; измена; ренегатство; ~의 предатель-ский; ~하다 предавать; из-менять; 친구를 ~하다 предавать своего друга; ~자 предатель; из-менник; ренегат.

배분(配分) распределение; дистри-буция; ~하다 а) распределять, разда-вать; 시간~ распределение времени; 접시마다 먹을 것을~하다 разложить еду по тарелкам;см.분배

배상(賠償) I возмещение; компен-сация; репарация; ~하다 возмещать, компенсировать; ~금 компенсация; контрибу-ционные платежи.

배상(杯狀) II сущ. рюмкообразный; бокаловидный.

배석(拜席) I циновка для коленоп-реклонения(во время церемонии).

배석(陪席) II ~하다 сидеть вместе со старшими; уст. ~판사 присяжный заседатель.

배선(配線) I 1)~하다 прокладывать; 옥내 ~공사 ремонт; работа по про-ведению проводов внутри дома; 2) см. 배전선; ~단자함 эл. распреде- лительная коробка.

배선(配船) II ~하다 размещать суда

배송(拜送) I ~[을] 내다 а) этн. со вершать обряд проводов духа оспы; б) выгонять, изгонять; ~하다 а) этн. провожать духа оспы(на 13-й день болезни); б) этн. провожать духа (совершив жертвопри- ношение и прочитав заклинания); в) изгонять (злодея).

배송(背誦) II уст.: ~하다 читать наизусть (встав спиной к учителю).

배수(倍數) I 1) откачка воды; дре-наж; осушение; водоотвод; водоо- тлив; ~량 количество откачиваемой воды; ~작업 работа по откачке воды; ~장치 дренажное устройство; 2) вытеснение воды(каким-л. предме-том); ~용적 мор. водоиз- мещение; ~하다 а) откачивать(от-водить)(во-ду); осушать; б) вытеснять(воду).

배수(配水) II водоснабжение; подача воды; ~공사 ремонт водоснабжения; ~본관 магистральный водопровод; ~지관 разводящий водопровод; ~하 다 подавать воду.

배신(背信) вероломство; ренегатство; ~하다 предавать;

ренегатствовать; ~자 вероломный человек; предатель; ~행위 вероломный акт; ~적 вероломный; ~하다 предавать

배심(陪審) I ~재판 суд присяжных заседателей; ~제도 система присяж-ных заседателей; ~하다 участвовать в суде в качестве присяжного засе-дателя.

배심 II [-ссим] 1) самоуверенность, смелость; ~[을] 대다 смело дейст-вовать; ~[을] 부리다 уверенно дейст-вовать; ~[이] 좋다 уверенный; смелый; 2) решимость.

배양(排洋) I ~하다 отвергать всё западное.

배양(培養) II 1) разведение; выращи-вание; культивирование; 2) воспи-тание, привитие; культура; ~하다 а) культивировать; выращивать; разво-дить; б) прививать; воспитывать(в духе чего-л.); 인재를~하다 воспиты-вать кадры;~액 штамп.

배열(配列) I расположение; расста-новка(в определённом порядке); ~하 다 располагать; расставлять(в опре-делённом порядке).

배열(背熱) II кор. мед. болезнь, со-провождаемая ощущением сильного жара в спине;~하다 располагать

배우(俳優) 1) актёр; актриса; артист; артистка; 이~가 주연을 맡았다 этот актёр играет главную роль; ~실 артистическая(комната);무대~ артист эстрады; 서커스 ~ цирковой артист; 연극 ~ артист драмы; 영화 ~ артист кино; 2) *арх. см.* 광대 I.

배우다 1) учить[ся]; изучать; обуча-ться; 당신은 어디서 한국말을 그렇게 잘배웠습니까? где вы научились так хорошо говорить покорейски? 선배로부터 일을~ учиться у старше-го; 부모를 보고 ~ учиться у ро-дителей; 대학에서 함께 ~ учиться вместе в университете; 인생을 ~ учиться жизни; 2) привыкать(к чему-л.); приобретать привычку; 배운 도 적갈 같다 *посл.* ≡ привычка не сапог ноги не скинешь.

배정(配定) I распределение; ~하다 распределять; раздавать; 수업시간 ~ 하다 распределять время занятий; 시간 ~ распределение времени.

배정(拜呈) II *уст.* ~하다 почтитель-но преподносить(подарок).

배짱 1) *пренебр.* мысли; думы; 2) настойчивость; упорство; ~[을] 부리 다(내밀다) настаивать; ~[이] 맞다; ~[을]대다(퉁기다) быть настойчивым, упорствовать.

배추(<白-) I листовая капуста Bras-sica campestris); 김치는 배추와 고춧 가루로 만든다 Кимчхи делают из листовой капусты и перца;~밤나비 капустная совка(Barathra brassicae); ~진디물 капустная тля(Bre- vicoryne brassicae)

배추(拜趨) II уст.: ~하다 а)подходить (к старшему); б) наносить визит, навещать (старшего).

배치(配置) I расположение; разме-щение(чего-л.); распределение; дис-локация; расстановка; расквартиров-ка; ~하다 располагать; размещать; расставлять; распределять; расквар-тировывать; ~도 схема располо-жения (размещения).

배치(背馳) II противоречие; ~하다 противоречить(чему-л.);идти вразрез (с чем-л.).

배포(排布) I 1) план; замысел; 그는 ~가 큰 사람이다 Человек с больши-ми планами; ~하다 планировать, замышлять; 2) план, замысел; 3) см. 배치 II 1); ~가 유하다 уравновешен-ный, ладнокровный; находчивый.

배포(配布) II распространение; рас-пределение; доставка; ~하다 разно-сить; доставлять; распространять; раздавать; 유인물을 ~하다 расп-ространять тираж.

배합(配合) 1) смешение; сочетание; ~하다 смешивать; сочетать; комби-нировать; 사료를 잘~하다 хорошо смешивать фураж для скота;~비료 сложные удобрения; ~시료 комби-корм; 2) уст. бракосочетание; 3) тех. дозировка.

배합률(配合率)[-함뉼] дозировка.

배합물(配合物) [-хам-] шихта.

배회(徘徊)~하다 бродить;слоняться; скитаться; ~고면 уст. слоняться и глазеть по сторонам.

배후(背後) 1) сущ. за спиной; сзади(чего-л.); веон. тыл; ~에서 비방 하다 критиковать за глаза; 2) задняя сторона.

백(白) I 1) белый(цвет); 2) см.백지 III

백(百) I сто; ~루블 сто рублей; 가격을 ~달러나 더 올렸다 надбавить к цене сто долларов; 당신은 ~달러를 더 지불해야 한다 Тебе надо допла-тить ещё сто долларов; 당신이 ~프로 옳아요 Вы на сто процентов правы; ~번 듣는 것이 한번 보는 것 보다 못하다 лучше один раз увидеть, чем сто раз услышать; 백번 듣는 것이 한 번 보는 것 만 못하다 посл. букв. лучше один раз увидеть, чем сто раз услышать; 백 세 후 вежл. после Вашей смерти.

백과사전(百科辭典) энциклопедия; энциклопедический словарь.

백금(白金) платина; ~은 장식품을 나드는데 사용된다 платина широко используется в изготовлении декоративных предметов; ~도가니 плати-новый тигель; ~사진 фотопечатание с применением раствора платиновых солей.

백년(百年) 1) сто лет; очень долгое время; ~가약 клятва в верности на всю жизнь(супругов); ~대계 план на далёкое будущее; далеко идущий план; ~해락 счастливая семейная жизнь; ~해로 дожить до старости в мире и согласии(о супругах); ~언약 поклясться прожить вместе всю жизнь(о супругах); 2) см. 백날 2).

백두산(白頭山) гора Пэктусан; ~노루 косуля(Capreolus pygargys pygargys); ~쇠박새 буроголовая гаичка(Parus atricapillus sachalinensis); ~족제비 зоол. ласка(Mustela nivalis mosanensis).

백발(百發) седые волосы; седина; ~ 백중 стопроцентное попадание(в цель); ~노인 седовласый старик; ~ 홍안 седые волосы и розовые щёки; ~환흑 уст. появление чёрных волос на седой голове.

백방(百方) I ~[의] всесторонний; всемерный; ~으로 всемерно; всесторонне; ~으로 수소문하다 распространять слухи во все стороны; ~천계 разные способы и меры; ~효유 уст. разъяснять и так и сяк(со всех сторон); ~으로 всячески, всемерно, всесторонне.

백삼(白衫) I белая одежда, надеваемая под ритуальное платье церемониймейстером на государственном жертвоприношении.

백삼(白蔘) II женьшень, высушенный на солнце.

백색(白色) I 1) белый цвет; ~선철 (주철) тех. белый чугун; ~인종 см. 백인종; ~왜성 астр. белые карлики; 2) сущ. контрреволюционный; ~공포 (테로) белый террор.

백색(百色) II уст. особенности, специфические(характерные) черты.

백성(百姓) народ; ~의 목소리는 하나 님의 목소리이다 Глас народа глас Божий; 백성들을 깨우치다 пробудить народ.

백신(vaccine) вакцина; ~주사를 놓다 вакцинировать; ~요법 вакцинотерапия.

백열(白熱) белый накал; накал; ~등 лампа накаливания;

- 397 -

~하다 накали-ваться добела; ~전구(電球) эл. лампа накаливания; ~적 напряжённый; ожесточённый.

백의(白衣) 1) белая одежда; ~민족 корейский народ; ~종군 идти на войну простым солдатом; ~천사 медсестра; ~동포 обр. корейские соотечественники; корейцы; 2) человек, не состоящий на государс-твенной службе; ~정승(재상) конфуцианский учёный, сразу ставший членом государственного совета; 3) мирянин.

백일(白日) I 1) яркое солнце; ~청천 яркое солнце и голубое небо; ~하에 폭로하다 обр. выводить на чистую воду; 2) см. 대낮; ~비승(승천) уст. миф. вознесение на небо среди белого дня.

백일해(百日咳) коклюш; ~는 어린애가 잘 거리는 호흡기 전염병이다 Кок-люшинфекционная болезнь дыха-тельных путей, которой часто болеют дети.

백전(百戰) I многочисленные бои (сражения), ~노상 а) опытный по-лководец; б) обр. человек, проше-дший огонь, воду и медные трубы; ~노졸 а) уст. ветеран; б) см. 백전 [노장] б) ~백승 непобедимый, всепобеждающий, незнающий пора-жений.

백전(白戰) II уст. 1) рукопашный бой, рукопашная схватка; 2) обр. состя-зание поэтов.

백지(白紙) I 1)бумага из коры бу-мажного дерева; 2) белая бумага; чистая бумага; чистый бланк; 3) см. 공지 II; ~동맹 арх. коллективный отказ студентов писать работу; 4) полнейшее невежество(в чём-л.); 5) отсутствие ясности, неопределён-ность.

백지(白地) II 1) уст. бесплодные земли; ~징세 облажение налогом бесплодных земель; 2) ~에 без всякой подготовки; на пустом месте; ~애매 безвинно пострадать.

백혈구(白血球) белые кровяные шарики; лейкоциты; ~감소증 лейко-пения; ~요법 лейкотерапия; ~모세포 лейкобласт; ~증다증 лейкоцитоз.

백화점(百貨店) универсальный ма-газин; ~물건은 시장 물건보다 비싸다 товары в универмаге стоят дороже, чем товары на рынке.

밴드(англ. band) лента; музыкальный ансамбль; ~에 맞추어 노래 부르기가 쉽지 않다 Нелегко петь песню в такт с ансамблем;~마스터 руково-дитель музыкального ансамбля.

밸 I прост. 1) кишки, потроха, вн-утренности; 2)

злость;뱰[이]나다 см. 부아[가 나다]; 3) см. 배짱; 뱰[을] 부리다 а) см. 배짱[을 부리다] б) упорствовать, упрямиться; 뱰이 꼬이다 питать отвращение.

뱰 II нутро; ~(창자)이 골리다 нутро выворачивается.

뱰런스(*англ.* balance) баланс; ~가 맞지 않는다 баланс неправилен.

뱰브(*англ.* valve) клапан; ~를 꽉 조여라 плотно закрой кран.

뱀 змея; ~에 물려죽다 умереть от укуса змеи; ~이 숲속으로 기어갔다 змея поползла к лесу; 한국에는 약 9가지~종류가 있다 В Корее имеется около 9 видов змей;~이 오래 묶으면 용이된다고 한다 говорят,что если змея долго живёт, то становится драконом;~이 물을 마시면 독이 되고 소가 물을 마시면 우유가 된다 Если змея выпьет воду, то вода станет ядом, если коровато молоком; ~을 그리고 발을 붙이다 обр. делать ненужное дело; ~[을] 잡다(보다) обр. навлечь на себя беду.

뱃길 водный(морской) путь.

뱃노래 [뺀-] 1] песня гребцов(как Стенька Разин); 2)песня о жизни моряков; 3) муз. баркарола.

뱃속 внутренность живота; ~이 좋지 않다 с животом плохо; ~이 쓰리다 живот колет; ~이 드려다 보인다 виднеется нутро;~을 알 수 없다 трудно узнать чужие мысли.

뱅 ~돌리다 а)прокрутить(напр. ко-лесо); б)быть окружённым (напр. горами).

뱅크(*англ.* bank) банк; ~에 예금하다 положить деньги в банк; 국립~ госу-дарственный банк; 외환~ валютный банк; 주택 ~ жилищный банк.

뱉다 1) выплёвывать; 2) выклады-вать; выставлять; 3) выдавливать из себя (слова *и т. п.*); 침을 ~ плевать; 기침을 ~ откашливаться.

버거(*англ.* burger) бургер: 치즈~ чизбургер; 햄~ гамбургер.

버럭 1) сильно;чрезмерно; 화를 ~내다 прийти в ярость; 2) резко; внезапно; 소리를 ~지르다 испустить вопль.

버럭버럭 сильно; чрезмерно; ~성을 내다 прийти в ярость; ~고함을 지르다 испустить вопль.

버릇 привычка; дурная привычка; дурные наклонности; правила по-ведения; ~없다 невоспитанный; непочтительный; нетактичный; неп-риличный; неучивый;~을 들이다 приобрести привычку;~을 떼다 бросить привычку; ~을

가르치다 исправлять дурные наклонности; ~ 하다 а)привыкать; б) становиться (дурной) привычкой.

버리다 бросать; оставлять; избавляться(от кого-л., чего-л.); портить; калечить; 물을 ~ выливать воду; 생각을 버리다 отказаться от мысли; 아/어/여 выражает законченность действия; 읽어 버리다 почитать; 웃어 버리다 рассмеяться.

버림 ~[을]받다 а)быть брошенным (оставленным); б)получить отказ; быть отвергнутым; подвергаться бойкоту.

버물다(버무니, 버무어) быть вовлечённым(замешанным,причастным).

버물리다 1) быть смешанным(перемешанным); 2) заставлять (позволять)смешивать(перемешивать); 3) смешивать, перемешивать.

버선 (корейские) носки;~을 신고 다니다 одевать корейские носки; ~ 신고 발바닥 긁기 см. 신[신고 발바닥 긁기] I.

버섯 гриб[ы]; ~요리 блюдо из грибов; 독~ ядовитый гриб; 식용~ съедобный гриб; ~나물 грибы(как закуска); ~중독 мед.отравление грибами, мицетизм.

버스(bus) автобус; ~운전사 водитель автобуса; ~의 автобусный; ~로 통근 하다 ездить на автобусе; ~를 타고 가다 ехать на автобусе;ехать автобусом; 나는 종종 ~ 탄다 Иногда я сажусь в автобус; ~가 정류장에 들어 선다 автобус подходит к остановке; ~노선 автобусная линия; ~여행 путешествие на автобусе; ~요금 плата за проезд в автобусе; 관광 ~ туристический автобус; 근교 셔틀 ~ пригородный автобус;

버젓이 веско, солидно; открыто; в открытую.

버튼(англ. button) кнопка; звонок; ~을 누르다 нажимать на кнопку.

버티다 подпирать; поддерживать; выстоять; выдержать; держаться до конца; не подчиняться; упираться; сопротивляться; 못하겠다고~ говорить до конца,что не могу.

벅차다 непосильный; переполненный; кипучий; напряжённый; 하루에 끝내기는 좀 ~ закончить за один день непосильно; 가슴 벅찬 감격 чувство, переполняющее грудь.

번(番) I дежурство; раз; 한 ~один раз; 다섯 ~ пять раз; 이 번에는 на этот раз; 몇 번 а) несколько раз; б) сколько раз; 번갈아 попеременно; 번갈아 들다 меняться, чередоваться; ~[을] 나다 возвратиться с дежурства; ~을 나들다

сменяться(о дежурных); ~[을] 들다 выходить(заступать) на дежурство; ~[을] 서다 быть на дежурстве

번(旛) II ритуальный стяг.

-번(番) суф. кор. сторож; 현관번 привратник, швейцар.

번개 молния;~의 молниевый; ~형의 молниевидный; ~치다 сверкать; блеснуть; ~가 번쩍였다 молния сверкнула; ~같은 속도로 с быстро-той молнии; 마른 ~ зарница; ~가(를) 치다 а) сверкать(о молнии);б) промелькнуть с быстротой молнии; ~치듯 молниеносно, с быстротой молнии; ~가 잦으면 천둥한다(벼락 늦이라) посл.≡ молния ударитжди грома; ~같이 а)молниеносно; б) неожиданно, внезапно.

번개불 вспышка молнии; ~이(을) 치다 см. 번개(가 치다); ~에 담배 붙이겠다, ~에 콩복아 먹겠다,~에 회 쳐 먹겠다 обр. в мгновение ока; ~에 솜 구워먹겠다 погов.≡врёт как сивый мерин.

번거롭다 довольно сложный (за-путанный); шумный.

번뇌(煩惱) душевные муки(терзания); страдания; терзаться; мучиться; стра-дать; ~하다 1) терзаться, мучиться; 2) мучительный. 번듯이 прямо, ровно.

번듯하다 прямой; ровный; 번듯하게 생긴여자 женщина с правильными чертами лица.

번민(煩悶) огорчение; мучение; тер-зание; страдание; ~하다 огорчаться; мучиться; терзаться; страдать.

번번이 каждый раз; постоянно; всегда; ~이 실패하다 каждый раз терпеть неудачу.

번성(蕃盛) процветание; расцвет; ~ 하다 расцветать; процветать;бурно расти(развиваться).

번식(繁殖) размножение; разведение; ~하다 размножаться; разводить;~기 период размножения; ~력 плодови-тость; 유성~ половое раз-множение; ~기관 половые органы.

번역(飜譯) перевод; ~하다 перево-дить; ~할 수 없는 표현 выражение, неподдающееся переводу; 이~은 원문과 아주 다르다 этот перевод по смыслу далёк от оригинала; ~가 переводчик; ~물 переведённый текст (документ); ~자 переводчик; ~문학 переводная литература.

번영(繁榮) процветание; расцвет; ~ 하다 цветущий; процветающий; процветать; 국가~ процветание государства.

번잡(煩雜) запутанность; ~하다 сложный; запутанный; хлопотливый; сутолочный; ~해지다 запутывать[ся]

усложнять[ся]; ~스럽다 прил. а) казаться сложным(запутанным); б) казаться хлопотливым(суетолочным).

번지(番地) номер земельного участка.

번지다 I распространяться; расхо- диться; растекаться; расплываться; изменяться; преображаться; 잉크가 종이에 번지다 чернила растекаются по бумаге; 상처가 ~ увеличиваться(о ране).

번지다 II 1) перевёртываться; пере-листывать; 2) пропускать(напр. очередь); 3) изъясняться на другом языке.

번지르르 얼굴에는 기름이 ~흘렀다 лицо лоснилось от жира; ~하다 а) блестящий; лоснящийся; б) гладкий, скользкий; в) красивый(о словах).

-번째 첫~ первый; 두~ второй

번쩍 1)~하다 блеснуть; сверкнуть; мелькнуть; ~이다 блестящий; сверкну-ть; вспыхнуть; ~거리다 блестеть; поблёскивать; сверкать; впыхивать; 2) резко; неожиданно; быстро; 고개를 ~처들다 вскинуть голову; 정신을 ~차리다 быстро очнуться(прийти в себя).

번쩍이다 блеснуть; сверкнуть.

번창(繁昌) процветание; расцвет; ~하다 процветать; процветающий; оживлённый; 장사가 ~하다 торго-вля процветает.

번호(番號), 번지(番地) номер; ~판을 돌리다 набрать номер; 전화 ~를 말씀해 주세요 скажите, пожалуйста, ваш номер телефона; ~부 справо-чник номеров

번화(繁華)~스럽다 прил. а) казаться цветущим(процветающим); б) ка- заться оживлённым; ~하다 а) цве-тущий; процветающий; б) ожив-лённый, шумный;многолюдный.

벌 I поля(и луга); равнина.

벌(䑓) II комплект; пара; сервиз; 양복 세~ три костюма.

벌 III пчела; оса; 꿀~ медоносная пчела; 야생~ дикая пчела; лесная пчела; 일~ пчелаработница; рабочая пчела; ~쐰 사람 같다 словно ужа-ленный; [에] 쐬다 лопаться, раскрываться(о плоде каштана, пора-жённом болезнью).

벌(罰) IV наказание; кара; взыска-ние; 그는 담배를 피운 죄로 ~을 받았다 его наказали за курение; ~을 주다 наказать; подвергнуть наказа-нию; ~을 받다(쓰다) подвергнуться на- казанию; понести кару; быть на- казанным;

~로써 в наказание; 본보 기로써~을 주다 наказать примерно; 천~ наказание свыше; ~[을]서다 отбывать наказание

벌(閥) V родственные отношения; 그는 나의 조카~이다 он мой племянник.

벌(閥) VI родственные отношения; 그 분이 너의 무슨 벌이되느냐? Кем он тебе приходится?

-벌 суф.родство; 아저씨벌 дядя.

벌금(罰金) штраф; пеня; ~의 штраф ной; ~을 물다 заплатить штраф; ~을 메기다 штрафовать;наложить штраф; ~형 денежное наказание.

벌다 I (버니, 버어) образовываться (о щели); трескаться; раскалываться; расходиться; становиться портиться; распускаться; раздаваться; разрас-таться; 줌이 벌게(벌도록) 쥐다 наб-рать полную горсть.

벌다 II (버니, 버어) заслуживать; заработать; 생활비를 ~ зарабаты- вать на жизнь.

벌떡 внезапно; ~일어나다 внезапно встать; усил. стил. вариант 발딱.

벌레 насекомое; червь; ~먹은 чер-воточный;насекомоядный; ~ 먹은식 물 насекомоядные растения;~먹은 자리 червоточина; 누에~ шелкович-ные черви.

벌리다 образовывать(щель); широко расставлять(раскрывать); распрости-рать разгребать; раскидывать; 벌린 입을 다물지(단치지)못하다 раскрыть рот от изумления; см. 벌이다; 벌린 춤 обр. нельзя оставлять начатого дела.

벌리세요 откройрот.

벌써, 이미 уже; 그는 이미 애가 아니다 он уже не ребёнок; 우리가 도착했을 때 그는 ~떠났다 когда мы пришли, он уже уехал;~부터 с давних пор.

벌어지다 1) образовываться(о щели); развертеться; расходиться; расшир-яться; 사이가 ~ отдаляться друг от друга; дать трещину(об отношениях); 2) распускаться(о листьях); 3) раз-даваться(вширь); разрастаться; 4)раз-вёртываться; расстилаться; отры-ваться(перед взором); 한줄로 ~ рас-сыпаться цепочкой; 5) расширяться кверху(о посуде); 6) возникать, начинаться; 전쟁이 ~ разразиться(о войне).

벌이 заработок; ~로 생계를 유지 하다 заработать свой хлеб; 그는 ~ 이가 좋다 он хорошо зарабатывает; 돈 ~가 잘 되다 хорошо зараба-тывать; ~하다 зарабатывать.

벌이다 раскладывать; расставлять; распростирать; начинать; основы-вать; открывать.

벌집 соты; 가로~улейлежак; 세로~ улейстояк; ~조직 текст. вафельное переплетение; ~을 건드리다 посл. подлить масла в огонь(букв. шарить (рукой) в улье).

벌칙(罰則) положение о наказаниях (штрафах); нарушение положения о наказаниях; ~강화 ужесточение правил.

범, 호랑이(虎)~ I тигр; страшный и свирепый человек; 한국신화에 ~은 성스러운 산신령으로 등장한다 В корейских легендах тигр выступает в качестве священного горного духа; ~나비 잡아 먹은듯 обр. словно птичка поклевала; ~도 새끼 둔곳을 센다(두남을 둔다) посл. букв. даже свирепый тигр чувствует привя-занность к своим детёнышам; ~도 제말(소리)하면 온다 посл.: лёгок на помине(букв. тигр(и тот) приходит, когда о нём говорят); ~본 할미 창구멍 틀어막듯 а) словно бабка, закрывающая окно(бумагой) при виде тигра; б) обр. на скорую руку (поесть)范의 차반 мотовство.

범(凡)II уст. книжн. см. 무릇.

범-(汎) преф. кор. пан...; 범아메리 가주의 панамериканизм.

-범(犯) суф. кор. 1) преступление; 2) преступник; 정치범 а) политичес-кое преступление; б) полити-ческий преступник.

범람(汎濫) разливаться; выходить из берегов; наводнять; река вышла из берегов; ~구역 пойма реки; ~하다 а) разливаться, выходить из берегов; б) перен. наводнять; в) арх. выходить из рамок.

범론(汎論,汎論,氾論) [-논] 1) общие замечания; основы введение(в науку); 2) основная линия; общие черты.

범벅 густой кисель из муки; бес-порядок; мешанина; ~되다 невнима-тельный; небрежный; неаккуратный; ~먹은 고양이 손 같다 обр. заско-рузлые(о руках); ~으로 묻다 быть облепленным(запачканным); ~타령 песня шаманки.

범인(凡人)I заурядная личность; заурядный человек; 니체는 인간을 초인과 ~으로 나누었다 Ницше раз- делял людей на выдающихся и заурядных.

범인(犯人) II преступник; субъект преступления; ~이 숨었다 престу-пник скрылся; 전쟁 ~ военный преступник.

범죄(犯罪) преступление; преступ- ный акт; преступное деяние; пре-ступность; ~적 преступный; ~를 범하다 совершить преступление; ~자가 감옥에서 탈출했다 преступник убежал из тюрьмы; 국제적~ меж-дународное преступление; 반평화 ~ преступление против мира; 반평화 인류~ преступление против мира и человечества; ~자 преступник; 범죄 자 인도 экстрадиция; 비인도적 ~ преступление против человечности; 전쟁~ военные преступления; ~하다 совершать преступление; ~공모자 соучастник преступления; ~의학 судебная медицина.

범퍼(англ. bumper) бампер; 자동차 사고로 범퍼가 찌그러 들었다 из-за дорожного происшествия бампер искривился.

범행(犯行) I преступление; престу-пное действие; ~하다 совершать преступление.

범행(梵利) II будд. отказ от чувст-венных наслаждений.

법(法),권리(權利)법령(法令) право; закон; правило; правосудие; законодатель-ство; 공장~ фабричное законодатель-ство; ~과(科) кафедра правоведения; ~교육 правовое образование; 국~ государственное право; 국제~ меж-дународное право; 군~ военный закон; 금지~ запретительный(запре-щающий) закон; 기본~ основной закон; 노동~ трудовое законода-тельство; трудовое право; закон о труде; ~학 юридические науки; юриспруденция; правове-дение; 자연보호~ закон об охране природы; 해양~морское право; 해상~ морской закон; 형~ уголовное право; 혼인~ законодательство о браке; 혼인 및 가족~ закон о браке и семье; 있다(없다) иметь (не иметь)обыкновение; 성내는 법이 없다 не иметь обыкновения сердиться.

-법(法) 1) закон, правило; 선거법 избирательный закон; 2) способ; метод; приём; 배제법 метод искл-ючения; 3) учение; 삼각법 триго- нометрия; 4) лингв. наклонение; 명령법 повелительное наклонение.

법관(法官) судейский чиновник; судья; ~은 재판에서 공명정대해야 한다 судья на суде должен выносить справедливые решения.

법규(法規) законы и правила; пра-вовые нормы; устав; узаконения; установления; законоположения; 현행 ~에 따라 по существующим зако-ноположениям; 관세~

таможенный устав; 당~ устав партии.

법규범(法規範) законность, рамки закона.

법도(法道) уклад(образ) жизни; ~에 어긋나는 행동을 하지마라 Не совер-шай поступков, противоречащих (обычному) укладу жизни.

법령(法令) закон;законы и декреты; ~의 декретный.

법례(法例) [помнйе] уст. правила применения законов; законополо- жения.

법률(法律) закон; законодательство; ~상 с юридической точки зрения; ~ 가 юрист; правовед; законовед; ~개 정 пересмотр закона; ~고문 юрис-консультант; ~관계 правовые отно-шения; ~모순 коллизия законов; ~심 의회 законо-совещательная комис-сия; ~안 законопроект; ~위반 нару-шение законов; ~제정 законо-датель-ство; ~[적] правовой, юридический; ~사무소 юридическая контора; ~사 실 юридический факт; ~질서 юр. правопорядок; ~행위 юр. сделка.

법석(法席) I шум; гвалт; шумиха; шумно; ~을놓다(놀다) шуметь, галде-ть; ~을 치다 сильно шуметь, галде-ть; ~하다 шуметь.

법석(法席) II будд. место чтения сутр(на молитвенном собрании), «сиденье драхмы».

법원(法院) суд; трибунал; ~소환장 повестка в суд;~장 прокурор; 고등~ кассационный суд; 대~ верхо-вный суд; 지방~ окружной суд; 최고~ верховный суд(трибунал).

법인세(法人稅) налог на юридиче-ское лицо; ~법 закон о налогооб-ложени юридических лиц.

법정(法廷) I суд; трибунал; зал суда; судебное заседание; ~에 서다 предс-тать перед судом; 국제군사~ между-народный военный трибунал; ~의사 록 протокол судебного заседания; ~을 열다 начинать судебное разбира-тельство.

법정(法定) II ~하다 определять (устанавливать) законом.

벗 друг; подруга; соратник; ~하다 дружить; 벗(친구)따라 강남간다 посл. за другом идёт на край света (букв. за другом идёт за реку Янцзыцзян); 벗[을] 트다 дружить; 벗[이] 닿다 разгораться(об углях, дровах).

벗겨주다 снимать(обвинение).

벗겨지다 1) спадать(о покрывале и т. п.); слетать(о шапке и т. п.); 2) оголяться; лишаться растительности; лысеть.

벗기다 быть снятым; спадать; расс-тёгивать; 사과껍질을~

снимать кожу-ру с яблока.

벗다 снимать; сбрасывать; избав-ляться; освобождаться; отказаться(от обычая); бросить, внешне меняться; 벗은 голый; 신발을~ разуться; 짐을~ снять с себя ношу; 책임을~ снять с себя ответственности; 허물(가죽)을 ~ менять кожу, линять; 누명을~ реабилитироваться; 치욕을~ смывать позор; 빚을~ расплатиться с долгами; 애티(애기티)가~ терять ребяческий вид; 양심에 벗어나다 идти против совести; 기대에 벗어나다 обмануть надежды.

벗어나다 сойти(с чего-то); 기차가 레일에서 ~ Поезд сошёл с рельс.

벗어버리다 сбрасывать с себя платье(одежду); сбрасывать кожу; сбрасывать маску.

벗어지다 1) сниматься, слетать, спадать; падать(о чём-л. висящем); слезать(о коже); 2) очищаться; лущи-ться; 3) развязываться(о свёртке и т. п.); 4) выпадать(о волосах); лысеть; 5) исчезать; таять; проходить(напр.об угрях); 애티가 ~ терять ребяческий вид; 6) рассеи-ваться(о тумане, тучах).

벗었습니다 снял.

벙어리 1) сущ. немой; ~와 봉사가 싸우면 누가 이길까요? Если будут драться слепой и немой, то кто победит? ~냉가슴 앓듯 обр. пережи-вая в душе; ~발등 앓는 소리 обр. тянуть кота за хвост; ~재판 обр. рассудить двух немых; ~차접을 맡았다 обр. набрать в рот воды; 2) копилка.

벚 вишня; черешня; ~꽃 вишнёвый цветок; ~나무 вишня; вишнёвое дерево; ~동산 вишнёвый сад. 벚꽃 цветок вишни.

벚나무 вишня.

베 ткани.

베개 подушка; ~가 너무높다 подуш-ка слишком высокая; 환자의 머리맡 에 ~를 대어주었다 больному подло-жили под голову подушку; ~너머(밑) 송사(공사, 청) обр. просить (что-л.) у мужа в постели(о жене).

베니어판(англ. veneer + 板) фанера.

베니어 шпон; фанера.

베다(썰다) 1) подкладывать под голо-ву; резать; рубить; 나무를 베어냈다 Дерево перерубили.

베다 II 1) резать; жать; косить; кроить; разрубать; рассекать; 목을~ обезглавить; 베어도 움돋이 обр. уничтожишь, а оно снова появляется; 2) порезать; 손을~

порезать(обре- зать) руку.

베데스다(*англ.* Bethesda) 벳자타 Вифезда = Дом милосердия; 베데스다/벳자타연못(Pool of Bethesda, Bethzath)

베란다(*англ.* veranda) веранда; 우리 집 ~에서는 시내가 한눈에 보인다 С веранды нашего дома город виден как на ладони.

베스트(*англ.* best) самый лучший; ~ 드레스 человек, одевающийся лучше всех; ~멤버 самый передовой член; ~셀러 бестселлер.

베어링(*англ.* bearing) подшипник; ~동체 корпус подшипника; ~도시 *тех.* вкладыш; 기계의 베어링이 망가 졌다 У той машины сломался по- дшипник. **베어내다** отрезать.

베이비(*англ.* baby) ребёнок; ~를 울리 지마라 Не заставляй ребёнка плакать

베이스(*англ.* base) основа; фунда- мент; бас.

베이커(*англ.* baker) булочник;그~는 빵을 맛있게 굽는다 этот булочник хорошо печёт хлеб.

베이컨(*англ.* bacon) бекон.

베일(*англ.* veil) вуаль; 그녀는 얼굴을 ~로 가리고 있다 она закрывает лицо вуалью.

베풀다(베푸니, 베푸오) учреждать; создавать; сооружать; устраивать; оказывать.

벤진(*англ.* benzene) бензин; 자동차에 ~을 채우다 заправлять машину бензином

벤치(*англ.* bench) скамейка; ~의 ска- меечный; ~에서사람이 앉아서 이야기 하고 있다 на скамейке сидят три человека и раз говаривают.

벨(*англ.* bell) электрический звон**ок**; ~신호로 문을 열다 открывать дверь на звонок; ~소리가 시끄럽다 звонок громкий; 전화~ звонок в телефонном аппарате; 탁상용 ~ настольный звонок; *диал. см.* 별 I.

벨트(*англ.*belt)поясной(приводной) ремень; ~콘베야 ленточный(ремён-ный) конвейер.

벼(나록(羅祿),정조(正租),답곡(畓穀) рис; 밭~ суходольный рис

벼락 1) молния; грозовой разряд; удар молнии; ~의 молниевый. ~이 나무에 떨어지다 Молния ударила в дерево; ~공부 учёба наспех; по-верхностные занятия; ~로 словно молния; ~바람 внезапный удар; ~맞은 소고기 (소뜯어) 먹듯한다 *обр.* расхватывать на шарап; ~같다 молниеносный; ~치듯 a) как молния; молниеносно; б) оглушительно; 2) сокрушительный удар; ~[을] 맞다 получить сокрушительный удар; 3) сильная ругань, громы и молнии; ~대신 a) человек, которому любое дело по плечу; б) сущ. быстрый на ответ; сообразительный человек; ~부자 скоробогач; ~잔치 угощение, прио-товленное на скорую руку; ~장아찌 вежие овощи в соевом соусе; ~죽음 скоропостижная смерть; ~회의 короткое собрание, летучка.

벼룩 блоха; 개는~을 잡을 수가 없다 из собаки блох не выколотишь; ~등에 육간대청 짓겠다 обр. огород горо-дить; ~선지 내어다는다 *посл.* ≡ у него зимой(горсти) снега не вып-росишь (букв. из блохи кровь выда-вит и ту выпьет).

벼르다 I (벼르니, 별러)(마음먹다) за-думывать; замышлять; намерева-ться; собираться; готовиться; 벼르던 아기 눈이 먼다 *посл.букв.* ребёнок, кото-рого долго ждали, родился слепым.

벼르다 II (벼르니, 별러)(나누다) расп-ределять; делить.

벽, 장벽 I стена; стенка; 나는 못을 ~에 박을수가 없다 Я не могу вбить в стену гвоздь; ~에 공고를 붙였다 На стену приклеили объявление; ~에 구멍을 뚫어야 한다 надо пробить дырку в стене; ~에 커다란 그림이 걸려있다 На стене висит большая картина; 크레물린 성~ кремлёвская стена; ~[을] 치다 возводить глино-битную стену.

벽(癖) II 1) пристрастие, страсть; 2) вредные(дурные) привычки.

벽돌(-乭)кирпич;~을 쌓았다 класть кирпичи; ~로 집을 짓는다 строить дом из кирпичей.

벽지(壁紙) захолустье; глушь; глу-хомань.

변(邊) I сторона многоугольника.

변(變) II необычайное происшест-вие(событие); беда; несчастье; ~으로 необычно; неожиданно.

변 III тайный язык; арго.

변(便) IV экскременты; выделения

변-(變) преф. кор. перемена; 변성명 изменение имени и фамилии.

변경(變更) изменение; перемена; поправка; изменять; вносить поп-равку; ~하다 изменять, аьдноп명의 로 ~하다 переписывать на сына (напр.имущество).

변기(便器) ночной горшок; унитаз; судно.~를 깨끗이

사용합시다 давай-те чисто пользоваться унитазом.

변덕(變德) непостоянство; капризы; причуда; ~을 부리다 проявлять неп-остоянство; ~스럽다 казаться непос-тоянным (капризным; ветреным); ~[을] 떨다 быть ветреным.

변덕스레 ветрено; капризно.

변동(變動),**변경**(變更) перемена; изме-нение; изменения; ~하다 изменять.

변두리(邊-) 1) край; окраина; 내~ берег речки; 집~ около дома; 숲~ опушка леса; 2) край(посуды), зак-раина.

변명(辨名) I 1) оправдание; объяс- нение; ~하다 оправдывать[ся]; ~하지 말고 솔직히 말해라 не оправды-вайся, а говори откровенно; ~무로 уст. невозможно оправдать; 2) уст. разбор, выяснение; ~하다 а) оправ-дывать[ся](в чём-л.); б) разбирать, выяснять.

변명(變名) II 1) ~하다 менять(имя); 2) новое(изменённое) имя.

변모(變貌)1)~하다[видо]изменяться;   менять   облик; преображаться; 2) изменённый облик; видоизменение; преображение; трансформирование; ~없다 а) грубый, неотёсанный; б) прямолинейный.

변비(便秘) запор; ~로 고생하는 환자 가 의외로 많다 довольно много па-циентов, страдающих запором; ~약 слабительное средство.

변성기(變聲期) половая зрелость;   период, когда у подростков лома-ется голос.

변소(便所) уборная; туалет; уборная со спуском воды; ватерклозет; ~가 무척 더럽다 Туалет ужасно грязный

변속(變速) ~장치 механизм пере- менных скоростей; ~하다 менять (скорость)

변압기(變壓器)   эл.   трансформатор;   ~   가 고장났다трансформатор сломался.

변절(變節) предательство; ренега-тство; измена; ~자 изменник; пре-датель; ренегат; ~하다 нарушать верность, совершать измену(пре-дательство).

변증법(辨證法) диалектика; ~적 диа-лектический; ~적 유물론 диалекти-ческий материализм.

변질(變質) изменение качества(свой-ства); перерождение; вырождение; дегенерация; изменять свойства(ка-чества); ~하다 а) изменять свойства (качества); б) вырождаться, дегене-рировать.

변태(變態) 1) аномалия; патология; ~적 ненормальный; ~성욕 ненор-мальная сексуальность; ~심리 психо-патология; ~심리학 психопатология; 2) биол. метаморфоза; бот.анаморфоз.

변하다(變-) изменять[ся]; превраща-ть[ся]; 물이 얼음으로 변했다 вода превратилась в лёд; 마음이~ быть непостоянным(ветреным).

변형되다 изменяться; изменять фор-му.

변호사(辯護士) адвокат, защитник.

변화(變化) 1) перемена; изменение; 근본적~ коренные изменения; ~무쌍 поразительно изменяться; ~무쌍 необыкновенно изменяться; ~불측 неп-редвиденно изменяться; 2) лингв. склонение; спряжение; ~시키다(하다) а) изменять[ся]; б) склонять[ся] спрягать[ся]; ~를 겪다 терпеть изменения; ~시키다 изменить.

변환(變換) I ~하다 [из] меняться; превращаться; 성공하기 위해서 사고 의 ~이 중요하다 для того, чтобы добиться успеха, важно сменить образ мышления.

변환(邊患) II уст. тревожное поло-жение на границе.

별 I 1) звезда; звёздочка; ~이 하늘을 뒤덮었다 Звёзды усеяли небо; 별 겯듯하다 словно усыпанный звёзда-ми; 창검이 별 겯듯하다 обр. ощети-ниться штыками; 2) звёздочка (на лбу животного).

별(別) II различие; 남녀의 별 없이 независимо от пола; 별 수 없다 ничего не остаётся делать, нечего делать.

-별(別) суф.кор.:부문별 по отраслям.

별-(別) преф. кор. особый; 별문제 особый вопрос.

별개(別個) особый; отличный; нео-бычный; странный; необыкновен-ный; ~[의] особый,отдельный

별나다 особый; отличный; необыч-ный; необыкновенный; 그 교수는 별난 사람이다 этот профес-сор необыкновенный человек.

별로 не очень; не совсем; не так; особо; особенно; 그 문제는 ~ 중요 하지 않다 Этот вопрос не очень важен; уст. 1) см. 이별길; 2) другой путь, другая дорога.

별세(別世) ~하다 покинуть этот мир; скончаться.

별안간 вдруг; неожиданно; врасплох; ~일어난 일이라 영문을 모르겠다 случилось неожиданное дело и я не знаю его причины.

별일(別-) 1) странное дело; 2) неожиданность; происшествие; 모든 것이 별일없이 지나갔다 всё обошлось; ~없이 지내다 жить без особых происшествий; ~을 다 겪다 проходить разные испытания; ~이 없이 благополучно, без всяких проис-шествий; 3) другое дело.

볏 I гребешок; хохолок.

볏 II отвал плуга.

볏짚 рисовая солома.

병(瓶) I 1. бутылка; графин; ваза; кувшин; 나는 포도주 한~을 주문 하였다 я заказал бутылку вина; 빈병을 모아 팔면 돈이된다 если собрать и сдать пустые бутылки, то можно заработать деньги; 유리는 친구들과 함께 보드카 한 ~을 나눠 마셨다 мы с друзьями распили бутылку водки; 주사약 ~ амплуа; ~에 찬물은 저어도 소리가 안 난다 посл. ≡ словобебе-ро, а молчание-золото (букв. вода в полной бутылке звуков не издаёт); 2. счётн. сл. 1) бутылка; 2) несколько бутылок.

병(病)질병(疾病) II 1) болезнь; заболевание; недуг; порок; ~을 치료하다 лечиться от болезни; ~이 낫다 оправиться(излечиться)от болезни; ~을 앓다 болеть(чем-л.); 가벼운~ лёгкое заболевание; ~력 анамнез; 결석~ каменная болезнь; 노인~ старческая болезнь; 눈~ глазная болезнь; 당뇨~ сахарная болзень; диабет; 만성~ хроническая болезнь; 발~ заболевание; 심장~ болезнь сердца; 유행~ эпидемия; 전염~ заразная болезнь; инфекционная болезнь; инфекционные заболевания(зараза); 정신~ болезнь психического растройства; 중~ серьёзное заболевание; 피부~кожная болезнь; 혈우~ гемофилия(кровото-чивость);

병(丙) III 1) 3-й знак десятичного цикла; 2) 3-й(при публикации); 3) см. 병방 II; 4) см. 병시.

-병(兵) I солдат; рядовой; ~으로 징집 해가다 забрать(взять) в солдаты; 장~ солдаты и командный состав; 부상병 раненый солдат; 고사포병 зенитная артиллерия.

-병(病) II суф. кор. болезнь; ~부인병 женские болезни.

병간호(病看護) уход за больным; заботы за больным; ~하다 ухажи-вать(за больным); ~사 нянечка; санитарка; санитар; сиделка; мед-сестра; медбрат

병고(病苦) I страдания(мучения) больного; оран ~에 시달리다 долго мучиться от болезни.

병렬(竝列) 1) параллельное располо-жение; 2) лингв. сочинение; ~성분 однородные члены(предложения); ~하다 а) располагаться параллельно; б) находиться в сочинительных отношениях; ~적 а) параллельный; б) сочинительный;~구조 сочинитель-ная конструкция; ~접속사 сочини-тельные союзы.

병리(病理) патология; ~학 патология; ~학자 патолог; ~해부학 патологи-ческая анатомия.

병립(竝立) совместимость; ~하다 совместный; стоять рядом; ~[적] смежный; ~유관속 бот. смежный сосудистый пучок.

병문안(-問安) посещение больного.

병석(病席) постель больного; 아버지가 ~에 누워 계신지 3년 되었습니다 вот уже три года как отец лежит в постели.

병신(病身) I 1) инвалид; калека; урод; ~을 놀리지 말고 도와주어라 не издевайся над инвалидом, а помогай ему; 다리 ~ инвалид с больной ногой; ~육갑한다 *погов. букв.* слабый здоровьем говорит о шестидеся-тилетии; ~자식이 효도한다 *посл.* ≅ с паршивой овцы хоть шерсти клок; 2) болезненный(человек); 3) хроник; неизлечимый больной; 4) неполно-ценный человек; 5) уродливая вещь; 6) разрозненные предметы.

병신(丙申) II этн. 33-й знак шести-десятиричного цикла.

병실(病室) I казарма; комната(палата) больного; медицинский кабинет; кабинет врача;~이 부족하다 не хватает больничных палат.

병실 II больничная палата.

병아리 цыплёнок; 노란~가 걸어가는 모습이 재미있다 жёлтый цыплёнок забавно передвигается; ~눈물만큼 *обр.* кот наплакал;~를 내리다 вы-лупиться из яйца(о цыплёнке); ~오줌 хилый(слабовольный) человек.

병역(兵役) воинская повинность; военка; ~에 복무하다 служить в солдатах; ~법 права о военной службе.

병영(兵營) 1) военный лагерь; крепость; казарма; ~일기 дневник военного лагеря; 2) феод. военный лагерь, в котором находится ко- мандующий сухопутным войском провинции.

병원(病院) больница; госпиталь; нам ~에 다녀와야 한다 мне надо сходить в больницу; ~장 главный врач больницы; ~기지 госпитальная база; ~열차(기차) санитарный эшелон (поезд).

병자(病者) I больной; ~에게는 황금 침대도 기쁘지 않다

больной и золо-той кровати не рад.

병자(丙子) II этн. 13-й знак шести-десятеричного цикла.

병충해(病蟲害) ущерб, нанесённый насекомыми-вредителями и болезня-ми(растениям); ~때문에 올 농사 망쳤다 Из-за вреда, причинённого насекомыми в этом году, хорошего урожая не было.

병행(竝行) ~적 параллельный; ~하다 вести(проводить) одновременно(что-л.); идти плечом к плечу; идти парал-лельно(с кем-чем-л.); ..와 ~하며 наряду(с кем-чем-л.); параллельно(с кем-чем-л.); 공부와 운동을 ~하다 учиться и заниматься спортом параллельно(одновременно);~불패 уст. согласованность; ...과(와) ~하여 на-ряду с....

병환(病患) Ваша(его) болезнь; 할아 버지께서는 ~중이시다 дедушка сей-час болеет.

볕 солнечный свет; лучи солнца; светить(о солнце); ~에 앉아 꾸벅꾸벅 졸고있는 고양이의 모습이 한가롭다 вид кошки, сидящей и дремлющей на солнце, непринуждён;~에 말리다 сушить на солнце;~에 그을다 загорать.

보(保) I 1) см. 보증; 2) см. 보증인; 보를 두다 а) поручиться(за кого-л.); б) назвать поручителя.

보(洑) II запруда; плотина.

보(褓) III платок для завязывания вещей; 비단~ шёлковый платок; 책상 ~ скатерть на письменный стол; 침대~ покрывало для постели.

보(簠) IV сосуд для жертвенного проса

보 V счётн. сл. для жёлчных пу- зырей.

보(步) VI 1) шаг; 제 일~ первые шаги; 일~ 전진 шаг вперёд; 속~ быстрый шаг; 삼보 앞으로 три шага вперёд. 2) арх. см. 평 II.

-보(-補) помощник; ассистент; 서기 ~ помощник-секретарь; помощник заведующего.

보건(保健) здравоохранение; ~소 медпункт; ~체조 оздоровительная гимнастика; ~시설 органы(учреж-дения) здравоохранения.

보결(補缺) пополнение, воспол-нение; ~모집 дополнительный набор(при-ём); ~선거 дополнительные выборы; ~선수 запасной(игрок);~하다 попол-нять, восполнять; заполнять.

보고(報告) I доклад; сообщение; до- несение; отчёт; рапорт; ~하다 докла-дывать; сообщать; делать доклад(со-общение);

отчитываться; 구두~ устный доклад; отчёт; 대중~ публичный доклад; 서면~ письменный доклад; 출장~ отчёт о командировке; 문학~증서 показания очевидца.

보고(保辜) II ~하다 откладывать (дело об избиении до тех пор,пока на теле избитого не появятся следы избиения).

보고(寶庫) III сокровищница; 지식의 ~ сокровищница знаний; 경주는 우리나라 고유문화의 ~이다 Кёнчжу- сокровищница нашей древней культуры; 중동지방은 석유의 ~이다 Ближний Восток богат нефтью.

보관(保管) I хранение; ~하다 хранить; сохранять; ~시키다 отдать на хранение; 돈을 금고에 ~하다 хранить деньги в сейфе; 몰래~하다 хранить[ся] в тайне; 수하물을 ~시키다 сдать багаж на хранение; 술을 움막에 ~하다 хранить вино в погребе; ~료 плата за хранение; ~비 расходы на хранение;~소 хранилище; ~자 хранитель.

보관(寶冠) II корона; диадема.

보관증(保管證) квитанция за хранение; депозитная квитанция; официальная расписка; 수하물~ багажная квитанция; 저당료~ ломбардная квитанция; 가영수증 временная квитанция.

보기 I пример; образец; ~를 들다 приводить пример; ~를 들어 설명하다 пояснить пример; 어떤것을~로 들다 брать(что-л.) в пример; 용맹의 본~를 보이다 показать пример мужества; ~좋은 떡이 먹기도 좋다 красивый на вид рисовый хлеб приятен и на вкус; ~좋다 смотреть приятно; сокр. от 본보기.

보기(補氣) II ~하다 *кор. мед.* повышать тонус(путём приёма лекарства).

보내다 посылать; отправить; проводить; провожать;послать; 나는 집에 편지를 보냈다 대표자를 ~ он посылает матери деньги раз в месяц; 돈을~посылать деньги; 의사를 부르러 ~посылать за доктором; 전보를~ послать телеграмму; 가져오라고 ~посылать(за чем-л.); 인사를 ~послать(кому-л.) поклон; 철도로 화물을 ~ отправлять груз по железной дороге; 심부름[을] ~ посылать с поручением;

보다 1. 1) смотреть; осмотреть; видеть; видать; пробовать; 날아가는 새를 ~ смотреть на летящую птицу; 영화를~ смотреть кино; 선을~ ходить на смотрины; 음식의 맛을~

- 415 -

пробовать еду на вкус; 사회를~ взять на себя роль ведущего; 집을~ сторожить дом; 아이를~ смотреть за ребёнком; 시험을 ~ сдавать экзамен; 손자를 ~ смотреть за внуком; заиметь внука; 며느리를 ~ встречать невестку; 재미를~ иметь интерес; 새서방을 ~ изменять мужу; 결말을~ подводить итоги; 사정을 ~ учитывать положение(ситуацию); 결말을 ~ завершиться; 완치를 ~ полностью выздороветь; 9) испыты-вать, терпеть; 10) увидеться, встре-титься; 계집을~ вступить в связь с женщиной; 읽어보다 попробовать (попытаться) прочесть; 2) в форме 보고 после сущ. указывает на объект или адресат действия: 노동자 보고 물었다 спросил у рабочего; 3. служ. прил. после во пр. ф. предиката указывает на вероятность признака: 왔는가(왔느냐)보다 видимо, пришёл. -보다 после имён чем; 조국은 생명 ~ 귀중하다 родина дороже жизни; 짐이 보기 ~무거웠다 груз оказался тяжелее, чем казался.

보답(報答) ответ(на заботу; внима-ние); ~하다 отвечать(на заботу; вни-мание); воздать десятерицею; ...의 ~으로 от вет(на что-л.).

보도(報道) I корреспондент.

보도(報道), 정보(情報) II сообщение; информация; сводка; ~하다 сообща-ть; информировать; 믿을 만한 ~에 따르면 по достоверным сообщениям; ~기관 средства массовой информа-ции; массмедиа; информационное бюро; информбюро; ~기사 репортаж; ~문학 информационные записки; ~실 отдел новостей; ~원 репортёр; ~기자 репортёр; ~[적] информационный.

보따리 вещи, завязанные в платок; ~를 싸다 бросить; прекратить; соби-рать вещи и уходить; ~장수 торговец, разносящий товары, завязанные в платок; ~를 싸다 бросить, прекра-тить.

보람 результат; эффект; польза; толк; ~이 없다 бесполезный; ~하다 мети-ть, ставить метку(знак); 책을 읽어서 ~이 있었다 прочитал книгу с большой пользой; 사는~이 없다 не стоит жить

보류(保留) ~하다 откладывать; резервировать; делать оговорку; оговаривать.

보름 15-е число; 15дней;см.보름날; ~차례 упрощённый обряд жерт- во-приношения, совершаемый 15- го числа(лунного месяца в дома-шней молельне).

보리 I ячмень; ~밥 ячмень, сваренный на пару(вместе с рисом);~쌀 ячменная крупа;~죽 жидкая ячменная каша; ~차 отвар поджаренного ячменя; ~타작 молотьба ячменя; 보릿고개 весенние затруднения с продовольствием;~가을 уборка ячменя;~감주 ячменная брага; ~겨 удобрения для ячменного поля; ~누룩 ячменный затор; ~소주 крепкая ячменная водка; ~수단 ячменный хворост; ~숭늉 а) тёплая вода, налитая в котёл после варки ячменной каши(пьётся вместо чая); б) ячменный отвар; ~잠부기 ячменная головня; ~주면 외 안 주랴? погов. сам молотьбы,и других считает жадными;~[를]다다 прост. быть избитым палками.

보리(<菩提) II будд. 1) прозрение; спасение души, вечное блаженство (санскр. Bodhi); 2) способность прозреть.

보물(寶物) I драгоценность; сокровище(стоящее вторым по важности после национального культурного достояния).

보물(洑-) II 1)вода в запруде; 2) вода, вытекающая из запруды

보병(步兵) 1) пехота; стрелковый взвод; ~의 стрелковый; ~대대 стрелковый батальон; ~사단 стрелковая дивизия; ~연대 пехотный полк; стрелковый полк; ~중대 стрелковая рота; ~전호 стрелковый окоп; ~정찰 пешая разведка; ~지원조 группа поддержки пехоты; 2) пехотинец; 3) уст. пеший воин; 4) сокр. от 보병목.

보복(報復) возмездие; отмщение; месть; реванш; ~당하다 получить возмездие; см. 앙갚음.

보복(報服) II уст. правила ношения пяти траурных одежд.

보살피다 присматривать, приглядывать(за кем-чем-л.); проявлять заботу (интерес); 집안일을 ~ вести домашнее хозяйство; 사방을 ~ смотреть (озираться) вокруг.

보살핌 забота, внимание.

보상(報償) компенсация; возмещение; ~하다 возмещать; компенсировать; отдавать; платить; 비용을 ~ 하다 возмещать издержки; 부족액을 ~하다 возмещать недостающую сумму; ~금 денежная компенсация.

보석(寶石) I драгоценный камень; ~상 торговля ювелирными изделиями; торговец ювелирными изделиями; ~반지 перстень, кольцо с драгоценным камнем.

보수(報酬) 1) оплата; вознаграждение(за труд); ~없이 без

- 417 -

оплаты; не получая вознаграждения; 보수를 바라고 한 일이 아니예요. это не та работа, за которую ожидалось вознаг-раждение; 2) благодарность; ~하다 а) платить за труд; б) уст. отплатить за добро, отблагодарить.

보수(補修) II починка; ремонт; ~하다 чинить; ремонтировать; производить ремонт; 둑을~하다 ремонтировать.

보수(保守) III консервативность; ~적 консервативный; ~와 진보의 투쟁 борьба между старым и новым; ~당 консервативная партия; ~성 консер-вативность; ~주의 консерватизм; ~주의자 консерватор; ~파 консерва-торы; ~세력 консервативные силы; ~하다 держаться за старое.

보안(保安) I охрана общественного спокойствия; ~하다 поддерживать, охранять (общественное спокой ст-вие).

보안(寶案) II подставка для(коро-левских) драгоценностей.

보여주다(열다) раскрыть; показать; показывать.

보이다 1) видно; быть видным;видне ться; 산에서 마을이 잘 보인다 С горы хорошо видно село; 2) казаться, выглядеть; показаться; 젊어 보이다 выглядеть молодым; 3) показывать, демонстри ровать, проявлять; 의사에게 ~ показаться врачу; 4) подвергать; 시험을~ экзаменовать; 대리를 ~ оставлять за себя(кого-л.); 다시 보여 드리겠습니다 до свидания!(при про-щании со стар шим).

보일러(англ. boiler) (паровой)котёл; бойлер; ~를 수리해야 한다 нужно починить бойлер.

보장(保障) I гарантия; обеспечение; снабжение; ~하다 гарантировать; обеспечивать; снабжать; 이것은 세 계평화를 ~할 것이다 это обеспечит мир во всём мире; 신분~ гарантия стабильности; 평화~ обеспечение мира; 전투~ боевое обеспечение; ~ 하다 гарантировать, обеспечивать.

보장(報狀) II докладная записка в вышестоящее ведомство.

보전(保全) ~하다 сохранять в цело-стности; сохранять полностью; 영토 를 ~하다 сохранить в целостности территорию; ~원 источник(сведений); ценное пособие.

보조(步調) I 1) шаг; поступь; 보조를 맞추다 подстраиваться под шаг; ~를 맞추다 идти в ногу;действовать сог-ласно; 2) ход, развитие(дела).

보조(補助) II помощь; поддержка; ~ 적 служебный; дополнительный; вспомогательный; подсобный; под-ручный; помогающий; ~하다 помо-гать; оказывать(помощь;

поддержку); 경비의 일부를~하다 покрывать часть расходов; 편집일 ~하다 помогать в работе по редактированию; ~시간 время, (затраченное) на вспомогательные операции; ~정리 мат. вспо-могательная теорема, лемма; ~적단어 лингв. служебное слово; ~적 동사 вспомога-тельный глагол; ~적 품사 лингв. частицы речи; ~화폐 размен-ная монета.

보존(保存) [со]хранение; тех. консер-вация; ~하다 сохранять; хранить; консервировать; 유물을 ~하다 сох-ранять культурные достопримеча- тельности; 영구~длительное хране-ние; ~적 подлежащий [со] хранению; ~적 요법 *мед.* консервативное лечение.

보증(保證),담보 ручательство; гаран-тия; обеспечение; поручительство; ~인 поручитель; гарант; ~하다 руча-ться; гарантировать; ~금 денежное обеспечение; залог; ~서 письменная гарантия; гарантийный документ; поручительское(гарантийное)письмо.

보직(補職) предназначение; назна- чение на должность; ~을 받다 по-лучить назначение; назначать на должность; 국장으로 ~되다 быть назначенным на должность нача-льника управления.

보짐(褓-) [-ччим] вещи, завёрнутые в платок; узел с вещами; ~장사 тор-говля вразнос; ~장수 торговец, разз-носящий товары, завязанные в пла-ток; ~내어 주며 앉으라한다 *посл.* ≡ притворно сожалеть об отъезде (кого-л.) (букв. совать(в руки) узел с вещами и предлагает посидеть).

보채다 1) капризничать(о ребёнке); баловать; 2) приставать; докучать; 보채는 아이 밥 한 술 더 준다 = 우는 애기 것 준다; см. 울다.

보충(補充) пополнение;дополнение; комплектование; восполнение; зап-равка; ~하다 пополнять; дополнять; восполнить; комплектовать; заправ-лять; ~적으로 дополнительно; 결원을~하다 комплектовать отсутствую-щие кадры; 수업은 ~수업을 포함하여 4시에 끝납니다 уроки заканчива-ются в 4 часа, включая дополни-тельные занятия; ~대대 батальон; ~병 дополнительные войска; ~설명 дополнительное разъяснение; ~수업 дополнительный урок; ~학습 допо-лнительное занятие; ~휴가 дополни-тельный от-пуск; ~[적] дополнитель-ный; ~하다 пополнять, восполнять;

комплек-товать; заправлять.

보통(普通) 1) обыкновенный; про- стой; обычный; 나는~6시에 일어난다 я обычно встаю в шесть часов; 이것은 흔히 있는 ~일이다 Это обы-кновенная история; ~선거 обычные выборы; ~성적 обычная успевае- мость; ~수준의 произведение сре-днего уровня;~열차 обычный по-езд; ~예금 обычный вклад; ~[의] обыч-ный, обыкновенный,простой; ~교육 общее образование; ~명사 лингв. имя нарицательное; ~학교 шестик-ласс ная начальная школа(в Корееe до 1945 г.); ~휘석 мин. авгит; 2) обычно; ~때처럼 как обычно;~대로 как обычно.

보편(普遍) универсалия; ~적, ~하다 повсеместный; всеобщий; универ-сальный; популярный; ~성있는 주장 утверждение, имеющее универсаль-ность; ~성 универсальность; попу-лярность; ~주의 универсализм; ~주의자 универсалист; ~상수 физ. универсальная постоянная; ~식물 распространённые растения; ~타당 универсальность;

보행(步行) 1) ходьба; хождение; ~ 하다 шагать; ходить пешком; 자동차 가 보행자를 치였다 машина наехала на пешехода; ~자 странник; 2) депе-ша; 3) пеший гонец, ~객주 заезжий (постоялый) двор.

보험(保險) страхование; ~에 들다 страховать; ~계약하다 застраховаться; ~을 해약하다 аннулировать страхова-ние; ~계약 страховка; контракт стра-хования; ~금 страховая премия; ~기관 страховые учреждения;~료 страховой взнос; сумма страхования;~업 стра-ховой бизнес; ~업자 страховик; ~자 страховщик; страховой агент; ~정책 страховой полис; ~회사 страховая компания; страховое общество; 국가~ государственное страхование; 단체~ коллективное страхование; 사회~ со-циальное страхование; 생명~ стра-хование жизни; 재해~ страхование от несчастных слечаев; 화재~ страхо-вание от пожара; 화재~회사 компания по страхованию на случай пожара; ~계약자 держатель страхового полиса; ~증서(증권) страховой полис;~에 들다 (~을 걸다), ~하다 страховать.

보험금(保險金) страховая премия.

보혈(寶血) кровообогащение; ~제 кровообогатитель.

보호(保護),수호(守護) защита; охрана; покровительство;

опека; ~하다 защи-щать; охранять; оберегать; ограждать; опекать; ~아래 под защитой;...의 ~를 받다 находиться под защитой; пользоваться покровительством(под-держкой)(кого-л.); 해양동물자원~ охрана морских рыбных ресурсов; 해양환경~ охрана морской среды; ~구 заповедник; ~국 протекторат(госу-дарство); ~무역 протекционизм; ~자 покровитель; защитник; опекун; ~ 주의 протекционизм; ~제도 протек-торат; ~정치 политика создания протек-торатов.

복 I сокр. от 복어; 복 치듯 как по-палo, без разбора(bить); 복의 배 обр. а) сущ. толстобрюхий; б) то-лстосум; 복의 이 갈 듯 скрежеща зубами.

복(伏) II три самых жарких дня (см. 초복, 중복, 말복).

복(福) III 1) счастье; удача; благо; ~되다 счастливый; удачливый; 손자 복이 좋다 везёт(удачлив) на внуков; 2) после опред. множество; обилие.

-복(服) суф. кор. одежда, платье; костюм; 학생복 школьная форма; 위생복 медицинский халат; 평상복 повседневная одежда.

복-(複) преф. кор. двойной; сложный; 복본위 биметаллизм

복구(復舊) восстановление; рестав-рация; ~하다 восстанавливать; рес-таврировать; 수해지역의 ~작업이 늦다 восстановительные работы в районе водного стихийного бедс-твия задерживаются.

복권(福券) I лотерейный билет.

복권(復權) II восстановление в пр-авах, реабилитация; ~하다 восста-навливать[ся] в правах, реабили- тировать[ся].

복귀(復歸) возвращение; возврат; ~하다 возвращаться.

복리(福利) I благосостояние; благо; ~ 증진 повышение благосостояния; 국 민의 ~를 꾀하는 여러 시책 различ-ные меры, принимающиеся для народного блага.

복리(複利) II сложные проценты(в банковских операциях).

복무(服務),근무(勤務) служба; служе-ние; ~하다 дослужиться; служить; состоять на службе; работать; 장군이 될 때까지~하다 дослужиться до генерала; ~[적] служебный; ~규정 положение о прохождении службы; ~년한 срок службы.

복사(複寫) I 1) копирование; разм-ножение; воспроизведение; ~하다 дублировать; снимать копию(с чего-л.); повторять; делать(репродукцию); копировать;

перепечатывать; размно-жать; воспроизводить; 2) репродукция, копия; 서류를~하다 делать копии документов; 사진을~하다 делать копии фотографий

복사(輻射) II радиация; излучение; эмиссия; ~고온계 пирометр излу- чения; ~난방 радиаторное отопле-ние; ~에네르기 лучистая энергия.

복사기(複寫機) копировальный аппа-рат; копировально-множительная машина

복수 I месть; возмездие; реванш; ~적 реваншистский; ~하다 мстить; отплачивать; брать реванш.

복수(複數) II 1) комплексное число; 2) лингв. множественное число.

복숭아 персик; ~나무 персиковое дерево.

복습(復習) повторение(выученного); ~하다 повторять; учить; изучать; ~시 урок закрепление пройденного материала; ~시험 контрольная работа.

복식(複式) I 1) сущ. сложный; двой-ной; сдвоенный;~경기 сложные игры; ~교수 комплексное преподавание; ~ 교환기 тех. коммутатор с многок-ратным полем; ~화산 см. 복성 [화산] VI; 2) арх. см. 다항식; 3) ~[부기] двойная бухгалтерия.

복식(復飾) II ~하다 возвратиться в мир (о будд. монахе).

복싱(англ. boxing) бокс; ~하다 бок-сировать; 쉐도우~ бой с тенью; 아마 추어~ любительский бокс; 아웃~ дальний бой; 인파이팅~ ближний бой; 프로~ профессиональный бокс; ~링 см. 권투장.

복용(服用) принимать лекарство; 하 루에 세 번을 ~하다 принимать мик-стуру три раза в день.

복음(福音) евангелие.

복음전도자 евангелик.

복잡(複雜) ~하다 сложный; запу- танный; беспокойный; тревожный; ~ 한 사정 сложные обстоятельства; 문 제가~해졌다 вопрос усложнился; 교우관계가~하다 от-ношения друзей сложны; 여자관계가 ~하다 отноше-ния с женщинами сложны; ~성 сложность; сложный характер.

복지(福地) I земной рай, обетованная земля; счастье; ~국가 государство всеобщего благосостояния; ~사업 мероприятия по благоустройству; ~ 사회 благоустроенное общество; 사회 ~시설 оборудование по благо-устройству.

복지(枎紙) II см. 약복지.

복직(復職) восстановление в дол-жности; ~하다 восстанавливать[ся] в должности; возвращать[ся] на работу; 건강이 회복되어서 다시~하다 здоровье. пол ностью восстановилось

복합(複合) I сущ. сложный соста-вной; ~하다 соединять[ся] вместе(в одно целое); ~개념 лог. сложное понятие; ~명사 сложное имя существ-ительное; ~박자 муз. сложный такт; ~산형 화서 бот. сложный зонтик; ~삼단론법 лог. полисиллогизм; ~통신 комбинированная (дублированная) связь; ~판단 лог. сложное суждение; ~화서 бот. сложное соцветие.

복합(伏閤) II ~하다 вымаливать(что-л.), павши ниц перед королевским дворцом(в дни великих событий).

볶다 1) жарить; тушить; 볶은고추장 см. 고추장볶이 볶은밥 варёный рис, поджаренный с мясом и овощами; 볶은장 а) соевая паста, поджаренная с пряностями; б) см. 고추장볶음; 볶은 콩도 골라먹는다 погов. не надо снимать сливки; 볶은 콩이 꽃이 피랴? (볶은 콩에 싹이 날랴?) посл. букв. разве зацветут жареные соевые бобы? (разве дадут ростки жареные соевые бобы?); 2) беспокоить; надоедать; изводить; мучить; 볶아대다 надоедать, изводить; 볶아치다,볶아때리다 прост. а)торопить, подгонять; б) изводить.

본(本) I 1) пример; образец; выкрой-ка; ~을 받다(따르다) следовать при-меру(кого-л.); ~을 따다(뜨다) сделать образец(выкройку); 우리는~주제에서 벗어났다 мы отошли от главной темы; 2) см. 관향; 3) см. 본전 I.

본(本) II место, где родились пре-дки одной и той же фамилии.

-본(本) суф. кор. книга; 간행본 вышедшая в свет(изданная) книга.

본-(本) преф. кор. 1) основной, ко-ренной; ~바탕 присущее качество; 2) этот, данный; 본고향 родина.

본격(本格) оновная форма; подлин-ник; ~적 настоящий; основной; ~ 적으로 понастоящему; в полную силу; всерьёз; ~소설 рассказ очеви-дца; ~으로 понастоящему; в пол- ную силу; всерьёз.

본국(本國) I 1) родина; 2) эта (дан-ная) страна; 3) бывшая родина(по-сле изменения гражданства).

본국(本局) II 1) департамент; уп- равление(в

противоположность отде-лению); 2) этот(данный) департамент; это(данное) отделение.

본능(本能) инстинкт; ~적 инстинк-тивный; ~에 따라 행동하다 дейст-вовать, повинуясь инстинкту.

본래(本來) с [самого] начала; изна-чально; исконно; вообще; по природе; по существу; по сути дела; см. 본디.

본론(本論) 1) основной текст(напр. книги); главная тема; суть дела; ~에 들어가다 перейти к обсуждению главной темы; 2) основная часть (чьей-л. речи)

본부(本部) I 1)главное управление; штаб(-квартира); сравка; ~석 ме-сторасположение главного управ- ления; 연대~ полковой штаб; штаб полка; 참모~ генеральный штаб; 2) этот(данный) отдел(уч-реждения).

본사(本社) I главный офис; наша компания.

본사(本事) II уст. 1) основное дело; 2) этот(данное) дело.

본색(本色) 1) основные цвета; 2) первоначальный вид; 3) подлин-ный характер;реальный характер

본성(本性) 특질(特質) природа;(под-линный; истинный) характер; сущ-ность; ~을 드러내다 показать своё настоящее лицо; ~적 присущий.

본시(本始) с начала; изначально; искони; по природе; по существу; по сути дела; см. 본디.

본적(本籍) постоянная прописка; ~지 место прописки; постоянное место жительства.

본점(本店) 1) центральное учрежде-ние(в противоп. отделениям); 은행~ центральный банк; 2) этот(данный) магазин; это(данное) предприятие; 3) свой(мой) магазин; своё(моё) предп-риятие.

본질(本質) 1) основное свойство; 2) филос. сущность; главное; ~적 су-щественный; ~에 있어서 по сути дела; в сущности; по существу; сущ-ность.

본체(本體) 1) см. 본바탕; сущность вещей; 2) филос. субстанция; 3) корпус.

볼 I щека; ~에 키스하다 поцеловать в щёку; ~먹다 гневный(о голосе); ~멘소리 сердитый голос; 볼이 붓다 (볼에밤을물다) надуться, обидеться.

볼 II 1) ширина; полнота(обуви); 2) заплата(на кор. носке); ~을 받다 чинить, накладывать заплаты(на кор. носок); ~이 되다 быть энергичным (напористым); ~이 맞다 единодуш-ный(о действиях), быть на одина-ковом положении(наравне)

(с кем-л.); 3) мяч; шар; пуля; ~을 다투다 бороться за мяч; ~을 멈추다 останав-ливать мяч; ~을 차내다 отбивать мяч; ~을 빼았다 отбирать мяч; ~을 패스 하다 передавать мяч; ~을 받다 при-нимать мяч; 튀어나온~ отскочивший мяч; 공중 ~ вы- сокий мяч; 스핀~ крученый мяч.

볼 II кусок железа,используемый при отбивке режущего инструмена; ~을 달다 отбивать режущий инст-румент при помощи куска железа.

볼긋하다 красноватый.

볼기 1) ягодицы; зад; ~를 막대기로 때리다 бить палкой по ягодицам; 2) см. 궁둥이; 3) сокр. от 볼기긴살; 4) см. 태형.

볼륨 (*англ.* volume) звук;сила звука; ~을 낮추다 сделать звук потише; ~조절 регулятор громкости.

볼만하다 достоин осмотра(смотреть; выглядеть).

봄 (Spring), 춘기(春期) 1) весна; ~의 весенний; ~에 весной; 겨울이 가면 ~이 온다 за зимой следует весна; 겨울이 가고 ~이 왔다 зима прошла, наступила весна;~에 당신에게 갈 것이다 я приеду к вам весной; 오늘 완전히 ~날씨다 сегодня совсем весенняя погода; ~기운 весеннее настроение; ~바람 весенний ветер; ~볕 весенний луч; ~철 весенняя пора; весенний сезон; ~과종 яровой хлеб; 이른~ ранняя весна; ~ 조개 가을 낙지 *посл. букв.* (всему своё время) весной моллюски, а осенью-осьминоги;~꿩이 제 바람에 놀란다 *посл.* ≅ бояться своей тени; ~ 꿩이 제 울음에 죽는다 *посл. букв.* весной фазан гибнет от своего пения;~에 간 병아리 가을에 가서 헤아려 본다 *посл.* цыплят по осени считают; 2) см. 한창때; 3) *обр.* будущее, полное надежд.

봄눈 снег, идущий весной; ~같이 подобно снегу весной(таять); ~슬듯 а) см. 봄눈 [같이]; б) *обр.* хорошо перевариваясь(усваиваясь).

봄맞이 встреча весны; подготовка к весне; ~처리 яровизация; ~하다 встречать весну;готовиться к весне.

봅니다 вижу. **봇나무**(자작나무) береза.

봉 I инкрустация; затычка.

봉(封) II 1. 1) см. 봉지 II 1; 2) свёр-ток; 3) этн. деньги, посылаемые родителями жениха в подарок ро-дителям невесты; 2. счётн. сл. для пакетов и писем.

봉(峰) III горный пик; горная ве-ршина; см. 산봉우리.

봉(鳳) IV 1) см. 봉황; 2) феникс(са-мец); 3) простак,

простодушный человек; ~을 잡다 пользоваться простотой(кого-л.).

-봉(棒) суф. кор. палка; ~체조 уп- ражнения с палкой; 평행봉 спорт. параллельные брусья.

봉급(俸給) зарплата; жалованье; оклад; ~날 день выдачи зарплаты; ~ 쟁이 человек, живущий на зарплату; ~생활하다 жить только на одну зарплату.

봉사(奉仕) I служение; обслужива-ние; услуга; ~하다 обслуживать; служить(кому-л.); оказывать услугу; 자신이 ~하겠다고 신청하다 предло-жить свои услуги; 누군가를 ~자로 추천하다 предложить(кого-л.) в помощники; ~자 служитель; человек, который служит обществу; 사회적~ социально-бытовое обслуживание; ~ 기관 учреждение культурнобыто-вого обслуживания

봉사(奉事) II 1) чиновник 16-го ранга; 2) арх. слепой; см. 소경 I 1);~개천 나무랜다 посл. букв. слепой ругает канаву(, в которую он попал);~단청 구경 см. 소경[단청 구경] I 1); ~ 문고리 잡기 обр. искать у себя под носом; 3) ~하다 уст. почтительно прислуживать.

봉쇄(封鎖) 1) закупоривание; 2) блокада; осада; оцепление; 3) спорт. блокирование; ~하다 блокировать; закупоривать; затыкать; осадить; выставлять(оцепление); 경제적 ~ экономическая блокада; ~정책 политика блокады; ~책임자 воен. начальник оцепления.

봉인(封印) I печать(на месте склейки; напр. конверта); ~하다 ставить (печать) на месте склейки(напр. конверта); опечатывать (напр. дверь); наложить печать(на что-л.).

봉인(鋒刃) II уст. лезвие ножа; на-конечник копья.

봉투(封套) конверт; ~를 붙이다 за-клеить(запечатать) конверт; ~를 열다 распечатать конверт; ~에 우표를 붙이다 наклеить марку на конверт.

봉하다(封)- 1) запечатывать(конверт); 2) закупоривать; закрывать; затыкать (дырку; щель); 꼬냑병을 ~ запеча-тать бутылку коньяка; 편지를 풀로 ~ запечатать письмо клеем.

뵈다 1) сокр. от 보이다; 2) встре-чать(старшего). 뵈러 чтобы видеть.

뵈읍다 уст. наносить визит(выше-стоящему). 뵙게 видеть.

뵙다 видеть; встречать(старшего по возрасту); 대통령을 ~ встречать президента; 어른을 ~ встречать старшего; 요즘 참 뵙기가 힘듭니다 трудно встретить вас в эти дни; сокр.

от 뵈옵다.

부(部) I ministerstvo; otdel; chast'; 외교~ Ministerstvo Inostrannyh Del; 건설~ ministerstvo stroitel'-stva; 교육~ ministerstvo prosveshche-niya; 교통~ ministerstvo transporta (putey soobshcheniya); 내무~ ministerstvo vnutrennih del; 노동~ minis-terstvo truda; 법무~ ministerstvo yustitsii; 보건사회~ ministerstvo zdravoohraneniya i obshchestvennyh del; 사회안전보장~ ministerstvo sotsial'noy zashchity; 상공~ ministerstvo torgovli i industrii; 학예~ otdel iskusstva i nauki; 환경~ ministerstvo okru-zhayushchey sredy.

부(府) II 1) arh. mestnoe prisutst-vie; 2) feod. okrug (administrati-vnaya edinitsa). **부**(夫) III muzh.

부(富) IV bogatstvo, odno iz pyati schastiy; 물질적~ material'noe boga-tstvo; ~의 분해 raspredelenie bogat-stva; 물질적부 material'nye blaga.

부(否) V protiv (pri golosovanii); 가부표결에서의 반대 protivostoyanie golosov za i protiv; 가부(可否) 10표, 부15표 10 golosov za, 15 golo-sov protiv; 가부 za i protiv.

부(父) VI otets; ~모 otets i mat'; 부자(父子) otets i syn.

부(不) VII 1) otritsatel'nyy; ~도덕 beznravstvennost'; ~자유 nesvoboda; ~적 neprigodnost'; 부[의] mat. otritsatel'nyy; 2) ust. sm. 짐 I 3).

부(賦) VIII 1) oda; 2) stih (na han-mune), v kotorom rifmuyutsya pos- ledniye stroki; 3) stroka iz shesti iyeroglifov v stihah na hanmune, pisavshihsya vo vremya ekzamenov na gosudarstvennuyu dolzhnost' po gra-zhdanskomu razryadu).

부(附) IX posle daty ot; 4월 15일 부 신문 gazeta ot 15-go aprelya.

부(部) X ekzemplyar; 세~ tri ekzemplyara.

-부(部) I suf.kor. 1) chast'; ~서북부 severozapadnaya chast'; 형태부 for-mal'naya chast' slova; 2) otdel, otde-lenie; 조직부 organizatsionnyy otdel.

-부(符) II suf. kor. znak; 중점부 znak dvoetochiya, dvoetochie.

-부(夫) III suf.kor. imeni deyatelya; obychno ukazyvaet na lits, zanimayu-shchihsya tyazhyolym fizicheskim trudom ili trudom, ne svyazannym s proizvodstvom: 배달부 pochtal'on; 잠수부 vodolaz.

-부(婦) IV suffiks, stoyashchiy za nazvaniem raboty i

означающий женщину, занимающуюся этой работой: 가정~ домохозяйка; 간호~ медсестра; 파출~ домработница (служанка)

부-(副) I приставка, стоящая перед названием должности, и выражаю-щая должность после неё: ~사장 заместитель президента; ~회장 заместитель председателя; ~총장 проректор;부сor부장 заместитель заве-дующего отделом; 부산물 побоч-ный продукт; 부식물 неосновной продукт питания.

부-(<不) II преф.кор. не...; 부동산 недвижимое имущество; 부자연하다 ненатуральный, неестественный.

부가(附加) дополнение;добавление; присоединение; придаток; ~가치 прибавочная стоимость; ~세 допол-нительный налог; ~적 дополнитель-ный; ~반응 хим. реакция присоеди-нения; ~손실 эл. дополнительная потеря; ~화합물 хим. продукт присоеди-нения; ~하다 дополнять, присоединять, добавлять.

부각 I морские водоросли, поджа- ренные в масле.

부각(浮刻) II рельефное изображение; выделение;~시키다 вырезать рельеф; выделять; 개성이 뚜렷이 ~되다 ин-дивидуальность чётко выделяется; ~적 рельефный; ~하다 а) рельефно изображать; б) подчёркивать, выделять

부감(俯瞰) ~촬영 киносъёмка, произ-водимая с точки, расположенной выше снимаемого объекта; ~하다 смотреть(просматривать)с высоты.

부강(富强) обогащение и укрепление государства; 내가 대통령이 되면 우리나라를~한 국가로 만들겠다 если я стану президентом, то сделаю нашу страну богатой и сильным госу-дарством; ~하다 богатый и могу-щественный; быть богатым и могу-щественным.

부결(否決) отклонение, отказ; ~하다 отклонять, отвергать; не принимать; 국회에서 법률이 ~되었다 в парла-менте законопроект был от-клонён.

부과(賦課) I ~하다 возлагать(что-л. на кого-л.); облагать; ~금 допол-нительный налог; ~액 облагаемая сумма.

부과(付過) II уст. ~하다 брать на заметку(напр. чьи-л. промахи).

부국(富國) I богатое государство; 미국이 세계 최대의 ~이다 США самое богатое государство в мире; ~강병 уст. а) усиление мощи и благосостояния страны;б) богатая страна и сильная армия.

부국(富國) II уст. 1) обр. лицо как у богатого человека; 2) этн. хорошее место(для могилы, дома, располо-женное у речки и окружённое горами).

부귀(富貴) богатства и почести; богатство и знатность; 당신은~를 누릴 수 있는 운명을 타고났다 Ввам выпала судьба наслаждаться рос-кошной жизнью; ~영화를 누리다 наслаждаться роскошной жизнью; ~영화 роскошная жизнь; ~다남 богатство, знатность и множество сыновей; ~스럽다 прил. казаться богатым и знатным; ~하다 бога-тый и знатный.

부근(斧斤) I уст. большой топор и топорик.

부근(附近) II окрестность; близость; соседство; 서울~окрестности Сеула; ~에 아무도 없었다 В окрестности не было никого; ~에 поблизости, по со седству.

부글거리다 кипеть; бурлить; вспе-ниваться; 화가나서~ кипеть от гнева; усил. стил. вариант 보글거리다.

부기 I пренебр. глупец.

부기(簿記) II бухгалтерия; счето- водство; ~하다 вести бухгалтерский учёт; 공장~ заводская бухгалтерия; ~장 бухгалтерская книга. см. 회계.

부끄러움 стыд; стеснение; застен-чивость; совестливость; ~을 타다 быть стеснительным.

부끄럽다 испытывать чувство стыда; смущаться; стыдно.

부내(部內) внутри отдела(минис- терства); ~의 비밀을 누설하다 выда-вать внутриминистерские тайны.

부녀(父女) I отец и дочь; ~지간에 사이가 좋다 Отношения между от-цом и дочерью хорошие

부녀(婦女) II женщина; ~를 희롱하지 말라 Не издевайся над женщиной; ~노래 народная песня о женской доле; ~동맹 женский союз.

부닥치다 сталкиваться; наталкива-ться; 난관에~ столкнуться с трудно-стями; 막 대문을 나서자 마자 손님 과 부닥쳤다 только выйдя за ворота, столкнуться с гостями.

부담(腐談) I уст. ненужный(бесце-льный) разговор.

부담(負擔) II 1) бремя, тяготы; ответ-ственность; ноша; 보내는 쪽에서 운송료를 ~하다 расходы по отправке берёт на себя отправляющая сторона; 정신적~이 크다 душевные тяготы огромны; ~으로 느끼다 чувствовать бремя;

자기~으로 느끼다 за свой счёт; ~금 выплачиваемые(кем-л.) деньги; ~액 выплачиваемая(кем-л.) сумма; 각자~ каждый платит сам за себя; ~하다 взваливать(бремя); 2) вьюк, перевозимый на лошади.

부당하다 несоответствующий; несп-раведливый; неправомерный; 부당한 요구 неправомерное требование; 부당한 주장 неправомерное утверж-дение; 부당한 거래 несправедливая сделка; 부당이득 прибыль, получен-ная незаконным способом.

부대(部隊)군대(軍隊) I военная часть; войска; команда; 적의~ неприятель-ская часть; ~원 член части; ~장 командир части; 공수~ специальное подразделение, уезд-партизанский отряд; 전방~ передовая часть; 후방~ тыловая часть; ~비행기 войсковой самолёт.

부대(附帶) II ~면적 площадь подсоб-ных помещений, нежилая площадь; ~사업 дополнительная работа.

부덕(婦德) I женская порядочность (добродетель).

부덕(不德) II отсутствие доброде-телей; 내가 ~한 탓이다 причина в моём отсутствии добродетелей; ~하다 уст. безнравственный.

부도(不渡) неуплата; непогашение; ~나다 разориться; стать должником; 그 사업가는 ~를 내고 도망갔다 этот предприниматель разорился и сбежал; ~수표 неоплаченный чек; ~어음 неоплаченный вексель; ~[가] 나다 не принимать вексель к оплате.

부동산(不動産) недвижимое имуще-ство; 그는 ~을 소유하고 있다 этот человек владеет недвижимостью; ~ 감정사 оценщик недвижимости; ~등기 регистрация недвижимости; ~매매업 бизнес по недвижимости; ~보험 стра-хование недвижимости; ~취득세 налог на приобретение недвижимости.

부동액(不凍液) антифриз; 겨울철에 자동차 엔진의 냉각수를 얼지 않게 하려면 반드시 ~을 사용하여야한다 зимой, чтобы не дать охлаждающей жи-дкости двигателя заморозиться, обязательно нужно применять антиф-риз.

부두(埠頭) 선창(船艙) I пристань; при-чал; 여행객들이 ~에서 배를 기다린다 путешественники ждут парохода у причала; ~경비선 брандвахта; ~노 동자 портовый рабочий; докер.

부두(符頭) II муз. тонкая головка.

부드럽게 하다 смягчить.

부드럽다 мягкий(на ощупь); мелкий (о песке, муке *и т. п.*); нежный; 부드러운 감촉 нежное прикосновение; 부드러운 목소리 мягкий голос; 살결이 ~ кожа мягкая; 마음씨가 ~ душа мягкая; усил. стил. вариант см. 보드랍다

부득이(不得已) вынужденно;~한 일 вынужденное дело; ~한 사정으로 부탁을 거절하다 отклонять просьбу по вынужденной причине.

부득이(不得已) вынужденно; волей-неволей; ~하다 вынужденный.

부딪다 столкнуться, натолкнуться; ударить[ся](напр. головой).

부딪치다 1) сильно удариться; с силой столкнуться; 문에 머리를 ~ удариться головой об дверь; 난관에 ~ сталкиваться с трудностями; 일에 ~ сталкиваться с работой; 2) см. 맞닥 뜨리다; 3) встретиться; столкнуться.

부딪히다 сталкиваться; разбиваться; 배가 바위에 부딪혔다 корабль разбился о скалу.

부랴부랴 в спешке; торопливо; суетливо;~기차에 타다 суетливо садиться в поезд; ~짐을 꾸리다 суетливо собирать багаж.

부러운 завидный; 그는~직업을 가졌 다 он имеет завидную профессию.

부러워하다 завидовать; 타인의 성공을~ завидовать чужому успеху; 남의 재산을 부러워하지 말라 Не завидуй чужому добру.

부러졌습니다 сломаться.

부러지다 сломаться; ломаться; 교통 사고로 다리가 하나 부러졌다 нога сломалась в автокатастрофе; 부러진 칼자루에 웃 칠하기 *погов. букв.* покрывать лаком сломанную руч-ку ножа.

부럽다(부러우니, 부러워) испытывать зависть; 나는 그의 행운이~ Я завидую его счастью; 다제능한 그의 재능 이~ Завидую его многогранному таланту; 부러워하다 завидовать.

부르다 I (부르니,불러) 1) звать; вызы-вать; приглашать; 2) созывать; 3) звать; 4) провозглашать; оглашать;зачитывать; 5) петь; кри-чать; 6) назначать(це-ну); 손님으로 ~ звать к себе в гости; 이것은 밥상이라고 부릅니다 Это называется обеденным столом; 노래방에서 노래 를 ~ петь песню в караоке; 물건 값을~ называть цену товара; 이름을 어떻게 부르십니까? как вас зовут? 불러일으키다 a) поднимать(на борьбу); б) вызывать(чувство).

부르다 II (부르니, 불러) сытый; беременная; опухший; вздутый; 배부르게 먹다 есть досыта; 그 여자는 배가 부르다 эта женщина беременная; 그 통은 배부르다 ёмкость в середине вздулась; 배가~сытый.

부르죠아(*фр.* bourgeois) 1) буржуа; 2) *см.* 부르죠아지; ~[적] буржуазный; ~ 객관주의 буржуазный объективизм; ~ 독재 диктатура буржуазии; ~민족주의 буржуазная демократия; ~민주주의 혁명 буржуазнодемок-ратическая ре-волюция; ~반동사상 реакционная бур-жуазная идеология; ~생활양식 буржуазный образ жизни; ~평화주의 буржу-азный пацифизм; ~혁명 буржуазная ре-волюция

부르짖다 1) кричать; выкрикивать; 2) настойчиво отстаивать(требовать); 크게 ~ громко кричать; 임금 인상을 ~ требовать заработной платы; 여권 신장을~требовать расширения женских прав.

부르짖음 крики; выкрикивания

부리 I 1) клюв; 2) острый конец(предмета); язычок; 3) горлышко (бутылки); носик(чайника); 4) презр. пасть; 총~ дуло ружья; ~를 놀리다 дать волю языку; ~[를] 까다 a) болтать языком; б) оттовариваться, пререкаться; ~를 따다(떼다) присту-пать(к чему-л.); ~[가]잡히다 созре-вать (о нарыве).

부리 II в речи шаманки 1) душа предка; 2) духпокровитель дома.

부리다 I 1) заставлять работать; 2) использовать(тяглувую силу); 3) вызывать духа и просить, его(о чём-л.); 4) водить(напр. машину); пра-вить(напр. лошадью); 5) проявлять (какие-л. качества); 많은 사람 을 ~ заставлять работать много людей; 재주를 ~ показывать фокусы; 요술 을 ~ колдовать; 고집을 ~ упрями-ться; 꾀를 ~ хитрить; 요술을 ~ показывать фокусы; 고집을 ~ упрямиться.

부리다 II 1) выгружать, сгружать; 2) отпускать(тетиву лука).

부모(父母), 양친(養親) отец и мать, родители; ~슬하 под крылышком родителей; 요즘 신세대의 젊은이들 은 ~를 공경하지 않는다 В последнее время молодые люди не уважают родителей; ~상 смерть(кончина) роди-телей; 부모를 섬기다 ухаживать за родителями; ~구존 быть живыми(о родителях); ~슬하 под крылышком родителей; ~가 착하여야 효자가 난다 посл. букв. у добрых родителей почтительный сын.

부부(夫婦) муж и жена; супруги; ~간 отношение мужа и жены; между супругами; ~싸움 супруже-ская ссора; ~애 супружеская любовь; ~ 유별 соблюдение этикета между мужем и женой; ~싸움은 칼로 물 베기 *см.* 내외간(싸움은 칼로 물 베기).

부분(部分) I часть; 조직을 5개 ~으로 나누어 관리하였다 управлять ор-ганизацией, разделив её на 5 ча-стей; ~적 частичный; ~동화 ~일식 лингв. частичная ассимиляция; ~월식 астр. частичное затмение.

부분(傅粉) II уст. ~하다 пудриться.

부산물(副産物) 1) побочный продукт; ~직장 вспомогательный цех; 2) до-полнительные(второстепенные)дела; 사건의~ второстепенные детали, события. **부산을 떨다** суетиться.

부산하다 возиться; хлопотать; 할일 없이~ быть занятым безо всякой причины.

부서(部署) I отдел; отделение; 자기 의 원래~로 돌아갔다 возвращаться в своё прежнее подразделение; ~본위 주의 местничество, узковедомственное отношение к делу.

부서지다 1) разбиваться; крошить- ся; разбрызгиваться; 2) ломаться; 3) рушиться; 산산이 ~ разбиваться вдре-безги; 책상이 ~ стол ломается; 우승의 꿈이 산산이 부서졌다 мечта о победе разбилась вдребезги; 4) *см.* 부스러지다

부설(附設) I постройка; прокладка; проведение; ~권 право на возве- дение(проведение; установку; про-кладку); 공장에 연구소를~하다 стр-оить лабораторию при заводе.

부설(附設) II 사범대학~ 교원 양성소 курсы повышения квалификации учи-телей при педагогическом институте; ~하다 дополнительно оборудовать (устанавливать, учреждать).

부속(部屬) I уст. 1) класс, разряд, категория; 2)~하다 принад лежать к классу(разряду, категории).

부속(附屬) II добавочный; дополни-тельный; вспомогательный; принад-лежащий; ~물 атрибут; принадлеж-ность; ~품 запасные части; принад-лежности; арматура; фурнитура; детали; ~건물 пристройка, крыло здания;~병원 больница(при чём-л.); ~학교 базовая школа; ~하다 прила-гаться, быть приданным, принад-лежать(чему-л.).

부수다 ломать; 산산이~ ломать на куски; 자물쇠를 부수고 열다 взла-мывать замок; 낡은 담장을 ~ ломать старый забор; *см.* 부시다 II.

부실(不實) ~하다 нездоровый; неустойчивый; нестойкий; ненадёж-ный; нечестный; неполный; недос-таточный; бедный(о жизни);몸이 ~ 하다 тело нездоровое; ~공사 фаль-шивая работа; ~경영 нездоровое управление.

부아(副芽) I 1) злость; злоба; обида; ~가 치밀다 обида возникает; ~내지 말고 내말 잘 들어보게 Не обижайся, а послушай; [~가] 나다 злиться, сердиться, обижаться; [~] 동하다 при-ходить в ярость; [~]를 돋우다 сердить, злить; 2) *см.* 페 I

부아(副芽) II бот.придаточная почка

부양(扶養) I иждивение; содержание; ~하다 содержать;가족을 ~ содержать семью; ~가족 семья на иждивении; ~료 плата за содержание(кого-л.); ~의무 обязательство по содержанию (кого-л.); ~가족 иждивенцы.

부양(浮揚) II 침체된 경기를 부양 하다 улучшать застойное состояние; ~책 мера по улучшению; 경기~ улучшение ситуации.

부업(副業) подсобный промысел; ~경리 подсобное хозяйство; ~생산물 изделия(продукты) подсобного промысла.

부엉이 сова; ~소리도 제가 듣기에는 좋다고 *посл.* букв. и сове нравится свой собственный крик; ~셈 *обр.* несообразительность; ~집을 얻었다 *обр.* неожиданно разбогатеть.

부엌, 취사장(炊事場) кухня; 어머니가 ~에서 음식을 준비하신다 мама на кухне готовит еду; ~에 가면 더 먹을까?, 방에 가면 더 먹을까? *посл.* ≈ рыба ищет где глубже, а человеквгде лучше; ~에서 숟가락 얻었다 *см.* 살강[밑에서 숟가락 얻었다].

부연(附椽) I четырёхугольный де-ревянный брус, присоединённый под углом к концу стропила; ~개판 доска, прибитая к четырёхуго-льному брусу, присоединённому к концу стропила; ~추녀 приподнятая стреха.

부연(敷衍) II добавление; ~설명 до-полнительное

부유(浮游) I uct. ~기중기 плавучий кран; ~선광 горн. флотация; ~선광법 горн. флотационный метод обогащения; ~수뢰 плавучая мина; ~식물 бот. фитопланктон; ~생물 фитопланктон и зоопланктон; ~하다 свободно плавать.

부유(富裕)↔가난(家難) II богатство; ~하다 богатый; зажиточный;~하게 태어나다 рождаться богатым; ~층 богатый класс; ↔ бедность; ~천하 уст. всемогущество. ~한 богатый

부응(副應) удовлетворение; совмещение; соответствие; ~하여 в соот-ветствии(с чем-л.); 목적에 ~하다 соответствовать цели; 어머니의 기대에 ~하다 оправдывать надежды матери.

부의(賻儀) материальная помощь семье умершего; ~하다 оказывать материальную помощь) семье умершего.

부인(夫人) I вежл. Ваша(его) суп- руга; жена; см. 아내, 처.

부인(婦人) II 1 замужняя женщина; дама; Ваша (его) супруга; ~에게 자리를 양보하다 уступать место женщине; ~병 (женские) болезни; гинекологические заболевания; 가정 ~ домашняя хозяйка.

부인(否認) III отрицание; отклонение; ~하다 отрицать; отклонять; 사실을~ 하다 отрицать факт; 범죄를 ~하다 отрицать преступление.

부자(富者) богач; ~가 되다 станови-ться богачом; ~의 만족은 가난한 자들의 눈물이다 удовольствия бога-чейэто слёзы бедных; ~가 하나이면 세 동네가 망한다 уст. посл. букв. где один богач, там три деревни бедствуют.

부자연(不自然) неестественность; принуждённость; неправдоподобнос-ть; ~스러운 행동 неестественное поведение; ~스럽다 неестественный; ~하다 неестественный, искусственный, деланный.

부자유(不自由) неудобство; диско-мфорт; недостаток свободы; огра-ничение; ~하다 несвободный; ог-раниченный; 몸이 ~한 사람 физи-чески страдающий человек; 행동에 ~를 느낀다 чувствовать ограни-ченность действий; ~스럽다 прил. казаться несвободным(стеснённым)

부정(不正) I несправедливость; не-честность; отрицание; ~한 수단 не-честное средство; ~한 일 неправое дело; ~공무원 коррумпированный чиновник; ~사건 скандал; ~행위 неправномерныйакт; ~을 일삼다 быть нес-праведливым; ~하다 несправедливый, неправильный; ~명색 уст. имущество, нажитое нечестным путём; ~수단 махинации.

부정(不精) II ~하다 грязный; нер-яшливый, неаккуратный.

부정(不貞) III неверность; 그녀는 ~한 여자이다 Онаневерная женщина; ~하다 распущенная, развратная(о женщине); неверная(о жене).

부정(不定) IV 1) ~하다 неопределён-ный, неустановленный, неразрешён-ный(о вопросе); ~의문대명사 лингв. неопределённо-вопросительное место-имение; ~인칭문 лингв. неопределён-ноличное предложение; 2) мат. неоп-ределённость; ~방정식 неопределён-ное уравнение; ~적분 неопределённый интеграл.

부정(不淨) V грязнота; нечистота; ~ 한 돈 деньги добытые грязным спосо-бом; ~풀이 изгнание духа мёртвого из его дома; ~하다 нечистый, грязный; см. 부정풀이; ~[을]치다(풀다) этн. отво-дить несчастье, совершая первый круг (в шаманском обряде); ~소지 этн. полоска бумаги, сжигаемая перед молитвой с тем, чтобы отогнать злых духов; ~[을]보다 увидеть плохую при-мету; ~[을] 타다 этн. быть подвержен-ным несчастью; ~[이] 나다 [들다] слу-читься(о беде, несчастье).

부정(否定) VI отрицание; противоре-чие; ~하다 отрицать; ~하기 어려운 사실 трудноотрицаемый факт; ~적 отрицательный; ~개념 лог. отрица-тельное понятие; ~명제 лог. отрица-тельный тезис; ~판단 лог. отрица-тельное суждение; ~의부정 филос. отрицание отрицания

부조(扶助) I материальная поддерж-ка; 상가집에~를 하다 материаль-ная помощь(поддержка) семье умершего; 상호~ взаимная материальная поддерж-ка; ~도 말고 제상 다리도 차지마라 обр. не вмешивайся, держись в стороне; ~하다 оказывать(материальную под-держку, помощь).

부조(浮躁) I ~하다 непостоянный(о характере); легкомысленный.

부족(不足) I недостаток; нехватка; дефицит; ~하다 нехватать, недоста-вать; 노동력 ~ недостаток рабочей силы; 자금~ недостаток средств; ~없는 생활을 누리다 жить в достатке; 수면 ~ недостаток сна; 연습~ недостаток тренировки; ~근사치 мат. приближён-ное значение с недостатком.

부족(部族) II 1) племя; ~은 조상이 같다는 생각으로 뭉치고 공통의 언어 와 종교를 가진 지역 공동체 이다 племя-это территориальное сообще-ство, имеющее один язык и одну религию, верящее в происхождение от одних предков; 2) см. 종족 II).

부주의(不注意) невнимательность; неосмотрительность; неосторожность; ~하다 невнимательный; неосмотри-тельный; неосторожный;~로 인하여 지갑을 잃어버리다 терять по невни-мательности кошелёк.

부지(敷地) I участок, отведённый под строительство;~의 선정 выбор участка под строительство; ~면적 площадь участка под строительство; 공원~ место для строительства парка; 공장~ место для строительства завода

부지(浮紙) II уст. ~하다 изготовл- ять(бумагу) кустарным способом.

부지런하다 усердный; прилежный; упорный. **부지런한** старательный.

부지런합니다 прилежный.

부지런해라 будь трудолюбивым (прилежным). **부지런히** прилежно.

부질없다 1) бессмысленный; неле-пый; глупый; вздорный; 2) бесполезный; ненужный; никчёмный.

부질없이 1) бесполезно, напрасно; 2) бессмысленно, нелепо.

부채(負債), 차변(借邊) I дебет; долг; задолженность; 그 회사는 ~가 많다 У этой фирмы много долгов; ~국 страна-должник; ~비율 уровень за-долженности; ~상환 погашение за-долженности.

부채 II веер; опахало; ~꼴 вееро-бразный;~질 обмахивание веером; раздувание ссоры; ~궁륭 стр. веер-ный свод; ~습곡 геол. веерообра-зная складка; ~꼭지 штифт склад-ного веера.

부처 1) Будда; ~를 건드리면 삼거웃 이 드러난다(~밑을 가울이면 삼거웃 이 드러난다) шутл. молодец красив, да душой крив; 2) честный, добрый и мудрый человек; ~가운데 토막 обр. добрый, мудрый и спокойный человек.

부치다 I 1) не хватать(о силах); быть непосилам; 힘에 부치는 일 непо-сильная работа; 2) непосильный.

부치다 II обмахивать веером; 손수 건으로~ обмахивать носовым платком.

부치다 III жарить(на масле); 달갈을 ~ жарить яйца.

부치다 IV отправлять; посылать (письмо); 항공으로 ~ отправлять по авиапочте.

부침(浮沈) взлёт и падение;~을 함께하다 взлетать и падать вместе; ~이 심한 인생 жизнь, полная взлётов и падений; ~하다 а) то всплывать, то погружаться; б) уст. то улучшаться, то ухудшаться; то усиливаться, то ослабевать; в) уст. исчезать(не дойдя до адресата о письме).

부케(англ. buket) букет; 결혼식날 ~를 받은 여자는 다음번에 시집갈 수 있다 девушка, поймавшая букет цветов в день свадьбы, может выйти замуж в следующий раз.

부탁(付託) 요청(要請) просьба, поруч-ение;~에 응하다 отвечать на про-сьбу; 취직을~하다 просить о пост-уплении на работу;~하다 просить, поручать.

부탁하다 просить.

부터 от; с; из; 아침 ~ 저녁까지 с утра до вечера; 다음부터 조심하라 впредь (в следующий раз)будь осторожен.

부풀다(부푸니, 부푸오) 1) ворситься, пушиться; 2) опухать; вздуваться, вспучиваться; подходить; 3) набу-хать; разбухать; 4) быть доволь- ным; 5) перен. надуваться.

부품(部品) деталь; 기계의~ детали машины; 자동차를~을 구하기가 힘 들다 трудно достать деталь для авто-машины; ~품 자동삽입기 автома-тический вставлятель деталей.

부품 장치 detали. **부품창고**склад деталей.

부합(附合) I совпадать; соо-тветствовать; согласовываться; 의견 과 ~하다 совпадать с мнением.

부합(附合) II ~하다 присоединять, прикладывать.

부호(符號) I символ; знак; код;~로 쓰다 писать знаками; 수학에서 다양한 ~를 사용한다 В математике применяется много знаков; ~명칭 кодированное наимено- вание; 일람표~ кодовая таблица.

부호(扶護) II ~하다 поддерживать, подпирать.

부화(孵化) I инкубация; высижи- вание яиц; искусств. инкубация; ~하다 выводить птенцов(мальков, гусениц тутового шелкопряда).

부화(浮華) II ~방종 фатовство;~방탕 распущенность; ~하다 фатоватый, щегольский; ветреный.

부활(復活) 1) возрождение; возоб- новление; оживление; 2) рел. вос-кресение; 예수의 ~은 기적이다 вос-крешение Иисуса-это чудо; ~절 Пасха; ~하천 geogr. вторичная река; ~하다 а) возрождаться, возобновл-яться; б) рел. воскресать.

- 438 -

부활기(復活期) период возрождения.

부활절(復活節) Пасха.

부흥(復興) возрождение; ~기 период возрождения; 문예~ возрождение культуры и искусства; 나라의 경제 적 ~ экономическое возрождение страны; ~하다 возрождать[ся].

북 I челнок(в прядильной и швейной машине); 북 나들듯 обр. словно челнок (сновать).

북 II 북을 돋우다(주다) окучивать (растение).

북 III барабан; ~을 치다 бить в барабан; ~소리 удары в барабан; ~춤 танец с барабаном; ~통 деревянный корпус барабана; ~은 칠수록 소리 난다 *посл.* ≈ раздор зло творит.

북(北), 북쪽 IV север, северная сто-рона; ~으로 가다 идти на север. 1) см. 북쪽; 2) см. 북가.

북극(北極) Северный полюс; ~곰 белый медведь; ~거리 астр. се- верное полярное расстояние; ~기단 арктические массы воздуха; ~지방 Арктика; ~탐사대 арктическая эк-спедиция.

북돋우다 1) поднимать; поддержи-вать; окучивать(растение); 2) сти-мулировать; 꽃을 ~ окучивать цветы; 사기를 ~ поднимать дух; 기분을 ~ поднимать настроение; 용기를 ~ подбадривать.

북돋움 окучивание; ~하다 окучи-вать.

북부지방 северная провинция.

북어(北魚) сушёный(вяленый) мин-тай; ~는 술안주로 사용된다 минтай служит закуской к водке; ~구이 жареный минтай; ~국 суп из сушё-ного(вяленого) минтая; ~찜 при-правленный минтай на пару; ~껍질 오그라들 듯 *обр.* не ладиться(о деле); ~뜯고 손가락 빤다 *посл.* ≈ остаться с носом.

북적거리다 толпиться и шуметь (галдеть); 거리가~ шу-мная толпа на улице; усил. стил. вариант 복작거리다.

북진(北進) продвижение на север; ~하다 продвигаться на север.

북쪽(北-) северная сторона; север; 러시아의 ~ Север России.

분(粉) I 1) пудра; ~[을]바르다 пуд-рить[ся]; 2) белая краска.

분(盆) II см. 화분 I; 분에 심어놓으면 못 된 풀도 화초라 한다 *посл. букв.* и простая трава, если её посадить в горшок, будет называться цвет-ком.

분(忿) 유감(遺憾) III досада; 분을 삭이다 умерить свой гнев; 분을 풀다 сорвать(выместить) гнев; 분이 나다

возмутиться.

분간하다 различать; распознавать; разбирать; 옳고 그름을~ различать, что правильно, а что нет.

분개(分槪) I общее представление; ~없다 не уметь разобраться(в чём-л.); ~하다 иметь(общее представ-ление).

분개(憤慨) II возмущение; ~하다 возмущаться, негодовать.

분광(分光) I спектр; ~감도 спектраль-ная чувствительность; ~계 спектро-метр; ~광도계 спектрофотометр; ~ 분석 спектральный анализ; ~사진기 спектрограф; ~측정 спектрометрия; ~화학 спектральная химия; ~이중별 астр. спектральнодвойные звёзды.

분광(粉鑛) II горн. мелочь.

분권(分權) I [-кквон] децентрали- зация; ~[적] децентрализованный; ~[적]통치 децентрализованный режим государственного управления; ~하다 децентрализироваться; 지방~ прови-нциальная децентрализация.

분권(分捲) I ~전동기 эл. шунто- вый электродвигатель.

분기(分岐) I разветвление; ~점 стык; ~하다 1) разветвляться; 2) развет-вление; ~곡선 ж.-д. переводная кривая; ~지역 ж.-д. стрелочная зона; ~침목 стрелочная шпала.

분기(分期) II квартал(часть года).

분기점(分岐點) [-ччом] узел, разве-тление, развилка;стык; мат. точка разветвления; эл. узловая точка; 도로 ~ стык(развилка) дорог.

분뇨(糞尿) выделения; испражнения; ~를 치다 убирать нечистоты; см. 똥오줌.

분단(分段) деление; раскол; расч-ленение; разделение; ~국 разделё-нная страна; ~영토 разделённая тер-ритория; ~하다 делить на этапы (ступени).

분담(分擔) распределение работы; разделение; 비용을~하다 разделять расходы; 업무를 ~하다 разделять обязательства; ~금 разделение расходов; 손해~ разделение убытков; ~하다 а) брать на себя(часть какой-л. работы); б)распределять(работу).

분란(紛亂) беспорядок; хаос; 가정 ~ семейный беспорядок; 집안에 ~을 일으키다 вызвать беспорядок в доме; ~하다 беспорядочный, хаотичный; смутный(о времени).

분량(分量) доза; количество; вес; объём; 약의 ~ доза лекарства; ~이 너무 많다 доза очень велика.

분류(分類) I классификация; сор- тировка; ~하다

классифицировать; сортировать; 동물을~ классифици-ровать животных; ~법 систематика (метод); ~학 систематика(наука); ~ 학자 классификатор, систематик (учёный).

분류(分流) II [пул-] 1) ~하다 от- ходить, ответвляться(о рукаве реки); 2) рукав(реки).

분류(奔流) III [пул-] ~하다 быстро (стремительно) течь; 2) стремитель-ный поток; 3) стремительное разви-тие.

분리(分離) I отделение; ~로라 тех. отделительный валик; ~판단 лог. разделительное суждение; ~하다 отделять, обособлять; разделять, расчленять.

분리(分理) II [пул-] 1)~하다 искать (устанавливать) истину; 2) найденная истина; 3) частные принципы.

분리하다 отделять; обособлять; ~기 разделитель; ~운동 сепаратистское движение; ~주의 сепаратизм.

분명하다 ясный; явный; определён-ный; точный; 분명히 말해두다 говорить раз и навсегда; 말소리가 ~ голос ясный; 일이 잘 될 것이 ~ Ясно, что всё получиться.

분배(分配) 1) ~하다 распределять; 소득을 ~하다 распределять доход; ~금 распределяемая сумма; ~율 коэ-ффициент распределения; ~자 расп-ределитель; ~법칙 мат. дистрибу-тивный закон; ~지레 распредели-тельный рычаг; 2) доля, норма.

분별(分別) ~하다 различать; отличать; дифферинцировать; ~없다 неразум-ный; безрассудный; ~없는 행동 нера-зумный поступок; ~결정 дробная крис-таллизация; ~승화 дробная возгонка; ~증류 дробная(фракционная) пере-гонка; ~없다 неразумный.

분사식(噴射式) *сущ.* реактивный; ракет-ный; ~추진기 реактивный пропеллер; ~발동기 реактивный двигатель; ~비행기 реактивный самолёт.

분산(分散) I ~하다 рассеивать; рас-средотачивать; 적들이~하여 달아났 다 Враг, рассеявшись, побежал; ~적 рассеянный; рассредоточённый; дец-ентрализованный; ~지휘 децентра-лизованное управление; ~폭격 бомбардировка на рассеивание.

분산(墳山) II гора(сопка), кото- рой находятся могилы.

분석(分析) I анализ; разделение; разложение; демонтаж; ~하다 анали-зировать; провести анализ; раздел-ять; разлагать; демонтировать; ~표 таблица(с результатами) анализа; ~[적] аналитический; ~화학 аналити-ческая химия; ~적 형태 лингв. ана-литическая форма; ~적 언어 лингв. аналитический язык.

분쇄(粉碎) 1) дробление; измельче-ние; 2) разгром; ~하다 дробить; измельчать; громить, разрушать; 바 위를 ~하다 разрушать утёс; 적을 ~하다 разгромить врага; ~기 пуль-веризатор; измельчитель.

분수(分數) 소수(小數) дробь; ~다항식 дробный многочлен; ~방정식 дроб-ное уравнение.

분양(分讓) раздача; распределение; 주택 ~하다 распределение домов; 아파트 ~ распределение квартир; ~하다 раздавать; распределять.

분열(分列) I [-йол] рассредоточение; разъединение; расчленение; ~구호 лозунг на нескольких транспарантах; ~하다 рассредоточиваться; разъеди-няться; расчленяться.

분열(分裂) II [-йол] деление, раскол; *физ.* распад, расщепление; ~번식 раз-множение делением; ~식물 бот. мик-сомицеты; ~자궁 *анат.* двугнёздная матка; ~조직 *биол.* меристема; ~하다 делить[ся], расчленять[ся]; распадать [ся] расщеп-лять[ся].

분열(分裂) III разделение; ~하다 разделять;~되다 разделяться; ~증 шизофрения; ~증 환자 шизофреник; 분열과 대립 раскол и противостояние.

분위기(雰圍氣) атмосфера; обстано-вка; ~를 깨뜨리다 нарушать атмо-сферу; ~가 좋은 식당 столовая с хорошей обстановкой; 가정적인 ~ семейная атмосфера

분유(粉乳) I молочная смесь(поро-шок).

분유(噴油) II 1) нефтяной фонтан; 2) фонтанирующая нефть.

분자(分子) I 1) хим. молекула; ~격자 молекулярная решётка; ~물리학 моле-кулярная физика; ~화합물 молекуляр-ное соединение; ~운동론 молекуляр-но-кинетическая теория; ~원자설 атомно-молекулярная теория; 2) *мат.* числитель; 3) полит. элемент; 파괴~ подрывные элементы.

분자(-子) II частица; 반동~ против-ник; 열성~ низкий элемент.

분장(扮裝) 1) грим; подготовка к выходу на сцену; 2) приукрашивание; ~하다 а) гримироваться; готовиться к выходу на сцену; б) приукрашивать; 배우가 농부로 ~하다 актёр переоде-вается в крестьянина.

- 442 -

분쟁(分爭) I конфликт; спор; ~을 해결하다 разрешать конфликт; ~문제 спорный вопрос; ~하다 конфликтовать, спорить

분쟁(分爭) II уст. фракционная борьба; ~하다 вести фракционную борьбу.

분절(分節) 1) биол. метамерия; ~적 метамерный; ~적 배치 биол. метамерное расположение; ~하다 расчленять; 2) биол. метамер; 3) отдельная строфа; отдельный куплет.

분점(分店) II [-쫌] 1) точка деления (чего-л.); 2) астр. точка равноденствия.

분주(奔走) занятость; ~하다 занятый; спешный; ~히 занято, спешно; ~한 나날 занятые дни.

-분지(分之) часть(целого); 오~삼 три пятых(3/5).

분출(噴出) извержение; выбрасывание; ~하다 испускать; извергать; выбрасывать; 용암이 ~하다 лава извергается; ~구 кратер; жерло вулкана; ~물 извержения.

분출하다 фонтанировать.

분통(粉筒) I 1) пудреница, коробка для пудры; 2) см. 국수분통; ~같다 чистый(о вновь оклеенной комнате).

분통(憤痛) II ярость; негодование; гнев; ~이 터지다 приходить в ярость; 참으로 ~한 일이다 действительно, дело, приводящее к негодованию; ~하다 яростный.

분투(奮鬪) старание(борьба) изо всех сил; ~가 упорный работник; ~노력 неимоверные усилия; 인권을 위하여 ~하다 отчаянно бороться за права человека; 직장에서 ~하다 стараться изо всех сил на работе; ~하다 самоотверженно бороться; стараться изо всех сил.

분파(分派) I 1) ответвление; ~하다 ответвляться; 2) секция; фракция; ~주의자 фракционер; ~적 сектантский, фракционный.

분파(分破) II уст. ~하다 раскалывать, разламывать.

분포(分布) I распространение; распределение; ~하다 распространяться; распределяться; ~도 карта распространения; ~율 уровень распространения; ~곡선 мат. кривая распределения; ~용량 эл. распределённая ёмкость.

분포(噴泡) уст. ~하다 а) выпускать пузырьки изо рта(о крабе); б) выступать(о пене на губах)).

분풀이 ~하다 срывать гнев; 부하에게 ~하다 срывать гнев на подчинённом.

분필(粉筆) 백묵(白墨) мел; ~로 칠판에 글씨를 쓰다 писать

мелом на доске.

분할(分割) I разделение; расчлене-ние; ~하다 разделять; расчленять; ~하여 지불하다 платить раздельно; ~지점 рассечённая местность.

분할(分轄) II ~하다[по]делить(напр. административные функции).

분해(分解) 1) разложение; распад; расщепление; ~하다 расщеплять; раз-лагать; разбирать, демонтировать; 기계를 ~하다 разбирать машину; 총 을 ~하다 разбирать ружьё; ~산물 мед. лизат; ~작용 мед. катаболизм; ~증류 крекинг, крекирование; ~판단 лог. разделяющее суждение; 2) [반응] хим. реакция разложения.

분홍(粉紅) розовый; ~색 розовый цвет; ~치마 юбка розового цвета.

분홍빛(粉紅-)[-삗] розовый цвет.

붇다(불으니,불어) набухать; увеличи-ваться; возрастать; 재산이~ собст-венность увеличивается; 강물이~ река прибывает;~불어나다 прост. [разо]злиться.

불(火) I 1) огонь; 담배에 ~을 붙이다 зажечь сигарету; ~난데 부채질하다 раздувать огонь; 아궁이에~을 지르다 зажигать печку;~을 끄다 потушить огонь; ~을 켜다 развести огонь; 불에 탄 개가 죽(오그라지듯) *погов.* ≡ дело не клеи-тся; 불사르다 a) сжигать, предавать огню; б) уничтожать, ликвидировать; 불을 넣다 зажигать, разжигать; 2) свет(лампы); 3) пожар; пламя; 불 일 듯 как пламя пожара(бушевать); 불 난 강변에덴 숯 날뛰듯 *обр.* между молотом и наковальней; 불이 붙다(타다) *перен.* гореть.

불 II 1) *см.* 불알; 불을 까다[치다] кастрировать, холостить; 2) *анат.* мошонка.

불(不) III «неудовлетворительно» (оценка по чтению наизусть конф. канонических текстов при сдаче экза-мена на государственную должность).

불(弗) IV доллар.

불- преф. очень сильный; 불가불 очень сильная засуха.

불-(不) преф. кор. не...; 분만족하다 недовольный,неудовлетворённый

불가능(不可能)~하다 невозможный; ~성 невозможность;내 사전에는 ~ 이란 없다 В моём словаре нет слова "невозможно".

불가분(不可分) неотделимый, не-разрывный; ~의 관계

неразрывная связь; ~적 неделимый; неразры-вный; неотделимый.

불가피(不可避) ~적으로 неизбежно; ~하다 неизбежный; ~한 사정 때문에 회의에 참석하지 못했다 из-за не-избежного обстоятельства не при-сутствовал на собрании; ~성 неизбежность.

불경기(不景氣) депрессия(экономи-ческая); застой; ~ 때문에 이 기업은 망한다 предприятие рушится из-за депрессии.

불공평(不公平) ~하다 несправедли-вый; пристрастный; 불공평한 이사회 несправедливое общество; 이익금 배당이~하다 распределение прибыли несправедливо.

불과(佛果) I достижение состояния Будды, вхождение в нирвану.

불과(不過) II ~하다 в знач. сказ. всего лишь; не более как.

불구(不具),부상 I 1) уродство; увечье; ~자 калека; инвалид; 2) уст.эпист. преданный Вам(в конце письма).

불구(佛具) II ритуальные предметы, используемые при жертвоприноше-нии Будде.

불균등(不均等) неравномерность; непропорциональность; ~[적], ~[하다] неравномерный; непропорциональ-ный; ~박자 муз. нерегулярный метр.

불길하다 дурной, зловещий.

불꽃 1) пламя; ~튀다 зажигать; ~이 이글거리다 пламя горит; ~놀이 салют; 2) эл. искра; ~방[전] (иск-ровой) разряд; ~전압 напряжение искры; 3) см. 불똥 1).

불끈 ~하다 торчать; заметно высту-пать; сжать кулаки; ~화를 내다 серьёзно гневаться; 주먹을 ~쥐다 крепко сжимать кулаки; 근육이~솟다 напрягать мышцы; усил. стил. вариант 볼끈.

불능(不能) невозможность; 교접~ импотенция; ~하다 а) невозмож- ный; б)неспособный(что-л. сде- лать).

불다(부니,부오) 1) дуть; раздувать; 바람이~ дует ветер; 손을 호호 ~ дуть на руки; 휘파람을~ свистеть; 피리를 ~ играть на свирели; 공모한 사실을 ~ раздувать конспиративный факт; 불고 쓴 듯 불면 날가, 쥐면 꺼질까? *погов.* ≈ сдувать пылинки(с ребёнка); 2) играть (на духовом инструменте); 3)휘파람을~свистеть; 4) выдавать(сек-рет); 5) шутл. заливать, врать; 분다 분다 하니까 하루아침에 왕겨 석 섬을 분다 *погов.* ври, да не завирайся; 불어넣다 а) вдувать; б) вселять, внушать; в) выдавать(кого-л.); 불어 먹다 промотать, растратить; 불어세우다 отталкивать; изолировать.

불도저(*англ.* bulldozer) рус. бульдозер; 산을 ~로 밀어 버렸다 бульдозер сдвинул гору.

불량(不良) I неисправность; брак; ~하다 плохой; дурной; недоброкачественный; второсортный; 품행이 ~하다 характер и поведение никуда не годятся; 불량배들이 나에게 덤벼 들었다 на меня набросились хулиганы; ~배 хулигны; ~품 товары низкого качества; недоброкачественные(низкосортные) товары; 성적 ~ плохая успеваемость; 청소년 ~ малолетние хулиганы

불량(佛糧) II зерно для жертвоприношения Будде.

불룩하다 выпуклый; 불룩한 배 выпуклый живот; 불룩한 지갑 толстый кошелёк.

불륜(不倫) безнравственность; аморальность; ~관계 аморальная связь.

불만(不滿) недовольство; неудовлетворённость; ~하다 недовольный; ~스러운 표정 недовольное выражение лица; 마음에 ~을 품다 таить недовольство в душе.

불모(不毛) ~의 бесплодный; неплодородный; ~지에서는 농작물이 자라지 않는다 в бесплодных землях ничто не растёт.

불법(不法) I незаконность; неравномерность; ~감금 незаконное заключение (в тюрьму); ~주차 запрещённая парковка; ~적(하다) не законный; нарушающий установленные нормы; ~행위 правонарушение; незаконные действия; ~화 признание(чего-л.) незаконным.

불법(佛法) II буддийский закон; буддийское учение, буддизм.

불변(不變) постоянство; ~하다 постоянный; ~가격 твёрдые цены; ~기한 окончательный срок; ~자본 постоянный капитал.

불복(不服) неповиновение; неподчинение; ~하다 а) не повиноваться, не подчиняться; б)не соглашаться, не мириться; в) не признавать (вину).

불빛 1) отсвет; отблеск; свет(электролампы *и т. п.*); 2) огненнокрасный цвет; 희미한 ~ неясный(бледный) отблеск; ~이 새어나오다 пролиавается свет.

불성실(不誠實) неискренность; нечестность;

недобросовестность; ~하다 неискренний; нечестный; недобросо-вестный.

불손(不遜) [-쏜] ~하다 заносчи-вый; нескромный; бесцеремонный; ~하게 굴다 вести себя бесцеремонно; ~한 언동 нескромное поведение

불시(不時) [-씨] 1) вне сезона; ~의 неожиданный; случайный; ~의 방문 객 неожиданный гость; ~[에], ~[로] неожиданно, несвоевременно; 2) ~ 착륙 вынужденная посадка.

불쌍하다 жалкий, несчастный; 그의 처지가~ его положение жалко; 불쌍 하게 여기다 жалеть; ~한처지 жалкое положение

불어나다 расти; увеличиваться; прибывать;сердиться; волноваться.

불온(不穩) непослушный; неблагона-дёжный; ~하다 неподходящий; неу-местный; 태도가 ~하다 неуместное поведение; ~문서 документ опас-ного содержания; ~사상 опасная идея; *см.* 불온당[하다]

불응(不應) несовместимость; ~하다 несовместимый; 질문에 ~하다 не отвечать на вопрос; 검문에 ~ отвергать проверку.

불의(佛儀) I буддийские обряды.

불의(不意) II неожиданность; внезап-ность; ~하다 неожиданный; внезап-ный; ~의 질문을 당해서 당황하다 растеряться от неожиданного воп-роса; ~의 사고 неожиданная мысль; ~[의] 침공 внезапное нападение; ~에 неожидан-но, внезапно, врасплох.

불의(不義) III безнравственность; неверность; ~에 항거하다 сопроти-вляться безнравственности; ~영리 богатство и слава, добытые нече-стным путём.

불이행(不履行) невыполнение; не-соблюдение; ~하다 не выполнять; не соблюдать; 조약 ~ несоблюде-ние договора

불참(不參) неучастие; ~하다 не уча-ствовать;행사에~하다 не участвовать в мероприятии; 회의에~ не участ-вовать в собрании; 경기에~하다 не участвовать в соревновании.

불철주야(不撤晝夜) бодрствование днём и ночью; ~일하다 работать и днём и ночью; ~로 연구에만 몰두 하다 быть занятым исследованием и днём и ночью; ~로 без сна и отдыха, и день и ночь.

불충(不忠) неверность(королю); неп-реданность; ~불효

неверность и непочтительность родителям; ~하다 1) неверный, нелояльный; 2) быть неверным (нелояльным).

불충분(不充分) недостаточность; неполный; несовершенный. ~하다 недостаточный; 자금이~하다 капитала недостаточно; 설명이~하다 объяснения недостаточно.

불쾌(不快) а) неприятность; ~하다 неприятный; нерадостный; ~감 неп-риятное чувство;~지수 коэффициент неприятности(дискомфорта); б) 몸이 ~하다 чувствовать недомогание.

불통(不通) вмешательство; непони-мание; непрохождение; ~이 되다 невозможно проехать; 소식~ отсу-тствие новостей; 고집~ упрямый; ~하다 непроникновение; непрово-димость; непрохождение; непони-мание; 통신이~되는 곳 место, куда не доходит связь; 전화~ от-сутствие телефонной связи; ~하다 не иметь связи.

불편(不便) неудобство; ~하다 неу- добный; 교통이 ~하다 неудобный транспорт; 몸이 ~하다 испытывать телесные муки; ~스럽다 несколько неудобный; 속이 ~하다 маяться животом.

불평(不平) жалоба; недовольство; ропот; ~하다 жаловаться; 투덜투덜 ~ 하다 ворчать и жаловаться; ~분자 жалующийся; ~불만 жалобы и недовольства; ~만만 крайнее не-довольство; ~스럽다 недовольный.

불평등(不平等) неравенство; неспра-ведливый; ~하다 неравный; неравноп-равный. ~한 제도 несправедливая сис-тема; ~조약 несправедливый договор.

불합격(不合格) несоответствие тре-бованиям; непригодность; ~되다 быть непригодным; ~자 несоответствующи требованиям; ~품 товар, несоответст-вующий требованиям; ~하다 а) не соответствовать, не удовлетворять (каким-л. требованиям); б) не выдер-живать (экзамена).

불합리(不合理)[-함니] иррациональ-ность; неразумность;~하다 нера-циональный; неразумный;~성 нера-циональность; ~한 제도 нерацио-нальная система; ~복지정책 непра-вильная политика благосостояния.

불합의(不合意) уст. 1) взаимное не-согласие; 2) расхождение во мнениях; ~하다 а) не соглашаться друг с другом; б) не совпадать(о мнениях).

불행(不幸) неудача; несчастье; горе; бедствие; ~하다

несчастливый; неу-дачный; злополучный; лосчастный; ~은 겹치기 마련이다 беда не прихо-дит одна; ~중 다행 наименьшее зло; *см.* 고난(苦難) беда.

불행한(不幸-) несчастный.

불허(不許) ~하다 не позволять; не разрешать; воспрещать; 입국을 ~ запрещать въезд в страну; 복사를 ~ копирование запрещено.

불화(不和) I раздоры; склока; распри; 부부간의 ~ супружеские ссоры; 고부간의 ~를 해소하다 разрешать конфликт между невесткой и свекровью; ~하다 1) недружный; 2) быть недружным.

불화(佛畵) II картина на буддий-ский сюжет.

불황(不況) депрессия; ~대비자금 капитал на чёрный день; ~시대 годы депрессии; ~하다 уст. занятой, не имеющий свободного времени.

불효(不孝) I непочтительность к родителям; непочтение к родителям; ~자 непочтительный к родителям; непочтительные дети; ~하다 1) непочтительный(к родителям); 2) быть непочтительным(к родителям).

붉다 1. 1) красный; 붉은광장 Красная площадь; 붉고쓴장 *посл. букв.* красная соевая паста, да на вкус горька; 붉은 가시딸기 малина(Rubus phoenicolacius); 붉은 인 *хим.* красный фосфор; 붉은 발 조롱이 *зоол.* пустельга(Talco tinnunculus japonensis); 붉은 병꽃나무 *бот.* Weigela florida; 붉은점 무당벌레 кальвина (Calvina rubidus; *насекомое*); 붉은 차돌 красный кальцит; 붉은 군대 *ист.* Красная Армия; 붉은 기 красное знамя; 붉은기 중대운동 движение краснознамённых рот(в КНДР); 붉은넥타이 пионерский галстук; 붉은 수첩 блокнот(педагога); 2. краснеть. *см.* 빨간 красный.

붉었습니다 краснеть.

붐비다 сталкиваться; столпиться; набитый народом;срочный; спешный; хаотический; беспорядочный; суто-лочный; 시장이 몹시~ рынок набит народом. **붑니다** дует.

붓 1) кисточка; кисть(для письма, рисования); 2) орудие письма; ~끝 конец кисти(для письма, рисования); ~대 ручка кисти; ~질 работа кистью; 붓 바치개 *жив.* муштабель; 붓을놓다 а) положить перо; б) закончить писать; 붓을 던지다 а) перестать писать(о писателе); б) бросить литературу и заняться военным искусством; 붓을 잡다 взяться за перо; 붓을 꺾다 см. 붓을 던지다 а); 붓이 가볍다 легко (быстро) писаться; 붓이 나가다 гладко (без затруднений) писаться. 붓 대신 칼 нож вместо кисти. 붓, 방언 наречие.

붓다(부으니, 부어) I 1) распухать; взду-ваться; набухать; отекать; 2) дуться; сердиться; 손등이 ~ кисть руки распухла.

붓다(부으니, 부어) II 1) наливать, насыпать; 붓거니｜작커니｜угощая друг друга вином; 2) отливать(деталь и т.п.); 3) сеять семена(для получения рассады); 4) сосредоточивать(силы, внимание на чём-л.); 5) вселять(веру и т.п.); 6) внедрять, насаждать(идеи и т.п.); 6) выплачивать, вносить (про-центы, деньги).

붕 I звукоподр. шипению, жужжа-нию, дребезжанию.

붕(朋) II выход газа или газооб- разного вещества.

붕괴(崩壞) 1) обвал; 2) крах; низ- вержение; крушение; ~하다 руши-ться; обрушиваться; терпеть крах; 건물이 ~하다 здание обваливается.

붕대(繃帶) бандаж, бинт, повязка; бинт; ~를 감다 перевязывать бин-том; 개인~ индивидуальный пакет; ~재료 перевязочный материал; ~를 감다,~하다 бинтовать, перевязывать.

붙다 1) прибиваться; присоединяться; приставать; прилипать; склеиваться; 옷이 몸에 ~ одежда прилипла к телу; 2) клеиться; схватываться(о клее); 3) прислоняться; льнуть; 여인들은 붙어 다닌다 любимые ходят прижавшись друг к другу; 4) устраиваться(куда-л.); 5) сдавать экзамен; проходить по кон-курсу; 입학시험에 ~ сдавать вступи-тельный экзамен; 6) приступать; начи-нать[ся]; 기대에 ~ вставать к станку; 7) примыкать; пристраиваться; 붙어살다 жить(у кого-л.), быть нахлебником; 8) прибавляться; увеличиваться; 9) сово-купляться; случаться; 10) принадле-жать; относиться; 11) привязываться; навязываться; 붙은 돈 крупная купюра;

붙들다(붙드니, 붙드오) 1) ухватить; ухватиться(за что-л.); браться(за дело и т.п.); помогать; 달уна는 도둑을 ~ ловить убегающего вора; 손님을 ~ принимать гостей; 2) см. 붙잡다; 3) помогать, поддерживать 붙들어 매다 = 붙잡아 매다: см. 붙잡 다; 붙들어 주다 а) передавать; б) удерживать; поддерживать; в) заботи-ться (о ком-л.); ухаживать(за кем-л.).

붙박이 1) фиксированное положение; неподвижность; 2) закреплённый (неподвижный) предмет; ~로 а) неизменно, постоянно; б) неподвижно.

붙여서 завязать.

-붙이 I суф. вещь; 가죽붙이 кожаная вещь.

-붙이 II члены одной группы

붙이다 1) заставлять(позволять) при-липать; приклеивать; 벽지를 벽에~ клеить на стену обои; 포스터를 다시~ переклеить плакат; 담배불을~ давать прикурить; 2) прислонять; 3) привле-кать, определять, устраивать; ставить на работу; 4) начинать; 5) 몸을 ~ прист-раиваться(к кому-л.); 6) увеличивать; давать рост(о процентах); 7) случать; 8) пускать(корни); приживаться(о расте-нии); 9) 구실을 ~ находить предлог; 10) 붙여짜기 набор без про белов(между словами); 붙여읽다 понятно читать; 붙인마디 узелок на нити (образующийся при обработке кокона).

붙잡다 1) схватить; крепко держать [ся]; схватиться(за что-л.); 2) браться (за дело и т .п.); 3) занимать (долж-ность и т.п.); 4) задерживать, удерживать; 5)поймать, ухватить; 기회를 ~ улучить момент; 6) см. 붙들다 3); схватывать; 손잡이를 ~ схватиться за рукоятку; ‖ 붙잡아 매다 а) пой-мать(схватить) и связать; б) привя-зывать (к чему-л.); закреплять; 붙잡 아 주다 = 붙들어 주다.; см. 붙들다.

붙잡히다 1) быть схваченным(задер-жанным); 감정에 ~ быть охвачен-ным чувством; 2) быть поддержи-ваемым.

브라쉬(*англ.* brush) щетка.

브라우스(<*англ.* blouse) блузка.

브레이크(*англ.* break) тормоза; 그의 독주에 ~걸린다 в его гонке срабо-тали тормоза.

브로카(*англ.* broker) 1) маклер, комиссионер; 2) прихлебатель; туне-ядец.

블록(*англ.* block) блок; кусок; ~건축 блочная архитектура.

비(雨) I дождь; ~가 물감을 씻어냈다 дождь смыл краску; ~가 오기 시작한다 начался дождь; ~가 온다 идёт дождь; ~가 그쳤다 дождь перестал; ~를 맞으며 걷다 идти под дождём; ~를 만나다 попасть под дождь; 작은 카페에서~를 피하다 укрыться от дождя в маленьком кафе; 비 맞은 용대기 *обр.* поникший вид; 비 맞은 장닭 같다 *обр.* как мокрая курица; 비오듯하다 *обр.* а) градом сыпаться(о пулях *и т.п.*); б) ручьём литься(о слезах).

비 II метла; веник; 비를 드니가 마당 쓸란다 *посл.* ≃ я ему услужил, а он меня проучил.

비(碑) III монумент; мемориальная доска; надгробный памятник.

비거주자(-居住者) человек, не про-живающий в данном месте; ~등록 регист-рация непроживающих в данном месте.

비겁(卑怯) трусость; робость; ~하다 трусливый; ~한 행동을 하다 вести себя трусливо.

비공개(非公開) ~적 закрытый; сек-ретный; ~도서 литература для слу-жебного пользования; ~회의 закры-тое собрание.

비관(悲觀) пессимизм; разочарова-ние; ~적 пессимистический; песси-мистичный; ~하다 пессимистически смотреть(на что-л.); быть разочаро-ванным; ~론자 пессимист.

비교(比較) сравнение; сопоставление; сопоста вку; ~ 하다 сравнивать, сопоставлять; ~되다 быть сравниваемым (сопоставл-яемым); ~동물 지리학 сравнительная зоогеография; ~역사적방법 сравни-тельно-исторический метод; ~역사주의 компаративизм; ~문법 сравни-тельная грамматика; ~해부학 сравни-тельная анатомия; ~언어학 сравни-тельное языкознание.

비구름 дождевое(снеговое) облако; 저쪽에서~이 몰려온다 с той стороны надвигаются дождевые облака(тучи).

비꼬다 1) крутить; скручивать, зак-ручивать; 2) дерзить, говорить напе-рекор; 3) дерзко(вызывающе) вести себя.

비난(非難) осуждение; порицание; обвинение; ~하다 осуждать; пори-цать; обвинять; упрекать; ~의 여지 가 없다 нет повода для обвинения; ~의 대상 объект для осуждения.

비뇨(泌尿) мочеотделение; ~생식기 계통 мочеполовая(урогенитальная) система; ~생식관 мочеполовой канал; ~작용 уропоэз.

비누 мыло; ~질 하다 мылиться; ~ 거품 мыльная пена; ~제조 произво-дство мыла; ~경고 мыльный плас-тырь.

비닐(<*англ.* vinyl) винил;~봉지 вини-ловый(полиэтиленовый) пакет; ~판 виниловый диск; ~섬유 виниловое волокно; ~수지 виниловые смолы.

비다 1) пустой; порожний; свободный; вакантный; 집이~ оставлять дом без присмотра; 자리가 ~ место пустует;

- 452 -

주머니가 텅텅~ карман пустой; 빈 구멍(름) слабое место; 빈속 пустой желудок; 빈손을 들고 가다 уйти с пустыми руками; 빈손을 털다 а) напрасно стараться; б) делать напрасные затраты; 빈절에 구렁이 끓이 듯 *погов.*=кишмя кишеть; 빈절에 구렁이 끓이 듯 *погов.*=попав в 빈주먹 만들다(가지다, 쥐다) начать с ничего(с пустого места); 2) свободный, вакант-ный; 빈이름 а) неудачное название; б) одно название; 2. пусто вать.

비단(飛湍) I стремнина; порог.

비단(緋緞) II шёлк; ~결 шёлковая фактура; ~길 шёлковый путь; ~보 шёлковый платок; ~이 한 끼라 посл. = попав в нищету, и богач быстро опускается.

비대(肥大), 비만증 полнота; ожирение; ~증 гипертрофия; ~세포 *мед.* цит; ~세포종 *мед.* мастоцитома; ~하다 1) тучный; 2) гипертрофиваться.

비디오(англ. video) видео; ~찍다 снимать на видео; ~대여 видеопрокат; ~복사 видеокопия.

비뚤어지다 1) покоситься; наклони-ться; 2) делать наперекор, назло; 비뚤어진 나무 покосившееся дерево.

비례(比例) пропорция; ~하다 сопос-тавлять; балансировать; быть пропор-циональным; ~한 지출 предел балан-сировать затраты на импорт; ~계수기 пропорциональный счётчик; ~선분 пропорциональный отрезок; ~중수(중 항) среднее пропорциональное; ~콤파 스 пропорциональный циркуль; ~한계 предел пропорциональности.

비로소 1) только что; впервые.

비록(祕錄) I секретная запись.

비록 II хотя; ~농담이라 해도 хотя это и шутка. **비론리적** нелогичный

비론리주의(非論理主義) алогизм.

비롯되다 брать начало; происходить начинаться с....

비롯하다 начинать с...; 비롯하여 начиная с....

비료(肥料) 두엄 удобрение; навоз; ~ 공장 завод по производству удо-брений; 광물성~ минеральные удобре-ния; *см.* 거름.

비루스(<лат. virus) вирус.

비루스성(<лат. virus+性) ~감기 виру-сный грипп; ~뇌염 вирусный энце-фалит.

비리다 1) отдающий(сырой)рыбой (кровью); 2) с привкусом

сырого арахиса; 3) грязный, отвратительный (о поступке).

비린내 1) запах крови; 2) запах (сы-рой) рыбы; ~가 나다 ребяческий, детский.

비만(肥滿) I 1) полнота; ~하다 полный; тучный; жирный; 2) ~증 мед. корпуленция.

비만(痞滿) II вздутие живота.

비밀(秘密) тайна, секрет; ~스럽다 тайный; ~스레 тайно; втайне; нег-ласно; ~하다 хранить тайну; ~로 간직하다 хранить в тайне; ~공작 тай-ный заговор; ~결사 тайное сооб-щество; ~경찰 секретный агент по-лиции; ~선거 тайные выборы; ~외교 тайная дипломатия; ~투표 тайное голосование; ~통신 секретная ком-муникация; ~조약 тайное согла-шение; 절대~ совершенно секретно; ~로 секретно, тайно, негласно.

비방(誹謗) I клевета; инсинуация; кляуза; ~하다 клеветать; кляузничать

비방(秘方) II 1) секретный способ; 2) секретный рецепт.

비범(非凡)~하다 незаурядный; иск-лючительный; необыкновенный; 비범한 재주 незаурядный талант.

비비다 1) тереть; растирать; натирать; 2) приправлять; заправлять(пищу); 3) валять, катать; скатывать; 4) свер-лить; 5) см. 12.

비빔밥 пибимпап(сваренный на пару рис, приправленный мясом и овоща-ми); ~저냐 отварной рис в кляре с мясом (овощами).

비상(飛翔) I ~하다 летать, парить.

비상(非常) II ~하다 необычный; чрез-вычайный; экстренный; аварийный; ~시 чрезвычайное происшествие(ЧП); ~ 수단을 취하다 принимать экстренные меры; ~구(запасной) выход; ~근 пов-ременная работа; ~금 неприкосно-венный запас денег; ~사태 чрезвы-чайное положение; ~경계 охранение, выставленное после объявления чре-звычайного положения; ~경보 тревога; ~소집 экстренный созыв; ~제동 экст-ренное положение; ~예비 неприкос-новенный запас.

비서(飛絮) I летающие в воздухе сережки ивы.

비서(秘書) II 1) секретарь; 그녀는 ~ 로 채용되었다 она работает секрета-рём; ~관 секретарь; делопроизводи-тель; ~실 секретариат; 당~ партийный секретарь; ~책임 от-ветственный сек-ретарь; 2) запрещённая литература; 3) книга с описанием секретов.

비양거리다 I подтрунивать, иронизировать.

비양심적(非良心的) бессовестный; ~행동 бессовестное поведение.

비열(比熱) I удельная теплоёмкость.

비열(脾熱) II воспаление селезёнки.

비열하다(鄙劣-卑劣-) подлый; низкий; 비열한 수단 подлое средство; 비열한 정신 коварная душа.

비옥하다 плодородие; плодород- ный; тучный.

비용(費用) расходы; издержки; затраты; ~이 많이 드는 일 дело, требующее больших затрат; ~을 줄이다 убавить расходы; 공공~ общественные затраты.

비우다 1) опорожнять; опустошать; 2) оставлять без присмотра(дом); 3) освобождать(квартиру и т. п.); 4) оставлять(работу и т. п.).

비웃다 насмехаться, высмеивать (кого-л.); 남을 ~ насмехаться над другими.

비위(脾胃) I 1) селезёнка и желудок; 2) аппетит; желание; 3) вкус(к чему-л.); настойчивость; упорство; ~가 상하다 настроение портится; ~맞추다 смотреть в глаза(кому-л.); угождать; подлаживаться под настроение; ~가 당기다 увлекаться(чем-л.); ~가 노래 기 회처 먹겠다,~가 떡함지에 넘어 가겠다 быть неразборчивым в еде; ~를 거스리다 портить настроение(кому-л.); ~를 긁다 обижать;~를 부리다 (쓰다) быть терпеливым как вол;~를 팔다 терпеть обиды; ~사납다 неприятный.

비위(妣位) II очерёдность расположения поминальных дощечек предков по женской линии.

비유(比喩) I метафора; аллегория; ~하다 изображать аллегорически; ~ 법 способ метафор(аллегорий); ~하 여 метафорически, фигурально.

비유(卑幼) II младшие рдственники и молодые люди.

비자(查證)(англ. visa) виза; ~를 발급 받다 получать визу; ~를 신청하다 делать заявление на визу; ~를 연장 하다 продлевать визу; ~카드 кредитная карточка "Виза"; см. 사증.

비좁다 довольно тесный; 비좁은 방에서 살다 жить в тесной комнате.

비죽비죽 ~하다 1. а) см. 비죽거리다; б) 입술을 ~하다 кривить губы; 2. торчащие, выступающие.

비준(批准) 1) ратификация; утверждение; санкция; ~의 교환 обмен ратификационными грамотами; ~하다

ратифицировать, утверждать; 2) см. 비준서.

비준서(批准書) ратификационная грамота.

비즈니스(*англ.* business) бизнес; дело; ~맨 бизнесмен.

비지 I 1) кушанье из растёртых соевых бобов, сваренных с зеленью; остатки растёртых соевых бобов при изготовлении тубу(соевого творога); остатки, употребляемые в пищу; ~먹은 배는 연약과도 싫다한다 *посл.* букв. после того как съел много бобов с зеленью, не захочется даже домашнего печенья; 2) остатки растёртых соевых бобов(в со-евом молоке).

비지 II измельчённая в порошок порода, содержащая руду.

비참(悲慘) печаль; горесть; ~하다 печальный, горестный; ~히 горестно; печально; ~한 광경 печальное зре-лище; ~한 인생 печальная жизнь.

비추다 1) светить; освещать; озар-ять; 2) просвечивать(что-л. лучами); 3) отражаться; быть отражённым; 전등으로 어두운 구석을 ~ освещать фонарём тёмные уголки; 4) ...에 비추어 в свете(чего-л.).

비치다 1) светиться; освещаться; 2) отражаться; 3) просвечиваться; 4) вмешиваться; 5) выспрашивать; 얼굴이 ~ показываться ненадолго; 얼굴(눈치)~ показаться ненадолго.

비치하다 приготовить заранее; 무전 장치를 ~ приготовить передающее устройство.

비키다 1) отодвигаться; сторониться; 2) отодвигать; 길을~ уступать дорогу; 자동차를~ сторониться автомашин.

비켜세요. отойдите.

비타민(*англ.* vitamin) витамин; ~제 витаминное вещество; ~결핍증 авита-миноз; ~요법 витаминолечение; ~부족 중 гиповитаминоз; ~사료 витаминизи-рованный корм(фураж).

비탈 крутой склон; обрывистый берег; косогор; ~길 дорога по круто-му склону.

비판(批判) 1) критика; ~적 крити-ческий; критичный; ~하다 критиковать; 엄밀히 ~하다 строго критиковать; ~력 критическая сила; ~론 теория критики; ~을 가하다 подвергать критике; ~적 사실주의(실재론) критический реализм; 2) судить.

비행(非行) I плохой поступок; пло-хое поведение; 남의 ~을 들추다 обнаруживать плохие поступки у других людей.

비행(飛行) II полёт, перелёт; ~하다 летать; ~기 самолёт, аэроплан; ~사 пилот, лётчик, авиатор; ~장 аэродром;

~공포증 аэрофобия; ~가지 см. 항공 [기치]; ~중대 우편 см. 항공[우편].

빈(賓) I распорядитель на цере- монии совершеннолетия.

빈(嬪) II пин(титул фрейлины 1-го ранга).

빈곤(貧困) бедствие; нищета; нужда; ~하다 бедный; полный лишений (трудный); ~에 빠지다 впадать в нужду; ~한 가정에서 태어나다 рождаться в бедной семье.

빈민(貧民) бедный народ; нищета; ~가 бедная улица; ~굴 городские трущобы; ~촌 бедный район(ква-ртал); ~학교 школа для бедных.

빈부(貧富) бедность и богатство; ~격차 разрыв между бедными и богатыми; ~귀천 бедность и бога-тство; родовитость и неродови- тость.

빈혈(貧血) мед. малокровие; анемия; 가성~ мнимая анемия; 국소~ малокро-вие местное, ишемия; 무위성 ~ агастрическая анемия; 속발성~ вторичная анемия; 실혈성~ постгеморрагическая анемия; 증후적~ анемия симптоматическая; 재생성~ анемия регенератив-ная; 특발성~ малокровие идиопатичес-кое; 악성~ анемия злокачественная; 용혈성~ анемия гемолитическая; 원발 성 ~ анемия первичная.

빈혈성(貧血性) [-ссонъ] сущ. анеми-чный, малокровный.

빈혈증(貧血症) [-чхынъ] анемия, малокровие. 빌 счёт; квитанция.

빌기 прошение; моление господа.

빌다(비니,비오) I 1) желать; 2) просить, молить; 행운을~ желать удачи; 비는 데는 무쇠도 녹는다 *посл. букв.* от просьб и чугун плавится; 에게 승리가 있을 것을 빌다(кому-л.) победы.

빌다 II 1) занимать; заимствовать; брать в долг; арендовать; 2) при- бегать к помощи(кого-л.); осно-вываться(на чём-л.), исходить(из чего-л.); 4) выпрашивать; 빌어먹다 жить подаянием; 빌어먹을 бран. проклятый.

빌리다 1) давать в долг(взаймы; напрокат); сдавать в аренду; 2) при-бегать к помощи; занимать; 3) основываться(на чём-л.); исходить (из чего-л.); 책을 ~ брать взаймы книгу; 돈을 빌려주다 давать взаймы деньги; см. 빌다 II 2), 3).

빌었습니다 просить извинения.

빔 I текст. кручение; ~을 먹이다 крутить.

빔 II затыкание, заделывание.

빗 I гребень; расчёска; ~으로 머리를 빗다 расчёсывать волосы расчёской.

빗 II отдел.

빗- преф. неправильный, косой; 빗나가다 уклоняться(в сторону); 빗맞다 не попадать(в цель), отклон-яться (от цели).

빗기다 1) заставлять причёсываться; 2) расчёсывать, причёсывать(кому-л. волосы).

빗나가다 промахнуться; уклоняться в сторону; выходить из рамок; 화제 가~ уклоняться от темы; 총탄이 ~ проходить мимо(о пуле); см. 벗나가다.

빗맞다 1) не попадать(в цель); отклоняться (от цели); 2) не сбыва-ться; не получаться.

빗질 ~하다 расчёсываться.

빙 кругом; ~빙돌다 вертеться, обхо-дить; 빙 둘러 앉다 садиться кругом.

빙그레 улыбаться; ~웃다 мило улыбаться; ~하다 мило улыбнуться.

빙그르르 ~돌다 а) навёртываться (о слезах); б) кружиться.

빙빙 돌게 하다 закружить.

빙상(氷上) ледяная поверхность; ~선수 конькобежец; хоккеист; лыж-ник; ~에 на льду; ~경기 соревно-вание в бегах на коньках.

빚.의무(義務) долг; задолженность; ~ 을 갚다 заплатить долг; ~을 지지마라 не бери деньги в долг; 빚[을] 내다 брать в долг; 빚[을] 주다 давать в долг под проценты; 빚[을] 지다 залезть в долги; 빚주고 뺨맞기 посл. букв. одолжишьсвою щёку подставишь; 빚 진 죄인 (종) неоплатный должник.

빚다(술,도자기, 떡을) 1) лепить(вино, фарфор и корейские лепешки); изготовить;лепить(тесто); готовить; разделывать; 2) готовить(рисовую водку); 빚여내다 порождать(отри-цательные явления).

빚을 갚다 возвращать(отплачивать) долг.

빚쟁이 презр. кредитор; ростовщик.

빚지다 брать в долг.

빛 1) свет; ~나다 сиять; сверкать; блестеть; ~내다 заставлять сиять(свер-кать); прославлять; 2) цвет; ~깔 окраска; расцветка; ~살 луч света; 3) 빛이나다 проявляться; 빛을내다 про-являть, показывать себя; 빛좋은 개살 구

посл. не все то золото, что блестит; 4) выражение(лица); 5) 빛 다르다 быть иного рода; 빛[이]없다 стыди-ться, не находить себе оправдания.

빛, 광선(光線) луч. 빛깔 цвет.

빛나다 сиять, блестеть; 빛나는 성과 блестящие успехи.

빛내다 1) заставлять сверкать(сиять); 2) прославлять.

빠끔빠끔 ~하다 1. покрытый глубо-кими трещинами; прил. весь в дырках; 2. а) быть покрытым глубокими трещинами; б) глубоко затягиваться(при курении); куковать.

빠르다(빠르니, 빨라) 1) быстрый; ско-рый; стремительный; 그는 이해가~ он быстро соображает; 2) ранний, преждевременный; 3) острый(о слухе и т. п.).

빠지다 падать; быть пропущенным; быть низким; похудеть; уходить; не хватать; 물에 падать в воду(тонуть); 이가~ зуб выпадает; 살이~ похудеть, осунуться; 물에 ~ тонуть; 낡아~ совсем устареть; 게을러~ совсем облениться

빨갛다(빨가니, 빨가요) 1) яркокрасный, пунцовый; 2)새빨간 거짓말 обр. явная ложь. 빨갛습니다 красный.

빨개요. красный. 빨갱이 красный.

빨다, 세탁하다(빠니, 빠오) I стирать; 옷을 ~ стирать одежду.

빨다(빠니, 빠오) II 1) прям. и перен. сосать; 젖을~сосать грудь; 2) тянуть (о трубе).

빨다(빠니, 빠오) III острый, заострён-ный. 빨래하다 стирать.

빵(<порт. рао) I хлеб; ~한 조각을 베어내다 отрезать кусок хлеба; ~ 두개를 먹어치우다 перехватить пару пирожков; ~집 булочная

빵 II ~하다 1) лопнуть с шумом; 2) издать гудок(об автомобиле); 구멍이 빵 뚫어지다 продырявиться.

빵크(<англ. puncture) 1) прокол, дыра; ~가 나다 а)проколоть(шину); лоп-нуть(о камере); ~가 뚫리다 порва-ться, продырявиться(об одежде); 2) ~가 드러나다 раскрыться(о секрете).

빼내다 отнимать; вычитать; вытас-кивать; 가시를 ~ вытаскивать занозу; 좋은 것을 ~ выбирать лучшее; 짐을 ~ вытаскивать багаж; 나는 반지를 빼냈다 я снял кольцо.

빼놓다 оставлять; отложить.

빼다 1) удирать; 2) вынимать, выта-скивать; 3) вычитать; исключать; 4) 명단에서 이름을 ~ исключать имя из списка;

5) 칼을 ~ вытаскивать нож; 6) 이를 ~ удалять зуб; см. 뽑다2); 8) 얌전을 ~ быть скромным; 9) 빼어나다 выделяться;10) 빼도 박도 못 하다 зайти в тупик.

빼앗기다 отбирать; отнимать; быть обворованным; 권력을 ~ отнимать власть; страд. залог от 빼앗다.

빼앗다 1) отнимать, отбирать, присваивать; 목숨을 ~ отнимать жизнь; 2) захватывать, увлекать.

빼어나다 выделяющийся; выделяться; 다른 사람보다 ~ выделяться среди других. **빼어난** выдающийся.

뺄셈 вычитание.

뺑소니 ~하다 сбегать, спасаться бегством. **뺑소니치다** убегать.

뺨 1) щека, щёки; ~을 때리다 ударить по щеке; ~에 키스하다 поцеловать в щёку; 2) ширина боковой стороны (чего-л.).

뻐꾸기 кукушка; ~의 кукушкин; ~시계 часы с кукушкой;~새끼 кукушонок; см. 뻐꾹새(곽공(郭公),길국(鵠鶪),시구(鳲鳩),포곡(布穀),포곡조(布穀鳥),획곡(獲穀)

뻗다 1) тянуться; протягиваться; вытягивать(напр. ноги); вытягиваться(о ногах); 2) проявляться(о чувстве, энергии, силе); 3) распространяться; 4) разг. протянуть ноги, умереть.

뻗치다 1) сильно вытягиваться; 2) с силой вырываться(напр. о воде); 3) протянуть; 구조의 손을 протягивать руку помощи; см. 버티다.

뼈 1) кость; 뼈가 휘도록(뼈[가] 빠지게) до седьмого пота; 2) остов, костяк каркас; 3) твёрдая часть(чего-л.); 4) перен. основной стержень, ядро.

뽑다 выбирать; вытаскивать; 권총을 ~ вытаскивать пистолет; 잡초를 ~ выдёргивать траву.

뽑히다 быть вытащенным; быть выбранным; быть избранным; 최고로 ~ быть избранным как лучший; см. 뽑다.

뽕 I ~하다 а) вырваться со свистом; б) продырявиться; в) раскрываться.

뽕 II 뽕을 놓다 раскрывать, разглашать; 뽕이 나다 а) раскрываться; б) см. 뽕이[빠지다]; 뽕이 빠지다 а) иссякать, б)терпеть убытки за убытками.

뿌리(단위) корень; 땅속에 ~내리다 пускать корни в землю; 질병의 ~ причины болезни; ~를 박다 пускать корни, укореняться.

뿌리다 1) сыпать(о снеге, дожде); 2) разбрасывать, разбрызгивать;3) сеять; 4) распространять; 5)бросать, кидать; 6) обливаться(слезами); 7) бросать (лучи); 8) встряхивать(напр. авто-ручку); 향수를 ~ душиться.

뿐 только; ...뿐만 아니라 ~도 не то́лько ..., но и....

뿐만 아니라 또한 не только, но и.

뿔 1) рог; рога; 뿔 뺀 소상이라 по- терять власть; 2) заострённая часть (чего-л.)

뿔뿔이 отдельно; ~흩어지다 рас- пространяться по отдельности.

뿜다 1) выпускать; извергать; испус-кать; излучать; 2) брызгать; стру-иться; 피를~ проливать кровь.

쁘 ппы(назв. кор. буквы ㅃ).

쁘랴니크 пряник.

쁠럭(<англ. bloc) 1) блок; 2) рай он, квартал.

쁠류스(плюс) 1) см. 플라스; 2) доход; 3) пополнение; 4) вклад.

삐거덕 ~하다 скрипнуть.

삐거덕거리다 скрипеть.

삐걱 ~하다 резко скрипнуть; взвизг-нуть.

삐걱거리다 визжать.

삐걱삐걱~하다скрипеть и визжать.

삐걱삐걱 шорох

삐다 I убывать, спадать.

삐다 II вывихнуть.

삐대다 надоедать.

삐딱 косо, наклонно.

삐딱하다 склониться в одну сторону.

삐또관(<англ. Pilot+관) физ. трубка Пито.

삐뚤다(삐뚜니, 삐뚜오) покосившийся; см. 비뚤다.

삐뚤어지다 искривляться.

삐뚤이 1) обр. кривой предмет; 2) кособокий(горбатый) человек; 3) кривая(извилистая) тропинка.

삐라(<англ. bill) листовка.

삐라 II рекламные объявления

삐삐 пейджер; ~를 치다 посылать сообщение на пейджер

삐죽삐죽 ~하다 1) см. 비죽거리다; 2) выступающий, торчащий, выпяченный.

삐죽하다 острый;

삐죽한 칼 острый нож;

삐지다 дуться; сердиться; обидеться; 삐진척하다 делать рассерженный вид; см. 삐뚤어지다.

삐치다 I 1) выбиться из сил; 2) обижаться.

삐치다 II писать элемент в иерог-лифе.

삐침 сворачивание в сторону.

삑삑거리다 скрипеть; см. 빽빽거리다.

핀 (англ. pin) булавка, шпилька.

삘기 1) молодые побеги мискантуса; 2) см. 띠 II.

삥 вокруг; 방을 새 도배지로 ~둘러 도배하였다 Комнату обклеили новыми обоями; см. 빙

삥 둘러서다 встать вокруг.

삥 둘러싸다 окружать.

삥땅 утаивание лишних денег; заначка.

ㅅ

ㅅ седьмая буква корейского алфавита, обозначает согласную фонему **с**

사(私) I личное; частное; ~인 част-ный; личный; ~적으로 частно; ~기업 частное предприятие; ~적 관심 лич-ный интерес; ~유재산 частная собст-венность; ~적인 이유로 по личным причинам; ~적인 일 личные дела; ~적 견해 личный взгляд(мнение); ~생활 личная жизнь.

사(詞) II стансы(на ханмуне).

사(師) III воен. дивизия.

사(砂) IV этн. рельеф вокруг места, удобного для могилы.

사(士) V королевская пешка(в кор. шахматах).

사(社) VI общество, компания; издательство; агентство.

사(事) VII смерть; 급~ скоропостижная смерть; 생리~ биологическая смерть; 임상 실험~ клиниче-ская смерть; 자연~ естественная смерть; 폭력~насильственная смерть; 횡~насильственная смерть.

사(四) VIII четыре; 4사람 четверо; 4점 четвёрки; 4배 вчетверо; см 넷; 사호 활자 полигр. шрифт 4-го кег-ля; 사행정기관 четырёхтактный двигатель внутреннего сгорания.

사(絲) IX одна десятитысячная

사(辭) XII речь; 송별~ прощальная речь; 축~ поздравле-ние(приветственная речь); 취~ торжественная речь.

사(史) XIII история; 한국발달~ исто-рия развития корейского языка; 미술~ история искусства; 고대 러시아문학~ история древнерусской литературы

-사(糸) I суф. кор. нить;пряжа; 견사 шелковая нить; 면사 хлопчатобу-мажная пряжа.

-사(辭) II суф.кор. 1) слово; 개회~ вступительное слово; 2) лингв. служебное слово; морфема; аффикс; 접미사 суффикс.

-사(詞) III суф. кор. лингв. часть речи; 감탄사 междометие; 형용사 прилага-тельное. -사(事) IV суф. кор. дело.

-사(社) V суф. кор. компания; това-рищество; фирма; издательство; филиал; отделение; 출판~ издатель-ство; 통신~ телекоммуника-ционное агентство; 신문~ газетное издатель-ство; агентство; 적십자사 общество Красного Креста; 통신~ телеграфное агентство.

-사(師) VI суф.кор.; образует сущ. со знач. имени деятеля: 사진사 фотограф; 재봉사 портной.

-사(士) VII суф. кор.; образует сущ. со знач. имени деятеля: 비행사 лёт-чик, пилот; 운전사 шофёр, водитель.

사각(四角) 1) четыре угла; 2) четырехугольник; ~모자 конфедератка.

사각형(四角形) *мат.* четырёхуголь-ник; ~의 내각의 합은 360도이다 сумма внутренних углов четырёх-гольника - 360 градусов.

사감(舍監) 1) комендант общежития (интерната); 2) управляющий двор-цовыми землями.

사거리(射距離) 1) воен. дальность стрельбы; 2) перекрёсток;см.네거리

사건(事件) 1) событие;происшествие; инцидент; дело; 역사적~ историчес-кое событие; 국제적~ международное событие; 불의의~ неожиданное проис-шествие; 이상한 ~이 일어났다 слу-чилось странное происшествие; 민사~ гражданское де-ло; 유괴~ инцидент с похищением; 현행~ текущие события; 형사 ~ уголовное дело; ~발전 лит. разви-тия действия; 2) *юр.* дело; ~기각 прекращение дела; ~중지 приостанов-ление дела; ~제기 возбуждение дела.

사건(事件)사고(事故) казус; случай.

사격(射擊) стрельба; обстрел;огонь; 사격을 개시하다 открыть стрельбу; ~ 하다 стрелять; 목표를~ стрелять в цель; 사격장으로~하러가자 пойдём пострелять в тире; ~경기 стрелковые состязания; ~부대 стрелковый полк; ~ стрелок; ~장 стрельбище; полигон; тир; 조준~ прицельная стрельба; 직접 ~ стрельба прямой наводкой; ~거리 дальность стрельбы; ~개시 открытие огня; ~계선 огневой рубеж; ~지원 огневая поддержка; ~진지 огневая позиция.

사견(私見) личное мнение; 나의 ~ 으로는 по моему личному мнению; 자기 ~을 지키다 держаться своего мнения.

사경(死境) смертный час; ~에 처하다 попадать в руки смерти; ~을 벗어나다 вырваться из рук смерти; ~에 на грани смерти.

사계(四季) четыре времени года; четыре сезона; ~지불 посезонная оплата; 춘계 весенний сезон; 하계 летний сезон; 추계 осенний сезон; 동계 зимний сезон; 1) см. 사철 III 1; 2) см. 사계삭; 3) см. 월계화.

사고(事故) I мысль; мышление;~하다 мыслить; ~과정 процесс мышления; ~력 способность мыслить; ~방식 образ мышления.

사고(四苦) II будд.четыре страдания (рождение,старость, болезни, смерть); ~팔고 а) все муки(страдания); б) будд. восемь страданий.

사공(沙工) 1) лодочник; 사공이 많으면 배가 산으로 올라간다 посл. = у семи нянек дитя без глазу; 2) моряк.

사과,능금 I яблоко; ~의 яблоневый; ~ 를 깎다 чистить яблоко; ~과수원 яблоневый сад; ~나무 яблоня; ~케익 яблочный торт; ~파이 яблочный пирог; 재배 ~ домашняя яблоня; ~주(酒) яблочная наливка; ~나무 돌드레 зоол. яблочная медведка; ~속 벌레(심식충) зоол. яблочная плодожорка; ~진드물 зелёная яблочная тля; ~집 밤나비 яблочная моль.

사과(謝過) II ~하다 просить проще-ния

사과하다 извиняться; просить про-щения.

사교(社交) I социальные взаимоот-ношения; общественные собрания; ~적 общительный; ~계 светские круги; общество; ~성 общительность; ~술 умение держать себя в обществе; ~적 인간 общительный человек; ~무용 (댄스) дружеский танец.

사교(私交) II личные отношения (знакомства).

사귀다 общаться; дружить; водить знакомство с кемлибо; пересекаться; скрещиваться; 사귀기 어려운 여자 женщина, с которой трудно общаться; 사귀어야 절교하지 погов. ≃ нет дыма без огня.

사귐성(-性) общительность, общи-тельный характер.

사규(社規) правила фирмы.

사그라지다 разлагаться; гнить; гас-нуть; погасать;потухать; исчезать; 불이 ~ огонь гаснет.

사글세(<朔月貰) оплата за квартиру. см. 삭월세.

사기(詐欺) I обман; мошенничество; ~를 당하다 подвергнуться мошен-ничеству; ~꾼 жулик; обманщик; мошенник; ~술 мошенничество; ~죄 мошеннические махинации(преступ-ление).

사기(沙器) II фарфор; фарфоровая посуда; ~ 그릇 фарфоровая чашка; ~ 그릇은 깨지기 쉽다 Фарфоровая посуда легко бьётся; см. 사기그릇.

사기(社旗) III уст. знамя общества (издательства, фирмы).

사기(士氣) IV боевой дух; ~가 떨어지다 боевой дух падает; ~가 높다 боевой дух высок; ~를 북돋우다 поднимать боевой дух; ~충천 обр. высокий боевой дух.

사기업(私企業) частное предприятие; ~을 외국회사에 매각하다 продавать частное предприятие иностранной фирме

사나이 мужчина; ~답지 않은 것 немужественный поступок; ~의 мужской; мужественный

사납다(사나우니,사나와) 1) злой;свире-пый; крутой; жестокий; страшный; отвратительный; 사나운 바다 разбу-шевавшееся море; 사나운 세상 жес-токий мир; 사나운 개코둥 아물 틈(날)이 없다 посл. ≡ а) драчливый петух жирен не бывает; б) сделав худо не жди добра; 2) сильный; бурный; 3) страшный, отвратительный.

사내 I 1) сокр.от. 사나이; 2) пренебр. муж

사내(社內) II 회사내 внутри фирмы; ~에 внутри общежития(интерната); ~ 규율 внутренний распорядок на фирме.

사냥 охота; ~하다 охотиться; 맹수 ~하다 охотиться на хищника; 여우를 ~하다 охотиться на лис(волков, мед-ведей); ~터 место охоты; 매 ~ соко-линая охота; 비둘기~ охота на голубей; ~개 охотничья собака.

사념(思念) I раздумье; размышление; ~에 빠지다 впасть в раздумье.

사념(邪念) II неверные(ошибочные) мысли.

사노비(私奴婢) крепостные крестья-не.

사늘하다 1) холодный; прохлад-ный, свежий; 2)прил. похолодеть(от страха).

사다(구매하다) 1) покупать; приобретать; 물건을 외상으로~ покупать вещи в кредит; 현금으로~ покупать за наличный расчёт; 잘보지 않고~ покупать не глядя; 사는 사람 покупатель; 돈을~ зарабатывать деньги; 병을~ зарабатывать болезнь; 2) терпеть, испытывать(лишения, оскорбления *и т.п.*); 3) возбуждать(вызывать) к себе(какие-л.) чувства; 불만을 ~ вызывать недовольство; 웃음(조소)를 ~ вызывать смех(насмешки).

사다리 лестница; 줄~ верёвочная лестница; 접는~ складная лестница; *см.* 사다리.

사다리 лестница; ~로 올라가다 взбираться по лестнице; ~로 내려가다 спускаться по лестнице; ~분하 *уст.* несправедливая дележка.

사당(祠堂) I 1) родовая молельня(в доме), в которой хранятся поминальные дощечки предков; ~ 양자 *см.* 신주[양자] I; 2) шкатулка в виде домика для хранения поминальных дощечек предков.

사돈 сват; сватья; свойственник; ~댁 сватья; дом свата; ~집 дом свата; ~남 나무란다 *посл.* ≡ свекровь дочку бранит невестке науку даёт; ~네 안방 같다 ≡ *обр.* неудобное (щекотливое) положение; ~밤 바래기 *посл.* ≡ друг друга домой провожать дома не бывать; ~의 팔촌 ≡ *обр.* седьмая вода на киселе; ~하다 становиться сватьями (сватами).

사라졌습니다 исчез.

사라지다(없어지다) исчезать; скрываться; пропадать; 모든 희망이 ~ вся надежда исчезает; 군중 속으로 ~ затеряться в толпе; 목숨(생명)이 ~ умирать.

사람,인간(人間) 1) человек; ~의 삶 жизнь человека; ~답게 행동하다 поступать по человечески; ~의 힘으로 불가능하다 это выше человеческих сил; ~의 소리 человеческие голоса; ~답다 человеческий; достойный человека; ~됨 характер(облик) человека; склад; нрав; 조선~ кореец; 평양~ пхеньянец; ~값에 들지 못하다 недостойный называться человеком; ~같지 않다 недостойный звания человека; ~은 열 번 된다 *обр.* человек постоянно меняется; ~을 버리다 становиться плохим человеком; портиться(о человеке); ~을 잡다 *обр.* без ножа зарезать;

사랑,취미(人間) I любовь; ~하다 любить; ~스럽다 любимый; милый; симпатичный; ~은 맹목 любовь зла, полюбишь и козла; ~의 불길은 끄지 못한다 любовь не пожар, а загорится, не потушишь;~의 любовный; ~에 빠지다 влюбляться; 노동에 대한~ любовь к труду; 독서~ любовь к чтению; 시에 대한~ любовь к стихам; 정신적~ сознательная любовь; 조국에 대한 ~ любовь к родине; 첫~ первая любовь; ~의 표시 знаки любви; 짝사랑 безо-тветная любовь; ~싸움 ссора между возлюбленными;супружеская ссора; ~ 싸움은 칼로 물 베기 *погов.* = милые бранятсятолько тешатся;~을 속삭이다 а) объясняться в любви; б) полюбить друг друга.

사랑(舍廊) II 1) гостиная; 2)комната хозяина дома; ~양반 вежл. хозяин дома.

사려(思慮) раздумье; размышление; озабоченность; ~하다 задумываться, погружаться в раздумье; тревожиться, беспокоиться; разуметь; 깊은~ глубокие раздумья.

사려깊다 заботливый.

사령(司令) диспетчер; командующий; ~관 командующий; ~부 штаб; ~납 капитанский мостик; 1) см. 사령관; 2) диспетчер.

사례(私禮) I личное приветствие.

사례(謝禮) II благодарность; призна-тельность; ~를 표하다 выражать благодарность; благодарить кого-л. за что-л.; ~를 표하는 благодарный; ~의 표시 знак благодарности; ~편지 благодарственное письмо; ~하다 благодарить.

사례(事例) III пример; случай; ~를 설명하다 пояснить примером;~를 들다 приводить пример; 그의 ~에 따르다 следовать его примеру; ~를 보이다 подать пример;~연구 исследование на примерах.

사로잡다 поймать живым; взять в плен; захватывать; 범을 ~ поймать живого тигра; 마음을 완전히 ~ запол-нить всю душу.

사로잡히다 быть пойманным живым (взятым в плен); быть охваченным; быть захваченным; 원수에게~ быть взятым в плен.

사료(飼料) I корм для скота;фураж; ~용의 кормовой; ~를 주다 давать корм; 말에게~를 주다 давать корм лошади;~를 주는 것 ко-рмёжка; 조잡한~ грубые корма; ~용 식물 кормовые культуры; ~조리장 кормоцех; ~창고 кормовой сарай; 농축 ~ концентрированные корма; 생-

- 468 -

сочные корма; ~기지 кормовая база; ~작물 кормовые культуры.

사료(史料) II исторические матери-алы; ~를 수집하다 собирать истори-ческие материалы.

사르다(사르니,살라) I сжигать; зажечь; разжечь; затопить; 아궁이에 불을 ~ затопить печь.

사르다(사르니,살라) II просеивать; 쌀을 ~ просеивать рис.

사르르 1) постепенно; осторожно; 2) понемногу; незаметно; 3) плавно.

사리다 наматываться; укладыва- ться витками; свёртываться клубком; собираться с духом; собираться с мыслями; избавляться; садиться; сокращаться; отпрянуть.

사막(沙漠) I пустыня; ~동물 пус-тынное животное; 모래~ песчаная пустыня; 고비~ пустыня Гоби.

사막 II ~스럽다 прил. казаться беспощадным(немилосердным); ~하 다 беспощадный,немилосердный.

사망(死亡) смерть;кончина; гибель; ~하다 умирать; погибать; ~률 коэф-фициент смертности; ~일 день смерти; ~자 умерший; погибший; 자 연사 естественная смерть; ~증명서 свидетельство о смерти; ~서 свиде-тельство о смерти; см. 서거(逝去); см. 별세.

사면(斜面) I наклон; склон; уклон; покатость; 산~ горные склоны; 1) см. 비탈; ~경작 вспашка косогора;~보강 укрепление скатов(дорожной насыпи); 2) мат. наклонная плоскость.

사면(辭免) II ~하다 уходить в от-ставку.

사면(四面) III четыре стороны; ~에서 둘러싸다 быть окружённым со всех сторон; ~팔방 все стороны; везде, повсюду; ~초가 а) полное окру-жение; б) полная изоляция.

사면(赦免) IV амнистия; ~하다 амнистировать; ~을 받다 попасть под амнистию; ~장 прошение об амнистии; 개인특별~ частная амнистия; 일반~ общая амнистия.

사멸(死滅) гибель; отмирание; вы-мирание;~하다 гибнуть; отмирать; вымирать; ~적 гибельный, сокру-шающий.

사명(師命) I уст. указание учителя.

사명(辭命) II 1) арх. речь(слова) дипломатического представителя; 2) слова(приказ) короля.

사명(使命) II миссия; ~을 부과하다 возложить миссию(на кого-л.); 숭고한 ~ благородная миссия; ~감 осознание миссии

사모(師母) I жена учителя.

사모(思慕) II ~하다 а) любить; тосковать; б) думать с уважением(о ком-л.); почитать.

사모님 вежл. 1)жена учителя; 2) Ваша супруга(о жене старшего); 3) вежл. супруга пастора.

사모하다 любить; тосковать; думать с любовью.

사무(社務) I уст. работа(служба) в компании(издательстве,агенстве и т п)

사무(事務) II 1) делопроизводство; дело; управление делами; ~적인 деловый; деловитый; ~에따라 подело-вому; ~관 делопроизводитель; ~국 орган делопроизводства; ~소 офис; ~ 실 офис; ~원 работник офиса; ~장 начальник офиса; ~처 место делопро-изводства; ~간소화 упрощение дело-роизводства; 2)(служебные) дела; ~적 канцелярский.

사무소(事務所) канцелярия; контора

사무실(事務室) кабинет; канцелярия ~적 канцелярский.

사물(私物) I личные вещи;~은 각자 의 사물함에 보관해야 한다 личные вещи должны храниться в личном ящике.

사물(事物),물체(物體) II предмет;~의 предметный; ~과 현상 предметы и явления; ~그 자체 филос. вещь в себе

사발(沙鉢) фарфоровая миска; ~밥 рис в миске; 국~ миска для супа; 밥~ рисовая миска; ~시금 промывка золота в фарфоровой миске(при взятии пробы); ~시계 круглые настольные часы; ~지석 фарфоровая миска с эпитафией (на могиле вместо надгробного кам- ня); ~통문 петиция с подписями, которые ставились по кругу; ~안의 고기도 놔 주겠다 погов.≈ в лесу дров не нашёл(о бестолковом человеке)

사방(砂防) I защита от обвалов(на-ступления песков и т. п.).

사방(四方) II 1) четыре стороны света; вокруг; всюду; везде; ~신장 этн. четыре духапредводителя свя-того воинства(охраняющие восток, запад, север, юг); 2) четыре угла; ~ 모자 уст см. 사각[모자] I; ~제기 чеги (игра в волан, в которой принимают участие четыре человека); ~탁자 квадратный стол.

사 백(400) четыреста.

사범(師範) педагог; ~대학교 педаго-гический институт; ~학 педагогика; 2) см. 승; ~교육 педагогическое образование.

사법(司法) I юстиция; ~적 юстици-онный; ~부 министерство

юстиции; ~기관 органы юстиции.

사법(私法) II уст. юр. частное право

사법(師法) III уст. 1) нормы поведения учителя; 2) ~하다 подражать учителю.

사변(思辨) I 1) размышление; 2) фил. умозрение; ~철학 умозрительная философия; ~적 умозрительный, созерцательный; ~하다 а) размышлять; б) фил. созерцать.

사변(事變) II несчастный случай; катастрофа; бедствие; 국가의 ~ бедствие национального масштаба; нарушение; тревога; беспорядки; волнения; восстание; ~무궁 происшествие за происшествием.

사본(寫本) копия; рукописная книга; ~을 만들다 делать копию.

사부(師父) вежл. хозяин и отец; учитель и отец.*см.* 스승.

사분오열(四分五裂) ~되다 разрываться в клочья; распадаться; рассыпаться; раскалываться на части.

사비(私費) I личные расходы; ~로 на собственный счёт.

사비(社費) II расходы компании (издательства, агенства).

사뿐 легко.

사뿐사뿐 ~걷다 идти лёгкой походкой (лёгким шагом).

사뿐히 легко.

사사건건(事事件件) каждое дело

사살(射殺) расстрел; ~하다 расстрелять.

사상(思想) 이데올로기 I мысль; идея; мышление; идеология; 1) идеология; ~가 мыслитель; идеолог; ~계 область (сфера) идеологии; ~범 политический преступник; ~교양 идеологическое воспитание; ~개조 преобразование идеологии; ~문화적 침투 идеологическое и культурное проникновение; ~사업 идеологическая работа; ~성 идейность; ~자 мыслитель. ~적 идеологический; ~적 요새 идеологическая крепость; ~전선 идеологический фронт; ~체계 система идеологии; ~투쟁 идеологическая борьба; ~혁명 идеологическая революция; ~의식 идейная сознательность; 2) мышление.

사상(事象) II предметы (вещи) и явления.

사상(死傷) III 1) ~하다 быть убитыми и ранеными; 2) убитые и раненые; потери (в живой силе).

사색(思索), 사유 I размышление; раздумье; ~하다 размышлять; раздумывать

사색(死色) II мертвенно-бледный цвет лица; ~이 되다 становится мертвенно-бледным (о лице).

사생(私生) I незаконное рождение; ~아 незаконнорождённый ребёнок

사생(死生) II жизнь и смерть; ~ 결단하고 적진에 뛰어들다 рискуя жизнью, проникнуть в лагерь врага; см. 생사 I; ~결단 смертельный риск; ~ 동거 делить горе и радость; ~동고 жить душа в душу (о супругах); 존망 см. 생사[존망] I; ~존몰 см. 생사[존망] I.

사생활(私生活) личная жизнь.

사서(司書) I библиотекарь.

사서(四書) II 4 самых важных книг конфуцианства.

사선(死線) I 1) грань между жизнью и смертью; 2) уст. граница запретной зоны; 3) грань между жизнью и смертью; ~을 몇 번 넘다 быть на грани смерти несколько раз.

사선(紗扇) II веер (опахало) из тонкого шёлка.

사설(私設) I частное учреждение; ~기관 частный орган; ~단체 частное общество; ~묘지 частное кладбище; ~회사 частная фирма; ~교환 коммутатор, установленный в учереждении (на предприятии); ~철도 частная железная дорога; ~하다 учреждать (о частном лице); основывать (строить) на частные средства.

사설(社說) II передовая (редакцион-ная) статья, передовица.

사수(査受) I уст. ~하다 принимать после проверки (имущество, деньги и т. п.). 사수(射手) II стрелок.

사슬(沙蝨) I цепь; 쇠~ цепью; 쇠~에 맨 개 собака на цепи; см. 쇠사슬; ~고리 звено цепи; ~시조 сати-рическое сиджо.

사슬 II феод. круглая деревянная бирка с отметкой (использовавшаяся на экзаменах по конф. канонам).

사슴 (Cervus nippon) олень; ~의 олений; ~ 기르기의 оленеводческий; ~고기 оленина; ~뿔(녹각) оленьи рога; ~사육 оленеводство; ~사육자 оленевод; 숫~ самец; 암~ самка.

사신(史臣) посланник; посол; пос-ланец; посланный; дипломат.

사실(寫實) I правда; ~적 реалисти-ческий; ~하다 правдиво (объективно) обрисовать (действительность).

사실(事實) II факт; реальность; действительность; в самом деле; фак-тически; ~적 действительный; реаль-ный; ~을

왜곡하다 искажать факт;~에 근거를 두다 опираться на факты; ~을 밝히다 изложить факт; ~ 그렇다 в самом деле так; ~무근 отсутствие доказательств; ~성 реалистичность; ~주의 реализм; ~혼 незарегистриро-ванный брак; ~로 на самом деле, действительно.

사실성(事實性) действительность, реальность.

사십(四十) sorok;~에 첫 버선 см. 갓마흔[에 첫 버선].

사악(邪惡) I ~하다 зловредный

사악(肆惡) II уст. ~하다 своеволь-ничать; бесчинствовать.

사양(飼養) I ~하다 выращивать; откармливать(животных).

사양(辭讓) II уступка; ~하다 усту-пать.

사업(司業) I должность 7-го ранга в ведомстве конфуцианского просве-щения.

사업(事業) II работа; дело; ~하다 проводить работу, дело; ~가 предп-риимчивый человек; предприни-матель; ~비 издержки, связанные с работой;~소 предприятие; бюро;~장 место работы;~주 хозяин предп-риятия; ~체 предприятие.

사역(寺役) I арх. 1) повинности, которые нёс буддийский монастырь; 2) работы в буддийском монастыре.

사역(使役) II найм на работу;~동사 лингв. глагол в побудительном залоге; ~하다 заставлять работать; 2) см. 사역상.

사연(事緣) обстоятельство; факты; содержание;~을 말해주시오 расска-жите о своих обстоятельствах;~편지 факты, изложенные в письме.

사열(查閱) ~하다 а) тщательно про-верять; б) проводить смотр(войск).

사오십(四五十) сорокпятьдесят

사오월(四五月) 1) апрель и май; 2) апрель или май.

사욕(私慾) I корысть, личные ин-тересы; ~을 채우다 удовлетворить личную корысть; 사리~ личная выгода, личная корысть.

사욕(邪慾) II вожделение.

사용(司勇) I военный чиновник 17-го ранга.

사용(使用) II употребление, исполь-зование, применение; ~가치 потреби-тельская стоимость; ~권 право пользо-вания(эксплуатации); ~료 плата за пользование; ~법 метод использо-вания; ~인 наниматель; ~자 пользо-ватель. ~전류 потребляемый ток; ~ 하다 употреблять, использовать, применять. ~하게되다 войти в употреб-ление. 사용하다 использовать.

사우나(*англ.* sauna) сауна.

사운드(*англ.* sound) звук; шум; ~ 엔지니어 звукооператор; ~트랙 зву-ковая дорожка; ~효과 шумовые эффекты.

사원(寺院) I буддийский храм; см. II

사원(社員) II служащие фирмы;신입 ~ поступивший на работу(на фирму); новичок.

사위 I зять; муж дочери; ~를 보다 выбирать зятя; 감 кандидат в зятья; ~는 백년지객 *погов.* о зяте пола-гается заботиться; ~도 반자식 *погов.* зятьэто ещё не сын; ~와 토리개는 먹어도 안먹는다 *посл.* зять у тёщи всегда на первом месте.

사위 II 1) количество очков, кото- рые необходимо набрать(при игре в ют или в кости); 2) см. 큰사위.

사유(思惟) I 1) мышление; ~하다 мыслить; ~기능 функция мышления; ~ 경제설 *филос.* теория«экономии мыш-ления» (в махизме); ~법칙 законы мышления; ~형식 *лог.* формы мыш-ления; 2) *уст.* ~하다 думать, мыслить.

사유(私有) II частное владение; ~권 право владения; ~림 частный лес; ~재산 частное имущество; ~토지 земля, находящаяся в частном владении; ~하다 владеть.

사육(飼育) I ~하다 выкармливать; ~자 скотовод; птицевод; шелковод; ~장 место для скотоводства и шелководства

사육(四肉) II мясо(четвероногих) животных.

사이 1) между чем-кем-л.; 우리들 ~ между нами; 일 사이사이 между делом; 2시와 3시~에 между двумя и тремя часами; 선생과 제자~ между учителем и учеником; 산~의 오솔길 тропинка между гор; 학생들 ~에 소문이 떠돌았다 между студентами прошёл слух; ~표지 *полигр.* форзац; 쉴~없이 непристанно, непрерыв-но; ...를~두고 с интервалами в...; 쳐서 каждые...; 2) пауза; 3) отношения; ~ 좋게 살다 жить в согласии; дружно жить; ~ свободное время, досуг; 5) *диал.* см. 새밥; 6) ~에 между, среди; после глагола(тем временем) пока...

사이다(*англ.* cider) сайда (напиток типа ситро).

사이드(*англ.* side) сторона, ~라인 боковая линия. 사이로 сквозь.

사이사이 между; интервал; 일하는 ~ 책을 읽다 в

промежутках между работой читать книгу.

사이좋다 хорошее отношение.

사이즈 (*англ.* size) размер.

사익 (私益) личная выгода, личный интерес; ~과 공익 личные и общественные интересы.

사인 (*англ.* sign) X подпись; ~하다 подписываться: расписываться; ~펜 ручка для подписи

사임 (辭任) I выход в отставку; ~을 권고하다 советовать выйти в отстав-ку; ~하다 оставлять работу; уходить со службы; выходить в отставку.

사임 (寺任) II поручение буддийского храма (монастыря).

사자 (獅子) I лев, наследник; ~는 동물의 왕이다 лев царь зверей; ~ 어금 니 обр. незаменимый человек; ~어금이 같이 아끼다 обр. беречь как зеницу ока; ~없는 산에 토끼가 대장 노릇 한다 *см.* 범(없는 골에 토끼가 스승 이라) I.

사자 (使者) II проводник в мир усопших; 꿈속에서 죽음의~를 만났다 во сне встретился с проводником смерти; ~짚신 *будд.* соломенные лапти для духа, провожающего души умерших; ~채반 *будд.* плетёный ритуальный сосуд для духа, провожающего души умерших

사자 (死者) VII умерший; ~는 불가 부생이라 *погов.* ≈ ничего не поделаешь.

사장 I командир дивизии.

사장 (社長) II президент фирмы; директор; ~이 되다 стать презид.

사재 (私財) личное имущество; ~를 털다 тратить личное имущество; 그는 ~를 국가에 헌납했다 он пожертво-вал личным имуществом в пользу государства.

사전 (事典) I словарь; ~을 찾다 искать (смотреть) в словаре; ~을 찾으면서 읽다 читать со словарём; ~의 도움을 받다 с помощью словаря; ~편찬 사업 работа по изданию словаря; ~편찬인 словарник; 기술용어~ технический словарь; 백과~ энциклопедический словарь; 소~ словарик; 영한~ англо-корейский словарь; 학술어~ термино-логиче-ский словарь; 해석~ толковый словарь; ~편찬학 лексикография.

사전 (私電) II частная (неофициальная) телеграмма.

사절 (謝絶) I отказ; ~하다 отказы-вать; 근무~ отказ в службе; 여행~ отказ от поездки.

사절 (斜截) II ~하다 отказываться (в чью-л. пользу), уступать (кому-л.).

사정(私情) I личные чувства(от- ношения);~이 없다 безжалостный, беспощадный.

사정(事情) II обстоятельства; поло-жение дел; обстановка; ситуация; гаптя ~으로 по семейным обстоятельствам; ~을 보다 учитывать(принимать во внимание) положение(кого-л.); ~이 사촌보다 낫다 *посл.* ≡ не имей родственников, а умей просить; ~하다 просить войти в положение.

사제(師弟) I учитель и ученик; ~지간 взаимоотношения между учителем и учеником.

사제(舍弟) II *книжн.* 1) мой младший брат(в разговоре старшего брата с посторонними); 2) *вежл.* твой младший брат, я(младший брат-о себе в разговоре со старшим братом).

사족(四足) I четыре ноги; лапы(живо-тного); конечности; ~을 못쓰다 быть помешанным на чём-то; ~동물 четы-рёхлапое животное; см. 사지 VIII; ~을 못 쓰다 погрязнуть (в чём-л); ~성한 병신 бездельник, дармоед.

사족(士族) II 1) знатная семья; 2) семья конфуцианского учёного.

사증(査證) виза(на паспорте); ~하다 давать(ставить) визу. см. 비자.

사지(四肢) I конечности; ~가 멀쩡한 사람 совершенно здоровый человек бездельничает, а есть не забывает.

사지(死地) II смертельная точка; лапы смерти; ~를 벗어나다 вырва-ться из лап смерти.

사직(辭職) I отставка; ~하다 выход в отставку; ~청원 прошение(заявле-ние) об отставке.

사직(社稷) II 1) духи земли и пло-дородия; 2) см.국가 I; 3) см.조정 V.

사진(寫眞) 1) фотография; ~기 фото-аппарат; ~첩 фотоальбом; ~을 찍다 снимать; фотографироваться; ~가 фото-граф; ~관 фотостудия; фотоателье; ~반 фотокомната;~부 фотоотдел; ~술 фотография(как искусство); ~판 фото-пластинка;~학 фотографирование(как наука); ~경위의 фототеодолит; ~동판 см. 사진판;~등급 *астр.* фотографическ-ая(звёздная) величина, ~망원경 аст-рограф; ~석판 фотолитография;~전송 фототелеграфия; ~제판 фотостереоти-пирование; ~평면도 аэрофотоснимок поверхности земли; ~요판 растр фото-графический(для глубокой печати); ~을 찍다 фотографировать, снимать; 2) *арх.* ~하다 рисовать с натуры.

사진기(寫眞機) фотоаппарат.

사찰(寺刹) I книжн. см. 절 II.

사찰(査察) II наблюдение; слежка; 공중 ~ слежка с воздуха; 세무 ~ налоговое наблюдение.

사체(死體) мёртвое тело; труп; ~공포증 некрофобия; боязнь трупов; ~안치소 морг;~검안 вскрытие трупа.

사촌(四寸) I четыре чхона(мера длины ≅ 13 см.); 2) двоюродный брат; двоюродная сестра; ~이 땅을 사도 배가 아프다 посл.≅ завидовать чужому счастью; 3) двоюродный брат; двоюродная сестра.

사치(奢侈) роскошь;~하다 роскош-ный; ~스럽다 роскошный; ~스럽게 살다 жить широко; ~품 предметы роскоши

사칭(詐稱) фальшивые личные дан-ные; ~하다 подделывать личные данные.

사탄(англ. Satan) сатана; ~이 광야 에서 예수를 시험하였다 сатана иску-шал Иисуса в пустыне; ~의 원래 이름은 루시퍼였다 настоящее имя сатаны Люцифер

사탕(砂糖),설탕 сахар; конфеты; ~ 무우 сахарная свёкла; ~수수 сахар-ный тростник.

사태(事態) I состояние дел; собы- тие; 곤란한~ тяжёлое состояние дел; 국가비상~ чрезвычайное положение дел в государстве.

사태(沙汰) II обвал; оползень; нап-лыв; массовый поток; 이 ~에서 벗어 날 수 있도록 도와주세요 помогите мне выпутаться из этой ситуации.

사택(舍宅) I квартира.

사택(私宅) II ведомственный жилой дом

사퇴(辭退) I выход в отставку; ~하다 выходить в отставку.

사퇴(仕退) II ~하다 уходить со службы(по окончании рабочего дняю чиновника).

사투리 см. 방언(方言) I диалект; 그녀는 전라도 ~를 쓴다 она говорит на диалекте провинции Чоллало; ~ 흉내내기 подражать диалекту.

사표(辭表) прошение об отставке; заявление об уходе; ~를 제출하다 подавать заявление об уходе.

사하다(謝-) выражать благодарность, благодарить.

사항(事項) пункты; статьи; параг- рафы;관련 ~ соответствующие пу-нкты; 불만이 있는 ~ пункты, по которым имеются недовольства.

사행(射倖) спекуляция; ~심 азарт; ~하다 а) полагаться на удачу; б) пускаться в авантюру; в) заниматься спекуляцией
사혈(瀉血) I мед. кровоиспускание, венепункция; ~하다 производить-(кровоиспускание, делать(венепу-нкцию).
사혈(死血) II кор. мед. загустевшая кровь.
사형(死刑) смертная казнь; ~수 пр-иговорённый к смертной казни; ~장 место казни; лобное место; ~ 선고 смертный приговор; ~하다 казнить.
사환(使喚) I мальчик на побегушках в конторе; ~하다 а) быть на побе-гушках; б) посылать с поручениями.
사환(仕宦) II ~하다 служить.
사활(死活) жизнь и смерть; ~문제 вопрос жизни и смерти; ~적 смер-тельный, решительный;~적 문제 вопрос жизни и смерти.
사회(司會) I 1)~하다 председатель-ствовать; руководить церемонией; 2) см. 사회자.
사회(死灰) IV уст. 1)(холодная)зола; (остывший) пепел; 2) обр. вялый человек.
사회(社會) III 1) общество; ~의 이익 общественная выгода; ~적 지위 обще-ственное положение; ~과학 общест-венная наука; ~제도 общест-венный строй; социальная структура; ~주의 социализм; ~주의 건설 социа-листическое строительство; ~주의사회 социалистическое общество; ~주의 혁명 социалистическая революция; ~질서 общественный порядок; ~체제 общественная система; ~학 общест-воведение; социология; ~화 социали-зация; ~적 의식 общественное сознание; 2)публи-ка; общественность; 3) свет; люди; 4) арх. сельская сходка(проводившаяся после весеннего или осеннего солн-цестояния в день, обозначаемый 5-м знаком десятеричного цикла).
사회생활 общественная жизнь
사회주의(社會主義) социализм; ~적 социалистический; ~공업국가 социа-листическое (индустриальное) государ-ство; ~분배원칙 социалистический принцип распределения; ~사회 соци-алистическое общество; ~혁명 социа-листическая революция; ~적공업화 социалистическая индустриализация; ~ 적 민족 социа-листическая нация; ~적 사실주의 социалистический реализм; ~적 인도주의 социалистический гума-низм; ~적 애국주의 социалистический патриотизм.

사회화(社會化) полит.социализация; ~하다 a)социализировать(ся); б)пр-идавать общественный характер.

사후(事後) I ~에 после совершив-шегося факта, задним числом;~승낙 одобрение задним числом.

사후(死後) II ~에 после смерти; ~의 посмертный; ~공명 посмертный титул; ~청심환 *погов*. букв. давать лекарство после смерти; ~ 술 세잔보다 생전에 한 잔 술이 달다 *посл*. = лучше один рябчик в руках, чем два на ветке.

사휼(詐譎) *уст*. ~하다 врать, обма-нывать. 사흗날 третий день.

사흘 1) третье число(месяца); 2) три дня;~굶어 도적질 안할 놈 없다 *посл*. = нужда всему научит; ~굶은 범이 원님을 안다더냐 *посл*. = *букв*. голод.ный тигр не посчитается и с уездным начальником; 길을 하루 가고 열흘 눕는다 *посл*. = поспешишь,людей насмешишь; ~ 돌로 довольно часто; ~이 멀다 하다 очень частый; ~들이 каждые три дня

삭(朔) I 1) луна в период новолуния; 2) новолуние; **삭**(槊) II трезубец.

삭감(削減) сокращение; ~하다 сокра-щать; урезывать; 예산을 ~하다 сокра-щать бюджет; 대~крупное сокращение.

삭발(削髮) стрижка наголо; ~입도 пострижение в монахи; ~하다 стричь (брить)(волосы); 2) стриженая(бритая) голова; 3) подрезка деревьев(травы).

삭월세(朔月貰) 1) ежемесячная плата, получаемая за аренду помещения; 2) жильё(помещение), сдаваемое в аренду на условиях ежемесячной платы.

삭월세집(朔月貰-) дом, сдаваемый в аренду на условиях ежемесячной платы.

삯 1) плата за работу; 하루의 ~은 4만원이다 дневная оплата сорок тысяч вон;~바느질 шитьё за деньги; ~빨래 стирка за деньги; 2) *см*. 세 III; ~을 내다 а) нанимать, б) брать в аренду (напрокат). 삯군 наёмный рабочий.

삯바느질 ~하다 шить по найму.

삯품 наёмный труд; ~을 팔다 ра- ботать по найму.

산(山) 1) гора; ~에 오르다 подни- маться на гору; ~에서 내려오다 сп-ускаться с горы;우리는 ~에 올라갔다 мы взошли на гору; ~간 в горах; между горами; ущелье; горная долина; ~골 глухой горный райноц; лощина; горная долина; ~골짜기 лощина; горная долина; ~기도 гора молитв; ~기슭

подножие горы; ~길 горная дорога; ~꼭대기 вершина горы; ~나물 дико-растущие горные травы и растения; ~더미 груда; горы; ~등 склон горы; ~등성이 горный хребет; ~록 подножие горы; ~림 гора и лес; ~맥 горный хребет; ~봉우리 горный пик; ~불 лесной пожар; ~사 храм на горе; ~사나 боя-рышник; ~사람 горный житель; ~사태 горный обвал; ~삼 горный женьшень; ~새 горная птица; ~세 рельеф горы; ~속 в горах; ~수화 пейзажная жи-вопись; ~수유 кизил; ~신 горный дух; ~신당 храм, где живёт горный дух; ~신제 религиозная служба для горного духа; ~악 горы; ~악회 общество альпинистов; ~야 горы и равнины; ~양 амерский горла; дикая коза; ~울림 эхо; ~자수명 кра-сота водного и горного пейзажа; ~장 дача в горах.; ~정 вершина горы; ~줄기 горный хребет; ~천초목 вся природа; ~촌 горное селение; ~토끼 заяц; ~파 лук-резанец; 산밑 집에 방아공이가 놀다 *посл.*= сапожник всегда без сапог; 산밖에 난 범이요, 물밖에 난고기라 *погов.* = а) как рыба без воды; б) пиковое положение; 산보다 골이 더 그디 *обр.* противоречить здравому смыслу; 산설고 물설다 *обр.* чуже-дальний;

산(酸) II кислота.

산(算) III уст. 1) счёт; 2) сокр. от 산가지; 산을놓다(두다) а) подсчиты-вать на счётах; б) считать, подсчи-тывать; 산도 못 놓다 мизерный, малый(о количестве).

산(産) IV 1) счётное слово для скотов, отёлов, опоросов *и т.п.*; 2) см. 산물. 산 그림자 тень горы.

산골짜기 лощина, горная долина.

산꼭대기 вершина горы.

산란(産卵) I яйцекладка; икроме-тание; ~하다 откладывать яйца.

산란(散亂) II 1) 무틍~разброд;~하다 а) беспорядочный, разбросанный, хаотический; б) находящийся в смятении(растерянности); 2) диспе-рсия, рассеяние; ~복사 рассеянная радиация.

산림(山林) леса; ~감수 лес_ничий; ~ 갱신(되살이) обновление леса;~계산학 таксация(отдел дендрологии); ~생물학 дендрология; ~천택 горы, леса, реки и водоёмы; конфуцианский учёный, не состоящий на государственной службе; ~문하 ученик конфуцианского учё-ногозаторника; ~처사 конфуцианский учёный, не состоящий на государственной службе и живущий в глухой провинции. 산림녹화 озеленение гор.

산모(産母) роженица; ~가 훨씬 좋아 보입니다 роженица выглядит лучше; ~의 상태는 어떻습니까? Каково состояние роженицы? Как себя чувствует роженица?

산문(山門) I 1) горный проход; 2) наружные ворота буддийского мона-стыря; 3) буддийский монастырь.

산문(散文) II проза; ~으로 쓰다 пи-сать в прозе; ~적 прозаический; ~시 белый стих; стихотворение в прозе.

산보하다 гулять.

산부인과(産婦人科), 여성의학과, 부인과 1) акушерство и гинекология; гине-кологическое отделение; ~의사 аку-шер; гинеколог; 2) гинекологическое отделение(больницы).

산성(山城) I крепость на горе.

산성(酸性) II кислотность; ~반응 кислотная реакция; ~비료 кислое удоб-рение; ~백토 кислый известняк; кислая глина; ~산화물 кислотный окисел; ~ 식물 бот. оксилофиты; ~탄산염 бикар-бонат; ~토양 кислая почва; ~염료 кислотный краситель.

산소(山所) I 1) место, где находятся могилы; ~를 모시다 совершать погребение, хоронить; ~등에 꽃이 피다 процветать(о потомках); 2) см. 뫼.

산소(酸素) II кислород; ~ 처리하다 окислять; ~ 결핍증 мед. аноксия; ~ 기아 кислородное голодание; ~ 요법 лечение кислородом; ~ 부화법 шёлк. кислородная инкубация; ~절단 авто-генная(газовая) резка; ~용접 автоген-ная(газовая) сварка.

산수(山水) I 1) горный ручей(по- ток); 2)горы и реки; пейзаж; 3)см. 산수화;~병풍 ширма с пейзажем.

산수(算數),산술(算術) II арифметика; ~을 하다 решать арифметические задачи; ~적 ариф-метический;~문제 арифметические задачи;~급수 ариф-метическая прогрессия; ~평균 сред-нее арифметическое; см. 셈법.

산악(山岳) горы; ~ 기상 обр. вели-чественность; ~기후 горный климат; ~지대 горная местность, горный район.

산업(産業) промышленность; ~의 발달 развитие промышленности; ~계 промышленные круги; ~구조 структу-ра промышленности; ~國 индустриаль-ное государство; ~체 промышленное предприятие; ~혁명

промышленная революция; ~화 индустриализация; ~적 промышленный; ~건물 здание про-мышленного предприятия;~국유화 на-ционализация промышленности;~자본 промышленный капитал; ~조류 проду-ктивная птица; ~지리학 география размещения промышленности; ~혁명 промышленная революция; ~예비군 резервная армия труда; ~적 가치 промысловая ценность

산업가(産業家) промышленник.

산유(産油) производство нефти; ~국 странапроизводитель нефти.

산입(算入) ~하다 прибавлять, при-числять, присчитывать.

산책(散策), 산보(散步) прогулка; ~하다 прогуливаться; ~갑시다 пой дём прогуляемся.

산출(産出) I производство; добыча; выработка; ~량 объём производства; добыча; ~하다 производить(ся), вырабатывать(ся);добывать(ся).

산출(算出) II вычисление; подсчёт; ~한 금액 вычисленная сумма; ~하다 вычислять, подсчитывать.

산하(傘下) входящий в ...; находя-щийся в(чьём-л.) ведении; ~기관 нижестоящий орган; ~기업 ведомст-венное предприятие; 조국전선 ~의 정당들 политические партии, входя-щие в отечественный фронт; 교육성 ~의 학교들 учебные заведения, нахо-дящиеся в ведении министерства просвещения

산학(算學) uст. ~교수 чиновник 12-го ранга расчётного ведомства пода-тного приказа; ~박사 а) чиновник 18-го ранга в конфуцианской колле-гии(в Корё); б) учитель математики в казённом учебном заведении (в Силла);~훈도 чиновник 17-го ранга податного приказа.

산행(山行) 1) уст. хождение по го-рным дорогам; 2) арх. см. 사냥; ~포수 арх. см. 사냥[포수];~하다 а) ходить по горным дорогам; б) см. 사냥[하다].

산행하다 идти по горной тропе

산호(珊瑚) I коралл; ~섬 коралловый остров; ~목걸이 коралловое ожерелье; ~모래 см. 산호사; ~바다 море, насе-ленное кораллами; ~앙금 коралловые отложения; ~기둥에 호박 주추 обр. роскошный дом.

산호(山弧) II изгиб горной цепи (горного хребта).

산화(山禍) I этн. бедствие(несчастье), вызванное тем, что

предок похо-ронен в несчастливом месте.

산화(酸化) II окисление; ~하다 окис-ляться; ~시키다 окислять; ~물 окисел; ~알루미늄 окись алюминия; ~제 окислитель; ~철 окисленное железо; ~피막 окисная плёнка; ~마그네시움 сернокислый магний, сульфат магния; ~바리움 окись бария; ~칼시움 окись кальция; ~알루미늄 окись алюминия; ~염색 кислотное крашение; ~하다 окислять.

산화(散花) III 1) разбросанные цветы; 2) ~하다 разбрасывать(раскидывать) цветы.

살 I 1) плоть; мясо; мышцы; кожа; ~을 빼다 сбрасывать вес; 돼지는~ со свинья набрала вес; ~과 피 кровь и плоть; 살로가다 идти впрок(о пище); 살이 내리다(빠지다) похудеть; 살이 오르다 потолстеть, поправиться; 살이 찌다 а) нагуливать жир; б) жить припеваючи; 살 찐 놈 따라 부으랴 посл. ≡ ворона, желая подражать гусю, сломала ногу; 살을 에이다 а) пронизывать до костей; б) бросать в дрожь; 살이 살을 먹고 쇠가 쇠를 먹는다 посл. ≡ уст. человек человеку волк; 2) см. 피부 I; 3) мякоть; 4) засеваемая часть поля; ~을 붙이다 а) об-лечь в плоть и в кровь; б) добавлять, восполнять; в) сочинять, выдумывать; ~이 닿다 быть в убытке, терпеть (нести) убытки.

살 II 1) спица; 우산~ спицы зонта; 구김~ морщины; 빗~ зубцы расчёски; 살 같이 стремглав, стремительно; ~살 맞은 뱀 같다 обр. как ужаленный; 살을 먹이다 вложить в лук стрелу и натянуть тетиву; 2) узор, выдавленный на корейском паровом хлебе; 3) см. 어살; 4) блеск накрахмаленного белья; 5) жёсткость накрахмаленного белья; ~박아 치다 сильно бить(ударять); ~을 잡다 см. 살잡이[하다]; ~이 잡히다 а) сморщиться; помяться(о платье); б) слегка подмёрзнуть.

살 III дополнительная ставка(в азартных играх).

살(煞) IV 1) этн. злые чары;~을 맞다 пострадать от нечистой силы; ~이 가서(갔다) чёрт попутал; ~이 돋다 см. 독살[이나다] II; ~이 박히다 зловред-ный; ехидный(о взгляде); недобрый(о выражении лица); ~이 서다(뻗치다, 끼다) подвергаться действию злых чар; 2) плохие отношения между родстве-нниками.

살 V (나이) счётное слово, обозна-чающее возраст; 한~ один год; 두 ~ два года; 스무 ~ двадцать лет; 당신 몇~입니까? Сколько Вам лет?

살 VI стрела; 손~같이 빠르다 быс-трый как стрела.
-살(殺) суф. кор. убийство; 과실살 неумышленное убийство
살가죽 кожа.
살갗 кожный покров, кожа.
살균(殺菌) ~하다 стерилизовать; ~ 제 обеззараживающее средство; ~력 стерильность; бактерицидность; ~작용 инсектиционное действие.
살그머니 тайком; украдкой; втихо-молку; ~다가오다 подходить украд-кой;~쳐다보다 украдкой погляды-вать.
살다 I (사니, 사오) жить; проживать; 검소하게 ~ жить скромно; 사이좋게 ~ жить душа в душу; 산 живой; нас-тоящий; 산 불 горящий огонь; 살아 생전 усил. стил. вариант 생전; 산 닭 주고 죽은 닭 바꾸기도 힘들다 *посл.* = и вор не возьмёт, как ничего нет; 산 사람 눈 빼 먹겠다 *обр.* страшный, опасный; 산 호랑이 눈섭 *обр.* птичье молоко; 산 호랑이 눈섭도 그리울 것이 없다 *погов.* =(только) птичьего молока недостаёт; 산 입에 거미줄 치랴 *посл.* = всегда прожить можно; 살 구멍[을] 뚫다 *обр.* искать средства существования; 살아나다 а) быть живым; б) оживать; в) спасаться; г) вновь разгораться.
살다 II (사니, 사오) прил. немного больше.
살래살래 ~젓다 покачивать головой; ~흔들다 махать хвостом; ~하다 пока-чивать, кивать(головой); махать(хвостом).
살림 1) домашнее хозяйство; жизнь; ~을 하다 вести хозяйство; 근근히 ~을 꾸려가다 елееле вести хозяйство; ~꾼 хозяин; хозяйка; хороший хозяин; хорошая хозяйка; ~살이 хозяйство; ~집 жилой дом; ~터 хозяйство; ~하다 вести домашнее хозяйство; 2) жизнь; ~이 넉넉하다 жить в достатке;~이 꼴리다 жить в тяжёлых условиях, бедствовать; ~을 나다 выделиться из семьи.
살살 I незаметно; слегка; ~닿다 касаться слегка; 1) ~녹다 незаметно растаять(о снеге, сахаре и т. п.); 2) ~불다 веять(о ветерке); 3) ~달래다 уговаривать; 4) 눈웃음을~치다 лукаво улыбаться(глазами); 5) 눈치를~보다 украдкой наблюдать(за кем-л.); 6) ~기다 осторожно ползти; красться; ~ 걷다 осторожно идти.
살살 II 1) 물이~끓다 слегка кипеть(о воде); 2) ~고개짓을 하다 покачивать, (кивать) головой); 3) 벌레가 ~기어 다니다

ползать(о мелких насекомых)

살수(撒水) I брызганье водой; ~차 тележка для воды; ~하다 брызгать, разбрызгивать; поливать.

살수(殺手) II уст. 1) меченосец; ко-пьеносец; 2) см. 망나니 2).

살아가다 жить; 세상을~ жить в этом мире.

살아나다 выживать; 회복돼서~ вы-живать, оправившись после болезни.

살아남다 выживать. 살았다 жить.

-살이 суф. жизнь, существование; ~고생 жизненные невзгоды; 객지~ жизнь на чужбине

살인(殺人) убийство; ~범 убийца; ~적 убийственный; зверский; людоедский; ~하다 убивать; ~기도 покушение; ~마 убийца; бандит; душегуб; ~자 убийца; ~죄 убийство; ~강도 бандит, голо-ворез; ~미수 покушение на жизнь; ~ 차첩 ордер на арест убийцы; ~을 내다 (치다) убивать, совершать убийство; ~을 메다 принимать на себя вину за убийство; ~이 나다 совершаться(об убийстве); ~적 만행 неслыханное зло-деяние; ~적 박해 жестокое пресле-дование.

살짝 1) слегка;незаметно; тайком; ~ 도망가다 незаметно убегать; 방에서~ 나가 버리다 выскользнуть из комнаты.

살찌다 полнеть; толстеть; 살찐 송아지 жирный телёнок.

살충(殺蟲) истребление вредных насекомых; ~제 инсектициды; ~하다 уничтожать, истреблять(вредных насекомых)

살펴보다 рассматривать; разгляды-вать; 지도를~ рассматривать карту

살피다(보다) I рассматривать; 창밖 을 ~ смотреть в окно; 방안을~ расс-матривать комнату.

살피다 II тонкий и редкий(о ткани и т. п.).

삵 삵괭이; 삵의 상 бран. противная морда; 삵의 웃음 обр. злорадный смех.

삶 жизнь; 어렵게~을 이어가다 вести тяжёлую жизнь.

삶다 1) варить; кипятить; подгото-вить; обработать; 고기를 ~ варить мясо; 삶은 닭이울가? посл. ≅ букв. разве варёная курица кудахчет? 삶은 소가 웃다가 꾸러미 터지겠다 погов. ≅ курам на смех; 2) подготовить, обработать(кого-л.); 3) боронować и разминать. **삼**(蔘) I женьшень.

삼(三) II три; третий; см. 셋;~권선 변압기 трёхобмоточный

трансформа-тор; ~호 활자 типографский шрифт третьего кегля (высотой 5,54 мм.); ~년 결은 노망태기 обр. плод многолетних трудов. 삼백(三白) триста.

삼각(三角) I 1) треугольник; триго-нометрия; ~대 треножник; штатив; ~자 дельта;~형 треугольник; *см.* 삼각 형; ~관계 а) извечный треугольник, любовь втроём; б) отношения между тремя людьми (организациями); ~동맹 тройстве-нный союз; ~정규 *arx. см.* 삼각자; ~지대 *см.*삼각주 II;~측량 *мат.* триан-гуляция; 2) *см.* 삼각법; 방정식 тригонометрическое выражение; ~시차 *астр.* тригонометрический параллакс; ~함수 тригонометриче-ская функция; ~함수표 таблица тригонометрических функций; ~항등식 тригонометричес-кое тождество.

삼각(三脚) II 1) ~의자 треногий стул; 2) *см.* 삼각가; 3) *см.* 비경이.

삼년(三年) три года; ~부조 *уст.* не выразить соболезнования семье покой-ного на протяжении трёхлетнего траура; ~ 초토 *см.* 삼년상.

삼다 [-тта] I 1) делать(считать) (кого-л, кем-л, чем-л.); 며느리로 ~ считать невесткой; 고아를 양자로 ~ приютить сироту; 아내로 ~ делать женой; 2) считать, рассматривать.

삼다 [-тта] II 1)плести(обувь); 2) прясть (пряжу).

삼림(森林)[-ним] лес; ~곤충학 лесная энтомология; ~동토대 лесотундра; ~ 보호 охрана леса; ~지대 *см.* 삼림대; ~초원 лесостепь.

삼면(三面) 1) три стороны(поверх- ности); 2)третья страница(газеты); ~기사 заметка на третьей странице (газеты). 삼베 мешковина.

삼분(三分) тройное деление; ~법 метод тройного деления; ~하다 делить (что-л.) на три части.

삼위일체(三位一體) Святая Троица; триединство; 성~ Святая Троица.

삼일(三日) 1) третье число(месяца); 2) три дня; ~내에 в течение трёх дней;~신행 *этн.* поездка за невестой(к жениху) на 3-й день после свадьбы; ~점고 проверка списков подчинённых начальником уезда на 3-й день после вступления на должность; ~천하 *уст.* а) захват государственной власти на коро- ткое время; б) занятие высокой должности на короткий срок; ~유가 визиты, совершаемые в течение трёх дней после сдачи экзаменов на госу-дарственную должность; ~안 새색시 женщина, только что вышедшая замуж; ~안 새색시도 웃을일 обр. курам на смех.

삽 1) лопата; ~으로 땅을 파다 ко-пать землю лопатой; 2) счётн. сл. для комьев земли, вырытых ло-патой.

-삽-(-시오니-,-사와-) суф. предика-тива, выражает почтительность.

삽시간(霎時間) в один миг, в мгно-вение ока; ~에 мгновенно; вмиг.

삽입 вставка; помещение;~문장 см. 삽입문; ~자모 а) уст. буква, встав-ляемая между слогами(напр. для указания на геминацию); б) согла- сная, вставляемая между компо-нентами словосочетания(для ука- зания отношений принадлежности в др. кор. языке); ~하다 вставлять; помещать(между чем-л.).

상(床) I 1) стол; ~을차리다 накрывать стол; 밥~ обеденный стол; 2) см. 소반 I; 상을 보다 накрывать (обеденный) стол; 상이 어둡다 ломиться от яств(о столе).

상(常), 상금(賞金) II премия,награда, залог; 노벨~ Нобелевская премия; 우등~ первый приз.

상(相), 장관(長官) III министр; 상 서기 секретарь министра.

상(上) IV 1) перед именами верх- ний; первый~반년 первое полу- годие; ~반부 верхняя (первая) по-ловина; 2)сокр. от 상감 II.; 3) верх; ~부 верхняя часть; ~등 высший класс; ~의 분류에 속하다 принадлежать высшему классу.

-상(像) I суф. кор. изображение(в виде портрета, статуи и т.п.); 반신상 бюст.

-상(商) II суф. кор. торговец; 고물상 старьёвщик.

-상(傷) III суф. кор. рана, ушиб; 총창상 штыковая рана.

-상(狀) IV суф. кор. ...образ-ный; ...видный.

-상(上) V суф. кор. образует имена со знач. прил. от имён: 경제상 эконо-мический.

상공(商工) воздушное пространство (над каким-л. районом); ~부 мини-терство коммерции и индустрии; ~업 тор-говля и промышленность; ~에 в небе; над.

상공업(商工業) торговля и промыш-ленность.

상관(相關) I 1) (взаимо) отношение; ~[적] коррелятивный; ~개념 филос. коррелят, коррелятивное понятие; ~계수 мат.

коэффициент корреляции; ~관계 *мат.* корреляционная зависимость; ~작용 биол. корреляция; ~함수 *мат.* корреляционная функция; ~ 없다 а) не иметь (никакого) отношение к(чему-л.); 남의 일에 ~ 마시오 не вмешивайтесь в чужие дела; ~성 взаимоотношение; б) нечего беспокоиться; 2) половая связь; ~하다 а) иметь отношения, быть связанным с...; б) вступать в половую связь.

상관(商館) II уст. 1) фирма, торговый дом; 2) магазин, который содержит иностранец.

상권(商圈)[-кквон] I сфера влияния в торговле.

상권(商權) [-кквон] II 1) право на торговлю; 2) господство в области торговли.

상극(相剋) 1) взаимоисключение; ~하다 исключать друг друга; 2) непримиримость; 3) непримиримость стихий(в вост. космогонии); 물과 불은 상극이다 вода и огонь― две противоположности.

상금(賞金) I денежная премия; ~제 премиальная система.

상금(償金) II возмещение, денежная компенсация.

상급(賞給) I 1) ~하나 премировать, награждать; 2) награда, премия; приз.

상급(上級) II 1) высший разряд (класс); ~기관 вышестоящие органы (учреждения); 2) старший класс; ~생 старшеклассник; ~학교 высшая школа; 3) вышестоящий командир; воен. старший начальник; ~군관 старший офицер; старший офицерский состав.

상납 1) выплата налога; ~하다 уплата налога; ~금 выплачиваемая сумма; 2) преподнесённая вещь, приношение.

상낭스럽다 прил. казаться милым (ласковым).

상낭스레 мило, ласково.

상낭하다 добрый, мягкосердечный; 마음이 상낭한 사람 ласковый (приветливый) человек; 상낭히 미소짓다 добродушно улыбнуться.

상담(相談), 협의(協議) I консультация; ~하다 консультироваться; ~료 плата за консультацию; ~소 консультационная контора; ~역 консультант; 법률~소 юридическая консультация.

상담(常談) II 1) обыденный язык; 2) вульгарные слова.

상당(相當) ~하다 соответствующий; довольный; подходящий; приличный; значительный; изрядный; ~수 изрядное число; ~액 изрядная сумма.

상당히(相當-) довольнотаки.

상대(相對) 1) ~하다 встречать(ся); противостоять; 2) другая(противная) сторона; противник; партнёр; оппонент; 나는 ~ 편의 계획을 파악했다 я рас-кусил планы противника; ~방 другая (противоположная) сторона; ~자 другая сторона; партнёр; 3) противопо-ложность; 4) ~[적] относительный; ~성 относительность; ~주의 относитель-ность; ~높이 относительная высота; ~적 과잉인구 относительное перена-селение; ~적 시청 лингв. относитель-ное время; ~적 지질 연대 относитель-ная геологическая хронология; ~적 진리 относительная истина.

상류(上流)[-뉴] 1) верхнее течение, верховье; 2) верхи, высшие слои общества; ~계급 привилегированное сословие; ~사회 верхи общества; высшее общество.

상륙(商陸) [-뉵] I кор. мед. корень лаконоса(как материал для лекар-ства).

상륙(上陸) II высадка(на берег); десант; ~하다 высаживать(на берег); ~을 허가하다 разрешать высадку на берег; ~기지 воен. база высадки; ~도하 десантная переправа; ~작전 десантная операция; ~전투 бой за высадку десанта.

상반(上半) I первая(верхняя) поло-вина

상반(相反) II ~하다 быть противо-положным; противостоять; 성이~ противоположный характер.

상반기(上半期) первая половина (какого-л.) периода.

상벌(賞罰) поощрения и взыскания; награда и наказание; 공죄에 따라 ~을 주다 награждать и наказывать по заслугам.

상법(相法) [-ппоп] I физиогномика.

상법(商法)[-ппоп] II торговое право, торговый кодекс;закон о торговле

상봉(相逢) встреча; ~하다 встре-чать(ся); 오랜만에 ~ встречаться через долгое время.

상부(上部) 1) верхняя часть; ~구조 филос. надстройка; ~구조물 палубная надстройка; 2)вышестоящий орган; ~의 지시에 따르다 следовать приказу вы-шестоящего органа; 3) вышестоящий человек(начальник)

상비약(常備藥) готовое лекарство (напр. в аптеке).

상상(想像) I воображение; предс-тавлене; ~하다 представлять себе; воображать; ~의 воображаемый; 밝은

미래를 ~하다 представлять светлое будущее; ~력 сила воображения; фантазия; ~외 вопреки; неожиданно; невообразимо; невероятно;~화 картина, написанная по воображению.

상상(上殤) II уст. ~하다 умереть в возрасте 14-19 лет.
상설(常設) I сущ. постоянный; стационарный; ~관 оборудованное здание; ~탁아소 стационарные детские ясли; ~회의 постоянный совет; ~위원 회 постоянный комитет.
상설(詳說) II ~하다 подробно объяснять; детально описывать.
상세(詳細) I ~하다 подробный, де-тальный.
상세(商稅)[-cce] II торговая пошлина.
상세하게 알리다 посвятить.
상세하다 подробный; детальный.
상속(相續),공소(公訴) наследование; ~하다 наследовать; 아버지의 재산을 ~하다 наследовать имущество отца; ~권 наследственное право; ~세 налог на наследство; ~인 наследник; ~재산 наследство. 상속분 доля наследства.
상속자(相續者) наследник.
상수도(上水道) водопровод; водоп-роводные сооружения; ~와 하수도 водопровод и канализация.
상습(常習) обыкновение, привычка; ~적 обычный, привычный; ~범 рецидивист; ~자 человек с зако- ренелыми привычками; ~이 되다 стать обычным(привычным), войти в привычку.
상승(上昇) подъём; ~하다 поднима-ться, возрастать; ~적 подъёмный; ~기 период подъёма; ~력 сила подъёма; ~ 기류 метеор. вос-ходящий ток воздуха; ~비행 взлёт; ~활주 ав. восходящее скольжение; ~운동 восходящее движе-ние
상시(常時) I обычное время; ~고용 регулярный наймй; см. 평상시; ~에 먹은 마음 취중에 난다 посл. ≅ пьяный, что малый: что на уме, то и на языке; ~적 обычный, повседнев-ный.
상시(嘗試) II уст. ~하다 пробовать, испытывать.
상식(相識) элементарные знания; ~ 적 элементарный; ~이 없는 사람 человек без здравого смысла; ~하다 знать, быть знакомым(с кем-л.).
상실(詳悉) I ~하다 подробно(хорошо) знать
상실(喪失) II потеря; утрата; лише-ние; ~하다 терять;

лишиться; 부모를 ~하다 терять родителей; 기억력 ~ потеря памяти; ~자 человек, потерявший что-л.

상어(<沙魚) акула.

상업(商業) торговля, коммерция; торговая промышленность; ~도시 торговый город; ~디자ин промышлен-ный дизайн; ~미술 промышленное искусство; ~은행 коммерческий банк; ~주의 меркантилизм; ~학교 торговая школа; ~화 коммерциализация; ~부가 금 торговая наценка; ~신용 коммер-ческий кредит; ~자본 торговый капи-тал; ~할인금 торговая скидка; ~원가 коммерческая себестоимость; ~적 тор-говый; ~형태 торговая форма.

상업가(商業家) торговец, коммер-сант.

상업계(商業界) коммерческий мир, торговые круги.

상여(賞與) I 1) премирование, награждение; 2) премия, награда.

상여(喪輿) II похоронные носилки; ~꾼 носильщик, несущий гроб.

상연(上演) I представление; поста-новка; ~하다 ставить(на сцене); 지금 이연극은 극장에서 ~중이다 этот спектакль сейчас идёт в театре; ~할 때에 무대에 연기를 고의로 뿜이다 во время спектакля сцену специально обволакивали дымом; ~권 право на показ представления.

상연(爽然) II книжн. ~[히] освежа-юще, прохладно; ~하다 освежаю-щий; приятный.

상용(常用)-하다 обычно(постоянно) употреблять; 마약을 ~하다 употре-блять наркотики; 아편 ~자 наркоман, употребляющий опиум; ~로그수 мат. обыкновенный(десятичный) логарифм.

상임(常任) постоянная должность; ~ 서기 постоянный секретарь; ~이사 исполнительный директор; ~집행 위 원회 постоянный исполнительный комитет; ~위원회 президиум.

상자(箱子) тара; ящик; коробка; 술 한 ~ один ящик водки; 사과 한~ один ящик яблок; 사육 ~ выкар-мливание (выращивание) тутового шелкопряда в ящике; 습곡 ~ геол. коробчатая складка

상쟁(相爭) спор; распри; конфликт; 동족 ~ братоубийственная война; ~하다 бороться; спорить; конкури-ровать; состязаться.

상점(商店) магазин; ~을 열다 откры-вать (закрывать)

магазин; 나는 ~마다 돌아다니고 싶다 я хочу походить по магазинам; 담배를 사기 위해 ~에 들렀다 я зашёл в магазин, чтобы купить сигарет; ~에 손님이 들어왔다 в магазин вошёл покупатель.

상중하(上中下) 1) верх, середина и низ; 2) сущ. первый, второй и третий(о разряде); 3) сущ. высший, средний и низший(о сорте).

상징(象徵) символ; ~하다 символи-зировать; ~어 звукоподражательные и образные слова; ~적 символический; ~화 символизация; ~주의 символизм.

상처(傷處) I 1) рана; ~를 입다 быть раненым; пораниться; ~난 곳에서 피가 흐르고 있다 из раны идёт кровь; ~를 치료하다 залечивать рану; ~가 아물었다 рана залечилась; 2) перен. раны, следы.

상처(喪妻) II ~하다 потерять жену, овдоветь.

상추(爽秋),**생채**(生菜) 1) салат. 2) латук салатный, огородный салат.

상추밭 поле под салатом; ~에 똥 싼 개 посл. ≈ один раз согрешишь, а подозревают в грехах всю жизнь.

상쾌(爽快)~하다 бодрый, весёлый; 상쾌한 기분 весёлое настроение.

상쾌합니다 бодрый.

상큼 ~걷다 идти вприпрыжку(о коротконогом человеке).

상큼하다 длинноногий; долговязый; лёгкий.

상타다 получать приз; 최고의 성적으로 ~ получать приз за лучшую успеваемость.

상태(常態) I обычное(нормальное) состояние (положение).

상태(狀態), **형편**(形便) II состояние, положение; 위험한~ опасная ситуация; 건강~ состояние здоровья; 경제~ экономическое положение.

상통(相-) I прост. физиономия, морда

상통(相通) II 1) взаимный обмен; 2) взаимопонимание; 3) связь; ~하다 а) обмениваться друг с другом; б) 의사가~하다 понимать друг друга; в) связываться, соединяться

상품(商品), **물품** I товар; 상점에 새로 운 ~들이 들어왔다 в магазин завезли новые товары; 많은 ~들을 전시장으로 옮겼다 на выставку свезли много товаров; ~권 талон на приобретение товара; ~유통 товарооборот; товарное обращение; ~덤핑 демпинг; ~[적] товарный; ~적 형태 товарная форма.

상품 II премия; приз.

상하(上下) 1) см. 위아래; верх и низ; ~수도 водопровод и канализация; 2) сущ. старшие и младшие (по возрасту и положению); ~노소 начальники и подчинённые; старики и молодые; все люди; ~불급 см. 상하사 [불급];~상몽 уст. обман старшим младших (подчи-нённых) и младшими старших(на-чальников); ~순설 быть у всех на устах.

상하다(傷-) 1) получить ранение, ушибить(ся), ранить;2) изнашиваться, выходить из строя; 3) портиться, гнить; 4) худеть, похудеть; 5) огор-чаться,бередить(душу); тревожиться.

상하부(上下部) верхняя и нижняя части

상호(相互) I 1) см. 호상; ~감응(유도) эл. взаимоиндукция; ~관계 взаимоот-ношения; ~작용 взаимодействие; ~원조 взаимопомощь; ~보험 взаимостра-хование; ~원조조약 договор о взаимо-помощи; ~의존 взаимозависимость; ~이익 взаимовыгода; ~작용 взаимо-действие; ~주의 взаимность; ~통신 взаимокоммуникация; 2) взаимно, обоюдно.

상호(相呼) II уст. ~하다 звать друг друга

상환(償還) II погашение; ~하다 по-гашать; уплачивать, возмещать; ~금 сумма погашения.

상황(商況) I уст. состояние торговли

상황(狀況) II обычное положение; обычные условия; обстоятельство, ситуация.

샅 ~에 а) между ногами; б) в промежутке.

샅샅이 [-치] 1)досконально; до точки; ~뒤다 просматривать дос-конально; 2) везде, повсюду.

새 I птица; ~의 깃 перо птицы; ~를 기르다 выращивать птицу; 나는 새장 에서~를 내보냈다 я выпустил птицу из клетки; ~들이 더운 나라에서 날아 왔다 птицы прилетели из тёплых стран; ~들이 사방으로 날아갔다 птицы раз-летелись в разные стороны;~집 гнездо птицы; 새는 (새도)앉은 곳마다 깃이 떨어진다 при каждом переезде теря-ется часть имущества(букв. куда птица садится, там она теряет часть перьев); 새도 가지를 가려 앉는다 не зная броду, не суйся в воду(букв. когда птица садится, она выбирает ветку); 새를보다 отпугивать птиц; 새까먹은 소리 необоснованные слухи

새 II сорок ниток основы; ~벽 새 베 холст в сто двадцать ниток основы.

새(새로운)III новый; 새 직원들이 잘 협력하며 일해 나갔다 новые сотруд-ники хорошо сработались; 새 사람 а) пе-редовой(прогрессивный) человек; б) новый работник(человек); в) молодая; 새 집 новый дом; 새며느리 친정 나들이 долго не уходить.

새것 1) новое; новейшее; ~과 낡은 것과의 투쟁 борьба нового со старым; 2) новая вещь; 3) новость.

새겨듣다 1) слушать внимательно. 2) запечатлеться, запасть(в душу).

새기다 I вырезать, резать; запечат-леться.

새기다 II 1) объяснять, пояснять; 2) переводить; ~새겨듣다 прислушива-ться.

새끼 I соломенная верёвка; ~잠망 сетка из тонкой соломенной верёвки для уборки выкормочных рам; ~에 맨 돌 тесные отношения; нерастор-жимые узы.

새끼 II молодая особь; детёныш; ~ 치기운동 движение "от станка станок"; ~고기 малек; ~많이 둔 소가 길마 벗을 날 없다 у кого детки, у того забо-ты; ~를 치다 приносить потомство, увеличивать.

새다 просачиваться, протекать, про-дырявливаться, просыпать, пробива-ться; ускользнуть, исчезнуть; 가스가 샌다 газ протекает.

새로 заново; ~ 네시 четыре часа дня(утра). 새로운 новый.

새롭다 новый; 새로운 계획 новый план; 기억이~ свежо в памяти; 한 분이 ~ каждая минута дорога; 사람 하나가 ~ очень нужен человек.

새벽 рассвет; ~녘 рассвет; заря; ~달 луна на рассвете; ~밥 завтрак на рассвете; ~별 звезда на рассвете; ~잠 крепкий сон на рассвете; ~같이 на рассвете; рано утром; ~호랑이다 без-защитность, бессилие; ~호랑이 중이나 개를 헤아리지 않는다 в спешке хва-тают что-л. под ру-ку попало.

새우 I креветка; ~로 잉어를 낚는다 на креветку и карпа ловят; ~벼락 맞던 이야기 никого не интересую-щий рассказ о давно забытом.

새우 II глина, которая кладётся под черепицу.

새우다 не спать всю ночь; 공부로 밤~ заниматься всю ночь.

새파랗다(새파라니,새파라요)ярко-синий; 새파란 하늘 синее небо; 새파랗게 и 새파란 перед сл. 젊다 и 젊은이 очень(молодой); 새파랗게 되다 а) впадать в панику; б) рвать и метать.

새하얗다(새하야니, 새하야요) I белос-нежный.

새하얗다(새하야니, 새하야요) II осле-пительно белый.

새해 Новый год; ~를 맞이하다 вст-речать новый год; ~를 축하하다 пра-здновать новый год; ~전갈 ново-годнее поздравление, передаваеое через слу-жанку женщинам в доме свата; ~차례 небольшое жертвоп-риношение, совершаемое в первый день Нового года.

색(色星) I цвет; сорт; 화려하지 않은 ~ скромный цвет; 어두운 ~ тёмный цвет; 얼굴~ цвет лица; 인종~ национальный цвет; 청~ синий цвет; 피부~ цвет кожи.

색깔 цвет; 이 ~은 오래 가지 않는다 этот цвет не выдержит

색동(色-) I 1) полоски различных цветов(для рукавов на детском платье); 2) см. 색동천.

색동(色動) II ~하다 измениться в лице(от испуга или гнева)

색상(色相) I расцветка; 넥타이의 ~ расцветка галстука; 좋은~ хорошая расцветка.

색상(色傷) II 1) ~하다 болезнь в результате сексуальных излишеств; 2) болезнь, вызванная половыми изли-шествами.

색소(色素) биол. пигмент; ~형성 пиг-ментация; ~검사법 хромоскопия; ~결핍 ахромия; ~결핍증 ахроматоз; ахромазия; ~세포 пигментные клетки; ~침착 пигментация; ~아세포 хромобласт; ~용해소 пигмен-толизин.

색시 1) сущ. молодая; незамужняя девушка; невеста; 걸음 обр. робкая походка; ~그루는 다홍치마 적에 앉혀야 한다 a) уст. молодую жену нужно учить с первого дня; б) исправление дурных привычек следует начинать сразу; 2) см. 신부 I; 3) см. 처녀.

샐러드(англ. salad) салат; 파와 감자 가 들어 있는 토마트 ~ салат из пом-идоров с луком и картофелем; ~용 소스 заправка к салату; ~용 야채 салатные овощи.

샘 I 1) родник, колодец; ~의 род-никовый; ключевой; ~이 솟다 a) бить(о ключе); б) перен. бить ключом; в) течь ручьём(о слезах); ~물 родниковая (ключевая) вода; ~터 родник; ключ; неиссякаемый источник; 샘[이]터지다 вновь забить(о ключе); 2) диал. см. 우물 I; 샘에 든 고기 обр. как рыба, попавшая в сеть.

샘 II ненависть и зависть; ~내다 завидовать(кому-л., чему-л.); ~바르 다 завистливый; сокр. от 새암.

샘이 나다 завидовать.

샘터 1) родничок, ключ(место); 2) перен. неиссякаемый источник; 3) место для стирки (у родника).

샘플 (*англ.* sample) образец; пример.

샛길 ответвление дороги; кратчайший путь; дорога напрямик.

샛별 утренняя звезда; Венера.

생(生) 1) жизнь; 2) *сущ.* сырое; неспелое; ~으로 в сыром(неготовом) виде; 3) после дат рождения...1953년 ~ 1953-го года рождения; 4) пос-лесл. «год»... летний; 10년 ~ десятилетний; ~후에 после рождения; 1939년생 1939-го года рождения; 15년생 пятнадцатилетний

생-(生) *преф. кор.* 1) натуральный; 생오이 свежие огурцы; 2) сырой, неспелый; 생장작 сырые дрова; 3) необработанный, невыделанный; 생 모시 неотбелённая ткань из рами; 생가죽 невыделанная кожа; 4) необоснованный; 생거짓말 явная ложь; 생고집 бессмысленное упрямство; 5) живой(напр. о бывшем муже, быв-шей жене); 6) напрасный, безрезультатный; 생고생 напрасные страдания.

-생(生) *суф. кор.* 1) летний(о растениях); 다년생 многолетний; 일년생 однолетний; 2) друг; коллега(по отношению к подчинённому); 3) учащийся; 연구생 аспирант; 대학생 студент.

생각 I 1) дума, мысль; 2) воспоминание; ~하다 а)думать; считать; рассматривать; 무엇을 ~합니까? О чём вы думаете? 그녀가 곧 돌아올 것이라고 ~한다 думаю что она скоро вернётся; б) вспоминать; ~컨대 (как) мне кажется(думается); 3) желание; 국수 ~있나? хочешь куксу?; 4) мнение, соображение; 내 ~에 по-моему; 5) впечатление; ~이 나다 а) вспоминаться, приходить в голову; б) появляться(о желании); в) возникать(об интересе); ~이 돌다 см. 머리[가 돌다].

생각(生角) II 1) срезанные рога оленя; 2) необработанные рога(животных). 생각과 느낌 мысль и чувство. 생각과 느낌을 살지게하다 обогащать мысли и чувства. 생각나다 вспоминаться; приходить в голову. 생겼다 появился. 생겼습니다 образовался.

생겼어요 появился.

생계 1) средства к существованию; ~를 겨우 유지하다 сводить концы с концами; зарабатывать на жизнь; ~비

расходы на жизнь; ~를 이루다 зарабатывать на жизнь; ~무책 отсутствие средств к существова-нию; 2) существование.

생기(生氣) 1) живость, энергия; ~가 없는 безжизненный; ~가 있는 ожив-лённый; живой; полный жизни; ~발랄 бодрость, энергичность; 2) этн. Счаст-ливый день; ~복돋일 этн. счастливый день(на который что-л. назначе-но) и сч-астливая дата рождения; ~[를]보다 этн. предсказывать счастливый день; ~[를] 짚다 этн. гадать о судьбе, сопос-тавляя циклический знак дня и возраст с восемью триграммами Ицзина.

생기다 1) возникать; появляться; случаться; происходить; 근심이 ~ почувствовать беспокойство; 그 사람 은 어디서 돈이 생겼다? Откуда у него деньги берутся? 무서움이 생겼다 обуял страх; 무슨 일이 생겼다 что-то случилось; 2) приобретать; находить; 3) выглядеть; 못 생겼다 быть некра-сивым(уродливым).

생년(生年) год рождения. 생년월일 (生年月日) день, месяц и год рождения.

생년월일시(生年月日時) час, день, месяц и год рождения.

생략 [-냑] сокращение; ~한 сокра-щённый; ~법 эллиптическое накло-нение; ~삼단논법 лог. энтимема; ~하다 сокращать; опускать; делать купюры(в тексте).

생리(生利) [-ni] I ~하다 извлекать (получать) прибыль.

생리(生理) [-ni] II 1) физиология; ~적 физиологический; ~대 гигиени-ческая прокладка; ~일 менстру-альный период; ~적 식염수 физиологические растворы; ~통 болевое ощущение;~학 физиология; ~휴가 освобождение от работы во время менструации; ~적 습차 биол. физиологический дефицит насы-щения; ~적 식염수 физиологические растворы; 2) см. 생리학.

생명(生命), 생활(生活) 1) жизнь; ~의 위험을 무릅쓰고 с опасностью для жизни; ~을 걸다 рисковать жизнью; 인간에게 가장 값진 것은~이다 самое дорогое у человекаэто жизнь; ~력 жизнеспособность; ~보험 страхова-ние жизни; ~선 жизненно важная зона; ~체 живое существо; 2) сущ. жизненно важное. 생명의 근원 источник жизни.

생물(生物) 1) живые организмы; ~체 живой организм; 2) био...; ~학 биология; 그는 ~학에 관한 서적을 많이 갖고 있다 у него много книг по биологии; ~학자 биолог; ~물리학

биофизика; ~전기 биоэлектричество; ~전류 биоэлектрический ток; ~지리학 биогеография; ~층위학 биостратиг-рафия.

생사(生死) жизнь и смерть; ~존망 (존몰) жизнь или смерть; сущест-вование или исчезновение.

생산(生産) 1) производство; ~[적] а) производственный; б) продуктивный; ~가격 эк. цена произво-дства; ~가축 продуктивный скот и птица; ~경기 (경쟁) производственное соревнование; ~구조 структура производства; ~기간 время производства; ~관계 производ-ственные отношения; ~도구 орудие производства; ~문화 культура произво-дства; ~방식[양식] способ производ-ства; ~재 материал поиз-водства; ~지 место производства; ~품 продукция; ~체조 производственная гимнастика; ~탐색 промысловая раз-ведка рыбы; ~유격대 партизанский отряд, состоящий из рабочих и крестьян; ~예비 резервы производства; 2) роды; ~하다 а) производить; б) производить на свет, родить.

생산(生産), 발행(發行) выпуск.

생산력(生産力) [-녁ок] производи-тельные силы; ~배치 размещение производительных сил

생생 ~하다 а) живой; свежий; ~한 물고기 свежая рыба; 그것이 머리 속에 ~하게 떠오른다 я мыслено вижу это прямо перед собой(свежо в памяти); 지난날의 감격인 일들이 아직도 기억에 ~하다 ещё свежи в памяти волнующие события прошлых дней; б) ясный, отчётливый. 생생하게 отчет-ливо. 생생하다 живой, свежий. 생생한 свежий.

생선(生鮮) рыба, свежая рыба; ~국 суп из свежей рыбы; уха; ~묵 желе(из свежей рыбы);~회 мелко нарезанная сырая рыба с прянос-тями. ~값 цена на рыбу;~을 말리다 сушить рыбу.

생시(生時) 1) час(время) рождения; 2) явь; 꿈인지 ~인지 모르겠다 не знаю, сон это или явь;3) период жизни, жизнь.

생이별 разлука; расставание; ~하다 разлучаться с(кем-л.); расставаться с(кем-л.); 그 부부는 전쟁으로 ~했다 война разлучила этих супругов; 오랜 ~ 끝에 после долгой разлуки.

생일(生日) день рождения;~을 축하 하다поздравлять с днём рождения; ~에 잘 먹으려고 이레를 굶는다 см. 생일 날[에 잘 먹으려고 이레를 굶는다].

생일날 [-랄] день рождения; ~에 잘 먹으려고 이레를 굶는다 *посл.* ≅ букв. голодать семь дней для того, чтоб наесться в день рождения.

생존(生存) существование; ~하다 существовать; жить; ~경쟁 борьба за существование; ~권 право на сущест-вование;~자 ныне живущий; живой.

생쥐 мышь; см. 새앙쥐; ~발싸개 만 하다 обр. с гулькин нос; ~ 볼가심할 (입가심할) 것도 없다 ничего не осталос(о пище).

생포(生捕) пленник; ~하다 поймать (кого-л.); брать(кого-л.) в плен; ~되다 быть пойманным(взятым в плен); см. 사로잡다 1).

생활(生活) быт, жизнь; ~비 расходы на жизнь; ~하다 a) жить; существовать; б) арх. спасать; ~화하다 оживляться; становиться повседневным; 나는 한 달에 백 루블로는 ~할 수가 없다 я не могу прожить на сто рублей в месяц; ~고(苦) жизненные невз-годы; ~공간 жизненное простран- ство;~권 биосфера; ~난 трудности жизни; ~비 расходы на жизнь; за-работная плата; ~상 образ жизни; ~양식 образ жизни; ~필수품 предметы первой необ-ходимости; товары массового потребления; ~화 оживле-ние; ~필수품 предметы первой необхо-димости; товары массового потребле-ния; ~적 жизненный.

생활비(生活費) 1) расходы на жизнь; стоимость жизни; 2) заработная плата.

샤워(*англ.* shower)душ; ~를 하고 싶다 я хочу принять душ.

샤워실(*англ.* shower room) душевая.

샴페인(*фр.* champagne) шампанское.

샴푸(*англ.* shampoo) шампунь.

샹들리에(*англ.* chanlier) люстра

서(西) I запад; ~반구 западное полушарие; ~유럽 Запад; Западная Европа; см. 서쪽.

서(序) II 1) предисловие; пролог; 2) сокр. от 서문 II; 3) сокр.от 서사I

서(署) III учреждение; управление; участок; 경찰서(파출소, 지구대) полицейский участок.

-서 частица 1) после имён в твор. п. являясь, будучи; 학생으로서 будучи учащимся; 2) после сущ.в дат. п. в сочетании с частицей 다[가] подчёрки-вает знач. слова: 불에

다가서 구워 놓으라 в огонь же положи; 3) после деепр. прерванного действия только (ещё) 읽다가 놓아둔 책 книга, которую только что читал; 4) после числ. в просубстантивированной ф. указывает на число лиц, участвующих в действии: 열이서 вдесятером; 셋이서 втроём.

서-(庶) I преф. кор. незаконно-рождённый; 서동생 младший брат, рождённый наложницей отца.

서-(西) II преф. кор. западный; 서반구 западное полушарие.

-서(書) I суф.кор. 1) книга; запись; 비준~ ратификационная грамота; 성명 ~ письменное заявление; 독습서 самоучитель; 인용서 цитируемая книга; 2) документ; 성명서 письменное заяв-ление.

-서(署) II суф. кор. учреждение; управление; участок; 경찰~ поли-цейский участок. 서 있다 стоять.

서각(犀角) кор. мед. рога носорога (как материал для лекарства); ~소 독음 лекарство, применяемое при кожных заболеваниях; ~승마탕 жаропонижающее(средство).

서간(書簡) 1) письмо; послание; ~문 текст, написанный эпистолярным стилем; ~문학 эпистолярная литература; ~체 эпистолярный стиль; 2) книжн. см. 편지.

서글프다(서글프니,서글퍼) 1) грустный, невеселый, печальный; 2) одинокий.

서글피 1) одиноко; 2) грустно.

서기(書記), 비서(秘書) секретарь; ~관 секретарь посольства; ~장 первый (генеральный) секретарь.

서기관(書記官)секретарь(посольства)

서기국(書記局), 비서국 секретариат.

서너 перед именем три-четыре; ~ 집 три-четыре дома.

서너너덧 от трёх до четырёх.

서넛 примерно 3-4; 3 или 4.

서늘하다 прохладный, стращный, жу-ткий. 서늘한 прохладный; ~때 прох-ладное время. 서늘합니다 прохладно.

서다 1) останавливаться; вставать; стоять; 시계가 섰다 часы стоят; 중매 를 ~ посредничать; 2) создавать(ся); учреждать(ся); устанавливать(ся); 3) останавливаться; 4) быть острым (наточенным); 5) открываться; начи-наться; 6) появляться; 땀발이섰다 выступили капли пота; 7) быть стройным(логичным); 위신이~ поль-зоваться авторитетом.

서두(書頭) 1) предисловие; начало; вступление; ~를 꺼내다

сделать всту-пление; сказать вступительное слово; ~를 놓다 сделать вступление; сказать вступительное слово; 2) верхние поля(в книге, рукописи); 3) края сшитой бумаги; 4) ~하다 обрезать (края сшитой книги).

서두르는 торопливый, поспешный

서두르다(서두르니, 서둘러) торопиться, спешить; 귀가를~ торопиться домой; 기차를 타려고~ торопиться на поезд; 어떤 일의 수행을~ торопиться с выполнением чего-либо; 서두르지 말고 천천히 하라 делай не торопясь.

서러움 грусть; печаль; ~을 겪다 испытывать огорчение; 그녀는 ~에 잠겨 있다 она грустит.

서러워하다 тужить по кому-л., чёму-л.(о ком-л., чём-л.); 벗과의 이별을~ огорчаться из-за разлуки с другом; 지나간 젊음을~ тужить об ушедшей молодости.

서럽다(서러우니, 서러워) грустный; грустно кому-л.; 서러운 생각 грус-тные думы.

서로(西路) I 1) западная дорога; 2) дорога, ведущая в провинции Хванхэдо и Пхёнандо.

서로 II друг с другом, между собой, друг друга; ~사랑하다 любить взаимно; 우리는 ~방문하고 있다 мы бываем друг у друга; ~동화 лингв. взаимная ассимиляция; 서로의 의견을 교환하다 обмениваться друг с другом мнениями.

서론(序論) 1) см.머리말; ~적 вводный; 그 책에 대한 ~ предисловие к той книге; 2) ~적 부분 вводная часть, введение; 2) между собой.

서류(書類) 1) документ; 그는 ~에 서명을 했다 он подписал документы; 증거~ документальные доказатель-ства. 2) уст. распространённая порода; распространённый вид(сорт *и т. п.*).

서른, 삼십(三十, 30) тридцать.

서리 I иней; ~가 내렸다 выпал иней; ~를 맞다 покрываться инеем; ~를 이다 седеть; серебриться; 나무에 ~가 앉았다 дерево покрылось инеем; 유리 창에 ~가 내렸다 иней запушил окно; ~꽃 изморозь; ~같은 칼(칼날) *обр.* сверкающий клинок; ~를 맞다 ник-нуть от мороза(о траве); 서리 맞은 구렁이 *обр.* апатичный(вялый)человек

서리 II ~하다 совершать налёт (напр.на бахчу в виде забавы)

서면(書面) 1) исписанная страница; 2) документ; ~으로 письменно; ~으로 보고하다 письменно доклады-вать.

서명(書名) подпись; ~하다 подписы-ваться; ставить подпись; ~을 받기 на подпись; 그는 편지에 ~했다 он под-писал письмо(договор); 남의 필적과 비슷하게 ~하다 подделать подпись; ~운동 кампания по сбору подписей; ~한 подписавшийся

서민(庶民) уст. (простой) народ, простые люди; ~적(的) простоду-шный; ~층 низкое сословие; про-стонародье.

서비스(англ. service) обслуживание; услуга; служба; 그녀는 국영~에서 근무하고 있나요? Она на государст-венной службе? 난 ~에 대해불만을 얘기하고 싶다 я хочу пожаловаться на обслуживание; 당신은 우리에게 ~를 해줄 수 있습니까? Можете вы оказать мне маленькую услугу?

서서히 медленно; понемногу; шаг за шагом; малопомалу; постепенно.

서시 I уст. 6 очков(в игре).

서시(薯豉) II уст. острый густой картофельный соус.

서술(敍述) изложение, описание, повествование; ~하다 излагать; опи-сывать; повествовать; ~된 изложе ный; описанный; ~형 повествова-тельная форма; ~문법 лингв. описательная грамматика; ~적 оп-исательный, повествовательный.

서식(書式) I форма составления документа.

서식(棲息) II ~하다 жить; обитать; ~에 알맞은 장소 пригодное для жизни; ~지 место распространения; родина.

서신(書信) письмо, послание 바울~ послание апостола Павла.

서약(誓約) клятва; присяга; ~하다 клясться комулибо в чёмлибо; ~을 깨다 нарушать клятву; ~을 지키다 быть верным клятве; ~서 клятва; присяга.

서운하다 полный сожаления, ого-рчённый; грустный; ~한 마음으로 그를 전송했다 мы с сожалением ра-сстались с ним; ~해하다 жалеть; сожалеть; огорчаться. 서운할기 жаль.

서울 г. Сеул. см. 수도.

서울역 Сеул вокзала(станции)

서점(書店) книжный магазин.

서정(抒情) 1) лирика; переживание; ~적 лирический; ~적인 분위기 лири-ческое настроение; ~성 личность; ~시 лирика; лирические стихи; 2) ~하다 описывать(выражать) чувства

서쪽(西-) запад; ~에서부터 с запада; ~으로 на запад; к западу; 모스크바 에서 ~으로 к западу от Москвы.

서창(西窓) I окно, выходящее на запад

서체(書體) 1) почерк; 그는 훌륭한 ~ 로 쓴다 он пишет красивым почерком; 그의 ~는 뛰어나다 у него хороший почерк; 아름다운 ~ кра-сивый почерк; 17세기의 ~ почерк 17 века; 2) уст. см. 글씨체.

서투르다(서투르니, 서툴러) 1) неопы-тный, неумелый; неловкий; 무슨 일을 하든지 그가 하는 일은 ~ за что не возьмётся, ничего у него не ладится; 글이 ~ быть плохо написанным; 서투른 말 ломанный язык; 2) чуждый, незнакомый; 3) застенчивый, робкий; 4) ~서투르게 неосторожно, неловко.

서한(書翰) 1) письмо; послание; ~문 письменное предложение; 공식~ официальное письмо; 사무용~ деловое письмо; 2) см. 편지.

서행(西行) I ~하다 идти(ехать) на запад.

서행(徐行) II ~하다 медленно(не спеша, не торопясь) ехать(идти).

석(釋) I 1) Будда; 2) ритуал пок-лонения статуе Будды, совершае-мый монахами утром и вечером; 3) сущ. будить монахов ударами в деревянную колотуш-ку(колокол).

석(錫) II олово.

석(席) III счётн. сл. место; 일천~의 관람석 тысяча мест для зрителей.

석(3.삼) V перед именами три; 석달 три месяца; 석새 베깃에 열채 바느 질 погов. ≡ а) дело мастера боится; б) как небо и земля; 석 자 베를 짜도 베틀 벌이기는 일반 посл. ≡ букв. ткёшь хоть три вершка, а надо расставлять ткацкий станок.

-석(石) суф. кор. камень; минерал; 거리에 ~을 깔다 вымостить улицу камнем; 초~을 놓다 заложить первый камень; ~을 던지다 бросать камень в кого-то; ~상 каменное изваяние; ~순 (筍) сталагмит; ~실 каменная пещера; ~연 лечебный камень; ~재 строитель-ный камень; ~조 сделанное из камня; ~주 каменный столб; ~질 свойство минерала (камня); ~탄 каменный уголь; ~탄가스 каменноугольный газ; ~탑 каменная башня; ~판(版) литографи-ческий камень;

석가모니(釋迦牟尼, 부처) Будда.

석고(石膏) гипс; ~붕대 гипсовая повязка; ~상 статуя из гипса; ~조각 скульптура из гипса

석류(石榴)[сонъню] 1) гранат(плод); ~나무 гранат(дерево); ~의 열매 грана-товый плод; 2) кор. мед. кожура граната(как материал для лекарства)

석방 освобождение(из тюрьмы); ~ 하다 освобождать; выпускать на свободу; выпускать изпод ареста; ~ 운동 движение за освобождение (кого-л.). **석사**(碩士) магистратура.

석양(夕陽) I 1) закат, вечерняя заря; ~별 лучи заходящего солнца; ~빛 вечерние лучи солнца; 2) см. 석양녘.

석양(石羊) II каменное изваяние барана (овцы)(у могилы).

석연(釋然)~하다 прил. чувствовать облегчение, удовлетворённый; 그의 말만 듣고는 문제의 본질이 어디 있는지 아직~치 않았다 по одним его словам ещё не было ясно, в чём суть дела; книжн. ~[히] с облегчением, удовлетворённо.

석유(石油) 1) нефть; ~곤로 керосинка; ~등 керосиновая лампа; ~정제 рафи-нирование нефти; ~제품 нефтепро-дукт; керосин; ~통 нефтяная(керо-синовая) бочка; ~화학공업 нефтехими-ческая промышленность; ~지질학 геология нефти; ~탱크 нефтеналивной ре-зервуар; 2) керосин.

석탄(石炭) каменный уголь; ~가스 каменноугольный газ; ~가스화 газифи-кация углей; ~타르 каменноугольный дёготь.

석회(石灰) известь; ~석 известковые породы(известняк); ~가성 едкая известь; ~생 негашёная изве-сть; ~소 гашёная известь; ~가마 печь для обжига извести; ~광재 세멘트 стр. известково-шлаковый цемент; ~망초 глауберит; ~산호 известковые скелеты кораллов; ~소성 обжиг известняка; ~질소 цианамид кальция; ~질암 известковая порода; 2) см. 생석회.

섞다 смешивать с чём-л.; подме-шивать; 밀가루를 반죽에~она сме-шала вино с водой; 시멘트에 모래를~ подмешивать песок в цемент

섞이다 быть смешанным(подме-шанным; примешанный).

섟 [sok] I причал.

섟 [sok] II 1) порыв чувств; ~섟이 삭다 успокаиваться; 2) темперамент; 3) деловые качества(человека); 4) технические данные(машины).

선(線) I 1) линия; черта; ~을 긋다 провести линию; 국경~ пограничная полоса; 도화~ огнепроводный(бикфордовый) шнур; фитиль; 선 스펙트르 линейчатый спектр; 2) луч; 3) см. 철선 I; 4) см. 선로 I; 5) контакт, связь; 선을 대다 иметь контакт (связь); 6) очертания предмета); 7) тенденция; 선이 가늘다 а) изящный, б) мелочный; 선이 굵다 а) крупный, грубый; б) широкий(о натуре).

선(腺) II 1) анат. железа; 2) сосуды(напр. в древесине).

선(先) III 1) заход(в игре); 2) заходчик.

선(禪) IV 1) будд. созерцание; медитация; учение секты созерцателей; 2) см. 선종 III; 3) сёгаку II; 선을 나다 выходить из зала для медитации; 선[에] 들다 входить в зал для медитации.

선(善) V добро; 진선미 истина, добро и красота.

-선(線) I суф. кор. 1) линия, черта; ~국경선 пограничная линия; 도화선 огнепроводный шнур; 2) луч; 우주선 космические лучи.

-선(船) II суф. кор. корабль, судно; 병원선 ~ госпитальное судно; 상~ торговый корабль; 비행선 дирижабль.

-선(腺) III суф. кор. железа; ~편도선 миндалевидная железа.

선-(先) преф. кор. 1) первый, начальный; 선보름 первая половина месяца; 2) покойный, умерший; 선부형 покойные отец и брат.

선거(船車) I судно и повозка.

선거(選擧) II выборы;~하다 выбирать; избирать; 의원을 ~하다 выбирать (кого-л.) в депутаты; ~구 избирательный округ; ~권 избирательное право; ~법 избирательный закон; ~인 избиратель; ~인단 группа избирателей; ~일 день выборов; ~전 предвыборная борьба; 보궐~ дополнительные выборы; 총 ~ всеобщие выборы; 일반적[평등적, 직접적] всеобщие(равные и прямые) выборы; ~분구 избирательный участок; ~자격 избирательный ценз; ~제도 избирательная система; ~하다 выбирать, избирать.

선결(先決) I ~적 первоочередной; ~하다 решать в первую очередь; ~과제 первоочередная задача.

선결(鮮潔) II ~하다 свежий и чистый

선고(先考) I уст. покойный отец.

선고(宣告) II ~하다 а) оглашать; объявлять; 파산~를 내리다 1) объявлять кого-л. банкротом; ~문 текст декларации(приговора); ~장 объявле-ние; декларация; приговор; 2) выно-сить(приговор).

선구(先驅) ~적 передовой; ~하다 ехать впереди; Юрий Гагарин은 우주 여행의 ~자이다 Юрий Гагарин был пионером космических полётов; ~자 передовой всадник; пионер; защит-ник.

선구자(先驅者) 1) передовой всадник; 2) пионер, зачинщик; инициатор.

선동(煽動) 1) агитация; 2) подст- рекательство; ~적 а) подстрекатель-ский; б) агитационный; ~하다 подстре-кать; провоцировать; 세계전쟁을 ~하다 провоцировать мировую войну; 총 파업을 ~하다 агитировать на всеобщую забастовку; 폭동을 일으키도록~하다 подстрекать к возмущению; ~가 подстрекатель.

선두(先頭) I главенство; первенство; ~에 во главе; ~에 나서다 быть впереди других; ~에 서다 стоять во главе; ... ~로 하여(한) во главе с (кем-л.).

선두(船頭) II капитан парусного судна

선로(線路), 레루 I рельс; линия; ж.-д. путь; ~공 путевой рабочий; ~원 путевой обходчик; ~순회원 путевой обходчик; ~폐색장치 путевые блоки-ровка; ~용량 ёмкость путей.

선물(膳物) 1) подарок, дар; 2) ~하다 дарить; преподносить; делать подарок; ~로받다 получить что-то в подарок; 그녀는 멋진 생일~을 받았다 ко дню рождения она получила чудесный подарок; 생일~ подарок ко дню рож-дения; 크리스마스~ рождественский подарок.

선박(船舶), 기선(汽船) корабль; суд-но;~건조 судостроение;~급수 класс судов;~견인 특성 тяговая характе-ристика судов; ~국적 государстве-нная принадлежность судна;~이력부 паспорт судна; ~복원성 крен судна (корабля);~운행표 график движения судов.

선반(旋盤) I настенная полка(для книг и т. п.); 2) токарный станок, ~공 токарь; ~공장 токарная масте-рская; 금속~공 токарь по металлу.

선반(旋盤) II токарный станок; ~공장 токарная мастерская.

선발(選拔) отбор; подбор; ~하다 отбирать; подбирать; ~되다 быть выб-ранным; 적당한 사람을 ~하다 подоб-рать подходящего человека; ~대 впере-ди идущий отряд; аван гард; ~배치 подбор и расстановка; ~시험 отбороч-ные испытания.

선배(先輩) сущ. 1) более опытный; 2) ранее(кого-л.) окончивший учебное заведение.

선별(選別) ~된 выбранный; отобранный; сортированный;~하다 отбирать; сортировать; выбирать; ~된 상품들 сортированые товары.

선봉(先鋒) авангард; ~적 авангар-дный; передовой; ~에 в авангарде; во главе; ~으로 되다 быть ведущим (передовым); ~대 передовой отряд; авангард; член передового отряда; ~장 начальник авангарда; ~대장 уст. начальник авангарда.

선불 I ~을맞다 а) быть подранен-ным; б) получить ощутимый удар; ~을 맞은 호랑이 뒷뒷 обр. беснуясь, словно раненый тигр;~을 걸다(놓다, 지르다) а) ранить(зверя); б) испортить дело.

선불(先拂) II~하다 платить вперёд

선생(先生) 1) вежл. учитель; 2) вежл. Вы. 선생 두 분 два учителя.

선생님 учитель, учительница, пре-подаватель.

선서(宣誓) ~하다 давать(клятву,при-сягу); 재판관 앞에서 ~하다 произ-носить клятву перед судьёй.

선수(先手) I 1) первый ход(в шахматах, шашках); ~를 두다 первым сделать ход; ~하다 первым сделать ход; 2) см. 선손; ~를 걸다 см. 선손 [을 걸다]; ~를 쓰다 см. 선손[을 쓰다].

선수(船首) II см. 이물 I;~곡재 мор. форштевень; ~방위 мор. направление по штевню; ~창구 см. 선수도 I; ~흘수 осадка носа (судна).

선수(選手) IV 1) мастер спорта; 2) спортсмен; 농구~ баскетболист; 축구~ футболист; 테니스~ теннисист; 3) см. 선수 III.

선수권(選手權) [-꿘] первенство; ~대회 чемпионат, игры на первенство; 세계~ чемпионат мира; 전국~ чемп-ионат страны.

선어말 어미(先語末語尾) окончание, предшествующее конечному.

선언(宣言) I декларация; манифест; ~하다 декларировать; объявлять; про-возглашать; 중립을~하다 объявлять нейтралитет; 그러나 검찰관이 나왔을 때, 이 대작을 이해했던 사람들은 고골을 천재적인 작가라고 ~했다 но вот появился <Ревизор> и люди, поняв-шие великое творение, провозгласили Гоголя гениальным писателем; ~문

декларация; манифест; ~식 церемония провозглашения чего-л.; 인권~ декла-рация прав человека.

선언(善言) II уст. поучение.

선율(旋律) I [-юл] мелодия; ритм; ~소조 мелодический минор; ~음정 мелодические интервалы.

선율(禪律) II [-юл] буъх. 1) секта созерцателей и секта соблюдающая заповеди; 2) заповеди секты созер-цателей.

선입감(先入感) предубеждение; ~을 갖게 하다 предубеждать против кого-л. (чего-л.); 나의 할아버지는 재즈에 심한 ~을 갖고 계신다 у моего деду-шки было сильное предубеждение против джаза.

선입견 превзятое мнение; превзя-тость; ~에 сарочённый превзятый.

선전(宣傳) I 1) пропаганда; ~하다 пропагандировать; ~포고를 하다 объ-являть войну; ~문 прокламация; агитлистовка; ~자 пропагандист, аги-татор; ~포고 объявление войны; ~선동부 отдел пропаганды и агитации; 2) сокр. от 선전관 I.

선조(宣祖),조상(祖上) I предок, пред-шественник, родоначальник.

선조(先朝) II период правления предшествующего короля.

선지서 Книги пророков; 대~ Книги больших пророков; 소~ Книги малых пророков.

선진(先陣) I уст. передовой отряд.

선진(先進) II ~적 передовой; ~국 передовая страна.

선진국(先進國) передовая страна, развитая страна.

선천(先天) I ~적 врождённый; унас-ледованный; ~성 врождённый харак-тер; ~성 심장 판막 장애 врождённые пороки сердца; ~적기형 врождённая аномалия; ~적 면역 врождённый иммунитет; ~부족 мед. врождённая слабость.

선천(宣薦) II ~하다 рекомендовать на должность в ведомство, зани-мавшееся охраной короля и переда-чей его приказов

선출(選出) отбор; ~하다 выбирать; избирать; ~된 выбранный; избранный.

선택(選擇),선발 выбор; отбор; изб-рание; ~된 выбранный; избранный; ~하다 выбирать; отбирать; изби-рать; ...에게~을 맡기다 предоставлять кому-л. что-л. на выбор; 당신의~은 잘못되었다 ваш выбор плох; ~된 사람 избранник; ~부선 селектив-ная флотация; ~채무 юр. альтерна-тивное

- 508 -

обязательство; ~흡 (흡착) хим. се-лективная абсорбция.

선택성(選擇性) избирательность; се-лективность. 선택하다 избирать.

선포(宣布) провозглашение; обнаро-дование; ~하다 провозглашать; обна-родовать; объявлять; 위원회는 그를 의장으로~했다 комитет провозгласил его председателем. ~문 декларация.

선풍(旋風) 1) вихрь; ~기 вентиля-тор; 2) см. 회오리바람; 3) переполох; суматоха; ~을 일으키다 поднять суматоху.

선하다(先-) I первым делать ход (напр. в шахматах).

선하다 II прил. вспоминаться; 눈에 ~ стоять перед глазами.

선행(先行) I предшествование; ~하다 предшествовать(кому-л., чему-л.); 이 사건전에 일련의 작은 사건들이 ~ 되고 있었다 этому предшествовал ряд мелких событий; ~작물 с.-х. предшественник.

선행(旋行) II уст. ~하다 возвращаться обратно.

선행(善行) III хорошее поведение; благородный поступок; ~을 쌓다 делать много добра.

선험(先驗) ~적 филос. трансценден-тальный; ~적 관념론 трансценден-тальный идеализм; ~철학 трансценден-тальная философия.

선회(旋回) вращение; оборот; ~하다 вращаться; кружиться; 비둘기가 하늘에서 ~하고 있다 голубь кружит в небе; ~포탑 вращающаяся орудийная башня; ~기관총 турельный пулемёт; ~비행기 автожир.

설 I 1) первый день нового года; начало года; Новый Год; ~을 쇠다 встречать Новый Год; ~날 первое января.

설(說) II 1) теория; 2) мнение; взгляд; 다윈의 ~ теория Дарвина.

-설(設) суф. кор. 1) теория; часто соотв. русск. суф. «изм»; 신비설 мистицизм; 파동설 физ. волновая теория; 2) мнение; 반대설 противопо-ложное мнение.

설- преф.; указ. на неполноту, не-законченность действия: 설삶다 недоварить.

설계(設計) 1) проектирование; пла-нирование; ~하다 проектировать; планировать; ~도 проект; перспе-ктивный план; ~사 плановщик, конструктор; проектировщик; ~안 проект; план; 2) см. 설계도.

설교(說敎) проповедь; ~하다 про-поведовать; разъяснять;

- 509 -

растолко-вывать; ~자 проповедник.

설날 [-랄] 1) первый день но- вого года, первое января; 2) см. 설.

설다 (서니, 서오) 1) a) не совсем соз-реть(поспеть); 선참외 незрелая дыня; б) быть недоваренным(неготовым); 선 떡 가지고 천정 간다 *посл.* ≃ среди своих можно не церемониться; 선 떡 먹고 체했나? *погов.*≃смешинка в рот попала; 선바람 쐬다 не поняв, привратно судить; 눈에~ незнакомый; 손에 ~ 밥이 неумелый; 선잠 некрепкий сон.

설득(說得) [-뜩] убеждение; ~하다 убеждать кого-л. в чём-л.; 그녀는 나를 오도록~했다 она убедила меня прийти; ~력 сила убеждения; убеди-тельность.

설득성(說得性)[-뜩-] убедитель-ность.

설렁탕(湯) 1) говяжий бульон(из внутренностей, головы, костей *и т. п.*); 2) рис, разбавленный бу-льоном.

설레다 1) быть непосредственным; не сидеть на месте; 설레임 непо- седливость; 2) колыхаться; 3) кло-котать, бурлить; 4) волноваться, беспокоиться; 놀라서 가슴이 ~ на сердце неспокойно.

설레설레 ~흔들다, ~하다 покачивать (головой).

설립(設立) основание, учреждение; ~하다 основывать; убеждать; органи-зовывать; 국제기구를 ~하다 учредить международную организацию; 이 회 사는 1970년에 ~되었다 эта компания основана в 1970 го- ду; ~자 основатель.

설마 авось; вряд ли; едва ли; ~가 사람 잡는다 на<авось> не надейся; ~가 사람 죽인다 *погов.* ≃ кто на авосьнебось надежду положил, тот сам себя сгубил.

설명(說明) объяснение,разъяснение, толкование; ~하다 объяснять; разъяс-нять; 너는 그가 학교에 오지 않은 것을 어떻게 ~할래? Чем ты объяс-нишь его отсутствие в школе? ~서 письменное объяснение.

설명문(說明文) 1)повествовательная манера письма; 2) объяснительная записка. 설명하다 объяснить.

설법 [-뻡] проповеди(буддизма); ~하다 проповедовать(буддизм); 2) способ изложения.

설복(說服) I убеждение(кого-л.); ~ 하다 убеждать; уговаривать(кого-л.);~적 убеждающий, убедительный.

설복(褻服) II уст. книжн. 1) см. 속옷; 2) повседневная одежда.

설비(設備) оборудование; устрой- ство; оснащение;~하다 оборудовать; оснащать; ~비 расходы на обору- дование; ~용량 установленная мощ-ность; ~투자 капиталовложение на оборудование; ~이용률 коэффициент использования.

설사(泄瀉) [-cca]понос; ~병에 걸리다 заболеть расстройством желудка; ~ 하다 страдать расстройством желудка; ~병 понос; ~약 лекарство от расст-ройства желудка(поноса); ~에 걸리다 расстроиться(о желуд ке)

설악산 гора Соррак.

설정(設定) [-쩡] I установление; учреждение; установка; ~하다 уста-навливать; 문제 ~ постановка вопроса

설정(雪程) [-쩡] II уст книжн. см. 눈길 II.

설치 I малёк рыбы(Blennius yatabei.

설치(設置) II установка; ~하다 уста-навливать(напр. прибор);монтировать; создавать; учреждать; основывать;~대 станина; ~안 план; проект; ~출력 установленная мощность.

설치다 1) недоделывать до конца; останавливаться на полпути; 아침 을~ не закончить(не доесть) завтрак; 2) беспноваться; 3) см. 설레다; 4) легонько ударять.

설탕(屑糖) сахар; сахарный песок.

섧다(설우니,설워) [-솔따] 1) грус-тный; грустно; см. 서럽다.

섬 I 1) соломенный мешок(куль); 곡식 섬 мешок с зерном; 2) сом (мера ёмкости=180 л); 3) несколько сомов.

섬 II ступенька каменной лестницы.

섬 III остров; ~나라 островная страна.

섬(纖) IV уст. 1) одна десятими-лионная; 2) крошечный, очень маленький.

섬광(閃光) 1) (световая) вспышка; физ. сцинтилляция; ~결정체 сцинтил-ляционный кристалл;~스펙트럼 спектр вспышки; ~계수관 сцинтилляционный счётчик; ~선량계 сцинтилляционый дозиметр;~전구 эл. сцинтилляционная ла-мпочка; 2) вспышка(морской сигнал)

섬유(纖維) волокно; биол. волокно; ~ 세포 волокнистые клетки; ~소 клет-чатка; целлюлоза; фибрит; ~유리 фи-берглас; 인조 ~ искусственная фибра; ~작물 волокнистые растения; ~질 волокнистость; ~제지림 лес, выращи-ваемый для нужд текстильной и бумажной промышленности.

섭 мидия(морской моллюск).

섭니다 стоять.

섭리(攝理) [섬니] I 1) провидение; ~하다 а)следить за собой(во время болезни); б) вести(рассматривать) дела(вместо кого-л.); 2) рел. провидение.

섭리(燮理)[섬니] II ~하다 приводить в соответствие(светлое и тёмное начала в натурфилософии).

섭섭하다 прил. грустный; досад- ный; обидный; в знач. сказ. жаль; 난 무척 섭섭하네요 мне очень досадно; 떠나신다니 매우 ~합니다 очень жаль, что вы уезжаете; 너무 섭섭히 생각 마시오 не огорчайтесь.

섭섭해요 сожалею.

섭씨(攝氏) Цельсий;~20도 20 гра- дусов по Цельсию; ~한난계(온도계) термометр(градусник) Цельсия.

섭취 усвоение; ~하다 усваивать; вос-принимать; перенимать; 문화유산을 ~하다 переработать культурное нас-ледие. **섯**! Стойте.

섰다 играть в корейские карты.

성 I гнев; злость; ~이 나다 сердиться; волноваться; возбуждаться; прорваться; ~이풀리다 успокаивать; утешать; 그는 순간적으로 ~이 나서 이런 일을 저질렀다 он сделал это под влиянием минутного гнева; 그는 곧잘 ~을 낸다 его легко рассердить;

성(姓) II фамилия.

성(省) III министерство.

성(城) IV 1) крепостная стена; 2) крепость; ~문 крепостные ворота; ~벽 оплот; крепостная стена.

성(性)(남성,여성) V 1) пол(мужской, женский); ~의 половой; ~적인 сек-суальный; ~별에 관계없이 незави-симо от пола; 2) лингв. род; 3)натура, характер; 감수성이 풍부한 ~질 восприимчивая натура; ~적인 본능 половой инстинкт; ~감 сексуальные чувства; ~교 половой акт; половая связь; ~교육 половое воспитание; ~기(器) половые органы; ~별 половое различие; ~병 венерическое заболева-ние; ~욕 сексуальность; ~남 мужской пол; ~여 женский пол; ~이 마르다 нетерпимый; вспыльчивый; ~에 차다 удовлетворённый.

성 VI 1) в твор. п. после прич. буд. вр. для; 든든할 성으로 для полной уверенности; 2) после прич. гл. в сочет. с 부르다, 싶다 как будто, словно; 등짐을 져서 키조차 내리

눌린성싶은 사람 человек, словно придавленный ношей.

성(城) VII замок.

-성(性) I суф. кор. характер, каче-ство; ...ость; 계획성 плановый ха-рактер, плановость; иногда допо- лнительно подчёркивает то, что уже выражено производящим именем: 류사성 сходство.

-성(省) II суф. кор. министерство; 내무성 министерство внутренних дел.

성을 쌓다 строить крепость.

성격(成格) I уст. ~하다 становиться правилом(нормой).

성격(性格),성질 [-ккйок] II характер; ~적 характерный; по характеру; 나는 그와 ~이 맞지 않는다. 단지 그것뿐 이다 мы с ним не сошлись характе-рами вот и всё; ~묘사 характеристика; ~배우 характерный актёр.

성공(成功) I успех; достижение; ~적 успешный; ~하다 добиваться (успеха); удаваться; увенчаться успехом; ~을 바라다 желать успеха; 진심으로 너의 ~을 빈다! От души желаю тебе успеха! 그의 연주회는 커다란 ~을 거두었다 его концерт прошёл с большим успехом; 성공을 이룩하다 достигать успеха. 성공(星空) II звёздное небо.

성과(成果), 성공 [-кква] большое до-стижение, успех; ~를 거두다 достиг-нуть результата; ~를 올리다 пользо-ваться успехом; 그들의 ~는 우리들의 ~에 비하면 빛이 나지 않는다 их успехи бледнеют перед нашими; ~적 успешный; ~적으로, ~있게 успешно.

성냥석(<石硫石) спички; ~갑 коро-бка спичек; ~개비 одна спичка.

성년(成年) I 1) совершеннолетие; ~기 период совершеннолетия; ~식 обряд посвящения юноши во взро-слые; 2) сущ. совершеннолетний; 3) зрелый возраст; 4) сущ. взрослый.

성년(盛年) II цветущий возраст

성능(性能) I возможности; способ-ности; данные; характеристика.

성능 II эффективность.

성립(成立) [-нип] образование; фор-мирование; составление; ~하다 обра-зовываться; формироваться; состав-ляться; ~되다 заключать договор.

성명(聲明), 신청서 I заявление; декла-рация; ~하다 сделать заявление; заявлять(о ком-л., о чём-л.); ~서 заявление;

декларация.

성명(成名) II ~하다 уст. получить известность, прославиться

성미(性味) характер, нрав; ~가 급하다 невыдержанный; ~부리다 сосать на ~를 부리다 нервничать по пустякам; ~가 나다 сердиться; злиться; ~가 급하다 невыдержанный; ~를 부리다 нервничать.

성별(性別) половое различие; ~이 없이 безразличия(независимо от) пола.

성분(成分) 1) состав;компонент; со-ставная часть; ингридиент; 출신~ социальный состав; 사회~ социа-льное происхождение; 2) лингв. член предложения; ~분석 членение; анализ.

성서(聖書) 1)священные книги; 2) священные книги; Библия.

성숙(成熟) созревание; зрелость; ~하다 созревать; поспевать; зреть; достигнуть зрелости; ~기 период созревания; период зрелости; ~도 степень зрелости.

성실(成實) I ~하다 наливаться(о зерне).

성실(誠實) II искренность; ~하다 верный; преданный; искренний; 그는 직설적이고 ~한 사람이다 он прямой и искренний человек; 그는 오랫동안 조국을 위해 ~하게 근무해왔다 он много лет верно служил родине; ~성 верность. 성실하다искренний,честный.

성심(誠心) искренность; откровен-ность; ~껏 от всей души; ~으로 искренне, откровенно, от души.

-성싶다 кажется что...

성씨(氏) вежл. ваша(его) фамилия.

성장(成長) I рост; развитие; ~하다 расти; вырастать;развиваться; зреть в летах; 우리들은 시골에서 ~했다 мы росли в деревне; 당신의 아들은 올해 무척 ~했군요! Как ваш сын вырос за этот год!~기 период роста(развития); период зрелости; 급속한 ~ быстрый рост; ~률 степень роста; ~사료 высококалорийные корма.

성장(盛裝) II ~하다 нарядно одева-ться; принарядиться; разодеться; 상하의를 모두 새옷으로 ~하다 разо-деться во всё новое

성적(成績) I успеваемость; резуль-тат, достижение, успех; ~이 좋은 학생 успешный ученик; ученик с хорошей успеваемостью(оценками); ~을 매기다 поставить оценку; 좋은 ~을 얻다 длать хорошие успехи; доби-ться успехов; ~순 порядок успеваемо-сти; ~표 ведомость успеваемости.

성적(成赤) II уст. ~하다 пудриться и накладывать румяна.

성전(聖殿) священный храм

성직(聖職) духовный сан; ~자 духо-вное лицо

성질(性質) характер; натура; склад; нрав; качество; 감수성이 풍부한 ~ восприимчивая натура; 부드러운 ~ мягкий характер; 온화한~ кроткий(ти-хий) нрав; 흥분하기 잘 하는 ~ пылкая натура; 그녀는 쾌활한 ~을 지닌 평범한 사람이다 У неё простой весёлый нрав; 그런 ~의인간은 악마하 고나 친하게 지낼 거야 Человек с таким характером даже с чёртом может ужиться; 그의 ~좀 봐! Вы как ие вы с ним ладите? ~형용사 лингв. качественное прилагательное.

성취(成就) I завершение, осущест-вление; ~하다 завершать; осущест-влять; достигать; 마침내 나는 내 염 원을~했다 наконецто я осуществил своё заветное желание; 목적은 ~되지 않았다 цель не была достигнута.

성취(成娶) II ~하다 жениться.

성하다 I 1) а) бурно расти; быть в разгаре(в расцвете); процветать; 상업이~ торговля процветает; 2) а) бурный, буйный(о растительности); б) цветущий, процветающий.

성하다 II 1) целый; неиспорченный, неповреждённый; крепкий, здо-ровый.

성함 вежл. ваши(его) фамилия и имя.

섶 I пола(одежды).

섶 II подпорка (у растения).

섶 III сокр. от 섶나무; 섶을 지고 불로 들어간다 посл. ≈ букв. лезть в огонь с сухим хворостом.

섶 IV подстилка на выкормочной этажерке.

세(勢) I 1) сила; могущество; вли-яние; ~살 버릇이 여든까지 간다 дурная привычка, приобретённая в три года, сохранится до восьми-десяти; 2) см. 세력 3) см. 세도 I; 4) см. 형세; 5) дух. 세(稅) II налог.

세(貰) III 1) сдача в аренду(напрокат); ~를 놓다 сдавать в аренду; давать напрокат; ~를 얻다 брать в аренду; снимать в аренду; брать напрокат; ~를 지불하다 вносить (платить) за аренду; ~를 내다 брать напрокат; 2)арендная плата; 하룰~ за прокат.

세(世) IV 1) геол. эпоха; 2) после числ. обозначает порядок следова-ния монархов, носящих одно имя: 뾰뜨르 일 세 Пётр Первый.

세(歲) V после числ. год; ~십오 세 пятнадцать лет.

세 VI (опред. ф. числ. 셋) три; 세 사람 три человека; 세살 먹은아이 말도 귀담아 들으랬다 посл. = устами младенца глаголет истина; 세 살 적 버릇이 여든까지 간다 посл. = букв. дурная привычка, приобретённая в три года, сохранится до восьмидесяти; 세살에 도리질 ирон. позднее развитие (у ребёнка).

-세 фам. оконч. пригласит. ф. пре-дикатива: 같이 가세 идём вместе!

세계(世界) I мир; свет; ~적 мировой; ~를 일주하다 совершить кругосветное путешествие; ~무대에 나서다 вступать на мировую арену; 전 ~가 이것을 알고 있다 весь мир об этом знает; ~관 мировоззрение; ~대전(전쟁) миро-вая война; ~무대 мировая арена; ~무역 международная торговля; ~사 всемир-ная история; ~사적 всемирноистори-ческий; ~신기록 новый мировой рекорд; ~주의 космополитизм; ~지도 карта мира; ~혁명 мировая революция; 동물~ животный мир; ~열강 великая держава; ~시장 см. 국제[시장] I.

세계(世系) II родословная, генеалогия

세계사(世界史) всемирная история; ~적 всемирно-исторический.

세공(細工) 1) тонкая(отделочная) работа; ~하다 тонко(искусно) отделывать; ~사 отделочник; ~품 тонкие изделия.

세공품(細工品) (тонкие) изделия; 상아 ~ изделие из слоновой кости.

세관(稅關) таможня; ~검사 таможе-нный досмотр; ~제도 таможенная система.

세균(細菌) бактерия; ~학 бактериоло-гия; ~경검 бактериоскопия; ~단백질 бактериопротеин; ~요법 бактериоте-рапия; ~무기 бактериоло-гическое оружие; ~전쟁 бактерио-логическая война; ~폭탄 бактериологическая бомба.

세납(稅納) 1) налоговый взнос; вы-плачиваемый денежный нолог; 2) уст. см. 납세.

세다 I 1) седеть; 2) бледнеть; се- реть(о лице); 그는 머리가 셌다 он поседел.

세다 II 1) считать(количество чего-л.); сосчитать; 돈을 ~ считать деньги; 백까지 ~ считать до ста; 손가락을 곱아 ~ считать на пальцах; 2) после имён в твор. п. считать, рассматривать.

세다 III 1) сильный; 센바람이 일었다 поднялся сильный ветер; 2) жёсткий; грубый; 3) твёрдый; 4) трудный(о работе); 5) этн. несча-стливый.

세다 IV жёсткий; грубый; твёрдый; 뻣뻣하고 센 머리털 жёсткие волосы.

세대(世代) 1) поколение; 젊은 ~ молодое поколение; подрастающее поколение; ~교체 смена поколе- ний; ~교체 биол. метагенез; ~명가 уст. известный(знаменитый) род; 2) см. 시대

세도(勢道) 1) политическая власть; 2) высокое служебное(общественное) положение; ~가 человек пользую- щийся своим высоким положением; ~를 부리다(쓰다), ~하다 злоупот-реблять властью; использовать своё служебное положение; ~정치 власть могущественного министра, управляю-щего вместо короля.

세력(勢力) 1) влияние; сила; могу-щество; ~을 떨치다 распространять своё влияние; ~가 влиятельный человек; ~권 сфера влияния; ~범위 сфера влияния; 혁명~ революцио- нные силы; 2) состояние; 병의 ~ состояние больного.

세례(洗禮) 1) рел. крещение; 2) испытание; проверка; ~식 обряд крещения; 전투적~ боевое крещение.

세로 вертикально; сверху вниз; вдоль; ~쓰다 писать сверху вниз; ~줄 вертикальная линия; ~철근 стр. продольная арматура.

세멘(<англ. cement) сокр. от 세멘트; ~기와 цементно-песчаная черепица.

세면(洗面) 1) умывание; ~하다 умы-ваться; ~대 умывальник; ~장 комната для умывания; туалет; 2) см. 세수 I.

세무(稅務) I дела по взиманию на-логов(по налогообложению); ~관 налоговый чиновник; ~관청 налоговый аппарат; ~사 человек занимающийся налоговыми вопросами по поручи-тельству других; ~서 налоговое управ- ление; ~조사 налоговое расследование.

세무(細務) II мелкие дела.

세밀(細密) деталь; ~하다 деталь- ный; тщательный; ~히 детально; тщательно; ~성 тщательность.

세배(歲拜) 1) поклон(родителям утром нового года); ~하다 поздравлять с Новым Годом(старшего); 세뱃돈 деньги, которые дают детям, пришедшим поздравить с Новым Годом; 2) поклон поздравляющего с Новым Годом

세부(細部) 1) мелкие части; детали; ~적 детальный; мелкий; ~계획화 детализация планов(планирования); 2) см. 세부분

세상(世上) 1) мир; свет; ~없는 не имеющий себе равных; ~없이도 при любых обстоятельствах; ~없이 несравненно; бесподобно; ~에 боже мой; ~을 등지다 удалиться от мира; жить затворником; ~을 모르다 а) совершенно не разбираться в жизни; б) [을]모르고 자다 спать как убитый; в) не знать обстоятельств(причин); ~이 바뀌다 коренным образом измениться; ~을 떠나다 скончаться; уйти из жизни; ~일 мирские дела; 2) земля(в противоп. небу); 3) уст. внешний мир(для отшельника); свобода, воля(для заключённого); 4) после 하나 и 몇 век, жизнь; 한~ 살다 прожить свой век; 5) для усиления знач. последующего сл.~말을 들어야지 ты должен выслушать именно это; 2. несравненно, бесподобно.

세수(洗手) I умывание; ~하다 умываться; 세숫대야 таз для умывания; 세숫물 вода для умывания; 세숫비누 мыло туалетное;~수건 полотенце. 세수(世讎) II заклятый враг.

세습(世襲) наследственность; ~적 наследственный; ~하다 наследовать; получать по наследству; ~제도 наследственная система; ~영지 наследуемые земли.

세우다 I 1) заставлять(позволять) стоять; 2) ставить; основывать; делать; вызывать; воздвигать; 문제를 ~ ставить вопрос; 공훈을 ~ совершать подвиг; 기념비를 ~ воздвигать памятник; 빌딩을 ~ воздвигать здание; 선두에~поставить во главе; 보초를 ~ выставлять пост; 3) создавать, учреждать; основывать; 기초를 ~ заложить основу; 4) останавливать; 5) точить (нож и т. д.); 6) обливаться (напр. потом); 7) (пред-)принимать; 8) наводить (порядок); упорядочивать; 9) сохранять, поддерживать; блюсти; 귀를 ~ навострить уши; 공훈을 ~ совершить подвиг; 피대를 ~ сильно огорчиться.

세우다 II устанавливать.

세우셨습니다 основал.

세월(歲月) 1) время; период; ~은 나는 화살과 같다 время летит стрелой; ~여류 обр. быстротечное время; ~이 없다 а) долгий, длитель-ный, бесконечный; б) небольшой (о выручке, доходах); 2) см. 철 I; 3) см. 세상 2).

세율(稅率) пропорция налога.

세일즈맨(*англ.* salesman) продавец; коммивояжёр.

세종대왕 король Седжон.

세주다 сдавать в аренду; сдавать напрокат.

세척(洗滌) промывание; промывка; ~하다 мыть; промывать; стирать; ~장 процедурный кабинет; ~제 очища-ющее средство; ~관장 очистительная клизма

세탁(洗濯) стиральный; стирка; чист-ка; ~하다 стираться, чиститься; ~기 стиральная машина; ~물 бельё для стирки; ~부 прачка; ~소 прачечная; ~비누 хозяйственное мыло.

세트(*англ.* set) 1) *театр.* декорация; 2) киносъёмочная аппаратура; 3) завив-ка (укладка) волос; 4) щипцы для завивки волос; 5) см. 수신기; 6) после сущ. набор, комплект, гарнитур

세포(細胞) I 1) *биол.* клетка; ~막 клеточная оболочка; ~분열 деление клетки; ~생리학 цитофизиология; ~학 цитология; ~감소증 цитопения; ~검법 цитоскопия; ~계산기 цитометр; ~료법 цитотерапия; ~발생 цитогенез; ~변태 цитоморфоз; ~병리학 цитопатология; ~분열 деление клетки; ~생물학 цито-физиология; ~형태학 цитоморфология; ~호흡 клеточное дыхание; ~영양층 цитотрофобласт; ~용해소 цитолизин.

세포(細布) II тонкий конопляный холст

섹시(*англ.* sexy) ~한 сексуальный.

센서(*англ.* sensor) сенсор.

센세이션(*англ.* sensation) сенсация.

센스(*англ.* sense) чувство; ощуще-ние; мысль; значение.

센티미터(*англ.* centimeter) сантиметр.

셀러(*англ.* seller) продавец.

셀룰로이드(*англ.* celluloid) целлулоид

셀 수 없을 만큼 столько, что невоз-можно сосчитать.

셈 1) подсчёт; 2) расчёт; сообра- жение; ~하다 подсчитывать; считать; ~에 넣지않고 не считая чего-л.; 다음 에 ~합시다 мы потом рассчитаемся; 어쩔 ~이냐? Что ты думаешь делать? ~법 правила счёта; арифметика; ~을

놓다(하다) подсчитывать, считать; ~에 넣다 принимать в расчёт; ~을 차리다 учитывать, принимать во внимание; ~을 치다 а) подсчитывать; б) после опред. предполагать 학생인 셈 쳤다 думал, что (он) учащийся; ~이다 думать, что...; 어찌할 ~이냐? что (ты) думаешь делать; 3) см. 셈판 1); 4) см. 셈평; ~이 나다(들다) поумнеть.

셈법(-法)[-뻡] 1) правила(способ) счёта (подсчёта); 2) арифметика.

셈속 [-쏙] 1) действительное положение дел; 2) намерение.

셈판 разг. 1) прост. положение дела; 2) обстоятельства, обстановка; ~ 어 떻게 된 ~이요 в чём дело?; 3) см. 셈평 1); 4)см.수판III. **셉니다** рассчитать.

셋, 삼 три. **셋째** третий.

셍기다 1) болтать без умолку; 2) непрерывно снабжать.

셔츠(англ. shuther) рубашка.

셔터(англ. shutter) задвижка; зас-лонка; 문에~를 달아서 닫다 закры-вать дверь на задвижку.

소 I корова, бык, вол; ~도 언덕이 있 어야 비빈다 на пустом месте многого не сделаешь; ~잃고 외양간 고친다 после драки кулаками не машут; 전에 는 농부들이~로 경작을 했다 прежде крестьяне пахали на волах; 소귀에 경 읽기 *посл.* ≅ букв. читать буддийские сутры волу; 소도 언덕이 있어야 비빈다 *посл.* ≅ на пустом месте много не сделаешь; 소 면미래 같다 *погов.* ≅ упрям как осёл; 소불알이 떨어지면 주어 먹기(소불알[이] 떨어질 까 하고 제 장착 지고 다닌다) *посл.* ≅ ждать у моря погоды; 소 잃고 외양간 고친다 *посл.* ≅ букв. потеряв корову, чинить коровник.

소 II начинка.

소(沼) III 1) яма с водой; яма(в реке); 2) заросшее болото(озеро).

소(簫) IV бамбуковая флейта.

소(所) V учреждение;предприятие; место; пункт; 관측~ наблюдательный пункт. **소**(小) VI самое малое.

-소(素) I суф. кор. элемент; 발효소 фермент.

-소(所) II суф. кор. 1) место,пункт; 감시소 наблюдательный пункт; 2) предприятие, учреждение; 연구소 научно-исследовательский институт; 휴양소 дом отдыха.

소-(小) I преф. кор. малый, мел-кий; 소규모 малый

масштаб; 소강당 малая аудитория.

소-(燒) II преф. кор. обожжённый; 소석고 обожжённый гипс

소각(燒却) I сожжение; ~하다 сжигать; предавать сожжению; 학생들은 쓰레기를 ~했다 школьники сожгли мусор; ~장 место сожжения(мусора).

소각(小角) II муз. рожок.

소감(昭鑑) I уст. ~하다 обстоятельно выяснять(рассматривать).

소감(所感) II впечатления; чувства.

소개(紹介) I знакомство, предс-тавление; ~하다 рекомендовать; пре-дставлять; знакомить кого-л. с кем-л.; 그는 학생들에게 러시아 문학을 ~했다 он знакомил студентов с русской литературой; 당신에게 내 친구를 ~ 합니다 разрешите представить вам моего друга; 저를 당신의 여자친구 에게~해 주세요 познакомьте меня с вашей подругой; ~비 плата за пос-редничество; ~소 контора маклера (посредника); ~업 посредничество; маклерство; ~업자 посредник; маклер; ~자 рекомен-дующий; ~장(письменная) реко-мендация; рекомендательное письмо.

소개(疏開) II ~대형 воен. расчленё-нный(разомкнутый) строй; ~하다 а) рассредоточиваться; расчленяться; б) проводить(воду на поля).

소개소(紹介所) контора маклера(по-средника)

소개업(紹介業) посредничество, ма-клерство.

소경 I I) сущ. слепой; ~노릇하다 а) тыкаться как слепой котенок; б) притворяться слепым; в) искать ощупью; ~놀이(장난) жмурки (игра); ~ 막대 a) посох слепого; б) проводник; впереди идущий; ~기름 값 내기 *посл.* ≡ в чужом пиру похмелье; ~머루 먹듯 *обр.* хватая, что под руку попало; ~매질하듯 (~막대질 하듯,~이 팔매질하듯) *обр.* a) нанося удары куда попало; б) заниматься критиканством; в) попусту суетясь; г) решая без раздумий; ~북자루 쥐듯 *обр.* не выпуская (чего-л.) из рук; ~시집 다녀오듯 *обр.* выполняя поручение коекак; ~잠 자나 마나 *посл.* ≡ много трудился, но толку не добился; ~장 떠먹기 *обр.* делать на глазок; ~파밭 두드리듯 *обр.* нанося удары как попало; ~아이 낳아 만지듯 *обр.* неумело(что-л. делать); ~이 문결쇠를 잡다 *погов.* ≡ неожи-данно повезло(букв.

слепой схватился за ручку двери); ~의 초하루날 *обр.* удача, везение; 2) *сущ.* неграмотный.

소경(蘇莖) II *кор. мед.* стебель пери-ллы(как материал для лекарства).

소계(小計) I частичный(предва- рительный) итог.

소계(小-) II *кор. мед.* корень вол-чеца(как материал для лекарства)

소괄호(小括弧) круглые скобки.

소굴(巢窟) гнездо; логово; притон; 도둑의~ воровской притон; 창녀의 ~ притон разврата.

소극(消極) I ~적 пассивный;~성 пассивный характер; пассивность; ~분자 пассивные члены(общества).

소극(小隙) II *уст.* 1) небольшая (узкая) щель; 2)мелкая ссора.

소극(笑劇) III *театр.* водевиль; фарс

소금 I (поваренная) соль(пищевая); ~을 치다 посыпать солью; ~에 담그다 засолить; ~에 절인 오이 солёные огурцы; ~기 солёность; ~물 солёная вода; ~절이 мокрый посол; соленье; ~ 대통 чашечка для соли (используемой при чистке зубов); ~깍두기 редька, нарезанная кубиками и посыпанная солью; ~먹은 놈이 물을켠다 *посл.* ≡ *букв.* тот, кто поел соли, пьёт воду; ~이 쉴 때까지 해 보자 *обр.* когда рак свистнет; ~에 아니 전놈이 장에 절가 *посл.* ≡ старого воробья на мякине не проведёшь; ~을 굽다 очень замёрзнуть во время сна; ~이 쉬다 подвести, не оправдать надежды; ~이 쉴가? несгибаемый, непокорный.

소금(鎖金) II ~하다 раскрашивать, золотой краской(одежду на картине).

소나기 (кратковременный) ливень; ~가 퍼부었다 хлынул ливень; ~삼형제 *обр.* ливень всегда принимается идти три раза. 소나무 сосна.

소나타(*ит.* sonata) соната.

소녀(少女) I девочка; девушка.

소녀(小女) II *уст. вежл.* я(женщина о себе в разговоре с вышестоящим).

소년(少年) 1) мальчик; подросток; юноша; ~당상 а)занятие должности выше 6-го ранга молодым человеком сразу после сдачи экзамена на госу-дарственную должность; б) занятие выгодной позиции(в иг-ре); ~등과 сдать экзамен на государственную должность в молодом возрасте; 2) мальчики и девочки; ~시대 юность; 3) уст. молодой(юношеский) возраст; мо- лодые годы; ~고생은 사서 하랬다 *посл.* ≡ невзгоды, перенесённые в юности, закаляют душу; ~여자 молодая женщина; ~기 юность; ~단 пионерская организация; ~법 законы для несовершеннолетних; ~원 лагерь для несовершеннолетних преступников.

소농(小農) занятие земледелием на маленьком участке; ~적 мелкокрестьянский; ~가 дом(семья)мелкого крестьянина.

소다(англ. soda) сода; ~석회 натронная известь; ~각섬석 хим. арфведсонит; ~펄프 натронная целлюлоза; ~유리 оконное стекло.

소덕(所德) уст. чувство обязанности (по отношению к кому-л.).

소독(消毒) дезинфекция; стерилизация; дегазация; дезактивация; ~된 стерильный; ~하다 обезвреживать; стерилизовать; дезинфицировать; дегазировать; дезактивировать; ~기재 средства дегазации(дезинфекции, деза-ктивации); ~기 дегазатор; стерилиза-тор; ~법 способ стерилизации; ~실 дезинфекционная камера; ~제 дезинфицирующее средство.

소득(所得) прибыль; доход; ~공제 подоходное вычитание; ~세 подоходный налог; ~액 сумма(размер) дохода; ~하다 получать(прибыль, доход).

소라 I 1) моллюск Turbo Cornutus Solander(со спиральной раковиной); 2) корейский национальный музыкальный инструмент, сделанный из спиральной раковины.

소라(小鑼) II муз. маленькие тарелки

소란(騷亂) I ~스럽다 казаться шумным (суматошным); ~하다 шумный; суматошный; ~을 피우다 поднимать шум (суматоху).

소란(小欄) II 1) углубление; ~반자 архит. кесонный потолок; 2) выступ; бортик (напр. у подноса).

소리, 소음 I 1) шум;звук; звук голоса; ~하다 петь; ~꾼 хороший исполнитель на родных песен; ~문자 фонетическое(звуковое) письмо; 2) звук голоса; крик(животного); пение (птицы); ~를 치다 кричать; [아무] ~없이 без звука, не проронив ни одного слова; ~없는 벌레가 벽을 뚫는다 *посл.* ≡ *букв.* тихое насекомое стены прогрызает; 3) народная песня.

소리(疏履) II соломенные лапти, носимые во время траура по

матери.

소망(所望) желаемое, желание, надежда; ~하다 желать; 너의 ~이 무엇이냐? Что ты желаешь?

소매 I рукав(одежды); ~를 걷고 나서다 быть застрельщиком(в чём-л.); ~의 안감 рукавная подкладка.

소매(小賣) II розница; розничная продажа; ~의 розничный; ~하다 продавать в розницу; ~가격 розничные цены; ~상업 розничная торговля; торговец торгующий в розницу; ~점 лавка; магазин.

소멸(消滅) I уничтожение; истреб-ление; ~하다 а) исчезать; прекра-щать существование; б) уничто- жать; ~사격 огонь на уничтожение.

소멸(掃滅) II ~하다 уничтожать, ликвидировать.

소모(梳毛) I текст. камвольное во-локно; ~방적 камвольное прядение шерсти; ~직물 камвольная ткань.

소모(消耗) II расходование; изна- шивание; ~하다 истратиться; из- расходоваться; изнашиваться; ~량 расход; ~전 бой(война) на исто-щение; ~품 мелкие концелярские товары.

소문(所聞) слухи, молва; ~이 나다 распространяться(о слухах); ~을 놓다 распространять(пускать) слухи; ~이 사납다 плохой,дурной(о слухе); ~난 잔치에 먹을 것 없다 посл.≈ букв. на пиру, о котором много говорят, есть нечего.

소방(消防) I предупреждение и тушение пожара; ~하다 тушить пожар; ~관 боец пожарной команды; ~서 пожарная охрана; ~호스 пожарный шланг; ~계단 пожарная лестница; ~철갑모 пожарная каска.

소방(蘇方) II древесина цезальпи-нии(как краситель).

소변(小便) см. моча; ~의 мочевой; ~을 보다 мочиться; справить маленькую нужду; ~보러 가다 ходить по маленькой нужде; ~검사 исследование мочи; ~기 ночной горшок; 오줌; ~을 보다 мочиться.

소비(消費) I потребление; расходо-вание; ~도시 городпотребитель; ~폰드 фонд потребления; ~[협동]조합 потре-бительская кооперация; ~의 потреби-тельный; ~하다 потреблять; расходо-вать; тратить; ~량 потребляемое количество; норма расхода; ~세 налог на потребление; акция; акцизный сбор; ~재 расходуемые материалы; ~조합 потребительская кооперация; ~지 районпотребитель; ~품

потребитель-ские товары. 소비(所費) II затраты.

소비량(消費量) потребляемое коли-чество; норма расхода.

소비물(消費物) предметы потреб- ления.

소비자(消費者) покупатель, потре- битель; ~의 потребительский;~조합 потребительское общество(то-варищество.

-소서 почт. оконч. повел. ф. пре- дикатива, выражающее мольбу: 가십읍소서 очень прошу, идите!

소설(昭雪) I уст. ~하다 оправдыва-ть; реабилитировать.

소설(小說) II 1) прозаическое произведение, беллетристика; роман; 단편소설 рассказ; 중편소설 повесть; 장편소설 роман; ~가 прозаик; ро-манист; ~사 история романа; 2) см. 소설책.

소속 1) ~하다 принадлежать кому-чему-л.; входить в состав чего; 2) принадлежность; 그는 당에 ~되어 있지 않다 он не принадлежит к пар-тии; ~기관 подведомственное учреждение.

소송(訴訟) 1) судопроизводство; (судебный) процесс; ~기간 проце-ссуальные сроки ~관계 процессуа-льные отношения; ~관계자 участники в процессе; ~능력 юр. право-способность; ~단계 процессуальные стадии; ~당사자 стороны процесса; ~비용 судебные издержки; ~행위 про-цессуальные действия; ~법 процесс-уальный кодекс; ~비 судебные издержки; ~사건 судебное дело; ~인 истец; жалобщик; ~장 исковое заяв-ление; ~제기 предъявление иска; 사~ гражданское(уголовное) судопроизвод-ство; 2) юр. иск; тяжба; ~가격 цена иска; ~제기 предъявление иска; ~을 걸다, ~하다 возбуждать дело; предъяв-лять иск.

소스라치다 вздрогнуть от испуга.

소식(消息) I известия, новость, вести; ~란 колонка вестей; ~통 хорошо информированный человек; знаток; осведомлённое лицо; 새~ новость.

소식(消食) II ~하다 переваривать пищу.

소식(素食) II 1) ~하다 есть рис с овощным гарниром(напр. во время поста); 2) варёный рис с овощным гарниром.

소심(小心) малодушие; ~한 робкий; малодушный; ~하다 а) робкий, мало-душный, боязливый, б) внимательный; тщательный; дотошный; ~한 사람 робкий человек; ~스럽다 прил. а) казаться робким(малодушным, боязли-вым); б) казаться внимательным(тща-тельным; дотошным).

소아(小我) I 1) филос. своё "я" (в идеализме); 2) будд. телесное я.

소아(小兒) II 1) см. 어린아이 ребёнок; младенец; ~마비 детский паралич; 2) арх. дети; ~과 педиатрия; ~과 의사 детский врач; ~병 детские внутренние болезни.

소아과(小兒科) [-꽈] педиатрия; ~의사 детский врач, педиатр.

소외(疏外) отчуждение; ~하다 от-чуждаться;отдаляться; охладевать.

소요(逍遙) I ~하다 прогуливаться.

소요(騷擾) II шум; ~를 떨다 шуметь, возмущать спокойствие; ~스럽다 шумный; буйный; ~하다 поднимать шум; ~죄 нарушение общественного порядка.

소요(所要) III сущ. необходимое; требуемое; ~하다 быть необходимым, требоваться; ~량 нужное(необходимое) требуемое количество; ~시간 необхо-димое время; ~되다 быть необхо-димым;требоваться

소용(所用) II 1) польза, надобность; ~에 닿다 нужный полезный; 2) нужная вещь; ~되다 нужный; по-лезный; иметь надобность в чём-л.; ~없다 ненужный; 그것이 무슨 ~이 있는가? Какая от этого польза? 이 책은 내게 더 이상 ~이 없다 эта книга мне больше не нужна

소원(訴願) I петиция; ~하다 пода-вать петицию; просить.

소원(所願) II желаемое; желание; ~하다 хотеть; желать; ~을 풀다 удовлетворять желание; ~을 이루다 осуществлять свои желания; 이것이 그의 유일한 ~이었다 это было его единственным желанием; ~성취 исполнение желаний; 나는 그와 사이가 ~하다 я далёк от него; ~성취 исполнение желаний.

소유(所有) I 1) ~대명사 притяжа- тельное местоимение; собственность; ~하다 иметь; владеть; 2) см. 소유물; ~권 право собственности; ~물 собст-венность; ~욕 страсть к стяжательству; алчность; ~자 владелец; собственник; ~지 земельная собственность.

소유(所由) II 1) арх. причина, осно-вание; 2) чиновник ведомства инс-пекции нравов.

소음(騷音) I 1) шум; 2) лингв. шу-мный согласный.

소음(嘯音) II 1) уст. свист(ветра); 2) лингв. шипящие согласные.

- 526 -

-소이다 уст. почт. оконч. повеств. ф. предикатива, употр. нижестоящим: 벌써 갔소이다 они уже ушли.

소작(小作) I аренда(земли); ~하다 арендовать; брать в аренду;~을 주다 сдавать в аренду; ~권 право на аренду земли; ~농민 крестьянин-арендатор; ~료 арендная плата за землю; ~인 арендатор земли; ~쟁의 арендный конфликт; ~제도 арендная система;~쟁의 арендный конфликт.

소작(所作) II произведение; сочи- нение; работа; 한국 작가들과 그의~ корейские писатели и их произ- ведения.

소장(消長) I ~하다 уменьшаться и увеличиваться; приходить в упадок и подниматься.

소장(訴狀) [-ччанъ] II 1) прошение, поданое в ведомство; 2) поданый иск.

소재(所在) I 1) местонахождение; местопребывание; 2)сущ. имеющееся; 책임 ~를 밝히다 выяснять, кто несёт ответственность; ~지 место распо-ложения(чего-л.); ~지 провинциальный администрати-вный центр; ~하다 уст. см. 있다.

소재(素材) II сырьё, материал; 작품 의 ~ содержание; 그가 한 강의의 ~는 전혀 새로운 것이 아니었다 Содержа-ние его лекции не представляло ничего нового; ~적 являющийся материалом; ~적 자료 материал(на что-л.).

소제(掃除) I чистка; уборка; ~하다 чистить, очищать, убирать; 굴뚝을 ~하다 чистить трубы; ~부 убор- щик; дворник; см. 청소 I.

소제(小弟) II уст. вежл. я, сам(в разговоре со старшим).

소주(燒酒) крепкая водка(получе-нная перегонкой); ~잔 рюмочка для крепкой водки.

소중(消中) I кор. мед. болезнь типа диабета, сопровождаемая сильной жаждой.

소중(所重) II ~하다 а) ценный; дорогой; 2) очень важный; ~히 ценно; дорого; очень важно; ~성 ценность.

소중성(所重性)[-ссонъ] 1) ценность; 2) важность, значительность.

소지(所持)~하다 1) иметь(при себе); носить(с собой); 2) сущ. носимое (при себе); 여권을~하다 иметь при себе паспорт; 그 여행자는 많은 돈을 ~하고 있었다 Тот турист носил с собой много денег; 그는 호주머니에 나이프를~하고 다닌다 Он носил в кармане перочинный ножик; ~자

владелец;~품 собственность кого-л.

소질(素質) I 1) врождённые(приро-дные) качества; натура; характер; 2) мед. предрасположение; 3) задатки; 이 아이는 훌륭한~을 갖고 있다 У этого ребёнка прекрасные задатки.

소질(小姪) II уст. вежл. я, сам (племяннику себе).

소집(召集) сбор; созыв; призыв; ~하다 собирать; созывать; призывать; 사령관은 전 부대를 한 곳에 ~했다 Командующий собрал все войска в одном месте;~령 приказ о созыве; ~장 извещение о сборе.

소청(所請) просьба; просимое; ~을 들어주다 удовлетворять просьбу; 나는 내 친구의 ~에 의하여 당신에게 편지를 씁니다 Я вам пишу по прось-бе моего приятеля.

소출(所出) урожай; доход(с земли); ~의 урожайный; ~하다 уродить; ~이 많다 уродиться много; 올해는 작년 보다 쌀의 ~이 좋았다 В этом году рис уродился лучше чем в прошлом.

소탈(疎脫) ~하다 простой;чуждый условностей; простосердечный.

소탕(掃蕩) ликвидация; уничтожение; ~하다 ликвидировать; уничтожать; истреблять; 쥐들을 모두 ~해 버리시오 Уничтожайте мышей и крыс; ~전 бой на уничтожение.

소통(疏通) I взаимопонимание; ~하다 понимать друг друга; 그들은 서로 의사가 ~되지 않는다 Они не пони-мают друг друга/ Их точки зрения расходятся.

소통(小桶) II куль, в который входит три маля соли(см. 말 I).

소파 диван.

소포(小包) посылка; ~로 보내다 отправлять почтовой посылкой; 1) ~우편 пересылка почтой; ~판매 товары почтой; 2) ~우편물 почто-вая посылка.

소품(小品) небольшое художест- венное произведение.

소하물(小荷物) ручной багаж.

소형(小形) сущ. малый; малого формата; малых размеров; ~자동차 малолитражный автомобиль; ~전함 воен. карманный линкор.

소홀(疏忽) ~하다 невнимательный; рассеяный;небрежный;халатный; ~하게 대하다 относиться небрежно к чему-л.; ~한생각 несерьёзная мысль; ~히 невнимательно; несерьёзно; небрежно; 직무를 ~히 하다 пренебречь обязан-ностями; 이 일은 매우~하게 처리

되어있다 Это сделано очень небрежно

소화 I 1) пищеварение; ~과정 про-цесс пищеварения; ~계수 см. 소화률; ~불량[증] диспепсия; несварение желудка; плохое пищеварение ~효소 пищеварительные ферменты; 2) перен. усвоение, освоение; ~하다 а) пере-варивать; б) осваивать; усваивать; ~ 하기 쉬운 음식 лёгкая пища; 그는 러시아 발음을 조금씩 ~시키고 있다 Он понемногу осваивает русское произношение; 음식이 잘~ 되었다 Пища переварилась; 읽은 것을 ~시키 다 переварить прочитанное; ~관 пищеварительные органы; ~기 질환 болезни желудочно-кишечного тракта; ~력 способность переваривать (усваи-вать) пищу; ~액 пищеварительный сок; ~제 средство способствующее пище-варе нию

소화(消火) II огнетушение; тушение пожара; ~기 огнетушитель; ~전 пожарный кран; ~도구 пожарный инвентарь; ~하다 тушить(пожар)

소화기(消化器) I пищеварительные органы; ~계통 пищеварительная сис-тема; ~질환 болезни желудочно-кишечного тракта.

소화기(消火器) II огнетушитель, огнегаситель.

소화제(消化劑) средство для пище-варения, средство, способствующее пищеварению.

소환(召還) I отзыв; ~하다 отзывать (напр. депутата); 대사의 ~ отзыв посла; ~장 документ об отзыве.

소환(召喚) II вызов; ~하다 уст. вызы-вать(напр. в суд); 당신들을 경찰로 ~한다 Вас вызывают в полицию; 법정 에의 ~ вызов в суд; ~장 по вестка.

속 I 1. 1) внутренняя часть(чего-л.); сердцевина; 나무~ сердцевина дерева; 호두의~ ядро ореха; 연필~ грифель карандаша; 속빈강정[의 잉어등 같다] посл. ≡ пуст карман, да красив кафтан; 속[이] 앉다 завязаться(напр. о кочане капусты); 속[이]오르다 расти(о коча-не капусты); 2) суть; содержание; 3) см. 속 II; 4) см. 속내; 5) внутренности; нутро; 속을 앓다 страдать животом; ~이불편하다 расстроиться(о желудке); 6) душа; ~으로 про себя; в душу; ~을 썩이다 растроить, разбередить душу; огорчаться; 속[을] 쓰다 см. 마음[을 쓰다]; 속이 달다 беспокоиться, душа не на месте; ~이 살다 быть непо-датливым(неуступчивым, несговорчи-вым); ~이 뒤집히다 1) раздражить; 2) тошнить, воротить(от чего-л.); ~이 보이다 открыться; показать всего себя; ~이 상하다 ранить душу; терзать сердце; ~이 시원하다 быть удов- летворённым; отлегло от сердца; ~이 타다 сильно переживать; болеть душой; душа разрывается.

속(贖) II 1) уплата, возмещение, компенсация; выкуп, откуп; 2) вещи, деньги, труд(как откуп или компен-сация за что-л.); 속[을] 바치다 уст. платить откуп(выкуп).

속다 обмануться в чём-л.; оста- ваться в дураках; обознаться; 속아 넘어가다 быть обманутым.

속담(俗談) пословица; поговорка; притча.

속도(速度),속력(速力) [-тто] скорость, темпы; ~의 темповый; ~를 높이다 прибавить (увеличить) скорость; ~를 낮추다 уменьшить(сбавить) скорость; 마구-를 내다 развить бешенный темп; 작업의-를 높이다 наращивать(увели-чивать) темп работы; 고속도로에서는 시속 100킬로까지 ~를 낼수 있다 На автостраде можно развить скорость до 100 км. в час; ~계 спидометр; ~곡선 го-дограф скоростей; ~기호 муз. зна-ки темпа.

속력(速力) [соньнйэк] скорость; ~의 скоростной; ~을 내다 набирать(увели-чивать;развивать) скорость;~을 낮추다 сбавлять(уменьшать; замедлять) ско-рость;~이 떨어지고 있다 скорость падает; ~이 빠른 자동차 быстрая(ско-ростная) машина; 전~으로 полным ходом; 전~ полный ход; 최대 ~ максимальная скорость.

속박(束縛) стеснение; ограничение; ущемление; ~된 стеснённый, ограни-ченный; ~하다 стеснять; ограничивать; ущемлять; 나는 내가 해버린 말에 ~되어 있다 Я связан своим словом; 이 법령은 행동의 자유를~하고 있다 Этот закон ограничивает свободу действий; ~전자 физ. связанный элект-рон; ~운동 физ. вынужденное(прину-дительное) движение.

속보(速步) I быстрый шаг; ~로 걷다 идти быстрым шагом.

속보(速報) II 1) немедленно(срочно) сообщать; 2) срочное сообщение; ~하다 немедленно(срочно) сообщать; ~판 доска для срочных сообщений (объ-явлений).

속삭거리다 1) шептать, говорить на ухо; 2) тихо шуршать.

속삭이다 шептать; говорить на ухо; шелестеть; тихо шуршать; 갈대가 속 삭이는 소리를내다 Что выей шепчет? см. 속삭거리다. **속삭이듯** шептать.

속삭임 1) шёпот; нашёптывание; шушуканье; 2) шуршание; 시냇물의~ шёпот ручья. **속상하다** жалеть.

속셈 подсчёты в уме; ~을 잡다, ~하다 а) считать(подсчитывать) в уме; б) прикидывать(рассчитывать) в уме; 나는 비용을 ~해보고 흠칫 놀랐다! Я подсчитал в уме расходы и пришёл в ужас!~이 뭐냐?Что ты подсчитываешь в уме?

속시원하다 быть удовлетворённым; отлегло от сердца.

속옷 нижнее бельё.

속이다 1) обманывать; 속여 넘기다 дурачить; 속여먹다 прост. надувать; 2) заставлять(позволять) обманывать; 그 는 여간해서 속아 넘어가지 않는다 Его так просто не проведёшь

속죄(贖罪) искупление; ~하다 иску-пать (заглаживать) вину; возмещать, компенсировать; ~의 선물 искупи-тельная жертва; ~자 искупитель.

솎다 с.-х. прореживать.

솎음 прореживание; ~하다 прореживать.

솎음배추(<白菜) молодая листовая капуста, выдернутая при прорежи-вании.

손 I 1) кисть руки, рука; 2) рабо-чие руки; ~이 넉넉하다 быть лишними(о рабочих руках); ~이 모자란다 (부족 하다) не хватает рук(о рабочих руках); 3) ручка, рукоятка; 4) верёвка, палка(по которой вьётся вьющегося растение); 손안에 놓인 듯 как на ладони(виден); ~을 거치다 а) проходить через (чьи-л.) руки; б) доработать; пользоваться чьей милостью; ~을 걸다 а) ударить рукой; б) поднять руку, за-махнуться(на кого-л.); ~을 나누다 а) расставаться; б) распределять работу; ~을 넘기다 а) обсчитаться; б) упустить момент; ~을 놓다 бросить(оставить) работу; ~을 늦추다 ослабить работу; ~을 내밀다 а) просить; б) вмешиваться, совать свой нос; в) перен. протянуть руки (к чему-л.); ~을 돕다 помогать(кому-л.); подать руку помощи; ~을 들다 а) поднимать руку; б) сдаваться, капиту-лировать; в) голосовать "за"; одобрять; ~을 대다 а) дотрагиваться рукой; б) приступать(к чему-л.); в) иметь отно- шение(к чему-л.); г)вмешиваться; д) принимать меры; е)исправлять, улуч- шать; ремонтировать; ж)присваивать; расстрачивать; и) бить, избивать; ~을 맞잡다 держаться за руки; сотрудни-чать; работать рука об руку; ~을 멈추다 останавливаться(бросать) на полпути; ~을 잡고 데려가다 вести ребёнка за руку;

손 II 1) гость; 2) посетитель; клиент, покупатель; 3) см. 나그네; 4) см. 길손.

손 III этн. дух, наносящий вред людям в течение двух дней на каждом из четырёх основных на-правлений.

손(孫) IV дети и внуки; потомки.

손(損) V ущерб; убытки;урон; потери; 1) см. 손해; 2) см. 손괘 II.

손가락 [-까-] палец руки; ~자리 отпечатки пальцев; ~을 꼽다 см. 손 [을 꼽다]I.

손길 [-낄] 1) протянутая рука; ~뻗치다 давать руку помощи; 구원의 ~이닿다 прибываться(о помощи); 조국의 ~ забота родины; 2) ~을 맞잡다 держаться за руки.

손녀딸(孫女~) ласк. внученька.

손님 вежл. гость; 손 II 1)-4); ~을 맞이하다 принимать гостя; 차에 탄 ~ пассажир; 이 상점에는 ~이 많다 В этом магазине много покупателей; 2) ~마마 см. 별성[마마].

손발 руки и ноги; конечности; ~을 걷다 придать рукам и ногам покойника нужное положение(до того как остынет тело); ~이 말을 듣지 않다 Перестать владеть руками и ногами; ~을 묶어놓다 связывать по рукам и ногам; обуздывать; ~이 맞다 работать душа в душу; идти в ногу.

손발톱 ногти.

손버릇[-ппо-] 1) дурная привычка (напр. крутить что-л. в руках); 2) ~이 사납다 а) быть нечистым на руку; б) драться.

손벽 [-пйэк] см. 손바닥; ~을 치다 хлопать в ладоши, аплодировать.

손상(損傷) 1) потери; ущерб; повре-ждение; 2) подрыв(напр. репутации); ~된 повреждённый; ~을 입다 быть повреждённым; терпеть ущерб(урон); ~하다 а) наносить ущерб(повреж-дения; потери); терпеть ущерб; б) подрывать(напр. репутацию); 권위를 ~하다 подрывать(ущемлять) авторитет; 명예를 ~하다 пачкать чьё-л. доброе имя; 자존심을 ~하다 ущемлять (уязв-лять) самолюбие.

손실(損失) ~하다 терпеть(убыток, ущерб); 2) убыток; ущерб; потери; урон; ~을 입다 понести потери(убытки); потерпеть ущерб; ~을주다 причинять (наносить) урон (убытки); 화재로 큰 ~을 입었다 Пожар причинил большие убытки; ~금 сумма денежных убытков.

손아귀 1) ложбинка(выемка) на ладони между большим и указа- тельным пальцами; 2) сила руки; ~에 넣다 положить на ладонь; ~에 틀어 쥐다 держать кого-л. в руках; ~힘이 세다 сильный(о руке); 3) перен. руки.

손아래 1) положение младшего (нижестоящего); 2) сущ. младший; нижестоящий; ~동생 младший брат; ~누이 младшая сестра; ~동맹자 млад-ший партнёр(союзник).

손위 старший; вышестоящий; 그에 겐 누이가 둘인데, 한 사람은 그보다 ~이고, 한 사람은 손아래이다 У него две сестры, одна старше, другая младше; ~누이 старшая сестра.

손익(損益) прибыль и убыток; вы-года и ущерб; ~계산서 см. 손익표.

손익표 ведомость.

손자(孫子) сын сына, внук; ~밥 떠 먹고 천장 쳐다본다 обр. прикидыва-ться невинным; ~턱에 흰 수염 나겠다 посл.= ждать (да догонять) -нет хуже.

손장난 [-짱난-] 1) постоянное дви-жение руками; 2) манипуляции (ру-ками); 3) см. 노름; ~하다 а) постоя-нно вертеть(что-л.) в руках; постоя-нно трогать(что-л.) руками; б) произ-водить манипуляции(руками), пока-зывать фокусы; в) играть(в карты, кости и т. п.).

손질 1) приведение в порядок; уход; 2) см. 매질 I; отделка; обработка; доработка; ~하다 дорабатывать; отде-лывать; обрабатывать; а) приводить в порядок; ухаживать; б) см. 매질[하다 I а; 집을 ~하다 ремонтировать дом; 의복을 ~하다 почистить(погладить) костюм; 화초의 ~ уход за цветами; 밭의 ~ уход за посевами.

손톱 I ногти(на руке); ~을 깎다 подрезать(подстригать) ногти; ~을 기 르다 отращивать ногти; ~만큼도 вооб-ще; совсем;~만큼도 달라지지 않았다 Нисколько не изменилась; ~ 깎이 маникюрные ножницы; ~ 탈락 мед. выпадение ногтей; ~밑에 가시 드는 줄은 알아도 염통 밑에 쉬스는 줄은 모른다(~ 곪는 줄은 알아도 염통 곪는 줄은 모른다) посл. = за малым погонишься, большое потеряешь; ~발 톱이 젖혀지도록 일을 한다 погов. = работать до седьмого пота; ~하나 까딱하지 않는다 погов. = гонять лодыря; ~여물을 썰다 погов. = взва-ливать на себя непосильное бремя; ~만큼도 в предлож. с отриц. сказ. вообще, совсем. **손톱** II ножовка.

손해(損害), 손실 ущерб; убытки; урон; потери; ~되다 терпеть убытки;~를 보다 терпеть(нести)ущерб(убытки); ~를 끼치다 наносить(причинять) ущерб; 그들은 ~를 보면서까지 가구를 팔 준비가 되어있다 Они готовы продать свою мебель даже в ущерб себе; ~배상 возмещение убытков; компенсация убытков; ~보상(배상) возмещение(компенсация) убытков.

솔 I сосна; ~방울 сосновая шишка; ~밭 сосновый лес(бор); ~잎 сосновая хвоя; см. 소나무; 솔 심어 정자 обр. пустая затея.

솔 II 1) щётка; ёршь; 2) эл. щётка; ~의 щёточный; ~질 하다 чистить щёткой; 구두~ сапожная щётка; 옷~ платяная щётка; 칫~ зубная щётка.

솔 III сыпь(на коже).

솔 IV матерчатая мишень для стрельбы из лука.

솔개 коршун. сокр. от 소리개; ~는 매 편 см. 가제[는 게 편]; ~도 오래면 꿩 잡는다 посл. ≈ терпение и труд всё перетрут; ~어물전 돌 듯 обр. никак не оторвёшься (от чего-л. интересного).

솔다(소니, 소오) I подсыхать, покрываться (коркой); затягиваться (о ране); 콘크리트가 솔았다 Затвердел бетон.

솔다(소니, 소오) II узкий; тесный; 어깨 폭이 ~ тесно в плечах

솔선(率先) [-ㅆ언] почин, инициатива; прежде других; ~하다 выступить первым; быть инициатором (первым, кто...), положить начало, сделать почин; идти впереди; ~자 инициатор; пионер; зачинатель.

솔솔 лёгкий; мягкий; ~불다 веять; нежно дуть; 1) ~새다 понемногу сыпаться (просачиваться); ~뿌리다 разбрасывать; сеять 2) ~풀리다 легко разматываться; 3) ~말이나오다 плавно течь(о речи); 4) ~부는 바람 лёгкий ветерок; 봄바람이~분다 Дует лёгкий весенний ветерок.

솔직(率直) [-ㅉ익] откровенность; ~히 말하자면 говоря откровенно; ~한 고백 откровенное признание; 당신의 ~한 의견을 말해 주시오 Говорите ваше мнение откровенно; ~하다 честный, откровенный, прямой

솜 вата; хлопок; ~을 넣다 сажать на вату; делать на вате; подбивать ватой; ~을타다 трепать вату; ~바지 ватные брюки; ~바지저고리 ватные брюки и куртка; ~옷 ватная одежда; ~외투 ватное пальто; пальто на вате; ~털 пух; пушок; ~틀 волчок; джин; 솜같은 눈송이 снежинка, похожая на вату.

솜씨 1) сноровка, умение, мастерство, ловкость; 2) способ, метод; ~있는 искусный; сноровистый; ловкий; ~있게 мастерски; с большим искусством(мастерством); ~를 보이다 показать мастерство(умение); 그는 일을 처리하는 ~가 훌륭하다 У него отличное умение справляться с делом.

솟구치다 1) стремительно подниматься; 2) рывком приподниматься.

솟다 1) подниматься; возвышаться; 해가 ~ восходить(о солнце, луне); 2) бить ключом; 3) выступать(о каплях пота); 4) торчать, выступать; 5) прорываться(о сильном чувстве); 이마에 땀이~ на лбу выступил пот; 땅에서 샘물이~ Из-под земли бьёт ключ; 솟아나다 а) выскальзывать, освобождаться; б) появиться.

솟아오르다 воздвигаться; вспыхивать; 그는 울화가 솟았다 Его прорвало.

송(頌) ода, панегирик.

송곳 шило; ~모양의 шиловидный; ~ 거꾸로 꽂고 발끝으로 차기 *посл.* ≅ глупо сердиться на самого себя; ~도 끝부터 들어간다 *посл.* ≅ работа любит порядок; ~박을 땅도 없다 *обр.* нет ни клочка земли; 세울틈(자리)도 없다 *погов.* ≅ негде яблоку упасть; ~으로 매운재 끌어내듯 *посл.* ≅ в работе кроме силы нужно и умение.

송금(送金) денежный перевод; ~하다 переводить деньги; посылать деньги переводом; 어느 우체국의 창구에서 나 ~을 취급한다 Денежные переводы принимаются в любом почтовом отделении; ~수수료 плата за денежный перевод.

송별(送別) проводы; ~회를 베풀다 устроить проводы; ~회 прощальный вечер; проводы; ~하다 провожать(уезжающего).

송유관(送油管) нефтепровод; бензопровод.

송이 I 1.1) бутон, коробочка(хлопка), кисть, гроздь; 2) скорлупа каштана (жёлудя *и т. п.*); 2. *счётн. сл.* для цветов, гроздей *и т. п.*; 국화~ бутон хризантемы; 눈~ снежинки; хлопья снега; 목화~ коробочка хлопчатника; 밤~ скорлупа каштана; 포도~ виноградная кисть(гроздь).

송이(松栮) II грибборовик, белый гриб.

송전(送電) электропередача; ~하다 передавать электроэнергию(ток); ~선 линия электропередачи; ~탑 опора высоковольтной линии.

송판(松板) сосновая доска.

송편(松-) вареники, приготовлен-ные на пару из неклейкого риса; хлеб из рисовой муки с начинкой(фасоль угловатая, кунжут, горох)округлой Формы, паренный на сосновной хвое; ~으로 목을 딸 일 очень досадно; ~을 물다 приходить в ярость; злиться.

송풍기(送風機) 1) воздуходувка; 2) вентилятор.

송환(送還) репатриация; возвраще-ние; ~하다 а) отсылать(отправлять) назад; возвращать; б) отправлять в тыл(раненых); в) репатриировать; 포로를 ~하다 возвращать пленных; 본국~자 репатриированный.

솥 котёл; ~뚜껑 крышка котла; 솥 씻어 놓고 기다리기 обр. ждать в полной готовности; 솥떼어 놓고 삼 년이라 обр. а) дело не ладится; б) затягиваться;(о деле); 솥은 부엌에 놓고 절구는 헛간에 놓으라고한다 обр. не учи учёного; 솥에 개 누웠다 обр. не варили риса несколько дней подряд; 솥에 넣은 팥이라도 익어야 먹지 посл. ≡ поспешишьлюдей насме-шишь.

솨 звукоподр. шуму ветра, прибоя.

솨솨~하다 шуметь(о ветре,прибое)

솨하다 послышаться, донестись(о шуме ветра, прибоя).

쏼쏼 1) ~흐르다 журчать; ручьём, потоком течь; 2) ~새다 с шумом просачиваться(сыпаться); 3) ~빗기다 чесать(расчёсывать) с треском.

쇄국(鎖國) изоляция страны; ~정책 политика изоляции; ~하다 закры-вать страну(для иностранцев).

쇄도(殺到) стремительное движение, устремлённость; ~하다 нахлынуть; бросаться; устремляться; кидаться; 군중이 문으로 ~했다 Толпа ринулась к двери.

쇠, 철 1) железо; металл; 2) см. 쇠붙이 2); 3) прост. см. 지남철; 쇠[가] 나다 появляться(о ржавчине); 쇠[가] 돋다 покрыться ржавчиной; 쇠 먹는 줄 а) работа, требующая больших затрат; б) мот, расточитель; ~고리 металическое кольцо; хомут;~도끼 железный топор; ~돈 монета; ~망치 железный молоток; ~물 расплавлен-ный металл; ржавая вода; ~사슬 железная цепь; 쇳덩이 кусок железа; 쇳돌 железная руда.

-쇠 "железо" (2-й слог детского имени, которое даётся мальчикам).

쇠- преф. 1) маленький(о растении, животном); 쇠고래 касатка (малень-кий кит); 2) крепкий, жёсткий; 쇠팥 несъедобная(жёсткая) фасоль угло-ватая; 3) давний, старый; хрониче-ский; 쇠기침 зас-тарелый кашель.

쇠고기 говядина; см. 소고기.

쇠망치 железный молот.

쇠사슬 1) железная цепь; 2) перен. цепи. 쇠약한 слабый.

쇠해지다 приходить в упадок; хиреть

쇼(*англ.* show) театр; кино; шоу.

쇼비니즘 *рус.* шовинизм.

쇼윈도(*англ.* show-window) витрина; 당신의~에 있는 이붉은 넥타이를 내게 주시오 Дайте мне этот красный галстук который у вас на витрине.

쇼크(*англ.*shock) шок; побуждение; ~를 주다 дать толчок; 그의 사망은 우리에게 큰 ~였다 Его смерть для нас была тяжёлым ударом; 이 전구를 만지지마라, 그렇지 않으면 당신은 전기~를 받게 될 것이다 Не трогай эти лампочки, а то тебя ударит током; см. 충동.

쇼킹(*англ.* shocking) удар; толчок; ~한 толчковый; возмутительный; ужасный; ~하게 하다 дать толчок; ~한 일 ужасное проишествие.

쇼트 (*англ.* short) короткое замыкание

쇼핑(*англ.* shopping) покупка; ~센터 торговый центр; 나는 신발을 사러 ~하는 동안에 나의 오랜 친구를 만났다 Когда я зашёл в магазин, чтобы купить ботинки, я встретил одного своего старого друга.

숄(*англ.* shawl) шарф; косынка

숍(*англ.* shop) магазин; лавка

수 I 1) способ; средство; ~를 쓰다 прибегать к хитрости; принимать меры; 갈 ~있다 могу пойти; 나에게 좋은 ~가 있다 у меня хорошая идея; 단 ~가 높다 очень сильный; 떠나갈 ~밖에 없다 ничего не остаётся другого, как уехать; 수가 익다 научиться, набить руку; 수 틀리다 быть не по душе(не по вкусу); 2) после гл. в ф. прич. буд. вр. в сочет. с 있다(없다) обознач. возможность(нево-зможность) совершения действия:... ㄹ 수밖에 없다 ничего не остаётся другого, как...; остаётся только...; 할 수 있는 대로 по мере возможности.

수 II самец; особь мужского пола; ~캐 кобель; ~닭 петух.

수(手) III 1) умение, мастерство (напр. игры в шахматы); 수가 세다 очень сильный; 수빠지다 обнаружить свои слабые места; 2) счётн. сл. ход(напр. в шахматах).

수(壽) IV 1) долголетие; долгове-чность; 2) см. 수명 I 1).

수(水) V 1) вода(одна из пяти стихий в вост. космогонии); 2) сокр. от 수요일

수(數)날짜, 숫자, 량(量) VI 1) число; количество; ~를 놓다 считать, подс-читывать, исчислять; ~가 적은 мало-численный; ~를 채우다 а) восполнять; доводить(до определённого количес-тва); б) формально числиться; 수 없다 бесчисленный; 2) лингв. число.

수(數) VII 1) везение; см. 운수 III; ~가 나쁘다 не повезло; 수가 나다 [по]везти; 수가 사납다 не [по]везти; 수를때우다 этн. избежать большого несчастья, подвергая себя более лёгким испытаниям; 2) счастье; удача

수(繡) VIII вышивка; ~의 выши- вальный; ~놓은 вышитый; ~를 놓다 вышивать; заниматься вышивкой; 비단에 꽃을 ~놓다 вышивать цветы на шелку; ~놓는 여자 вышивальщица.

-수(水) I суф. кор. вода; раствор; 붕산수 раствор борной кислоты; 증류수 дистиллированная вода.

-수(數) II суф. кор. число; 유리수 мат. рациональное число.

수-(數) преф. кор. несколько; 수천 несколько тысяч.

수감(收監) I заключение; арест; ~된 заключённый арестованный; ~하다 подвергать тюремному заключению; взять под арест; ~자 арестант; заключённый

수감(隨感) II первое(случайное) впечатление

수강(受講) посещение лекций(кур-сов); ~하다 слушать лекции(курс лекций);~생 слушатель, студент; ~자 слушатель лекции.

수강생(受講生) слушатель(курсов); студент.

수강자(受講者) слушатель(лекций).

수강증(受講證) [-ччынъ] [письмен-ное] разрешение на посещение ле-кций.

수건(手巾) 1) платок; полотенце; ~ 으로 얼굴을 닦다 вытирать лицо полотенцем; ~걸이 вешалка для полотенец; 손~ носовой платок; ~돌리기 игра с платком; 2) см. 머리수건.

- 538 -

수고(受苦) труды, заботы, беспокой-ство; ~하다 трудиться над чем-л.; брать на себя хлопоты(за-боты); ~를 끼치다 причинять(доставлять) беспо-койство; 그는 조국의 복지를 위해 많은 ~를 했다 он много работал на благо родины; 헛~ напрасный труд; ~스럽다 причиняющий беспокойство (заботы); ~했습니다 спасибо; ~하십니다 здравствуйте.

수고스레 обременительно.

수공(手工) 1) рукоделие; ручная работа; ~노동 ручной труд; 2) тонкая работа; ~의 рукодельный; ~에 종사하다 рукодельничать; ~업 ремесло; кустарное производство; ~업자 ремесленник; кустарь; ~예품 изделия декоративно-прикладного искусства.

수교(手交) I вручение; ~하다 вручать; 편지를 본인에게 해 주시오 вручите письмо в собственные руки.

수교(手巧) II уст. ловкость; масте-рство.

수군거리다 шептать[ся]; перешептыва-ться.

수군덕거리다 то и дело шептать[ся]

수그러지다 1) склоняться; опуска-ться; никнуть; 2) стихать(напр. о ветре); 바람이 수그러졌다 ветер стих; 3) постепенно проходить(о гневе, возмущении); падать(напр. о наст-роении).

수긍(首肯) согласие; одобрение; утверждение; ~하는 согласный; ~하다 соглашаться; одобрять; 나는 그의 의견에 ~할 수가 없다 я не могу согласиться с его мнением.

수꽃술 бот. тычинка.

수나사, вольт болт.

수난(水難) I наводнение(как стихий-ное бедствие).

수난(受難) II страдание, мучение; ~의 страдальный; ~을 겪다 терпеть бедствие; страдать; бедствовать; ~을 이겨내다 преодолеть бедствие; ~당한 민족의 역사 история многостраль-ной нации;~기 период бедствия; ~자 пострадавший от стихийного бедствия.

수납(收納) I приём; сбор(денег и т. п.); ~하다 принимать; собирать(деньги и т. п.).

수납(受納) II ~하다 принимать, по-лучать.

수녀(修女) монашка; католи-ческая монахиня;~원 женский монастырь.

수년(數年) несколько лет; ~간에 걸쳐 в течении нескольких лет.

수다 I многословие; болтливость; ~를떨다 болтать; трепать языком; ~ 스런 사람 болтливый человек; ~를 부리다 быть болтливым(многослов-ным);~를 떨다 болтать; быть болтливым; ~스럽다 прил. казаться много-словным(болтливым).

수다(數多) II ~식구(식솔) большое семейство; ~하다 многочисленный; в знач. сказ. много

수단(手段) I 1) средство, способ, мера; орудие ~을 가리지 않고 не гнушаясь никакими средствами; любым путём; ~을 강구하다 изыс-кивать средства; ~이 좋다 проны-рливый; 온갖 ~을 다하다 пустить в ход все средства; принять все возможные меры; 가능한 ~ возможное средство; 교양~ средство воспитания; 방어 ~ средство защиты; 상투~ заез-женный способ; 생산 ~ средства произ-водства; 통신~ средства связи;생산~ средства производства; 2) способ (действия).

수단(水團) II шарики из рисового теста.

수당(手當) денежное пособие; над-бавка; ~을 지급하다 дать денежное пособие; 실업~ пособие безработ-ным.

수도(水道) 1) водопровод; ~를 놓다 провести водопровод; ~공 водопро-водчик; ~관 водопроводная труба; ~ 꼭지 водопроводный кран; ~세 плата за воду; 수돗물~ вода из водопровода; 2) водоразборная колонка.

수도(首都) II столица; 그들은 ~로 이사했다 они переехали в столицу.

수도(受渡) III ~하다 принимать и выдавать, производить приём и выдачу(денег и товаров)

수동(手動) ~의 ручной; ~식 ручного типа; ~펌프 ручной насос; ~제동기 ручной тормоз.

수락(<受諾) принятие; получение; ~하다 принимать; получать (согласие, одобрение); 나는 당신의 초대를 기꺼이 ~ㅂ니다 я рад принять ваше приглашение.

수레 телега, повозка;~바퀴 колесо повозки; ~운에서 이를간다 посл. ≈ после драки кулаками не машут; 역사의 ~바퀴 колесо истории.

수력(水力) гидравлическая сила; гидроэнергия; ~발전 гидрогенерация; ~발전소 гидроэлектростанция; ~건설 гидростроительство; ~공학 гидротех-ника; ~구조물 гидроконс-трукция; ~ 굴진법 горн. гидравлический способ проходки; ~기계화 гидромеханизация; ~절점

гидрогенерация; ~측량 гидро-метрия; ~채굴 гидродобыча; ~채취 горн. гидроотбойка; ~채탄법 горн. гидравлический способ добычи(угля); ~타빈 гидротурбина; ~탄광 гидрошахта; ~턴넬 гидротехнический тоннель; ~토언제 намывная земляная плотина; ~원동기 гидродвигатель, гидромони-тор.

수련하다 1) добрый, мягкий, кроткий; 2) деликатный.

수렵(狩獵) 1) охота; ~하다 охотиться; ~하러가다 идти на охоту; ~지 район охоты; 2) см. 사냥; ~시대 период, когда люди жили охотой и рыбной ловлей.

수령(受領) получение; принятие; ~하다 получать; принимать; ~자 получатель; ~증 квитанция.

수로(水路) 1) водный путь; фар- ватер; 2) см. 물길; ~안내선 лоцма-нские корабль; ~안내원 лоцман; 3) [плавательная] дорожка.

수록(收錄) 1) ~하다 а) записывать; протоколировать; б) собирать; ко-ллекционировать; ~된 регистра-ционный; 2) регистрация, запись.

수료(修了) окончание; ~하다 окон-чить(курс обучения); 그는 교육 과정 을 ~했다 он окончил курс обучения; ~생 учащийся.

수료식(修了式) церемония по слу-чаю окончания курса обучения.

수료증(修了證) [-쯩] свидетель-ство об окончании(курса обучения).

수륙(水陸) 1) вода и суша; ~도장 будд. площадка для жертвоприношения духам земли и воды; ~양서류 зоол. земноводные; ~양용 자동차 автомо-биль-амфибия; ~양용전차 воен. тан-камфибия, плавающий танк; ~병진 совместное наступление сухопутных войск и флота; ~진미 см. 산해 [진미] I; ~진찬 редкие дары земли и моря; ~진품 редкостная(ценная) вещь; 2) вод ные и сухопутные пути.

수리(水利) I 1) гидромелиорация; ~불안전답 рисовое поле без ирри- гационных сооружений; ~안전답 рисовое поле с ирригационными соору-жениями; ~학 гидравлика; гидрология; ~학자 гидролог; 2) транспортировка (перевозка) по воде.

수리(受理) II получение; ~하다 получать; принимать на рассмотр-ение(заявления, жалобы и т. п.).

수리(修理) III ремонт; починка; ~ 하다 ремонтировать; исправлять; чинить; ~를 맡기다 отдать(сдать) на починку(ремонт); ~를 맡다 взять на починку(ремонт); 지금 집을~중이다 сейчас дом ремонтируется; 차를 ~ 하는데 일주일이 걸린다 ремонт машины займёт неделю; ~공 ремон-тник, ~비 расходы на ремонт; ~대 капитальный ремонт; 시계 ~ починка часов; 주택 ~ ремонт квартиры.

수리(數理) IV 1) принципы(законы) математики; ~물리학 математическая физика; ~언어학 математическая лингвистика; ~통계학 математическая ста-тистика; ~적 математический; ~논리학 математическая логика; ~지리학 мате-матическая география; ~운영학 программирование(отрасль математики); 2) математика, физика и химия; точные науки.

수리하다, 고치다 ремонтировать

수립(樹立) основание; учреждение; установление; составление(напр. плана); ~하다 основывать; учреждать; образовывать; устанавливать; созда-вать; 외교관계를 ~하다 устанавли-вать дипломатические отношения; 그는 신기록을 ~했다 он установил новый рекорд.

수많다 многочис-ленный.

수많은 много.

수매(收買) 1) заготовка; закупка; ~의 заготовительный; закупочный;2) скупка; ~상점 скупочный магазин; ~하다 а) заготовлять; закупать; б) скупать; ~가격 закупочные цены; 곡물~ заготовка хлеба.

수면(睡眠) 1) сон; спячка; ~하다 спать; ~병 сонная болезнь; ~부족 недосыпание, недостаток сна; ~제 снотворное; 2) см. 잠 I; ~요법 ле-чение сном; ~억제 тормо-жение; 3) состояние покоя; ~화산 спящий вулкан.

수면(水面) II поверхность воды

수명(壽命) I 1) жизнь, долго-летие; продолжительность жизни(человека); ~을 연장시키다 продлевать челове-ческую жизнь; 평균~ средняя продол-жительность жизни; ~장수долголетие; 2) долговечность, срок службы(чего-л.);기계의 ~ срок службы машины.

수명(受命) II уст. 1)~하다 получать приказ; 2) см. 수명어천.

수박 арбуз; ~밭 арбузная бахча; ~겉핥기 обр. скользить по поверх-ности.

수반(首班) 1) глава(напр. государ-ства); 국가의 ~ глава государства; ~으로 하는 во главе; 2) уст. пред-водитель, вождь.

수북하다 1) наполненный(нава- ленный) до верху; 그릇에 밥을 수북 하게 담다 наполнить до верху миску рисом; 2) выпученный, выпуклый; 3)густой и длинный(о растительности).

수분(水分) I 1) влага; 여름에는 대기 에~이 많다 летом в воздухе много влаги; 토지의 ~ почвенная влага; 2) см. 물기.

수분(水粉) II 1)см.무리 II; 2)см. 물분

수분(受粉) III опыление; ~하다 опыляться.

수분(水盆) IV низкая ваза для цветов.

수비(守備) I охрана; охранение; ~ 하다 охранять; нести гарнизонную службу; 국경을~하다 охранять гра-ницы государства; ~군 пограничные войска; ~대 гарнизон; отряд охраны (караул); 국경 ~ охрана государст-венной границы.

수비(水飛) II 1) очищение [от при-месей с помощью воды; 2) человек, очищающий глину от примесей с помощью воды.

수사(修辭) I риторика; ораторское искусство; ~의 риторический; ~하다 красиво говорить; уметь говорить; ~법 правила риторики;~학 риторика.

수사(搜査) II дознание; расследо- вание; обыск; обыскной; ~하다 вести дознание; обыскивать; рассле-довать; 경찰에 의한 화재 원인의 ~ расследование полицией причин пожа-ра; 그는 이 사건을 ~하도록 의뢰 받았다 ему было поручено рассле-довать это дело; ~대 отряд по розыску; ~망 сеть полицейских постов для поимки преступников.

수사(數詞) III лингв. [имя] числи-тельное; 수량~ количественные числительные; 순서~ порядковые числи-тельные.

수산(水産) I 1) морской(рыбный) промысел; ~물 продукт морского (рыбного) промысла; ~법 закон о рыболовстве; ~업 рыбная промыш-ленность; ~업 협동조합 рыбпромыс-ловый кооператив; ~비료 органичес-кие удобрения морского происхож-дения; 2) см. 수산물.

수산(水疝) II кор.мед.опухание яичек.

수색(水色) I см. 물빛 I.

수색(搜索) II обыск; разведка; воен. поиск; ~의 обыскной; разведочный; ~하다 обыскивать; разведовать; произ-водить поиск; 가택~하다 подвергнуть обыску; 그의 아파트에서

가택~이 있었다 в его квартире был произведён обыск; 새벽에 우리는 ~을 하기 위해 출발했다 на рассвете мы отправились на разведку; ~대 отряд по розыску преступника; ~망 разведывательная сеть.

수선 I шум; суета; суматоха; ~스럽다 суетливый; суматошный; шумливый; ~을 부리다(피우다, 떨다) шуметь; суетиться; устраивать суматоху; 아이 들이~을 피우다 дети шумят; ~하다 шумливый; суетливый; суматошный.

수선(修繕) II ремонт, починка; ~의 ремонтный; починочный; ~하다 ремонтировать; чинить; 기계를~하다 ремонтировать механизм; 시계를 ~ 하러 보내다 отдать часы на починку; 신발을~하다 чинить обувь; 옷의 ~ ремонт одежды; 의복을 ~하다 почи-нить платье.

수성(水性) I свойство воды; ~가스 водяной газ; ~도료(페인트) водяная (клеевая) краска; ~엑스 хим. водный экстракт.

수성(獸性) II 1) животность; свой ства(повадки) зверя; ~의 животный; жестокий; 2) см. 야수성; 3) уст. см. 수욕 III.

수소(水素) водород; ~결합 водород-ная связь; ~첨가 гидрогенизация; ~폭 탄 водородная бомба; ~부가(반응) гид-рогенизация.

수속(手續) I процедура; формаль- ности оформления(чего-л.); ~의 про-цедурный; ~하다 проходить процеду-ры; выполнять процедуры; 입학~을 하다 пройти формальности для посту-пления в учебное заведение; 필요한 ~을 하다 проделать необходимую процедуру; 세관 ~ таможенные фор-мальности; 소송 ~ судебная проце-дура.

수속(收束) II уст. ~하다 упаковы-вать, связывать; собирать.

수송(輸送) перевоз; перевозка; тра-нспорт; транспортировка; ~의 пере-возной; транспортировочный; ~에 под-ходящий транспортабельный; ~하다 пере-возить; транспортировать; ~기 транс- портный самолёт; ~능력 пропускная способность; транспортные возмож-ности; ~량 количество перевозимых грузов; объём перевозок; ~로 комму-никации; ~료 плата за перевозку; ~비 транспортные расходы; ~선 транспор-тное судно; ~수단 транспортные средства; 여객~ перевозка пассажиров; ~체계 система перевозок; 철도~ пере-воз по железной дороге; 화물~ пере-возка грузов; ~능력 см. 수송력; ~원가 себестоимость перевозки.

수수께끼 загадка; головоломка;~의 загадочный; ~를 내다 загадывать загадку; ~를 풀다 разгадывать за-гадку; ~같은 인물 загадочная лич-ность.

수술(手術) 1) мед. операция, опери-рование; ~의 оперативный; опера-ционный; 2) перен. устранение; ~ 하다 a) делать операцию; оперировать больного; б) устранять; ~받다 полу-чить операцию; 당신은 ~을 받아야만 한다 вам необходима операция; ~대 операционный стол; ~비 плата за операцию; ~실 операционная; 외과 ~ хирургическая операция, 정형외과~ хирургическая операция.

수습(收拾) I управление; контроль; ~하다 a) собирать; управлять; конт-ролировать; прибирать; приводить в порядок; б) справляться(с чем-л.); преодолевать; 시국을 ~하다 спасать положение; 정신을 ~하다 приходить в себя.

수습(修習) II ~하다 изучать, овла-девать.

수식(修飾) 1) украшение; орнамент; 2) лингв. определение; ~하다 a) украшать, приукрашивать; орна- ментировать; б) лингв. определять; ~어 красивые слова.

수신(受信) I получение сигнала (сообщения); [радио]приём; ~하다 получать(принимать) сигнал(сообще-ние); ~기 приёмник; радиоприёмник; ~ 안테나(공중선) приёмная антенна; ~인 адресат; получатель.

수신(受信) II ~업무 пассивные кредитные операции.

수심(愁心) грусть, печаль;~에 잠기다 предаться грусти; погрузиться в печаль; ~이 지다 загрустить; ~하다 грустить, быть печальным; 얼굴에 ~이 어렸다 на лицо легла печаль; ~가 элегия.

수압(水壓) давление воды; ~기 гид-равлическая машина; ~기조물 водо-напорное сооружение; ~기관 гидрав-лический двигатель; ~시험 испытание гидравлическим давлением.

수양(收養) I воспитание(приёмного ребёнка); ~부모 приёмные родители; ~아들 приёмный сын; ~어미 приём-ная мать; ~딸로 며느리 삼기 обр. заботиться о своей выгоде.

수양(修養) II воспитание, совершеі-нствование; ~의 воспитательский; ~하다 заниматься воспитанием, воспитывать.

수양버들(垂楊-) плакучая ива.

수업(授業) 1.преподавание, обучение, учеба, занятие; ~하다 преподавать; давать уроки; ~중에 во время занятий; на уроках; ~시간에 빠지다 пропускать занятия; ~에 출석하다 посещать урок; 누구에게...의 ~을 받다 брать уроки у него;러시아어~ урок русского языка; 오늘은 ~이 없다 сегодня нет занятий; 이 대학에 ~은 9시에 시작된다 заня-тия в этом университете начина-ются в девять часов; ~료 плата за обучение; ~시간 часы занятий; учебный час; ~시간표 расписание уроков; **2**. 1) изу-чение; обучение(чему-л.); 2) оконча-ние(курса обучения); ~증서 свиде-тельство об окончании курса обуче-ния; ~하다 а) изучать; обучаться; б) заканчивать (курс обучения).

수여(授與) вручение; присуждение; присвоение; награждение; ~하다 вру-чать; присуждать; награждать; прис-ваивать; 누구에게 일등상이~되는가? кому суждена первая премия? 승리한 팀에 우승컵을~했다 присудили побе-дившей команде кубок; ~식 церемония присуждения(награждения).

수염(鬚髥) 1) борода; усы; ~이 났다 появились усы; ~을기르다 отрастить усы; отпустить бороду;~을 기른노인 бородатый старик; ~을 쓰다듬다 пог-лаживать бороду; ~을 내려 쓸다 обр. прикидываться дураком (непонимаю-щим, незнающим); ~이 대자라도 먹이 야 양반(~이 대 자라도 먹는 게 수야, ~이 대자 오치라도 먹이야 양반 노릇 을 한다) посл. ≡ мельница сильна водой, а человек едой; ~에 불口듯 обр. торопливо, в спешке; 2) ость.

수영 I щавель кислый(Rumex acetosa).

수영(水泳) II плавание; см. 헤염; ~하 다 плавать; ~도하 переправа вплавь; 그는 ~이 매우 익숙하다 он плавает отлично; ~모 купальная шапочка; ~복 купальный костюм; плавки; ~장 бас-сейн для плава-ния; пляж.

수요(需要)<>공급 I спрос; запросы; <> предложение; потребность; ~를 충족시키다 удовлетворять потребнос-ти(в чём-л.);우리에겐 책들에 대한~가 많다 у нас огромный спрос на книги; 이 상품은 ~가 많다 на этот товар большой спрос; 이 상품은 ~가 없다 на этот товар нет спроса; 책의~ потребность в книгах; 와 공급 спрос и предложение; ~자 потребитель

수요(壽夭) II долголетие и ранняя смерть.

수요(需要)요구(要求) III потребность

수요일(水曜日) среда; ~마다 по средам; ~에 в среду.

수용(收容) I размещение; помещение; ~하다 размещать; помещать; вмещать; 이 극장은 5천 명을 ~한다 этот театр рассчитан на 5000 человек; 이 호텔은 500명을 ~할 수 있다 эта гостиница вмещает 500 человек; ~력 вместимость; ~소 лагерь; 포로 ~소 лагерь для военноплен-ных; ~능력 см. 수용력.

수용(受用) II ~하다 пользоваться; получать в пользование.

수용(收用) III ~하다 а) собирать и использовать; б) уст. лишать прав(на что-л.), конфисковать; в) феод. наз-начать на должность(человека, име-ющего тк. чин).

수용하다 пользоваться, получать в пользование.

수월하다 1) нетрудный, легкий; простой;수월하게 легко; просто; 2) см. 선선하다 3); 3) совсем обычный.

수위실(守衛室) караульное помеще-ние.

수유(授乳) ~하다 кормить грудью (молоком); нянчить; ~기 период кормления грудью; лактационный период.

수은(水銀) ртуть; ~기압계 ртутный барометр; ~주 ртутный столбик; ~중독 отравление ртутью; ~고약 ртутный пластырь; ~방전등 см. 수은등; ~정류기 эл. ртутный вып-рямитель; ~한난계 ртутный термо-метр; ~연고 ртутная мазь.

수의(獸醫) ветеринар; ~과 факу-льтет ветеринарной медицины;~사 ветеринарный врач; ветеринар; ~대 ветеринарный(медицинский)институт; ~학 ветеринария.

수익(收益) 1) прибыль; доход; выру-чка; ~이 있는 рентабельный; доход-ный; 이 장사는 큰 ~이 있다 эта тор-говля приносит большую прибыль; ~금 денежный доход; ~성 рентабельность; ~자 человек получающий прибыль; 2) ~하다 получать прибыль(доходы).

수인사(修人事) 1) приветствие; ~하 다 а) приветствовать; здороваться; б) уст. делать всё возможное; 2) ~대청명 уст. сделано всё возможное, а в остальном надо уповать на бога.

수입(收入), 소득(所得) I доход, приход, поступление; ~의 доходный; приход-ный; ~하다 получать доход; при-ходовать; 당신의 개인 ~은 얼마나 되는가? А каковы ваши личные доходы? 올해의 국고 ~은 막대하다 в этом году большое поступление в казну; ~금 денежные доходы(поступления); ~부 приходная ведомость(книга); ~원 источник дохода; ~인지 гербовая марка.

수입(輸入) II импорт, ввоз; ~의 импортный; ввозный;

- 547 -

~하다 им-портировать; ввозить; ~상 импорт; импортёр; ~액 объём импорта; ~품 импортная вещь; импортные товары; ввозимый товар.

-수 있다 можно; удачно.

수작(酬酌) 1) угощение друг друга водкой; 2) разговоры, беседа; 3)презр. слова; поступки(кого-л. друго-го); ~하다 а) угощать друг друга водкой; б) разговаривать; в) презр. говорить; болтать; трепаться; поступить(о ком-л.); 나는 그와 오랫동안 ~을 나눴다 мы с ним долго болтали; 어리석은 ~ глупые поступки; глупость.

수재(水災) I 1) ущерб от наводне- ния; ~민 пострадавшие от навод-нения; 2) см. 수해 I.

수재(秀才) II 1) выдающийся та- лант; талантливый человек; ~교육 обучение особо одарённых детей; 2) уст. вежл. холостяк; 3) предметы, по которым экзаменовался чиновник при поступлении на службу.

수정(水晶) 1) горный хрусталь; крис-талл; ~과 같은 кристалловидный; ~같이 맑은 물 прозрачная, как кристалл, вода; ~체 хрусталик глаза.

수정(修正) II 1) исправление; внесе-ние поправок; ~된 модификационный; ~할 수 있는 исправимый; 2) полит. ревизия; ~하다 а) исправлять; б) полит. ревизировать; 마르크스주의의 ~ реви-зия марксизма; 법률안을~하다 исп-равлять законопроект; 작문의 ~ исп-равление сочинения; ~안 проект поп-равок; проект с поправками; ~자 исп-равитель; ~주의 ревизионизм; ~주의자 ревизионист.

수준(水準) 1) прям. и перен.уровень; 소년은 자기 반의 평균 ~보다 낮다 успеваемость мальчика ниже сре-днего уровня своего класса; 문화 ~ культурный уровень; 생활 ~ жизненный уровень; 지적 ~ уровень умственного развития; 2) см. 수평 I; 3) см.수준기

수줍음 стеснение; застенчивость.

수중(手中) I ~에 в руках; в руки; ~에 넘어가다 перейти(попасть) в(чьи-л.) руки; ~에 있다 быть (в чьих-л.) руках.

수중(水中) II ~에 в воде; ~고혼 этн. неприкаянная душа утоплен-ника, обитающая в воде;~촬영 по-дводная съёмка; подводное фотог-рафирование; ~신호삭 сигнальный трос (напр. водолаза); ~전화 под- водная телефонная установка;

~촬영 кино подводная съёмка, подво-дное фотографирование.

수증기(水蒸氣) водяной пар; ~장력 см. 수증기압; ~증류 дистилляция; ~응결 конденсация водяного пара.

수지(收支) I макулатура.

수지(收支) II приход и расход; баланс; ~를 맞추다 балансировать; подводить баланс; ~가 맞는 дохо-дный; прибыльный; ~결산 подведение баланса; ~균형 баланс.

수지(樹脂) III смола; канифоль; камедь; ~를 함유한 смолистый; смо-леватый; ~의 смолевой; камедистый; канифольный; ~를 바르다 смолить; ~품 пластмассовые изделия; ~향 запах смолы; 합성~ синтетическая смола; ~경고 смоляные пластыри.

수직(守直) I 1) ночное дежурство; 2) ночной сторож(дежурный); ~하다 дежурить (сторожить) ночью; ~을 서다 дежурить ночью.

수직(垂直) II перпендикуляр; вер-тикаль; ~의 вертикальный; ~으로 пер-пендикулярно; вертикально; ~선 вер-тикальная линия; ~면 вертикальная площадь; ~강하 авиа. вертикальное пикирование; ~기류 вертикальное воз-душное течение; ~내면 선삭반 верти-кально-расточный станок; ~만능 후라이스반 вертикальный универсальный фрезерный станок; ~볼반 вертикально-сверлильный станок; ~선회 верти-кальный вираж(самолёта); ~종삭 반 (스로타) вертикальный долбёжный станок; ~주축 평면 연마반 вертикаль-ный шпиндельный шлифовальный станок; ~평면 мат. перпендикулярная плоскость; ~후라이스반 вертикально-фрезерный станок; ~이등분선 мат. перпендикулярная биссектриса.

수집(收集), 집회 I сбор; ~하다 соби-рать; заготовлять.

수집(蒐集) II собирание, коллекция, сбор; ~하다 собирать; коллекциони-ровать; 우표를 ~하다 собирать марки; 정보를 ~하다 собирать сведения (ин-формацию); ~가 коллекционер; соби-ратель; 골동품 ~가 собиратель антик-вариата; 자료 ~ сбор материалов 우표 ~ филателия; филателист; 우표~가 филателист; собиратель почтовых марок.

수차(水車) I 1) водяная мельница; 2) см. 물레방아; 3)лопасти гребного колеса(водяной турбины и т. п.).

수차(袖-) II жалоба, переданная непосредственно королю.

수첩(手帖) записная книжка, блокнот.

- 549 -

수축(收縮) I сокращение, сжатие, уменьшение; усадка; ~하다 сжима-ться, сокращаться; ~계수 стр. коэф-фициент сжатия.

수축(修築) II ~하다 ремонтировать; реставрировать.

수출(輸出) вывоз, экспорт; ~의 эк-спортный; вывозной; ~하다 вывозить; экспортировать; ~난 затруднения с экспортом; трудности экспорта; ~생산 производство на экспорт; ~액 объём экспорта; ~업자 экспортёр; ~입 ввоз и вывоз; ~장려금 экспортные премии; ~ 초과 превышение экспорта над импор-том; ~품 экспортные товары; предмет экспорта; ~관세 вывозная пошлина.

수출입(輸出入) ввоз и вывоз, экс-порт и импорт.

수치(羞恥) I позор, стыд; ~스럽다 позорный, постыдный; ~를 당하게 하다 позорить; ~를 당하다 позориться; ~ 스런 추억 стыдное воспитание; ~심을 느끼다 позориться; ~심을 잃다 поте-рять стыд; 나는 당신 때문에 ~스럽게 생각한다 мне стыдно за Вас; ~감 чувство стыда; ~심 стыд.

수치(數値) II мат. числовое (числе-нное) значение.

수평(水平) 1) уровень; ~거리 гори-зонтальное расстояние; ~면 гори-зонтальная плоскость; ~선 види-мый горизонт; ~갱도 горизонталь-ный штрек; 2) см. 수준기.

수표(手票) I подпись; ~에 싸인하다 ставить подпись; расписываться; ~로 지불하다 заплатить по чеку; ~로 지불할 수 있나요? Можно платить чеком? 내일 아침 너에게 ~를 보내마 я пришлю тебе чек завтра утром; 무기명 ~ чек на предъявителя.

수표(手標) II расписка; квитанция.

수하물(手荷物) 1) ручной багаж; 2) уст. ноша путника; ~로 보내다 отп-равлять багажом; сдать в багаж; 인수증 багажная квитанция; ~취급 소 багажное отделение; 휴대-ру-чной багаж.

수학(數學) математика; ~개념 ма-тематическое понятие; ~자(者) ма-тематик; ~적 математический; ~적 논리학 математическая логика.

수해(水害) ущерб от наводнения; ~를 입다 пострадать от наводне-ния; 장마철에 폭우가 내려서 큰 ~를 입었다 в сезон дождей сильные дожди вызвали сильное наводнение; ~지 местность, подвергшаяся навод-нению.

수행(隨行) 1) сопровождение; 2) со-провождающее лицо; ~하다 сопрово-ждать; 차관들이 장관을 ~했다 мини-стра сопровождали его заместители; 정부 대표단 ~원 лица сопровождаю-щие правительсьвенную делегацию; 3) выполнение(чего-л.) вслед за(кем-чем-л.).

수험(受驗) ~하다 сдавать(держать) экзамен; ~생 экзаменующийся(ученик, студент); ~장 место проведения экзамена; ~표 экзамена-ционный лист.

수험료(受驗料) [-hё] плата за экза-мен

수혜자(水鞋子) сапоги, носившиеся во время дождя(военными чинов-никами).

수호(守護) I защита; охрана; ~의 защитный; ~하기 위한 для защиты (охраны); ~하다 защищать; охранять; стоять на страже; отстаивать; 두려워 하지 마라, 네가 맞기라도 한다면, 그가 너를~ 해 줄 것이다 не бойся, если на тебя нападут, он будет тебя защищать; ~신 духпокровитель; ~자 защитник.

수호(修好) II: ~관계 дружественные отношения; ~조약 договор о дружбе; ~하다 дружить; быть в хороших отношениях.

수화(水火) 1) вода и огонь; ~불통 уст. обр. враждовать, не ладить; ~ 상극 быть нетерпимым(враждебным) по отношению друг к другу; 2) большие трудности(испытания).

수화기(受話器) [телефонная] трубка; наушники. 수화물 хим. гидраты.

수확(收穫),추수(秋收) 1) сбор(уборка) урожая; 2) урожай; 3) перен. результ-ат, достижение; ~의 уборочный; уро-жайный; ~하다 а) собирать(урожай); производить уборку; б) перен. пожи-нать; ~이 많다 богатый урожай; 평년 작을 웃돈 ~량 урожай выше среднего; 그들은 보리 ~을 마쳤다 они пожали рожь; 그는 실제로 아무런 ~도 거두 지 못했다 он на самом деле не достиг никаких результатов; ~기 уборочная; ~량 урожай; урожайность; ~물 уро-жайность.

숙고(熟考) обдуманность; ~하다 тщательно обдумывать; взвешивать; ~하여 계획을 세우다 обдумывать план.

숙녀(淑女) [сунъ-] благородная дама (леди); 신사숙녀 여러분! Леди и джентельмены/Дамы и господа.

숙달(熟達) ~하다 1)умелый; искусный; 2) овладевать, осваивать; ~되다 приобре-тать мастерство; 어떤기술에~되다 овладевать искусством; 나는 이 일에~ 되어 있지 않다 у меня нет навыка в этой работе; ~공 квалифициро-ванный рабо- чий.

숙련(熟練) [сунънйон]~노동자 квалифицированный рабочий; ~하다 приобретать(мастерство, квалификацию); овладевать(чем-л).

숙련공(熟練工) [сунънйон-] мастер, высококвалифицированный рабочий.

숙명(宿命) [сунъ-] фатум; предопределение; ~적 а) фатальный, неизбежный; неминуемый; б) фаталистический; ~론 фатализм; ~론자 фаталист, верящий в предопределение.

숙박(宿泊) ночёвка; ~하다 ночевать; останавливаться на ночлег(в гостинице *и т. п.*); ~하러가다 отправиться с ночёвкой; ~계 листок, заполняемый приезжающим в гостинице; ~료 плата за номер; ~자 постоялец; ночлежник; ~등록 прописка(в гостинице *и т. п.*).

숙식(宿食) 1) ночлег и питание; ~하다 а) ночевать и питаться; б) жить на полном пансионе; 2) арх. тяжёлая пища

숙였습니다 склонить голову.

숙영(宿營) I воен. расквартирование; ~하다 расквартировываться.

숙영 II привал на ночь; бивак; ~의 бивачный; ~하다 делать привал на ночь; ~지 место бивака.

숙이다 наклонить; 고개를~ понурить(опустить; склонить) голову.

숙제(宿題) 1) домашнее задание; урок; ~하다 делать домашнее задание; делать уроки; ~를 내주다 давать домашнее задание; давать на дом; 2) проблема; 3) уст. заданная тема (сочинения).

숙직(宿直) 1) ночное дежурство; ~하다 дежурить(сторожить) ночью; ~실 комната ночного дежурного; ~자 дежурный; 2) уст. см. 수직 I.

순(巡) I 1) сокр. от 순향 I; 2) очередь; 3) тур(в соревновании по стрельбе из лука).

순(純) II арх. высший балл (в частной кор. школе).

순(筍) III [молодые]ростки(побеги); ~이 나오다 пустить почки; 죽~ бамбуковые побеги; 순[을] 지르다 чеканить(напр. хлопчатник).

순(旬) IV декада; 상~ первая(вторая; третья) декада.

순(純) V 1) чистый; исконный; 순 이론적 문제 чисто теоретический вопрос; 2) совсем, совершенно.

순간(旬間) I 1) 10-е число месяца(по лунному календарю); 2) декада.

순간(瞬間) II миг, момент; ~속도 мгновенный, моментальный; ~적 мгно-венный; моментальный; моментный; ~에 결정적인 мгновенно; в одно мгновение; 잊을수 없는 ~ незабывае-мая минута; ~타격 спорт. мгновен-ный(молниеносный) удар.

순결(純潔) чистота, девственность; ~미 нравственная чистота; ~성 чистота; 무구~하다 чистый; честный.

순교(殉敎) I ~하다 отдавать жизнь за веру; ~자 человек отдавший жизнь за веру.

순교(巡校) II феод. низший поли-цейский чиновник(на местах).

순서(順序) очередь; ~대로 по очереди; 자기 ~가 되다 стоять в очереди; ~를 정하다 установить очередь; ~를 지키다 соблюдать очередь; ~를 어기다 не соблюдать очередь; ~수사 порядковое числительное; см. 차례; ~수사 поряд-ковые числительные; 순서대로 써보 세요 напишите последовательно.

순수(純粹) I чистый; ~하다 чистый; наивный, простодушный; натуральный; ~성 чистота; ~이성 филос. чистый разум; ~문학 искусство для искусства (о литературе);~예술 чистое искусство.

순수(巡狩) II ~하다 совершать поездку по стране.

순순(諄諄) I ~하다 мягкий; серде-чный

순순(順順) II ~하다 покорный; по-слушный; смирный; мягкий; ~하게 말을 잘 듣는다 покорно слушаться; ~하게 타이르다 уговаривать мягкими словами

순식간(瞬息間) миг; мгновение; ~에 в мгновение ока; в один миг.

순응(順應)적응(適應) адаптация; ~하다 повиноваться; слушаться; приспо-сабливаться; новому 상황에 ~하다 приспособляться к новым условиям; 환경에 ~하다 приспосабливаться к обстановке; 그녀는 새 직장에 빨리 ~했다 она быстро приспособилась к новой работе; 그는 적의를 감추고 새로운 사태에 ~해 갔다 маскируя свою враждебность, он сумел приспо-собиться к новым порядкам.

순이익(純利益) [-니-] чистый доход, чистая прибыль.

순조롭다 гладкий; нормальный; бла-гоприятный; 모든 것이 순조로웠다 всё прошло как по маслу.

순종(脣腫) I прыщ(нарывник)на губе

순종(順從) II повиновение; покор-ность; ~하다 повиноваться кому-л.; слушаться кого-л.; 명령에~하다 пови-новаться приказаниям; 윗사람들에게 순종하다 повиноваться старшим; 순 종하다 повиноваться старшим.

순하다(順-) 1) послушный; покла-дистый; 2) слабый, лёгкий(о ветерке); 3)слабый, некрепкий(о табаке, водке); 4) попутный(о ветре); 5) гладкий; благополучный; 순한아이послушный ребёнок; 순한바람 일이 순하게 진행되고 있다 дело идёт как по маслу; 순한 소리 слабые непридыхательные согласные(в кор. языке).

순환(循環) периодическая смена; круговорот; циркуляция; ~하다 цир-кулировать; 피는 인체 속에서 ~한다 кровь циркулирует по телу человека; ~계 система кровообращения; ~기 цикл; 대기~ циркуляция атмосферы; 혈액 ~ циркуляция крови; ~계통 система кровообращения; ~논법 лог. порочный круг; ~소수 периодическая [десятичная] дробь; ~치환 мат. цикл; ~ 펌프 циркуляционный насос.

순회(巡廻) объезд, обход; ~하다 объезжать, обходить; 문지기는 온 저택을 ~하고 있다 сторож обходит весь двор; ~공연 гастроли; 2) переход (из рук в руки); ~우승기 переходящее знамя; ~하다 а) объезжать, обходить; б) передавать(из рук в руки).

숟가락 ложка; ~을 놓다 эвф. умереть

숟가락질 ~하다 есть ложкой.

술,보드카 I водка; вино; алкоголь-ные напитки;~김에 под влиянием вина; под пьяную руку; ~주정을 하다 устроить дебош; ~이 깨다 протрезви-ться; ~을 대접하다 угостить; ~타령을 하다 предаваться пьянству; пьянст-вовать; ~판을 벌이다 устраивать вы-пивку; 독한~ крепкое вино; 그는 ~을 입에 대지 않는다 он не берёт спиртного в рот; 빈속에~을 마시다 пить водку на голодный желудок; ~한 모금 глоток вина; ~고래 пьяница; ~ 기운 опьянение; хмель; ~꾼 любитель выпить; ~독 глиняный чан с водкой; ~병 винная бутылка; ~상 стол устав-ленный водкой и закусками; ~자리 место пирушки; ~잔 чарка; ~주정 пья-нство; дебош; ~집 питейное заведение; ~통 винная бочка; ~판 выпивка;

술 II плектр для игры на комунго

술(戌) III 1) «собака» (11-й знак двенадцатиричного цикла); 2) см. 술방;3) см. 술시.

술 IV толщина(книги, бумаги, ткани *и т. п.*)

술 V кисточка; бахрома; 금실로~을 단 우승기 переходящее знамя об- шитое бахромой.

술 VI 1) диал. см. 숟가락; 2) счётн. сл. а) ложка; б) несколько ложек.

-술(術) суф.кор. искусство; умение; 비행~ искусство пилотирования; пилотаж. 술자리[-쨔-]место пирушки

술잔(-盞) [-짠] чарка; рюмка(для водки); ~을 기울이다 выпить рюмку; ~을 노느다 вместе пить вино(выпи-вать).

술책(術策) махинация; ~의 трюко-вый; ~을 쓰다 прибегать к улов-кам; устраивать махинацию.

숨 1) дыхание; ~을 죽이고 затаив дыхание; с затаённым дыханием; ~을 거두다(걷다, 넘기다, 모으다, 끊다, 숨(이)지다(넘어가다,끊어지다) испус-тить последний вздох; ~이 넘어가다 умереть; ~을 돌리다 а) перевести дух; б) передохнуть; собраться с духом; ~을 쉬다 дышать; делать вздох; ~을 죽이다 затаить дыхание; ~이 막히다 дыха-ние(дух) захватывает; ~이 차다 тяжело дышать; ~이 턱에 닿다 сильно зады-хаться; ~가쁨 удушье; ~구멍 дыха-тельное горло; ~소리 дыхание; 숨 쉴 사이 없다 обр. некогда вздохнуть; ~을 고다 обр. задыхаться; ~을 모아쉬다 глубоко дышать; ~이 붙다 обр. ды-шать на ладан; 숨이 턱에 닿다 обр. сильно задыхаться; 2) свежесть овощей; ~을 죽이다 а) затаить дыхание; б) присолить (овощи).

숨결 дыхание; ~이 고르다 дыхание равномерное.

숨기다, 감추다 1) заставлять(поз-волять) прятать(скрывать); 2) пр-ятать; скрывать; 몸을~ прятаться.

숨다 1) прятаться; скрываться; 숨어살다 прятать от людей; 2) 숨은 скрытый; 숨은 예비 скрытые резервы.

숨바꼭질 прятки;~하다 играть в пря-тки. 숨었습니다 спрятался. 숨이 가쁘 다 задыхаться. 숨이차다 запыхаться.

숨통(-筒) горло; ~을 조이다 заду-шить;~을 끊다 покончить с(кем-чем-л.); вышибить дух(из кого-л.); ~이 끊어지다 умереть; подохнуть; испустить дух.

숫- преф. кор. 1) первый; 2) чистый; невинный; ~처녀 целомудренная девушка.

숫돌 точильный камень; ~에 칼을 갈다 точить нож на бруске; ~이 저 닳는 줄 모른다 *посл.* ≈ малая оплошность доводит до большой.

숭늉 суннюн(вода, подогреваемая в котле после варки риса; употр. для питья после еды); рисовый напиток; рисовый чай.

숯 древесный уголь; ~을 굽다 выжигать древесный уголь; ~을 피우다 разжечь уголь; ~불 горящий древесный уголь; 숯은 달아서 피우고 쌀은 세어서 짓는다 обр. очень скупой.

숱 густота волос; 숱이많다 густой(о волосах). 숱하다 обильный; многочис-леный; бесчисленный.

숱한 многочисленный.

숲 1) лес; 2) сокр. от 수풀; 숲도 커야 짐승이 나온다 см. 덤불[이 커야 도깨비가 난다].

쉬 I личинка(яичко) мухи; ~를 슬다 разводиться.

쉬 II 1) легко, нетрудно; ~쉬 덥는 방이 쉬 식는다 *посл.* ≡ букв. ком-ната, которая легко нагревается, легко и остывает; 2) скоро.

쉬 III звукоподр. 1) пис-пис; 2) тсс; тише. 쉬는 отдыхать.

쉬다, 휴식하다 I 1) останавливать[ся]; прекращать[ся]; 2) отдыхать; вежл. спать; 쉴새없이 без устали; беспре-рывно; 쉬지 않고 일하다 работать без перерыва; без отдыха; 쉬는 날 выходной день; 쉬지 않고 а) не прек-ращаясь; б) без передышки, без отдыха; 3)пропускать, не посещать; 학교를 ~ пропускать занятия, не посещать школу; 공장을 ~ выходить на рабо-ту(на завод); 직장 일을 ~ не выходить на работу; гулять.

쉬다 II киснуть(о пище); прокис-нуть; закваситься; 쉰 냄새 прокис-лый запах; 밥이쉰다 каша киснет.

쉬다 III хрипеть; охрипнуть; 목이 쉰 хриплый; хрипливый; 쉰 목소리 хриплый голос. 쉬지않고 без отдыха.

쉰, 오십(50) пятьдесят.

쉴새없이 без отдыха.

쉼표 знак паузы.

쉽다(쉬우니,쉬워) 1) лёгкий; простой; 2) в отриц. или вопр.ф. обычный, частый; 그는 아마도 도서관에 있기 쉬운데 그곳으로 찾아가 보시오 он, вероятно в библиотеке, лучше пой-дите туда. 쉽지 않다 нелегко.

슈퍼마켓 супермаркет.

슛(<англ. shoot) удар мячом по воротам противника; бросок мяча в корзину(в баскетболе).

스냅(англ. snap) моментальный снимок; 나무 옆에 서 있어라, 난 네 ~사 진을 몇 장 찍고 싶구나 Стань у этого дерева, я хочу сделать с тебя несколько снимков.

스님 (중) будд. 1) наставник; 2) вежл. монах.

스러지다 1) исчезать, теряться; про-падать; 스러진 꽃 увядший цветок; 모닥불이 스러진다 Костёр гаснет; 샛별이 스러지고 동녘 하늘이 훤히 밝아왔다 Исчезла утренняя звезда и на востоке светлеет не-бо; 꽃이 스러진다 Увядают цветы. 스러지며 исчезнуть.

-스럽다 суф. образующий прил. от сущ.; вносит знач. субъективной оценки качества.

스레트 (англ. slate) 1) шифер; ши-ферная плита; 2) плита из асбес-тоцемента

스르르 незаметно, тихо; ~풀리다 легко разматываться; 눈을~감다 тихо закрывать глаза; 문이~열렸다 Бесшу-мно отварилась дверь.

스무 перед именами двадцать; ~집 двадцать домов; см. 스물.

스무날 два-дцатое число; двадцать дней. 스무 째 двадцатый. 스물 двадцать.

스미다 просачиваться; проникать; пронизывать; пропитывать; 물이 땅속에 스며들었다 Вода просочилась в почву.

스스로 само собой, сам; ~할 수 있는 일은 남의 손을 빌리지 말아야한다 Не следует прибегать к посторонней помощи, если это можно сделать самому.

스승 учитель, зачинатель; 스승과 제자 учитель и ученик.

스위치 (англ. switch) выключатель; 자동~ автоматический выключатель.

스윙 (англ. swing) свинг; удар; ~하다 размахивать чем-л.

스웨터 (англ. sweater) свитер.

스치다 I 1) слегка задевать(касаться); 총알이 어깨를 스쳤다 Пуля слегка задела плечо; 시선이 ~ скользнуть взглядом; 2) зайти, заехать(по пути); 3) промелькнуть(о мысли); 스쳐보다 а) смотреть(глядеть) искоса; б) пробежать глазами, бегло прочитать(просмотреть).

스카우트 (англ. scout) разведчик

스카트 (англ. skirt) юбка(европейская)

스캔들 (англ. scandal) скандал; скандальные слухи.

스케치 (англ. scetch) ~하다 быстро переписывать; быстро рисовать; см. 속사 IV; см.소품; скетч; см. 소품곡.

스키 (англ. ski) лыжи; ~를 타다 кататься на лыжах; ~어 лыжник; 스포츠용 ~ спортивные лыжи.

스타트(*англ.* start) 1) см. 출발; 2) см. 출발점; ~라인 см. 출발선.

스태미너 запас жизненных сил; вынос-ливость

스탠드(*англ.* stand) трибуны; 화분의 ~ подставка для цветочного горшка.

스탬프(*англ.* stamp) темпель; ~를 찍다 поставить штемпель; см. 소인 I; юбилейный(мемориальный) штамп (на открытке и т.п.).

스타킹(*англ.* stocking) чулок.

스테아린산(*нем.* Stearin+酸) стеари-новая кислота; ~나트륨 хим. натрие-вая соль стеариновой кислоты.

스테이션(*англ.* station) вокзал; станция; остановка.

스테이지(*англ.* stage) стадия; сцена; 나는 이곳에서 ~를 볼 수 없다 Отсюда я не вижу сцены.

스튜디오(*англ.* studio) студия.

스튜어디스(*англ.* stewardess)승무원 стюардесса.

스패너(*англ.* spanner) гаечный ключ.

스펠링(*англ.* spelling) писать; чи- тать по буквам; орфография.

스포츠(*англ.* sports) спорт; ~계 спор-тивный мир; ~선수 спортсмен; ~시합 спортивные состязания; ~용 재킷 спортивная куртка; ~종목 виды спорта; ~명수 мастер спорта.

스푼(*англ.* spoon) ложка.

스프(<*англ.*S.F.) штапельное волокно; ~방적 прядение из штапельного волокна; ~직물 штапельная ткань.

스프(*англ.* soup) II суп.

스프레이(*англ.*spray) пульверизатор; форсунка. ~를 뿌리다 пульверизи-ровать; разбрызгивать.

스프링(*англ.* spring) 1) ~코트 де-мисезонное пальто; 2) майка; се-тка(рубашка).

스피드(*англ.* speed) скорость.

스핀(*англ.* spin) верчение; кружение; ~을 걸다 крутиться; вертеться

슬(瑟) сыль(кор. струнный муз. инст-румент типа каягыма с 25 струнами).

슬그머니 незаметно; тайком; вти-хомолку; без усилий и медленно; ~나오다 уйти незаметно; ~당기다 потихоньку притягивать.

슬금슬금 незаметно, тайком, ти-хотихо; см.슬그머니.

슬기 I ум; ~롭다 умный, добрый.

슬기(지혜) II мудрость, сообрази-тельность; ~로운 умный; мудрый; ~롭게 판단하다 мудро рассуждать.

슬기로운 мудрый, умный.

슬기롭다 умный, мудрый.

슬랭(англ. slang) сленг.

슬럼프(англ. slump) застой; ~에 빠지다 впадать в уныние(депрессию).

슬리퍼(англ. slipper) тапочки.

슬사(膝射)[-cca] стрельба с колена; ~하다 стрелять с колена.

슬슬 втихомолку еле; ~걸어가다 брести; ~다가가다 подходить украдкой; 눈이~녹고 있다 Незаметно тает снег; ~어루만지다 слегка поглаживать; ~녹다 незаметно таять; ~어루만지다 слегка поглаживать; ~걸어가다 брести, плестись.

슬쩍 вскользь; незаметно; украдкой; ~눈치를 보다 оглядываться украдкой; ~보아 넘기다 посмотреть вскользь; ~ 부딪치다 слегка столк-нуться; 문제를 ~스치고 지나가다 коснуться вскользь вопроса.

슬퍼하다 грустить о ком-л., чём-л. (по кому-л.,чему-л.); 슬퍼하지 말라! Не горюй! 죽은 친구를 생각하며~ грустить по умершему другу.

슬프다(슬프니,슬퍼) печальный, груст-ный; 슬픈소식 грустная весть.

슬픔, 수심, 비애 горе.

슬하(膝下) под кровом; под кры-лышком; ~에 ниже колена отца, т.е. у отца; 부모의 ~를 떠나다 покинуть отчий дом.

습(濕) кор. мед. мокнущая сыпь на нижней части туловища.

습격(襲擊), 돌격 штурм; ~하다 на-падать; атаковать; совершить на-лёт; штурмовать; ~당하다 подвергаться налёту(нападению); 적의 ~은 예상치 못한 것이었다 Нападение против-ника не было неожиданным

습관(習慣) привычка, обычай; ~적 привычный; ~에 따라 по привычке; ~이 되다 становиться привычкой; входить в привычку; ~이 있다 иметь привычку; 그는 새벽에 일어나는 ~이 있다 Он имеет привычку вставать с зарёй; см. 버릇 1); ~적 привычный; ~하다 делать по привычке.

습관(習慣), 버릇 привычка.

습관성(習慣性) [-ссонъ] 1) сущ. привычный; ~구토 привычная рвота; ~유산 привычный выкидыш; ~변비

привычный запор; см. 관성 I

습기(濕氣) влажность; ~찬 влаж-ный; сырой; ~차다 влажнеть; ~찬 공기 влажный воздух

-습네 [슴-] разг. фам. оконч. повеств. ф. гл. и прил.; выражает ирон. оттенок: ~나 혼자도 잘 수 있습네 я же и сам могу пойти.

-습니까 [-슴] почт. оконч. вопр. ф. гл. и прил.

-습니다 [-슴] почт. оконч. повеств. ф. гл. и прил.

습도(濕度) влажность; ~계 гидро-метр; гидроскоп.

습득(習得) усвоение; ~하다 овладе-вать; усваивать; 새 기술을 ~하다 освоиться с новой техникой;~물 находка.

습성(習性) повадки, привычки; ~적 привычный; ~화하다 делать привыч-кой; ~화되다 сделаться привычкой; войти в привычку.

습식(濕式) тех. мокрый метод; ~ 과립기 машина для мокрой грану-ляции; ~제련 гидролитический способ рафинирования; ~청공법 мо-крый способ бурения;~야금 гид- рометаллургия.

습지(濕地) болотистое место.

습지(濕紙) II влажная бумага, ис-пользуемая для приглаживания наклеен-ных обоев.

-습지만 почт. оконч. уступ. деепр.

-습지요 почт. оконч. повест. ф. гл. и прил.

습하다(襲) I обмывать(покойника)

습하다(濕-) II влажный; сырой; мокрый

승(僧) I буддийский монах; ~가(家) дом монаха; см. 중 I; см.신중 I.

승(乘) II степень; n의 3~n в третьей степени; сокр.от 승법

승(乘) III будд. круг спасения.

승(勝) IV победа; 2승 1패 две по- беды, одно поражение.

승강(昇降) колебания; ~하다 подни-маться и опускаться; ~구 лестничная клетка; ~기 лифт; подъёмник; ~대 лестница; ~장 площадка в вагоне; ~운동 колебания (земной поверхности).

승객(乘客) пассажир; 무임~ безби- летный пассажир.

승격(昇格) повышение в должности; ~하다 повышаться в должности; 공사관이 대사관으로~하였다 Миссия переве- дена в ранг посольства.

승격시키다 повысить в ранге.

승낙(承諾) согласие, одобрение; ~하 는 согласный на что-л.;

одоб- рительный;~하다 соглашаться на что-л.; одобрять; 나는 가는 것을 ~했다 Я согласился поехать; ~서 письменное согласие(одобрение).

승리(勝利) [-니] торжество, победа; ~의 победа; ~하다 побеждать; торжес-твовать над кем-чем-л.; одержать (победу, верх); ~를 거두다 торжес-твовать победу; 정의의~ торжество справедливости; 우리는 빛나는 ~를 이룩했다 Мы одержали блестящую победу; 경기는 방문팀의 ~로 끝났다 Матч закончился победой приезжей команды; ~감 радость победы; ~자 победитель; ~적 победный; победоносный; успешный.

승무원(乘務員) экипаж, команда (судна и т. п.); бригада(поезда); ~의 экипажный.

승산(勝算) расчёты на победу(на успех); шансы на успех; ~이 있다 имеются шансы на успех; 이것은 ~ 이 있는 경기이다 Этот матч рас-читан на победу

승용차(乘用車) легковой автомобиль; легковая машина; см. 승용 [자동차].

승인(承認) утверждение;признание; одобрение;~의одобрительный; ~하다 одобрять; признавать; ~을 받다 полу-чать одобрение; 당신은 우리의 계획을 ~합니까? Вы одобряете наш план? 법안이 의회에서 ~되었다 Проект закона одобрен на заседании; ~서 письменное одобрение.

승인, 찬동(승) апробация.

승진(承塵) I циновки(куски ткани), которыми обтянут потолок.

승진(陞進) II повышение по службе; ~하다 получать повышение по службе.

승진하다 получать повышение

승차(乘車) I ~하다 садиться(в поезд, трамвай и т. п.); ~권 (проездной) билет.

승차(陞差) II арх. ~하다 повышать по службе.

시(詩) I стих; ~적 поэтический; ~평 критический разбор стихотворения; ~학 поэтика; форма и правила стихосложения; ~형 форма стиха; ~ 화 беседы о поэзии; ~화전 экспони-рование стихов.

시(時) II 1) время; 출장~에 во время командировки; 2) час; 12시 45 분 12 часов 45 минут; 시를 매기다 ограничивать время; 시를 찾다 нахо-диться при смерти;

- 561 -

지금 몇 ~입니까? Который теперь час? Сколько сейчас времени? 시(是) III правильность.

시(市) IV город; ~가 городские улицы; территория города; ~가 전 уличный бой; 시인민 위원회 городской народный комитет; 평양~ город Пхеньян. 서울시 город Сеул.

시 V межд. фу! (выражает недо- вольство, досаду, раздражение).

-시 почт. суф. предикатива: 어디 가십니까? куда Вы идёте?

시- преф.указ. на высшую степень качества, выраженного прил.: 시커 멓다 чёрный как смоль; 시뻘겋다 ярко-красный.

시-(媤) преф. кор. указывает на принадлежность к родственникам мужа: 시아버지 свёкор; 시아우 младший брат мужа.

시각(時刻) I 1) отрезок времени; 2) см. 시간 1); 3) момент; минута; ~을 다투다 нуждаться в неотложных мерах; 약속된~ обещанная минута; ~대변 кризис(в болезни); ~이 위태 하다 находиться в опастности (в критическом положении).

시각(時角) II астр. часовой угол.

시각(視覺) III зрение;~감시 визуальное наблюдение; ~분석기 зрительный анализатор; ~신호 зрительный сигнал.

시각(視角) IV угол зрения(види- мости)

시간(時間) 1) время;~적 временной; ~을 내다 уделить время; ~이 급하다 время не терпит; ~이 많이 걸린다 Это займёт(отнимает, требует) много времени; ~을 맞추다 сверять часы; ~을 보내다 коротать время; ~을 빌려주다 дать время кому-л. для чего-л.; ~을 소비하다 тратить время; ~을 아끼다 беречь время; ~을 빼앗다 отнимать время; ~은 금이다 Время деньги; ~은 모든 것을 해결한다 Время своё покажет; ~급 почасовая оплата; ~당 почасовой; часовой; ~성 своевременность; ~표 расписание; 근무~ рабочее время; служебные часы;

시계(時計) I часы; ~가 멎었다 Часы стали; ~가 5분 빠르다 Часы спешат на 5 минут; ~가 늦다 Часы отстают; ~가 12시를 쳤다 Часы пробили 12; ~바늘 часовая стрелка; ~줄 ремешок для часов; цепочка для часов; ~추 гиря(стенных) часов; маятник часов!; ~탑 башня с часами.

시계(視界) II поле зрения.

시골 провинция; ~풍의 захолуст-ный; провинциальный; ~뜨기 прови-нциал: деревенщина; ~신사 провин-циальный дворянин; ~집 дом, находящийся в провинции; ~풍 провин-циальные манеры; ~사람 провин-циал.

시공(施工) строительство; строи- тельные работы; ~의 строительный; ~하다 стоить; ~법 метод строи-тельства; ~자 строитель; ~속도 темпы строительства; ~의 기계화 механизация строительных работ.

시국(時局) ситуация; положение; ~ 강연 публичная лекция по совре-менному положению; ~담 беседа о современном положении; ~적 уст. своевременный; 현~ текущий момент.

시급(時急) крайность; ~하다 неотло́жный; срочный; ~히 срочно; экстренно; безотлагательно; 공장은 ~한 주문으 로 3교대로 작업하고 있다 Завод работает в три смены над срочным заказом; 그는 ~하게 수술을 받아야 했었다 Его пришлось срочно проо-перировать; ~한 문제 нео-тложная задача; ~한 용건 срочное дело.

시기(時期), 기간(其間) I время, пе- риод; 가까운~에 в скором времени; 그때가 그의 생애에서 어려운~였다 Это был тяжёлый период в его жизни; ~상조 преждевременность; ~성 своев-ременность.

시기(時機) II удобный случай(мо-мент); ~를 놓치다 упустить удоб- ный случай.

시기(猜忌) III зависть; ~하는 кому-л.,чему-л.; ревновать кого-л., к чему-л.; зави-довать кому-л.,чему-л.; 그는 자기 아내와 친구 와의 사이를 ~하여 질투하고 있다 Он ревнует свою жену к при-ятелю; ~심 чувство зависти; рев-ности; см. 새암 I

시기심(猜忌心) чувство зависти, за-висть; ревность.

시끄럽다 1) шумный; сутолочный; надоедливый; 2) прил. приставать; 시끄럽게 질문해대다 теребить кого-л. вопросами; 3) щепетильный, деликатный (напр. о вопросе).

시나리오(англ. scenario) сценарий; ~작가 сценарист.

시내 I ручей; речка; ~의 ручейный; ~가 берег ручья; ~물 вода в ручье.

시내(市內) I город; ~에 в гроде; в черте города; ~구경 осмотр города; ~버스 городской автобус.

시늉 подражание; имитация; ~의

подражательный;имитационный; ~하다 подражать кому-л., чему-л. в чём-л.;передразнивать.

시다 1) кислый; 2) чувствовать тупую боль; ломить, ныть; чувство-вать резь(в глазах); 시어지다скиснуть; закваситься; 발목이~ чувствовать тупую боль в лодыжке; 신맛이 나다 иметь кислый вкус; 시거든 떫디나 말지 = 얽거든 검디나 말지;см. 얽다I.

시달(示達) пересылка; спуск; ~하다 спускать(напр. директиву); пересы-лать; 중앙의 지시를 지방에 ~하다 спускать распоряжение центра на периферию.

시달리다 1) мучиться, томиться, изнывать; 2) мучить; 고된 노동에 ~изводиться от тяжёлой работы.

시대(時代) сиги эпоха, век, период; ~적 имеющий отношение к дан-ной эпохе; ~상 черты времени; ~정신 дух времени; ~착오 анахро-низм; 셰익스피어~ эпоха Шекспира; ~적 배경에서 на фоне эпохи.

시도(試圖) попытка, намерение; замыслы; ~하다 пытаться; намерева-ться; замышлять; 그는 그녀를 구하기 위해 필사적인 ~를 했다 Он сделал отчаянную попытку спас-ти её; 적군은 포위망을 돌파하려고 ~하고 있다 противник пытается прорвать кольцо окружения.

시동(始動) пуск; запуск; ~하다 приводить в действие; запускать; 모터 를~시키다 запускать мотор; 기계의 ~ пуск машины; ~기 пусковой механизм; ~장치 пусковой механизм.

시들다(시드니, 시드오) 1) вянуть; прям. и перен. увядать; 나뭇잎이 시들고 있다 Листья вянут; 꽃이 시들었다 Цветы завяли; 2) становиться удру-чённым(подавленным); 기세가 ~ падать духом.

시력(視力) 시각 зрение; ~이 약하다 иметь слабые глаза; слаб глаза- ми; иметь слабое зрение; 노인은 오래 전에 ~을 상실했다 Старик давно потерял зрение; ~검사 проверка зрения.

시련(詩聯) I парные надписи в стихах(на колоннах дома).

시련(試鍊) II испытания;~하다 испы-тывать; проводить(испытания); ~을 겪다 перен. вынести испытания; ~을 이겨내다 выдержать испытания; 삶에서 가혹한 ~ суровые тяжёлые испы-тания в жизни; ~기 период испытания.

시멘트(cement) цемент; ~를 바르다 цементировать; ~에 모래를 더섞어라 премешай ещё песку в цемент; ~가루

цементный порошок;~공장 цементный завод.

시무룩하다 недовольный, надутый; 시무룩한 표정 недовольный взгляд.

시민(市民) 1) жители города, горо-жане; 2) феод. сеульские купцы (торговцы); ~권 гражданские пра-ва; ~단체 гражданское общество; ~혁명 гражданская революция.

시비(是非) I 1) истина и ложь; правда и кривда; правота; ~곡직 правота и заблуждения; 2) спор; 3) ~하다 разбирать; ставить под вопрос правильность; ~가 났다 завязался спор; ~를 가르다 разбираться кто прав; ~를 걸다 препираться с кем-л.; 그는 사소한 일로 옆 사람에게 ~를 걸었다 Он придрался к соседу из-за пустяка.

시비(施肥) II ~하다 вносить [удоб-рения]

시사(時事) I текущие события; по-следнее известие; ~문제 вопросы текущего момента; ~를 해설하다 давать комментарий к текущим событиям; ~에 밝다 хорошо разбира-ться(ориентироваться) в текущих вопросах; ~에 어둡다 быть не в курсе текущих событий; ~보도 последние известия; ~평론 критика текущих событий; ~해설 ком-ментарии к текущим событиям.

시사(試射) II 1) пробная стрельба, пристрелка; ~소이탄 пристрелоч-наязажигательная пуля; пристре- лочнозажи-гательный снаряд; 2) арх. отбор стрелков (из лука); ~하다 а) пристреливать[ся]; б) отбирать [стрелков из лука].

시상(施賞) награждение; премио- вание; ~하다 награждать кого-л. чем-л.; премировать; ~식 церемо-ния вручения награды; ~위원회 комиссия по присуждению премий (наград)

시선(視線) I 1) взгляд; 2) линия визирования(прицеливания);...와~이 마주치다 встретиться взглядом с кем-л.; ~을 던지다 бросить взгляд; ~을 돌리다 обращать взор; ~을 피하다 укрываться от взгляда; ~을 향하다 направить взгляд на кого-что-л.

시선(詩選) II ~하다 отбирать при помощи экзамена.

시설(施設) 1) оборудование; осна- щение; учреждение; ~하다 обору- довать; оснащать; сооружать; 관개~ ирригационные сооружения; 국가~ государственное учреждение; ~물 обору-дование; оснащение; 2) см. 시설물.

시세(時勢) I 1) дух времени; ~에 뒤떨어지다 не идти в ногу

со вре-менем; 2) курс цен; ~가 닿다 сход-ный, подходящий(о цене); ~도 모르고 값을 놓는다 обр. давать оце-нку, не разбираясь(в чем-л.); ~가 그르다 положение неблагоприятно.

시세(時世) II уст. свой век; своё время; ~에 따르다 идти в ногу со временем(с веком); ~에 앞서다 об-гонять своё время.

시속(時速) скорость в час; ~100 킬로미터 со скоростью 100 км. в час.

시스템(англ. system) система.

시시비비(是是非非) 1) положитель-ные и отрицательные стороны; 2) ~하다 разбираться; 사소한 점까지 ~를 가리다 разбирать по косточкам.

시아버님(媤-) вежл. см. 시아버지

시아버지(媤-) отец мужа, свекор

시아주머니(媤-) тётя мужа.

시아주버니(媤-) дядя мужа.

시앗 уст. младшая наложница(в речи законной жены или старшей наложницы); ~싸움 скандал в семье из-за молодой наложницы; ~싸움에 요강 장수 посл. ≅ когда двое дерутся, то третий извлекает выгоду; ~을 보다 взять молодую наложницу; ~을 보면 길가의 돌부처도 돌아앉는다 посл. ≅ любая жена будет ревновать, если муж возмет молодую наложницу; ~죽은 눈물만큼 обр. мизерное количество.

시야(視野) 1) поле зрения; 2) кру-гозор; ~가 넓은 사람 человек с широким кругозором; ~에 들어오다 попадать в поле зрения; ~에서 사라지다 скрываться из виду; ~밖에 있다 быть вне поля зрения; ~에서 놓치다 терять из виду; упустить из виду.

시어머니(媤-) мать мужа, свекровь.

시어머님(媤-) вежл. см. 시어머니.

시어미(媤-) пренебр. см. 시어머니; ~가 죽으면 안방이 내 차지 посл. ≅ место старшего после его смерти занимается тем, кто следует за ним по старшинству; ~역정에(미워서) 개 배 때기(옆구리) 찬다 посл. ≅ букв. разозлившись на свекровь, пинать ногой собаку.

시옷 сиот(название корейской буквы "ㅅ").

-시울 после имени край; кромка; 눈~очертание глаз; 입~ очертание рта.

시원하다 I 1) прил. почувствовать облегчение; 마음이 ~

легко на душе; 좀 몸이 ~ чувствовать легкость во всём теле; 2) утешительный; обнаде-живающий; 3) 시원하지 못하다 (시원 하지 아니하다) не нравиться, не годиться; быть недостаточным; 4) откровенный, открытый; чистосердеч-ный; 5) освежающий; прохладный(напр. о ветре); приятный; 6) свежий(о пи-ще); 7) чистый, аккуратный; 시원하게 청소하다 убирать, наводить чистоту.

시원하다 II прохладный.

시원해 прохладно.

시작(詩作) I поэтическое творчество.

시작(始作) II 1) начало; ~이 반 *погов.* ≈ началополовина дела; ~되다 нача-ться; 2) ~하다 начинать; ~이 반이다 Доброе началопол дела; 나는 무엇 부터 ~해야 좋을지 모르겠다 Я не знаю с чего начать; 날이 밝기 ~ 하였다 Стало рассветать; 일을 ~하다 начинать работу; приступать к работе; 우리는 매우 소규모로 이 일을 ~했다 Мы начали эту работу в очень скромном масштабе.

시작하다 начи-нать.

시작합니다 начинает.

시장 I ~이 반찬 *посл.* если голоден, то вкусным покажется и пустой рис; ~하다 *вежл.* голодный; проголодав-шийся; ~한 사람더러 요기시키란다 см. 배 [고픈 사람보고 요기시키란다] I.; ~기를 느끼다 чувствовать голод; ~이 반찬이다 Если голоден то всё покажется вкусным; ~기 чувство голода.

시장(柴場) II 1) *уст. см.* 나무갓; 2) базар (рынок), на котором торгуют топливом.

시장(市場) III 저자, 저자거리, 장(場), 마켙(market) базар, рынок, ярмарка; ~의 базарный; рыночный; ~에서 장사 를 하다 торговать на базаре; 상품을 ~에 내놓다 выпустить товар на рынок; ~가격 рыночная цена; ~상인 рыноч-ный торговец; 국내 ~ внутренний (внешний) рынок; 국제 ~ междуна-родный рынок; 세계 ~ мировой рынок; 암 ~ чёрный рынок; ~펀드 рыночный фонд; ~외 펀드 внерыночный фонд.

시절 I 1) сезон; время года; *см.* 철; 2) период жизни; 어린~ детство; годы; 나의 젊은~ годы моей молодости; 좋은~이였었다 Хорошие были вре-мена; 그때가 그의 생애에서 가장 행복하던 ~이였다 Тогда были самые счастливые годы его жизни.

시절(詩節) II *лит.* строфа.

시중(市中) ухаживаиае; уход; ~하다, ~을 들다 помогать, ухаживать за кем-л.; прислуживать(кому-л.); выполнять мелкие поручения; ~을 받다 быть под присмотром кого-л.; 그녀는 환자들을 잘 ~든다 Она хорошо ухаживает; 환자 ~ уход за больным.

시중들다 давать мелкие поручения

시집(媤-) I семья дом мужа; ~을 가다 выходить замуж за кого-л.; ~을 보내다 выдавать замуж за ко-го-л.; ~을 오다 выйти замуж; стать женой; ~살이 жить в доме мужа; ~살이 하다 жить в доме мужа; ~갈 때 등창이 난다 *посл.* ≡ возникло досадное затруднение(букв. собралась замуж, а на спине вскочил чирей); ~도 가기 전에 기저귀(강아지, 포대기) 장만하다(~도 아니 가서 포 대기 장만한다) *посл.* ≡ делить шкуру неубитого медведя.

시집(詩集) II сборник стихов.

시집살이(媤-) ~하다 быть замужем

시청(試聽) I ~하다 прослушивать (муз. произведение).

시청(視聽) II просмотр; ~하다 смо-треть и слушать; ~각 зрение и слух;~료 плата за прослушивание.

시청(市廳) III городская управа; мэрия.

시추(試錐) пробное бурение; 탐광용 ~ разведочное бурение; ~하다 бу-рить(пробную скважину); ~공 бу- ровая скважина; ~선 буровое судно.

시켰습니다 заказал.

시키다 1) заставлять(позволять) делать (что-л.), велеть; 2) служ. гл. образующий гл. побуд. зал. от имен: 공부를 ~ заставлять(позволять) заниматься; 구경을 ~ позволять (давать) осматривать.

시퍼렇다(시퍼러니,시퍼러오) 1) ярко-зелёный; яркосиний; тёмносиний; 2) 시퍼렇게 살다 живой энергичный; 3) 시퍼런 острый; 시퍼런 바다 тёмно-синее море; 시퍼런 칼 острый нож; 4)시퍼렇게 깊다 очень глубокий; 5) 시퍼렇게 노하다 позеленеть от злости; 6) большой, огромный(об авторитете, влиянии); 그는 아직 시퍼렇게 살아 있다 Он и поныне здравствует; 시퍼 런 칼 острый нож.

시할머니(媤-) мать свёкра, бабка мужа

시할아버지(媤-) отец свёкра, дед мужа

시합(試合), 경기 состязание, соревно-вания; матч; турнир; ~하다 состяза́ться; проводить [соревновния]; 그는 마라톤 ~에서 우승을 했다 Он взял первый приз на состязаниях по марафонскому бегу; 어느 팀이 이 ~ 에서 이겼느냐? Какая команда победила в этом соревновании? 작년 시즌엔 우리 축구팀이 ~을 모두 이겼다 В прошлом сезоне наша футбольная команда выиграла все матчи;

테니스 ~ площадка для игры в теннис.

시험(試驗), 실험 I экзамен, проба; ~적 опытный, пробный, эксперименталь-ный; ~동물 подопытные животные; ~ 포전 с.-х. опытный участок;~을 치다 (치르다) сда-вать(держать) экзамен; ~ 하다 экзаменировать; подвергать экза-мену; испытывать; ~보다 держать(сда-вать) экзамен; ~에 통과하다 сдать экзамен; ~에 합격하다 выдержать экзамен; ~에 떨어지다 провалиться на экзамене; ~지 экзаменационый бланк; 구두 ~ устный (письменный) экзамен; 발동기의~ испытание двигателя; 수학~ экзамен по математике; 입학~ приёмный (вступи-тельный) экзамен; 졸업~ вы-пускной экзамен; 진급 ~ переходный экзамен; 채용~ вступительный экзамен.

시험(猜險) II ~하다 завистливый и злой.

시험장(試驗場) 1) место проведения экзаменов(испытаний); 2)опытная станция; опытный цех.

시험지(試驗紙) 1) экзаменационный бланк; 2) реактивная бумага; 리트 머스 ~ лакмусовая бумага.

시효(時效) время(срок) действия; юр. право давности, давность; ~정지 приостановление срока давности; ~중 단 юр. перерыв срока давности; ~가 경과했다 Истёк срок действия; ~가 지나서 무효가 되다 по сроку дав-ности сделаться недействительным; ~ 권 право давности.

식(式) I 1) тип; образец; стиль; форма; 2) см. 의식 II; 3) мат. формула, выражение; 4) лог. модус; 5) лингв. наклонение; 6)способ опред. способ, метод; 그런 ~으로 таким методом (способом); ~을 올리다 устраивать обряд(церемонию); 결혼~ церемо-ния бракосочетания;свадьба; 대수 ~ алгебраическое выражение; 분자~ молекулярная формула; 서양~ запа-дный(восточный) стиль; 졸업~ цере-мония по случаю выпуска из учеб-ного заведения; 화학~ химическая формула.

식(息) II эпист. я(дочь-о себе в письме к родителям).

식(蝕) III астр. затмение; 식 이중별 астр. затменно двойная звезда.

-식(式) суф. кор. 1) метод, способ; 자동식 сущ. автоматический; 2) тип, образец; стиль; 근대식 современный образец.

식구(食口) 1) члены семьи; едок; 2) член коллектива; 그의 가족은 다섯 ~이다 Его семья состоит из пяти человек; 우리 집은 ~가 많다 У нас большая семья.

식균(食菌)~세포 биол. фагоциты; ~ 현상 фагоцитоз; ~용해 фагоцитолиз; ~하다 захватывать и перехваривать бактерии(о фагоцитах).

식다 1) прям. и перен. остывать; 식은 죽 먹기 обр. пара пустяков; 식은죽(밥) 먹듯(식은 떡 떼어 먹듯) обр. раз плюнуть; 2) улегяться; идти на убыль;노을이~ гаснуть(о заре); 국이 식는다 Суп остывает(стынет); 차가 식었다 Чай остыл

식당(食堂),레스토랑 1) столовая; рес-торан; 2) кулинария(магазин); ~의 столовский; ресторанный; ~종업원 официант; ~차 вагонресторан.

식당에 갑시다 Пойдемте в столовую.

식량(食量) [싱냥] I количество съедаемой пищи; ~이 크다 хоро-ший аппетит.

식량(食糧),식료품(食料品) [싱냥] II продовольствие; ~을 공급하다 снаб-жать(обеспечивать)продовольствием; ~ 의 자급자족 самообеспечение и самоснабжение продовольствием; ~난 трудности с продовольствием; ~문제 продовольственный вопрос; ~배급 снабжение продовольствием; ~수송 перевозка продуктов; ~창고 продоволь-ственный склад; см. 양식 I.

식량(識量) [싱냥] III учёность и великодушие.

식료(食料) [싱뇨] 1) продукты [питания]; пища; пищевые продукты; ~가공공업 пищеобрабатывающая промышленность; 2) арх. см. 식비.

식료품(食料品)[싱뇨-] продоволь-ственные товары, продукты; ~의 пищевой; ~제조의 вкусовой; ~공업 пищевая промышленность; ~점 прод-маг(продовольственный магазин); 냉동~ замороженные продукты

식물(植物) [싱-] растение; ~구계 флора(района,

страны);~상아 скорлупа кокосового ореха; ~지리학 география растений; ~해부학 анатомия растений; ~의 растительный; ~을 연구하다 заниматься исследованиями по бота-нике;~을 채집하다 собирать растения (гербарий); ~원 ботанический сад; ~유 растительное масло; ~의 분포 географическое распространение рас-тений; ~학 ботаника; ~학자 ботаник; 관상용~ декоративное растение; 다년생 ~ многолетнее растение; 야생~열대 тропическая растительность; 재배 ~ культурные растения.

식물성(植物性)[신ㅅ-ссэнъ] сущ. растительный; ~기름 растительное масло; ~로프 трос из растител- ного волокна; ~섬유 растительное волокно;~염료 растительный краситель.

식민지(植民地)[신ㅅ-] колония; ~적 колониальный;~민족해방운동 на-ционально-освободительное движение в ко-лониях; ~하다 колонизировать; превращать в колонию; 많은 ~들은 독립정부가 되기를 바라고 있다 Многие колонии хотят стать само-тоятельными государствами; ~화 коло-низация.

식별(識別) различение; распозна- вание; ~하는 различительный; ~하다 различать; распознавать; разбираться; 그는 어둠 속에서 다가오는 사람을 ~했다 Он различал в темноте разли-чающего человека; 나는 색깔을 잘 ~ 하지 못한다 Я плохо раз личаю цвета; 진실과 허위를~하다 различать истину от лжи.

식사(食事),급양(給養) I I) еда, пища, питание; 2) ~하다принимать пищу; ~요법 лечение диетой; ~의 пи-щевой; 나는집에서~한다 Я питаюсь дома; ~는 어디에서 하고 있습니까? Где вы питаетесь?-량 количество пищи; ~예절 этикет за столом.

식사(式辭) II вступительная речь(на какой-л. церемонии); ~하다 произ-носить вступительную речь.

식욕(食慾) аппетит; ~결핍 отсутствие аппетита; ~이 없는 лишённый аппе-тита; ~을 돋구다 возбуждать(вы-зывать) аппетит; ~을 잃다 терять аппетит; ~이 생기다 появиться (пропасть) об аппетите.

식용(食用) сущ. съедобный; ~식물 съедобные растения; ~색소 пище-вые красители; ~작물 пищевые культуры; ~하다 использовать в качестве пищи, есть; ~버섯 съе-добный гриб; ~유 масло, употре-бляемое в пищу.

식히다 1) давать остынуть; охла- ждать; холодить; 끓인 물을 ~ ох-лаждать вскипячёную воду.

신 I 1) обувь, ботинки; 신 신고 발바닥 긁기 обр. делать шиворот-на-выворот; 2) корейская национа-льная обувь; ~을 신다 надевать обу-вь;~을신어보다 мерить(примерять) обувь; ~을 벗다 разуться; 이젠 좋은 ~을 얻기가 어렵다 гядук- Теперь трудно найти хорошую обувь; 고무~ резиновая обувь; 짚~ соломе-нные лапти.

신 II 1) интерес(к чему-л.);заинте-ресовать; 2) приподнятое настрое-ние; вдохновение; ~이 나다(오르다) а) заинтересоваться; б) быть в приподнятом настроении; вдохно-виться; 신에 붙잖다 быть недово-льным(неудовлетво-рённым).

신(神) III бог; дух; ~을 믿다 веро-вать в кого-что-л.; ~에게 기도하다 молиться богу; ~의 축복이 있기를! С богом? ~자 верующий человек.

신(臣) IV 1) см. 신하 I; 2) я(в раз-говоре с королём).

신경(神經) нерв[ы], нервный ~각질 биол. неврокератин; ~경련 невроспазм; ~교종 невроглиома; ~근염 невромио-зит; ~계통 а) нервная система; б) перен. система; организация; ~과민 нервоз-ность, излишняя чувствительность; ~ 독소 невротоксин; ~요법 невротера-пия; ~마비 паралич нерва; ~발생 неврогенез; ~병리학 невропатология; ~상피 не-врозпители; ~섬유 нервное волокно ~조직 нервная ткань; ~조직학 неврогис-тология; ~종증 невроматоз; ~중추 нервные цент-ры; ~척수염 невромиелит; ~초종 нев-ринома; ~초염 неврилеммит; ~아세포 нервобласт; ~아세по종 невробластома, ~외과학 нейрохирургия; ~외과의 нейрохирург; ~을 자극 하다 играть на нервах; раздражать; ~을 쓰다 печься; проявить излишнюю за-боту운동~ двигательные нервы; 중추~ нервные центры.

신경질(神經質) нервозность; раздра-жительность; ~을 부리다 нервни- чать; раздражаться; ~적 нервный; раздражи-тельный.

신고(申告) I подача сведений; до-клад; рапорт; заявление; деклара-ция; сообщение; ~하다 сообщать, докла-дывать; подавать заявление; заявлять о ком-чём-л.;~자 заявитель; 세관~ таможенная декларация; 출생~ сообщение о рождении.

신고(辛苦) II тяготы; лишения, труд-ности; невзгоды; ~하다

мучиться(с кем-чем-л.), страдать 그는 이 일로 ~를 겪었다 Он мучился над этой работой; ~스럽다 тягостный, мучительный.

신규(新規) 1) новое правило(поло-жение); ~등록 перерегистрация; 2) ~사업 работа в новых масштабах; современные масштабы.

신기하다 удивительный, волшебный.

신기하다 необыкновенный; ориги-нальный, чудесный, удивительный.

신기하였습니다 удивительный

신기하다 удивительный.

신년(新年) новый год; ~사 новогод-нее приветствие; новогодняя речь; 근하 ~С Новым Годом! см. 새해.

신다 [-тта] надевать(на ноги); 구두 를 ~ надеть ботинки.

신랄(辛辣)[실-]~하다 а) арх. очень острый и солёный; б) жестокий; острый; злой; резкий; колкий; едкий; колючий; ~하게 жестоко; остро; резко; ~한 말 колкое слово; ~한 비평 колкая критика; ~한 야유를 퍼붓다 наговорить; 그녀는 자주 ~한 비난을 퍼붓곤 한다 Она часто делает едкие замечания.

신랑(新郎) [실-] 1) новобрачный; 2) жених; ~을 달다 вымогать у жениха (угощение); разг. молодой муж(по возрасту);~감 подходящий жених.

신뢰(迅雷) [실-] I сильные рас-каты грома.

신뢰(迅雷) [실-] II вера; доверие; ~구간 мат. доверительный интервал; ~확실도 мат. доверительная вероят-ность; ~하다 доверять кому-чему-л. в чём-л.; полагаться(на кого-л.) 나는 그녀의 능력에 대해 큰 ~를 갖지 못하고 있다 Я не питаю большого доверия к её талантам; 나는 그를 ~하지 못한다 Я ему не доверяю; 우정은 서로의 ~를 키운다 Дружба питает взаимное доверие; ~할 만한 사람 надёжный человек; человек заслуживающий доверие; ~감 чувство доверия; доверие; ~심 вера; доверие.

신망(信望) доверие;~을 얻다 завоё-вывать(заслуживать) доверие; ~을 잃다 терять доверие; ~하다 уповать, возлагать надежды; 2) надежда, ожидание.

신문(新聞) I газета; ~기자 коррес-пондент газеты; журналист; ~분전 арх. а) распространение газеты; б) распространитель(разносчик) газет; ~소설 художественное произведение, печа-тающееся в газете; ~전문 специальное сообщение, переданное в газету по телеграфу; ~에서 읽다 читать в газетах; ~을 통해 알다 узнать из газет; ~을 집집마다 배달하다 разносить газеты по квартирам;~공고 газетное объявление; ~광고 газетная реклама; ~기사 газетные статьи;~매점 газет-ный киоск; ~배달부 разносчик газет; ~사 газетное издательство; ~지 газет-ная бумага; ~철 подшивка газет; ~학 журналистика; 석간~ вечерняя газета; 일간~ ежед-невная газета; 조간 ~ утренняя газета; 주간~еженедельная газета.

신문(訊問) II допрос; ~하다 допра-шивать;~을 받다 быть на допросе; подвергаться допросу;~자 допра-шивающий;~조서 допросный акт.

신바람 [-빠-] воодушевление; подъём, энтузиазм; ~이 나서 일하다 работать весело; работать с эн-тузиазмом.

신발 обувь; ~을 신다 обуваться; надевать обувь; ~을 벗다 разува- ться; снимать обувь; ~이 작다 обувь тесна(жмёт); ~장 шкафчик для обуви.; 신발 두 켤레 две пары обуви.

신부(新婦) I 1) новобрачная, молодая; 2) невеста; ~감 подходящая невеста.

신부(神父) II аббат; патер; святой отец.

신분(身分) I 1) общественное(соци-альное) положение; социальный статус; ~등록소 отдел записи актов гражданского состояния(загс); ~지위 социальное положение; 2) личность, индивидуальность; ~증명서 удостове-рение личности; 3) сословие; ~제도 система сословий; ~적 сословный; ~을 밝히다 установить личность кого-л.; ~을 속이다 скрывать свою сущность; ск-рывать своё лицо; ~증 удостове- рение личности; 농노~крепостное сословие.

신분(臣分) II положение верноподданного.

신비(神秘) мистика; ~스럽다 прил. казаться мистическим; ~적, ~하다 мистический; таинственный; чудной; чудесный; ~성 мистичность; ~주의 мистицизм; ~주의자 мистик

신사(紳士) джентельмен; ~적 джен-тельменский; ~도 мораль джентель-мена; ~협정 джентель-менское соглашение

신생(新生) I 1) вновь рожден-ный(появившийся); новорождённый; возрождение; ~국가 новое госуда-рство; ~하다 а) вновь рождаться (возникать, появляться); б) возрож-даться; ~독립국가들 молодые не-зависимые государства;

незави́си-мые развивающиеся страны; ~대 кайнозойская эра;~대한민국 новая Корея; ~아 новорождённый.

신생(申生) II этн. человек, родив-шийся в год "обезьяны".

신설(新設) I 1) новое строительство; ~하다 строить вновь; 2) новое строительство, новостройка;~공장 новая(вновь построенная) фабрика; ~학교 новая школа.

신설(新說) II уст. вновь услышан-ное, новость; 2) новый взгляд(на что-л.); новая теория.

신세(身世) I 1) условия жизни; жизнь, положение; ~타령 жалоба на несчаст-ную жизнь; ~타령을 하다 жаловаться на несчастную жизнь; ~를 조지다 ухудшать(чьё-л.) положение; 2) мора́льный долг; признательность; ~를 지다 быть признательным(обязанным); ~를 끼치다 обес-покоить(кого-л.);~를 갚다 отблаго- дарить; ~를 지다 быть обязанным (признательным); вам много ~를 졌습니다 Я вам очень обязан; Я в долгу у вас.

신세(新歲) II см. 새해;~문안 ново-годнее поздравление.

신속(迅速) быстрота; ~히 быстро; ~ 하다 очень быстрый; 그는~하게 결정 했다 Он быстро принял решение; ~성 быстрота.

신용(信用) 1) доверие, вера; ~하다 доверять; 2) ~대부 кредит; ~기관 кредитное учреждение; ~화폐 банкно́-ты; кредитные деньги; ~업무 а) питать доверие к кому-л.; б) приём и выдача ссуды;кредитные операции; ~을 얻다 приобрести(завоевать)доверие; войти в доверие к кому-л.; ~을 잃다 потерять до-верие; выйти из доверия;~이 있다 пользоваться доверием к кому-л.; 그는 ~을 얻지 못하고 있다 Он не заслужи-вает доверия; ~금고 кредитный сейф; ~자금 кредитные средства; ~장 акк-редитив; ~카드 кредитная карточка; ~협동조합 кредитный кооператив; сациальный ~ общественный кредит.

신용대부 кредит; ~하다 кредитовать; предоставлять кому-л. кредит; оказы-вать кому-л. кредит; 물품을~로 주다 отдать товар в кредит.

신용카드 кредитная карточка.

신원(身元) I анкетные данные; ~보증 характеристика; ручательство; реко-мендация; ~조회하다 устанавливать личность кого-л.; выяснять чьё-л. происхождение и прош-лое; ...에게 ~을 보증하다 ручаться кому-л. за когочто-л.;

나는 그의 ~을 보증한다 Я ручаюсь за него.

신원(伸寃) II утешение; ~설치 уст. рассеять недовольство и подавить смущение; ~하다 утешать[ся]; ус-покаиваться.

신음(呻吟) стон, стенания; ~하다 а) стонать; б) изнывать; томиться чем-л.; 농민들은 농노제도의 속박 아래서~해 왔다 Крестьянство стонало под игом крепостного права; 애간장을 끊는~ 소리 душераздирающий стон.

신임(新任) I 1) вновь назначенный; ~교원 вновь назначенный препо-даватель; ~하다 быть вновь наз-наченным [на должность]; 2) сущ. вновь назначенный[на должность]

신임(信任) II доверие;~투표 вотум доверия;~하다 доверять кому-чему-л.; оказывать доверие; относиться с доверием; ~을 받다 пользоваться доверием; ~을 얻다 преобрести (завоевать) доверие; войти в доверие; ~을 잃다 потерять доверие; ~장 мандат; верительная грамота.

신장(伸張) I экспансия; расширение; увеличение; ~된 экспансионистский; расширенный; ~에 도움이 되는 спосо-бствующий росту; ~시키다 расширя-ться; увеличиваться; ~기 период роста; 경제적~ экономическая экспансия; ~하다 а) удлинять, растягивать; б) рас-ширять(напр. сферу влияния).

신장(腎臟) II анат. почки; ~결석 нефролит; ~고정술 нефропексия; ~독 소 нефротоксин; ~경변증 нефроцир-роз; ~경화증 нефросклероз; ~동통 нефралгия; ~마비 нефропаралич; ~방 광염 нефроцистит; ~봉합술 нефрорафия; ~비대증 нефрогипертрофия; ~선종 нефроаденома; ~신우염 нефроп-иелит; ~종양 нефрома; ~절제술 неф-рэктомия; ~탈출 нефроцеле; ~하수증 нефроптоз; ~화농증 нефропиоз; ~연화 증 нефромаляция; ~병 заболевание почек; ~염 нефрит; воспаление почек.

신장병(腎臟病) [-ппяңь] заболе-вание почек

신장염(腎臟炎)[-нйэм] мед. нефрит.

신중 I буддийская монахиня(в речи не буддиста).

신중(愼重) II ~하다 благоразумный, осторожный, осмотрительный; вни-мательный, серьёзный; взвешенный; осторожный; ~히 благоразумно; взве-шенно; осторожно; осмотрительно; ~한 태도 взвешенный доход; ~하게 행동 하다 осторожно действовать; 사진기 를 ~하게 취급하지 않으면 안 된다 Надо осторожно обращаться с фотоаппаратом;~성 осмотрительность.

신청(申請) I заявление, заявка; прошение, ходатайство; ~하다 просить(что-л. в заявлении, заявке); 발명특허를 ~하다 сделать заявку на изобретение; ~서 заявление; заявка; ~인 заявитель.

신청(新晴) II наступление ясной погоды после затяжных дождей.

신체(身體) I 1) тело(человека); ~의 телесный; ~의 결함 физический недо-статок; ~검사를 하다 проводить(про-ходить) мед. осмотр; ~검사 медицин-ский осмотр; 2) труп.; 신체를 단련 시키다 закалять тело.

신체(新體) II новый стиль.

신통(神通) ~스럽다 прил. а) казаться чудодейственным(эффективным) (о лекарстве); б) казаться успешным (пра-вильным, точным); в) казаться чудес-ным(необыкновенным, удивительным); г) казаться приятным(приветливым, любезным); ~하다 а) арх. имеющий необыкновенные дарования; б) чудо-действенный, эффективный(о лекар-стве); в) успешный; правильный, точ-ный; г) чудесный, чудный; необык-новенный; удивительный; восхититель-ный; д) приятный; приветливый, лю-безный; ~한 약 чудодейственное лекарство ~할 대책을 세우다 предпри-нимать эффективные меры; 날씨가 ~치 않다 Погода неважная.

신파(新派) 1) новое направление, новая школа; ~적 новый; 2) ~연극 "но-вая корейская драма" (начала XX в. в противоположность драме эпохи феодализма); 3) "новая драма" (о нату-ралистической и формалистической драме)

신학(神學) теология; богословие; ~의 теологический; богословский; ~교 духовная семинария; ~교생 семинарист; ~자 теолог; богослов.

신학기(新學期) новый семестр; новая четверть;언제~가 시작됩니까? Когда начинается новая четверть?

신호(新戶) I новый двор(дом)

신호(信號) II 1) сигнал; ~권총 ракет-ница; ~광탄 сигнальная ракета; ~포판 сигнальное полотнище; 2) сигнали-зация; 3) семафор; ~기재 средства сигнализации; ~의 сигнальный; ~하다 сигнализировать; давать сигнал; ~를 무시하다 игнорировать сигнал; ~기 сигнальный флажёк; сигнализатор; ~등 сигна-льный фонарь; сигнальная лампа; ~수

сигнальщик; 약속~ условный сигнал; 음향~ звуковой сигнал; 조난~сигнал бедствия; 호출~ позывной сигнал.

신호등(信號燈) сигнальный фонарь; сигнальная лампа; светофор.

신혼(新婚) I 1) недавнее вступление в брак; ~하다 только что вступить в брак; 2) недавнее вступление в брак; ~여행 свадебное путешествие; ~부부 молодожёны, новобрачные; ~의 новобрачный; ~여행을 떠나다 отправляться в свадебное путешествие; ~여행은 어디로 가십니까? Куда вы едите в свадебное путешествие? ~생활 жизнь новобрачных.

신혼(神魂) II душа.

신흥(新興) сущ. поднимающийся; зарождающийся; ~계급 зарождающийся класс; ~하다 подниматься, зарождаться; ~국가 развивающееся государство; ~세력 зарождающиеся силы.

싣다(실으니, 실어) 1) грузить, на- гружать, загружать; 2) содержать в себе; нести с собой; 기차에 짐을 ~ грузить товары в вагон; 봄바람이 꽃향기를 실어온다 Весенний ветер несёт с собой душистый запах цветов; 배에 짐을 ~ грузить корабль товарами; 3) помещать(в газету, журнал); 신문에 광고를 ~ поместить объявление в газету; 잡지에 기사를 ~ поместить статью в журнал; 4) пускать (воду) на рисовое поле.

실 I нить, нитка; 실같다 см. 실낱 [같다]; 실 얽힌 것은 풀어도 노 얽힌 것은 못 푼다 *посл.* ≡ большое дело не так легко решить, как маленькое; ~을 감다 наматывать нить; ~을 바늘 에 꿰다 продевать(вдевать) нитку в иголку; ~을 꼬다 крутить нить; ~을 뽑다 вырабатывать нить; прясть; ~이 엉겼다 Нитки спутались; 명주~ шёлковая нить; 털~ шерстяная нить.; 실 같은 금이 가 있다 тонкая как нить трещина образована.

실(室) II 1) комната; помещение; кабинет; 2) отдел в учреждении); 기관~домашний зал(цех); 실험~ лаборатория.

실(失) III арх. проигранные деньги.

-실(室) суф. кор. комната; поме- щение; 목욕실 ванная комната; 연구 실 лаборатория; отдел в научноисследовательском учреждении; 기관실 машинный зал.

실-(實) настоящий; хороший; ~생활 реальная жизнь.

실- преф. тонкий; маленький; узкий; 실비

мелкий(моросящий) дождь.

실감(實感) живое восприятие; ~이 나게 말하다 живо описывать; 이 그림은 ~나지 않는다 Эта картина нежизненна (нереальна).

실격(失格) 1) несоответствие правилам(нормам); 2) спорт. дисквалификация; ~반칙 грубое нарушение, за которое спортсмен подвергается дисквалификации;~하다 а) не соответствовать(правилам, нормам); б) дисквалифицировать.

실내 [-래] 1) ~에 внутри комнаты (помещения); в комнате; ~경기장 спортивный зал;극장 камерный театр; ~수영 павильонная съёмка; ~촬영장 павильон для киносъёмки; ~복 домашняя одежда; 2) уст. вежл. Ваша (его) супруга.

실력(實力) I [реальная] сила; реальные возможности(способности);경기 ~ состязание в силе; ~을 기르다 развивать способности; совершенствовать свои знания;~을 행사하다 прибегать к силе; применять оружие; 그는 영어 ~이 있다 Он хорошо владеет английским языком; ~가 влиятельный человек

실력(實歷) II сущ. проверенное практикой.

실례(失禮) I нетактичность; ~가 많았 습니다 Извините за беспокойство; 그렇게 하는 건 ~이다, ~하다 а) просить извинения(прощения); б) Это было бы нетактично; 먼저 ~하겠습니 다 Прошу извинения я должен оставить вас.

실례(實例) II конкретный(живой) пример; ~를 들다 привести живой пример.

실례하다 извинение, виноватый

실록 ~하다 скривить[ся].

실리다 1) быть нагруженным(или помещённым); 배에 짐이 실려있다 Судно нагружено товарами; 2) быть охваченным(напр. сном); 3) быть помещенным(в газету, журнал); 기사가 신문에 ~ В газете помещена статья; 4) быть залитым водой(о рисовом поле); 5) позволять(заставлять) грузить; 6) разрешить помещать(в газету, журнал и т. п.).

실리카(англ. silica) хим. кремнезём, двуокись кремния;~겔 силикагель

실린더(англ.cylinder) тех. цилиндр; 증기 기관의~ паровой цилиндр.

실마디 узел на нитке.

실마리 1) начало нитки(в катушке, клубке, мотке); ведущая

니트; ~를 찾다(풀다) распутывать нитки; 문제 해결의~를 찾다 найти ключ к решению вопроса; 실타래에서 ~를 찾다(풀다) найти начало нитки в клубке; 이야기의~ нить разговора; 2)단서 I.

실망(失望) отчаяние; разочарование; ~낙담 потерять надежду и пасть духом; 2) потеря доброго имени; ~하다 а) терять надежду; отчаи-ваться; разочароваться в ком-чём-л.; б) терять доброе имя; ~한 разо-чарованный; 그는 나를 ~시켰다 Он разочаровал меня; 나는 완전히 그에 게 ~했다 Я совсем разочаровался в нём; 어떤 일이 있더라도 ~하지 마 시오 Чтобы не случилось не теряйте надежды; 이 소식은 그를 ~시켰다 Эта весть разочаровала его.

실무(實務) практическая работа; дело; ~적 практический; деловой; ~를 익히다 приучать к делу; ~에 밝은 사람 знаток дела; ~능력 деловая хватка(способность); квалификация; ~자 специалист; ~자 회담 переговоры на уровне специалистов.

실상(實狀)[-ссань] I 1) а) действи-тельное (истинное) положение; б) действительное содержание; 2) в действительности, фактически; 이것은 ~불가능하다 Фактически это не-возможно.

실상(實像) [-ссань] II действите-льное(реальное) изображение.

실속(實-) [-ссок] 1) корысть; 2) внутреннее содержание;~없다 пустой, бессодержательный; несерьёзный; ~없는 сам пустой пустой человек; ~있다 содер-жательный; серьёзный; путный; ~을 차리다 извлекать реальную выгоду; 보기는 좋은데 ~은 없다 С виду хорош, а на деле ничего не стоит.; 실속있다 содержательный, полновес-ный

실수(失手) [-ссу] ошибка, оплош-ность; описка; ~의 ошибочный; оплошный; ~하다 ошибаться; до-пускать оплошность; делать(дать) промах, просчитываться; 그는 한 번도 ~하지 않았다 Он не делал ни одной ошибки; ~는 죄가 아니다 Ошибка в фальшь не ставит.

실습(實習) [-ссып] практика; ~수업 урок, проводимый практикантом; ~ 하다 практиковаться в чём-л.; ~의 практический; 여름마다 대학생들은 ~하러 농촌에 간다 Каждое лето сту-денты едут в деревню на практику; ~ 공장 опытный завод; ~교육 практи-ческое обучение; ~생 практикант; ~ 시간 практическое занятие; ~실 кабинет для

- 580 -

практики(лаборатория); ~장 место праведения практики; 교육~ педагогическая практика.

실신(失神) [-ссин] обморок; беспамятство;~하다 [по]терять сознание (упасть в обморок); впасть в беспамятство;~에서 깨어나다 очнуться от обморока; 그녀는 자주~하곤 합니까? У неё часто бывают обмороки? 그녀는 ~했다 Она упала в обморок.

실업(實業) практическая деятельность; предпринимательство; ~학교 школа профессионального обучения; ~가 делец; предприниматель; ~계 деловые круги;

실업가(實業家) делец; предприниматель

실업계(實業界) деловые круги.

실업자(失業者) сущ. безработный.

실없다(實-) 1) ненастоящий; не серьёзный, пустой; 실없은 말 шутка; 실없은 말이 송사간다 погов. ≈ шути, да осторожно, а то в беду попасть можно; 실없은 부채손 обр. болтун,пустомеля; 2) неискренний

실용(實用) 1) практическое использование; применение на практике; ~하다 практическое использование, применение на практике; реально существовать; ~적 практический; практичный; ~적 단위 практическая единица; ~적 운동 спорт. группа упражнений, воспроизводящих обычные движения человека; ~성 практичность; ~주의 прагматизм; ~품 предметы обихода.

실재(實才) [-ччэ] I мастер пера.

실재(實在) [-ччэ] II реальное существование, реальность,бытие; ~적 реальный, действительный; ~적 동령림 лес. практический однoвозрастной лес; ~하다 реально существовать; ~론 реализм.

실제(實際)[-чче]действительность; ~적 реальный, действительный; практический; ~생활 практическая жизнь; ~소득 реальный доход.

실증(實證) [-ччынь] 1) доказательство на фактах; ~적 позитивный; 2) ~하다 доказывать на фактах(на деле); ~주의 позитивизм; ~주의자 позитивист; 3) явное доказательство, факт.

실질 сущность; ~적인 реальный; ~ 소득 реальный доход; ~임금 реальная заработная плата.

실천(實踐) I осуществление на практике; ~궁행 самому

претво- рить в жизнь(что-л.); ~하다 осу-ществлять на практике; претворять в жизнь; 2) филос. практика; ~적 практический; исполнительный; 결의를~에 옮기다 выполнять обяза-тельства на деле; 계획을 ~하다 претворять план в жизнь; ~가 практик; ~성 практичность; ~자 исполнитель.

실천(實薦) II рекомендация на до-лжность чиновника 14-го ранга в королевскую канцелярию.

실패(失敗) II провал, неудача, по-ражение; ~로 돌아가다 закончиться поражением(неудачей); ~하다 [по] терпеть неудачу(поражение), про-валиться; ~한 неудачный; ~로 끝나다 закончиться поражением (про-валом);~로 끝난 시도 неудаяная попытка; 선거에서~하다 потерпеть поражение на выборах; ~자 потерпевший поражение; неудачник; ~작 неудачное произ-ведение.

실하다(實-) I намачивать(кунжут) в воде.

실하다 II 1) крепкий; ядрёный; 2) самостоятельный,зажиточный; 3) солидный; 몸이 실한 젊은이 крепкий парень; 재산이 실한 사람 состоя-тельный человек; 4) см. 착실[하다].

실행(實行) I осуществление; вы- полнение; осуществление; прове- дение; ~하다 выполнять; осущес-твлять; реализовывать;проводить; исполнять; 계획을 ~하다 выпол-нять план; 계약대로 실행하다 вы- полнять по договору; ~자 испол-нитель.

실행(失行) II ~하다 распутничать(о женщине).

실험(實驗) эксперимент; опыт; ис-пытания; ~의 экспериментальный; опытный; испытательный; ~된 испыт-уемый; ~하다 испытывать; экспери-ментировать над(с) (кем-чем-л.); ~중 이다 быть на испытании; ~과학 экс-периментальная наука; ~극장 экспе-римен-тальный театр; ~물리학 экспе-риментальная физика; 화학~ химический экс-перимент; ~[적] экспериментальный; ~학교 экспериментальная школа; ~ 어음학 экспериментальная фонетика.

실현(實現) реализация, осуществ- ление; ~가능한 осуществимый; реальный; реалистичный; ~하다 приводить в жизнь; реализовы- ваться; осуществляться; 희망을 ~하다 реализовать желание(идею); 결국 나는 나의 진정 어린

염원을 ~했다 Наконецто я осуществил своё заветное желание; ~성 реальность.

실현되다 осуществиться.

실현시키다 осуществлять.

싫다 1) противный; неприятный; 싫은 약 противное лекарство; 그는 보기도 ~ Противно даже смотреть на него; 나는 이것을 보는 것도 ~ Мне противно и смотреть на это; 나는 이것에 대하여 말하기조차도 ~ Мне противно говорить об этом; 공짜라도 ~ И даром не возьму; 보기가 неприятно смотреть; 2) прил. не хотеть, не любить; 3) 싫도록 вдовыль.

싫어하다 не хотеть; не любить; 그는 술을 싫어한다 Он не любитпить вино.

싫증(症)[-찌증] отвращение; ~이 나다 надоедать; терять интерес(к чему-л.); охладевать;~이 나도록 같은 말을 되풀이하다 надоедливо твердить одно и тоже; 일에 ~이 나다 охладевать к работе.

심 I сухожилие вола.

심(心) II 1) сердцевина; 나무줄기의 ~ сердцевина ствола; 배추의~ кочеры-жка(напр. капусты); 연필의~ грифель (в карандаше); 2) кусок ткани, подложенный под(какую-л.) часть костюма(напр. бортовка); 3) нераз-варившиеся зёрна(риса *и т. п.* в жидкой каше); 4) бумажная (мар-левая) салфетка с лекарством(на ране *и т. п.*).

-심(心) суф. кор. 1) чувство; 애국심 회전심 чувство патриотизма; 2) центр; 회전심 центр вращения.

심각(深刻)[-]히 глубоко; серьёзно; остро; всерьёз;~한 문제 серьёзный вопрос; ~하다 уст. 1) глубоко резать (напр. по дереву); 2) а) глубокий; серьёзный; острый; строгий; б) резкий (о голосе); в) жестокий силь-ный; ~해지다 углубляться; обостря-ться; 한국 경제는 ~한 위기를 겪고 있다 Корейская экономика переживает глубокий кризис; ~화 углубление; обострение.

심근(心筋) анат. миокард;~염 мио-кардит;~변성증 миокардоз;~봉합술 кардиография; ~질환 миокардиопа-тия;~위축증 миокардио-дистрофия.

심기다 1) быть посаженным(о рас-тении); 2) заставлять(позволять) сажать(растения).

심다 [-따] сажать; сеять; 꽃을 ~ сажать цветы; 사과를~ сажать яб-лоню;정원에 나무를~ сажать дерево в саду;

음악에 대한 취미를 심어 주다 привить вкус к музыке.

심리(心理) I душевный склад;пси-хика; психология; ~의 психический; ~적 а) моральный; б) психологи-ческий; ~묘사 описание психо-гического состояния; ~소설 психо-логический роман; ~언어학 психо-лингвистика; ~전 психологическая война; психическая атака; ~주의 психологизм; ~주의자 психологист; ~학 психология; ~학자 психолог.

심리(審理)[-ni] II 1)слушание дела, судебное разбирательство; 2)~하다 а) слушать(дело); б) пересмотреть(дело преступника) по указу короля.

심부름 [мелкие] поручения; ~을 들다, 하다 выполнять[мелкие] пору-чения; ~꾼 человек на побегушках.

심사(心事) I сокровенные мысли (думы); ~낙막 уст. пасть духом из-за несбывшихся надежд.

심사(心思) II 1) см. 마음; 2) нрав; склонность; зловредность;~가 편치 않다 душа не на месте; ~가나다 возникать(о злом чувстве); ~가 틀리다 измениться(по отношению к кому-л.); ~가 꼴리다 быть зловре-дным; ~꽁지벨라라 обр. зловре-дный человек; ~가 꿰지다 резко именить отношение(к кому-л.);~를 놓다 вредить по злобе;~를 부리다 зловредничать.

심사(心思) III 1)~하다 глубоко раз-думывать(обдумывать); 2) глубокое раздумье; ~숙고 а) вдумчивость; б) глубокие мысли; ~숙려 а) забот-ливость; б) глубокое беспокойство, заботы.

심술(心術) 1) недоброжелательность; ~을 놓다(놀다) нарочно мешать; 2) упрямство; вред, зло, злорадство; ~궂다 зловредный, злорадный; стро-птивый; ~을 부리다 капризничать; делать(что-л.) наперекор(назло); ~을 피우다 вредить(кому-л.) из злобы; ~이 나다 ревновать; ~이 사납다 злора-дный; ~을 피우다 вредить(кому-л.) из злобы; ~이 왕골 장골대라 а) ненави-стник; б) сущ. любящий перечить; ~스럽다 прил. а)казаться недоброже-лательным; б) казаться упрямым.

심심하였습니다 скучно.

심었습니다 сажал, посадил.

심의(審議) обсуждение; рассмотре-ние;~하다 рассматривать; обсуждать; разбирать; ~에 붙이다 ставить(вно-сить) на

- 584 -

обсуждение; ~에 착수하다 приступать к обсуждению; 문제를 ~하다 обсуждать вопрос; сение를 ~하다 разбирать дело; ~권 право участия в обсуждении.

심장(心臟) I прям. и перен. сердце; ~이 고동친다 Сердце бьётся; 그녀는 ~이 나쁘다 У неё плохо с сердцем; ~마비 инфаркт; ~병 сердечная боле-знь; кардиопатия; ~이식 пересадка сердца; ~판막 сердечный клапан; ~으로 всем сердцем; от всего сердца; ~경화증 кардиос-клероз; ~요법 кар-диотерапия; ~발생 кардиогенез; ~비대증 кардиомегалия; ~신경증 кардионевроз; ~천식 сердечная астма; ~과혈 разрыв сердца; ~판막 сердеч-ный клапан; ~판막염 кардиовальвулит; ~하수증 кардиоптоз; ~혈관학 карди-оангиология; ~확장 расширение сердца; ~연화증 кардиомаляция; ~용적계 кар-диометр; ~이 강하다 перен. толсто-кожий; ~이 약하다 слабохарактерный.

심장(心腸) II арх. сокровенные чу-вства.

심적(心的) [-쩍] сердечный; ду-шевный; ~변화 изменение в ду-шевном состоянии; ~고통 душев- ное страдание; боль в душе.

심정(心情) 1) сущ. сокровенное; 2) состояние души; 나는 그의~을 모르겠다 Я не знаю, что у него на душе; 자신의 ~을 털어놓다 открывать кому своё сердце; изливать душу.

심지(心-) I 1) светильня; фитиль; 램프의 ~를 뽑아내다 вытащить фи-тиль; 2) затычка; 구멍에 ~를 틀어박다 заткнуть дырку затычкой; 3) салфетка(на рану); 4) см. 제비 I.

심지(心志) II воля, решимость.

심지어(甚至於) даже.

심취(心醉) опьянение; увлечение; ~하다 увлекаться(кем-чем-л.); оча-ровываться; сильно опьянеть; 그는 일에~해 있다 Он увлечён работой; 나는 일에~해 있어 극장에 늦어 버렸다 Я так увлёкся работой, что опоз-дал в театр.

심통(心-) дурной характер; злоба; ~을부리다 злиться на(кого-что-л.).

심판(審判) 1) приговор; ~관 судья; 국제~ судья международной категории; ~을 보다 судить; быть судьёй; 판사는 범죄자들에게 준엄한 ~을 내렸다 Судья вынес преступникам суровый приговор; 2)спорт. судейство; 3) см. 심판원; 4) рел. божий суд; ~하다 а) выносить (приговор); б) спорт. судить; 그는 축구경기에서 ~을 보았다 Он был

- 585 -

судьёй на футбольном матче; в) рел. воздавать за добро и зло(о form).

심하다(甚-) I 1) глубокий; сильный; резкий; интенсивный; 심한 모욕 жесткая обида; 심한 추위 крепкий мороз; 심한 코감기 сильный насморк; 심한폭우 сильный ливень; 2) см. 혹독 [하다].

심혈(心血) I вся душа;~을 기울이다, ~을 경주하다 вкладывать всю душу (во что-л.).

심혈(深穴) II глубокая яма.

심호흡(深呼吸) глубокое дыхание; ~하다 глубоко дышать.

십(十) I десять; ~곱하기~은 백 десятью десять сто; ~각형 десятиу-гольник; ~리 десять ли; ~리터декалитр; ~면 체 десятигранник; ~분의 1 десятая часть; ~배의 деся-теричный; ~점 десятка; ~종 경기 десятиборье; ~진법 десятичная система исчисления; 십년감수 обр. слава богу, пронесло; 십년일득 обр. сбылась заветная мечта; 십년공부나무아비타불(도로아미타불)обр.пойти прахом(о деле, в которое вложено много энергии, сил); 십리가 모래바다이라도 눈꽃를 가시나무가 있다 посл. ≅ и среди ближайших друзей могут быть враги; 십리 반찬 обр. хороший гарнир(к рису); 십리에 다리 놓았다 обр. негладко идти(о деле, работе); 십리에 장승 서듯 обр. редко расставленный.

십리 10 ли(4 км).

십자(十字) 1) название иероглифа "十"; 2) крест; ~포화 перекрёстный огонь; 3) см. 십자가 II.

십자가(十字架) крест; распятие; 당 신은 종 탑 위에 큰~이 있는 교회가 보입니까? Вы видите церковь с бо- льшим крестом на колокольне? Наше́ (?) место, где мы находи́мся легко знать на карте хочу; 지도 위에 ~표시를 하시오 Отметьте на карте крестиком место, где мы находи-мся.

십장생(十長生) арх. десять живых существ и предметов,обладающих долголетием: солнце, горы, вода, камни, облака, сосна, «трава бес-смертия», черепаха, журавль, олень.

십중팔구(十中八九) вероятно; по вс-ей вероятности; в восьми случаях из десяти; 그는 ~오지 않을 것이다 Скорее всего он не придёт; ~ 그가 이길 거야 десять против одного, что выиграет он; см.십상[팔구].

십진(十進) ~기수법 мат. десятичная система счисления;

- 586 -

~명수법 мат. десятичная нумерация.

싱겁다 1) пресный, несолёный; 싱거운 음식 пресное блюдо; 2) слабый, некрепкий(о воде, табаке); 3) лишний, ненужный; неуместный; 싱거운 소리를 하다 городить чепуху; 4) непристойный(о поведении); 5) робкий, застенчивый.

싱글벙글 улыбкой; ~웃다, ~하다 расплываться в улыбке.

싱싱(<生生) ~하다 а) свежий; 싱싱한 과일 свежие фрукты; б) живой, энергичный; 기운이~ быть очень энергичным; в) дружный(о всходах); буйно растущий. 싱싱해 свежий.

싶다 употр. тк. в аналитических конструкциях: 1) после дееприч. с оконч. ~고 хотеть, желать; 가고 싶소 хочу пойти; 노래하고 ~ хочу петь; 2) после вопр. ф. предикатива с оконч. 가 или служ. сл. 상 видимо, кажется; 오후쯤엔 비가 올가 ~ кажется, после обеда будет дождь; 그는 울 상 ~ он, кажется, [сейчас] заплачет; 3) посл. усл. дееприч. с оконч. 면 хотелось бы; 노래하고 ~ хочу петь; 비가 올까 ~ кажется идёт дождь; 나는 산책하고 ~ мне хочется погулять; 나도 대학생이 돼보았으면 싶었다 Хотелось бы чтоб и я стал студентом.

싶었습니다 хотелось бы. **싶었어** хотел.

ㅆ восемнадцатая буква кор. алфавита; обозначает фонему сс.

싸개 обёрточная бумага; обивочная ткань; обёртка; чехол.

싸게 дёшево; 너는 이 외투를 ~구입 했다 Это пальто дёшево купил.

싸구려 1)межд. покупайте, дёшево отдаю(крик торговца); 2) товар, продаваемый по дешёвке.

싸늘하다 холодный; студёный.

싸다 I 1) завёртывать; 모두 함께 싸 주세요 Заверните пожалуйста всё вместе;상품을 신문지로~ завёртывать товар в газетную бумагу; 책을 종이 로~ обёртывать книгу бумагой; 싸고 싼 사향도 냄새난다 посл. ≅ букв. сколько не завёртывай мускус, он всё равно будет пахнуть; 2) окружать; окутывать; обволакивать; 3) готовить (еду, чтобы взять с собой); 싸고돌다 (싸돌다) а) ходить вокруг(чего-л.); б) развёртываться(вокруг чего-л.- о событиях); в) брать(кого-л.) под свою защиту; 싸주다 а) завернуть и отдать (что-л.); б) прикрывать, защищать (кого-л.). 싸데려 가다 этн. брать в дом бедную невесту, приготовив ей приданное, и сыграв свадьбу за счёт жениха.

싸다 II 1)гадить; 2) диал.см. 누다 I

싸다 III 1) дешёвый, завёртывать, окружать; 싸게 дёшево; 이 가방은 무척~ Этот портфель совсем дешёвый; 이것은 매우~ Это очень дёшево; 2) разг. заслуживающий(кары, наказания); 그래 ~так тебе и надо; 3) диал.см. 비싸다.

싸매다 обвязывать; обматывать; 머리 를 수건으로~ обматывать голову полотенцем; 붕대로 상처를~ бинтовать рану; 수건으로 눈을 ~ завязывать глаза полотенцем.

싸우다 бороться, воевать; 권리 옹호를 위해 ~ бороться за свои права; 그의 마음속에는 사랑과 질투가 싸우 고 있다 У него любовь борится с ревностью; 전염병과 ~ бороться с эпидемией; 정욕과 ~ сражаться со страстями; 아이들이 싸우고 있다 Мальчики дерутся. 싸운 бороться.

싸움 битва; борьба;~하다 драться с кем-л.; бороться с кем-чем-л.; ~질 하다 драться; ~패 драчуны; ~ 끝에 정이 붙는다 обр. драка кончается миром; ~은 말리고 흥정은 붙이랬다 см. 흥정[은 붙이고 싸움은 말리랬다]; ~하다 драться; сражаться; бороться.

싸이즈(англ.size) размер, величина.

싹 I росток;~을 내다 пустить(дать) росток; ~을 밟다 догадываться, угадывать.; 싹이 너무 늦게튼다 ростки слишком поздно пробиваются.

싹 II 1) начисто, совсем; 2) легко, без труда. ~나다 ростки появляются.

싹트다 почки распускаются; про- растать; возникать,создаваться; 아직 나무엔 싹이 트지 않았다 Ещё не распустились почки на деревьях.

쌀 рис;~의 рисовый;~가게 рисовая лавка;~값 цены на рис;~겨 рисо-вые отруби; ~농사 рисоводство; ~뜨물 вода в которой мыли рис; ~밥 рис, сваренный на пару; ~자루 мешок с зерном; ~죽 рисовая каша; ~추수 урожай риса; ~통 корыто с зерном; 보리~ ячменевая крупа; 쌀은 쏟고 주어도 말은 하고 못 줏는다 *посл.* ≈ *букв.* рассыпанный рис можно собрать, а сказанного не вернёшь; 2) крупа; 3) сокр. от 입쌀; 쌀에서 [섞이듯] обр. искать иголку в стоге сена.

쌀쌀하다 пасмурный и прохлад- ный, угрюмый, неприветливый; 그녀는 나를 쌀쌀하게 대했다 Она приняла меня холодно; 쌀쌀맞은 사람 холодный человек.

쌈 1) голубцы; ~을 싸다 делать корейские голубцы; 2) пачка иголок (из 24 штук); 3) свёрнутый кусок (материи); 4) сокр. от 알쌈.

쌓다 складывать; 경험을~ накапливать опыт;장작을 창고에~ скла-дывать брёвна в сарай; 자루를 차곡차곡 ~ наваливать один мешок на другой; 울어~ не переставая плакать.

쌓아올리다 накапливать.

쌓이다 быть сложенным(наложен-ным); складываться; накладываться; 눈이 무릎까지 쌓였다 Снега наволило по колено.

쌩쌩하다 бодрый; энергичный.ослаб. стил. вариант 씽씽하다. **써** написав.

-써 оконч., присоединяется к сущ. в форме твор. п., уточняя его орудное знач.: 말로써만 동정하다 сочувст-вовать только на словах.

써다 1) спадать(о воде); 2) высы-хать (напр. о луже).

썩 1) очень живо; ~물러가라! По-шёл вон!; ~좋다 Очень хорошо; 그는 노래를~잘 부른다 Он поёт очень хорошо; 2) 썩 좋다 썩 베어이다 хо- рошо(легко) резаться; 3) сразу же, тут же; 4); 썩 씻다 смахнуть(напр. пот); 5) отчётливо, заметно.

썩다 гнить, портиться; 썩은냄새 гнилой запах; 썩은물 гнилая вода; 썩은 물건 гнилушка; 건초가 비에 젖어 썩고있다 Сено гниёт под дождём; 생선이 썩었다 Рыба испортилась; 시체가 썩고 있다 Труп гниёт; 재능을 썩히다 зарывать талант в землю; 썩은 새끼로 범 잡기 *погов. = букв.* ловить тигра гнилой соломенной верёвкой; 마음이~ тяжело на душе

쏘다 1) ныть; ломить; 2)стрелять; 3) прост. сильно поносить; 4) жалить(о насекомых); 5) задевать, говорить колкости; стрелять, укусить (насе-комых); 나는 꿀벌에게 심하게 쏘였다 Пчела больно меня ужалила; 이가 쏜다 Зубы ноют; 의 아픈곳을 쏘다 задевать кого-л. за живое; 쏘아보다 쏘아떨구다 см.사격하다.

쏙 ~내밀다 выпячивать; выпягивать; ~빠지다 глубоко провалиться; ~ 뽑아내다 выхватывать.

쏜살같은 скоропреходящий.

쏜살같이 очертя;на всём скаку

쏜살같이 날다 летеоь стрепой

쏜살같이 달린다 пежать куда глаза глаза глядат.

쏜살같이 달려가다 нестись как стрела

쏟다 изливать; выливать; высыпать; 눈물을 ~ лить потоки слёз; 자루에서 가루를 ~ высыпать муку из мешка; 통에서 물을~ вылить воду из бочки.

쏠다(쏘니,쏘오) грызть; прогрызать; 쥐가 널빤지를 쏠았다 Мышь прог- рызла доску.

쏴 ~하다 завыть(о ветре): зашуметь (напр. о лесе).

쏴쏴 ~하다 завывать(о ветре); шуметь (напр. о лесе).

쐐기 клин;~모양의 клиновидный; ~형문자 клинообразные письмена; ~로 죄다 заклинивать; ~를 박다 (치다) взбивать клин между кем-л.;~질 하다 забивать клин.

쑤다 варить; 쑨 죽이 밥이될가? *посл.* ≅ снявши голову, по волосам не плачут(букв. разве жидкая рисо-вая каша станет варёным рисом).

쑥 I полынь; ~을 캐다 выкапывать полынь; 쑥 바구니 같다 *обр.* спутанные волосы.

쑥 II 1) неблаговидный(постыдный) поступок; 2) сущ. совершивший неблаговидный(постыдный)поступок.

쒜쒜 успокойся(говорят, поглаживая больное или ушибленное место у ребёнка).

ㅆ ссы(назв. кор. буквы ㅆ.

쓰다(쓰니, 써) I писать, использовать, надевать; 받아~ писать под диктовку; 그녀는 나에게 자주 편지를 쓴다 Она мне часто пишет

쓰다(쓰니,써) II надевать; 그녀는 모 자를 쓰고있다 Она надевает шляпу; 쓰고 나다 быть похожим как две капли воды(на кого-л.)

쓰다(쓰니,써) III тратить, 1) употреб-лять, использовать, пользоваться; 2) расходовать(деньги); 3) применять (лекарство) 4) 힘을~ прилагать силы(усилия); 애를~ прилагать старания, стараться 5) проявлять (напр. упрямство) 6) прибегать(к чему-л.); 꾀를~ пускаться на хитрости; 7) двигать, владеть(напр руками) 8) задолжать; 9) угощать; 10) иметь,носить(фамилию) 11) делать ход(напр. в шахматах) 12) кричать, выкрикивать; 13) в отриц. или вопр. предложении нельзя, не сметь; 그렇 게 하면 못 써! не смей так делать!; 쓸데없다 а) ненужный, бесполезный; б) пустой, бессмысленный.

쓰다(쓰니, 써) IV делать могилу.

쓰다(쓰니, 써) V 1) горький; 입이 ~ во рту горчит; 쓰디쓴 진리 горькая истина; 쓴 도라지(외, 오이)보듯 쓴 외(오이) 대하듯 см. 원두쟁이 쓴외 보듯]; ~달다 말이 없다 см. 검다[희다 말이 없다]; 쓴 것이 약 погов. ≈ букв. и лекарство [бывает] горькое; 쓴 맛 단 맛 다 보다 погов. ≈ букв. изведать вкус и сладкого, и горько-го ся и зо бул들다(마시다) см. 고배[를 들다] II; 쓴 입(맛)을 다시다 обр. считать неправильным; 2) крепкий(напр. о табаке); 3) 입맛이 ~ нет аппетита, не хочется есть.

쓰다듬다 [-따] ласкать.

쓰다듬어주다 погладить.

쓰린 상처 жгучая(ноющая) рана; горькая рана.

쓰림 душевные переживания

쓰러뜨리다 свалить; повалить; 바람 이 나무를 쓰러뜨린다 Ветер валит деревья

쓰러지다 повалиться, свалиться; 기진맥진하여 ~ валиться от уста лости; 땅 위에 ~ пасть на землю; 적은쓰러 지다 Неприятель потерпел поражение; 쓰러져 가는 나무를 아주 쓰러뜨린다 обр.добивать(кого-л.); 2) слечь, свали-ться (о больном); 3) потерпеть пора-жение; пасть; погибнуть.

쓰러지며 падать.

쓰레기 мусор; ~를 어디에 버려야 합니까? А куда мусор выбрасывать; ~통 мусорный ящик; ведро для отбросов; 인간 ~ подонок.

쓰리다 жгучий; 마음이 ~ болеть душой(сердцем); 위가 ~ в желудке сосёт.

쓰십니다 пишет.

쓰이다 писаться; писанный; сочи-нённый; 이 단어는 어떻게 쓰이는가? Как пишется это слово? страд. и побуд. залоги от 쓰다 I.

쓰임 расходуемое; расходы.

쓰임새 сумма расходов; количество расходуемого.

쓱 легко.

쓱싹 ж и кв ж и к(звук режущей пилы); ~하다 а) взвизгнуть(о пиле, напиль-нике); б) округлить (при счёте); в) скрыть, замазать (напр. недостаток).

쓱싹거리다 1) визжать(о пиле, напи-льнике); б) округлять(при счёте); 3) замазывать (напр. недостатки).

쏙쏙 легко; мгновенно; незаметно; 일을~해 치우다 быстро разделаться с делами.

쓴 написанный.

쓴, 매운 горький.

쓴맛 горький вкус; горе горькое.

쓴술 водка, приготовленная на заторе из неклейкого риса.

쓴웃음 горькая усмешка; растерян-ная улыбка; ~을 짓다 усмехаться горько.

쓸개 желчный пузырь; ~가 빠지다 глупый; неумный; см. 담낭;~가 빠지다 бран. глупый, неумный.

쓸다(쓰니, 쓰오) подметать; 먼지를 ~ мести сор; 그녀는 방을 쓸었다 Она подмела комнату; **쓸어들다** нахлы-нуть; **쓸어모으다** смести в одно место.

쓸데없는 짓 бесполезное дело.

쓸모 пригодность; ~있는 пригод- ный; ~가 있다 пригодиться; 이것은 언젠가 또다시 네게~가 있을지도 모른다 Это тебе ещё когда-нибудь приго-дится. **쓸모가 있다** быть полезным, годный, пригодный. **씁니다** пишу.

쓸어버리다 сметать с лица земли.

씁쓰레하다 чуть горьковатый; усил. стил. вариант 씁싸래[하다].

씁쓸하다 горьковатый; усил. стил. вариант 씁쌀[하다].

씌우다 укрывать; 죄인에게 족쇄를 ~ надевать на преступника кан- далы.

씌워서 покрыть.

씨 I семя; семена; ~를 말리다 пол-ностью уничтожать; ~를 받다 остав-лять на семена; ~를 뿌리다 сеять; 불화의~ семена раздора; ~[가]먹다 толковый,разумный(о словах); ~가지다 вымереть(о роде); 씨 도적은 못 한다 быть очень похожим на родителей; 씨도 없이 всё, начисто, до конца; 씨를 심다 сеять семена.

씨 II текст. уток.

씨근덕거리다 сильно пыхтеть(сопеть).

씨나락 семена риса; 볍씨.

씨나리오(um. scenario)сценарий

씨눈 почка.

씨름 Сирым-корейская борьба; ~ 하다 бороться; биться над чем-л.; ~ 꾼 борец; ~판 площадка для национальной корейской борьбы; 씨름선수 борец.

씨름판 место(сцена) корейской нацио-нальной борьбы.
씨받이 [-바찌] ~하다 оставлять на семена (на племя).
씨뿌리기 сеяние, посев.
씨실 нити утка.
씨알 1) семя; семена; 2) шелк. грена
씨알머리 бран. отродье.
씨암탉 племенная курица; ~걸음으로 걷다;выступать словно пава.
씨암퇘지 свиноматка.
씨앗 (семя; семена; 씨울 нити утка.
씨족(氏族) 1) род; ~공동체 родовая община; 2) кровное родство; кров-ный родственник
씩~웃다 слегка улыбнуться; усил. стил. вариант 쌕.
-씩 после числ. по; 둘~ по два (две); 세 번~ по три раза; 각자에게서 100원~ по сто вон каждого.
씩씩 ~거리다 сопеть; дышать с трудом; пыхтеть; 그는 ~거리며 달려 왔다 Он прибежал задыхаясь.
씰룩 ~거리다 подёргиваться; 눈썹이 ~거린다 брови подёргиваются; ~하다 усил. стил. вариант 실룩[하다].
씰룩거리다 подёргиваться.
씰리콘 (англ.silicon) ~수지 силико-новая смола.
씹다 жевать; 음식을 소리내어 ~ жевать пищу причмокивая; 말을 씹어 뱉듯하다 с трудом выдавливать слова.
씹히다 страд. и побуд. залоги от 씹다   씻기 мытьё.
씻다 мыть, смывать; 손을~ мыть руки; 씻을 수 없는 수치 несмывае-мый позор; 씻은 배추줄기 같다 обр. как огуречик; 씻은 팥알 같다 обр. чистый, аккуратный; 씻은 듯[이] начисто; ◊ 씻은듯 부신 듯 а) как ни в чём не бывало; б) всё без остатка.
씻었습니다 мыл.   씽씽하다 бодрый, энергичный

- 593 -

ㅇ

ㅇ иынь (назв. кор. буквы ㅇ).

ㅏ двадцатая буква кор. алфавита; обозначает гласную фонему **а**.

아 I а (назв. кор.буквы ㅏ).

아 II межд. о!,ох! 아 해 다르고 어 해 다르다 одно и то же может быть пе-редано по-разному.

아 III межд. 1) испуга, досады ах! эх!; 2) эй! (при обращении); 아 이 사람! эй ты!

-아 I разг. оконч.зват.п.: 아이들아 학교로 가자 дети пойдем в школу!

-아 II интим.оконч.заключит.ф. предикатива: 종이가 얇아 бумага тонкая.

아기 I ласк.1) малютка, малыш; 2) доченька; 3) сношенька.

아기(牙旗) II королевское знамя; знамя полководца.

아깝다(아까우니, 아까와) прил. жалеть; в знач. сказ. жаль, жалко.

아껴 쓰다 <> **낭비하다** экономно использовать, экономить;<> тран-жирить.

아끼다 жалеть, беречь, щадить; 아끼 면 똥(찌)된다(아끼는 것이 찌로 된다) *посл.* ≈ если будешь [слишком] беречь, то всё может пойти прахом; 아껴 쓰다 беречь, экономить.

아나운서(*англ.* announcer) *уст. см.* 방송원

아내 жена, супруга.

아니 1) отриц. не, нет; 아니밴 아이를 자꾸 나라네 =배지않은 아이를 낳으랜다; *см.* 배다 II 1); ~땐 굴뚝 에서 연기 날가? *посл.* ≈ *букв.* разве может идти дым из трубы печи, которую не затопили?; 2) *межд.* удивления, испуга о!,ох!, Боже мой!; 3) *вводн.сл.* более того, тем более; ~할

말로 not осмеливаюсь(боюсь) сказать, но...
아니다 связка не [быть]; 아니다 다 르랴(다를까)? кстати; 아닌게 아니라 в самом деле, действительно; 아닌 밤중에 вдруг, откуда ни возьмись; 아닌 밤중에 차 시루떡 = неожиданно повезло; 아닌 밤중에 홍두깨 내밀 듯 обр. неожиданно; 아닌 보살하다 обр. притворяться непонимающим(незнающим).
-아도 оконч. деепр. уступительного: 강물이 얕아도 건너기가 어렵다 хотя река не глубокая, перейти её трудно.
아동(兒童) I ребёнок; ~고음 муз. дискант; ~공원 детский парк(городок); ~궁전 дворец пионеров; ~문학 детская литература; ~작가 детский писатель; ~판수 육갑 외듯(трещать) словно сорока.
아득한 дальний, далёкий; давний; туманный, неясный.
아들 сын. 아들 딸 сын и дочь; дети.
-아라 I разг. груб. оконч. повел. ф.: 보아라! посмотри!
-아라 II оконч. воскл. ф. ай, хорошо! как хорошо!
아래 1) нижняя часть(чего-л.), низ; б) сущ. нижестоящий, подчиненный; в)~이다 быть моложе; 2) послелог под, при; 노동당의 지도~ под руководством Трудовой партии;
아래쪽 1) низ, нижняя часть(сто- рона); 2) область(страна), расположенная ниже (другой области, страны).
아래층 1) нижний этаж; 2) нижний слойпри сгребании обмолоченного зерна.
아뢰다 1) докладывать, сообщать (вышестоящему); 2) уст. исполнять (перед вышестоящим муз. произведение); говорить(в уважительной форме).
아름 1) обхват; 이 나무는 세 아름이 된다 это дерево в три обхвата; 2) счётн. сл. охапка(напр. дров).
아름다운 красивый, очаровательный, прекрасный.
아름답다 красивый, очаровательный.
아마(亞麻) I лён; ~방적 льнопрядение.
아마(兒馬) II 1) необъезженная низкорослая лошадь; 2) феод. лошадь, даривавшаяся государством чиновнику.
아무 1) кто-то; никто(в отриц. предлож.); 2) после фамилии нек-то, некий; 김 ~некий Ким; 3) какой(-либо), что за...; никакой (при отриц.); ~의심도 없다 нет никакого сомнения; ~말도 하지 않다 не сказать ни слова; ~것도 ничто, нечего; ~것도 모르다 ничего не знать; ~것도 아니다 ничего собой не представлять; ~때 а) ко гда; б) однажды,

как-то [раз]; ~때에도 никогда; 아무짝에도 쓸모가 없다 совершенно негодный(нену-жный).

아무래도 как (что) ни делай; что бы[ни][было]; как бы[то] ни [было]; несмотря ни на что.

아무리 в уступ. предлож. как [бы] ни ..., сколько [бы] ни...; 눈보라 ~ 세차게 날려도 ... как бы ни злилась метель...; ~바빠도 바늘허리에 매여 쓰지 못한다 *посл.* ≡ вприпрыжку дела не сделаешь.

아무쪼록 1) по мере возможности; по мере сил; 2) во что бы то ни стало. **아버님** вежл. отец.

아버지 отец; Авва.

아비 пренебр. отец; ~없는 후레자식 бран. безродная тварь.

아빠 отец; Авва. **아뿔사!** вот беда!

-아서 вариант оконч. дееприч. пред-шествования предикатива; см. -어서.

아쉽다(아쉬우니, 아쉬워) 1) прил. недоставать, не хватать; чувство-ваться(об отсутствии кого-чего-л.); 아쉰 소리 слезная просьба; 아쉬운 감 장수 유월부터 한다 *посл.* ≡ а) *букв.* (нужда заставит) продавать в июле неспелую хурму; б) поспе- шишь людей насмешить; 2) см. 아수하다.

아씨 вежл. господа(обращение слуги к молодой хозяйке).

아예 I см. 애초 [에]I.

아예 II с самого начала; скорее

아예 없애다 уничтожить с самого начала.

아우 I 1) младший брат; 2) младшая сестра; 3) брат, сестра(обращение к младшим по возрасту); 4) вежл. я(в разговоре со сверстником); ~[를] 보다 а) забеременеть (о женщине, имеющей детей); б) родить, произ-вести на свет(о человеке, имеющем детей); ~[를] 타다 худеть, хиреть(о грудном ребёнке, мать которого беременна или родила другого ребёнка)

아우(동생) **II** младший брат.

아울러 после имени, сопровождае-мого ...와 (과) вместе с.., наряду с.., одновременно с.,

아이 I 1) *прям. и перен.* ребёнок; ~가진 떡 *обр.* вещь, которую легко отобрать(у другого); ~는 작게 낳아 서 크게 길러라 *погов.*; ~는 칠수록 운다 детей называют стыдом, а не батогом; ~도 낳기 전에 포대기(기저귀) 장만한다 см. 시집[도 가기 전에 포대기(기저귀) 장만한다]; ~도

사랑하는 데로 붙는 다 *посл.* ≅ *букв.* и ребёнок тя- нется к тому, кто его любит; ~들 보는데 찬 물(냉수)도 못먹겠다(어린애 보는데는 찬물도 마시기 어렵다) *посл.* ≅ а) нельзя подавать детям дурного при-мера; б) быть обезьяной, слепо подра-жать комуто; ~를 사르고 대를 길렀나 보다 *погов.* ≅ глуп, как пробка; мал도 귀 여겨 들으랬다 см. 세 [살 먹은 아이 말도 귀담아 들으랬다] VII; ~말 듣고 배따다 *посл.* ≅ следовать сове-там невежды; ~ 보다 배꼽이 크다 см. 배 [보다 배꼽이 크다] I;~보채듯 *обр.* пристать, как банный лист; ~자라 어른된다 *посл.* ≅ по капельке море, по былинке stog; ~좋다니까 종자 닭을 잡는다 *посл.* ≅ *букв.* похвали его ребён-каи он зарежет последнюю курицу; ~싸움이 어른 싸움된다 *посл.* ≅ *букв.* ссора детей перерастёт в драку взрослых; ~초라니 *этн.* подросток в костюме красного цвета и в маске, участвующий в изгнании злого духа из дворца;~아버지(아비 *пренебр.*) отец, имеющий сына и дочь; б) мой муж(в разговоре женщины, имеющей детей) ~어머니(어미 *пренебр.*) а) мать, имею-щая сына и дочь; б) моя жена(в разговоре мужчины, имеющего детей); 2) *пренебр.* см. 자식 I; 3) см. 태아 I; 4) *пренебр.* неженатый мужчина.

아이 II *межд.* 1) см. 아이고; 2) при уговаривании ну, милый, хороший! Ну милая, хорошая!

아이고 *межд.* ай! ой!

아저씨 1) дядя(человек одного поко-ления с отцом); 2) зять(муж старшей сестры); 3) *вежл.* дядя(обращение детей к молодым мужчинам); ~ 아저씨하고 길짐만 지운다 *посл.* ≅ мягко стелет/жестко спать.

아주 очень; весьма; 2) очень, сове-ршенно; 2) совсем, навсегда; 3) в знач. *межд.*, выражающего презрение.

아주머니 1) женщина(обращение); тетя(одного поколения с отцом, матерью); ~ 술(떡)도 싸아 사먹지 *посл.* ≅ дружба дружбой, а дене-жкам счет; 2) обращение к прода-вцам или хозяйкам среднего воз-раста; 3) невестка (жена старшего брата); 4) Ваша(его) жена.

아주머님 *вежл.* см. 아주머니.

아주버님 1) мужчина одного по- коления с мужем; 2) мужчина(об- ращение женщины к мужчине); 3) *диал.* см. 아저씨.

아직 ещё; ~까지 до сих пор; ~도 всё ещё. 아직껏 до сих

пор.

아찔하다 темнеет в глазах.

아침 утро; ~문안 осведомляться у старшего, хорошо ли тот спал; ~상식 этн. жертвоприношение, совершае-мое по утрам перед поминальной дощечкой(до похорон);~노을 저녁 비요, 저녁노을~비다 утреняя заря предвещает дождь вечером, а вече-ряяутром.

아파트(англ. apartment) многоквар-тирный дом

아프다(아프니,아파) 1) прил. болеть; в знач. сказ. больного; 머리가~ болит голова; 2) мучительный, тягостный.

아픔, 고통 боль.

아프리카(англ. africa) Африка.

아픈경험(經驗) горький опыт.

아홉 девять; ~줄 고누 игра в ко-рейские шашки на доске с небо-льшим коли-чеством клеток дев-ятью шашками.

아홉, 구(9) девять. **아홉째** девятый.

아흔 구십(90) девяносто.; ~아홉 섬 가진 사람이 한 섬 가진 사람의 것을 마저 빼앗으려 한다 *посл*. ≈ *букв*. Имеющий 99 мешков зерна готов отобрать у другого человека пос-ледний мешок.

악 I 1) 악을 쓰다 прилагать отчая-ные усилия, лезть из кожи вон; 2) 악이 나다 приходить в ярость.

악(惡) II зло; 악 [이] 세다 очень упрямый; 악이 오르다(악에 받치다) [разо]злиться.

악기 I музыкальный инструмент; ~ 편성 инструментовка.

악기 II 1) злой умысел; 2) непри-ятный, дурной запах, вонь.

악성(惡性) плохой характер; зло-каственный; ~감기(감모) грипп(в период смены времен года); ~빈혈 злокачесенная анемия; ~선종 злокачественная аденома; ~수종 злокачественный отёк;~종양 зло-качественная опухоль.

악센트(англ. accent) 1) лингв. уда-рение; 2) муз. акцент.

악수 I ливень.

악수(握手) II рукопожатие; ~하다 (по)жать руку.

악용(惡用) ~하다 а) неправильно обращаться (использовать); б) зло-употреблять.

악조건(惡條件) плохие(отвратитель-ные) условия.

악착(齷齪)**~스럽다** а) казаться мелочным и чёрствым; б) казаться ужасным(вызывающим содрогание); в) казаться упрямым(настойчивым, несговорчивым); г) казаться жесто-ким(бесчеловеч ным); ~하다 а) уст. мелочный и чёрствый; б) ужасный, вызыва- ющий содрогание; в) упря-мый, настойчивый; несговорчивый; г) жестокий, бесчеловечный.

악하다(惡-) 1) злой, злобный; 2) дурной, плохой.

악행(惡行) 1) злодеяние; 2) дурной поступок; дурное поведение.

안 I 1) внутренняя часть чего-л., изнанка; 2) ~[에] а) внутри, в...; 강당 안에 в актовом зале; б) в пределах, в течении; 3) см. 안방 2); 4) см. 안해 I 안 인심이 좋아야 바깥양반 출입이 넒다 *посл.* букв. мужа будут принимать так же, как принимает гостей жена; 5) см. 안찜 1) 안 [이] 달다 см.속 [이 달다] I.

안(案) II 1) план; 2) см.안건; 3) гора (стена) загораживающая(что-л.).

안 III сокр. от 아니; 안되면 조상 탓 *погов.*≈ нечего на зеркало пенять, коли рожа крива(букв. в неудачах повинны предки); 안 먹는 씨아가 소리만 난다 *посл.*≈в пустой бочке больше звона; 안 본 용은 그려도 본 범은 못 그린다 *посл.* ≈ от слова до дела целая верста(букв. рисует дракона, которого не видел, но не может нарисовать виденого тигра)

안 IV 안[을-]받다 быть окружённым заботой детей.

안경(眼鏡) очки; ~자국 вмятины (следы) от очков(на лице).

안과(眼科) 1)офтальмология; 2) аз-ное отделение(напр. в больнице)

안과의(眼科醫)окулист, офтальмолог.

안근(眼筋) мышцы глаза; ~마비 мед. офтальмоневрит, офтальмоплегия; ~절단술 мед.офтальмомио-томия.

안기다 1) быть на руках(у кого-л); быть(в чьихто) объятиях; 2) зас- тавлять(просить) взять на руки (обнять, прижать к груди); 3) ста-лкивать лбами(кого-л); 4) сажать на яйца(наседку); 5) внушать(чувство); 6) возлагать(от-ветственость на кого-л); 7)наносить удар(напр. кулаком).

안내(案內) 1) сопровождение(гос- тей); 2) сущ. сопровождающий, экс-курсовод, гид, проводник; 3) ознакомление; ~하다 а) сопровождать, водить; б) знакомить, показывать.

안내문(案內文) объявление.

안내서(案內書) путеводитель.

안녕(安寧) ~질서 порядок и спо-койствие; ~하다 спокойный, благо- получный, здоровый; ~하십니까? Здравствуйте!; ~히 가십시오! Счастли-вого пути!; ~히 계십시오! Счастливо оставаться!; ~히 주무셨습니까? Доб-рое утро!; ~히 주무십시오! Спокой-ной ночи!

안다 1) обнимать, держать на руках, прижимать(к груди) 2) схватиться(за грудь, за живот); 3) поворачиваться (находиться) лицом(к чему-л); 벽을 안고 лицом к стене; 바람을 안고 나가다 идти навстречу ветру; 4) сидеть на яйцах(о наседке); 안는 암탉 잡아먹기 посл.= сделать себе во вред(букв. зарезать и съесть наседку, выси-живающую цыплят); 5) питать(в душе), хранить(в памяти); 6) нести(брать на себя ответственно- сть); 7) прост. получать(удары); 8) давать клубни(напр. о картофеле); 안고 나다 брать(взваливать) на се-бя(вместо другого); 안아맡다 брать на себя ответственость(вместо кого-л); 안고지다 причинить себе вред, желая навредить(кому-л).

안면(顔面) II 1) см. 낯; ~신경 анат. лицевой нерв; 2) знакомство; ~박대 холодно обращаться с хорошо зна-комыми людьми; ~부지 а) не знать в лицо; б) совершенно незнакомый человек; ~ 치레 обращение с малознакомыми людьми.

안방(-房) 1) комната,примыкающая к кухне(в кор. доме); 2) женская половина дома; ~에 가면 시어미 말이 옳고 부엌에 가면 며느리 말이 옳다 посл. ≡ трудно разобраться, кто прав(букв. в женской половине права свекровь, а на кухне сноха).

안부(安否) I 1) здоровье, состояние здоровья, самочувствие; 2) пожела-ния здлровья и благополучия; ~ 를 전하다, ~하다 передавать поже-лания здоровья и благополучия (привет).

안전(安全) I безопасность; ~기사 инженер по технике безопасности; ~기술 техника безопасности;~면도 безопасная бритва; ~보장 обеспе- чение безопасности; ~보장 이사회 Совет Безопасности(ООН); ~성냥 [безопасная] спичка; ~시거 безопа-сное видимое расстояние; ~시설 техника безопасности(напр. соору- жения); ~장치 предохранительное устройство; воен. предохранитель; ~전류 эл. допустимый ток; ~조약 договор о безопасности; ~통로 раз-минированный проход (в минном заграждении); ~하다 безопасный.

안전(案前) II вежл. Вы, Ваше бла- городие (обращение канцеляриста к чиновнику).

안절부절 неспокойно; ~을 못 하다 не находить себе места;~하다 беспо-коиться.

안정(安定) I устойчивость, стаби-льность; стабилизация, равновесие тех. успокоение, хим. стойкость; ~상태 устойчивое, стабильное со-стояние;~시간 тех. время успокое-ния; ~장치 стабилизатор; ~화폐 твёрдая валюта; ~원자 atom нерад-иактивного вещества; ~하다 стаби-лизировать[ся]; быть устой чивым (стабильным); тех. успокоить[ся]

안정(安靜) II покой; ~하다 1) спо-койный,тихий; 2) успокаиваться.

안타깝다(안타까우니, 안타까와) прил. 1) беспокоить; 2) жалеть, досадо- вать, в знач. сказ. жалко.

안팎 1) внутренняя и внешняя сто-роны; ~곱사등이 a) человек с гор-бом спереди и сзади; б) обр. беда на беде; 2) жена и муж, супруги; ~살림 домашнее хозяйство и ра- бота вне дома; ~식구 домочадцы; ~심부름 поручение хозяйки и хо-зяина; ~중매 сватовство, устраиваемое супругами; ~노자 расходы на дорогу туда и обратно;~장사 скупка и продажа, перепродажа.

앉다 [-tta] 1) сидеть, садиться, приземляться(о самолёте); 앉아서 주 고 서서 받는다 погов. ≡ дать в долг легко, а получить трудно (букв. дают сидя, а получают стоя); 2) распо-лагаться, находиться; 3) занимать (пост, должность); 4) оседать, сади-ться(напр. о пыли); покрываться (плесенью, грязью); 이끼가 ~ зам-шеть, покрыться мхом; 5) 통이 ~ завиваться(о кочане капусты); 6) 앉아[서] без дела, сложа руки; 앉은 벼락 гром среди ясного неба; 앉을 자리 дно, нижнее основание предмета.

앉은뱅이 человек с парализован- ными ногами;~걸음 передвижение в сидячем положении; ~저울 пла-тформенные весы; ~책상 [корей ский] низкий письменный стол; ~ 용쓴다 прилагать тщетные усилия.

앉히다 1) заставлять (позволять) сесть; усадить, посадить; 2) заста-влять(позволять) располагаться; 3) назначать, устроить(напр. на долж-ность); 4) прибивать(пыль); 5) уста-навливать(оборудование); 6) вносить отдельно(напр. в бухгалтерскую кни-гу); 7) отучать(от дурной привычки).

않다(сокр. от 아니하다) служ. пре- дикатив, образующий отриц. ф. от гл. и прил.: 보지~ не видеть; 깊지~ неглубокий.

알 1. 1) яйцо, икра, грена; 알까기 전에 병아리 세지 말라

посл. ≈ цы-плят по осени считают; 2) небо- льшой круглый предмет (стекло для очков, пуля *и т. п.*); 3) зёрнышко, крупинка; **2.** счётн. сл. для мелких круглых предметов: 한 알의 물방울 [одна] капля воды

알- преф. 1) шарообразный, круглый; 알약 пилюля; 2) непокрытый, незакрытый, голый; 알몸 голое тело; 3) настоящий, действительный; 알 건달 настоящий лодырь; 4) малень-кий; 알항아리 кувшинчик.

알곡, 낟알 зерно.

알다(아니, 아요) 1) знать; быть знако-мым; знакомиться; 아는 길도 물어 가라 *посл.* ≈ попытка не пытка спрос не беда(букв. и по знакомой дороге идёт после расспросов); 아는 게병(탈) *погов.* ≈ слыша-л звон, да не знает где он; 아는 놈 붙들어 매듯 *обр.* спустя рукава(делать что-л.); 아는 도끼에 발등 찍힌다 *погов.* ≈ букв. топором да по своей ноге; 안다니 똥파리 *ирон.* всезнайка; 알기는 칠월 귀뚜라미(알기는 태주) *ирон.* хвастун; 알던 정 모르던 정 없다 *обр.* холодный, равнодушный; 알은 체하다 прикидываться знающим; 2) узнавать, постигать, понимать; 3) вспоминать; 4) принимать за .., считать за..; 5) 알아[서] судя по...; ‖ 알아 듣다 понять, расслышать; 알아먹다 *прост.* а) см. 알아든다; б) см. 알아 보다; 알아보다 а) узнавать; б) распознавать; в) понимать, уяснять 알아주다 а) понимать(чьё-л. поло-жение); б) достойно оценивать, ценить; 알아차리다(채다) догадываться; 알다 가도 모르겠다 трудно понять.

알뜰살뜰 ~하다 бережливый, ак-куратный.

알뜰하다 1) очень бережливый (аккуратный); 2) полный, достаточ-ный, зажиточный; 3) тщательный, добросовестный.

알루미늄(*англ.* aluminium) алюминий.

알리다 1) давать знать, ставить в известность, уведомлять, сообщать; 2) давать понять.

알맞다 соответствующий, подхо-дящий отвечающий(чему-л.).

알몸 1) голое тело, нагота; 2) *бор.* последний бедняк.

알선(斡旋) содействие, посредни-чество; хлопотать за(кого-л.), ока-зывать услугу.

알숭달숭 ~하다 а) пёстрый(с несим-метричными пятнами); б) смутный, путаный(о мыслях).

알아든다, 이해하다 понимать.

알아맞히다 угадывать.

알아서하세요 поступай как знаешь

알아채다 замечать.

알알이 нареч. каждое зерно, каж- дый орех, каждое яйцо.

알자(謁刺) уст. визитная карточка (вручаемая при визите к старшему).

알짜 1) самое ценное; 2) сущ. насто-ящий, действительный.

알카리(англ. alkali) 1) хим. щелочь; ~금속 щелочной метал; ~축전지 щело-чной акумулятор; ~로금속 щелочнозе-мельные металлы; 2) см. 염기.

알콜(англ. alcohol) 1) спирты, алко-голь; 2) водка.

알파(греч. alpha) альфа; ~입자 аль-фачастица; ~붕피 альфараспад; ~와 오메가 альфа и омега; от альфы до амеги.

앎 знание.

앓다 [за]болеть; 마음을 ~ болеть(о душе); 앓던 이 빠진 것 같다 обр. будто камень с сердца свалился.

앓아눕다 заболеть, слечь.

-앓이 суф. болезнь, заболевание; 배앓이 желудочная болезнь

암 I 1) самка; 2) рак(болезнь).

암 II 1) мед. рак; 2) перен. больное место 암- преф. самка.

암말 кобыла.

암탉 курица.

암모니아(англ. ammonia) аммиак.

암모니아수(англ.ammonia+水) амм-иачная вода, нашатырный спирт.

암페아(англ. ampere) эл. ампер

암행(暗行) поездка инкогнито; ~어사 королевский тайный ревизор; ~하다 ездить инкогнито.

암흑(暗黑) прям и перен. мрак, тьма; ~성운 астр. тёмные туманности; ~ 천지 а) небо и земля, погружённые в темноту; б) мрачный мир; ~하다 прям. и перен. мрачный, тёмный.

압출법(壓出法) тех. выдавливание, экструдинг.

앗기다 1) быть отобранным(отня-тым); 2) быть перехваченным.

앗다 I 1) см. 빼앗다; 2) перехватить (у кого-л.); 3)очищать(от кожуры); лущить(семечки); 4) приготовлять (соевый творог); 5) вырезать, выта-чивать; 앗아넣다 с силой всовывать, вкручивать.

-았 суф. прош. вр.: 받았느냐 полу-чил ли?

-았자 оконч. дееп. уступительного: 보~ 별 수 없어 Хоть и смотрели, ничего особенного[не]нашли.

앙(盎) пузатый кувшин с широким горлышком.

앙갚음 возмездие, месть; ~하다 [ото]мстить

앙상스럽다 прил. 1) казаться мрач-ным (тоскливым, безлюдным, пусты-нным); 2) казаться голым; 3) казаться костлявым, худым.

앙알거리다 ворчать, брюзжать.

앙앙 I~불락하다 быть недовольным (огорчённым);~하다 1) недоволь-ный, неудовлетворённый; 2) быть недовольным(неудовлетворённым).

앙앙 II~하다 a) реветь(о ребёнке); б) хныкать, капризничать.

앙앙거리다 1) всё время реветь(о ребёнке); 2) всё хныкать, каприз-ничать.

앙증스럽다 прил. 1) казаться миниа-тюрным(изящным); 2) казаться сим-патичным(о чём-л. небольшом); 3) казаться меньше обычного

앙칼스럽다 прил. 1) казаться рез-ким(яростным, острым, злым); 2) казаться упорным (настойчивым).

앙칼지다 1) резкий, яростный, ост-рый, злой; 2) упорный, настойчивый.

앙케트(фр. enquete) анкета.

앙탈-[을]부리다,~하다)отпираться, отговариваться,выгораживать себя; б) увёртываться, уклоняться;в) упря-миться, не соглашаться, не слуша-ться.

앞 1. 1) перед, передняя часть (сторона); 앞으로 а) вперёд; б) вп-редь; 앞에서 в) впереди; г) ранее; 앞의 д) передний; е) предшествующий; 2) перспектива, будущее; 3) доля, часть; 4) нижняя часть живота; 5) см. 앞대; 6) см. 앞발 2); 7) арх. см. 망건 앞; 앞을 다투다 стремиться перегнать друг друга; 앞을 닦다 быть примером во всём; 앞[을] 못보다 прям. и перен. быть слепым; 앞이 벌다 непосильный; 앞이깜깜하다(캄캄하다) вешать голову, отчаиваться; 김씨 앞 товарищу Киму; 우리 앞에 제기된 임무 задачи, стоящие перед нами; 앞 뒤 1) ~에 а) спереди и сзади, впереди и позади; б) до и после, раньше и позже; 2) прошедшее и будущее; 3) слова, сказанные до и после; ~를재다 обдумывать со всех сторон, тщательно взвешивать.

앞가림 1) положенная(обязательная) работа; 2) элементарные

знания; 3) прикрытие, ширма; ~하다 а) выпо-лнять положенную(обязательную) работу; б) иметь минимум знаний; в) закрывать, перен. прикрывать.

앞길 путь впереди; предстоящий путь; перспектива;~이 구만리 같다 обр. блестящий, многообещающий, перспективный.

앞날 1) ближайшие дни; 2) будущее; 3) остаток времени(до срока); 4) остаток жизни; 5) см. 전날.

앞뒤 1) ~에 а) спереди и сзади, впереди и позади; б) до и после, раньше и позже; 2) прошедшее и будущее; 3) слова, сказанные до и после;~를재다 обдумывать со всех сторон, тщательно взвешивать.

앞서거니 뒤서거니 1) то опережая, то отставая; 2) быть во главе, во-зглавлять; 3) предшествовать; 4) превышать, превосходить; 5) 앞서서 досрочно, раньше.

앞서다 1)обгонять, стоять впереди; 앞서거니 뒤서거니 то опережая, то отставая; 앞서서 досрочно, раньше.

앞서서 досрочно, раньше.

ㅐ тринадцатая буква кор. алфа-вита; обозначает гласную фонему э.

애 I э(название кор. буквы ㅐ).

애 II 1)озабоченность, встревожен-ность; 2) старания, усилия; 애를 쓰다 (очень)стараться; 3) уст. см. 창자; 애[가] 나다 испытывать досаду, злиться; 애[가]마르다 быть обеспо-коенным(встревоженным); 애가 터지다 сильно досадовать; 애를 먹다 испытывать досаду; 애를 먹이다: расстраивать, досаждать (кому-л).

애- I преф. самый;애초 самое началo

애- II преф. молодой, маленький, ранний; 애호박 молодая тыква.

애국(愛國) любовь к родине, пат-риотизм; ~[적] патриотический; ~하다 любить родину

애국가(愛國歌) патриотическая пе-сня, гимн. 애국자(愛國者) патриот.

애완(愛玩) ~하다 любить, ценить (напр. коллекционируемые вещи); любоваться.

애인(艾人) I 1) уст. человек в воз-расте пятидесяти лет; 2) этн. кукла, сделанная из полыни(вешалась на ворота в день "тано").

애인(愛人) II 1) любимый(любимая),

возлюбленный(возлюбленная); 2) уст. ~하다 любить ближнего.

애틋하다 1) прил. расстроенный. обеспокоенный; 2) жалкий; печальный; 3) близкий; дружеский.

액(厄) I несчастье, беда, невезение.

액(液) II жидкость; раствор; 유동 성액 мет. текучесть.

-액(額) суф. кор. сумма; 소비액 сумма расходов.

액수(額數) 1) сумма; 2) уст. число, количество(людей).

액체(液體) жидкость; ~공기 жидкий газ; ~연료 жидкое топливо; ~열량계 жидкостный калориметр; ~온도계 жидкостный термометр.

앵(罌) I арх. сосуд с высоким горлышком.

앵 II ~하다 пискнуть(о комаре); прожужжать(о насекомом).

앵 III межд., выражающее неодобрение, досаду; ~하다 1) выражать неодобрение(досаду); 2) а) неодобрительный; б)горький, обидный.

ㅑ двадцать первая буква кор. алфавита, обозначает гласную фонему Я.

야 I я (назв. кор. буквы ㅑ).

야 II попадание несколько монет в одну (при игре в "расшибалку").

야 III межд. 1) удивления, испуга ах! ой! ай!; 2) призыва эй!

야 IV ограничительная частица только, лишь; 이제야 왔다 только сейчас пришёл.

-야 I разг.оконч. звательного п.

-야 II интимн. оконч. ф. гл. -свя-зки.

야간(夜間) тёмное время суток; вечер, ночь; ~대학 вечерний инс-титут; ~작업 ночная работа.

야구(野球) бейсбол;~선수 бейсболист

야구장(野球場) бейсбольное поле; площадка для игры в бейсбол.

야단(惹端) 1) шум, гам; 누가 ~이에요? кто так шумит?; ~법석 гвалт; 2) ругань, скандал; 3) беда, неприятности; ~은 무슨! какая беда! ~을 치다 а) поднимать шум; б) ругаться, скандалить; ~이 나다 а) расшуметься; б) случиться(о беде); ~스럽다 прил. а) ~하다 шуметь; б) ругаться, скандалить.

야외(野外) 1)~에 за городом, в поле; ~훈련 полевые учения; 2) см. ~극장 зеленый(летний) театр.

야위다 худеть.

야적장(野積場) место, где (что-л.) складывается.

야전(野戰) 1) битва(бой) на открытой местности; ~하다 вести бой на открытой местности; 2) сущ. полевой; ~병원 полевой госпиталь.

약 I 1) крепость(перца, табака и т. п.); 2) неприятное чувство, недовольство.

약(藥), 의약 II 1) лекарство, средство; ~ 바르다 мазать лекарство; 2) химикалии; 3) см. 한 약; 4) см. 구두약; 약을 уст. держать аптеку; 약[을] 짓다 добавлять бродильный фермент (напр. в бумагу).

약(葯) III бот. пыльник.

약(籥) IV як(кор. нац. муз. инструмент в виде короткой флейты с тремя отверстиями).

-약(藥) суф. кор. лекарство; 감기약 лекарство от простуды.

약국(藥局) аптека; см. 약방.

약물(藥-)(얀ㅅ) I 1) вода, в которой разведенно(настоянно) лекарство; настой; 2) см. 약수; 3) вода для приготовления целебного отвара; ~을 맞다 см. 물을 맞다.

약물(藥物)(얀ㅅ) II лекарственное вещество; ~치료 лечение лекарствами.

약바르다(약바르니,약발라) 1) сообразительный, смышленный; 약바른 고양이가 앞을 못 본다(약바른 강아지 (고양이) 밤눈이 어둡다) ≒ человек он умный, а под носом у себя ничего не видит; 2) ловкий, продувной, пронырливый.

약방(藥房) 1) аптека; 2) помещение в котором готовят лекарство (в доме янбана); 3) см. 내의원 ~에 감초 а) всюду совать свой нос; б) необходимая(нужная как воздух) вещь.

약속(約束) 의무(義務) 1) обещание обязательство; 2) договорённость ~ 하다 обещать;~의 обетованный; ~의 땅 1) обетованная земля, 2) обетованный край.

약효(藥效) действие лекарства; ~가 났다 лекарство подействовало.

얄밉다(얄미우니, 얄미워) омерзительный, отвратительный, противный.

얇다 (얍)1) тонкий; 얇디얇다 очень тонкий, тончайший; 2) перен. узкий, ограниченный

얇다랗(얍) довольно тонкий

얇은, 가는 тонкий.

얌전 ~을 빼다 прикидываться по-рядочным (приличным); ~스럽다 прил. а) казаться порядочным (приличным, пристойным); б) ка-заться хорошим(добротным); ~하다 а) порядочный, пристойный, прили-чный; б) хороший, добротный

양(洋) I 1) овца, баран; 2) перен. овца; 희생~ Агнец.

양(陽) II 1) ян, светлое (мужское) начало (в вост. натурфилософии); 2) кор. мед. "положительные сим-птомы" (жар, возбудимость, акти-вность); 3) положительное электри-чество.

양(壌) III арх. утварь; погребаемая вместе с покойником.

양(胖) IV желудок коровы(вола)

양(樣) V 1) после прич. гл. наст. и прош. вр. вводит придат. допол- нительное предложение: 그는 학생 들이 일하는 양을 본다 он смотрит как работают учащиеся; 2) в ф. твор. п. после прич. буд. вр.гл. для того (чтобы); для...; 뵈일 양으로 잘된 것을 추린다 выбирает хорошее для того, чтобы показать; 학인이 양으로 말한다 он говорит как ученый.

양-(洋) I преф. кор. западный; европейский; 양돼지 свинья евро-пейской породы.

양-(養) II преф. кор. приемный; 양부모 приемные родители.

-양(洋) суф. кор. океан; 태평양 ти-хий океан.ром, если родится сын, то отец угощает участников пари, а если дочь- участники пари;

양극(兩極) оба полюса; 양극지대 Южный полюс и Северный полюс; 전기에서 анод и катод; ~의 двухполюсный; ~성 полярность; ~ 지방 полярные зоны; Арктика и Ан- тарктика

양념 1) приправа(к пище); ~절구 ступка в которой толкут прянос-ти; 2) пикантные подробности; ~하다 а) приправлять(блюдо); б) придавать пикантность.

양도(讓渡) уступка, предача; ~하다 передавать, уступать; ~할 수 있는 допускающий передачу; 소유권을 ~하다 передавать имущественные права; ~인 лицо, передающее права на что...; 피 ~인 лицо, которому что-л. передаётся

양돈(養豚) свиноводство; ~하다 разводить свиней; ~가 свинарь; ~업 свиноводство.

양력(陽曆) солнечный календарь.

양로(養老)[-no] I ~하다 заботиться о престарелых;

обеспечивать старость; ~기금 фонд для престарелых; ~연금 пенсия для престарелых; пенсия по старости; ~원 дом для престарелых.

양로(讓路) [-no] II уст. ~하다 уступать дорогу.

양립(兩立) противостояние; [공존] сосуществование; совместимость; ~ 하다 противостоять, стоять друг против друга.

양말(洋襪) (짧은양말) носки, чулки; (긴양말) ~대님 резинки(подвязки) для носков(чулков)

양면(兩面) обе стороны; ~적 двус-торонний; ~인쇄하다 печатать на обеих сторонах листа; ~성 двуру-шничество; противоречивость; ~정책 двурушни-ческая политика.

양반(兩班) дворянин.

양보(讓步) уступка;~하다 уступать, идти на уступки.

양복(洋服) костюм(европейского стиля); европейская одежда; ~점 ателье европейской одежды; (기성 복을 파는) магазин готовой одежды; портновская (пошивочная) мастерс-кая; ~지 материал на костюм.

양복바지 брюки.

양복 솔 платяная щетка.

양복 저고리(상의) пиджак.

양성(養成) подготовка, воспитание, выращивание; ~하다 воспитывать, выращивать; готовить; ~반 специ-альные курсы; ~소 (краткост- рочные) курсы; 인재 ~ подготовка кадров.

양심(良心) I совесть; ~적 совестли-вый; ~의 가책 угрызения совести; 그는~의 가책을 느끼고 있다 Совесть его грызет;선한양심 добрая совесть

양심(養心) II уст. ~하다 воспиты-вать характер.

양양(洋洋) I ~하다 а) обширный, безбрежный; б) (바다가~)(앞길이~) прекрасный; 그의 전도가 ~하다 у него прекрасные перспективы.

양양(揚揚) II ~자득 уст. с самодо-вольным видом; ~하다 доволь- ный, гордый, горделивый; 의기 ~하다 победоносный, ликующий; 의기~하다 торжественно; в припо-днятом настроении; самодовольно.

양육(養育)II воспитание, выращи-вание; ~하다 воспитывать, растить, выпестовать; 어린애의 ~을 도맡다 бросать ребенка на воспитание; ~법 метод воспитания; ~비 расходы на воспитание детей, расходы на воспитание; ~원 детский дом, приют; ~자 воспитатель.

양자(養子) приемный сын; ~로 가다 входить в чужую семью в качестве приемного сына; ~로 들다 стать приемным сыном; ~를 들이다(세 우다) брать приемного сына; ~하다 양자로 삼다 усыновлять мальчика.

양잠(養蠶) разведение(выращивание) тутового шелкопряда; шелководство; ~하다 разводить(выращивать) туто-вый шелкопряд; ~실(室) гренарня; червоводня; ~업 шелководство; шелкопрядильная промышленность; ~업자 шелковод.

양장(의복) иностранная (женская) одежда;(제본)иностранный переп-лет; ~하다 надевать европейскую одежду.

양편(兩便) I обе стороны;~공사 уст. заслушав обе стороны, выносить справедливое решение.

양편(兩便) II ~하다 а) безупречные (об обеих сторонах); б) обоюдно удовлетворённые.

양해(諒解) I соглашение; догово- ренность; ~할수 있는 постижимый; понятный; ~하다 понимать; догова-риваться; достигать соглашения; ~를 구하다 получать соглашение.

양해(諒解) II ~하다 понять, войти в положение

얕다 1)(물이)мелкий, неглубокий; 2) (생각이)поверхностный; 3) (빛깔이) слабый, бледный; 4) (관계가) незначительный; 5) (높이가) не-высокий; 6) (지위가) скромный низкий; 얕은꾀 мелкие хитрости.

얕보다 пренебрегать кем-чем-л.

얕잡다 свысока относиться, прези-рать

ㅐ тридцать первая буква кор. алфавита; обозначает гласную фо-нему йэ.

애 I йэ(назв. кор. буквы ㅐ).

애 II(сокр. от 이아이) этот ребенок

ㅓ двадцать вторая буква кор. алфа-вита; обозначает гласную фонему о.

어 I o(назв. кор буквы ㅓ).

어(敔) II цимбалы с фигурой тиг-ра на верхней крышке.

어 III межд. выражает: 1) испуг, удивление, ах!; 2) сожаление, до- саду эх!

-어(語) слово (국어) язык <전문어> термин; 법률~ юридические терми-ны; 속~ вульгаризм; 외국~ иностранный язык; 한국어(한국말) коре́й·ский язык.

어-(御) преф.кор. короле́вский, высо·ча́йший; 어갑주 короле́вские доспе́хи.

-어 1. оконч. дееприч. со знач.: 1) предше́ствования де́йствия: 책을 집어 책상위에 올려놓았다 Взяв кни́гу, положи́л её на пи́сьменный стол; 2) причи́ны: 물이 깊어 못가오 не могу́ идти́, так как вода́ глубока́; 3) це́ли: 밥을 빌어 마을로 내려갔소 они́ спусти́лись с гор в дере́вню, что́бы попроси́ть хле́ба; **2.** слу́жит для соеди·не́ния: 1) знамена́тельного предикати́ва со служе́бным: 적어 두다 запи́сывать на вся́кий слу́чай; 2) компоне́нтов сло́жного глаго́ла: 일어서다 подни·ма́ться, встава́ть.

어구(語句) [-꾸] фра́за.

어귀 1) вход, въезд;2) нача́ло(доро́ги)

어긋나다(сабмоёы друг с дру́гом) не совпада́ть; не подходи́ть; 어깨뼈가 ~ быть вы́вихнутым(о плече́) (길이) расходи́·ться; размину́ться, разойти́сь(о путя́х); идти́ вразре́з с кем-чем-л., противоре́чить кому́-чему́-л.; наруша́ть; 규칙에 ~ противоре́чить пра́вилам; 기대에 ~ наде́жда не опра́вдывается; 기대에 어긋나지 않다 опра́вдываться(наде́жды).

어기다 наруша́ть, не соблюда́ть; 명령을 ~ ослу́шаться прика́за; 법을 ~наруша́ть зако́н; 약속을~ наруша́ть обеща́ние.

어김 наруше́ние; ~없는 безоши́боч·ный; надёжный; ~없이 безоши́бочно; надёжно.

어깨 плечо́; ~가 무겁다 нести́ тяжё·лое бре́мя; ~가 가볍다 обр. гора́ с плеч [свали́лась]; ~가 뻐근하다 пле́чи ною́т; ~를 움츠리다 пожима́ть плеча́ми;~를 겨누고 обр. рука́ об ру́ку; ~[를] 겯다 а) положи́ть ру́ку друг дру́гу на пле́чи; б) перен. рабо́тать плечо́м к плечу́; ~를 펴다 распра́вить пле́чи на ~에 메다 взва́ливать что-л. на пле́чи; ~총하다 брать винто́вку на плечо́(군대명령) (ружьё) на плечо́; ~걸이 шаль, плато́к; ~너머 글 зна́ния, полу́ченные в результа́те обще́ния с уча́щимися; ~동무(친구) друзья́-рове́с·ники; ~뼈 лопа́тка; ~춤 та́нец, соп·ровожда́ющийся движе́нием плеч; 어깻바람 вооруже́ние; энтузиа́зм; подъём; 어깨죽지 о́бласть плечево́го суста́ва; ве́рхняя часть плеча́; 어깻짓 движе́ние плечо́м.

어깨동무 1) друзья́-рове́сники; 2) ~하다 де́лать что-л. вме́сте

어농(漁農) рыболовство и земле- делие.

어느 I 1) который, какой; ~구름에서 비가올가 обр. а)трудно предугадать исход дела; б) не узнаешь, когда и что случится; в) неизвес-тно, куда оно делось; ~귀신이 잡아가는지 모른다 *посл.* ≃ если б знать, где упасть-соломку постелил; ~ 바람들이 불까? обр. разве кто может посягнуть на свой авторитет и благополучие?; ~ 바람이 부는 듯이 обр. как ни в чем не бывало; ~장단에 춤을 춰야 옳을지 обр. не знать под чью дудку плясать; ~ 천년 (세월)에... неизвестно когда же...; ~해가에 когда же; ~ 떡이 더 싼지 모른다 обр. не знать что лучше; 2) некоторый, какой-то; 어느 곳 а) какое место; б) где-то; ~때 а) когда; б) когда-то; ~겨를에 когда-то, в какой-то момент.

어느 II (의문사로서) который, ка кой; (어느...이나) весь, всякий, какойто, некоторый; ~곳(의문) какое место; (특정장소)где-то; ~겨를에 когда-то; в какой-то момент; ~덧 незаметно. невольно, неожиданно; ~새 незаметно, как-то, уже; ~세월에 неизвестно когда; ~장단에 춤을 춰야 옳을지 не знать под чью дудку плясать; ~정도 от части; до некоторой степени; более или менее; ~틈에 быстро, моментально.

어느 III 1) который, какой; 2) некоторый, какой-то; ~누구도 кто бы ни был, все.

어느새 незаметно, как-то, в какой-то момент

-어도 оконч. деепр. уступ.: 무슨 일이 있어도 내일 까지는 오시오 прихо-дите завтра несмотря на дела.

어두운, каким-то темный.

어두워지다 темнеть; 바깥이 어두워 진다 на дворе темнеет.

어둑어둑 ~하다 довольно темный, сумрачный.

어둑하다 тёмный, сумрачный; хму-рый.

어둠 темнота, тьма, мрак; ~속에서 в темноте; во тьме; в потемках; ~을 타고 под покровом темноты; ~을 타고 지척을 분간 못함 полная (непро-ницаемая) темнота.

어둡다(어두우니, 어두워)(날,공간 따위가) темный, мрачный; 어둠밤중에 홍두 께 내밀듯 ≃ 아닌 밤중에 홍두깨 내밀 듯; см. 아니다; 어둔 밤에 눈끔쩍이기 *посл. ≃букв.* подмигивать (кому-л.) тёмной ночью; (감감이) плохо; (정보에) несведущий в чем-л.; плохо осведомленный о чем-л.; 귀가~ плохо слышать; 눈이 ~ плохо видеть;

세상일에 ~ иметь мало опыта; 시국 에~ не раз-бираться в текущей политике; 이곳 지리에~ плохо знаком с этой местностью; 어두운 표정이다 иметь хмурый вид; 어두운 과거를 가진 사람 человек с темным прошлым; 어두운 밤 темная ночь; 어두운 색 темный цвет; 어두운전망 мрачные перспективы. -**어든** высок. см. -거든.

어디 I 1. 1) где, куда; ~[로] 갈까? куда ид-ти?; 2) где-то, куда-то?; ~개가 짖느냐 한다 *посл.* ≃ собака лает, ветер носит; ~라 없이 а) куданибудь; гденибудь; б) везде, всюду; 3) в сопровождении 이다 и то очень много; 2. межд. ну, нус; 3. усил. частица 1) разве; ~그럴 수 있어요 разве так может быть?; 2) как же.; 어디가 불편합니까? Что Вас беспокоит?; 어디가 아픕니까? Что у вас болит?

어디(의문사로서) **II** где, куда; (밝힐 필요가 없는 곳) где-то; (정하지 않은 곳) где-нибудь; куда-нибудь; ~까지 насколько; ~까지나 до конца; ~에서 왔습니까? откуда вы прие- хали?

어디 III ну~ 한번 이야기해봐 ну рассказывай

어디서, 어디로부터 откуда.

어디나, 도처에서 всюду.

어떠하다 1) какой; 건강이 어떠하 십니까? Как ваше здоровье? 2) какой-то, какой бы то ни было.

어떤, 어느, 무슨(어떠한) какой;(어떤 ~라도) какой то ни был; (어느) какой-то ~경우에는 иногда, в ка-ком-то случае; ~곳에서 где-то; ~까닭인지 почему-то; ~때 некогда, когда-то; ~ 용무로 зачем; по какому делу; ~의미로는 в извест-ном смысле; ~이유로 почему, зачем; ~일이 있더라도 во всяком случае; ~짓을 해서라도 любой ценой; любым способом.

어떻게 1) (의문사) как, каким образом; каким способом; ~해서라도 любой ценой, любым способом 요즘 지내십니까? как вы поживаете? как (ваши) дела?

어떻다 как, какой; 어떠하다; 어떤 구름에 비가 들어 쓴지 см. 어느 [구름에서 비가 올지]; 어떻게 된 감투 끈인지 *обр.* бог его знает; 어떤 а) какой (который); б) какой-то; какой бы то ни было.

-어라 I *разг. груб. оконч. повел. ф.*: 집어라! возьми!

-어라 II *оконч. воскл. ф. прил.*: 아이, 물도 참 깊어라! ой, и глубоко же [здесь]! **어려운** трудный.

어려움을 겪다 испытывать труднос-ти.

어려워하다 стесняться; 어려워하지 않고 открыто; не

стесняясь; реши-тельно; 어려워하지 마세요 не стес-няйтесь, прошу не церемониться.

어렵다(어려우니, 어려워) I 1) трудный, затруднительный, тяжелый; в знач. сказ. трудно; 성미가 ~тяжелый; капризный(о характере); 어려운 길을 하다 пойти(навестить кого-л.) во что бы то ни стало; 2) неловкий; неудобный, робкий; 어렵지만~ простите(виноват), но...

어렵다(일이) II трудный, затруд-нительный; сложный, тяжелый; (조심스럽다)неловкий, неудобный; (생활이)бедствующий; бедный; 그 사람 앞에서는 ~ чувствовать себя стесненным в его присутствии; 직장 구하기가 ~ трудно (сложно) найти работу; 어려운 살림 стесненные обстоятельства; 대하기 어려운 아버지 строгий отец.

어르다(어르니,얼러) I 1) качать кого-л. на руках, ласкать(ребёнка); 어르고 빰치기 см. 둥 [치고 간 내 먹는다]I; 2) забавляться, играть.

어르신네 вежл. Ваш(его) отец; Вы.

어른 I 1) сущ. взрослый;~도 한 그릇 아이도 한그릇 обр. всем поровну, всем одинаково; 2) человек,совер-шивший обряд совершеннолетия; 3) сущ. старший, уважаемый; 4) вежл. Ваш(его) отец; ~스럽다 благонрав-ный, веский.

어른 II взрослый, старший; ~을 모시다 жить вместе со всей семьёй.

어리광 ~을 부리다(치다,피우다,떨다), ~하다 a) ласкаться, приставать(о ребенке); 2) баловаться.

어리다 I 1) загустевать(о жидкости); 2) увлажняться(о глазах); 3) появля-ться; выступать наружу; появляться.

어리다 II 1) молодой, маленький; 어린 나무 саженец; 어린누에 гусе- ницы тутового шелкопряда мла- дших возрастов; 어린 양 ягненок; 어린 중 젓국 먹이듯 погов. ≡ букв. всё равно что соблазнять молодо-го монаха мясным супом; 2) небо-льшой, малый(об опыте);низкий(об уровне); 나이가~ молодой; мале-нький; (미숙) небольшой, маленький; низкий; 눈물이~увлажняться; 눈에 눈물이 어려있다 Глаза увлажняются, на глазах появляю-тся слезы; 눈이~ ослепляться; ~기억 появляться (как призрак).

어리둥절하다 растерянный, сму- щенный. **어리석은** глупый.

어린(魚鱗) рыбья чешуя; ~학익 обр. построение войска

углом вперёд и углом назад. **어린시절** детство.

어린아이 ребенок, маленький ребёнок; ~같은 행동 ~도 괴는데로 간다(~와 개는 괴는 데로간다) *посл.* = *букв.* ребёнок и собака льнут к тем, кто их любит; ~말도 귀 담아 들으 랬다 см. 세 [살 먹은 아이 말도 귀 담아 들으랬다] VIII; ~떡도 뺏어 먹겠다 *обр.* жадный и подлый.

어린애 *сокр. см.* 어린아이;~매도 많이 맞으면 아프다 *посл.* = *букв.* даже если ребёнок ударит несколько раз и то больно; ~보는 데는 찬물도 마시기 어렵다 *посл.* = дети во всём подражают взрослым.

어림 предположение, намётка; ~도 없다 а) невероятный, невозможный; абсурдный; б) *прил.* невозможно справиться(с кем-чем л.); неблагоразумный; ~을 잡다(짚다) прикидывать на глазок, приблизительно рассчитывать; ~하다 намечать, предполагать; приблизительно рассчитывать.

어림없다 невероятный, невозможный; абсурдный; (능력이) невероятный, невозможный; абсурдный; 어림없는 수작 нелепые(абсурдные) поступки(слова); 그것은 내 힘으로 는 ~ Это выше моихсил.

어림짐작 предположение, допущение, приблизительный расчет.

어머니(母親) мать; ~학교 школа для матерей.

어머님 *вежл. см.* 어머니.

어멈(하인) молодая служанка.

어미(어머니의 낮춤말) I 1) *пренебр. см.* 어머니; 2) матка, самка (동물의); ~닭 наседка; ~돼지 свиноматка; ~식물 *бот.* материнское растение.

어미(魚尾) II 1) рыбий хвост; 2) морщинки в уголках глаз(в физиономике).

어미(語尾) III окончание; ~ 변화 изменение окончаний.

어색하다 неудобный, неловкий, неестественный.

어서 пожалуйста, быстро (재촉) (환영); ~올라오게 пожалуйста, заходите! 어서, 제발 Пожалуйста.

-어서 *оконч. деепр.* предшествования *указ. на:* 1) предшествующее действие: 짐을 덜어서 다른 차에 실었다 взяв часть груза, переложил его на другую телегу; 2) способ совершения действия: 전화를 걸어서 불러오리다 вызвать(кого-л.), позвонив по телефону; 3) состояние, в котором выполняется действие: 누워서 글을 읽다 читать лёжа; 4) причину: 병들어서 못온다 не может прийти из-за болезни; 강이 깊어서 건너기 어렵다 перейти реку трудно, так как она глубокая;~내리십시오 Выходите пожалуйста;~들어오십시오 Пожалуйста проходите; ~앉으십시오 Садитесь пожалуйста.

어설프다(어설프니,어설피) 1) неплотно пригнанный, плохо подогнанный; 2) легкомысленный; 3) злой; язвительный, недружелюбный; 4) неряшливый, небрежный; 그물이 неплотно пригнанный; ~일하는 것이 неряшливый, грубый, небрежный, легкомыс- ленный.

어수룩하다 простодушный, нехитрый, наивный; 어수룩한 사람 простак; простодушный (бесхит- ростный) человек.

어수선하다 спутанный; беспоря- дочный, разбросанный.

어업(漁業) рыбный промысел, ры-боловство; ~권 право на рыбную ловлю; 근해~ рыболовство на прибрежных водах; 원양~ дальний лов рыбы; лов рыбы в открытом море; ~자 생 жить рыбным промыслом.

어여쁘다(어여쁘니, 어여뻐) уст. см. 예쁘다; 어여쁘지 않은색시 삿갓쓰고 으스름 달밤에 나선다 обр. плохой человек и поступает плохо.

어용(御用) ~의 наемный, прода- жный, правительственный, прави-тельственной ориентации, оплачи-ваемый правительством; ~기자 нае-мный писака(журналист); сотрудник официоза; ~신문 официоз, газета, субсидируемая правительством; ~학 자 ученый, выслужива-ющийся перед правительством; ~상인 торго-вец-поставщик (напр. королевского дворца).

어우러지다 сливаться, соединяться, смешиваться.

어울리다 смотреться, выглядеть гармонировать (조화) подходить к кому-чему-л.; быть к лицу; (교제) объединяться с кем-л., общаться с кем-л.; 이 색깔은이 서로 잘 어울 린다 эти цвета хорошо подходят один к другому; 이 옷이 당신에게 잘 어울린다 эта одежда вам очень идет; вам к лицу эта одежда

어울어지다 сливаться,соединяться.

어음 вексель, вексельный; ~에 이서하다 писать на векселе свои данные; ~을 발행하다 выдавать вексель; ~ 교환 клиринг; ~ 발행인 векселедатель; ~ 수취인 векселепо-лучать, векселедержатель; ~할인 вексельный учет, учетная операция; 부도~ неоплаченный вексель; 약속~ простой вексель; 환~ переводный вексель, трата.

어이없다 поразительный, потрясаю-щий; 어이없는 요구 чрезмерное (непомерное) требование; 정말 어이가 없군 смехота одна.

어제 вчера; ~밤 вчера вечером; ~가 다르고 오늘이 다르다 обр. всё в мире быстро меняется; ~보던 손님 обр. не успели встретиться, а уже стали дру-зьями.

어중간(於中間) ~하다(중간쯤 되다) находиться почти на середине; почти средний; (알맞지 않다) не- подходящий, непригодный; ~히 наполовину; частично, неполно; 일을 ~하다 недоделывать, делать что-л. кое-как.

어지간하다 подходящий, сносный, терпимый

어지럽다(눈,머리가) кружиться,идти кругом; (무질서) беспорядочный, хаотический;머리가~ испытывать головокружение; 어지러운 세상 смутные времена.

어질다(어지니,어지오) добрый, любез-ный, мягкосердечный, милосердный; 어진혼[이] 나가다(빠지다) обр. в голове помутилось.

어쨌든 во всяком случае, в любом случае.

어쩌다 어쩌다가(이따금) иногда, по временам; (뜻밖에) случайно, не- чайно; ~있는 일 необычный(нео-быкновенный) случай; ~ 길에서 그를 만났다 Мы с ним случайно встретились по дороге.

어쩌면(추측) может быть, возможно; (감탄) какой, как; ~ 색시가 그렇게 예쁠까? как она красива.

어쩐지 отчего (웬일인지) почемуто; (그래서) неудивительно что, вот почему; ~그가 기쁜 얼굴을 하고 있더라 Это обьясняет его радостное лицо.

어쭙잖다 сокр. от 어쭙지[않다].

어쭙지 ~않다 а) несуразный, неле-пый; б) презрительный, неодоб-рительный.

어찌(방법) как, каким образом; (왜) почему; отчего; ~할 수 없이 поне-воле, вынужденно; ~ 할 줄 모르다 не знать, что делать; -ㄴ지(-ㄹ지,-던지) 나는 어찌나 피곤했던지 겨우 집에 돌아 왔다 я так сильно устал, что едва добрался до дома; ~가다(가다가) см. 간혹; ~하면 возможно, вероятно, может быть; ~하여 почему[-то], отчего[-то] ~하였든 во всяком случае, так или иначе; что там ни говори; ~할 수 없다 ничего не поделаешь.

- 618 -

어촌(漁村) рыбацкая деревня, ры-бацкий поселок, рыбацкое село.

-어치 стоимость в ...; 만원~ (стои-мостью в) десять тысяч вон.

어획(漁獲) (생선의) лов рыбы; ры-боловство; (해산물의) добыча морс-ких продуктов;~고(量) улов рыбы; объем добычи морских продуктов; ~기 рыболовный сезон; путина; ~물 улов.

어휘(語彙) 낱말, 단어(單語) слово, лексика; ~가 풍부하다 богатый запас слов; ~론 лексикология; ~적 лексический; лексикологический; ~ 구성 словарный состав; ~축적 словарный запас.

어휘론(語彙論) лексикология.

억(億) сто миллионов; ~만년 много-много лет; целая вечность;~만 장자 миллионер.

억류(抑留) задержание, интерниро-вание; ~하다 задерживать; интер-нировать; ~선 интернированное (задержанное) судно; ~소 лагерь для интернированных; ~자 интерниро-ванный, задержанный.

억압(抑壓) давление, притеснение, гнет, угнетение; ~하다 подавлять, угнетать, притеснять;~자 угнетатель, притеснитель.

억지 упрямство, строптивость; на-тяжка; ~를 쓰다 упрямиться; про-являть упрямство; ~향이로 ... 을 이루다 с трудом добиться чего-л.; ~ 이론 натяжка; ~가 사촌보다 낫다 *погов.* ≈ хоть плохое, да своё; ~춘향이 *обр.* с трудом добиться(чего-л.).

억지로 насильно.

언급(言及) упоминание;~하다 каса-ться чего-л.; останавливаться на чем-л.; упоминать кого-что-л.(о чем-л.); затрагивать что-л.; 위에서 ~한 вышеуказанный, вышеупо-мянутый.

언니 обращение женщин к ст. се-стре.

언뜻 мельком, украдкой; (우연히) неожиданно, внезапно, вдруг; ~ 눈에 띄다 быстро промелькнуть; ~보다 мельком взглянуть; бегло просмат-ривать; ~ 생각이 떠오르다 кого-л. осенять мыслью; (무언)보기에 на первый взгляд.

언론(言論) журналистика, слово высказывание, ~의 자유 свобода слова, ~계 круги публицистов, ~인 публицист; ~하다 высказывать, выражать (своё мнение).

언약궤(言約軌) ковчег завета; 여호 와 ~ ковчег Господа; 여호와의 ~ ковчег завета Господня; 하나님의 ~ ковчег Божий; 증거~ковчег откровения.

언어(言語) язык, речь, слова; ~불통 языковые трудности; непонятные места; ~예술 искусство языка; ~장애 афазия, расстройство речи; ~학 языкознание, лингвистика; ~ 지리학 лингвистичекая география, ~ 수작 беседа, разговор; ~도단 невыра-зимый, неописуемый; ~수작 беседа, разговор.

언쟁(言爭) спор, ссора, ~하다 спо-рить о ком-л.,о чем-л.; ссориться с кем-л.; вздорить с кем-л.

언제(堰堤) I дамба, плотина, запруда

언제 II когда;~나(든지) всегда, ко-гда бы то ни было;~부터 с какого времени, как давно; ~까지 до ка-кого времени, как долго; ~인가 как-то; ~쓰자는 하늘타리냐 какой толк в том что есть(если не использовать); ~떠나십니까? Когда вы уезжаете?; ~저녁 식사를 할 수 있습니까? Когда можно поужинать?; ~몇 시에 когда(наречие)

언제면 되겠습니다? Когда будет готово?;~부터 앓으냐? С какого числа вы больны?

언질(言質) обещание; ~을 받다 полу-чать обещание что...; ~을 주다 обещание, дать слово(обещание), ручаться; ~을 잡다 приводить в доказательство(чьи-л.) слова.

언행(言行) слова и поведение(дейст-вие); ~상반 слова расходятся с делом; ~이 일치 слово не расходятся с делом; ~한다 поступать так что бы слова не расходились с делом; 이 일치하지 않는다 он говорит одно, а делает другое; ~록 жизнь и деятельность (воспомина-ния); ~일치 слова не расходятся с делом.

얹다(물건을) класть на что, нало-жить; (돈을)набавлять, прибавлять

얹히다(놓이다) быть положенным; (소화불량)не усваиваться; (붙어살다) жить за чужой счет; находиться на чьем-л. иждивении;(좌초)садиться на мель; 얹혀살다 а) находиться на чьём-л. иждивении; б) жить на чужой счёт.

얻다 I получать, приобретать, дос-тавать (что-л.); добиваться чего-л.; 아내를~ жениться на ком-л.; 자신을~ уверовать в себя; 남편을 ~ прост. выходить замуж; 병을 ~ заболевать; 얻어들은 풍원 = 들은풍월; см. 듣다 II; 얻으니 타령이냐? шутл. ходить неразлучной парой; 얻은 도끼나 잃은 도끼나

обр. так на так; 얻은 잠뱅이 то, что имеется не в диковинку; 2) находить(что-л.);얻어걸리다 случайно возникнуть(встретиться, попасться); 얻어듣다 случайно узнать(услышать); 얻어 만나다 случайно встретить; 얻어맞다 быть побитым(избитым); 얻어먹다 а) угощаться; б) побираться; жить подаянием; в) быть оскорбленным(оскорбленным); 얻어지다 получить повреждение(от удара); ~ 얻어듣다 случайно узнать(услышать); 얻어맞다 быть побитым(избитым); 얻어먹다(대접받다) угощаться; (빌어 먹다)побираться; 욕은 ~ быть опозоренным.

얻다, 찾다 II находить(сокр. от 어디다) куда; где.

얼 I душа, дух; 얼[을] 먹다 быть застигнутым врасплох, растеря-ться; 얼[이] 빠지다 см. 넋을 잃다.

얼 II 1) трещина; 2) недостаток, недочет; 3)несчастливый случай, авария; 4) ущерб, понесенный по чудой вине; 얼[을] 먹다(입다, 쓰다) понести ущерб(потерпеть убыток) по чужой вине

얼- 1) преф. имен полу..., мало, слабо..., 얼간 слабый рассол; 2)преф. гл. неясно, сумбурно; 얼버무리다 неясно говорить.

얼굴 лицо, лицевой, личный; 손으로 ~을 가리다 закрывать лицо руками; ~에 ...라고 쓰여져 있다 на лице написано что у кого-л.; ~을 붉히다 багроветь, краснеть; ~을 찌푸리다 корчить рожу(гримасу); ~을 맞대고 с лица на лицо, лицом к лицу; ~빛(안색) цвет лица, выра-жение лица см. 낯; ~가죽이 두껍다 см.낯가죽이 두껍다; ~보다 코가 더 크다 см. 배 [보다 배꼽이 더 크다] I; ~을 내놓다 присутствовать(где-л.); ~을 못 들다 см. 낯 [을 못 들다]; ~을 붉히다 см. 낯 [을 붉히다]; ~을 익히다 см. 낯 [을 익히다]; ~이 간지럽다 см. 낯 [이 간지럽다]; ~[이] 깎이다 см. 낯 [이 깎이다]; ~이 뜨뜻하다 стыдный, постыдный; ~에 모닥불을 끼얹은 것 같다 покраснеть до корней волос; ~에 똥치라다 опозориться.

얼다(어니, 어오) (물기가) замерзать; (몸이) коченеть(от холода); (기가 꺾이 다) падать духом; становиться застенчивым(неловким); 얼어붙은 방안에서도 언다 руки у меня замерзают даже в комнате; 두려움에 심장이 얼어붙었다 ужас леденит сердце; 언 발에 오줌누기 *погов.* ≃ как мёртвому припарки 언 소반 받들 듯 *обр.*

осмотрительно, почтительно 얼락녹을락 a) то замер-зая, то оттаивая; б) вертя, помыкая (кем-л.); 2) прост. подвыпить, опьянеть.

얼룩 пятнышко,крапина, крапинка; ~이 진 в пятнах; ~을 빼다 выводить пятно; 옷에 묻은 ~ пятна на платье; ~ 빠지지 않는다 пятно не сходит; ~말 зебра, лошадь чубарой масти; ~무늬 пестрый узор; ~소 пестрый вол, пестрая корова.

얼마(의문사로서) сколько; (정도) немного;~간(다소간)более или менее; (시간) некоторое время; ~나(수량) сколько; (수량의 비교) насколько; (감탄) как; ~뒤에 спустя некоторое время; вскоре; ~전에 недавно; 값이 ~입니까? сколько стоит? 먹고 싶으면 ~든지 먹거라 ешь сколько хочешь; 시간이 ~남지않았다 времени осталось немного;~든지 сколько угодно; ~전에 недавно.

얼마쯤 1) сколько; 2) несколько, немного; 3) некоторое время.

얼마큼 1) несколько, немного; до (в) некоторой степени; 2) наско- лько, как.

얼음 лед; ~의 ледяной, ледяный; ~장 같다 очень холодный, холодный, как лед, ледяной; ~지치기하다 скользить по льду; 강의~이 녹았다 река очистилась от льда; ~물 холодная вода со льдом; ~장 льдина; ~판 место; покрытое льдом; ~과자 мороженое; ~냉수 холодная вода со льдом; ~사탕 леденец; ~에 박 밀 듯 обр. a) говорить как по писаному; б) читать гладко;~에 소탄격 обр. растерянность; ~에 자빠진 소눈깔 обр. расширенные от ужаса глаза.

얽다 I (엮다)связывать, спутывать; (꾸며대다) сочинять, писать; 얽어 내다 a) связывать и вытаскивать; б) ловко выманить; 얽어매다 прям. и перен. связывать и опутывать; 얽은 구멍에 슬기든다 обр. Нельзя су- дить о человеке только по внеш-ности.

얽다 II (마마자국) быть рябым(от оспы, в оспинах); (흠) иметь изъяны, быть щербатым; (얽은 얼굴) рябое(от оспы) лицо); 얼거든 검지나 말지 обр. Сплошные прорехи.

얽이 1) обвязывание, перевязыва-ние (какой-л. вещи верёвками); 2) планирование в общих чертах; ~를 치다 a) перевязывать, связывать; обвязывать; оплетать; б) планировать в общих чертах.

얽히다 спутываться, связываться, опутываться; (일이) быть сложным (запутанным); (연루) спутываться, быть причастным к чему-л.; 얽히고 설키다 перепутанный, запутанный, сложный.

엄격(嚴格) строгость; требователь-сть; ~하다 строгий, требовательный; ~한 구별 отчетливое различие; ~한 사람 человек строгих правил; ≃ 히 말해서 строго говоря, в строгом смысле слова. **엄격한** строгий.

엄지 I большой палец; ~발가락 большой палец(на ноге); ~발톱 ноготь большого пальца(на ноге); ~손가락 большой палец(на руке); ~기둥 береговая опора(моста); ~벌레 насекомое в стадии имаго; ~보 главная балка дома; ~손톱 ноготь большого пальца (на руке); ~총 нос корейского лаптя.

엄지(-紙) II бумага, на которой пиется долговая расписка.

엄청나다 огромный, непомерный, страшный, невообразимый, громад-ный; 엄청나게 ужасно, страшно, очень, крайне; 엄청나게 큰 огром- ный, гигантский, исполинский.

엄포 запугивание, пустая угроза; ~놓다 грозиться на словах, запу- гивать кого-л.,терроризировать;~를 주다,~하다 грозиться на словах.

업 I этн. человек(животное), при-носящие счастье дому.

업(業) II 직업 профессия, работа; (불교에서의) карма; ~을 업으로 하다(삼다) заниматься чем-л., быть по профессии кем-л.

-업(業) дело, промышленность; 가공 업~ обрабатывающая промышлен-ность.

업다 носить на спине; 아기를~ но-сить ребенка за спиной(на спине); 업어 라도 주고 싶다 готов носить на руках; 업어 온 중 обр. человек, с которым приходится считаться; 업은아기 삼 이웃(삼년) 찾는다 *погов.* ≃ *букв.* три года ищет ребенка, а он за спиной; 2) ставить вместе(фишки в игре ют); 3) вовлекать, втягивать; 업고들다 вовле-кать, впутывать, втягивать; 4) захва- тить(чужой бумажный змей в воздухе); 업어가도 모를 정도로 자다 спать как убитый, спать мертвым сном.

업적(業績) достижение, заслуга, успехи; 이 사람은 학문에~이 많다 У этого человека много заслуг пе- ред наукой.

없다(존재하지 않다) 1) нет, отсутс-твовать, не быть, не иметь; 2) (죽고 없다) покойный; 둘도 없는 친구도 ~ редкий(исключительный) друг; 없는 사람 бедняк; 지금은 없는 사람 ныне покойный [человек]천하에 없는 사람

редкий(исключительный) человек; 없는 꼬리를 흔들가? *погов.* = *букв.* разве повиляешь хвостом, если его нет? 없어 비단 *погов.* = *букв.* когда нечего делать, то всё шёлк; 일이 잘못되기마 하면 그 때 가선 없어! если дело провалится, тогда смотри!

없애다 1) терять, утрачивать уни-чтожать, ликвидировать, истреб- лять, устранять; 2) (제거) (낭비) расточать, проматывать; 해충을~ истреблять вредных насекомых; 돈을 다 써~ проматывать все деньги.

없어지다(분실) терять, лишаться; (다하다) быть истощенным; 희망이 ~ становиться безнадежным.

없이 без кого-чего-л.; 뜻~ бесс мысленно; 소리~ бесшумно; 쉴새~ 일하다 работать без отдыха; 정신~ рассеянно; 틀림이 ~ несомненно; 힘~ бессильно; ~살다(지내다) жить бедно, бедствовать; ~하다 уничто-жать, ликвидировать; лишать.

엇- преф. 1) косо; 엇나가다 идти вкось; 2) чуть, немного, слегка.

엇갈리다 1) попеременно меняться; 2)(도중에)разминуться, расходиться; (서로얽히다) переплетаться; 사이가~ отдаляться(друг от друга); ох-ладе-вать(друг от друга).

엇나가다 1) идти вкось(напр. о линии); 2) идти вразрез, резко ра-сходиться(с чем-л.).

-었- суф. прош. вр. предикатива.

-었자 разг. оконч. дееп. преди- катива с против. значением.

엉덩이 ягодицы, седалище; ~가 근질근질하다 легкий на подъем, проворный; ~가 무겁다 вялый, инертный, медленный, тяжелый, на подъем; ~에 뿔이 났다 *обр.* делать наперекор, поступать посвоему(о молодом человеке).

엉뚱하다 несуразный.

엉망 путаница, беспорядок, куте-рьма; ~이 되다 портиться.

엉터리 тупой, глупый, лжец, бес-почвенный ерунда; ~근거 основа-ние, доверенность; ~없는 неосно- вательный, беспочвенный; ~없다 беспочвенный, вздорный, абсурдный.

엊그제(수일 전) несколько дней (тому) назад; (그저께) позавчера

엎다 땅을 ~ опрокидывать, пере- вертывать; 살림을 ~ сваливать, ниспровергать; (쏟다) вываливать; 엎어누르다 а)опрокинув придавить; б) подавлять, угнетать; 엎어말다 а) накладывать двойную порцию(напр. куксу); б) положить

- 624 -

гарнир снизу, а рис(куксу) сверху; 엎어삶다 а) ловко обвести вокруг пальца; соблазнить; б) удвоить ставку(в карточной игре)

엎드러지다 1) см. 엎어지다; 엎드러지며 곱드러지다 обр. = катиться ку- барем; 2) прост. быть затворником; жить в уединении.

엎드리다 ложиться ничком(плаш-мя); пасть ничком; 엎드려 사격 во-ен. а) стрельба лёжа; б) ложись! огонь! (команда).

엎어지다 упасть вперёд; (주전자가) опрокидываться; 엎어지면 코 닿을 데 рукой подать; 운수가 ~ перемениться, измениться(о фортуне); 엎어진 놈 꼭 뒤치기 погов. = на бе-дного Макара все шишки валятся; 엎어진 둥지에는 성한 알이 없다 посл. = букв. в перевёрнутом гнезде целого яйца не бывает.

엎지르다(엎지르니, 엎질러) опрокиды-вать, перевертывать; 창에서 물을 ~ выливать воду за окно; 엎질러 절 받기 см. 옆 [찔러 절 받기]; 엎지른 물 погов. = что с воза упало, то пропало(букв. вылитая вода).

엎치다 (엎다, 엎친데 덮치다) Беда не ходит одна; см. 엎어지다, 엎어 뜨리다; 엎치뵈다 а) заискивать, раболепствовать; б) прост. см. 절하다; 엎치고 덮치다 обр. = беда не ходит одна; 엎치나 덮치나 = дурилочка и метелочка см. 두르다; 엎치락덮치락 то один сверху, то другой; 엎치락뒤치락, 뒤치락엎치락; а) ворочаясь с боку на бок; б) то так, то сяк; 엎치락잦히락 то наклоняться вперёд, то откиды-ваясь назад; 엎친놈 꼭 뒤치기 = 엎어진 놈 꼭뒤치기 см. 엎어지다; 엎친 데 덮치다 обр. беда не ходит одна; 엎친 물= 엎지른 물; см. 엎지르다.

에 тридцать вторая буква кор. Алфа-вита; обозначает гласную фонему е.

에 I е(назв. кор. буквы 에).

에 II межд. 1) да-а, м-да(напр. при раздумье); 2) да ладно уж!; 3) ээ (подбирая нужное слово); 4) эх, ты! (при упреке); 5) ах! (при вос-торге, радости).

-에 оконч. дат. п. для неодушев-лённых предметов со знач.: 1) места нахождения: 도시에 있다 быть(на-ходиться) в городе; 2) адресата действия: 꽃에 물을 주다 поливать цветы; 3) направления движения: 학교에 간다 идёт в школу; 4) вре-мени совершения действия: 다섯 시에 온다 придёт в пять часов; 5) причины: 나무가 바람에 넘어졌다 дерево пова-лилось от ветра; 6) субъекта действия при гл. страд. залога с послелогом 의하여 파쇼독일군대는 소련군대에 의하여 격퇴되었다 немецкофашистс-кая армия была разгромлена Советской Ар-мией; 7) сферы проявления призна-ка: 이 비에 어디들 가십니까? куда идете в такой дождь?; 8) рус твор. п. содержания: 방이 연기에 가득차다 комната наполнена дымом; 환희에 넘치다 быть переполненным радостью; 9) занимаемого кем-л. поста: 위원장에 누가 당선되었다? кто избран предсе-дателем?

-에게 окон. дат. п. для одушев- ленных предметов со знач.: 1) об-ладания предметом: 그 친구에게 책이 있습니까? у него есть книга; 2) адресата действия: 친구에게 편지를 보냈다 послал письмо другу; 3) субъекта действия при гл. страд. залога: 개에게 물렸다 был укушен собакой; 4) объекта действия: 학생들에게 흥미를 가진다 интересуется учениками.

에너지(*англ.* energy) энергия, сила; мощность; 열~ тепловая энергия; 전기~ электрическая энергия; 태양~ солнечная энергия.

에네르기(*нем.* Energie) физ. энергия

에다 1) вырезать; 2) причинять боль.

-에서 оконч. местного п. со знач.: 1) места(сферы) активного прояв-ления признака: 집에서 책을 읽는다 читаю книгу дома; 2) исходного пункта: 평양에서 남포로 가는 길입니다 иду из Пхеньяна в Нампхо; 3) объекта сравне-ния: 이 건물은 도시에 건물들 중에서 제일 높습니다 это здание самое высокое в городе; 4) кол-лективного субъекта действия: 우리 학교에서 이기었다 наша школа победила.

에이즈(*англ.* AIDS, Acquired Immune Deficiency Syndrome)СПИД(синдром приобретённого иммунодефицита)

에잇 *межд.* ах (ты)! (при выра- жении недовольства).

엔지니어(*англ.* enginer) инженер.

엔진(*англ.* engine) машина, двига-тель; ав. мотор.

엘리베이터(*англ.* elevator) 1)см. 승강기, 리프트(lift); 2) элеватор.

ㅕ двадцать третья буква кор. алфа-вита; обозначает гласную фонему **ЙО.**

여 I йо (название кор. буквы ㅕ)

여 II риф, подводная скала.

여(餘) III после имени с числ. бо-лее, свыше, сверх; с

лишним; 십오년 여의 세월 период более пятнад-цати лет
-여 I вариант оконч. деепр. пред-шествования; см. -어 II.
-여 II вариант оконч. см.-아 II.
-여지이다 уст. вежл. оконч. повест-вовательной ф. предикатива.
여간 обыкновенный; ~하다 обы-чный, обыкновенный; ~이 아니다 необыкно-венный, редкий, чрез-мерный; ~똑똑하지 않다 очень умный.
여객(旅客) 1) путешественник; пу-тник; 2) пассажир; ~보험 страхо- вание [жизни] пассажира; (여행자) путешественник; путник; (승객) пассажир;~기 пассажирский само-лет;~선 пассажирский пароход.
여관(旅館)(호텔) гостиница второго разряда; мотель; ~에 묶다 остано- виться в гостинице второго разр- яда;~방 номер гостиницы второго разряда.
여권(旅券) заграничный паспорт; 사증 виза. ~이 여기 있습니다 Вот паспорт.
여기 здесь; тут; в этом месте;~까지 до этого места;~로 сюда;~서(여기에) здесь; 여기에서부터 отсюда; ~저기 тут и там; 여기서 그기까지는 멉니까? Далеко ли отсюда?; 여기서 나를 기다려 주십시오 Подождите меня здесь; 여기서 담배를 피울수 있습 니까? Здесь можно курить?; 여기서 세워주십시오 Остановите здесь пожа-луйста.; 여기에 써넣어 주십시오 Заполните здесь пожалуйста.
여기, 거기, 저기 вот.
여기, 이곳에서 здесь.
여기다 считать, рассматривать; полагать, думать;귀중히~ ценить, дорожить; 여겨 듣다 прислушива-ться; 여겨 보다 присматриваться; всматриваться; ~소중히 ценить, дорожить(чем-л.).
여기저기 там и сям, повсюду.
여느 때 как обычно, как всегда.
여덟, 팔(8) восемь;~번째 восьмой.
여덟째 восьмой.
여드레날 8-е число.
여동생 младшая сестра.
여든, 팔십 восемьдесят; ~에 등등이 и в 80лет ребёнок(об инфантильном человеке); ~에 능참봉을 하니 한 달에 거둥이 스물아홉 번이라 см. 모처 럼 [능참봉을 하니 한

달에 거듭이 스물아홉 번이라]; ~에 죽어도 구들동 티에 죽었다 한다 обр. вечно всем недоволен; ~에 첫아이 비치다 обр. а) встретить непреодолимые трудности; б) считать себя пупом земли;~에 이 없는 소리 обр. старая песня на новый лад.

여든째 восьмидесятый.

여러 много, несколько; ~차례의 неоднократный; ~모로 так или иначе; ~가지 разного рода; различ-ный; ~번 несколько(много) раз; ~사람 несколько человек; ~분 а) несколько человек; б) граждане; господа(обращение).

여러 번 несколько раз, многок- ратно.

여러모로 с многих точек зрения, во многих отношениях.

여러분(호칭) граждане, господа; 여러 사람 несколько человек.

여럿 множество, много;~의 가는 데 섞이면 병 든 다리도 끌려간다 посл. ≃букв. вместе со всеми пойдёшь и на больных ногах.

여름,하기(夏期) лето; ~의 летний; ~내 в течении всего лета; ~에 летом; ~날 летний день; ~방학 летние каникулы; ~을 타다 плохо переносить летнюю жару; ~에 하루 놀면 겨울에 열흘 굶는다 посл. ≃ букв. если один день летом про-гуляешь,то зимой будешь десять дней голодать.

여보(아내가 남편에게) милый, до-рогой; голубчик; (남편이 아내에게) милая, дорогая, голубка, голубу- шка.

여보게 эй, ты! [по]слушай!(обра-щение к сверстнику и младшему).

여보세요 1) алло; 2) эй, послу- шайте(при обращении).

여보시오 (по)слушайте; (전화에서) алло.

여보십시오 вежл. вы!,послушайте!, алло, алло!

여부(與否) так это или не так;~없다 несомненный, безошибочный; 가능~ возможность или невозмо- жность; 성공~ удача или неудача.

여섯, 육(6) шесть; ~(번)째 шестой

여성(女性) женщина; женский пол; (언어학에서) женский род; ~적 женский, присущий женщине; мягкий, женственный; ~관 взгляд на женщин; ~미 женская красота; ~복 женская одежда; ~해방론 феминизм; 직장~ служащая, работница.

여성(女聲) I 1) женский пол; же-нщина; ~노동자 работница; ~적 женский,присущий женщине; 2) лингв. женский пол.

- 628 -

여성(女聲) II женский голос; ~고음 сопрано;~고음표 муз. сопраановый ключ; ~저음 альт; ~저음표 муз. альтовый ключ; ~중음 меццосоп-рано; ~중창 женский вокальный ансамбль; ~합창 женский хор; ~적 присущий женскому голосу.

여왕(女王) 1) королева, царица; 2) матка (у пчёл); царица(у мура- вьёв); 3) выдающаяся женщина; 3) королева, царица; ~개미 царица (у муравьев); ~벌 матка(у пчел).

여우 лиса; (암컷) лисица; (새끼여우) лисенок; лисий; ~ 같은 хитрый; ~모피 лисий мех

여위다 худеть, становиться тощим (худым)

여유 I (여력) излишек, избыток; (침착) великодушие и уравнове- шанность; спокойствие духа; ~가 있다; (сам человек) не торопиться, сво- бодный духом; 일분의 ~도 없다 нет ни минуты лишней; ~ 없는 생활 жизнь с ограниченными возможн-ностями(средствами); ~시간 свобод-ное время; ~작작하다 зажиточный, изобильный.

여유(餘裕) II излишек времени; материальный достаток; беспечность.

여자(女子)여성(女性),부인(婦人) женщи-на; ~같은 женоподобный; (в плохом смысле) немужественный, недостойный мужчины; ~다운 женственный; ~처럼 поженски.

여전히 как прежде, попрежнему.

여쭈다(아뢰다)докладывать, сообщать; спрашивать; приветствовать; 여쭈어 보다 спросить.

여쭙다(여쭈우니,여쭈워) спрашивать, узнавать.

여행(旅行) I путешествие, поездка; ~면장 арх. см. 여권; ~하다 путешест-вовать, ездить; ~하다 путешествовать, совершать поездку; ~가(자) путешест-венник, турист; ~가방 чемодан, саквояж; ~기 путевые записи, путевой дневник; дневник путешествия; ~사 туристическое бюро; бюро путешествия; ~안내소 туристическое бюро; ~안내인 гид; путеводитель; ~일정 маршрут путешествия; ~자 수표 дорожный чек; 수학~ образовательная экскурсия; 신혼~ свадебное путешествие.

여행(勵行) II ~하다 а) усердно(при-лежно) выполнять; б) поощрять.

여호와(Jehovah) Иегова, Господь (신명 см. 주.); ~닛시 Иегова Ниссси = Господь знамя моё; ~샬롬 Иегова Шалом =

Господь мир; ~의 궤 ко-вчег Господа; ~날 День Господа; ~사자 ангел Господа; ~의 산 гора Господа; ~의 전쟁기 Книга бранная Господа; ~이레 Иегова-Ире=Господь усмотрит.

역(驛) I (железнодорожная)станция, вокзал; ~무원 станционный слу- жащий; ~사 здание вокзала(стан-ции); ~장 начальник станции; ~장실 кабинет начальника станции; ~전광장 привок-зальная площадь; ~ 전경주 эстафетный бег.

역(役), 배역 II 1) театр; роль (в роли); 2) пост, должность; 역(役)을 하다 играть роль.

역-(逆-) обратный, встречный, противный; ~풍 противный(встреч-ный) ветер; ~효과 противополож-ный результат; обратный эффект; 역복사 физ. встречное излучение; 역로그 мат. ан-тилогарифмы.

역겹다(역겨우니, 역겨워) отвратитель-ный, надоевший, противный; 역겨운 냄새 отвратительный(противный) запах; 역겨운 행동 отвратительный (противный)поступок; 이것을 보는 것조차 역겹다 Мне и смотреть на это противно(отвратительно).

역경(逆境) тяжелое (бедственное) положение; неблагоприятная обс- тановка; бедствие, напасть; беда; ~에 처하다 быть в тяжёлом положении; ~을극복하다 преодолевать бедствие (тяжёлое положение).

역량(力量) 1) сила, силы; мощь; ~대비 соотношение сил; 2) способ- ности; способность к чему-л.;~ 있는 способный к чему-л.; компетент-ный; ~껏 изо всей силы.

역류(逆流) обратное течение, про-тивоток, обратный ток; ~하다 а) плыть(идти) против течения; б) течь в обратном направлении.

역사(歷史) 1)история;исторический; ~적 исторический ~문법 истори- ческая грамматика; ~박물관 исто-рический музей; ~소설 историче-ский роман; ~순환론 теория исто-рического круговорота; ~적 유물론 исторический материализм; ~지리학 историческая география; ~상 유래가 없다 не иметь себе равного в истории; ~적으로 볼 때 истори-чески, с исторической точки зрения; ~적사건 историческое событие; ~가 историк; ~관 исторический взгляд; ~성 историчность; ~ 소설 истори-ческий роман; ~과 историческая наука; история; 2) ~과학 истори-ческая наука;

3) прошлая жизнь; прошлое; жизненный путь.

역설(力說) парадокс; ~하다 парадоксальный; настойчиво разъяснять;~적으로 들리겠지만 это может показаться парадоксальным, но ...

역습(逆襲) ~하다 контратаковать, наносить(контрольный удар).

역시(譯詩) I 1)перевод стихов; 2) переводные стихи.

역시(亦是) II тоже, также, в конце концов; 역시 ~하다,또한 также.

역할(役割) 1) роль; 2) долг; ~하다 a) играть роль; б)исполнять долг.

역행(逆行) обратный(задний) ход, обратное движение, движение на-зад (вспять); ~하다 идти назад, идти против течения, двигаться назад(в обратном направлении, вспять, задним ходом); 시대에~하다 плыть против течения; ~동화 링그. регрессивная ассимиляция; ~운동 обратное движение

역효과(逆效果) обратный(противо-положный) эффект(результат); ~를 내다 проводить обратный(противоположный) эффект.

엮다(읽어만들다) плести, сплетать, писать; сочинять, составлять.

엮음 1) сущ. сплетённое; 2) сущ. составленное, сочинённое; 3)песня, исполняемая в быстром темпе;~시조 см.사슬[시조] I.

연(鳶) I бумажный змей; ~을 날리다 запускать (бумажного) змея.

연(蓮) II лотос. лотосовый; ~근 корень лотоса; ~꽃 лотос; ~못 лотосовый пруд.

연(年) III год; ~말 конец года; ~1회 раз в году.

연(聯) IV (시에서의) строфа.

연(連) V подряд; ~이어 подряд, один за другим;바람이~사흘째 분다 Ветер дует третий день подряд.

연결(連結) I связь; сцепка;~농기계 прицепные сельскохозяйственные ма-шины; ~부분 муз. связующая часть; ~장치 прицепное приспособление; ~하다 связывать, соединять, сцеплять, прицеплять; ~버스 прицеплять автобус.

연결(戀結) II уст. ~하다 [по] любить

연계(連繫) 1) связь; смычка; кон- такт; 2)уст. заключение в тюрьму за соучастие в преступлении; ~하다 a) связывать; устанавливать контакт; б) уст. заключать в тюрьму за соучастие в преступлении(соучас-тника преступления).

연구(研究),탐사(探査) исследование, изучение; ~하다 исследовать, изу-чать; ~가 исследователь, испытатель; ~비 расходы(средства) на научноис-следо-вательскую работу; ~소 науч-ноисс-ледовательский институт; лаборатория;~실 кабинет, лаборатория;~원 сотрудник научно-исследовательского института, лабо-рант; ~회 научноисследо вательское общество, научный кружок; ~적 исследовательский.

연구소(研究所) научноисследова- тельский институт.

연구실(研究室) кабинет, лаборатория

연극(演劇) пьеса, спектакль; (무대 에서) драма, театральное(драмати-ческое) искусство; представление, спектакль; (거짓꾸밈)подделка, фаль-шивка; ~적 драматический; ~하다 (무대에서)ставить спектакль, давать театральное представление; (거짓 으로) подделывать; фальсифици-ровать; ~계 театральный мир; ~상 театральная премия; ~술 драма-тическое искусство.

연금(年金),은급(恩級) (연금생활로 넘어 간다) пенсия(выйти на пенсию), рента; ~보험 пенсионное страхование; ~종신 пенсионер

연기(連記) I ~투표 голосование списком;~하다 записывать подряд; составлять список.

연기(聯騎) II ~하다 ехать рядом [верхом] на лошадях.

연기(煙氣) III дым; ~가 나다 ды-мить; ~가 자욱하다 быть охвачен-ным дымом; ~를 내다 дымить чем-л.; ~에 가려서 в дыму.

연기(延期) IV отсрочка, продление срока, пролонгация;~하다 отсрочи-вать, пролонгировать, продлевать, откладывать; переносить; ~되다 быть отложенным(перенесенным); 돈의 지불기한을 ~ отсрочивать уп-лату денег;지불~ осрочка уплаты.

연기(演技) V выступление(в теа-тре, кино); ~하다 исполнять; представ-лять; ~자 исполнитель.

연대(連帶) I ~적 солидарный; ~보증 круговая порука; ~수송 перевозки, ответственность за которые несут несколько транспортных организа-ций; ~채무 солидарный должник; ~책임 солидарная (совместная) ответственность.

연대(連帶) II солидарность, соли- дарный;~하다 солидаризироваться с кем-чем-л.; ~책임을 지다 отвечать за что солидарно, нести солидарную ответственность; ~하여 совместно; солидарно; ~보증 круговая порука; ~성 солидарность; ~채무 совместный должник; ~책임 солидарная (совмес-тная) ответственность.

연대(年代) III полк, годы, период, эпоха; ~순으로 в хронический пор-ядке, по годам;~기 летопись; хроника; анналы; ~표 хронологи- ческая таблица, хронология.

연락(連絡) 1) связь, контакт; ~장교 (군관) офицер связи; ~부절 непре-рывным потоком; 2) спорт. подача, связь, контакт, сношения; сообщение, коммуникации; ~하다 связываться с кем-л. о чем-л.;~을 취하다 входить в контакт с кем-л.; 전화로 본부와 ~하다 связываться по телефону о штабом; 이 문제는 김씨와 ~하시오 свяжитесь по этому делу с господином Ким; 이 비행기가 출발한지 1시간만 에 ~이 두절되었다 С этим самолетом через час после вылета прервалась связь; ~망 сеть связи; ~선 рейсовый пароход.

연락하다 сообщать кому-л., связы-ваться с (кем-л.).

연령, нои,연세 возраст; ~순으로 по старшинству; ~제한 возрастные ограничения; ~차 разница в воз- расте; ~결혼 брачный возраст.

연료(燃料) горючее; топливо; ~비 расходы на топливо(горючее); 고체 (액체) ~ жидкое топливо.

연루 сопричастность; сообщничес-тво; ~되다 быть сопричастным с кем-л.; быть замешанным в чем-л.; 범죄~ сопричастность к прес-туплению; ~자 соучастник; сооб-щник; ~하다 быть сопричастным(к чему-л.); быть замешанным (в чём-л.).

연립(聯立) 1) коалиция, коалицио-нный; ~하다 а) стоять в [один] ряд; б) находиться в коалиции; 2) коали-ция; ~내각 коалиционный кабинет [ми-нистров]; ~방정식 мат. система урав-нений; совместные уравнения; ~정부 коалиционное правительство; ~주택 многоквартирный дом.

연마(鍊磨) I тренировка, соверше-нствование; ~하다 усиленно трени-ровать, совершенствовать; 기술을 ~하다 совершенствовать мастерство.

연마(研磨) II (기계) шлифовка, по-лировка; (연구) исследование; ~하다 (기계) шлифовать; полировать; (연구) усердно (ревностно) учиться чему-л.(заниматься чем-л.); освежать знания, совершенствоваться в чем-л.; ~기

наждачная машина; шлифоваль-ный станок

연맹(聯盟) союз, лига, федерация, объединение; 세계직업~ Всемирная федерация профсоюзов(ВФП); 국제 ~ ист. Лига наций. ~에 가입하다 входить в союз, ~을 조직하다 образовать союз; ~국 союзник; 국제~ лига наций.

연발(連發) непрерывный ряд; ~하다 (사고가) непрерывно (подряд) случаться; (총을) вести непрерыв-ный огонь; (소리를) непрерывно производить; непрерывно звучать; ~권총 револьвер; 6-연총 шестиза-рядный револьвер; ~총 автома- тическая винтовка;지시문의~поток инструкций; ~사격 воен. беглый огонь; ~장치 воен. установка на огонь очередями; ~하다 а) непре-рывно выпускать [-ся] (издавать) [-ся]; б) непрерывно производить (звуки); непрерывно звучать; в) вести беглый огонь(огонь очередями).

연방(聯邦) союз, федерация, конфе-дерация; ~공화국 федеративная республика; ~의회 федеральный совет; ~정부 федеративное правительство; федеративные власти; ~제 федера-тивный строй; ~협정 союзный договор.

연세(年歲) (나이) возраст.

연속 I продолжение.

연속(連續) II 1) непрерывность; ~적 непрерывный; сплошной; перманент-ный; ~공리 мат. аксиома непрерывности; ~기초 стр. сплошной фундамент; ~도태 биол. непреры-вный отбор;~부절 продолжитель-ность, непрерывность; ~스펙트럼 сплошной(непрерывный) спектр; ~제 강 непрерывная разливка стали; 2) непрерывно; ~하다 не прекращаться.

연속선(連續線) непрерывная линия.

연속성(連續性) непрерывность.

연쇄(連鎖) 1) цепь; ~반응 цепная реакция;~회로 эл. линейная цепь; 2) соединительное звено; ~하다 после-довательно соединять[ся]

연수 уст. ~하다 учить, изучать

연수생(研修生) стажер.

연습(練習) I упражнение; тренировка; репетиция;~하다 упражняться, прак-тиковаться(в чём-л.).

연습(沿襲) II ~하다 следовать традиции.

연습(演習) III ~하다 упражняться, тренироваться, репетировать.

연애(戀愛) I любовь; ~소설 повесть (роман) о любви; ~하다 любить.

연애(涓埃) II обр. очень маленькая вещь.

연역(演繹) лог. дедукция; ~적 деду-ктивный; ~적 논증 дедуктивный аргумент; ~추리 дедуктивное умо-заключение; ~하다 делать(вывод, заключение); дедуцировать.

연예(演藝) выступление(на сцене); ~공연 представление; концерт; ~ 써클 кружок художественной само-деятельности; ~하다 выступать(на сцене); давать представление.

연일(連日) 1)~연야 несколько дней и ночей[подряд]; и днём и ночью; ~하다 продолжаться несколько дней подряд; 2) несколько дней подряд; изо дня в день.

연작(連作) 1) монокультура; 2) коллективное творчество; произ- ведение коллективного автора; ~소설 одно литературное произведение, написанное несколькими авторами; 3) серия картин, написанных на одну и ту же тему; ~하다 а) возде-лывать(монокультуру); б) написать коллективно(художественное произ-ведение); в) написать(серию картин на одну и ту же тему).

연장(延長) 1) продление, пролон- гация; ~기호 муз. фермата; 2) мат. продолжение; физ. растяжение; ~ 하다 продлевать, пролонгировать; продолжать.

연필(鉛筆) карандаш; ~철광 мин. гематит.

연하다 I 1) быть непрерывным; 2) быть связанным; 3) соединять; связывать.

연하다(鍊-) II стирать и гладить (траурную одежду).

연하다(軟-) III мягкий; нежный; светлый.

연합(聯合) объединение; союз; коа-лиция; уния; альянс; ~내각 см. 연립 [내각]; ~부대 воен. соединение; ~정부 см. 연립[정부]; ~하다 объединять[ся], соединять[ся], сочетать[ся]; комби-нировать[ся].

연휴(連休) 1) долгие выходные; 2) длительные выходные дни.

열 I било цепа; конец кнута.

열(熱),**열량** II 1) тепло; 2) темпера-тура; 3) десять; ~이 나다 темпера-турить; ~이식다 охладевать(к чему-л.).

열, **십**(10) III десять; 열길 물속은 알아도 한 길 사람 속은 모른다 *посл.* ≒ чужая душа потёмки; 열 냥 부조는 못 할망정 백 냥짜리 제상은 치지 말라 *посл.* ≒ *букв.* не препятствуй жертвоприношению на сто нян, если не можешь помочь и десятью нянами; 열 놈이 죽 한 사발 *погов.* ≒

букв. на десять душ одна чашка похлёбки; 열두 가지 재주가 저녁거리 없다(열두 가지 재주 가진 놈이 저녁거리가 간 데 없다) посл. ≃ одними талантами не проживёшь; 열 번 찍어 안 넘어 가는 나무가 없다 посл. ≃ капля и камень долбит(букв. нет дерева, которое не упало бы, если по нему ударить топором десять раз); 열 벙어리가 말을 해도 가만 있거라 посл. ≃ людских пересудов не переслушаешь; 열 사람 형리를 사귀 지 말고 한 사람 죄를 범하지 말라 (열 형리 치지 말고 죄 짓지 말라) см. 삼청승[을 사귀지 말고 내 한 몸을 조심해라]; 열 사람이 백말을 하여도 들을 이 짐작 посл. ≃ слухам не верь, а сначала проверь; 열 사람이 지켜도 한 도적놈을 못 막는다 гляди в оба; 열사흘 부스럼을 앓느냐? посл. ≃ носится как дурак с писаной торбой; 열 사위는 밉지아니 하여도 한 며느리가 밉다 посл. ≃ букв. одна невестка ненавистнее десяти зятьёв; 열 소경이 풀어도 아니 듣는다 погов. ≃ упрямого в семи ступах не утолчёшь; 열 소경에 한 막대 обр. незаменимая вещь(букв. одна палка на десять слепцов); 열 손가락 깨물어 안 아픈 손가락 없다(열 손가락에 한 손가락 깨물어 아프지 않을가?) посл. ≃ букв. какой палец ни укусив-всё больно; 열 손가락으로 물을 튀긴다 обр. бить баклуши; 열 손 한 지레 обр. а) работать за десятерых; б) любая машина заменяет десять человек; 열 일 젖히다 обр. бросить всё ради(чего-л.); 열에 한 술 밥이 한 그릇 푼푼하다 посл. ≃ букв. с десятерых по ложке рисаполучится полная миска; 열에 아홉 см. 십상 [팔구].

열(列) IV 1) ряд, шеренга; 2) пос- ледовательность.

열- преф. молодый; маленький.

열넷, 십 사(14) четырнадцать.

열다섯, 십 오(15) пятнадцать.

열둘, 십 이(12) двеннадцать.

열셋, 십 삼(13) тринннадцать.

열아홉, 십구(19) девятнадцать.

열여덟, 십팔(18) восемнадцать.

열여섯, 십육(16) шестнадцать.

열일곱, 십칠(17) семнадцать.

열하나, 십일(11) одиннадцать.

열기(熱氣) 1) жара; 2) горячий во- здух; ~기관 калорическая машина, калорический двигатель; 3) вы- сокая температура тела; 4) волне-ние, возбуждение.

열다 I (여니, 여오) плодоносить, приносить плоды.

열다 II (여니, 여오) открыть; 서랍을 ~ выдвигать ящик(письмен-ного стола); 외교관계를 ~ устанавливать диплома-тические отношения; 입을 ~ заговорить, начать разговор; 연회를 ~ давать банкет.

열대(熱帶) тропики, тропический (жаркий) пояс;~강우림 влажнотро-пический лес; ~기단 воздушные массы тропиков;~무풍대 zona тро-пических циклонов;~무역풍대 zona тропических пассатов; ~전선 meтeop. тропический фронт.

열두지파 двенадцать племён(колен); 유다~ Иуда;잇사갈~ Иссахар; 스블론 ~ Завудои; 르우벤~ Рувин; 시므온~ Симеон; 갓~ Гад; 에브라임~ Ефраим; 므낫세~ Манассия; 베냐민~ Вениамин; 단~ Дан; 아셀~ Асир; 납달리~ Неф-далим.

열등(劣等) ~하다 плохой; низкого качества(сорта);~한 성적 плохая успеваемость; ~한 상품 товар низ-кого(плохого) качества.

열리다 I 1) уродиться о плодах; 2) быть раскрытым.

열리다 II 1) быть открытым; 2) открываться; 3) развиваться(напр. об обществе); 4) рассеиваться(о гневе, тоске и т.п.); 가슴이 열렸다 отлегло от сердца.

열매(熱媒) прям.и перен. плод; ~될 꽃은 첫 삼월부터 안다 каков корень, таков и отпрыск; = 될 성 부른 나물은 떡잎부터 알아본다 см. 되다 I; ~를 맺다 прям. и перен. приносить плоды.

열변(熱辯) страстная(горячая) речь; горячее выступление; ~을 토하다 говорить с жаром, выступать со страстной речью.

열쇠, 키 ключ.

열심(熱心) 1) ~하다 проявлять энту-зиазм, рвение; 2) пыл, горячность; энтузиазм, рвение. 열심히 усердно.

열중(熱中) ~하다 увлекаться, отда-ваться (чему-л.).

열차(列車) I поезд; ~사령 ж.-д. диспетчер; ~운행표 график движе-ния поездов.

열차(列次) II очередь, порядок; по-следовательность.

열흘 десять дней; ~굶어 군자없다 см. 사흘[굶어 도적질 안 할 놈 없다];~나그네 하루길 바빠한다 посл. букв. спешить пройти десятидневный путь за один день = а) пороть горячку; б) не откладывай на завтра того, что можно сделать сегодня; ~붉은(고운) 꽃이 없다 обр. ничто на свете не вечно; 2)열흘날 десятое число(месяца)

얇다 1) тонкий; 2) светлый, бле-дный(о цвете); 3) некрепкий, слабый; 4) редкий, негустой; 5) неглубокий, поверхностный.

염려(念慮) забота; озабоченность; беспокойство; ~스럽다 озабочен- ный, обеспокоенный; ~하다 беспо-коиться, заботиться.

염소 коза(여); козёл(남); ~새끼 коздёнок.

엽기(獵奇) повышенный интерес кнеобычному; ~적 проявляющий повышенный интерес к необыч- ному.

엿 патока(из зерновых); тянучка; 엿 먹어라 а птичьего молока не хочешь? 엿을 물고 개잘량에 엎드러졌느냐? шутл. волосатый человек.

영감(靈感) I 1) наитие; 2) вдохно-вение; 하나님의 ~ богодухновение; Всё Писание богодухновенно и полезно для научения, для обли-чения, для исправления, для нас-тавления в праведности.(2Тим. 3,16)

영감(靈鑑) II покровительство святого духа(Будды).

영감(令監) III 1) вежл. старик; ~의 상투 обр. очень маленький(о пре-дмете);~의상투가 커야 맛이나 посл. 글 мал золотниктикда дорог; 2) мой стрик(жена о пожилом муже); 3) господин(обращение к чиновнику четвёртогопятого ранга).

영광(榮光) слава; ~스럽다 славный; почётный; 영광스러운 славный; см. 영예

영구(永久) ~적 вечный; пермане-нтный; постоянный; ~경수 хим. вода с посто-янной жёсткостью; ~기관 вечный двигатель; ~불멸[의] бесс-мертный; ~장천 вечность; ~준법 постоянно соблюдать; ~중립 юр. постоянный нейтралитет; ~화점 воен. долговременная огневая точка; ~하다 вечный.

영국말 английский язык.

영농(榮農)-기술 агротехника, ~방법 способ ведения сельского хозяйства; ~하다 заниматься сельским хозяйст-вом.

영농업(營農術) агротехника.

영사(領事) консул;~구역 консульс-кий район(округ); ~재판권 право консульской юрисдикции; ~위임장 консульский патент.

영세(零細) I ~농민 мелкий собст-венник(о крестьянине); ~상품 а) мелкие товары; б) товары низкого качества; ~하다 а) мелкий; раздроб-ленный; парцелярный; б) бедный, разорившийся.

- 638 -

영세(永世) II вечные времена, ве-чность; ~ 불망[의] незабываемый, вечный.

영수증(領收證) расписка [в полу- чении], квитанция см. 인수증

영양(營養) питательные вещества; ~ [가치] питательность; ~교잡 вегета-тивная гибридизация; ~기관 вегета-тивный орган; ~단지 торфоперег-нойные горшочки, питательные смеси; ~면적 с.-х. площадь питания; ~번식 вегетативное размножение; ~부족 недостаточное питание, гипотрофия; ~상태 упитанность; ~잡종 вегета-тивный гибрид; ~장애 дистрофия, нарушение питания.

영업(營業) предприятие; торговое дело; ~교잡 с.-х. промышленное скрещивание; ~하다 вести дела; работать(о предприятии); ~하는 시간 время работы(напр. магазин).

영업비(營業費) расходы на ведение дела, административные расходы.

영업세(營業稅) налог на предпри-нимателей.

영업소(營業所) уст. [торговое] уч- реждение (предприятие).

영웅(英雄) герой; ~적 героический; ~도시 город-герой; ~서사시 герои-ческий эпос; ~칭호 звание героя; ~적으로 героически.

영토(領土) государственная терри-тория; территория, владение; ~적 территориальный; ~완정 террито-риальная целостность.

영하(零下) ниже ноля.

영화(榮華) I полное благополучие; процветание; расцвет; слава.

영화(映畵) II кино фильм процве-тание; ~를 찍다 производить киносъё-мку; снимать фильм; ~에 출연하다 появляться на экране; сниматься в кино; ~화하다 экранизировать; ~각본 кино-сценарий; ~감독 (кино) режиссер; ~관 кинотеатр; ~계 мир кино; ~배우 киноактёр; (여배우) киноактриса; ~사업 кинопро-мышленность; ~상영 киносеанс; ~제 кинофестиваль; ~제작소 киностудия; 기록~ документаль-ный фильм; 만화~ мультипликацион-ный фильм; мультфильм; 예술~ художественный фильм; ~적 относя-щийся к кино, кино...; ~배우 киноактёр; ~축전 кинофестиваль; ~촬영소 кинос-тудия; ~연출가 кинорежиссёр; ~시나리오 киносценарий.

옅다(깊이가) неглубокий, мелкий, светлый, бедный; 옅은 꾀 перен. шитое белыми нитками

옆 боковая сторона, бок; ~의 боко-вой; ~으로 물러서다 отходить в сторону; ~으로 피하다 сторониться; ~을 보다 глядеть в сторону; 양 ~에 по бокам; ~길 боковая дорожка; ответвление; ~문 боковая дверь; ~찔러 절 받기 обр. вынуждать(кого-л.) сде-лать для(кого-л.).

옆갈비 рёбра.   옆구리 бок.

옆길 боковая дорожка, ответвление дороги.   옆바람 боковой ветер.

옆발치 сбоку(под боком) лежащего человека.   옆에 [с]бок[у].

ㅖ тридцать третья буква кор. алфа-вита; обозначает гласную фонему **йе**.

예 I ие (назв кор. буквы ㅖ).

예 II древность, старина; 예로부터 с давних пор,с древности

예(濊) III племя е(в др.Корее).

예(例) IV 1) пример;[аналогичный] случай, прецедент; ~를 들면 нап-ример; 2) образец; ~의 вышеизло-женный; вышеуказанный. ~가 없는 беспримерный, беспретедентный;~의 вышеизложенный, вышеуказанный; ~가 되다 служить приером;~를 들다 приводить пример; ~를 들면(컨대) например, к примеру

예(禮)(예의) V 1)этикет; приличия; 2) см. 경례; 3) см. 예식 I 2); ~를 이루다 устраивать свадьбу.

예고(豫告) предупреждение, преду-ве-домление; ~하다 предупреждать, предварительно уведомлять(извещать), предуведомлять.

예금(預金) 1) ~하다 делать [дене-жный] вклад; 2) денежный вклад; 은행~ депозитный банк; ~계좌 денежный вклад; ~액 сумма вклад; ~자 вкладчик

예닐곱 шесть или семь.

예매(豫買) I ~하다 заранее покупать

예매(豫賣) II предварительная продажа; ~하다 заранее(преварите-льно) продавать.

예물(禮物) 1) дар, подарок, подно-шение; 2) подарки, которыми об- мениваются жених и невеста; ~반지 обручальное кольцо; 3) подарок невесте от ро-дителей жениха (при нанесении невестой первого визита родителям жениха); 4) презент, подарок; 5) приношение, жертва.

예방(豫防) арх ~대책 предупреди-тельные меры; ~주사 предохрани-тельная прививка; ~하다 предос- терегать от неправильных посту-пков. 예방점검 профилактика.

예배(禮拜) ~하다 а) кланяться духу(Будде); б) совершать богослу- жение.

예배당(禮拜堂) [христианская] цер-ковь

예배소(禮拜所) помещение, в кото-ром совершается богослужение.

예배일(禮拜日) день, в который совершается богослужение.

예보(豫報) предварительное изве-щение; предсказания; прогноз(на-пр. погоды); ~하다 заранее извещать; предсказывать.

예비(豫備) 1) ~하다 заранее(пред-варительно) готовить, подготавливать; 2) приготовление, подготовка; ~시험 предварительный экзамен; ~조약 пред-варительное соглашение; ~조인 пред-варительное подписание; ~[적] а) предварительный, подготовительный; б) резервный, запасной; ~부분품 запас-ные части(детали); ~진지 запасная позиция.

예쁘다(예쁘니, 예뻐) милый, краси-вый, симпатичный; 예쁜자식 매로 키운다 посл.≃даже хороших детей надо учить палкой.

예상(霓裳) I арх. пятицветная юбка

예상(豫想) II 1) ~하다 предпола- гать, предусматривать; 2) предпо-ложения, ожидания.

예속(隷屬) 1) подчинение, закаба-ление; порабощение; ~[적] зави- симый; ~국가 зависимое государ-ство; ~자본 компрадорский капитал; ~자본가 компрадорская буржуазия; ~하다 подчинять, закабалять, порабощать; 2) уст. слуги.

예수 그리스도 Иисус Христос.

예순 육십(60) шестьдесят.

예술(藝術) искусство;~[적] а) отно-сящийся к искусству; б) художес-твенный, артистический; ~사진 художественная фотография; ~지상 주의 теория "искусство для искус-ства"; ~체조 художественная гим-настика; ~영화 художественный фильм.

예습(豫習) приготовление уроков (домашнее задание); ~하다 гото- вить (урок, задание).

예식장(禮式場) место для прове- дения свадебной церемонии.

예약(豫約) 1) ~하다 а) заключить (предварительное

соглашение); б) делать(предварительный заказ); 2) предварительное соглашение; пред-варительный заказ, подписка

예의(禮義) правила поведения и нравственность; ~염치 конф.вежли-вость, чувство долга, бескорыстие; стыдливость(четыре основных доб-родетели); ~바르다 вежливый, вос-питанный, у кого хорошие манеры; ~상 из вежливости, ради этикета.

예인(銳刃) острое лезвие(ножа, меча)

예절(禮節) 1) этикет; 2) манеры. см. 예의

예정(豫定) 1) ~하다 заранее опре- делять, намечать; 2) предположе-ние, намётка; предварительный рассчёт; план.

예측(豫測) догадка,предположение; предсказание; ~하다 предугады- вать; предполагать;предсказывать.

옛 древний, старый;~부터 с да-вних пор;~적에 в старину; прежде; ~날 = 옛날 ~모습 прежний вид, старый облик; ~사랑 старая любовь; ~이야기 сказка; (прошлое событие;~정 старая привязанность; ~ 집(오래된 집) старый(старинный дом); (살던 집) дом, где жил раньше;~억 воспоминания о былом;~친구 старинный друг.

옛날 [далекнэ] прошлое; древние времена;~부터 с давних пор, вре-мён; ~ 이야기 сказка, сказка; ~옛적 давным-давно; в глубокой древ-ности; ~시어미 범 안 잡은 사람 없다 погов. ирон. бывало и я вершил великие дела.

옜다 есть в приказной форме

ㅗ двадцать четвёртая буква кор. алфавита; обозначает гласную фо-нему о.

오(伍) I 1) см. 대오 I; 2) шеренга, ряд (в строю); 3) шеренга из пяти воинов; пять воинов(в шеренге).

오 II (감탄사) ах! ох!; (옳지) прави-льно; (아랫사람에게) да; ладно.

오(五, 5) III пять; 오리[를] 보고 십 리[를] 간다 посл. букв. ≡ за пять грошей пойдёт за десять ли.

-오- вежл. суф.

-오 оконч. ф. личного отношения, употр. в разговоре равных.

오백(白: 500) пятьсот.

오천(千: 5000) пять тысяч

오금 1) подколенная ямка; 2) см. 팔오금이 저리다 терзаться(из-за до-пущенной ошибки); 3) см. 한오금; ~아 날

살려라 см. 걸음[아 날 살려라]; ~을 못쓰다 потерять голову; стать рабом; оказаться под каблуком; ~을 박다 поймать на слове; ~을 추지 못 하다 быть обессиленным; ~이 저리다 терзаться из-за допущеной ошибки; ~이 뜨다(~에 돌개바람 들다) а) непоседливый; б) легкомысленный, ветреный; ~이 쑤시다 неугомонный.

오기(傲氣) упорство, упорность; ~를 부리다 упорствовать.

오누이 брат и сестра.

오늘 сегодня; ~따라 именно сего-дня; ~의 сегодняшний; ~까지 до сегодняшнего дня; ~밤에 сегодня ночью; ~부터 с сегодняшнего дня; ~에 настоящее(данное) время.

오뉴월 май и июнь; ~감기는 개도 아니 앓는다 шутл. собака и та летом не простужается; ~불도 쬐다 나면 서운하다 погов. = что имеемне храним, а потерявши плачем; ~개가죽 문인가? обр. что ты за собой дверь не закрываешь? ~닭이 오죽하여 지붕에 올라가랴 посл. букв.= в маеиюне(в голодное время) курица лезет на крышу в поисках зёрен; ~더부살이 환자 걱정을 한다 обр. Более забота несвоевременна обр. куда тебе думать о других [환자 걱정]; ~더위는 암소 뿔이 물러 빠진다 посл. букв.= от майской (июньской) жары размякнут даже рога у коровы; ~드룽다리 обр. пятое колесо в телеге; ~병아리 하루 볕쬐기가 무섭다 обр. расти как грибы после дождя; ~소나기는 소 등을 두고 다툰다 обр. летние ливни коротки; ~소 불알 обр. пластом лежать от жары; ~똥파리 обр. как надоедливая (назойливая) муха.

-오니까 вежл. оконч. вопр. ф. предикатива.

오다 приходить(도착) прибывать, приходить, приезжать; 잠이~ засы-пать; 졸음이~ задремать; 온데 간데 없다 ни слуху ни духу; 전화가 왔다 зазвонил телефон, вас к телефону; 오는정이 있어야 가는정이 있다 посл. = как аукнется, так и откликнется; 오라는 딸은 안 오고 외통 며느리만 온다 посл. букв.= не пришла дочка, которую звал, а пришла невестка; 출장을 ~ приехать в командировку; 와서[이] к, на; 금년에 와서 к нынеш-нему году; 기회가 ~ возникнуть(о благоприятной возможности); 불이~ зажигаться, загораться(о свете); 세살 이 잡혀오는 아이 ребёнок, которому скоро будет три года; 붉어~ краснеть; 오다가다 а) по пути; б) случайно; 오나가나=가나오나 см. 가다 I; 오락가락하다 а) бродить, слоняться взад и вперёд; 온다 간다는

말없이 в тихо- молку.

오라 уст. красная верёвка, которой связывают преступника; ~를 지다 а) быть связанным верёвкой(о преступ-нике); б): 오라질*razг. бран.* проклятый.

오라버니 старший брат(для сестры)

오락(娛樂) I развлечение, отдых; ~하다 развлекаться; ~기 игровой автомат; ~실 комната для развле-чений; игровая комната.

오락(誤落) II уст. 1) сокр. от 오자 [낙서] 2) ~하다 упасть(напр. оступив-шись).

오래 долго;~다 давний, древний, долгий, длительный; ~오래 очень долго, вечно; 오랜 기간 долгий срок, долгое время; 오랜 우정 долголетняя дружба; ~앉으면 새도 살을 맞는다 *посл.≅* на высоком посту не засиживайся.

오래 전에, 옛날에 давно.

오래간만이다 сколько лет, сколько зим.

오래되다 пройти долго по времени.

오랜만에 за долгое время.

오렌지 апельсин;~나무 апельсино-вое дерево;~색 оранжевый цвет

오로지 только, лишь.

오르내리다(층계 따위를) то подни-маться, то опускаться; 사람들의 입에)попадать на язык.

오르다 забираться, залезать (높은 곳으로) подниматься; 게재, 기록) быть записанным (занесённым); (전염) зара-жаться чем-л.; (약이) вселяться; 살이 ~ поправляться, полнеть; 오를 수 없는 나무는 쳐다보지도 말아라 *посл. букв.=*не смотри на такое дерево, на которое не можешь забраться; 오르락내리락 то подниматься, то опускаться; скакать(о температуре); 살이~ поправляться, полнеть; 때가~ запачкаться, перепачкаться; 올라가다 а) подниматься, взбираться; б) идти (ехать) против течения; в) ехать, идти (из провинции в столицу); г) перехо-дить (напр. в старший класс); д) повы-шаться(напр. о ценах); е) терять; ж) прост. см. 죽다 올라오다 а) поднима-ться, взбираться; б) приехать, прийти (из провинции в столицу); в) вырвать, стошнить(напр. от кашля).

오르르 ~하다 а) быстро двигаться(о человеке небольшого роста); б) внезапно закипеть(забурлить); в) разом развалиться(разрушиться); г) с грохотом рухнуть.

오르막 подъём; ~길 дорога в гору.

오른 правый; ~편에서 справа; ~편 으로 направо; ~발 правая нога; ~팔 (오른쪽 팔) правая рука; (심복) помощник; ~편(쪽) правая сторона. ~ 샅바 повязка, надеваемая на правую ногу борца; ~씨름 ведение борьбы в правосторонней стойке(в кор. нац. борьбе); ~쪽으로 направо

오리 утка; ~걸음 утинная походка; ~고기 утячье мясо; 새끼~ утёнок; ~홰 탄 것 같다 *погов.* ≡ не в свои сани не садись; ~알에 제 똥묻은 줄 모른다 *посл.* ≡ в чужом глазу соринку видит, а в своём бревно не замечает.

오만(傲慢) I наглость и жестокость; ~무례 наглость и бе-сцеремонность; ~스럽다 *прил.* ка-заться наглым; ~하다 наглый.

오만(五萬) II 1) пятьдесят тысяч; 2) тьма, уйма; ~소리를 다 하다 наго-ворить чепухи.

오만(傲慢) III высокомерие, над- менность; ~하다 высокомерный, надменный, заносчивый, кичливый; ~불손하다 высокомерный, надмен-ный.

오명 запятнанная(дурная) репутация; ~을 벗다 восстанавливать репута-цию(честь); ~을 쓰다 смыть позор; ~을 씻다 смыть позор; ~을 벗다 восстанавливать репутацию (честь).

오보(誤報) неправильная, неверная информация; ложное сообщение (известие); неверные сведения; неточные данные; ~하다 ложно (неправильно) информировать; де-зинформировать; сообщать невер- ные сведения.

오열(嗚咽) ~하다 всхлипывать.

오염 загрязнение; (군사적으로) за-ражение; ~되다 быть загрязнённым; ~시키다 пачкать, загрязнять; ~구역 заражённый район; ~물 заражённый предмет; 대기~ загрязнение воздуха; 환경~загрязнение окружающей среды.

오월(五月) май.

오이 огурец; ~넝쿨에 가지 열릴가? *посл.* ≡ разве растут баклажаны на огуречных плетях?.

-오이다 *уст. вежл. оконч. повеств. ф. предикатива;* 꽃이 피오이다 рас-пускаются цветы.

오전(午前) II время до полудня; ~ 에 до полудня; ~ 10시에 в десять часов дня.

오점(汚點) помарка, загрязнение, пятно; (평판에 대한) пятно позора, пятно на репутации; ~을 남기다 загрязнять, пачкать, пятнать; ~을 씻다 смывать пятно; ~ 하나 없는 без единого пятна, незапятнан-ный, безупречный.

오죽(烏竹) I бот. листоколосник чёрный.

오죽 II разг. как, сколько; 그것을 들으면 ~기뻐할까 как он будет рад, услышав это. 오죽이나 как.

오줌, 소변 моча; ~을 누다(싸다) оправляться, мочиться; ~이 마렵다 чувствовать позывы к мочеис-пусканию; ~에도 데겠다 ирон. муха крылом перешибёт(о тщедушном человеке).

오직 I только, лишь.

오직 II ошибочный(неверный) диагноз.

오해(誤解) неверное понимание, недоразумение; ~하다 неверно по-нимать; ~를 초래하다 создавать недоразумение; ~를 풀다 рассеять, разъяснять недоразумение; ~ 때문에 по недоразу-мению.

오후(午後) время после полудня; ~에 время после полудня; ~2시에 два часа дня; ~11시 11 часов вечера.

오히려 1) наоборот, напротив; ско- рее всего; 2) все же.

옥(玉)(구슬보석) I 1) драгоценный камень; 2) (보석의 일종) нефрит, яшма;옥에티(옥에는 티나있지) погов. =и на солнце есть пятна.

옥(獄) II тюрьма; ~바라지하다 носить передачи в тюрьму; ~에 가두다 заключать(засаживать, сажать) в тюрь-му; ~살이 пребыва-ние в тюрьме.

옥상(屋上) ~에 на плоской крыше; ~정원 сад на крыше; ~집 надст- ройка на крыше дома; ~가옥 а) надстройка на крыше дома; б) обр. ненужное повторение.

온 I весь, целый; ~몸이 떨리다 дрожать всем телом; ~몸에 по всему телу; ~힘을 다하여 изо всех сил; ~ 세상 весь мир; 그는 ~몸이 먼지 투성이다 он весь в пыли; ~거리 вся улица; ~세계 весь мир.

온 II межд., выражающее испуг, удивление ах!, ох!

온갖 всякий, всяческий;~노력을 다하다 всячески стараться; ~종류의 всякого рода;

온건~하다 умеренный, здравый, здоровый; ~책 умеренная политика (тактика); ~파 партия умеренных.

온기(溫氣), 열 I тепло.

온기(溫器) II тепло.

온난(溫暖) ~하다 тёплый, умерен-ный; ~한 기후 умеренный климат; ~전선 тёплый фронт; ~기단 массы тёплого воздуха.

온도(溫度)열 temperaturа; ~를 재다 измерять температуру; ~계 термометр; 연평균 ~ средняя годовая температура.

온돌(溫突) утеплённый пол(в ко-рейском доме); ~방 комната с утеп-лённым полом.

온실(溫室) теплица;~의 교육 оран-жерейное, тепличное воспитание; ~ 에서 자란 사람 человек воспитанный как в теплице, изнеженный человек; ~에서 자란아이 тепличный ребёнок; ~식물 оранжерейное растение.

온전 ~하다 целый, полный.

온천(溫泉) горячий(минеральный) источник; ~에 가다 ехать на горячие источники; ~수 горячие минеральные воды; ~장 курорт с горячими(мине-ральными) источниками.; 온천하다 нетронутый, сохранившийся целиком (напр. о деньгах, имуществе).

온통 все; целиком.

올 I одна(отдельная) нитка; 올이 곧다 прямой(о характере); 올이되다 а) плотный и прочный(о ткани); б) упрямый и заносчивый.

올 (올해의 준말) II этот год; ~여름 лето этого года; ~ одна нитка;~이 곧다 прямой, нелицемерный.

올- преф. ранний(о растениях); 올벼 ранний рис.

올가미 (짐승을 잡기 위한) ловушка, петля, аркан; ~를 쓰다 становиться жертвой(тъих-л.) интриг;~를 씌우다 взять хитростью, ловить в ловушку; ~없는 개장사 обр. торговец без капитала.

올라가다 взбираться, лезть вверх; (높은 곳으로) подниматься, взбира-ться; 거슬러~ идти, ехать против течения.

올리다 (높은 곳으로) поднимать; (거행 하다) проводить, устраивать; (드리다) давать, преподносить; (얻다) добива-ться; (기재) вмещать, вписывать; 결혼식을~ справлять свадьбу; 기도를 ~ молиться, читать молитву; 올려 в сложн. гл. вверх, наверх; 올려다 보다 а) смотреть снизу вверх; б) смотреть с восхищением.

올바로 честно, прямо, правильно.

올봄 весна этого года;~에 весной этого года.

-올시다 вежл. повеств. ф. глаголасв-язки 이다. 올해 этот год.

옭다(잡아매다) ловить сеткой; (人ека психически) ограничивать, стеснять.

옮기다 перемещать, переносить, переводить; 발을~ передвигать ноги; 시선을~ переводить взгляд; 실행 (실천)에~ претворять в жизнь; 옮겨 앉다 а) пересаживаться; б) пересе-ляться, менять(местожительство).

옮다 1) переезжать, перебираться; перебрасываться(о пожаре, огне); 2) передаваться(о болезни); 3) окраши-ваться.

옰 отплата, возмещение; 옰을 내다 возмещать, компенсировать.

옳다 правильный, верный; 옳게 행동하다 поступать правильно; 옳은 해석 верное толкование; 당신 말이~ Вы правы; 옳고 그른 것을 판단하다 определять, что правильно и неправильно. 옳바로 правильно, верно.

옳바르다(옳바르니, 옳발라) правиль-ный, верный.

옳지 точно, верно, правильно.

-옵- суф. вежливости в предика-тиве.

옵셰트(англ. offset) полигр. офсет, офсетная печать.

옵션 выбор, право выбора(замены).

옷 одежда, платье;~을 벗다 разде-ваться;~을 벗은 неодетый, разде-тый;~을 입히다 надевать одежду, одеваться; ~치례하다 принаряжаться, приодеваться; ~가지 предметы одежды; ~감 отрез материи; ~걸이 вешалка; ~깃 ворот, воротник; ~맵시 вид (фасон) одежды; ~자락 подол(пола) одежды; ~장 платяной шкаф; 겉~ верхняя одежда; 속~ нижнее бельё; ~은 새 옷이 좋고 사람은 옛사람이 좋다 посл. букв. ≈новое платье лучше старого, но старый друг лучше нового; ~을 입다 а) надевать одежду, одеваться; б) появляться(о плесени на растёртых соевых бобах, из которых готовится соевый творог); 옷 두벌 два комплекта одежды; 의복 одежда.

옹 нарыв, гнойник; фурункул.

옹- преф. маленький и неприглядный.

-옹(-翁) уважаемый, почтенный; 간디~ уважаемый Ганди.

옹달샘 неглубокий источник(ро-дник).

옻 1) яд, содержащийся в смоле лакового дерева; 옻나무 лаковое дерево;~이 오르다 отравиться ядом лакового дерева; 2) ожоги на коже, вызванные смолой лакового дерева.

와 тридцать седьмая буква кор. алфавита; обозначает гласную фо-нему **ва.**

와 I ва(назв. кор. буквы 와).

와 II 1) гурьбой, толпой; 2) с шумом, с гвалтом; ~하다 а)повалить гурьбой; б) шуметь, галдеть.

-와 вариант оконч. совместного п. см. -과.

와이셔츠(*англ.* white shirt) рубашка, сорочка мужская; верхняя рубашка.

완강(頑强) ~하다 упрямый, упор-ный; стойкий, настойчивый, непод-датливый; ~한 저항 упорное сопро-тивление.

완결(完結) окончание, завершение; ~하다 полностью заканчивать, за-вершать; ~성 завершённость; ~편 последняя часть.

완곡(婉曲) ~하다 непрямой, укло-нчивый, эвфемистический, смягён-ный; ~히 말하다 выражаться уклон-чиво, говорить обиняками (с околи-чностями); ~어법 эвфемизм.

완공(完工) завершене.
완공되다 быть завершенным о стро-ительных работах.

완납(完納) полная уплата, взнос полностью;~하다 уплачивать(вно-сить) полностью.

완벽(完璧) совершенство, верх со-вершенства, безупречность; ~ 하다 совершенный, идеальный, безуп-речный; ~을 기하다 стремиться к совершенству;~한 준비태세 полная готовность.

완성(完成) завершение, отделка, сов-ершенство; ~하다 завершать, закан-чивать, совершенствовать, отделывать; ~작업 отделочные работы; ~품 готовая продукция; 자기~ самосо-вершенствование; ~압연 *мет.* чистовая прокатка.

완전(完全) I совершенство; ~ 하다 целый, полный, чистый, совер-шенный, полноценый, безупречный, безукоризненный; ~히 совершенно, полностью, вполне, целиком; ~한 성공 полный успех; ~을 기하다 стремиться к совершенству; ~고용 полная занятость; ~무결 (абсолютное) совершенство, безупречность; ~수 целое число; ~기체 см. 이상[기체]; ~권력 полновластие; ~단백질 полно-ценный белок(жи-вотный); ~변태 биол. полный метаморфоз, полное превра-щение; ~비료 полное удобрение; ~색맹 *мед.* ахроматопсия

~조직 текст. раппорт.

완충(緩衝) смягчение ударов;~하다 амортизировать; ~기 амортизатор; ~작용 амортизация, буферное дейст-вие;~장치 амортизационные устрой-ства, амортизатор; ~지대 буферная зона.

완치(緩治) излечение; ~가 가능한 излечимый; ~하다 полностью изле-чиваться, вылечиваться; ~의 희망이 없다 нет надежды на излечение.

완쾌(完快) ~되다 полностью поп- равиться, вылечиться.

완행(緩行) медленное движение, медленный ход; ~하다 двигаться медленным ходом; ~ 열차 поезд с малой скоростью.

왈(曰) книжн. перед прямой речью говорит; гласит.

왈-(曰) преф.кор. так называемый.

왔다갔다하다 прибыть и пойти; прогуливаться, бродить.

왕(王) 1) монарх, государь; король; 백수의 ~ царь зверей; 2) царь; 유대인의 ~ Царь Иудейский.

왕-(王-) (아주 큰) большой, крупный; ~개미 крупный(гиганский) муравей; ~거미 крупный(гиганский) паук; ~겨 крупные рисовые отруби; ~고모 сёстры отца; 왕가뭄 сильная засуха; ~의 골짜기 долина царская; ~의 대로 царская дорога; ~의 동산 царский сад; ~의 못 царский водоём; ~의 무덤 могила царя; ~의 문 царские ворота.

왕래(往來) 1) общение; 2) Посещение (통행) уличное движение; (친교) общение, связь, переписка; ~하다 ходить туда и обратно (курси- ровать); 서신 ~ переписка.

왕복(往復) хождение, движение в оба конца, курсирование, поездка в оба конца; ~ 하다 ходить, ездить, курсировать туда и обратно; ~비행 беспосадочный самолёт туда и обратно, челночные полёты; ~요금 стоимость проезда в оба конца, проездная плата туда и обратно; ~운동 двойное поступательновозврат-ное движение; ~차표 билет в оба конца; ~기관 двигатель(паровой, поршневой); ~수송 встречные перевозки; ~차표 билет туда и обратно; ~엽서 открытка с оплаченным ответом.

왕성(旺盛) расцвет, процветание; ~하다 цветущий, процветающий, быть в расцвете; 원기~하다 быть в прек-расном настроении, быть полным энер-гии, чувствовать прилив сил; 혈기 ~ 하다 полный кипучей энергии, быть в бурном расцвете сил.

왜 тридцать девятая буква кор. алфа-вита; обозначает гласную фонему **вэ**.

왜 почему, зачем; ~그런지 почему-то, отчего-то, по какой-то причине; ~냐하면 потому что.

왜(倭) японский; ~군 японская армия; ~정 японское управление.

왜곡 извращение, искажение; ~하다 извращать, искажать.

왜냐하면 почему (왜); ~ 때문이다 потому что(так как, поскольку).

왜소(矮小) ~하다 маленький, корот-кий, низкорослый, малый ростом, карликовый.

왱왱하다 очень громко читать

ᅬ тридцать четвёртая буква кор. ал-фавита; обозначает гласную фонему **ве**.

외(外) III ~에 помимо, кроме.

외-(外-) I преф. кор. 1) внешний, наружный; 외저항 эл. внешнее со-противление; 외할머니 2) по мате-ринской линии.

외- II преф. один единственный, одинокий; 외아들 единственный сын; 외나무 одинокое дерево.

-외(外) суф. кор. вне...; 계획외 внеплановый.

외곡(-曲) извращение, искажение; ~ 하다 извращать, искажать.

외교(外交) 1) дипломатия, внешнее отношение(сношения);~[적] дипломати-ческий; ~관계 дипломатические отношения; ~내치 уст. внешние сно-шения и управление страной;~직급 дипломатический ранг; ~특권 юр. дипломатический иммунитет; 2) пре-дательство; ~하다 а) иметь дило-матические отношения; б) общаться; ~대표 дипломатический представитель.

외국(外國) иностранное государст-во; зарубежные страны, заграница; ~ 법인 юридическое лицо иностран-ного государства.

외국어(外國語) иностранный язык.

외눈 один(единственный) глаз; ~ 하나 깜짝 아니 하다 обр. глазом не моргнёт(о бесстрашном человеке).

외다 1) читать наизусть, деклами-ровать; 2) заучивать, зазубривать, запоминать.

외래(外來) 1) сущ. пришедшее из-вне;~성원 внештатные

работники; ~환자 амбулаторный больной; 2) сущ. иностранный, заграничный; ~상품 импортные товары; ~자본 иностранный капитал.

외로움 одиночество, чувство оди-ночества. **외로이** одиноко.

외롭다 одинокий; 외로운 마음 чу-вство одиночества.

외아들 единственный сын.

외우다 заучивать, зазубривать, за-поминать; (암송) читать наизусть; 시를 ~ читать стихи наизусть.

외출(外出) ~하다 а) (ненадолго) выходить, отлуча-ться; б) воен. уходить в увольне́ние.

외침(畏鍼) уст.**~하다** бояться игло-укалывания.

외톨 1) цельный плод(неделя́- щийся на дольки); ~밤이 벌레가 먹었다 *посл.* ≅ а) единственный сын, и тот плохой; б) единственная дорогая вещь, и то пришла в негодность; 2) см. 외도토리.

왼 левый; 왼편(쪽) левая сторона; 왼고개를 젓다(치다) мотать головой(в знак несогласия); 왼 고개를 틀다 отворачиваться; ~눈도 깜짝 아니 하다 даже глазом не моргнуть; ~발 구르고 침 뱉는다 *посл.* ≅ заварил кашу, а сам удрал; ~새끼 내던졌다 *обр.* не глядя выбрасывать.

왼쪽 левая сторона левый.

왼편으로 налево.

욍 ~하다 а) издать звон(напр. о натянутой проволоке); б) со свистом разрезать воздух.

ㅛ двадцать пятая буква кор. алфавита, обозначает гласную фонему **ё**.

요 I ё(назв. кор. буквы ㅛ).

요 II этот.

요(要) III суть; главное; **~하다** требовать(что-л.), нуждаться(в чём-л.); ~는 по существу, в сущности, короче говоря, в конце концов; 환자는 절대 안정을 ~한다 больному требуется абсолютный покой.

-요 I вежл. оконч. гл.-связки: 저것이 말이요 вон то - лошадь; 이것이 책이 요? Это книга?

-요 II оконч. соед. деепр.

-요 III разг. почтит. частица.

요금(料金) плата, цена, взнос; 수도 ~을 내다 платить за воду; 전기~ плата за электричество; 가스~ плата за газ.

요란(擾亂) ~하다 шумный, громкий, шутливый; 밖이~하다 на улице шумно; ~스럽다 шумный; громкий

요령(要領) суть, сущность; ~있는 дельный, содержательный, относя-щийся к делу(к вопросу); ~부득하다 не постигать сути; ~을 터득하다 попа-дать в (самую) точку.

요리(料理) 1) приготовление пищи; 2) пища, блюдо(кушанье) пища, блюдо, кухня; ~정책 подкуп(кого-л.) путём угощения; 3) умелое управление; ~하다 а) готовить пищу; б) умело управлять; справляться; ~강습소(학원) курсы кули-нарии; ~법 способ приготовления пищи; ~사 повар, кулинар; ~점 ресторан; 프랑스 ~ французская кухня.

요맘때 как раз в это время.

요새(要塞) I ('요사이'의 준말) недавно, на днях, за последнее время; ~지은 집 недавно построенный дом.

요새(要塞) II укреплённый пункт; крепость; ~를 구축하다 сооружать крепость; ~화 фортификация; 해안 ~ морская крепость.

요소(要所) I важное место, важный пункт.

요소(要素) II фактор; ~를 이루다 быть существенно необходимым; составлять неотъемлемую часть.

요술, 손재간 фокус; ~적 волшебный, магический; ~을 부리다 колдовать, показывать фокусы; заниматься магией(колдовством); ~쟁이 фоку-сник, колдун, маг; ~하다 колдо- вать, показывать фокусы.

요약(要約) краткие выводы; резюме, основное содержание; ~하다 подво-дить итог; резюмировать, сумми-ровать; ~해서 말하자면 коротко(ко- роче) говоря.

요양(療養) I санаторное лечение, выздоровление, излечение; ~하다 излечиваться, поправляться, исцеляться (в санатории); ~소 курорт, санаторий, здравница; ~자 пациент; ~지 (клима-тический) курорт; 결핵~소 туберку-лёзный санаторий; санаторий для больных туберкулёзом; ~도시 курор-тный город; ~병원 больница санатор-ного типа; ~탁아소 детские ясли сана-торного типа; ~하다 излечиваться (поправляться) в санатории.

요양(擾攘) II ~미정 уст. а) нере- шительность; б) неокрепшая воля; ~하다 уст. тревожный, беспокой-ный, смутный.

요업(窯業) керамическая промыш-ленность; керамика;

гончарное производство; ~가 специалист по керамике.

요원(要員) I агент, основной, ли-чный состав, необходимый пер- сонал; 기술~ технический персонал; 의료~ медицинский персонал; 철도~ железнодорожный агент.

요원(燎原) II поля, охваченные ог-нём; ~의 불길 а) степной пожар; б) перен. непреодолимая сила.

요원(遼遠) III поля, охваченные огнём; ~의 불길 степной пожар; ~하다 далёкий, отдалённый; ~한 바다 дальние моря.

요인(要因) I 1) основная причина, фактор; 2) ответственное лицо; 3) 요소 фактор.

요인(要人) II важный человек, важная персона, видный деятель, крупная фигура, ответственное лицо; 정부~ руководители; 당 및 정부~ руководители партии и правительст-ва.

요일(曜日) день недели; 오늘은 무슨 ~이나 Какой сегодня день не-дели? 화~ 마다 каждый вторник, по вторникам.

요절(腰折) I ~이 나다 см. ~하다 б), в); ~하다 а) надрывать животики со смеху; б) портиться; ломаться; изнашиваться; в) срываться, не осуществляться.

요절(要節) II уст. важный параграф (абзац).

요절나다 (물건이) портиться, лома-ться; (일이) срываться, не осуществ-ляться; 우리의 계획이 요절났다 наш план был расстроен(не осу- ществился).

요점(要點) главный(важнейший) пункт; ~을 말하다 обрисовывать суть, суммировать, говорить по существу; ~을 말하자면 в сущности говоря.

요청(要請) просьба, требование; ~ 하다 просить(что-л.), требовать (что-л.); 그의~으로 по его просьбе; ~서 письменное требование; (письменная) заявка

요한계시록(-啓示錄) Откровение Иоанн/ Откровение/ Откр. Апока- липсис.

요한복음(-福音) Евангелие от Иоа-нна/ От Иоанна/ Ин.

요한일(이, 삼)**서**(-書) Первое(Второе, Третье) послание апостола Иоанна/ 1-е (2-е, 3-е) Иоанна/ 1(2,3)Ин.

욕(辱) (욕설) брань, ругань, оскор-бления; ~되다 срамиться, позориться; ~되게 하다 посрамлять; ~을 먹다 быть изруганным; ~을 보다 перено-сить тяжёлые испытания; ~보이다 позорить; ~하다 ругаться, отпускать ругательства; сыпать руганью, ругать (кого-л.); 뒤에서 ~하다 злословить за глаза(за спиной);~설 бранная речь; ругательство, брань;

~쟁이 сквернос-лов.

-욕(慾) жажда; 금전~ жажда золота, алчность к деньгам; 지식~ жажда знаний, алчность к знаниям.

욕구(慾求) желание; потребности; ~하다 желать(чего-л.); ~를 충족 시키다 удовлетворять желание; ~불만 неудовлетворённость.

욕망(慾望) чаяние;страстное жела-ние; жажда (чего-л.); ~하다 страс-тно желать, жаждать, чаять.

욕실(浴室) ванная комната.

욕심(慾心) сильное желание;~이 많은 алчный, жадный, корыстный;~이 없는 бескорыстный;~쟁이 ск-ряга; ~이 사납다 алчный; корыс- толюбивый

욥기 Книга Иова/ Иов / Иов.

용(勇) I 1) все силы(усилия); 용을 빼다 а)прилагать большие усилия; б) иметь большие способности; 2) см. 용기 II

용(龍) II 1) дракон; 용가는데 구름 가고, 범 가는데 바람간다 *посл.* ≡ куда один, туда и другой; 용 못된 이무기 *обр.* зловредный человек; 용은 용을 낳고 봉황은 봉황을 낳는다 см. 왕대[밭에 왕대 난다]; 용이 물 밖에 나면 개미가 침노를 한다 *уст. посл.* ≡ попал в бедует людей пощады не жди; 용의 알을 얻은 것 같다 но- ситься как курица с яйцом; 2)*обр.* "дракон", пятый знак двенадца- теричного цикла.

-용(用) употребляемый(во что-л), используемый(в чём-л.); 시험용 экзаме-национный; 음식용 иду- щий в пищу;학생용 для учащихся.

용감(勇敢) доблесть; ~하다 отваж- ный, доблестный, храбрый, му-жественный; ~무쌍하다 бесприме-рно отважный(доблестный, храб-рый); ~한 사람 храбрец; ~스럽다 *прил.* казаться отважным(доблес-тным).

용광로(鎔鑛爐) доменная печь, домна; ~계통 доменный комплекс; ~밑통 горн доменной печи; ~슬라그 доменный шлак; ~행정 доме-нный процесс; ~용해 доменнная плавка.

용구(用具) принадлежности; 농업~ сельскохозяйственный инвентарь; 소방~ пожарные инструменты; 어업~ рыболовные принадлежности; 필기~ письменные принадлежности

용납(容納) допущение, разрешение; ~하다 проявлять

терпимость; ~할 수 없는 недопустимый, непозволительный, непростительный.

용도(用度) I использование; ~가 넓다 широко применяться(использо- ваться); употребляться для разных нужд.

용도(用道) II уст. способ примене-ния

용돈 карманные деньги, деньги на мелкие расходы.

용량(容量) I вместимость, ёмкость; ~계 фарадметр; ~분석 объёмный анализ; ~부하 эл. ёмкостная нагрузка; ~분석 хим. объёмный ана-лиз.

용법(用法) способ употребления (применения); способ обращения; ~을 모르다 не знать как употреблять (что-л.); ~하다 применять(закон).

용변(用便) естественная нужда; ~을 보다 справлять естественную нужду; ~하다 отправлять естественные надобности.

용서(容恕) прощение, извинение, пощада; ~할 수 없는 непрости- тельный; ~하다 прощать, извинять, щадить; ~를 빌다 извиняться перед кем-л. в чём-то; ~없이 безжалостно, неприклонно, неумолимо; ~하십시오 Извините; 죄의 ~ прощение грехов. 용서해 주다 прощать.

용수철 пружина, рессора; ~의 пружи-нный, рессорный; ~을 넣은 매트리스 пружинный матрац; 나선형의 ~ спиральная пружина(рессора); ~완충기 ж.-д. пружинный буфер.

용의(用意) I намерение, готовность; ~가 있다 намереваться, готовиться; ~ 주도하다 предусмотрительный, заботливый, тщательный; ~하다 намереваться, готовиться.

용의(庸醫) II уст. посредственный (неквалифицированный) медик.

용의자(容疑者) подозреваемое лицо; 살인사건~ подозреваемый в убийстве.

용접(鎔接) I наплавка, сварка; ~하다 сваривать; ~공 сварщик; ~기 сва-рочный аппарат; ~집게 держатель сварочного прута.

용접(容接) II ~하다 а) встречать (гостя); б) уст. сближаться, завязы-вать дружбу.

용지(用紙) I бланк, форма; ~에 기입하다 заполнять бланк; 주문~ заказной бланк; 투표~(избирательный бюллетень).

용지(用地) II земля, участок, полоса отчуждения(отвода); 주택~ земля под строительство жилого дома; 목장~ земля под выпас.

용품(用品) I принадлежности; 가정~ предметы домашнего обихода; 일상~ товары широкого потребле-ния; 여행~ дорожные принадлеж-ности.

용품(庸品) II уст. 1) вещи(товар) низкого качества; 2) низкий ранг.

용해(溶解) I растворение; ~성의 растворимый; ~하다 растворять[ся]; 물이~하다 растворяться в воде; ~도 степень растворимости; ~성 раст-воримость; ~액 раствор; ~점 точка плавления.

용해(熔解) II плавление, плавка; ~강도 интенсивность плавки; ~용접 сварка плавлением; ~하다 плави-ться.

ㅜ двадцать шестая буква кор. алфа-вита; обозначает гласную фонему У.

우 I У(назв. кор. буквы ㅜ).

우(上) II 1) верхняя часть; ~에 ал на, над; 2) вершина; 3) поверхность; 4) верхняя половина тела; 5) верхи, начальство; 6): 우이 다 а) превосходить, быть лучшим; б) быть больше(старше); 7) 이(그, 제) 우에 сверх этого(того); в доба-вление к этому(тому); 8) см. 웃문 우(위)가 없다 не выше, не больше; 우를 접다 а) иметь подавляющее превосходство; б) превосходить старших; 우[를]주다 приносить выгоду (о торговле); 우(위)를 집다 ни во что не ставить, относиться свысока

우(優) III очень хорошо, отлично (балл в четырёхбалльной системе)

우(右) IV правая сторона; 우로 돌앗! направо!

-우 суф. образующий побуд. залог от перех. гл.:~지다 брать на себя; -지우다 заставлять, позволять брать на себя, возлагать(на кого-л.).

우거지다 густо расти; густеть; 뜰에 잡초가~ в саду густо растёт трава.

우그러지다 вгибаться, вваливаться, вдавливаться.

우기(雨氣) сезон дождей; ~에 접어들었다 наступил сезон дождей.

우기다 1) настаивать(на чём-л.); 자기의 의견이 옳다고 ~ стоять на своём мнении, упорствовать; 2) настоятельно советовать, навязывать.

우등(優等) высший сорт, ранг, класс; ~으로 대학교를 졸업하다 окончить университет с отличием; ~상 почёт-ный приз; награда за отличные успехи в учёбе; ~생 хорошо успевающий учащийся; отличник; лучший ученик; ~사수 воен. отличный стрелок; ~하다 быть первым(лучшим).

우등상(優等賞) награда за отлич- ные успехи в учёбе.

우량(優良) I ~하다 высококачест- венный; отборный; превосходный; отличный; ~아 физически крепкий ребёнок;~종(씨앗) отборные(селек-ционные) семена; (가축) породистое племя; ~주 акции перспективных предприятий; ~품 высококачествен-ный товар.

우량(雨量) II количество дождевых осадков; ~계 дождемер.

우러나다 настаиваться, завариваться; 껌에서 단맛이 우러났다 жевательная резинка потеряла сладкий вкус; 이차는 잘 우러난다 этот чай хорошо заваривается; см. 우러나오다.

우러나오다 возникать, рождаться, приходить в голову; 진심에서 우러나온 감사 сердечная благодар-ность.

우려(憂慮) опасение, тревога, бес-покойство; ~하다 беспокоиться(о ком-л.), тревожиться, опасаться; 감기에 걸릴 ~가 있다 есть опасность простудиться; 그의 건강을 ~하다 опасаться за его здоровье.

우리 I (가축의)сарай(загон)для ско-та, хлев; 돼지~ свинарник; 소~ коровник; 닭의~курятник.

우리 II мы, наш; ~집에서 у нас дома; ~집 наш дом, наша квартира;~집 사람 мой муж, моя жена.

우물 колодец; ~에서 물을긷다 брать воду из колодца; ~가(에) около колодца;~귀신 эти. душа утонув-шего в колодце; ~길에서 반살미받는다 обр. неожиданно хорошо поесть; ~안 개구리 обр. ограниченный(недалёкий) человек; ~옆에서 말라 죽겠다 посл.≅ букв. умрёт от жажды около колодца(о совершенно неприспособленном чело-веке); ~을 파도 한 ~을 파라 погов.≅ за двумя зайцами погонишься, ни одного не поймаешь(букв. колодец рой, но только один); ~에 가 숭늉 찾겠다(달라겠다) см. 보리밭 [에 가 숭늉 찾겠다]; ~에 든 고기 как рыба в воде; 2) см. 보조개; ~이 지다 быть впалым(ввалившимся).

우박(雨雹) град; ~처럼 градом; ~피해 градобитие; ~맞은 소똥(재더미) 같다 обр. очень рябое лицо; ~치다 а) идти(о граде); б) сыпаться градом(о пулях и т.п.).

우발(偶發) случайное возникновение; ~적 사건 случайное

(неожиданное) событие; ~하다 случайно(неожи-данно) возникать.

우산(雨傘), 양산(洋傘) зонт, зонтик (от дождя); ~을 쓰다 держать зонт в руке;~을 접다 закрывать зонтик; ~을 펴다 открывать зонтик; ~꽂이 подставка для зонтиков; ~대 стержень зонтика.

우상(偶像) I идол, фетиш, кумир;~을 숭배하다 поклоняться идолу (куми-ру); ~숭배 идолопоклонство, фети-шизм; ~숭배자 идолопоклонник.

우상(羽狀) II сущ. перистый;~복엽 бот. перистосложный лист.

우선(于先) I прежде всего;~먹기는 곶감이 달다 посл. ≅ жить одним днём (не думая о будущем).

우선(優先) II (먼저)первенство, пре-дпочтение; ~적 преимущественный, предпочтительный; ~하다 пользо-ваться предпочтением; ~권 преиму-щественное право; ~배당 преиму-щество в отношении дивидента.

우세(優勢) I превосходство, преи-мущество, перевес; ~하다 превос- ходящий; ~를 보이다 превосходить, иметь перевес, демонстрировать превосходство; ~를 차지하다 брать верх, пере-вес(над кем-л.); 명백히 ~하다 иметь явное преимущество (перед кем-л.); 병력의~ превосхо-дить в силе; 수적~ численное превосходство,численный перевес

우세(牛稅) II уст. налог на вола.

우송(郵送) почтовая посылка; ~하다 посылать по почте;~료 почтовый тариф, оплата.

우수(優秀) I превосходство, выдаю-щее качества; ~하다 превосходный, лучший, отличный; ~한 성적으로 대학을 졸업하다 окончить универс-титет с отличием.

우수(憂愁) II грусть, печаль; мелан-холия; ~의 меланхоличный, груст-ный, печальный; ~에 잠기다 быть объятым глубокой печалью; быть в глубокой печали;~하다 быть печаль-ным(грустным).

우수수: ~떨어지다 опадать, осыпаться; бумагам с нажовий ~떨어진다 от ветра с шелестом осыпаются листья;~하다 а) рассыпаться; б) осыпаться(о листьях); в) шелестеть (об осыпающихся листьях).

우승(優勝) первенство, победа; ~하다 одерживать победу, завоёвывать пер-венство; ~기 переходящее знамя, знамя присуждаемое за победу; ~자 победитель; ~컵 кубок; ~패

уст. а) лучший побеждает, слабый терпит поражение; б) сильный выживает, слабый погибает.

우애(友愛) братство, дружба; ~롭다 братский, дружный, дружеский; ~심 чувство братства (дружбы); братская любовь, дружеские чувства; ~하다 дружить, быть братьями.

우여(紆餘) ~곡절 а) уст. извилины, зигзаги; б) превратности; трудности; ~하다 уст. а) извилистый; б) способный и уверенный; в) гладкий (о фразе)

우연(偶然) случайность; ~하다 слу-чайный, неожиданный; ~히 случай-но, неожиданно; ~의 일치 случайное совпадение; ~의 탓으로 돌리다 приписывать случайности, сводить к случайностям; ~히 만나다 случайно встретиться; ~성 случайность; ~적 случайный; ~분자 случайные элементы; ~판단 лог. акцидентальное сужде-ние; ~스럽다 прил. казаться случай-ным (неожиданным).

우열(優劣) превосходство; ~을 다투다 оспаривать(бороться) за превос-ходство; ~을 따지다 обсуждать дос-тоинства и недостатки(одного перед другим); давать преимущество в ущерб другому; ~을 가릴 수 없다 одинако-вый, равный.

우울(憂鬱) уныние, угрюмость; ~하다 угрюмый, унылый, мелонха- личный; ~에 잠기다 предаваться унынию, впадать в уныние; ~한 기분 으로 в мрачном настроении; ~해지다 впадать в уныние(депрессию); ~ 증 мелонхоличность; ~증 환자 мелонхо-лик, ипохондрик

우월(優越) I преимущество; ~하다 быть лучшим(превосходящим); пре-восходить; иметь превосходство, быть лучше других; 기술이~하다 превосходить в технике; ~감을 갖다 иметь чувство превосходства; ~감 чувство(сознание)собственного превос-ходства; ~성 превосходство, преиму-щество.

우월(雨月) II обр. 5-й лунный месяц.

우유(牛乳) I молоко; ~를 먹어 키우다 выкармливать молоком; вска-рмливать детским питанием; ~병 молочная бутылка, ~분말 порош- ковое молоко.

우유(優遊) II уст.~도일 предаваться безделью; ~자적 праздно прово- дить время; ~하다 бродить без дела; гулять

우유부단(優柔不斷) нерешительно-сть; ~하다 нерешительный, коле-блющийся; не решаться, колеба- ться,

- 660 -

быть в нерешительности.

우이(牛耳) I уст. 1) воловьи (коровьи) уши; ~독경(송경) см. 소[귀에 경 읽기] I; 2) см. 우두머리; ~를 잡다 стать главой, возглавить.

우이(偶爾) II ~득중 уст. случайное совпадение; ~하다 уст. см. 우연[하다]

우정(友情) дружба, дружеские чу- вства; ~어린 дружеский, испол- ненный чувством дружбы; ~을 두텁게 하다 укреплять дружбу; ~으로 по-дружески.

우주(虞主) I поминальная дощечка, приносимая во время жертвопри- ношения.

우주(宇宙) II вселенная, космос; ~의 космический; ~개발 освоение космоса; ~과학 космология; ~복 (космический) скафандр; ~비행 космический полёт, полёт в космос; ~비행사 лётчик-космонавт; ~비행선 космический корабль; ~정거장 космическая станция; ~공간 космическое пространство; ~광선 космические лучи; ~로케트 космическая ракета; ~먼지 косми-ческая пыль; ~복사 космическая радиация; ~비행복 космический ска-фандр; ~비행학 астронавтика, космо-навтика; ~시대 космическая эра; ~자기 космический магнетизм; ~진화론 космогония; ~인력 см. 만유 [인력] II

우중(雨中) ~에 во времы дождя, в дождь, под дождём; ~에도 불구하고 несмотря на дождь; ~을 무릅쓰고 несмотря на дождь.

우즈베키스탄 타슈켄트 Узбекистан Ташкент.

우쭐거리다 важничать.

우쭐하다 важничать, напускать на себя важность, задирать нос

우체(郵遞)~국 почтамп, почта; ~부 почтальон; ~통 почтовый ящик; ~사령 арх. почтальон.

우측(右側) правая сторона; ~에 сп- рава; ~통행 правостороннее дви- жение, движение по правой сто- роне; ~기발 спорт. правый угло- вой флаг; ~공격 спорт. правое нападение.

우크라이나 끼예블 Украина Киев.

우편(郵便) почта, корреспонден- ция; ~으로 보낸다 посылать поч- той, по почте; ~물 почта, почто-вое отправление; ~배달 доставка почты; ~주문 заказ по почте;

~함 почтовый ящик; ~환 почтовый денежный перевод; 항공~ авиапо-чта; ~배달부 письмоносец, почта-льон; ~엽서 почтовая открытка.

우표(郵票) марка; ...에 ~를 붙이다 клеить (почтовую) марку; ~수집 собирание почтовых марок; ~ 수집가 филателист.

우호(友好) дружба; ~적 дружеский, дружественный; ~관계 дружественные отношения; ~ 국 дружественное государство; ~조약 договор о дружбе.

우회(迂廻) обход; ~적 обходный; ~적 방법으로 обходным(окружным, околь-ным) путём;~도로 кружный(окольный) путь;~작전 воен. операция по обходу; ~하다 обходить (что-л.); делать крюк, идти кру-жным путём.

욱(旭) I "восходящее солнце"(сорт яблок). 욱 II горячо, взволнованно.

운(運) I судьба, фортуна; ~나쁜 невезучий, неудачливый; ~좋은 везу-чий, удачливый; ~이 나쁘다 не везёт (кому-л.); ~나쁘게도 к неудаче; ~에 맡기고 рискуя, на авось; 그의 ~이 다했다 его звезда закатилась; счастье ему изменило.

운(韻) II рифма; ~을 달다 добав- лять к сказанному; ~을 떼다 на- чинать рассказ.

운동(運動),움직임 движение; кампания спорт.~하다(물리) двигать[ся]; ~경기 спортивное соревнование, матч; ~기구 спортивный инвентарь; ~복 спор-тивный костюм, спортивная форма; ~선수 спортсмен; ~신경 двигательный нерв; ~요법 лечебная гимнастика; ~장 спорт. площадка, стадион; ~화 спортивная обувь, кеды; ~회 физкуль-турный(спортивный) праздник; 독립~ движения за национальную незави-симость; 독립~가 борец за национал-ную независимость; 선거~ избира-тельная кампания; ~곤란 мед. диски-незия; ~기관 зоол. механизм передви-жения; ~요법 мед. кинезотерапия; ~마비 паралич; ~마찰 физ. трение движения; ~성단 см. 성군 II; ~실조 нарушение координации движения; ~중추 центральный двигательный нерв; ~완성증 мед. брадикинезия.

운동량(運動量) физ. 1) кинетичес- кий импульс; 2) количество дви-жения.

운명(運命) судьба, рок; ~ 적 роковой, фатальный, неизбежный, неминуемый; ~에 맡기다 оставить на произвол судьбы; ~을 같이하다 разделять судьбу(с кем-л.); 실패할

~이다 быть обречённым на провал; ~론 фатализм; ~론자 фаталист

운반(運搬) перевозка, транспорти-ровка; ~하다 перевозить, транспор-тировать; ~료 плата за перевозку грузов;~비 транспортные расходы; ~선 грузовой лайнер, транспорт-ное судно; ~업 перевозка грузов; ~차 грузовик; ~연층갱도 горн. откаточ-ный штрек.

운송(運送) перевозка, транспорти-ровка; ~하다 перевозить, транспо-ртировать; ~비 транспортные рас-ходы; ~업 перевозка грузов; ~업자 человек, занимающийся перевоз- кой грузов; ~품 перевозимый товар; 화물 ~ перевозка грузов.

운영(運營) управление;~하다 вести, управлять, эксплуатировать;기업을 ~하다 управлять предприятием;~비 расходы на управление(эксплуа-тацию); ~자금 оборотный капитал; ~속도 эксплуатационная скорость; 운영하는 모습이 달라지다 образ управления изменяется.

운용(運用) применение, использо-вание; ~하다 использовать, при- менять, пускать в ход.

운임(運賃) плата за перевозку; фрахт; стоимость перевозки; ~ 표 тариф.

운전(運轉) вождение(машины), пилотирование; ~면허시험 экзамен на получение прав; ~면허증 водительские права; ~하다 водить, сидеть за рулём, управлять; 배를 ~하다 управлять кораблём; 자동차를 ~하다 водить автомобиль(автомашину); 그렇게 ~하 면 사고낸다 при такой езде проис-ходят аварии; ~대 руль; ~면허증 водительские права; ~석 кабина водителя, ма-шиниста; ~수 машинист, шофёр, моторист; 시~ (пробное) испытание, испытательный пробег; ~하다 а) работать(на станке); б) водить; управлять;~계통 тех. рабочая сис-тема; ~자본 уст. см. 유동 [자본].

운전사(運轉士) водитель.

운전실(運轉室) кабина управления.

운행(運行) 움직임 ход (차의) движе-ние, ход; (천체의) обращение; ~하다 ходить, курсировать; 열차의~ экс-плуатация железной дороги; 열차 ~ 시간표 расписание поездов; 자동차 ~ движение автомобильного транс-порта; ~강도 интенсивность движения.

운행표(運行表) расписание движе-ния транспорта.

울 I (울타리) 1) ободок, край; ~밑에 под забором.

울 II забор(изготовленный из ве-ток).

울긋불긋하다 разноцветный.

울다 (우니, 우오) (사람이) плакать; (새, 벌레가) петь, щебетать, чирикать; 울며불며(울고불고) рыдать; 기뻐서~ плакать от радости; 흐느껴 ~ хныкать, плакать, хныкая; 울며겨자먹기 погов. ≡ делать (что-л.) через силу(букв. плакать, но есть горчицу); 우는 애기(아이) 젖준다(울지 않는 아이 젖 주라) погов. букв.≡ плачущему ребёнку дают грудь; 울고싶자 때린다 (울려는 아이 뺨치기) посл. ≡ а) делать(что-л.) под(каким-л.) предлогом; б) подливать масла в огонь; 우는소리 фальшивые жалобы(стенания, слёзы); 우는 살 поющая стрела; 우는토끼 бурундук.

울렁거리다 (두근거리다) биться(от волнения).

울리다 звонить(소리가)звучать, ра-здаваться(о звуках); 심금을 울리는 이야기 трогательный рассказ; 종이 울린다 колокол звонит; 북을~бить в барабан.

울부짖다 громко плакать, реветь, выть; 울부짖는 소리 рёв; 바람이 울부짖는 ветер воет; 어린아이들이 울부짖는다 дети громко плачут; 짐승이 사납게 울부짖는 зверь страшно ревёт.

울분(鬱憤) чувство обиды; недоволь-ство; ~을 터뜨리다 излить всю обиду(досаду); ~을 그치다 сдержи-вать гнев(чувство обиды); ~하다 обиженный, недовольный.

울타리 плетень, забор; ..에~를 치다 загораживать, окружать(что-л.) за-бором; ~밖을 모르다 посл. ≡ не видеть дальше своего носа(букв. не знать, что делается за изгородью); ~를 틀다 не пускать(не допускать) посторонних.

울퉁불퉁하다 неровный, негладкий

움 (싹) I почка, побег, росток; ~이 튼다 почка распускается; росток пробивается; ~도 싹도 없다 обр. как в воду кануть; 움을 지르다 подавить в зародыше.

움 II 1) погреб; 2) землянка; ~을 묻다 делать(рыть) погреб(землянку); ~안에서 떡 받는다 посл. как манна небесная.

움이 트다 росток пробивается.

움직이다 1) приводить в движе-ние, двигаться; 2) действовать; 3) влиять.

- 664 -

웃- верхний; ~마을 верхнее се- ление; ~사람 старший человек.

웃기다 смешить; 농담하여 ~ сме-шить шутками.

웃다 смеяться; 남몰래~ смеяться исподтишка(украдкой); 웃고 사람 친다 *посл.* ≅ мягко стелет, да жёстко спать; 웃느라 한 말에 초상 난다 *посл.* ≅ слово не воробей, вылетитне поймаешь; 웃는낯에 침 못 뱉는다(웃는낯에 침뱉으랴?) *посл.* ≅ каков привет, таков и ответ.

웃음, 웃음소리 смех; смех, улыбка; 너털~ заразительный смех; 억지~ глупая(притворная,жеманная) улыбка; 쓴~кислая улыбка;~을 짓다 улыбаться; ~을 참다 подавлять смех, сдерживать смех;~속에 칼이 있다(~속에 칼을 품다) *посл.* ≅ де- ржать нож за пазухой.

웃음거리 посмешище; 세상 사람 들의 ~가 되다 становиться всеоб-щим посмешищем.

웅변(雄辯) красноречие, ораторство; ~의 красноречивый; ~가 оратор, трибун; ~술 ораторское искусство; ~으로 красноречиво.

ᅯ тридцать восьмая буква кор. алфа-вита; обозначает гласную фонему **во.**

워 I во(назв. кор. буквы ᅯ).

워낙 (본디)с самого начала, по природе; (아주)очень, ужасно, сли-шком.

원(員) I феод. местный правитель

원(院) II феод. постоялый двор для проезжих чиновников.

원(圓) III 1) вона(кор. денежная единица); 2) иена(яп. денежная единица); 3) юань (кит. денежная единица).

원(圓), 동그라미 IV круг.

원, 원주 VII окружность.

원-(元) I преф. кор. первоначальный, основной; 원계획 первоначальный план

원-(遠) II преф. кор. далёкий; 원거리 дальняя дистанция.

원-(圓) III преф. кор. круглый

-원(員) I суф. кор. 1) член(какого-л. коллектива); 노동당원 член Трудо-вой партии Кореи; 2) лицо (занятое какойл.деятельностью); 청소원 убор-щица: 사무원 служащий

-원(院) II суф. кор. учреждение; 과학원 академия наук; 나병원 лепрозорий

-원(元, 原) III суф. кор. место(прои-схождения); 제조원

место произво-дства(какого-л. товара)

-원(園) IV суф. кор. сад; 동물원 зоопарк.

원가(原價) 1) см. 본값; 2) себестоимость; ~계산 калькуляция.

원격(遠隔) ~측정 телеизмерение; ~하다 отдалённый, удалённый, далеко отстоящий; ~조정 диста-нционное управление.

원근(遠近) 1) дальность и близость; расстояние; ~화법 см. 투시[도법]; 2) люди из ближних и дальних мест.

원로(元老) 1) старейший член, ветеран; 2) феод. престарелые са-новники; ~대신 феод. престарелые пре-дседатель и заседатели государс-твенного совета.

원료(原料) сырьё, сырьевые мате-риалы; ~적재장 мет. шихтовый двор.; 원료 와 자재 сырье и материал.

원료비(原料費) расходы на сырье.

원산지(原産地) место происхожде-ния (производства, произрастания); место-рождение.

원서(原書) I 1) подлинник, оригинал; 2) заявление прошение

원서(爰書) II феод. показания пре-ступника (документ).

원소(元素) I элемент; ~기호 хим. символ.~분석 хим. элементарный анализ; ~주기률 см. 주기[법칙] I.

원소(園所) II могилы членов ко- родевской фамилии.

원수(怨讐) враг; ~[가(를)]지다 стать врагом; ~는 외나무다리에서 만난다 *погов. букв.* ≡ повстречаться с недру-гом на одном бревне, перекинутом через речку; ~를 갚다 мстить врагу.

원시(原始) I ~적 первобытный; примитивный ~공동체 первобы- тная община; ~공산제 первобыт- ный коммунизм; ~공통어 лингв. праязык; ~농법 примитивная сис-тема земледелия; ~동물 см. 원생 [동물] 1);~석기시대 археол. неолит; ~함수 мат. первообразная(прими- тивная) функция; ~행성 астр. про-топланета.

원심(遠心) сущ. центробежный; ~분리 центрифугирование; ~분리기 центрифуга;~송풍기(통풍기) цент- робежный вентилятор;~주조 цен-тробежное литьё; ~펌프 центробе-жный насос.

원액(元額) I первоначальная сумма.

원액(原液) II неразведённая жид- кость

원액(寃厄) III огромное несчастье.

원양(遠洋) открытое море; ~항로 большой каботаж; ~항해

- 666 -

плавание (навигация) в открытом море;~어선 рыболовное судно дальнего лова; ~ 어업 дальний лов рыбы; лов рыбы в открытом море.

원인(原因), 이유(理由) I первопричина, причина; ~하다 проистекать; восходить; объясняться.

원인(猿人) II обезьяночеловек.

원자(原子) I атом; ~가마 атомный котёл (реактор); ~격자 атомная решётка; ~결합 атомная(ковалентная, гомеополярная) связь; ~구조 структура атома; ~무기 атомное оружие; ~물리[학] атомная физика; ~반응기 атомный реактор; ~번호 атомный номер; ~분자설 атомно-молекулярная теория; ~포병 атомная артиллерия; ~폭탄 атомная бомба; ~폭발 атомный взрыв; ~에네르기 атомная энергия; ~외각 внешняя оболочка атома; ~ 공갈정책 политика атомного шантажа.

원자(元子) II старший законный сын короля.

원자력(原子力) энергия атома, ато́мная энергия; ~발전소 атомная электростанция; ~쇄빙선 атомный ледокол; ~잠수함 атомная подводная лодка.

원칙(原則) принцип; ~적 принципиальный; ~적동격설 филос. теория принципиальной координации.

원피스 платье. 원하다(願-) хотеть.

원하옵건대 пожалуйста.

원한(怨恨) недовольство; досада, обида, горечь; злоба.

월(月) суф. кор. месяц.

월간(月間) I 1) месяц; 2) месячник.

월간(月刊) II 1) ~하다 издавать каждый месяц; 2) ежемесячное издание; ежемесячник.

월경(月經) менструация. ~곤난 дисменорре́я. ~과다증 гиперменорре́я, меноррагия; ~과소증 гипоменорре́я, олигоменорре́я; ~동통 менорралгия; ~불순 викарное кровотечение.

월급(月給) брусника.; 월급쟁이 презр. человек, живущий на жалованье.

월세(月貰) 1) ежемесячная плата, получаемая за аренду помещения; 2) жильё(помещение), сдаваемое в аренду на условиях ежемесячной платы.

웜(англ. worm) тех. червяк.

웨 сороковая буква кор. алфавита; обозначает гласную сонему **we**.

웨 I (назв. кор. буквы 게).

웨딩드레스 свадебное платье.

웨치다 кричать; выкрикивать(лоз-унги и т.п.) 웨침 крик; выкрики.

웬 1) какой; 2) какой-то.

웬만큼 нареч. в меру; должным образом; обычно.

웬만하다 сносный, удовлетвори- тельный; средний; обычный.

귀 буква кор. алфавита обозначает гласную фонему **ви**.

위 I ви(назв. кор. буквы 위).

위(胃) II желудок.

위(位) III 1. 1)положение; пост, до-лжность; 2) место; 제 1 위를 쟁취 하다 завоевать первое место; 2.счётн. сл. для поминальных дощечек и духов.

위궤양(胃潰瘍) язва желудка.

위급(危急) критический момент, когда решается судьба государства; ~하다 критический, опасный.

위력(威力) мощь, могущество;~사격 воен. беспокоящий огонь;~성당 см. 운력[성당];~정찰 воен. разведка боем. 위로하다 утешать.

위문(慰問) 1) утешение; ободрение; ~편지 письмо на фронт; 2) визит соболезнования; посещение боль- ного; ~하다 а) утешать; подбад- ривать; б) наносить визит соболезнования; посещать больного.

위범(違犯)   ~하다   нарушать(закон), совершать(преступление)

위생(衛生), 위생학 гигиена; ~적 са-нитарный, гигиенический; ~열차 санитарный поезд; ~자기 санитарно-техниче-ская керамика; ~초소 санитарный пост; ~체조 оздоро- вительная гимнастика; ~풍치림 зелёная зона

위안(慰安) 1) утешение; разв- лечение; отдых; ~하다 а) утешать, успокаивать; б) развлекать.

위엄(威嚴) достоинство; внушите-льность; ~스럽다 прил. казаться полным собственного достоинства (внушительным); ~하다 преиспо-лненный достоинства, внушите-льный.

위원회(委員會) комиссия; 준비~ по-дготовительный комитет

위임(委任) уполномочивание, пе- редача в распоряжение; поручение; ~대리 юр. представительство по договорённости; ~통치 мандат(на управление страной); ~하다 пору-чать, уполномочивать, доверять; передавать в распоряжение.

위치 местонахождение; ~적 пози-ционный; ~감각 психол. ощущение равновесия; ~천문학 астрометрия; ~에네르기 физ. потенциальная энергия; ~하다 находиться, быть расположен-ным; 2) лингв. место образования звука; ~적 변화 лингв. позиционные изменения звуков.

위탁(委託) поручение; эк. комиссия; консигнация; ~부화 подбрасывание яиц в гнёзда других птиц; ~수매 эк. комиссионные заготовки; ~판매 эк. комиссионная торговля; ~하다 пору-чать, доверять; сдавать на комиссию, отправлять(посылать) на консиг-нацию.

위하다(爲-) служить, ухаживать(за кем-л.).

위하여(爲-) послелог для, за, ради.

위험(危險) опасность; ~스럽다 прил. казаться опасным(рискованным).

윗사람 1) вышепоставленный; 2) вышестоящий

윙 ~하다 а) завывать(о ветре); б) просвистеть(напр. о пуле); 3) жуж-жать (напр. о моторе).

윙크 подмигивание, моргание; ~ 하다 подмигивать.

ㅠ двадцать седьмая буква кор. алфавита; обозначает гласную фо-нему **ю.**

유 I ю(назв. кор. буквы **ㅠ**)

유(酉) II "курица", 10-й знак двенадцатеричного цикла.

유(有) III бытие, существование; 무에서 ~를 창조하다 из не бытия создать бытие.

유(類) IV (무리) группа, класс; 보석~ драгоценности.

유-(有) преф. кор. имеющийся.

유감(有感) I сожаление; ~스럽게도 к сожалению; ~스럽다 достойный сожа-ления; ~의 뜻을 표하다 выражать сожаление; 재능을 ~없이 발휘하다 полностью проявлять свои способ-ности; ~이지만 к сожалению; ~하다 вызывающий сожаление; ~하게도 к огорчению.

유격(遊擊) вылазка, налёт, рейд; ~하다 совершать рейды(вылазку); ~대 партизанский отряд; ~대원 партизан, боец партизанского отр-яда; ~전 партизанская волна; ~근거지 партизанская база; ~투쟁 па-ртизанская борьба

유괴(誘拐) ~하다 уводить(увозить) (ребёнка) с помощью обмана.

유급(留級) I второгодично; ~하다 оставаться на второй год; ~생 второгодник.

유급(有給) II ~의 оплачиваемый; ~휴가 отпуск с сохранением соде-ржания; оплачиваемый отпуск; ~휴가제 система оплачиваемых от-пусков.

유기(有期) I ~적 органический; ~물 органическое вещество; ~화합물 ор-ганическое соединение; ~감각 пси-хол. органическое ощущение; ~금속 화합물 органометаллическое сое- динение; ~광물 минералы органи-ческого происхождения; ~광물질 비료 органоминеральное удобрение; ~물질 а) органическое вещество; б) см. 유기 화합물; ~비료 органи- ческие удобрения; ~합성 органи-ческий синтез;~화학 органическая химия; ~유리 органическое стекло.

유기(遺棄) II ~하다 оставлять, бро-сать, забывать;~죄 уголовная от-ветственность за оставление опе-каемых без присмотра и необхо- димой помощи.

유난: ~하다 особенный, необычный; ~히 особенно, необычно; ~스럽다 прил. казаться особенным (особым, необычным).

유능(有能) ~하다 способный, обла-дающий навыками, компетентный.

유니폼(англ. uniform) спортивный костюм.

유도(留都) I уст. ~대신 министр, ведающий государственными де-лами после выезда короля из столицы;~대장 генерал, охраняю-щий столицу после выезда коро-ля из столицы; ~하다 оставаться (останавливаться) в столице.

유도(乳道) II ~가 좋다(나쁘다) быть достаточным(недостаточным)(о количестве грудного молока).

유도(誘導) III наведение, управле-ние; ~하다 вести, наводить;~미사일 управляемая ракета; ~질문 наводящий вопрос; ~체дериват; ~탄 управляе-мый снаряд; ~동기 муз. вводный мотив; ~무기 управляемое оружие; ~지휘관 командир пункта управления; ~임무 воен. вводная задача;~발전기 индукционный мотор.

유독(流毒) I арх. 1)~하다 оставлять вредные последствия; вредно влиять; 2) вредные последствия; вредное влияние(чего-л.).

유독(有毒) II ~하다 ядовитый;~가스 ядовитый газ; ~물질 ядовитое вещество;~식물 ядовитое растение

유동(流動) I 1) течение; 2) текучесть; 노동력의 текучесть рабочей силы; ~자금 оборотные средства; ~자본 оборотный капитал; ~파라핀 жидкий парафин; ~펀드 оборотный фонд; ~한계 предел текучести(глины, металла и т.п.); ~적 текучий, непостоянный; ~하다 а) течь(о воде); б) передвигаться, перемещаться; быть текучим; ~성(형세의) текучесть; ~식 жидкая пища; ~자본 оборотный капитал: ~자산 ликвидные средства; ~체 жидкое тело.

유동(遊動) II ~기관총 воен. кочующий пулемёт; ~병원 подвижной (полевой) госпиталь; ~하다 свободно двигаться(передвигаться).

유람(遊覽) осмотр, туризм, экскурсия; ~하다 осматривать, совершать экскурсию; ~객 экскурсант, турист; ~선 экскурсионный пароход; ~버스 экскурсионный автобус.

유랑(流浪) бродяжничество, скитание; ~목축 ўмок; ~하다 бродяжничать, скитаться; кочевать; ~하다 скитальческий, бродяжный, кочевой; ~민 кочевой народ; ~자 бродяга, скиталец.

유료(有料) ~의 платный; ~ 주차장 платная стоянка.

유류(遺留) ~하다 оставлять, забывать; ~품 реликвия.

유리(<琉璃) I ляпис-лазурь, лазурит

유리(流離) II ~걸식 (개걸) нищенствование; ~방황(표박)странствование(бродяжничество); ~하다 странствовать, бродяжничать.

유리(遊離) III отделение, отрыв, изоляция; ~하다 отделяться, отрываться; ~산소 свободный кислород; ~전자 свободный электрон.

유리(琉璃) IV стекло; ~를 끼우다 вставлять стекло; ~섬유 хим. стеклянное волокно

유리(有理) V (수학) ~수 рациональное число; ~방정식 рациональное уравнение; ~분수 рациональная дробь; ~분수식 дробнорациональное уравнение; ~정식 рациональное целое выражение; ~함수 мат. рациональная функция.

유리하다 1) отделяться, отрываться; 2) полезный.

유명(有名) ~하다 знаменитый, известный; ~하게되다 стать знаменитым; ~한 음악가 знаменитый музыкант; ~세 бремя славы ~무실 одно название; фиктивность.

유목(遊牧) кочевое скотоводство; ~의 кочевой; ~하다 кочевать; ~민 скотоводы-кочевники; ~종족 кочевое скотоводческое племя.

유무(有無) бытие и небытие; наличие или отсутствие; ~간 независимо от наличия или отсутствия; ~상통 отсутствие одного восполняется другим.

유별(有別) классификация, сортировка; ~나다 особенный, необычный, отличный, различный; ~난 사람 необычный человек; ~스럽다 прил. казаться отличным(особенным, необычным)

유사(有事) I чрезвычайные обстоятельства; критический момент; ~시에 в случае крайней необходимости, в крайнем случае; крайняя необходимость, непредвиденный случай; ~불여 무사 уст. чем больше шуму, тем меньше толку; ~하다 прил. иметь место, случиться.

유사(類似) II ~하다 сходный, подобный; ~성 сходство, анология; ~점 сходные черты, сходство.

유산(硫酸) I серная кислота; ~나트륨 сернокислый натрий, сульфат натрия; ~마그네슘 сернокислый магний, сульфат алюминия; ~바륨 сернокислый алюминий, сульфат алюминия; ~칼륨 сернокислый калий, сульфат калия; ~칼슘 сернокислый кальций, сульфат кальция; ~알루미늄 сернокислый алюминий, сульфат алюминия; ~암모늄 сернокислый аммоний, сульфат аммония; ~연광 англезит.

유산(遺産) II наследство; ~을 물려받다 получать в наследство(от кого-л.); ~상속인 наследник; 문화~ культурное наследие.

유선(有線) кабель, провод; ~방송 кабельное телевидение; ~기재 воен. проводное средство связи; ~통신 проводная связь.

유언(遺言) I завещание, завет; ~하다 завещать; ~자 завещатель.

유언(流言) II (ложные) слухи; ~비어 а) ложные слухи; "утка"; б) провокационные слухи.

유예(猶豫) отсрочка, откладывание; ~하다 отсрочивать; откладывать; ~미결 быть в нерешительности, колебаться

유용(有用) ~하다 полезный, пригодный, применимый; ~성 полезность, пригодность, применимость; ~가격 эк. рыночная цена.

유월(<六月) I июнь.

유유(悠悠) I ~하다 спокойный, неторопливый; ~히 걸어가다 идти неторопливо, идти неторопясь; ~ 자적한 생활을 하다

вести споко- йную жизнь; ~도일 уст. праздно проводить время; ~범범 уст. работать нехотя(без желания);~창천 необъятное голубое небо.

유의하다 обращать внимание, ин- тересоваться; принять во внимание; ~해서 듣다 внимательно слушать.

유익(誘益) ~하다 руководить, вес- ти, направлять.

유일(唯一) ~하다 единственный, единый; ~한 희망 единственная надежда;~무이하다 единственный, уникальный; ~적 единственный; ~관리제 единоначалие; 당의 ~사상 [체계] единая идеология партии; ~조류론 лит. теория "единого по-тока". 유일한 единственный.

유전(傳) I ~하다(широко)распрос-транять.

유전(遺傳) II наследственность;~병 наследственная болезнь; ~자 공학 генная инженерия; ~적 наследст- венность; ~인자 биол. ген; 2) арх. ~하다 передаваться(из поколения в поколение).

유전(油田) III нефтяное месторож-дение

유지(維持) I поддержание; сохра- нение; ~하다 поддерживать, сох- ранять; 질서를~하다 поддерживать порядок;~사료 с.-х. поддерживаю-щий корм.

유지(油脂) II масла и жиры; ~작물 масличные культуры.

유지하다 поддерживать, сохранять.

유출(流出) 1) истечение(жидкости); сток (воды); эффузия(газа); ~계수 коэффициент стока; ~균등도 сте- пень равномерности стока; 2) уте-чка(валюты); ~하다 а) истекать; стекать; вытекать; б) утекать за границу (о валюте).

유치(幼稚) I детство, младенчество; ~하다 наивный, примитивный, незрелый; ~원 детский сад, ~원생 воспитанник детского сада.

유치(留置) II задержание; ~하다 за-держать, взять под стражу; ~장 тюремная камера.

유치원(幼稚園) детский сад.

유치원생(幼稚園生) воспитанник детского сада.

유쾌(愉快) ~하다 приятный, радост-ный, весёлый; ~하게 시간을 보내다 весело проводить время; ~감 прият-ное(радостное) чувство, радость; ~스 럽다 прил. казаться весёлым(радо-стным; приятным).

유통(儒通) I переписка между кон-фуцианскими учёными.

유통(流通) II 1) циркуляция(воды или газа); 2)

обращение(напр. то- варов); ~수단 средства обращения; ~자금 оборотные средства; ~자본 оборотный капитал; 3) широкое употребление;~하다 а) циркулиро-вать; обращаться; б) широко упот-ребляться; (경제) оборот, товароо- борот; обращение, распространение, распределение; ~량 количество находящегося в обращении; ~망 каналы обращения(товаров); ~비 издержки обращения; ~화폐 нахо-дящийся в обращении денежный знак; 자본 ~ оборот капитала.

유포(流布) I распространение; ~하다 распространяться; ~자 распрост- ранитель.

유포(油布) II промасленная хлоп- чато-бумажная ткань.

유학(留學) обучение за границей; ~을 가다 поехать учиться за границу; ~하다 учёба за рубежом; ~ 하다 учиться за границей.

유학생(留學生) студент, обучаю-щийся за границей.

유한(有限) I ~하다 имеющий предел, ограниченный; ~소수 конечная деся-тичная дробь; ~집합 конечное мно-жество; ~책임회사 общество с ограни-ченой ответственностью; ~급수(합렬) мат. конечный ряд; ~화서 бот. конечное соцветие.

유한(有閑) II ~계급 праздные бога-тые люди; ~마담(부인) праздная дама.

유해(有害) I вредный, пагубный; 흡연은 건강에~하다 курение вредно для здоровья; ~성 вредность; ~노동 работа на вредном производстве; ~무익 вредность; бесполезность; ~하다 вредный.

유해(遺骸) II останки, труп, прах.

유행(流行) 1) мода; ~의 модный, ходячий, распространённый; ~하다 быть в моде, войти в моду; 최신 ~복 модный костюм; ~에 뒤지다 выйти из моды, отстать от моды; ~가 популярная песня, шлягер; ~가수 исполнитель модных песен; ~이다 быть в моде; ~을 따르다 гнаться за модой; 2)распространение(болезни); поветрие; ~하다 распространяться (напр. об эпидемии); ~성감기 грипп.

유형(有形) I форма; ~의 материаль-ный, конкретный, реальный; ~물 вещи; ~무적 уст. имеются подоз- рения, но улик нет; ~무형 а) форма или бесформенность; б) вещественное и невещественное; ~하다 прил. имею-щий форму.

유형(流刑) II ссылка; ~살이하다 жить в ссылке; ~수 ссыльный; ~지 место ссылки.

유혹(誘惑) искушение, соблазн; ~하다 соблазнять, вводить в иску-шение; ~자 искуситель, соблазни-тель; ~적 соблазнительный.

유효(有效) I эффект, годность; ~하다 действенный, имеющий силу; дейст-вующий, эффективный;~기간 срок годности; ~숫자 значащая цифра.

유효(有効) II ~면적 полезная площадь; ~숫자 мат. значащая цифра;~염소 хим. активный хлор; ~하다 эффективный, действенный.

유휴(遊休) свободный, неиспольˍ зуемый; ~설비 бездействующее (неиспольˍзуемое) оборудование; ~ 기자재 свободные средства(материˍалы); ~노력 свободная рабочая сила;~자본 бездействующий капитал.

유흥(遊興) развлечение, веселье, кутёж; ~하다 развлекаться, веселˍиться, кутить; ~비 расходы на развлечения

육(六) I шесть; ~간 대청 комната с деревянным полом в 6 кан(см. 간 II 1);~호 활자 нонпарель(кегль).

육(肉) II шесть.

육감(肉感) чувственность, сладострастие; ~적 чувственный, сладострастный, соблазнительный; ~적인 아름다움 чувственная красота.

육교(陸橋) виадук, перекидной мост; пешеходный мостик.

육신(六身) (всё)плоть, тело; шесть частей тела (ноги, руки, голова и туловище);~이 튼튼하다 здоровый, крепкий; ~을 쓰다 двигаться (о человеке); ~의 힘 сила плоти.

육아(育兒) воспитание детей, ~하다 растить(воспитывать) ребёнка; ~법 методы воспитания детей; ~식 детское питание; ~실 детская(комната); ~원 детские ясли.

육지(陸地) суша, земля; ~수문학 гидрология суши; ~꽃버들 ива Шверина(Salix Sc'werinii); ~에 행선 이라 *погов.*= из песка кнута не сплетёшь.

육친(六親) I 1)родня, родственники (отец, мать, старшие и младшие братья, жена, дети); 2) этн. родители, братья,жена и имущество, дети и внуки, нечистая сила и соответствие гадательным формулам(шесть терˍминов, употребляемых при гадании).

육친(肉親) II кровное родство; ~의 кровный, родной; ~에 любовь между близкими; ~적 кровный, родственный;

~배려 отеческая (материнская) забота

윤(輪) опорное кольцо; ~운동 спорт. упражнение с обручем.

윤기(潤氣) блеск, лоск; ~가 있는 머리카락 блестящие волосы; ~가 흐르다 блестеть, лосниться; ~를 내다 наводить лоск, блеск,вылащивать, полировать.

윤달(閏月) 1) дополнительный 13-й лунный месяц; 2) февраль в високосном году;~만난 회양목 обр. а) коротышка; б) дело, застывшее на мёртвой точке.

윤락(淪落) ~하다 а) разориться и скитаться на чужбине; б) погряз- нуть в разврате(в пороках)(о жен-щине), падение; ~의 падший, по-гибший; ~하다 пасть;~녀 падшая женщина

윤리(倫理) моральные принципы, правила поведения, этика;манеры; ~적 этичный, этический,моральный; ~학 этика.

윤전(輪轉) вращение; ~인쇄 печа-тание на ротации; ~인쇄기 см. 윤전기; ~하다 вращаться; ~기 рота- ционная машина, ротация.

윤택(潤澤) блеск, лоск; ~하다 бо- гатый, обеспеченный.

윤택하다 зажиточный,изобильный

윤활(潤滑) смазка;~하다 гладкий, скользкий, ~유 смазочное масло.

율(律) I закон, правило; 도덕 ~ моральный кодекс.

율 II 1) ритм; 2) см. 음율; 3) вось-мистишие на ханмуне, в котором третья,четвёртая, пятая и шестая строки состояли из пяти(семи) слов; 4) уст. уложение о наказа- ниях; 5) см. 계율.

율동(律動) ритмические движения; ритм; ~적 ритмичный, ритмический; ~무용 ритмический танец; ~체조 см. 예술[체조]; ~유희 ритмические движения под музыку(игра) ~의 ритмический; ~성 ритмичность; ~ 체조 ритмическая гимнастика.

율법(律法) 1) закон, моральные нормы, заповеди; 2) арх. см. 법율; 3) см. 계율.   융(絨)фланель.

융기(隆起) 1) поднятие; подъём, выпуклость; 지각의 ~ поднятие земной коры; ~해안 поднятый берег; 2) мед. бугристость; ~하다 а) подниматься, выступать; б) быть бугристым.

융자(融資) финансирование, кредиты; ~하다 кредитовать, финансировать; 은행에서 ~를 받다 взять кредит в банке; ~적 финансовый.

융통(融通) обращение, оборот; ~하다 пускать в обращение(в оборот); ~성 приспособляемость; ~자본 капитал в обращении

윷 1) ют(кор. игра, заключающаяся в том, что два или более игрока бросают 4 косточки, набирают от 1-го до 5-ти очков, в зависимости от которых передвигается фишка по клеткам, начерченным на бумаге); 2) косточка при игре в ют;~진아비 шутл. азартный человек.

윷놀이 игра в 'ют'; ~하다 играть в ют; ~채찍 арх. плеть стражника королевского дворца.

― двадцать четвёртая буква кор. алфа-вита; обозначает гласную фонему **ы**.

으 ы(назв. кор. буквы ―).

으깨다 1) дробить, разбивать(напр. комки); 2)давить; растирать; мять.

으뜸 глава, первый, главный

으스러지다 разламываться, разби-ваться; 손을 ~지게 잡다 крепко жать руку; крепко держать в ру- ках(брать в руки).

으썩 ~하다 хрустнуть.

은(銀) серебро; ~빛의 серебристый; ~본위제 эк. серебряный стандарт.

-은 фонет. вариант выделительно-противит. частицы -는 II.

은근(慇懃) вежливость, учтивость; ~하다 вежливый, учтивый, интим-ный, тайный; ~한 태도 учтивое обхождение

은둔(隱遁) отшельничество; ~하다 удаляться от мира(света); жить затворником; ~자 отшельник, за- творник, анахорет; ~처 жилище (убежище)затворника(отшельника).

은밀(隱密) ~하다 секретный, тайный, скрытный; ~한 장소 секретное место; ~성 секретность.

은빛 свет серебра.

은사(恩師) (уважаемый) учитель, наставник

-은새려 суф. после имени какое там, куда там; 만년필~ 연필도 없었다 какое там авторучка, даже руч-ки не было.

은색(銀色) серебристый цвет.

은인(恩人) благодетель; 그는 나의~ 이다 я ему очень обязан, я в долгу перед ним; 그는 나의 생명의~이다 я обязан ему жизнью; 벨. спаситель; 해방의 ~ вежл.освободитель.

은총(恩寵) благоклонность, благо-воление, особое расположение(вы-шестоящего); ~을 받다 пользова-ться благоволением(особым рас- положением);~을 베풀다 удостоить благоволением, питать особое ра- сположение(к кому-л.).

은폐(隱蔽) утаивание, сокрытие; ~하다 утаивать, скрывать;진실을 ~하다 утаивать правду.

은행(銀行) I банк; ~에 예금하다 класть деньги на счёт в банке;~에 구좌를 개설하다 открывать счёт в банке; ~가 банкир; ~원 банковский служащий; ~예금 банковский счёт; ~신용 банковский кредит; ~지폐 уст. см. 은행권.

은행(銀杏) II плоды гинкго; ~따기 сбор листьев шелковицы(при кото-ом оставляют часть с черешком).

은행지점(支店) филиал банка.

은혜(恩惠) благодать; ~롭다 благо-етельный, милостливый;~를 베풀다 сделать благодеяние, благодействовать(кому-л.); ~를 입다 быть обязанным (кому-л.).

을(乙) 1) 2-й знак десятеричного цикла; 2) 2-й порядковый номер, вто рой пункт; второй, "б"(при перечислении); 3) см. 을방; 4) см.

-을 фонетич. вариант оконч. вин. п.; см. -를.

읊다 декламировать,читать стихи.

음(音) I звук.

음(陰) II 1) инь, тёмное(женское) начало(в вост. натурфилософии); 2) кор. мед."отрицательные симптомы" озноб, апатия, пассивность); 3) см. 음전기; 음으로 при любой возмож-ности.

음극(陰極) отрицательный полюс, катод; ~관 катодная лампа; ~광 катодное свечение.

음력(陰曆) лунный календарь.

음료(飮料) напиток; ~수 питьевая вода.

음모(陰謀) заговор, интриги;(ковар-ный) замысел; ~를 꾸미다 замы-шлять заговор, замыслить интригу; ~가 заговорщик, интриган; ~하다 устраивать(заговор), интриговать.

음모자(陰謀者) заговорщик.

음성(音聲) I голос; ~기호 звуковой знак;~주파수 звуковая частота; ~학 фонетика, фонетист.

음성(陰性) II тёмное(женское) на-чало;~모음"тёмные гласные"(в кор.фонетике);~교질 хим. отрица-тельный коллоид; ~원소 хим. электро-отрицательный элемент; ~식물 тенелюбивые растения.

음식(飮食) пища; ~먹다 есть и пить, питаться;~물 пища(и напитки), пищевые продукты; ~점 ресторан, столовая; ~싫은건 개나 주지 사람 싫은건 할 수 없다 *посл.*= невкусную пищу можно отдать хоть собаке,а с ненавистным человеком так не поступишь;~은 갈수록 줄고 말은 갈수록다 см. 말[은 보태고 떡은 뗀다] V

음악(音樂) музыка; ~가 музыкант; ~당 концертный зал;~원 консер-ватория;~이론 теория музыки;~회 концерт; 고전~ классическая му- зыка; 교회~ духовная музыка;~적 музыкальный;~적 순간 музыка- льный момент; ~작품 музыкаль-ное сочинение(произведение); ~형상 музыкальный образ; ~영화 му-зыкальный кинофильм.

음양(陰陽) положительное и от- рицательное; мужское и женское начала; активное и пассивное, свет и тень, солнце и луна; ~배합 уст. гармония между инь и ян; ~오행설 учение о противоположных началах и пяти стихиях(в вост. натурфи-лософии).

음행(淫行) 1) прелюбодеяние; 2) непристойный поступок; см. 음란.

읍(邑) (уездный)город;~내 внутри уездного города, в уездном городе.

응 *межд.* да; ладно(в разговоре с младшими или равными)

응결(凝結) застывание, затвердева-ние; ~하다 застывать, затвердевать, конденсироваться, коагулировать; ~력 коагулирующая способность.

응급(應急) ~의 срочный, экстерен-ный, временный; ~대책 срочные (экстренные)меры; ~수리 срочный ремонт; ~처치 первая(медицинская) помощь; ~접종 срочная эпидеми-ческая прививка

응모(應募) подписка, заявка, всту-пление; ~하다 откликаться на призыв; ~액 сумма подписки; ~자 подписчик; ~가격 рыночная цена (напр. акции) ниже номинальной стоимости.

응용(應用) практическое примене-ние(приложение); ~할 수 있는 при-менимый; ~하다 применять на практике, использовать в прак- тике; ~과학 прикладная наука; ~문제 прикладная задача.

응원(應援) поддержка;~하다 оказы-вать помощь(поддержку); ~가 гимн поддерживающей группы; ~기 знамя группы поддерживающих; ~단 груп-па поддерживающих; ~단장 глава группы поддерживающих.

응하다 отвечать; откликаться; соответствовать; 초대에 ~ принимать приглашение; 시험에 ~ сдавать экзамен; 그에 응하여 в соответствии с этим.

ㅢ тридцать шестая буква кор. алфавита; обозначает гласную фонему **ый**.

의(義) I праведность, справедливость, долг; ~로 맺은 형제 названные братья.

의(議) II обсуждения, дискуссия.

-의(義) I суф.кор. смысл, значение; 제일의 основное(первое) значение.

-의(醫) II суф. кор.врач; 부인[과]의 гинеколог, врачгинеколог.

-의 оконч. род. п.; выражает атрибутивное отношение к последую-щему сущ.; имя в род. п. обозначает: 1) субъект дествия: 당의호소 призыв партии; 2) объект действия: 조국의 보위 защита родины; 3) целое; часть целого обозначается определяемым; 학생들의 대부분 большинство учащи-хся; 4) качество или свойство: 향수의 냄새 запах духов; 정의의 투사 борец за справедливость; 5) принадлежность: 아저씨의 모자 дядина шапка; 6) количество или степень: 열 마리의 개 десять собак; 갑절의 비용 двойные расходы; 7) место: 운동장의 모래 песок на спортивной площадке; 8) время: 아침의 경치 пейзаж утром; 9) материал: 대리석의 기둥 мраморная колонна; 10) назначение предмета: 재봉침의 기름 масло для швейной машины.

의견(意見) мнение, взгляд, точка зрения; ~을 진술하다 высказывать мнение;~서 мнение, изложенное в письменном виде.

의결(議決) резолюция;решение, по-становление; ~하다 решать, пос- тановлять, вносить резолюцию; ~기관 законодательные органы; ~권 право голоса.

의논(議論) обсуждение; спор, дебаты; ~하다 обсуждать, спорить, дебати-ровать; ~이 맞다 совпадать(о мнениях); ~이 맞으면 부처도 앙군다 посл.= было бы согласие, тогда и бог поможет.

의뢰(依賴) просьба, поручение;~하다 полагаться, зависить, просить, поручать(что-л.); ~서 письменная просьба, ходатайство; ~심 привы-чка полагаться(на других); ~인 клиент(адвоката).

의료(醫療) лечение; ~기구 меди- цинские инструменты; ~비 плата за(расходы на) лечение;~시설 ме-дицинское учреждение;~기술 вра-чебная техника; ~처치 врачебное вмешательство.

의무(義務) долг, обязанность; ~의 обязательный; ~감 чувство(соз- нание) долга; ~교육 обязательное обучение; ~병역제 система обяза-тельной воинской повинности; ~적 обязательный;~노력 일 обяза- тельный минимум трудней; ~ 병역제 система обязательной воинской повинности.

의문(疑問) I вопрос; ~스럽다 вопро-сительный, содержащий вопрос; ~ 시하다 считать сомнительным; сомне-ваться; ~대명사 вопросительное мес-тоимение; ~문 вопросительное пред-ложение; ~사 вопросительное сложение; ~점 сомнительный пункт.

의문(倚門) II вопрос; ~하다 вопро-сительное местоимение.

의미(意味) I значение, смысл, за-мысел, сущность; ~의 смысловой, семантический; ~하다 значить, означать; ~가있다 бессмысленный; ~론 семасиология, семантика; ~적 смысловой, семантический; ~적 기능 сигнификативная фу- нкция; ~색채 оттенок значения.

의미(依微) II ~하다 неясный, ту-манный; нетвёрдый(о памяти).

의사(醫師) I врач; (구어적으로) до-ктор; (외과의)хирург; (내과의)тера- певт; (개업의)практикующий врач.

의사(意思) II мысль; ~가 서로 통하다 понимать друг друга; ~에 따라 в соответствие с волей; ~부도처 уму непостижимо; ~표시 волеиз- лияние.

의사(議事) III заседание, прения, обсуждение; ~당 парламентское здание; ~록 протокол(заседания); ~방해 обструкция; ~일정 повестка дня, порядок обсуждения; ~하다 обсуждать, дебатировать.

의사(擬似) IV квази...; псевдо...; ~환자 мнимый больной; ~호렬자 мед. холерина; ~하다 мнимый, ложный.

의사소통(意思疏通) коммуникация.

의사전달(意思傳達) передача мысли.

의심(疑心) сомнение, подозрение, недоверие; ~스러운 сомнительный; ~하다 сомневаться, подозревать; ~쩍다 несколько сомнительный (подозрительный);~스럽다 сомни-тельный; прост. см. 의 II.

의약(醫藥) лекарства; ~분업 разде-ление аптекарского дела от ме- дицинской помощи; ~품 медико-менты. ~복서 врачевание и воро-жба

의외(意外) ~의 неожиданный; ~로 неожиданно, вопреки ожиданиям, к удивлению.

의존(依存) зависимость;~하다 опи-раться, зависеть(от кого-л.); 상호~ взаимозависимость;~성 несамостоя-тельность, зависимость; ~심 чу-вство зависимости. 의좋게 дружно.

의혹(疑惑) сомнение, недоверие, подозрение; ~을 품다 подозревать, иметь подозрения, ставить под сомнения; ~을 풀다 рассеять сомне-ние(подозрение); ~을사다 навлечь на себя подозрения; ~하다 сомне-ваться; подозревать.

ㅣ двадцать девятая буква кор. алфа вита; обозначает гласную фонему и.

이 I (назв. кор. буквы ㅣ).

이, 치아 II зуб; (톱날의) зубец, зубья; 낫이 ~가 빠지다 серп зазубрился; ~가 빠지다 зуб выпал; ~가 빠진 그릇 посуда с щербатым краем; 이가 없으면 잇몸으로 산다 обр. этот орешек тебе не по зубам; 이도 안 났다 ~를 갈다 обр. ещё молоко на губах не обсохло; ~를 갈다(갈아 마시다) иметь зуб(на кого-л.);~를 악물다(깨물다, 물다) стиснуть зубы; 이 아픈 날 콩밥한다 обр. оказывать медвежью услугу; 이에서 신물이 나다(돌다) обр. в зубах навязнуть; ~[가 떨리다] плотно подходить (соединяться).

이 II вошь; ~잡듯 тщательно(ис-кать); 이가 칼을 쓰겠다 очень ред-кий(о ткани).

이 IV 1) после опред. человек; 그 이 он; 이 이 этот человек, он; 2) после опред. словосочет. или предложения тот, который; 모르는 이 тот, кого я не знаю, незнакомый(человек).

이 V эта, это, этот; 이에 대하여 об этом, относительно этого; 2) этот; эта; это; 이 책 эта книга.; 이 거리는 어디로 갑니까? Куда ведет эта улица?; 이 거리의 이름은 무엇입니까? Как называется эта улица?; 이방값은 얼마입니까? Сколько стоит этот номер?; 이방이 마음에 듭니까? Вам нравится этот номер?; 이 약을 몇 번 먹어야 합니까? Сколько раз нужно принимать это лекарство?

이 백(200) двести.

-이- I суф. страдат. и побуд. залогов гл.

-이- II суф., образующий перех. гл. от предикативных прил.: 높다 высокий> 높이다 повышать.

-이] III арх. разг. оконч. интим. ф. личного отношения.

-이- IV соединит. гласная после основы прил. или гл.

-이- V модальный суф. предикатива со знач.: 1) предположения: 그가 아마 어제 왔다 간 사람이이 он, по-видимому, тот человек, который приходил вчера; 2) обязательности действия: 영원히 소련과 함께 나가야 с Советским Союзом на вечные времена; 내 잠간 갔다 오이 я нена-долго схожу.

-이- VI суф. побуд. или страд. за-лога: 살이다 спасать; воскрешать; 물이다 быть укушенным.

-이까 вежл. оконч. вопр. ф. пре- дикатива со знач.: 1) встречного вопроса: 어찌 그들인들 잘 살고 싶지 않으이까? Почему же они не хотят хорошо жить? 2) готовности вы- полнить действие: 내가 다시 가서 가져오이까? Что мне снова пойти и принести?

-이니 оконч. деепр. причины: 5 시면 방안이 훤하니 그 때 읽을수 있겠다 в пять часов в комнате будет светло и можно будет читать.

-이로다 книжн. высок. оконч. по-вест. ф. предикатива со знач.: 1) предположения: 우리는 내일 다시 모이로다 завтра, наверно, мы снова соберёмся; 2) обязательности дей ствия: 내가 한 번 만나이로다 я обязательно (с ним) встречусь.

이간(離間) сеяние раздоров(вражды); отчуждение, разобщение; ~을 붙이다 сеять вражду (раздоры); ~하다 вызвать охлаждение(в чьих-л. отношениях); сеять вражду, разобщать, вбивать клин(между кем-л.).

이거(移去) переезд, переселение; ~하다 менять место жительства, переселяться, перезжать; ~이래 уст. приход и расход.

이것 это; ~은 책이다 Это книга.; 이것은 무슨 건물입니까? Что это за здание?; 이것은 얼마입니까? Сколько это стоит?; 이것을 다려주십시오 Это погладьте пожалуйста.

이겨내다 преодолевать.

이국(異國) чужая(другая) страна; ~의 чужеземный, иностранный; ~살이 하다 жить на чужбине(в другой стране); ~인 чужеземец, иностранец, чужбина; ~정조 экзотика; ~적 чужеземный.

이권(利權) концессионное право; 광산의 ~을 양도하다 отдать рудники на концессию; ~을 얻다 получить (завоевать) концессию.

이기(利己) I эгоизм, себялюбие; ~적 эгоистичный, себялюбивый; ~주의 эгоизм; ~주의자 эгоист.

이기(利器) II предметы комфорта, удобства; 문명의~ удобства, циви-лизация.

이기다, 승리하다 II 1) побеждать, преодолевать, одерживать победу (верх); выигрывать; 전쟁에서~ по-бедить на войне; 2) месить, мелко крошить; 어려운 시련을 ~ выдер- жать тяжёлые испытания; 고개을 못 ~ не держать голову(напр. о грудном ребёнке). 이기심(利己心) эгоизм.

이김 победа; 마귀를 ~ победа над дьяволом; 죄를 ~ победа над грехом; 죽음을~ победа над смертью.

이까짓 незначительный, пустяковый.

이끌다(이끄니,이끄오) тянуть, прив-лекать, втягивать, вовлекать; 서로 돕고 서로 옳은 길로~ вести, ру-ководить привлекать.

이끗(利-) выгода, выгодность.

이날 сегодня, в этот день; ~이때까지 до сих пор, до сего времени; по сей день.

이내(以內) в пределах(чего-л.); не свыше; 다섯시 ~에 не позже пяти часов; 삼십일 ~에 в течении трид-цати дней.

이다 1) положить(поставить) на голову; 2) нести(что-л.на голове; 3) иметь(что-л.) над головой; 달을 이고 가다 идти при луне.

이달 этот(сей) месяц.

이동(以東) I передвижение, пере-мещение; ~의 передвижной; ~하다 передвигаться, перемещаться; ~ 도서관 передвижная библиотека; ~ 전람회 передвижная выставка; ~영사대 кинопередвижка.

이동(以東) II к востоку от..., вос- точнее..

이듬해 следующий год.

이러다 говориться(делаться) так (таким образом).

이런 межд.ба!; ну и ну!; вт те на!

이렇게, 이와 같이 так.

이렇다(이러니,이러오) так, так вот, таким образом. сокр. от 이러하다. 이러나저러나 так или иначе, в любом случае; 이러니 저러니 и то и другое, и то и сё; ~저렇다 такой и

- 684 -

этакий.

이렇듯 до(в) такой степени, в такой мере.

이렇듯이 в такой мере; подобным образом.

이력(履歷) I 1) биография; 2) ~손실 эл. потеря на гистерезис; ~현상 эл. гистерезис; ~환선 эл. кривая гисте-резиса; ~이 나다(붙다 잡히다) приоб-ретать опыт(навык).

이력(履歷) II биография; ~이 나다 приобретать опыт, навык; ~서 автоб-иография, анкета.

이론(異論) I возражение, разногласие; ~없이 единогласно; ~을 내다 возра-жать; ~하다 расходиться(о мнениях).

이론(理論), 학설(學說) II 1) теория; ~적 теоретический; ~전기공학 теоретичес-кая электротехника; ~화학 см. 물이[화학]; ~가 теоретик; ~화 теоретизиро-вание.

이롭다(利-)(해롭다) 1) полезный; вы-годный; 2) арх. острый(напр. о ноже); 이것은 우리에게 ~ это приносит нам пользу.

이루 다 헤아릴 수 없다 все невоз- можно сосчитать.

이루다 создавать, образовывать, составлять; 낙원을 ~ создать рай; 뜻을 ~ добиться своей цели; 잠을 ~ заснуть.

이룩하다 достигать.

이륙(離陸) взлёт, отрыв от земли; ~활주 разбег(самолёта); ~하다 вз-летать, отрываться от земли.

이르다 I (이르니, 이르러) достигать, доходить, добираться; 결론에 ~ прийти к выводу; 높은 수준에 ~ достигнуть высокого уровня; 목적지에 ~ добраться до места назначения; 이르는 곳마다 везде. 열두 시에 이르러서 к 12 часам; ...에 이르기까지 вплоть до..., включая...

이르다 II (이르니,일러) 1) говорить, называть; 2) см. 타이르다; 3) см. 고자질[하다]; 4) после инф. с оконч. 기: 이를 것이(데) 없다 не иметь себе равных; 이를테면 допустим, к примеру.

이를테면 допустим, к примеру; скажем, так сказать.

이름 имя, название; ~난 작가 из-вестный писатель; ~으로 от имени; ~을 짓다 давать имя; ~을 붙이다 давать название, называть; ~성명[이] 없다 разг. см. ~[이] 없다.; ~좋은 하늘타리 обр. пустая бочка; ~[이]없다 неизвестный, безымянный; ~을 두다 уст. подписываться; ~하다 называть, именовать; ~있는 (높은) знаменитый, известный; ~을 걸다 входить в состав(какой-л. организации).

이리 I молоки.

이리 II сюда; ~오너라 уст. Можно войти?

이리저리 1) туда и сюда; 2) и так и сяк.

이마 1) лоб; 넓은(좁은) ~ высокий (низкий) лоб; ~를 찌푸리다 морщинить лоб; ~를 뚫어도 진물도 안 나온다 a) ему на голове хоть кол теши; б) у него среди зимы снега не выпросишь;~에 부은 물이 발뒤꿈치에 흐른다 посл. вода, вылитая на голоау, дотечёт до пяток; ~에 피도 마르지 않다 погов. = на губах ещё молоко не обсохло; 2) см. 이마돌;~에 와 닿다 вотвот наступит (исполнится).

이발(理髮) стрижка(волос); ~하다 стричь(волосы), постригаться; ~관 парикмахерская;~사 парикмахер;~기계 машинка для стрижки волос.

이별(離別) расставание, разлука, прощание; ~하다 расставаться, про-щаться.

이불 одеяло; ~을 덮다 накрываться одеялом; ~ 안 봐 가며 발 편다 = 누울 자리보고 발 뻗는다; см. 눕다 I; ~안(속)활개 (~안(속))에서 활개를 치다 посл. букв.= под одеялом разма- хивать руками.

이비인후과(耳鼻咽喉科) оторинола- рин-гология

이쁘다(이쁘니,이뻐) красивый, милый, симпатичный, хорошенький; 이쁘장 하다 довольно симпатичный(милый); 이쁘디 ~ очень красивый(симпатич-ный); 이쁘도적 "милый вор"(о любимой замуж- ней дочери, которая тащит всё из родительского дома в свой).

이사(移徙) I переезд;~하다 переез-жать(на другую квартиру); пере- селяться, менять место жительства; ~를 가다(오다) уехать (приехать); ~할 때 강아지 따라 다니듯 погов.= путаясь под ногами, мешая(кому-л.).

이사(異事) II странное (необычное) дело.

이사(二四) III~분기 второй квартал

이사(理事) IV директор, член пра- вления; 상임~ постоянный член правления; ~로 선출되다 быть вы-бранным в члены правления; ~장 председатель правления; ~회 прав-ление, директорат

이사회(理事會) совет; комитет; 세계 평화 ~ Всемирный Совет Мира.

이삭 колос; ~이 많은 колосистый; ~이 나다 колоситься.

이상(異狀) I перемена, ненормаль-ность, аномалия; ~현상 ненорма-льные(аномальные) явления; 서부 전선 ~ 없다 на западном фронте нет перемен; ~이 없다 нет ничего странного, нормальный; 근무중~ 이 없음 за время дежурства никаких происшествий не произошло; ~ 생식 см. 세대[교체] II.

이상(異常) II ~하다(정상이 아닌) необычайный, редкостный, ненор-мальный, странный, экстраорди-нарный, удивительный, феноменаль-ный; ~광선 физ. необыкновенные лучи; ~스럽다 прил. казаться нео-бычным(странным, ненормальным); см. 의심스럽다.

이상(以上) III ~보다 더 많이 свыше, более, не менее; ~한 바에 поскольку, раз; 열명 ~ свыше десяти человек; ~과 같이 как указано выше; 사업이 시작된~ 끝가지 해내야 한다 поскольку дело начато, надо довести его до конца.

이상(理想) IV 1) идеал; 2) идеаль-ное состояние; ~적 идеальный; ~기체 физ. идеальный газ; ~을 세우다 создавать идеал, ~화하다 идеализировать;~을 실현하다 осуществить идеал, ~과 현실 идеал и действительность; ~가 идеалист; ~주의 идеализм; ~향 утопия.

이성(離城) I уст. ~하다 уезжать из Сеула (столицы).

이성(理性) II разум;~적 разумный; см. 이지,분별 비~적인 неразумный; ~을 잃다 утрачивать разум; ~적으로 행동하다 действовать разумно; ~주의 рационализм; ~주의자 рационалист.

이성(異性) III противоположный пол, другой характер, другая фамилия; ~에 눈을 뜨다 почувствовать себя мужчиной(женщиной); ~생식 см. 세대 [교체] II; ~에 눈을 뜨다 обр. почувствовать себя мужчиной(жен-щиной).

이슬 роса; 교수대의 ~로 사라지다 кончить свою жизнь на виселице; ~이 내렸다 выпала роса;~에 옷자락을 적시다 промочить полы одежды росой; ~방울 капля росы; 아침~ раннее утро; ~이 되다(~로 사라지다) обр. сложить голову на поле боя (на эшафоте).

이슬비 моросящий дождь; 이즈~ 로슥; ~가 내렸다 моросит.

이식(移植) пересадка, транспланта-ция; ~하다 пересаживать, трансп-лантировать; ~수술 операция по пересадке; 각막~ пересадка рого- вой оболочки глаза; 피부~ пере- садка кожи.

이십(二十) двадцать; ~사금 чистое золото, золото высшей пробы; ~사 절기[절, 절기, 절후] этн. 24 сезона сельскохозяйственного года; ~사 방위 уст. этн. 24

направления; ~사 번 [화신]풍 arch. ветры, которые дуют с 6-7 числа 1-го лунного месяца по 20-21 число 4-го лунного месяца; ~사(24)시 часа~팔(28) 수 созвездий(в вост. астрономии); ~팔점 무당벌레 эпиляхна, бахчевая коровка(Epilachna Viginti-cotoma-culata).

이야기 рассказ, история; ~하다 говорить, рассказывать, сообщить; ~를 걸다 завязать разговор; 감동적인 ~ волнующий рассказ; ~ 꽃을 피우다 разговориться, увлечься рассказом; оживлённо разговаривать (беседо-вать); ~거리 предмет рассказа; тема рассказа; ~꾼 рассказчик; ~책 книга сказок; ~가 났으니 말이지 к слову сказать, кстати.

이양(耳痒) I зуд в ушах.

이양(移讓) II передача, уступка; ~하다 передавать, уступать; 정권 ~ передача власти.

이어받다 наследовать, получать в наследство(по наследству), принимать эстафету.

이어서 затем, далее продолжая, вслед за, сразу.

이왕 ~에 в прошлом, раньше; до этого, уже; ~이면 раз уж так по- лучилось, то...; во всяком случае.

이용(移用) использование, приме-нение, употребление; ~하다 использовать, применять, употреблять; ~가치 стоимость использования, пригодность; ~률 коэффицент использования; ~자 пользователь; ~ 후생 уст.улучшение условий жизни; ~하다 использовать, применять, употреблять.

이웃 сосед; ~에 살다 жить по со- седству (с кем-л.); ~간 между со-седями; ~집 соседний дом, дом соседа; ~불안 недовольство соседями; ~사촌 погов. близкий сосед, что близкий родственник; ~하다 жить по соседству

이웃집 соседний дом; дом соседа; ~개도 부르면 온다 посл. даже соба-ка соседа, если её позовёшь, приходит (упрёк); ~ 며느리 홈도 많다 *погов.* ≈ у близкого человека всегда легче найти недостатки;~무당 영하지 않는다 *погов.* ≈ не будешь доверять даже самому близ- кому человеку, если знаешь о нём много плохого; ~색씨 믿고 장가 못간다 *посл.* ≈ букв. на чужую невесту понадеешься, не женишься.

이월(移越) перенос; ~하다 перено-сить; 다음해로 ~하다 переносить (что-л.)на следующий отчётный год.

이유(離乳) I ~하다 а) отнимать от груди; б) бросать сосать(грудь); ~기 период отнятия от груди; ~식 детская питательная смесь.

- 688 -

이유(理由) II основание, причина; 정당한~ уважительная причина; 아무이유도 없이 без всякой причины; ~불문하고 безоговорочно, независимо от причины; не спрашивая; (не слушая) в чём дело.

이윤(利潤) прибыль(чистая); ~을 얻다 извлекать(получать) выгоду, прибыль; ~을 추구하다 гнаться за прибылью; ~의 норма прибыли; см. 소득.

이율(利律) процент, процентная ставка; норма процента; ~을 계산 하다 считать проценты.

이윽고 спустя некоторое время

이의(異議) возражение; ~를 말하다 возражать(кому-л.); ~없습니까? Во-зражающих нет?; ~하다 иметь (особое мнение).

이익(利益) выгода, прибыль; вызов; ~공제금 отчисления от прибылей; польза, ~이 되는 прибыльный; ~이 적다 делать(приносить) мало прибыли; 사회의~에 봉사하다 служить общест-венным интересам; см.유익(有益)이득.

이자(利子) проценты; 무~로 без начисления процентов; 연체~ про-сроченные проценты.

이전(移轉) I переезд;~하다 перее-зжать, переселяться, передавать; 집유권 ~ передача права собст- венности на дом.

이전(以前) II 1) раньше, прежде; ~부터 с давних пор, давно; ~처럼 как раньше, попрежнему; 2)см.예전.

이제 I теперь, сейчас; ~곧 сию минуту; ~까지 до сих пор; ~부터 отныне; ~나 제服나 с нетерпением (ждать).

이제(裡題) II титул, заглавие книги.

이제껏 до сих пор, до сего времени.

이주(移住), 이민(移民) иммиграция; ~하다 переселиться, эмигрировать, иммигрировать; ~민 переселенец, эмигрант, иммигрант; ~메뚜기 пе-релётная(азиатская) саранча(Locus- ta migratoria).

이중(二重) ~의 двойной, двой ствен-ный; ~으로 вдвое, вдвойне, дважды; ~국적 двойное гражданство, поддан-ство; ~인격자 двуличный человек; ~창 окно с двой ными рамами; ~적 двойной, двойственный; ~결할 хим. двой-ная связь; ~과세 двойной налог; ~대위법 имитационная полифония; ~모음 лингв. дифтонг; ~성격 двойст-венный характер; ~수소 хим. дейтерий; ~생활 двойная жизнь; ~전신 двойное встречное телеграфирование; ~회로 эл. цепь двусторонней связи; ~화산 см. 복성 [화산] VI; ~영웅 дважды герой; ~요음 муз. двойной мордент.

이쪽 I кусочек раскрошившегося зуба. **이쪽** II эта сторона.

이치(理致) I разумные основания, здравый смысл; резон; 사물의 ~ логика вещей; ~에 맞지 않다 не-логично, не вяжется со здравым смыслом; ~를 깨닫다 понимать внутреннюю закономерность.

이치(吏治) II феод. заслуги уезд- ных начальников(в администра- тивной деятельности)

이탈(離脫) отрыв; отход; выход; ~하다 а) отрываться, отходить(от чего-л.); выходить; б) выводить(напр. из боя); отрывать (напр. от масс).

이튿날 второе число, следующий (другой) день; 칠월~ второе июля; ~ 아침에 на другое утро.

이틀 два дня.

이하(以下) I 1) нижеследующее; да-льнейшее менее, не более, ме- ньше, ниже; дальше, в дальней-шем; 수준 ~ ниже уровня; 열명 ~ менее десяти человек; ~생략 оста- льное опускается.

이하(耳下) II сущ. 1) нижеследую-щее; дальнейшее; 2) менее,меньше, ниже.

이해(利害) I интересы; польза и вред; выгода и убыток; ~관계 интересы; ~관계인 заинтересованное лицо;~관두 грань добра и зла; ~불계 не считаясь с выгодой и убытками; ~상반 ни пользы ни вреда; ~타산 взвешивать полезность(выгодность); ~의 충돌 столкновение интересов; ~ [관계]를 같이하다 иметь общие интересы; ~관계자 заинтересованное лицо.

이해(理解) II понимание, уяснение; ~가 빠르다 понятливый, сообрази-тельный; ~하기 쉬운 доступный, доходчивый; ~하다 понимать, уя-снять; соображать; ~되다 уклады-ваться в голове(сознание); 이것은 도저히 ~되지 않는다 это никак не укладывается в моём сознании.

이행(履行) I исполнение, випол- нение; ~하다 выполнять, испол-нять; 약속을~하다 исполнять обе-щание; сдерживать слово; 계약을 ~하다 исполнять контракт.

이행(移行) II переход, переворот; ~하다 поворачиваться, переходить; 공산주의에로의 ~ переход к ком- мунизму.

이후(伊後) I уст. книжн. потом, затем, после [э]того.

이후(以後) II после [э]того; ~임무 воен. последующая задача

익다, 여물다 созревать, поспевать; 눈에~ быть привычным для глаз; 손에~ набивать руку; 낯이~ ваше лицо мне очень знакомо 익은밥 먹고 선소리 한다 обр. говорить глупости.

익명(匿名) аноним, вымышленное имя; 1)~투표 тайное голосование; ~의 편지 анонимное письмо;~하다 скрывать своё имя; ~으로 анонимно; 2) вымышленное имя.

익살 шутка; подшучивание; ~스럽다 шутливый, смешной, комичный; ~부리다 шутить, смешить шутками; ~꾼 шутник; ~을 떨다 шутить; смешить шутками; подшучивать.

익살군 шутник, шутливый человек.

익숙하다(능숙하다) опытный, умелый, искусный; 그는 익숙한 동작으로 차를 수리하였다 он умело ремонтировал машину; 새 환경에 익숙해 지다 привыкнуть к новому окружению.

익숙해지다 привыкать.

익히다 I варить(на пару); 눈에 ~ ознакомить; 밤을 삶아 ~сварить каштаны на пару; 손에~ набивать руку.

익히다 II быть созревшим; готовым (о блюде)   인(印) I печать, штамп.

인(燐) II хим. фосфор; ~비료 фосфорные удобрения.

인-(人) преф. кор. человеческий; 인절미 головокружение от толкотни.

-인(人) суф. кор. человек; 외국~ иностранец.

인가(人家) I жилой дом, жилище.

인가(認可) II разрешение, санкция; признание, одобрение; ~하다 разрешать, санкционировать, призна-вать, одобрять; ~증 письменное разре-шение; лицензия; ~제 лицензионная система.

인간(人間) I человек, человечество; ~적 человеческий; ~관계 отноше-ния между людьми; ~미 чело-вечность, душевность; ~성 чело- веческая натура; ~고해 уст. мир человеческих страданий; ~대사 крупные события в жизни человека; ~백정 перен. убийца, палач; ~지옥 земной ад; ~쓰레기 бран. подонки.

인간(印簡) II письмо, направляемое местным начальником вместе с новогодним подарком

인격(人格) личность, характер; 이중~ двойная личность; ~을

уважать личность; ~자 человек высоких личных качеств; ~적 а) человеческий; б) личный; ~적 권리 юр. личное право.

인계(引繼) I сдача, передача; ~하다 сдавать, передавать; ~자 сдающий, передающий

인공(人工) I человеческое искусство; ~미 искусственная красота; ~적으로 искусственно, рукой человека; ~강우 дождевание; ~수정 искусственное оплодотворение; ~위성 (искусствен-ный) спутник земли; ~호흡 искусст-венное дыхание; ~적 искусственный; ~ 구개 лингв. искусственное нёбо; ~기흉 мед. искусственный пневмоторакс; ~ 도태 см. 인위[도태]; ~면역 искусст-венный иммунитет; ~방사능 искусст-венная радиоактивность; ~부화 иску-сственная инкубация; ~행성 искус-ственный спутник Солнца; ~영양 ис-кусственное вскармливание(пита-ние); ~지구 위성 искусственный спутник Земли.

인공(因公) II уст. книжн.~하여 из-за службы; из-за общественных дел.

인과(仁果) причина и следствие; ~관계 причинная связь; ~응보 воз-даяние, возмездие; ~법칙 закон причинности.

인구(人口) население, численность населения; ~밀도 плотность(гус- тота) населения; ~조사 всеобщая перепись населения; ~증가 рост населения.

인기(人氣) 1) популярность, автори-тет; ~있는 배우 популярный артист; ~가 있다 пользоваться популярностью; ~를얻다 завоёвывать (приобретать) по-пулярность; ~를 잃다 потерять попул-ярность; 2) настроение(дух) народа; 3) популярность, успех.

인내(忍耐) терпение,выносливость; ~하다 быть терпеливым(вынос- ливым); ~있게 설복하다 терпеливо уговаривать

인도(人道) I 1) гуманность; ~적 человеческий, человечный; гуман-ный; ~환생 будд. перерождение в человека; 2) уст. совокупление, половое сношение; 3) тротуар, пе-шеходная дорожка.

인도(引渡) II передача(вещей, прав); ~하다 1) передавать; 2) вести за собой, управлять, руководить.

인류(人類) человечество; ~사 исто-рия человечества; ~학 антрополо-гия.

인물(人物) личность, человек; ~평 критика личности; ~화

портрет, портретная живопись; 중심~ цент-ральная фигура; ~차지 сущ. веду-щий личным составом;~초인 уст. завлекать(заманивать)человека; ~ 추 심 а) уст. повсюду разыскивать сбежавшего человека; б) арх. отп-равляться на поиски бежавшего раба(о рабовледельце); ~가난 нех-ватка талантливых людей.

인민(人民) народ; ~적 народный; ~가요 народная песня; ~경제 на- родное хозяйство; ~공화국 народная республика; ~교원 народный учитель; ~구두 творчество а) фольклор, устное народное творчество; б) народное творчество; ~군대 народная армия; ~민주주 의 독재 народ-нодемократи-ческая диктатура; ~병원 народный госпиталь; ~배우 народный артист; ~전선 народный фронт; ~정권 власть народа; ~주권 народная власть;~재판 народный суд; ~투표 плебисцит; ~학교 начальная (народная) школа; ~육종 с.-х. народная селекция; ~예술가 народ-ный художник; ~위원회 народный комитет; ~적 입장 точка зрения народных масс.

인사(人士) I человек, лицо; деятель; 정계~ политическая фигура.

인사(人事) II приветствие; ~나누다 обмениваться приветствиями; предс-тавляться; распределение кадров; ~ 문제 кадровые дела (вопросы); ~를 나누다 обмениваться приветствиями; ~를 전하다 передавать привет; ~를 시키다 познакомить(кого-л.), предста-вить(кому-л.); ~ 를 차리다 соблюдать вежливость, нормы поведения; ~를 드리다 благодарить, выражать прив-язанность; ~하다 приветствовать, здо-роваться, знакомиться, представляться; ~부(부장) отдел(начальник отдела) кадров; ~성 вежливость, учтивость; ~행정 работа с кадрами; подбор и расстановка кадров; ~치례로 из вежливости; ~불성 а) потеря сознания, беспамятство; б) неучтивость, невеж-ливость.

인사성(人事性) вежливость, учти-вость; ~이 밝다(있다) учтивый, вежливый, соблюдающий этикет.

인상(人相) I черты лица; ~학 фи-зиономика

인상(引上) II повышение; ~하다 повышать, подтягивать вверх, подни-мать; 생활비를 ~하다 повышать заработную плату

인상(印象) III впечатление; ~적인 впечатляющий, производящий силь-ное впечатление; ~을남기다 оставить впечатление; 그는 나에게 좋은 인상 을 주었다 он

- 693 -

произвёл на меня хорошее впечатление; ~주의 импрессионизм; ~파 школа импрессионизма; ~비평 импрессионистская критика; ~을 주다 производить впечатление.

인생(人生) I (человеческая) жизнь; ~관 взгляды на жизнь; ~철학 философия жизни; ~행로 жизненный путь.

인생(寅生) II 1) рождение в "год тигра"; 2) сущ. родившийся в "год тигра".

인솔(引率) ~하다 вести за собой руководить; возглавлять, командовать, сопровождать; 견학단을 ~하다 сопровождать экскурсантов; 대표단을 ~하다 возглавлять делегацию; 부대를 ~하다 командывать отрядом; ~자 руководитель.

인쇄(印刷) печатание; ~하다 печатать; 그 책은 아직 ~중에 있다 эта книга всё ещё в печати; ~기 печатная машинка, типографический станок; ~공 печатник; ~물 печатная продукция; печатные материалы; ~소 типография; ~술 искусство книгопечатания; ~업 печатное дело; ~공장 полиграфический комбинат; ~요소 печатная полоса.

인수(引受) I приём; ~하다 принимать; 사업을 ~하다 принимать дела; 상품을 ~하다 принимать товар.

인수(引水) II ~하다 проводить(воду на поля).

인습(因襲) предрассудки, старые нравы (обычаи); 낡은 ~을 버리다 избавиться от старых привычек, отвергнуть старые нравы; ~도덕 старая мораль; ~하다 следовать старым привычкам, придерживаться старых нравов.

인식(認識) 1) осознание; 2) сознание, понятие; ~적 познавательный; ~하다 понимать, познавать; ~론(철학) теория познания, гносеология; ~부족 недопонимание.

인심(人心) I душа человека, совесть; ~이 좋다 добрый, добродушный, добросердечный; 민심;~을 쓰다 быть щедрым;~을 얻다 снискать симпатии, завоевать общее расположение; ~을 잃다 испортить отношения; ~이 사납다 чёрствый, бессердечный; ~을 사다 прослыть отзывчивым(душевным); ~이 괄리다 прослыть чёрствым (бессердечным).

인연(人煙) связь; ~이 깊다 очень близкий, тесный; ~이 없다 не связан-ный(с кем-л.); ~을 맺다 установить связь; ~을 끊다 разорвать связь, пос-сориться(с кем-л.); ~이 멀다 далёкий, не связанный(с чем-л.); см. 연분 ~하다 связывать;

обуславливать, пре-допределять

인연(夤緣) II ~하다 уст. а) виться (о растении); б) карабкаться вверх; в) продвигаться по служебной лестнице, делать карьеру.

인원(人員), 성원 член; 참가~ состав участвующих (присутствующих); ~을 보충하다 пополнить личный состав; ~점호 перекличка.

인위(人爲) дело человеческих рук; ~적 искусственный; ~적으로 искусст-венно; ~도태 биол. естественный отбор; ~분류 биол. искусственная классификация.

인접(鄰接) I непосредственное соседство (соприкосновение); ~하다 соседний, непосредственно сопри-касающийся; смежный; ~하다 быть смежным, находиться в непосредственном соседстве; приле-гать, примыкать; ~국 сопредель-ное (соседнее) государство; ~군부대 соседнее подразделение; ~동화 лингв. ассимиляция смежных звуков (по смежности); ~하다 1) быть смежным, находиться в непосредственном соседстве (соприкосновении); 2) соседний; непосредственно соприка-сающийся.

인접(引接) II ~하다 а) принимать (посетителя); б) арх. торжественно встречать (высших сановников); в) направлять в рай (о будде Амитабе).

인정(人情) I человеческое чувство;, человеколюбие, сердечность; ~이 많다 сердечный, задушевный; 그는 ~이 없다 у него нет сердца; ~이 있다 внимательный к людям; ~도 품앗이라 = 가는 정이 있어야 오는 정이 있다 см. 가다; ~스럽다 прил. казаться душевным (отзывчивым); ~을 쓰다 а) проявлять доброту (сочувствие); б) делать подношение.

인정(認定) II утверждение, приз- нание; ~하다 утверждать, призна-вать, квалифицировать; 자신의 패배를 ~하다 признавать себя побе-ждённым.

인조(人造) искусственный, сдела-нный человеком; ~가죽 искусст-венная кожа; ~견사 искусственный шёлк; вискоза; ~구개 см. 인공(구개) I; ~단섬유 см. 스프; ~대리석 искусст-венный мрамор; ~비료 искусственные удобрения; ~석분 уст. цемент; ~섬유 искусственное волокно.

인종(人種) раса; 황색~ жёлтая раса; ~적 편견 расовый предрассудок; ~문제 проблема рас; ~차별 расовая дискриминация; ~학 этнология; ~적 расовый, этнический.

인증(認證) I заверение;~을 받다(주 다) получить(дать) заверение; ~하다 заверять, удостоверять; ~서 удосто-верение.

인증(引證) II ~하다 ссылаться, приводить доказательства.

인질(<人質) I заложник; ~로 붙잡아 놓다 брать(кого-л.) заложником.

인질(姻姪) II книжн. я(в разговоре с мужем старшей сестры отца).

인출(引出) I ~하다 вынимать, вы-таскивать, вытягивать.

인출(印出) II ~하다 уст. печатать.

인터내셔날(англ. international) Ин-тернационал(организация).

인터뷰(англ. interview) интер-вью, собеседование.

인테리(<лат. intelligentsia) интел-лигенция; ~적 интеллигентский.

인플레[션](англ. inflation) инфляция

인형(人形) I кукла, ~극 кукольное представление, кукольный спектакль; ~극장 кукольный театр; ~영화 экра-низированное кукольное представ-ление.

인형(仁兄) II уст. книжн. вы(обра-щение между друзьями).

인화(引火) воспламенение, загора-ние; ~하다 воспламеняться, заго- раться; ~물 легковоспламеняющее вещество; ~점 температура(точка) воспламенения.

일, 사업(事業) I работа, дело, занятие; ~하다 работать, трудиться; ~을 보다 вести дела, работать; 무슨 ~이 있으면 알려라 если чтонибудь случится сообщи мне; 뻔한~이다 ясное дело; ~하지 않는 자는 먹지도 말라 кто не работает, тот не ест; ~에는 베돌이요, 먹는 데는 감돌이 ирон. в работе-последний, а в еде первый; ~안 하는 가장 обр. пустое место(о человеке); ~삼다 предаваться(чему-л.); увлека-ться(чему-л.); служить(чему-л.); ~을 내다 а) вызвать несчастный случай; б) затеять склоку; 이것은 믿을 수 없는 일이다 это невероятно (неправдопо-добно); ~없다 ничего, сносно.

일(日) II 1) день(месяца); 2) один день.

일(一) III один, первый; ~편 первая часть ~년 열 두 달 один год; ~분 일초 (одно) мгновение.

일- преф. рано; 일깨다 рано прос- нуться.

-일(日) суф. кор. день; 공휴일 об- щий выходной день.

일가(一家) I 1) одна семья; один род; ~문중 родственники,

родня; ~친척 члены одного рода; ~못 되게 항렬만 높다 *погов.* букв.≈ патриарх несуществующего рода; ~끼리 방자한다 живут как кошка с собакой(о родственниках); ~싸움은 개싸움 а) грызутся как собаки(о родственниках); б) милые бранятсятолько тешатся.

일가(一價) II сущ. 1) мат. однозна́чный; ~함수 однозначная функция; 2) хим. одновалентный.

일간(日刊) I ежедневное издание; ~신문 ежедневная газета; ~하다 ежедневно издавать(выпускать).

일간(一間) II один кан(간 II 2); ~두옥 лачуга; ~초옥 небольшой домик, крытый соломой.

일깨우다 пробуждать, доводить до сознания, уговаривать, убеждать.

일곱, 칠(7) семь; ~째 седьмой; ~목 가래질 работа корейской лопатой всемером; ~목 한 가래 семь человек,работающие одной корейской лопатой; ~이레 49-й день(со дня рождения ребёнка); ~번 재고 천을 째라 *погов.* ≈ семь раз отмерь, один раз отрежь. 일곱째 седьмой.

일과(日課) I 1) работа на день, дневное задание; 2) уроки(в школе) в течение дня.

일과(一遇) II ~하다 а)пройти один раз (однажды); б) бросить взгляд, окинуть взглядом.

일관성(一慣性) последовательность.

일괄(一括) ~하다 охватывать, обобщать, суммировать; 법안을 ~ 상정 하다 поставить одновременно все законопроекты на обсуждение; 여러 토론자들의 의견을 ~해서 요약하다 обобщить и резюмировать мнения выступавших.

일광(日光) солнечные лучи; ~소독 дезинфекция солнечным светом; ~ 요법 гелиотерапия, лечение солнечными лучами.

일급(日給) дневной заработок, подённая оплата; ~노동자 подённый рабочий.

일기(日記) I дневник; ведение дневника;~를 쓰다 вести дневник; ~장 дневник.

일기(日氣) II погода; ~예보 (예측) прогноз погоды; ~실황 состояние погоды; ~요소 элементы погоды; ~조건 синоптические условия.

일깨우다 пробуждать, доводить до сознания, уговаривать, убеждать.

일깨움 поучение. 일꾼 работник.

일년(一年) (один) год; ~생 первок-лассник; ~생식물 однолетнее рас-тение, однолеток.

일다 I (이니, 이오) 1) появляться; возникать; 2) укрепляться, усили-ваться; 3) подниматься; подходить(о тесте); ~일어나다 а) поднима- ться; вставать(на ноги с постели); б) вздыматься; 일어서다 а) подни-маться; вставать (на ноги); б) ра-сти, подниматься(напр. о зданиях).

일다 II (이니, 이오) 1) промывать (рис, золото *и т.п.*); 2) провеивать; просеивать (зерно)

일단(一段) если, только, раз; на время, ненадолго; 그들은 하던 일을 ~ 그만두고 텔레비젼 앞으로 모여 들었다 они на некоторое время оста- вили рабо-ту и собрались перед телевизором; ~밥 먹고 하다 давайте сначала поедим! ~유사시에 в крайнем случае.

일대(一代) V (одно)поколение, (вся) жизнь; 일생 ~에 한번 밖에 없는 일 единственный случай в жизни; ~기 биография, жизнеописание.

일동(一同) весь коллектив; 졸업생 ~을 대표하여 от имени всех вы- пусников.

일등(一等) первый класс, первое место, первая степень, первый сорт; ~의 первоклассный, перво- сортный; ~을 차지하다 занимать первое место; ~성 звезда первой величины; ~품 первосортная вещь, первосортный товар.

일람(一覽) просмотр, прочтение, краткое изложение, сводка; ~하다 просматривать, взглянуть; ~표 таб-лица, график, диаграмма

일러주다 рассказывать, сообщать; 아는데 까지 자세히~그에게 기다려 달라고 일러주오 скажите ему, чтобы он подождал.

일련(一連) ряд, серия, цепь; ~의 사건 цепь событий; ~의 несколько, ряд; ~운동 спорт. комплекс упра-жнений; ~의 문제 ряд проблем.

일류(一流) ~의 первоклассный; ~ 대학 престижный(знаменитый) уни-верситет; ~작가 первоклассный писатель.

일률(一律) ~적 однообразный, ша-блонный; ~적으로 по шаблону, одинаково, единообразно, в одина-ковой мере, не делая различий.

일반(一般) I общее; ~의 общий; ~적 으로 в общем, вообще; ~적으로 말하 여 вообще; ~에게 공개하다 обнаро-довать, предать гласности; ~교육 общее образование; ~교육과정 общеобразовательный курс; ~론 общая теория; ~성 всеобщность; ~인 простые люди; ~회계 общий счёт; ~적 [все] общий; ~경기자 полевой игрок; ~개념 общее понятие; ~물리학 общая физика; ~선거권 всеобщее избирательное право; ~화학 общая химия; ~언어학 общее языкознание.

일반(一半) II половина.

일보(日報), 공보 I бюллетень; еже-дневная сводка; ~를 작성하여 제출하다 составлять и представлять ежедневный отчёт.

일보(一步) II (один) шаг; ~를 내디디다 сделать шаг; ~도 양보하지 않다 не уступать (кому-л.); ~도 물러서지 않다 ни на шаг не отступать (от кого-л.). **일본**(日本) Япония.

일본어(日本語) японский язык.

일부(一夫) I 1) один мужчина; ~다처제 полигамия, многожёнство; ~ 양처 двоежёнство; ~사 уст. почитать только мужа; ~종신 уст. быть верной до конца дней покойному мужу; ~ 일처제(一妻制) моногамия, единобрачие.

일부(一部) II одна часть; ~의 частичный, некоторый; 건물의~ часть здания; ~의 사람들 некоторые люди; ~주권국 полузависимые государства.

일분부(一吩咐) ~거행(시행) уст. немедленно(сразу) выполнять.

일상(日常) обычно, повседневно, всегда; ~적 повседневный, обычный, обыденный; ~하는 말 обиходные слова; ~사 обычное дело; ~생활 повседневная(обыденная) жизнь.

일손 рабочие руки; ~을 놓다 прекратить работу; ~을 돕다 помогать в работе; ~이 딸리다 не хватает рук; ~을 붙들다(잡다, 쥐다) приступить к работе; ~을 쉬다 сделать перерыв в работе, отдохнуть; ~을 떼다 а) см. 일손을 놓다; б)отрываться от работы; ~이 오르다 приобрести сноровку(в работе); ~이 세다 быть быстрым (проворным); ~이 잡히다 появиться(о желании работать).

일순간(一瞬間) миг, мгновение; ~에 в одно мгновение, моментально, в мгновение ока.

일시(一時) одно время, некоторое время; ~적 временный; ~적인 대책 временное мероприятие; ~경수 временная жёсткая вода; ~기생 времен-ный паразитизм; ~반 때 одно и то же время; ~자석 физ. временный магнит; ~가 바쁘다 очень спешный.

일신(一身) I один человек; сам; ~의 свой, личный; ~의 문제 личное дело; ~의 안락을 바라지 않다 не стреми-ться к личному благополучию; ~량역 один имеет две обязанности.

일신(日新) II ~하다 обновляться изо дня в день.

일심(一心) I одна душа, единодушие; ~으로 всей душой, от всей души, всем сердцем; ~단결 полное единодушие и сплочённость; ~동체 неразрывное целое; ~만능 при единодушии всего можно добиться; ~불란 целиком, полностью (посвятить себя); ~정념 уст. одна дума(мысль); ~정력 вся энергия (воля); ~하다 быть единодушным.

일심(日心) II ~위도 гелиоцентри-ческая долгота; ~좌표 гелиоцентри-ческие координаты.

일어나다 вставать подниматься, встать; 변이이~ произошли корен-ные изменения; 소동이~ поднялся скандал; 잠자리에서~ встать с постели.

일어서다 подниматься, вставать(на ноги); 다시 일어서서 앞으로가다 вста-вать и идти вперёд.

일요일(日曜日) воскресенье.

일용(日用) ~의 повседневный, обиходный; ~품 товары широкого потребления, товары первой нео-бходимости; ~필수품 товары пер- вой необходимости; ~범백 пред- меты повседневного употребления.

일원(一元) I единое начало, одно начало; ~적 единый, унифициро-ванный, монистический; ~론 монизм; ~론자 монист; ~일차방정식 уравне-ние первой степени с одним неиз-вестным.

일으키다 поднимать, возбуждать; вызывать; 공포심(호기심) ~ возбу-дить(вызвать)страх(любопытство); 먼지를 ~ поднимать пыль.

일을 당하다 подвергаться неприя-тностям.

일을 한 대가 оплата за выполне-нную работу.

일일(一日) I 1) см. 하루; 2) ~은 однажды; ~삼추 долго тянуться(о времени, напр. при ожидании); ~천추 один день(тянется) как вечность.

일일(日日) II каждый день, еже- дневно

일자리 место работы; ~를 구하다 искать себе работу;~가

나다 иметь результаты(о работе).

일정(一定) I ~하다 определённый, установленный, регулярный; ~하다 определять, устанавливать; ~한 기한 в определённый срок; ~한 수입 регу-лярный доход; ~한 직업 определённое занятие.

일정(日程) II программа, расписа- ние; 방문~ программа визита; ~에 오르다 встать на повестку дня.

일제히 дружно, все вместе, разом.

일종(一種) вид, род, порода, сорт; ~의 своего рода, своеобразный; 동물(식물)~ один вид животных(ра-стений)

일주(一周) I оборот(один) круг; ~하다 делать оборот; объезжать(обхо-дить); 세계를 ~하다 совершать кругосветное путешествие; ~기 пер-вая годовщина смерти.

일주(一週) II (одна) неделя; ~일 이내로 в течение одной недели.

일지(日誌) ежедневные записи, дневник; ~를 기록하다 вести за- писи, дневник.

일찍이 1) рано; 2) раньше, ещё.

일차(一次) один раз; ~의 первый, первичный; ~방정식 уравнение первой степени; ~산품 первичный продукт; ~시험 первый эк-замен; ~적 первый, первичный; ~계전기 эл. первичное реле; ~선륜 эл. первичная катушка; ~전류 пе-рвичный ток; ~전자 первичный электрон; ~전지 физ. первичный элемент; ~함수 линейная функция

일체(一切) 1) всё; 2) ~의 весь; ~역량 все силы; 3) ~[로] в отриц. предлож. нисколько, совершенно.

일체감(一體感) чувство единства (сплочённости).

일출(日出) ~하다 восход солнца.

일출(逸出) II уст. ~하다 а) скры- ваться; избегать; б) выделяться, превосходить(других).

일치(一致) совпадение, соответствие, единство, согласие, согласованность; ~하다 совпадать; соответствовать, согласовываться; ~시키다 согласовы- вать, координировать; приводить в соответствие; 말과 행동의 ~ соот-ветствие между словом и делом; 의견~ совпадение(единство) мнений(взгля-дов); 완전히 ~하다 находиться в полном соответствие; ~ 단결 единство и сплочённость; ~성 единство, тож-дественность. **일치하다** совпадать.

일탈(逸脫) ~하다 выходить за пре-делы(рамки);

отклоняться(от чего-л.); 논의가 주제에서 ~했다 спор отклон-ился от темы.

일터(-攄) место работы; см. 직장 1).

일품(一品) I (одна) вещь; 천하 ~의 самый лучший на свете; ~요리 деликатес.

일품 II 1) труд, затрачиваемый(на что-л.); ~많이 들다 трудоёмкий; 2) диал. см. 품삯.

일하다 работать; 부지런히 ~ рабо-тать, не покладая рук.

일행(一行) I спутники; группа, спутник; 관광단~ группа туристов; 대표단 ~ все члены делегации.

일흔 (칠십, 70) семьдесят.

일흔째 семидесятый.

잃다 терять; 아들을 전쟁터에서 ~ потерять сына на войне; 입맛을 잃었다 я потерял аппетит/у меня пропал аппетит; 잃은 도끼는 쇠나 좋거니 *погов.* ≃ что имеем не храним, потерявшиплачем

잃어버리다 терять.

임관(任官) назначение на государст-венную должность; ~하다 назна-чать на должность; ~ 되다 полу-чать назначение(быть назначенным) на государственную должность.

임금(賃金) заработная плата; 명목~ номинальная(реальная) зарплата; 처저 ~ минимальная зарплата; 평균~ средний заработок; 월~ месячная заработаная плата; 노동자~ наёмный рабочий; ~투쟁 борьба за повышение зарплаты; ~노예 *обр.* наёмный рабочий; ~노동 наёмный труд.

임기응변(臨機應變) ~으로 сообразно обстоятельствам; ~하다 приспосо-бляться к обстоятельствам; дейст-вовать сообразно обстоятельствам.

임대(賃貸) сдача в аренду(внаём, напрокат);~하다 сдавать в аренду; ~계약 договор об аренде; ~료 арендная плата; ~인 сдающий в аренду.

임면(任免) назначение и увольнение (снятие); ~권 право назначения и увольнения; ~하다 назначать и увольнять.

임명(任命) назначение; ~을 받다 получать назначение; ~하다 назна-чать (кого-л.); ~장 приказ(доку-мент) о назначении.

임시(臨時) I 1) ~적 a) временный; ~ 변통 приспособление к обстоятельст-вам; временные меры; ~변통으로 временно, на время; ~정부 временное правительство; ~하중 стр.

временная нагрузка; б) чрезвычайный, внеоче-редной; ~기호 см. 임시표; ~낭패 неожиданный провал, неожиданная неудача; ~졸판 уст. экстренное реше-ние(рассмотрение); ~회의 чрезвычайная (внеочередная) сессия; эстренное совещание; 2) время; 그 ~에 в это время; 3) в конце придат. предл. когда; ~의 временный, чрезвычайный экст-ренный, внеочередной; ~로 временно; ~국회 внеочередная сессия парламента; ~열차 специальный поезд; ~총회 чрез-вычайное общее собрание;~휴업 временное закрытие.

임신(姙娠), 잉태 беременность;~하다 забеременеть, быть беременным; ~중에 в период беременности; 그녀는~중이다 она беременна; 그녀는~7개월이다 она находится на седьмом месяце бере-менности; ~중절 аборт.

임업(林業) лесное хозяйство; лес-ная промышленность, лесопромы-шленность; ~지구 лесопромышле-нный район.

임의(任意) собственное желание; добровольность; ~의 доброволь- ный, самовольный; ~로 по своему желанию(усмотрению); по собст-венной воле; как угодно; в любое время; ~적 а) добровольный;~보험 добровольное страхование; ~선택 свободный выбор; б) самоволь- ный.

임차(賃借), 임대(賃貸) аренда; ~하다 арендовать, взять в аренду; ~료 арендная плата; ~인 арендатор.

임하다(任-) I уст. назначить(кого-л.) на должность, уполномочивать.

임하다 II стоять, находиться, ста-лкиваться(с чем-л.); 담판에 ~вступать в переговоры.

임하다(臨-) III 1) соблаговолить прийти навестить(о вышестоящем); 2) достигать(какого-л места); 3) отно-ситься(к подчинённому); обращаться (с подчинённым); 4) наступать(о каком-л. моменте); 5) быть обращён-ным лицом(к чему-л.); выходить; 6) арх. копировать(напр. картину); пи-сать по прописям

입 рот; ~을 벌리다 открыть рот; ~이 무겁다 крепок на язык; ~이 가볍다 болтливый; ~을 맞추다 целоваться; ~을 놀리다 шутить, сквернословить; ~ 밖에 내다 проговориться; ~이 짧다 (밭다) быть капризным в еде; ~에 풀칠을 하다 влачить жалкое сущест-вование, нищенствовать,сводить концы с концами; ~만 살다 только языком болтать; ~을 모으다 говорить в один голос; ~에 맞다 быть по вкусу; ~에 발린 (붙은) сори льстивые слова;

~가 уголки рта; 입만(입은) 살다 (입만 성하다) а) только языком болтать; б) быть привередливым(разборчивым); ~만 까다 только говорить, а ничего не делать; ~만 아프다 без толку говорить; ~안의 소리 бормотание; ~안의 혀 послушание; ~은 비뚤어도 주라는 바로 불라(~은 삐뚤어졌어도 말은 바른 대로해라) посл.= не стыдись говорить, коли правду хочешь объявить; ~을 다물다 а) держать язык за зубами; б)прикусить язык, прекратить говорить;~을 막다 а) заткнуть(кому-л.) рот; заставить замолчать; б) накормить до отвала(досыта); ~을 봉하다(함봉 하다) а) замолкнуть; не желать говорить; б) заставить замолчать; ~을 틀어막다 заставить замолчать (напр. ругающегося); ~을 딱벌리다 раскрыть рот от удивления;~을 씻기다 заткнуть рот взяткой; ~을 열다(떼다) заговорить, начать говорить; ~ 걸다(질다) говорить грубо; скверносло-вить; ~이 근질근질하다(가렵다) язык чешется; ~이 달다 аппетитный(о пище); ~이 닳도록 (닳게) при каждом удобном случае(повторять);~이 더럽다 грубый, похабный(о словах); ~이 무겁다 неразговорчивый, несловоохот-ливый; ~이 무섭다 бояться огласки; ~이 바르다 резкий, прямолинейный; ~이 벌어지다 растянуть рот до ушей; ~이 사복개천 같다 похабный, грубый, вульгарный, непристойный(о словах); ~이 천근같다 очень неразговорчивый, мол-чаливый; ~이 포도청 см. 목구멍 [이 포도청]; ~이 풍년을 만나다 по- лучить возможность хорошо поесть; ~이 함박 만 하다 сделать довольное лицо; ~이 험하다 резкий(о разговоре); ~이 뜨다 скупой(на слова); ~이 빠르다(재다) а) не уметь молчать (держать язык за зубами); б) см. 입[이 바르다]; ~이 싸다 легкомысленно болтать; ~이 쓰다 а) не идти в горло, не лезть в рот(о пище); б) не нравиться, быть противным; в) не хотеть говорить; ~ 여물다(여무지다) ясный и толко-вый(о словах); ~이원수 см. 구복[이 원수]; ~에 맞는 떡 обр. вещь по вкусу(по душе); ~에 붙은 밥풀 находящийся на своём месте; ~에서 신물이 나다 см. 신물[이 나다] I; ~에 서 젖내[가 나다 см. 젖내[가 나다]; ~에 침이 마르도록(~에 침이 없이) хвалить захваливать; ~에 혀같다 послушный, покорный; ~에 오르내리 다 быть притчей во языцах; ~에 오르다 а) быть предметом(чьего-л.) разговора; ~에 익다 привыкнуть говорить.

입교(入敎) уст. ~하다 приобщаться к религии.

입구(入口)<>출구(出口)вход<->выход

입국(入國) въезд(в страну); ~하다 вступать(въезжать) в пределы страны; ~사증 виза на въезд;~허가서 разрешение на въезд в страну.

입다 одевать, надевать; 부상을~ получать рану, быть раненным; 손해를 ~ терять убытки; нести потери; 그는 양복을 입었다 он надел новый костюм; 구원을 ~ быть спасённым.

입맛, 식욕 аппетит, интерес, увлече-ние; ~이 좋다 хороший аппетит; ~이 당기다 возбуждать(вызывать) аппетит; ~을 잃다 потерять аппетит; ~이 돌다 появляться(об аппетите); ~을 붙이다 заинтересоваться(чем-л.); ~을 다시다 а) разгораться(об аппетите); б) сожалеть, выражать сожаление; ~이 쓰다 см. 입[이 쓰다].

입문(入聞) II 1) входное отверстие; входная дверь, вход; 2) путь, на который(кто-л.) вступает впервые; 3) введение в курс (какой-л.) науки; 4) вход через дверь; 5) феод. вступ-ление в экзаменационный зал; 6) начало изучения(чего-л.); ~하다 а) впервые вступать на (какой-л.) путь; б) входить через дверь; в)феод. входить в экзаменационный зал; г) прис-тупать к изучению(чего-л.).

입법(立法) законодательство; ~권 законодательная власть; ~기관 зако-нодательный орган; ~자 законо-датель;~부 законодательный орган.

입사(入社) I ~하다 поступать на службу в кампанию; ~시험 всту- пительный(приёмный) экзамен.

입사(入射) II физ. падение; ~광선 падающий луч;~하다 а) впускать, вводить; б) проникать(о свете).

입상(入賞) получение приза(пре- мии); ~하다 получать приз(пре- мию); ~자 лауреат; победитель конкурса; ~작품 премированное произведение.

입석(立石) 1) ~기공 воздвигать памятник, увековечивая(чьи-л.) заслуги; ~하다 а) устанавливать стелу(надгробный камень); б) во-здвигать памятник(монумент); 2) см. 선돌.

입술 губа; ~을 깨물다 прикусить губу; ~을 핥다 облизывать губу; ~에 침이나 바르지 обр. лжец.

입신(立身) уст. успех в жизни; ~하다 добиться успеха в жизни, выбиться из низов; сделать карьеру; ~양명 сделать блестящую карьеру и прославиться.

입안(立案) 1) письменное подтве-рждение; ~하다 составлять план (проект); 2) письменное подтвер-ждение(какого-л. факта); ~자 сос-тавитель(автор) плана(проекта).

입원(入院) госпитализация; ~하다 ложиться в больницу; ~시키다 положить больного в госпиталь; ~비 плата за лечение; ~수속 порядок госпитали-зации; ~실 приёмное отделение, приёмный покой

입장(入場) I вход; ~하다 входить; 관람실에~ входить в зрительный зал; 축구선수들이~한다 Футболисты выходят на поле; ~객 посетитель; ~권 входной билет; ~식 церемония открытия.

입장(立場) II позиция, платформа; 딱한~ позиция; 자신의 ~을 명확히 하다 определить свою позицию.

입증(立證) доказательство; см. 증명.

입증하다(立證-) доказывать; под- тверждать.

입찰(入札) торги; ~하다 предлагать цену на торгах;~자 участник торгов;~참가 участие в торгах.

입체(立体) 1) геометрическое тело; ~적 объёмный, стереометрический; ~교차 развязка маршрутов в разных уровнях; ~구조 стр. пространственная (объёмная) конструкция; ~기하학 стереометрия; ~녹음 стереофоничес-кая запись; ~촬영 стереофотография; ~화학 стереохимия; ~영화 стереокино; 2) куб; ~감 ощущение объёмности; ~기하학 пространственная геометрия, стереометрия; ~사진 стереофотография; ~영화 стереокино; ~음향 стереофони-ческий звук, стереозвук; ~과 кубизм; ~효과 стереоэффект.

입학(入學) поступление в школу, институт; ~하다 поступать в школу; ~원서를 내다 подать заявление о приёме; ~금 вступительный взнос; ~시험 вступительный(приёмный) экза-мен; ~생 студент(ученик), поступив-ший в учебное заведение; ~식 церемония по случаю поступления; ~원서 заявление о приёме в школу;~지원자 желающие поступить в училище.

입헌(立憲) ~의 конституционный; ~국가 конституционное государство; ~군주국 конституционная монархия; ~군주제 конституционная монархия, конституционно-монархический строй;~정치 конституционная форма правления

입후보(立候補) кандидатура; 1) ~하다 a) выдвигать

(кандидатуру); б) выдвигать себя кандидатом; 2) см. 입후보자; 그를~로 추천하다 выста-вить (выдвинуть) его кандидатуру; ~를 사퇴하다 отказываться от выдвижения; ~자 кандидат.

입히다 одевать; 상처를~ нанести рану; 잔디를~ обкладывать (одеть) дёрном; 손해를~ наносить ущерб.

잇다 (이으니, 이어) 1) соединять, связывать; 2) продолжать, наследовать; 3) связывать; 끊어진 실을~ связать разорванную нить; 이어[서] вслед, затем, после этого.

있다 1. 1) быть; иметь[ся]; находиться; оставаться; пребывать; жить; иметь место; происходить; 공장이 멀지 않은 곳에~ завод находится недалеко; 내가 돌아 올 때까지 여기 있어라 оставайся здесь до тех опр пока я не вернусь; 이 사건은 오래 전에 있었다 это событие произошло давно; 2) существовать, жить; происходить, иметь место (о событии); 2. 1) после деепр. предшествования: а) (оконч. 고) указывает на длительность дей ствия; 그는 지금 읽고 있다 он сейчас читает б) (оконч. 아/어) указ. на состояние: 앉아있다 сидеть; 2) после дат. п. в ф. 있어서 о; для; 이것은 우리에게 있어서 아주 중요하다 это для нас очень важно; 3) входит в конструкцию возможного дей ствия 갈 수 있다 можно идти.

있다가 позже, потом.

잉 ~하다 издать звон(напр. о про-водах при порыве ветра).

잉걸불 1) горящие угли; 2) недо- горевшие угли.

잉구관(仍舊貫) ~하다 а) оставлять постарому; б) делать попрежнему.

잉모(孕母) уст. см. 임신부.

잉박선(苧朴船) арх. см. 너벅선.

잉부(孕婦) уст. см. 임신부.

잉손(仍孫) уст. потомок по прямой линии в седьмом поколении

잉수(剰數) уст. оставшееся коли- чество(число) остаток.

잉아 текст. галево;~눈 глазок галева.

잉아때 текст. ремизная планка

잉어(<-魚) сазан; ~가 뛰니까 망둥이도 뛴다 погов. ≈ куда ветерок, туда и умок.

잉어국(<-魚-) уха из сазана(карпа).

잉어등(<-魚燈) фонарь в форме карпа на шесте(вывешивался в день рождения будды Шакьямуни 8-го числа 4-го лунного месяца).

잉어젓(<魚-)солёный сазан(карп) (закуска)

잉어회(<魚膾)хве из сазана(карпа)

잉여(剩餘) остаток, излишек;~가치 прибавочная стоимость; ~율 нормы прибавочной стоимости; ~가치 приба-вочная стоимость;~년율 годовая норма прибавочной стоимости; ~가치율 нормы прибавочной стоимости; ~노동 прибавочный труд;~부력 избыточная подъёмная сила(сети); ~생산물 приба-вочный продукт.

잉여량(剩餘量) остаток, излишек.

잉용(仍用) ~하다 использовать попрежнему

잉위지(仍爲之) уст. ~하다 как и раньше принадлежать (входить).

잉잉거리다 I звенеть, гудеть(о проводах при сильном ветре)

잉잉거리다 II плакать,хныкать

잉조(剩條)уст.оставшаяся часть

잉존(仍存) ~하다 оставить(что-л.) так, как было.

잉크 чернила; ~병 чернильница.

잉태(孕胎) беременность;

잉태하다 забеременеть, быть беременной.

잊다 забывать, отбросить, оставить; 근심을~ не беспокои-ться; 잊을 수 없는 추억 неизгладимые воспоминания.

잊어버리다 забыть.

잊히다 забываться, быть забытым.

잎 I лист.

잎 II счётн. сл. для монет, соломенных мешков и т.п.

잎꼭지 бот. черешок листа.

잎나무 ветки деревьев(как топливо).

잎나물 растение со съедобными листьями.

잎눈 бот. листовая почка.

잎담배 листовой табак.

잎망울 набухшая листовая почка.

잎몸 бот. пластинка листа.

잎샘 ~하다 похолодать в период развертывания листьев.

잎줄기 жилка листа, бот.стержень, листья и стебель.

잎채소 овощи со съедобными листьями.

잎초 диал. см. 잎담배.

ㅈ девятая буква кор. алфавита: обозначает согласную фонему [ч].

자 I (도구) линейка, мерка; 2) см. 척도; 3) ча(мера длины ≅ 30,3 см); 자에도 모자랄 적이 있고 치에도 넉넉할 적이 있다 *посл.* ≅ бывает, что не хватает и большого количества, а от малого остается; 삼각~ чертёжный треугольник.

자(字) II этн. имя(прозвище), давав-шееся после женитьбы.

자(子) III уст. книж. сын.

자(者) IV тк. после опред. 1) чело-век; 2) пренебр. человек, тип; 3) арх. вещь; то, что; 돈 있는 ~ богатый человек.

자-(自) преф. кор. само..., авто...; 자의식 самосознание; 자화상 авто-портрет.

-자(子) I суф. кор. ребёнок.

-자(字) II суф. кор. буква; 자모자 лингв. согласные и гласные.

-자(者) III суф. кор. образует сущ. от сущ. со знач. имени деятеля: 과학자 учёный; 노동자 рабочий; 제국주의자 империалист.

-자 I оконч. пригласит. ф. гл. 이제 가자 пойдём сейчас же.

-자 II оконч. дееприч. 1) после основы гл. указ. на мгновенный характер действия: 비가 그치자 해가 났다 как только перестал идти до-ждь, показалось солнце; 2) после прил. и имён со связкой. указ. на равно-ценность признака: 국가의 이익이자 또 내 이익이라니까 то, что выгодно государству, выгодно и мне.

자가(自家) уст. 1) свой дом; 2) сам; ~감염 мед. самозаражение; ~광고 см. 자기[광고] VIII; ~당착

противоречить самому себе; ~본위см. 자기[본위] VIII; ~성형술 мед. автопластика; ~소비 собственное потребление; ~수정 бот. автогамия; ~수혈 автотрансфузия; автоинфекция; ~집종 автоинокуляция; б) самонадеянность; ~암시 самовнушение; ~이식 аутотрансплантация; ~ 와찐 аутовакцина.

자가용(自家用) сущ. для личного пользования, частный; ~자동차 инди-видуальная(частная) машина; ~전화 личный (индивидуальный) телефон.

자각(自覺) самосознание, самоощущение, ~하다 сознавать, осозна-вать(ся); ~심 сознательность; ~존재 主의 филос. экзистенциализм; ~증상 мед. субъективный симптом; ~적 сознательный.

자격(資格) 1) квалификация; ком-петенция; права; данные чьи-л.; ценз; 2) ~으로 в качестве кого-л.; ~시험 экзамен на квалификацию; ~심사 мандатная комиссия; аттестация; ~증명서 удостоверение о квалифи-кации, аттестат; ~지심 чувство неполноценности, угрызения совести.

자결(自決) 1) самоубийство; 2) самостоятельное решение; самоопределение; ~하다 самостоятельно решать; покончить с собой; ~권 право на самоопределение.

자국, 자취 I след, шрам; ~을 밟다 идти по следу.

자국(自國) II своя(родная) страна; ~의 родной, отечественный; ~어 род-ной язык.

자궁(子宮) 1) анат. матка; ~암 рак матки; ~외 임신 внематочная бере-менность; ~내막염 эндометрит; ~발육부전 гипоплазия матки; ~절제술 мет-роэктомия; ~절개술 метротомия; ~ 폐쇄 маточное заращение; ~출혈 мет-роррагия; ~탈출 грыжа матки; ~협착증 метростеноз;~하수증 метроптоз.

자극(刺戟) импульс, побуждение, стимулирование; раздражение; воздействие на кого-л.; ~하다 раздражать, возбуждать, воздействовать, побуждать, стимулировать; ~을 받다 получить стимул, быть побуждённым; 물질적 ~ материальный стимул; 신경을 ~하다 раздражать(действовать на нервы);~제 возбуждающее(стимулирующее) средство, стимулятор; ~비료 с.-х. косвенные удобрения.

자극성(刺戟性) 1) сущ. раздражаю-щий, возбуждающий; ~독해물 ра-здражающие, отравляющие вещес-тва; 2) раздражимость.

자금(資金) капитал; денежный фонд; материальные средства; ~공급 фина-нсирование; ~이 풍부하다 иметь боль-шие средства; располагать большим ка-питалом; ~난 финансовый кризис, финансовые затруднения; ~부족 нехватка денежных средств; ~동결 замораживание денег.

자급(自給) самообеспечение, само-снабжение; ~하다 самому удовле-творять свои потребности; ~력 способность обеспечить самого себя; ~자족 производство всего необходимого своими силами; ~비료 местные удобрения.

자긍심(自矜心) самовосхваление

자기(自欺) I самообман; ~하다 обманывать самого себя, заниматься самообманом.

자기(磁氣) II физ. магнетизм; ~감응 магнитная индукция; ~기동기 эл. магнитный пускатель; ~마당 магнит-ное поле;~수위계 лимниграф; ~자오선 магнитный меридиан; ~저항 магнитное сопротивление; ~적도 магнитный экватор; ~자력선 линии магнитных сил; ~폭풍 магнитная буря; ~회로 магнитная цепь; ~이상 магнитная аномалия; ~위도 магнитная широта.

자기(自己), 자신 III 1) сам, свой, себя; ~의 свой, собственный, личный; ~만족 самодовольство; ~암시 самов-нушение; ~중심주의 эгоцентризм; ~혐오 отвращение к себе; ~소개 представление себя; 2) фарфор; ~계발 собственная разработка.

자꾸 всё время; непрерывно; то и дело; ~조르다 всё время приста- вать.; 자꾸 떠오르다 часто вспоми-наться.

-자꾸나 разг. груб.оконч. пригла-сит.ф.: 같이 가자꾸나 пойдём вместе.

자꾸자꾸 то и дело, непрерывно, постоянно.

자나깨나 спит ли, бодрствует ли.

자녀(子女) сыновья и дочери; дети; ~교육 воспитание детей

자다 1) спать, ночевать; 자나깨나 и (ни) днём и (ни) ночью; всё время; 깊이~ крепко спать; 잘못~ плохо спать; 한잠~ вздремнуть; 자는 범 고침 주기 자는 범(호랑이)의 코를 쑤시다 (찌르다) посл. ≡ букв. тыкать в нос спящему тигру; 자다가 봉창 두드린다 обр. нести чушь; 자다가 생병 얻는 것 같다 обр. неожиданно встревожиться; 자다가 얻은 병

обр. неожиданная беда; 자던 중도 떡 다섯 개 *посл.* ≅ работать не гораздо, а поесть как раз; 자던 아이 깨겠다 *посл.* ≅ говори, да не заговаривайся; 자도 걱정 먹어도 걱정 *обр.* постоянная тревога; 2) спать вместе(о мужчине и женщине); 3) стихать (о ветре, волнах); 4) улаживаться, упорядочиваться, стабилизироваться; 5) останав-ливаться(о часах *и т.п.*); 6) бездейст-вовать, не работать, простаивать; 7) слежаться; смяться; склеиться; 8) лежать рубашкой вверх(о картах)

자동(自動) автоматическое действие (движение); ~의 автоматический; ~적 спонтанный, самодвижущийся; ~화 하다 автоматизиро- вать; 문이 ~으로 열고 닫긴다 дверь открывается и закрывается автоматически; ~소총 автоматическая винтовка; ~조종(장치) автопилот; ~전화 телефонавтомат; ~ 기록기(기록계) *тех.* самописец; ~ 계산기 арифмометр; ~무기 *воен.* авто-матическое оружие; ~보총 автомати- ческая винтовка; ~식자기(식자주조기, 주조기) *полигр.* линотип; ~저울 автоматические весы; ~적재기(적재차) автопогрузчик; ~직하식 자동차 авто-самосвал; ~전화 телефонавтомат; ~ 정류소 (космическая)авто-матическая станция; ~조종학 кибернетика; ~판 매기 автомат(в торговле); ~피아노 *муз.* пианола; ~하다 действовать автоматически; 2) см. 자동사.

자동차(自動車) автомашина; авто-мобиль; ~에 타다 садиться в машину; ~를운전하다 водить машину; ~경주 автогонки; ~공업 автомобильная про-мышленность; ~공장 автомобильный завод; ~수리소 авторемонтная мастер-ская; ~운전수 водитель; ~전용도로 автострада; ~주차장 автобаза, авто-парк; ~열차 автопоезд; ~차고 гараж; автопарк

자동차 역(정류장) автовокзал.

자동화 автоматизация; ~하다 ав-томатизировать(ся); ~되다 автома-тизироваться.

자라 1) дальневосточная черепаха (Amyda sinencis); ~보고 놀란 가슴 소똥 보고 놀란다 *посл.* ≅ *букв.* человек, напуганный черепахой, пугается при виде крышки котла;~알 바라듯 *обр.* очень переживая.

자라다 I 1) расти; 잘 자랄 나무는 떡잎부터 알아본다 = 될성 부른 나물 은 떡잎부터 알아본다; см. 되다 I; 2) возрастать, увеличиваться.

자라다 II 1) достаточный; 2) а) доходить (до какого-л. уровня); б) хватать, быть достаточным; 힘이 자라는데까지 до тех пор, пока хватит сил. 자라라 вырасти.

자랍니다 вырастает.

자랑 гордость; ~스럽다 достойный гордости, славный;~하다 гордиться; ~거리 предмет гордости, гордость; ~ 끝에불[이]붙는다(~끝에 쉬는다) *посл.* ≡ похвалился, да и подавился; ~에 차다 преисполненный гордости; ~스럽다 достойный гордости.

자랑스럽게 гордо.

자랑스럽다 гордый.

자력(自力) I свои(собственные) силы; ~으로 собственными силами, на свои средства; ~갱생 реконструкция(возрождение) без посторонней помощи(с опорой на собст-венные силы)

자력(資力) II материальные воз- можности.

자력(磁力) III *физ.* магнетизм; ~계 магнитомер; ~선광 *горн.* магнитное обогащение;~탐광 *геол.* магнитная разведка.

자료(自了) I ~하다 заканчивать(за-вершать) своими силами.

자료(資料) II материалы; данные; ~집 сборник материалов; 건축~ строительные материалы.

자루 1) рукоятка; ручка; 도끼 ~ рукоятка топора; 2) *счётн. сл.* а) для длинных предметов и предметов, имеющих рукоятку; 연필 한 ~ один карандаш; б) для счёта проработанных дней.

자르다(자르니, 잘라) 1) отрезать, разрубать, распиливать, туго завязывать(затягивать); 2) решительно сказать, отрезать; 3) быстро завершить; 4) наотрез отказать; 잘라 말하다 решительно сказать, отрезать; 잘라 먹다 а) откусывать; отрезать и есть; б) не платить, не возвращать долга; присваивать.

자리 1) место; 그 ~에 тут же, на месте; ~를 차지하다 занимать место; ~를 잡아 놓다 оставлять за собой, заказывать место; ~를 잡다 а) зани-мать место; находиться, располагаться; б) засесть(запасть) в душу(о какой-л. мысли и т.п.); ~를 뜨다 покидать прежнее место; ~유표 бегунок (на логарифмической линейке); 2) циновка; подстилка; 3) сиденье; 4) постель;~를 보다 а) стелить постель; б) ложиться в постель; ~불 일다 вставать(с постели); ~에 눕다 заболеть, слечь(о больном); 5) должность, пост; 6) возможность встретиться(собраться); 7) мат. разряд; ~[가] 나다 оставить след, быть заметным(о проделанной работе);~[가] 잡히다 а) привыкнуть(к какой-л. работе);б) утвердиться; быть наведённым(о дисциплине, порядке); в) стабилизироваться (о жизни); ~를 같이 하다 а) сидеть рядом(с кем-л.); б) участвовать вместе (с кем-л.); ~[를] 걷다 проходить(о болезни); улучшаться(о состоянии больного); ~다툼하다 бороться за место; ~를 지키다 держаться за место (должность).

자립(自立) самостоятельность; ~적 самостоятельный, независимый; ~하다 быть самостоятельным, независимым, ни от кого не зависеть; ~적 경제 независимая экономика; ~적 단어 лингв. знаменательное слово; ~민족 경제건설노선 линия на строительство самостоятельной национальной эконо-мики; ~자영 введение(чего-л.) собс-твенными силами; ~품사 лингв. знаменательная часть речи.

자매(姉妹) 1) сёстры; старшая и младшая сестра; 2) сущ. родствен-ный; ~신문 газеты (напр. принад-лежащие одной партии);~도시 городапобратимы

자멸(自滅) самоуничтожение, самои-стребле ние; ~하다 губить себя, обрекать себя на гибель.

자모(字母) 1) азбука; буквы(согла-сные и гласные); ~문자 лингв. алфа-витное письмо; ~순 алфавитный порядок; ~표 алфавит, таблица алфа-вита; 2) см. 자모표; 3) иероглифы, обозначающие инициали(в др.кит. фонетике); 4) полигр. матрица.

자문(自問) I ~하다 задавать себе вопрос; ~자답 задавать себе вопрос и самому отвечать.

자문(諮問) II запрос; ~하다 делать запрос, запрашивать; ~국회 госу- дарственный совет(в монархичес-ком государстве); ~기관 консуль-тативный орган.

자물쇠 [-ссве] замок; ~를 잠그다 запирать на замок; 문을 ~로 잠그다 запереть дверь на замок.

자발(自發) ~적 а) самопроизвольный; добровольный; ~적으로 협력하다 по-могать кому-л. самопроиз-вольно; ~적중지 юр. добровольный отказ; б) стихийный, спонтанный; ~하다 а) действовать по своей воле; б) автоматически действовать.

자백(自白) признание; сознание; ~하다 признаваться; сознаваться;~서 письменное признание.

자본(資本) эк. капитал; ~금융 фина-нсовый капитал; ~고정 основной капи-тал; ~가 капиталист; ~금 (денежный) капитал; ~주의 капитализм; ~구성 состав капитала; ~계급 см. 자본가[계 급]; ~유동 перемещение капитала; ~ 수출 вывоз капитала; ~순환 обраще-ние капитала; ~집적 концентрация капитала; ~집중 централизация капи-тала.

자본주의(資本主義) капитализм;~적 капиталис-тический;~기본 경제법칙 основной экономический закон капи-тализма; ~세계 경제체계 капиталис-тическая система мирового хозяйства; ~경제 형태 капиталистический уклад; ~적 과잉생산공황 капиталистический кризис перепроизводства; ~적 독점 капиталистическая монополия; ~적 생산양식 капиталистический способ производства

자부(自負) I (само)уверенность; ~ 하다 быть уверенным в себе(самоу-веренным); быть достойным; ~심 самоуверенность; чувство собствен-ного достоинства; гордость.

자부(慈婦) II арх. любящая жена.

자비(慈悲) I 1) милосердие; милость; ~하다 милосердный; ~롭다 добрый; мягкосердечный; ~를베풀다 подавать кому-л. милостыню; миловать кого-л.; ~심 чувство жалости; 2) будд. избав-ление всего сущего от страданий.

자비(自費) II личные расходы; ~로 за свой счет; 그는 이 책을 ~로 출판 하였다 он напечатал(издал) эту книгу за свой счет.

자빠지다 하는일에서 따로 떨어져 나가다 отказываться; самоустраняться; 1) опрокинуться; повалиться; упа-сть на спину(навзничь); 자빠져도 코가 깨여진다(터진다) посл. ≡ букв. упал на спину, а разбил нос(о непред-виденной беде); 2) свалиться, слечь; 3) отказываться, самоустраняться(от дела); 4) прост. см. 늘다; 5) облениться; прирасти к одному месту.

자산(資産) 1) капитал; имущество; средства; ~을 동결하다 заморозить имущество; ~가 человек со средс-твами; состоятельный человек; ~계급 имущий класс см. 자본가 [계급]; 2) эк. активы.

자살(自殺) самоубийство; ~하다 покончить с собой(с

- 715 -

жизнью); ~미수 попытка совершить самоубий-ство; ~자 самоубийца.

자생(自生) 1) произрастание; само-зарождение; ~적 самопроизволь-ный, спонтанный; ~[적]계급 рабочий класс в период зарождения; ~적 변화 лингв. спонтанное изменение; ~ 자결 продолжить путь в жизни без посторонней помощи; ~하다 а) расти в диком состоянии; б) самозарождаться; ~의 самозарождающийся.

자서전(自敍傳) автобиография; ~적 автобиографический; ~적 작품 ав-тобиографическое произведение.

자선(慈善) благотворительность; филантропия; ~하다 а) самому основать (что-л.); б) самому добиться (чего-л.); в) заниматься (благотвори-тельностью); г) делать (добрые дела); ~가 благотворитель; филантроп; ~단체 благотворительное общество; ~사업 благотворительное предприятие; ~심 щед-рость; сердечная доброта; ~ 음악회 благотво-рительный концерт.

자세(姿勢) положение, позиция, поза; фигура; ~가 좋다 красиво держаться (сидеть; стоять); ~를 바로 가지다 принять надлежащую позу.

자세히 подробно, детально; ~살펴 보다 подробно рассматривать; ~일러 주다 подробно рассказывать; ~ 상세 하게 подробно.

자수(自首) I юр. явка с повинной; добровольная сдача; ~하다 являться с повинной; признаваться в преступ-лении; 범인이 경찰에 ~하다 прес-тупник явился с повинной в поли-цейский участок.

자수(自手) II 1) ~로 своими собст-венными руками; своими силами; ~삭발 а) стричься самому; б) пос-тричься в монахи; ~삭발은 못한다 см. 중이 제머리 못 깎는다 I; в) взвалить на себя бремя; ~가 строить собственными руками жизнь; ~앙감 см. 제 [손으로 제 눈 찌르기] IX; 2) ~하다 повеситься, перерезать себе горло.

자습(自習) самообразование; само-подготовка; самостоятельное изу-чение; самостоятельные занятия; ~하다 заниматься (изучать) самос-тоятельно; ~서 самоучитель.

자식(子息) 자녀(子女) 1) сын и дочь; дети; 2) ласк. ребенок; детка; де-тёныши; ~도 많으면 천하다 *посл.* ≡ тем, что имеется в изобилии, не дорожат; ~둔 곳에는 호랑이도

두남을 둔다(~둔 골은 범도 돌아본다) *посл.* ≅ даже лютый зверь заботится о своих детёнышах; 3) *бран.* сукин сын.

자신(自身) I самоуверенность; ап-ломб; вера в себя;~의 уверенный; ~의힘으로 с помощью уверенности.

자신(自信) II ~만만하다 быть уве-ренным в себе; самоуверенный; 나는 이길~이있다 я уверен в своей победе.

자연(自然) природа; ~하다 естест-венный;~의 природный; естественный; натуральный; самопрои-звольный; ~적 природный, естественный, натураль-ный, стихийный; ~계 природа; мир природы; ~ 과학 естественные науки; естествознание; ~과학자 естествовед; естествоиспытатель; ~과학적 유물론 естественноисторический материализм; ~도태 естественный отбор; ~되살이 (갱신) естественное возобновление (леса); ~감모 естественная убыль; ~경관 ландшафт; ~경제 натуральное хозяйство; ~ 기념물 см. 천연[기념물] I; ~ 개조 преобразование природы; ~로그수 *мат.* натуральный логарифм; ~면역 *мед.* естественный иммунитет; ~발생성 самотёк; ~법칙 закономер-ность природы; ~변증법 *филос.* Диа-лектика природы; ~부원 природные богатства; ~적 분업 естественное разделение труда; ~수열 *мат.* натуральный ряд чисел;~숭배 культ природы; ~신교*филос.* деизм; ~생장론 теория стихийности; ~생장성 *филос.* стихийность; ~생장적 유물론 *филос.* стихийный материализм;~자원 естест- венные ресурсы; ~장애물 *воен.* естест-венное препятствие; ~지도 физическая карта; ~지리[학] физическая география; ~지리구 геогра-фическая область; ~ 철학 натурфи-лософия; ~채권 деби-торская задолженность без права иска; ~채무 кредиторская задолженность без права иска; ~취수 естественное орошение; ~피해 ущерб, понесённый в результате стихийного бедствия; ~음질 *муз.* натуральный звукоряд; ~스럽다 *прил.* казаться естественным(безыску-сным); ~발생 самозарождение, самоп-роизвольное рождение; автогенез; ~보 호 охрана природы;~사 естественная смерть; ~재해 стихийное бедствие; ~주의 натурализм; ~주의자 натура-лист; ~현상 явление природы; стихия; ~히 естественно; натурально.

-자오- *уст.суф.предикатива*, вы-ражающий вежливость к собесед-нику: 듣자오니 слушаю Вас; 받자 옵니다 получаю от Вас.

-자옵- суф. предикатива, выража-ющий почтительность: 듣자옵고... с почтением выслушав Вас...

자원(自願) I собственное желание; добровольность; ~하다 изъявлять желание; ~적 добровольный; ~적으로 добровольно; ~병 доброволец; ~입대 добровольное вступление.

자원(資源) II ресурсы; богатства; 인적~ людские ресурсы; ~을 개발하다 эксплуатировать ресурсы.

자위 I 1) место, где лежало(что-л.) тяжёлое; 2) утробный плод; 3) плацента(у каштана); 4) зона за- щиты(напр. в футболе); ~[가] 돌다 а) начинать перевариваться(о пище); б) см. 자위를 뜨다; в)~[를]뜨다 быть сдвинутым(передвинутым); шевели-ться, двигаться(в уробе матери - о плоде); отделяться от плюски(о плоде каштана); образовыватья(о бреши, проходе в зоне защиты, напр. в футболе).

자위 II 검은~ радужная оболочка (глаза); 누른~ желток яйца; 흰~белок.

자위(自衛) III самозащита; самообо-рона, ~하다 защищать(себя); ~적 для самообороны(самозащиты); ~노선 линия на самооборону; ~조치를 취하다 принимать меры самозащиты; ~권 право на самозащиту.

자유(自由) свобода; воля;~의 сво-бодный; вольный; ~롭게 свобод-но; вольно; ~결혼 брак по любви; ~경쟁 свободная конкуренция; ~도시 свобод-ный город; ~낙하 физ. свободное падение; ~노동 свободная работа; ~선거 свободные выборы; ~자재로 свободно и произвольно; ~전자 физ. свободный электрон; ~전하 эл. свобод-ный заряд; ~주로 см. 공통 [주로]; ~직업 свободная профессия; ~ 재량 юр. свободное усмотрение; ~행로 тех. свободный пробег; ~행정 тех. свобод-ный ход; ~운동 спорт. вольные упражнения; ~애호인민 свободолю-бивый народ; ~분방하다 свободный; нестеснённый; окрылённый; ~스럽다 свободный; вольный; ~언론(출판) свобода слова(печати); ~경제 либе-ральная экономика; ~무역 вольная торговля; фритредерство; ~방임주의 принцип невмешательства; ~사상 свободомыслие; ~시 вольный стих; ~업 свободная профессия; ~의지 добрая воля; ~주의 либерализм; ~주의자

либералист; ~형 вольный стиль.

자유화(自由化) 1) либерализация; ~하다 либерализовывать; ~되다 либерализовываться; 2) примити́вный(детский) рисунок.

자율(自律) [-юл] 1) сдерживание себя, самоконтроль; 2) филос. нра́вственная автономия; 3) автономия; самодисциплина;~신경계 автономная нервная система. ~신경계통 анат. авто́номная(вегетативная) нервная система.

자의(自意) I свои думы(мысли); ~대로 посвоему; как вздумается.

자의(恣意) II своеволие; ~적 само́вольный; своевольный; ~로 пос-воему; своевольно; произвольно.

자작(自作) I 1) собственное произ-ведение; собственное изделие; предмет собственного изготовления; ~극 самодеятельный спектакль;~농 крестьянинсобственник; ~시 собст-венное стихотворение; 2) изготов-ление своими руками; ~자급 удов-летворение потребностей предме-тами собственного изготовления; ~자수 пострадать по собственной вине; ~자필 самому сочинять и записывать; ~자활 самому содер-жать себя; ~자연 самому ставить(на сцене) собственное произведение; играть роль в собственной пьесе; ~일촌 основание поселения родственниками(единомышленниками); 3) обработка земли собствен-ными руками; ~하다 изготовлять (сочинять) самому; самому обраба-тывать землю.

자작(子爵) II 1) чжаккжак(титул 4-ой степени кор. янбана: соотв. виконту); 2) янбан, имеющий титул чжаккжак.

자장가 колыбельная песня.

자장자장 межд. баюбай.

자재(自在) I филос. ~[적] "в себе"; ~[적] 계급 "класс в себе"; ~적사물 "вещь в себе"; ~하다 свободный, ничем не стеснённый(не ограни́ченный).

자재(資材) II материал; ~공급 мате-риальное обеспечение;~계산 мате-риальный учёт; ~과 отдел обес-печения; ~난 трудности с мате-риалами; 건축~ строительные ма-териалы.

자전거 велосипед; ~를 타고 가다 ехать на велосипеде; ~경기 вело-гонки.

자제(子弟) I вежл. 1) Ваш(его) сын; 2) молодёжь(из чужой

семьи).

자제(自制) II самообладание, сдер-жанность; ~하다 владеть собой; сдерживать себя;~력을 잃다 выхо-дить из себя; терять самооблада-ние;~력 выдержка; сдержанность; самообладание.

자족(自足) самодовольство; самоу-довлетворение; ~적 самодоволь-ный; ~하다 быть довольным со-бой; удовлетворяться.

자존심(自尊心) самолюбие; амби- ция; гордость; чувство собствен-ного достоинства; ~이 강한 사람 гордый человек

자주 1) самостоятельность; неза- висимость; ~적 самостоятельный; независимый; ~권 суверенитет; 독립국가 суверенное и независимое государство;~적평화통일 самостоя-тельное мирное объединение (родины).

자중(自重) вес порожняка; ж.-д. вес тары; ~계수 ж.-д. коэффициент тары; ~운반 горн.транспортировка под действием силы тяжести

자지러지다 1) съеживаться от страха; 2) вянуть(о растении); 3) звонко раздаваться; 4) изящный, изысканный.

자진(自進) I 1) ~하다 делать самому (добровольно); ~하여 добровольно.

자진(自盡) II ~ 하다 умирать в результате голодовки; умирать, отказавшись принять лекарство; иссякать, израсходоваться; высы- хать, пересыхать; израсходовать все силы(всю энергию); умирать в результате голодовки.

자질(子姪) I сын и племянник

자질(資質) II 1) врождённые качес-тва; натура; задатки; темперамент; способность; 2) квалификация.

자책(自責) самообвинение; ~하다 обвинять(упрекать)себя; испытывать угрызения совести; ~감 угрызения совести; чувство вины

자체(自體) сам; ~ сам по себе; ~의 свой, собственный; ~감응 физ. самоиндукция; ~ 유동자금 эк. собственные оборотные средства; ~ 방전 эл. саморазряд; ~자금 собст-венные средства(предприятия); ~ 제동 автоматическое торможение; ~ 영양식물 автотрофное растение.

자취 I след; ~를 감추다 заметать следы; исчезать; ~를 남기다 оста-влять следы;~없이 사라지다 скры-ваться в неизвестном направле- нии; бесследно исчезнуть;~를 밟다 идти по следу; ~를 받다 напасть на след.

자취(自取) II ~하다 накликать(на-влечь) на себя(беду, несчастье).

자치(自治) автономия; самоуправ- ление; ~하다 осуществлять самоуп-равление; ~적 самоуправляющийся, автономный; ~의 автономный; ~공화국 автономная республика (область); ~권 право на автономию; ~령 доми-нион; ~제 система самоуправления; ~행정 автономная администрация; ~회 комитет самоуправления; ~기관 орган самоуправления.

자칭(自稱) 1) самозванец; ~하다 выдавать себя за кого-л.; назы- ваться кем-л.; хвастаться; ~의 самозванный; мнимый; ~천자 ирон. хвастун; 3) самоназвание; прозвище для себя.

자타(自他) 1) сам и другие(чужие); 2) лингв. переходный и непереходный глаголы; 3) филос. субъект и объект.

자택(自宅) своя квартира;свой дом; ~에у себя дома; ~요양 лечение у себя дома;~구속 домашний арест.

자행(恣行) своеволие; самоуправство; широкое хождение(распространение); ~하다 своевольничать; действовать по собственному усмотрению; иметь широкое хождение(распространение).

작(爵) I 1) ранг; 2) титул.

작(作) II после опред. 1) произведе-ние (художественное и т. п.); 2) после фамилии автора написанно (кем-л.).

-작 суф. кор. 1) работа; труд; прои-зведение; 집체작 коллективная работа; 2) урожай; 평년작 средний урожай.

작가(作歌) 1) писатель; литератор; ~의 말 авторская речь; 2) автор;~적 а) писательский; б) авторский.

작금(昨今) 1) вчера и теперь;~양일 вчера и сегодня; 2) на днях, неда-вно; ~양년 прошлый и этот годы.

작년(昨年) [чанъ-] прошлый год; ~에 в прошлом году; ~의 유행복 прош-логодняя модная одежда.

작다 1) маленький, небольшой(о размере); 양복이 ~ костюм мал; 작아 도 후추(고추)일 погов. ≒ букв. перец мал, да горек; 작은 고추가 더 맵다 посл. ≒ букв. маленький стручок перца самый горький; 2) в знач. сказ. мало; 구두가~ ботинки малы; 3) низкий(о росте); 4) слабый (о звуке); 5) узкий, ограниченный(о кругозоре и т. п.); 6) мелкий, незначительный; 7) коротҡий(о месяце); 8) в сложн. сл. в ф. 작은 младший; 작은누이 младшая сестра; 9) см. 적다 III; 2) 작은 곰 астр. Малая Медведица; 작은 개 астр. Малый Пёс; 작은관 코박쥐 зоол. малый трубконос(Murina ussuriensis); 작은되 малое тве(=0,9 л); 작은론도 муз. рондино; 작은마마 см. 수두; 작은말 лингв. слово со«светлыми» гласными; 작은박쥐 обыкновенная летучая мышь(Vespertilionidae); 작은 사랑 комната сына хозяина; 작은 사위질빵 бот. Ломонос (Clematis pierotii); 작은설 последний день старого года; 작은추석 накануне народного праздника 15-го числа 8-го лунного месяца; 작은떼새 см. 알도요.

작도(作圖) 1) мат. построение; 2) ~하다 делать чертеж(схему); ~법 способ построения.

작렬(炸裂) [장닐] взрыв; раз- рыв; ~하다 взрываться; разрыва-ться; ~유탄 воен. бризантная гра-ната; ~작용 бризантное действие.

작문(作門) [장-] арх. охраняемые ворота казармы; ~[을] 잡다 откры-вать центральную дверь ведомства (для высокого гостя).

작법(作法) правила написания(чего-л.); уст. ~하다 а)устанавливать обязательные правила; б) колдовать.

작별(作別) расставание; прощание; ~하다 расставаться; прощаться; ~인사를 하다 прощаться.

작성(作成) составление; оформление; ~하다 составлять; оформлять; ~자 составитель.

작업(作業) работа; ~하다 работать; ~중에 во время работы; ~대 верстак; рабочий стол; ~량 объем работы; ~반 бригада рабочих; ~복 рабочая одежда; спецодежда; ~시간 рабочее время; ~일 рабочий день; ~장 место работы; рабочее место; ~기준량(정량) норма выра- ботки; ~지시표 наряд(на работу); ~행정 тех. рабочий ход; ~압력 тех. рабочее давление.

작용(作用) 1) ~하다 а) действовать; функционировать; б) влиять; воз-действовать; 2) действие; функцио-нирование; 3) влияние; воздействие; 화학~ химический процесс; ~과 반작용 действие и противодействие (реакция); 상호 ~하다 взаимодейст-вовать. 작은 маленький, малый.

작전(作戰) 1) (военная) операция; боевые действия; ~하다

проводить операцию; вести боевые действия; ~을 변경하다 переменить план действий (тактику); 공동~ совместная операция; ~계획 план военных действий; ~[적] оперативный; ~대형 оперативное пост-роение; ~보도 оперативная сводка; ~ 비행 боевой вылет;~지대 театр воен-ных действий; ~예술 см. 작전술; ~적 종심 оперативная глубина; 2) изыс-кание мер (путей); ~하다 изыскивать меры(пути).

작정(作定) решение; намерение; ~하다 решать; намереваться; определять.

작품(作品) (художественное) произ-ведение; работа; творчество; 문학 ~ литературное произведение; 체홉의~ сочинение(творчество) Чехова, ~론 литературная критика; рецензия (отзыв) на произведение; ~명 название произ-ведения; ~집 сборник произведений

작품권(作品圈) [-кквон] цикл(худо-жественных) произведений.

잔(盞) рюмка; чарка; фужер; 포도주 한 ~ бокал вина; ~을 돌리다 пустить бокал по кругу; ~을 기울이다 выпить рюмки(чарку) см. 술잔[을 기울이다].

잔- мелкий; маленький.

잔디 дёрн; газон; трава; ~밭 лужайка; ~찰방 шутл. быть похоронен-ным.

잔업(殘業) сверхурочная работа; ~ 하다 работать сверхурочно; пере-рабатывать; ~수당 сверхурочные.

잔치(殘置) 1) пир; банкет; угощение; ~날 день торжества; ~상 праздни-чный стол; ~집 дом, где происходит торжество; ~하다 а) устраивать пир (банкет, угощение); б) устраивать свадьбу; 2) брачество.

잔털 волосок, ворсинка; ~ 제비꽃 фиалка (Viola Okuboi); ~유노리나무 бот. Pourthiaea coreana (дерево).

잔혹(殘酷) жестокость;~한 жестокий; безжалостный; ~한 사람 жестокий человек; ~하다 жестокий; см. 참혹 [하다].

잘 I соболь(mex).

잘 II 1) хорошо; ~하다 делать(испол-нять, вести) хорошо(искусно, умело); успешно осуществлять; ~되다 хорошо получаться; становиться хорошим; 잘되면 제 탓, 못되면 조상 탓 посл. ≡ букв. во всём хорошем моя заслуга, во всём плохом виноваты предки; 잘되는 집은 가지에

수박이 달린다 *посл.* ≈ в дружной семье всё кончается хорошо; 잘 나다 а) хороший, красивый; б) ирон. хорош; 잘 빠지다 прост.выде-ляться(среди других); 2) своевре-менно; к месту; 3) легко (напр. пугаться); 4) по крайней мере; 잘 생기다 быть внешне красивым; 잘 가시오 счастливого пути!; ~있어 до свидания; ~(갔니?) хорошо спал.

잘다(자니, 자요) 1) мелкий; 자디~ мельчайший; 잔고기 가시 세다 *погов.* ≈ мал да удал; 잔줄 무늬거울 круг-лое зеркало из белой латуни, укра-шенное резьбой; 2) мелочный(о харак-тере). 잘랐습니다 отрезал.

잘못 ошибка; оплошность; ~ (부사 적으로) ошибочно; неумело; как по- пало; ~듣다 ослышаться;~보다 обо-знаться; ~하다 ошибаться; совершать ошибку; ~되다 быть не в порядке (неисправным); 이것은 모두 나의 ~ 이다 все это моя вина.

잘잘 ~끓다 бурно кипеть; ~흔들다 качать, покачивать; ~끌다 тащить (волочить) с шумом(скрипом); ~ 쏘 다니다 метаться, суетиться.

잘하다 делать(исполнять; вести) хорошо (искусно; умело); успешно осуществлять.

잠 I 1) прям. и перен. сон; спячка; ~을 자다 спать; прям. и перен. находиться в спячке; 깊이~이 들다 а) погрузиться в глубокий сон; б) эвф. умереть; 고이 잠들라! спите спокойно(в траурной речи);~을 자야 꿈을 꾸지 *посл.* ≈ букв. будет сонбудут сны; ~을청하다 собираться заснуть; ~을 깨다 проснуться; ~을 이루다 засыпать; ~이 모자라다 не высыпаться;~이 늦어지다 проспать; ~이 달아나다 пропадать(о сне); 2) прилипание; слипание.

잠(箴) II арх. предостерегающий тон (письма)

잠결 [-ㄲ결] ~에 в полусне; во сне; ~에 듣다 слышать сквозь сон; ~에 남의 다리 긁는다 *погов.* букв. во сне почесать чужую ногу(вместо своей) (≡а) по ошибке сделать хоро-шее дело для другого; б) принять чужое за своё.

잠그다(잠그니, 잠가) 1) запирать; за-крывать(на замок); 2) закрывать(рот).

잠기다 быть запертым(закрытым)(на замок, запор); 2) сдавить, сжать (горло).

잠깐 недолго; некоторое время; минутку;~기다려주세요 подождите

잠꼬대 прям. и перен. бред; ~하다 бредить; говорить во сне; нести вздор; 이것은 ~같은 소리다 это пустые бредни.

잠복(潛伏) ~적 скрытый; инкуба-ционный период; ~하다 скрываться; прятаться; ~근무 секретная служба; ~ 기간 инкубационный(скрытый) период; ~적 과잉 인구 эк. скрытое перена-селение; 2) ~[초소] воен. секрет (в сторожевом охранении).

잠수(潛水) 1) погружение в воду; ~하다 погрузиться в воду; ~병 ке-ссонная болезнь; ~복 водолазный костюм; ~부 водолаз; ~함 подво-дная лодка; ~모함 плавучая база подводных лодок; ~작업 подводные (кессонные) работы; ~함대 подво-дный флот; 2) ~[어로] глубинный лов рыбы..

잠식(蠶食) ~하다 а) постепенно вторгаться; б) вгрызаться; 시장을 ~하다 малопомалу проникать на рынок.

잠언서(-書) Книга притчей Соло-моновых/ Притчи/ Прич.

잠자다 спать.

잠자리 стрекоза; ~비행기 прост. вертолёт; ~날개같다 обр. тонкий и красивый(о ткани); ~부접대듯 обр. а) легко перескакивая с одного на другое; б) прилипнув, тут же отстать.

잠자코 молча, безмолвно; ~있는 것이 무식을 면한다 посл. ≡ лучше помолчи, сойдёшь за умного.

잠잠(潛潛) ~하다 1) утихший; ус-покоившийся; спокойный; мол- чаливый;безмолвный; ~히 спо-койно молча; 2) ~하다 безмолвс-твовать; молчать.

잠재(潛在) ~적 скрытый; латентный; потенциальный; ~하다 быть скры-тым, находиться в скрытом(ла-тентном) состоянии; ~력 потенция; ~의식 подсоз-нание.

잠정(暫定) ~적 временный; ~적 조치 временные меры; ~하다 принять (напр. курс) на короткое время.

-잡- уст. суф. предикатива, выра-жающий вежливость; 듣잡더니 с почтением слушаю Вас.

잡곡(雜穀) I зерновые(кроме риса); ~밥 смесь из риса и другой крупы, сваренная на пару; ~상 зерновщик.

잡니다 спит.

잡다(雜多) I ~하다 а) беспорядоч-ный, хаотический; путанный; б) всякий разный.

잡다 II 1) ловить; 2) держать(в руках); 3) хватать; захватывать; 4) выбирать; придерживаться; назначать (дату);

시간을 ~ определять время; 5) требоваться; занимать; 6) принять положение; 7) получать, доставать; приобретать; 8) брать(под залог) 9) работать чем-л.; управлять(напр. станком), играть(на чём-л.); 10) бить, резать (дичь, домашний скот); 11) удер-живать, задерживать,не отпускать; 12) искать; обнаруживать, находить, 13) перен. ловить(на удочку); 14) убирать (недозревший хлеб); 15) собирать, задерживать(напр. воду); 16) наливать (воду, напр. в котёл); 17) набросать (черновик, план); 18) делать скидку; 19) см. 잡치다; 20) выпрямлять; исправлять; 21)гасить (огонь); 22) см. 잡아끌다; 23) после имён в вин. и твор. п. признавать, считать; 마음을 ~ реши-ться; 자리를 ~ занимать место, располагаться, находиться; 주인을~ останавливаться(у кого-л.); 잡아당기다 а) тащить к себе; перетягивать(на свою сторону); б) приближать, сокращать (срок); в) помогать, 잡아끌다 всту-пать; 잡아먹다 а) (зарезать и) съесть; б) изводить, допекать; травить; в) доводить до смерти; г) тратить попусту(время); е) занимать (место); 잡아매다 связывать; 잡아 채다 дёрнуть(за что-л.); 잡아떼다 а) отделять, отрывать; сдирать; б) прерывать; разрывать; прекращать (отношения); в) отнимать, отбирать; г) категорически отказывать(ся), откло-нять, отрицать; д) притворяться(прики-дываться) абсолютно незнающим (невинным); 숟가락을 ~ держать ложку; 어린아이의 손목을 ~ схватить ребёнка за руку; 차를~ останавли-вать машину; 권력을~ захватить власть; 흠을~ придираться; 중심을 ~ сохра-нять равновесие; 불길을~ гасить (тушить) огонь; 일정을 ~ составлять расписание

잡다하다 пёстрый; разношёрстный; разного рода.

잡담(雜談) пустая болтовня; ~하다 вести пустой разговор; попусту болтать.

잡수다 есть; пить; 1) вежл. см. 자시다; 2) арх. совершать(жертвопри-ношение). 잡수시다 кушать(уваж.).

잡음(雜音) 1) шум; 2) посторонние шумы; 3) ложные недостоверные слухи, кривотолки; 4) вредные ра-зговоры; ~방지기 шумоглушитель.

잡지(雜誌) журнал; ~를 간행하다 редактировать(издать) журнал; ~에 기고하다 написать письмо в жур- нал;~사 издательство журнала;~책 книга журнального формата; 월간~ ежемесячник; 주간~ еженедельник.

잡초(雜草) сорняк; сорная трава; бурьян; 밭의 ~를 뽑다 полоть сорную траву на поле; см. 잡풀.

잡히다 ловиться.

잣 кедровый орех;~나무 сосна корейская;~죽 жидкая каша из толчёного риса и толчёных кедровых орехов;~나무복령 пахима, растущая на корнях корейской сосны(как материал для лекарства).

잣- преф. мелкий, крошечный; 잣주름 мелкие морщины, морщинки.

잣다(자으니,자아) 1) прясть; 2) качать, выкачивать(воду); 3) крутить, блуждать, плутать; 잡아내다 а) прясть; б) качать, выкачивать(во-ду); в) вызывать(чувство); 감명을 자아내다 про-изводить впечатление.

장(長) I длина.

장(章) II глава книги; 제5~ глава пятая.

장(場), 시장(市場) III место; площадка; помещение; ~을 보다 ходить на базар; 장마다 망둥이 날 줄 아느냐 обр. ты что совсем дурак?; см.시장.

장(腸) IV анат. кишка; ~의 кишечный;~운동 перистальтика; 대(소)~ толстая(тонкая) кишка.

장(醬) V соевый соус; соевая (пере-чная) паста; 장집에는 가도 말단 집에는 가지 말라 посл. ≡ букв. не ходи в тот дом, где речи сладки,а ходи в тот дом, где вкусно готовят приправы; 장이 단 집에 복이 많다 посл. ≡ букв. счастье в том доме, где вкусно готовят приправы; см.간장I

장 VI 장도감 скандал, ссора; 장도 감[을] 치다 затевать ссору;устраивать скандал; 장 비 군령 обр. страшная спешка; 장비는 만나면 싸움[이라]обр. близость на почве общих интересов; 장비 호롱 истошные крики; 장 비야 내배 다칠라 ирон. кичиться, важничать.

장-(長) преф. кор. 1) длинный; ~거리 длинная дистанция, большое расстояние; 2) долгий; ~기간 бо-льшой срок.

-장(狀) I суф. кор. письмо; доку-мент;감사장 благодарственное пи-сьмо; 표창장 грамота.

-장(場) II суф. кор. место; площадка; помещение; 비행장 аэродром; 건설장 строительная площадка.

-장(丈) III суф. кор. выражающий почтение:주인장 почтенный хозяин.

-장(帳) IV суф. кор. тетрадь; 학습장 ученическая тетрадь.

-장(張) V суф. кор. лист; плитка; 기와장 черепица; 종이장 лист бумаги.

-장(長) VI суф. кор. директор; за-ведующий; командир; начальник; председатель; 사단장 командир дивизии; 위원장 председатель; 기사장 главный инженер.

-장(章) VII суф. кор. знак, значок; 기념~ юбилейный(памятный) значок.

장갑(掌甲), 수갑 I рукавицы; варе-жки; перчатки; ~을 끼다 надевать перчатки.

장갑(裝甲) II ~하다 а) бронировать; б) облачаться в доспехи; 2) броня; ~열차 бронепоезд;~수송차 бронетранспортёр;~전차병 бронетанковые войска.

장거리(長距離) дальнее расстояние; длинная дистанция; ~경주 бег(сос-тязание в беге) на длинные дис-танции; марафонский бег; ~선수 стайер; ~유도탄 дальнобойный баллистический снаряд; ~전화 междугородний телефон; ~비행 полёт на дальность.

장관(長官) 1) министр(в некоторых странах); 2) воен. начальник; 국무~ государственный секретарь (в США); 3) начальник ведомства.

장군(將軍) 1) генерал; полководец; военачальник; 2) обр. богатырь; 3) шах(в кор. шахматах); ~[을] 받다 выводить короля изпод шаха; за-щищать короля фигурой; ~[을] 부르다 объявлять шах.

장기(長期) I ~적 длительный; продол-жительный; рассчитанный на долгий период; ~화 되다 затягиваться; ~간 долгое(продолжительное) время; дол-гий (продолжительный) срок; ~계약 долгосроч-ный контракт(договор); ~성 дли-тельность; продолжительность; затяжной характер; ~전 длительная борьба; продолжительный бой; ~협정 долгосрочное соглашение; ~형 дли-тельный срок заключения; ~신용 эк. долгосрочный кредит; ~ 예보 meтeo. долгосрочные прогнозы.

장기(臟器) II анат. внутренний орган; ~요법 органотерапия;~제제 препараты, приготовленные из органов животных.

장난 1) баловство; шалость; проказы; ~하다 а) шалить; проказничать; баловаться; б) убивать время; ~ 꾸러기 шалун; баловник; ~끼 шаловливость; озорство; ~이 아이

된다 *погов.*≈ из малого рождается великое; 2) пустое времяпрепро- вождение.

장년(長年) человек зрелого возраста; зрелый возраст;~기 период зрелости; ~층 люди зрелого возраста.

장님 слепой; ~코끼리 말하듯 *обр.* без знания дела; ~파밭 매기 искать (что-л.) с завязанными глазами; ~도가 шумное место; ~개천 나무란다 см. 봉사[개천 나무란다] III; ~문고리 잡기 см. 봉사[문고리 잡기] III;~ 북자루 쥐듯 см. 소경[북자루 쥐듯] I; ~사또 구경(은빛보듯) *обр.* холодно, нелю-безно; ~제 닭 잡아먹듯 см. 소경[제 닭 잡아먹기] I; ~코끼리 말하듯 *обр.* без знания дела; ~파밭 매기 *обр.* искать(что-л.) с завязанными глазами; ~도가 шумное место.

장래(將來) [-нэ] будущее, перспек-тивы; ~에 в ближайшем будущем; ~성 будущность; перспективность.

장려하다(獎勵-) поощрять.

장력, 응력 [-нйок] 1) напряжение; растяжение; растягивание; усилие напряжения; 표면~ натяжение по-верхностное(поверхности); 2) *физ.* растягивающее усилие; 3) давление (пара).

장례(葬禮) [-ние] погребение; по-хороны;~하다 погребать; хоронить; ~식 похоронный обряд; похороны; ~차 катафалк.

장례식(葬禮式) [-ние-] похоронный об-ряд, похороны.

장로(長老) [-но] 1) старший; ста- рейшина; уважаемый старец; 2) *вежл.* см.노장중; 3) *рел.* пресвитер; ~교회 пресвитерианская церковь.

장마 затяжные(муссонные дожди); ~가 지다 идти несколько дней подряд(о дожде); начинаться(о се-зоне дождей); ~철 сезон дождей.

장만하다 приготовить; готовить; приготовлять; обзаводиться; 집을 ~ покупать дом. 장미꽃 роза(цветок).

장부(丈夫) 1) мужчина; 2) см. 대장부; ~일언(일량)이 중천금이라 *посл.* ≈ *букв.* обещание настоящего мужчины весомее тысячи монет.

장사,상업(商業) I торговля; купля-продажа; ~하다 торговать; см. 장수 I; ~웃덮기 *обр.* заботиться(проявл-ять заботу) только о внешнем виде.

장사(葬事) II 1) погребение; 2) кре-мация;~하다 а) погребать; б) сжи-гать, кремировать

장사 III богатырь; удалой молодец; ~가 나면 용마가 난다

посл. ≅ *букв.* родится богатырь-появится и крылатый конь
장소(場所) место.
장식(裝飾) 1) украшение, декори- рование; ~하다 украшать, декори- ровать, разукрашивать;~공예 деко-ративное прикладное искусство; ~글자 декора-тивный шрифт;~도안 декоративная графика;~미술 деко-ративная живопись; ~조각 декора-тивная скульптура; ~창법 *муз.* фиоритура; ~악구 *муз.* орнамен- тика; 2) украшения.

잦다 I 1) высыхать, испаряться; 2) просачиваться, проникать; 3) ути-хать, успокаиваться.

잦다 II частый, непрерывный

재(담배)I-를털다 стряхивать пепел

재 II (고개) перевал; горный хре-бет(кряж).

재(齋) III 1) жертвоприношение Будде с молебном о ниспослании благополучия душам умерших; заупокойная служба.

재(才) IV талант; способности.

재(再-) пере--; ре--; вос--; 재무장 перевооружение; 재조직 реоргани- зация; 재생산 воспроизводство.

재거(再擧) ~하다 второй раз по- пытаться(что-л.) сделать; 2) вторая попытка.

재건(再建) реконструкция, перест- ройка; ~하다 реконструировать; перестраивать.

재고(在庫) имеющееся на складе; запас чего-л.; ~량 количество за-паса чего-л.;~품 запас; инвентарь; ~품 조사 инвентаризация.

재교육(再教育) перевоспитание; переобучение; ~하다 перевоспиты-вать; переобучать; 직업 ~ повы- шение квалификации.

재능(才能), 재간(才幹) талант; спо-собности; ~있는 одарённый; та- лантливый; способный.

재량(裁量) усмотрение; ~껏 по собс-твенному усмотрению; ...의 ~에 맞기다 представлять что-л. на чьё-л. усмотрение.

재물(財物) I состояние; имущество; богатство; ~변작 предпринимате-льская деятельность(человека, имею-щего состояние).

재물 [쟨-] II 1) щёлок; 2) см. 양재물; 3) глазурь для покрытия ке- рамики; ~[을] 내리다 процеживать щёлок с по-мощью сиру.

재미 интерес; ~다 интересный; ~가 없다 неинтересный; неприятный; ~를 보다 достигать успеха; получать результат; ~있게 интересно; ~있는 забавный; ~있다 интересный; ~있대 интересный.

재발 повторная вспышка; новый приступ; ~하다 снова возникать.

재빨리 быстро; расторопно; ловко.

재산(財産) 1) имущество; состояние; средство; 2) собственность, имущество; ~국유 государственное имущество; ~사유 частное (личное) имущество; ~가 состоятельный человек; ~권 имущественные права;~몰수 конфискация имущества.

재생(再生) возрождение; регенерация; ~하다 заново рождаться; возрождаться; регенерироваться;~고무 регенерированная резина; ~타이어 регенерированная шина.

재생산(再生産) воспроизводство; ~하다 воспроизводить; 단순~ (확대) простое (расширенное) воспроизведение

재심(再審) юр. пересмотр; повторное рассмотрение дела; ~하다 пересматривать что-л.; подвергать что-л. повторному рассмотрению; ~을 신청하다 ходатайствовать перед судом о пересмотре дела.

재외(在外) пребывание за границей; ~의 находящийся за границей; заграничный; зарубежный.

재제염(再製鹽) очищенная поваренная соль.

재주(才-) способность дарование, талант; ~것 приложив все способности(всё умение); ~꾼 особо одарённый(талантливый) человек

재촉하다 1) требовать, побуждать; 2) подгонять, торопить.

재판(裁判) суд; судебное разбирательство; ~하다 судить; ~권 юрисдикция; ~비용 судебные издержки; ~소 суд;~장 главный судья; ~정 зал(заседаний) суда.

재품(才品) способности и моральные качества

재해(災害) ущерб от стихийных бедствий; ~를 당하다 перетерпеть бедствие; ~대책 меры (мероприятия) против стихийных бедствий; ~보상 компенсация убытков от стихийных бедствий; ~보험 страхование от несчастных случаев;~지 район бедствий; пострадавший район.

재회(再會)~하다 встречаться опять (снова); ~를 약속하다 условиться с кем-л. встретиться ещё раз.

쟁(爭) тринадцатиструнная цитра.

쟁의(爭議) конфликт; 노동~ трудовой конфликт.

-쟁이 суф. со знач. имени деятеля с презр. оттенком: 양복~ портняжка.

쟁탈(爭奪)~하다 бороться за захват (чего-л.) 장르 жанр.

저 I свирель (без мундштука, с отверстием сбоку).

저(著) II после имени автор, составитель.

저 III 1) я; 2) вон тот, я(сам); 저 잘 난맛에 산다 *погов.* ≡ всяк сам себе хорош.

저(低) преф.кор. низкий; 저기압 низкое давление.

저걸 другое.

저것 вон то, та; тот предмет.

저금(貯金) сбережения; ~하다 копить деньги; вкладывать деньги в сберкассу; ~을 찾다 снимать (брать) деньги со сберегательной книжки; брать деньги из банка; 은행에~하다 делать вклад в банк; положить деньги в банк; ~통 копилка; 통장 сберегательная книжка.

저기 вон то место; там.

저기압(低氣壓) низкое атмосферное давление; циклон.

저녁 вечер; 다~ по вечерам, каждый день; ~을 같이하다 вместе ужинать; ~때 вечер; вечером.

저능(低能) слабоумие; ~의 слабоум-ный; умственно отсталый; ~아 слабоумный ребёнок

저당(抵當) залог; заклад; ~하다 заложить; отдать в заклад; ~되다 быть заложенным; ~권자 кредитор по закладной; ~물 заложенная вещь.

저래서 1) сокр. от (저리하여) так или иначе. 저러다 делать(ся) так.

저리다 онеметь; затечь; потерять чувствительность.

저만큼 в такой степени; также; на таком расстоянии.

저명한 видный.

저물었습니다 вечереть.

저수(貯水) I ~하다 запасать(воду).; ~량 количество воды в водохранилище; ~지 водохранилище; во-доём; резервуар

저수(貯水) II ~식물 бот. ксерофиты; ~조직 бот. водоносная паренхима; ~하다 запасать(воду).

저술(著述) произведение; сочинение; ~하다 писать книгу; ~가 автор.

저승 потусторонний мир; загробный мир; ~길 дорога на "тот свет".

저울 весы; ~에 달다 взвешивать на весах; ~추 гиря для весов.

저자(著者) автор;~불명의 책 книга безызвестного автора.

저장(貯藏) I хранение; складиро- вание; ~하다 хранить; складиро- вать; ~고 склад; хранилище; ~품 запасы; припасы.

저장 II ~용액 фарм. гипотонические растворы.

저조(低潮) I 1) малая(низкая) вода (при отливе); 2) упадок духа, депрессия.

저조(低調) II низкий тон.

저쪽 вон(там), тот.

저축(貯蓄) накопления, сбережения; ~하다 копить; откладывать день-ги;~심 бережливость.

저택(瀦宅) I ~하다 снести дом и на его месте вырыть пруд(в виде наказания за государственное преступление).

저택(邸宅) II особняк, резеденция; частный дом.

저항(抵抗) отпор; сопротивление; противодействие; ~하다 сопротив-ляться; противодействовать; оказы-вать сопротивление; ~기 реостат; ~력 сопротивляемость; сила сопро-тивления. 저희들, 우리 мы.

적 I 1) отслоившийся(отколовшийся) кусочек (камня, древесины); 2) остаток раковины(на очищенной устрице).

적(敵) II 원수 1) враг, противник, неприятель.

적(籍) III домицилий; ~을 두다 стать членом чего-л.; встать на учёт;~이 있다 быть прописанным.

적 IV 1) после имён время; 2) по-сле опред. ф. предикатива то время, когда; 공부할 적에 во время учёбы; 3) после прич.прош.вр.гл. в сочет. с 있다(없다) приходилось(не прихо-дилось) делать(что-л.); 조선으로 가 본 적이 없소 в Корее побывать не удалось.

적-(赤) преф. кор. красный; 적십자 красный крест.

-적(的) суф.,указ. не опред. функ-цию имени: 계급적 классовый.

적격(適格) квалифицированность; компетентность; ~의 квалифици-рованный; компетентный; ~자 лицо, имеющее определённую квали-фикацию. 적그리스도 Антихрист.

적극(積極) ~적 положительный; позитивный; активный; ~적으로 акти-вно; ~적으로 활동하다 проявлять активность

- 733 -

в чём-л.; принять активное участие в чём-л.; ~성 положительность; позитивность; активность; ~책 актив-ные меры; ~화 активизация; ~화하다 активизироваться.

적다, 쓰다 1) маленький; 2) запи-сывать, отмечать; 3) мало(о коли-честве).

적당(適當) ~하다 подходящий; со-ответствующий; надлежащий; приго-дный; уместный; ~하게 соответст-вующе(надлежащим) образом; как следует;~하다 подходить к кому-чему-л.; соответствовать чему-л.

적당하다 соответствовать, быть подходящим.

적대(敵對) враждебность; антаго- низм; ~적 антагонистический; враж-дебный; ~하다 враждебно отно-ситься к чему-л.; противодействовать чему-л.;занять антагонистическую позицию; ~시 하다 смотреть на кого-л. враждебно; относиться к кому-л. антагонистически; ~감 чувс-тво вражды; враждебность; ~행동 антагонистические действия.

적도(赤道) экватор; ~기단 эквато-риальный воздух; ~기후 эквато- риальный климат; ~반경 geogr. эквато-риальный радиус; ~좌표계 astr. экваториальная система коо-рдинат; ~해류 экваториальное(мо-рское) течение

적요(摘要)~하다 1) делать заметки, конспектировать; 2) суть, главное(в каком-л. тексте).

적용(適用) применение; ~하다 применять что к чему-л.

적응(適應) соответствие; приспо- собление; ~하다 соответствовать; приспосабливать; ...에~시키다 при-водить в соответствии с чем-л.;~력 способность приспосабливаться; приспособляемость; адаптация.

적절하다(適切) подходящий.

적중률 точность.

적합(適合)~하다 соответствовать чему-л.; подходить чему-л.

적히다 быть записанным.

전 I закраина(посуды).

전 II охапка(хвороста).

전(前) III 1) см. 앞; 2)см.이전 II;전에 없이(не было) ни разу; впервые; 3) до, перед, за; до того, как.

전(田) IV книжн. см. 밭.

전(傳) V 1) см. 전기 V; 2) после со-бств. имени: повесть 춘향~ повесть о Чхун Хян; 3) конф. труд мудреца.

- 734 -

전-(前) преф. кор. передний 전모음 лингв. гласный переднего ряда.

-전(戰) I бой; война; 방위전 об-оронительный бой.

-전(殿) II дворец; храм.

-전(廛) III суф. кор. лавка; 피물전 лавка, торгующая изделиями из кожи.

-전(傳) IV биография; 자서전 автобиография.

전가(轉嫁) ~하다 перекладывать; взваливать; 그에게 책임을 ~하다 взваливать на него ответственность.

전개(展開) развёртывание; развитие; распространение; разложение; ~하다 развёртывать(ся); развивать(ся).

전공(全功) I все заслуги.

전공(專攻) II специальность; ~과목 специальный предмет; ~실습 специ-альная практика; ~하다 специально изучать, специализиро-ваться(в чём-л.).

전국(全國) вся страна.

전국토 вся государственная тер-ритория

전기(前記) I ~[한] вышеупомяну- тый, вышеуказанный.

전기(傳奇) II ~적 чудесный; ~소설 повесть о чудесах; ~하다 пове-ствовать о чудесах.

전기(電氣) III электричество; эле-ктричество; ~를 끊다 отключить; выключить; ~를 끄다 отключать электричество; ~공학 электротех-ника; ~기관차 электровоз; ~기구 электроприбор; ~료 плата за эле-ктроэнергию

전날(前-) день накануне чего-л.; ~에 раньше; в прошлом.

전념(專念) ~하다 сосредоточить все мысли(всё внимание) на чём-л.

전능한(全能-) всемогущий.

전달(傳達) I передача; перенос; ~하다 передавать.

전달(前-月) [-ттал] II прошлый(пре-дшествующий) месяц.

전달, 방송(放送) передача.

전도(傳導) I передача; проводимость; ~하다 проводить; передавать; ~체 проводник.

전도(傳道) II проповедь;~하다 про-поведовать; ~사 проповедник.

전동(傳動) I передача(движение); ~장치 трансмиссия.

전동(轉動) II вращение;~하다 вра-щаться.

전라남도 пров. Южная Чолладо.

전라북도 пров. Северная Чолладо.

- 735 -

전람(展覽) экспонирование; ~하다 экспонировать; ~품 экспонат; ~회 выставка; ~회장 павильон; выставка.
전래(傳來) передача;~의 наследст-венный.~하다 передаваться; заи-мствоваться.
전력(全力) I все силы.
전력(電力) II электроэнергия;~공급 электроснабжение; ~계 ваттметр;~제한 ограничение в потреблении элект-роэнергии.
전례(典例) прецедент; ~에 따라 исходя из предшествующего при-мера; так же как раньше; ~를 따르다 основанный на предшествующий пример.
전류(電流) электрический ток; ~고압 электрический ток высокого напряжения.
전망(展望) ~ обозрение; обзор; перс-пектива; ~하다 обозревать; ~정치 политическое обозрение; ~대 наб-людательная вышка; ~성 перспек-тивность
전면(全面) I вся площадь(поверх-ность); ~적 всесторонний; полный; сплошной.
전면(纏綿) II ~하다 1) быть крепко связанным; 2) быть крепко связа-нным узами любви
전문(專門) I специальность; ~적 специальный; специализированный; ~하다 специально изучать; специа-лизироваться; ~가 специалист; ~화 специализация.
전문(全文) II полный(весь) текст.
전반(前半) I первая половина; пе-рвый тайм; ~기 первый период; ~전 первая половина игры.
전반(全般) II ~적 всеобщий. всео-бъемлющий
전방(前方) I передняя сторона; фронт; ~감시소 передовой наблю-дательный пункт; ~진지 передовая позиция; позиция боевого охранения; ~첨병 головная походная застава.
전방(前房) II анат. передняя камера глазного яблока.
전보(電報) I телеграмма; ~를 치다 послать телеграмму; телеграфи- ровать; ~료 телеграмный тариф.
전보(戰報) II сообщение с театра военных действий(с соревнований).
전부(全部) I всё, всё; целиком; по-лностью; все,весь, целиком.
전부(前部) II передняя часть.
전세(傳貰) I аренда с уплатой ав-анса; аванс за аренду чего-л.; ~방 комната снятая с уплатой задатка; ~집 дом,

арендованный с уплатой аванса

전세(戰勢) II положение на фронте, военное положение.

전속력(全速力) полная скорость; полный ход; ~으로 на полной скорости; ~을 내다 дать(развить) полную скорость; ехать(лететь) на полной скорости

전송하다 проводить.

전술(戰術) тактика; ~[적] такти- ческий; ~비행대 тактическая ави-ация; ~적 방어 지대 тактическая полоса обороны.

전시(展示) I показ; экспонирование; выставка; ~하다 выставлять; экс-понировать; ~품 экспонат; ~회 выставка.

전시(戰時) II военное время; ~상태 военное положение.

전신(全身) I всё тело;~사진 фото-графия во весь рост; ~[적] общий; ~마비 мед. панплегия; ~마취(몽혼 ust.) общий наркоз; ~만신 всё тело целиком; ~부종 мед. анасар-ка; ~불수 кор. мед. полный паралич; ~적 정환 общее заболевание.

전신(前身) II в прошлом(кто-что-л.);그~이 농민이었다 он в прошлом крестьянин.

전신(傳信) III телеграф;~국 телег-раф; ~기 телеграфный аппарат;~망 телеграфная сеть;~주 телеграфный столб.

전열(電熱) электронагрев; ~의 эле-ктротермический; электронагре- вательный; ~기 электронагрева-тельный прибор.

전염(傳染) зараза; инфекция; ~성의 заразный; инфекционный; ~하다 быть заразным; заразиться; ~균 бактерии; ~병 инфекционная(зара-зная; эпидемическая) болезнь;~성 инфекционный характер.

전용(專用) I личное пользование; исключительное (специальное) при-менение; ~하다 лично пользоваться чем-л.; исключительно использовать что-л.; ~선 спец. судно; ~차 персо-нальная автома-шина; ведомственная автомашина.

전용(全用) II~하다 полностью ис-пользовать

전자레인지 микроволновая печь.

전쟁(戰爭) война; ~하다 воевать; вести войну; ~고아 сироты войны; ~마당 поле боя; ~모험 военная авантюра;~발원지 очаг войны; ~방화자 поджигатель войны; ~범죄자 военный преступник; ~상태 состояние войны; ~접경에 на грани войны; ~상인 воевать, вести войну.

전쟁놀이 игра в войну.

전쟁놀음 1) игра в войну; 2)перен. игра с огнём; ~하다 а)

играть в войну; б) перен. играть с огнём.

전제 1) предпосылка; 2) самодер-жавие

전지(電池) I (электрическая) батарея; гальванический элемент; 건~ батарея сухих элементов; 축~ аккумуля-торная батарея.

전지(轉地) II ~요양 лечение пе- ременой климата; ~사양 кочевое пчеловодство; ~하다 менять кли-мат(местожительство).

전진(前進)과 후퇴(後退) прогресс и регресс

전차(戰車) танк; ~공격 танковая атака;~제대 танковый эшелон; ~위험 방향 танкоопасное направление.

전철(前轍) I путь пройденный кем-л.; ~을 밟다 идти чьим-л. путём; повторять чьи-л. ошибки; идти по стопам.

전철(轉轍) II перевод на другой путь (поезда); ~통신 ж.-д. стрелочная связь; ~표식기 ж.-д. стрелочный указатель; ~하다 переводить на другой путь.

전체(全體) весь; всё; все;~성 цело-стность; ~주의 тоталитаризм.

전체수(全體需) уст.1)полностью го-товая пища; 2)целиком зажаренная птица(рыба и т. п.)

전출(轉出) ~하다 переселяться; пе-реезжать; ~자 переселенец.

전통(全通) I ~하다 быть открытым(о всей линии).

전통(傳統) II традиция;~적 тради-ционный

전통미 традиционный стиль.

전투(戰鬪) бой; битва; ~하다 вести бой; ~기 боевой самолёт; ~[적] боевой; ~경계 боевое охранение;~규정 боевой устав; ~기도 замысел боя; ~[기술] 기재(기자재); ~이탈 выход из боя; ~방사성 물질 боевые радиоак-тивные вещества, БРВ;~보고 боевое донесение; ~보장 боевое обеспечение; ~비행 боевой вылет(полёт); ~적 단결 боевое содружество; ~적 사격 속도 боевая скорострельность; ~정량 разведка боем; ~평성 боевой расчёт; см. 싸움.

전파(傳播) I электрическая волна.

전파(全波) II радиоволны; ~방해 помехи; ~탐지기 радиолокатор; радар

전파(電波) III распространение; ~ 하다 распространять; ~되다 распо-рост-раняться.

전표(錢票) талон; ордер; чек; ~를 떼다 выписать чек.

전하다 передавать.

전형(全形) образец; тип; ~성 ти-пичность; ~화 типизация.

전화(電化) телефон; ~시외 междуго-родний телефон; ~자동 телефонав-томат; ~를 받다 подходить к телефону; брать трубку; ~를 끊다 повесить(по-ложить) трубку; закончить говорить по телефону; ~로 говорить по телефону; ~국 телефонная станция; ~료 абонен-тская плата за телефон; ~번호 номер телефона; ~선 телефонная линия

전환(轉換) поворот; перемена; ~하다 повернуть; переменять.

절 I поклон; ~하다 кланяться; отдавать поклон; ~을 맞다 отве-чать поклоном на поклон.

절 II буддийский храм(монастырь)

절(節) III параграф.

절감(節減) уменьшение; сокраще-ние; ~하다 сокращать; урезать; уменьшать; ~경비를 하다 сокращать расходы(издержки).

절규(絶叫) громкий крик; вопль; ~하다 громко кричать о чём-л.; вопить о чём-л.

절대(絶對) абсолютность; безусло-вность; ~의 абсолютный; катего-ричный; ~로 абсолютно; катего-рически; безусловно; ~다수 абсол-ютное большинство; ~량 абсолют-ное количество; ~성 абсолютный характер чего-л.; ~자 абсолют; ~주의 абсолютизм; ~치 абсолютная величина; ~화 абсолютизация.

절대주의(絶對主義) абсолютизм

절망(絶望) отчаяние; безнадёжность; ~적 отчаянный; безнадёжный; лишённый всяких надежд; ~하다 терять надежду; отчаиваться; ~에 빠지다 приходить в отчаяние; ~감 чув-ство отчаяния; отчаяние.

절박(切迫) ~하다 срочный; актуа-льный; неотложный; настояте-льный.

절세(絶世) ~의 несравненный; бесподобный; ~의 미녀 несравне-нная красавица.

절실(切實) ~한 настоятельный; насущный; жизненный; ~히 иск-ренне; настоятельно; остро.

절약(節約) экономия; ~하다 эконо-мить; ~정신 бережливость.

절차(節次) порядок; очерёдность; последовательность; процедура; 필요한 ~를 밟다 проходить необхо-димую

- 739 -

절충(折衷) смешение; эклектизм; компромисс; ~하다 идти на комп-ромисс; смешивать; ~안 компро-мисс; ~주의 эклектизм.

젊다 молодой; 젊음 молодость

젊은 молодой.

젊은인재 молодые кадры.

젊은이 молодой человек.

점(占) I гадание; ~을 치다 гадать.

점(點) II точка; отметка.

점 III фунт.

점검(點檢) осмотр; проверка; инс- пекция; ~하다 осматривать; про- верять; инспектировать.

점령(占領)(강점) оккупация; захват; ~하다 оккупировать; захватывать; ~군 оккупационное войско; ~지 оккупи-рованная территория.

점수(點數),성적 отметка; оценка; ~제 бальная система (оценок).

점심 обед; ~식사중에 за обедом; ~때 обеденное время; время обеда.

점유(占有) присвоение; ~하다 присваивать; ~권 право присвоения; ~물 присвоенная вещь.

점잖다 солидный; серьёзный; ва-жный; благородный; утончённый.

점점(漸漸) постепенно; мало-по- малу; всё более и более.

점진(漸進) постепенное продвиже-ние; ~적 постепенный; умерен- ный; ~하다 постепенно развиваться; дви-гаться; ~주의 принцип (сторонник) постепенного развития.

점차(漸次) постепенно; понемногу; малопомалу; шаг за шагом.

점하다 занимать.

점화장치 бобина.

접(接) прививка; ~을 붙이다 при-вивать. ~하다 прикасаться.

접견(接見) приём; ~하다 принимать кого-л.; встречаться с кем-л.; да-ть аудиенцию кому-л.

접근(接近) приближение; подход; подступ; ~하다 приближаться к кому-чему-л.; подходить к кому-чему-л.; сближаться с кем-чем-л.

접다 складывать; откладывать; 봉투를~ делать конверт;

- 740 -

우산을 ~ закрывать зонтик.

접대(接待) приём; угощение; ~하다 принимать; угощать; ~부 официа́нтка.　　接대원 официант.

접선(接線) касательная; ~하다 устанавливаться; связываться.

접속(接續) связь; ~하다 присоединяться к чему-л.; примыкать; ~사 союз; ~자 контракт.

접수(接受) приём; ~하다 записывать; оформлять заказ; ~구 окно; ~처 приёмный пункт.

접시, 보시기 чашка.

접어놓다 складывать и класть

접착(接着) ~하다 прилипать; приклеиваться; ~제 клей; клеющее (связующее) вещество

접촉(接觸) (со)прикосновение; контакт; ~하다(со)прикасаться; контактировать; ~을 가지다 устанавливать (поддерживать) контакт с кем-л.

접합(接合) соединение; сращивание; ~하다 соединяться; сращиваться.

젓(갈) солёная рыба(солёные моллюски) с пряностями.

젓가락 палочки для еды; ~질 하다 есть палочками.

젓다 грести.

정 I зубило.

정(情) II чувство; любовь; привязанность ~이 떨어지다 разлюбить; ~이 들다 привыкнуть друг к другу;~을 쏟다 обожать; любить всей душой.

정거(停車) остановка транспорта; ~하다 останавливаться; ~장 остановка; станция.

정거장(停車場) вокзал.

정견(政見) политические взгляды; ~을 발표하다 объявлять (свои) политические взгляды.

정겹다 трогательный; любовный; любвеобильный; дружелюбный.

정계(定界) I установленная граница; ~하다 устанавливать(определять) границу.

정계(政界) II политические круги; политическое поприще.

정교한 тонкий, искусный.

정구(庭球) теннис; ~하다 играть в теннис; ~장 теннисный корт.

정규(正規) ~의 регулярный; нормальный; законный; легальный; должный; ~국 регулярная армия; кадровые войска

정기적으로 переодически, система-тически.

정다움 нежность.

정답게 дружески, любезно.

정당(正當) I ~하다 справедливый; надлежащий; ~방위 (оправданная) самозащита; ~성 правильность; справедливость

정당(政黨) II (политическая) пар- тия; ~원 член партии.

정당화 ~하다 оправдывать(ся)

정돈(整頓) приведение в порядок; уборка;~하다 приводить в порядок

정들다 привязаться, привыкнуть.

정략(政略) политика; политическая уловка; политический ход; ~결혼 брак по расчёту; брак в политиче-ских интересах

정류 ~하다 останавливаться;~장 остановка; станция.

정리(整理) упорядочение; урегули-рование; реорганизация;~하다 упо-рядочивать; приводить в порядок; ~교통 регулирование уличного движения. 정리, 공식 формула.

정리하다 приводить в порядок.

정밀(精密) ~하다 точный; тщате-льный; подробный; ~검사 тщате-льное исследование; ~가계 тщате-льные приборы; ~도 точность.

정밀한 작업 тонкая работа.

정보(情報) сообщение; информация; сведения; известие; ~국 информа-ционное бюро (информбюро); ~기관 информационный орган; ~망 информа-ционная сеть; ~원 информатор; работник информационной службы.

정보사회(情報社會) информирован-ное общество.

정보제공 предоставление инфор- мации.

정복(征服) I завоевание; покорение; ~하다 покорять; завоёвывать; пр-еодолевать; ~욕 страсть к поко- рению; ~자 завоеватель; покори- тель.

정복(正服) II форменная одежда.

정부(政府) правительство; ~연립(인사) коалиционное(временное) правитель-ство. 정비, 조절 наладка.

정산(定算) точный расчёт(подс- чёт); ~하다 точно подсчитывать.

정상(定常) I ~하다 нормальный; регулярный; ~화하다 нормализи- ровать.

정상(情狀) II обстоятельства;~을 참작하다 принять во внимание смягчающие вину обстоятельства.

정성(精誠) искренность; сердечно-сть;~스럽다 искренний; сердеч- ный; ~어리다 быть до конца ис-кренним.

정수(淨水) I чистая вода; очистка воды; ~기 прибор для отчистки воды; ~장 водоочистительная станция; ~지 водоочистительный пруд.

정수(精髓) II суть; сущность;квин-тэссенция теме.

정신(精神) дух; душа;~의 душевный; духовный; умственный; ~력 душевные силы; ~분석 психоа-нализ; ~상태 психика; моральное состояние;~위생 психикогигиена; ~이상 душевное(пси-хическое) расстройство.

정액(定額) определённая сумма; ~임금 повременная оплата.

정예(精銳) цвет; элита; отборная часть;~의 лучший; отборный; ~부대 отборные войска; цвет армии.

정오(正午) полдень;~에 в полдень.

정월(正月) январь.

정의(正義) I справедливость; правда ~의 справедливый; ~감 чувство справедливости.

정의(定義) II определение; дефе- ниция

정작 основное; истинное; важное; настоящее;(부사적으로) в действи-тельности; в самом деле; как раз.

정전(停戰) прекращение военных действий; перемирие; ~담판(회담) переговоры о перемирии; ~중립감독 위원회 комиссия нейтральных госу-дарств по наблюдению за перемирием; ~협정 соглашение о перемирии; ~하다 прекращать(военные действия). см. 휴전(休電) перемирие.

정전(停電) II ~하다 прекращать (подачу тока).

정중한 вежливый. 정중히 вежливо.

정직(正直) честность; чистосерде-чие; ~하다 честный;чистосердечный, прямой; 정직 하구나 честный. 직한 честный.

정치(政治) I политика; государст-венное управление; ~가 политик, государственный(политический) дея-тель; ~공작 политическая интрига(ма-хинация); ~국 политбюро; ~범 поли-тический преступник; политический заключённый; ~학

политика(наука); ~학자 учёный специалист по полит-наукам; ~활동 политработа.

정통(正統) I самое важное; самая суть; законность; ~하다 ортодок- сальный; законный; ~파 ортодо-ксальная школа.

정통(精通) II ~하다 быть хорошо осведомлённым(сведущим);хорошо знать.

정형(整形) ~수술 ортопедия; плас-тическая операция; ~외과 ортопе-дия; ~외과의 ортопед; ортопедист.

젖 молоко; ~을 떼다 отнимать от груди; ~먹이 грудной ребёнок; ~빛 молочный(матовый) цвет; ~줄 грудная железа.

젖가슴 женская грудь.

젖다 намокать; становиться вла-жным (сырым).

젖산 молочная кислота.

젖소 (молочная) корова.

젖어드는 그리움 охватывающая тоска.

젖을 짜다 доить.   제 I я сам.

제(祭) II фестиваль; юбилей; го-довщина.

제(題) III тема; заглавие.

제(때) время.   제(저의) мой.

제(第)2부(部) вторая часть.

-제(-製) изготовленный; сделанный; ~금속 изготовленный из металла.

-제(-制) система.

제가하다 быть главой семьи

제거(提擧) устранение; удаление; ~하다 устранять; удалять.

제공(提供) поставка; снабжение; доставка; ~하다 поставлять; снаб-жать.

제대로 1) как следует; 2) прави- льно.

제대로 해내다 выполнять как следует.

제도(制度) I институт; система; порядок; ~교육 учебная система.

제도(製圖) II картография; черчение; ~하다 составлять(карты); чертить.

제목(題目), 표제(標題) заглавие; за-головок; тема

제물(祭物) жертвоприношение.

제본(製本) переплёт; ~하다 пере-плетать; ~소 переплётная масте-рская.

제분(製粉) помол; ~업 мукольная промышленность; ~소 мукольная мельница(мукомольня).

- 744 -

제비 I жребий; ~를 뽑다 тянуть жребий.

제비 II ласточка.

제사(祭祀) жертвоприношение;~하다 совершать(жертвоприношение); ~ 젯상 날 день жертвоприношение; 산~ жи-вая жертва; 거룩한~ святая жертва; 하나님이 기뻐하시는~ жертва брагоу-годная Богу.

제사장(祭司長) священник.

제시(提示) ~하다 представлять; предъявлять; предлагать; показывать; экспонировать.

제약(製藥) III фармацевтик; изго-товление(приготовление)лекарств; ~ (조제)하다 приготовлять лекарство; ~자(약사) провизор; ~회사 фармацевтическая фирма; ~처방전 ре-цепт; ~법 фармация; фармацевтика

제어(制御) сдерживание; контроль; вожжи;~하다 контролировать; [문제 사안을 조정 중재하다] регулировать; улаживать; упорядочивать; 감정을 ~ 하다 сдерживать чувства; 자기자신을 ~하다 сдерживаться; держать себя в руках; ~력을 잃다 потерять управ-ление чего-л.; ~기 контролёр; регуля-тор; ~봉 장치 контрольный стержень; ~장치 контрольная аппаратура; 물가~ регулирование цен на товары.

제언(提言) предложение; предста-вление; пропозиция; предъявление; ~하다 предлагать; предоставлять мнение; вносить предложение; предъявлять; ~을 채택하다 принимать предложение.

제염(製鹽) солеварение; ~의 солева-ренный; солеварный; ~하다 прои-зводить(варить) соль; ~소 солева-рня; солеварница; ~업 солепромы-шленность; ~노동자 солевар.

제외 исключение; выключение; ...을 ~하고 исключая чего-л.; кроме чего-л.; за исключением кого-чего-л.

제의(提議) I предложение; внесение; ~하다 предлагать; вносить предло-жение; ~되다 быть предложен-ным; ...의 ~로 по предложению кого-л.; ~를 받아들이다 принимать (отклонять) предложение.

제의(題意) II смысл темы(заглавия)

제이(第二) второй; ~번째로 во вто-рой раз; ~역할을 하다 играть вто-рую скрипку; ~간접적으로 из вто-рых рук; ~기 вторичный период чего-л.; ~당 вторая партия; ~차 세계

대전 вторая мировая война.

제일(第一) ~의 первый; ~을 차지하다 занимать первое место; 세계 ~의 부자 самый богатый в мире; ~먼저 впервую очередь; воперевых; ~ 중요한 важнее всего; 한국~의 명소 самая живописная достопримечательность в Корее; ~보 первый шаг; ~보충역 резервное пополнение; ~봉 самый высокий пик; ~부 первая серия; ~서기 первый секретарь; ~심 первый процесс (предварительное следствие); ~야당 первая оппозиция; ~위 первенство; приоритет; ~인자 мастер на все руки; ~중 уипсд почта первого класса; ~차세계대전 первая мировая война; ~착 прибытие первым.

제자(弟子) ученик; выученик; 소크라테스의~ ученики Сократа; ~가 되다 становиться учеником кого-л.; ~를 두다 принимать кого-л. в ученики. 제자들 ученики.

제자리 нужное место; первоначальное место; ~에 두다 поставить кого-что-л. на место; [부적합한 자리] ~에 있지 않다 быть не на своём месте; ~좌불안석 душа(сердце) не на месте; ~걸음 шаг на месте; ~걸음 시작 На месте шагом марш!; ~ 넓이뛰기 прыжок с места.

제작(製作) изготовление; ~하다 изготовлять; выделывать; вырабатывать; создавать; ~중이다 что-л. в процессе изготовления; ~대충하다 варганить; портачить; [눈가리고 아웅] 얼렁뚱땅 ~하다 печь как блины; ~물(품) изделие; товар; фабрикат; ~법 способ изготовления(приготовления); ~비 издержки производства; ~소 фабрика; завод; ~자 производитель; создатель.

제재(題材) I тема; предмет; материал для литературного произведения.

제재(制裁) II санкции; ~하다 карать; наказывать; применять санкции; санкционировать; 사회적~ социальные санкции(ограничения); 임시~ временные санкции; ~를 가하다 применять санкции(на что-л.); 법률 의~를 받다 получать юридические санкции; 위반자에게 ~를 가하다 применять санкции к нарушителю; 꼼짝 못 할 ~ 속에 있는 связанный по рукам и ногам.

제재(製材) III лесозаготовка и распиловка; лесоповал; лесоматериалы; пиломатериалы; ~하다 рубить деревья;

- 746 -

пилить брёвна; ~공 лесоруб; лесопо-вальщик; ~공장 лесозавод; ~업 деревообрабатывающая промы-шленность.

제적(除籍) исключение; отчисление; выключение; ~시키다 исключать кого-л. из списка; выключать; ~ 당하다 быть исключённым.

제정(制定) I введение; установление; ~을 하다 вводить во что-л.; принимать, устанавливать; опре- делять; налаживать; 법률을 ~하다 издавать(вводить) законы; ~된 법률을 시행하다 вводить в действие закон.

제정(帝政) II монархия; монархи- ческий режим; империя; ~하에서 под покровительством импера- тора; ~당 партия, которая подде- рживает монархический режим; ~ 러시아 Императорская Россия; ~(제국주의) 열강 великие державы.

제제(製劑) изготовление лекарств; ~하다 изготовлять(лекарственные препараты); препарировать.

제조(製造) изготовление; произво-дство; ~하다 изготовлять; произ- водить; делать для чего-л.; выраба-тывать; 한국에서 된(한국 산의) ~ изготовлено (сделано) в Корее; товар корейского изготовления; 펄프로 종이를 ~하다 делать бумагу из бумажной массы; ~법 способ изготовления (про-изводства); ~수단 средства произво-дства; ~시설 производственные мощ-ности; ~업 обрабатывающая промы-шленность; ~원가 фабричная цена; заводская себестоимость; ~원 предп-риятие; ~자 изготовщик; произво-дитель; ~ 주물 изготовление заказа; на заказ; ~품 изделия.

제주도 остров, Чеджудо.

제지(制止) I сдерживание; ~하다 отговаривать кого-л. от чего-л.; отвращать кого-л. от чего-л.; сдерживать; удерживать; не давать кому-л. что-л.; [금지] запрещать; ~가 어렵다 удержать нет кому-л.(на кого-л.); ~가 ~하는 것을~하다 удерживать кого-л. от чего-л.; 돈낭비를~하다 не давать кому-л.тратить деньги; 나의~를 뿌리치고 несмотря на все уговоры; 아무런~를 받지 않고 без удержу.

제지(製紙) II производство бумаги; ~하다 производить бумагу; ~공장 бумажная фабрика; ~업 бумажная промышленность; ~펄프 бумажная масса.

제창(提唱) инициатива; почин; ~하다 брать на себя инициативу (почин); выдвигать(новую доктрину, теорию);

предлагать; ...의 ~으로 по почину кого-л.; 평화의 ~ мирные предложения; 주요(안건)들을 ~하다 выступать с важными инициативами; ~자 застрельщик; инициатор; зачина-тель; основоположник.

제철 I соответствующий сезон;~의 своевременный;благовременный; вовремя; в положенное время; в срок;~이 아닌 не по сезону; 모든 일에는 ~이(때가) 있다 всякому делу своя пора; ~(계절) 상품 сезонный товар.

제철(製鐵) II производство стали; ~의 сталелитейный; сталеплавиль-ный; сталепрокатный; ~하다 выпла-влять железо; ~공장(수) сталепла-вильный завод; сталелитейная про-мышленность; 종합~ металлургия.

제쳐놓다 выбрасывать.

제출(提出) предъявление; предста-вление; ~하다 предъявлять; пре-дставлять; предлагать; выдвигать; подавать; 성명서를 ~하다 подавать заявление; ~하다 представлять; 통행증을 ~하다 предъявлять пропуск; ~안 представленный проект(доку-мент); ~자 документ.

제치다 1) обгонять кого-что-л. в чём-л.; перегонять кого-л.; 한국 선수가 일본 선수를 제치고 우승했다 Кореец стал победителем, перегнав японского спортсмена; 2) опе-редить.

제트 ~의 струйный; реактивный; ~기 реактивный самолёт; ~기류 струйное течение; ~엔진 (воздушно-) реактив-ный(струйный) двигатель; ~장치 стру-йный аппарат; ~전투기 реактивный истребитель.

제판(製版) гравировка; приготов- ление фотогравюры; ~하다 готовить печатную форму; ~술 стереотипия.

제패(制霸) господство; гегемония; ~하다 господствовать над кем- чем-л.; завоёвывать; покорять; главенствовать в чём-л.(над кем-чем-л.) первенствовать над кем-чем-л.; 누구도 따를 수 없는(타의 추종을 불허하는)~ играть первую скрипку; 세계~ мировое господство.

제품(製品) изделие; продукт; про-дукция; товар; 가죽~ изделие из кожи; 국내~ отечественный товар; 수~ кустарные изделия(подделка); 완~ готовые изделия; 외국~ зару-бежный товар; ~원가 себестои- мость товара; 한국~ корейский товар(продукт).; см. 생산물

제한(制限) ограничение; лимит; ущемление; предел;

~하다 ограни-чивать; лимитировать; сводить к чему-л.; ставить рамки; ставить предел чему-л.; ущемлять(права, личную свободу); ~내에서 в пределах (в рамках) чего-л.; ~을 벗어나다 выйти из рамок; ~없이 без ограниче-ний; ~을해제하다 снимать ограниче-ние; ~구역 закрытый район (запретная зона);~속도 предельная скорость; ~ 송전 предельное электроснабжение; ~ 시간 предельный срок; 군비~ огра-ничение вооружений; 산아~ предуп-реждение беременности;수입~ ограни-чение на импорт; 전력~ предельное электроснабжение; 통행~ ограничение передвижения.

제휴(提携) содействие; сотрудни-чество; ~하다 взаимно помогать; сотрудничать с кем-л.(в чём-л.); оказывать содействие(содействи-вать) кому-л. в чём-л.; ~(동맹)에 가입하다 вступать в коалицию; ...와 ~하여 в сотрудничестве с кем-л.; поддерживать сотруд-ничество с кем-л.; 가입(합영)~ совместное предприятие;~자 сотрудник;~회사 компания-участница; 경제~(협력)위원회 комиссия по экономическому сотрудничеству; 기술~техническое сотрудничество.

졌습니까 проиграл.
졌어 проиграл.
조 I бобовое(татарское, птичье, чёрное) просо, чумиза.
조 II дань.
조(條) III пункт; статья(докумен-та); 3개 ~로 구성된 계약 договор, составленный из трёх пунктов;~가(항)마다 по пунктам; по статьям; 흥분 ~로 말하다 говорить тоном выше(ниже); 장난~로 в шутку; 시비~로 с презрительным тоном; 비난~ критическим.

조(組) IV маленькая группа; кол-лектив;...와 같은~가 되다 вступать в группу с кем-л.

조각(組閣) скульптура; ваяние; гравировка по чему-л.(на чём-л.); резьба по чему-л.(на чём-л.); ~의 скульптурный; лепной; ~하다 ваять; ~(상)으로 꾸미다 украшать скульптурами; 대리석상을 ~하다 высекать из мрамора;~가 скуль-птор; ваятель;~상 скульптура;~술 мастерство ваяния;~칼 резец ску-льптора(резак); 청동상~ бронзовая статуя.

조각(彫刻), 덩어리 кусок.

조간(朝刊)~신문 утренний выпуск; утренняя газета.

조갈(燥渴), 갈증 жажда; ~하다 пересохнуть от жажды; ~을 풀다 утолить жажду; 폭염으로 ~을 느끼다 жаждать (испытывать жажду).

조개(曺蓋) двухстворчатые(раковинные) моллюски; беспозвоноч- ное; мягкотелое животное, обычно покрытое раковиной; ~껍데기 раковина; ~류 пластиножаберные; ~무지 раковинные кучи; ~살 мясо двухстворчатых моллюсков; ~젓 солёные двухстворчатые моллюски; ~탄 овальный брикет из сухого каменного угля.

조개더미 куча ракушек.

조건(條件) условие; оговорка; условность; ~하에 при условии чего-л.; на какихто условиях; под условием;일정한 ~으로 на определённых условиях; ~을 붙이다 оговаривать; ~으로 삼다 ставить что-л. условием; ...한~에 달려 있다 зависеть от какогото условия(иметь силу при какомто условии); ~문 условное предложение (наклонение); ~반사 условный рефлекс; 고용~ условия найма; 기후~ климатические условия; 노동~ условия труда; 선적~ условия отгрузки; 수용불가 ~ неприемлемые условия; 시장~ состояние рынка; 인도(공급) ~ условия поставки; 전제~ предпосылка; 주거~ условия жизни; 지불~ условия платежа(оплаты); 필수~ непременное условие.

조건부(條件附)의 условный; ~로 соговоркой; условно; ~로 동의하다 соглашаться (давать согласие) соговоркой; ~계약 условный контракт; ~권리 условное право; ~승인 условное одобрение; ~채용 условное принятие(назначение).

조국(祖國) родина; отечество; отчизна; ~을 수호하다 защищать отечество; ~을 위해 싸우다 сражаться за родину; ~을 위해 생애를 바치다 отдавать жизнь за родину; ~근대화 модернизация родины; ~애 любовь к отчизне; ~전쟁 отечественная война.

조그만 маленький. 조금 мало.

조그많다 маленький; махонький; мелкий; миниатюрный; карликовый; кукольный; игрушечный; крохотный; малюсенький; малогабаритный; ~(하찮은) 일 пустяк; мелочь.

조급 нетерпение; ~한 нетерпеливый; торопливый; лихорадочный; поспешный; ~히 с нетерпением; с лихорадочной поспешностью; наспех; наскоро; в пожарном порядке; ~할 것 없다 не на пожар; 출발을 ~히 서두르다 торопить кого-л. с отъездом; 귀가를 ~히 서두르다 торопиться домой;

조기(早期) ранний период; первый этап; ~발화 преждевременное воспламенение; ~핵사찰 досрочная инспекция атомных объектов; ~치료 предупредительное (своевременное) лечение; ~시기상조 прежде времени.

조끼 безрукавка; жилет; ~털 джемпер; 구명~ спасательный жилет.

조난(遭難) авария; бедствие; беда; ~당하다 терпеть аварию (бедствие); ~구조대 аварийная служба; ~(구제) 기금 вспомогательный капитал; ~선 судно потерпевшее кораблекрушение; ~신호 сигнал бедствия; ~자(이재민) потерпевший; ~현장 место аварии; 자연재해 стихийное бедствие; 조는듯 앉아있다 сидеть и как будто дремать.

조달(調達) снабжение; ~하다 снабжать; обеспечивать кем-чем-л.; поставлять кому-что-л.; завозить; вооружать; добывать; изыскивать; 자금을 ~하다 добывать средства (капитал, деньги); ~과 (служба) снабжения; ~기관 снабженческая организация; ~자 снабженец; ~청 бюро по хозяйственному снабжению; ~자금 изыскание средств; 해외~ закупка заграницей.

조력(助力) помощь; подспорье; поддержка; содействие; опора подмога; ~하다 помогать кому-л.; содействовать; оказывать поддержку; поддерживать кого-что-л.; ...의 ~으로 с помощью кого-чего-л.; при помощи кого-чего-л.; ~을 청하다 просить у кого-л. помощи.

조롱(操弄) издёвка; насмешка; издевательство; ~하다 издеваться над кем-чем-л.; насмехаться над кем-чем-л.; измываться над кем-л.; ~거리가 되다 подвергаться насмешкам.

조롱하다 насмехаться, издеваться.

조르는구나 просить.

조르다 крепко затягивать; 허리띠 를~ затягивать пояс потуже; 돈을 꾸어달라고~ выпрашивать деньги у кого-л.; 요하게~ настойчиво требовать; 성가시게~ стоять над чьей-л. душой.

조리(調理) I приготовление пищи; стряпня; ~하다 приготовлять пищу; стряпать; 건강을~하다 следить за здоровьем; ~대 кухонный стол; ~사 повар; кухарка.

조리(條理) II логичность; ~있는 разумный; логичный; ~에 닿지 않은 бессвязный; нелепый; абсурдный; ~있는 결론을 도출하다 приходить к логичес-кому выводу.

조리다 уваривать; выпаривать; 조린 уваренный/생선을 간장에~ уварить рыбу в соевом соусе;반쯤~уварить наполовину.

조립(組立) монтаж; сборка; ~하다 производить сборку(монтаж); соби-рать; монтировать; ~공 сборщик; монтажник; ~공장 сборочный цех; ~기 сборочная машина; сборочный агрегат; ~부품 детали для сборки; ~식 구조 сборная конструкция;~식 선반 секционный книжный шкаф; ~식 집 сборный дом;~기계 сборка машинных частей.

조마조마 беспокойно; тревожно; нервно; неудобно; ~하게 하다 при-водить кого-л. в волнение; смущать; приводить в смятение; не давать покоя кому-л.; вызывать тревогу у кого-л.; взбудораживать кого-л.; ~거리다 тревожиться о чём-л.; ощу-щать тревогу(беспокойст-во); волно-ваться; не знать покоя; не находить себе места; принимать близко к сердцу что-л.; бо-леть душой за кого-л.(за что-л.; о ком-л.; о чём-л.).

조만간 в скором времени; в бли-жайшее время; в недалёком будущем; со дня на день; на днях; 그는 ~ 패간 할 것이다 в ближайшее время он обанкротится.

조명(照明) освещение; озарение; свет; ~하다 освещать; озарять; ~ 기구 осветительный прибор; све-тильник; ~기사 осветитель; ~동 осветительная лампа; осветительные установки; ~신호 световой сигнад; ~탄 осветительный снаряд; ~무대 сценическое(театральное) освещение.

조명도 освещенность.

조목(條目) пункт; статья; параграф; ~조목 постатейно; по пунктам; по параграфам.   조무라기 мелкота.

조무래기 мелкота.

조밀(稠密) плотность; ~하다 пло-тный; компактный; густой; ~고 밀도 지역 густонаселённый райо́н.

조바심 тревога; волнение; смятение; ~내다 тревожиться за кого-л.; волноваться; беспокои́ться; прихо-дить в беспокойство;быть в тревоге; ~에 휩싸이다 быть охваченным тревогой.   조반(朝飯) завтрак.

조부모(祖父母) дедушка и бабушка (дед и бабка).

조사(調査) I обследование; расследование; ~하다 производить проверку чего-л.; обследовать; расследовать; выяснять; инспектировать; осматривать; обозревать; исследовать; 당국의 ~에 의하면 по расследованию властей; ~중이다 идёт расследование; 성격을~하다 изучать характер; 엄밀히 ~하다 производить тщательное расследование; ~결과 окончательный доклад; ~관 следователь. 조사(助詞) II частица.

조상(祖上) 1) предок; древний предшественник по роду; соотечественник из прежних поколений; ~들의 영적 유산을 보전하다 сохранять духовное наследие предков; 2) соболезнование предки.

조선(朝鮮) I название древней Кореи; ~어 корейский язык; ~인 кореец; кореянка.

조선(造船) II стройка судна; кораблестроение; ~의 кораблестроительный; судостроительный; ~하다 строить судно; ~계획 план судостроения; ~기사 судосборщик; корабельщик; корабел; ~대 спатель; ~산업 судостроительная индустрия (промышленность); ~소 судоверфь; ~술 судостроение.

조성(助成) I помощь; содействие; устройство; ~하다 помогать; оказывать содействие кому-л. в чём-л.; ~금을 지급하다 субсидировать; финансировать; ~금 субсидирование; финансирование.

조성(造成) II составление; создание; организация; формирование; устройство; строительство; ~하다 составлять; создавать; организовывать; 택지를 ~하다 жилплощадь; 녹지를 ~하다 засаживать лесом; 사회 불안을 ~하다 вызывать социальное волнение; 공포 분위기를 ~하다 запугивать; наводить ужас. 조성되다 создаваться.

조세(租稅) налог; ~를 징수하다 взимать налог; ~를 납입하다 выплачивать налог; ~를 면제 시키다 освобождать от налога; ~를 공제하다 удерживать налог(из жалованья, зарплаты); ~감명 снижение налога; ~범 казнокрад; ~법 положение о налогах; ~법 위반 нарушение налогового законодательства.

조소(嘲笑) см 조롱 насмешка; ~하다 насмехаться над кем-чем-л.; ~받다 подвергаться насмешкам; ~거리가 되다 становиться предметом насмешек.

조소, 비웃음 усмешка.

조속히 возможно быстрее; как можно скорее.

조숙하다 рано созревать(развиться).

조심(操心) осторожность;~히 осторожно; с большой осторожностью; осмотрительно; ~해서 다루다 относиться осторожно к чему-л.; браться осторожно за что-л.; ~하다 [경계하다] остерегаться кого-чего-л.; предостерегать кого-л. от чего-л.; быть осторожным; ~개 Осторожно (злая) собака!; ~불 Будьте осторожны с огнём!

조약(條約) договор; ~상의 권리 договорные права; ~에 조인하다 подписать договор;~을 체결하다 заключить(подписать) договор; ~을 지키다 соблюдать договор; ~을 위반하다 нарушать договор; ~을 파기하다 расторгнуть договор; см. 계약; см. 협정.

조언(助言) совет; рекомендация; указание; ~하다 советовать кому-л.; давать совет; рекомендовать;~을 구하다 советоваться с кем-л.; просить (спрашивать) совета у кого-л.; ~을 따라 по совету; ~을 따르다 следовать совету кого-л.; ~자 советник.

조업(操業) эксплуатация; работа; ~하다 работать; сдавать в эксплуатацию; вступать в строй.

조예가 깊다 быть очень осведомленным

조용 тишина; тишь; ~하다 тихий; едва слышный; заглушённый; слабый; бесшумный; беззвучный;~히 тихо; ~한 목소리로 тихим голосом; вполголоса; шёпотом; на ухо; под нос; ~하게 들리다 звучать очень тихо(слабо);~한 사람 спокойный(тихий) человек; ~해 지다 становится тихо; 쥐 죽은 듯이 ~하다 слышно как муха пролетит(про- жужжит); ~히 시키다 водворять тишину;~히 해! Тише (Тсс)!

조용하다 быть спокойным, тихий

조율(調律) настройка; ~하다 настраивать; ~사 настройщик; 피아노 ~사 настройщик пианино.

조응(照應) следствие; последствие; ~하다 иметь последствия; соответствовать с кем-чем; ...에 ~(부합) 하여 в соответствии с чем-л.; в согласии с чем-л.

조의(弔意) соболезнование и утешение; выражение сочувствия(со-жаления); ~를 표하다 выражать соболезнования.

조인(調印) скрепление; скрепа; по-дписание; ~하다 скреплять под- писью; подписывать под чем-л.; расписываться в чём-л (на чём-л.); ~국 подписавшееся государст-во; ~ 장소 место подписания; ~가 парафирование договора.

조작(造作) фальсификация; подделка; измышление; ~하다[날조] подде-лывать; измышлять; 문서를 ~하다 изготовлять фальшивые документы; ~된 보도 ложное сообщение; ~된 소문 ложные слухи.

조장(助長) поддержка; поощрение; содействие; стимул; ~하다 подде-рживать;поощрять; стимулировать; служить стимулом кому-чему-л.; 투기를~하다 способствовать спекуляции на чём-л.(чем.-л.).

조절(調節) регулирование; налажи-вание; ~하다 регулировать; нала-живать; настраивать; 물가상승을 ~ 하다 регулировать(контролировать) повышение цен; 방의 온도를~하다 регулировать температуру комнаты; ~기 регулятор; контроль; ~변압기 трансформатор; ~판 клапан регуля-тора; 음식~ диета.

조정(調停) регулирование; регуле-ровка; упорядочение; посредничес-тво; ~하다 регулировать; 가격을~하다 устанавливать цены; 외교문제를 ~하 다 регулировать дипломатические разногласия; ...의 ~으로 благодаря чьему-л. посредничеству; ~에부치다 отдавать(передавать) на арбитраж; ~을 의뢰하다 прибегать к чьему-л. пос-редничеству; 파업을 ~하다 посредни-чать в забастовке; 국제분쟁의 평화적~ мировые урегулирования междуна-родных споров; ~자 посредник; ~위원 회 арбитражная комиссия.

조종(操縱) управление(рулём); вож-дение; ~하다 управлять; водить чем-л.; маневрировать; распоряжаться; ~불능이 되다 потерять управление чего-л.; ~간 руль; ~사 пилот; лётчик; ~실 кабина экипажа; ~장치 рулевой механизм; 부~사 второй пилот.

조준(照準) наводка; прицеливание; визирование; ~하다 наводить; при-целиваться; визировать; ~기 прицел; визир; ~경 окно прицела; ~사격 проб-ный(пристрелочный) выстрел; ~선 ли-ния прицеливания; ~점 точка прицели-вания(наводки); центральный круг мишени; 과학~

оптический прицел.

조직(組織) организация; формули-рование; система; образование; уч-реждение; ~적으로 организованно; в организационном порядке; системати-ческий; ~하다 составлять; образо-вывать; формировать; организовывать; ~적으로 연구하다 систематически изучать; ~적으로 활동하다 действо-вать организованно; ~적 투쟁 органи-зованная борьба; 강팀을 ~하다 сфор-мировывать сильную команду; 내각을 ~하다 формировать (организовывать) кабинет; ~을 개편하다 реорганизовы-вать; ~(조합) 노동자 члены профсо-юза;~력 организаторские способности; ~망 сеть организаций;~위원회 орга-низационный комитет; ~자 органи-затор; ~학 гистология; ~화 систе-матизация; 세포~ клетчатка; 재~ рео-рганизация.; см. 단체

조직하다 организовать.

조차 даже; аж; 상상~못하다 даже не могу представить себе этого; ...를 쳐다보~ 하지않다 даже не взгля-нуть на кого-л.; 바스락대는 소리~ 들리지 않을 정도로 매우 조용하다 Удивительно тихо, даже шороха не слышно; 따뜻하지 못해 덥기~ 했다 было очень тепло, даже жарко; 이는 아이들~ 다 아는 것이다 это даже детям хорошо известно; 광채가 나서 눈이 아프기~했다 светило, аж глазам больно.

조처(措處) 조치 контроль; 필요한~ 를 취하다 принимать соответству-ющие (жёсткие; незамедлитель- ные; разумные) меры.

조카(姪女) племянник, племянница.

조카딸, 질녀(姪女) племянница.

조퇴(早退) преждевременный уход(с работы, с занятий);~하다 ухо-дить раньше времени; 두 시간 일찍 ~하다 уходить(с работы) на 2 часа раньше.

조판(組版) вёрстка;~하다 верстать;~공 верстальщик.

조폐(造幣) чеканка монет; отпеча-ток на монете; ~하다 чеканить монету; ~공 монетчик; ~국 монет-ный двор; ~발행 выпуск денежных знаков.

조합(調合) I составление; смеши- вание(красок); комбинация(цветов); ~하다 составлять; смешивать; мешать с чем-л.;~물 смесь.

조합(調合) II ассоциация; коопера-ция; артель; ~을 만들다

организо-вывать ассоциацию; ~에 가입하다 входить в ассоциацию; ~간부 руко-водитель профсоюза; ~관리 адми-нистрация ассоциации; ~원 член профсоюза; ~장 глава артели; 노동~ профессиональный союз; трудовая артель; 사업별~ союз по производству чего-л.(по отраслям производства); 생산~ производственная кооперация; 협동~ кооператив.

조항(條項) 조 статья; пункт; ~을 규정하다 предусматривать статью; 법으로 규정된~ статья предусмот-рена законом; 계약~을 이행하다 выпол-нять условия контракта.

조화(調和) I гармония; соответст- вие; согласие; ~된 гармоничный; созвучный (кому-чему-л.); ~시키다 гармонировать; соответствовать (кому-чему-л.); ~와 (일치)되어 в соответствии с чем-л.; ~가되지 않는 негармоничный; 언 행은~를 이룬다 слова гармонируют с поступками.

조화(造化) II созидание; творение; чудо; игра природы; диво; ~로운 дивный; изумительный; ~를 부리다 творить чудеса; ~로운(신비한) 일 восьмое чудо света; ~의 신 создатель.

조회(照會) запрос; наведение спра-вок о чём-л.; ~하다 запрашивать кого-л. о чём-л.; справляться; ос-ведомиться о чём-л.; 전화로 ~하다 справляться по телефону; ~가격 (시세) цены за справочные услуги; ~ 사무소 справочное бюро.

족(足) нога(у животного).

족보(族譜) генеалогическая книга; ~를 캐다 проследить происхожде-ние семьи; ~를 편찬하다 составлять генеалогию.

족속(族屬) клан; род.

족하다 достаточный; обеспечен- ный; 우리에겐 시간이 ~ нам дос- таточно времени; 우리는 한병으로 ~ нам достаточно одной бутылки.

존경(尊敬) уважение; почтение; благоговение к кому-л.; 앞에 кем-л.; ~을 почтенный; уважаемый; ~하다 уважать; почитать; ~을 표하다 почитать; относиться с уважением; ~심에서 из уважения к кому-л., чему-л.; ~을 받다 завоевать уважение; 스승 으로~하다 уважать кого-л. как учителя; ~심 чувство уважения.

존경하는 уважаемый.

존귀(尊貴) ~하다 благородный; великодушный;~성

благородство.

존대(尊待) вежливое обращение (обхождение); ~하다 вежливо обращаться (обходиться) с кем-л.

존립(存立) существование; наличие; присутствие; ~하다 сохранять свои позиции; существовать.

존속(存續) продолжение; продолжительность; ~하다 продолжать существовать; ~시키다 сохранять в целости; хранить; не давать пропасть чему-л.

존엄(尊嚴) достоинство; величие; высокое положение; ~하다 величественный; величавый; святой; благородный; ~성을 떨어뜨리다 портить величие чего-л.; унижать (принижать) достоинство; ~성 достоинство; чувство собственного достоинства; 법의 ~성 величие закона.

존재(存在) существование; бытие; ~ 하다 существовать; быть; иметь место; находиться; присутствовать; ~하지 않게 되다 прекращать существование; ликвидировать; 달에 생명체가 ~하는 가? Есть ли жизнь на луне? 신의 ~를 믿다 верить в существование Бога; -의 ~를 무시하다 игнорировать чьё-л. наличие; -분야에서 중요한 ~(являет-ся) важным человеком в области чего-л.; ~ 근거[이유] основание для существования; ~론[철학] онтология;~물 сущий предмет; ~수단 средства к существованию.

존폐(存廢) существование и падение чего-л.; 시골 학교의 ~문제 вопрос сохранения или закрытия деревенской школы; ~의 기로에 서다 быть на грани между жизнью и смертью.

졸다 дремать; клевать носом; 졸면서 운전하다 дремать за рулём; 책상에 앉아서 ~ дремать за столом.

졸도(卒倒) обморок; беспамятство; ~하다 падать в обморок; ...으로 인해 ~하다 падать в обморок из-за чего-л.; потерять сознание из-за чего-л.; 뇌졸중으로~하다 разбивать параличом; подвергаться апоплексическому удару.

졸렬 неуклюжесть; ~하다 неумелый; неуклюжий; корявый; топорный; ~한 표현 неуклюжие выражения; ~한필체 корявый почерк; писать, как курица лапой; ~한 변명 неловкое оправдание.

졸리다 дремотный; дремать; 졸려 뵈는 сонный; сонливый;졸려죽겠다 Невольно закрываются глаза; 졸린 사람을 깨우다 разбудить сонного.

졸음 дремота; сонливость; ~이 오다 хотеть спать; одолевает сон; ~이 달아나다 превозмогать дремоту; покидает сон.

좁다 узкий, тесный; ~통로 тесный проход;교제범위~узкий круг друзей; 전문성~ узкая специальность; 소맷 부리~ узкий рукав; 거리~ узкая улица; 집에 비해 복도가 좁다 коридор для этой квартиры узок; 의미에서는~ в узком смысле.

좁은 тесный узкий. 좁히다 сузить.

종(種) разновидность;~별 по сорту.

종 звонок.

종강(終講) окончание учебного го-да; окончание лекций.

종결(終結) завершение; окончание; ~하다 завершить; заканчивать; оканчивать; доводить до конца.

종교(宗敎) религия; вера;верование; 세계 의 ~ мировые религии (буд-дизм, ислам, христианство); 고대슬 라브인의~ верование древних славян; ~가 богослов; священник; поп;~관 религиозная точка зрения; ~교리 вероучение; ~심 религиозность; ~ (신앙)인 верующий;~학 богословие

종기(終期) I последний срок(пе-риод, конец); последняя(заключи-тельная часть); завершающий период.

종기(腫氣) II опухоль; ~가 났다 образовалась опухоль; ~가 가라앉았 다 опухоль спала; 신장에 난~ набу-хание почек; 악성~ злокачественная опухоль; 양성~ доброкачественная опухоль.

종년(終年) служанка; горничная; 파출부 домработница.

종놈(-者) слуга; прислужник; прис-луга. ~(야유)받들어 모시겠나이다 к вашим услугам.

종두(種痘) прививка от оспы; ва-кцинация;~를 놓다 вакцинировать; делать прививку от оспы; ~법 способ вакцинации(от оспы);~자국 след от прививки.

종래(從來) ~의(선행하는) предыду-щий; предшествующий; ~와 같이 попрежнему.

종료(終了) окончание; завершение; ~하다 завершаться чем; доводить до конца; 성공적으로~되다 завершаться успехом; 핵무기 실험을~하다 прек-ращать испытания ядерного оружия; ~부 заключительная часть; см. 종결

종류(種類) род; вид; ...와 같은 ~ одной породы(вида, сорта); 대체로 이러한 ~의 в этом роде.

- 759 -

종말론(終末論) эсхатология.

종목(種目) пункт; параграф; ~별로 나누다 разбить на параграфы;~별 по пунктам; см. 종류.

종별(種別) классификация; систе-матизация; распределение по какой-либо системе; сортировка; ~(分類)하다 классифицировать, сортировать, груп-пировать; 축척에 따른 지도의 ~ кла-ссификация или катологизация карт по масштабу;~분류 개요도(시스템) схема (система) классификации; классифи-кацион-ная схема(система); ~분류 기 준치 требования для определения ка- тегорий; ~분류기호 знак по класси-фикации; классификационный знак(ин-декс); ~분류 평가 определение клас-сификации; 식기세트 полный ассор-тимент посуды.

종사(從事) служение; служба;~하다 заниматься чем-л.; служить кому-л., чему-л.(в чём-л.); состоять (или находиться, числиться) на службе; 평생을 예술에 ~하다 посвящать всю свою жизнь искусству; ~유희에 열중하다 предаваться развлечениям; ~에 전념하다(마음을 쏟다) вклады-вать всю душу во что-л.; 국대에 ~하다 служить в армии(по военной службе); 자신의 시간을 ...일에(...에 게) ~하다(바치다) посвящать часть своего времени кому-л., чему-л..

종소리 колокольный звон.

종속(從屬) подчинённость; подчи-нение; зависимость; ~적 зависи- мый;зависящий; обусловленный; несамостоятельный; подчинённый, подвластный; ~하다 находиться в зависимости; подчиняться кому/чему-л. (кого-что-л.); ~관계에 있다(의존하다) зависить от кого-чего-л.; ...에게 (의존)되다 быть у кого-л. в зависимости; ~되다 подчиняться кому-чему-л.; быть за-висимым; покоряться кому-л.; по-виноваться кому-чему-л.; склоняться (смиряться) перед кем-чем-л.; 주변인 들을 자신의 세력하에 ~시키다 под-чинять окружающих своему влиянию; 공공의 이익을 위해 개인의 이익을 ~시키다 подчинять личные интересы общественным, 상황에~되다(달려있다) зависеть от обстоятельств; 운명에 ~되다 покоряться судьбе(своей участи); ~국 зависимое государство; ~령 зависимая территория;~적(의존적)상황 подчи-нённое(зависимое) положение.

종식 пресечение; прекращение; ос-тановка;~하다 прекращать(ся); ко-нчать(ся) с чем-л.; переставать;

- 760 -

종신(終身) вся жизнь; по жизни; женишься раз, попла- чешься век; ~형 пожизненная пенсия; ~직 пожизненная долж- ность; ~형 пожизнен-ное заклю- чение.

종양(腫瘍) неоплазма; опухоль; ~의 опухолевый; ~을 제거하다 удалять опухоль; ~암 раковая опухоль. см. 부스럼.

종이 бумага; ~끼우개 папка для бумаг; ~돈 бумажные деньги; ~쪽 лист; 모눈~ линованная бумага, миллиметровка; ~포장 обёрточная бумага; 종이두장 два листа бумаги

종일(終日) весь день; целый день; круглосуточно; ~ 관광하다 целый день участвовать в экскурсии по городу; ~일광욕하다 весь день за-горать(жариться) на солнце; 비가 ~ 봇물 쏟아지듯 내리다 весь день дождь льёт как из ведра.

종자(種子) сем, семечко; ~의 семенной; ~을 뿌리다 сеять семена (зёр-на); 콩심은데 콩나고, 팥심은데 팥난다 по семени и плод/ что по посееш, то и пожнёшь; ~증식 семе-новодство; ~학자 семеновод.

종장(終章) последняя (заключитель-ная) строфа стихотворения

종적 след; ~없이 бесследно; ~을 남기다 оставлять следы; отпечаты- вать; ~을 남기지 않다 не оставлять следов; бесследно исчезнуть; ~를 뒤쫓다 идти по следу; выследить; ~을감추다 исчезать; заметать следы; ~을 없애다 уничтожать следы чего-л.; 인간의 ~ следы человеческих ног; 고대 도시(문명)의 ~ (следы)остатки древнего города (ранней цивилизации)

종전(從前) ~의 недавно; раньше; прежний; бывший; предыдущий; пред-шествующий; прошедший; давний; ~부터 с давних времён.

종점(終點) конечный пункт; коне-чная станция; пункт выгрузки; конечная остановка; ~에서의 운임 지불 плата за погрузку товаров на конечной станции.

종족(種族) племя; род; ~적 племе-нной; этнический; рассовый; на-циональный; ~발생(기원)этногенез(национальное происхождение); ~장 старейшина рода; ~(인종)차별대우 расовая дискриминация; ~(인종)차별 주의 расизм; ~학(인종학) этног-рафия; ~학자 этнограф; 백인~ белая раса; ~소수 национальное или ра-совое меньшинство

종종 иногда; порой; подчас; в от дельных (некоторых) случаях; от случая к случаю; время от времени; временами; ~일어나다 иногда возни-кать; 자유는 불법행위로(방종으로) 변형되곤 한다 свобода иногда оборачивается беззаконием; 그는 ~ 말 씨와 행동거지에서 짐짓 외국태생임 을 드러내곤 한다 иногда в речи и манерах он нарочно подчёркивает своё иностранное происхождение; ~나는 두통을 앓는다 у меня иногда побаливает голова; 때로는 바보가 진실을 말해 준다 иной раз и дурак правду скажет; ~걸음 мелкие шажки.

종지(終止) завершение; окончание; прекращение; конец; заключение; исход; финал; заключительный аккорд; концовка; апофеоз; ~의 ко-нечный; последний; окончательный; ~하다 кончать; заканчивать; завер-шать; ~되다 кончать, подходить к концу; быть на исходе; ~를 찍다 ставить точку на чём-л.; подводить черту под чем-л.; 이것으로 끝이다 (관용구) кончен бал; и делу конец; 모든 일은~(마무리)가 중요하다 не хвались началом, хвались концом; ~부 точка; пунктуация(знаки препи-нания).

종착 ~하다 достигать конечного пункта; ~역 конечная станция; станция прибытия; ~지 конечный пункт(место) прибытия.

종창 см 종기 нарыв; гнойник; веред; чирей; ~이생기다(곪다) гноиться; ~을 절개하다(터뜨리다) вскрывать нарыв; 눈이 짓무르다 глаза гноятся; 상처 에서 고름이나온다 рана гноится; 화농성 гнойное воспаление.

종합(綜合) синтез; обобщение; ~의 синтезированный; ~적 синтетичес-кий; комбинированный; комплекс-ный; ~하다 синтезировать; обоб-щать; ~병원 поликлиника; ~예술 общее искусство; ~체 совокупность

종횡(縱橫) вдоль и поперёк; гори-зонтально и вертикально; сверху вниз и слева направо; в разных направлениях; ~으로(거침없이) 쏘다 니다 ходить вдоль и поперёк (беспрепятственно передвигаться).

좆 мужской половой орган.

좇다 следовать за кем-чем-л. (кому-чему-л.;в чём-л.);идти по пятам; 사건들이란 연달아 일어나곤 한다 события следуют одно за другим; 예를(유행을) ~ следовать примеру(мо-де); 명예(성공;이윤)를 ~ гнаться за славой(успехом; прибылью);

적을~ гнаться за врагом; 누군가의 뒤를~ идти вслед за кем-л.; 퇴각하는 적을 좇다 преследовать отступающего врага.

좋다 хороший; неплохой; порядоч-ный; отменный; 기분이~ хорошо настроение; 기분이 좋지않다 чувст-вовать себя нехорошо; 좋은소식을 가져오다 приносить хорошие(прия-тные) новости; 좋은 냄새가 난다 пахнет приятно; 좋은 평판을 지니다 иметь хорошую репутацию; 건강에 좋지않은(해로운) вредный для здо-ровья; 그는 신선한 공기를 쐬는 것이 건강에 더욱 좋다 ему полезно по-больше быть на свежем воздухе; 더욱 ~ тем лучше; 나쁠수록 좋다 чем хуже, тем лучше; 더없이~как нельзя лучше; 좋다! прекрасно! отлично! замеча-тельно! 가장~ лучше всего; 좋은 일 добрые дела(наме-рения); 좋은교육 хорошее воспитание; 좋은 매너 хорошие манеры; 좋은 행동 хорошее поведение; добросовест-ное выполнение своих обязанностей.

좋습니다 Хорошо.

좋아져요 стать лучше.

좋아하다 любить; хорошо или одо-брительно относиться к кому-чему-л.; 애착을 지니다 быть привязанным к кому-л.; иметь пристрастие(слабость) к чему-л.; 유혹을 불러일으키다 питать слабость к кому-л.; 홀딱 반하다; 푹 빠지다 души не чаять в ком-л.; быть влю-блённым в кого-л.; быть без па-мяти(без ума) от кого-л.; пылать любовью(страстью) к кому-л.; 정말 싫다 любить как собака палку; 눈길을 떼지 못하다 не сводить с кого-л. глаз; 취향은 가지각색 на вкус и цвет товарища нет; 정부 любовник(ца); 애호가 любитель. **좋아합니다** люблю.

좋았는데 было хорошо.

좋은 приятный.

좌(左) I левый; ~로 налево; ~경(적 경향) левый уклон; левизна; ~익 왼손잡이 левша.

좌(座) II место для сидения; ~성 созвездие; плеяда.

좌석(座席) сиденье;~에 앉다 сади-ться; ~에서 일어나다 подниматься со своего места; ~을...에게 양보하다 уступать место кому-л.; ...을 보유한 음식점 ресторан на ...посадочных мест

좌우(左右) левая и правые стороны; ~에 рядом; сбоку; под

боком; ~상칭 двусторонняя симметрия; ~청촉 обращаться в разные места с просьбой; ~협공 наносить удары по врагу со всех сторон.

좌익(左翼) левое крыло; левый фланг; ~경향 левацкий; левофланговый; ~(우익) левое(правое) крыло; ~과격파 левые экстремисты; ультралевые элементы.

좌절(挫折) обескураженность; уны-ние; ~하다 отчаиваться в чём-л.; ...를 ~시키다 проводить кого-л. в уныние; ~되다 разбиваться; сломать; терпеть неудачу; проваливаться.

좌측(左側) левая сторона; левый бок; ~공격 атака(нападение) слева; ~수비 수 левый защитник; ~왕 левый крайний

죄(罪) преступление; ~의 преступный; ~를 행하다 совершать преступление; ~(범행)을 자백하다 сознаваться в преступлении; явиться с повинной;~를 인정하다 признать кого-л. винова-тым; ...에게~를 전가시키다 свалить вину на кого-л.; свалить что-л. в вину кого-л.; ...의~로(죄목으로) по обвине-нию в чём-л.; ~(범죄) 현장에서 на месте преступления;~(범죄율)의 증가 рост преступности; ~명 квалификация преступления; ~목 перечень преступ-лений; 유~(무~)판결 обвинительный (оправдательный) приговор.

죄다 затягивать; стягивать чем-л. (ремнём; верёвкой); зажимать; натя-гивать; подтягивать; перехватывать; (자리를) ~ потесниться; (마음을) ~ вносить напряжённость; быть в тревожном состоянии; 긴장감도는 관계~ натянутое отношение с кем-л.

죄송(罪悚) извинение; ~하다 из- виняться перед кем-л.(в том, что ...); принести извинения кому-л.); просить прощения у кого-л.; при-ходить с повинной; чувствовать себя очень смущённым. **죄송하지만** простите, но

주(主) I важность; значимость

주(週) II неделя.

주(註) II примечание(к чему-л.); комментарий.

주(州) IV область; ~의 областной; префектурный; ~지사 префект; ~청 (도청) префектурное управление; 자치~ автономная область.

주 штат.

주거(住居) житьё; ~하다 проживать; обитать; жить; 시골에 ~하다 жить за городом; 외국에 ~하다 жить за границей; ~자 житель; ~지 жилище; жильё; местожительство; ~지역

жилой район.

주고받다 обмениваться; меняться чем-кем-л.(с кем-л.);дать(отдать) и получить(взять); 도움을 ~ взаимно помогать; помогать друг другу; 상호 양보를~ делать взаимные уступки; 타협안을~ пойти на компромисс; 농담(독설,경험)을 ~ обменяться шутка-ми; 인사를~ обменяться поклонами;поклониться друг другу; 의견을 ~ обменяться мнениями; побеседовать; 시선을~ обменяться взглядами; взгля-нуть друг на друга.

주관(主觀) I субъект; личное мнение; ~적인 личный; субъективный; ~적 평가(판정) субъективная оценка; ...에 대한 ~적 관계 личное(субъективное) отношение к кому-чему-л.;사건평가에 있어서의 ~성 субъективизм в оценке событий; ~론 субъективизм; ~성 субъективность; ~적 관념론 субъек-тивный идеализм.

주관(主管) II ~하다 руководить, контролировать отвечая за дело и руководить;распоряжаться.

주권(主權) суверенитет; верховная власть; ~을 준수하다 соблюдать суверенитет; ~을 행사하다 вступать в суверенитет; ~国 суверенные государства; ~자 руководитель, осуществляющий верховную власть; ~재민 суверенитет принадлежит народу.

주기(週期) период; цикл; ~적 пе-риодический; повторяющийся; ~성 периодичность; цикличность; ~(순환) 소수 период дроби; ~적운동 перио-дическое движение; ~적 현상 пер-иодическое явление; ~표(화학) таб-лица периодической системы; ~함 수(수학) период функции.

주기도문(主祈禱文) 1) богослужебная молитва; 2) Молитва Господня.

주다 давать; 원조의 손길을 ~ по- давать кому-л. руку помощи; 동냥을 ~ подавать милостыню; ...에게 차 잔을~ дать кому-л. чашку чая; 본을 대학교 에 기증하다 передавать все свои книги(свою библиотеку); 자유를 пре-доставлять свободу; ~로부터 온 편지를 전해주다 передавать письмо от кого-л.; 공짜로 ~ отдавать кому-л. бесплатно(даром); 기회를 ~ давать возможность(шанс); 앙갚음을 ~ пла-тить той же монетой; 이 문제에 대해 생각할 여유를 하루만 주십시오 Дайте мне день, чтобы подумать над этим вопросом; 묶어갈 곳을 제공해 주실 수

있습니까? Не могли бы вы устроить меня переночевать; 새로운 법규에 따르면 여성도 남성과 동일한 노동의 대가를 받는다 По новому закону оплата труда женщин приравни- вается к оплате труда мужчин.

주도(主導) инициатива; ~하다 во-зглавлять; ~권을 쥐다(세력을 쥐다) брать на себя руководство чем-л.; становиться(вставать) во главе чего-л.; ~권 главенство; ~력 инициа-тивность; ~자 инициатор; органи-затор; ~적 역할 ведущая роль.

주동(主動) см 주도 1) ~적 ведущий, руководящий; ~하다 быть веду-щим(руководящим); 2) сущ. веду-щий, руководящий; инициатор.

주력(注力) главные силы; ~하다 вкладывать силы во что-л.; при-лагать все усилия к чему-л.;~부대 постоянная армия; ~함 линей-ный корабль; линкор.

주로(主-) главным образом; в ос-новном; обычно; большей частью.

주룩주룩 пить как из ведра; 땀을 ~ 흘리다 весь в поту; пот градо-м катится; 눈물을 ~흘리다 залива-ться слезами.

주르르 сочиться; капать; 코피가 ~ 흐르다 у кого кровь течёт из носу; 상처에서 피가 ~흐르다 кровь сочится из раны; 얼음위로 ~미끄러지다 ско-льзить по льду.

주름 морщина; складка;~지다 по-крываться морщинами; ~잡다 зак-ладывать в складки;~살 морщина(на лице); складка.

주리다 голодать; недоедать; щёлкать зубами; питаться манной небесной; ощущать(испытывать) недостаток (нехватку); 주린 голодный; в жи-воте урчит у кого-л.

주말학교 воскресная школа.

주머니 кошелёк; мешок; сума; ка-рман; (женская) сумочка; 두둑한 ~ тугой кошелёк; ~ 얄팍한 тощий кошелёк; безденежье; бедность.

주먹 кулак; ~을 사용하다 пускать в ход кулаки; ...에게 ~질하다 гро- зить кому-л. кулаком; ударять кулаком; угрожать кулаком; ~구구 счёт по пальцам;грубый подсчёт; грубый эмпирический метод;~구구식 приблизительно; беспорядочно; ~맛을 보다 испытать на себе силу кулака; ~밥 горсть варёного риса.

주모(主母) ~하다 быть зачинщиком в заговоре; ~자 главарь.

- 766 -

주목(注目) взгляд; взор; внимание; ~하다 обращать внимание(свой взор).

주무르다 мять; жать(в руках); теребить руками.

주무부(主務部) авторитетный спец-иалист. 주무시다 спать. 주무십시오 спокойной ночи.

주문(主文) заказ;~하다 заказывать; подписываться;~자 заказчик; под-писчик. 주문에 의해 만든 заказной.

주물(鑄物) литьё; ~품 литые мет-аллические изделия.

주민(住民) население; жители; ~등록 запись(регистрация) актов гра-жданского состояния; ~세 резиде-нтский налог; сбор; пошлина.

주방(廚房) кухня.

주변(周邊) окружающая обстановка; окружающие люди; ~인 окружаю-щие;~환경 окружающая обстановка

주부(主婦) хозяйка; 알뜰한~ эко- номная хозяйка; 빈둥대는 безза-ботная хозяйка; ~들에게 주는 살림의 지혜 советы домашним хозяйкам; 훌륭한~는 티끌하나 용든다 хорошая хозяйка не оставляет и пылинки; 계산적인~ расчётливая хозяйка; 검소한~ бережливая хоз-яйка.

주사(酒邪) I непристойное пове- дение пьяного;~가 있는 사람 чело-век который грубо (непристойно) ведёт себя, когда выпьет; ~를 부리다 непристойно вести себя из- за пьянства.

주사(注射) II инъекция, укол, при-вивка; 피하~를 놓다 впрыскивать под кожу; 환자에게 캠퍼~한 대를 놓다 впрыскивать больному ампулы (камфоры); 장티푸스예방 ~를 맞다 кому-л. делать противотифозную прививку; 예방접종~를 놓다 делать кому прививку(против) от чего-л.; ~기 шприц; инъектор; ~바늘 игла шприца; ~약 лекарство для инъекций; 우두~ инокуляция; 피하~ подкожное вливание.

주사위 игральные кости; кубик; ~를 던지다 бросать кости; ~는 던져졌다 (운명을 결정되었다) жребий брошен; ~놀이를 하다 играть в кости; ~놀이 игра в кости.

주석(主席) I глава; лидер; 중국~의 공식방문 официальный визит пре-зидента КНР; 북한~ 김일성의 사망 보도 сообщение о кончине северо-корейского лидера Ким Ир Сена.

주석(朱錫) II олово; ~으로 만든 оловянный; сделанный из олова; ~을 입하다 лудить; покрывать оловом; ~도금

лужение; покрытие оловом; ~박 станиоль; ~제품 оло-вянная посуда.

주석(註釋) III комментарий; толко-вание; аннотация; ~하다 комментировать; толковать;~을 달다 снабжать примечаниями; аннотиро- вать; ~에 ~을 달다 давать комме-нтарий к чему-л.; делать оговорку к чему-л.; ~사전 толковый словарь; ~자 комментатор; толкователь.

주선 содействие; услуга; интер-цессия; ~하다 оказывать услугу, помощь; ...의 ~으로 с помощью кого-л.; при содействии кого-л.; ...에게 취직을 ~해주다 найти кому-л. рабочее место; устраивать кого-л. на службу (работу) 주세요. дайте.

주소(住所) адрес; местожительство; ~를 바꾸다 менять адрес(местожи-тельство); ~를 봉투에 쓰다 писать адрес на конверте; ~가 분명치 않다 (주소불명) адрес неизвестен; 당신의 ~가 어떻게 됩니까? Какой ваш адрес? 옛날~로 편지를 보내다 послать кому-л. письмо по старому адресу; ~록 адресная книга; список адресов; ~ 불명자 человек без адреса; бомж; 안내소~ адресный стол; 영구~ постоянный адрес(местожительство); 임시~ временный адрес(местожитель-тво); 직장~ служебный адрес; 집~ домашний адрес.

주술(呪術) заклинания; заговор; ~로 병을 고치다 лечить болезнь за-клинаниями; ~의 위력을 믿다 ве- рить в силу заклинаний; ~사 за-клинатель(ница).

주스(juice) сок; 과일~ фруктовый сок; 오렌지~ апельсиновый сок.

주시 пристальный взгляд; ~하다 пристально наблюдать; смотреть испытующим взглядом; ...의 얼굴을 ~하다 пристально смотреть кому-л. в лицо.; 세간의 ~대상이 되다 оказы-ваться в центре внимания.

주식(主食) I основной продукт питания; основная пища.

주식(柱式) II акция; фонды; ~을 모 집하다 подписаться на акции; ~을 양도하다 передавать акции; ~을 발행하다 выпускать акции; ~이 하락하다 падают фонды на бирже; ~이 오르다 поднимаются акции в цене; ~거래 торговля акциями; ~계약 фондовые сделки; ~공개 предложение акций; ~매매 биржевые операции; ~배당 дивидент от акций; ~시세 курс акций; ~시장 фондовая биржа; ~액면가

нарицательная стоимость акций; ~자본 акционерский(паевой) капитал; ~투자 инвестиция в акции; ~회사 акцио-нерное общество; акционерная ко-мпания.

주십니다 дает.

주야(晝夜) сутки; день и ночь; всё время; не переставая; ~로 염원(念願)하다 горячо желать и день, и ночь.

주어지다 даваться; предоставляться.

주었습니다 дал.

주역(主役) I главная роль; ~을 맡다 играть главную роль; 어린이는 내일의 ~이다 дети будут завтра-шними героями; ~배우 актёр, испо-лняющий главную роль.

주역(註譯) II перевод с коммента-риями; ~하다 переводить с ком- ментариями.

주연(酒宴) I пир; пиршество; банкет; ~에 배석하다 обслуживать на пиру; ~을배풀다 давать(устраивать) пир; пировать; 성대한 ~을 배풀다 задавать пир горой; 조졸한 ~을 열다 устраивать пирушку; ...를 위해 ~을 배풀다 устраивать банкет в честь кого-л.

주연(主演) II исполнение главной роли; ~을 맡다 играть главную роль; выступать в главной роли; ~배우 артист, исполняющий главную роль.

주워내다 вытаскивать.

주워담다 собирать и класть; под- бирать

주워대다 говорить правдоподобно.

주워듣다 подслушивать; нечаянно слышать; 주워들은 이야기 нечаянно подслушанный разговор.

주워모으다 собирать; 버려진 병들을 ~собирать выброшенные бутылки

주워서 подбирав.

주원료(主原料) основное сырьё.

주원인(主原因) главная причина; главный фактор; ~이 되다 служить главной причиной чему-л.

주위(周圍) окрестность; окружение; ~의 окружающий; прилегающий; соседний; ~를 둘리시의 окрестности города; ~의 영향을 받았다 ~의 окружать; ~의 사람들 близкие люди; ~도다 испытывать на себе влияние окру-жающей среды; ..의 ~ 를 둘러보다 осматривать вокруг чего-л.; ~에는 아무도 없다 никого поблизости нет; ~사정 окружающая обстановка; ~환경 окружающая среда. 주위 사람들 окружающие люди.

주유(注油) заправка; 윤활유~ смаз-ка; ~하다 заправляться(бензином); 자동차에 ~를 하다 заправлять машину; ~펌프 масляный насос.

주의(注意) внимание; ~하다 обра-щать внимание; ~를 기울이다 обра-щать внимание на кого-что-л.; поставить кому-что-л. на вид; ...의 ~를 돌리게하다 обращать чьё-л. внимание на что-л.;~를 끌다 при-влекать внимание; бывать на виду у кого-л.; ...에 ~를 기울이다 уделять особое внимание чему-л.; ~깊게 с вниманием; ...에게 위험 ~을 경고 하다 предупреждать кого-л. об опасности; ~를 기울여 바라보다 смотреть сосредоточенно; внима- тельно смотреть; ~력 внимание; сосредоточенность.

주의 날(부활의날) день воскресения

주의 사자 Ангел Господень.

주의 종 раб Господень.

주의 형제들 братья Господень.

주의하다 обращать внимание, пре-дупреждать.

주인(主人) владелец; хозяин; ~과 손님 хозяин и гость; 정세의 ~(실 권자) хозяин положения; ~(당사자)을 제쳐놓고 결정해 버리다 без хозяина решать(рассчитывать); 목장의~에게 과세하다 облагать налогом владе-льца пастбища; 그는 그자신의~이다 он сам себе хозяин; ~은 부재중 самогото нет дома; 여관~владелец гостиницы; ~집 владелец дома.

주인공(主人公) герой(литератур- ный); ~역을 하다 играть роль героя; ~인체 하다 изображать из себя героя; 뚜르게네프 작품의~들 герои Тургенева; 강한 могучий герой; 전설의~ герой легенды; 긍정적 ~ положительный герой; 서정적 ~ лирический герой.

주일(週日) I неделя; 이번 ~에 на этой неделе; 다음~에 на будущей (следующей) неделе; 한~에 두 번 два раза в неделю; 이 ~ 이후에 через две недели; 이 ~ 한번 편지를 쓰다 писать письма раз в две недели; 그는 다음~에 도착한다 он приезжает на будущей неделе; 그는 삼~ 더 머무를 것이다 он остаётся ещё на три недели; 그리스도 고난~ страс-тная неделя; 부활절~ пасхальная неделя.

주일(主日) II воскресенье; 부활제 후의 첫쨰 Фомоно воскресенье; пер-вое воскресенье после пасхи; ~마다 по воскресеньям; ~마다 상점은 문을 닫 는다 по воскресеньям магазин закрыт; ~학교 религиозная воскресная школа; 부활절~светлое(Христово) воскресенье; 정지~ вербное воскресенье.

주임(主任) заведующий; старший; ~사제 настоятель; 사무~ заведу-ющий канцелярией; 정보~ заведу-ющий отделом информации; 회계~ заведующий финансовой частью.

주입(注入) вливание; ~하다 вливать; заливать; впрыскивать; внедрять; 머릿속에 ...을 ~시키다 вбивать кому-л. что-л. в голову; 주사기는 약을 ~하기 위한 도구이다 шприц-это прибор для вливания лекарства; ~기 сосуд для вливания(заливки) жидкости; ~식 교육 обучение, основанное на затаскивании(зубрёжке).

주장(主張) мнение, утверждение; настояние; ~하다 настаивать на чём-л.; отстаивать; требовать чего-л.; утвер-ждать; 필요성을~하다 настаивать на необходимости; 자설을~하다 настаи-вать на своём; 자신의 견해를 ~하다 стоять на своём; отстаивать свою точку зрения; 자식의~대로 처리하다 проводить свою линию; 그는 이것이 진실이라고~하고 있다 он утверждает, что это правда; 모두들 그가 옳다고~했다 все утверждали, что он прав.

주재(主宰) управление; руководство; ~의 руководящий; командный; директивный; инструктивный; ~하다 руководить кем-чем-л.; воз-главлять; началь-ствовать над кем-чем-л.; ...을 ~하다 стоять во главе чего-л.; ...의 ~하에 под руко-водством кого-л.; ~자 руководитель.

주저 колебание; нерешимость; ~하다 колебаться в чём-л.; не решаться; не осмеливаться; быть в нерешимости; ~하면서 нереши-тельно; неуверенно; ~함이 없이 без колебания; 오랜 ~ 끝에 после до-лгих колебаний; ~하는 걸음걸이 нерешительная походка.

주저앉다 сесть, опуститься, оседать; 피곤한 모습으로 소파에~ устало опускаться на диван; 집이~ рушится дом; 다리가 주저앉았다 мост обвалился.

주정 (винный) спирт; хмельное; алкоголь; ~수준기 уровень спирта (алкоголя); ~음료 спиртные напи-тки; горячительные напитки.

주제(主題) основная тема; 세계대전 을~로 한 글 сочинение на тему о мировой войне;~를 바꾸다 перейти к другой теме; ...에 대한~로 글을 쓰다 писать на тему о чём-л.; ~의 발전 развитие сюжета; ~화 картина написанная на определённую тему; 영화~가 песня к кинофильму.

주조(主潮) I главное течение; ~에 따르다 следовать главному течению; ~에 따라 행동하다 плыть по главному течению; ~에 편승하다 вести себя под давлением обстоятельств;~에 역행하다 плыть против течения; 아시아 문명의 ~ главное течение культуры Азии.

주조(鑄造) II литьё; отливка; ~하다 лить; отливать; модре 거푸집에 의한 ~ лепить фигурки из песка; 대포(종)를 ~하다 лить пушки(колокола); 양초를 ~하다 лить свечи; 탄환을 ~하다 отливать пулю; ~기 литейная машина; 압착 ~(다이케스팅) литьё давлением.

주종(主從) главное и второстепе́нное; ~관계 отношения мужду нача́льником и подчинённым.

주차(駐車) стоянка автомобилей; ~위반 과태료를 부과하다 наложить штраф; штрафовать за нарушение правил парковки на стоянке; 노상 ~ стоянка автомобилей на улице(под открытым небом); ~거리 стоянка автомобилей посреди улицы; ~금지 стоянка запрещена; ~위반 벌금통지서 штрафная квитанция за нарушение парковки; 500대 분량의 ~ стоянка на пятьсот автомобилей; ~장 автостоянка; 택시 ~장 место стоянки такси. 주차 금지 стоянка запрещается.

주차장(駐車場) стоянка.

주체(體體) ~를 못하다 не справля́ться с кем-чем-л.; не совладать с кем-чем-л.; невозможно преодолеть что-л.; не осиливать кого-что-л.;не в состоянии превозмочь.

주체(主體) субъект; основная(гла́вная) часть; самобытность; 민족~성 национальная самобытность.

주최(主催) ~하다 организовывать; устраивать; 단기 강습회를 ~하다 организовывать краткосрочный курс; 파티를 ~하다 организовывать вечер-инку; 전람회를 ~하다 устраивать выставку; 음악회를~하다 уст-раивать концерт; 만찬을 ~하다 уст-раивать обед в честь кого-л.; 운동회를~하다 устраивать состязание; ...의 ~자가 되다 быть инициатором чего-л.; ~자 устроитель, инициа-тор; организатор.

주춤 ~하다 резко остановиться; нерешительно двигаться; колебаться; не решаться; 선택에서~거리다 колебаться в выборе; 결단을~거리다 колебаться в решении; 무서워서 ~거리다 нерешительно двигаться от страха.

주택(住宅) апарт квартира; дом; жилище; жильё; 6층짜리~ шести- этажный дом; ~의 정비 благоуст-ройство жилищ; ~문제를 논의하다 обсуждать жилищный вопрос; ~을 보장하다 обеспечить кого-л. жилищем; ~가 улица, застроенная жилыми домами; ~난 трудности с жильём; жилищная проблема; ~배분 жилищ-ный отдел; ~은행 жилищный банк; ~자금 жилищный фонд; средства на жильё; ~조합 жилищный кооператив; ~지 жилая площадь; жилплощадь; 목조~ деревянный дом.

죽 I десять разновидностей(одеж-ды, посуды); десять штук(о посу-де, о комплектах одежды).

죽(粥) II жидкая каша; кашица; ~을 끓이다 варить кашу; 식은~먹기 очень легко получается; 메밀~ гречневая каша; 묽은~ пищевая кашица; 보리~ ячменная каша; 우유~ молочная каша; 좁쌀~ манная каша.   **죽**(竹) III бамбук.

죽다, сдыхать умирает от чего-л.; расставаться с жизнью; уходить в иной мир; 병으로 ~ умирать от болезни; 부상으로~умирать от ран; 늙어 ~ умирать от старости; 굶어 ~ умирать от(с) голода; 콜레라로 ~ умирать от холеры.

죽음 смерть; гибель; погибель.

죽이다 убивать; уничтожать физи-чески; лишать жизни; убирать; предавать смерти; 총으로 ~убить из ружья; 한발에 ~ убить наповал; 시간을 ~ убить время; 속도를 ~ снижать скорость; тормозить; 발소리 를 ~ заглушать шаги; 그는 전쟁에서 죽었다 он убит на войне; 벼락을 맞고 죽다 кого-л. громом убило.

죽죽 прямо(проводить несколько линий); рядами; ~ 앞으로 나아가다 идти прямо вперёд; ~ 잘라내다 несколько раз отрезать;~줄을 긋다 беспрерывно чертить, проводить линию; 펌프로 물을 ~ 빨아올리다 насос сосёт воду.

준결승(準決勝) полуфинал; 한국은 ~에 나갔다 Корея вышла в полу- финал; ~전 полуфинальное состя-зание; полуфинальная игра.

준공(竣工) завершение(конец) пос-тройки; окончание строительных работ; ввод в строй;~하다 завер-шать (заканчивать) строительство; вводить в строй; ~식 церемония окончания(завершения) строитель-ства.

준법(遵法) соблюдение закона; ~ 정신 дух закона послушания; ~하다 соблюдать закон; следовать закону; придерживаться закона; ~성 законность

준비기간(準備期間) подготовительный срок.

준비(準備) подготовка; приготовле-ние; ~하다 готовить; приготовлять; ~중이다 идёт подготовка; ...이 ~작업에 몰두하다 уходить с головой в работу по подготовке чего-л.; 그의 실패는 부실한~에 기인한 것이다 его неудача объясняется плохой подго-товкой; ~금 резервный фонд; ~실 комната для подготовки; ~작업 подготовительная работа; 전쟁~ подготовка к войне.

준비물 вещи для подготовки.

준수 I соблюдение; ~하다 блюсти; соблюдать; придерживаться чего-л.; следовать чему-л.; держаться чего-л.; выдерживать; ...에게 비밀을~를 요구 하다 требовать от кого-л. сохранения тайны; 요구의~ выполнение требо-вания; 의무~ выполнение долга.

준수(俊秀) II ~하다 особенный; замечательный; выдающийся; ~한 청년 выдающийся парень.

준엄(峻嚴)~하다 строгий;суровый; крутой; жёсткий;~하게 처신(행동) 하다 поступать жёстко; без посла-блений обходиться с кем-л.; ~한 법률 суровый закон;~한 검열 суро-вая цензура; ~한 얼굴 очень стро-гое лицо;~한 교육방법 спартанское воспитание.

줄, 선, 금 линия. 줄, 열 ряд.

줄 верёвка; бечёвка; шнур; ~을 서다 вступать в ряды; построиться в ряды; ~을 꼬다 вить верёвку;~을 지어 가다 идти рядами;~끝에 가서 서다 спать в хвосте; ~을 바꾸다 начинать с красной строки; 소식 몇 ~만 적어 주세요 напишите мне несколько строк; ~을 놓다 устанавли-вать связи; 좋은 연~이 있다 иметь хорошие связи; 세~로 늘어놓은 의자 стулья в три ряда; 일반석의 세 번째 ~에 в третьем ряду партера; 제일 앞 ~에서 в первых рядах; 연극표를 사기 위한~ очередь за биле-тами в театр; 잘 정렬된 ~ строй-ный ряд; 긴~ длинная очередь; 새로운~ красная строка; 푸른 무늬의 с синими полосами; 고무 ~ ре-зинка; 노끈~ упаковочная верёвка; 빨래~ бельевая верёвка; 전신 ~ телеграфная проволока; 철사~ же-лезная проволока.

줄거리 интрига; ~의 전개 развитие сюжета.

줄기 стебель.

줄다 уменьшаться;сокращаться

줄어들다 уменьшаться; убавляться в чём-л.; 체중이 ~ убавляться в весе; 용적이~ объём уменьшается; 거리가~ расстояние сокращается; 낮이 짧아지고있다 дни сокращаются; дни становятся короче; 도시의 인구가 줄어들었다 население города уба-вилось.

줄이다(축소하다) I сокращать.

줄이다 II уменьшать; убавлять; 위험 을~ уменьшать опасность; 지출을 ~ уменьшать расходы; 중량을~ умень-шать вес; 예산을~ сокращать бюджет; 군비를 ~ сокращать вооружение; 노동 시간을 ~ сокращать часы работы; 길이를 ~ убавлять длину чего-л.; 기한을~ сокращать срок; 속도를~ убавлять скорость; 소매를~ убавлять рукава; 돛대의 일부를~ спускать паруса.

줄줄 журчать; непрерывно течь; 시를 ~ 외우다 бегло заучить стихи; 시냇물이 ~ 흐른다 журчит ручей.

줄지어 выстраиваясь, в ряд.

줌 горсть; 한 ~의 모래 горсть пе-ску; 한~을 쥐다 брать горсть; дер-жать ладонь горстью.

줍다 собирать; подбирать; 흐트러진 서류를 ~ подбирать рассыпанные бумаги; 모자를~ подбирать шляпу

중 I (불교) монах; ~처럼 금욕생활을 하다 жить монахом; ~이제머리 못 깎는다 самому трудно решать дела в свою пользу.

중(中) II середина; ~용 золотая середина; ~용을 지키다 держаться середины; знать середину; 1월 ~순 середина января; 도시의 ~심부에 в центре города; 대화 ~에 в сере-дине разговора; 백주에 среди бела дня; 한 밤 ~에 среди ночи; 거리 한 ~에서 среди улицы; 한 겨울에 в середине зимы; 러시아 작가들 ~에 среди руских писателей; ~거리 средняя дистанция; ~거리 달리기 бег на среднюю дистанцию.

중간(中間) середина; промежуток; ~ 의 серединный; ~에 в ходе; в про-цессе;...의 중간에 между чем-л.; 일을 ~에

그만두다 бросить дело на середи-не; 도시간의 직통전화 прямое теле-фонное сообщение между городами; 1920-30년 사이에 между 1920-м и 1930-м годами; 우리를 간에는 그런 관습이 없다 между на-ми нет такого обычая; 일을 쉬는 사이를 흐르고 있다 река течёт ме-жду двумя горами; 긴은 산 사이를 통해 있다 дорога лежит между гор; 서로 간에 между собой; 서로 간에 나누다 разделить что-л. между собой; 그 사이에 между тем; 식사 준비가 되었다 между тем обед был готов; 진퇴양난의 между двух ог-ней; 말하는~에 во время речи(раз-говора); 인생의 ~에 в середине жизни; ~검토 текущий контроль; ~속력 средняя скорость; ~역 про-межуточная станция; ~층 проме-жуточный слой; средняя(промеж-уточная) ступень; ~파 центристс-кая(нейтральная) группа

중간지점 среднее место.

중간시험(보조시험) зачет.

중개(仲介) посредничество; ~로 по посредничеству кого-л.; ~하다 по-средничать между чем-л.; ~자로 нaстyпить выступать посредником; ...의 ~를 요청하다 прибегать к посредничеству кого-л.; ~료 плата за посредничество; комиссионные; ~업 комиссионерство; ~업자 посредник; комиссионер; мак-лер; 결혼~인 сват; ~재판소 третейский суд; ~재판 третей ское разбирательство; 주식 ~인 биржевой маклер.

중건(重建) реконструкция; перестройка; ~하다 реконструировать; перестраивать; 국민경제의 ~ реконструкция народного хозяйства.

중계(中繼) ~하다 транслировать; предавать(пересылать) через; ~망 трансляционная сеть; ~무역 реэкспорт; ~방송 трансляция; ~방송국 трансляционная станция; ~소 ретрансляционный пункт; ~탑 ретрасляционная башня; ~항 транзитный порт.

중고(中古) ветхость; ~의 старый; подержанный; ветхий; обветшалый; потёртый; истрёпанный; ~품 подержанная вещь.

중공업(重工業) тяжёлая промышленность; тяжёлая индустрия; 한국 의 ~에서 가장 발달한 분야는 무엇입니까? Какие отрасли тяжёлой промышленности в Корее наиболее развиты?

- 776 -

중국(中國) Китай; 화약은 중국에서 발명된 것으로 간주되고있다 принято считать, что порох был изобретён в Китае; ~은행가들은 러시아 고객들에게 모든 종류의 금융서비스를 제공 할 의사를 비쳤다 китайские банкиры заявили о своём намерении предос-тавлять российским клиентам всевоз-можные банковские услуги; ~어 китайский язык; ~인 китаец.

중금속(重金屬) тяжёлый металл; ~ 폐기물 처리 обработка отходов тяжёлого металла.

중단(中斷) перерыв; промежуток; пауза;интервал;~하다 прекращать; переставать; прерывать; 작업의 ~ перерыв в работе; 자주 ~되는 작업 работа с перебоями; 회의~ перерыв в заседании; 전류의 ~ перебой в подаче электрического тока.

중대(重大) ~하다 имеющий пер- востепенное значение; важный; зна-чимый; весомый; значительный; принципиальный; 한 의의를 지니다 иметь существенное значе-ние; ...의 ~성을 과소평가하다 преу-меньшать важность чего-л.;...의 ~성을 인식하다 осознавать важность чего-л.; 내게는 매우 ~하다 мне очень важно; ~한 문제 важный вопрос; ~한 사건 истори-ческое событие; 산업의 ~한 부문 важнейшие отрасли промышленности; 사건의 ~성 важ-ность этого дела; ~사 серьёзная проблема; ~사 важное дело; ~성 важность.

중도(中途) I ~의 по дороге; доро- гой; по пути; ~에서 그만두다 бро-сать в процессе (работы); ~에 돌아 오다 вернуться с дороги.

중도(中道) II золотая середина; 생활에 ~가 있는 것 умеренность в жизни; ~를 걷다 придерживаться золотой середины; ~(한도)를 지키다 соблюдать меру; ~주의자 умеренные.

중독(中毒) отравление; интоксика-ция; ~되다 отравиться; 식~에 걸리다 отравиться едой(пищей); 가스~에 되다 отравиться(удушливым) газом; 종교는 사람을 ~시킨다 религия отравляет сознание человека; 상한 생선에 ~되다 отравиться несвежей рыбой; 알코올 ~ алкоголизм; ~성 токсичность; ~성 물질 отравляющее вещество; ядохимикаты; ~자 пристрастившийся к чему-л.; 마약~자 наркоман; 알코올 ~자 алкоголик.

중동(中東) Средний Восток; ~지역 국가들의 평화회담 мирные перего- воры стран Среднего Востока.

중량(重量) вес; тяжесть; ~을 늘리다 набирать вес; ~을 줄이다 сгонять вес; ~분석 весовой анализ; ~증가 надбавка веса; ~자동차 тяжёлый(большегрузный) грузовик; 화물~ тяжёловесный груз; 화차~ тяжёловесный товарный вагон; 기체 장비 – полётный вес; ~실 вес нетто; ~정미 действительный (чистый) вес; ~총 общий вес.

중력(重力) тяжесть; ~가속도 ускорение силы тяжести; ~중심 центр тяжести; ~계 гравиметр.

중립(中立) нейтралитет; нейтральная (промежуточная) позиция; невмешательство; ~적 어휘 нейтральная лексика; ~을 지키다 соблюдать нейтралитет; ~을 고수하다 быть нейтральным; придерживаться нейтралитета; 정치적~정책 политика невмешательства; ~권 право на нейтралитет; ~국 нейтральное государство; ~선언 нейтрализация; ~정책 политика нейтралитета; ~주의 нейтралитет; нейтрализм; ~(비무장)지대 нейтральная зона; 무장~вооружённый нейтралитет; 엄정~строгий нейтралитет

중매(仲買) сватовство;~하다 сватать кого-л. кому-л.(кого-л. за кого-л.); 그는 아름다운 색시 감을 ~ 받았다 за него(ему) сосватали красивую невесту; ~인 сват(ха).

중벌(重罰) суровое(тяжёлое) нака-зание;~에 처하다 подвергать суровому наказанию; ~을 받다 подвергнуться суровому наказанию; 그는 살인죄로 ~에 처해졌다 его сурово наказали за убийство.

중범(重犯) тяжкое преступление; опасный преступник; ~하다 совершать повторное преступление; ~(상 습범)자 рецидивист; ~자의 경우에는 в случае опасного преступника.

중병(重病) тяжёлое заболевание; серьёзная болезнь; ~ 때문에 из-за серьёзной болезни;~에 걸린 тяжко болен; тяжело заболел; ~에 시달린 поражённый серьёзной болезнью; ~을 치료하다 лечиться от серьёзной болезни;~환자 тяжелобольной.

중복(重複) повторение; повтор; та-втология; удвоение; совпадение; ~하다 повторять; твердить о чём-л. (что-л.); дудеть в одну дудку; зала-дить; удваивать; оказываться одина-ковым; 동의어~의 тавтологический; ~된 повторенный; ~수정 двойное оплодотворение;~은 학습의 어머니 повто-ренияемать учения; ~을 피하다 избежать повторения; 기사는 상당부분~된다 в статье много повторений.

중부(中部) центральная часть; ~ 지방 центральный район; ~ 전선 средний фронт.

중상(中傷) I клевета; наговор; ~의 клеветнический; кляузный; ~하다 клеветать; говорить клевету(напрас-лину) на кого-л.; оговаривать кого-л.; чернить кого-л.; очернять кого-л.; наговаривать; ~자 клеветник; очер-нитель; ~적 보도 клеветническое сообщение.

중상(重傷) II тяжёлое ранение; тяжёлая рана; ~을 입다 получать тяжёлое ранение; смертельно ранен; ~자에의 한국의 손실 армия, несущая потери(тяжелоранеными); 총탄으로 ~을 입은 병사 боец; тяжелораненый пулей; 치명적인~을 입다 получать смертельное(тяжёлое) ранение; ~자 тяжелораненый.

중세(重稅) I тяжёлые налоги; бремя налогов;~부담 бремя тяжёлых на-логов;~의 부담하에 под налоговым бременем; ~를 징수하다 взимать тяжёлые налоги;재산에 대해 ~를 과세하다 облагать имущество на-логами.

중세(中世) II средневековье; ~기 средние века;~사 история средних веков.

중심(中心) I середина; центр; сре-доточие; ~을 잃다 терять равнове-сие; 도시의 ~ центр города; 공업의 ~ производственный центр; 사업의 ~지 деловая часть города; 그는 보수당의 ~적 인물이다 он является лидером консерваторной партии; 우리집은 ~가에 위치하고 있다 наш дом расположен в самом центре; ~사상 основная мысль; главная идея;~인물 центральный персонаж; главное лицо; 상업~지 торговый центр(комплекс).

중심(重心) II центр тяжести.

중앙(中央) центр; ~의 центральный; ~에서 в центре чего-л.; ~에 모이다 сосредоточиваться; ~공격수 цент-ральный нападающий; ~아시아 Средняя Азия; ~은행 центральный банк; ~전화국 (центральная) теле-фонная станция; ~집권화 централи-зация.

중역(重役) член правления(дирек-тората); директор-распорядитель; -를 ~으로 임명하다 назначать кого-л. на ответственный пост; ~으로 부임 하다 отправляться на ответст-венную должность; ~회의에 나가다 предстать перед советом директоров; ~에서 밀려나다 быть исключённым из правления; 내가~과 연락을 취하 면, 아마도 도움을 받을 수 있을 것이다 Я свяжусь с директором, может быть, он сможет помочь; ~회의 правление; совет директоров.

중요(重要) важность; ~시 하다 придавать серьёзное(важное) значе-ние; ~성 важность.

중요성 важность. 중요한 важный.

중위(中位) I среднее место(поло- жение); нормальное состояние; стандартный тип; ...의 ~ 이상의 выше(ниже) среднего; ~(중산층) 정도의 생활수준자 среднее сосло-вие; средний слой общества; буржуа- зия.

중위(中尉) II лейтенант; ~에게 대위 의 칭호를 부여하다 присваивать лей-тенанту звание капитана; ~는 직위상 대위보다 아래계급이다 лейтенант ниже капитана по званию.

중재(仲裁) арбитраж; третейский суд; ~하다 выражать арбитражное реше-ние; примирять; улаживать; ~로 논쟁을 가라앉히다 разрешать спор третейским судом; 논쟁은~위원회에 맡겨졌다 спор был передан на расс-мотрение в арбитраж; ~국 арбитр; ~재판 арбитраж; арбитражные разби-рательства; 외환 ~ валютный арбит-раж; ~인 арбитр; тререйский судья; третейское решение; примиритель.

중점(重點) важный пункт; суть (дела); самые существенные(осно-вные) факты; ~적 преимуществе-нный; первоочередной; ~적으로 преимущественно; в первую очередь; ~을 두다 уделять особое внимание чему-л.; ~적 사안을 파헤치다 доб-раться(докопаться)до сути дела; вни-кать в подробности; ~적 사안으로 돌입하다 подойти прямо к сути дела; без обиняков заговорить о главном; ~을 파악하다 понимать сущность чего-л.

중학교(中學校) средняя школа; средние классы.

중화학공업(重化學工業) тяжелая химическая промышленность.

중히여기다 серьезно воспринимать.

쥐 мышь; мышонок; мышка.

쥐다 взять; держать; схватить.

쥐어박다 ткнуть(кулаком).

즈런즈런 богатый; зажиточный.

즈음 в то время, когда.

즉 то есть, а именно.

즉각(卽刻) немедленно; сразу же.

즉석(卽席) тут же на месте; экспромтом; без подготовки.

즉시(卽時) сразу, тут же; ~불 немедленная уплата.

즉효(卽效) мгновенное действие (лекарства).

즉흥(卽興) импровизация; экспромт; ~적 импровизированный; ~곡 им-провизация; экспромт; ~시 стихи, написанные экспромтом;~연주 импровизация.

즐거운 удовольствие;наслождение; 큰~을 찾다 находить большое удо-вольствие в чём-л.; ...에게~을 주다 доставлять кому-л. удовольствие; -으로 인해 커다란 ~을 지니다 получать огромное наслаждение от когочего-л.; ~을 경험하다 испытывать наслаж-дение; ~으로 가득한 삶 жизнь полная наслаждений; 감각적 ~ чувственное (физическое) наслаждение; ~주말 приятный уйкенд.

즐거이 радостно; весело.

즐겁다 довольный; радостный; приятный

즐겁게 весело. 즐겁습니다 рад.

즐기다 любить увлекаться чем-л.; наслаждаться чем-л.; веселиться; хорошо проводить время; 기회가 있는 동안 순간을~ наслаждаться пока есть возможность.

즙(汁) сок(фруктовый); ~을 내다 выжимать сок; ~짜는 기계 соковы-жималка.

증(症) I симптом(болезни); внешний признак;병~의 완화 ремиссия; ослабление симптомов;улучшение состояния больного.

증(證) II доказательство; подтве-рждение; удостоверение; свидете-льство; сертификат; 주민등록 ~ удостоверение личности(паспорт); 출생증명 ~ свидетельство о рож- дении

증가(增加) увеличение; рост; умно-жение; ~하다 расти; увеличиваться; 인구의 두배 рост численности(населе-ния) в два раза; ~강 수위의 подъем уровня воды в реке; 인구 ~를 예측 하다 прогнозировать(предсказывать) увеличение численности населения на 10 процентов; 현저한~

заметное(ощу-тимое) увеличение; 속도의 대담한~ резкое увеличение скорости; 핵무기 보유국의 ~ увеличение числа госу-дарств, располагающих ядерным оружием; 양의~가 질의~를 반영하는 것은 아니다 увеличение количества не от- ражается на качестве; ~량 вели- чина увеличения.

증거(證據) доказательство, улика, свидетельство; ~가 되다 свиде-льствовать; служить доказатель- ством; 고고학적 ~ археологические свидетельства; 이론을 유리하게 하는 ~ данные, говорящие в пользу теории.

증명(證明) удостоверение, подтве-рждение; ~하다 доказывать; ~해 보이 다 представить доказательства; 자기 요구의 정당성을 ~하다 доказывать справедливость своего требования; 허위성을 ~하다 доказывать ложность; ~서류 документальное доказательство.

증상(症狀) симптом; внешний признак; свидетельство; ...할 ~을 보이다 есть признаки того что...; 발병 ~을 보이지 않는 환자(보균자) пациент у которого не обнаруже- ны симптомы заболевания;부작적~을 고려한 진단 диагноз с учётом побочных симптомов; 오한~이 나다 у кого обнаружить симптомы ли-хорадки; 위험적인 ~ угрожающие симптомы; 발병의 조기 ~ ранние симптомы заболевания.

증언(證言) показание свидетеля; свидетельское показание как сви-детельство; ~하다 свидетельство-вать о чём-л.; ~대에 서게 하다 призвать кого-л. в свидетели; 거짓~ ложные показания

증오(憎惡), 증오심 ненависть; ~하다 ненавидеть; ~를 품고 있다 питать ненависть к кому-л.; ~에 사로잡힌 охваченный ненавистью; ...에 대한~감이 야기되다 вызвать ненависть к кому-чему-л.

증인(證人) свидетель; очевидец чего-л.; ~으로 소환하다 вызывать кого-л. в качестве свидетеля; ~으로 법정에 서다 выступать свидетелем; ~ 진술을 하다 давать свидетельские показания; ~을 심문하다 допрашивать свидетеля; ~출두를 거부하다 отказаться быть свидетелем; ~을 매수하다 подкупить свидетеля; ~부재(배석)로 인하여 за неимением(налицо) свидетелей; из-за отсутствия свидетелей; 검사는~을 난 처하게 만들었다 прокурор поставил свидетеля в трудное положение; ~선서 приведение свидетеля

- 782 -

к присяге; 위~ лжесвиде-тель.

지(地) поле; пашня; луг.

지(智) уму; 지와 일치하는 행 соот- ветствующие уму действия.

지각하다 опаздывать, осознавать, ощущать.

지구(地球) I Земля; мир в котором мы живём; земной шар; ~표면 поверхность земли; ~는 태양의 주위 를 공전한다 земля вращается вокруг солнца.

지구(地區) II округ; район; участок; 선거 ~ избирательный участок.

지그재그 зигзаг; ломаная линия; ~로 가다 идти зигзагом.

지극하다 чрезвычайный; край- ний; огромный; 어머니에 대한 효성이 ~ крайне преданный матери.

지금 сейчас; теперь; ~ 몇 시예요 сейчас сколько времени; ~무엇이 상연되고있습니까? Что сейчас идет в тетре? 지금은 ...는 사이에 пока.

지급(至急) срочность; ~한 срочный; безотлагательный; ~히 срочно, незамедлительно; неотложно; без проволоки; 매우~한 경우에는 в особо срочных случаях; ~을 요하는 수리 срочный ремонт; ~우편으로 전송하다 отправлять срочной почтой; ~에 대한 추가 지불 доплата за срочность; 그 일은~을 요한다 это срочное дело. это имеет большую срочность.

지긋지긋하다 невыносимый; скучный; утомительный; ~한 일 скучная работа; ~한 날씨 отвратительная погода; 나는 정치싸움이 ~해졌다 мне надоели политические ссоры; 그것에 대해 생각만 해도~하다 даже думать об этом ужасно; 넌덜머리나게 ~하다 надоесть хуже горькой редьки; надоесть как горькая редька; 네 이야기는 정말 ~하다 ты мне все уши прогудел. **지기**(知己) I знакомый.

지기(氣氣) II испарения с земли.

지껄이다 галдеть; болтать; про- говариваться; 두서없이 ~ говорить бессвязно; у кого-л. язык без костей; 쉬지않고~ тараторить; 함부로 трепать языком; давать волю языку; 잘 지껄이는 사람 болтун.

지나가다 проходить; миновать; от~ходить в прошлое; 숲을 ~проходить через лес; 지나간 주일 минувшая неделя; 시간이 지나면서 со временем; 기한이 ~ срок истекает; 지나가는 말로 мимоходом; 지나가는 사람 проходящий; 세월이~이

지방으로 태풍이 지나갔다 в этой местности прошёл ураган.
지나갑니다 пройти.
지나다 ... 에 지나지 않다 лишь только; всего лишь; 그것은 변명에 지나지 않는다 это лишь оправдание.
지나서 мимо.
지나치다 миновать; проходить; пре-вышать. 지나칠 정도 чрезмерно.
지난(持難) прошлый; последний; быв-ший; ~달에 в прошлом месяце; ~ 5년간 за последние 5 лет; ~날 прошлые(минувшие) дни; ~날의 추억 память о прошлых днях; ~날을 그리 워하다 скучать о прошлом; ~번 прошлый раз; ~번에 в прошлый раз; на днях; ~번에 받은 편지 последнее письмо; ~ 해 прошлый год.~토요일 в прошлую субботу; ~ 과거의 прошлый.
지난(至難) большая трудность; не-мыслимо трудный; 이 기록을 깨뜨리는 것은~한 일이다 немыслимо трудно побить этот рекорд.
지내다 проводить время;жить; слу-жить; 하루를~ проводить день; 독서 로 ~ проводить время за чтением; 외투 없이 ~ обходиться без пальто; 형사를 지낸 사람 бывший детектив; 그는 도지사를 지냈다 он был губер-натором.
지내보다 знакомиться; быть знако-мым; испытывать; 사람은 지내봐야 안다 человека можно познать только со временем.
지내자 провести. 지내지 справить.
지능 интеллект; умственные спо-собности; 보통~의 사람 человек со средними умственными способностями; ~이 높은 사람 человек с незауряд-ными умственными способностями; ~검사 проверка умственных способ-ностей; ~지수 показатель умственных способностей
지니다 иметь при себе; носить; 마음에 ~ хранить в душе; 장서를 많이 ~ иметь большую библиотеку; 무기를~ быть вооружённым; 몸에 권총을~ носить пистолет при себе; 영광을~ пользоваться славой.
지다 I проиграть; терпеть пора-жение; 지기 싫어하는 упорный; непреклонный; 지기 싫어하는 성격 непреклонный характер; 전쟁에서 ~, 소송에서~ проигрывать судебный процесс; 감정에 ~ предаваться чувст-вам; 유혹에 ~ 유혹에 지지 않다 не сдаваться соблазну;

그의 재주는 누구에게도 지지 않는다 он никому не уступает в таланте; 일본은 한국에게 2대 1로 졌다 японцы проиграли корейцам со счётом два один

지다 II падать; вянуть; 꽃이 곧 지겠다 скоро завянут цветы; 해가~ заходить солнце; 해가 질 무렵 в сумерках; 얼룩이 지지 않는다 пятно не исчезает.

지다 III взваливать что-л. на спину; нести что-л. на спине; 무거운 짐을 지고 가다 нести тяжёлый груз на спине; 나는 그에게 신세를 졌다 я обязан ему; 그가 이 일에 책임을 지고 있다 он несёт отве-тственность за что-л.

지대(地帶), 지역(地域) I зона; район; пояс; полоса; ~적 зональная; 공장~ индустриальный район; 녹~ зелёный пояс; 비무장~ демили-таризованная зона; 산악~ гористая зона; 주택~ жилой квартал; 중립~ нейтральная зона.

지대(地代) II земельная рента; цена на землю; ~가 비싸다 высокая земельная рента.

지대하다 огромный; колоссальный; громадный; 지대한 관심사 огром-ный интерес; 그는 이 나라 부흥에 지대한 공헌을 하였다 он внёс огромный вклад в реабилитацию этой страны.

지도(地圖) I карта; 지도 한 벌 один набор карт; одна карта; 상세한~ подробная карта; ~를 그리다 сос-тавлять карту; ~를 보다 читать карту; 백분의 일~ масштаб карты; одна сотая;~를 따라가다 двигаться по карте; ~제작자 картограф; 도로~ карта дорог; 세계~ карта мира; 역사~ историческая карта.

지도(指導) II руководство; водите-льство; инструктаж; ~적 руковод-ящий; ~하다 руководить; ...의 ~ 아래 под руководством кого-л.; 김 교수의~ а래서 연구하다 заниматься исследо-ваниями под руководством профессора Кима; 국민교육을 ~하다 вести народ-ное образование; ~적 역할을 하다 играть ведущую роль; ~자의 임무를 맡다 брать на себя обязательство лидера; ~교수 профессор-консультант; ~권 право на руководство; ~권을 쥐다 иметь право на руководство; ~기관 руководящий орган;~력 способность к руководству; ~방침 руководящий принцип; ~부서 руководство; руко-водители; ~서 справочник; ~원 инструктор; ~층 руководящие круги; 개인~ частное обучение; индиви-дуальная консультация; ~자 руково-дитель.

지독하다 ядовитый; едкий; зло-бный; ужасный; жестокий; 지독한 말 колкая (едкая) речь; 지독한 여자 злобная женщина; 지독한 모욕 грубое оскорбление; 지독한 구두쇠 ужасный скупец; 지독한 추위 лютый холод; 지독하게 공부하다 усердно учиться.; 지독한 감기에 걸리다 сильно простужаться; 지독한 날씨 ужасная погода.

지랄 эпилепсический припадок; бешенство; безумие; ~하다 биться в припадке; безумствовать; беситься; ~치다 бесноваться; ~버릇 сумасб-родство; ~병 эпилепсия; ~환자 эпилепсик

지레 I слишком рано; заранее; ~로 들어올리다 поднимать что-л. рычагом; ~작용 действие рычага.

지레 II слишком рано; заранее; ~알리다 заранее давать знать кому-л.; ~돈을 받다 получать авансом; ~짐작하다 предполагать.

지력(智力), 두뇌(頭腦) умственные способности; интеллект;~이 발달한 интеллектуальный

지령(指令) директива; предписание; приказ; указ; указание; распоряже-ние; ~을 내리다 давать указ; 무전 으로 ~을 받다 получать приказы по радио(рации); ~체계 диспетчерская система; 비밀~ секретный приказ.

지론(持論) сложившиеся мнение; давнее убеждение; ~을 굽히지 않다 отстаивать своё мнение(убеждение); ~대로 실행하다 делать по своему; 나의 ~ 은 ...이다 моё мнение заключается в том, что ...

지루하다 надоедать; наскучить; ~한 여행 томительное путешествие; 지루한 장마 надоедливый сезон дождей; 이야기가 ~ разговор скучный.

지르다 кричать; громко петь; 고함을~ кричать; 발로 정강이를 ~ уда-рить кого-л. по ногам; 빗장을 ~ запирать дверь на засов; 집에 불을 ~ поджигать дом; 질러가는 길이 돌아가는 길이다 тише едешь, дальше будешь.

지름 диаметр; ~이 10 미터 диа- метром в десять метров; 반~ радиус.

지름길 кратчайший путь; дорога напрямик; 성공에의~ кратчайший путь к успеху; 서울로 빠지는~ кратчайший путь ведущий в Сеул; 우린~로 왔다 мы ехали прямой дорогой

지리(地理) характер местности; ~적 환경 географическая

среда; ~적 경관 географический ландшафт; 그는 그곳 ~에 밝다 он хорошо знаком с характером этой местности; ~경도 географическая долгота; 위도 ~ географическая широта; 정치학 ~ геополитика; ~좌표 географическая координата; ~학 топография; география.

지리다 едкий.

지리산(智異山) гора Чирисан.

지망(志望) стремление, мечта; ~하다 желать; стремиться; подавать заявление; 외교관을 ~하다 мечтать стать дипломатом; 나는 신문기자를 ~한다 я хочу стать журналистом; 그녀는 교사직을 ~했다 она подала заявление на должность препода-вателя; 그는 중앙대학교에 ~했다 он подал заявление о приёме в уни-верситет Чун-Ан;~원서 заявление.

지망자(志望者) заявитель; 대통령 ~ претендующий на пост президе-нта; 문학~ будущий писатель; 취직~ претендент на работу; 여배우~ мечтающая стать актрисой.

지명(指名) I назначение; ~하다 назначать кого-л. кем-л.; вызывать; выдвигать; ~권 право выдвигать (кандидата); ~수배 разыскиваемый полицией.

지명(知名) II репутация;~의 широко известный; ~인사 широко известная личность; ~작가 знаменитый писатель.

지모(智謀) изобретательность;~가 풍부한 사람 остроумный человек; ~가 뛰어난 사람 чрезвычайно находчивый человек.

지목(指目) указание; показание; ~하다 называть; указывать; опозна-вать; ...를 범인으로 ~하다 опозна- вать кого-л. преступником.

지문(指紋) I отпечатки пальцев; ~을 찍다 прикладывать палец; ~을 채취 하다 снимать отпечатки пальцев; ~을 남기다 оставлять свои отпе-чатки пальцев; ~감정법 дактилос-копия; ~ 채취 снятие отпечатков пальцев.

지문(誌文) II сведения об умершем и месте его захоронения.

지반(地盤) почва; земля; 단단한 ~ прочная почва; ~을 굳히다 укреп-лять основание; 선거의 ~을 쌓다 агитировать избирателей чтобы добиться своего избирания; ~침하 оседание грунта

지방(地方) 구역(區域) I район; мест-ность; область; регион; ~의 местный; провинциальный; ~서북 северозапад-ный район; ~사람 провинциал; ~적 편견 провинциализм; ~에 가다 ехать в деревню; ~공연을 하다 быть на гастролях в провинции; ~검사 район-ный прокурор; ~검찰청 районная прокуратура; ~공무원 местный чинов-ник; ~단체 региональный орган; ~분권 децентрализация власти; ~사투리 местный диалект; ~산 изделие мест-ного производства; ~색 местный колорит; провинциализм; ~선거 выбо-ры в местные органы власти; ~세 местный налог; ~시간 местное время; ~신문 местная газета; ~어 местный говор; ~의회 местный парламент; ~자치 местное самоуправление; ~주권 기관 местные органы власти.

지방(脂肪) II жир; сало; ~질의 жир-ный; ~이 많은 음식 жирная еда; ~과다증 липоматоз; ~광택 лоск; ~대사 липометаболизм; ~도 жир-ность; ~분 жирный компонент; ~분해 липолиз; ~생성 липогенез; ~섬유증 липофиброма; ~성 жировая основа; ~식물성 растительное ма-сло; ~층 жировой слой.

지배(支配) руководство; заведова-ние; господство; правление; ~적 господст-вующий; ~하다 руково-дить кем-чем-л.; заведовать чем-л.; господствовать кем-чем-л.; править кем-чем-л.; управлять кем-чем-л.; ~를 받다 быть под конт-ролем; 여론을 ~하다 оказывать влияние на общественное мнение; 감정에 ~되다 поддаваться чувст-вам; 세계를 ~하다 править миром; ~계급 господствующий класс; ~권 право на управление; ~력 власть; ~인 заведующий; распорядитель; ~자 правитель.

지병(持病) хроническая болезнь; ~을 앓다 страдать от хронической болезни.

지부(支部) отделение; филиал; отдел; ~장 начальник отделения(фи-лиала); заведующий секцией.

지불(支佛) уплата; выплата; платеж; ~하다 выдавать; платить за что-л.; 입장료를 ~하다 платить за вход; 집세를 ~하다 платить за квартиру; 월급을 ~하다 выдавать зарплату; ~서류 платёжный документ; ~수단 платёжные средства; 신용~ платё-жный кредит.

지붕(-崩) крыша; ~이는 사람 кро-вельщик; 기와로 ~을 이다 покрыва-ть дом черепицей; 기와 черепич-ная кровля; 둥근~ купон.

지사(支社) I отделение компании; филиал; ~장 директор

филиала.

지사(知事) II местный правитель; губернатор.

지상(至上) I высочайший; верховный; высший; ~권 верховная власть; ~ 명령 예술 распоряжение президента; ~주의 искусство для искусства.

지상(地上) II на земле; ~의 назе-мный; ~에 на земле; ~ 10층 건물 10-ти этажное здание; ~에서 모습을 감추다 исчезать с лица земли; ...와 ~전을 벌리다 вести наземную войну с кем-л.; ~관제 센터 центр наземного управления; ~군 назе-мные войска; ~근무 наземная служба; ~낙원 земной рай; ~ 작전 наземные боевые действия; ~핵실험 ядерное испытание на земле.

지상(紙上) III ...의~에 на страницах газеты; в печати; в прессе; ~본 ~에서 в нашей статье; ~에 실리다 печа-таться в газете; 다음 호 ~에 발표함 напечататься в будущем номере; ~강의 лекция; напечатанная в газете; ~ 공문 пустая бумажка; филькина грамота.

지성(至誠) I чистосердечность; ~껏 с величайшей искренностью; с огромным усердием; ~스럽다 ка- заться необыкновенно искренним; ~이면 감천이다 терпение и труд всё перетрут.

지성(知性) II разум; рассудок; ин- теллект; ~적인 интеллигентный; интеллектуальный; ~에 호소하다 надеяться на свои знания; ~인 интеллигент.

지속(持續) поддерживание; непре-рывность; длительность; ~적 не-прерывный; длительный; ~하다(유지 하다) поддерживать; хранить; ~되다 продолжаться; длиться; ~기간 про-должительность; ~력 выносливость.

지시(指示) указание на что-л.; рас-поряжение; директива; ~하다 ука-зывать; показывать; приказывать; давать директиву(указание); ~에 따라 по указанию; ~에 따르다 вы-полнять поручение; ~를 기다리다 ждать распоряжения; ~대명사 ука-зательное местоимение; ~문 пись-менное указание; ~서 инструкция; ~판 доска объявлений.

지식(知識) знание; образованность; ~이 있는 образованный; хорошо осведомлённый; знающий; ~이 없는 невежественный; необразо- ванный; безграмотный; 최신의 ~ последние сведения; 단편적인 ~ неполные сведения о чём-л.; 심원한~ глубокое знание; 어학~ знание языка; 초보~ элементарное знание; 노어의~이 다소있다 чуть-чуть владеть русским языком; ~을 쌓다 накапливать знания; ~을 보급 시키다 улучшать знание; ~을 향상시키다 распрост-ранять знание; ~욕 жажда знаний; тяга к знаниям; ~인 образованный человек; ~층 интеллигенция; ~학 логика и теория поз-нания.

지압(指壓) массаж; ~하다 делать кому-л. массаж пальцами; ~술 масажные приёмы.

지역(地域) область; регион; район; область; ~적 местный; районный; региональный; 산업의 ~분포 geogr-афическое размещение промыш- ленности; ~대표 делегация района (области); ~방어 защита зоны (района); ~방언 территориальные диалекты; ~선거구 избирательный округ; ~성 характер местности; ~안보 региональная безопасность.

지연(地緣) I местная связь; ~을 따지다 учитывать место рождения; ~을 배격하다 отказываться от ре- гионализма

지연(遲延) II затягивание; задержка; отсрочка; ~하다 задерживать; мед-лить; 기차의 도착이 10분이 ~되었다 поезд опаздывает на десять минут; 출발이 ~되었다 отъезд отложен; ~발파 замедленный взрыв; ~작전 искусственная задержка; ~작전을 쓰다 стараться выиграть время.

지열(地熱) I теплота земных недр; теплота земной поверхности; ~의 геотермальный; geoтермический; ~ 발전소 геотермическая электростан-ция.

지열(止熱) II снижение темпера- туры; ~하다 снижать температуру.

지옥(地獄) ад; ~같은 адский; ~과 극락 ад и рай; ~에 떨어지다 попадать в ад; ~문 врата ада; 생~ настоящий ад; 교통~ чертовские пробки; 시험~ мучительные экзамены.

지우개 ластик; тряпка; резинка; тряпка(для вытирания классной доски).

지우다 грузить; нагружать кого- что-л. чем-л.(кого-что-л. на кого-что-л.) 마차에 짐을 ~ нагружать телегу; 개인적인 의무를~ возлагать на лич-ную ответственность; 그녀는 아이를 지웠다 она сделала аборт; 나는 그에 대해 눈물을 지우지 않을 것이다 я о нём не заплачу. 지웁니다 стираю.

지원(志願) I желание; стремление. ~하다 желать;

стремиться; пода- ватяж 입학을 ~하다 поступать. ~을 받아들이다 принимать кого-л. куда-л.; ~병 волонтёр; доброволец; ~서 заявление; ~자 заявитель; 대학입학 ~자 поступающий в университет.

지원(支援) II поддержка; помощь; ~하다 поддерживать кого-л.; помо-гать кому-л.; оказывать поддержку; 정신적인 ~ моральная поддержка; 적극적인 ~ активная поддержка; ~을 청하다 просить помощи; ~부대 поддерживающая часть; вспомога-тельные войска; ~포병 поддержи-вающая артиллерия.

지위(地位) место; должность; ~를 차지하다 занимать пост; ~가 올라 가다 продвигаться по службе; ~를 얻다 получать должность; ~를 잃다 терять должность; 여성의 사회적 ~가 향상되었다 общественное положение женщин повысилось; ~가 높은 사람 человек занимающий высокое общественное положение; 사회적~ общественное положение; 책임있는 ~ высокая должность; 교수~ статус профессора. 지으셨습니다 приготовил.

지은이 автор; писатель.

지장(支障) I препятствие; помеха; ~을 주다 мешать; препятствовать; 일을 하는데 아무런~이없다 в работе нет никаких препятствий.

지장(指章) II отпечаток пальца; ~(지문)을 찍다 ставить отпечатки пальцев.

지저분하다 грязный; неряшливый; 방안에 ~ в комнате беспорядок; 지저분한 셔츠 грязная рубашка; 지저분한 거리 грязная улица.

지적(指摘) указывание; замечание; ~하다 указывать, делать замечание; 위에서 ~한 바와 같이 как указано выше; вышеуказанный; вышеупомя-нутый.

지적하다 указывать; сделать заме-чание.

지점(支店) отделение; филиал; ~을 내다 открывать филиал; 그는 지방 ~으로 전근 되었다 его перевели в местное отделение.

지정(指定) назначение; уполномо-чие; ~하다 назначать; 날짜를 ~하다 назначать дату (место); 방을 ~하다 отводить комнату кому-л.; ~된 기간 назначеный срок; ~석 за-казанное место; ~일 назначенный день.

지정되다 указать; назначать.

지조(志操) верность; политический ~ по-литическая верность; ~가 고결한 사람 весьма принципиальный(пре-данный) человек; ~가 없는 사람 неверный человек

지지(支持), 지원 I поддержка; опора; ~하다 поддерживать; подпирать; предавать силы; 여론의 ~를 받다 завоевать поддержку общественности;국민의~를 얻다 пользоваться поддержкой народа; 정부를 ~하다 поддерживать правительство; 후보 ~ 연설을 하다 выступать с речью в поддержку кандидата; ~자 сторонник.

지지(遲遲) II медлительность; ~부진 하다 идти черепашьим шагом.

지지난 ~달 позапрошлый месяц; ~밤 позапрошлый вечер; ~번에 в позапрошлый раз; ~해 позапрош-лый год.

지지리 страшно; ужасно; ~도 못난 얼굴 ужасно безобразное лицо.

지진(地震) землетрясение; ~의 сейсмический; 약한~ слабое землет-рясение; 진도 3의 ~ землетрясение силой в три балла; ~ 피해를 보다 пострадать от землетрясения; ...에 강한 ~이 발생하다 у кого-л.(в чём-л.) сильное землетрясение; 이 건물은~이 일어났을 때 아무런 피해도 보지 않았다 это здание во время землетр-ясения совершенно не пострадало; 지난번 ~으로 100명이 목숨을 잃었다 последнее землетрясение унесло жизнь ста человек; ~계 сейсмограф ~관측소 сейсмическая станция; ~대 сейсми-ческая зона; ~도 сейсмограмма; ~파 сейсмические волны; ~학 сейсмология; ~학자 сейсмолог.

지질(地質) характер грунта; состо-яние почвы; ~공학 геотехнология; ~도 геологическая карта; ~분석 анализ почвы; ~학 геология; ~학자 геолог.

지참(持參) ~하다 нести что-л. с собой; брать с собой;~금을 딸에게 주다 давать дочери в приданое; ~금 приданое; ~인 имеющий при себе чего-л.; ~금 없는 신부 бесп- ридданница

지출(支出) расходы; издержки;~하다 оплачивать; тратить.; 수입과 ~ доходы и расходы; ~이 늘다 уве-личиваются расходы; ~액 расхо- дования; расходы; 공공~ государст-венные расходы.

지치다 усталый; утомлённый; ~그는 죽도록 지쳐있다 он устал до смерти; 나는 시종일관 똑같은 일만 하는데

지쳤다 мне надоело делать всё время одно и то же; 나는 서있기에 지쳤다 я устал стоять.

지키다 охранять; защищать; сто- рожить; 내가 수영하고 있는 동안 내 옷을 지켜다오 посмотри за моей одеждой пока я буду купаться; 도시를 ~ обороняться(защищать) город; 자신의 이익을~ защищать собствен-ные интересы; 법을~ соблюдать закон; 약속을 ~ сдержать обещание; 신의를~ оставаться верным; 침묵을 ~ молчать; хранить молчание.

지폐(紙幣) банкнота; бумажные деньги; купюра; 5루블권 ~ пятируб-лёвая купюра; 천원권~ однатысячная купюра вон.; 지폐발행 эмиссия

지표(指標) ~가 되다 становиться ориентиром.

지프(jeep) джип.

지피다 зажигать; поджигать; рас-тапливать; разжигать; 벽난로에 불을 ~ разжигать огонь в камине; 석탄을 ~ разжигать уголь; 장작을 ~ подкладывать дрова.

지하(地下) подпочва; подземелье; ~에서일하다 работать под землёй; ~에 파묻다 зарывать под землю; ~ 50 미터에서 작업하다 работать на глубине пятидесяти метров; ~에 잠들다 спать вечным сном; ~도 подземный туннель; ~경제 подпольная экономика; ~보도 подземный проход; ~수 подпочвенная (подземная) вода; ~실 подвал; ~운동 подпольная деятельность;~자원 подземные ресурсы; ~정부 подпольное правительство; ~조직 подпольная организация;~주차장 подземная стоянка; ~철로 подземная железная дорога; ~핵실험 подземное ядерное испытание.

지하철(地下鐵) метро; метрополи- тен; ~로 가다 ехать на метро.

지향하다 стремиться.

지혈(止血) остановка кровотечения; ~하다 останавливать кровотечение; ~대 турникет; ~법 кровоостанавливающее лечение(средство); ~제 кровоостанавливающее средство.

지형(地形) рельеф местности; топография; ~상의 топографический; ~측량 топографическая съёмка.

지혜(智慧) мудрость; разум; бла- горазумие; ~로운 мудрый; благо-разумный.

- 793 -

지휘(指揮) команда; руководство; управление; ~하다 руководствовать; уп-равлять; ~하에 있다 находиться (быть) под руководством кого-л.; под командой кого-л.; ~를 맡다 прини-мать на себя коман-дование; ~에 따라 по команде; 바이올리니스트 의 ~로 под уп-равлением скрипача; ~계통 порядок подчинённости; ~관 командир; начальник; командующий; ~권 право на командование; ~대 эстрада; ~봉 дирижёрская палочка; ~자 дирижёр.

직(職) I работа; рабочее место; ~을 구하다 искать работу; устраива-ться на службу (работу); ~을 잃다 терять работу; ~에 앉다 вступать в должность; ~을 그만두다 уйти со службы.

직(直) II дежурство; вахта.

직(直) III прямой; ~ 교역 непос- редственный обмен.

직각(直角) прямой угол; ...와 ~으로 под углом к чему-л.; ~삼각형 прямоугольный треугольник; ~원 기둥 прямоугольный цилиндр

직계(直系) прямая линия родства; ~의 по прямой линии кого-л.; ~자손 потомки по прямой линии.; ~혈족 кровное родство; родствен-ник по прямой линии.

직관(直觀)직권; ~주의 интуитивизм; ~으로 해고하다 увольнять кого-л. в качестве уполномоченного; ~을 위임하다 уполномочивать; 의장의 ~으로 이 방에서 귀하의 퇴장을 명한다 как председатель я приказываю выйти вам из этого зала; ~남용 правонарушение, заключающееся в осуществлении законных прав неза-конным путём, злоупотребление служебным положением.

직립(直立) ~하다 стоять прямо; ~원인(猿人) архантроп; питекантроп.

직무(職務) долг; обязанность; обя-зательство; ~상 по должности; ~를 수행하다 выполнять свой долг; ~를 게을리하다 пренебрегать своими обязанос-тями; ~에 충실하다 пре- данный своему долгу; ~에서 벗어 나다 превышать свои полномочия; ~규정 рабочий устав; ~수당 при-бавка к зарплате; ~수행 выпол- нение долга; ~유기 нарушение обязанностей долга; ~태만 халат-ное отношение к служебным обя-занностям; ~태만자 не выполняю- щий служебных обязанностей.

직물(織物) текстиль; ткань; материя; ~공업 текстильная

промышленность; ~공장 текстильная фабрика; ~류 текстильные изделия; 견~ шёлковая ткань.

직분(職分) свой долг; свои обяза-ности; служебный долг; служебные обязанности; ~을 다하다 полностью выполнить свой долг; ~을 지키다 преданный своим обязаностям.

직선(直線) прямая линия; ~적 пря-мой; непосредственный; ~을 그리다 чертить прямую линию; ~으로 늘어서다 выстраиваться в линию; ~기선 прямая базисная линия;~미 линейная красота; ~코스 прямая дорога.

직설(直說) разговор на чистоту; ~적으로 말하다 говорить(откровен-но) прямо.

직수입(直輸入) прямой импорт; ~하다 импортировать прямо из стр-аны произ-водителя; ~품 импортные товары из страны-производителя.

직수출(直輸出) прямой экспорт; ~품 экспортные товары.

직업(職業) занятие; профессия; ра-бота; 직업을 그대로 물려받다 получать профессию по наследству; профессиональное образование; ~병 профессиональное заболевание.

직원(職員) сотрудник; служащий; личный состав; штат; ~록 списо-к личного состава; 연구~ науч- ный сотрудник.

직장(職場) I рабочее место; ~을 구하다 искать рабочее место; ~을 얻다 устраиваться на службу(рабо-ту); ~생활 служебная жизнь;

직장(直腸) II прямая кишка; ~암 рак прямой кишки.

직접(直接) I прямо; ~적 прямой; напрямик; 이것은 문제에 ~관계가 있다 это имеет отношение к вопросу.

직접(直接)<->간접(間接)II прямой <-> косвенный.

직종(職種) род занятий; 당신의 ~이 무엇입니까? Какого рода у Вас занятие?

직진하다 идти(ехать)прямо вперёд

직책(職責) служебная ответствен-ность; служебный долг.

직통(直通) прямое сообщение; ~하다 иметь прямое сообщение; ~전화 прямой телефон.

직행(直行) прямое сообщение; ~하다 идти прямо; ехать без пересадки; ~열차 поезд прямого сообщения.

진(眞) истина; правда.

진격(進擊) атака на кого-что-л.; наступление; нападение; ~하다 идти в атаку; наступать; 후면에서 ~하다 атаковать с тыла.

진공(眞空) вакуум; ~역 과장치 вакуумфильтр; ~펌프 вакуумный насос; ~관 элекронная(вакуумная) лампа; ~청소기 пылесос

진급(進級) продвижение по службе; ~하다 продвигаться по службе;~시험 переводные экзамены на до-лжность.

진달래 азалия; рододендрон остро-конечный.

진달래꽃 цветок азалии.

진동(震動) 1) колебание; вибрация; сотрясение; ~하다 сотрясаться, ко-лебаться; 냄새가 ~하다 издавать сильный запах; 폭발이 공기를 ~시킨다 взрыв сотрясает воздух; 벼락소리가 ~한다 гром гремит; ~수 частота колебания; ~자 вибратор; 2) колебание, вибрация.

진드기 клещ; ~같은사람 приставала; навязчивый(назойливый; настойчи-вый) человек; ~처럼 요구하다 настоятельно требовать; ~처럼 따라 다니다 навязываться кому-л.; прис-тавать как банный лист.

진로(進路) путь; ~를 잡다 взять (держать) курс.

진료(診療) амбулаторное лечение; ~하다 лечить амбулаторно; ~권 пропуск в поликлинику; ~소 ам-булатория.

진리(眞理) истина; правда; 적나라한~ голая истина; 논쟁의 여지가 없는~ бесспорная истина; 영적인 ~ духовная истина; ~를 가진자 носи-тель истины. 진리란 무엇인가? Что есть истина?

진보(進步) прогресс; ~하다 прогре-ссировать; идти вперёд; продви- гаться; 기술의 ~ прогресс в тех- нике; ~당 прогрессивная партия.

진술(陳述) изложение; высказыва-ние; ~하다 излагать; высказывать о чём-л.; ~서 письменное показа-ние.

진실(實實), 진리 истина; правда; ~하다 правдивый; действительный; достоверный; ~로 действительно; подлинно; фактически; 거짓을~ 말하다 выдавать ложь за истину; ~임을 확인하다 устанавливать ис-тину. ~성 правдивость.

진실하다 правдивый.

진압(鎭) репрессии; подавление; удушение; ~하다 подавлять; 폭동을 ~하다 подавлять мятеж.

진열(陳列) выставка; экспозиция; ~하다 выставлять;

- 796 -

экспонировать; 상품을 ~하다 выставлять товары на витрине; ~관 выставочный павильон; ~장 витрина; ~품 выставочный товар; экспонат; 도서~대 стенд с книгами.

진입(進入) вторжение; ~하다 вторгаться (проникать) во что-л.(куда-л.)

진정한 искренний; подлинный; настоящий.

진주(眞珠) I жемчуг; 인조~ искусственный жемчуг; ~목걸이 жемчужное ожерелье.

진주(珍珠) II г. Чинджу.

진지하다 очень вкусный; аппетитный; лакомый кусок; смачный; увлекательный; 맛이 ~ изящный; со вкусом; 흥미진진한 이야기를 하다 расказывать смачно.

진짜 настоящий; подлинный; действительный; ~로 на самом деле; действительно.

진찰(診察) медицинский осмотр; освидетельствование; ~하다 подвергать медицинскому осмотру; осматривать больного; ~료 плата за медицинский осмотр; ~실 кабинет врача. 진출하다 выдвигаться.

진통 боль; ...에 ~이 있다 у кого-л. болит что-л.(в чём-л.); ~을 달래다 успокаивать боль; ~제 болеутоляющее средство.

진퇴(進退) продвижение и отступление; подход и отход; ~양난 дилема; безвыходное положение; куда ни кинь всюду клин; ~양난에 놓이다 попасть в тупик; стоять перед дилеммой.

진하다 исчерпываться, истощаться, густой, крепкий, острый.

진학(進學) продолжать учёбу(образование) в высшем учебном заведении; получать высшее образование; ~하다 продолжать учиться в вузе; ~률 процент поступивших в вуз.

진행(進行) ход, прогресс; проведение; 회의~ проведение собрания; ~성 중풍 прогрессивный паралич.

진흙 глина; грязь; 그는 온통 ~투성이다 он весь в грязи; ~탕 속을 걸어가다 месить(идти) по грязи.

진흥(振興) ~하다 способствовать подъёму(развитию); развивать; ~책 меры содействующие подъёму; ~회 ассоциация по развитию.

질 I 1) каолин; 2) не покрытая глазурью керамическая посуда

질(質) II 1) качество; 2) натура, характер; 3) вещество, материя; 4) уст. залог, заклад.

질(膣) III анат. влагалище.

질(秩) IV феод. разряд, ранг.

질(帙) V 1) комплект (многотомного сочинения); 2) порядок томов.

-질 суф., образует имена со знач.: 1) повторяющегося действия: 달구질 трамбовка(земли); 2) с пренебр. от-тенком: 강도~ грабёж; воровство; 3) со знач. определённого занятия, профессии: 교원~ преподавание.

질겁하다 пугаться до смерти; ст-рашиться; ~게 만들다 внушать ст-рах кому; приводить в трепет; быть грозой для кого-л.; вселять страх в кого-л.; 나는 정말 질겁하여 방에서 뛰쳐나 왔다 Я сильно испугался и выскочил из комнаты; 그의 소식에 모두들 질 겁했다 Все мы ужаснулись услышав его сообщение.   질 것 керамика.

질그릇 керамическая посуда; не покрытая глазурью.

질기다 1) прочный; 2) стойкий; 3) жёсткий.

질다 водянистый; жидкий.

질량(質量) масса; 1) качество и количество; 2) физ. масса; ~결손 дефект массы; ~적 а) относящий ся к массе, массовой; б) качественный и количественный; ~보존의 법칙 закон сохранения массы.

질리다 I надоесть кому-л.; наску- чить чем-л.; 그여자에게 질렸다 она мне надоела; 무서워서 하얗게 질렸다 лицо побледнело от страха; 시험에서 испытывать страх на экзамене; 질리도록 보다 намозолить глаза кому-л.; 혐오할 정도로 ~ набить оскомину; 질리도록 먹다 сыт по горло чем-л..

질리다 II 1) получить удар(пинок); 2) быть вставленным; быть закрытым (на засов); 3) быть перекинутым(в доске); 4) недоумевать, быть в недоумении; 5) питать отвращение; 6) неровно пропитываться(окрашива-ться); 7) стоить.

질문(質問) вопрос; спрос; запрос; ~하다 задавать вопрос кому-л.; сп- рашивать кого-л. о чём-л.; ~에 답하다 отвечать на вопрос.

질박하다 простой; простодушный; безхитростный; 질박한 태도 прос- тое обращение.

질병(-甁) I глиняная бутыль; ~에도 감로 нектар в глиняной буты-лке(о скрытых достоинствах).

질병 II болезни, заболевания.

질서(秩序) 순서(順序) порядок; ~를 유지하다 поддерживать порядок; ~있는 사회 порядочное общество.

질식(窒息) удушье; удушение;~하다 задохнуться; 연기에~하다 задох-нуться в дыму; ~할 것 같다 кого-л. душить; кому-л. тяжело дышиться; ~시키다 душить; удушать; ~사 смерть от удушения.

질을 향상시키다 повышать(улуч-шать) качество.

질의(質疑) I вопрос; запрос; ~하다 задавать вопрос; спрашивать; ~응답 ответы на вопросы.

질의(質議) II уст. ~하다 обсуждать, дебатировать.

질적(質的) [-쪽] качественный; ~규정성 филос. качественная оп- ределённость; ~문제 проблема ка-чества; ~변화 филос. качественное изменение.

질주(疾走) [-쭈] быстрый бег; ~하다 мчаться, быстро бежать.

질주하다 быстро бежать; мчаться; носиться; 전속력으로 ~ нестись во весь опор.

질책(叱責) I порицание; упрёк;~하다 ругать и наставлять; упрекать;

질책(質責) II ~하다 ругать и нас-тавлять.

질책(秩冊) III 1) несколько томов, переплетённых в одну книгу; 2) многотомное сочинение.

질타하다 бранить; 여주인은 가정부 에게 수프를 제대로 만들지 못한다고 질타했다 хозяйка бранила кухарку за её неумение готовить суп.

질투하다 завидовать; ревновать кому-чему-л.;타인의 성공을~ зави-довать чужому успеху; ~심에 사로잡히다 кого-л. берёт зависть; ~심 зависть.

질펀질펀 очень мокрый; сырой; 도로가 매우~하다 дорога очень мок- рая.

짊어지다 взваливать на себя; 등에 ~ взваливать на спину; 숙명을 ~ рог тяготеет над кем-л.; 책임을 ~ принимать на себя обязанности.

짐 I вещи, багаж, умалительное обращение короля к самому себе; ~바리 груз, перевозимый грузо- вым транспортом;~꾼 носильщик; ~짝 упакованная вещь;тюк; вьюк; ~차 воз; товарный поезд;грузовая автомашина; ~을 부리다 разгру- жать;~을 싣다 грузить; ~이 기울다 ухудшаться(о состоянии дел);~을 꾸리다 собирать багаж

짐짝 упакованная вещь; тюк; вьюк

집 1) дом; ~구석 внутри дома; в доме; 집에서 새던(새는) 바가지 들에 나가 도(가도) 샌다 *посл.* ≅ шила в мешке неутаишь(букв. из дырявого ковша и в поле вода не течёт); 집을 가시다 *этн.* совершать обряд изгнания злого духа из дома(после выноса покойника); 집을 나다 уходить далеко из дома; 2) гнездо; 3) см. 가정 I; 4) футляр, чехол; 5) свободная клетка; свободное поле(на шашечной доске); ~이 나다 появляться (о свободной клетке); 6) сторона, партия(играющих, напр. в карты); 7) 집에서 *эвф.* моя жена; мой муж.

-집(集) *суф. кор.* собрание(сочине-ний); сборник; 논문집 сборник статей.

-집 *суф.* 1) после фамилий обоз- начает дом, из которого женщина вышла замуж: 김집 женщина из дома(семьи) Ким; 2) после *геогр. назв.* наложница: 부산집 наложни-ца, живущая в Пусане.; 집 두 채 два дома.

집결(集結) 1) сбор; сосредоточения; ~구역 *воен.* район сосредоточения; ~하다 собирать; ~지 место сбора; 2) *лингв.* интеграция.

집권(執權) I захват власти; ~하다 захватывать власть;~당 правящая партия; ~자 правитель.

집권(集權) II централизация;~하다 сосредоточивать; ~제 централизова-нное правление.

집념(執念) навязчивая мысль; на-стойчивость.

집다 1) брать; хватать; поднимать; 손가락으로 ~ брать пальцами(палоч-ками); 2) поднимать, подбирать(напр. с земли); 3) указывать(на кого-л.); 집어 넣다 а) класть, совать(напр. в карман); б) *прост.* устраивать(на работу, в школу); в) вставлять(слово, выражение); 집어 내다 а) вынимать выносить; б) выяснять; 집어먹다 а) брать и есть; б) присваивать, захватывать; 집어삼키다 а) легко проглатывать; б) присваивать, захватывать, превращать в свою собственность; 집어세다 а) присваи-вать; б) сильно бранить; в) есть всё без разбору; 집어치우다 а)убирать(напр. с пути); б) откладывать, оставлять; отбра-сывать(мысль *и т.п.*); 집어뜯다 а) снимать, сдирать; б) отщипывать; в) язвить.

집단(集團) группа; скопление; группировка; коллектив; ~적 кол-лективный; групповой; массовый; ~화하다

коллективизировать; ~검진 массовый медицинский осмотр;~군 армия; армейская группа; ~농장 коллективное хозяйство; ~생활 кол-лективная жизнь; жизнь в кол-лективе; ~안보 кол-лективная безо-пасность; ~적 소비 совокупное потребление; ~조치 кол-лективныие меры; ~주의 кол-лективизм; ~학살 геноцид; ~행동 кол-лективные поступки;~화 кол-лективизация

집대성(集大成) обобщение; интег- рация;~하다 обобщать; 연구원은 다년간의 관찰을 ~하였다 исследова-тель обобщил многолетние набл-юдения.

집돼지 (домашняя) свинья.

집들이 новоселье; переселение в новый дом(на новую квартиру); ~하다 переселяться в новый дом(на новую квартиру); устраивать (справ-лять) но-воселье.

집무(執務) исполнение служебных обязаностей; ~하다 исполнять свой долг(служебные обязанности); слу-жить; работать; ~중이다 при испол-нении служебных обязанностей; ~시간 часы работы; ~지침 руко-водящий принцип на работе.

집세 квартплата; плата за квартиру; арендная плата; ~를 내다 платить за квартиру; ~를 올리다 поднимать квартплату; 서울은 ~가 매우 비싸다 В Сеу-ле квартплата очень высокая; 당신의 ~는 얼마나 됩니까? Какая у вас квартплата?

집안 семья; внутри дома; в доме; члены семьи; ~의 화목 семейное благоденствие; 좋은 ~출신 благо- родный человек; 그는 굉장한 ~출신 이다 он знатного происхождения; 그는 귀족 ~태생이다 он родом из дворян; ~을 이끌어가다 вести дома-шние дела; ~사람 член семьи; ~싸움 семейные раздоры; 오랜 ~ древний род; ~일 домашние дела; домашние заботы.

집을 옮기다 переезжать.

집약(集約) интенсивность; ~적 영농법 интенсивная система сельского хозяйства;~투자 интенсивная инвести-ция; ~하다 интенсифицировать.

집어내다 вынимать; выносить. 편지 를 봉투에 ~ вкладывать письмо в конверт; 휴지통에~ бросать в корзину для мусора; 감옥에~ поса-дить(заключить) кого-л.в тюрьму

집어삼키다 глотать; легко проглатывать; съедать;

присваивать; за-хватывать; превращать в свою со-бственность; 남의 재산을 ~ прис- ваивать чужое имущество; 눈물을~ глотать слёзы

집어치우다 бросать; убирать с пути; 생각을~ отбрасывать мысль; 일을~ бросать(прекращать) работу; 쓸데없는 생각을 ~ выбрасывать с головы всякие глупости.

집요(執拗) настойчивость; ~하다 упорный; настойчивый; ~하게 고집을 부리다 прявлять упрямство; упряст-вовать в чём-л.; ~하게 요구하다 настойчиво требовать; 그는 ~하게 자신의 의견을 고수한다 он прямо настаивает на своём. 집요한 настойчивый.

집중(集中) I сосредоточение; цен-трализация; ~적 сосредоточенный; централизованный; массированный; ~ 하다 сосредоточивать; концент- рировать; централизовать;~화하다 сосредоточиваться; централизова-ться; 주의를 ~하다 сосредоточи-вать внимание на ком-чём-л.; ..에게 기대가 ~되다 на ком-л. сосредото-чивать надежду; ~강의 интенсивный курс; ~사격 сосредоточение огня.

집중(執中) II уст. ~하다 быть уме-ренным, держаться золотой сере-дины.

집집 каждый дом; все дома;~마다 в каждом доме; ~마다 방문하다 посещать каждый дом.

집착(執着)~하다 пристраститься; привязаться; упорствовать; настаи-вать; ~력 пристрастие; увлечён- ность; упорство.

집체(集體) 1) группа вещей(пред-метов) набор(вещей); предметов); 2) группа людей; ~적 коллективный, групповой; ~ 토의 коллективное обсуждение; ~적 영도 коллективное руководство; ~적 협의체 система коллегиальности.

집필(執筆) ~하다 сочинять; писать; 작품의 서문을~하다 писать предис-ловие; ~료 авторский гонорар; ~자 составитель

집합(集合) сбор; собирание; ~하다 собираться; ~개념 собирательное понятие; ~명사 собирательное имя существительное; ~이론 теория множества; ~지 район концентрации; ~체 конгломератор.

집행(執行), 수행(修行) исполнение; приведение в исполнение; ~하다 приводить в исполнение; исполнять; выполнять; конфисковать; ~권 испол-нительная власть;

~기관 исполни-тельный орган; ~력 сила закона; действительность; ~명령서 исполнитель-ный лист; ~부 рабочие органы; ~유예 отсрочка приведения в исполнение (приговора); условное осуждение; ~위원회 исполнительный комитет; ~자 испо-лнитель; 판결 ~자 исполнитель приговора; ~처분 принудительная мера.

집회(集會) собрание; сбор; ~하다 собираться; проводить собрание; ~소 место сбора; ~장 место собрания; зал заседаний; 군중 ~ митинг.

집히다 быть взятым(пальцами; щипцами); быть схваченным(кле-шнями); быть поднятым(подобра-нным).

짓 I движение; жест; поступок; поведение; бабоподобный ~을하다 делать глупости; 위험한 ~을 하다 играть в опасную игру; 고개 ~ движение головой(кивок).

짓 II диал. см. 짓 III.

짓- преф. 1) сильно; 2) как попало

-짓 суф. движение, жест; 고개짓 движение головой(напр. кивок).

짓거리 1) ~하다 сделать(что-л.) в порыве радости(ради смеха).

짓궂다 задиристый.

짓누르다 подавлять; угнетать; прижимать; притеснять; сильно давить; 빈곤이 그를 짓눌렀다 без-денежье угнетало его.

짓눌리다 подвергаться угнетению; угнетённый; подавленный; быть сильно подавленным; 근심걱정에 ~ кого-л. угнетает беспокойство.

짓다 делать, создавать, готовить, строить; 옷을~ шить одежду; 집을 ~ строить дом; 밥을~ варить рис(на пару); 시를~ слагать стихи; 이름을~ давать имя; 한숨을~ вздохнуть; 웃음을 ~ улыбаться; 눈물을 ~ заплакать; 무리를~ собирать толпу (в стаю); 대오를~ строиться в ряды; 죄를~ совершать преступление.

짓뭉개다 [친-] сильно завянуть.

짓밟다 наступать на кого-что-л.; 잔디를 топтать газон; 남의 감정을~ расстраивать чужое чувство; 국도를~ нападать на страну; 사람을~ попирать кого-л.

짓밟히다 быть растоптанным; быть попранным; 개가 말에 짓밟혀 죽다 лошадь затоптала собаку.

짓이기다 подмешать что-куда-л.; месить;꽃봉오리를~ ломать бутон; 곡물을 ~ ломать зёрна; 점토를 ~ месить глину.

징 I гонг;~잡이 человек, бьющий в гонг;~채 палка, которой бьют в гонг

징(<鉦) II подковка, гвозди(пре- дохраняющие подошву от стира- ния).

징검다리 мост из камней для перехода; ~를 따라 가로지르다 пе- рейти по каменному мосту; ~를 놓다 сооружать мост из камней.

징계(懲戒) порицание; взыскание; ~ 하다 порицать за что-л.; взыски- вать с кого-л.;~처분을 받다 нало-жить взыскание; ~권 право на взыскание;~처분 дисциплинарное взыскание.

징그럽다 противный; отвратите-льный; гадкий; мерзкий; омер- зительный;보기만 해도 ~ глаза бы не видели кого-что-л.; 징글맞게 바라보다 с отвращением смотреть.

징글맞다 омерзительный.

징병(徵兵) призыв на военную службу; ~하다 призывать на воен-ную службу; ~제 система призыва на военную службу.

징세(徵稅) ~하다 взимать налоги; наложить на кого-л. налог; ~과 налоговое управление; ~기관 на- логовый комитет; ~부담 налоговое бремя; ~원 источники налоговых поступлений.

징수(徵收) I взыскание; сбор; взи-мание(налогов); 교통위반에 대한벌 금을~하다 штрафовать за нарушение правил уличного движения; 과태료 를 ~하다 платить штраф.

징수(鉦手) II дворцовый страж, бьющий в гонг.

징역(懲役) каторга; каторжные ра-боты; ~을 살다 находиться на ка-торге; ~살이를 보내다 сослать на каторгу; ~자 карторжник(ца); 무기 ~ пожизненная каторга.

징조(徵兆), 표식(標識) признак; знак; симптом; намёк;...의~가 되다 стан-овиться признаком чего-л.; ...의~를 보이다 намекать на что-л.. 비가 올 ~가 보인다 вероятно будет дождь; 불길한 ~ дурная примета.

짖궂다 докучливый;надоедливый

짙다 I оставаться в достаточном количестве. 짙다 II яркий; сочный;

짙푸르다 яркосиний; яркозелёный.

- 804 -

짚 солома; ~단 пучок соломы; ~바리 стог; стог сена; ~불 горящая рисовая солома.

짚다 опираться на что-л..

짚단 сноп соломы.

짚신 лапти;~도 제 짝이 있다 у ка-ждого есть своя половина;~감발 онучи.

짚이다 рассматриваться; считаться; быть признанным кем-л

ㅈ девятнадцатая буква кор. алфавита; обозначает согласную фонему чч.

짜개지다 делиться; раскалываться; 반으로 ~ раскалываться пополам.

짜개다 делить, разделять; раска-лывать (разбивать, разрезать) [по-полам].

짜다 I 1) соленый; изготовлять (напр. мебель); 2) ткать; вязать; 3) создавать, формировать, органи-зовывать; составлять; 4) тайно договариваться (сговариваться); 5) делать пучок(мужскую причёску).

짜다 II выжимать; выдавливать; подыскивать; 장래에 계획을~ сос- тавлять план на будущее; 화환을 ~ заплетать венок; 빨래를~ от-жимать бельё; 가구를~ изготовлять мебель. 머리를 쥐어 ~ ломать голову; ~ 말을 짜내어 하다 говорить с трудом; выдавливать из себя; 눈물을 억지로 쥐어~ выдавливать слёзы; 포도를 ~ давить виноград. 짜리 рус. царь.

-짜리 1) суф., после наименования денежных ебиниц достоинством, стоимостью; 일원짜리 물품 вещь стоимостью в одну вону; 2) после имени сущ., выражающего преб- меты туалета одетый(во что-л.); 양복짜리 человек в европейском платье.

짜릿하다 острый, пронизывающий (о боли). 짜릿한 풍자 острая сатира.

짜요 соленый.

짜임 построение, планирование, построение, планирование, строй, структура, строй, структура.

짜임새 внешний вид(изделия); ~ 있는 보고 логичный и содержате-льный доклад;~있는 연설 строй-ная речь.

짜증 раздражение, недовольство. -내다 раздражаться; нервничать; 하찮은 일로-내다 раздражаться из-за пустяков; ~나게 하다 действовать на нервы кому-л.; ~스럽게 머리를

젓다 недовольно качать (встряхивать) головой.

짝 I пара чего-л.; парные предметы; ~을 맞추다 составлять пару; ~이 잘 맞다 подходить под пару; 짚신도~이 있다 у каждого голубя своя голубка; 신발 한~은 찾았지만 다른 한~은 잃어버렸다 нашёл один ботинок, а второй куда-то пропал; 장갑 한~ одна перчатка; 양말 한~ пара носков; 그게 무슨~이냐! Оби-дно! Какое безобразие! 아무~에도 소용이 없다 никуда не годный; 편지를 ~찢다 разорвать письмо; 문을 ~열다 распахнуть дверь; ~갈라지다 с треском разорваться; с треском лопнуть; 줄을 ~긋다 прочертить линию; ~소리내게 후려 치다 задавать кому-л. трёпку; ~신 непарная обувь; 얼굴 ~ морда; рожа.

짝 II ~하다 а) брызнуть тонкой стр-уёй (о жидкости); б) издать журчание; в) скользнуть (напр. по льду); г) прочер-тить линию; д) черкнуть; е) с треском разорваться

짝 III 1) 짝붙다 с шумом прилепи-ться; 2) 혀를짝차다 причмокнуть языком; 3) 짝 갈라지다 с шумом (с треском) лопнуть (напр. по швам).

짝- преф. непарный; 짝신 непар-ная обувь.

-짝 суф. презр.: 얼굴짝 морда, рожа.

짝사랑 неразделённая (безответная) любовь; любовь без взаимности; ~하다 любить без взаимности;~에 외기러기 одно сердце страдает, а другое не знает.

짝수(-數) чётное число.

짝짓다 сочетать браком; жениться на ком-л.; выйти замуж за кого-л.

짝짝 чавкать; смаковать; 젖은 옷이 몸에 ~달라붙는다 мокрая одежда липнет к телу; 껌을 ~씹다 чавкая жевать жевательную резинку.

짠 солёный.

짤막짤막 ~나누다 делить на небо-льшие части; ~하다 короткие; не-большие что-л.

짠하다 подавленный, унылый, печальный.

짧다 короткий; краткий; 짧은 영어 로 말하다 говорить на ломанном английском языке; 인생은 짧고 예술은 길다 жизнь коротка, а искусство вечно; 돈밀천이~ испытывать недостаток в деньгах.

짧아지다 укорачиваться; становиться короче.

짧은 короткий; 짧은 기간 краткос-рочное время; 짧은

인생 короткая жизнь; 짧은머리 короткая причёска.

짬 1) щель, промежуток; 2) досуг, свободное время; 3) засечка; чёр-точка(сделанная кисточкой при по-дрезании).

짬 досуг; свободное время;~짬짬이 урывками, в перерыве между делом; ~이 있다 у кого досуг; быть свободным; ~이 없다 занятый; у кого-л. мало досуга; 아버지는 짬만 있으면 독서하신다 отец читает книгу урывками.

짭짤하다 1) довольно солёный; прибыльный; 2) разг. ценный; содержательный;интересный; 3) разг.; 짭짤하게 되다 идти на лад(о деле).

째각거리다 тикать; стучать; 시계 추가 ~ стучит маятник часов.

째다 резать; разрезать; подрезать; отрезать; рассекать;손이~ нуждаться в помощи; 외투가 ~ пальто тесное; 연료가 째졌다 бензин кончился; 째는 신발 тесные ботинки.

짹 чикчирик; ~하다 чирикать; ~소리 чириканье.

쟁 лязг; звяканье; звон; ~하다 лязг-нуть; звякнуть; прозвенеть; издавать звон; 쥐구멍에도 ~하고 볕들 날 있다 всему свой час/И на нашей улице будет праздник.

쩌렁쩌렁 раздающийся; звучный; звонкий.

쩌쩌 межд. 1) 혀를~차다 прищёл-кивать языком; 2) чоо-чоо (окрик, которым погоняют вола).

쩍 трещанье; ~소리가 나다 треска-ться; разорваться с треском; 나무가 ~ 소리를 내며 넘어갔다 дерево свали-лось с треском; 컵이~하고 갈라졌다 стакан треснул.

쩔름발이 пренебр. сущ. хромой; ~되다 отставать, перен. хромать.

쩔쩔매다 не знать за что браться; не знать что делать; попасть в тупик; ума не приложу; 돈이 없어 ~ испытывать большую нужду в деньгах; 바빠서~ у кого-л. много дел; быть по горло занятым.

쩡쩡 1) гулко; 2) авторитетно; внушительно; ~하다 а) гулкий; б) авторитетный;внушительный

쩨쩨하다 скупой; скаредный; ни-чтожный.

쪼가리 небольшой кусок; клочок; лоскуток.

쪼개다 разделять; раскалывать; разбивать; разрывать; 장작을~ ко-лоть (рубить) дрова; 손도끼로 ~ тюкать топориком.

쪼그라들다(쪼그라드니, 쪼그라드오) 1) сморщиться,

съёжиться; 2) сок- ращаться, уменьшаться; 3) ухуд- шаться.

조글조글 ~하다 помятый; смор- щенный; ~하게 만들다 приминать; помять.

쪼다 клевать; долбить клювом; 새들이 빵을 ~ птицы клюют хлеб; 돌에서 여자의 모습을 쪼아내다 высекать из камня женскую фигуру.

쪼들리다 изнывать от чего-л.; то-миться от чего-л.; страдать; 쪼들 리는 생활 стеснённая жизнь; 돈에 ~ не хватать денег(времени); 자금이 ~ нуждаться в средствах; 빚에 ~ быть обременённым долгами.

쪼르르 тихо течь; журчать; 지붕에서 물이 ~ 흘러내리다 вода стекает с крыши; 수도에서 물이 ~흐른다 из водо-провода течёт вода; ~달려가다 бежать мелкими шагами; ~앉다 садиться в один ряд.

쪽 I 1. кусок; обломок; осколок; **2.** счётн. сл. часть; долька.

쪽 II волосы, собранные на затылке в узел(причёска вамужней женщины).

쪽 III бот. горец красильный (Polygonum tinctorium).

쪽 IV сторона; 빵 한 ~ ломтик хлеба; 동~ восток; 오른~ правая сторона; 양~ наши и ваши; обе стороны; 어느 ~도 아닌 ни с какой стороны; ~을 못쓰다 быть скованным; парализо-ванным; 누구든지~도 못쓰게 만들다 никому не давать пикнуть.

쪽문(-門)[쪽문-]калитка в воротах

쪽지 записка; бумажка; кусок бу-маги; ~를 건네다 передавать запи-ску; ~에 몇 자 적다 записать нес-колько строк на бумаге.

쫏다(쪼으니, 쪼아) 1) долбить(клю-вом; киркой); 2) обрабатывать, обтёсывать(дерево, камень); 3) ляз-гать (зубами); 4) уст. см. 조아리다; 5) см. 쫓다 3).

쫑그리다 1) 귀를 ~ навострить уши; 주둥이를 ~ насторожиться(о живот-ном); 입을~ вытянуть губы(напр. приготовившись говорить); 2) сьёж-ить[ся], сжать[ся].

쫑긋 ~거리다 поднимать уши; насто-рожить уши; 개가 귀를 ~세웠다 собака насторожилась.

쫑알쫑알 ~대다 тараторить; ворко-вать

쫓다 заплетать(косу);делать(пучок -о мужчине).

쫓겨나다 быть выгнанным.

쫓기다 1) быть выгнанным(изгна-нным); 2) преследовать,

следвать по пятам, догонять.

쫓다 гонять; изгонять; прогонять; отсылать; выгонять; 그는 개를 쫓아 내며 지팡이를 휘둘렀다 он размахивая палкой отгонял собак; 학교에서 학생을 쫓아내다 исключить студента; 여우를~ гнаться за лисой; 충고를~ следовать чье-му-л. совету; 도망자를 ~ догонять беглеца.

쫙 усил. стил. вариант 좍; брыз-нуть тонкой струёй; 얼음위로 ~ 미끌어지다 подкользнуться на льду; ~ 휘갈겨쓰다 чёркать; 파도가 해안 가로 ~ 밀어닥쳤다 волны нахлынули на берег.; 쫙퍼졌습니다 расширился

쬐다 светить; сиять; озарять; палить; 햇볕을 ~ подвергаться действию солнца; находиться под солнцем; 해가 쬐인 땅 освещённая солнцем земля; 이불을 햇볕에~ подвергать одеяло действию со-лнечных лучей.

쭈구렁 сокр. от 쭈구렁이; ~밤송이가 삼년간다 *посл.* ≈ гнилое дерево долго скрипит.

쭈글쭈글하다 морщинистый; ~하게 만들다 морщиниться; 옷이~ платье мнётся; 쭈글쭈글한 얼굴 лицо, пок-рытое морщинами.

쭉 I ~펴다 вытягивать; ~늘리다 растягивать; ~ 들이키다 допивать; 하품하며 기지개를 ~켜다 зевая тяну-ться; 장난감에 손을~뻗치다 тянуться за игрушкой.

쭉 II вдоль, рядом, сильно, начисто, совсем.

쭉정이 1) пустой орех; нелива-ющееся зерно; 2) презр. дурак.

쯔 ччы (назв. кор. буквы ㅉ).

찌 I сокр. от 낚시찌; поплавок;~ 낚시하다 ловить рыбу на поплавок.

찌 II 1) см. 찌지; 2) феод. кусочки бамбука с написанными на них фрагментами из канонических книг, которые вытаскивают из пенала экзаменующиеся.

찌걱거리다 скрипеть; скрежетать.

찌개 густой суп; тушёное мясо; ~가 보글보글 끓다 суп кипит; ~그릇 горшок для густого супа; 된장 ~ густой суп с соевой пастой.

찌그러지다 перекошенный; иска-жённый; избитый; разбитый; 찌그러진 얼굴 перекошенное лицо; 문짝이 찌그러졌다 дверь покосилась; 핀이 ~булавка гнётся.

찌꺼기 отстатки(гл. обр. пищи); отбросы; осадок; 타고남은 찌꺼기 зола; 음식 찌꺼기 остатки пищи; 커피 찌꺼기

кофейная гуща.

찌는 듯하다 как будто парилка.

찌다 I растолстеть; стать олсым; поправиться;살이 찐 толстый; тучный; полный; пухлый; 찌는 듯한 더위 нестерпимая жара.

찌다 II 1) спадать (о воде при отливе); 2) высыхать, испаряться (о воде)

찌다 III 1) варить на пару; парить; 찐붕어가 되었다 обр.словно варёный; 2) жечь, палить(напр. о солнце).

찌르다 колоть; ...의 심장을~ вонзить кому-л. в самое сердце; 손가락으로 가슴을 ~ тыкать ког пальцем в грудь;

찌푸리다 хмурить; морщить; насупиться; 찌푸린 하늘 облачное небо; 그는 눈쌀을 찌푸리며 이야기 했다 он говорил нахмурив брови; 찌푸린 날씨 непогода; хмурая погода;

찌프리다 1) хмурить(брови); морщить(лицо); прищуривать (глаза); 얼굴을 ~ делать кислую мину; 2) хмуриться(о погоде).

찌프차(англ. jeep+車) джип, виллис

찍 чирк;~하는 소리를 내다 чиркать чем-л.; ~ 미끌어지다 соскользнуть; 성냥을~긋다 чиркнуть спичкой; 선을 ~긋다 чертить линию по чему-л..

찍다 ставить штамп; печать; штам-повать; штемпелевать; 서류에 도장 을 ~ поставить печать на документ; 편지에 소인을~ проштемпелевать письмо; 펜을 잉크에~ обмакнуть перо в чернила; 설탕을 찍어먹다 есть с сахаром; ~에 점을 ~ ставить точки над чем-л.; 차장이 차표를 찍는다

찍소리 чириканье; одно слово; ~ 못하다 не сметь пикнуть; 그는 찍소리도 못했다 он был в полном за- мешательстве

찍혔습니다 напечатано.

찍히다 сниматься на фотографию, фотографироваться.

찐하다 быть в подавленном нас-троении

찔레 1) шиповник(плод); 2) ~나무 шиповник; розовый куст.

찔리다 проколотый; 양심이~ кого-л. мучает совесть.

찔찔 1) усил. стил. вариант 질질; 2) волоча; 3) струёй; ~울다 лить слёзы.

찜 I 1) тушёное мясо; тушёная рыба; тушёные овощи; 2) сокр. от 찜질.

찜 II сваренное блюдо; приварка.

찜질 ~하다 делать(компресс); принимать(лечебную ванну).
찜찜하다 неловкий; испытывающий(неудобство);
찝찔하다 солоноватый.
찡 ~하다 отдаваться болью в сердце.
찡찡하다 1) неловкий, неудобный, затруднительный; 2) прил. затруднённый(о дыхании напр. при нас-морке).
찢다 разрывать; раздирать; рвать; терзать; 종이를 ~ рвать бумагу. ~을 절반으로 ~ разорвать что-л. пополам; 조각조각~ рвать(раздирать) на куски (части).
찢어지다 разорвать, порваться(напр. о платье).
찧다 бить; колотить; толочь; раздроблять; 이마를 벽에~ расшибить лоб(голову) об стену; 엉덩방아를 ~ неловко шлёпнуться; 코방아를 ~ разбивать нос.

ㅊ девятая буква кор. алфавита; обозначает согласную фонему **чх**.

차(茶) I 1) чай; ~를 끓이다 заваривать чай; ~를 따르다 разливать чай; ~나무 чайное растение; ~잎 чайный лист; лист чайного де-рева; 녹~ зелёный чай; 홍~ чё-рный чай.

차(車) II 1, колёсный транспорт: повозка, поезд, трамвай, автомо- биль и т.п 2, сухопутное средство передвижения или перевозки; ко-лёсный транспорт; ~를 타고 가다 ехать на машине; ~고 гараж; ~량 вагон; ~사고 автомобильная авария; ~ 트렁크 багажник; ~표 билет на автобус(поезд); 급행열~ скорый поезд; 식당~ вагон-ресторан; 왕복 ~표 билет в оба конца; 장작~ вагон дров; ◇ 차치고 포치다 творить произвол, самовольничать.

차(差) III разница; ~가 나다 раз- личие; несходство; отличие; 성격~ несходство характеров; 연령~ разница в возрасте; 임금~ разница в оплате труда; 이것과 저것의 ~ разница между этим и тем.

차(次) IV 1. после колич. числ. раз; 1) 하루에 수십 차에 걸쳐 по нескольку десятков раз в день; 2) после порядк. числ. служит для счёта повторяю-щихся явлений; 3) мат. порядок; 4) мат. степень; 2. 1): 차[로] после имён сущ. с целью; 구경차[로] с целью осмотра; 2) после прич. гл. с оконч. 던 момент; 내가 지금 그리로 가려던 차였다 как раз; между прочим; кстати; когда; 인사~내방하다 засвидетельст-вовать кому-л. своё почтение; 사업~ 만나다 встречаться по делу; 우리가 떠나려던 ~에 그가 왔다 мы как раз собирались уходить, когда он пришёл; ~기 대통령 후보자

кандидат в президенты на будущий срок; 하루에 수십~에 걸쳐 по несколько десятков в день; 1~방정식 линейное уравнение; 1~자료 первоисточники; 제 2~ 세계 대전 вторая мировая война.

-차(車) I суф. кор. повозка; вагон; поезд; 자동차 автомобиль; 침대차 спальный вагон; 급행차 скорый поезд.

-차(次) II суф. кор. материя; отрез (на одежду); 의복차 отрез на оде- жду.

차갑다 холодный; ледяной; 차가워 지다 холодеть; замерзать; леденеть; 차가운 눈으로 쳐다보다 смотреть на кого-л. холодно; 차갑게 말하다 холодно обращаться с кем- л.; холодно принимать кого-л.; обращаться к кому-л. с прохладцей; 손발이 차가워지다 у кого-л. руки и ноги замерзают; 차가운 사람 хладнокровный(бессер-дечный) человек; 찬물 холодная вода; 찬바람 прохладный ветер.

차곡차곡 1) опрятный; аккуратный; постепенно; поэтапно; 가방에 속옷을 ~넣다 положить бельё в чемодан; ~문제를 풀다 решать задачу системати́ч-но; 2) см. 차근차근.

차관(借款) I государственный заём; ссуда; кредит; ~을 체결하다 договариваться о займе; ~을 제공하다 представлять заём(кредит);~단 консорциум.

차관(次官) II заместитель; ~보 помощник государственного сек- ретаря; 외무부~ заместитель ми- нистерства иностранных дел.

차광(遮光) ~하다 не пропускать (свет; лучи); ~막 штора; затемнё́нная занавеска; ~성 светонепроницаемость.

차남(次男) второй(младший) сын.

차녀(次女) вторая (младшая) дочь.

차다 I 1. 1) быть полным(напол- ненным); пинать; надевать; вме- щаться; 사람이~ быть битком на- битым людьми; 차면넘친다 у всего бывает свой расцвет и упадок; 2) быть преисполненным(чувством); 3) доходить(до чего-л.); 무릎까지 차는 눈길 снег по колено; 4) быть укомплектованным; достигать (пре-дусмотренного объёма); 5) истекать (о сроке); 6) 찬 раз за разом; 찬 10년이 지났다 прошло как раз десять лет; 마음에~ быть довольным; 2. образует прил. от имён: 자랑차다 преисполненный гордости.

차다 II 1) ударять(ногой) пинать, лягать;отшвыривать(что-л.ногой); 2) щёлкать,прищёлкивать(языком)

차다 III 1) хватать; схватывать; вцепиться когтями(напр. в добычу); 2) заглушать звук.

차단(遮斷) ~기구 аэростат заграждения; ~선류 перехват; помеха; изоляция; карантин; ~하다 загораживать; отключать; отрезать от кого-чего-л.; перехватить; прерывать; заслонить; 퇴로를 ~하다 отрезать путь к отступлению; ~기 автоматический выключатель; ~선 линия заграждения.

차라리 лучше; скорее; охотнее; 이것 은 ~ 그에게 물어보는 편이 나았을 것이다 лучше бы тебе спросить его об этом; 수치를 당하느니 차라리 죽는 것이 낫다 лучше умереть, чем вести позорную жизнь.

차량(車輛) сухопутное средство перевозки или передвижения; ~ 번호판 регистрационный номер; ~ 등록 регистрация машины; ~세 налог на транспорт; ~연결 сцепление вагонов; ~통행금지 проезда нет; ~한계 ж.-д. габарит подвижного состава. **차렸습니다** накрыл стол.

차례(<次例) очередь; порядок; последовательность; ряд; ~로 по порядку; по одиночке; поочерёдно; ~를 기다리다 ожидать свою очередь; ~가 돌아오다 стоять на(в) очереди; ~가 뒤바뀌다 не в порядке; испорченный; 나의 뒷~다 очередь за мной; 서두에 있는~ оглавление находится в начале книги.

차례로 по очереди.

차례차례(<次隷次隷) один за другим; попорядку; по очереди; последовательно; ~손님들과 악수하다 по очереди пожать руку всем гостям.

차리다 1) готовить; устраивать; обставлять(дом); 밥상을~ сервировать обеденный столик; 2) иметь, держать(магазин и т. п.); 3) наряжаться; [пере]одеваться; 남복을 ~ переодеваться в мужской костюм(о женщине); 점잔을 ~ вести себя солидно; 위신을 ~ поддерживать свой авторитет; 체면을 ~ оберегать свою репутацию; 4) удовлетворять(желания и т. п.); 5) собираться(с духом, с силами); 정신을~ приходить в себя; 6) [пред]принимать; 7) постигать; 눈치를 ~ догадываться; 살림을~ обзавестись семьёй; 회사를~ основать компанию; 잔칫상을~ устраивать пир; 아침을 ~ готовить завтрак; 인사를~ быть исключительно вежливым и воспитанным; 예절을~ соблюдать этикет; 체면을 ~ вести себя солидно; 위신을 ~ поддерживать свой авторитет; 정신

- 815 -

을 ~ взять себя в руки; собраться с духом; 로 떠날 차비를 ~ собираться кудато поехать.

차별(差別) отличие; различие; рас-познавание; разница; дискриминация; ~적인 отличительный; умеющий различать; неравный; ~하다 прово-дить различие между чем-л.; ~없이 관세 дифференциальный пошлины; ~대우 дискриминация; ~환율 деф-ференцированный валютный коэф-фицент; 인종~ апартеид; рассовая дискриминация.

차분하다 успокаиваться; утихоми-риваться.

차분한 смягчённый; приглушённый; тихий; бесшумный; спокойный; мирный.

차비(差備) I приготовление; под- готовка; ~하다 приготавливать; под-готавливать; готовить; намереваться; феод. специальное(чрезвычайное) назначение; 아무런~도 없이 без какогонибудь приготовления; см. 차삯 1).

차비(車費) II плата за проезд; стои-мость билета на автобусе; стоимость гужевой или автотранспортной перевозки;~는 얼마입니까? Сколько стоит проезд? Сколько надо заплатить за проезд?; 떠날 ~이다 собираться ехать

차압(差押) наложение ареста на имущество должника; ~하다 нало-жить секвестр на что-л.; 재산을 ~하다 накладывать арест на иму-щество.

차액(差額) разница; баланс;остаток; прибыль; 큰~ большая прибыль; 대차~ расчётный баланс;~지대 эк. дифференциальная(земельная) рента.

차용(借用) заимствование; ~하다 заимствовать; взять взаймы; 그는 10 파운드를 ~해 달라고 부탁했다 он попросил десять фунтов взаймы; 한국의 급속한 일본문화 ~ быстрая рецепция японской культуры в Корее; ~증서 долговая расписка.

차이(差異) разница; различие; расхо-ждение; 신분의~ неравенство в поло-жении; 연령의~ разница в возрасте; 의견의~ разномыслие; раногласие; ~점 точка(пункт) расхождения

차익(差益) (чистая) прибыль; 환~ прибыль на вексельном(валютном) курсе

차일피일 со дня на день; ~미루다 откладывать дело в долгий ящик.

차입(差入) I ~하다 передавать что-л.заключённому; носить(передачу).

- 816 -

차입(借入) II ссуда;~하다 занимать; делать заём; быть в долгах у кого-л.; арендовать; одалживать что-л. кому-л.; ~자금 заёмные сре́дства.

차지(借地) 1) ~하다 арендовать землю; 2) арендованная земля; арендованная местность(земля); заимствование земли; ~하다 арен-довать землю;~권 арендное право; ~료 арендная плата; ~증서 дол-говая запись.

차지하다 1) брать; приобретать; делать своей собственностью; 2) занимать(место *и т. п.*); 3) составлять(какой-л.процент,какое-л. число).

차질(蹉跌) I заколдованный круг; ~이생기다 попасть в неожиданную ситуацию; припирать к стене кого-л.; оступиться и упасть; 사업에 ~이 생기다 привести дело в тупик.

차차(次次) постепенно; малопома́лу; шаг за шагом;~일에 익숙해지다 постепенно привыкать к работе; ~ 나아지다 постепенно улучшаться; изменяться к лучшему; ~로 постепенно; помалому

차축(車軸) ось; ~의 осевой; ~간격 расстояние между осями; ~의 하중 нагрузка на ось; 가로~ ось абцисс; 대칭~ ось симметрии; 세로~ ось ординат; 회전~ ось вращения.

차출(差出) уст. ~하다 выбирать(ка-ндидата для назначения на дол- жность); ~하다 выбирать; намечать; подбирать; ~를 의장으로 ~하다 кого выбирать председателем.

차츰차츰 постепенно; малопомалу; потихоньку; поэтапно; исподволь; шаг за шагом; ~거북스러움이 사라지다 постепенно неловкость исче-зает; 그녀는 ~ 분위기에 익숙해졌다 она постепенно стала привыкать к обстановке.

차치(且置),물론 ~하고 оставляя в стороне, отвлекаясь от...; ~하다 оставлять в стороне; отвлекаться от чего-л.; уводить в другую сторону от дел; 농담은 ~하고 оставлять шутки в стороне.

차폐(遮蔽) 1)~목표 закрытая(нена-блюдаемая) цель; ~지대 закрытая местность; 2 эл. кран;~격자 экра-нирующая сетка; ~까벨 экраниро-ванный кабель; ~하다 а) уст. закры-вать, укрывать; прикрывать; б) эл. экраниро-вать.

차표(車票) (проездной) билет; билет на проезд; ~를 예약하다 заказывать билет;~를 조사하다 проверять билет; ~를 찍다 компостировать; 이~는 3일 간 유효하다 этот билет действителен три дня; 왕복~ билет в оба конца.

- 817 -

차후(此後)   после этого; вслед за тем; в дальнейшем; в последствии; спустя(через) некоторое время; ~임무 последующая задача; ~[에] после это-го; ~임무 последующая задача.

착(着) I   обозначеное место; при- бытие; приезд; 서울~ 비행기 само-лёт прибывший в Сеул

착 II   1) плотно; крепко; 2) сразу же; не колеблясь.

착 III   1) спокойно; хладнокровно; 2) эффектно; 3) слегка петляя(из-гибаясь)

-착   плотно; тесно; ~ 감기다 пло-тно обмотать.

착공 I   ~하다 проделывать отверстие; проводить дорогу; попусту спорить.

착공(着工) II   ~하다 приступать к строительству; начинать строи-льство; ~식 церемония начала строительства.

착념(着念) [хчань-]   ~하다 размы-шлять, думать.

착륙(着陸)   посадка; приземление; приводнение; ~하다 приземляться; делать посадку; 달에 ~하다 прилу-ниться; 물에 ~하다 приводняться; 무사히 ~하다 благополучно произ-водить посадку; ~속도 посадочная скорость;~신호 сигнал на посадку; ~장 аэродром; площадка для взлёта и посадки самолётов; ~점 точка приземления; пункт высадки; ~지 зона посадки; 강제~ вынужденная посадка.

착복(着服)   присвоение чужого иму-щества(чужой собственности); чу-жих денег; растрата обществен-ных(казённых) денег; ~하다 прис-ваивать;захватывать;растрачивать; завладеть чем-л.; 거액의 공금을 ~하다 присваивать огромную сумму казённых денег; 공금~ казнокрад-ство; ~자 казнокрад; растратчик.

착실(着實)   ~하다 а) твёрдый, вер-ный, надёжный; б) достаточный, состоятельный.

착실하다   верный, надёжный; добро-совестный, честный.

착오점(錯誤點)   [-ччом] ошибка; недоразумение; заблуждение; ~로 по ошибке; по недоразумению;~하다 сделать(совершить;допускать) ошибку; ошибаться; заблуждаться; 커다란 грубая(большая) ошибка; 철자법~ орфографическая ошибка; ~를 시인 признавать ошибку; 무언가 ~가 일어났음이 틀림없다 должно быть произошла какаято ошибка; 시대~ анархизм; хронологическая ошибка. 시행~ попытки(пробы) и ошибки.

착용(着用) ношение(носка) одежды; ~하다 носить одежду; 내가 ~하고 다니는 외투 пальто которое я ношу; 누더기가 될 때까지~하다 носить что-л. до износу; 양복을 ~하고 오시오 приходите в костюме.

착유(搾油) I ~의 маслобойный; ~하다 выжимать масло; ~공 рабочий, занимающийся выжимкой масла; ~공장 маслобойня; ~기 маслобойный пресс; ~량 количество выжатого масла.

착유(搾乳) II доение; дойка; ~하다 доить; ~공 дояр[ка];~관 доильная трубка; ~기 доильный аппарат; 기간~ лактационный период.

착취(搾取) эксплуатация; ~하다 а) эксплуатировать; б) уст. выжимать (сок и т. п.) в) подвергаться экс- плуатации; злоупотреблять; 무자비한 ~ безжалостная эксплуатация; ~자 эксплуататор; 노동~ эксплуа-тация труда; 노동계급의~ эксплу-атация рабочего класса.

착하다 добрый, хороший; 마음씨가 착한 사람 добросердечный человек; добряк; 착하게 행동하다 добросер-дечно относиться к кому-л.; 행동이 ~ добродетель.

착한 добрый.

찬(讚,贊) I похвала; одобрение; хвалебная речь; ~하다 хвалить кого-л.; возлагать хвалу кому-л. за что-л..

찬(饌,饌) II гарнир к рису; дежурные блюда; закуски; добавочные блюда.

찬(嚼) кит. chuan III диал. судно, лодка.

찬란(燦爛) блеск; ослепление; ~한 ослепительный; блестящий; глянцевый; 나는 그녀의 ~한 아름다움에 눈이 부셨다 она ослепила меня своей красотой; 별이 ~히 빛난다 звёзды сверкают.

찬물 холодная вода; ~을 끼얹다 обливать холодной водой; ~로 샤워하다 принимать холодный душ; ~먹고 냉방에서 땀낸다 носить воду в решете.

찬사(讚辭) похвала; одобрение; по-ложительный отзыв; панегирик; восхваление; 아낌없는 ~ безмерная похвала; ~를 아끼지 않고 보내다 осыпать кого-л. похвалами.

찬석(鑽石) алмаз.

찬성(贊成) согласие; поддержка; одобрение; ~하다 соглашаться с кем-чем-л.; поддерживать; одобрять; 계획에 ~하다 одобрять план; 제안에 ~하다 соглашаться с

- 819 -

предложением; 만장일치로 ~하다 приходить к единодушному соглашению; ~하는 측에 서다 стоять на стороне, выступающей:"за"; ~의 의견을 말하다 выступать в поддержку кого-чего-л.; 손을 들어~의 뜻을 표하다 поднимать руку за кого-что-л.; ~을 얻다 добиваться согласия; ~연설 выступ-ление за кого-что-л.; ~자 сторонник чего-л.; 투표를 하다 проводить голосование за кого-что-л..

찬조(贊助) поддержка; помощь; ~ 하다 поддерживать; подпирать, ока-зывать поддержку; 그녀의 ~하에 при её поддержке; 재정적 ~를 얻다 приобретать финансовую поддерж-ку;~연설을하다 выступать с речью за кого-что-л.; ~출연하다 выступать как гость; ~금 материальная поддержка; денежная по-мощь.

찰(札) арх. кольца(чешуйки) коль-чуги

찰- 1) клейкий; глютенозный; очень сильный; 찰기장 клейкое просо; 2) очень сильный; 찰깍쟁이 скупердяй.

찰 것 блюдо из клейкого риса (клейкой чумизы *и т. п.*).

찰떡 паровой хлебец, смолотый из муки из клейкого риса(из гл-ютинозного сорта зерновой куль-туры);~같다 а) очень липкий (клейкий); б) крепкий(о любви, дружбе *и т. п.*); ~근원 нерастор-жимые узы; ~같은 애정 глубокая привязанность.

찰흙 глина; глинозём; ~의 гли- нистый; глиняный; ~으로 만들다 делать что-л. из глины.

철썩거림 плеск.

참 I 1) истина; правда; святая правда; ~으로 правильно; действительно; подлинно; истинно; откровенно; ~뜻에 있어서 в подлин-ном смысле; 오늘은 ~답디! Сегодня очень жарко!

참 II почта; станция; ~.하는 ~에 намериваться; собираться; 나는 백화 점에 들른~에 책을 구입하였다 когда я зашёл в универсальный магазин, за одно и купил книжку; 나도 점심 이후에 떠날~이다; я тоже собираюсь пойти сразу же после обеда.

참- преф. 1) культивированный; 참벌 домашняя пчела(в противоп. дикой пчеле); 2) очень хороший; высококачественный; 참먹 высо- кокачественная тушь.

참가(參加) участие; ~하다 уча́вст-вовать в чём-л.; принимать участие в чём-л.; ~를 신청하다 подавать заявление на участие; 경기에 ~하다 участвовать в соревновании; 회의에 ~하다 принимать участие в конфе-ренции; ~국 странаучастница; ~자 участник;~권 право участия в чём-л..

참견(參見) вмешательство; ~하다 вмешиваться; соваться; принимать личное участие; 남의 일에 ~하다 соваться(вмешиваться) в чужие дела; 외주의 ~없이 без вмешательства из вне; 외부의~ постороннее вмешательс-тво; 무의미한참견 бессмысленное вмешательство; 이것은 네가 ~할 일이 아니다 это не твоё дело.

참고(參考) 1)~하다 справка; ссылка; сноска; ~하다 справляться; обраща-ться за справкой; пользоваться справочным материалом; ~문헌 справочная литература; ~서 спра-вочное учебное пособие; справо-чник; настольная книга; ~인 сви-детель; очевидец.

참관(參觀) 1) осмотр, посещение; 2) контроль, проверка; ~하다 а) осмат-ривать, посещать с целью осмотра; б)посещать с целью проверки; ~기 запись о результатах обследования;~인 посетитель чего-л..

참깨 кунджут;~가 짜르냐 기나한다 обр. а) мышиная возня; б) мелочный человек; ~같다 бисерный (о почерке); ~들깨 노는데 아주까리 못 놀가? обр. что, я хуже других? ; ~를 빻다 молоть кунджут.

참다 терпеть; переносить; удержи-ваться; сдерживаться; 고통을 ~ тер-петь страдания; 굴욕을 ~ переносить унижение; 열기를 ~ переносить жар; 모욕을 ~ переносить оскорбление; 졸음을~ терпеть сонливость; 치통을 참을 수 없는 невыносимый; не в силах терпеть; 아파서 도저히 참을 수가 없다 не в состоянии терпеть боль.

참을성(-性) [-쏭] терпеливость, выносливость, ~이 있는 терпели-вый; выносливый; ~이 없는 нетерпеливый; раздражённый; ~있게 기다리다 ждат терпеливо; 운동선수의 자질은~이다 хорошему спортсмену присуще тер-пение; 대단한 ~을 소유하다 обла-дать ангельским терпением.

참작(參酌) внимание; соображение; ~하다 учитывать; принимать во внимание; брать в расчёт; ~할 만한 사정 уважительное обстоятельст- во; 미성년인 점을 ~하여 учитывая несовершеннолетие.

참정(參政) 1) ~하다 входить в правительственный

орган; при- нимать участие в управлении го-сударством; 2) чиновник в госуда-рственном совете(в конце династии Ли); ~권 право голоса; изби-рательное право; участие в политической жизни страны; голосование; участие в голосовании(выборах); ~하다 участвовать в политической жизни страны; участвовать в голосо-вании; ~권을 행사하다 вступать в право голоса; 여성권 избиратель-ные права женщин.

참정권(參政權) [-кквон] право учас-тия в управлении государством.

참조(參照) "см[отри]" (в книге *и т. п.*); ссылка на кого-что-л; ~하다 1) смотреть справляться(в книге *и т. п.*); 2) давать ссылку; ~주석을 달다 снабжать подстрочными примеча-ниями; 저자는 인용한 문헌을 밝히지 않았다 автор не даёт ссылок на источники;~문헌 справочный материал; наглядные пособия;~서 справочник; ~문헌 리스트 список литературы; 전후~ перекрёстная ссылка.

참패(慘敗) 1) жестокое поражение; 2) тяжелое(позорное) положение; разгром;~하다 потерпеть жестокое поражение; 그는 자신의 낙선한 감을 어렵사리 이겨내었다 он тяжело пе- ренёс своё поражение на выборах;~시키다 нанести кому-л; пораже-ние; разгромить кого-л.

참혹(慘酷) суровость;~하다 ужас- ный; жестокий; зверский; 부랑인은~한 모습을 하고 있었다 у бродяги был жалкий(ужасный)вид.

찹쌀 клейкий рис; ~떡 паровой хлебец из муки, смолотый из клейкого риса.

찻길 шоссе; проезжая часть дороги; проезжая дорога.

찻집 чайная; кафе; закусочная.

창 I подошва; 이중~ двойная подошва; 구두 ~을 대다 подбивать подошвы.

창(槍) II копьё; пика; ~을 던지다 метать копьё.

창(唱) III корейская песня, испо- лненная высоким голосом.

창(窓) IV окно;~가에 서다 стоять у окна; ~을 열어두다 оставлять окно открытым; ~밖을 내다보다 смотреть в окно; ~턱 подоконник; ~틀 оконная рама; 미닫이~ окно с выдвижными створками.

-창(廠) I суф. кор. военный завод; арсенал; 피복창 фабрика военного обмундирования.

-창(瘡) II суф. кор. трудноизле- чимый нарыв; язва.

-창 III суф. грязное место; 도랑창 грязная канава.

창간(創刊) создание; основание (журнала; газеты); ~하다 основы-вать; создавать; 그 잡지는~된지 10년이 된다 этот журнал вышел в свет 10 лет назад; ~기념호 юби- лейный номер; ~사 предисловие в первом номере нового журнала или газеты; ~호를 내다 издавать первый номер.

창건(創建) ~하다 создание; ~하다 основывать; учреждать; организовы-вать; создавать; устанавливать; ~자 основатель; ~일 день создания; 런던 의 ~년도는 확실치않다 год основа-ния Лондона не известен; ~위원회를 건립하다 создавать комиссию по учреждению чего-л..

창고(倉庫) [-꼬] склад; амбар; кладовая; ~에 보관하다 помещать в склад; хранить на складе; ~료 плата за аренду склада;~업 сдача в аренду склада; ~업자 предприниматель; ~지기 работник(служащий) на складе; кладовщик; 세관~ таможенный пакгауз.

창녀(娼女) проститутка; публичная (уличная) женщина; панельная девица; непотребная женщина; ~출 신 бывшая проститутка;~가 되다 становиться проституткой;~와 놀다 гулять с проституткой.

창달(暢達) развитие; рост; движение вперёд; ~하다 развиваться; улучша-ться; продвигаться; 문화 ~을 위해 공헌하다 вносить вклад в развитие культуры.

창립(創立,-) [-닙] установление; основание; создание; учреждение; ~하다 учреждать; основывать; со-здавать; ~50주년을 축하하다 позд- равлять с пятидесятилетием со дня основания; 이학교는 1950년도에 ~되었다 эта школа была основана в 1950 году; 이 회사는 얼마 전에 ~되었다 эта фирма недавно создана; ~위원회 оргкомитет(организацион-ный комитет); ~자 зачинатель; ~총회 учредительное собрание.

창밖 за окном; на улице; ~으로 고개를 내밀다 высунуть голову в окно; ~으로 내던지다 выбросить что-л. за окно; ~을 내다보다 смотреть в окно.

창백(蒼白) бледность; ~한 бледный; бескровный; восковой; неяркий; тусклый; ~해지다 тускнеть; меркнуть; 죽을듯이~한 бледный как смерть; 그녀는 나쁜 소식을 듣고 나서 ~해 졌다 она побледнела, услышав плохую новость; 그녀의 ~함은 그녀가 심한 동요감을 경험했다는

것을 나타내 주었다 её бледность говорила о сильном волнении, которое она испы-тывала; 공포감으로 인해~해지다 бледность от страха(ужаса); ~하다 а) серый, мертвеннобледный; б) чистый, ясный.

창살(窓-) 1) оконный переплёт; 2) решётка; 창문에는 ~이 드리워져 있다 окно заделанно железной решёткой.

창설(創設) сознание; основание; ~ 하다 см. 창립(創立).

창업(創業,-) создание фирмы;~하다 создавать бизнес; основывать фи-рму;~이래 со дня основания фир-мы.

창의(創意) изобретательность; тво-рческий замысел; инициатива; ~고안 рационализаторское предложение; 창발성 рационализаторство, изобрета-тельство; ~적인 творческий, ориги-нальный; ~력이 풍부한 사람 (человек) имеющий много творческих способ-ностей; ~력이 부족한 사람 (человек) имеющий мало творческих способ-ностей; ~성 инициативность.

창의(倡義) II ~하다 созывать опол-чение; поднимать на партизанс- кую борьбу.

창자 кишка;~의 кишечный; 생선의 ~를 빼내다 удалять кишки из рыбы; ~가 뒤틀리다 внутренности пе-реворачиваются.

창작(創作) творчество; создание; ~하다 творить; созидать; сотворить; складывать; слагать; ~적인 творческий; созидательный; ~에 종사하다 заниматься творчеством; ~을 그만두다 бросать творчество; 소설을 ~하다 писать роман; ~가 творец, созидатель; ~력 творческие силы(способности);~성 творческий характер, созидательность; ~집 сборник художественных произведений; ~품 произведение искусства.

창조(創造) творчество, соз[и]дание; ~상상 психол. творческое вообра-жение; ~하다 создавать; творить; заниматься творчеством; ~적 ори-гинальный; творческий; созида- тельный; ~적 예술 оригинальное искусство;~물 творение; создание; ~력 творческие силы (способности); ~성 творческие спо-собности; созидательность; 천지~ сотворение мира; 인간의~ сотворе-ние человека; см. 창작

창창하다 тёмносиний; с большими перспективами; густой; ~한 바다 лазурное море; 장래가 창창한 청년 парень с большими перспекти- вами; 갈길이 ~путь далёкий.

창포(菖蒲) бот. аир благовонный; ~비녀 обточенный корень аира благовонного, украшающий женскую причёску в день корейского традиционного праздника "Тано".

창피(猖披) позор; стыд;~하다 прис-тыженный; позорный; постыд- ный;бесчестный;~스럽게 позорно, постыдно; ~를 주다 опозорить; ос-рамить; ~를 무릅쓰다 навлекать позор на себя; ~를 당하다 позори- ться; оскорбляться; стыдиться; 아이구 ~해! Обидно! /Какое безоб- разие!, Стыдно!

찾다 искать; обыскивать; присма-тривать; находить; 전화로 ~ звать кого-л. к телефону; 은행에서 돈을 ~ снимать деньги из банка; 전당포에서 시계를 ~ выкупить часы из ломбарда; 그녀는 사무실로 그를 찾아갔지만 그는 자리에 없었다 она зашла к нему на работу, но его там не оказалось; 나는 이씨를 찾아갔었다 я посетил мистера Ли.

찾아내다 находить; заставать; уз-навать; выяснять.

찾아오다 приходить; приходить с визитом; посещать; навещать; получать обратно; 작업상의 일로 ~ заставать за работой.

채 I 1) барабанная палочка;~를 휘두르다 бить кнутом; высечь пле- тью; 2) см. 채찍; 채려] цита бить, хлестать, стегать.

채 II лоза, очищенная от лыка.

채 III оглобли(телеги); ручки (носилок); часть палки, лежащая на плече (при переноске груза вдвоём); 채를 잡다 а) класть на плечо (ручки носилок и т.п.); б) руково-дить, верховодить.

채 IV ещё не...; не совсем; 사과가 ~ 익지 않았다 яблоки ещё не(не совсем) созрели; 눈을 뜬 ~로 밤을 지새다 провести всю ночь, не сомкнув глаз.

채(단위) V штука, счётная единица домов и зданий; 집 두~ два зда-ния(дома); 큰~ главное здание.

-채(-菜) суф. кор. салат; 무채 сала-т из редьки.

채광(採光) I освещение;~하다 осве-щать; давать свет; ~좋은 방 свет-лая(хорошо освещённая) комната.

채광(採鑛) II горное дело; ведение горных работ;~이 горнодобываю-щий; ~하다 прои-зводить горные работы; разраба- тывать рудник; добывать руду; ~공학 горная техника; ~권 право на разработку полезных ископаемых; ~업 горная промышленность; горное производство; ~업자 горняк; горно-рабочий; рудокоп; ~지대 горнозаводские районы; рудник; ~기사 штейгер.

채굴(採掘) добыча; выемка угля; ~하다 добывать; копать; разрабатывать; ~권 право на разработку полезных ископаемых; ~량 объём добычи;~공간 горн. выработанное пространство;~공업см.채취[공업];~하다 добывать(уголь и т.п.); разрабатывать полезные ископаемые

채권(債券) I [-кквон] облигация; обязательство;~을 발행하다 выпускать облигации; ~발행 выпуск займа; ~소유자 держатель облигации; ~시장 рынок облигаций; 국가~ государственная облигация; 장기~ (государственная)облигация сроком свыше 15 лет(сроком до 5 лет).

채권(債權) II [-кквон] долговое право; право кредитора; ~국 государственный кредитор; ~법 долговое право; ~자 кредитор; ~압류 наложение ареста на деньги должника, находящиеся у третьего лица.

채납(採納) ~하다 принимать(предложение, требование и т.п.)

채널(channel) канал(передачи);~을 바꾸다 перейти на другой канал; переключить на другой канал.

채무(債務) долговое обязательство; долг; задолжность; ~를 이행하다 выплачивать долг; ~국 государст-водолжник; ~면제 изъятие из долгового обязательства; ~상환 выполнение задолжности; ~자 дебитор; должник.

채소(菜蔬) овощи; ~를 가꾸다 выращивать овощи; ~가게 овощной магазин; ~밭 огород; ~재배 овощеводство; ~저장소 овощехранилище.

채용(用用) принятие; приём; ~하다 применять; перенимать; ~시험 приёмный экзамен.

채우다 I (채우니, 채워) запирать (на замок); застёгивать(на пуговицы); закрывать; 문을 ~ запирать дверь; 단추를~ застёгивать на пуговицы.

채우다 II (채우니, 채워) класть в холодную воду(на лёд)(продукты).

채점(採點) I выставление отметок; ~ 하다 ставить оценку(отметку; балл); ~법 система учёта успеваемости; пятибальная система.

채점(採點)[-ччом] II ~하다 ставить (отметку, балл).

채집(採集) коллекция; коллекцио-нирование; ~하다 собирать, колле-кционировать.

채택(採擇) принятие(закона; реше-ния); ~하다 принимать; выбрать.

책(冊) I 서적 книга; альбом; ~가방 портфель; ~꽂이 книжная полка.

책(柵) II дамба; частокол.

-책(策) суф. кор. меры; политика; 대항책 контрмеры; 무역책 торговая политика.

책값(冊-) [-깝] цена книги(альбома)

책략(策略) [чхэньняк] уловка; хитрость; ~을 꾸미다 проделывать махинацию); ~가 махинатор.

책망(責望) ругань; брань; ~하다 бранить, ругать; делать выговор; осыпать ругательствами; выгова-ривать кому-л. за что-л.

책상(柵狀) I парта, стол письмен-ный; 양소매~ двухтумбовый пи-сьменный стол; ~양반 обр. человек, ставший янбаном благодаря своей учёности и высокой нравственности; ~물림(퇴물) обр.книжный червь.

책상(冊床) II ~모자리 (앙판) прямо-угольный рисовый рассадник; ~조직 биол. столбчатая(палисадная) парен-хима.

책임(責任) обязанность; ответстве-нность; ~을 지다 отвечать за что-л.; нести ответственность;~을 지우다 возлагать ответст- венность на кого-л. ~감 чувство(сознание) ответственности;~량 норма выра-ботки; ~자 ответственное лицо.

챔피언(англ. champion) чемпион; победитель (на конкурсе; на выс-тавке); см. 선수권 보유자.

챙 козырёк.

챙기다 убирать за собой; приво- дить в порядок; 여행짐을 ~ соби- рать вещи в дорогу.

처(妻) I жена; супруга; ~를 얻다 жениться на ком-л.; ~가 родня жены; дом родителей жены.

처(處) II управление; отдел; 과학 기술~ управление по делам науки и техники; 환경~ управление по делам окружающей среды.

처 III беспорядочно; сильно; ~담하다 навалдывать; ~박다 забивать с силой.

-처 суф. кор. 1) место; 피난처 убежище; 2) управление; отдел.

처갓집 родня(родственники) жены; дом родителей жены;~살이 жить у родителей жены.

처남(妻媤) 1) шурин; 2) младший брат жены, шурин; ~남매 шурин и зять(муж сестры);~의 댁네 병 보듯 обр. формально, без души.

처내다 валить(о дыме).

처넣다 с силой впихивать(всовы-вать); набивать; 책을 상자에~ на- бивать коробку книгами; 돈을 증권에 ~ беспрестанно вкладывать деньги в акции.

처녀(處女) девушка; девственница; незамужняя; дева; ~의 девичий; девический; ~다운 скромная, зас-тенчивая; ~작을 발표하다 дебюти- ровать;~가 아이를 낳아도 할 말은 있다 всему своя причина, ~공연 дебют; ~궁 дева; ~생식 девичество; ~성 девственность; ~시절 девичество; ~작 первое произведение; ~작가 дебютант; ~장가 жениться на девице; ~지 девственная почва; целина; новь; 노~ старая дева; 숫~ девственница; ~가 아이를 낳아도 제 할 말은 있다 посл. ≈ с него (с неё) как с гуся вода); ~면 그 확실인가? обр. не всякое название отражает суть.

처대다 1) [раз] давать направо и налево; 2) поливать как попало; 2) небрежно набивать; 4) непра-вильно показывать(напр. дорогу).

처럼 разг. частица словно, как; 수정~맑다 чистый как горный хру-сталь.

처리(處理) обращение; управление; ~하다 обращаться(с чем-л.); упра-влять(чем-л.); справляться(с чем-л.); ~되다 решённый; улаженный; 사무를 ~하다 вести дела.

처방(處方) рецепт, предписание; ~을 내리다 прописывать лекарства; принимать меры(к чему-л.); ~전 рецепт; ~[부전] указание(инструк-ция) по применению лекарства.

처벌(處罰), 징벌(懲罰) наказание; кара; взыскание;~하다 наказывать, карать; взыскивать.

처분(處分) распоряжение;~하다 рас-поряжаться чем-л.; ворочать чем-л.; разделываться с кем-чем-л.; 관대한 ~을 내리다 снисходительно от-носиться к кому-л.; 적을~하다 ра-справляться с врагом; 음식을~하다 разделываться с едой; 상품을~하다 распродавать товары; 재고~ ра-спродажа остатков.

처세(處世) ~하다 вести себя; 그는 ~가다 он хорошо себя ведёт; ~술 житейская мудрость.

- 828 -

처소(處所) местожительство; место; 임시~ временное местожительство.

처신(處身) поведение; ~하다 вести себя; ~이 사납다 возмутительно вести себя; ~이 없다 недостойный; неприличный; 변덕스럽게 ~하다 держать нос по ветру.

처음 начало, впервые; ~에 вначале; сначала; сперва;~으로 впервые; первый раз; ~의 первый; первоначальный; исходный.

처지다 бессильно опускаться; сви-сать; висеть; повисать; отставать; падать, спадать; идти королём на позицию.

처하다 находиться; оказываться; вердикт;~에~ штрафовать; 곤란한 상황 에~ оказываться в трудном поло-жении; находиться в затруднитель-ном положении.

척(尺) I мера длины; линейка;~으로 재다 снимать мерку; мерить; 자기 ~으로 남을 재다 мерить кого-л. на свой аршин.

척(戚) II родственные отношения(не по прямой линии).

-척 ~하다 делать вид; претворя-ться кем-чем-л.; изображать(из себя) кого-л.; 읽는 ~하다 делать вид, что прочитал; 아픈~하다 при-творяться больным; 바보인 ~하다 ломать комедию.

척결(剔抉) ликвидация; уничто-жение; истребление;~하다 ликви-дировать;уничтожать; истреблять; изводить; 모조리~하다 сметать всё на своём пути; вырвать с корнем;~자 истребитель.

척박(瘠薄) неплодотворность; ~하다 неплодотворный; бесплодный; худотворный; тощий; ~한 토양 неплодотворная почва.

척했습니다 притворился.

천[직물(織物)] I материя; ткань

천(薦) II уст. см. 추천 III; ~을 트다 а) получать рекомендацию; б) на-чинать новое дело; приступать к работе.

천(千) III тысяча; 이~명의 학생 две тысячи студентов; ~분의 일 одна тысячная;~년의 тысячелетний; 천 일 기도; этн. молиться в течении десяти дней; 천일행사 будд. чело-век, придающийся аскезе в тече-нии десяти дней; 천일일수 долг, выпла-чиваемый частями в течении десяти дней; 천갈래만 갈래 множество ответвлений; 천 근 같다 очень тяжёлый; 천 냥 빚도 말로 갚는다 *посл.* ≡ от словаспасение и от словапогибель; 천 냥에 활인이 있고 한

푼에 살인이 있다 *посл.* ≅ дружба дружбой, а денежкам счёт

천국(天國) см. 천당; небеса; царство небесное; рай; эдем; зия́ся- земля обетованная; земной рай.

천대(賤待) унижение; призрение к кому-чему-л.; пренебрежение кем-чем-л.;~하다 унижать; принижа́ть; презирать; пренебрегать кем- чем-л.; относиться с презрением к кому-чему-л..

천둥(우뢰:又賴) гром;~치다 греметь грохотать; громыхать; ~ 벌거숭이 *обр.* беззаботный человек; ~같이 성을 내다 *обр.* метать громы и молнии; ~인지 지동인지 모르겠다 *погов.* ≅ сам чёрт не разберёт; ~에 개 뛰어 들 듯 *бран.* не чует собачье дело;~에 떠는 잠 충이 같이 *обр.* словно спросонок; ~하다 греметь (о громе). .

천리(千里) [쳐ㄹ] огромное расто-яние; ~견곤 *уст.* вселенная; ~만리 огромное расстояние; ~비린 *уст.* далёкое кажется близким;~백총마 легендарный конь чхоллима сизой масти;~진운 *уст.* облако вытянутой формы; ~행용 а) протяжённость горного хребта(в *геома-нтии*); б) уст. излагать историю(какого-л. дела) с самого начала; ~화반 см. 장화반;~오추마 легендарный конь чхоллима серой масти.

천만(千萬) 1) десять миллионов; 2) огромное количество; 3) перед именами огромный,величайший; ~ 다행 великое счастье; 4) после имён небывалый, невиданный; ~부당 совершенно неразумный(несправед-ливо); 위험 ~ огромная опасность; 5)~에 что вы, ещё чего; ◇ ~뜻(꿈)밖 полная неожиданность; ~의말(씀) 입니다 не считайте это за благодарности; 2. совершенно; очень; ~부당 совер-шенно неразумно(несправедливо); ~불가 совершенно неверно(непра-вильно).

천문(天文) небесные явления и законы; ~관 планетарий; ~년감 астрономический год; ~단위 аст- рономическая единица; ~대 обсер-ватория; ~영 см. 천체[역학]; ~시계 астрономи-ческие часы; ~학 астро-номия; ~학자 учёныйастроном; ~천정 *астр.* зенит; ~항법 астронавигация.

천사(天使) ангел; херувим; ~같은 사람 ангел во плоти; ангел крото-сти; кроток как ангел; 수호 ~ ангел-хранитель.

천생(天生) данный богом(небом); благодатный; талантливый; ~배필 предначертанный брак; ~연분 небом установленные узы.

천애(天涯) край неба; край земли; очень далёкое место; совершенно одинокий; сиротливый; ~지각 уст. обр. находиться далеко друг от друга; ~이역 обр. дальняя/дальняя страна; 3) ~[의] совершенно оди-нокий; ~의 고아 круглый сирота; сиротство.

천연(天然) природа; натура; естес-твенность; ~적 природный; естествен-ный; натуральный; ~가스 природный газ; ~견사 натуральный шёлк; ~기념물 природные реликты; ~림 естественное воспроизводство леса; ~비료 естест-венное удобрение; ~색 естественный цвет; ~자원 природные ресурсы; ~섬유 нату-ральное волокно; ~수지 натуральные смолы; ~스레트 сланец; ~생활 первобытная жизнь; ~작석 магнит(в противоп. электромагниту); ~조림 естественное воспроизводство леса.; ~영양 питание натуральными продуктами; ~스럽다 прил. казаться естественным (натуральным); ~하다 естественный, натуральный; 2.:[스레] естественно, натурально.

천연색(天然色) ~사진 цветная фо-тография; ~영화 цветной фильм.

천재(天才) 재능(才能) одарённость, гений; ~적 гениальный; талантливый; одарённый; 어학의 ~ талантливый лин-гвист;/~성 гениальность; ~아 талантливый ребёнок; вундеркинд; ~교육 воспитание(развитие таланта).

천정(天井) потолок; ~에 매달려 있다 висеть на потолке; ~그물 сквер (рыболовная сеть); ~기중기 мосто-вой кран; ~부지 растущий(о це-нах).

천주교(天主教) католицизм.

천지(天地) небо и земля; ~이다 бесчисленный; ~를 진동시키다 будо-ражить весь мир; ~가 뒤집혀도 даже если весь мир перевернётся; в любом случае; ~개벽 сотворение мира; ~만물 все вещи(предметы); 별~ волшебная (сказочная) страна; ~가 진동하다 сотрясать небо и землю(о грохоте); ~개벽 а) сотворение мира; б) огромные изменения(преобразования); ~분격 обр. отличаться как небо от земли; ~신명 духи неба и земли; 2) после имени: ~이다 бесчисленный; 3) ~에 увы; о, горе!

천천히,서서히 потихоньку, медле-нно;~하십시오 делайте неторопясь

천체(天體) небесное тело(светило); ~관측 астрономические наблюде- ния; ~망원경 телескоп; рефлектор; астрономическая труба; ~물리학 астрофизика; ~학 уранография; ~ 역학 небесная механика; ~물리학 астрофизика; ~분광학 астроспект- роскопия;~측광학 астрофотометрия; ~측량학 астрометрия.

천하(天下) 1) весь мир; ~대세 по-ложение в мире; ~무적 непобеди-мость, непреоборимость;~를 얻은듯 обр. на верху блаженства; ~없는 см. [세상] I; 2) уст.[~에] под небом(небе- сами); 3) перед именем невиданный, беспрецедентный; неповторимый; ~ 무비한 несравненный; 4)[~에] самый, наиболее; ~를 호령하다 повелевать миром; ~에 이름을 떨치다 прогреметь на весь мир; ~에 под небом; на свете; ~에 둘도없는 бесп-рецедентный; невиданный; ~의 영웅 мировой;~대사 самое крупное событие в мире.

천하다 1) низкий, презренный; 2) унизительный.

천한 말(속어) жаргон.

철 I (계절) время года; сезон;~늦つ появляться позднее; опаздывать; 철 그른 동남풍 погов. ≡ дорого яичко к хри- стову дню; 철 묵은 색시 обр. молодая жена, которая не торопится переезжать в дом свекрови; 철 묵은 색시 승교 안에서 장옷 고름단다 посл. ≡ на охоту ехать собак кормить; 철[을] 늦추다 упустить время; 철 [을] 찾아[서] по сезону, в соответствии с сезоном; 3) сокр. от 제철 I.

철 II сообразительность, разум; ~이 들다 поумнеть; ~이 없다 неразумный, несмышлённый; 철나자 망녕난다 посл. ≡ а) куй железо, пока горячо; б) и на старуху бывает проруха; 철[을] 모르다 несмышлённый; 철[이] 나다 (들다) поумнеть.

철(鐵) III железо; металл; ~의 железный; ~의 장막 железный занавес.

철(綴) IV подшивка; палка с(ма- териалами); ~하다 подшивать; перепл-летать; 신문을 ~하다 подшивать; переплетать газеты; 서류 ~досье; 신문 ~ подшивка газет.

철-(鐵) преф. кор. железный; 철박테리야 железобактерия.

-철(鐵) суф. кор. железо; металл; 압연철 прокатное железо.

철갑(鐵甲) железное покрытие, броня; ~의 броневой;~하다 брони- ровать; ~상어 сахалинский осётр; ~선 бронированный корабль.

철거(撤去) эвакуация; вывод; отвод (войск); 2) удаление, устранение; ~하다 выводить(войска); очищать (район и т.п.); б) удалять, устранять. **철공**(鐵工) слесарь.

철공소(鐵工所) мастерская металлоремонта.

철교(鐵橋) металлический(железный) мост; ~를 놓다 наводить (строить; перекидывать; перебрасывать) железный мост.

철근(鐵筋) арматура(железобетон); ~골조 металический каркас; ~ 콘크리트 железобетон; армированный бетон; ~앙카 анкер, анкерная связь; ~을 넣다 армировать.

철길 [-낄] железная дорога; железнодорожный путь; ~을 놓다 проводить железную дорогу; ~건널목 железнодорожный переезд (переход).

철도(鐵道) железная дорога; железнодорожный путь; железнодорожная линия; ~를 부설하다 прокладывать железную дорогу; ~편으로 на поезде; поездом; по железной дороге; ~망 сеть железных дорог; ~선로 линия железной дороги; ~승무원 проводник; 광궤~ широколейная железная дорога; ~기중기 железнодорожный подъёмный кран; ~차량 подвижной состав.

-철염(撤廉) ~하다 отменить регентство (матери короля).

철로(鐵路) 1) железная дорога; ~바탕 железнодорожное полотно; ~횡단로 железнодорожный переезд; 2) рельсовый путь

철봉(鐵棒) перекладина; турник; ~을 하다 заниматься на турнике; см. 쇠몽둥이.

철수(撤收) [-쑤] вывод; отвод; ~자산 эк. отвлечённые средства; ~하다 а) убираться; б) отводиться; выводиться; отзываться; в) демонтироваться; 군대를 ~시키다 отводить(отзывать) войска.

철야(徹夜) бессонная ночь; ~하다 бодрствовать ночью; проводить ночь без сна; ~작업 ночная работа.

철없다 несмышленый, несообразительный; 철없이 굴다 ребячиться; 철없는 행동 ребячий поступок; ребячество.

철저(徹底) [-쩌] ~하다 1. а) последовательный; б) исчерпывающий, полный, доскональный; в) решительный, радикальный; 2. а) быть последовательным; б) быть исчерпывающим(полным, доскональным); в) быть решительным(радикальным); г) проникаться(чем-л.).

철조망(鐵條網) [-쪼-] проволочная сеть; проволочное

заграждение; колючая проволока; ~에 걸리다 напарываться на колючую прово-локу; запутываться в проволочном заграждении; ~을 치다 ставить проволочные заграждения.

철통(鐵桶) железная бочка(бадья); ~같은 неприступный; незыблемый; ~같은 방위선 неприступная линия обороны.

철폐(撤廢) отмена; упразднение; ~하다 отменять; упразднять; 차별 대우를 ~하다 отменять; упразднять дискрими-нацию; 악법 ~ упразд- нение драконовских законов.

철하다(綴-) I подшивать, переп- летать(газеты *и т.п.*).

철하다(撤-) II уст. отменять, упразд-нять; снимать, убирать.

철학(哲學) философия; философское мировоззрение; ~적 философский; ~개론 введение в философию; ~사 история философии; ~자 философ; 자연 ~ натурфилософия.

첨가(添加) дополнение; прибавка; приложение; ~하다 дополнять; добавлять; прибавлять; ~량 доба-вляемое количество; ~물 добав- ление; приложение; приправа; ~어 агглютинативный язык.

첨부(添附) приложение; дополне- ние; ~하다 прилагать; добавлять; 서류를 ~하다 прилагать документы; ~서류 прилагаемые документы.

첩 I ~[을] 박다 заколачивать дверь.

첩(妾) II наложница; любовница.

첩(貼) III пакетик для лекарства

-첩(帖) альбом; 사진~ фотоальбом; 우표수집 ~ альбом для марок.

첩보(捷報) секретная информация; агентурные сведения; ~기관 орган [контр]разведки; ~망 агентурная сеть; ~하다 передавать секретные сведения.

첫 первый; ~걸음을 떼다 делать первый шаг; предпринять; ~걸음 первый шаг; 첫가물 начало засухи (засушливого времени года); 첫 무대 первое выступление на сцене; 첫 삽을 들다(뜨다) обр. приступить к строительным земляным работам; 첫 상봉 первая встреча; 첫 술에 배 부를가? *погов.* ≈ успех не даётся сразу; 첫 차 первый поезд(трамвай *и т.п.*); 첫 출발 первый шаг(в чём-л.); 첫 출사를 하다 стать чиновником; 첫 페이지 первая страница; 첫 손가락을 꼽다 *см.* 첫손 [을꼽다]; 첫 해 권농 *погов.*≈первый блин комом; ◇ 첫 딱지를 열다(떼다)

начинать, делать первые шаги.

첫날 [чхон-] 1) первый день; 2) день бракосочетания; ~저녁 см. ~첫날밤.

첫눈 I [чхон-] 1) первый взгляд; ~에 들다 приглянуться; ~에 알아보다 узнавать с первого взгляда; ~에 반하다 влюбиться с первого взгляда.

첫눈 II [чхон-] первый снег.

첫딸 первенец(о дочери); ~은 세간 밑천이다 первая дочь/матери помо-щница

첫마디 первые слова; ~에 이해하다 понимать с полуслова.

청 I 1) см. 목청 I; 청[을] 놓아 (놓고) во весь голос; 2) 8-й тон(в нац. музыке).

청 II 1) перепонка; 2) диафрагма; мембрана; ~[이] 떨어지다 лопаться (напр.о переспевшей дыне и т.п.)

청(靑) III сущ. синее.

청(請) IV 1) просьба;~하다 просить; упрашивать; выпрашивать; хода- тайствовать; 원조를~하다 просить помощи; ~을 들어주다 удовлетвор-ять пользу; 간절한~ убедительная просьба; мольба; 청[을] 넣다(들다) упрашивать, выпрашивать; хода- тайствовать; 2) приглашение.

-청(廳) суф. кор. 1) место; 초례청 место свадьбы; 2) уст. ведомство.

청결(淸潔) 1) ~하다 1. чистый; ~ 하게 하다 чистить; очищать; 2. см. 청소[하다] I; 2) см. 청소 I.

청구(請求) требование; заявка; ~하다 требовать чего-л.; делать за-явку; ~권 право требовать(делать заявку); ~서 требование; заявка; счёт; ~인 требующий чего-л.; проситель; 손해 ~ требование компенсации убытков; 지불~ требование уплаты(платежа).

청년, 젊은이 юноша.

청년들 молодежь; ~기 молодость; ~운동 молодёжное движение; ~회 молодёжное общество; ~회관 дво-рец молодёжи; ~자제 уст. молодое поколение; ~학생 учащаяся моло-дёжь.

청렴하다 честный, бескорыстный.

청바지 джинсы.

청부(請負) подряд; контракт; ~하다 взять на подряд; ~맡다 подряжаться; ~공사 работа по контракту; ~살인 убийство по заказу; ~업 подрядные работы; ~업자 подрядчик.

청산(清算) ликвидация; ~하다 пога-сить, ликвидировать; 회사를 ~하다 ликвидировать торговое общество; 과거를 ~하고 새 생활을 시작하다 похоронить прошлое и начать(всту-пить) в новую жизнь; клиринг; ~제도 клиринговая система; ~협정 клирин-говое соглашение.

청소(清掃) уборка; ~하다 чистить; очищать; убирать; ~기 пылесос; ~부 уборщик; дворник; ~차 мусо-роуборочная машина; 대~ генера-льная уборка; ~부선 горн. очистная флотация.

청소년(青少年) (зелёная) молодёжь.

청원(請願) I ходатайствование; ~하다 просить о помощи; обращаться за помощью; ~서 (письменное) про-шение;

청원(請援) II ~하다 просить о по-мощи, обращаться за помощью.

청중(聽衆) аудитория; слушатели; ~에게 깊은인상을 주다 производить глубокое впечатление на аудито-рию.

청첩장(請牒狀) приглашение на торжество(письменное).

청취(聽取) слушание; ~하다 слу-шать, выслушивать, заслушивать; 라디오를 ~하다 слушать радио; ~율 조사 опрос радиослушателей для выяснения популярности радиопе-редач; ~자 слушатель

청하다 просить.

청혼 предложение; ~하다 делать предложение; просить руки.

체 I ~하다 делать(подавать) ви-д что...; притворяться что...; 읽은 체 하다 делать вид, что прочитал; 본 체 만 체하고 с равнодушным видом.

체(滯) II несварение(расстройство) желудка.

체(體) III 1) стиль; 체를 받다 ко-пировать стиль, подражать стилю (кого-л.); 2) вид.

-체(體) суф. кор. 1) тело; 다면체 многогранник; 2) структура; 결정체 кристалл; 3) стиль; 말체 разговор-ный стиль.

체감(遞減) ~하다 постепенно уме-ньшать(понижать).

체격(體格) телосложение.

체결(締結) заключение(договора); ~ 하다 заключать(договор).

체계화(體系化) систематизация; ~ 하다 систематизировать.

체납(滯納) просрочка; ~하다 прос- рочить(задержаться) с уплатой; ~액 недоимка; просроченная сумма; ~자 недоимщик.

체념하다 обдумать.

체육(體育) физкультура; ~계 спо-ртивные круги; ~관 спортивный зал; ~인 физкультурник;спортсмен

체육관(體育館) дворец спорта; спорт зал.

체육대회(體育大會) спортивное со- ревнование; состязание.

체중(体重) I вес(тела); живой вес.

체중 II ~하다 а) тяжёлый(о теле); б)уст. солидный(об общественном положении).

체험(體驗) испытание, личный опыт; ~하다 лично испытать; знать по собственному опыту; ~담 рассказ о личном опыте.

쳇바퀴 обруч сита.

쳐다보다 смотреть с уважением.

쳐다보이다 виднеться в высоте.

쳐들다(쳐드니, 쳐도오) поднимать; 고개를 ~ поднимать голову.

쳤습니다(물장난도) плескаться.

초 I свеча.

초(醋) II уксус; 초친놈 а) пропащий человек; б) распущенный человек

초(草) III черновик, набросок; проект; 초[를]잡다(내다) набросать черновик (письма и т.п.); см. 초서 I.

초(楚) IV король(синих в кор. ша-хматах).

초(初) V 1) после сущ. начало; 학년~ начало учебного года; 2) перед сущ. ранний; первый; 초가을 ранняя осень, начало осени; 3) первая декада(месяца); 초아흐레 9-е число месяца

초-(超) преф.кор. сверх...; супер...; ультра...; 초자연적 сверхъестестве-нный; 초단파 ультракороткие во-лны.

-초(哨) I суф.кор. пост; 감시초 пост наблюдения.

-초(礁) II суф.кор. риф; 산호초 ко-ралловый риф.

초과(超過) превышение; ~이윤 а) сверхприбыль; б) сверхплановая прибыль; ~실행 перевыполнение; ~ 잉여 가치 избыточная прибавочная стоимость; ~하다 превышать (что-л.).

초급(初級) I сущ. начальный, пе-рвичный; ~의 начальный; пер- вичный; ~단체 первичная органи-зация.

초급(峭急) II ~하다 резкий и гор-ячий(о характере).

초대(招待) приглашение; ~하다 а) приглашать(кого-л. в гости); б) принимать (гостей); в) вызывать по приказу короля; ~권 пригласитель-ный билет; ~장 пригласительное письмо; (письменное) приглашение.

초등(初等) I сущ. начальный, эле-ментарный; ~교육 начальное обу-чение; ~대수학 элементарная алгебра; ~수학 арифметика; ~학원 детский дом для детей школьного возраста; специальное училище; ~ 의무교육 обязательное начальное обучение; ~의 начальный; элемен-тарный; ~학교 начальная школа.

초등(超等) II ~하다 превосходить средний уровень.

초라하다 1) неказистый, серый; 2) неважный, незначительный.

초래(招來) ~하다 а) оказывать влияние на кого-что-л.; сказы-ваться(на чём-л.); приводить(к чему-л.); повлечь за собой что-л.; б) уст. звать, приглашать.

초벌(初-) см. 애벌; ~목 первый глоток вина; ~목을 축이다 промо-чить горло; ~의 первый; первич-ный; ~땜 временная припайка.

초보(初步) первый шаг; начало; ~적 начальный; элементарный.

초원(草原) степь; луг; геогр. степи; ~건초 луговое сено; ~기후 степ- ной климат.

초월(超越) ~입자 физ. гипероны; ~사격 воен. огонь через голову своих войск; ~하다 1.превосходить, пре-вышать; 2. уст. прил. быть выше (кого-чего-л.); выдающийся.

초점(焦點) [-쩜] 1) физ., мат. фо-кус; центр; средоточие; ~거리 фо-кусное расстояние; ~심도 фото глубина резкости; 2) перен. средо-точие.

초청(招請), **초대**(招待) приглашение; ~으로 по приглашению; ~하다 приглашать; ~장 официальное приг-лашение; пригласительный билет.

초콜렛 шоколад.

초토화(焦土化) ~하다 выжечь всё вокруг; ~작전 боевые операции, в которых применяется тактика "выж-женной земли"; ~ 전술 тактика "выжженной земли".

촉(觸) I 1) кончик; остриё; 2) выступ, шип.

촉 II ~늘어지다 опуститься, поник-нуть.

-촉 суф. кор. наконечник; 철필촉 перо(канцелярское).

촉박(促迫) ~하다 прил. наступать; близкий (о сроке); 시간이 ~하다 пора, время, (напр. идти).

촉진(促進) ускорение; форсирование; стимулирование; облегчение; ~하다 ускорять; стимулировать; содейст-вовать развитию чего-л.; двигать вперёд

촉촉하다 сырой; влажный; чуть-чуть сыроватый(влажный)

촌(村) I деревня; 촌닭 관청에 잡아다 놓은 것 같다 *погов. букв.*= словно деревенский петух, попавший в столичное ведомство; 촌닭이 관청 닭 눈빼어 먹는다 *посл. букв.* = дере-венский петух столичному петуху глаз выклюет; 촌적 а) деревенский; б) грубый, простой.

촌(寸) II 1) *уст. см.* 치 III; 2) сте-пень родства.

촌-(村) *преф. кор.* деревенский; 촌남자 деревенский житель.

-촌(村) *суф. кор.* деревня; 문화촌 благоустроенная(культурная)деревня.

촛대 подсвечник.

촛불 свеча.

총 I конский волос.

총(總) II обушник(кор. соломенной обуви).

총(銃) III винтовка, ружьё; *перен.* оружие; 총[을] *уст.* составлять ру-жья в козлы; 총[을] 놓다 стрелять из винтовки(ружья); 총[을] 잡다 взяться за оружие.

총-(總) *преф. кор.* всеобщий; ге-неральный; 총공격 генеральное наступление; 총선거 всеобщие вы-боры.

-총(銃) *суф. кор.* ружьё; 공기총 пневматическое(духовое) ружьё.

총결산(總決算) [-ссан] общий итог; ~하다 подводить(общий итог); сум-мировать.

총계(總計) итог; ~하다 1) подводить (общий итог); суммировать; 2) общий итог; *см.* 결과

총괄(總括) суммирование; обобще-ние; ~적 суммарный; ~적으로 вооб-ще, в целом; ~하다 суммировать; обобщать.

총량(總量) [-няң] общее количество; общий вес, (вес) брутто; суммарная величина;~적으로 в целом.

총력(總力) [-нёк] все силы; вся сила; ~전 тотальная война.

총리(總理) [-ни] 1) ~하다 осущест-влять(общее управление); 2) пре-мьерминистр; канцлер; ~대신 *уст.* премьер-министр(напр. в Японии); 3) главный управляющий; генеральный директор; 4) лидер; *см.* 내각수상

총명(聰明) хорошая память; ~이 불어둔펼이라 и человек с хорошей памятью не всё запомнит; ~호학 *уст.* большие способности и увлечение наукой; ~에지 *уст. вежл.* мудрость(обычно короля); ~하다 а) умный; понятливый; б)хороший(о памяти).

총애(寵愛) благоволение; особая любовь; ~하다 благоволить(кому-л.); оказывать кому-л. покровительство.

총지휘(總指揮) общее руководство (командование);~하다 осуществлять общее руководство(командование); ~권 полномочия(право) на общее руководство(командывание); общее руководство(командывание); ~자 осуществляющий общее руководство.

촬영(撮影) фотосъёмка; ~하다 фото-графировать; снимать; производить съёмку; ~기 фотоаппарат; ~기사 кооператор; ~소 киностудия; ~장 съёмочная площадка; 야외~ натуральная съёмка; съёмка на открытом месте(природе); 야외~ место выезд-ных съёмок.

쵸콜레트(англ. chocolate) шоколад.

쵸크(англ. chalk) см. 백묵.

최-(最) перф. кор. самый;наи...; ~ 하등의 самый плохой; наихудший;   ~적의   наиболее   подходящий(при-годный; соответствующий); 최신식 новейший образец.

최고(最高) наивысший; максимум; верховный; ~의 самый высокий;   самый   максимальный;   верховный;   ~회 верховный совет.

최근(最近) 1. нареч. ~에 в после-днее время; в последние дни; не-давно; 2. ~의 (самый)последний; ближайший; ~역사 новейшая история;~임무 ближайшая задача;~삼 년간에 за последние три года;~까지 до последнего времени.

최대(最大) максимум; ~의 наиболь-ший; самый большой; максиа-   льный;   ~공약수   наибольший   общий делитель;~공척도 мат. наибольшая общая мера; ~이격 астр. элонгация; ~속도 максимальная скорость; мор. максимально возможный ход; ~치 наибольшее значение; ~한 макси-мум; ~하다 максимальный,   наи-больший;   крупнейший; наивысший.

최선(最善) ~의 наилучший; ~의 노력 всевозможные усилия; макси-мальное старание; ~을 다하다 де-лать всё, что возможно.

최소(最小) минимум;   ~의 наимень-ший; малейший; минимальный; ~ 공분모 *мат.* наименыший общий знаменатель; ~공배수 *мат.* общее наименьшее кратное; ~한 минимум;~하다 наименьший, минимальный.

최신(最新) *сущ.* новейший; ~의 самый новый; самый последний; новейшего типа.

최악(最惡) ~하다 a) уст. вреднейший, злейший; б) наихудший; ~의 худший; ~의 상황이다 это хуже всего; ~의 경우에 в худшем случае; ~의 상황을 대비하다 готовиться к худшему случаю.

최우수(最優秀) наилучший; превосходнейший; ~하다 самый превосходный; самый замечательный.

최저(最低) минимум; ~의 самый низкий; минимальный; ~강령 программа-минимум; ~생활비 прожиточный минимум; ~온도계 meteor. минимальный термометр; ~속력 самый малый ход; ~임금 прожиточный минимум; минимальная заработная плата; ~한 минимум; ~하다 самый низкий, минимальный.

최종(最終) 1) уст. самый конец; 2) конец; ~의 самый последний; конечный; ~결정 окончательное решение; ~목적 конечная цель; ~일 последний день; ~적 последний, конечный, заключительный; ~속도 конечная скорость; ~질주 спорт. финишный бег.

최초(最初) самое начало; начало; ~자극 эл. начальный импульс; ~에 в самом начале, сначала; ~의 первый; первоначальный; начальный; 그가 ~로 그것을 발견하였다 он первый заметил это.

최후(最後) 1) самая задняя часть, самый конец; ~적 последний, крайний; окончательный, заключительный; ~의 피 한 방울까지 до последней капли крови; ~변론 юр. прения; ~통첩 ультиматум; ~임무 последующая задача; 2) последние минуты жизни, смерть; в конце; в последний раз; ~의 последний; крайний; ~로 под конец; на конец; в заключение; ~까지 до конца; до последнего; ~결과 конечный результат; ~수단 единственное оставшееся средство; ~만찬 тайная вечерня; ~통첩 ультиматум.; 최후의 심판 날 Страшный судный день.

추(錘) I гиря для весов; 낚시 ~를 달다 подвешивать грузило; 1) см. 저울추; 2) груз, грузило; 3) грузовой отвес; 4) маятник(часов).

추(醜) II уст. низость, подлость.

추(錘) III счётн. сл. веретено; 백추 сто веретён.

-추 I суф. образует нареч. от предикативных прил.: 곧추 прямо; 늦추 поздно.

-추 II 낮추다 понижать.

추가(追加) дополнение;добавление; ~적 дополнительный; ~하다 до-полнять; добавлять; ~계산 допо- лнительные бюджетные ассигно-вания; ~량 дополнительное коли-чество; прирост; ~분 дополните- льная доля; часть; ~예산 допол-нительный бюджет.

추격(追擊) 1) преследование; 적을 ~하다 гнаться за противником; ~기 истребитель-перехватчик; ~자 пресле-довать; ~전 бой при преследовании; ~비행 ав. перехват; догон; 2) см. 습진 II; ~을붙이다 уст. а) обучать тактике; б) натра-вливать друг на друга; ~하다 а) преследовать; б) см. 습진[하]I.

추구하다 стремиться, гнаться пре-следовать(цель); проводить(поли-тику).

추다 1) [при]поднимать; вытаски-вать(сети); 몸을 추지 못하다 не быть в состоянии подняться; 원기 를~поднимать дух(настроение); 2) превозносить до небес; 3) искать, рыться; 4) выбирать, выискивать; 5) сгребать(мусор); 추어주다 а) по-днимать и взва ливать(напр. груз кому-л. на плечо); б)перехваливать; 추어올리다 а) поднимать; б) захва-тывать.

추도(追悼) оплакивание; ~하다 скор-беть(об умершем) оплакивать (кого-что-л.); 친구의 죽음을 ~하다 опла-кивать смерть друга; ~문 некролог; ~식 панихида; ~식을 행하다 совер-шать панихиду; ~회 гражданская панихида.

추돌(追突) уст. ~하다 сталкиваться (с чем-л.) сзади; ударяться(о что-л.) сзади;преследовать и нападать с тыла

추락(墜落) падение; низвержение; ~하다 а) падать(с высоты); б) терять (авторитет, доверие и т.п.); в) уст. падать(о нравах); 비행기를~시키다 сбивать самолёт; ~사 смерть в результате падения с высоты.

추리(推理) 1) вывод, заключение; 2) лог. умозаключение; ~하다 прихо-дить к [умо]заключению; ~력 сила довода; ~소설 детективная повесть.

추모(追慕) ~하다 чтить память (кого-л.); вспоминать; тосковать (по комчём-л., по кому-чему-л.); хранить память(об умершем); ~탑 обелиск, воздвиг-нутый в память умершем.

추상(抽象) 1) лог. абстракция; ~[적] абстрактный; отвлечённый; ~개념 абстрактное понятие; ~력 способность к абстрактному мышлению; ~[적]명사 отвлечённое имя существительное; ~미 абстрактная красота; ~성 абстракт-ность; отвлечённость; ~주의 абстрак-ционизм; ~과

추석(秋夕)(한가위,중추절) Чусок(день поминовения 15 августа по лунному календарю) нац. кор. праздник; ~빔 новая одежда, которую одевают во время корейского праздника урожая.

추악(醜惡) мерзость; ~하다 мерзкий; отвратительный; омерзительный;пакостный;безобразный; ~한 행동 безобразный поступок; ~성 мерзость; омерзение.

추억(追憶) воспоминание, память; ~하다 вспоминать; ~담 воспоминания; рассказ о прошлом.

추월(追越) обгон; опережение;~하다 обгонять; опережать; перегонять; ~금지 обгон запрещён.

추위 мороз; холод;~를 타다 не переносить (бояться) холода.

추정(推定) предположение; ~의 предположительный; ~하다 предполагать, полагать; ~증거 презумция невиновности.

추종(追從) послушное следование; безропотное подчинение; ~국가 (стра-на-)сателлит; ~하다 послушно следовать(за кем-л.); безропотно подчиняться(кому-л.); ~자 сателлит; подголосок.

추진(推進) продвижение; ~하다 продвигать; толкать вперёд; двигать; форсировать; ~기 пропеллер; возду-шный винт; ~력 движущая сила; ~축 приводной вал; ~장치 горн. меха-низм подачи.

추징(追徵) дополнительный сбор; ~하다 а) взимать впоследствии (недостающую сумму); б) допол- нительно собирать(налоги и т. n.); ~금 дополнительный сбор.

추징금(追徵金) пеня; дополнитель-ный сбор.

추천(推薦) рекомендация; выдви-жение; ~하다 давать рекомендацию (кому-л.); предлагать; выдвигать; ~서 рекомен-дательная литература(кни-га); ~자 рекомендующий; ~장 рекомендательное письмо.

추첨(抽籤) жеребьёвка; лотерея; ~하 다 тянуть(жребий; лотерейный билет; ~권 лотерейный билет; ~제 система жеребьёвки.

추출(抽出) извлечение, хим. экст-ракция; ~하다 извлекать; вытяги-вать; хим. экстрагировать; ~기 экстрактор; ~물 вытяжка; экстракт; ~제 извлекатель.

추키다 1) [при]поднимать; 2) резко повышать(цены *и т. п.*); 3) выта-скивать(выкачивать) наверх; под-нимать кверху;подтягивать(напр. брюки); 4) см. **부추기다**; ‖ **추켜들다** поднимать к верху; подтягивать; **추켜세우다** а) втянуть наверх; б) поднимать, улучшать; в) неумеренно хвалить, захваливать; **추켜올리다** а) см. **추켜들다**; б) см. **추켜세우다**.

추후(追後) 1) ~마련 уст. последу- ющие приготовления; ~하다[по] следовать(за чем-л.); ~하여 потом, затем, впоследствии; 2) ~[에,로] впоследствии, позже; потом; ~통지 가 있을 때까지 впредь до полу- чения дальнейших инструкций.

축(築) I фундамент.

축(軸) II 1) см. 굴대; 2) палочка для навёртывания свитка; 3) ось; вал; центральный стержень.

축(縮) III 축이 가다 а) съёжиться; б) осунуться; 축[이]나다 не хватать; не доставать; 축[이]지다 а) потерять авторитет; б) выдыхаться; ослабевать; в) худеть; 축[을]삽히다 выискивать слабое место (недостатки).

축(軸) IV счётн. сл. 1) 20 кален- дарей; 2) пачка письменных от- ветов в 10 листов(на экзамене на государственную должность); 3) рулон, свиток; 4) 200 листов ко- рейской бумаги

축 늘어지다 опускаются руки.

축구(蹴球) футбол; ~선수 футбо- лист; ~경기 соревнования по фут-болу.

축도(縮圖) 1)~하다 воспроизводить в мелком масштабе; делать(умень-шенную копию); 2) уменьшенная копия; карманное издание (карты, плана).

축산(畜産) животноводство; ~기술자 животновод; ~물 продукты живот-новодства; ~업 животноводство; скотоводство; ~업자 скотовод; ско-то промышленник; ~학 зоотехника; ~기사 зоотехник; ~지구 животно-водческий район.

축소(縮小) уменьшение; сокращение; ~하다 уменьшать; сокращать; 군비 ~ сокращение вооружений; ~강조법 лингв. литота, литотес.

축전(祝電) поздравительная теле-грамма;~을 치다 поздравлять(кого-л.) по телефону; давать поздрави-тельную телеграмму; ~기 конден- сатор; ~지 аккумуляторная батарея.

축전지(蓄電池) аккумуляторная батарея, аккумулятор; ~전차 см. 축전 기차

축제(祝祭) фестиваль;~일 праздник

축조물(築造物) сооружение, постройка, здание.

축축하다 влажный; сырой.

축출(逐出) изгнание: ~경외 уст. изгнание, высылка; ~하다 изгонять.

축하(祝賀) 1) поздравление; приветствие; 2) ~하다 поздравлять(кого-л.) с(чем-л.);приветствовать(кого-что-л.); ~단 группа приветствующих; ~문 приветствие(письменное); адрес; ~식 церемония приветствия(поздравления); ~연 банкет в честь(кого-л.); ~엽서 поздравительная открытка; ~주 вино, которым поздравляют; ~회 чествование.

춘궁(春窮) затруднения с продовольствиями в весенний период(в деревне); ~기 весенний период, связанный с продовольственными затруднениями.

춘분(春分) «весеннее равноденствие» (один из 24 сезонов с.-х. года, с 21-22 марта); день весеннего равноденствия.

춘추(春秋) 1) весна и осень; 2) вежл. Ваш (его) возраст, Ваш (его) годы; 3) год; 4) «Весна и Осень» (летопись княжества Лу, 5-ая книга конф. Пятикнижья); ~복 демисезонная одежда; ~대의 конфуцианские моральные принципы; ~필법 дух конфуцианских канонов; ~정성 арх. молодость императора(короля).

춘추관(春秋館) феод. ведомство, составлявшее исторические труды.

춘하추동(春夏秋冬) четыре времени года.

출가(出嫁) I выход замуж; замужество; ~하다 выходить замуж; ~외인 замужняя дочь отрезанный ломоть.

출가(出家) II ~하다 а) уйти из дому; порвать с семьёй; б) уходить в монастырь, постригаться в монахи; ~수행 уст. покинуть дом(семью) и заняться изучением (чего-л.).

출결(出缺) 1) выход и невыход (на службу); см. 출결근; 2)см.출결석.

출고(出庫)~하다 выдавать со склада

출고량(出庫量) количество выданного со склада

출구(出口) 1) выход; 비상~ пожарный(запасный) выход; ~변압기 эл. выходной трансформатор; 2) см. 출로; 3): ~하다 экспортировать морем; 3) см. 출구 <> 입구(入口) выход <> вход.

출근(出勤) выход(явка) на работу(на службу); ~하다 являться(вы- ходить) на службу(на работу); ~시간 служебные (присутственные) часы.

출납(出納) [-лап] 1) приходы(пос-тупления) и расходы; 2) уст. получение и выдача; ~하다 получать и выдавать; 3) см. 출납원.

출동(出動)[-ттонъ] 1) выступление(в поход); отправка(на фронт); 2) мобилизация, введение в бой; ~하다 а) выступать(в поход); отправлять[ся](на фронт); б) мобилизовать.

출력(出力) ~하다 1) вкладывать средства(труд); 2) выходная мощ-ность, эл. мощность.

출발(出發) старт; отправление; отъезд; начало; отход; ~의 исход-ный; стартовый; ~하다 отправл-яться; выезжать; выходить; исхо-дить(из чего-л.); ~신호 выходной (стартовый) сигнал; ~재료 исход-ный материал; ~질주 спорт. ста- ртовый разгон.

출산(出産) [-ссан] уст. ~하다 роды; родить(ребёнка); ~률 рождаемость.

출생(出生)[-ссэнъ] рождение; роды; ~하다 родиться.

출석(出席) [-ссок] присутствие;явка; посещение;~하다 быть; присутст-вовать; являться; посещать; 회의에 ~하다 являться на заседание; ~을 부르다 делать перекличку.

출세(出世) [-ссе] карьера; успех в жизни; ~하다 а) делать карьеру; преуспевать; б) арх. появиться на свет, родиться; в) будд. уходить от мира; г) возвращаться в мир для спасения всего сущего(о буд-де, бодисатве).

출신(出身) [-ссин] 1) социальное происхождение; ~성분 социальная принадлежность; социальное положе-ние; 그는 프롤레타리아~이다 он выходец из пролетариата; 2) уроженец; 그는 서울~이다 он родом из Сеула; 3) образование; профессия; опыт работы; ~교 школа, которую окончил; 그는 대학~이다 он из числа окончивших университет; 4) ~하다 а) уст. см. 출세[하다] I а); б) занимать первую государственную должность; в) сдавать экзамены на государственную долж-ность по военному разряду; 5) сущ. сдавший экзамен на государственную должность по военному разряду.

출아(出芽) 1) ~하다 давать ростки (почки); пробиваться(о ростках, почках); 2) росток, почка; 3) поч- кование.

출애굽기 исход.

출원(出願) подача заявления(про-шения); ~하다 обращаться с просьбой; 특허 ~중 патент заявлен; ~기간 срок для подачи заявления; ~인 проситель.

출입(出入) 1) хождение, [пере]дви-жение; 2) прогулка; 3) вход и выход; 4) посещение; ~하다 а) входить и выходить; б) прогуливаться; пройтись; в) посещать; ~금지 вход запрещён; ~금지하다 запрещать вход и выход; ~구 вход; выход; ~국법 правила выезда (въезда) из страны; ~문 входная дверь; ~자 посетитель; ~증 пропуск; контрольный листок.

출자(出資) [-쨔] капиталовложение; финансирование; ~하다 вкладывать (капитал); инвестировать; финансиро-вать; ~금 вложенный капитал; ассигнованные средства; ~액 сумма вложенного капитала(ассигнований); ~자 инвестор; владелец вкладываемого капитала.

출장(出張) [-짱] командировка; ~가다 ехать в командировку; быть в командировке; ~보내다 командиро-вать; ~비 командировочные расходы; ~소 отделение(фирмы); агенства;~지 место командировки; ~하다 быть (находиться) в командировке.

출장비(出張費) [-짱비-] команди-ровочные расходы.

출제(出題) [-쩨] выдвижение темы; ~하다 выдвигать тему; ставить воп-росы.

출판(出板) издание; выпуск; ~하다 издавать; выпускать; ~의 자유 свобода печати; ~부수 тираж; ~계 издательские круги; ~권 авторское право; право издавать; ~물 печать; ~법 закон о печати(издательской деятельности); ~사 издательство; ~소 издательство; ~업 издательское дело; ~자 издатель; ~기관 органы печати. 출판사(出板社) издательство.

출품(出品) 1) выставка; ~하다 вы-ставлять; экспонировать; 2) ~작 экспонат.

출하(出荷) отправка груза; ~하다 отправлять груз;~안내 авизо.

출현(出現) появление; проявление; ~ 하다 появляться; проявляться; явля-ться;~목표 воен. появляющаяся мишень.

출혈(出血) кровотечение; кровоиз-лияние; ~하다 кровоточить; кровь течёт; ~을 멈추게 하다 останавли-вать крово-течение; ~량 потеря крови; ~성 геморрагический; ~성 소인 геморрагический диатез; ~성 폐혈증 пастереллёз.

춤 I танец; пляска; **춤[을]추다** a) танцевать, плясать; б) прыгать; скакать; в) прыгать от радости; г) плясать под чужую дудку; ~판이 벌어졌다 начались танцы; ~꾼 танцор; плясун; танцовщик; ~판 танцы; 춤 운동 спорт. танцевальное движение; 춤이나다 приплясывать. **춤** II горсть.

춥다(추우니, 추위) холодный; 몸이 춥다 зябнуть; мёрзнуть; 춥기는 사명당 사처방 очень холодный.

춥습니다 танцевать холодно.

충격(衝激) 1) столкновение; удар; отдача(у ружья); 2) толчок, импульс; ~[적] импульсивный; импульсивность; ~하다 a) сталкиваться; ударять; отдавать(о ружье); б) толкать, служить импульсом; ~을 받다 пережить удар; быть потрясён-ным; 그의 죽음은 모두에게 ~을 주었다 его смерть потрясла всех; ~적인 사건 потрясающее событие; ~성 импульсивность.

충고(忠告) совет; ~하다 советовать; ~자 советчик.

충돌(衝突) 1) столкновение; конф-ликт; ~전리(이온화) эл. ударная ионизация; 2) уст. нападение, удар; ~하다 a) сталкиваться, ударяться; б) уст. нападать, наносить удар.

충동(衝動) 1) ~하다 a) взволновать; б) побуждать; заставлять; 2) импульс; побуждение; толчок; ~적이다 побуди-тельный; ~을 받다 быть потрясённым (растроенным); 일시적인 ~에 못이겨 под влиянием мимолётного импульса; ~을 자아내다 захватывать сердца людей.

충렬(忠烈) [-뉼] верный(предан-ный) человек; ~하다 a) беззаветно преданный; б) верный (преданный) человек; ~묘 храм, воздвигнутый в память о верноподданном; ~문 арка, воздвигнутая в память о верноподданном.

충만(充滿) ~하다 1. быть наполнен-ным(чем-л.); 2. прил. a) наполненный; б) преисполненный (чем-л.); ~계수 стр. коэффициент наполнения; ~성 напол-ненность.

충성(忠誠) 1) преданность; верно- сть; 2) конф. преданность монарху; ~스럽다 a) верный; б) преданный монарху; ~을 다하다 быть преданным(верным) до конца; ~심 верность; ~하다 a) быть верным (преданным); б) быть преданным монарху.

충수, 충양돌기(맹장) аппендикс.

충신(忠臣) I верный слуга; пре- данность;<-> 간신(姦臣) хороший слу-га <> плохой слуга.

- 848 -

충신(忠信) II уст. преданность и доверчивость.

충실(充實) ~하다 a) полный; уко-мплектованный; 내용이~ содержа-тельный; б) здоровый, крепкий(о ребёнке); ~하다 содержательный

충전(充電) I зарядка(аккумулятора и т. п.); ~하다 заряжаться(об акумуля-торе и т.п.);~전류 зарядный ток.

충전(充塡) II горн. закладка; ~하다 производить(закладку); ~거리 шаг закладки; ~공 закладчик; ~관 за-кладочная труба; ~광상 закладоч-ное месторождение; ~기 заклало-чная машина; ~물 закладочный материал; ~제 наполнитель; ~연충 갱도 закладочный штрек.

충족(充足) полное удовлетворение; ~하다 достаточный; ~시키다 удовлет-ворять полностью; наполнять(набивать) до отказа; 요구를 ~시키다 отвечать требованиям; ~이유 법칙 лог. правило достаточного основания.

충청남도(忠淸南道) Южная Чхунч- хондо пров.

충청북도(忠淸北道) Северная Чху-нчхондо.

충치(蟲齒) гнилой зуб; кариес.

췌장(膵臟) поджелудочная железа; ~염 панкреатит; воспаление под-желудочной железы.

취객(醉客) пьяный.

취급(取扱) обращение(обхождение)(с кем-чем-л.); ~하다 обращаться(обхо-диться) (с кемчем-л.); 기계를 ~하다 управлять механизмом; 전보를~하다 принимать телеграмму; 문제를 ~하다 рассматривать(трактовать) вопрос; ~ 주의 Осторожно! ~자 заведующий.

취득(取得) приобретение; получение; ~하다 приобретать; получать; ~물 приобретение; приобретённая вещь; ~세 налог на приобретённую вещь; ~시효 приобретательная давность.

취미(趣味) хобби, вкус, склонность, интерес; 책 읽기에 ~를 붙이다 проявлять интерес(склонность) к чте-нию; ...에 ~를 가지다 иметь вкус (склонность)(к чему-л.); 이것은 나의 ~에 맞지 않는다 это не по моему вкусу; 그는 연극에 ~가 없다 он не увлечён театром; 사람들은 ~가 제각 각이다 у каждого свой вкус.

취사(取捨) I ~하다 выбирать; отбирать; ~선택 выбор; отбор; ~선택 하다 выбирать; отбирать.

취사(炊事) II приготовление(варка) пищи; стряпня;~하다 приготавливать пищу; стряпать; ~당번 дежурный (дневальный)по кухне; ~도구 кухонная посуда; ~병 повар; ~실 кухня; ~원 повар; ~장 кухня; место приготов-ления пищи; ~차 походная кухня на автомашине; автокухня.

취소(取消) отмена; аннулирование; ~하다 отменять; аннулировать; ликви-дировать; снимать; 결정을 ~하다 аннулировать постановление; 약속을 ~하다 взять слово обратно (назад); 자신의 제의를 ~하다 снять своё предложение; ~권 право на аннулиро-вание(отмены).

취약(脆弱) ~하다 слабый;хрупкий; непрочный;рыхлый;~성 слабость

취업(就業) начало работы(занятий); ~하다 приступить к работе; браться за работу; ~난 трудность получения (нахождения) работы; ~시간 рабочее время; ~자 человек, приступивший к работе(вышедший на работу).

취임(就任) вступление в должность; ~하다 вступать в должность; ~사 речь при вступлении в должность; ~식 церемония вступления в долж-ность

취재(取材) сбор материала(инфор-мации); подготовка репортажа; ~하다 собирать(отбирать) материал (информацию; данные); освещать в прессе;~길에 오르다 отправиться чтобы подготовить(провести) ре- портаж; ~기자 репортёр; ~반 прес-сгруппа; ~차 репортёрская машина; ~활동 журналистская деятельность; освещённость в печати.

취직(就職) устройство на работу; ~시험 тест при поступлении на службу(работу); ~하다 поступать на работу; ~하다 поступать на работу (службу); получать место; ~난 труд-ность получения (нахождения) работы.

취침(就寢) отбой; ~하다 ложиться спать.

취하다 I пьянеть; опьянеть; помути-ться; 한잔에~ пьянеть от одной рюмки; 취한 пьяный человек.

취하다 II брать; 대책을~ примен-ять; предпринимать; 분명한 태도를~ занять определённую позицию.

츄브(<англ. tube) 1) камера(в шине); 2) туба, тюбик.

츠 чхы(назв. кор. буквы ㅊ).

측(側) сторона; 우리 ~에서 볼 때 с нашей стороны; 국민측에 있다 быть на стороне народа.

-측(側) суф. кор. сторона.

측근(側近) 1) близость; 2) ~하다 1. быть приближённым; 2. а) бли-жайший; б) приближённый.

측량(測量) [чхынънянъ] 1) изме- рение; съёмка; ~기사 см. 측량사; ~권측 геод. мерная лента; 2) обдумыва-ние, взвешивание; ~하다 a) измер-ять; производить измерения(съёмку); б) обдумывать, взвешивать; ~[이] 없다 неизмеримый, бесконечный; ~기 гео-дезический измерительный прибор; ~대 веха; ~사 землемер; ~술 геодезия; ~표 геодезические знаки

측면(側面) [чхын-] сторона; бок; фланг; стр. торцовая поверхность; мат. боковая грань; боковое ребро; ~공격 a)спорт. боковое нападение; б) воен. атака во фланг;фланговое наступление; ~굴착 горн. боковая проходка;~도 вид сбоку;~적 пло-щадь боковой поверхности

측은(側隱) сострадание; сочувствие; ~하다 сочувствующий; сострада-тельный;~지심 сострадание; сочу- вствие.

측정(測定) 1) измерение; съёмка; ~단위 единица измерения; 2) опре- деление; прикидывание; ~하다 a) измерять; делать съёмку; б) опр- еделять; устанавливать; прикидывать; ~기 прибор для определения прой-денного расстояния; спидометр; ~단위 единица измерения; ~치 число, полученное при измерении (вычис-лении).

측후소(測候所) метеорологическая станция.

층(層) 1. 1) пласт, слой; прослойка; 2) этаж; 3) разные разряды; сорта; различия; разница; 층[이]나다(지나다) a) быть неровным(слоистым); б) различаться; см. 계층; 5) см. 층계 2. счётн. сл. пласт, слой; ~을 이루다 залегать пластами; ~수 число(коли-чество) слоёв(этажей); 지식 интел-лигентные слои.

-층(-層) суф. кор. пласт, слой; прослойка; 석탄층 каменноугольный пласт; 지배층 правящие круги.

층계(層階) лестница.

층층(層層) слои; пласты; этажи; ярусы; несколько слоёв(пластов, этажей); ~이 слоями; в несколько слоёв(этажей); пластами; в нес- колько пластов;~석대 камни, уло-женные в несколько ярусов; ~시하에 при жизни родителей и деда с бабкой; ~하다 многослойный;многоярусный; многоэтажный

치 I обувь(в речи придворных)

치(値) II мат. значение; 평균~ среднее.

치(徵) III 4-я ступень гаммы(в вост. музыке).

- 851 -

치(齒) IV зубы; ~[가] 떨리다 дро-жать(от гнева и т.п.); 치를 떨다 дрожать(от жадности, гнева и т.п.)

치- преф. вверх; 치올리다 подни-мать.

-치(-値) суф. кор мат. значение: 평균치 мат. среднее.

-치 I суф., после имён 1) пасмурная погода; 2) пойманная рыба; 보름치 а) пасмурная погода 15-го числа; б) рыба, пойманная 15-го числа.

-치 II суф., присоединяясь к корню, усиливает знач. л.: 밀치다 сильно толкнуть(пихнуть)

-치 III суф. 1) уроженец; 서울치 сеулец; 시골치 провинциал; 2) вещь; 서양치 вещь европейского происхождения; 3) доля, порция.

치과(齒科) [-꽈] мед. одонтология; ~의, ~의사 зубной врач; стоматолог.

치국(治國) уст. ~평천하 управление страной и поддержание мира; ~하다 управлять государством(страной).

치근(齒根) корень зуба; 1) см. 이뿌리; 2) уст. зуб[ы]; ~골막 надкостница зуба; ~막염 воспаление корневой плевы зуба.

치다 I 1) опускать(штору т. п.); 2) закидывать(сети); 3) ставить, раз-двигать(ширму); 4) натягивать(сетку от комаров); 5) возводить (стену); 6) оборудовать(позиции); 7) вешать, на-тягивать(верёвку поперёк чего-л.); 8) плести(паутину); 9) наматывать, обматывать; 붕대를 ~ забинто-вывать

치다 II 1) хлестать(о дожде); валить (о снеге); сильно дуть(о ветре); мести(о метели); выпадать(о сильном инее); 파도가 ~ волноваться(о море); 2) бить, ударять; 부시를~высекать искру из кремня; 타자를~ печа-тать на пишущей машинке; 전보를 ~ посылать телеграмму; 3) подбивать, (напр. птицу); 4) стучать; 손뼉을 ~ хлопать в ладоши; 5) напа-дать, атаковывать; 6) обличать, разоблачать; 7); 집을 ~ приходить в гости без приглашения; 8) [про]бить (о часах); 9) играть(в мяч, карты, кости, на ударном муз. инструменте); 10) забивать(гвоздь и т. п.); 11) ставить(точку, печать, подпись); 12) чертить, проводить(линию); 묵화를 ~ рисовать картину тушью; 13) мешать(игральные кости), тасовать (карты); 14) бить(карту); 15) махать, размахивать; 꼬리를 ~ вилять хвостом; 16) просеивать(муку и т. п.); 17) срезать; подрезать; отрезать; 18) снимать (кожу); очищать(каштан); 19) этн. предотвращать, изгонять(бо-лезнь); 20) выковывать(оружие, инструменты); 21) готовить(кор. паровой хлебец); 22) вить, сучить (верёвку *и т. п.*); 23) плести, вязать; 24) шинковать(овощи); 25) посыпать (песком *и т. п.*); поливать(водой); 26) подмешивать; приправлять(кушанье); 27) наливать(вино в рюмку); 28) бросать(палочки в игре ют, игральные кости); 29) примерно (приблизительно) подсчитывать, прикидывать; 30) принимать в расчёт; 31) с именами действия образует сочет. которые означают: произвести действие в соотв. со знач. имени: 건달~гонять лодыря; 도망을~ бежать, спасаться бегством; 장난을~ шалить; 32) издавать звук; 큰소리를 ~ громко крикнуть; 33) после деепр. гл. (оконч. 아,어,여) усиливает знач. гл.: 돌아 ~ резко повернуться; 34) после форм предикативов с оконч. 다고, 라고, 다ون или сущ. в твор. п. считать(что-чем-л.); 35):치고после имён что касается: 우리한국사람치고 ~ что касается нас, корейцев, то...; 휘갑을 ~ а) завершать, при- ходить к завершению; б)обшивать, окаймлять; 치고 보니 외삼촌이라 за что ни возьмёшься, ничего не вы- ходит; 치러 갔다가 맞기도 예사 пойдёшь попросить(что-л.), а тебя попросят.

치료(治療) [의료] лечение; терапия; ~관장 лечебная клизма; ~식사 диета; ~원조 медицинская помощь; ~하다 лечить;~법 метод лечения; ~비 расходы на лечение; ~제 лечебные средства

치르다(치르니, 치러) 1) платить; ра-сплачиваться; 2) переносить, пре-терпевать; 시험을~ сдать экзамен; 3) совершать, выполнять; проводить; устраивать; 4) принимать пищу; есть; 점심을 ~ обедать.

치리권(治理權) [-кквон] уст. право управлять; власть(над кем-л.).

치마 1) (корейская) юбка; ~자락 подол юбки;~가 열두 폭인가 погов. ≡ не суй нос не в своё дело; 2) уст. полы парадного (форменного) халата чиновника; 3) нижняя половина двухцветного бумажного змея.

치명(致命) 1) ~적 смертельный; ~적 손실 невосполнимые потери; ~적 타격 смертельный(роковой) удар; ~상 плотность; 2) арх. самопожерт-вование;~하다 а) уст. быть на грани смерти; б) арх. пожертвовать собой, отдать жизнь(за родину, короля).

치밀(緻密) ~하다 а) плотный; б) тщательный, детальный; ~한머리 утончённый ум;~도 плотность;~성 плотность.

치밀다 1) поднимать[ся]; вздыматься; 2) нахлынуть(о чувствах); 격분이~ возмутиться; 3) подступать к горлу(о непереваренной пище при несварении желудка).

치밀하다 плотный, тщательный, детальный скрупулезный.

치사(恥事) ~스럽다 казаться[по] стыдным(позорным); ~하다 [по] стыдный; позорный; ~하게 стыдно; позорно

치산(治産) уст. ~하다 хорошо рас- поряжаться имуществом; 금~ неп-равоспособность распоряжаться иму-ществом; 금~자 лишённый права распоря-жаться своим иму-ществом.

치세(治世) уст. 1) мирные времена; 2) царствование; правление; ~하다 мудро править; ...의~에 царство-вание(кого-л. при ком-л.).

치아(齒牙) зубы(человека); ~동통 мед. дентиналгия; ~발생 прорезы-вание зубов.

치안(治安) 1) общественное спокойс-твие; общественная безопасность; 2) уст. водворение спокойствия; ~하다 а) поддерживать(общественное спокойствие); б) уст. водворять (спокойствие); ~을 유지하다 поде-рживать(сохранять) общественное спокойствие; ~을 방해하다 нарушать общественное спокойствие; ~대 обряд по охране общественного спокойствия(порядка).

치약(齒藥) зубная паста; зубной порошок.

치어죽다 умереть, будучи задав- ленным(чем-л.).

치열하다 жёсткий, жестокий.

치외법권(治外法權) экстерриториа-льность.

치욕(恥辱) стыд и позор, бесчестье; ~적 позорный; постыдный; ~스럽다 казаться позорным(постыдным); ~을 안기다 опозорить.

치우다 1) убирать, приводить в порядок, прибирать; 2) доедать, съедать до конца; 3) бросать(оста-влять) на середине(дело); 4)прост. выдавать замуж; 5) после дееприч. смыслового гл.(оконч. 아, 어, 여) указ. на завершённость обозначен-ного им действия: 먹어 ~ съесть; 보아 ~ прочитать.

치유(治癒) излечение; ~하다 из- лечиваться; выздороветь; исце- литься; ~할 수 있는 излечимый.

치읓 чхиыт(назв.кор буквы ㅊ)

치이다 стоить; 한 개에 얼마씩 치이는 셈인가요? Сколько стоит каждая штука?

치장(治粧) I прихорашивание; ~하다 нарядиться; разодеться;

красиво обставить(комнату);~거리 предмет украшения; украшение; ~술 иску-сство наряжаться(украшать).

치즈(англ. cheese) сыр.

치통(齒痛) см. 이앓이; зубная боль; 그는 ~을 앓고 있다 у него болят зубы.

친-(親-) преф. кор. 1) дружеский, дружественный; 2) личный; 3) родной; 친누이 родная сестра.

친교(親交) дружественные(дружеские) отношения, дружба; ~를 맺다 завя-зывать дружбу; ~가 있다 быть в дружбе(с кем-л.); ~를 끊다 пор-вать дружес-твенные(дружеские) отноше-ния (с кем-л.).

친구(親舊) см. 벗; 1) друг; подруга; товарищ; ~가 되다 подружиться(с кем-л.); ~따라 강남간다 с другом хоть на край света; 어려울 때 ~가 진정한 ~다 друг познаётся в беде (нужде); ~간 дружеские отноше- ния; 2) друг(обращение); 3) арх. см. 친고 II.

친근(親近) ~하다 близкий; ближай-ший; интимный; ~한 사이 близкие отношения; ~감 чувство близости.

친목(親睦) дружба; ~하다 друже-ственный; дружеский; ~회 дружеская встреча; союз друзей.

친밀(親密) ~하다 близкий; дружест-венный; тесный; ~감 чувство большой дружбы; тесная дружба; ~성 дружественность; дружба.

친선(親善) дружба, дружеские от-ношения; ~적 дружественный; ~조약 을 맺다 заключить (с кем-л.) дружбу; ~하다 1. дружественный; 2. дружить; см. 우정(友情).

친절(親切) любезность;сердечность; милость; ~하다 сердечный; лю-безный;радушный; ~을 베풀다 сделать милость кому-л.; ~스럽다 прил. казаться сердечным(любез-ным, радушным).

친하다 1. близкий, дружествен- ный. 2. дружить.

친화(親和) 1) дружба; близость; ~ 하다 дружить; ~력 сила дружбы; 2) хим. средство.

칠(漆) I 1) см. 옻칠 I; 2) крашение; 3) краска; покрытие(лаком); ~하다 красить; мазать; намазывать; лакировать; 물감 으로 벽을칠하다 красить стены краской; ~쟁이 лакировщик; 구두약~ нанесение крема на обувь.

칠(七) II семь; 칠 홉 송장 бран. дурак дураком.

-칠(漆) суф. кор. краска.

칠 백(百) семьсот.

칠 천(阡) семь тысяч.

칠판(漆板) классная доска; ~지우개 тряпка для стирания с классной доски.

칠하다(漆-) 1) красить; 2) мазать, намазывать.

칠했습니다 покрасил.

칡 [чхик] (갈근) бот. пуэрария(Pue- raria hirsuta); ~덩굴 плеть пуэра- рии; ~뿌리 корень пуэрарии.

침, 군침 I слюна, слюни; ~을 뱉다 плевать[ся]; плевать(на кого-что-л.); 입에서 군침이 돈다 слюни текут изо рта; 군침을 삼키다 глотать слюну (слюни).

침(鍼) II игла(для иглотерапии); ~을 맞다 получить укол; ~을 놓다 делать иглоукалывание; 환자에게 ~을 놓다 делать больному укол; ~술 лечение иглотерапией; иглотерапия.

침(針) III колючка; шип; игла(у растения); 주사~ шприц; 지남~ стрелка компаса.

침(沈) IV засолка; ~을 담그다 вы-мачивать (хурму) в солёной воде(для уничтожения терпкости).

-침(針) I суф. кор. игла, стрелка; 주사침 шприц; 지남침 стрелка ком-паса.

-침(枕) II суф. кор. подушка; 공기침 надувная подушка.

침공(侵攻) вторжение;агрессия; на-падение; ~하다 вторгаться; нападать (на кого-что-л.); 강도가 통행인을 습격(침공)하다 разбойник напал на прохожего; ~자 агрессор.

침구(鍼灸) иглоукалывание и при-жигание; ~요법 лечение игоука- лыванием и прижиганием; ~술 иглотерапия и лечение прижиганием.

침략(侵略) [-냑] агрессия, захват; ~[적] агрессивный, захватничес- кий;~하다 нападать; захватывать; ~전쟁 захватническая война; ~군 захватническая армия; ~주의 по-литика агрессии; агрессивность; ~자 агрессор; за-хватчик.

침범(侵犯) 1) нарушение(границы); вторжение; 2) посягательство; ~하다 а) нарушать(границу и т. п.); вторгаться:权리를 ~하다 в) посягать(на права и т.п.); 국경을 ~하다 нару-шать границу; 이웃나라를 ~하다 вторгаться в соседнюю страну.

침수(沈愁) заполнение; ~하다 за- подняться; 매년 봄마다 이 강둑은 ~된다 каждую весну эта река запо-лняет берега.

- 856 -

침술(鍼術) лечение иглоукалыванием, иглотерапия.

침울(沈鬱) уныние; подавленность; грусть; ~하다 а) угрюмый; мрачный; б) пасмурный(о погоде); ~한 기분 подавленное настроение; 얼이 ~해졌다 лицо омрачилось.

침입(侵入) I нападение, вторжение, проникновение; ~하다 проникать; вторгаться; захватывать; оккупировать; ~자 оккупант; захватчик.

침입(浸入) II ~하다 постепенно проникать, просачиваться.

침착(沈着) хладнокровие; самообладание, невозмутимость; ~하다 1) хладнокровный; невозмутимый; спокойный; 2) быть спокойным, успокоиться; ~성 невозмутимость; сдержанность.

침체(沈滯) застой; ~하다 1) а) находиться в состоянии застоя; б) уст. не продвигаться по службе; 2) застойный; ~기 период застоя.

침체기(沈滯期) период застоя.

침체성(沈滯性) [-쏭히] застойный характер (какого-л. явления); застой.

침취(沈醉) уст. ~하다 сильно опьянеть.

침탈(侵奪) уст. ~하다 насильственно захватывать; отнимать силой.

침통(鍼筒) I коробочка для игл (используемых в иглотерапии)

침통(沈痛) II уныние; ~하다 печальный; унылый; трогательный; ~한 기분 унылое настроение.

침투(浸透) просачивание; проникание; ~하다 просачиваться(о жид-кости); проникать(о идеях и т. п.); ~시키다 внедрять; прививать; 물이 지하실로 ~했다 вода просочилась в подвал; ~성 проникающая способность.

침파(沈派) I ~하다 терпеть кораблекрушение.

침파(鍼破) II ~하다 кор. мед. прокалывать(нарыв) иглой для иглоукалывания.

침파산(沈派船) корабль, потерпевший кораблекрушение.

침반(<針盤) сокр. от 나침반.

침팬치(англ. chimpanzee)шимпанзе.

침핍(侵逼) уст. ~하다 захватывать и угнетать.

침하(沈下) ~하다 а) погружаться; б) опускаться, оседать; давать осадку.

침하다 см. 염침[하다].

침하량(沈下量) стр. степень осадки.

침학(侵虐) уст. ~하다 вторгаться и творить насилие.

침해(侵害) посягательство; наруше-ние; ~하다 посягать(на что-л.); нарушать.

침향(枕向) бот. орлиное дерево

침형(針形) сущ. иглoвидный, иголь-чатый.

침혹(沈惑) уст. ~하다 испытывать сильный соблазн.

침활(沈闊) хвоя и листья.

침후(沈厚) ~하다 уст. степенный, солидный. 침흘리개 презр. слюнтяй.

칩(англ. chip) чипсы.

칩거(蟄居) ~하다 заточить себя в четырёх стенах; ~생활 затворни- чество

칩뜨다(칩뜨고, 칩떠) 1) рывком взобраться, вскочить; 2) вскинуть; 칩떠보다 поднимать(глаза); 칩떠치다 бить(ударять) снизу вверх.

칩룡(蟄龍) (чхимнён) книжн. 1) спрятавшийся дракон; 2) ещё не проявивший себя герой

칩복(蟄伏) уст.~하다 а) зарываться в землю на зиму(напр. о насекомых); б) скрываться(отсиживаться) дома.

칩수(蟄獸) уст. зверь, находящийся в зимней спячке.

칩칩하다 неприятный, противный.

칫솔(齒率) зубная щётка; ~질하다 чистить зубы зубной щёткой.

칭(秤) чхин(мера веса = 60 кг)

칭경(稱慶) уст. ~하다 радоваться (приятному событию).

칭념(稱念) ~하다 просить по-мнить (не забывать).

칭대(稱貸) уст. ~하다 давать(деньги) в рост(под проценты)

칭도(稱道) уст. ~하다 хвалить, одобрительно отзываться.

칭량(稱量) [-냥] уст. ~하다 а) вешать на весах; б) см. 헤아리다.

칭명(稱名) уст. ~하다 называться вымышленным именем.

칭병(稱病) ссылка на болезнь; ~불출 уст. не выходить, ссылаясь на болезнь; ~사직 уст. уходить в отставку под предлогом болезни;

칭사(稱辭) 1) ~하다 хвалить, гово-рить (похвальные слова); 2) похвала, похвальное слово.

칭상(稱觴) уст. ~하다 хвалить и награждать.

칭선(稱善) уст. ~하다 а) хвалить за доброту; б) одобрять, выступать«за»

칭송(稱頌) I 1) восхваление, вос- певание; 2)~하다

- 858 -

восхвалять; вос-певать.

청송(稱誦) II ~하다 прославлять.

청수(稱首) уст. 1) ~하다 называть первым(чьё-л. имя); 2) выдающийся человек.

청술(稱述) уст. ~하다 а) излагать (точку зрения); б) см. 칭도[하다].

청신(稱臣) ~하다 уст. беспрекословно подчиняться приказу короля.

청양(稱揚) уст. ~하다 восхвалять, превозносить.

칭얼거리다 усил. стил. вариант 징얼거리다.

칭얼칭얼 усил. стил. вариант 징얼징얼.

칭예(稱譽) хвала; уст. см. 칭찬.

청원(稱冤) уст. ~하다 а) жаловаться; б) обижаться, быть недовольным.

칭의(稱義) оправдание.

청정(稱情) уст. ~하다 совпадать(о чувствах, мыслях), быть единоду-шным.

청제(稱帝) уст. ~하다 провозглашать себя императором.

청직(稱職) уст. 1) ~하다 соответст-вовать должности; 2) должность, соответствующая (чьим-л.) способностям.

칭찬(稱讚) восхищение, похвала; ~하다 хвалить; восхвалять;학생의 솔직 함을~하다 хвалить ученика за честность;~을 퍼붓다 осыпать похвалами.

칭찬하다 хвалить.

칭탁(稱託) ~하다 ссылаться(на что-л.), выдвигать в качестве предлога; ~하고 под видом, под предлогом.

칭탈(稱頉) ~하다 ссылаться на обстоятельства.

칭하다(稱-) называть; звать; 그녀를 미인이라고 ~할 수는 없었다 её нельзя было назвать красавицей.

칭호(稱號) титул, звание; 영웅~ звание героя; 학위~ учёное звание; 군사~ воинское звание.

ㅋ

ㅋ одиннадцатая буква кор. ал- фавита; обозначает согласную фо-нему **‹кх›**.

카 1) звукоподр. храпу; 2) звук, издаваемый при еде чего-л. очень острого.

카드(*англ.* card)карточка; 식량공급 ~ продуктовая карточка.

카렌다(<*англ.* calendar) 1) календарь 2) тех. каландр; каток; ~가공 текст. каландрирование.

카리스마(*англ.* charisma) божий дар; харизма; обояние; гениальность; харизматический.

카메라(*англ.* camera) 1) фотоаппарат; съёмочная камера; ~기자 фотожур-налист;фотокорреспондент; ~맨 фотограф; оператор; 2) см. 촬영기; 3) камера фотоаппарата.

카바(*англ.* cover) (덮개) 1) покры-вало; чехол; покрышка; 2) носки; 3) (후위, 수비) спорт. блокировка.

카바이드(*англ.* carbide) карбид.

카본(*англ.* carbon) 1) см. 탄소봉(棒); 2) см. 탄소; ~사진 фотоснимок на пигментной бумаге с помощью карбропроцесса.

카브(<*англ.* curve) 1) дуга, кривая; 2) см. 굽이돌이; 3) кручёный мяч(в бейсболе *и т. п.*). см. 커브

카세트(*англ.* cassette) кассета; ~ 플레이어 кассетный плейер.

카운슬러(*англ.* counselor) советник; консультант; адвокат.

카테고리(*англ.*Kategorie) категория; ~별로 나누다 распределять по кате-гориям.

카텐(<*англ.* curtain) занавеска.

카톨릭(*англ.* catholic) католичество; католицизм. ~신자 католик, като-личка; см. 천주교

카페(*англ.* cafe) кафе.

카페인(*англ.* caffeine) кофеин.

각 сильно; плотно.

각테일(*англ.* cocktail) коктейль

칸(<間) I комната; помещение; купе; клетка; 세 ~짜리 집 трёхкомнатный дом; квартира из трёх комнат (трёхкомнатная квартира); см. 간 II.

칼(刀) 1. нож; кинжал; меч; ~을 맞다 быть раненным режущим оружием; получить ножевое ранение; ~로 물 베기 ножом резать воду; ~물고 뜀뛰기 *посл.* ☐ ходить по острию ножа (букв. прыгать с ножом во рту); ~을 먹이다 ~을 허리에 차고 с мечом у пояса; ~날 лезвие ножа; клинок; ~자루 ручка ножа; ~집 ножны; 2. счётн. сл. кусок мяса, отсечённый ножом.

칼국수 лапша.

칼날 лезвие ножа(клинок); ~잡은 놈이 칼자루 잡은 놈한테 당하랴? *посл.* = Может ли тот, кто держит нож за лезвие, совладать с тем, кто держит нож за рукоятку?

칼라(*англ.* color) воротник; воротничок; 더블~ отложной воротник; 스탠드~ стоячий воротник.

칼로리(*англ.* calorie) 1) калория; калорийный; ~가(價) теплотвор-ная способность; 2) калорийность.

칼륨[칼리윰](*нем.* kalium) калий; 칼리 비누 калийное мыло; 칼리염 калие-вые соли; ~비료 калийные удобрения.

캄차드카 полуо́стров Камчатка *пов.*

캄캄하다 1) очень тёмный; 2) мрачный; беспросвет-ный;слабый; 3) незнающий; 4) тёмный; невежественный; 날이 캄캄해졌다 стемнело; 앞길이~ перспективы мрачные; 소식이 ~ не иметь вестей; 세상일에 ~ ничего не знать, что происходит в мире; 그는 눈앞이 캄캄해졌다 у него опустились руки.

캄캄한 мрачный.

캐다 выкапывать; вырывать; добы-вать; выяснять; расспрашивать; 석탄을 ~ добывать уголь; 나물을 ~ выкапывать коренья; 그는 필요한 자료를 찾기 위해 책을 캤다 он копался в книгах, чтобы найти нужный материал; 캐어내다 выяснять, доискиваться; 캐어묻다 расс-прашивать. выспрашивать.

캐디(*англ.* caddie) человек, подно-сящий клюшки и мячи при игре в гольф.

캐묻다 расспрашивать; выспраши-вать; 길을 ~ расспрашивать о до-роге.

캐비닛(*англ.* cabinet) шкаф(с выд-вижными ящиками); кабинет; 그는 가장좋은 접시를 이~에 보관한다 он держит свою лучшую посуду в этом шкафу; 내각은 어제 대통령과 회의를 했다 вчера было заседание кабинета министров с участием президента.

캔버스(*англ.* canvas) холст; парусина; картина; ~의 парусиновый; 나는 결코 ~만든 구두를 신지 않았다 я никогда не носил парусиновую обувь; 누가~에 그림을 그렸는가? Кто написал эту картину?

캠퍼스(*англ.* campus) кампус; тер-ритория университета; колледжа школы.

캠페인(*англ.* campaign) кампания; 클 럽은 기금 모금~을 벌이고 있다 клуб проводит кампанию по сбору денег.

캠프(*англ.* camp) лагерь; см. 야영; ~를 치다 разбить лагерь.

캡(*англ.* cap) кепка, фуражка.

캡슐(*англ.* capsule) капсула.

캥거루(*англ.* kangaroo) кенгуру

-커녕 после имени и инф. с оконч. 기 какое там; куда там; не то что; не только..., но даже; 나무는 ~ 풀도 없다 не только деревьев, но даже травы нет; 비는 ~ 안개도 안 내린다 какой там дождь, даже облачка нет; 이 책은 유익하기는 ~ 매우해롭다 эта книга не только не полезна, но даже очень вредна.

커다란 огромный.; 커다란 보람 большое удовлетворение (резуль-тат).

커다랗다(커다라니,커다라오) 1) боль-шой; огромный; громадный; 커다란 보따리 громадный узел с вещами; 커다란 책임 огромная ответствен-ность; 커다란 실수 большая ошибка; 2) достаточно громкий(о голосе).

커리큘럼(*англ.* curriculum) курс обу-чения; учебный план; расписание; 일학기 ~ расписание на первый семестр.

커미션(*англ.* commission) доверен-ность; полномочие; комиссия; по- ручение; заказ; комиссионное воз-награждение; комиссионные; 5%의 ~를 받다 взимать 5% комиссио-нных; 에이전트 ~ посредник(при сделках); 나는 월권행위는 할 수 없다 я не могу превысить свои полно-мочия.

커버(*англ.* cover) покрышка; обёртка; обложка; переплёт; конверт; укрытие; покров; ширма; ~하다 закрывать;

покрывать; укрывать; охватывать; 이 책은 모든 주제를 ~한다 эта книга охватывает(даёт) исчерпывающие сведения по всему предмету.

컷(*англ.* cut) резание; изъятие; остановка; иллюстрация; ~하다 резать; отрезать; косить; жать; рубить; валить; срезать; 컷 당한 필름 изъятый кинокадр.

커튼(*англ.* curtain) гардина, занавеска.

커플 два; пара(супруги; жених и невеста); 결혼한~ супружеская пара.

커피(*англ.* coffe) 1) кофе; ~나무 кофейное дерево; 블랙~ чёрный кофе; ~풋 кофейник; 2) см. 커피차.

컨닝(*англ.* cunning) недостойный поступок на экзамене.

컨디션(*англ.* condition) 1) условие; 2) обстоятельства; 3) душевное состояние; состояние здоровья; 그는 좋은~이다 он в хорошем(плохом) состоянии здоровья.

컨테이너(*англ.* container) контейнер; вместилище; сосуд; резервуар; ~에 짐을 싣다 осуществлять контейнер-ные перевозки.

컬러(*англ.* color) цвет; оттенок; тон; краска; свет; красочный; цветной; яркий; ~TV цветной телевизор; ~필름 цветной фильм.

컴백(*англ.* comeback) возвращение; выздоровление; ~하다 возвращаться; 그는 십년 전에 은퇴했지만 지금 다시~ 하고자 한다 десять лет тому назад он ушёл от дел, но теперь хочет снова взяться за работу.

컴컴하다 1) очень тёмный; 2) мрачный; беспросветный; 3) см. 캄캄하다

컴퓨터(*англ.* computer) компьютер; вычислительная машина; ~로 계산 하다 вычислить с помощью ком-пьютера; ~화 компьютеризация.

컵(*англ.* cup) чашка; кубок; 커피 한 ~할래요? Хотите чашку кофе? 오늘 오후에 은제 ~쟁탈 레이스가 있다 сегодня после обеда состоятся гонки на серебряный кубок; 종이 ~ бумажный стаканчик; см. 잔(盞),

컸어요 расти.

케이블선(*англ.* cable+線) кабельный провод, кабель.

케이블(*англ.* cable) трос; кабель; кабельный; 해저~ подводный кабель; 그들은 시간 내에 ~을 설치하려고 노력하고 있다 они стараются проло-жить кабель к сроку.

케이스(*англ.* case) ящик; коробка; футляр; чехол; обложка; витрина; случай; дело; падеж; ~속에 병들을 놓아라 поставь бутылки в ящик; 그런 ~내 계획을 변경해야만 한다 в таком случае, мне придётся изме-нить мои планы; 그는 ~서 졌다 он проиграл дело; 올바른 ~사용하다 употреблять правильный падеж; 담배 ~портсигар.

케이스, 카세트 кассета.

케이크(*англ.* cake) пирог; торт; печенье; 사과 ~한 조각과 커피를 먹을 수 있을까요? Можно мне кусок яблочного пирога и кофе? 네 시에 차와 ~가 나온다 в четыре часа по-дают чай с печеньем.

케케묵다 1) очень старый; устарев-ший; избитый; 2) затхлый; воню-чий; затхлость; ~은 냄새가 밀가루 затхлая мука; 케케묵은 표현 избитое выражение

켕기다 натягиваться; опасаться; остерегаться; сопротивл-яться; 배창자가 켕기도록 웃다 напрягать(надрывать) живот от смеха; 남이 듣는 것을 켕겨다 остерегаться посторонних ушей.

켜 1. слой; пласт; прослойка; 한 ~의 점도 слой глины; ~켜이 сло-ями, пластами; 2. 1) (одна) партия(в какой-л. игре); 2) несколько партий.

켜다 1) пилить; 2) играть; зажигать лампу; включать; 물을 들이~ выпить залпом; 기지개를~ потягиваться; 단단 한 나무를 ~ пилить твёрдое дерево; 바이올린을~играть на скрипке; 성냥을 ~ зажигать спичку; 물 한 사발을 단숨에 들이~ выпить залпом чашку воды; 헛물을 ~ пропадать даром.

켠 сторона; 저~서라 стой на той стороне; 아래 ~에 앉다 садиться внизу; 아버지 ~의 친척 родственники со стороны отца.

켤레 пара; 한~의 신발 пара обуви; 여러~의 장갑 несколько пар перчаток.

켰습니다 включил.

코 I 1) нос; сопли; носок; узелок; связка из 20 штук(каракатиц); ~가 막혔다 нос заложило; ~를 찌르다 ударить в нос; 아이의 ~를 닦아주다 утереть сопли ребёнку; ~가 뾰족한 단화 ботинки с узкими носками; ~를 내다 завязать узелок; 낙지 두~ 주세요 дайте две связки каракатиц; ~끝 кончик носа; ~담배 нюхательный табак;

~허리 переносица; ~가 땅에 닿다 обр. низко опустить голову; ~를 맞대다 быть носом к носу(лицом к лицу); ~를 박듯 절하다 обр. поклониться до земли;~먹은 소리 a) носовой призвук; ~아래 입 под носом, рукой подать; ~막고 답답하다(숨 막힌다) посл. ▪ самому пальцем по пальцу не ударить(букв. заткнул(себе) нос и сам задыхается); ~가 납작해지다 упасть (об авторитете); ~가 높다 задирать нос; ~가 세다 упрямый, своевольный;~가 빠지다 повесить нос; ~를 불다 фыркать(о животном); ~를 떼우다 a) остаться с носом; б) опозориться, оконфузиться; ~에 걸다 a) гордиться,зазнаваться; б) опираться, полагаться; ~에서 단내가 나다 трудиться до седьмого пота; 2) сопли; ~를 풀다 сморкаться; ~묻은 돈 ничтожная сумма денег; ~묻은 떡이 라도 빼앗어 먹겠다 бран. грязный поступок; ~아니 흘리고 유복하다; посл. ▪ и рук не приложил, а урожай пожал; 콧김 пар, выходящий из ноздрей при морозе; 콧구멍 ноздря; 콧날 линия носа; 콧등 спинка носа.

코 II узелок(в ячейке сети); ~를 내다 завязать узелок(в ячейке сети).

코골다 храпеть.

코끼리 слон; 새끼 ~ слонёнок.

코너(англ. corner) 1) угол;~킥 см. 우측 2) ~아우트 спорт. корнер(уг- ловой удар).

코드(англ. cord) 1) эл. (присоеди-нительный) шнур; 2) кордная нить; кордная ткань.

코란(англ. Koran) коран.; 회교경전

코르크(нем. Kork) бот. пробка;~피층 пробковая кора, феллодерма;~형성층 пробковый камбий,феллоген

코리언(한국인,한국사람) корейский; кореец, кореянка;корейский язык.

코메디(англ. comedy) 1) см. 희극 I; 2) уст. комический забавный случай.

코멘트(англ. comment) замечание; отзыв; комментарий; ~하다 делать замечания; комментировать; 이 책에 관한 ~를 듣다 слышать отзыв об этой книге.;см. 논평,설명

코미디 комедия; забавное событие; комичный случай; комический; комичный; ~를 하다 играть(разы-грывать; ломать) комедию; ~언 комедийный актёр; 풍자~ сати- рическая комедия.

코스(*англ.* course) курс.

코스모스(*лат.* cosmos) 1) космос; вселенная; упорядоченная система; 2) бот. космея.

코스트(*англ.* cost) стоимость; себестоимость;운송 ~가 너무 높다 стоимость перевозки слишком высокая; 시장 ~로 по рыночной (номинальной) стоимости; 잉여~ прибавочная стоимость.

코트(*англ.* coat) куртка; пальто

코피 носовое кровотечение; копия; ~가 흐르다 кровь течёт; ~가 터졌다 у него из носа пошла кровь.

콕 резко; 콕 찌르다 кольнуть, ударить(напр. в носо запахе).

콕콕 очень резко; ~찌르다 сильно колоть, ударять(напр. в нос-о за- пахе).

콘도미니엄(*англ.* condominium) кон-доминиум(гостиница для отды- хающих).

콘베어(*англ.* conveyor) конвейер.

콘사이스(*англ.* concise) краткий словарь.

콘서트(*англ.* concert) концерт.

콘크리트(*англ.* concrete) бетон.

콘트라베이스 контрабас.

콜드(*англ.* cold) ~크림 кольдккрем.

콜레라(*нем.* Chollera) холера; ~균 холерный вибрион; 소아~ детская холера.

콜콜 ~하다 а) булькать(напр. о вытекающей из бутылке жидкости); б) храпеть; в) источать запах.

콜호즈(kolkhoz) колхоз.

콤마(*англ.* comma) 1) запятая; 2) мат. десятичная точка.

콤비(<*англ.* combination) комби- нация; сочетание; соединение; га-рмония; комбинезон; ~가 맞다 со- четаться.

콧물 сопли(сопля); 코를 풀다 смо-ркаться; ~을 흘리다 распускать сопли; 감기에 걸려 ~이 나온다 я просту-дился, и у меня течёт из носу.

콩, 대두(大豆) I боб; бобовый; горох; гороховый; ~심은 데 ~나고 팥 심은 데 팥 난다(콩날 때 콩나고 팥날 때 팥난다, 콩 날 데 콩 나고 팥 날데 팥 단다) *посл.* ≡ что посеешь, то и пожнёшь; 콩도 닷 말 팥도 닷 말 *погов.* ≡ а) раздавать поровну; б) всё равно, одинаково; что в лоб, что по лбу; 콩 볶듯 а): 콩 볶듯 총소리가 들려왔다 послышался треск выст- релов; б) терзать душу; 콩을 볶아 먹다가 가마(솥) 터뜨린다(깨뜨린다) *посл.* □ сделал на копейку, а убыток на рубль(букв. жарил бы бобы, да котёл разбил); 콩본 당나귀 같이 홍홍 한다 обр. рад без памяти; 콩뒤듯 a) обр. придя в ярость; б) см. 콩 [볶듯] 콩 뒤듯 팥 뒤듯 콩 뒤듯 콩이냐 팥이냐 한다 обр. выпрашивать, выпытывать; 콩으로 메주를 쑨대도 곧이듣지 않는다 посл. □ свежо предание, а верится с трудом; ~과 бобовое; ~과 식물 бобовые; ~꼬투리 бобовый стручок; 완두~ горошек.

콩크리트(англ. concrete); бетон; ~ 타입기 бетоноукладчик; ~혼합기 бетономешалка; ~를 치다(타입하다) бетонировать.

콱 1) сильно; 2) плотно.

콸콸거리다 шуметь; бурлить; булькать(о кипящей воде).

쾅 звукоподр. грохота.

쾌 счётн. сл. 1) связка сушёного минтая по 20 штук в каждой; 2) несколько связок сушёного минтая по 20 штук в каждой; 3) арх. 10 связок медных денег; 4) арх. несколько десятков связок медных денег.

쾌락 радость; наслаждение; ~주의 гедонизм; эпикуреизм; ~주의자 гедонист; эпикуреец.

쾌속(快速) ~하다 очень быстрый, скорый; быстроходный.

쾌차(快差) ~하다 полностью проходить(о болезни); полностью поправиться.

쾌활(快活) ~하다 a) весёлый; жизнерадостный; живой; б) см. 쾌락하다 II.

쾌히(快-) 1) с охотой; с удовольствием; 2) уст. см. 빨리.

쿠데타(фр.coup d'Etat) государственный переворот.; 비상수단(非常手段),정치혁명(政治革命),군사혁명(軍事革命)

쿠숀(англ.cushion) (диванная) подушка.

쿵쾅 ~하다 грохнуть, издать грохот; ~하고 소리를 내다 грохотать; громыхать; ~하고 울리는 소리 грохот; гул; громыхание; ~거리다 издавать грохот.

큐(англ. cue) кий.

큐빗 локоть.

큐피드(англ. Cupid) миф. Купидон.

크 кхы(назв. кор. буквы ㅋ).

크게 широко.

크기 величина; объём; размер; рост; ~가 다르다 отличаться по величине; ~의 величиной с(в) кого-что-л..

크다(크니, 커) I 1. 1) большой; 몸집이 ~ крупного телосложения; 가치가 ~ высокая стоимость; 범위가 ~

серьёзное (тяжкое) преступление; 마음이 ~ широкая душа; великодушный; 달이 ~ длинный месяц(о месяце в 31 день); 큰되 "полное тве"(равное 1,8 л.); 큰 말 I "полный маль"(1,8 л.); 큰 말 II усиленный вариант изобразительного (звукоподражательного) слова(в кор. языке); 큰 사람 а) высокий человек; б) большой человек; в) человек, спо-собный справиться с ответственным делом; 큰 사랑 комната стариков (главы семьи)(в кор. доме); 큰 손님 высокий(дорогой) гость; 큰 톱 боль-шая продольная пила; 커도 한 그릇 작아도 한 그릇 *погов. букв.* □ за большую работу(дают) тарелку и за малую работу же тарелку(об урав-виловке); 큰 말이 나가면 작은 말이 큰 말노릇 한다 *посл.* □ на безрыбье и рак рыба (букв. когда нет большой лошади, её работу делает маленькая); 큰 방죽도 개미구멍으로 무너진다 *посл. букв.* □ и большая плотина может быть разрушена муравьями; 크고 단 참외 *обр.* хорош со всех сторон; 큰 손[을] 쓰다 *обр.* а) придавать большой размах (чему-л.); б) сделать широкий жест, размахнуться; 신이~ботинки велики; 3) громкий, сильный (о голосе); 4): 크면, 큰즉 в лучшем случае; 5): 크게는 более того; 6): 큰 в знач. преф. старший; 큰아들 старший сын; ‖ 크나크다, 크디크다 очень большой, огромный; 크나 큰 배려 большая(огромная) забота; 2. ratsi.

크다 II старший; высокий; великий; огромный; крупный; гигантский; колоссальный; безмерный; массив-ный; объёмистый; громкий; сильный; хвастаться; важный; увеличивать; развивать; расширять; простирать; преувеличивать; раздувать; расти; простираться; 그는 키가 ~ он высокого роста; 이 모임에서는 큰 인물이 말할 것이다 на этом собрании будет выступать важное лицо.

크라운 корона; коронка; тулья; 이에 ~을 씌우다 поставить золотую ко-ронку на зуб.

크레용(*англ.* crayon) цветной кар-андаш

크레파스(<*англ.* crayon pastel) цве-тной карандаш(мелок); пастель.

크로스(*англ.* cross) крест; пересе-чение; переходить; переправляться

크롬(*нем.* Chrome) хром; хромовый;~ 도금을 포함한 хромистый; ~도금하다 хромировать; ~강 хромовая сталь;

~녹 хромовая окись; ~산 хромовая кис-лота.

크리스마스(*англ.*Christmas) *рел.* ро-ждество; рождественский; ~이브 рождественский сочельник; ~트리 рождественская ёлка.

크리스찬(*англ.*Christian) христианин, христианка; христиане.

크림(*англ.* cream) сливки; крем; 얼굴에 ~을 바르다 мазать кремом лицо.

큰소리 1) громкий голос(разговор); 2) брань, крики; 3) хвастовство, бахвальство; ~로 громко; во всю глотку; во весь голос; благим матом; ~를 치다 кричать на кого-л.; бранить; хвастаться; бахвалиться; 그는 문제를 모두 풀겠다고 ~를 쳤다 он хвастался решить все задачи; ~내다 повы-шать голос; говорить громко.

큰일 1) большое(серьёзное; важное) дело(событие); ужасное (страшное; бедственное) дело; трудное(щекотливое) дело; подготовка к свадьбе; ~ 났다 Ужас! Беда! ~났겠다 беда будет; 니셨 ~아니냐 это неважно/это не страшно; ~이 일어나지 않았다 ничего серьёзного не произошло; ~을 치다 совершить серьёзное(важное) дело; ~이 나다 а) произойти(о большом) событии; б) *см.* 야단이 나다; 2) трудное (щекотливое) дело; 3) устройство свадьбы(юбилея *и т. п.*).

클라이막스(*англ.* climax) высшая точка, кульминационный пункт.

클락숀(*англ.* klaxon) клаксон.

쿵쿵이 *ирон.* сопун.

키 I рост; высота; ~크고 싱겁지 않은 사람없다 все люди высокого роста неловки; 키가 구척 같다 очень боль-шой; самый высокий(о рос-те); 키는 작아도 담은 크다 *посл. букв.*◻ мал да удал; 키 작으면 앙큼하고 담대하다 *ирон.* человек маленького роста; 키 크고 묽지 않은 놈 없다 *посл. букв.*◻ нет человека высо́кого и поворотливого; 키 크고 속없다 *погов.* ◻ велика Федора, да дура; 키 크고 싱겁 않은 사람 없다 *погов.*◻ все люди высокого роста неловки(неуклюжи); 키 큰 암소 똥 누듯 *обр.* а) легко, без труда; б) опрометчиво; легкомысленно.

키 II веялка для зерна, сплетён-ная из прутьев.

키 III руль(судна); 키[를] 잡다 *обр.* направлять(работу).

키(*англ.* key) IV 1) *см.* 건 IV; 2) эл. ключ; кнопка; 3) тех.

клин; шпонка; 4) клавиатура (пишущей машинки).

키값 [-kkap] ~하다 разг. пренебр. вести себя соответственно (напр. своему возрасту); ~못 하다 вести себя недостойно.

키꺽다리 прост. верзила.

키꼴 прост. высокий рост(человека)

키나(*англ.* guinguina) ~나무 хинное дерево; ~껍질 кора хинного дерева.

키내림 ~하다 веять(зерно) при помощи веялки, сплетённой из прутьев.

키논(*англ.* guinone) хинон.

키놀린(*англ.* guinoline) хинолин

키니네(*англ.* guinine) см. 키난

키닌(*англ.* guinine) хинин.

키다 I сокр. от 켜이다.

키다 II сокр. от 키우다.

키다리 верзила.

키다리란(-蘭) [-난] *бот.* липарис (Liparis japonica)

키대 рост(человека)

키대기 сравнивание роста.

키돋움 ~을 하다 приподниматься.

키드득 ~하다 не сдержавшись рассмеяться.

키드득거리다 не сдерживать смеха, неудержимо смеяться.

키드득키드득하다 см. 키드득거리다

키득거리다 см. 키드득거리다.

키득키득하다 см. 키드득거리다.

키들거리다 с трудом сдерживать смех, хихикать.

키들키들 하다 см. 키들거리다.

키로(*англ.* kilo) см. 킬로.

키르키즈스탄 비스케크 Киргизстан Бишкек.

키버들 см. 고리버들.

키빼기 1) см. 키꺽다리; 2) диал. см. 키 I.

키스(*англ.* kiss) поцелуй; ~하다 целовать[ся]; 입술에 ~하다 целовать кого-л. в губы.

키우다 давать образование; вскармливать; воспитывать; растить; выращивать; разводить; культивировать; выкармливать.

키읔 кхиык(назв. кор. буквы ㅋ)

키이다 нравиться; 마음에~ прийтись по душе.

키잡이 1) управление судном; 2) *сущ.* рулевой; 3) ~를 하다

напра- влять(напр. работу); 4) руководитель; перен. кормчий.

키장다리 1) шутл. верзила; 2) очень высокое дерево; очень высокая трава.

키질 ~하다 a) веять(зерно) при помощи веялки, сплетённой из прутьев; б) перен. раздувать, стимулировать.

키츰 диал. см. 발돋움.

키틴(англ. chitine) см. 갑각소.

키틴질(англ. chitine + 質) хитин; хитиновое вещество.

키퍼(англ. keeper) см. 문지기

킥 ~웃다 хихикнуть.

킥킥 ~하다 см. 킥킥거리다

킥킥거리다 хихикать.

킥킥거리며 прерывистым голосом.

킥하다 хихикнуть.

킬러 убийство; убийца.

킬로(англ. kilo) 1) кило; ~그램 килограмм(кг); ~미터 километр (км); ~그람미터 физ. килограмометр; ~볼트 киловольт; ~와트시 коло-ваттчас; 2): ~[그람] килограмм; ~[미터] километр.

킬로그람(англ. kilogram) килог раммкг.

킬킬~하다 прыснуть(со смеху)

킬킬거리다 прыскать(со смеху)

킷줄 руль(배의 키를 조정하는 줄)

킹 II 킹 소리를 내다 a) хныкать; б) кряхтеть.

킹(王 англ. king) I король; король (в шахматах).

킹킹 ~하다 см. 킹킹거리다.

킹킹거리다 1) хныкать; 2)кряхтеть.

킹하다 1) хныкнуть; 2) крякнуть.

ㅌ двенадцатая буква кор. алфавита; обозначает согласную фонему "тх".

타(他) I книжн. см. 타인 I.

타(朶) II уст. счётн. сл. цветок; бутон.

타-(他) преф. кор. 1) другой [명] (관계가 없는 사람) чужой [명]; (극외자) посторонний [명] (낯선 사람) незнакомый, незнакомец; 타의추종을 불허하다 не иметь себе равных; 2) лингв. переходный; 타동사 переходной глагол

타개(打開) ~하다 преодолевать(трудности); выходить(из кризиса); 난경을 타개하다 найти выход из трудного положения; ~책 меры преодоления (трудностей).

타격(打擊) удар; ~하다 бить; ударять; ~를 받다 терпеть удар; ~주다 наносить кому-л. удар; 아버지의 사망은 나로서는 큰 ~이였다 смерть отца была для меня большим ударом; 사력 타격; ударная сила; 대~ сильный(мощный) удар; ~을 가하다 (주다) наносить удар.

타결(妥結) соглашение; ~하다 достигнуть соглашения; прийти к соглашению.

타고 다니다 ездить.

타고나다 быть врождённым; быть одаренным.

타고난 врождённый; природный; от рождения; ~팔자 судьба

타다 I 1) гореть; 2) подгорать; 3) загорать; 햇волить~ загорать на солнце; 4) сохнуть; сгорать(от засухи-о хлебах); 목이~ пересыхать(о горле); 5) гореть(о душе).

타다 II 1) садиться(на транспорт, на поезд, на лошадь и т. п.);

기차를 타고 приезжать на поезде(поездом); 2) 타고 с помощью; через; сквозь; 3) преодолевать(перевал *и т. п.*); 4) кататься(на коньках, качелях *и т. п.*); 5) использовать(что-л.), воспользова-ться (чем-л.), играть на чем-л.; исполнять что-л. на чем-л.; испыты-вать; подвергаться; страдать.

타다 III 1) разрезать; раскладывать; разделять; 가리마를~ делать пробор (на голове); 2) дробить, размельчать (бобы, зерно); 타내다 критиковать (кого-л.); 박을 ~ распиливать тык-вугорлянку на две части.

타다 IV 1) испытывать, подвер- гаться; страдать; 간지러움을~ чувствовать зуд; 부끄러움을 ~ испытывать стыд(смущение); 더위를 ~ плохо переносить жару; плохо чувствовать себя летом; 2) см. 탄하다 2).

타다 V 1) получать(зарплату, пенсию, выигрыш *и т. п.*); 2) иметь (счастье, удачу); 타고 나다 быть врождённым; 타고 난 재간 прирождённый талант, врождённые способности.

타다 VI растворять; разводить; смешивать; 물에 ~ разводить в воде.

타당(妥當) ~한 подобающий; уместный; должный; подходящий; надлежащий; целесообразный; ~하다 подобать кому-чему-л.; быть умест-ным; ~하지 않다 неподобающий; неподходящий; неуместный; непод-ходящий; ~성 уместность; целе-сообразность.

타도(打倒) свержение; ниспровер-жение;~하다 свергать, сбрасывать; низвергать; 제국주의~ Долой империализм!

타동사(他動詞) переходный глагол.

타락(墮落) падение; деградация; разложение(моральное) разврат; раз-вращенность: распущенность; ~하다 падать; деградировать; разлагаться; распускаться; испорченный; разло-жившийся; распущен-ный.

타령 (корейская) национальная мелодия(песня); трудовая (обрядовая) песня; назойливое повторение; ~하다 исполнять (корейскую) национальную мелодию(песню); назойливо повторять; сетовать; 방아 ~ песня о крупорушке (корейская народная песня); 신세~жалоба на несчастную жизнь.

타박상(打撲傷) ушиб, травма, контузия; кровоподтек; ~을 입다 ушибиться; получить контузию; 그는 ~을 입었다 его контузило.

타산(打算) расчет; ~적인 расчетливый; ~적인 생각으로 по расчету; ~하다 принимать в расчет.

타성(他姓) инерция; 습관의~ сила привычки; ~적으로 инерционный; ~에 의한 по инерции.

타오르다 загораться, разгораться, вспыхивать, воспламеняться.

타원(橢圓) эллипс, овал; ~형의 эллиптический, овальный; ~형 эллипти-ческая (овальная) форма.

타의(他意) другая мысль, другое намерение(мотивы), задняя мысль, злой умысел; 그에 대하여~는 없다 я не питаю злобу против него.

타이밍(англ. timing) расчет(выбор) времени; ~이 맞게 кстати, вовремя; ~이 맞지 않게 некстати; ~이 나쁜 несвоевременный, неуместный.

타이어(англ. tire) шина, покрышка; ~에 바람을 넣다 надуть шину; ~의 바람이 빠졌다 шина спущена; 공기~ пневматическая шина, пневматика; 솔리드~ массивная шина, грузошина.

타인(他人) чужой, незнакомый; ~은 어떻게 되었건 모르고 не зная как другие а...; ~의 결점은 눈에 잘 띤다 недостатки чужих хорошо видны; ~의 이름으로 서명하다 под-писываться чужим именем.

타자(打字) ~하다 печатать на пишущей машинке; ~기 пишущая машинка; ~수 машинистка; ~지 бумага для пишущей машинки.

타자기(打字機) пишущая машинка; ~를 치다 печатать на машинке; ~로 친 машинописный; ~인쇄물 машинопись.

타진(打診) *мед.* перкуссия; ~하다 выстукивать; перкутировать, прощупывать; 환자를 ~하다 выслушивать пациента; 병자의 폐를 ~하다 выслушивать легкие у больного; 의향을 ~하다 узнавать мнение, зондировать почву; 여론의 추세를 ~하다 прощупывать общественное мнение, пускать пробный шар; ~기 молоточек для выстукивания (перкуссии).

타파(他派) разрушение, уничтожение, свержение; ~하다 разбивать, разрушать, уничтожать, свергать.

타향(他鄉) чужбина.

타협(妥協) компромисс, соглашение; ~적 соглашательский, компромисс-ный; ~하다 идти на компромисс, заключать соглашение, приходить к соглашению; ~안을 짜다 разрабатывать компромисс; ~점을 찾아내다 приходить к взаимопониманию, находить общий язык, идти на компромисс; ~안 компромиссный план ~점 согласованные пункты; ~ 주의 соглашательство, примирен-чество.

탁(託) 1) громко, с треском; 2) вдруг, неожиданно; 3) широко, просторно; ~하고 소리가 나다 хлопнуть; 자루가 ~터지다 мешок с треском лопнул; 줄이 ~끊어지다 веревка с треском оборвалась(разорвалась); ~치다 гром-ко хлопнуть (стукнуть, ударить); 맥이 ~풀리다 неожиданно почувствовать слабость; ~부딪치다 удариться об кого-что-л., натолкнуться на кого-что-л.; 침을 ~뱉다 плюнуть, сплюнуть.

탁구(卓球) настольный теннис, пингпонг; ~공 мяч для настольного тенниса; ~대 стол для настольного тенниса; ~를 치다 играть в пинг понг; ~장 площадка для настольного тенниса; ~채 ракетка для настольного тенниса.

탁월(卓越) превосходство; ~하다 превосходить кого-л., быть выдающимся; ~한 превосходный, выдающийся, исключи-тельный, незаурядный.

탁자(卓子) стол.

탄광(炭鑛) (угольная) шахта; ~노동 자 шахтер, ~가; ~업 каменноугольная промышленность; ~촌 шахтерский поселок.

탄력(彈力) упругость, эластичность; ~성 있는 упругий, эластичный; ~성 упругость, эластичность.

탄복하다 восхищаться.

탄산가스 углекислый газ.

탄생(誕生) рождение; ~되다 рождаться; ~일 день рождения; ~지 место рождения; ~을 축하하다 поздравл-ять с днем рождения.

탄성(彈性) упругость, эластичность; ~있는 упругий, эластичный; ~력 сила упругости ~률 модуль упру-гости.

탄소(炭素) углерод, углеродный; ~와 화합(化合)시키다 карбонизировать; ~강 углеродистая сталь.

탄수화물 углевод.

탄식(歎息) вздох, сожаление; ~하다 вздыхать с сожалением о ком-чем-л..

탄압(彈壓) подавление, притеснение, репрессии, угнетение; ~하다 притес-нять, подавлять, подвергать кого-л. репрессии, репрессировать кого-л.; ~을 당하다 подвергаться репресс-иям

탄일 день рождения; см. 생일.

탄탄하다 прочный; надежный; доб-ротный; ровный; гладкий; 탄탄히 ровно; гладко; 길이 탄탄히 나 있다 дорога широкая и прямая; 탄탄대로 широкая и ровная дорога.

탈(奪) маска, поломка, болезнь, предлог; ~의 под видом кого-чего-л. ~을 쓰다 надеть(носить) маску; ~을 벗다 сбросить маску.

탈것 транспортные средства.

탈락(脫落) выпадение; ~하다 быть пропущенным; отходить от чего-л.; выпадать, выбывать из строя; исче-зать; отмирать; ~자 уст. отщепенец.

탈모(脫毛) выпадение волос; линька; депиляция; выры-вание(уничтожение) волос; ~하다 выпадать, линять ~제 депилаторий; ~증 плешивость.

탈무드(히 Talmud) еврит; Талмуд.

탈바꿈 метаморфоз(-фоза); превращение; анаморфоз; видоиз-менение; ~하다 видоизменяться; превращаться; 올챙이의 개구리로의 ~ метаморфоз головастика в лягушку; 그는 크게 ~했다 с ним произошла метаморфоза; 유충이 나비로~했다 гусе-ница превратилась в бабочку.

탈법(脫法) уклонение от закона; нарушение закона; ~행위 незакон-ный акт

탈색(脫色) обесцвечивание; отбеливание; ~하다 выцветать; обесцвечивать[ся]; ~제 обесцвечивающее вещество.

탈선(脫線) крушение; сход с рельсов; отступление; откло-нение; нарушение; ~하다 сходить с рельсов; не идти по проторенному пути; отклоняться(от темы); отступать от норм; нарушать правила поведения.

탈세(脫稅) уклонение от уплаты налога, ~하다 уклоняться от уплаты налога.

탈수(脫水) обезвоживание; дегидрация; ~하다 обезвоживать; дегидратировать; лишать что-л. воды(влаги); ~기 дегидратор; ~제 дегидратирую-щее средство.

탈의실(脫衣室) раздевальня; гардероб. см. 옷보관실

탈주(脫走) бегство; побег; дезертирство; ~하다 убегать от(из) чего-л.; спасаться от чего-л.; дезертировать; ~병 дезертир; перебежчик; ~자 беглец.

탈진(脫塵) истощение памяти; ~하다 слабеть памятью.

탈출(脫出) побег; бегство; избавление; ~하다 спасаться бегством; избавляться от чего-л.; избегать чего-л.; выходить из чего-л.; ~소식 новость(извещение) о бегстве.

탈춤 танец в масках.

탈취(奪取) захват; овладение чем-л.; похищение; ~하다

захватывать(си-лой); овладеть чем-л.; отнимать(от-бирать) силой кого-что-л., у кого-л.; похищать.

탈퇴(脫退) выход; отпадение; ~하다 выходить из чего-л.; отпадать от чего-л.; ~자 вышедшие, отколов-шиеся.

탈피(脫皮) отслоение; шелушение; ~하다 сбрасывать кожу (панцирь); линять; избавиться от чего-л.; отделаться от чего-л.; отрешиться от чего-л.

탈환(奪還) ~하다 возвращать что-л. себе; отбирать(назад); отбивать; отвоевывать; 실지를~하다 возвра-щать отвоеванную территорию.

탐(貪) алчность; ненасытность; ~ 내다 жаждать; домогаться чего-л.; зави-довать кому-чему-л..

탐구(探究) исследование; изыска-ния; расследование; поиски; ~하다 исс-ледовать; изыскивать; расследовать; искать; ~자 исследователь, ница.

탐나다 стремиться(к чему-л.).

탐내다 жаждать, домогаться, страстно добиваться(чего-л.).

탐닉(耽溺) преданность чему-л, пристрастие; ~하다 преда-ваться чему-л.; пристраститься к чему-л.; увлекаться чем-л..

탐독(耽讀) ~하다 читать с увлече-нием; погружаться в чтение.

탐방(探訪) ~하다 разузнавать кого-что-л. о ком-чём-л.; разведывать что-л. о ком-чём-л., про кого-что-л.; брать интервью у кого-л.; ~기자 репортёр.

탐사(探査), 여행(旅行) экспедиция; поиски; изыскание; исследование; ~하다 разведывать(о ком-чем-л.; про кого-что-л.); исследовать; ~시추 поисковое бурение; ~작업 разведоч-ная выработка.

탐색(探索) розыск; поиски; рассле-дование; разведка; ~하다 разыски-вать; расследовать; разведывать; ~기 разведы-вательный самолёт; ~등 поисковый фонарь; ~선 разведы-вательное судно.

탐스럽다(貪-) прелестный; очаро-вательный; радующий глаз.

탐욕(貪慾) ненасытность, алчность; жадность; ~스러운 ненасытный; алчный; корыстный; жадный.

탐지(探知) разведка; ~하다 разведы-вать; выведывать; выслеживать; ~기 приборы для обнаружения чего-л..

탐험(探險) изыскание, исследование; экспедиция; экспеди-ционный; ~가 исследователь; изыскатель; ~대 экспедиция; ~하다 совершать экспе-дицию;исследовать; 극지~ полярная экспедиция.

탑(塔) башня, пагода; обелиск; шпиль; 오층~пятиэтажная пагода.

탑승(搭乘) езда(на пароходе, в поезде и т. п.); ~하다 садиться(на пароход, в поезд и т п.); ~객 па-ссажир.

탓 причина; вина; предлог; повод; ~으로 по причине чего-л.; по вине кого-л.; из-за кого-чего-л.; вследствие кого-чего-л.;...의~으로 돌리다 сва-ливать что-л. на кого-что-л.; приписывать кого-чему-л.; относить что-л. за счет кого-чего-л.; 그것은 내 ~이다 это моя вина/я виноват в этом.

탓하다 винить, обвинять; возлагать вину на кого-л.; винить; обвинять кого-что-л. в чем-л.; пе-нять на кого-что-л.; 누구를 탓하랴? На кого мне пенять?; упрекать.

탔습니다 получил.

탔어 садился.

탕 густой мясной(рыбный) суп (бульон); 대구~суп(уха) из трески.

탕수육(糖水肉) сладкокислая сви-нина(китайское блюдо).

탕진(蕩盡) растрата; расточитель- ство; ~하다 полностью истратить, израсходовать, расточать, растрачи-вать, растранжиривать, проматывать.

태(胎) послед; плацента; ~교 совет (наставление) беременной женщине.

태고(太古) глубокая древность.

태권도(跆拳道) тхэквондо.

태극(太極) первозданный уаос; вселенная; ~기 корейский госуда-рственный флаг; ~선 красноснщий круг, символизирующий силы света и тьмы.

태도(態度) (견지) отношение, позиция, поведение, манера; ~를 취하다 занимать позицию; относиться к кому-чему-л.; придерживаться какой-л. линии поведения; держаться; 의기양양한 ~로 с торжествующим видом; 거만한 ~를 취하다 держа-ться высокомерно.

태동(胎動) движение плода; ~다 шевелиться; возникать; двигаться;проявляться.

태만(怠慢) лень; халатность; неб- режное отношение к своим обяза-нностям; нерадение; ~한 ленивый; небрежный; халатный; нерадивый; ~하다 лениться; лодырничать; неб-режно относиться к своим обязан-ностям; не делать нужного; не выполнять своего долга; 직무~ упущения в работе(по службе); служебное упущение.

태반(太半) большая половина; бОль-шая часть; большинство; ~은 большей частью; по большей части.

태부족(太不足) совершенно недос-таток(нехватка) кого-чего-л.(в ком-чём-л.); ~한 совершенно недоста-точный; ~하다 недоставать чего-л.; 노동력의 ~ совершенная нех-ватка рабочей силы; 이 금액으로는 ~하다 эта сумма недостаточна; 인력이 ~하다 не хватает рабочей силы.

태산(泰山) высокие горы, множес-тво, очень высокая гора; ~같다 большой; великий; многочислен-ный; 일이~같다 быть заваленным делами; дел по горло; ~명동에 서일필 гора мышь родила/ шума много, а дела мало/;~준령 высокая гора и крутой перевал.

태생(胎生) рождение(появление на свет); 그는 서울~이다 он родом из Сеула; ~동물 живородящие; ~지 место рождения.

태세 готовность, положение, состояние, позиция; ~를 갖추다 быть готовым к чему-л.; 반격 ~ готовность к контрнаступлению.

태아(胎兒) плод, зародыш, росток.

태양(太陽) солнце; ~이 떠오르다 солнце восходит(встает); ~이 지다 солнце заходит; ~계 солнечная система; ~광선 солнечные лучи;~전지 солнечная батарея.

태어나다 рождаться; появляться на свет; 부자로 ~ родиться в богатой семье.

태어났습니다 родился.

태연(泰然) ~한 спокойный; хладнок-ровный; невозмутимый; ~자약하게 с хладнокровием; невозмутимо; спо-койно.

태엽(胎葉) пружина рессора; завод; 시계의 ~을 감다 заводить часы.

태우다 I возить; катать; подвозить; подсаживать; посадить кого-л. в вагон; посадить кого-л. на судно; заставлять кататься.

태우다 II сжигать; выжигать; зажигать; воспламенять; терзать; 햇볕에 등을 ~ спалить спину на со-лнце; 마을을 깡그리~ сжигать село дотла; 애를 ~ терзать душу; душа болит за кого-что-л..

태클 принадлежности; оборудование; ~하다 энергично за что-л. браться; биться над чем-л.(с кем-чем-л.), чем-л. обо что-л..

태평(太平) мир; спокойствие; ~한 мирный; спокойный; благополу-чный; ~가 песня о мирной и спокой-ной жизни; ~세월 мирное(спокойное) время.

태평양(太平洋) Тихий океан; ~의 тихоокеанский.

태풍(颱風) тайфун; ~권 зона тай-фуна; ~의 눈 центр тайфуна.

택시(англ taxi) такси; ~운전수 шофер такси; таксист; ~로 가다 ехать на такси; ~를 잡다 брать(ловить) такси ~를 불러주십시오 вызовите такси пожалуйста; ~정류소가 어디입니까? Где стоянка такси?; ~주 차장 стоянка такси.

택 I ~하다 выбирать что-л. одно.

택일(擇日) II выбор подходящего дня для чего-л.; ~하다 выбирать (подходящий день для чего-л.).

택하다 выбирать;избирать; отбирать; пред-почитать когочто-л.; кому-чему-л.

탤런트 талант; актёр телевидения.

탬버린 бубен.

탭 метчик.

탱고 танго.

탱자 плод понцируса трехлисточ-кового; ~나무 понцирус трехлис-точковый.

탱크 танк; резервуар; бак; цистерна; резервуар-хранилище; топливный бак; ~차 автомобиль-цистерна; 가스~ газгольдер; 가스~차 автомобиль с балоном для перевозки газа; 석유 ~차 масляный бак(маслобак).

터 I участок под дом; земельный участок; место; фундамент; база; 낚시 ~ место рыбной ловли; 싸움 ~ место драки; боя.

터 II 우리와 잘아는~이다 мы с ним хорошо знакомы; ...하려던~에 как раз в тот момент(в то время; когда); ~할~이다 намереваться; пре-дполагать; иметь в виду; намерен; 지금 나는 떠날 ~이다 сейчас намерен уехать.

터널 тоннель, туннель.

터놓다 открывать; прорывать; отк-рываться кому-л.; верить кому-л.; изливать душу кому-л., перед кем-л.; признаваться кому-л. в чём-л.; снимать запрет; разрешать; 자기 의 향을 ~ сообщать о своих намерениях; 사랑을 고백하다 открываться(объ-ясняться) кому-л. в любви.

터득(攄得)~하다 понимать; улав-ливать смысл; усваивать.

터뜨리다 взрывать; рвать; разрывать; раскрывать; разоблачать; открывать; вскрывать; выдавать.

터를 닦다 разравнивать место.

터무니 основание; почва; ~없는 абсолютно беспочвенный; совершенно необоснованный; ~없는 값 бешеные цены; ~없는 비난 беспочвенные обвинения; ~없는 입안 необоснованный проект; ~없다 беспочвенный; неосновательный.

터밭, 남새밭 огород.

터벅거리다 плестись, волочиться.

터벅터벅 брести устало(через силу)

터전 земельный участок под домом; приусадебный участок; база; фундамент; ~을 닦다 заложить фундамент.

터지다 лопаться, расходиться по швам; взрываться; раскалываться; разрываться; трескаться; разойтись по швам(об одежде); 울음이~ зарыдать; 전쟁이~ развязаться (о войне); вспыхнуть; прорываться; проды-рявливаться; открываться; раскры-ваться; 폭탄이~ взорваться(о бомбе) 웃음이~ разразиться; хлынуть; при-валить; разразиться смехом

터치(англ. touch) штрих; черта; легкое прикосновение; легкий удар друг о друга; косание; прикосно-вение; контакт; ~하다 трогать; касаться чего-л.;контактировать с кем-л.; иметь отношение к чему-л.; ~하지 않다 оставаться в стороне; не вмешиваться во что-л; ~하지 않다 игнорировать; растрогать.

턱 I верхняя и нижняя челюсти, подбородок; 문~ выступ двери; ~을 악물다 сжимать(стискивать) челю-сти; ~수염을 기르다 отпустить бороду; ~밑 под подбородком; ~ 수염 борода; 위~ верхняя челюсть; 아래~ нижняя челюсть.

턱 II порог; небольшой выступ; ~이 지다 иметь выступ; немного выс-тупать.

턱 III угощение по случаю какого-л. события; 한 ~내다 угощать по случаю радостного события.

턱 IV основание; мотив; повод; причина; 이런 일을 할 ~있나 нет причины делать это.

턱 V вдруг; неожиданно; совсем; сильно; крепко; спокойно; хладнок-ровно; невозмутимо; ~멋다 вдруг остановиться; ...이 ~쓰러지다 неожи-данно упасть; м음을 ~놓다 успо-коиться; 숨이 ~막혔다 сильно захва-тило дух; ...을 ~잡다 крепко взять; 문앞에 ~버티고 서다 невозмутимо встать в дверях.

턱없다 необоснованный.

턱없이 без причины.

털 волосы; волос; волосок; волосин-ка; шерсть; пух; мех; ворс; ~가죽 шкура; 모피 ~끝도 못 건드리게 하다 нельзя и прикоснуться; ~모자 меховая шапка;~목도리 шерстяной шарф; ~보 бородач, волосатый человек; ~복숭 이 волосатый человек; ~실 шерстяная нить(пряжа); ~옷 шерстяная одежда, одежда на меху; ~외투 меховое пальто; ~장갑 шерстяные перчатки.

털, 모직물(毛織物) шерсть.

털다 стряхивать, вытряхивать, выби-вать, сметать, обворовывать, обчистить; 옷의 먼지를~ стряхивать с одежды пыль; 지붕에서 눈을 털어내다 сме-тать снег с крыши; 도둑이 빈집을~ вор обворовывает пустой дом.

털리다 вытрясаться, потерять деньги в играх.

털모자 шапка.

털석 треск, шум, скрип, грохот

털썩 вдруг; с шумом; 그 자리에 ~주저앉다 так и плюхнулся на этом месте; 벽이 ~무너지다 стена вдруг рухнула; 보따리를 ~내려놓았다 с шумом опустил узел на землю; ~넘어지다 упасть(повалиться); лечь пластом.

털어놓다 открыть душу; выклады-вать; открывать; вытряхивать; 털어 놓고 말하면 откровенно говоря; 털어놓고 말하다 говорить по душам; 비밀을 ~ открывать тайну (заговор).

텃밭 приусадебный участок земли; огород возле дома; ~을 갈다 вспахать приусадебный участок.

텃세(貰) I арендная плата за земель-ный участок.

텃세(勢) II ~하다 пренебрежи-тельно относиться к новичку.

텅 совсем; совершенно; 집은 ~비어 있다 дом совсем (совершенно) пуст; 속이 ~빈 무 совсем пустая внутри редька.

텅 비다 совсем пустой.

테 ободок; обруч; оправа; кайма; окантовка; край; моток; 손수건에 ~를 두르다 окаймить платок; ~를 메우다 набивать обруч; 철사 한 테 моток проволоки.

테니스(*англ.* tenise) теннис; тен- нисный; ~코트 теннисный корт; ~를 치다 играть в теннис; ~공 теннисный мяч.

테두리 край(овального предмета); круг; рамки; окружность; габарит; 유엔의 ~안에서 в рамках ООН; ~를 벗어나다 выйти из рамок.

테라스(*англ.* terrace) терраса; насыпь; уступ; веранда; плоская крыша; 사방으로 유리를 끼운~ застеклен-ная терраса.

테러(*англ.* terror) террор; страх; ужас; ~하다 терроризировать; подвергать террору; вселять страх; ~단 терро-ристическая организация; ~리스트 террорист; ~리즘 терроризм

테마(*англ.* theme) тема; предмет; ~ 음악 музыкальные программы; му-зыка на одну тему

테스트(*англ.* test) испытание; про-верка; тест; ~하다 подвергать испы-танию; ~를 이겨내다 выдержать испытание; 한국어 ~ тест(контроль-ная работа) по корейскому языку.

테이블(*англ.* table) стол; ~에 앉아 있다 сидеть за столом; ~냅킨 сал-фетка; ~보 скатерть; ~스피치 зас-тольная беседа; ~테니스 настоль-ный теннис.

테이프(*англ.* tape) лента; тесьма; ~를 끊다 разрезать ленту; приходить к финишу первым; ~리코더 магнито-фон; 녹음~ магнитная(магнито-фонная) лента; 절연~ изоляционная лента.

테크닉(*англ.* technic) техника; те-хнические приёмы; метод; способ; технический; 테크니션 человек знающий свое дело; специалист.

텍스트(*англ.* text) текст; подлинный текст; оригинал; ~북 учебник; руководство.

텐션(*англ.* tension) напряжение; раст-яжение; натягивание; ~을 완화하다 ослабить напряжение.

텐트(*англ.* tent) палатка; шатер; палаточный; шатерный; ~를 치다 разбить(убрать, сложить палатку); ~생활을 하다 жить в палатках; ~야영 палаточный лагерь; см. 천막.

텔레비전(*англ.* television) телевизор; телевидение; ~을 보다 смотреть телевизор; ~에 나오다 появляться на экране телевизора; выступать по телевидению; ~기자 тележурналист; ~방송 телепередача; телевидение; телевещание; ~영상 телеизображение; ~영화 телефильм; ~탑 телебашня; ~해설가 телекомментатор.

텔렉스(*англ.* telex) телекс; ~로 송신 하다 передавать по телексу.

템포(*англ.* tempo) скорость; темп; ритм; 속력을내다 развить скорость; 빠른~ быстрый(медленный) темп; 급~로 с быстрым темпом (скоростью).

- 884 -

토 I частица; служебное слово

토(土) II земля(одна из 5 стихий восточной космогонии).

토기(土器) глиняные изделия; глиняная посуда, не покрытая глазурью; гончарные изделия; кера-мика; ~공 гончар; ~가마 гончарная печь;~점 гончарная(мастерская).

토끼 кролик; заяц; заячий; кро- личий; ~가 제 방귀에 놀란다 заяц самого себя боится; 일석이조 одним ударом убить двух зайцев; ~가죽 заячья шкурка; ~잠 чуткий(неглубокий) сон; ~장 клетка для кроликов; ~치기 ~털 заячий(кроличий) мех.

토대(土臺)(바탕) основание, фунда-мент, базис, основа; ~하다 осно-вываться; базироваться на чём-л.; ~를 닦다 заложить фундамент; 물질 기술적 ~를 튼튼히 놓다 прочно заложить материально-техническую базу чего-л..

토대(土臺),기초(基礎) база.

토라지다 кривиться; коситься; портиться; ухудшаться; несварение желудка; плохо работать; 아침 먹은 것이 토라져 속이 좋지 않다 утром я съел что-то не то, поэтому у меня болит живот.

토론(討論) выступление; прения; дебаты; дискуссия; дискуссионный; ~하다 выступать(в прениях); обсуж-дать; дискутировать; ~에 붙이다 ставить на обсуждение; подвергать вопрос дискуссии; ~문 текст выступ-ления; ~자 участник прений(дискус-сии); выступающий; ~회 дискуссия; семинар; симпозиум.

도미토 помидор, томат;томатный; ~소스 томатный соус; ~주스 то-матный сок.

토막(土幕) кусок; отрывок; фраза; фрагмент; куплет; часть; ~내다 резать(рубить) на куски; 아버지는 ~토막 끊어지는 말을 간신히 이어 나갔다 отец с трудом продолжал го-ворить, то и дело прерывая свою речь; ~극 отрывок из пьесы; ~나무 полено, плашка.

토목(土木) земля и дерево; ~건축 строительство; ~공사 строительные работы; инженерные работы; ~공학 инженерностроительное дело(наука); строительная инженерия; ~기사 инженер-строитель.

토박이 말 местный язык.

토박이 уроженец, туземец.

토벌(討伐) подавление; карательные операции; ~하다

подавлять; карать; проводить карательные операции; ~군 карательные войска; ~대 карательный отряд.

토사(土砂) I земля и песок; ~류 вода, смешанная с землёй и песком; ~붕괴 оползень; обвал.

토사(吐瀉) II ~하다 страдать поносом, сопровождаемым рвотой.

토산물(土産物) местная продукция; местный продукт.

토스 метание; бросание; способ жеребьёвки путем подбрасывания (монеты); ~하다 бросать; кидать; метать; подбрасывать; играть в орлянку.

토실토실 ~하다 пухлый, полный; ~한아이 полный (пухлый) ребенок.

토양(土壤) почва; грунт; ~보호 почвозащита; ~산도 кислотность почвы; ~층 верхний слой почвы; ~침식 эрозия почвы; ~학 почвоведение; ~학자 почвовед.

토요일(土曜日) суббота; субботний; 안식일교 субботник.

토의(討議) обсуждение; ~하다 обсуждать; ~에 붙이다 ставить на обсуждение; ~대상 предмет обсуждения.

토종(土種) культивируемый сорт; местный сорт; местная порода; исстари разводимая порода; 잡종 гибрид; ~닭 местная порода кур; исстари разводимая порода кур.

토지(土地) земля; земельный; ~개량 мелиорация; ~개혁 земельная реформа; ~국유화 национализация земли; ~대장 земельный кадастр; ~법 земельное право; ~이용 землепользование; ~조사 обследование земли.

토착(土着) ~하다 укореняться; прижиться; быть коренным жителем; ~민 аборигены; коренные жители; туземцы.

토코페롤(англ.tocophtrol) токоферол; витамин Е; витаминный; витаминовый; витаминозный.

토하다 вырвать; стошнить; рвать; 그는 토했다 он вырвал; 피를~плевать(харкать) кровью; 불을~отк- рыть огонь.

톡 неожиданно; слегка; ~끊어지다 неожиданно лопнуть (разорваться); ~ 치다 слегка стукнуть(ударить); 말을 ~쏘다 резко сказать; ~불거지다 слегка выступать (выдаваться).; 톡쏘아붙이는 말 резко выпаленные слова.

톡톡하다 плотный и толстый; обильный; зажиточный; сильный; резкий; 톡톡히 сильно; резко; как следует; 그를 톡톡히 혼내주자 давайте его как следует проучим.

톡톡히 достаточно, довольно.

톤 I 톤; интонация; модуляция; тон; характер; стиль; тон; оттенок; 흥분 된 ~으로 повышенным тоном.

톤(*англ.* ton) II тонна; ~수 тоннаж.

톱 I пила, счётное слово для орехов.

톱 II пила; прядильный гребень; верхушка; вершина; ~을 갈다 точить пилу; ~날 зубья пилы; ~밥 опилки; ~질 распиловка. 톱으로 켜다 отпилить.

톱니 шестерёнка.

통 I окружность; ширина; 다리 ~이 굵다 толстые ноги; ~아크다 великодушный; благородный.

통 II группа; толпа; сборище; 한 ~이 되다 объединяться; группироваться.

통 III ~에 по причине; в результате чего-л.; 너무 떠드는 ~에 잘 들리지 않는다 из-за шума плохо слышно.

통 IV совсем; целиком; совершенно; 나는 그의 소식을 ~모른다 мне о нём совсем ничего неизвестно; ~말이 없다 не промолвить ни слова; ~알 길이 없다 узнать совершенно невозможно.

통 V знаток; осведомлённый человек; проспект; улица; 러시아어 ~정통한 사람 знаток русского языка; 해안 ~ приморская набережная.

통(단위) VI счётное слово чеснока; цельный; целый; ~마늘 целая головка чеснока; ~나무 целое бревно.

통(痛) VII кочан; кочанный; 배추 몇 ~ несколько качанов капусты.

통(通) VIII бочка, кадка, счётное слово для писем, ведро, чан, бочок, ванна; ~을 짜다 собирать(монтиро-вать) бочку.

통(筒) IX труба; ~풍관 воздухопро-водная труба; вентиляционная труба.

통(統) X пять дворов.

통, 병(柄) XI баллон.

통계(統計) статистика; итог; учёт; ~를 내다 подводить итог; вести статистику; учитывать; ~국 статистическое управление(бюро); ~원 работник статистического управления; статистик; 인구 동태 ~ статистика рождаемости и смерт-ности(населения); ~표 статисти- ческая таблица; ~학 статистика; ~학자 статистик.

통고(通告) извещение; сообщение; предупреждение; уведомление;~하다 сообщать; извещать;доводить до сведения; докладывать; уведомлять; письмом ~하다 извещать письмом; ~장 докладная записка; уведомление.

통곡(痛哭**)** рыдание; горький плач; ~하다 рыдать; горько плакать; ~해도 슬픔을 달랠 수 없다 слезами горю не поможешь.

통과(通過**)** прохождение через, одобрение, сдача, утверждение; ~하다 одобрить, защищать(диплом), проходить мимо, проезжать; утверждать; 기차가 역을~했다 поезд прошёл станцию(мимо станции); 시험에~ 하다 сдать(выдержать экзамен); 결의안을 ~시키다 одобрять проект резолюции; ~무역 торговля через третьи страны; ~세 транзитная пошлина; ~화물 транзитные грузы.

통관(通關**)** ~하다 проходить таможенный досмотр; контролировать (грузы) на таможне; ~세 таможенные пошлины и сборы; ~업 посредничество и оказание услуг при прохождении торговых грузов через таможню.

통근(通勤**)** ~하다 ходить(ездить) на работу (службу) из дома; ~권 сезонный (проездной) билет; ~열차 рабочий поезд, поезд на котором ездят на работу; ~자 идущий на работу.

통근버스 служебный автобус.

통금(通禁**)** проход(проезд)запрещен; ~시간 комендантский час; ~위반 нарушение комендантского часа.

통나무 целое бревно; ~집 бревенчатый дом, изба; ~뗏목 бревенчатый плотик; ~배 долбленая лодка; ~집 бревенчатый дом.

통달(通達**)**~하다 быть хорошо осведомленным (компетентным) в чём-л.; досконально изучать; выучить на зубок; 그는 화학에~한 사람이다 он человек осведомлённый в химии.

통달하다 все познать.

통독(通讀**)**~하다 прочитать от начала и доконца(от корки до корки); 밤새 소설을 ~하다 читать роман всю ночь.

통로(通路**)** проход; проезд; путь; коммуникация; канал; доступ; ~없음 прохода нет.

통문(通文**)** извещение; циркуляр; циркулярный; ~을 띄우다 послать извещение(циркуляр).

통보(通報**)** вестник; сообщение; донесение; сводка; ~하다 сообщать; информировать; доводить до сведения; ~서 информационный бюллетень; ~신호 сигнал оповещения;

~체계 информационная система.

통상(通常) I ~의 обычный; обык-новенный; ординарный; простой; повседневный; ~복 повседневная (будничная) одежда; ~회의 очере-дное задание.

통상(通商) II торговля; коммерция; ~하다 торговать с заграницей; ~권 право на ведение торговли с заграницей; ~대표부 торговое пре-дставительство; ~조약 торговый договор.

통성명(通姓名) ~하다 представля-ться друг другу; знакомиться.

통속 I тайное собрание(сбориге); тайная договоренность.

통속(通俗) II широко распространё-нный обычай; ~적 популярный; общедоступный; ~화하다 популя-ризировать; ~가요 популярная пе-сня; ~극 пьеса на популярный сюжет; ~성 обыденность; популя-рность; ~철학 популярное (общедоступное) изложение философских вопросов; ~화 популяризация.

통솔(統率) руководство; команды-вание; ~하다 руководить; коман- довать кем-чем-л.; ~력 (едино- личное) руководство; ~자 руково-дитель; лидер; глава; командир.

통신(通信) связь; коммуникация; передача сообщения (информации); корреспонденция; ~하다 сообщать; передавать; ~교육 заочное образование(обучение); ~대학 заочный институт; ~망 сеть связи; ~문 текст сообщения; ~사(社) (телеграфное) агенство; ~사(士) связист; ~원 корреспондент; ~위성 спутник связи.

통신위성(通信衛星) информацион- ный спутник.

통역(通譯) перевод(устный); ~하다 устно переводить; ~관 официальный переводчик; ~원 устный переводчик.

통역하다 переводить.

통용(通用) широкое применение; ~ 하다 широко употреблять[ся]; широко применять[ся]; ~어 распрост-ранённое слово; жаргон.

통용되다 иметься в обращении.

통일(統一) единство, объединение, унификация, консоли-дация, единый, объединённый; 국가~ единое госу-дарство; ~하다 объединять; унифици-ровать; соединять; 남북한의 평화적 ~ мирное объединение Южной и Север-ной Кореи; ~강령 программа объеди-нения (страны); ~국가

объединённое государство; ~성 единство; единооб-разие; ~안 проект(план) объединения(унификации); ~정부 объединённое правительство.

통장(通帳) I карточка, книжка сбе-регательная; ~에 1000원이 있다 на книжке лежит тысяча вон; 배급 ~으로 빵을 받다 получать хлеб по продовольственным карточкам; 배급~ продо-вольственная карто-чка; 예금~сберегательная книжка.

통장(統長) II староста одного села.

통장번호 номер сберкнижки.

통정(通情) 1) адюльтер; нарушение супружеской верности; любовная связь; 2) гуманность;человечность; ~하다 а) понимать друг друга; изливать душу друг другу; б) совершить прелюбодеяние;нарушить супружескую верность.

통제(統制) контроль; контрольный; контролирующий; ~하다 контро- лировать; осуществлять контроль; ~경제 контролируемая(планируе- мая) экономика; ~권 право контролировать что-л.; ~력 сила(эф- фективность) контроля; ~사 кома-ндующий морским флотом трех провинций.

통증(痛症) тяжелое состояние бо-лезни; болевое ощущение; боль; страдание;~을 느끼다 испытывать боль; страдать; болеть.

통지(通知) **통보**(通報) уведомление; сообщение; информация; ~하다 соо-бщать;информировать;уведомлять; осведомлять кого-л. о чём-л.; 사건을 참석자에게 ~하다 осведомлять присутствующих о событии; 해고를 ~하다 уведомлять об увольнении; ~서 письменное извещение(уведом-ление); ~표 табель успеваемости.

통째~로 целиком; полностью; ~로 삼켜 버리다 проглотить целиком.

통찰(通察) проницательность; ост-рота; проницательный; ~하다 про-никать в суть; видеть насквозь; 중요성을 깊이~하다 глубокой про-ницательностью видеть важность; ~력 проницательность;прозорли-вость.

통첩(通牒) послание; рапорт; пись-менное уведомление; нотификация; ~하다 письменно уведомлять; 최후 ~ ультиматум; 최후~을 띠우다 предъявить ультиматум; ~장 пись-менное уведомление; нота.

통치(統治) правление; управление; режим; господство; ~하다 управлять, господствовать ~권 суверенитет; 국가를~하다

управлять государст-вом; ~계급 правящий(господствующий) класс; ~권 государственная власть; ~자 правитель.

통치제도(統治制度) режим.

통쾌(痛快) ~하다 очень довольный; удовлетворённый; весёлый; радостный; ~감 чувство большого удовлетворения (большой радости); ~미 большое удовлетворение; большая радость.

통통 I ~하다 полный; толстый; крупный; большой; пухлый; плотный; жирный; 몸집이 ~한 아이 ребёнок плотного телосложения; ~한 볼 пухлые щёки; ~한 팔 толстая(пухлая) рука.

통통 II ~거리다 шуметь; тарахтеть; гудеть; топать; 트랙터가 ~거렸다 трактор тарахтел; 공이~뒤었다 мяч звонко подскакивал; 볼이 ~부었다 щёки опухли; ~걸음 гулкие и быстрые шаги.

통통배 моторная лодка; моторный катер

통풍(通風) проветривание; вентиля-ция, аэрация; ~하다 проветриваться; ~구 отдушина; вентиляционное отверстие; ~기 вентилятор; дефлек-тор; ~실 комната с вентиляцион-ным устройством; ~창 форточка; ~통 вентиляционная труба.

통하다(通-) проходить; иметь хожде-ние; быть открытым; включать ток; работать; действовать; быть понят-ным; ходить; курсировать; переда-ваться; быть действительным; пони-мать друг друга; 말은 몰라도 서로 뜻이 통했다 хотя они не знали языка, но друг друга понимали; 전화가 ~ телефон работает; 통하여 через; посредством кого-чего-л.; 일생을 통하여 всю жизнь; 자유선거를 통하여 정부를 수립해야만 한다 необхо-димо создать правительство посред-ством свободных выборов; 신문을 통하여 알다 узнать из газеты.

통학(通學) ~하다 ходить(ездить) в школу(или в институт); ~생 уча-щиеся, посещающие регулярно школу(или институт); ~거리 расс-тояние от дома до школы; ~버스 автобус(поезд) для учащихся; ~생 учащийся, живущий дома

통합(統合) интеграцияслияние; объединение; укрупнение чего-л.; синтез; ~하다 сливаться; объеди-нять[ся]; укрупнять[ся]; 힘을 ~하다 объединять усилия; ~군 объеди-нённые войска; ~체 объединение.

통행(通行) движение, хождение; ~하다 проходить,

проезжать; ~금지 проезд запрещён; ~료(세) плата за проезд; ~증 пропуск.

통화(通話) I телефонный разговор; связь; ~하다 разговаривать по телефону; ~이다 телефон занят; ~료 плата за телефонный разговор; ~신청 заказ на телефонный разговор.

통화(通貨) II деньги; валюта; ~량 количество денег, находящихся в обороте; ~수축 дефляция(инфля- ция); ~정책 денежная политика; ~조절 регулирование денег(дене-жного обращения);~안정 денежная стабильность; ~유통 денежное об-ращение; ~제도 денежная система.

통화팽창(通貨膨脹) инфляция.

퇴거(退去) перемещение; переезд; переселение; эвакуация; отход; уход; ~하다 оформлять переселение; пере-езжать; переселяться; отходить; отс-тупать; 다른 도시로~하다 пересе-ляться в другой город; ~령 приказ о перемещении.

퇴근(退勤) возвращение с работы домой; ~하다 уходить с работы; ~길 возвращение с работы; ~시간 время возвращения с работы.

퇴로(退路) путь отхода(отступле-ния);~를 차단하다 прерывать путь отхода.

퇴보(退步) регресс; регрессия; дег-радация; регрессивный; ~하다 идти вспять; двигаться назад; ре-грессировать; ухудшаться; отста- вать; отступать; отвергнуть.

퇴비(堆肥) компост(удобрение, при-готовленное из мусора, травы и торфа); компостный; ~하다 при-готовлять компост; 썩어서~가 되다 превращаться в компост; ~장 ком-постная куча.

퇴사(退社) ~하다 уходить со служ-бы; выходить их общества; уво-льняться; оставлять компанию.

퇴색(退色) линька; выцветание; ~ 하다 выцветать; обесцвечиваться; терять цвет; блекнуть; линять; ~한 выцветший; 옷감이 ~되었다 мате-рия выцвела.

퇴소(退所)~하다 оставлять службу; уходить с работы.

퇴원(退院) ~하다 выписаться(вы-ходить) из больницы; ~증 боль- ничный лист; бюллетень.

퇴임(退任) отставка; уход(выход) в отставку; ~의 отставной; ~하다 выходить в отставку; покидать службу; уходить с работы.

퇴장(退場) уход с собрания, со сцены; ~하다

покидать(собрание; соревнование *и т. п.*); уходить со сцены; 회의장에서 ~하다 покидать зал заседаний.

퇴적(堆積) накопление; скопление; нагромождение; аккумуляция; ворох; отложения; наносы; ~하다 нагромождать[ся]; скоплять [ся]; ~물 ворох; груда; осадочные отложе- ния; ~층 аккумулятивные образо-вания.

퇴직(退職) выход в отставку; ~금 деньги, оплачиваемые при уходе со службы.

퇴진(退陣) ~하다 отходить, отсту-пать; отводить; ~시키다 отправ- лять в отставку; 전투를 계속하면서 ~하다 отступать с боями.

퇴짜 ~를 놓다 не принимать; воз-вращать; отвергать; ~를 맞다 не быть принятым; быть отвергну- тым; получать отказ.

퇴치 (退治) ликвидация; истребление; искоренение; ~하다 ликвидировать; искоренять; истреблять; 악폐를 ~ 하다 искоренять зло(предрассудки); 문맹을 ~하다 ликвидировать негра-мотность.

퇴폐(頹廢) упадок; декаданс; упадоч-ный; декадентский; ~문학 эротичес-кая литература; ~적 упадочнический; ~주의 упадочническое течение; дека-денство; ~하다 приходить в упадок; деградировать; ~주의 ~자 декодент; упадочник.

퇴학(退學) ~하다 уходить из учебно-го заведения; ~시키다 выгонять(иск-лючать) из школы; ~생 учащийся, ушедший из учебного заведения; учащийся, исключённый из учебного заведения; изгнанник.

퇴행(退行) ~하다 отходить; отсту-пать; откладывать; переносить (ра-боту) на другой день.

퇴화(堆花) деградация; регресс; уп-адок; дегенерация; вырождение; атрофия; ~하다 дегенерировать; ре-грессировать; вы-рождаться; атрофироваться; 남방 곡식은 북방의 기후에서~하였다 южные злаки в условиях северного кли-мата не прижились.

투(套) привычка; манера; способ; метод; 이런 ~로 таким способом; 상투수단 заезженный способ; 엄한 ~로 말하다 говорить строго; 말하는 ~ манера говорить.

투고(投稿) предоставление статьи, письма заметки *и т.п.* (в редакцию); ~란 колонка для чего-л.; ~하다 писать и посылать в газету(журнал); 논문을 학술지에 ~하다 писать и посылать статью в нау-чный журнал; ~자 (постоянный) сотрудник газеты (журнала).

투과(透過) ~하다 пропускать; про-низывать; ~력 способность прохо-дить(проникать) через что-л.; ~성 прони-цаемость; пропускаемость.

투기(投機) I спекуляция; афера; авантюра; спекулятивный; авантюр-ный; ~하다 спекулировать; пуска-ться на авантюры; ~업에 종사하다 заниматься спекуляциями; ~성 авант-юрность; авантюризм; ~업 спекуля-тивное(авантюрное) предприятие(дело); ~업자 спекулянт.

투기(妬忌) II ревность; подозрите-льность; зависть; ~하다 ревновать кого-л. к кому-л.; 그는 자기 아내와 친구와의 관계를~하고 있다 он рев-нует свою жену к приятелю; ~심 ревность.

투덜거리다 ворчать; бормотать; бур-чать себе под нос; 그는 일이 제대로 되지 않는다고 투덜거렸다 он ворчал, что дело не получается как надо; 잘투덜거리는 사람 ворчун.

투명(透明) чистота; прозрачность; ~하다 прозрачный; сквозной; ~성 прозрачность; степень прозрачности; ~체 прозрачное тело; ~한 прозрачный.

투박하다 грубый; неуклюжий; нескладный; ~한 말 грубое слово; ~함 грубость.

투병(鬪病) ~하다 бороться с болез-нью(недугом); 그는 오랫동안 음주벽과 투병하여 완쾌되었다 он долго боролся и излечился от пьянства.

투서(投書) анонимка; анонимное письмо; ~하다 писать и посылать анонимное письмо.

투석(投石) бросаемый камень; ~하다 бросать камень; бросаться камнями; ~전 бой с бросанием (друг в друга) камнями.

투성이 весь в масле; 피~ весь в крови; 온통 사람~이다 быть мно-голюдным(заполненным людьми).

투숙(投宿)~하다 останавливаться в гостинице;~객 постоялец; жилец.

투시(透視) просвечивание, видение насквозь; ~하다 видеть сквозь(че-рез что-л.); просвечивать; 환자를 X광선으로 ~하다 просвечивать бо-льного; ~도 перспективный ри-сунок(чертеж);~력 проницаемость.

투신(投身) ~하다 целиком посвя-щать себя(чему-л.); тонуть; топи-ться; 일생을 학문에 ~ посвящать всю жизнь наукам.

투약(投藥)~하다 изготовлять ле-карство(по рецепту); ~구

окно в аптеке, в котором заказывают ле-карство.

투어 путешествие; поездка; турне; экскурсия; прогулка; тур; 한국을 두루~하다 совершать турне по Корее

투여(投與)~하다 давать лекарство (дозами).

투영(投映) тень; проекция; проек-тирование; проекционный; ~하다 проектировать; отражать; бросать (тень; луч света); ~도 чертёж, полученный аксонометрическим способом.

투옥(投獄)~하다 заключать(бросать) в тюрьму; засадить(посадить) в тюрьму; ~된 사람 заключен/ный, -ная.

투입(投入) передача; загрузка; ~하다 подавать; загружать; бросать; заб-расывать что-л. куда-л.; вкладывать; помещать(капитал); дополнительно вводить(людей); ~공 загрузчик.

투자(投資) капиталовложение; инвестиция; ~하다 вкладывать(ка- питал); инвестировать; ~가 вкла-дчик; ~권 право капиталовложе- ния; ~액 сумма капиталовложений.

투쟁(鬪爭) борьба; битва; бой; сра-жение; конфликт;~적 боевой; ~하다 бороться; сражаться; вступать в конфликт с кем-л.; ~력 боевые силы; ~사 история борьбы; ~심 боевой дух; боевое настроение; 계급~ классовая борьба.

투정(妬情)~하다 клянчить; выпра-шивать; приставать; придираться; ~을 부리다 привередничать; кап- ризничать; 그는 내게 돈을 달라고 ~을 부렸다 он клянчил деньги у меня.

투지(鬪志) боевой дух, воля к борьбе; ~만만하다 полный решимости.

투척(投擲) метание(копья; диска); 하다 метать(копьё; диск); ~경기 состязание в метании(копья; диска); ~력 сила броска.

투철(透徹) ~하다 прозрачный; по-нятный; ясный; последовательный; прозорливый; острый; стойкий; ~한 사람 человек с ясной головой.

투표(投票) голосование; ~권 право голоса; ~자 избиратель; ~하다 го- лосовать; 찬성~하다 голосовать за кого-л.; 반대~하다 голосовать против кого-л.;~에 부치다 ставить на голо-сование; ~소 кабина для голосования; место голосования.;~일 день голосования(выборов); ~지 избирательный бюллетень; ~함 ящик для голосования.

투항(投降) капитуляция; ~하다 капитулировать; сдаваться; 적에게 ~하다 сдаваться врагу; ~자 капи-тулянт;

- 895 -

капитулирующий.

툭 неожиданно(с треском); слегка; резко; прямо; ~끊어지다 неожи-данно(с треском) лопнуть (разор-ваться); ~ 털어놓고 말하다 гово-рить прямо; 그의 어깨를 ~쳤다 слегка стукнул его по плечу; 말을 ~쏘다 резко сказать, ~불거지다 слегка выступать(выдаваться).

툭하면 то и дело; чуть что; по малейшему поводу; 그는 ~화를 낸다 чуть что, он сердится.

퉁퉁 ~거리다 гулко шуметь; гудеть; тарахтеть; ~붓다 опухнуть; набух-нуть; распухнуть; 울어서 눈이 ~부었다 глаза распухли от слез; ~하다 полный;толстый;пухлый.

튀기다 парить, жарить; 줄을 ~ перебирать струны; 물을~ плеска-ться(брызгаться) водой; 수판을 ~ щелкать на счетах; 물고기를 ~ жарить рыбу.

튀김 рыба, зажаренная в тесте;~새우 креветки, зажаренные в тесте.

튀다 лопаться, взрываться, отска-кивать; трескаться; рассыпаться; разогнувшись сойти со своего места; сбежать; брызгать; развлекаться; заметн-о выступать(выдел-яться).

트다 пускать ростки; отращивать; распускаться; пробиваться; треска-ться; заниматься; рассветать; отк-рывать; устанавливать близкие отношения с кем-л.; дружить; 찬바람에 얼굴이 텄다 холодным ветром обожгло лицо; 그는 운이 텄다 ему выпало счастье; 추위에 손이 튼다 руки трескаются от холода; 먼동이 트기 시작했다 заря занялась.

트랙(*англ.* track) трек; беговая дорожка; лыжный;~경기 лёгкая атлетика.

트랙터(*англ.* tracktor) трактор;~운전 수 тракторист.

트랜스(*англ.* transformer) трансфо-рматор; преобразователь.

트랩(*англ.* trap) капкан; ловушка; западная дверь; ~놓다 ставить ловушку;~에 걸리다 по- пасться в капкан.

트러블(*англ.* trouble) беспокойство; волнение; неприятность; тревога; затруднение; ~을 일으키다 причи-нять кому-л. неприятность(беспо-койство); ~메이커 нарушитель спокойствия(порядка); смутьян, ~ка.

트럭 грузовик; грузовая автомашина; автовоз;~운전사 водитель грузовика.

트럼펫(*англ.* trumpet) тромбон (труба); ~을 불다 трубить в трубу;~을 부는 사람 трубач.

트럼프(*англ.* trump) игральные карты.

- 896 -

트렁크(*англ.* trunk) чемодан; дорожный сундук; багажник; ствол; хобот;~를 풀지 않은 채로 살다 жить на чемоданах(в постоянных разъе-здах).

트레이너(*англ.* trainer) тренер; ин-структор; тренерский.

트레이닝(*англ.* training) воспитание; обучение; тренировка; тренировоч-ный; ~하다 тренировать; 현장 ~ обучение по месту работы; ~비행 тренировочный полёт; 정구선수들을 ~하다 тренировать теннисистов.

트레이드(*англ.* trade) торговля; сделка; обмен; ~하다 торговать; обменивать; 칼을 강아지와 ~하다 обменивать нож на щенка; ~마크 фабричная марка.

트레일러(*англ.* trailer) трейлер; прицеп.

트이다 быть открытым, чистым; становиться разумнее; освобожда-ться от чего-л.; 마음이 트였다 на душе стало легко; 숨이~ свободно вздохнуть; 마음이 트인사람 человек с открытой душой; чистосердечный человек.

트집 придирка; ~잡다 придираться; донимать;~쟁이 задира; 말마다~잡다 цепляться за каждое слово; ~을 걸다 придираться.

특강(特講) специальная лекция; спецкурс; ~하다 читать специаль-ную лекцию(спецкурс).

특공대(特攻隊) специальный отряд для атаки; коммандос; отряд спе-циального назначения; ~원 боец коммандоса.

특권(特權) I привилегия; льгота; исключительные(особые) права; ~을 가지다 обладать привилегиями (осо-быми правами); ~을 가진 привиле-гированный; ~층 привилегирован-ные слои(круги.).

특권(特權) II прерогатива.

특근(特勤) сверхурочная работа; ~하다 работать сверхурочно; ~수당 плата за сверхурочную работу.

특급(特級) специальный разряд, класс; ~으로 졸업하다 окончить курс на <отлично>; ~와인 вино специально-го разряда.

특기(特技) I особое мастерство; особый талант; особые способно-сти.

특기(特記) II особые заметки, по-метки; ~하다 особо отмечать; за- писывать; ~할만한 заслуживаю- щий быть особо отмеченным (упомянутым).

특등(特等) высший разряд, класс, разряд, сорт; ~실 номер <люкс>; каюта высшего класса.

특례(特例) редкий пример; особый случай; исключение. ~를 제정하다 установить исключение; ~법 спе-циальный закон.

특별(特別) ~하다 специальный; осо-бый; особенный; ~히 специально; особо; особенно; ~계좌 специальный текущий счёт; ~법 специальный закон; ~상 особая награда(премия); ~시 город центрального подчинения.

특별시(特別市) город специального назначения.

특별하다 особый, особенный, специальный; 특별한 особенный.

특사(特使) I чрезвычайный пос-ланник; ~를 보내다 посылать чрез-вычайного посланника.

특사(特赦) II ~하다 снижать меру наказания кому-л.; миловать кого-л.; 죄인을~하다 миловать престу-пника; ~권 право помилования.

특산품(特産品) товары местного произ-водства.

특색(特色) особенность, характерная черта; особое свойство; колорит; ~없는 사람 бесцветная личность; 민족적 ~ национальный колорит.

특선(特選) специально отобранное (выбранное); ~하다 специально выбирать(отбирать); ~품 специально выбранный товар.

특설(特設) ~하다 специально учреждать; ~반 специальная группа (в учебном заведении).

특성(特性) особенности, специфика, особенности; характерная черта; особенный; характерный; специфи-ческий.

특수(特殊) I ~하다 особый; особен-ный; специфический; ~강 специаль-ная сталь; спецсталь; ~성 особен-ность; специфика.

특수(特秀) II ~하다 выдающийся; прославленный; ~한 학생 выдаю-щийся ученик.

특유(特有) отличие, специфика; ~ хаda отличаться, характерный; отли-чительный; свойственный; присущий; специфический; ~성 характерность, специфика, своеобразие; 한국-의 풍경 свойственный Корее пейзаж.

특이(特異) характерность, специфи-чность; ~하다 своеобразный; спе-цифический; ~성 своеобразие, ха-рактер; ~점 особенность, отличи- тельная сторона.

특이(特異) характерность, специ- фичность; ~하다 своеобразный; специфический; ~성 своеобразие, характер; ~점 особенность, отли- чительная сторона.

특이하다(特異-) своеобразный, спе-цифический.

- 898 -

특장(特長) особое преимущество (достоинство); особая положитель-ная черта

특전(特典), 특혜(特惠) I льгота; особая милость; привилегия; ~을 베풀다 предлагать привилегию; ~을 누리다 пользоваться привилегией.

특전(特電) II сообщение специаль-ного корреспондента; ~에 따르면 по сообщению специального кор- респондента.

특정(特定)~하다 особо устанавливать (определять); ~인 доверенное лицо.

특정하다 особый, особенный, специ-фический.

특정한 동식물(動植物) особые жи- вотные и растения.

특종(特種) особый род(вид; спорт); особая порода; сенсационная ново-сть; ~으로 다른 신문을 앞지르다 опубликовать сенсационное сообщение раньше других газет.

특종기사(特種記事) особый вид, сорт.

특질(特質) особенность, характер; отличительное свойство.

특집(特輯) спец. редактирование; ~하다 проводить специальное ре-дакти-рование; ~호 специальный номер (выпуск).

특징(特徵) особенность, характерный признак; специфика; своеобразный; характерный; ~짓다 харак-теризовать[ся]; 이것은 우리 공장의 ~적인 제품들이다 эти изделия, харак-терны для нашего завода.

특출(特出) ~하다 особо выдающийся; незаурядный; необыкновенный;~한 공로 выдающиеся заслуги.

특파(特派)~하다 специально посылать (командировать); ~원 специальный корреспондент; специально посланный (командированный)

특파원(特派員) специальный кор-респондент.

특필(特筆) особая(специальная) запись; ~하다 специально отмечать (записывать); 대서~하다 писать крупным почерком(шрифтом).

특허(特許) патент, специальное разрешение; ~를 소유한 патенто-ванный; ~의 патентный; ~하다 разрешать; выдавать патент на что-л.; патентовать; ~권 патентное право; ~약 патенто-ванное средство; ~청 бюро патен-тов;~품 патентованный товар.

특허장(特許狀) патент.

특혜(特惠) особое благодеяние; осо-бая милость; преференция; префе-ренциальный; ~를 주다 отдавать преференцию; ~관세 льготная пошлина; ~세율 преференциальный тариф.

특효(特效) особое действие; особый эффект; ~약 лекарство(средство), эффективное для данной болезни; специфическое средство.

특히 особенно; особо;в особенности; преимущественно; тем более что; в частности; ~이 표현이 쓰이다 преимущественно употребляется это выражение

튼튼하게 здоров.

튼튼하다 крепкий, прочный, надёжный, здоровый; твердый; 튼튼히 здорово; крепко; твердо; 환자가 몸이 튼튼해진다 больной выздоравливает; 한국의 미래는 ~ будущее Кореи надёжно.

튼튼한 здоровый, крепкий.

튼튼합니다 здоровый.

튼튼히 надежно, прочно,твердо

틀 рама; рамка; опора; рамки; предел; форма; станок; машина; ма-шинка; ~에 박힌 традиционный; шаблонный; стереотипный; 낡은 ~에서 벗어나다 избавиться от устаревших порядков; ~을 잡다 ставить в определенные рамки; ~에 맞추다 придерживаться формы; поступать по шаблону.

틀니 зубные протезы.

틀다 крутить; закручивать; вить; собирать; включать; трепать; перечить; мешать; 수도꼭지를~ крутить кран; 라디오를 ~ включать радио; 머리채를 ~ собирать волосы в косу; 시계의 태엽을 ~ заводить часы.

틀리다 не совпадать, не соответствовать; портиться; неудаваться; проваливаться; быть ошибочным (неправильным); 편지의 주소가 틀렸다 на письме был неверный адрес; 그들의 의견은 서로 틀린다 их мнения не совпадают.

틀리면 если это не правильно.

틀린곳 неправильное место.

틀림 расхожий; несоответствие; ошибка; ~없이 несомненно; ~없다 несомненный; безошибочный; 원본과 ~없음 с подлинником верно.

틀어막다 затыкать; скрутив что-л.; закручивать; 수도꼭지를 ~ закручивать(закатывать)кран; 입을 ~ затыкать рот кому-л.; 귀를 솜으로 ~заложить(заткнуть) уши ватой.

틀어박히다 быть изолированным; быть заключённым; 방안에 ~ не выходить из комнаты; 수도원에 ~ быть заключённым в монастырь.

틀어지다 искривляться; терпеть неудачу; не удаваться; провали-ваться; портиться; кривиться; ко- ситься; 그들의 일이 틀어졌다 их дело провалилось.

틀이 잡히다 рамки образовываются (складываются).

틈 щель, трещина, зазор; отчуж- дённость; свободное время; удобный случай; шанс; ~나다 найти свободное время; ~새 узкая часть трещины; ~을 내다 найти свободное время; 그들 사이에 ~이 생겼다 между ними черная кошка пробежала; ~을 이용 하다 пользоваться шансом.

틈바구니 см. 틈.

틈새 щель; трещина; узкое место; 추위 때문에 돌에 ~가 생기다 камень трескается от холода.

틈타다 пользоваться удобным случаем(моментом); 기회를 틈타서 пользуясь случаем.

틈틈이 во все щели; по временам, в часы досуга, каждую свободную минуту.

틈틈히 время от времени.

틈입 ~하다 неожиданно входить; внезапно врываться.

티 I пылинка, незначительный дефект; частичка; соринка; признак; вид; 눈의 ~를 빼다 вынуть соринку из глаза; ~를 보다 искать изъяны; 없이 чистый; ясный; без изъяна; ~를 내다 делать вид; 학자~를 내다 изображать из себя ученого.

티(англ. tea) II чай; ~룸 кафе(ко-ндитерская); ~스푼 чайная ложка.

티격태격 ~하다 спорить; 시시한 것을가지고~하다 спорить о пустяках.

티끌 соринка и пылинка; ~모아 태산 высокая гора сложена из пылинок; из малого набирается большое; по зернышку ворох; по капельке море;~만하다 ничтожный; мельчайший; ~만큼 ни на йоту.; 티끌 모아 태산 высокая гора сложена из пылинок

티눈(-嫩) мозоль.

티슈리 Тишри (유대력의 일곱 번째 달)

티레니아 바다 Тирренское море

티타늄(англ. titanium) титан; ~산염 титанат.

티티새 дрозд.
티없이 без никаких дефектов, чисто; 티없이 살고 싶습니다 хочу жить без греха.
팁(*англ.* tip) чаевые; денежный подарок; 여종업원에게 ~을 주다 давать чаевые официантке.

ㅍ

ㅍ тринадцатая буква кор. алфавита, обозначает согласную фонему <пх>

파 I лук; ~의 대가리 головка лука; ~한 단 один пучок лука.

파(派) II 1) фракция; секта; школа; партия; 여러~로 나뉘다 разделяться на фракции; 2) сокр. от 파계 I; 파가 갈라진다 подразделяться на ветви.

파(破) III 1) трещина; разорванное место(напр. на одежде); повреждение; 2) уст. недостаток; порок(у человека); ~잡다 выявлять недостатки.

-파(波) волна; 자기~ магнитная волна; 초음~ ультразвуковая волна; 전자기파 электромагнитные волны.

파격(破格) 1) отступление от обычных правил; ~적 a) исключительный; б) неправильный; ошибочный; ~하다 отступать от правил (норм); нарушать правила; 2) нарушенные правила(нормы); ~적인 대우를 받다 получать исключительно хорошее обращение.

파견(派遣) посылка; командировка; ~하다 посылать; командировать; отправлять; 사건조사에 ~하다 командировать на расследование дела; ~군 экспедиционные войска; экспедиционная армия.

파고들다 исследовать; выяснять; расследовать; проникать; допытывать;자세하게 ~ вдаваться в подробности; 이 편지를 읽고나니 무언가 가슴 깊이 파고드는 것이 있었다 прочитал я это письмо и что-то меня сильно растревожило.

파괴(破壞) разрушение, ломка; подрыв; ~적) а) разрушительный; б) подрывной; диверсионный; ~강도 прочность на разрыв; ~분자 подрывной(вредительский) элемент; диверсант; ~한계 физ. предел прочности; ~행위 юр.

- 903 -

диверсионный акт; диверсион-ные(подрывные) действия; ~하다 разрушать, ломать, подрывать; ~력 ра-зрушительная сила; ~자 разрушитель; диверсант; ~활동 подрывная деятель-ность.

파국(破局) 1) катастрофическое по-ложение; катастрофа; срыв; крах; ~적인 катастрофический;~에 처하다 находиться в катастрофическом поло-жении; ~으로 이끌다 вести что-л. к срыву(к катастрофе); 2) арх. ~하다 закрыть(аптеку).

파급(波及) распространение; ~되다 распространяться на что-л.; 소문의 ~ распространение слухов; ~하다 распространяться(на что-л.); отражаться(на чём-л.).

파기(破棄) I ~하다 разбивать(разры-вать) и выбрасывать; отменять; денансировать; расторгать; 조약의~를 통고하다 денансировать договор.

파기(破器) II разбитая посуда.

파김치 кимчхи из лука; ~가 되다 страшно устать, измучиться.

파내다 выкапывать; 감자를~ вы-капывать картофель.

파노라마 (англ. panorama) панорама.

파다 I 1) копать, рыть; 2) проделы-вать отверстие; продырявливать; 3) вырезать, гравировать; 4) закруглять, вырезать(напр. ворот); 5) извлекать, добывать полезные ископаемые; 6) докапываться, доискиваться; ǁ 파고 들다 а) поникать; б) допытываться; 파먹다 а) извлекать(выковыривать) и есть; б) точить(напр. дерево о червях); вгрызаться; в) уничтожать запасы; съедать полностью;

파다 II а) закапывать, зарывать; б) утаивать, скрывать; ~묻다 копать; рыть; проделывать проды-рявливать; вырезать; гравировать; извлекать; добывать; докапываться; доиски-ваться; подробно расспрашивать; допытываться; 도장을 ~ вырезать печать(штамп

파다(播多) III ~하다 широко расп- ротронённый; 소문이 ~ много говорят(о чём-л.).

파도(波濤) волна; ~치다 набегать волнами; 거센~ сильные волны; ~타기 серфинг; см. 물결.

파동(波動) 1) волнение(напр. на море); 2) физ. волна; ~ 역학 волно-вая механика; 3) отзвук, отголосок; ~전 а) волнообразный; б) скачкооб-разный, неравномерный; ~설 волно-вая теория.

파동성(波動性)[-쏘녕] 1) волновые свойства; 2) неравномерность, не-стабильность.

파뜩 мгновенно; ~정신이 나다 мгно-венно прийти в себя; ~하다 мгно-венно прийти(появиться).

파라다이스(*англ.* paradise) см. 낙원.

파란(波瀾) 1) волны и зыбь; 2) затруднения, неполадки; волнения и тревоги; ~만장 перипетии.

파란콩 зеленый горох.

파랗다(파라니,파라오) 1) это синие; яркосиний, зеленый; 파라술 딱지 조개 Tonicella lineata; 2) очень мо-лодой, зелёный. 파래요 это синее.

파래지다 посинеть, позеленеть.

파렴치(破廉恥)~하다 бессовестный, наглый, циничный.

파르르 1) ~떨리다 чуть трепетать на ветру; ~끓다 медленно(слегка) ки-петь; 3) ~성을내다 ~떨다 трепетать; дрожать; ~성을 내다 внезапно вспы-лить; 눈꺼풀이 ~떨린다 веки дрожат.

파릇파릇 ~하다 прил. в зелено- ватых(синеватых) пятнах (крапи-нках); чуть зеленоватый(синеватый).

파리 муха; ~목숨 ничтожная жизнь; ~채로 -를 잡다 бить муху хлопушкой; ~채 хлопушка, мухоловка; ~경주인 *погов.* ≡ к воспалённому(больным) глазам липнут мухи; ~발 드리다 *обр.* молить, умолять.

파리하다 1) бледный; 2) худой; тонкий; 파리한 얼굴 бледное лицо.

파마[넨트](<*англ.* pernamenet wave) перманент(завивка).

파먹다 извлекать(выковыривать) и есть; точить, грызть; проедать; уничтожать запасы; съедать пол-ностью; 좀이 나사를 파먹었다 моль проела сукно.

파멸(破滅) уничтожение; гибель; разрушение; разорение; крах; ~적 гибельный; пагубный; ~하다 гибнуть; разрушаться; ~을 초래하다 разорить; погубить; вызывать разрушение.

파문(波紋) 1) рябь, зыбь; 2) отклик, отзвук; воздействие; ~던지다 (일으키다) вызвать отклик; оказать влияние; 돌을 던져서 ~이 일어나다 идут круги на воде от брошенного камня; ~을 던지다(일으키다) вызывать отклик; оказывать влияние(шум; волнение; резонанс). 파문을 일으키다 возбуждать волны.

파묻다 закапывать; зарывать; пр-ятать; утаивать; скрывать; 무를 땅에 ~зарывать редьку в землю; 그는 어머니의 가슴에 얼굴을 푹 파묻었다 он уткнулся лицом в грудь матери.

파묻히다 быть закопанным(зарытым); быть скрытым; 집은 꽃속에 파묻 혔다 домик тонет(утопает) в цветах.

파벌(派閥) группировка; фракцион-ная группа; секта; ~적 фракцион-ный; сектантский; ~주의 сектан-тство; ~싸움 фракционная борьба.

파산(破散) а) разорение; банкротство; крах; ~하다 разориться; обанкротиться; оказаться несостоятельным; потерпеть крах(банкротство); ~자 банкрот; разо-рившийся (обанкротившийся) человек; б) полностью провалиться, потерпеть крах; в) быть конфискованным(в пользу кредитораоб имуществе должника).

파상(波狀) I волнистость; ~의 волно-образный; волнистый; ~공격 перио-дические атаки; ~지대 холмистая местность; ~폭격 бомбометание волнами.

파상(破傷) II ушиб; ~하다 ушибать; ~풍 столбняк; ~풍균 столбнячная палочка.

파생(派生) происхождение; дери-вация; отпочкование; ~적 производ-ный; деривационный; ответвляющийся; побочный; ~하다 проистекать; проис-ходить из чего-л.; отпочковываться; ~물 производное; дериват; ~어 произ-водное слово;~[전] а) производный, де-ривационный; б) ответвляющийся; побочный; ~어간 лингв. производная основа; ~적 소득 эк. производные до-ходы.

파손(破損) повреждение; ~하다 повреждать; наносить повреждение; получать повреждение.

파송(派送) I ~하다 а) отправлять, посылать; б) см. 파견[하다].

파송 II отправка; отправление; 선교사 ~ отправление миссионера.

파쇄(破碎) ~설비 дробильная ус- тановка; ~하다 дробить, размель- чать; разбивать(на куски).

파쇄기(破碎機) дробильная машина; дробилка.

파쇼(англ. Fascio) фашизм; фашист; ~독재 фашисткая диктатура.

파수(把守) I страж; караул; ~를 보다(서다) стоять на страже; карау- лить; сторожить; ~꾼 стража; сто-рож; ~병 страж;

- 906 -

часовой; ~하다 караулить; страж.

파수(波收) II 1) раз; 다음~ следующий раз; 2) расчёты за купленный(проданный) товар каждый 5-ый день; 3) время от одного базарного дня до другого.

파스(*англ.* pass) 1) см. 통과; 2) см. 합격; 3) уст. бесплатный билет; 4) спорт. пас; 5) сокр. от. 파스포트.

파스텔(*англ.* pastel) пастель; мелки; пастельный; ~화 пастельная живопись.

파스텔화(*англ.*pastel+畵) пастель(живопись).

파시즘(*ит.*fascism) фашизм.

파십시오 продайте.

파악(把握) ~하다 постигать; по нимать; давать себе отчёт в чём-л.; схватывать; держать в руках; 의미를 파악하다 схватывать(понять) смысл; 사업의 진행을 파악하다 войти в курс дела.

파업(罷業) забастовка; стачка;~하다 бастовать; ~을 일으키다 объявить забастовку; устраивать стачку;~자 забастовщик,забастовщица; стачечник, стачечница; 총~ всеобщая забастовка; см. 동맹 [파업] I.

파열(破裂) I взрыв; разрыв; ~하다 вскрывать; лопаться; разрываться; 포탄이 ~했다 снаряд разорвался; ~음 взрывной звук.

파열(波裂) [-йол] II мед. разрыв; ~하다 разбиваться, раскалываться; разрываться,расползаться.

파운드(*англ.* ppound) 1) фунт; 2) (английский) фунт стерлингов.

파울(<*англ.* faul) нарушение правил игры; ~하다 нарушать правила игры; нечестно играть; ~플레이 нечестная игра; см. 반칙.

파이프(*англ.* pipe) труба; курительная трубка; мундштук; свирель; дудка; свисток; ~오르간 орган; см. 관 II

파일(*англ.* file) картотека; подшитые бумаги; подшивка; скоросшиватель;файл.

파장(罷場) закрытие базара; окон чание экзамена(работы); ~하다 закрываться; заканчивать экзамен(работу) 1) закрытие базара; ~에 엿(수수엿) 장수 обр. а) человек, упустивший возможность продать(что-л.); б) окончание экзамена; 2) время окончания работы; 3) закрываться(о базаре); ~하다 а) закрываться(о базаре); б) заканчивать экзамен(работу).

파종(播種) [по]сев; ~의 посевной; ~하다 сеять; ~후에 김을 매다 про-палывать; ~기 сеялка; ~법 способ посева; ~시기 время(период) посева; ~용 종자 посевное зерно; ~면적 посевная площадь; ~조림 посев леса в горах; ~하다 сеять.

파죽지세(破竹之勢) непреодолимая (сокрушающая) сила; ~로 неудер-жимой лавиной; неудержимо; ~로 나아가다 стремиться вперёд со всё нарастающей силой; сметать всё на своём пути.

파출(派出) ~하다 посылать; отсы-лать; ~부 подёнщица для дома- шней работы; уборщица; ~소 по-лицейский пост; агентство.

파출소(派出所) полицейский участок; 1) представительство учреждения, агентство; 2) полицей ский пост(в Корее до 1945 года).

파충류(爬蟲類)[-뉴] зоол. класс пресмыкающихся.

파탄(破綻) срыв; провал; банкротст-во; ~하다 срывать[ся]; терпеть про-вал; обанкротиться; разрывать[ся];계획이 ~되었다 план провалился.

파티(англ. party) компания, кома-нда, группа, отряд вечеринка.

파편(破片) осколок; 포탄~ осколок снаряда; ~탄 осколочный снаряд.

파행(跛行) ~하다 ковылять; хромать; идти с трудом; медленно двигаться; 일이 ~적이다 дело хромает.

파헤치다 разгребать; копаться; рас-кидывать; взрывать; разрывать; раскрывать; 닭이 두엄을 ~ курица копается в навозе; 비밀을 ~отк- рывать тайну

판(判) I место; обстановка; ситуа- ция; момент; игра; партия; тур; раунд; состязание; 이야기 ~이 벌어졌다 завязалась беседа; ~을 물리다 отло-жить состязание по борьбе; ~을 치다 выйти победителем; быть на голову выше; 막~에 в последний момент; 노름~ игровое место; 이야기 판이 벌어졌다 завязалась беседа; 판 밖의 사람 постороннее(непричастное) лицо; 판을둘다 а) прожить(промотать) всё состоя-ние(имущество); б) закончиться неудачей, не удаться(о деле);

판(板,<盤>) II доска; плита; панель; 얇은~ тонкая доска; 절연 ~ изол-яционная доска; 바람막이~ щит от ветра; 철근 콘크리트~ железобето-нная панель.

판(板,版) III клише; печатная доска; выпуск; издание; ~에

박은 듯하다 как две капли воды; 제 5판 пятое издание; 몇 년도 판이오? Какого года издание.

-판(-版,-板) суф. кор. формат бу- маги; 사륙판 формат бумаги 4×6 (1/12 листа).

판가름 ~하다 рассудить; решать; делать выбор; 누가 옳고 그른가~해 보자 давайте рассудим, кто прав и кто неправ; 2) см. 판가리.

판결(判決) определение; решение; приговор; ~하다 определять; решать; выносить приговор; ~을 유예하다 отложить вынесение приговора; 그는 무죄~을 받았다 он был судом оправдан; **판례** судебный прецедент; ~문 приговор (документ).

판국(-局) ситуация; обстановка; положение; 어떤 ~인지 살펴보아야 만 한다 надо разобраться, что за ситуация(какова обстановка).

판권(板權) авторское право; авторство; 저서의 ~을 갖다 сохранять авторское право на издание; ~소유 авторское право сохранено; 2) см. 판권장.

판단(判斷) решение, определение; суждение; ~하다 решать; определять; судить; ~할 수 없다 нельзя разоб-раться; невозможно определить; 선과 악을 ~하다 определять, что хорошо и что плохо; ~력 спо-собность(умение) рассуждать; см. 결과.

판도(版圖) территория(владения) страны; владение; область; сфера; ~가 변하다 территория страны из-меняется.

판독(判讀) ~하다 расшифровать; ра-збирать; прочесть; 고대 문기를 ~ разбирать древние записи(буквы).

판로(販路) рынок сбыта; район сбыта; 상품의 ~를 개척하다 открыть рынок сбыта товаров; ~난 трудности сбыта товаров.

판매(販賣) продажа; сбыт; реали- зация; ~하다 продавать; сбывать; реализовать; ~가 продажная цена; ~고 общая сумма денег, вырученная от продажи; ~권 право на продажу; ~량 количество проданных товаров; ~소 место продажи; ~원 продавец; ~원가 коммерческая себестоимость.

판문점(販問店) Пханмунджом г.

판사(判事) судья; 공평함은 ~의 최고 의 덕목이다 справедливость судьи высшее достоинство; 주심~ главный судья.

판소리 "Пхансори"(классическая народная песня,

исполняемая солистом под звуки барабана); корейская опера, драматическая песня.

판이하다 совсем другой(иной) пря-мо(диаметрально) противоположный.

판자(板子) доска; ~를 대다 обши- вать досками; ~쪽 дощечка; см. 널빤지.

판잣집 домишко(лачуга; хибарка) из досок; дощатые хибарки.

판정(判定) определение; решение; ~하다 определять; решать; ~승 победа по очкам; ~패 поражение по очкам.

팔 I 1) рука; ~을 걷고 나서다 взяться за что-л., засучив рукава; ~이 근질 근질하다 руки чешутся делать что-л.; ~이 들이굽지 내어굽나?(팔이 안으로 굽지 밖으로 굽으랴?) *посл.* ≈ своя рубашка ближе к телу; ~을 끼고 걷다 идти под руку с кем-л..

팔(八) **II** восемь; 제 ~의 восьмой; ~분의 일 восьмая; восьмая часть; ~각형 восьмиугольник; 팔 년 병화 *обр.* долго не определяться(об ис-ходе); 팔 년 풍진 *обр.* долгие страдания; 팔 두 자 п плата за обру- шивание риса из расчёта двух ма-ль от одного сома см. 섬 I 2) и 말 I); 팔 척 장신 *обр.* великан, ги- гант(о человеке). 팔 만여 개 около 80.000.

팔 백(800) восемьсот; ~ 금으로 집을 사고 천금으로 이웃을 산다 *посл.букв.* ≈ дом покупают за восемьсот монет, а хороший сосед стоит дороже.

팔 천(8,000) восемь тысяч.

팔꿈치 локоть; ~로 찌르다 подто-лкнуть локтём; ~는 가까워도 깨물 지는 못한다 близок локоть, да не укусишь.

팔다(파니, 파오) 1) продавать; 2) испо-льзовать(кого-л.) в своих целях; 이름을 ~ прикрываться(чьим-л. именем); 3) обращать (взор, внимание *и т. п.*); 귀를~ прислушиваться; 정신을~ стра-стно увлекаться, отдавать всю душу; 자신의 조국을 팔다 предавать свою роди ну; 4) покупать(тк. зерновые).

팔다리 рука и нога; конечности; члены; ~뼈 кости конечностей

팔리다 1) быть проданным; 2) быть использованным(в своих целях)(о ком-чём-л.); 3) быть обращённым, направ-ленным(о взоре, внимании *и т. п.*). 돈 몇푼에 ~ продать(себя) за гроши; 그는 그녀에게 넋이 팔려있다 он ею очарован;

술꾼으로 얼굴이 팔린 사람 человек, известный как пьяница.

팔자 судьба; рок; ~소관 судьбы не избежать; ~타령하다 сетовать на судьбу; ~가 사납다 несчастный; богом обиженный; ~를 고치다 выбраться из нужды; вторично выйти замуж.

팔짱 ~을 끼다 засовывать руки в рукава (под мышки); ~을 끼고 앉아 있다 сидеть сложа руки; ~을 끼고 보다 смотреть на что-л., сложив руки на груди крест-накрест; ~을 지르다, ~을 꽂다(끼다) a) засовывать руки в рукава(под мышки); б) ~을 끼고 보다 смотреть(на что-л.), сложив руки на груди крест-накрест.

팔팔 1) ~끓다 a) сильно кипеть, бурлить(о жидкости); б) быть горячим (жарким); 2) ~뛰다 ~하다 горячий; порывистый; несдержанный; живой; бойкий; 그 사람처럼 ~한 사람은 처음 본다 первый раз вижу такого несдержанного человека, как он.

팔프(англ. pulp) целлюлоза.

팜플렛(англ. pamphlet) памфлет; брошюра; ~저자 памфлетист

팝송(англ. popsong) популярная песня; ~콘서트를 열다 устраивать концерт популярной музыки

팡 1) громко, с шумом; ~ 터지다 разорваться (лопнуть); 2) насквозь; 팡뚫리다 насквозь продырявиться.

팥 I фасоль угловатая; адзуки (красные бобы); ~으로 메주를 쑨대도 곧이듣는 사람 лёгковерный человек; ~고물 толчёная фасоль угловатая; ~죽 жидкая рисовая каша с фасолью угловатой.

팥 II чечевица(등나무 콩).

팥죽(-粥) жидкая рисовая каша с фасолью угловатой. **팍** без сил.

패(牌) I группа; партия; компания; дощечка с надписью;жетон;ярлык; торговая марка; карта; ~를 짓다 (짜다) образовывать группу; ~를 잡다 держать банк; быть банкомётом.

패(牌) II 1) дощечка с надписью, визитная карточка; дощечка на двери; бляхе; жетон; ярлык; тор- говая марка; 2) прозвище, перен. ярлык; 패를 잡다 метать банк; быть банкомётом.

패(敗) III поражение; провал; ~하다 терпеть поражение(неудачу); прова-литься; 패를 당하다(입다, 보다)

[по] терпеть поражение(неудачу); прова-литься.

패(覇) IV 1) выгодная позиция (при игре в кор. шашки); 패를 쓰다 а) занимать выгодную позицию; б) выкрутиться из тяжёлого положения; 2) возможность взять шашку.

패거리(牌-) компания; шайка; 강도 ~ шайка разбойников.

패권(覇權)[-꿘] главенство; го- сподство; первенство; гегемония; ~을 다투다 бороться за господство (гегемонию); ~을 장악하다 главен-ствовать(господствовать) над кем-чем-л. держать в своих руках власть над чем-л.; ~주의 гегемонизм. **패권자** владыка.

패기(牌記) честолюбивые стремле-ния; задор; ~만만하다 честолюбивый; полный честолюбивых стремлений; ~ 있는 사람 честолюбивый человек; честолюбец; 청춘의~ молодой задор.

패다 I 1) колоситься; 2) грубеть(о голосе в переходном возрасте).

패다 II 1) рубить; колоть; сильно бить; избивать; колоситься; 2) быть выкопанным; быть выдолбленным; 장작을~ рубить дрова; 정신을 잃도록~ из-бивать до потери сознания; 보리 이삭이 ~ рожь колосится; 3) диал. см. 새우다 I.

패드(*англ.* pad) мягкая прокладка; набивка; подушечка; 위생~ гигие-ническая прокладка.

패륜(悖倫) безнравственность; амор-альность; безнравственный; аморальный; ~하다 нарушать моральные нормы; ~행위 аморальный поступок; ~아 безнравственный человек.

패망(敗亡) поражение; гибель; крах; фиаско; ~하다 потерпеть поражение; ~사 история поражений (разгрома).

패배(敗北) поражение; ~하다 по- терпеть поражение; ~자 побеждё-нный; потерпевший поражение; ~주의 пораженчество; ~주의자 по-раженец; ~를 당하다 потерпеть поражение.

패션(*англ.* fashion) стиль; мода; 최신 의 ~을 따르다 следовать последней моде; ~모델 манекенщик, манекен-щица; ~쇼 выставка(демонстрация) мод.

패스(*англ.* pass) проход; путь; сдача экзамена без отличия; бесплатный билет; пропуск; паспорт; пас; передача; ~하다 проходить; сдать; передавать; 시험에 ~하다 сдать экзамен; 공을 ~하다 передавать мяч.

패역한 негодный.

패자(敗者) потерпевший пораже- ние; ~전 игра(состязания) между проигравшими(за право участия в следующем туре) выигрывающий; победитель; чемпион; победный; ~는 비난당하지 않는다 победителей не судят.

패키지(англ. package) тюк; кипа; посылка; пакет; пачка; упаковка; ~여행 комплексная туристическая поездка(экскурсия)

패턴(англ. pattern) образец; пример; модель; шаблон; рисунок; узор; система; стиль; характер; 인생의 ~ образ жизни; 무역 ~ структура(ха-рактер) торговли.

패표(佩瓢) уст.: ~착풍 обр. напрас-ные страдания; ~하다 а) носить на поясе черпак из половинки тыквы-горлянки; б) обр. попира- ться, просить милостыню.

패하다(敗-) 1) [по]терпеть пора- жение; 2) разоряться; 3) станови- ться изнеможенным; слабеть.

팩 I ~쓰러지다 бессильно падать (валиться); ~돌아서다 резко пове- рнуться; ~끊어지다 легко оборваться.

팩(англ. pack) II пакет; пачка; свя-зка; кипа; вьюк; обёртывание в мокрые простыни.

팩시밀리(англ. facsimile) факсимиле; ~로 보내다 воспроизводить в виде факсимиле; ~전송기 фототелеграф.

팬(англ. fan) I веер; опахало; ве-нтилятор; энтузиаст; болельщик; любитель; ~클럽 клуб болельщиков; 축구 ~футбольный болельщик, болельщица; 영화 ~ любитель, ница кино.

팬 II кастрюля; миска; таз.

팬츠(англ. pants) кальсоны; брюки; штаны.

팬티(англ. panty) трусики; ~겨늘 панталоны.

팽(彭) ~돌다 очень быстро повер-нуться; 눈물이~돌다 неожиданно наполниться слезами; 눈앞이 ~ 돌았다 всё поплыло перед глазами.

팽만(膨滿) 1) бот. тургор, тургес- ценция; 2) ~하다 туго набитый, вздутый(о животе).

팽창(膨脹) расширение; экспансия; дилатация; опухание; ~하다 рас- ширяться; распухать; распростран-яться; выходить за пределы; 경제 ~ экономическая экспансия; ~계 дила-тометр; ~주의 экспансионизм; ~ 주의자 экспансионист; ~정책 экспансионисткая политика.

팽팽하다 I тугой; ограниченный; узкий; равносильный;

퍼드리다 широко распространять (популяризировать; пропаганди- ровать); 소문을 ~распространять слухи(болезнь).

퍼뜩 мгновенно; очень быстро; ~생각이 떠올랐다 мгновенно промелькнула мысль.

퍼렇다(퍼러니,퍼러오) тёмно-зелёный; тёмно-синий.

퍼레이드(англ. parade) парад;~하다 проходить строем; маршировать.

퍼붓다 сильно идти; валить; засыпать чем-л.; 질문을 ~засыпать вопросами; 찬물을 ~ обдать холо-дной водой; 욕설을 ~ обрушива-ться с бранью; осыпать ругатель-ствами; 함박눈이 ~ снег валит хлопьями.

퍼센트(англ. percent) процент; 선거 인 총수의 80 ~가 투표했다 в вы- борах приняло участие 80 процен-тов общего числа избирателей.

퍼즐 вопрос; загадка; головоломка; ~을 풀다 разгадать загадку; разобраться в загадке; 크로스워드 ~ кроссворд.

퍼지다 раздаваться вширь; расши-ряться; расплодиться; широко рас-пространяться; широко простира- ться; набухать; разбухать; увели- чиваться; 기쁜 소식이 온 나라에 퍼졌다 радостная весть широко расп-ространялась по всей стране; 어깨가 ~ раздаваться в плечах.

퍽 I очень, значительно; ~덥다 очень жарко; ~기다리다 долго ждать.

퍽 II сильно кольнуть(ткнуть); падать без сил; 총검으로 ~찌르다 сильно кольнуть штыком; 피로해서 ~고꾸라 지다 свалиться без сил от усталости.

펀치(англ. punch) 1) компостер; 2) удар кулаком; пунш; ~를 먹이다 бить кулаком; ~로 구멍을 뚫다 про-делывать(пробивать)отверстия; компо-стировать; 펀칭볼 подвисная груша для тренировки боксёра.

펄 заболоченное место; топь; поля и луга; равнина.

펄떡 резко; внезапно; 심장이 ~ 려 다 сердце бьётся; 물고기가 ~걸 렸다 рыба билась.

펄럭~거리다 развеваться; полоска-ться; трепетать; 깃발이 공중에~ 걸런다 знамёна развеваются в воздухе; 돛이~걸린다 полощутся паруса.

펄쩍 сильно; резко; ~뛰다 вскочить; сильно подскакивать; 기뻐서 ~뛰다 прыгать от радости; вскочить.

펄프(англ. pulp) бумажная масса; древесная масса; пульпа; ~를 만들다 превращать в мягкую массу (пульпу); ~재 балансовая древесина.

펌프(англ. pump) насос; помпа; ~질을 하다 работать насосом; качать; выкачивать; ~질을 하여 타이어에 공기를 넣다 накачивать(надуть) шину.

펑 громко; с шумом; насквозь; ~터지다 с шумом разорваться(лопнуть); ~뚫리다 насквозь продыря-виться.

펑퍼짐하다 довольно широкий; полный; кругленький; 펑퍼짐한 엉덩이 полные ягодицы.

펑펑 громко; с шумом; хлестать; бить струёй; 함박눈이 ~쏟아진다 снег идёт(падает; валит) крупными(большими) хлопьями; ~거리다 разрываться с шумом; усил. стил. вариант 팡팡 I.

페널티(англ. penalty) наказание; штраф; ~골 гол, забитый в результате штрафного удара;~에어리어 штрафная площадка; зона штраф- ных ударов; ~킥 штрафной удар.

페니실린(англ.penicillin) пенициллин; пенициллиновый; ~연고 пеницил-линовая мазь.

페달(англ. pedal) педаль; ножной рычаг; педальный; ~을 밟다 на-жимать на педали; работать пе- далями.

페스트(англ. pest) мор; чума; 가축에 ~가생겼다 мор пошёл на рогатый скот; 폐~ лёгочная чума.

페이스(англ. pace) шаг; длина шага; скорость; темп; ~를 지키다 идти наравне с кем-л.; не отставать от кого-л.; ~를 내다 увеличить (садиться) темп.

페이지(англ. page) страница; эпизод; яркое событие; страничный; ~를 매기다 нумеровать страницы.

페이퍼(англ. paper) бумага; доку-мент; меморандум; научный док-лад; статья; банкноты; кредитные бумаги; бумажный; 샌드~ шкурка (наж-дачная бумага).

페인트(англ. paint) краска; окраска; 회색으로 ~칠하다 выкрасить серой краской; ~가 벗겨지다 осыпалась краска; ~장이 маляр; 기름 ~ мас-ляные краски; 인쇄용~ печатная краска.

페지 страница.

페지하다 упразднять.

펜(англ. pen) перо; ручка с пером; литературный труд; ~으로 살다 жить литературным трудом; ~촉에 잉크를 찍다

обмакнуть перо; ~네임 литератур- ный псевдоним; ~대 ручка для пера; ~화 графика.

펜스(*англ.* fence) забор; ограда; изгородь; ~를 치다 окружить забо-ром; 돌담 каменный забор; 철조망 ~ проволочная изгородь.

펴내다 издавать; опубликовать; выпустить в свет; 신문을 ~ изда-вать газету.

펴놓다 расстелить; развёртывать; 마루에 양탄자를 ~разостлать по полу ковёр; 꾸러미를 ~ развёртывать пакет

펴다 расстилать; пов-семестно осуществлять; увеличивать; расширять; раскрывать; открывать; разглаживать; распрямлять; выпря-млять; 이부자리를 ~ расстелить постель; 주먹을~ разжать(раскрыть) кулак; 이마의 주름살을~ разгладить морщину на лбу; 마음을 ~ почу-вствовать себя свободно; 허리를 ~ расправлять(распря-млять) спину(ноги); 구김살을 다리미로~ загладить складки утюгом; 마음을~ почувствовать себя свободно.

펼치다 развернуть.

펴며 распрямляясь.

펴세요(허리를**)** распрямляйтесь

펴지다 развёртываться; широко распространяться; увеличиваться; открываться; разглаживаться; вы-прямляться; 그는 살이 찌더니 이 마의 주름이 퍼졌다 он потолстел и у него морщины на лбу разглади-лись.

편(<餅) I вежл. см. 떡 I; 편보다 떡이 낫다 *посл.* ≃ из одной печи,да не одни калачи.

편(便) II 1) удобный случай, оказия; 자동차 오는 편에 짐을 보내시오 пришлите багаж с попутной машиной; 김씨 친구 편에 보내세요 пришлите с товарищем Кимом; 2) сторона; группа; сторона; направ- ление; ~을 들다 вставать на чью-л. сторону; 맞은~ противоположная сторона.

편(編,篇) III 1. 1) законченное ли-тературное произведение; 2) часть; раздел; 3) отдельный том; 여러 ~의 예술 영화 несколько художественных кинофильмов; 전집의 제 2~ второй том полного собрания сочинений; 2. 두 편의 시 два стихотворения.

편(片) IV 1) небольшой кусок; 2) (отдельный) корень женьшеня; 편을 짓다(만들다) а) связывать в связ-ку корни женьшеня; б) отбирать корни женьшеня для связывания в связки по 600 г.

편견(偏見) предубеждение; пред- взятое мнение; пристрастие; ~이 있는 преду-беждённый; ~없이 без предубеждений (предрассудков); беспристрастно; ~을 가지고 대하다 относиться с предубеждением к кому-л..

편달(鞭撻) ~하다 торопить; подгон-ять; подхлёстывать; подстёгивать; бить кнутом (бичом; плёткой); 뒤떨어진자를 ~하다 подгонять (подх-лёстывать) отстающих.

편도(扁桃) миндаль.

편리(便利) [пхйол-] удобство; ко-мфорт; ~하다 удобный; комфор- табельный; ...의 ~를 위하여 для удобства кого-л..

편법(便法) [-ппоп] удобный(досту-пный) метод(способ); ~을 쓰다 вводить(применять) удобный метод.

편싸움 борьба между двумя гру- ппами; состязание в силе и лов- кости, проводившееся между жи- телями двух селений; ~하다 бо- роться между собой; состязаться в силе и ловкости

편성(編成) I 1) образование, фор- мирование, комплектование; сос- тавление, монтаж(фильма); 차량 ~ ж.-д. формирование состава; 2) те-хническое редактирование; ~하다 а) образовывать, формировать; сос-тавлять, комплектовать; монти- ровать; б) проводить техническое редактирование.

편성(偏性) II образование; форми- рование; комплектование; составле-ние; монтаж; ~하다 образовывать, формировать; составлять, комплек-товать, монтировать; проводить техническое редактирование; 차량~ формирование состава; 사단을~하다 формировать дивизию; ~원 техни-ческий редактор; монтажёр.

편안(便安) спокойствие; благопо-лучие; ~하다 спокойный; благо-получный; ~히 спокойно; благо- получно; ~히 주무십시오 спокой- ной ночи; 만사가~하다 всё обстоит благополучно

편애(偏愛) пристрастие; особая любовь; ~하다 питать особую лю-бовь; пристраститься к кому-чему-л..

편을 들다 заступиться.

편의(便宜) удобство;средства обс-луживания; сервис; ~를 보장하다 создавать(обеспечивать) все удоб-ства; ~상 для удобства; ~시설 удобства; предприятие бытового обслуживания; ~주의 оппортунизм; ~주의자 оппортунист; ~금고 лом-бард; ~종사 предоставление коро-левскому посланцу широких по-лномочий; ~하다 благопритный, удобный.

편익(便益) удобство; выгода; польза; 농민들의 생활상 ~을 도모하다 создавать удобство(выгоду) для жизни крестьян.

편입(編入) включение; зачисление; ~하다 быть зачисленным(приня- тым); зачисляться(во что-л.) куда-л.; 대학에 ~하다 зачисляться в универ-ситет; ~생 принятый(зачисленный) учащийся; ~시험 экзамен для зачисления.

편저(片楮) составление и выпуск книги;~하다 составлять и писать; ~자 составитель, составительница и автор; см. 편지.

편제(編提) штат(состав сотрудников); штатное расписание; ~하다 комп-лектовать штаты.

편지(片紙) письмо; ~하다 писать и отправлять письмо; 돌아가는 길에 이~지를 부치시오 на обратном пути опустите это письмо; ~지 почтовая бумага; ~에 무안 обр. обязательное дело. 편지 드리겠습니다 напишу письмо.

편집(偏輯) редактирование; ~하다 редактировать, готовить к печати; ~국 редакция; ~원 сотрудник редакции; ~실 редакционный отдел; ~자 редактор;~장 главный редактор.

편집(偏執) редактирование; ~하다 редактировать, готовить к печати.

편찬(編纂) издание; ~하다 составл-ять и редактировать.

편파(偏跛) ~하다 несправедливый; предвзятый; однобокий; односто-ронний; ~적인 판단 однобокое су-ждение; ~성 несправедливость; предвзятость; однобокость; односторонность.

편하다 спокойный; благополучный; лёгкий; удобный; 마음이 편해졌다 на душе стало спокойно; 편치아니 하다 вежл. чувствовать боль.

편히 удобно.

펼치다 раскрывать[ся]; развёрты- вать[ся]; расстилать[ся]; 주먹을 ~ разжимать кулак; 깃발을 ~ развё-ртывать знамя; 날개를 ~ расправ-лять крылья; 눈앞에 광활한 벌판이 펼쳐졌다 перед глазами расстила- ются необозримые поля; 손을 ~ разжимать кулак; 날개를 ~ расп- равлять крылья.

폈나요 распрямились.

폈습니다 открыл.

평(評) I оценка; отзыв; критика; рецензия;~하다 оценивать; давать отзыв; рецензировать; ~이 좋은 популярный.

평(坪) II а) пхён(мера земельной площади; 3.3 м²); б) мера объёма ≈ 5,9 м²;в) мера площади для измерения площади ткани, стекла *и т. п.* ≈ 918 см²; г) мера площади для измерения поверхности, напр. покрытой резьбой ≈ 9,2 см².

평-(平-) III простой; обычный; ~사원 рядовой служащий; ~지대 ровная местность.

평가(評價) I оценка; ~하다 оцени-вать; 그는 좋은 ~를 받고 있다 он пользуется хорошей репутацией; 외모로 사람을 ~해서는 안된다 не следует судить о человеке по его внешности;~인하 эк. девальвация.

평가(平價) II нормальная(умерен- ная) цена; стабильная цена; ~절상 ревальвация; ~절하 девальвация.; ~를 받다 получить оценку.; ~하다 оценить.

평균(平均) среднее; в среднем; средний; ~하다 брать в среднем; ~이상 выше(ниже) среднего; ~대 бревно; гимнастический снаряд; ~률 средняя пропорция; ~점 средняя отметка; ~치 средняя величина (среднее); ~적 средний; ~ 이윤률 эк. средняя норма прибыли;

평년(平年) средний по урожайности год; обычный (невисокосный) год; ~작 средний урожай.

평당(坪當) на один пхён; с одного пхёна; ~백만원이다 стоит миллион вон на один пхён.

평등(平等) равенство; ~하다 рав- ноправный; равный; ~권 равноп-равие; ~선거 равные выборы; ~주의 принцип равенства; ~적 равно-правный, равный; ~분포 мат. ра-вномерное распределение

평등권(平等權), 동등권(同等權) равноправие; 남녀~ равноправие му-жчин и женщин.

평론(評論) критика; критический отзыв(обзор); рецензия; ~하다 кри-тиковать; делать обзор; рецензи- ровать; 문학 ~계에서 в области литературной критики; ~가 критик; рецензент; обозреватель; ~집 сбор-ник критических статей.

평면(平面) ровная поверхность; площадь, плоскость; ~적 плоский; поверхностный; ~각 плоский угол; ~경 плоское зеркало; ~도 планометрическая карта; ~고치 плоский кокон тутового шелкопряда; ~교차 геодез. развязка маршрутов в одном уровне; ~연마반 плоскошли-фовальный станок;

평민(平民) человек из народа; простой человек; средний слой; простолюдины; простонародье;~적 свойственный простому народу;

평방(平方) I квадрат; ~근 квадра-тный корень; ~미터 квадратный метр; см. 이승 II; см. 미터.

평방(平枋) II горизонтальная балка.

평범(平凡) ~하다 заурядный; бана-льный; посредственный; простой; ~히 заурядно; незаметно; посредственно; ~하게 일생을 보내다 жить и умереть назаметно; заурядно прожить свою жизнь.

평상(平常)~시 мирное время; обы-чное вреям; ~복 повседневное платье; обычное платье.

평생(平生) вся жизнь; ~동안 всю жизнь; на всю жизнь; в течении всей жизни; ~잊을 수 없다 не за-быть на всю жизнь; ~소원 мечта (желание) всей жизни; 일생 ~동락 делить радость.

평소(平素) обычное время; ~와 같이 как обчно; ~의 소망 давно взле-леянное(давнишнее) желание.

평안(平安) ~하다 спокойный; бла-гополучный; нормальный; ~히 спо-койно; благополучно; нормально.

평야(平野) равнина; равнинный; ~지대 равнина; равнинная местность

평양(平壤) Пхеньян г.; ~의 황고집 이라 уст. обр. косный человек; 평양에 가십니까? Вы едете в Пхеньян?

평온(平穩) спокойствие; ~하다 спо-койный; мирный; тихий; ~히 спокойно; мирно; тихо.

평원(平原) равнина.

평의(評議) обсуждение; консульта-ция; ~하다 обсуждать; советоваться; консультироваться; ~원 член комис-сии (совета); ~회 комиссия; совет.

평일(平日) будни; будний; 오늘은 ~이다 сегодня у нас будний день; 1) см. 평상시; 2) см. 지난날.

평점(平點) [-쩜] 1) балл; оценка; отметка; 2) точки в тексте для выделения важного места; ~을 매기다 поставить отметку(оценку); ~만점을 받다 получить пятёрку.

평정(平定) I ~하다 умиротворять; усмирять; покорять; 폭동을 ~하다 усмирять мятеж.

평정(平靜) II ~하다 спокойствие; ~한 тихий; спокойный; ~을 유지 하다 сохранять спокойствие.

평준(平準) ~하다 выравнивать; делать ровным; 도로를~하다 вы- равнивать дорогу; ~화 уравнивание;

уравнение.

평지(平地) ровное место; ровная местность; равнина; ~풍파를 일으 키다 вызывать неожиданную ссору; ~대 равнина; равнинный район; ~돌출 а) взыматься над равниной(о горе); б) обр. появление выдающейся личности в обычной семье; ~낙상 а) удариться, споткнувшись на ровном месте; б) обр. неожиданное счастье;

평판(評判) репутация; популярность; суждение; отзывы; разговоры; слухи; ~이 좋은 имеющий хорошую репутацию, известный; ~이 나쁜 пользующийся дурной славой;~을 나쁘게 하다 испортить репутацию.

평평(平平) ~하다 плоский; ровный; гладкий; ~한 지붕 плоская крыша; ~범범 очень простой, совсем заурядный; посредственный; ~범범 하게살다 влачить жалкое существование; ~하다 а) плоский, ровный, гладкий; б) см. 평범하다.

평평한(平平-) плоский.

평행(平行) параллель; параллельный; ~봉 параллельные брусья; ~사변형 параллелограм; ~선 параллельные линии; ~이동 параллельный перенос; ~육면체 параллелепипед.

평형(平衡) равновесие; ~감각 биол. ощущение равновесия; ~상수 хим. константа равновесия; ~장애 мед. нарушение равновесия;~하다 прил. сбалансированный, находящийся в равновесии; ~을잃다 выходить из равновесия; терять равновесие; ~대 бревно; гимнастический снаряд.

평화(平和) мир; спокойствие;~롭다 мирный; тихий; спокойный; ~조약 мирный договор; пакт мира; ~주의 пацифизм; ~주의자 пацифист; ~통일 мирное объединение; ~산업 мирные отрасли промышленности; ~조정 мирное урегулирование; ~옹호자 сторонники мира; ~옹호운동 движение в защиту мира; ~애호 миролюбивый; ~적,~하다 мирный, тихий, спокойный.

페로시안화(англ.ferrocyan+化) ~칼리움 железистосинеродистый калий.

폐(弊) I беспокойство; ~를 끼치다 доставлять(наделать) кому-л. хлопот; беспокоить; ~를 끼쳐서 미안합니다 простите (извините за беспокойство);

폐(肺),**폐장**(肺腸) II лёгкие; ~결핵 туберкулёз лёгких; ~렴 воспаление лёгких; ~암 рак лёгких.

폐간(肺肝) прекращение издания (газеты; журнала); ~하다

прекра-щать издание.

폐강(閉講) ~하다 закрывать курсы; прекращать лекции.

폐기(廢棄) ~하다 изъять из упот-ребления; списать(за негодностью); отменять; аннулировать; расторгать; денонсировать; ~물 негодные вещи; хлам; утиль.

폐농(廢農) 1) ~하다 прекращать(за-ниматься земледелием); 2) ~이 되다 быть вынужденным бросить занятие земледелием.

페니실린(*англ.* penicillin) *фарм.* пе-нициллин.

폐단(弊端) порок; зло; злоупотреб-ление; ~을 시정하다 исправлять злоупотребления(зло; порок).

폐륜(廢倫) *уст.* ~하다 а) не хотеть (не иметь возможности) вступить в брак; б) уклоняться от исполнения супружеских обязанностей.

폐쇄(閉鎖) закрытие; запирание; закупорка; ~하다 закрывать; запи-рать; ~된 생활을 하다 жить замкнуто; ~경제 закрытая экономика; ~기 затвор; ~음 смычный согласный; ~공형 *тех.* закрытый калибр.

폐습(弊習) 1) дурная привычка; ~을 고치다 исправлять дурную при-вычку; 2) см. 폐풍.

폐암(肺癌) рак лёгких.

폐업(閉業) I ~하다 закрывать(лик-видировать) предприятие (магазин); прекращать практику(о враче, адвокате).

폐업(廢業) II ~하다 уходить со сцены(об актёре); уходить со службы.

폐지(廢止),철폐(撤廢) отмена; упраз-днение; ~하다 прекращать; упразднять; отменять; 법률을~하다 упр-азднять закон; 사유재산의~ отмена частной собственности; ~령 приказ (указ) об упразднении(отмене).

폐질(廢疾) неизлечимая болезнь (приводящая к инвалидности).

폐출(廢黜) *уст.* ~하다 освобождать от должности; снимать(с работы).

폐품(廢品) утиль; утильный; ~을 모으다 собирать утиль.

폐하다(廢-) 1) прекращать; упраз-днять; аннулировать; 2) свергать; изгонять; 3) бросать напр. работу.

폐해(弊害) вредные последствия; ущерб; вред; ~를 끼치다 причинить (нанести) кому-л. ущерб; ущерблять.

폐허(廢墟) руины; развалины; ~로 만들다 развалить; 도시는 ~로 변했다 город превратился в развалины.

폐호흡(肺呼吸) лёгочное дыхание.

폐회(閉會) ~하다 закрывать собра-ние; ~사 заключительное слово; ~식 церемония закрытия собрания (съезда).

포(砲) I артиллерийское орудие; артиллерия; ~격 артиллерийская стрельба; ~수 охотник; ~신 ство-л орудия.

포(包) II (фигура в кор. шахматах).

포(脯) III примерно; приблизительно; 달~ приблизительно месяц; около месяца.

포(包) IV связка из нескольких корней женьшеня; 열~의 인삼 связка из 10 корней женьшеня; см. 초가지.

-포 суф. имён, обознач. время примерно, приблизительно; 해포 примерно год; 달포 приблизитель-но месяц; около месяца.

포개다 класть друг на друга; ск-ладывать(напр. дрова); 장작을 창고 에 포개어 쌓다 складывать дрова в сарай.

포고(布告) официальное объявление; оповещение; обнаро-дование; ~하다 официально объявлять, оповещать; обнаро-давать; ~령 объявляемый указ(приказ); ~문 декларация; мани-фест.

포괄(包括) ~적 всеобъемлющий, охватывающий всё;~하다 содержать, охватывать, включать(в себя).

포근하다 мягкий; нежный; тёплый; 포근히 мягко; нежно; тепло; 포근한 겨울 тёплая зима

포기(抛棄) I ~불고 отказ; заброшенность; ~하다 бросать; оставлять; отказываться от чего-л.; 그는 만사를 ~하고 이 일에 착수했다 он занялся этим делом, отбросив всё остальное.

포기(단위) II отдельное растение; корень; куст; 풀 한 ~를 소중히 여기다 беречь каждую травинку.

포기나누기 черенкование.

포기하다 отказываться, оставлять, бросать на полпути.

포대(布袋) мешок из холста(хлоп-чатобумажной ткани); 쌀 세~ три холщовых мешка риса

포대기 детское одеяло.

포도(葡萄) виноград; виноградный; ~나무 виноград; ~당 виноградный сахар; глюкоза; ~밭 виноградник; ~주 виноградное вино; ~재배 виноградарство; ~구균 мед. ботриококк; ~농부 виноградарь; ~원 виноградник.

포도주(葡萄酒) вино.

포로(捕虜) пленение; пленник; ~로 잡다 брать в плен; пленить; ~가 되다 попасть в плен; быть очарованным(пленённым); 정욕의 ~가 되다 быть в плену страстей своих; ~병 военнопленный.

포르말린(*англ.* formalin) формалин; формалинный; формалиновый;~소독 формалинная дезинфекция.

포말(泡沫) пена; пузырь; 작은~처럼 부서지다 лопнуть, как мыльный пузырь; ~회사 дутая фирма; 물거품: ~부유 선광 пенная флотация.

포목(布木) холст и хлопчатобумажная ткань; ~상 торговля (торговец) холстом и хлопчатобумажными тканями.

포부(抱負) желание; намерение; планы на будущее; ~를 이야기하다 говорить о своих намерениях; делиться своими планами.

포상(褒賞) награда; наградной;~하다 награждать когочем-л.; преми-ровать; хвалить; 전공에 대하여 높은 훈장 으로 ~하다 награждать за военные заслуги высоким орденом.

포섭(包攝) ~하다 вовлекать; привлекать на свою сторону; ~력 спо-собность(умение) вовлечь(привлечь).

포스터(*англ.* poster) плакат; афиша; ~의 плакатный; ~를 게시하다 вывесить плакат; 벽에 ~를 붙이다 оклеить стены плакатами.

포스트카라(*англ.*poster colour) гуашь

포악(暴惡) ~하다 жестокий; безжалостный; злой; ~무도하다 крайне жестокий; ~성 жестокость; ~무도 крайняя жестокость; ~스럽다 прил. казаться злым(жестоким); ~하다 безжалостный, жестокий.

포옹(抱擁) объятие; ~하다 обнимать; прижимать к груди(к серд-цу); держать кого-л. в объятиях; 그들은 서로 열렬히 ~했다 они крепко обнялись.

포용(包容) ~하다 терпимо(снисходительно) относиться к кому-л.; ~력 снисходительность; терпи-мость.

포위(包圍) окружение; ~하다 окружать; 사방에서 ~당한 군대 войска, окружённые со всех сторон; ~망 кольцо окружения;~작전 операция по окружению; ~공격 наступление с целью окружения; ~사격 огне-вое окаймление; ~섬멸 окружение и уничтожение.

포인트(*англ.* point) пункт; место; пункт; точка; главное; дело; суть; смысл; момент; счёт; ~는 이것에 있다 в этомто и дело;

출발~пункт отправления; 1) см. 전철기; 2) см. 소수점; 3) см. 득점; 4) полигр. пункт (единица измерения=0,35146 мм); ~활자 шрифт определённого кегля.

포자(胞子) биол. спора; ~번식 раз-множение спорами; ~생식 спорого-ния.

포장(包裝) I упаковка; ~하다 упа- ковывать; ~하는 사람 упаковщик, упаковщица; ~지 упаковочная бу-мага.

포장(鋪裝) II ~공사 мощение; пок-рытие; ~하다 мостить; покрывать; 콘크리트 ~ бетонированное покры-тие; бетонированная дорожка; ~길 мостовая; ~도로 асфальтированная (мощённая) дорога; шоссе.

포장되다 упаковываться.

포장지(包裝紙) упаковочная(обёр- точная бумага).

포즈(англ. pose) поза; ~를 취하다 позировать; принимать позу.

포지션(англ. position) место; пози-ция; положение; отношение; точка зрения; позиция; 강경한 ~을 취하다 занять твёрдую позицию.

포착(捕捉) ~하다 хватать; задер- живать; захватывать; схватывать; улавливать; 좋은 기회를 ~하다 ло-вить удобный случай.

포크(англ. fork) вилка.

포탈(逋脫) уст. ~하다 a) скрывать- ся бегством; б) уклоняться от уплаты налога.

포함(包含) ~하다 содержать[ся]; включать[ся]; ...을 ~하여 включая кого-чего-л.; в том числе; 나도 그 속에 ~되어 있다 в том числе и я; ~량 содержание; количество чего-л. в чём-л.; содержимое.

포함하다 заключить.

폭군(暴君) тиран; деспот; ~같은 тиранический; ~같이 다루다 тира-нить кого-л.; тиранствовать над кем-л..

폭넓다 просторный, широкий.

폭넓은 просторный, широкий.

폭동(暴動) 봉기(蜂起) бунт; восстание; ~을 일으키다 поднимать бунт (восстание); ~자 бунтовщик, бун-товщица, восставший; ~하다 под-нимать бунт(восстание).

폭등(暴騰) ~하다 подскакивать; ~ 하는 물가 быстро "растущие" цены.

폭락(暴落) [폰낙] ~하다 резко падать (о цене); б) падать(об ав- торитере, престиже); 석유 가격의 ~резкое

- 925 -

падение цен на нефть.

폭력(暴力),**강요**(强要) насилие; насиль-ственные действия; ~적 насильст-венный; ~을 행사하다 применять силу(насилие); действовать насильст-венными методами; ~단 террористы; ~배 хулиганы; ~투쟁 насильственная борьба; ~수단 средства насилия; [~적] 혁명 революция, совершаемая насиль-ственным путём.

폭로(暴露) [пхонъно] 1) выявление; раскрытие; обличение; разоблаче-ние; ~하다 открывать; выявлять; раскрывать; разоблачать; 허위를 ~하다 разоблачать обман; ~문학 об-личительная литература.

폭리(暴利) ~를 얻다 загребать ог-ромную прибыль; безосновательно наживаться на спекуляции.

폭발(暴發) I взрыв; разрыв; дето-нация; вспышка; ~적인 разрывной; огромный; потрясающий; ~적인 인기 потря-сающая популярность; ~하다 взрываться; детонировать; ~시키다 взрывать; произвести взрыв; 휘발유가 든 병이 ~했다 взорвало бутыль бензина; 혁명이 ~하였다 вспыхнула революция; ~성 взрываемость; ~음 звук взрыва;

폭발(爆發) II взрыв, разрыв; вспы-шка; ~반응 хим. взрывная реакция; ~작용 взрывное действие; ~하다 взрываться, разрываться(о бомбе, снаряде и т. п.).

폭설(暴雪) сильные снегопады;~하다 갑자기 ~이 내렸다 пошёл внеза-пно сильный снег.

폭소(爆笑) взрыв смеха(хохота); ~하다 громко засмеяться; расхохота-ться; разразиться смехом(хохотом); ~가 일어났다 раздался взрыв смеха (хохота).

폭약(爆藥) взрывчатое вещество; заряд; 대포에 ~을 장전하다 забить заряд в пушку; см. 폭발약.

폭언(暴言) резкое слово(выраже- ние); грубая речь; брань; ~하다 говорит очень грубо (жестоко); бранить.

폭염(暴炎) сильная знойная жара; зной; знойный; 한여름의~ лет-ний зной; 찌는 듯한 ~ томящий зной.

폭우(暴雨) ливень; ~가 쏟아진다 ливнем льёт; дождь льёт как из ведра.

폭탄(爆彈) авиационная бомба; 300킬로짜리~을 투하하다 сбрасывать бомбу весом 300 кг. на что-л.;~선언을 하다 выступать с заявлением о переходе к решительным действиям против кого-л..

폭파(爆破) взрыв; разрушение вз-рывом; подрыв; ~하다

взрывать; подрывать; производить взрыв; ~수 подрывник; ~약 взрывчатое вещество;~장치 подрывное устройство.

폭포(瀑布) водопад; водопадный; 나이애가라 ~ ниагарский водопад.;~수 вода водопада.

폭풍(暴風) буря; шторм; ураган; ~의 бурный; штормовой; ураганный; ~이 일다 штормить; ~ 때문에 우리는 밤새 눈을 붙이지 못했다 из-за бури мы всю ночь не сомкнули глаз; 찻잔 속의 ~ буря в стакане воды; ~경보를 내리다 предупреждать о буре; ~우 буря и ливень; 환호의~ буря восторгов.

폭행(暴行) насильственные действия; насилие; ~하다 применять(совершать) насилие; прибегать к насилию; буянить; насиловать;~을 가하다 нападать на кого-л.; насиловать (женщину); ~자 насильник.

폰드(*англ.* pond) рус. 1) фонд; 2) штаты.

폴리에틸렌(*англ.* polyethylene) по- лиэтилен.

표(票) I 1)билет; биллютень; ярлык; экзаменоционный билет; 2) голос; 극장~ билет в театр;~를 찍다 компостировать билет;~를 붙이다 наклеивать ярлык; 찬성~를 던지다 голосовать за(против) кого-л..

표(標) II знак; метка; фабричная марка (клеймо); пометка; символ; признак; знак; ~를 하다 помечать; ставить метку;~가 나다 выделя- ться;иметь характерные признаки.

표(表) III 1) см. 표적 II; 2) (позд- равительное) письмо королю; 시간~ расписание; график; 연대~ хроноло-гическая таблица. 표파는 곳이 어디 입니까? Где билетная касса? 표를 사십시오 покупайте билет.

표, 일람표(一覽表) табель.

-표(-表) суф. кор. таблица; 시간표 расписание, график; 연도표 хроно- логическая таблица.

표결(表決) голосование; ~에 붙이다 ставить на голосование; ~하다 голосовать; решать путём голосо-вания; ~권 право голоса.

표기(表記) 1) обозначение; выра- жение на письме; разметка; надпись; ~하다 обозначать; выражать на письме; размечать; 지도에 점선으로 경계를 ~하다 на карте обозначать границы пунктиром; ~법 способ записи(выражение на письме); право-писание; ~되다 обозначаться, писаться.

표기법(表記法) [-ппоп] способ записи (выражения на

письме); пра- вописание.

표독(慓毒) зловредность; ~스럽다 прил. казаться зловредным(злым); ~하다 зловредный, злой.

표류(漂流) дрейф; дрейфовый; ~하다 дрейфовать; носиться по волнам; ~선 дрейфующее судно; ~자 потерпевший кораблекрушение; см. 유랑.

표리(表裏) 1) верх(лицо) и изнанка (подкладка); внешняя и внутренняя стороны; 2) слова(думы) и дела; ~부동 двуличность; коварство; ~ 상응 полная согласованность; ~가 없다 быть прямодушным; 3) арх. материал на платье и подкладка.

표면(表面) поверхность; внешняя (лицевая) сторона; ~적 внешний; наружный; поверхностный; ~적으로 внешне; по виду; ~만으로는 사물의 진상을 알 수 없다 суть вещей не узнаешь по внешнему признаку; ~장력 поверхностное натяжение; ~층 поверхностный слой; ~생활 внешняя сторона жизни.

표면화(表面化) выявление; прояв-ление; ~하다 выявлять[ся]; проя-влять [ся] обнаруживать[ся]; 비밀이 세상에 ~되다 раскрылась(об-наружилась) тайна.

표명(表明) выражение; изъявление; ~하다 выражать; изъявлять; выс-казыватья; 동의를 ~하다 изъявлять согласие (желание).

표방(標榜) ~하다 провозглашать себя сторонником (приверженцем) чего-л.; отстаивать; поддерживать; 자유와 평등을 ~하다 провозглашать себя сторонником свободы и равенства.

표백(漂白) отбелка; беление; ~하다 отбелить; белить; обесцвечивать; 아마포를 ~하다 выбелить холст; ~분 хлорная(белильная) известь; ~제 отбеливать; белящее вещество.

표본(標本) образец; образчик; экзе-мпляр; экспонат; модель; пример; препарат; 학자의~ типичный учё-ный; 상품 ~ модель товара; ~이 되다 служить образцом; ...의 ~을 따라서 по образцу чего-л.; ~실 демонстрационный зал.

표시(表示) I выражение; выявления; ~하다 выражать; выявлять; 사의를 ~하다 выражать свою благодарность; 그녀는 우정의 ~로 내게 사진을 선물했다 в знак дружбы она подарила мне фотографию; ~기 указатель; индикатор;

~등 сигнальная(инди-каторная) лампочка; бортовой фонарь.

표시(標示) II обозначение; знак; ~하다 обозначать; 가격~ цена, обозначенная на товаре.

표식(標識) (опознавательный) знак; [от]метка; символ; 찬성의 ~으로 в знак одобрения; ~원자 хим. меченый атом; ~하다 метить; обозначать

표어(標語) лозунг; лозунговый; ~를 내걸다 выдвинуть (провозгласить) лозунг; ~판 доска с лозунгом.

표적(標的) мишень; цель; метка; знак; 과녁의~ яблоко мишени; ~이 되다 служить мишенью; ~에 맞다 попасть в цель; ~함 корабльми-шень.

표절(剽竊) плагиат; ~하다 похищать (присваивать) чужое произведение; ~자 плагиатор.

표정(表情) 1) выражение лица;~하다 чувство, выраженное на лице; мимика; ~이 풍부한 얼굴 выразительное лицо; 얼굴에 쓴 ~을 짓다 корчить рожу(гримасу; мину); ~술 мимическое искусство.

표제(標題), 비문(碑文) I название; заглавие; тема сочинения на экзамене; ...라는 ~의 소설 роман под названием; ... ~를 붙이다 дать название; ~어 статья; заглавное сло-во; ~음악 музыкальное произве- дение, посвящённое чему-л..

표제, 제목(題目) II рубрика.

표준(標準) стандарт; норма; эталон; ~의 стандартный; нормальный; ~에 따라 제작하다 изготовить по стан-дарту; ~가격 стандартная цена; ~시 поясное время; ~액 эталонная жид-кость; ~어 стандартный (нормирован-ный) язык; ~형 стандартный(нор-мальный) тип;

표준어(標準語) литературный язык, нормированный (стандартный) язык.

표준화(標準化) нормализация; стандартизация; нормиро-вание; ~하다 нормализовать; стандартизовать; нормировать.

표지(表紙) I обложка (книги); обло-жечный; 책의 겉~ суперобложка; 2) см. 서표.

표지(標識) II способ выражения чего-л.; ~등 сигнальный огонь; ~판 доска; полотнище как указатель.

표창(表彰),상(賞) награждение; поощрение; ~하다 награж-дать кого-чем-л.; поощрять; ~을 내신하다 представить к награждению(награде); 전공에 의해 높은 훈장을 ~하다 награждать за военные заслуги высоким орденом; ~식

표출 ~하다 выделять; выносить; 이탤릭체로 ~하다 выделять красивым шрифтом.

표피(表皮) наружный слой; биол. кутикула; эпидерма; эпидермис; надкожица; ~작용 поверхностное действие; ~조직 эпителиальные ткани; ~효과 поверхностный эффект; скинэффект.

표현(表現) выражение; проявление; ~적 выразительный; экспрессивный; ~하다 выражать; проявлять; 이것은 말과 글로 ~할수 없다 это невоз-можно выразить ни пером, ни словом; ~력 выразительность; экспрессивность; ~법 способ выражения; ~성 выразительность; ~주의 экспрессионизм; ~파 экспресс-сионисткое течение; ~적 기능 лингв. экспрессивная функция.

푯말 столб[ик] как указатель пути; ~을 세우다 ставить (устанавливать) столб; 경계~ пограничный столб; 이정~ верстовой (километровый) столб.

푸 звукоподр. выдоху.

푸념(-念) ~하다 распространяться о своих невзгодах (несчастях); вы- ражать недовольство чем-л.; жа- ловаться на что-л.; подавать жалобу.

푸르다(푸르니,푸르러) зелёный; синий; голубой; острый; остроконечный; недозрелый; недоспелый; бодрый; свежий; 푸르디 ~ синийсиний; зелё-ный-зелёный. см. 붉다; 2) бодрый, свежий; 3) недозрелый, недоспелый.

푸른, 새파란 синий.

푸른 하늘색 голубой.

푸른한 голубой.

푸릅니다 зелёный.

푸릇푸릇 ~하다 прил. в зелёных (синих) пятнах(крапинках).

푸주간(<庖廚間) [-ккан] мясная(ла-вка);~에 들어가는 소걸음 обр. идти как на плаху.

푸짐하다 довольно обильный; щед-рый; вполне достаточный; 푸짐히 обильно; щедро; щедрой рукой; 푸짐한 음식 обильное угощение; 푸짐히 나누어주다 щедро раздавать.

푹 полностью, целиком, много, достаточно.

푹하다 тёплый(о погоде).

푼(<分) немного денег; гроши; 나는 한 ~도 남기지 않고

모두 써버렸다 я истратил всё до гроша; 나는 한 ~도 없다 у меня нет ни гроша; пхун(а) старая денежная единица, равная 1/10 тон; см. 돈 I; б) мера длины ≈3 мм.; старая мера веса ≈ 0,375 г).

푼내기(<分-) 1) азартная игра с маленькими ставками; 2) см. 푼거리; ~홍정 обр. грошовая сделка.

푼돈(<分-:작은 돈) гроши; мелочь; 거스름돈을 ~으로 주다 дать сдачи мелочью; 2) см. 잔돈.

풀 I трава; ~을 베다 косить траву; ~대 травинка; ~밭 луг; ~섶 заросли; ~잎 лист травы; ~베기 싫은 놈이 단수만 센다 *посл.* ≅ косить лень; ~끝에 앉은 새 몸이라 *посл. букв.*≡ подобно птице, сидящей на кончике травинки; ~을 꺾다 косить траву на зелёные удобрения.

풀 II клейстер; клей; ~로 붙이다 наклеивать; приклеивать клейстером; ~을 먹이다 крахмалить; ~가루 крах-мал; ~이 서다 быть накрахмаленным; 풀방구리에 쥐 드나들 듯 *обр.* как челнок(о снующем человеке); ~이 죽다(꺾이다) становиться вялым; раскисать; 풀이없다 вялый

풀(*англ.* pool) III плавательный бассейн; бассейн для плавания; см. 수영장(풀장)

풀기(-氣) [-끼] 1) клейкость; на-крахмаленность; ~없다 становиться вялым(апатичным); падать духом; ~죽다 становиться вялым(апатич-ным), раскисать.

풀다(푸니, 푸오) 1) развязывать; распутывать; распако-вывать; расфо-рмировать; 2) снимать; 3) выпускать; освобож-дать; 코를 ~ высмор-каться; 몸을 ~ разрешиться от бремени; 4) растворять; разгонять; рассеивать; снимать; разряжать; срывать; удовлетворять; разрешать; разгады-вать; расшифровать; разоружать[ся]; распускать; налаживать; 매듭을~ развязывать узел(пояс); 화를~ рассеивать гнев(подозрение).

풀리다 1) развязываться; распутываться; распаковываться; расфор- мироваться; рассеиваться; растворяться; таять; 2) быть снятым (о запрете, ограничении); 3) быть выпущенным(освобождённым); осв-обождаться 4) быть растворённым (разведённым)(в воде); 6) быть сорванным (о гневе); 7) проходить(об усталости); 8) быть нейтрализован-ным(о действии яда); 9) быть удовлетворённым(о желании); 10) быть разгаданным([раз]решённым); 11) быть налаженным(о деле); 12) быть разъяснённым (растолкован-ным); 13) быть поднятым(о целине); 14) быть превращённым в заливное поле(о суходольном поле); 15): 힘이~ расслабляться; 16) таять(о льде); освобождаться ото льда(о реке); 17) смягчаться; [по]теплеть(о погоде); 18) [за-]туманиться (о глазах).

풀벌레 насекомые, живущие в траве.

풀베기 сенокос; ~하다 косить траву.

풀뿌리 корень травы.

풀색, 녹색(綠色) зелёный.

풀숲 заросли.

풀썩 лёгким облаком; бессильно; 연기가 ~ 피어오른다 дым поднимается лёгким облаком; 땅에~ 주저 앉다 бессильно опуститься(сесть) на землю.

풀이 1) ~하다 а) [раз]решать, разгадывать; б) разгонять(напр. тоску); в) удовлетворять(желание); г) рас-сеивать(сомнение); 2) мат. решение.

풀이 죽다 становиться вялым, ста-новиться покладистым.

풀잎 [-립] лист травы.

풀칠~하다 клеить; намазывать клеем; перебивать коекак; 간신히 입에 ~하다 сводить концы с концами; влачить жалкое существование.

품 I 1) объём(верхнего платья) в груди; пазуха; объятия; 윗도리의 품이 좁다 пиджак узок; ~에 넣다 зак-лючать в объятия; 2) пазуха; 3) объятия.

품 II 1) затраты труда(силы); ~을 갚다 отрабатывать за оказанную услугу; ~이 들다 быть трудоёмким; 품을 들이다 вложить труд(силы); 품을 메다 откладывать работу; ~[을] 앗다 отработать за оказанную услугу; 2) 품을 사다 нанимать(рабочих); ~을 팔다 наниматься; работать на кого-л.; ~삯 плата (вознаграждение) за(наём- ный) труд; ~앗이 взаимопомощь

품 III признак; состояние; обста- новка; 일이 되어 가는 ~이 시원치 않은 것 같다 похоже на то, что ход дела неудовлетворителен.

품(品) IV 1) качество; 2) товар; вещь; предмет.

품(品) V товар; предмет; 전시~ экспонат; 창작~ произведение; 수출 ~ экспортные товары.

-품(-品) суф. кор. товар; предмет; 수출품 экспортные товары.

품격(品格) достоинство; качество (человека); ~을 떨어뜨리다 ронять своё достоинство.

품귀(品貴) нехватка(недостаток) товара; дефицит; ~의

недостаточный; дефицитный; 설탕이~상태다 sахара мало; сахара недостаточно; ~상품 дефицитный товар.

품다 [-тта] 1) носить за пазухой; 2) обнимать; прижимать к груди; таить в душе что-л.; питать(чув-ство); 3) прикрывать крыльями птенцов; высиживать птенцов; 희망을~ лелеять надежду;애정을 ~ питать любовь.

품목(品目) 1) перечень товаров (предметов); наименование товаров; ~별로 세다 перечислять по пред-метам; 주요 수출~ главные экспорт-ные товары; 2) уст.см. 품명.

품사(品詞) часть речи; ~전환 кон-версия.

품삯[-ссак] плата(вознаграждение) за (наёмный) труд.

품안(品案) феод. книга с записью имён чиновников в порядке следо-вания классов.

품앗이 взаимопомощь.

품위(品位) 1) положение(в общест-ве); достоинство; чувство собственного достоинства; качество; ~를 유지하다 держать себя с большим достоинством; ~가 60%인 철광 железная руда с содержанием 60% железа.

품종(品種) 1) ассортимент; 2) биол. сорт; порода; ~교배(교잡) см. 품질.

품질(品質) качество товара; ~이 좋은상품 товары хорошего (плохого) качества; ~검사 бракераж; ~검사원 бракёр.

품행(品行) поведение; см. 행위

풀니다 решать.

풋 недозрелый; неспелый; новый; поверхностный; неглубокий; недостаточный; ~감 незрелая(зелёная) хурма; ~것 неспелые фрукты; первое зерно; ~고추 неспелый красный перец; ~내기 новичок; неопытный человек; ~나물 съедобные травы, собранные в начале весны; ~사랑 зарождающаяся любовь; первое лёгкое увлечение; ~콩 неспелые соевые бобы.

풋것 1) неналившиеся зерновые; неспелые фрукты(овощи); 2) первое зерно; первые фрукты(овощи)(в данном сезоне).

풋나물 [пхун-] съедобные травы, собранные в начале весны; ~먹듯 обр. не жалея, не экономя.

풋내기 [пхун-] презр. 1) новичок, неопытный(человек);2) молокосос.

풍(風) 1) *см.* 허풍 2) натянутое полотно (защищающее от ветра); 3) кор. мед. паралич; 4) вид; наружность; обычай; манера; ветер; стиль; 외국인~ вид иностранца; 그는 학자

~의 사람이다 в нём есть что-то от учёного; 서북~이 분다 северо-западный ветер дует.

-풍(風) I суф. кор. 1) обычай; 2) вид, наружность; 외국인풍 вид иностранца.

-풍(風) II суф. кор. ветер; 서북풍 северо-западный ветер.

풍경(風景) I вид; пейзаж; ландшафт; 산악 ~ горный пейзаж; 그림 같은 ~ живописный ландшафт; ~화 pejzaж; ~화가 пейзажист; ~서정시 пейзаж-ная лирика.

풍경, 경치(景致) II пейзаж.

풍경화 пейзаж(картина)

풍기다 распространяться;испускать; вонять чем-л.; 냄새를 ~ издавать (разносить) запах; 향기로운 라일락 냄새가 방으로 풍겨왔다 в комнату струился аромат сирени; 차에서 비린내가 ~ чай воняет рыбой.

풍년(豊年) богатый урожай; уро-жайный год; изобилие (множество) чего-л.; 올해는 ~이 들것 같다 в этом году, видно, будет богатый урожай; ~가 песня об урожайном годе; ~거지 обр. неудачник; 2) обр. множество, изобилие(чего-л. полученного, добытого).

풍랑(風浪) ветер и волны; большие волны, вызванные ветром; жизненные трудности (невзгоды); ~을 겪다 страдать от жизненных трудностей.

풍류(風流) изящество;элегантность; вкус; ~의 изящный; элегантный; ~스럽다 казаться изящным(элега-нтным); ~객 любитель музыки; ~ 남아 элегантный мужчина; ~풍악-다재 уст. музыкальный и талант-ливый человек; ~하다 а) выглядеть элегантным; б) играть на музыкаль-ном инструменте.

풍만하다(豊滿-) богатый; обильный; полный; пухлый; округлый; 풍만한 고장 благодатный край; 가슴이 풍만한 여인 полногрудая женщина.

풍모(風貌) облик; внешность; черты; вид; 당당한 ~를 갖추고 있다 иметь импозантную внешность; 아름다운~ прекрасные черты.

풍부(豊富) ~하다 богатый; обиль-ный; могучий; сильный; 돈이 ~한 обильный золотом; ~한 경험 богатый опыт; ~화 обогащение.

풍성(豊盛) богатство; обилие; ~하다 богатый; обильный; ~한 음식 богатая еда. ~하게 준비하다 обильно приготовить.

풍성하다 богатый, обильный.

풍속(風俗) обычаи; нравы; 시골 ~ деревенские обычаи; 나는 이 땅의 ~을 모른다 я не знаю здешних обычаев; ~도 жанровая картина; ~소설 жанровый роман.

풍습(風習) обычаи; привычки; ~에 따르다 соблюдать привычки.

풍요(豊饒) ~하다 зажиточный; обильный; богатый; ~로운 인생 зажиточная жизнь; ~로운 대지 изобильный край.

풍요롭다 богатый, зажиточный.

풍운(風雲) 1) ветер и тучи; смутные времена; ~아 удачливый искатель приключений; везучий авантюрист; ~어수 *арх. обр.* близкие(дружеские) отношения между королём и вассалом(сановником); 2) *обр.* смутные времена; ~조화 неожиданные (неп-редвиденные) происшествия.

풍유(諷諭) иносказание, аллегория; ~적 иносказательный, аллегори-ческий; ~하다 давать понять при помощи аллегории; б) высмеивать, прибегая к аллегориии.

풍자(諷刺) сатира; ~적 сатиричес-кий; ~하다 высмеивать зло; ~가 сатирик; ~극 сатирическая пьеса; ~성 сатирический характер; ~화 сатирическая картина(карикатура); ~문학 сатирическая литература; ~소평 сатирическая заметка; ~소품 сатирический очерк(рассказ).

풍작(豊作) богатый урожай; ~기근 трудности, испытываемые деревней в урожайный год из-за падения цен на зерно.

풍족(豊足), 유족(裕足) ~하다 зажи- точный; изобильный; ~하게 살다 жить в богатстве; ~한 삶 изобиль-ная жизнь; 풍족한 생활 зажиточная жизнь.

풍토(風土) климатические и поч-венные условия района; природные условия местности; ~병 эндемия; ~순화(순응) акклиматизация.

풍파(風波) 1) (штормовая) волна; невзгоды; треволнения; ~를 겪다 переживать(преодолевать) невзгоды; 인생의 ~ волны житейского моря; житейс- кие бури; 세상~ житейские бури.

프라이드(*англ.* pride) гордость; чувство гордости; ~가 센 гордый; испытывающий законную гордость.

프랑카드(<*англ.* placard) плакат, транспарант с лозунгом.

프레스(*англ.* press) пресс; печатный станок; печать; пресса; ~로 찍다 зажать в пресс; ~-북스 места для представителей печати; ~공 прес-совщик.

프로그램(*англ.* program) план; программа; программа; ~을

짜다 со-ставлять программу; ~에 따라 по программе чего-л.; 정책~ полити-ческая программа, ~뮤직 музыка, посвящённая чему-л.; TV~ прог- рамма телепередач.

프로그래머 программист.

프로레타리아트(<нем. Proleta-riat) 1) пролетариат; ~의 상대적 빈궁화 эк. относительное обнищание пролетариата; ~의 절대적 빈궁화 эк. асолютное обнищание пролетари- ата.

프로젝트(англ. project) проект; план; ~를 짜다 проектировать; составлять проект; разработать проект; ~법 метод проектов.

프로판(англ. propane) хим. пропан.

프로펠러(англ.propeller) воздушный (гребной) винт, пропеллер.

프롤로그(англ. prologue) пролог

프리미엄(англ. premium) награда; премия; надбавка; вознаграждение; ~을 붙여 пользуясь большим спр-осом; ~을 유발하다 поощрять пре-мией; ~시스템 премиальная сис-тема.

프리즘(англ.prism) физ. призма

프린트(англ. print) оттиск; отпечаток; печатание; печать; ~하다 печатать; появиться в печати; сделать оттиск с чего-л.; ~공 печатник; ~물 печатный материал; см. 등사; см. 등사물

플라스틱(англ. plastic) пластмасса (пластическая масса); пластмассо-вый; ~제품 изделие из пластма-ссы.

플래시(англ. flash) вспышка; сверкание; вспышка; лампа; ручной электрический фонарь; ~를 터뜨리다 зажигать лампу вспышку.

플랜(англ. plan) план; проект; за-мысел; ~을 짜다 составлять план; планировать; проектировать.

플랫폼(англ. platform) перрон.

플러스(англ. plus) плюс; 2~3은 5 два плюс три равно пяти; ~8도 плюс восемь градусов.

플레이(англ. play) игра; забава; ~하다 играть; забавляться; 페어~ честная игра; ~어 спортсмен; иг- рок; плейер.

플롯(англ. plot) фабула; сюжет; заговор; интрига; ~을 짜다 составл-ять сюжет; составлять заговор; интриговать; плести интриги.

플루토니움(англ. plutonium-) хим. плутоний.

피, 혈액(血液) I кровь; ~의 대가로 ценой жизни; ~가 끓다 кровь кипит; ~가 난다 кровь идёт, кровоточит; начинается кровотечение; ~를 멈추다 остановить кровь(кровотечение); ~가 묻다 быть в крови; ~검사 анализ (исследование) крови; ~고름 сукро-вица; ~눈물 горькие слёзы; ~순환 кровооб-ращение; ~를 빨다 эксплуа-тировать, сосать кровь; ~묻은 발톱 обр. руки, обагрённые кровью;

피 II воробьиное просо (Echino- chloo crussgall).

피(皮) III обёртка; тара; обёрточный; тарный.

피-(皮-) I преф. кор. с пассивным знач.: ~선거권 право быть избран-ным; 피해자 пострадавший, жертва.

피-(皮-) преф. кор. кожура; кожа; 피밤 неочищенный каштан.

-피(-皮) суф. кор. кожа; шкура; 양피 овчина.

피격(被擊) ~되다 подвергаться на-падению(атаке); быть атакованным; 그는 두 명의 강도에게 ~당했다 на него напали два бандита; ~되다 подвергаться нападению.

피고(被告) ответчик; подсудимый; обвиняемый; ~석 скамья подсу- димых;~측 변호인 защитник об- виняемых.

피곤(疲困) пиро(疲勞) усталость; утомление;~하다 усталый; утом-лённый;~을 풀다 снимать усталость; ~해서 녹초가 되다 изнемо гать от усталости; ~한 모습 уста-лый вид.

피난(避難) убежище; убежищный; ~하다 бежать; скрываться; искать убежища; ~살이하다 найти убежище; ~민 беженец; ~처 убежище; укрытие.

피날레(англ. finale) финал; финал (финальная встреча); финальный; 찬란한~ блестящий финал;~출전자 финалист.

피다 1) цвести; расцветать; распускаться; 2) разгораться; 3) поправ-ляться; хорошеть; 4) запылать; 5) расплываться; растекаться; 6) диал. см. 번지다 I 1); 7) диал. см. 패다 I; 피어나다 а) загореться, запылать; б) пробиваться (о ростках); распус-каться(о цветах); в) улучшаться (напр. о жизни); г) приходить в себя, возвращаться к жизни; 사과 꽃이 피어 있다 яблоня цветёт; 그녀는 날이 갈수록 얼굴이 피어난다 она хорошеет с каждым днём.

피동(被動) пассивность; пассивные действия; ~적 пассивный; без- деятельный; ~적 역할을 하다 играть пассивную роль; ~형 форма страдательного залога; 2) см. 피동상 лингв. страдательный залог; ~형동사 лингв. страдательное причастие.

피동사(被動詞) лингв. глагол ст- радательного залога.

피라미드(<лат. pyramid) пирамида (египедская).

피력(披瀝) ~하다 открывать душу; 소감을 ~하다 делиться впечатле- ниями(чувствами) с кем-л.; выс- казывать своё мнение.

피로(披露)~하다 а) знакомить(напр. с документом); б) оповещать, объявлять

피리 свирель; дудка; ~를 불다 иг-рать на свирели(дудке).

피막(皮膜) плотная оболочка; пок-ров; плева; капсула; ~형성 инцис-тирование; 처녀막~ девственная плева; ~부유선광 горн. плёночная флотация.

피발[-ppal] прилив крови(к какой-л. части тела); 눈에~이서다 нали-ваться кровью(о глазах); 핏발이 삭다 отлыхуть(о прилившей крови).

피복(被服) I одежда; обмундиро-вание;~을 공급하다 обмундировать; ~공장 швейная фабрика; ~상 тор-говля одеждой;торговец одеждой.

피복(被覆) II покров; оболочка;~하다 покрывать; обшивать; облицовывать что-л. чем-л.; ~선 обмотанный проволокой; кабель; ~식물 бот. покровные растения; ~상피 анат. покровный(защитный) эпителий; ~을 한 전선 обмотанный провод.

피부(皮膚) см. 살가죽; кожный покров; кожа; ~과 дерматология; кожновенерическое отделение; ~과 의사 дерматолог; ~병 кожная болезнь; дерматоз; ~색 цвет кожи; ~암 рак кожи; ~염 дерматит; ~호흡 кожное дыхание; ~각화증 ороговение кожи; ~감각 чувствительность кожи; ~괴사 мед. некродермия; ~동맥 кожная артерия; ~비후 мед. омозолелость; ~반사 кожный рефлекс; ~수종 водянка кожная

피부과(皮膚科) [-кква] 1) дермато-логия (отрасль медицины); 2) кожно-венерическое отделение (больницы).

피빛 [-ппит] цвет крови.

피사체(被寫體) I натура;~를 보고 그리다 с натуры рисовать.
피사체(被射體) II цель; проектир- уемое тело.

피살(被殺) ~하다,~되다 быть убитым; ~자 убитый; погибший; жертва; ~자 가족 семья погибшего.

피상(皮相) внешняя сторона; поверхность; ~적 поверх-ностный; внешний; ~적인 견해 поверхностный взгляд; ~적으로 관찰하다 скользить по поверхности; ~전력 эл. кажущаяся мощность.

피선(被選) ~하다 быть избранным; ~되다 быть избранным;

~거권 право быть избранным; ~거인 избираемый; человек, имеющий право быть избранным; ~자 выбранный; избранный.

피스톤(*англ.* piston) 1) тех. поршень; ~링 поршневое кольцо; ~펌프 поршневой насос; 2) пистон, клапан(у духовых муз. инструментов)

피습(被襲)~하다 подвергаться нападению.

피신(避身)~하다 скрываться; укрываться; скрываться из виду(из глаз); ~처 убежище; укрытие.

피아노(*англ.* piano) пианино; фортепиано; рояль;~를 치다 играть на рояле; ~곡 фортепианная пьеса; ~연주자 пианист.

피어라 цвести.

피었다 расцвёл.

피우다 1) 꽃을~ разжигать(огонь); топить (печь); поднимать(возню); проявлять(усердие; цвести; издавать; распространять(запах); 재주를 ~ пуститься на хитрости; 향을 ~ курить(жечь) фимиам; 부지런을 ~ проявлять усердие.

피읖 пхиып(назв.кор.буквы ㅍ)

피의자(被疑者) подозреваемый; подозрительный человек; ~혐의를 받고 있다 быть под подозрением.

피임(避妊) I предупреждение беременности; ~하다 предупреждать беременность; ~법 способ предупреждения беременности; ~약 противозачаточные средства.

피차(彼此) то и это; ~의 обоюдный; взаимный; ~간 между собой; друг с другом; ~에 с той и другой стороны; ~일반이다 быть одинаковыми.

피치(*англ.* pitch) высота тона(звука); килевая качка; шаг; подача; 급 ~로 на большой скорости; ~를 올리다 набирать скорость; ускорять ход; ~콕스 пековый кокс.

피크닉(*англ.* picnic) пикник; ~에 참여하다 участвовать в пикнике; 그들은 호수에서 ~을 열려고 한다 они собираются устроить пикник на озере.

피킷(*англ.* picket) пикет; сторожевая застава; ~을 설치하다 выставлять пикет;расставлять заставы; ~라인 пикеты; заслон пикетчиков.

피트(*англ.* feet) фут(=30,48 см)

피폐(疲弊) ~하다 истощаться; утомляться; беднеть; скудеть; 토지가 완전히 ~해 버렸다 почва истощилась; 전쟁으로 ~해진 나라 страна, истощённая войной;~상

утомлё-нный вид.

피하(皮下) ~의 подкожный; ~주사 подкожное впрыски-вание; инъекция; ~조직 подкожная клетчатка; ~지방 подкожный жир; ~지방조직 подкожная жировая ткань; ~일혈 подкож-ное кровоизлияние.

피하다 избегать; уклоняться; изба-вляться; укрываться; прятаться; 피할 수 없는 неизбежный; неминуемый; 위험으로부터 ~ избегать опасности (трудности); 교제를 ~ уклоняться от знакомства с кем-л.; избегать общества.

피해(被害) 1) ~하다 ущерб; вред; убыток; повреждение; ~를 끼치다 причинить(нанести) кому-л. ущерб; ~를 입다 пострадать; понести(тер-петь) ущерб; ~자 пострадавший; жертва;потерпевший,потерпевшая; ~지 район, пострадавший от сти-хийного бедствия.

피혁(皮革) кожа; кожаный; коже-венный; ~을 무두질하다 выделы-вать кожу; ~공장 кожевенный завод; ~산업 кожевенная промышленность; ~제품 кожаное изделие.

피홀림 проитие крови.

픽 1) ~끊어지다 легко оборваться; 2) ~쓰러지다 бессильно повалиться; 3) ~터지다; 4) ~웃다 прыснуть со смеху; 5) ~돌아서다 резко повер-нуться

픽업(англ. pickup) звукосниматель; адаптер; выбор; ~하다 заезжать (заходить) за кем-чем-л.; 나는 당신을 5시에 ~하러 갈 것이다 я заеду за вами в пять часов;~트럭 пикап.

핀셋트(англ. pincette) пинцет.

핀잔 1) укор; упрёк; 2) насмешка; ~을 먹다 ~을 주다, ~하다 укорять; упрекать; насмехаться над кем-чем-л.; ~먹다 подвергаться упрё-кам(насмешкам); 호되게 ~하다 осыпать кого-л. упрёками; ~스럽다 прил. казаться упрёком(насме-шкой).

핀치(англ. pinch) крайняя нужда; стеснённое положение; ~에 몰리다 быть в стеснённом положении; ~히터 игрок, делающий удар вмес-то игрока с битой.

핀트(англ. pint) фокус; суть; главное содержание;~를 맞추다 помещаться (собираться) в фокусе; 이야기 ~를 놓치다 не понимать суть рассказа

필(疋) I рулон; 옥양목 한 ~ один рулон перкаля.

필(筆) II пхиль(мера площади = 11,62 м.кв.).

필(必) III окончание; 불~ оплачен-ный; выплаченный.

필(匹,疋) IV голова; 말 다섯~ пять голов лошадей.

필기(筆記) ~하다 писать; записывать; ~시험 письменный экзамен; ~장 тетрадь для записей.

필답(筆答) [-땁] письменный ответ; ~시험 письменный экзамен; ~하다 давать(письменный ответ).

필독(必讀) [-똑] ~참고서 обязательная литература(напр. к семинару); ~하다 обязательно читать.

필두(筆頭) кончик кисти(пера); первый в списке; ~로 начиная с кого-л.; во главе с кем-л.; 대통령을 ~로 во главе с президентом; 1) см. 붓글; 2) ~로 начиная(с кого-л. при перечислении); во главе(с кем-л).

필라멘트(англ. filament) эл. нить накала.

필름(림)(англ. film) плёнка; фильм; 그녀는 ~을 잘받는다 она очень фотогенична; 영화~ киноплёнка(фотоплёнка); 흑백~ чёрно-белая(цветная) плёнка.

필법(筆法) владение кистью; почерк; литературный стиль; 그의 ~은 유명하다 его почерк известен.

필생(畢生) вся жизнь; ~의 пожизненный; ~의 사업 работа всей жизни; ~의 작품 лучшее произведение; шедевр.

필수(必須) [-쑤] необходимость; ~의 обязательный, непременный, необходимый; ~조건 необходимое условие; ~과목 обязательные предметы(дисциплины); ~[적] обязательный, непременный.

필수품(必需品) необходимое; предметы первой необходимости; 생활 ~ ежедневное необходимое(в повседневной жизни); ~만을 가져가시오 возьмите с собой самое необходимое.

필승(必勝) ~하다 непременно одержать победу; ~불패 непобедимый; ~의 신념 неугасимая вера; твёрдая уверенность.

필시(必是) [-씨] непременно; обязательно; 그는 늦을 것이다 он непременно опоздает.

필연(必然) необходимость; неизбежность; ~적 обязательный, непременный; неизбежный; ~코 обязательно; непременно; неизбежно; 당시 그들은 전쟁이 ~적이라고 이해 했다 тогда они поняли, что война неизбежна; ~성 необходимость.

필요(必要) надобность; необходимость; потребность; нужда; ~하다 нужный; необходимый; ~하다면 если понадобится; ~에 따라 по мере необходимости; 말할 ~가 없다

следует(на-до) говорить; 서두를 ~는 없다 незачем спешить; ~량 потребность; нужда; ~성 необхо- димость.

필자(筆者) автор; составитель; ав-торский; составительский; ~원고료 авторский(составительский) гонорар; 논설~ автор статьи.

필적(筆跡) I почерк; 그는 ~이 좋다 он пишет хорошим почерком/у него хороший почерк; 알아보기 어려운 ~ неразборчивый почерк.

필적(匹敵) II [-ччок] ~하다 быть ровней(парой); 그에게는 ~할 만한 사람이 없다 ему нет равных; 그 여자는 당신에게 ~할 만한 사람이 아니다 она вам не ровня.

필터(англ. filter) фильтр; ~담배 сигарета с фильтром.

필통(筆筒) 1) дорожный пенал для ручек, кистей и т.п.; 2) стакан для карандашей(кистей); ~타구 пле-вательница цилиндрической формы.

필패(必敗) ~하다 непременно по- терпеть поражение(крах).

필필이(疋疋-) нареч. 1) каждый рулон; 2) рулонами.

필하다(畢-) кончать; завершать; 병역을 завершать воинскую повин-ность; 검사를 ~ кончать проверку.

필혼(畢婚) ~하다 последним всту-пать в брак; последний брак в семье.

필화(筆禍) неприятности, навлечённые на себя статьёй(письмом); ~를 입다 попасть в беду, навлечённую на себя статьёй.

필화(筆禍) I уст. беда, навлечённая на себя статьёй(письмом и т.п.).

필화(筆華) II уст. обр. сущ. хорошо написанное(сочинённое).

필획(筆劃) см. 자획 I.

필휴(必携) ~하다 обязательно иметь при себе(носить с собой)

필흔(筆痕) следы написанного; отпечатки букв.

필흥(筆興) интерес к письму(рисо-ванию).

핍근(逼近) ~하다 приблизиться, подступить вплотную.

핍박(逼迫) ~하다 нуждаться; испытывать крайние затруднения; оказывать давление; вынуждать; притеснять; 그녀는 의붓아들을 몹시 ~한다 она сильно притесняет своего пасынка

핍색(逼塞) ~하다 быть безвыход-ным (о положении).

핍월(乏月) обр. 4-й лунный месяц.

핍인(乏人) уст. ~하다 не хватать нужных(способных) людей

핍재(乏財) I уст. ~하다 не хватать (недоставать) средств.

핍재(乏材) II см. 핍인.

핍전(乏錢) уст. ~하다 недоставать (не хватать) денег.

핍절(乏絶) I уст. см. 절핍 I.

핍절(逼切) II ~하다 правдивый и убедительный.

핍진(乏盡) I полностью иссякать (истощаться).

핍진(逼眞) II ~하다 а) близкий к жизни, реалистичный; б) правди-вый, честный.

핍축(逼逐) уст.~하다 а) вытеснять, изгонять(откуда-л.); б) гнаться по пятам.

핍하다(乏-) арх. недоставать; исс-якать.

핏기 цвет крови; 이 소식을 듣자 그녀의 얼굴에서 ~가 가셨다 она побледнела, когда услышала это из-вестие.

핏덩이 небольшой сгусток крови; новорождённый (грудной) ребёнок.

핏발 прилив крови; ~이 서다 на-ливаться кровью.

핏줄 кровеносные сосуды; род; родство; происхождение; ~관계 родственные связи; ~주사 внутривенное вливание.

핑 очень быстро; неожиданно; вдруг; 감격해서 눈물이 ~돌다 нео-жиданно наполниться слезами; 눈앞이 ~돌았다 всё поплыло перед глазами; 머리가 ~돌았다 голова вдруг закру-жилась.

핑계 1) предлог, повод; ~가 좋아서 사돈네 집에 간다 обр. под благо-видным предлогом отлучиться (куда-л.); ~핑계 도라지 케러 간다 обр. отправляться гулять под благовидным предлогом; ~하다 а) ссылаться(на что-л.); находить предлог; б) оправдываться.

핑계 предлог; повод; оправдание; ~하다 находить предлог; ссылаться на что-л.; ~없는 무덤 없다 избегать ответственности, ссылаясь на что-л.; 제법 그럴싸한 ~를 대어 под благовидным предлогом.

핑고 см. 핑구.

핑구 волчок(с ручкой для вращения).

핑그르르 1) ~돌다 быстро повер- нуть(что-л.) 2) 눈물이 ~돌다 нео-жиданно наполниться слезами(о глазах); 3) 눈앞이 ~돌았다 всё по-плыло перед глазами.

핑글핑글~하다 вертеться, кружиться

핑기 диал. см. 핑계

핑둥이 диал. см. 팽이.

핑크(*англ.* pink) розовый цвет; ~색의 розовый; ~무드 влюблённое настроение.

핑퐁(*англ.* pink-pong) настольный теннис; пингпонг.

핑핑 I ~하다 а)поворачиваться, крутиться, вращаться; б) кружиться (о голове).

핑핑 II *нареч.* налившись соком; ~살이 찌다 тучнеть; жиреть

핑핑 III 1) *звукоподр.* свисту пули: 총알이~귀를 스쳐 지나간다 просвистеть над ухом (о пуле); 2) пулей.

핑핑하다 1) туго натянутый; 2) достаточный; удовлетворительный; 3) *см.* 피둥피둥[하다]

ㅎ

ㅎ четырнадцатая буква кор. алфавита; обозначает согласную фонему <x>

하 I 1) низ; 2) последняя часть (чего-л.); 3) после имён: ~에[서] хи의 под; в; при: 사회주의 하에 при социализме.

하 II очень; 하 많다 очень много.

하 III звукоподр. выдоху фу; межд. ах!(при выражении радости, восхищения, печали).

하계(夏季) лето; летний сезон; летняя пора; ~방학 летние кани- кулы.

하고(何故) 그는 종이~ 연필을 가져왔다 он принёс бумагу и карандаш.

하권(下卷) второй том(в двухтомнике); третий(последний том в трёхтомнике).

하급(下級) низший класс(разряд).

하나, 일(一) один; ~같이 одинако-вый; ~같이 точь в точь; 하나~ один за другим; по одному.

하나같다 одинаковый точь в точь.

하나님(англ. God) бог. см. 하느님; ~나라 Царство Божье; ~을 아는 것 боговедение; ~의 божий; ~의 뜻 воля Божья; ~께서 내리신 축복 благословение Бога, ниспосланные благословения; ~의 사람 божий человек; ~의 사자 Ангел Господе-нь; ~의 산 гора Господня; ~의 아들 Сын Бога, Божий Сын; ~의 양무리 божье стадо;~의 임재 наличие Бога, присутствие Бога; ~의 현현 явление Бога, богоявление; ~의 형상 образ Божий.

하나요 пожалуйста.

하나하나 по одному.

하늘 небо, небеса; ~의 별 따기 трудное дело; ~빛의 свет; ~같다 обр. попасть пальцем в небо; 갠(흐린)~ белое; ~높은 줄 안다 обр. отличаться как небо от земли; ~을 보아야 별을 따지 посл. ≈ букв. прежде чем достать звезду нужно увидеть небо; ~같이 твёрдо как на бога (надеяться); ~에 계신 Сущинй на небесах; ~여신 богиня неба.

하늘나라 Царство Божь.

하늘빛 голубой(небесный) цвет.

하다(하여, 해) делать, производить; 할 수 없다 нечего не поделать; ~하다 быть на побегушках; 전화를 ~ говорить по телефону; 운동을 ~ заниматься спортом; 나무를 ~ заготавливать топливо(дрова).

하단(下壇) 1) нижняя оконечность (чего-л.); 2) район (участок), рас- положенный ниже (чего-л.).

하달(下達) ~하다 а) отдавать(приказ); спускать(указание); б) отдаваться (о приказе).

하답(下答) уст. 1) ~하다 писать(ответ) (о вышестоящем); 2) вежл. письменный ответ(от вышестоящего).

하대(下待) ~하다 а) плохо(пренеб-режительно) обращаться; б) невеж-ливо обращаться; фамильярно обща-ться.

하도(下道) уст. 1) отдаленная провинция; 2) южные провинции(пров. Южн. и Сев. Чхунчхондо, Южн. и Сев. Кёнсан-до, Южн. и Сев. Чоллало).

하등(下等) низкий класс(разряд, сорт); ~을 맞다 получить плохую оценку(о чиновнике при переаттестации); ~동물 низшие животные; 식물 низшие растения.

하락(下落) ~하다 1) падать снижаться (о ценах); 2) понижаться(о разряде).

하루 1) день и ночь, сутки; ~건너 через день; ~ 바삐 как можно скорее, быстрее; ~아침 короткое время; 2) один день; ежедневно; день ото дня; с каждым днём; день за днём; ~아침에 короткое время.; ~가 다르게 급변하고 있다 резко меняться изо дня в день.; ~가 다르게 성장하다 вырастать(раз-виваться) не по дням, а по часам.

하루같이 площадь, вспахиваемая одним волом за один день.

하루거리 перемежающаяся лихо- радка.

하루길 расстояние, преодолеваемое за день.

하루바삐 как можно скорее.

하루살이 зоол. подёнка; ~하다 жить одним(сегодняшним)

днём.

하루 종일 весь день.

하류(河流) I течение реки.

하류(下流) II нижнее течение; ни-зовье реки; ~사회 непривилегиро-ванное сословие.

하마트면 чуть было не..., едва не...

하물며 тем более.

하반기(下半期) вторая половина(какого-л.) срока; второе полугодие

하반부(下半部) нижняя(вторая) ча-сть(чего-л.).

하반신(下半身) нижняя половина тела.

하복부(下腹部) анат. подчревная область.

하부(下部) 1) нижняя часть(чего-л.); 2) нижестоящее (подчинённое) учреждение; 3)сущ. нижестоящий; подчи-нённый

하산(下山) спуск с горы; ~하다 спускаться с горы.

하세요 сделайте.

하셨습니다 сделал.

하소연하다 жаловаться на судьбу; сетовать(с целью вызвать состра-дание).

하수(河水) ~관 сточные воды; ~구 сточная канава; ~도 канализация.

하수(下水) 1) грязные(сточные) воды; 2) см. 하수도: ~가스 газы образующиеся в канализации при разложении органических веществ; ~공사 канализационные работы.

하숙(下宿) пансион; ~하다 жить в пансионате; ~방 комната в панси-онате; ~비 плата за пансион; ~생 пансионер; ~집 пансионат.

하순(下旬) последняя третья декада месяца.

하얀 белый цвет; белоснежный цвет; белая краска.

하얗다(하야니, 하야오) совершенно белый, белоснежный.

하여간(何如間) так или иначе; во всяком случае; ~나는 올 것이다 в любом случае приду.

하여간(에) во всяком случае; в любом случае.

하여금 книжн. после твор. п. указ. на реал. субъект при гл. побуд. залога: 그 사람으로 ~가게 하시오 заставьте его пойти; позвольте ему пойти; 나로~기다리게 하지 마시오 не ждите меня

하염없다 удручённый, потерянный; пустой, бесцельный; праздный.

하염없이 удрученно, бесцельно.

하우스(*англ.* house) дом.

하위(下位) низкое расположение; ~개념 см. 저급[개념]; ~지방 бот. нижняя завязь; низкое положение в обществе; невысокий пост.

하의(下衣) брюки, юбка, трусы *и т. п.*; см. 아래옷, 바지

하이힐(*англ.* high heel) женские туфли на высоких каблуках.

하인(下人) *уст.* слуга.

하자(瑕疵) сделаем, пятно; недостаток; изъян; порок. ~없는 без изъяна; безупречный; 이 빌딩은 ~가 많다 у этого здания много изъянов.

하잘 것 없다 незначительный, пустяковый.

하지(夏至) *этн.* "летнее солнцестояние" (один из 24 сезонов с.-х. года; с 21-22 июня).

하차(下車) ~하다 высаживаться выходить (из вагона *и т.п.*); выгружать (из телеги, поезда и т.п.).

하찮다 неважный; нехороший; несущественный; незначительный.

하천(河川) река, ручей; ~부지 площадь земли, занимаемая руслом земли.

하체(下體) нижняя половина тела.

하키(*англ.* hockey) хоккей.

하편(下篇) вторая (третья) часть произведения, состоящая из двух (трёх) частей.

하품 зевота, зевок; ~하다 зевать.

하프 арфа.

하필(何必) ~너냐? почему именно так?

하행(下行) ~하다 выезжать (приезжать) в провинцию; вылетать (прилетать) в провинцию

하향(下向) ~하다 направляться вниз; снижаться; нижняя сторона.

하혈(下血) ~하다 течь (о крови, напр. при геморрое).

학(鶴)(두루미) журавль.

-학(-學) *суф.кор.*наука; учение; часто переводится -логия, -ведение, -знание, -графия; 언어학 языкознание.

학감(學監) *уст.* школьный инспектор.

학과(學科) отделение, группа, курс; ~목 предмет, дисциплина; ~시간표 расписание занятий.

학과장(學科長)강 강зав.кафедрой.

학교(學校) школа; учебное заведение; ~교육 обучение в

школе; ~위생학 школьная гигиена.

학교장(學校長) директор школы

학교전(學校前) сущ. дошкольный; ~교육학 дошкольная педагогика; ~[교양]기관 дошкольное детское учреждение; ~위생학 гигиена детей дошкольного возраста.

학급(學級) класс(в школе); ~담임 классный воспитатель (руководитель).

학기말(學期末) конец семестра(чет-верти).

학년(學年) класс; учебный год; ~말 시험 годовой, итоговый экзамен; 제 1 ~ первый курс.

학력(學歷) пройденный курс обу-чения, полученное образование.

학문(學問) наука, учение, знание.; 학문을 익히다 приучаться к науке.

학부(學部) факультет; [основной] курс(в высшем учебном заведении в противоп. подготовительному).

학비(學費) плата за учебу

학사(學士) кандидат наук.

학생(學生) учащийся, школьник, студент.

학설(學說) теория, учение, доктрина.

학수(鶴首) журавлиная шея; ~고대 하다 обр. с нетерпением ждать.

학술(學術) наука и техника; ~단체 научный коллектив; ~어 научно-тех-ническая терминология; ~지 научный журнал; ~적 научно-технический; ~용어 научно-техническая терминаль-гия.

학업(學業) учёба, занятия.

학원(學院) I учебное заведение.

학원(學院) II спец. школа; училище

학위(學位) ученая степень; ~ 논문 диссертация.

학자(學者) ученый; ~금(학비) расходы на обучение.

학장(學長) директор института; ректор(вуза).

학회(學會) 1) научное общественоаучное общество; 2) общество по распространению научных знаний; 3) будд. место для занятий.

한(恨) I досада, сожаление, недо- вольство;~한이 되다 досадно что...; ~한이 없다 в знач. сказ. не жалко.

한(限) II предел; ~이 있다 беспредельный; безмерный; бесконечный; 가능한 한~ по мере возможности.

한(一) III опред. ф. один,одна,одно; ~두어 시간 지나서

- 949 -

прошло 2 часа; ~날 день; ~시 час.

한(漢) IV король(в кор. шахматах).

한- преф. кор. большой; ~더위 самая жара; 한가운데에 в самой середине; как раз в центре

한가로이 нареч. на досуге; праздно

한가롭다 свободный, праздный.

한가운데 самая середина; самый центр

한가위 см. 중추절(仲秋節); см. 추석(秋夕) чусок (осенний праздник урожая).

한강(漢江) р. Ханган.

한 걸음 первый шаг; ~에 в один шаг.

한겨울 середина зимы.

한결 ещё более, довольно(-таки); ~같이 единообразно, единодушный, всеобщий.

한국(韓國) Корея; ~어 корейский язык.

한국말 корейский язык.

한글 корейская письменность(алфа-вит); ~전용학교 школа для взрослых по ликвидации безгра мотности.

한글 맞춤법 орфография(правила правописания) корейского языка.

한글날 день Хангыла.

한글학교 школа корейского языка.

한꺼번에 разом в один присест;все сразу (одновременно).

한끼 разовый прием пищи.

한나절 полдня

한낮 полдень; ~에 в полдень.

한돌 один круг.

한동안 некоторое время.

한 두(一 二) в знач. опред. один-два; ~번 не один раз;неоднократно(в отр. пред.); 한 두 가지가 아니다 не один, два(вид или дело).

한둘 один-два; ~이 아니다 много.

한라산(-山) гора Халласан.

한류성(寒流性) ~어족 холодноводные рыбы; рыбы холодных вод.

한마디 одно слово, одно лишь.

한마음 единая душа.

한문(漢文) китайская письменность.

한민족(韓民族) корейская нация.

- 950 -

한밑천 крупные материальные сред-ства.

한바탕 порядочно, изрядно.

한반도(韓半島) Корейский полуо-стров; см. 조선반도.

한반도 지도(韓半島 地圖) карта Ко-рейского полуострова.

한밤 I глубокая ночь; ~에 глубокой ночью; 벌써~ уже глубокая ночь.

한밤중 глубокая ночь; см. 한밤

한방(漢方) корейская медицина.

한번 [один] раз.

한복(韓服) корейский националь-ный костюм(одежда).

한산하다 праздный; тихий; захолус-тный.

한세상(-世上) всю жизнь; лучший период жизни.

한숨 некоторое время, тяжелый вздох; ~을 짓다 тяжело вздохнуть.

한식(韓食) корейская еда корейское блюдо.(한국음식).

한식집(韓食-) корейский ресторан.

한심(閑心) ~하다 достойный со-жаления; трудный; щекотливый.

한심하다 жалкий.

한 쌍 уст. пара.

한없이 бесконечный; см. 끝이 없다.

한의사(韓醫師) врач восточной меди-цины(врач, лечащий по ме-тоду нетрадиционной медицины).

한 입 베물다 откусывать один раз.

한자(漢子) арх. пренебр. бугай(о человеке).

한 자루 одна штука.

한잠 самый крепкий сон; ~자다 крепко спать.

한 장 один лист.

한정(限定) ограничение, лимит; ~하다 ограничивать; лимитировать; ~되다 ограничиваться, лимитиро-ваться.

한쪽 одна сторона.

한참 долго, некоторое время; ~동안 в течении долгого времени.

한창(寒瘡) I самый разгар, самое время; ~나이 цветущий возраст; ~때 золотое время.

한창(寒瘡) II кор. мед. болезнь при которой холодеют конечности, вздувается живот, появляются по-нос и рвота.

한창때 цветущий возраст.

한층(-層) [ещё] более.

- 951 -

한 치 маленькое расстояние около 3 см; (3.3 см);~앞을 못 보다 не видит, что под носом творится.

한치의 착오 маленькая ошибка

한칼 ~에 одним ударом(ножа); одним взмахом(меча); кусок мяса (рыбы).

한탄(恨歎) сетование; ~하다 сетовать; сожалеть.

한턱 угощение; ~내다 угощать (когол.)

-한테 разг. оконч. дат. п. 1) указ. на исход. пункт действия: 동무들~ 칭찬을 들었다 получил приглашение от товарищей; 학생~ 책을 주다 дать книгу ученику.

한통속 единомышленники; избранники.

한파(寒波) метеор. волна холода.

한판(-判) тайм; раунд; партия; 장기 ~두다 сыграть(одну) партию в шахматы

한편으로는 с одной стороны.

한평생 вся жизнь;целая жизнь

한포기의 배추 один качан капусты

한물~죽다 падать духом; 더위가 ~꺾였다 быть сломленным(о духе)

한풀꺾이다 упасть духом.

한풀이(恨-) развеивание досады; ~하다 проходить(о чувстве досады; недовольства); срывать зло(на ком-л.); оплачивать (кому-л.).

할(割) I десятая часть.

할 II будд. 1) восклицание, издаваемое монахом во время созерцания; 2) вздохи сожаления, издаваемые монахом, когда во время созерцания к нему приходит ненужная мысль.

할 III ~할 무렵 во время, когда (действие).

할까 сделать.

할당(割當) ~하다 распределять; выделять; выдавать по норме

할례 обрезание; ~받은 자 холм обрезания;~산 холм обрезания

할말 то что хотелось сказать, разговор;~ 없다 без разговора; ~이 있어요 У меня к вам разговор.

할머니 бабушка.

할부(割賦) кредит, продажа в рассрочку.

할아버지 дедушка.

할인(割引) скидка; ~권 свидетельствующий документ; ~시장 расцарапать; ~하다 делать скидку.

할증(割增) ~하다 делать(наценку).

할퀴다 царапать, чесать.

할 텐데 хорошо бы сделать.

핥다 лизать, лакать.

함 I большой глиняный чан

함(緘) II книжн."запечатано"(надпись на конверте).

함(銜) III уст. изменённый личный иероглиф(в подписи); ~[을]두다 уст. подписываться.

함(函) IV 1) сундук(напр. для одежды); ~진 아비 уст. человек, посылаемый женихом с подарками в дом невесты

함구령(緘口令) 1) период эксплуатации военного корабля со дня спуска на воду; 2) предельный срок службы военного корабля.

함께 вместе (с); см. 같이.

함락(陷落) падение, свержение, взятие; ~하다 обвалиться; обрушиться; пасть(напр. о крепости); ~지진 геол. депрессивное землетрясение.

함몰(陷沒) ~하다 утонуть; погрузиться в воду; провалиться в землю; разориться; обанкротиться.

함박꽃 пион.

함박눈 хлопья снега.

함부로 беспорядочно, как попало, беспорядочно, как попало, неосторожно, как попало, необдуманно, неосторожно.

함빡 насквозь(промокнуть).

함정(陷穽) ловушка яма, ловушка, западня.

함축(含蓄) ~하다 таить в себе; содержать;~된 의미 сжатый смысл.

합(盒) I широкая латунная миска с крышкой.

합(合) II сущ. итого; всего; мат сумма.

합격(合格) ~하다 выдержать(испытание, экзамен); отвечать предъявленным требованиям; соответствовать (стандарту, кондиции, нормам).

합계(合計) итог, итого; ~하다 проводить(итог); подытоживать; итог;итого

합니다 делать.

합당~하다 объединять(партии)

합동(合同) I объединение, слияние; ~소유 юр. совместная собственность; ~행동 совместные действия; ~접속사 лингв. соединительный союз; ~공리 аксиома конгруэнтности;~기호 знак конгруэнции; ~하다 объединяться; сливаться; совпадать;

сливаться.

합동(合洞) II ~하다 объединять (деревни, участки города).

합력(合力) объединённые усилия; сотрудничество; ~하다 объединять усилия; сотрудничать.

합류(合流) ~하다 прям. и перес. сливаться.

합리(合理) ~적, ~하다 рациональный; разумный; целесообразный.

합리화(合理化) рационализация

합명(合名) ~회사 общество с солидарной ответственностью, полное товарищество; ~하다 совместно подписываться.

합방(合邦) ~하다 объединять(страну).

합법(合法) легальный; законный; ~적 투쟁 легальная борьба.

합병(合倂) объединение; слияние; ~하다 объединять; сливать; ~증상 мед. симптом complications.

합산(合算) ~하다 складывать; суммировать; подводить (итог)

합성(合成) соединение, синтез, сложение; ~국가 федеративное государство; федерация; ~약어 аббревиатура; ~사료 с.-х. концентрат; ~섬유 синтетическое волокно; ~하다 соединяться; синтезироваться; ~고무 синтетический каучук; ~수지 синтетические смолы; ~약품 синтетические лекарственные вещества; ~염료 синтетический краситель.

합세(合勢)~하다 объединять силы.

합숙(合宿) ~하다 жить в общежитии; общежитие.

합의(合議) ~재판 суд, выносящий коллегиальное решение; ~하다 коллегиально осуждать (рассматривать,решать).

합작(合作) совместное проведение работы; ~하다 совместно создавать (что-л.); вместе работать.

합창(合唱) хоровое пение; ~하다 петь хором; петь о хоре; ~곡(曲) музыкальное произведение для хора; ~단 хоровой ансамбль; ~대 хор.

합치다 соединяться, объединяться.

합하다 1) суммировать; 2) соединяться; объединяться; 힘을 합하여 общими усилиями. 합해서 вместе.

합환주(合歡酒) этн. рюмки с вином, которыми обмениваются жених и невеста на свадьбе.

핫- преф. 1) ватный, на вате; 핫바지 ватные брюки; 핫아비 женатый(мужчина); 핫어미 замужняя (женщина).

항(港) I порт.

항(項) II пункт, статья, параграф.

항 III 항우 силач; богатырь.

항간(巷間) ~에 среди простых людей; среди народа; среди людей.

항거하다 сопротивляться.

항공(航空) воздухоплавание; ~경보 воздушная тревога; ~기상학 авиа-ционная метеорология; ~기지 авиабаза; ~력학 аэродинамика; ~연락소 пункт воздушной связи; ~육전대 воздушно-десантные войска; ~모함 авианосец; ~방어 противовоздушная оборона ПВО; ~사진 аэрофотоснимок;

항구(港口) порт; ~도시 портовый город.

항구도시 портовый город.

항법(航法) кораблевождение; самолётовождение; ~근무 штурман-ская служба

항복(降伏),**투항**(投降) капитуляция; ~하다 капитулиро-ваться; сдава-ться.

항속(航續) продолжительность по-лёта(плавания); ~비행 полёт на продолжительность;~하다 длиться(о полёте, плавании).

항원(抗原) биол. антиген; ~구조 антигенная структура; ~료법 ан- тигенотерапия.

항의(抗議), **반항**(反抗) протест; ~하다 протестовать.

항쟁(抗爭) сопротивление; ~하다 сопротивляться; бороться (против чего-л.).

해 I 태양 солнце; ~가 지다 солнце садится; ~질녘에 к заходу солнца, на закате солнца; ~질무렵에 на закате солнца; ~가 뜬다 солнце вос-ходит; ~가 진다 солнце заходит (садится); ~가 길어진다 дни стали длинее; ~ 가 짧아졌다 дни стали короткие.

해(年) II год; 열~만에 за 10 лет;~와 달이 바뀌어졌다 много воды утекло.

해 III 벽;이것이 네~다 Это твоё.

해 IV ~놓다 сделать;~주다 делать для кого-л.

해(害) V ущерб, вред, порча; ~를 주다 наносить(причинять) кому- чему-л. вред(ущерб); вредить кому-чему-л.; ~를 입다 потерпеть (понести) вред (ущерб).

해(海) VI море; 동~ Восточное море; 지중~ Средиземное море

해-(該) преф. новорождённый; этого года.

-해(海) Восточное море.

- 955 -

해갈(解渴) ~하다 утолять жажду; напоить землю; найти средства (деньги).

해결(解決) разрешение; решение; ~하다 разрешать; быть разрешён-ным; улаживаться; ~책 меры, ме-роприятия, средства для разреше-ния.

해고(解詁) увольнение; ~하다 увольнять, снимать, рассчитывать; ~되다 увольняться, быть рассчи- танным.

해고하다 увольнять с работы.

해괴(駭怪) ~ 망측하다 очень стра-нный, чудовищный.

해군(海軍) [военно-морской] флот. военноморские, военно-морской флот; ~의 военно-морской; ~기지 военно-морская база; ~력 военно-морская сила.

해난(海難) бедствие на море, кора-блекрушение; ~신호 сигнал бедс-твия, SOS.

해내다 проделать(работу), одолеть, победить.

해넘이 заход солнца, закат.

해녀(海女) ныряльщица(искатель-ница жемчуга, губок и т.п)

해답(解答) ответ, решение(задачи); ответ(на экзаменационный вопрос); ~하다 решать; отвечать на что-л.

해당(該當) ~하다 данный, соответствующий; ~하다 соот- ветствовать кому-чему-л.; подходить к чему-л.; ~액 подходя- щая(соответствую-щая) сумма; ~자 подходящий(соответст- вующий) человек.

해독(解毒) расшифровка; дешифровка; ~하다 расшифро- вывать; дешифрировать; ~자 расшифровщик(-щица); дешифровщик

해돋이 восход солнца.

해득(解得) понимание; постижение; ~하다 понимать; улавливать; пос-тигать.

해라 체 повелительная речь.

해롭다 вредный; ядовитый; па-губный. 알콜은 건강에~ Алкоголь пагубно отражается на здоровье.

해류(海流) морское течение.

해륙[연]풍(海陸[軟]風) бриз.

해리(海里) морская миля; узел.

해마다 каждый год, ежегодно

해말갛다 белоснежный.

해말개지다 становиться белосне-жным.

해말쑥하다 белый и чистый.

- 956 -

해맑다 ослепительно белый и чистый.

해면(海面) поверхность моря; уровень моря; морское пространство; ~으로부터 1000미터높이 1000 метров над уровнем(выше уровня) моря.

해박(該博) ~하다 обширный, глубо-кий (о знаниях); эрудированный, очень образованный; ~한 지식 широкий; обширные знания; глубокие знания; эрудированный.

해발(海拔) высота над уровнем (выше уровня) моря; 이 산은~ 2000 미터이다 Высота этой горы две тысячи метров над уровнем моря.

해방(解放) освобождение; раскрепощение; эмансипация; ~의 освобо-дительный; ~하다 освобождать; раск-репощать; отцеплять; ~구 освобождённый район; ~군 освободительная армия; ~자 освобо дитель(~льница).

해볕에 타다 загорать.

해보다 пробовать; испытывать; проверять; пытаться; делать опыт.

해부(解剖) вскрытие; диссекция; анатомирование; анализ; разбор; ~학 анатомия; ~의 анатомический; ~하다 вскрывать; анатомировать; анализи-ровать; разбирать; ~도 скальпель; ~실 анатомический театр.

해빙(解氷) таяние льда; вскрытие реки и т. п.; оттепель; ~하다 таять; ~기 период таяния льда(от-тепели).

해산(解産) I деторождение, роды; ~구완(구원) см. 해산 바라지; ~미역 морская капуста для роженицы; ~쌀 рис для роженицы ~미역 같다 шутл. горбун; ~하다 родить [ребёнка].

해산 II роспуск; расформирование; ~하다 расходиться; распускаться; расформировать; разгонять.

해상(海上) I на море; ~무역 замо-рская торговля.

해상(海商) II 1) морская торговля; 2) торговля продуктами морского промысла; 3) купец, занимающийся морской торговлей; 4) торговец, продающий продукты морского промысла.

해석(解釋) анализ; интерпретация; истолкование; толкование; пони- мание; комментарии; ~하다 толковать; истолковывать; комментировать; разъяснять; интерпретировать; понимать; ~자 истолкователь; комментатор; интерпретатор; ~학 теория анализа; аналитическая математика.

해석법(解釋法) аналитический метод.

해석자(解釋者) истолкователь, комментатор, интерпретатор.

해석학(解析學) 1) теория анализа; 2) аналитическая математика.

해설(解說) разъяснение; пояснение; объяснение; толкование; комментарий; ~하다 разъяснять; объяснять; пояснять; толковать; комментарий; ~자 толкователь; комментатор; 뉴스~ комментарии(текущих событий).

해소(-消) I устранение; растворение; ликвидация; расторжение; аннуляция; разрешение; ~하다 растворяться; расформировать; ликвидировать; расторгать; аннулировать; решать; разрешать

해소(解訴) II~하다 отказаться(напр. от иска).

해수(海水) морская(солёная) вода, ~욕 морское купание; ~욕복 ку- пальный костюм; плавки; ~욕장 морской курорт; пляж; ~욕을 하다 купаться в море

해(바다) 수영(水泳) купание в море, морские купания; ~장 морской пляж.

해수욕장 морской пляж.

해안(海岸) морской берег, морское побережье; взморье; ~경비 берего-вая охрана; ~선 береговая линия; ~을 따라 вдоль берега; по берегу; ближе к берегу; ~지방 прибреж- ный район.

해약(解約) расторжение контракта (договора); ~하다 расторгать(лик-видировать) контракт;~금 неустойка.

해양(海洋) море; океан; ~의 океа-нский; морской;~학 океанография

해어지다 трепаться; изнашиваться; протираться.

해엄(解嚴) уст. ~하다 снимать, отменять (запрет, ограничения и т. п.).

해열(解熱) понимание(снижение) температуры; ~하다 снижать температуру; снимать жар; ~제 жаропонижающее средство.

해외(海外) заграница; ~의 загранич-ный; зарубежный; иностранный;~에 나가다 ехать за границу; ~로 부터 из заграницы; ~에서 за границей; ~방송 зарубежное радио(теле)передача; ~파병 отправка войск за пределами госу-дарства, ~지점을 설치하다 открыть филиал за рубежом; ~로 진출하다 прорываться за границу; ~로 눈을 돌리다 бросать взгляд за рубеж.

해운(海運) транспортировка морем; морские перевозки; ~업 морские перевозки; предприятие морских перевозок.

해임(解任) освобождение; увольне-ние; ~하다 освобождать от должности; снимать с работы; увольнять с работы; увольнять со слу-жбы; ~장 приказ об освобождении от должности; отзывная грамота.

해저(海底) дно моря; ~의 подвод-ный; ~전선 подводная телеграфная линия(кабель);~전신 подводный телеграф.

해적(害敵) морской разбойник, пират; ~선 пиратское судно;~판 нелегальная книга, самовольное переиздание; ~행위 пиратство; пиратские действия.

해제(解除) снятие, отмена, демонтаж, освобождение, разоружение, отбой, разграждение, обезвреживание; ~하다 отменять, снимать, освобож-дать, аннулировать, разоружать, давать отбой; ~권 право аннули-рования; 봉쇄 ~ снятие блокады.

해조류(海藻類) морские водоросли.

해주다 делать что-л. кому-чему-л.; производить; совершать.

해직(解職) освобождение от работы (должности); увольнение; ~의 уво-льнительный; ~하다 освобождать от должности; снимать с работы; увольнять.

해질녘 заход(закат) солнца; ~에 к заходу солнца; на заходе солнца.

해질 무렵 во время заката.

해체(解體) разбор; разборка; демо-нтаж; расчленение; роспуск; ~하다 разбирать; демонтировать; ликви-дировать; расчленять.

해충(害蟲) вредитель, вредные насекомые.

해치다 ущерб, порча, вредить, на-носить вред.

해치우다 решительно сделать что-л., успешно выполнить что-л., спра-виться с чем-л.,полностью сделать, выполнять, переделать, уничтожить, ликвидировать, покончить с кем-чем-л., прикончить, уложить на месте, убить, убрать.

해학(諧謔) I юмор; юмор; ~극 юмо-ристический спектакль; ~적인 юморис-тический; ~을 하다 шутить; ~문학 юмористическая литература, юмористика

해학(海壑) II уст. 1) море и бездна (пропасть); 2)обр. беспредельность, бесконечность, бездонность.

핵(核) ядро; косточка;~가족 мале-нькая семья; ~무기 ядерное оружие; ~무장 ядерное вооружение; ~무장금지 지대 безатомная зона; ~물리학 ядерная физика; ~반응 ядерная реакция; ~분열물질 расщепляющиеся материалы; ~연료

ядерное топливо; ~열의 термоядерный; ~열무기 термоядерное оружие; ~에너지 ядерная энергия; ~의 ядерный; ~잠수함 ядер-ная подводная лодка;

핵반응(核反應) физ. ядерная реак-ция.

핵분열(核分裂)[-йол] 1) биол. де-ление ядра, кариокинез; 2) физ. расщепление, распад ядра

핵산(核酸) нуклеиновая кислота.

핵심(核心) ядро; серцевина; суть; сущность; ~적 основной; ведущий; центральный; ~체 ядро.

핵탄(核彈) бомба.

핸드(*англ.* hand) рука; ~북 краткое руководство; справочник.

핸드백(*англ.* handbag) дамская су-мочка; ручной чемоданчик.

핸드볼(*англ.* handbol) гандбол.

핸들(*англ.* handle) ручка; рукоят-ка; руль; рулевое колесо; ~을 잡다 держать руль; ~을 돌리다 править (рулём)

핸디캡(*англ.* handicap) невыгода; невыгодное положение; помеха.

핼쑥하다 неузнаваемо исхудавший (о лице)

햄(*англ.* ham) I ветчина.

햅쌀 рис нового урожая(крупа); ~밥 варёный рис(каша) из нового урожая.

햇볕 солнечный свет; ~을 쬐다 греться на солнце.

햇빛 солнечный свет; солнечные лучи.

햇살 солнечное свечение, солнеч-ные лучи.

했습니다 сделал.

행(行) I строка; строчка; ряд букв; аскетизм 15쪽 6~ шестая строка 15-й страницы; 위에서 6째~ шес-тая строка сверху.

행(-行) II Сеул ~в Сеул.

행군(行軍) марш; поход; походное движение; ~하다 маршировать; идти в поход; ~대형 походный порядок; маршевое построение; ~로 маршрут движения; ~가 походная песня.

행글라이딩 дельтаплан.

행동(行動) поступок, действие, акт, акция, поведение, движение; ~적 действенный; ~하다 действовать, поступать, вести себя; ~에 옮기다 осуществлять; ~을 취하다 предпринимать действия; ~거지 манера держать себя, поведение; ~력 подвижность, оперативность; ~반경 радиус действия; ~주의

бихевиоризм.

행락(行樂) наслаждение; ~의 увеселительный; ~하다 наслаждаться кемчем-л.; ~주의 эпикуреизм.

행려(行旅) странствование; путеше-ствие; ~하다 странствовать, путе-шествовать; ~병사자 человек, умер-ший в пути.

행렬(行列) 행진(行進) шествие; то-лпа; процессия; колонна; вереница; очередь; ряды; хвост; матрица; ~하다 шествовать.

행방(行方) местонахождение; нап-равление(место); ~을 감추다 заметать следы; скрываться;сбиваться со следа; исчезать; ~을 알아맞추다 найти кого-л.; ~불명되다 безвести пропасть;~불명자 пропавший без-вести.

행복(幸福) счастье; ~한 счастливый; ~하게 살다 жить в счастье (благо-получно); ~감 ощущение счастья.

행복하세요 будьте счастливы.

행사(行事) торжественное мероприятие; торжества; празднование; событие, мероприятие, парад; ~하다 отмечать событие; проводить мероприятие.

행상(行商) торговля вразнос; ~하다 торговать(продавать) вразнос; ~인 торговец в разнос.

행선지(行先地) место назначения; цель.

행성(行星) 유성(流星) планета; ~계 планетарная система; ~상 성운 планетарные туманности;~운동 движение планет.

행세(行勢) I злоупотребление властью; ~하다 использо-вать(иметь); злоупотреблять властью; хозяйничать; распоряжаться как у себя дома; хозяйничать в чужом доме.

행세(行世) II манеры; образ дей- ствий; поведение; ~가 못되다 плохое (неприличное) поведение; ~주인 хозяйничать (напр. в чужом доме); ~를 하다 вести себя(каким-л. образом).

행실(行實) поведение.

행운(幸運) счастливая судьба, сча-стье удача, везение; ~아 счастли-вец,~이ца; удачник, ~ца; баловень судьбы; ~을 타고난 счастливый; удачливый.

행위(行爲) действие, пос тупок, акт, поведение. см. 행동; ~의 주체 субъект действий

행음하다 впасть в блуд; впадать в блуд.

행인(行人) путник, прохожий; чело-век, изучающий буддизм.

행적(行績) результаты деятель-ности; достижение; прочие дела.

행정(行政) I управление, администрация; ~의 административный; ~관(官) администратор; чиновник административного органа; ~구역 админи-стративный район; ~기관(機關) административный орган; ~권(權) админи-стративная (исполнительная) власть; ~부(府) администрация(о политике); высший орган административной (исполнительной) власти; правление;

행정(行程) II 1) расстояние, диста-нция; 2) далёкий путь; 3)процесс (ход событий).

행진(行進) марш; поход; парад; шествие; движение вперёд; ~하다 маршировать; шествовать; ~곡 марш; 장송 ~곡 траурный марш.

행차(行次) выезд; поездка(вышес-тоящего); путешествие; ~하다 вы-езжать; отправляться в путь; ездить; вояжировать; отправляться в вояж.

행하다 делать; действовать; сов-ершать; производить; вести; посту-пать; вести себя; совершать; вы- полнять; осуществлять; практико-вать; проводить; отправлять; уст-раивать; праздновать; вести пере-говоры; 행해지다 совершаться; ис- полняться; осуществляться; прои-сходить; иметь место; быть расп-ространённым; быть в моде.

향(香) I благовония; запах; аромат; ~을 피우다 сжигать курения.

향 II аромат, сандаловые стружки для алтаря.

향긋하다 с нежным ароматом; ду-шистый; пахучий.

향기(香氣) душистый запах, аромат; ~롭다 ароматный, душистый, паху-чий, благовонный; ~로이 ароматно, с ароматом, с приятным запахом.

향기로운 ароматный.

향도(香徒) водительство; ведущий; головной; направляющий; ~하다 вести; направлять; руководить; ~자 предводитель; вождь.

향락(享樂), 기쁨 наслаждение; ~적 увеселительный; ~하다 наслаж- даться чем-л.; ~주의 эпикуризм.

향료(香料) курильница благовоний; ароматические (душистые) вещества; благовония; специи; пряность; духи.

향상(向上) повышение; рост; подъём; улучшение; ~하다 повышаться; под-ниматься; расти; улучшаться; делать прогресс.; ~시키다 улучшать, повы-шать; ~되다 улучшать; улучшено.

향수(香水) I духи, одеколон; ~를 뿌리다 надушить кого-что-л.; 자기 몸에 ~를 뿌리다 надушиться.

향수(鄕愁) II тоска по родине (по дому); ностальгия; ~를 느끼다 то-сковать по родине.

향연(饗宴) банкет; торжественный (званый) обед; ~을 벌리다 устраи-вать банкет; ~장 банкетный зал.

향유하다 обладать, наслаждаться.

향토(鄕土) родина; родные места; родная земля; родной край; ~적 местный; народный; ~사 история родного края; ~색 местный колорит; ~지 записки родного края.

향하다 быть обращённым к чему-л. (в какую-л. сторону),обращаться к кому-чему-л., направляться(ку-да-л.), отправляться; пойти; развиваться; ~을(로)향하여(в направлении; по отношению) к кому-чему-л.; лицом к кому-чему-л.; 그 집은 바다쪽을 향하고 있다 Дом выходит на море; 거울을 향하여 앉다 сидеть перед зеркалом.

향하였습니다 обращаться.

향학열(向學熱) орячее стремление к учению; энтузиазм в учёбе.

허(許) I после меры длины при-мерно.

허 II ах; ой; а; увы; ох.

허가(許可) разрешение, позволение, допуск, санкция;~장 [письменное] разрешение,права, документ,лице-нзия; ~하다 разрешать, позволять, санкционировать, допускать кого-что-л. до кого-чего-л.(к кому-чему-л.); ..의 ~를 얻어 с разрешения кого-л.; ~제 система лицензий; лицензионная система; ~증 письмен-ный допуск; разрешение; пропуск.

허가품(許可品) лицензионный товар.

허겁(虛怯) ~[을]떨다 бояться, быть трусливым(пугливым); ~스럽다 казаться трусливым; ~하다 1) тр-усливый; 2) бояться; трусить.

허겁지겁(虛怯-) торопливо, поспе-шно, взволнованно, впопыхах, в спешке, в суете; ~하다 попусту спешить, взволнованно суетиться.

허공(虛空) пустота, пространство; ~에 в пространстве.

허구(虛構) 1)выдумка; фабрикация; 2) лит. вымысел; ~적 ложный, выду-манный, сфабрикованный, фиктив-ный; ~하다 выдумывать, фабрико-вать.

허기(虛飢) чувство голода, голод; ~지다 обессилеть от голода, про- голодаться.

허다(許多) многое множество; ве-ликое множество; ~하다 многочис-ленный; ~히 многочисленно; очень много; во множестве.

허덕이다 биться как рыба о лёд; метаться; барахтаться; корчиться.

허둥거리다 быть неугомонным; нервничать; суетиться; шататься; идти нетвёрдой походкой; пере-живать; волноваться; барахтаться; метаться.

허둥지둥하다 быть неугомонным, нервничать, суетиться, шататься, идти не твёрдой походкой, пережи-вать, волноваться, метаться из стороны в сторону

허드렛일 пустяковое дело, пустя-ковая работа.

허락(許諾) разрешение; согласие; ~하다 разрешать; давать согласие на что-л.; одобрять; 누구의 ~을 받고 당신은 이방에 들어왔습니까? Кто вам позволил войти в эту комнату?

허름하다 поношенный; потрёпан-ный.

허리(虛痢) I пояс, талия, бёдра; ~가 굽은 сгорбленный; ~를 구부리다 наклоняться, нагибаться, горбиться; ~를 굽혀 인사하다 склониться в низ; ком поклоне; раскланиваться в пояс; ~를 펴다 выпрямляться; ~띠 пояс, ремень.

허리(虛痢) II кор. мед. сильный поднос

허리띠 пояс, ремень; ~를 매다 на-девать ремемь; ~를 졸라매다 нап-рячь все силы; ~를 차고 있다 но-сить ремень; подпоясываться ре-мнём; застегивать ремень; ~를 풀다 растегнуть ремень. **허리뼈** пояс-ничные позвонки.

허무(虛無) ничто; небытие; ~하다 несуществующий; пустой; тщетный; ~감 чувство безнадёжности (опусто-шённости); ~주의 нигилизм; ~적 а) пустой; б) нигилистический; ~맹랑 фальшь, беспочвенность:~하다 а) пустой; тщетный; б) одинокий и грустный; в) скучный неинтересный.

허물(虛物) I недостаток; дефект; промах; ошибка; проступок; вина; ~을 벗다 смывать позор.

허물 II кожа; ~[을] 벗다 1) слезать о коже; 2) менять кожу.

허물없다 быть чистым(не запятнанным); беззастенчивый; несте-сняющийся; нестеснённый; бесцеремонный; откровен-ный.

허물없이 без всяких стеснений; без церемоний;запросто, свободно; вольно; душа в душу, подружески.

허비(虛費) напрасные расходы; ра-страта; трата; ~하다

напрасно(вп-устую, попусту) тратить; растра- чивать; транжирить.

허세(虛勢) блеф; зазнаться; показ-ное могущество; ~를 부리다 важ-ничать; пускать пыль в глаза; запугивать.

허송(虛送) пустое времяпрепрово-ждение; ~하다 попусту проводить время; тратить зря(время); бить баклуши; баклушничать; бездель-ничать.

허술하다 дряхлый; ветхий; изно-шенный; слабый; непригодный к использованию.

허약(虛弱) ~하다 слабый; хилый; тщедушный; ~성 слабость; хилость; тщедушие; ~자 хилый(слабый; тщедушный) человек.

허영심(虛榮心) тщеславие; тщес- лавность; ~이 강한 тщеславный.

허용(許容) допущение; разрешение; позволение; ~하다 допускать; раз-решать; позволять; санкциониро- вать; ~오차 допустимая ошибка; допустимое отклонение.

허울 (внешний) вид; внешность; притворство; маскировка; прикры-тие; ~좋다 внешне красивый.

허위(虛僞) ложь; подделка; ложный; подложный; ~날조 ложь и фальси-фикация; ~보고 ложное донесение; ~신고 ложный сигнал; ~진술 ложное показание.

허전(虛傳) уст. ~장령 передача приказа военачальника в искажё- нном виде; ~하다 сообщать, пере-давать в искажённом виде.

허탈(虛脫) изнеможение, истоще- ние, упадок сил, лишённый сил; ~한 изнеможённый; ~감 чувство повер-женного состояния; ~상태 состояние полного бессилия, опустошение.

허탕 безрезультатность, бесплод-ность; ~을 치다 ничего не полу- чить(за проделанную работу), по-лучить кукиш с маслом; ~을 치고 돌아서다 уходить с пустыми ру- ками.

허튼소리 чушь, вздор, чепуха, пу-стой звук; ~를 하다 болтать, нести чушь (чепуху).

허튼수작 пустая болтовня; несерьёзные поступки; ~를 하다 пустос-ловить, нести чепуху.

허튼 짓 никчёмные занятия.

허파 лёгкое; лёгкие; ..는 허파에 바람이들었다 Смешинка в рот попала(залетела) кому-л.

허풍(虛風) хвастовство; преувели-чение; ~떨다 бахвалиться чем-л.; ~치다 хвастаться, преувеличивать, раздувать; ~선이 хвастун.

허황하다 вздорный; невероятный; неправдоподобный; нелепый.

허황된 과장 беспочвенное преувеличение.

헉 ~하다 а) свалиться от усталости; б) отшатнуться, отпрянуть; в) неожиданно наброситься(налететь)

헌 старая вещь, старьё хлам, ру- хлядь.

헌 것 старая вещь, старьё хлам, рухлядь.

헌금(獻金) денежное пожертвова- ние; ~하다 жертвовать [деньги] на что-л.

헌납(獻納) ~하다 преподносить что-л. кому-л.; приносить что-л. в дар; жертвовать что-л.;~품 под-ношение; дар.

헌법(憲法) конституция;~의 конс-титуционный; ~개정 поправка к конституции.

헌신(獻身) самоотверженность; са-мопожертвование; ~적으로 самоот-верженно; ...에 헌신하다 посвящать себя чему-л.; жертвовать собой ради кого-чего-л.; отдавать всего себя.

헐값 низкая(бросовая) цена; дешёв-ка; ~으로 사다 купить дёшево(по дешёвке; по дешёвой цене).

헐다 стать старым(негодным).

헐떡거리다 задыхаться.

헐뜯다 клеветать на кого-что-л.; порочить.

헐레벌떡 ~하다 тяжело дышать; задыхаться; ~뛰어오다 прибежать задыхаясь.

헐리다 ломаться; разрушаться; раз-валиваться; разбиваться; быть сломанным(разрушенным); быть початым (о запасах).

헐벗다 быть раздетым и разутым; страдать от нищеты; дойти до нищеты.

험난(險難) крутость; трудность и опасность; ~하다 крутой; обрыви-стый; отвесный; трудный и опасный.

험담(險談) злословие; пересуды; ~하다 злословить; отзываться о ком-л.; пересуживать.

험악(險惡) ~하다 грозный; опасный; острый; плохой; неблагоприятный; серьёзный; тяжёлый; зловещий; злой; свирепый; хищный; скверный.

험하다 крутой, отвесный, обры-вистый, суровый, грозный, опасный, мерзкий, грубый, бестактный, чёрный, неприступный.

헛- преф. 1) пустой; 헛자랑 пустая похвала; 2) ложный, показной; 헛말 ложь; 3) ненужный, напрасный, бесполезный; 헛일 напрасная ра- бота.

헛갈리다 быть неразличимым, смещаться с чем-л.; потерять, сби-ваться с пути (дороги), быть запутанным (перепутанным), растер-яться, быть в замешательстве; запутаться, затеряться.

헛걸음 нетвёрдая походка; ~하다 попусту избить ноги, зря(напрасно) ходить.

헛고생 ~하다 напрасно мучиться.

헛기침 притворный кашель, покашливание(как условный знак); ~하다 кашлянуть.

헛소리 болтовня; вздор; чепуха; бессмыслица; нелепость; бред; ~하다 бредить; нести(говорить; мо-лоть) вздор; врать.

헛소리군 болтун, враль.

헛소문 ложный слух.

헛수고 бесполезный(напрасный) труд, мартышкин труд; напрасные усилия;~하다 напрасно трудиться; работать впустую; биться головой об стенку.

헛일 бесполезное [напрасное] дело (труд, занятие); никчемное дело; бесполезное занятие; ~하다 делать беспо-лезную(бесплодную) работу.

헝겊 кусок ткани, лоскут, заплата; ~을 대다 латать, класть заплату на что-л.

헝클어지다 запутываться, взлохма-титься, осложняться, спутываться, перепутываться.

헤 слегка [улыбнуться].

헤게모니 гегемония.

헤드(англ. head) голова; глава; руководитель; начальник; способность; ум; передняя часть; верх; верхняя часть.

헤드라인(англ. headline) заголовок; заглавие.

헤드라이트(англ. head-light) голов-ной фонарь; передняя фара авто-мобиля.

헤딩(англ. heading) удар головой.

헤르쯔(нем. Hernia) физ. герц.

헤매다 1) бродить, шататься; 2) перескакивать с одной мысли на другую; 3) перен. биться,метаться; 4) скитаться.

헤비(англ. heavy) тяжёлый; обре-менительный; обильный; буй ный; трудный; сильный; высо-кий; мрачный; бурный; ~급 тя-жёлый вес.

헤비다, 할퀴다 царапать.

헤아리다 считать, вычислять; принимать в соображение; различать, распознавать; вывешивать; прики-дывать,

예우다 предугадывать; представлять; догадываться, разгадывать.

헤어나다 перейти, перелезть, пе-реправиться.

헤어벤드 лента(или узкая повязка на голову).

헤어브러시 расчёска.

헤어스타일 причёска.

헤어졌습니다 расстался.

헤어지다 рассыпаться, разлучаться, расходиться, трескаться, разойтись, разводиться, прощаться, высыпа- ться.

헤여지다 1) рассыпаться; высыпа́ться; 2) расходиться, расставаться; 3) трескаться(напр. о губах от жа-ра).

헤어핀 шпилька.

헤엄 плавание.

헤엄치고 плавать; купаться.

헤집다 ковырять[ся], царапать[ся], скрести[сь], копаться, рыться, раз-брасывать; 땅을 ~ копаться в земле.

헤치다 разгребать, разбрасывать, раскидывать, развязывать, раздви-гать, рассеивать, распаковывать, распахивать, преодолевать.

헤프다 непрочный, неэкономный, болтливый, многословный, сер- добольный, мягкосердечный

헥타르(*англ.* hectare) гектар.

헬레니즘(*англ.* hellenism) эллинизм.

헬륨(*англ.* helium) гелий.

헬리콥터(*англ.* helicopter) вертолёт.

헬멧(*англ.* helmet) шлем.

헷갈리다 затеряться, потерять, быть в замешательстве (растерян-ности), быть запутанным(перепу-танным), перепу-тать; 셈이 ~ сби-ться со счёта.

헹가래 подбрасывание.

헹구다 споласкивать, полоскать.

혀 язык; языковый; язычок; жало; ~끝 кончик языка; ~를 내밀다 по-казывать(показать) язык; высовы-вать(высунуть) язык; ~를 차다 цокать языком; ..를 ~로 핥다 ли- зать языком что-л.; ~꼬부라진 소리 бормотание, невнятная речь; ~끝 кончик языка; ~짧은소리 невн-ятные звуки, невнятное произно-шение.

혀바닥 [-ппа-] 1) спинка языка; ~에 침이나 묻혀라 не рассказывай мне сказок.

혀뿌리 корень языка.

혁명(革命) революция; переворот; ~가 революционер; ~적

револю-ционный; ~하다 совершать (осуществлять) революцию; вести революционную работу; ~군 революционная армия; ~사 история революции.

혁신(革新) обновление; новаторство; ~적 новый; новаторский; ~하다 обновлять; реформировать; ~을 일으키다 совершить революцию в чём-л.; ~정당 партия новаторов.

현(弦) тетива; хорда, четверть.

현-(現-) настоящий; нынешний; современный; существующий; ~국경 существующая граница; ~정권 ныне-шняя[политическая] власть; ~정부 нынешнее правительство; ~정세 современное (нынешнее) положение.

현(絃) I рот. **현**(絃) II струна.

현-(現) преф. кор. нынешний, сто-ящий, современный.

현관(玄關) передняя; вестибюль; парадный вход(подъезд); ~문 дверь в вестибюль(переднюю); входная дверь.

현금(現金) наличные деньги, на-личные, теперь, нынче, ныне; ~의 кассовый; ~으로 지불하다 платить наличными (деньгами);~을 받고 팔다 продавать за наличный расчёт; ~화하다 обналичить; ~거래 кассо-вая сделка; сделка за наличный расчёт;~판매 가격 цена при уп- лате наличными.

현금 자동 지급기 автомат по вы-даче денег.

현기(眩氣) головокружение; ~가 나다 голова кружится; ~를 일으키다 вскружить голову.

현대(現代) современная эпоха; наше время; настоящее время; ~극(劇) современная драма[пьеса]; пьеса (драма) из современной жизни; ~문학 (文學) современная литература; ~의 современный; ~문 текст, написанный современным стилем; современный литературный стиль; ~성 современность; современные особен-ности(черты); ~인 современник; ~전 современная война; ~화 модернизация; ~화하다 модернизировать[ся];~사회 современное общество; ~어 совре-менный язык; ~인 современный человек; ~는 생활의 박자가 매우 빨라진 시대이다 Современный мир эпоха ускоренного ритма жизни.

현란하다 ослепительный, луче- зарный.

현명(賢明) ~하다 умный; разум-ный; мудрый.

현모(賢母) мудрая мать;~양처 му-драя мать и добрая жена.

현물(現物) натура; наличный товар; ~의 натуральный; наличный; ~거래 сделка на наличный товар; ~시장 рынок наличного(реального) товара.

현미경(顯微鏡) микроскоп; микрос-копный; ~적 микроскопический; ~사진 микрограф; микроснимок; 전자~ электронный микроскоп.

현상(現象) 1) явление, феномен; ~계 реальный мир; ~론 феномена-лизм; ~학 феноменология; 2) проявление; ~하다 проявлять; ~액 проявитель; ~지 фотобумага; 3) премия; приз; ~하다 премировать; ~에 당선하다 взять приз; получить (выиграть) премию(приз); ~금 премия(денежная); приз; ~당선자 лауреат; премированный

현세(現世) современный мир; ~에서 на этом свете; ~적 мирской; земной.

현수(懸垂) подтягивание на турнике; спорт. вис; ~의 подвесной; висячий; ~교 подвесной мост; ~막 подвесной мост.

현실(現實) реальность, действительность; ~적 действительный, реальный; ~화하다 реализовывать; прово-дить в жизнь; ~감 чувство реаль-ности; ~성 реальность; ~주의 реализм; ~화 реализация.

현실성(現實性) реальность; чувство реальности.

현안(懸案) открытый вопрос; нерасс-мотренный проект(план; вопрос); ~으로 남겨두다 оставлять вопрос открытым; ~을 토의에 붙이다 представлять проект на обсуждение.

현장(現場) место работы; место нахождения(действия); ~에서 на мес-те [действия]; 범행의 ~을 덮치다 заставать(ловить) на месте преступле-ния; 건설~ строительная площадка; 건설 ~감독 начальник стройки; 사건~ место происшествия.

현장부재증명(現場不在證明) алиби이 алиби.

현재(現在) настоящее[данное]время; теперь; ~의 настоящий; теперешний; ~의 시점에서는 в данный момент; пока; на время; ~까지 до сих пор; 일을 ~대로 놓아두다 оставить дело так, как оно есть; ~완료 настоящее завершенное время.

현저(顯著) ~하다 значительный; заметный; видный; явный; очеви-дный; замечательный; примечатель-ный; поразитель-ный; ~히 значи-тельно; в значительной мере; в высшей степени.

현존하다 существовать; находиться; иметься в наличии.

현지(現地) место; поле действия; ~의 местный на месте; ~조사 расследо-вание на месте.

현직(現職) должность занимаемая в настоящее время.

현행(現行) ~의 [ныне] действующий; существующий; ~범으로 붙잡히다 быть пойманным на месте преступ-ления; быть захваченным с поличным; ~범 преступник, пойманный с поличным; ~법 действующий закон; ~제도 дей-ствующая система.

현행범(現行犯) 1) преступление, сов-ершённое в (чьём-л.) присутствии; 2) преступник, пойманный с поличным.

현행법(現行法) [-뻡] действующее законодательство, действующий закон.

현혹(眩惑) ослепление; очарование; ~적인 чарующий; ослепительный; очаровательный; ~하다 ослеплять; очаровывать; ~되다 быть ослеплё-нным; быть очарованным.

현황(現況) сложившаяся ситуация; настоящее состояние (положение); положение в данный момент.

혈(穴) точки для иглоукалывания и прижигания; горная жила; хороший участок для могилы.

혈관(血管) кровеносные сосуды; ~계 кровеносная система; ~주사 внут-ривенное вливание

혈기(血氣) пылкость(горячность; страстность); ~의 пылкий; горячий; страстный; 젊은~로 с юношеским пылом; ~왕성하다 полный силы (кипучей энергии); быть в [самом] полном соку; кровь играет(кипит; горит).

혈로(血路) выход из окружение; выход из трудного положения; ~를 뚫다 прорваться из окружения; ~를 뚫고 나가다 пробиваться(проклады-вать путь) сквозь ряды неприятеля; пробиваться через фронт противника.

혈루병(血淚病) кровотечение.

혈색(血色) цвет лица; покраснение кожи; румянец; цвет крови; 그는 ~이 나쁘다 он бледен; 그는 ~이 좋다 У него здоровый цвет лица.

혈압(血壓) кровяное давление; 그는 ~이 높다 У него повышенное кровяное давление; ~을 재다 изме-рять кровяное давление; ~계 сфи-гмоманометр; тонометр.

혈액(血液) кровь; ~검사 анализ(исс-ледование) крови; ~순환 кровообращение; ~은행 хранилище крови[для переливания]; ~형 группа крови.

혈육(血肉) [кровный] родственник; кровное родство; родной ребёнок.

혈족(血族) кровный родственник; ~결혼 брак между

родственника-ми; ~관계 кровное родство.

혈청(血淸) сыворотка; серум; ~요법 сывороточное лечение; серотерапия; 디프테리아~ противодифтерийная сыворотка.

혈통(血統) родословие; родословная; происхождение; ~이 좋은 из хоро-шей семьи.

혈혈단신(孑孑單身血型) одинокий (безродный).

혐오(嫌惡) отвращение; ненависть; ~하다 ненавидеть; ~의 감정을 품다 питать ненаисть к кому-чему-л.; ~할(스러운) ненавистный; отврати-тельный; гнусный; омерзительный; гадкий; ~감(느낌) чувство отвра-щения; ~하다 ненавидеть, не выносить.

혐의(嫌疑) подозрение; ~자 подоз-реваемый; ~가 있는 подозритель-ный; ...의 ~로 по подозрению в чём-л.; ~를 두다 подозревать кого-л. в чём-л.; ~를 받다 быть под подозрением(на подозрении).

협공(挾攻) охват противника с флангов; ~하다 охватить против-ника с флангов.

협공전(挾攻戰) охват противника с флангов.

협궤(挾軌) узкая колея; ~의 узко-колейный; ~철도 узкоколейная железная дорога; узкоколейка.

협동(協同) сотрудничество; совме-стные действия; содружество; взаимодействие; ~적 совместный; ~하다 сотрудничать с кем-л.; действовать сообща (совместно); ~하여 во взаимодей-ствии; ~자 совместно работающий; товарищ по работе; ~조합 коопе- рация; артель; ~체 содружество; ~화 кооперирование; ~정신 дух сплочен-ности;

협력(協力) объединение, слияние, сотрудничество, взаимодействие, поддержка; ~하다 сотрудничать, объединять усилия, действовать совместно, поддерживать; ~자 сотрудник.

협박(脅迫) угроза, шантаж, запуги-вание; ~적 угрожающий, шантажис-ткий; ~하다 угрожать, запугивать, грозить, шантажировать; ~장 угро-жающее письмо, записка с угрозами.

협상(協商) переговоры; соглашение; конвенция; договор; договорённость; ~하다 вести переговоры, консуль-тироваться; ~조약 соглашение; союз; ковенция; ~회 переговоры, сове-щание.

협소(狹小) ~하다 узкий; тесный; ограниченный; ~한 방

маленькая и узкая комната.

협약(協約) соглашение, пакт, договор, конвенция; ~하다 заключать соглашение; согласоваться.

협의(協議) совещание, совет, обсу-ждение, консультация; ~하다 сове-щаться, совместно обсуждать, кон-суль-тироваться ~제 коллегиаль-ность; ~진단 консилиум; ~회 сове-щание; конференция; совет; объе-диненная комиссия; ~안 повестка дня совещания

협잡(挾雜) мошенничество; жуль-ничество; афёра; ~하다 обманывать, мошенничать, жульничать, занима-ться афёрами; ~꾼 мошенник, жулик, аферист; ~배 мошенники, жулики,

협정(協定) соглашение, конвенция пакт; ~하다 соглашаться с кем-л.; приходить к соглашению, догова-риваться; ~가격 конвенционная (договорная) цена; 신사~ джентель-менское соглашение; 어업~ соглашение о рыболовстве; 한.러 무역~ соглашение о товарообороте между Россией и Кореей; 항공 ~ соглашение о воздушном сообще-нии.

협조(協助) помощь, содействие сотрудничество; ~하다 помогать кому-чему-л.,содействовать кому-чему-л.; ~심 чувство локтя; ~자 человек, оказывающий помощь; помощник(~ца).

협회(協會) 연맹(聯盟) ассоциация; общество; ~원 член ассоциации (общества).

혓바늘 язвы на языке.

혓바닥 спинка языка;~을 놀리다 болтать языком.

형(兄) I старший брат для маль-чиков; 형만한 아우 없다 старший брат во всём первый.

형(形) II форма; вид; облик.

형(型) III образец; тип; форма.

형광(螢光) мерцание светлячка; флюоресциения; ~에 의한 (~성의) флюоресцентный; ~을 내다 флюоресцировать; ~도료 флюоресце-нтная лампа; ~등 флюоресцентный краситель; ~염료 флюоресцентный краситель; ~체 флюоресцирующее вещество.

형광색(螢光色) флюоресцентный цвет.

형극(荊棘) шипы; колючки; терни; ~의 길을 가다 идти по тернистому пути; ~의 관 терновый венец; ~의 길 тернистый путь.

형기(刑期) срок наказание; ~를 복역하다 отбывать срок

[наказания]; ~를 마치다 отбыть срок.

형님 брат(уважительная форма)

형벌(刑罰) наказание; кара; ~하다 наказывать; карать; ~을 받다 подвергаться наказанию; ~권 право карать, наказывать.

형법(刑法) уголовное право; уголовный кодекс.

형사(刑事) сыщик; уголовное дело; криминальное происшествие; право; ~재판 судебное разбирательство; уголовный процесс; ~사건 уголовное дело; ~소송 уголовно-процессуальное право; ~범인 уголовный преступник; ~범죄 уголовное преступление; ~부 уголовный розыск; ~재판 уголовный процесс.

형상(形狀) I форма; вид; фигура.

형상(形象) II изображение; образ; форма; вид; конфигурация; явление; феномен; ~적 образный; ~하다 (~화하다) изображать; воплощать в художественной форме; ~력 образность; ~성 образный характер; образность; изобразительность

형설(螢雪) рвение и упорство в учении; старательность (усердие) в учёбе; ~지공 плоды усердных занятий; результаты усердной учёбы.

형성(形成) образование, формирование, составление; ~하다 образовать, составлять, формировать; ~기 годы образования; ~층 камбий; 성격~ становление характера; ~되다 образовываться

형세(形勢) положение; состояние; обстановка; ситуация; конъюктура; 나쁜~ неблагоприятное положение; 좋은~ благоприятное положение; ~를 보다 следить за ходом событий, выжидать, сообразоваться с обстоятельствами.

형수(兄嫂) жена старшего брата

형식(形式) форма, формальность, формула, внешний вид; ~주의 формализм; ~적 формальный; ~에 얽매이다 держаться формы, быть формалистом; ~을 없애다 отбросить все формальности; ~을 차리다 соблюдать формальности; ~미 красота формы; ~주의 формалистический, формалистичный; ~화 формализация; ~화하다 формализовать.

형언(形言) ~하다 выражать словами; ~할 수 없는 невыразимый, неописуемый.

형용(形容) изображение; описание; фигура; ~하다

изображать; описы-вать; выражать фигурально.

형용사(形容詞) имя прилагательное; эпитет.

형이상(形而上) ~의 метафизичес- кий; абстрактный; ~학 метафизика.

형제(弟兄) брат(старшие и младшие братья); сестра(сестры); ~의 брат-ский; сестринский; ~간 братские отношения; ~애 братская любовь; ~자매 сёстры; 의~ названный брат; побратим; 이복~ сводный брат; 친~ родной брат.

형체(形體) форма; фигура; корпус; остов.

형태(形態) форма(形式) форма, вид, образ; ~론 морфология; ~론적 мо-рфологический; ~소 морфема.

형통(亨通) ~하다 исполняться, по-лучаться; сбываться.

형틀 скамья для пыток; ~지고 와서 매 맞는다 *посл.* ≡ пошёл по шерсть, а вернулся стриженным.

형편(形便) положение, состояние дел; ~없다 невозможный; невыносимый; недопустимый; печальный; приско-рбный; бесформенно; ~이 펴이다 улучшаться, становиться лучше; ~이 좋으면 при благоприятных обстоя-тельствах если обстоятельства сло-жатся хорошо (позво-лят); 지금~ 으로는 при этих обстоятельствах; в этой ситуации

형평(衡平) равновесие; устойчиво-сть; спокойствие;~을 잃다 терять равновесие;~을 지키다 сохранять равновесие;~을 취하다 устанавли- вать равновесие.

형형색색(形形色色) различный, разноцветный~의 различ-ный; разный; разнообразный; разноцветный; вся-кий; всякого рода.

혜존(惠存) книжн. "на добрую память" дарственная надпись.

혜택(惠澤) благодеяние, милость, милосердие, благотвори-тельность, благотворение, милостыня, благо-приятствование, забота, благо; ~받은 счастливый, осчастливленный, приви-легированный, пользующийся преи-муществом, благодатный; ~을 주다 оказывать благодеяние, подавать милостыню; 우리들은 자연의 ~을 만끽하고 있다 мы наслаждаемся благами природы; 우리들은 좋은 기후의 ~을 받았다 погода нам благо-приятствовала.

호 I 1. нареч. ух(напр. при съеда- нии чего-л. острого); 2. междж. ах! (при выражении восхищения *и т. п.*).

호(弧) II мат. дуга.

호(湖) III озеро; см. 호수.

호(壕) IV ров; окоп; яма; траншея.

호(濠) V крепостной ров, напол- ненный водой.

호(毫) VI кончик писчей кисти.

호(號) VII 1) псевдоним; 2) почётное имя; 3) номер.

호(戶) VIII 1) двор; 2) дом; ~농가 двадцать крестьянских дворов.

호(毫) IX одна тысячная.

호-(好) хороший; любящий; слав-ный; удобный; высокий; благо-приятный.

-호(號) суф. кор. 1) почётное имя; 천리마호 имени чхолима; 2) номер; 창간호 первый номер(напр. журнала).

호각(互角) ~이 равный; одинако-вый; ~으로 вничью; ~지세 равные силы.

호감(好感) доброжелательность; ~이 가는 симпатичный; -에게~을 주다 производить хорошее впечатление на кого-л.; располагать; -의~을 사다 завоевать симпатию; получать хорошее впечатление;...에게~이 가다 чувство-вать (питать) симпатию(расположение) к кому-л.; симпотезировать кому-чему-л.; 그는 신입생에게~을 주었다 он расположил к себе новичков.

호강하다 жить в роскоши.

호격(呼格) [-ккйок] лингв. звательный падеж; ~조사 окончание звательного падежа.

호구(戶口) уст. количество дворов и число жителей; ~조사 уст. перепись дворов и населения.

호구지책(糊口之策) уст. средства к существованию.

호국(護國) защита родины; ~하다 защищать отечество.

호기(豪氣) 1) неустрашимость, сме-лость;~남아 смелый мужчина; ~만발 проявление храбрости(смелости, дерзновения); ~만장 высокий героизм; ~[를] 부리다(피우다) вести себя смело; ~스럽다 прил. казаться смелым(отважным); 2) широкая натура, благородство

호기심(好奇心) любопытство; ~으로 из любопытства.

호남[아](好男[兒]) перен. храбрый рыцарь.

호되다 очень сильный; тяжёлый

호두(<胡桃) грецкий орех(плод); ~강정 пирожное из грецких орехов; ~나무 грецкий орех(дерево);~튀김 грецкие орехи,обваляные в муке и поджаренные с солью в кунжутном масле; ~속 같다 обр. сложный; запутанный

호들갑 ветреность; ~스럽다 ветре-ный; легкомысленный; опрометчи-вый; ~을 떨다 вести себя опромет-чиво;

- 976 -

ветреничать;~[을] 부르다(떨다) вести себя опрометчиво.

호떡 сладкие пирожки с начинкой из сладкой фасоли.

호락호락 ~하다 а)слабый(о чело-веке); б) лёгкий(о работе).

호랑이(虎狼狸) 1) см. 범; тигр; ~ 눈썹(범) нависшие брови; ~날고기 먹는 줄 누가 모르랴 *посл.* ≡ шила в мешке не утаишь; ~더러(~에게) 고기를 달란다 *посл.* ≡ у скупого снега зимой не выпросишь(букв. у тигра просит мяса); ~이보고 창구멍 막기 *погов.* ≡ утопаю-щий хватается за соломинку(букв. увидев тигра, заделывает ок-но); ~잡고 불기 맞는다 *посл.* ≡ не зная броду, не суйся в воду;

호령(號令) 1) ~하다 а) отдавать (команду, приказ); б) громко кри-чать(на кого-л.); ~하다 делать выговор; 2) команда; приказ; 3) окрик; выговор; 4) *уст.см.* 구령

호리 лёгкая соха(в которую впря- гают одного вола).

호리호리하다 тонкий и стройный

호명(呼名) ~하다 называть(выкликать) по имени.

호미 тяпка; мотыга; ~질하다 обрабатывать землю мотыгой; ~로 막을 것을 가래로 막는다 *посл.* ≡ стрелять из пушки по воробьям;~를 씻다 заканчивать прополку примерно к 7-му лунному месяцу.

호미자락 ~으로 на глубину мотыги (промочить землю-о дожде).

호밀 рожь; ~밭 ржаное поле.

호박 1) тыква; ~잎 семена тыквы; ~씨 листья тыквы; ~덩굴 뻗을적 같아서야 *посл.* ≡ первому коню не радуйся; ~에 청개구리 뛰어 오르듯 *погов.* молод ещё подшучивать над старым че-ловеком; ~에 침주기 (놓기, 두기) *обр.* как по маслу; 2) говядина(в арго будд. монахов)

호반(湖畔) берег озера.

호별(戶別) каждый двор(дом); ~방문 하다 посещать каждый дом; ~로 (отдельно) по домам; ~방문 посе-щение каждого двора; ~세 подвор-ный налог.

호사(豪奢) 1) ~스럽다 чрезмерно роскошный;~하다 жить на широкую ногу; жить роскошно; 2) роскошь.

호색(好色) ~하다 чувственность; ~의 чувственный; сладострастный; сластолюбивый; ~가 сластолюбец; сладострастник; ~한 *бран.* бабник.

호선(互選) взаимный выбор; ~하다 избирать из своей среды(из числа выборщиков); кооптировать.

호소(呼訴) I ~하다 подавать(жалобу); жаловаться.

호소(號召) II призыв; обращение; ~적 призывный; ~하다 призывать(к кому-чему-л.); обращаться(к кому-чему-л.); взывать(к кому-чему-л. о чём-л.); ~문 обращение; воззвание.

호송(護送) конвоирование; эскортирование; сопровождение; охрана; ~하다 конвоировать; эскортировать; ~대 конвой, конвойный отряд; эскорт; охрана; ~선 конвойное судно; эскортный корабль; ~선단 конвой; конвоируемый караван судов; ~원 сопровождающий; ~비행 воен. конвоирующий полёт;

호수(湖水) I озеро.

호수(號數) II [-ссу] номер(чего-л.); ~를 매기다 ставить номер; нумеровать

호스(англ. hose) шланг.

호스텔(англ. hostel) общежитие; тур база.

호시(虎視) взгляд тигра, выслеживающего добычу; ~탐탐하다 быть готовым броситься в любую минуту(как тигр на добычу).

호신(護身) самооборона; самозащита; ~하다 защищаться;~술 искусство самообороны(самозащиты); ~책 средства самообороны(самозащиты).

호언(豪言) уст. громкие слова, ~장담 пустые разговоры; громкое заявление; ~하다 говорить громкие слова; хвастаться; бахвалиться.

호연(浩然) книжн. ~하다 великодушный; ~히 широко; великодушно; ~지기 мировая энергия; ~지기를 기르다 подбодрять; возбуждать; поднимать настроение.

호우(豪雨) ливень; ~가 내리다 лить(о дожде); ~경보 предупреждение метеослужбы о ливневом дожде.

호위(護衛) охрана; конвоирование; сопровождение; ~하다 охранять (дворец); конвоировать; эскортировать; ~대 эскорт; охрана; конвойный отряд; ~병 конвойный; ~함 конвойный(эскортный) корабль.

호응(呼應) отклик; отзыв; резонанс; согласование; ~한 согласованный; ~하다 откликаться; согласовать(с кем-л.); ~시키다 согласовывать(с чем-л.); поступать согласно(с кем-чем-л.); ~하여 согласованно(с кем-чем-л.); ~판매 продажа товаров выполнившим государственные поставки.

호의(好意) 1) добрая воля; 2) доброе расположение; доброжелательность; отношение; ~적인 доброжелательный;

дружелюбный; любезный; ~적으로 доброжелательно; дружелюбно; ~를 가지다 быть дружески расположенным(к кому-чему-л.); ~를 보이다 проявлять дружеское распо-ложение; ~를 보이다 ~호식 хорошая одежда и хорошее питание.

호의호식(好衣好食) хорошая одеж- да и хорошее питание; ~하다 жить на широкую ногу; хорошо питаться и одеваться; жить припеваючи.

호적(戸籍) сетейная запись; уст. книга переписи населения и домов (дворов); ~에 넣다 записывать (кого-л.) в книгу записи; ~계 ре-гистратор; ведущий семейной записи; ~등본 копия семейной за-писи; выписка из семейной записи; ~법 закон о семейной записи; ~부 книга семейной записи; ~초본 выписка из подворных списков.

호전(好轉) поворот к лучшему; улучшение; ~하다 принимать бла-гоприятный оборот; ~되다 измен-яться к лучшему; улучшаться.

호젓이 одиноко; пустынно.

호젓하다 одинокий; заброшенный; глухой; пустынный; 호젓한 감정 чувство одиночества.

호주(戸主) глава семьи; ~권 права главы семьи.

호주머니 карман; ~에 넣다 класть в карман; ~에서 꺼내다 вынимать(что-л.) из кармана; ~안 внутренний карман.

호출(呼出) 1) вызов; приглашение (требование) явиться; ~하다 вызывать; ~번호 позывной номер; ~신호 позывной сигнал; ~대호 воен. кодовое название; ~선택기 селекторное уст-ройство; ~신호건 телеграфный ключ для посылки вызова; 2) феод. вызов в ведомство; ~하다 а) вызывать; б) феод. вы- зывать в ведомство.

호치케스(англ. hotchkiss) скрепка для подшивки дел.

호칭(互稱) 1) наименование; имя; название; ~하다 называть по имени; 2) зов, призыв.

호탕(浩蕩) ~하다 а) бескрайний, необозримый; б) сильный, могучий; в) полный радости; жизнерадостный; г) прекрасный; ~분방 уст. экстравагантность.

호텔(англ. hotel) отель, гостиница.

호통(號筒) 1) ~하다 сердито кри- чать; зло ругаться; выкрикивать угрозы; 2) злобный (сердитый) оклик; злобная ругань; ~[을] 치다 а) громко(зло) ругаться; сердито кричать; выкрикивать угрозы; б) громко окликнуть.

호통을 치다 громко ругаться.

호평(好評) 1) ~하다 положительно оценивать; 2) положительная оценка, хороший отзыв, хорошая репутация; ~을 받다 пользоваться успехом; иметь большой успех; быть хорошо принятым.

호프 (*англ.* hop) *бот.* хмель.

호호(皓皓) I ~백발 a) седые волосы, седина; б) седой старик; ~하다 *уст.* а) белоснежный; б) очень яркий, блестящий

호호(呼號) II *уст.* ~하다 a) громко кричать(выкрикивать); б) громко звать

호화(豪華) ~자제 молодой человек из богатой семьи; ~찬란하다 великолепный; ~스럽다 *см.* 호화롭다; ~하다 роскошный; пышный; великолепный; ~로이 роскошно, пыш-но, великолепно; ~판 1) роскошное издание; 2) ~으로 роскошно, пышно.

호환(互換) *кор. мед.* 1) ~하다 при-готовлять(пилюли) на крахмале (клейстере); 2) пилюли на крахмале (клейстере); 3) взаимный обмен; ~하다 взаимно обмениваться; ~성 взаимозаменяемость; 4) *мат.* транс-позиция.

호황(好況) высокая конъюнктура; бум.

호흡(呼吸) дыхание; *биол.* газооб-мен; ~하다 дышать; вдыхать и выдыхать; ~이 맞다 совпадать; быть единодушным; 인공~ искусственное дыхание; ~곤란 одышка; ~기 органы дыхания; ~운동 дыхательное упраж-нение; ~수 число дыханий; ~강도 интенсивность дыхания; ~기관 органы дыхания; ~이맞다(통하다) совпадать(о мыслях, стремлениях)

혹 I желвак; шишка; нарост; выпу-клость(на месте пайки); ~부리 человек с шишкой; 혹 데러갔다가 혹 붙였다 *посл.* ≈ пошёл по шерсть, а вер-нулся стриженным.

혹 II 1) фу(при выдохе); 2) 혹 마시다 с шумом втянуть в себя(жи-дкость).

혹간(或間) иногда; по временам

혹독(酷毒) жёсткость; ~하다 злой; жестокий; безжалостный; свирепый; лютый.

혹사(酷使) I ~하다 а) заставлять работать без отдыха; жестоко эксплуа-тировать; б) не беречь(машины, оборудования).

혹사(酷似) II ~하다 очень похожий, сходный.

혹시(或是) 1) возможно, может бы-ть; 2) если; ~를 몰라서 на

- 980 -

всякий случай.

혹은(或-) или.

혹자(或者) некий; некоторые; ~는 ... ~는 один..., а другой.

혹평(酷評) суровая оценка, резкая критика; ~하다 резко критиковать; давать суровую оценку.

혼(魂) I дух; душа; см. 넋; 혼[이] 나다 а) сильно испугаться; б) пройти суровое испытание; в) быть наказанным (изруганным); г) не в силах терпеть; 혼[이] 뜨다 сильно испугаться.

혼(англ. hone) II тех. хон, хонинго вальная головка.

혼구멍(魂-)[-꾸-]~을 만나다 *прост.* а) перепугаться; б) пройти тяжё-лое испытание.

혼기(婚期) брачный возраст; ~를 놓치다 отцвести; остаться старой девой.

혼나다 сильно испугаться.

혼내다 быть наказанным(изруган-ным).

혼담(婚談) переговоры о женитьбе; сватовство.

혼돈(渾沌,混沌) 1)хаос; ~하다 а)хаотичный; перепутанный; б) туманный; неясный; неотчётливый; 2) первозданный хаос (в вост. филосо-фии); ~세계(천지) а) мир(вселенная) в состоянии хаоса; б) *обр.* помутнение сознания.

혼동(混同) смешивание, смешение; ~하다 а) смешивать, путать; б) не различать, не разбирать.

혼란(混亂) кризис беспорядок; хаос; ~하다 хаотичный; беспорядочный; ~하다 быть в беспорядке; быть в хаотичном состоянии; ~되다 нахо-диться в смятении; впасть в смятение; ~을 일으키다 приводить в беспорядок; вносить анархию; ~일어 났다 поднялась(началась) смута; ~기 смутные времена; ~상태 хао-тичность; путаница.

혼란성(混亂性) [홀-ссонъ] хаотич-ность.

혼령(魂靈) [홀-] см. 영혼(靈魂).

혼례(婚禮) [홀-] свадьба; бракосо-четание; ~식 свадебный обряд; ~를 올리다 совершать брачный обряд; справлять свадьбу; ~식 церемония бракосочетания; свадьба; ~상[홀с-санъ] свадебный стол.

혼미(混迷) смущение; заблуждение; ~하다 смущать; приводить(кого-л.) в смущение; ~에 빠지다 приходить в смущение.

혼비백산(魂飛魄散) *уст.* 1) душа в пятки ушла; 2) паника; испуг; ~하다 пугаться; быть(находиться) в панике; ~하여

달아나다 бежать в панике.

혼사(婚事) свадебный обряд; свадьба; ~를 정하다 помолвить (кого-л. с кем-л.); ~를 치르다 справлять свадьбу; ~말 하는데 장사 말 한다 *посл.* ≡ ни к селу, ни к городу (что-л. сказать); ~하다 заниматься свадебными делами.

혼선(混線) перепутывание прово-дов;~다 запутываться; путаться; сбиваться.

혼선되다 запутываться.

혼성(混-) I смешение; смешивание; ~의 смешанный; комбинированный; ~체 смесь; ~경기 смешанное соревнование.

혼성(混成) II ~대대 *воен.* сводный батальон; ~방어 *спорт.* комбини-рованная защита; ~지뢰원 комбинированное (смешанное) минное поле; ~편대 комбинированный боевой порядок самолётов; ~언제 дамба(плотина), построенная из различных строительных матери-алов(напр. камня и земли); ~하다 перемешивать[ся]; смешивать[ся]; комбинировать[ся].

혼성(混聲) III ~중창 вокальный дуэт; ~합창 смешанный хор.

혼수(昏睡) ~상태 *мед.* кома, глу- бокий сон; транс; ~하다 a) уснуть мёртвым сном; б) быть в бессоз- нательном состоянии; ~에 빠지다 впасть в забытьё; ~의 상태에 있다 быть в бессознательном состоянии.

혼용(混用) ~의 смешанное употребление; комбиниро-ванный; ~다 a) смешивать; перемешивать(что-л. при употреблении); б) смешивать, употреблять(что-л. вместо другого)

혼인(婚姻) бракосочетание; ~하다 вступать в брак; ~신고 регистрация брака, свидетельство о бракосочета- нии; ~를 내다 регистрироваться.

혼인날(婚姻-) день бракосочетания

혼인집(婚姻-) [-찝] дом, где проис-ходит свадьба; ~에서 신랑 잃어 버린다 *посл.* ≡ букв. потерять жениха на свадьбе.

혼자 один, сам, сама; ~의 один; одинокий; ~있다 быть одиноким; ~서 один; сам; ~되다 a) овдоветь; б) см. 홀로되다; 그녀는 혼자되었다 она осталась одна; ~씨름 раз-мы- шления.

혼잡(混雜) сутолока; суматоха; беспорядок; давка; толкотня; ~하다 суматошный; суетливый; беспоря-дочный; ~하다 быть в беспорядке; перепутываться; ~을 이루다 царит суматоха;

~스럽다 a) прил. казаться суматошным(суетливым); б) см. 혼란 [스럽다] II;~하다 a) суматошный, суетливый; б) см. 혼란 [하다] II.

혼쭐(魂-) ~[이] 나다(빠지다) пере-пугаться до смерти.

혼탁(混濁) помутнение; мутность; ~하다 мутный; грязный; тёмный; ~하게 되다 стать мутным; ~하게 하다 замутить; ~해지다 помутнеть.

혼합(混合) смешение; ~경고 (комбинированный) пластырь; ~연결 эл. смешанное соединение; ~열차 товаро-пассажирский поезд; ~박자 муз. смешанный такт; ~물 смесь; ~한 смешанный;~하다 смешивать(переме-шивать) (что-л. с чем-л.); ~기 смеситель; ~비료 компост; составное удобрение.

혼혈(混血) смешанная кровь; рассо-вое смешение; ~아 метис, ребёнок от смешанного брака

홀(笏) I феод. табличка с указанием фамилии и ранга чиновника(которую он держит в руках на аудиенции у короля)

홀(англ. hall) II 1) большой зал; холл; 2) см. 회관; 3) см. 식당

홀(忽) III одна стотысячная.

홀 IV скипетр.

홀- преф. один, единственный; 홀몸 одинокий человек; вдовец; вдова.

홀가분하다 1) ощущать легкость; 2) простой, удобный; 3) несерьёзный, пустяковый

홀대(忽待) [-ттэ] 1) ~하다 принимать без должного внима-ния; плохо (грубо) обходиться(с кем-л.); 2) недостаточно внимательный приём.

홀딩(англ. holding) захват мяча в волейболе(как нарушение правил)

홀딱 1) абсолютно, полностью; целиком; ~반하다 влюбиться без памяти; ~벗다 раздеться догола; 2) ~삼키다 сразу проглатывать; 3) легко, свободно; ~거리다 1) разде-вать[ся] догола; оголять[ся]; 2) перевёртывать[ся]; опрокидывать[ся]; 3) сразу проглатывать; 4) соблазняться.

홀랑 1) начисто; 2) легко, свободно; ~벗어진 대머리 соверше-нно лысая голова; 3) см. 홀딱 1), 3); ~하다 1. слишком широкий; очень свободный; 2. легко опадать (выпадать).

홀로 один, одиноко; ~되다(나다) овдоветь; ~쓰이다

использоваться в одиночку.

홀몸 одинокий человек, вдовец, вдова; 홀몸이 아니다 иметь в чреве ребенка.

홀수 нечётное число.

홀연(히**)** вдруг; внезапно.

홀짝 ~하다 нечётный и чётный, образ приёма жидкой пищи; ~거리다 пить залпом.

홀쭉 살이~빠지다 сильно похудеть; ~하다 а) слишком тонкий; б) узкий продолговатый (о лице); в) ввалив-шийся; г)худой,высохший

훑어보다 тщательно осматривать.

홈 I канавка, желобок, паз; ~을 파다 делать паз.

홈(англ. form**)** II сокр. от 플래트홈.

홈끌 штихель, резец (для грави-рования)

홈파다 1) немного углублять; 2) делать паз.

홉(<合) хоп(мера жидкостей и сы-пучих тел=0,18л.).

홍(洪) обр. шаляйваляй.

홍건(紅巾) арх.1) красный платок; 2) траурная головная повязка кра-сного цвета.

홍동백서(紅東白西) этн. порядок ра-сположения жертвенных фруктов, при котором красныена восточной стороне, белыена западной.

홍두깨 1) скалка для катания белья; 2) с.-х. огрех; ~생일이 перепашка огрехов; ~로 소를 몬다 обр. глупо вести себя, совершать глупый поступок; ~에 꽃이 핀다 = 죽은 나무에 꽃이 핀다; см. 죽다; 3) кострец (часть говяжьей туши).

홍보(弘報) 1) широкое оповещение; информирование; ~하다 широко оповещать(о чём-л.); 2) красный платок(для завязывания вещей).

홍삼(紅蔘) красный культивиро-ванный женьшень (пропаренный и высушенный).

홍수(洪水) 1) см. 큰물; ~조절지 во-дохранилище для регулирования уров ня воды во время наводнения; 2) обр. людской наплыв; 3) обр. лавина; наводнение, разлив; ~나다 навод-нять; ~가 일다 быть заполненным; заполнять; ~기 период наводнений; 노아의 대 홍수 всемирный.

홍시(紅柿) спелая хурма; см. 연감; ~먹기 이 빠진다 = обр. оказаться не по зубам.

홍익(弘益) огромная прибыль; об-щественное благо; ~사업 общест-венное предприятие.

홍익인간(弘益人間) расширение благо состояния народа.

홍조(紅潮) 1) красноватый цвет щёк; ~되다 покраснеть(напр. от смуще-ния); 2) краска на лице, румянец (напр. от смущения); 3) отражение утренней зари(напр. в море);~를 띤 румяный; залитый румянцем; ~를 띠다 покрасеть.

홍합(紅蛤) 1) см. 섭조개; 2) мидия; морская мидия(Mitilus crassitesta).

홑 1) один слой(ряд); 2) 홑으로 в небольшом числе (количестве); 홑으로 보다 не считать важным(серьёзным).

홑- преф. один, одинокий; 홑몸 одинокий человек; 홑이불 одеяло из одного слоя ткани

홑것 одежда из одного слоя ткани.

홑겹 один слой.

홑이불 [혼니-] 1) лёгкое (летнее) одеяло; 2) пододеяльник, простыня.

화(和) I книжн. мир; согласие.

화(和) II хва(кор. духовой муз. инструмент, сотоящий из 13 тру-бок, соединённых вместе).

화(火) III 1) огонь(одна из пяти стихий в вост. космогонии); 2) сокр. от 화요일.

화(火) IV гнев; ~나다 гневный; рассерженный; ~가 가라앉다 остыть; ~가 끓다 кипеть от гнева; ~ 나게하다 злить; сердить, ~가 나다 злиться; сердиться;~가 나 있다 быть в гневе; ~를 내다 дать волю(выход) своему гневу, гневаться(на кого-что-л.); ~를 누그뜨리다 смягчать гнев; 화가 홀아비 동심하듯 злой как старая дева; 화를 끓이다 кипеть гневом.

화(禍) V несчастье; беда; ~를 당하다 попадать в беду; ~를 면하다 спасаться(избавляться) от беды; ~를 부르다 вызывать несчастье; ~를 자초하다 накликать на себя беду.

화(化) VI --ация; --ение. ~하다 стать чем-л.; подвергаться влия-нию чего-л.; преобретать дух чего-л.. 중대~ стать важным; преобретать важное значение. 협동~하다 коопе-рироваться.

화(花) VII цветок.

화(畵) VIII рисунок; картина; жи- вопись; 전쟁~батальная живопись. 풍경~ пейзажная живопись. см. 그림.

-화(花) I суф. кор. цветок(в назв. цветов).

-화(化) II суф. кор. превращение (во что-л.; часто соотв. по знач. русск. суф. ...ация, ...ение); 기계화 механизация; 복잡화 усложнение.

-화(畵) III суф. кор. рисунок, кар- тина; 초상화 портрет; 역사화 кар- тина на исторический сюжет.

-화(貨) IV суф. кор. монета; 백동화 никелевая монета.

-화(火) V суф. кор. огонь; 십자화 перекрёстный огонь.

-화(靴) VI суф. кор. обывь; 방한화 валенки.

화강(花崗)~반암 гранитпорфир; ~섬 록암 гранодиорит; ~섬장암 грано- сиенит; ~편마암 гранитогнейс.

화강석(花崗石) гранит.

화공(化工) химическая промышле-нность; ~품 химикат; химикалии.

화관(花冠) венчик; венок;гирлянда; 들꽃으로 ~을 만들다 плести венок из полевых цветов; ~족두리 косы, уложенные на голове и украшен-ные драгоценностями; см. 꽃부리.

화근(禍根) источник бедствий(не-счастий); ~을 없애다 устранять (изживать) корень зла.

화급(火急) крайняя необходимость; критические обстоятельства; ~하다 срочный; экстренный; безотлага-тельный; ~히 экстренно; срочно.

화기(和氣) I 1) тихая и ясная погода; 2) мир, согласие; мирная атмосфера; ~애애 мир и согласие.

화기(火氣) II 1) огонь; ~엄금 "Огнеопасно"; 소~ огнетушитель; 2) ожог; 3) см. 화중

화끈거리다 загореться (от стыда, гнева), пахнуть жаром.

화농(化膿) нагноение; ~성의 гноящийся; гнойный; гноеродный; ~하다 нагнаиваться; гноиться; ~시키다 нагнаивать; гноить; ~균 гноеродные бактерии; ~구균 гноеродные кокки.

화다닥 неожиданно; поспешно; наспех; ~하다 делать наспех; ~뛰어 나가다 поспешно выбегать; ~뛰어 일어나다 поспешно вскочить.

화단(花壇) клумба.

화답(和答)~하다 отвечать стихами (песней).

화랑(花郞) феод. 1) конфедерация хваранов(воен. организация молодых аристократов в государстве Силла, проходивших подготовку к военной и государственной службе); 2) магистр конфедерации хваранов; ~도 мораль-ные принципы члена конфедерации хваранов; ~제도 система отборов кандидатов на военную и гражданскую службу через конфедерацию хваранов; 3) *см.* 화랑이.

화력(火力) 1) сила огня; огневая мощь; ~기재 огневые средства; ~계선 огневой рубеж; ~밀도 воен. плотность огня; ~전투 огневой бой; ~지대 воен. полоса огня; ~포위 воен. огневое окаймление; 2) *сущ.* тепловой, тепло...; ~발전 выработка электроэнергии тепловой электростанцией; ~발전소 тепло вая электростанция(ТЭС); ~의 우세 превосходство в огневых средствах; ~전 огневой бой; огневая перестрелка; ~전기 электроэнергия, вырабатываемая тепловой элект-ростанцией.

화로(火爐) жаровня; ~방석 подстилка под жаровней; ~가에 (전에) 엿 [붙여]놓았나? *см.* 솥뚜껑[에 엿 놓았나?]; Щипцы; *см.* 화마 III.

화류(花柳) 1) *книжн.* цветы и ива; 2) женщина лёгкого поведения; прос-титутка; ~계 квартал публичных домов; ~병 венерическая болезнь; ~동풍 *уст.* цветы, ива и весенний ветер.

화면(畵面) 1) лицевая сторона ка-ртины(плана); 2) иллюстрация, картинка, чертёж(*напр.* на книжной странице); 3) кино экран; картина; изображение; 텔레비~ телевизионный экран.

화목(和睦) примирение, умилостивление; 1) ~하다 дружный; сог-ласный; 2) ~하게 согласно; счастливо; дружески.

화목제(和睦祭) мирная жертва.

화문(花紋) цветочный узор; ~석 циновка с вышитыми на ней цветами; *см.* 꽃무늬.

화물(貨物) груз, багаж; ~의 грузовой; товарный, 선 грузовое судно;~열차 товарный поезд; ~자동차 грузовик; ~차 товарный вагон; 경 ~자동차 грузовой автомобиль малой грузоподъёмности; мололитражный грузовой автомобиль.

화산(火山) вулкан; ~작용 вулканизм; ~의 вулканический; ~암 лава; ~재 вулканический пепел; 사~ потухший вулкан; 활~ действующий вулкан; 휴~ временно потухший вулкан; ~대 вулканический пояс; ~도 вулкани-ческий остров

화살 стрела; ~표 знак; ~을 쏘다 пустить стрелу; ~대 стержень; ~표 знак "стрелка"; ~에 맞다 быть поражённым стрелой.

화상(火傷) ожог; ~의 ожоговый; ~을 입다 обжечься;

получить ожог; ~환자 ожоговый больной.

화성(化成) превращение; изменение. ~의 синтетический; ~하다 превра-щаться; изменяться; ~공업 химичес-кая промышленность; промышлен-ность синтетических материалов.

화술(話術) искусство(имение) го- ворить

화실(畵室) студия, мастерская.

화약(火藥) порох; взрывчатое ве-щество; ~의 пороховой; ~고 по- роховой склад.

화염(火焰) пламя;~에 싸이다 быть охваченным пламенем; ~방사기 огнемёт; ~병 бутылка с горючей смесью; зажигательная бутылка.

화요일(火曜日) вторник; ~에 во вторник.

화원(花園) цветочный сад.

화의(和議) мирные переговоры; примирение; соглашение; компро-мисс; ~하다 вести переговоры о мире; ~를 맺다 заключить мир; ~를 신청하다 просить о компромиссном соглашении.

화이트(*англ.* white) белый; бледный; седой; невинный; чистый; белый цвет.

화장(化粧) I туалет; косметика; ~의 туалетный; косметический; ~하다 пудриться; белиться; заниматься туалетом; ~기 следы от грима (макияжа); ~대 туалетный столик; ~도구 туалетные принадлежности; туалетный прибор; ~수 космети-ческая вода; ~실 туалет; ~품 косметика; ~품점 парфюмерный магазин.

화장(火葬) II кремация; ~하다 кремировать; сжигать; предавать кремации; ~장 место кремации.

화장지(化粧紙) туалетная бумага; макулатура; ненужные бумаги; ~통 корзина для бумаг(мусорное ведро).

화재(火災) пожар; ~가 일어나다 вс-пыхнуть(случиться; возникнуть); сделаться; быть) пожар; ~를 끄다 потушить пожар; ~를 당하다 сгореть; выгореть; пострадать от пожара; ~를 일으키다 вызвать пожар; ~다! Пожар! ~가 커저가고 있다 пожар усиливается; ~보험 страхование имущества от пожара.

화전(火田) 1) подсека; ~을 일구다 заниматься подсечным земледе- лием; ~농사 подсечное земледелие; ~민 крестьянин, занимающийся подсечным земледелием.

화제(話題) 1) тема рассказа(разго- вора); ~를 돌리다 свести разговор на другую тему; 2) предмет раз-говора; ~에 오르다 стать предметом разговора; ~에 올랐을 때 когда шла речь(о ком-чём-л.); ~를 바꾸다 менять тему разговора; ~에 오르다 стать предметом разговора.

화창(和暢) ~하다 а) тёплый и ясный(о погоде); ласковый(о ве-тре); б) мирный, безмятежный.

화초(花草) 1) декоративные рас- тения; 2) перед именами; ~밭 цветник; клумба; ~재배 цветово-дство; ~밭 цветник; ~밭에 괴석 обр. всякий пустяк на своём месте нужен.

화촉(樺燭) цветная восковая свеча; свадебный обряд; ~동방 спальня молодожёнов в дни свадьбы.

화평(和平) примирение, мир; ~하다 мириться с кемчем-л.

화폐(貨幣) деньги, валюта; ~거래 денежный оборот; ~의 교역 валютная операция; ~의 교환 가증법 эк. ажио, лаж; ~개혁 денежная реформа; ~계산 денежный учёт; ~단위 денежная единица; ~유통 денежное обращение; ~시장 денежный рынок; ~자본 денежный капитал; ~포장 денежный знак; ~위조자 фальшиво-монетчик; ~가치 монетная ценность; ~교환 валютный(денежный) обмен; ~제도 система денежного обращения.

화포(火砲) 1) старинная пушка; 2) уст. пороховое оружие; огнест-рельное орудие.

화학(化學) химия;~공학 химическая инженерия[технология]; ~섬유(纖柔) искусственные и синтетические волокна; ~자 химик; ~적 химический; ~공업 химическая промышлен-ность; ~계 химики; среда(круги) химиков; ~기호 химичес-кий знак; ~방정식 химическое уравнение; ~분해 химическое разложение; химический распад; ~비료 химическое удобрение; ~섬유 синтетические смолы; ~수지 синтетические смолы; ~식 химическая формула;

화합(化合) I соединение; комбина-ция; ~하다 соединяться; ~물 сое-динение; ~열 теплота образования (соединения).

화합(和合) II согласие; лад; ~하다 ладить; жить(работать) дружно (в согласии); ~하여 дружно.

화해(和解) примирениемирное раз-решение; компромисс; ~하다 ми- риться с кем-чем-л..

화형(火刑) сжигание на костре; ~하다 сжигать на костре; ~당하다 быть сожжённым на костре; ~식 церемония

확 I углубление в ступке.

확 II ~하다 а) налететь(о порыве ветра); б) ударить в нос(о резком запахе); в) внезапно покраснеть (о лице); г) взвиться(о пламени); д) резко открыться(о двери и т.п.); e) внезапно пройти(о каком-л. чувстве); ж)неожиданно(быстро) исполниться (о деле).

확(確) III внезапно; неожиданно; вдруг; ~일어나다 внезапно пройти (налаяом) ...에 ~부딪이다 внезапно пройти; коре ~찌르다 ударить в нос; ~열다 распахнуть; ~열리다 резко открыться; ~일어나다(불꽃이) взвиться; ~붉어지다 внезапно покраснеть.

확고(確固) ~부동 непоколебимый, незыблемый; ~하다 твёрдый; непоколебимый; решительный; ~부동 하다 непоколебимый; незыблемый.

확답(確答) 1) ~하다 давать определён-ный(окончательный)ответ; 2) опреде-лённый(окончательный) ответ.

확대(擴大) расширение; увеличение; ~재생산 эк. расширенное воспроиз-водство; ~하다 увеличивать; рас-ширять; ~경 увеличительное стекло; лупа; ~기 увеличитель; ~율 степень; ~회의 расширенное заседание.

확률(確率) [хваннюл] мат. вероя-тность; ~공간 мат. случайное прстранство;~론 теория вероятности.

확립(確立) установление, утверждение; ~하다 определяться; утве-рждаться.

확보(確保)[полное]обеспечение; гарантия; ~하다 обеспечивать; гарантировать.

확산(擴散) диффузия; рассеивание; разбрызгивание; ~하다 рассеиваться; распространяться; разбрызгиваться.

확신(確信) твёрдая уверенность убеждение; ~있게 уверенно, убеж-дённо; ~하다 быть уверенным; быть убеждённым

확실(確實) ~무의 достоверность; ~하다 надёжный; ~히 достоверно; точно; ~히 하다 обеспечивать; гарантировать; подтверждать; подкреплять; ~하다고 생각하다 быть уверенным в чем-л.; ~성 точност-ть; ~시 하다 достоверно считать кого-что-л. кем-чем-л.

확언(確言) утверждение; ~하다 говорить точно(определён-но); ут-верждать.

환(環) I кольцо; звено.

환(換) II пересылка денег переводным векселем(траттой).

환(圜) III хван (старая денежная единица; соотв. воне).

환각(幻覺) ~하다 отправлять обратно; возвращать; ~제 наркотик.

환갑(還甲) 60лет, шестидесятилетие, поздравление по случаю шестидеся-тилетия; ~잔치(殘置) банкет по случаю шестидеся-тилетия; ~날 день; ~상 (накрытый)стол на случай шестидеся-тилетия; ~상을 차리다 угостить угощением по случаю шестидеся-тилетия; ~잔치 банкет(пир) по случаю шестидесятилетия.

환경(還京) I уст. возвращаться в Сеул

환경(環境) II окружающая среда; обстоятельство, обстановка; 배기가 스에 의한 ~오염 загрязнение окружающей среды выхлопными газами; 산업폐기물에 의한 ~오염 загрязне-ние среды промышленными отходами; ~상태 감시반 служба по контролю окружающей среды; ~개선 улучше-ние(условий) окружающей среды; ~ 보호 защита окружающей среды; ~ 보호단체 организация защитников окружающей среды; 도시~ городская среда; 생태학적~ экологическая среда; 서식~ среда обитания; 자연 ~ природ-ная (естественная) среда.

환골탈태(換骨奪胎) обр. 1) изменяться в лучшую сторону; 2) похорошеть(напр. о женщине); 3) улучшить (чьё-л. сочинение)

환금(換金) обращение в деньги; реализация;~하다 обращать в деньги; реализовывать.

환기(喚起) I привлечение; ~하다 привлекать; вызывать; пробуждать; поднимать на что-л.

환기(換氣) II вентиляция; ~하다 проветривать; ~가 좋은 хорошо вентилируемый(проветривающийся); ~장치 вентиля-ционное устройство; ~창 вентиляционное окно; форточка.

환난(患難) заботы(тревоги) и нес-частья;~상구 уст. помогать друг другу в беде (несчастья).

환도뼈(還刀~) анат. 1) подвздошная кость; 2) бедро; ~의 큰 힘줄 жилы на составе бедра.

환락(歡樂) развлечение; удовольствие; увеселение; наслаж-дение; ~가 квартал питейных заведений.

환류(還流) отлив; обратное течение; ~하다 возвращаться.

환멸(幻滅) разочарование; ~적 разочарованный; ~을 느끼다 разочароваться в ком-чём-л..

환불(換拂) возврат денег, выплата денег после перерасчета;

~하다 возвращать деньги.

환산(換算) пересчёт; перевод; ~하다 пересчитывать; переводить; 원을 루블로 ~하다 перевести воны в рубли; 루블로 ~하여 в переводе(пересчёте) на рубли(доллары); ~률 валютный курс.

환상(環狀) I сущ. кольцеобразный; ~성운 астр. кольцеобразная планетарная туманность; анат. перстевидный хрящ; ~연골 *анат.* перстевидный хрящ.

환상(幻想) II призрак; иллюзия; заблуждение, фантазия; ~곡 фан-тазия; ~적 иллюзорный, фантастический; ~하다 питать иллюзии; фантазировать.

환생(還生) перерождение; реинка-рнация;~하다 уст. а) возвращаться к жизни; б) оживать.

환송(歡送) (торжественные) проводы; ~회 прощальный митинг;~하다 торжественно провожать; ~연 торжественный банкет.

환심(歡心) радостное настроение; ~을 사다 привлекать расположение; заслуживать благосклонность.

환영(歡迎) приветствие видение; мираж; радушный прием; ~하다добро пожаловать; ~을 받다 встретить приём; ~회를 베풀다 устраивать встречу; ~사 приветственная речь; ~연 банкет(приём) по случаю встречи; ~회 встреча; ~합니다! добро пожало-вать!; ...을 (를) ~하여 в честь (кого-л.).

환율(換率) валютный курс; 공정~ официальный (установленный) курс.

환자(患者) пациент больной; ~명부 список больных.

환전(換錢) перевод денег, конвертация; ~하다 разменивать; менять деньги.

환절(換節) переход сезона; ~기 переходное время года; ~하다 сменяться

환치(換置) перестановка; замена; перекладка; ~하다 перекладывать; заменять; замещать; перемещать; менять местами; ~구좌 текущий счёт (для перечисления); ~하다 перечислять.

환하게(煥-) светло.

환하다 1) яркий(о свете; материи); светлый; 2) ясный, явный, очевидный; 3) чистый, широко простирающийся; 4) свежий (о внешнем виде); гладкий (напр. о лице); 5) освежаю-щий, холодящий; 6) знакомый, осведомлённый

환호(歡呼) ликование; ~하다 радостно воскликнуть; ~성

ликующие возгласы; радостные крики.

환희(歡喜) восторг; ~에 찬 восторженный; радостный; ~하다 обрадоваться чему-л.; ликовать.; 환희의 미소 радостная улыбка.

활(弓) 1) лук (оружие); 활과 과녁이 서로 맞았다 обр. вовремя прийти (о счастливом случае); 활을 메우다 сделать новый лук; 활을 부리다 снять тетиву; 활이야 살이야 обр. громко ругать(бранить); ~을 쏘다 стрелять из лука; пускать стрелу; 2) смычок.

활강(滑降) спуск; ~하다 спускаться; катиться по наклонной плоскости; ~경기 соревнование по скоростному спуску; ~경주 соревнования по(скоростному) спуску.

활개(闊) (раскинутые) руки(ноги); ~치다 размахивать руками; действовать энергично; ~를 펴다 расправить крылья.

활개똥 сильный понос.

활개짓 [-찌찟] ~하다 а) размахивать(крыльями); б) размахивать (руками) (при ходьбе).

활기(活氣) оживление энергия; одушевление; оживление; ~있는 оживлённый; живой; энергичный; ~가 없다 неживой; безжизненный; вялый; ~가 붙다 оживляться; ~차다 оживленный, активный

활달(豁達) ~하다 живой; энергичный; благожелательный; вели-кодушный.

활동(活動) деятельность; ~적 действенный, действующий; ~적인 действенный; деятельный; энергичный; ~하다 действовать; развивать деятельность; ~가 активист; деятель; ~력 работоспособность; ~분자 активист; актив; ~성 деятельность; активность; ~의 자유 свобода действия.

활력(活力) жизнеспособность; ~설 витализм; ~소 укрепляющее(тони-зирующее) средство.

활로(活路) выход из положения; средства к существованию; ~를 개척하다 находить путь.

활발(活潑) активность, энергия (жизненная); ~하다 живой; оживлённый; энергичный; ~해지다 оживляться; ~함 живость

활보(闊步) ~하다 идти большими шагами; важно шествовать; гордо выступать.

활성(活性) активность; ~제 акти-вирующее вещество; ~탄 активи-рованный уголь; ~화 активизация; ~화하다 активизировать; активи- зировать; ~도금 тех. активное покрытие;~부식 с.-х. деятельный перегной.

활약(活躍) деятельность, актив- ность. ~하다 играть активную ро-ль; быть активным.

활어(活魚) живая рыба.

활엽수(闊葉樹) лиственные дере- вья; ~림 лиственный лес.

활용(活用) спряжение глаголов и прилагательных, предикатива использование; ~하다 применять на практике; использовать по на-значению; ~되다 практиковаться, использоваться.

활자(活字) шрифт; литера; ~를 맞추어 판을짜다 набирать; составлять набор; ~를 줍다 набирать; подбирать литеры; ~체 печатный шрифт; ~화 издание типографическим способом; ~화하다 издавать типографическим способом; ~체계 стандарт шрифтов; ~호수 кегль.

활주(滑走) скольжение; планиро- вание; ~하다 скользить; планиро-вать; ~로 взлётная дорожка(полоса).

활짝 피다 полностью распускаться.

활활 ослаб. стил. вариант 훨훨; ~날다 плавно парить; ~타오르다 пы-лать; ~부치다 энергично обмахи-ваться; ~빗다 сбрасывать.

황(黃) I 1) сущ. жёлтое; 2) см. 석류황; 3) безоаровый камень; 황이 들다 образовываться(о безоаровом камне); 4) жёлтая мучка(напр. на стебле пшеницы); 황이 내리다 а) появляться(о жёлтой мучке); б) образовываться(о нарыве на шее или ногах вола); 5) 황이 끼다 поя-вляться(о желтоватых пятнах на женьшене); см. 황색(黃色).

황(凰) II миф. самка птицыфеникса.

황갈색(黃褐色) [-ссэк] тёмножёлтый (светло-коричневый) цвет.

황금(黃金) золото; ~색 золотой цвет; ~의 золотой; ~만능 власть; ~만능의 сребролюбивый;~만능주의 принцип всемогущества денег; ~빛 золотой; ~시대 золотой век; ~정책 политика подкупа; ~예복 парадное платье короля, отливающее золотом; ~나라 золотистые колосья риса.

황달(黃疸) желтуха.

황당(荒唐) ~무계 беспочвенный, необоснованный; ~하다 вздорный; ложный; пустой; ~무계하다 беспо-чвенный; необоснованный.

황무(荒蕪) ~하다 запущенный; за-росший сорняками; залежный; ~지 пустошь; залежная земля.

황색(黃色) 1) жёлтый цвет; ~루싼 с.-х. жёлтая люцерна; 2) перен. сущ. жёлтый; ~노조 жёлтый профсоюз; ~신문 жёлтая пресса; ~의 жёлтый.

황색종(黃色種) жёлтый сорт(напр. фруктов); ~담배 жёлтый табак.

황소(黃牛) бык, вол; ~걸음 ленивая походка; кропотливая работа; ~고집 упрямец; ~바람 обр. ветер, задувающий в щели; ~울음 обр. громкий плач, рёв; ~같다 сильный, как вол.

황소 ↔ **암소** бык ↔ корова.

황옥(석)(黃玉石) топаз.

황인종(黃人種) жёлтая раса.

황천(黃泉) потусторонний мир; ~으로 가다 отправиться на тот свет; ~객 покойник; ~길 дорога на тот свет; 2) см. 저승; ~의 나그네를 짓다 обр. отправиться на тот свет.

황토(黃土) лёсс; ~물 жёлтая(лёссо-вая) вода.

황폐(荒廢) запустение; разорение; опустошение; ~하다 заброшенный; пустынный; ~하다 быть заброшенным (запущенным); опустошаться; разоряться; быть разрушенным; ~화 запустение; разорение; ~화 시키다 привести к разорению(запустению); ~화하다 забросить; запустить; прийти в запустение.

황혼(黃昏) сумерки; ~의 сумереч-ный; дэтизи-~이 찾아들었다; на зе-млю опустились сумерки; ~이 깃들다 сгуститься (о сумерках), сте-мнеть

황홀(恍惚) восторг; очарование; ~하다 очарованный; великолепный; ~하게 하는 чарующий; очарователь-ный; ~하게 하다 заворожить; очаровать; пленить; ослепить; ~해 하다 очароваться; прийти в во-сторг; ~경 очарованность.

황후(皇后) императрица.

홰 насест; ~에 앉다 сидеть на насесте.

홰 петухи; ~를 치다 хлопать крыльями

홱 резко; круто; порывисто; живо; быстро.

횃불 факел; ~놀이 состязание при свете зажжённых факелов; ~시위 факельное шествие.

회(會) I общество; ассоциация.

회(膾) II хве, мелко нарезанное сырое мясо(рыба).

회(回) III раз.

회갑(回甲) 60 летия, юбилей = 환갑 60-летний юбилей.

회개(悔改) 1) раскаяние в ошибках и желание исправиться;

~하다 раскаиваться и исправляться; 2) покаяние; ~기도 молитва покаяния; ~로의 부름 призыв к покаянию.

회견(會見), **회담**(會談) переговоры; встреча; приём; ~하다 кому дать интервью; принимать кого-л.; 기자~ пресс-конференция.

회계(會計) подсчёт; расчёт; счёт; уплата; расплата; ~원 счетовод; ~하다 вести счета; вести учёт; ~감사 проверка отчётности; ~과 финансовый (расчётный) отдел; ~보고 финансовый отчёт; ~부 приходно-расходная книга; ~사 бухгалтер; ~연도 финансовый (отчётный) год; ~원 кассир; ~학 счетоводство; бухгалтерия.

회고(懷古) ретроспекция; воспоминания; ~적인 ретроспективный; ~하다 оглядываться назад на прошлое; ~담 воспоминания; ~록 мемуары.

회관(會館) зал; помещение(общест-венного пользования); 문화~ дом культуры.

회교(回教) ислам; ~국 исламская страна; ~권 мусульманские страны; ~도 мусульманин.

회귀(回歸) оборот; возвращение; рейс; ~하다 вращаться; возвращаться; ~의 оборотный; возвратный; периодический; повторяющийся; ~선 тропик; ~열 возвратный тиф; 남북 ~선 тропик Козерога(Рака).

회담(會談) беседа; переговоры; ~ 하다 беседовать; вести переговоры; ~을 결렬시키다 прервать(сорвать) переговоры; 국교정상화 비공식~ неофициальное совещание; 수뇌~ переговоры(встреча) в верхах; переговоры (встреча) на высшем уровне.

회람(回覽) циркуляр; ~하다 читать и передавать другим; ~되다 циркули-ровать; ~장 циркулярное письмо; ~판 доска для извещений.

회복(回復) восстановление; выздоровление; ~기 период выздоро-вления; ~기에 있다 выздоравли- вать; ~하다 восстановить.

회부(回附) отсылка; передача; ~하다 отсылать; пересылать; передавать на рассмотрение; 인쇄에~하다 сдавать в печать; ~안 законопроект, предс-тавленный на рассмотрение.

회분(灰分) зола.

회비(會費) членский взнос.

회사(會社), **상사**(商社) компания, фирма; ~원(員) служащий

компании (фирмы).

회상(回想) воспоминание; ~록 воспоминания, мемуары; ~하다 вспо-минать; ~기 записки о прошлом; воспоминания; ~록 воспоминания.

회색(灰色) серый цвет; ~의 серый; сероватый; пепельный; ~분자 не-устойчивые(колеблющиеся) элементы.

회생(回生) возвращение к жизни; воскресение; оживление; ~하다 во-скресать.

회선(回旋) вращение; виток. ~상의 свёрнутый; ~교 разводной мост; ~기중기 поворотный башенный кран; ~운동 нутация.

회수(回收) I возврат; возвращение; ~하다 отбирать назад; отнимать; изымать; ~품 возвращённые(изъя-тые) вещи(предметы); 우주선 - возвращение на землю космичес-кого корабля

회수(回數) II частотность; ~를 거듭하다 повторять много раз; ~가 많아지다 учащаться; ~권 билетная книжка.

회식(會食) совместная трапеза сот-рудников; ~하다 обедать за общим столом(в компании).

회신(回信) ответное письмо; отве-тная телеграмма.

회심(回心) I ~하다 изменить мне-ние; обратиться в другую веру.

회심(會心) II близость; ~의 близ-кий по духу; ~의 미소를 띠고 с удовлет-ворённой улыбкой; ~작 работа(труд) по душе(по сердцу); ~지우 закадыч-ный(задушевный) друг.

회오리 вихрь; ~치다 вихриться; кружиться вихрем; ~바람 смерч, вихрь.

회원(會員) член общества; ~명부 список членов; ~국 страна-участница ассоциации; ~증 членское удос-товерение; членский билет; 명예~ почётный член; 정~ постоянный член; 준~ член-корреспондент.

회유(海諭) умиротворение; прими-рение; ~하다 уговаривать; умиро-творить; ~정책 политика умиро- творения.

회의(會議) I собрание; заседание; конференция; совещание; сессия; совет; конгресс; ~장 место заседания (собрания); ~중이다 быть на заседании; заседать; совещать; ~록 протокол; ~사항 повестка дня; порядок обсуждения; ~소 здание (помещение) для собраний(совещаний); ~실 зал заседания; конференцзал; ~장 место заседания (собрания);

국무 Совет министров; 최고~ совещание в верхах.

회의(懷疑) II сомнение; недоверие; ~적 скептический; недоверчивый; ~하다 сомневаться; впадать в сомне-ние; ~론 скептицизм; ~론자 скептик; ~심 недоверчивость; скептицизм.

회임(懷妊) зачатие; беременность; ~하다 забеременеть; быть бере- менной.

회장(會長) председатель собрания, президент общества; ~직 предсе- дательство.

회전(回傳) вращение, обращение кружение; ~목마 карусель; ~의자 вращающееся кресло; ~식 вращаю-щийся; вращательный; поворотный; ~하다 вращаться; вертеться; ~시키다 вращать; вертеть; ~기 ротор; ~등 вращающийся фонарь(прожектор); ~무 대 вращающаяся сцена; ~자금 оборотные средства (фонды); ~장치 поворотный ме- ханизм; поворотное устройство; ~주기 период вращения; ~축 ось.

회진하다 делать обход, обходить больных.

회초리 розги.

회충(蛔蟲) аскарида; ~약 глисто- гонное средство; ~증 аскаридоз.

회칙(會則) устав общества.

회피(回避) уклонение; избежание; ~적 уклончивый; ~하다 уклоняться от кого-чего-л.; ~성 увёртливость.

회화(會話) I картина, произведение живописи, разговор; ~체 разговор-ный стиль; ~하다 разговаривать; беседовать.

회화(繪畵) II живопись; картина; рисунок; ~적 живописный; изоб- разительный; графический; ~를 하다 заниматься живописью;~기술 живописная техника; см. 그림.

획 I резко; порывами; 고개를 ~돌리다 резко повернуть голову; 바람이 ~불다 дуть порывами; ~던지다 швырнуть; ~뿌리치다 отдёрнуть.

획(劃) II черточка.

획득(獲得) получение; приобрете-ние; захват; ~하다 получать; прио-бретать;захватывать; завоёвывать; ~물 приобретение; ~표수 число полученных голосов; ~형질 прио-бретённый признак.

획일(劃一) единообразие; унификация; стандартизация; ~적 единообразный; стандартный; ~주의 принцип единооб-разия(унификации); ~화 стандартизация; унификация; ~화

하다 стандартизировать; унифи-цировать.

횡(橫) поперечник; ширина; ~적 горизонтальный; поперечный; ~으로 поперек; в ширину; горизон- тально.

횡단(橫斷) пересечение; ~보도 пе-шеходный переход; ~철도 пересе-кающиеся железные пути; ~의 по-перечный; ~하다 пересекать; пе-реходить;переезжать; ~하여 через что-л.; ~로 дорога пересекающая что-л.; переезд; ~면 поперечный разрез(профиль); поперечное сече-ние; 태평양 ~비행 перелёт через Тихий океан.

횡령(橫領), 절취(截取) хищение; за-хват; присвоение; ~하다 захваты-вать; присваивать; ~자 захватчик; узурпатор; ~죄 захват.

횡사(橫死) насильственная смерть; ~하다 умирать насильственной смертью.

횡선(橫線) поперечная горизонта-льная(линия); ~을 긋다 перечёрки-вать; подчёркивать.

횡설수설(橫說竪說) несвязная речь; всякая всячина; ~하다 нести еру-нду.

횡액(橫厄) неожиданное несчастье; неожиданная беда.

횡재(橫財) неожиданное приобре- тение(богатство); ~하다 неожида-нно получить(богатство); разбога-теть.

횡포(橫暴) тирания; насилие; дес-потизм; произвол; ~하다 тирани- ческий; самовластный; своевольный; деспотический; ~하게 굴다 тиранствовать; ~성 деспотизм.

효(爻) I шесть горизонтальных черт в триграмме Ицзина.

효(孝) II почитание родителей; ~경 книга о сыновьем и дочернем почтении к родителям; ~녀 почтительная дочь; ~도 почтительность к родителям; ~도 하다 быть почтительным к родителям; ~부 почтительная сноха; ~성 почтите-льность к родителям; ~성스럽다 почтительный к родителям; ~심 почтительность к родителям; ~행하다 быть хорошим сыном (хорошей дочерью)

효과(效果) эффект; ~적 эффекти- вный; ~가 없는 безрезультатный; недействующий;~가오르다 давать эффект; оказывать действие.

효능(效能) эффект, полезное дей- ствие; ~이 있는 действительный; эффективный; ~이잃다 утрачивать силу; ~을 낳다 оказывать дейст-вие; производить эффект.

효도(孝道) почтительность к ро- дителям.

효력(效力) действие, эффект, сила; ~반경 воен. радиус

- 999 -

поражения; ~사격 стрельба на поражение.

효률(效率) [-юл] коэффициент полезного действия, КПД.

효부(孝婦) почтительная сноха; ~없는 집 호자 없다 посл. ≡ букв. без доброй снохи не бывает доброго сына.

효성(孝誠) почтительность к ро-дителям, преданное чувство к ро-дителям; = 효도(孝道),

효심(孝心) почтительность к ро-дителям.

효자 преданный, почтительный сын.

효험(效驗) эффект; хороший резу-льтат.

후(後) I после кого-чего-л.; через кого-что-л.; по ком-чём-л.; 그~ после того; впоследствии; потом; затем; 전~ после войны; 한 시간 ~에 через час; 현지도착 ~에 по прибытии на место.

후(候) II пять дней, пятидневка, полудекада.

후 III ~ 불다 дунуть; уф!; ~하고 한숨을 내쉬다 вздохнуть с облег- чением.

후-(後-) задний; [по]следующий;~시대 последующая эпоха.

후견(後見) опека, опекунство; ~하다 опекать; опекунствовать над кем-л.; ~인 опекун.

후계(後繼) преемственность; ~의 следующий; ~자 преемник, прее-мница.

후기(後期) последний период; второй семестр; вторая половина года.

후끈하다 горячий; жаркий; пок- раснеть (от злости).

후닥닥 неожиданно; поспешно; наспех; быстро; ~거리다 поспешно (неожиданно) вскакивать; делать наспех; ~하다 неожиданно(поспе-шно) вскочить; сделать наспех.

후려치다 хлестать; бить с размаху; сильно атаковать.

후련하다 почувствовать облегчение.

후리다 1) см. 훌치다 I; 2) ударять (бить) с размаху;후려치다 хлестать; 3) быть изогнутым; 4) гнаться; 5) хапнуть; 6) незаметно стянуть.

후반(後半) вторая половина;второй тайм; ~기 вторая половина года; второе полугодие; ~부 вторая часть; ~전 вторая часть(половина) игры; второй тайм(период).

후방(後方) задняя часть(сторона); тыл; ~근무 служба в тылу; ~근무를 하다 служить в тылу; ~병원 тыловой госпиталь; ~부대 тыловая часть.

후보(候補) I кандидатура; ...를 대통 령~자로 추천하다 выдвигать кого-л. кандидатом (в качестве кандидата) в

- 1000 -

президенты; ~자로서 입~하다 выставить свою кандидатуру; ~선수 запасной игрок; ~자 кандидат, кандидатка; 입~하다 выступать кандидатом; 당원 ~자 кандидат в члены партии; ~생 слушатель; кадет; ~지 район, предназначенный для чего-л.

후비다 копать; ковырять чем-л. в чём-л.; раскапывать; разоблачать; раскрывать; 이쑤시개로 이를~ ковырять зубочисткой в зубах.

후생비(厚生費) расходы на бытовое обслуживание(на службу быта).

후속(後續) ~의 последующий; следующий; ~부대 отряд усиления (подкрепления).

후송(後送) отправка в тыл; эвакуация; ~하다 отправлять в тыл; эвакуировать; ~소 эвакуационный пункт; ~자 эвакуированный; ~차 поезд(автомашина) с эвакуированными.

후예(後裔)**후손**(後孫)<>조상(祖上) кровные потомки<>предки.

후원(後援) подкрепление, поддержка; спонсорство; протекция; покровительство; шефство; прикрытие; ~하다 поддерживать; покровительствовать; протежировать; спонсировать; оказывать кому-л. протекцию(поддержку); шефствовать над кем-чем-л.; ~단체 организация(учреждение), взявшая шефство над кем-чем-л.; шеф; ~회 общество для поддержки кого-л.

후원회(後援會) общество и т.п., созданное для поддержки (кого-чего-л.)

후유증(後遺症) осложнения после болезни; последствия.

후일(後日) последующие дни; будущее; ~담 рассказ о случившемся впоследствии(позже).

후진(後進) отставание; регресс; движение назад; задний ход; молодой(человек); младший; молодёжь; подрастающее поколение; ~하다 двигаться назад; давать задний ход; отставать; регрессировать; ~국 слаборазвитая (отсталая) страна; ~성 отсталость.

후천(後天) ~적 приобретённый; апостериорный; ~적으로 апостериори; ~병 приобретённая болезнь; ~성 апостериорность.

후천성(後天性) приобретенное свойство; ~면역결핍증 СПИД(Синдром приобретённого иммунного дефицита)

후추 зёрна чёрного перца; чёрный перец.

후퇴(後退) отступление; отход; отдача; ~의 отступательный; ~하다 отступать; отходить; двигаться назад; поворачиваться назад; откатиться; ~로 путь отступления; ~작전 отступательный манёвр.

후편(後便) задняя(обратная)сторона; следующее послание; ~에 보내다 посылать со следующим посла- нием(в следующий раз).

후회(後悔) раскаяние; покаяние; ~하 다 раскаиваться в чём-л.; ~막급하다 запоздало раскаиваться в чём-л.; ~막심하다 очень досадный.

훅 – 들이마시다 с шумом втянуть в себя(жидкость); фу; 등잔불을 ~ 불어 끄다 дунуть и погасить коптилку; 집을 ~떠나다 неожиданно покинуть дом; 담을 ~뛰어넘다 проворно перепрыгнуть через стену.

훅(hook) (고리) крючок; хук.

훈(暈) I ореол, сияние, нимб) 2) краснота(вогруг нарыва); 3) расп- лывшееся пятно(от чернил, тушина бумаге)

훈(燻) II корейская окарина(из глины)

훈(熏) III *кор. мед.* 1) вдыхание паров лекарства; 2) окуривание.

훈(訓) IV пояснения значения ие- роглифа.

훈계(訓戒)(타이름) предостережение; предупреждение; наставление; ~하다 предостерегать; предупреждать; наставлять; увещевать.

훈련(訓練)연습(演習) обучение; учёба; подготовка, тренировка; дрессировка; ~하다 обучать; тренировать; дрессировать; ~비 расходы на обучение; ~생 слушатель (курсант) учебного подразделения; ~소 учебное подразде- ление; место обучения(тренировки); 직업~ обучение ремеслу.

훈련원(訓鍊院) [훌-] *феод.* цент- ральное ведомство военной под- готовки.

훈령(訓令) инструкция; указание; директива; предписание; наказ; ~을 내리다 давать директиву; инст-руктировать

훈민정음(訓民正音) корейский алфа-вит, созданный Сечжоном, корейская национальная письменность, созданная в 1442 г. (한글의 최초의 이름) "Хунминч-жоным"- первое название корейского алфавита, корейская национальная письменность(1444 год).

훈시(訓示) указание; инструкция; наставление; ~하다 наставлять; указывать.

훈장(勳章) орден; знак отличия; ~을 수여하다 наградить кого-л. орденом; вручить орден; ~수여식 церемония вручения ордена.

훈하다 окуривать[ся] парами лекарства(дымом сжигаемых целебных веществ).

훌라후프(Hula-Hoop) обруч.

훌륭하다 великий; выдающийся; знатный; знаменитый; замечательный; известный;превосходный; прекрасный; Здорово! Молодец! 훌륭한 일을 하다 делать замечательное дело.

훌쩍 ~들이마시다 пить залпом; втянуть в себя; ~뛰다 подпрыгивать; ~뛰어오르다 вскакивать.

훌쩍거리다 шмыгать носом(во время плача).

훑다 отдирать; обдирать; сдирать; внимательно(тщательно) осматри-вать; промывать начисто; полнос-тью прочищать.

훑어보다 оглядывать; окинуть (об-вести)взглядом(взором; глазами).

훗날 следующий день, впослед-ствии.

훗달 следующий день.

훤칠하다 длинный и гладкий; идеально чистый и свежий

훤하다 светлый; проясняющийся; несомненный; ясный; широко ра-скинувшийся; белый и благоро- дный(о лице).

훤히 светло.

훨씬 гораздо; весьма; значительно; намного; далеко; ~전에 очень давно; значительно раньше чего-л.

훼방(毁謗) клевета; помеха; прег-рада; преграждение; препятствие; ~놓다 клеветать на кого-что-л.; вредить кому-чему-л.; мешать кому-чему-л.; пре-граждать что-л. кому-л.; чинить препятствия; ~꾼 клеветник; вредитель; см. 참람.

훼손(毀損) повреждение; диске- дитация; ~하다 испортить; повре(дить); дискредитировать; подрывать.

횡하다 пустой; впалый; осведом-лённый; см. 휑뎅그렇다.

휘 I мера для зерна(равная 15-20 маль; см. 말).

휘 II роспись(здания), напоминаю-щая рыбью чешую(волны, сеть).

휘(諱) III имя при жизни (у взос-лого человека).

휘(徽) IV лады(на грифе комунго).

휘(麾) V жёлтый флажок с изоб- ражением дракона (1) как дирежё́рская палочка; 2) как военный сигнал).

휘 VI 1) со свистом; ~몰아치다 за-вывать(о ветре); ~부리다

휘갈기다 (безжалостно; беспощадно) хлестать; бить; дать пощечину, написать скорописно(небрежно).

휘날리다 развевать(ся); кружить(ся); мести; прославлять.

휘다 гнуть(ся); прогибать(ся); под-гибать(ся); сгибать(ся); пригибать-(ся); быть искривлённым; быть согнутым; клонить(ся).

휘두르다 размахивать; распоряжаться; помыкать; ошеломить;прояв-лять;обнаруживать.

휘딱 быстро; стремительно; неожиданно; см. 후딱.

휘발(揮發) ~하다 улетучиваться; испаряться; ~성 летучесть; ~성의 летучий; ~유 бензин.

휘발유(揮發油) бензин, газолин; ~ 펌프 бензонасос; ~유면계 указатель уровня бензина.

휘젓다 мешать; размешивать; маха-ть; размахивать; расстраивать; приводить в беспорядок.

휩쓸다 сметать; сдувать всё вокруг; смывать; уносить; широко распрост-ранять; охватывать.

휴가(休暇) каникулы; отпуск; 일개 월의 ~를 취하다 взять отпуск на месяц; ~를 얻다 получать отпуск; ~를 주다 дать отпуск; 그는 지금 ~중이다 Сейчас у него отпуск; ~비 деньги, выплаченные в отпуск; 무급~ отпуск без содержания; 산전 산후 ~ декретный отпуск; отпуск по беременности и родам일개월~ месячный отпуск.

휴간(休刊) ~하다 временно приос-танавливать (периодическое издание).

휴강(休講) пропуск лекции; ~하다 пропускать лекции; быть свободным от лекций.

휴게(休憩) отдых; перерыв; передышка; привал; ~하다 отдыхать; делать перерыв; ~소 место отдыха; ~시간 перерыв; антракт; ~실 комната отдыха.

휴교(休校) (временное) закрытие школы; ~하다 закрывать (школу; учебное заведение); быть закрытым; ~령 приказ о закрытии школы; ~하다 временно прекращать занятия.

휴대(携帶) ношение(при себе); ~하다 брать с собой; носить (возить; иметь) при себе; ~용 портативный; пере-носный; ручной; ~용 녹음기 порта-тивный магнитофон; ~용 무선기 пор-тативная радиостанция; ~용전화기 переносной телефонный аппарат; ~품 носимые(имеющиеся при себе) пред-меты; ручной багаж; личные вещи; ~품 보관소 гардероб; камера хранения.

휴면(休眠) анабиоз; спячка; ~하다 быть(находиться) в спячке; ~에 들어가다 залечь в спячку; ~기 периодспячки(анабиоза).

휴무(休務) (временный) отдых; вре-менное закрытие (прекращение работы); ~하다 устраивать перерыв в работе; временно закрывать(быть закрытым); временно прекращать работу(не работать); ~일 выходной день; 금일 ~ Сегодня закрыто.

휴식(休息) отдых; ~하다 отдыхать; ~처 место отдыха; ~일 день отдыха.

휴업(休業) временное закрытие предприятия; ~하다 временно закрывать предприятие; ~령 приказ о временном закрытии предприятия.

휴일(休日) выходной день; праз-дник.

휴전(休戰) перемирие; прекращение военных действий; ~하다 прекращать военные действия; ~감시위원회 комис-сия по наблюдению за выполнением условий перемирия; ~선 линия фронта к моменту перемирия; ~협정 согла-шение о перемирии.

휴정(休廷) ~하다 не заседать; делать перерыв в заседании; ~일 неприёмный день.

휴즈(<*англ*. fuse) эл. плавкий пре-дохранитель).

휴지(休紙) 1) туалетная бумага; макулатура; ненужные бумаги; ~통 корзина для бумаг(мусорное ведро); 2) ~시행 уст. отмена(проекта); ~진봉 феод. передача местными чиновни-ками вышестоящим столичным чиновникам документов на право владения землёй, отобранной у крестьян.

휴지통(休紙桶) корзина для бумаг; урна.

휴직(休職) временное отставление (отстранение от должности); ~하다 временно не работать; временно отстраняться от должности; ~자 временно неработающий.

휴진(休診) уст. ~하다 временно не принимать больных.

휴학(休學) временное непосещение школы; академический отпуск; временный перерыв в занятиях; ~하다 временно не посещать школу; временно прекращать учёбу.

흉(凶) шрам; рубец; недостаток; слабость; порок; пятно; изъян; де-фект.

흉금(胸襟) душа; ~을 울리다 дойти до сердца;~을 털어놓다

открывать душу; ~을 털어놓고 말하다 говорить без утайки(по душам).

흉기(凶器) смертоносное оружие; орудие убийства.

흉내(嘲-) подражание; передразни-вание; имитирование; подражание; ~내다 передразнивать; подражать кому-чему-л.(кому в чём-л.); следо-вать примеру кого-чего-л.; брать пример с кого-че-го-л.; ~내어 в подражание чему-л.; по примеру кого-чего-л.

흉년(凶年) I плохой(чёрный; неуро-жайный; голодный) год; неурожай-ный(урожайный) год неурожайный (голодный) год; ~들다 быть неу-рожайным(о годе).

흉년(凶年) II <> 풍년(豊年) неурожайный год <> урожайный год.

흉물(凶物) чудовище; гнусная(мер-зкая) личность; ~스럽다 чудовищ-ный; зловещий; гнусный; подлый; мерзкий.

흉보다 выявлять недостатки; об-личать порок; говорить о чужих недостатках; дурно отзываться, говорить пренебрежительно.

흉부(胸部) грудь; грудной; ~질환 болезнь лёгких.

흉악(凶惡) ~하다 злой; жестокий; злостный; зловредный; лютый.

흉중(胸中) душа;мысль; намерение; желание;~에 사무치다 проникаться душой; ~을 떠보다 прощупывать намерения кого-л.;~을 밝히다 отк-рывать душу кому-л.;~을 토로하다 излить душу кому-л.(перед кем-л.).

흉측(凶測)~하다 мерзкий; подлый; порочный.

흉터 шрам; рубец; следы ранения.

흉하다 противный; отвратительный; отталкивающий; коварный; вероломный; плохой; ругать; хулить (зло-получным;несчастливым); злополуч-ный, несчастливый

흉허물 порок; недостаток; ~없다 дружный; откровенный.

흐느끼다 всхлипывать.

흐느끼며 плакать

흐느적거리다 легко(чуть) колыхаться (развеваться).

흐렸어요 был хмурым.

흐르다 I течь; протекать; проходить; плыть; парить; сочиться; иметь склонность к чему-л.; скатиться к чему-л.(на что-л.); предаваться чему-л.;распространяться; протягиваться; выступать наружу; проявляться; ста-новиться заметным; блестеть; лос-ниться; проходить; струиться; воца-риться;

감정으로~ поддаться порыву чувства; идеализмом; 이상주의로 ~ обратиться к идеализму;

사람의 ~ людской поток; 사상의 ~ идейные течения.

흐리다 неясный; нечёткий; смутный; мутный; грязный; пасмурный; облачный; покрытый облаками; несвежий; загрязнённый; слабый; покрывать облаками; мутить; загрязнять; пачкать; порочить; омрачить; делать неясным(нечётким).

흐리다 1) мутноватый, грязноват-ый; 2) немного пасмурный; 3) немного озабоченный; 4) подслеповатый(о глазах); 5) очень хриплый(о голосе); 6) очень неаккуратный(о должнике).

흐린 пасмурный.

흐림 хмурый.

흐립니다 хмурый.

흐릿하다 чуть мутный(грязный); чуть пасмурный; слабый

흐물거리다 быть очень мягким (зыбким; топким); жевать; подт- рунивать над кем-чем-л.

흐뭇하다 довольный; удовлетворённый; удовлетворительный; полный; законченный.

흐지부지(-之) смутно, неясно, определённо; ~하다 1) делать смут- ным(неясным); 2) смутный, неясный.

흐트리다 спутать; запутать; перепутать; смешать; приводить в бе-спорядок; расстраивать; растрёпы-вать.

흑(黑) I 1) сущ. чёрное; 2) см. 흑지 I

흑 II ~하다 а) всхлипнуть; б) ох-нуть (неожиданно попав в холод-ную воду).

흑- преф кор чёрные; тёмный; 흑포도 чёрные виноград; 흑갈색 тём-нокоричневый цвет

흑막(黑幕) чёрный занавес; заку-лисная сторона; подоплёка; 외교적 음모의~을 벗기다 вскрывать обнар-уживать подоплёку дипломатиче-ских интриг; 정계의 ~ политиче-ский интриган.

흑백(黑白) чёрное и белое; дурное и хорошее; правда и ложь; ~을 가리다 выяснять, кто прав; ~영화 черно-белый фильм; черно-белый; чёрный и белый цвет; ~사진 чёрно-белый снимок.

흑색(黑色) чёрный цвет; чернота; ~의 чёрный; ~으로 보이다 черне-ться; ~인종 чёрная раса см. 흑인종, 흑인

흑심(黑心) чёрный замысел; чёрная душа; ~을 품다

таить(вынашивать) чёрный замысел

혹인(黑人) негр; ~의 негроидный; негритянский; ~종 негроидная раса.

혹해(黑海) Чёрное море.

흔들거리다 колыхать(ся); слегка раскачивать(ся); дрожать; потряса-ть(ся); потряхивать(ся); мерно пока-чиваться; мерно колебать(ся); ша-тать(ся); сотрясаться; ходить ходу-ном; 발을 ~ болтать ногами.

흔들다 шатать; качать; трясти; потрясать; будоражить; разрушать; подрывать; махать; кивать; расталкивать; будить; стряхивать; 권위를~ подрывать авторитет.

흔적(痕迹) след; отпечаток; старая площадка; развалины; 수레바퀴의 ~ колея; ~을 좇아 во(в) след; по следу; ~도 없이 사라지다 изчезнуть без следа; бесследно изчезнуть; ~을 감추다 заместить следы; едва за-метная(ничтожная) часть.

흔쾌(欣快) ~하다 весёлый; радос- тный; приятный; благоприятный; ~히 приятно; охотно; с удоволь-ствием; радушно; с готовностью.

흔하다 поным-полно, много; не-редко встречаться.

흔히 часто.

흘러가다 тень, растекаться.

흘러오다 вытекать.

흘렸습니다 пролил.

흘리다 заставлять(позволять); лить; проливать; выливать; просыпать; рассыпать; ронять; терять; лишаться чего-л.; разделять(распределять) понемногу(частями); писать неразборчиво(скорописью); делать едва заметные штрихи; прослушать; пропустить мимо ушей; пускать по течению; сплавлять; выболтать; выдавать; открывать; извещать кого-л. о чём-л

홀연(忽然) книжн. ~[히] ввысь, высоко; ~독립 уст. обр одиноко возвышаться; ~하다 величественно вздыма-ющийся ввысь; величествен-ный, внушительный.

흙 земля; почва; грунт; ~더미 куча земли; ~덩이 ком; глыба(земли; глины); ~먼지 пыль; ~바닥 земля-ной пол; ~벽 неоклееная стена; глинобитная стена; ~벽돌 сырцовый (необожжённый)кирпич; саман; ~빛 землистый цвет; ~장난 лепка из глины; ~장난하다 лепить из глины; ~집 глинобитный дом; 흙을 메워 넣다 покрывать глиной.

흙탕물 мутная(грязная) вода грязь и слякоть.

흠(欠) I см. 홈 трещина; надлом; повреждение; царапина; пятно; изъян; дефект; недостаток; ~나다 появляться(о трещине); ~내다 нанести царапину.

흠(상처,흉터) II след от раны, шрам

흠 III да!; гм!

흠모(欽慕) благоговение; ~하다 почитать и любить; обожать; благоговеть.

흠뻑 совсем; насквозь(промокнуть); обильно; сильно; ~젖다 (совсем) вымокнуть;(насквозь) промокнуть; 땀에 ~젖다 сильно вспотеть; 나는 땀에 ~젖었다 Я весь в поту; 물을 ~주다 обильно поливать.

흠칫 от испуга; от неожиданности; ~하다 вздрогнуть от испуга(нео- жиданности).; ~거리다 вздрагивать от испуга(не-ожиданности).

흡기(吸氣) 1) см. 들숨; 2) вдох, вса-сывание; ~하다 вдыхать, втягивать, всасывать.

흡사(恰似) близкое(поразительное) сходство; ~하다 почти одинаковый (похожий); быть очень похожим на кого-что-л.; иметь большое сходство с кем-чем-л.;~히 словно; как будто; совсем как.

흡수(吸收) всасывание; впитывание; поглощение; абсорбция; втягивание; вовлечение; ~하다 всасывать; вби-рать в себя; впитывать; поглощать; абсорбировать; втягивать, вовле- кать; ~량 объём всасывания(абсо-рбции); ~력 сила всасывания (абсо-рбции); всасываемость; ~성 поглотительные (абсорбционные) свой-ства; поглощаемость;

흡연(吸煙) курение; ~하다 курить; ~실 курительная комната; ~장 место для курения; ~찻간 вагон для курящих.

흡인(吸引) аспирация; всасывание; впитывание; засасывание; прив- лечение; вовлечение; ~하다 всасы-вать; впитывать; засасывать; при-сасывать; притягивать, привлекать; вовлекать; ~력 притяжение; сила всасывания.

흡입(吸入) ингаляция; всасывание; вдыхание; поглощение; ~하다 вса-сывать; вдыхать; делать ингаля-цию.

흡족(洽足) довольство; удовлетво-рение; ~하다 достаточный; обиль-ный; довольный; быть довольным (удовлетворённым).

홍 I ~하고 코를 풀다 громко выс-моркаться.

홍 II ах!; эх, ты!

홍(興) III интерес; удовольствие; ~을 돋구다 приподнимать (повышать) настроение, ~이 나다 прийти в весё-лое настроение; заинтересоваться чем-л.; развлекаться; забавляться чем-л.; веселиться.

흥겹다(興--) приподнятый(о наст-роении); радостный; весёлый; забавный; потешный.

흥망(興亡) взлёт и падение;~성쇠 процветание и упадок; величие и падение.

흥미(興味) интерес; заниматель-ность; вкус к чему-л.; ~가 있는 интересный; занимательный; ~를 가지다 заинтересоваться кем-чем-л.; иметь интерес (вкус) к чему-л.; находить удовольствие в чём-л.; 나는 이것에 ~를 가지고 있다 Это меня интересует; ~진진하다 очень интересный; увлекательный; ~진진 увлечение, заинте-сованность.

흥분(興奮) волнение; возбуждение; раздражение; ~하다 быть в возбу-ждении; быть возбуждённым; во-лноваться; возбуждаться; раздра-жаться; ~시키다 волновать; возбуждать; раздражать; ~하여 в возбуждении; возбуждённо; взволнова-нно; ~성 возбудимость; ~제 возбуждающее (тонизирующее) средство.

흥업(興業) развитие промышлен-ности; ~의 промышленный; ~하다 поднимать промышленность.

흥정 купля и продажа; торговля; торг; посредничество при торговле; ~하다 посредничать при заключении торговой сделки; заниматься мак-лерством; торговать(ся); ~거리 пред-мет торга (торговой сделки); ~꾼 посредник.

흥청망청(興淸亡淸) разгульно; ра-достно; самодовольно; ~하다 раз-гуляться.

흥취(興趣) интерес, склонность; см. 흥

흥하다 процветать; расцветать

흥행(興行) представление; сцени- ческое исполнение; ~하다 давать представление; исполнять; ~계 теат-ральный мир; ~권 право постановки(представления); ~물 представ-ление; постановка; ~사 антрепренёр.

흩날리다 разметаться; развеваться на ветру.

흩뜨리다 разбрасывать; рассыпать; разгонять; рассеивать; отвлекать;рассосать; путать; спутать; пере-путать.

흩어지다 рассеиваться; разлетаться; расходиться; рассыпаться; разбрасы-ваться; разваливаться;разлучаться; разбредаться.

흩어짐(англ. diaspora) рассеивание.

흩어뜨리다 разбрасывать, рассеи-вать; распространять,

разгонять.

흩이다[-чхи-] быть разбросанным (раскиданным, рассыпанным); см. 흩어지다.

희-(稀) преф., кор. 1) жидкий, раз-бавленный; слабый; 희류산 сла- бый раствор серной кислоты; 2) редкий; 희금속 редкие металлы.

희귀(稀貴) ~하다 редкостный; редкий; драгоценный; ~본 редкая книга; ~성 редкость.

희귀하다 редкостный, драгоценный.

희극(喜劇) комедия; комедийный; ~적 комический; комичный; ~배우 комик; комедийный актёр; коме-дийная актриса; буффон.

희끗거리다 белеть; 어둠속에서 그녀 의 원피스가 희끗거렸다 В темноте белело её платье.

희나리 (덜 마른 장작)сырые дрова.

희년(稀年) 70 лет; юбилейный год.; см. 희수(稀壽). 고희(古稀).

희다 белый; ясный; чистый; седой.

희락(喜樂) радость.

희랍(希臘) Греция; ~의 греческий; ~어 греческий язык; ~인 грек, гречанка.

희망(希望), 소원, 기대 желание; наде-жда; ~하다 желать; хотеть; надея-ться;...~을걸다 понадеяться на кого-что-л.; ~에 찬 подающий надежды; многообещающий; ~이 없는 безна-дёжный; ~적으로 с надеждой; оптимистически; ~자 желающий(сделать что-л.).

희닐샇다(희밀기니, 최멀거요) 1) яркий (о свете), ясный (о луне); 2) красивый и благородный(о лице)

희미(稀微) ~하다 слабый; еле(едва) заметный; смутный; неясный; туск-лый; ~하게 слабо; еле заметно.

희박(稀薄) ~하다 жидкий; тонкий; слабый; редкий; негустой; неглубокий; разбавленный; разжиженный; разре-женный; ~하게 하다 разжижать; раз-редить; разбавлять; разводить; 인구가 ~한 малонаселённый.

희비(喜悲) радость и печаль; ~극 трагедия и комедия; трагикомедия; радость и горе.

희생(犧牲) жертва; ~적 жертвенный; героический; самоотверженный;~하다 жертвовать кем-чем-л.; приносить кого-что-л. в жерт-ву; ~을 치르다 прино-сить жертвы; ~자 жертва; потерпевший; пострадавший; ~자를 내다 понести жертвы; иметь потер-певших; ~정신 дух самопожертвова-ния; ~타 жертва в (бейсболе); ~물 жертва; потеря.

회석(稀釋) разбавление; ~하다 раз бавлять; разжигать; ~도 степень разжигания(разведения); ~액 жи-дкий раствор.

회소하다 очень редкий(малочис-ленный)

회열(喜悅) восторг; восхищение; ликование.

회한(稀罕) ~스럽다 прил. казаться редкостным; ~하다 редкий; редкост-ный; невиданный.

회희낙낙(喜喜樂樂) ~하다 быть очень довольным; радоваться кому-чему-л.; веселиться.

흰, 새하얀, 백색(白色) белый.

흰머리 седина; проседь; голова с проседью; седая голова.

횡하다 одурманенный; ошеломлён-ный; прил. идти кругом(о голове).

히 нареч. выражает 1) иронию, насмешку; 2) удовлетворение.

-히- I суф. образует перех. гл. от прил.; 더럽히다 пачкать,загрязнять.

-히- II суф. образует: 1) гл. страд. залога; 먹히다 быть съеденным; 2) гл. побуд. залога 앉히다 заставить (позволить) сесть, усадить, поса- дить.

히브리 사람 еврей; еврейка.

히스테리(англ. Hysterie) истерия; истерика; ~적 истерический; исте-ричный; 그녀는 ~를 일으켰다 она закатила истерику; ~성 истерич- ность; ~환자 истерик, истеричка.

히죽 ~하다 довольно усмехнуться; ухмыльнуться; ~웃다 довольно улыбнуться.

히터(англ. heater) нагревательный прибор; радиатор; ~를 달다 поста-вить радиатор.

히트(англ. hit) успех; удача; бест-селлер; ~하다 добиться успеха.

히히거리다 хихикать.

힌놈의 골짜기 долина Еннома.

힌 гин = древнееврейская мера объёма. (용량단위).

힌두교 индуизм.

힌지 стр. шарнирное соединение, шарнир.

힌트(англ. hint) намёк; приём; уловка; ~를 주다 подавать намёк; наводить на мысль; намекать на кого-что-л.(о чём-л.)

힐거(詰拒) уст. ~하다 спорить, соперничать.

힐금 ~하다 покоситься, косо взг-лянуть.

힐금거리다 коситься, косо смотреть.

힐금힐금 ~하다 см. 힐금거리다.

힐긋 ~하다 искоса взглянуть.

힐긋거리다 искоса смотреть.

힐긋힐긋 ~하다 см. 힐긋거리다.

힐끔 ~보다 косо взглянуть.

힐끔거리다 см. 힐끗거리다.

힐끔거리다 косо смотреть; коситься; косо взглянуть.

힐끔힐끔 ~ 하다 см. 힐끔거리다.

힐끗 ~보다 искоса взглянуть.

힐끗거리다 искоса смотреть.

힐기야 Хелкия (인명).

힐난(詰難) выговор; укор; упрёк; см. 비난; ~하다 укорять кого-что-л. в чём-л.; упрекать кого-что-л. за что(в чём; чем-л.); ~조 укоряющий тон.

힐난조(詰難調)[-란쪼]укоряющий тон.

힐렌 Хилен (지명).

힐렐 Гиллел (인명).

힐문(詰問) перекрёсный допрос; запрос(вопрос) с требованием объ-яснений 1) ~하다 требовать объ-яснений у кого-л.; строго допра-шивать; расспрашивать кого-л. о чём-л; 2) ~하다 расспросить; расс-прашивать.

힐문조(詰問調) [-쪼] строгий при-дирчивый тон.

힐조(詰朝) [-쪼] уст. утро следу- ющего дня.

힐주(詰誅) уст. ~하다 бранить и наказывать

힐척(詰斥) уст. ~하다 отругать и выгнать(отказать).

힐책(詰責) ругань; брань; упрёки; выговор; порицание; осуждение; ~하다 укорять кого-что-л. в чём-л.; упрекать кого-что-л. за что(в чём; чем.л.); порицать кого-что-л. за что-л.; осуждать; делать выговор.

힐카니옴 Гирканион (지명).

힐항(詰抗) I ~하다 пререкаться.

힐항(頡頏) II уст. ~하다 порхать (о птицах).

힘(力) сила; мощь; физическая сила; способность; усилие; труд; успехи; энергия; помощь;влияние; ~겹다 непосильный; очень тяжёлый; ~내다 прилагать старания(усилия); ~들다 требоваться(о силе, труде); ~겹게 с большим трудом; ~껏 изо всех сил; с силой; ~세다 сильный; могуществен-ный; мощный; могучий; энергичный;   влиятельный; ~차다

полный сил, энергичный; ~없다 слабый; бес-сильный; беспомощный; бездарный; нет силы; ~있다 есть сила; ~들다 быть трудным (тяжёлым; непосильным; трудоёмким); ~에 부치다 быть не по силам(не под силу); быть свыше сил; ~쓰다 прилагать старания (усилия); стараться; помогать кому-чему-л.; оказывать кому-л. содей-ствие(помощь); содействовать кому-чему-л.; служить поддержкой; -

힘겨룸 ~하다 мериться силами

힘겹다 очень тяжелый, непосильный.

힘껏 сильно.

힘내기 ~하다 держать пари кто сильнее.

힘들기 трудно.

힘들고 괴롭다 тяжело и мучитель.

힘살 мышца.

힘세다 могущественный, мощный

힘써 с силой

힘쓰다 стараться.

힘없이 скучно, уныло.

힘입나 получать поддержку.

힘있다 сильный, прямой;

힘자랑 хвастовство.

힘장사(-壯士) силач, богатырь

힘주다 давать силы.

힘줄 1) жилы, сухожилия; 2) кро-веносные сосуды; 3) жила.

힘줌말 выразительное слово.

힘차다 полный сил, энергичный.

힘차게 крепко; 힘차게 휘날리고 있다 сильно развеваться.

힛대 Иддай (인명).

힝 1) межд. выражающее иронию; 2) звукоподр. сморканию.

힝그럭 стрела в форме листочка ивы.

ㅎ